MARKETING
INTERNACIONAL

C359m Cateora, Philip R.
    Marketing internacional / Philip R. Cateora, Mary C. Gilly, John L. Graham ; tradução: Beth Honorato ; revisão técnica: Priscila Tereza De Nadai Sastre. – 15. ed. – Porto Alegre : AMGH, 2013.
    xxviii, 626 p. : il. color. ; 28 cm.

    ISBN 978-85-8055-145-7

    1. Administração. 2. Marketing. 3. Marketing internacional. I. Gilly, Mary C. II. Graham, John L. III. Título.

                                                    CDU 658.8

Catalogação na publicação: Ana Paula M. Magnus – CRB 10/2052

Mary C. Gilly
University of California, Irvine

John L. Graham
University of California, Irvine

Philip R. Cateora
Membro da Academy of International Business
University of Colorado

MARKETING
INTERNACIONAL
15ª Edição

Tradução:
Beth Honorato

Consultoria, supervisão e revisão técnica desta edição:
Priscila Tereza De Nadai Sastre
Doutoranda em Administração pela FEA/USP, mestre em Administração pela PUC/SP,
professora convidada dos cursos de especialização em Marketing Estratégico
e Marketing Contemporâneo da Universidade Presbiteriana Mackenzie/SP

AMGH Editora Ltda.
2013

Obra originalmente publicada sob o título
International Marketing, 15th Edition
ISBN 007352994X/9780073529943

Original edition copyright (c) 2011, The McGraw-Hill Companies, Inc., New York, New York 10020. All Rights Reserved.

Gerente editorial: *Arysinha Jacques Affonso*

Colaboraram nesta edição:

Editora: *Viviane R. Nepomuceno*

Assistente editorial: *Caroline L. Silva*

Capa: *Aero Comunicação*

Leitura final: *Laura Ávila de Souza*

Revisão e editoração: *Know-how Editorial*

Reservados todos os direitos de publicação, em língua portuguesa, à
AMGH Editora Ltda., uma parceria entre GRUPO A EDUCAÇÃO S.A. e McGRAW-HILL EDUCATION.
Av. Jerônimo de Ornelas, 670 – Santana
90040-340 – Porto Alegre – RS
Fone: (51) 3027-7000 Fax: (51) 3027-7070

É proibida a duplicação ou reprodução deste volume, no todo ou em parte, sob quaisquer formas ou por quaisquer meios (eletrônico, mecânico, gravação, fotocópia, distribuição na Web e outros), sem permissão expressa da Editora.

Unidade São Paulo
Av. Embaixador Macedo Soares, 10.735 – Pavilhão 5 – Cond. Espace Center
Vila Anastácio – 05095-035 – São Paulo – SP
Fone: (11) 3665-1100 Fax: (11) 3667-1333

SAC 0800 703-3444 – www.grupoa.com.br

IMPRESSO NO BRASIL
PRINTED IN BRAZIL

À Nancy.
Às pessoas que me ajudaram a trilhar essa carreira:
Richard Burr, Trinity University;
Tom Barry, Southern Methodist University;
Betsy Gelb, University of Houston.
A Geert Hofstede.

Os autores

Philip R. Cateora

Professor emérito da University of Colorado, Boulder. Doutor pela University of Texas, Austin, onde foi eleito à sociedade Beta Gamma Sigma. Ao longo de sua carreira na University of Colorado, ocupou os seguintes cargos: chefe de divisão de Marketing, coordenador dos Programas de Negócios Internacionais, decano associado e decano interino. Sua experiência como docente abrange uma série de cursos em marketing e comércio internacional, do nível básico ao de doutorado. Recebeu o Prêmio de Excelência em Ensino da University of Colorado e o Prêmio de Educador do Ano da Western Marketing Educator's Association's.

Conduziu *workshops* para acadêmicos sobre os princípios de internacionalização dos cursos de marketing para a AACSB (Association to Advance Collegiate Schools of Business) e participou da concepção e realização de *workshops* acadêmicos semelhantes, subvencionados pelo Departamento de Educação. Além dessas atividades, é coautor de *Marketing: an international perspective*, um livro complementar sobre princípios de marketing. Trabalhou também como consultor para pequenas empresas de exportação e multinacionais, integrou o Conselho de Exportação das Montanhas Rochosas e ministrou cursos de desenvolvimento em administração. É membro da Academy of International Business.

Mary C. Gilly

Professora de marketing na Escola de Negócios Paul Merage, na University of California, Irvine. Graduada pela Trinity University, San Antonio, Texas. MBA pela Southern Methodist University, Dallas, Texas. Doutora pela University of Houston. Desde 1982, Gilly já ocupou os seguintes cargos na University of California: vice-reitora, decana associada, diretora do programa de pós-doutorado, membro do corpo docente da Escola de Negócios e decana associada de estudos de graduação. Integra o corpo docente da A&M University, Texas e da Southern Methodist University e é professora visitante na Escola de Negócios de Madri e na Georgetown University. Integra também a Associação Americana de Marketing (AMA) desde 1975, na qual ocupou vários cargos, como presidente do Conselho de Ensino de Marketing, codiretora da Conferência de Verão para Educadores da AMA em 1991 e membro e presidente do Comitê do Prêmio de Distinção de Educador de Marketing da AMA-Irwin. Atualmente, é diretora acadêmica da Associação de Pesquisa sobre o Consumidor. Suas pesquisas sobre comportamento internacional, transcultural e do consumidor foram publicadas no *Journal of Marketing*, no *Journal of Consumer Research*, no *Journal of Retailing*, na *California Management Review* e em outros periódicos.

John L. Graham

Professor de comércio e marketing internacional na Escola de Negócios Paul Merage, University of California, Irvine. Foi decano associado e diretor do Centro do Cidadão para a Construção da Paz da University of California; professor visitante da Escola de Negócios da Georgetown University; professor visitante da Escola de Negócios de Madri, Espanha; e professor adjunto da University of Southern California. Antes de iniciar suas pesquisas de doutorado na University of California, Berkeley, trabalhou para uma divisão da Caterpillar Tractor Co. e atuou como oficial nas Equipes de Demolição Subaquáticas da Marinha dos Estados Unidos. É autor (com William Hernandez Requejo) de *Global negotiation: the new rules*, Palgrave-Macmillan, 2008; (com N. Mark Lam) de *China now, doing business in the world's most dynamic market*, McGraw-Hill, 2007; (com Yoshiro Sano e James Hodgson, ex-embaixador americano no Japão) de *Doing business with the new Japan*, 4ª edição, Rowman & Littlefield, 2008; e organizador (com Taylor Meloan) de *Global and international marketing*, 2ª edição, Irwin, 1997. Seus artigos foram publicados em periódicos como

Harvard Business Review, *Journal of Marketing*, *Journal of International Business Studies*, *Strategic Management Review*, *Journal of Consumer Research*, *Journal of International Marketing* e *Marketing Science*. Excertos de sua obra foram citados no *Congressional Record*, e suas pesquisas sobre estilos de negociação comercial em 20 culturas foram tema de um artigo publicado na edição de janeiro de 1988 da *Smithsonian*. Seu artigo de 1994, publicado no *Management Science*, recebeu condecoração de excelência do Lauder Institute, na Escola de Negócios de Wharton. Foi ainda escolhido para o Prêmio de Professor do Ano de Comércio Internacional, oferecido pela Associação Norte-Americana dos Educadores de Negócios Internacionais para Pequenas Empresas.

Prefácio

No princípio do último milênio, os chineses eram os principais mercadores internacionais. Embora um sistema comercial verdadeiramente global só tenha se desenvolvido 500 anos depois, a seda chinesa já existia na Europa desde os tempos romanos.

No início do século passado, as forças armadas britânicas, os mercadores e os fabricantes dominavam os mares e o comércio internacional. De fato, o Sol nunca se punha no Império Britânico.

No início da década passada, os Estados Unidos avançaram repentinamente, ultrapassando o Japão, então vacilante, para retomar a liderança no comércio global. O domínio dos Estados Unidos sobre a tecnologia da informação foi então sucedido pela convulsão política do 11 de setembro e pelos choques econômicos de 2001 e 2008. A China iniciou essa década como a maior ameaça militar contra os Estados Unidos e, ao final dela, tornou-se um parceiro comercial proeminente, mas muitas vezes difícil.

Quais surpresas essa nova década, século e milênio reservam a todos nós? Ao final da última década, desastres naturais e guerras dificultaram o comércio e o progresso humano. A luta para equilibrar o crescimento econômico e a preservação do meio ambiente continua. A globalização dos mercados certamente foi acelerada pela aceitação quase universal do modelo democrático da livre-iniciativa e das novas tecnologias de comunicação, dentre as quais se incluem os telefones móveis e a internet. O que se provará melhor – o gradualismo chinês ou a abordagem de impacto russa à reforma econômica e política? O *boom* da tecnologia da informação da década passada será acompanhado por uma queda demográfica quando os *baby boomers* americanos tentarem se aposentar após 2012? Ou será que o Nafta e a população jovem do México trarão o tão esperado equilíbrio demográfico? Daqui a dez anos, o debate sobre o aquecimento global provavelmente estará resolvido – uma maior quantidade de dados e uma ciência de melhor qualidade oferecerão as respostas. Será que o *tsunami* econômico de 2008-2009 dará origem a algo ainda pior? Que avanços ou desastres inesperados as ciências biológicas nos revelarão? Dominaremos a aids e o HIV na África? As armas e as guerras serão coisa do passado?

O marketing internacional desempenhará um papel preponderante na solução de todas essas questões. Sabemos que o comércio gera paz e prosperidade ao promover a criatividade, o entendimento mútuo e a interdependência. Os mercados crescem nas economias emergentes da Europa Oriental, da Comunidade dos Estados Independentes, da China, da Indonésia, da Coreia do Norte, da Índia, do México, do Chile, do Brasil e da Argentina – em suma, globalmente. Essas economias prometem se transformar em imensos mercados no futuro. Nos mercados mais maduros do mundo industrializado, também transbordam oportunidades e dificuldades, visto que os gostos dos consumidores estão cada vez mais sofisticados e complexos e o esperado salto do poder aquisitivo oferece aos novos consumidores meios para satisfazer novas necessidades.

Com a recente retração nos países industrializados e o crescimento contínuo nos mercados emergentes, nasce um novo cenário competitivo, imensamente distinto ao do período anterior, em que as multinacionais americanas dominavam os mercados mundiais. Do final da década de 1940 ao decorrer da década de 1960, essas multinacionais enfrentaram pouca concorrência; hoje, empresas de praticamente todas as nações do mundo disputam mercados globais. Segundo Fareed Zakaria:

> Nos dois últimos anos, 124 países tiveram um desenvolvimento econômico superior a 4% ao ano, incluindo mais de 30 países da África. Ao longo das duas últimas décadas, regiões fora do Ocidente industrializado têm apresentado um índice de crescimento outrora inimaginável. Embora tenha havido ciclos de crescimento e queda, a tendência geral tem sido inequivocamente ascendente. Antoine van Agtmael, administrador de fundos que

cunhou o termo "mercados emergentes", identificou as 25 empresas que em um futuro próximo provavelmente serão as grandes multinacionais do mundo. Sua lista abrange quatro empresas do Brasil, do México, da Coreia do Norte e de Taiwan; três da Índia, duas da China e uma da Argentina, do Chile, da Malásia e da África do Sul. Isso é algo bem mais amplo do que a tão alardeada ascensão da China ou mesmo da Ásia. É a ascensão do resto do mundo.[1]

As mudanças econômicas, políticas e sociais ocorridas na última década transformaram consideravelmente o cenário do comércio global. Pense no impacto presente e futuro das situações descritas a seguir:

- A ameaça sempre presente do terrorismo global, representado pelos ataques do 11 de setembro de 2001.
- Conflitos armados importantes na África Subsaariana e no Oriente Médio.
- A possível recessão global procedente dos Estados Unidos.
- Os mercados emergentes da Europa Oriental, da Ásia e da América Latina, nos quais se espera que ocorra mais de 75% do crescimento do comércio mundial nos próximos 20 anos.
- A reunificação de Hong Kong, Macau e China, que, pela primeira vez ao longo de um século, finalmente passa o controle de toda a Ásia às mãos dos asiáticos.
- A União Monetária Europeia e a bem-sucedida mudança das moedas nacionais para uma única unidade monetária na Europa, o euro.
- A rápida mudança das tradicionais estruturas de distribuição no Japão, na Europa e em vários mercados emergentes.
- O crescimento do número de famílias de renda média no mundo todo.
- A criação e o fortalecimento contínuos de blocos de mercado regionais como a União Europeia (UE), o Acordo Norte-Americano de Livre-Comércio (North American Free Trade Agreement – Nafta), o Acordo (ou Área) de Livre-Comércio da América Central (Alcac), a Área de Livre-Comércio da Associação das Nações do Sudeste Asiático (Ansean Free Trade Area – Afta), o Mercado Comum do Sul (Mercosul) e a Cooperação Econômica da Ásia-Pacífico (Asia-Pacific Economic Cooperation – Apec).
- A bem-sucedida conclusão da Rodada do Uruguai, promovida pelo Acordo Geral sobre Tarifas e Comércio (General Agreement on Tariffs and Trade – Gatt), e a criação da Organização Mundial do Comércio (OMC), que agora inclui China e Taiwan.
- A reestruturação, a reorganização e o novo enfoque das empresas nos setores de telecomunicações, entretenimento e biotecnologia, bem como nas tradicionais indústrias de chaminé ao redor do mundo.
- A integração contínua da internet e dos telefones móveis em todos os aspectos das atividades das empresas e na vida dos consumidores.

Essas mudanças não são apenas notícias; elas afetam as práticas empresariais do mundo inteiro. Isso significa que, para serem competitivas, as empresas terão de examinar constantemente sua forma de fazer negócios, mantendo-se suficientemente flexíveis para reagir com rapidez a tendências globais inconstantes.

Como o crescimento econômico global é uma realidade, é cada vez mais importante entender o marketing em todas as culturas. Este livro aborda questões globais e apresenta conceitos relevantes para todos os profissionais de marketing internacional, independentemente de seu grau de envolvimento com essa área. Nem todas as empresas envolvidas com o marketing internacional têm uma perspectiva global, nem precisam tê-la. As atividades de marketing internacional de algumas empresas restringem-se a um único país; outras atuam em inúmeros países e abordam cada um como um mercado distinto; e algumas outras, as empresas globais, procuram segmentos de mercado com necessidades e desejos comuns que ultrapassam as fronteiras políticas e econômicas. Entretanto, todas elas são afetadas pelas atividades competitivas no mercado global, que são o tema central deste livro.

A ênfase recai sobre as implicações estratégicas da concorrência em diferentes mercados nacionais. Uma abordagem ambiental/cultural ao marketing internacional nos oferece uma direção verdadeiramente global. Os horizontes do leitor não estão restritos a nenhuma nação específica ou a estilos particulares de negociação de um único país. Na verdade, este livro

---
[1] Farred Zakaria, "The Rise of the Rest", *Newsweek*, 3 de maio de 2008.

oferece uma abordagem e uma estrutura para a identificação e a análise das singularidades culturais e ambientais de cada nação ou região global. Desse modo, ao examinar as atividades de marketing de um ambiente estrangeiro, o leitor não negligenciará o impacto provocado pelas questões culturais.

Este livro foi concebido para estimular a curiosidade sobre as práticas de gestão das empresas, grandes e pequenas, que estão procurando oportunidades de mercado fora de seu país e para enfatizar a importância de examinar as estratégias de gestão do marketing internacional sob uma perspectiva global.

Embora este livro no todo tenha se inspirado em uma perspectiva global, o marketing de exportação e as atividades de empresas menores são também abordados. Questões específicas sobre a exportação e as estratégias que lhe são aplicáveis e exemplos de práticas de marketing de empresas menores são também apresentados.

Tópicos abordados

A presente edição, que corresponde à 15ª edição americana, traz tópicos novos e ampliados em relação às edições americanas anteriores, que abordam questões sobre concorrência, transformação das estruturas de marketing, ética e responsabilidade social, negociações e capacitação dos gerentes para o século XXI. A concorrência está elevando os padrões globais de qualidade, aumentando a demanda por tecnologias avançadas e inovação e ampliando a importância da satisfação do cliente. O mercado global está mudando rapidamente de um mercado que vende para um mercado que compra. Este é um período de profundas mudanças sociais, econômicas e políticas. Para se manterem competitivas em nível global, as empresas devem estar atentas a todos os aspectos da ordem econômica global emergente.

Além disso, a evolução das comunicações globais e de seus impactos conhecidos e desconhecidos sobre a forma como os negócios internacionais são conduzidos não pode ser minimizada. Neste terceiro milênio, os habitantes da "aldeia global" ficarão mais próximos do que nunca e poderão se comunicar cada vez mais facilmente. Um executivo da Alemanha pode conectar-se regularmente via VoIP (protocolo de transferência de voz em forma digital pela internet) para ouvir e ver um executivo de uma empresa australiana ou de qualquer outro lugar do mundo. Em muitos aspectos (as diferenças de fuso horário são uma exceção importante), a distância geográfica está se tornando irrelevante.

As telecomunicações, a internet e os satélites estão ajudando as empresas a otimizarem seus processos de planejamento, produção e aquisição. As informações – e, em sua rasteira, o fluxo de mercadorias – estão atravessando o mundo à velocidade da luz. Redes cada vez mais eficientes estendem-se pelo globo e possibilitam o fornecimento de serviços que ultrapassam em muito as fronteiras nacionais e continentais, alimentando e promovendo o comércio internacional. As conexões possibilitadas pelas comunicações globais aproximam pessoas do mundo inteiro com formas novas e mais adequadas de diálogo e entendimento.

A natureza dinâmica do mercado internacional é evidenciada pela quantidade de tópicos aprimorados e ampliados por esta edição, que incluem os seguintes:

- Análise aprofundada sobre as causas das diferenças culturais.
- Internet e telefones móveis e seu papel crescente no marketing internacional.
- Negociações com clientes, parceiros e agências regulatórias.
- Expansão das famílias de classe média.
- Mercados da base da pirâmide.
- Organização Mundial do Comércio.
- Acordos de livre-comércio.
- Pesquisas multiculturais.
- Pesquisas qualitativas e quantitativas.
- Efeitos do país de origem e marcas globais.
- Feiras comerciais internacionais.
- Ênfase crescente sobre os serviços industriais e de consumo.
- Tendências das estruturas de canal na Europa, no Japão e nos países em desenvolvimento.
- Decisões éticas e socialmente responsáveis.
- Marketing verde.
- Perfil mutável dos gerentes globais.

Estrutura do livro

Este livro está dividido em seis partes. Os dois primeiros capítulos, na Parte 1, apresentam ao leitor uma abordagem ambiental/cultural ao marketing internacional e a três conceitos de gestão do marketing internacional: expansão do mercado doméstico, marketing internacional e marketing global. Do mesmo modo que as empresas estão se reestruturando para enfrentar as dificuldades da concorrência global do século XXI, os futuros gerentes também deverão fazê-lo. Para ter êxito, o gerente precisa ter uma consciência global e uma estrutura de referência que se estenda para além de um país ou mesmo uma região e englobe o mundo. O significado de consciência global e a forma como ela é adquirida são discutidos logo no início deste livro, pois constituem uma questão central do marketing global.

O Capítulo 2 da Parte 1 aborda o ambiente dinâmico do comércio internacional e as dificuldades e oportunidades competitivas que o profissional de marketing internacional enfrenta atualmente. A importância da criação da Organização Mundial do Comércio, sucessora do Gatt, é examinada na íntegra. A importância crescente dos telefones móveis e da internet para a condução dos negócios internacionais é também analisada, e suas aplicações específicas são abordadas em capítulos subsequentes.

Os cinco capítulos da Parte 2 abrangem o ambiente cultural do marketing global. Para ter uma perspectiva global, é essencial reconhecer as diferenças culturais e tomar uma decisão fundamental com relação à necessidade ou não de considerá-las.

Tópicos de geografia e história (Capítulo 3) também são abordados porque constituem dimensões fundamentais à compreensão das diferenças culturais e de marketing entre os países. Não se deve negligenciar a preocupação com o meio ambiente e a responsabilidade indispensável das empresas multinacionais de protegê-lo.

O Capítulo 4 apresenta uma ampla análise cultural sobre o comportamento humano e sua relação com o marketing internacional. Atenção especial é dada ao estudo de Geert Hofstede sobre os valores e comportamentos culturais. Esses aspectos constituem a base para uma análise aprofundada dos costumes comerciais e dos ambientes político e jurídico nos Capítulos 5, 6 e 7. Os tópicos sobre ética e responsabilidade social são apresentados de acordo com o dilema frequentemente enfrentado pelo gerente internacional, que é equilibrar os lucros corporativos com as consequências sociais e éticas de suas decisões.

Reestruturamos a Parte 3 deste livro em quatro capítulos que avaliam as oportunidades de mercado globais. À medida que os mercados se expandem, novos segmentos se desenvolvem. Com a evolução dos segmentos de mercado em diversos países, os profissionais de marketing são forçados a conhecer o comportamento do mercado em um ou mais contextos culturais diferentes. As pesquisas multiculturais, qualitativas e quantitativas e o uso da internet como ferramenta de pesquisa são analisados no Capítulo 8.

Capítulos distintos sobre as Américas (Capítulo 9), a Europa, a África e o Oriente Médio (Capítulo 10) e a região da Ásia-Pacífico (Capítulo 11) evidenciam a evolução da estrutura de marketing de várias empresas multinacionais em resposta aos custos de viagem e comunicação em regiões com fuso horário diferente, bem como a criação e o crescimento contínuos de blocos de mercado regionais nessas áreas. As discussões realizadas nesses três capítulos oferecem detalhes sobre os mercados estabelecidos e emergentes apresentados em cada região.

As implicações estratégicas da dissolução da União Soviética e o surgimento de novas repúblicas independentes, a transformação das economias socialistas em economias de mercado na Europa Oriental e a volta da África do Sul e do Vietnã para o comércio internacional são igualmente examinadas. Atenção também é dada às iniciativas dos governos da China e da Índia e de vários países latino-americanos para reduzir ou eliminar as barreiras ao comércio e ao investimento estrangeiro e privatizar as empresas estatais.

Essas mudanças políticas, sociais e econômicas que estão se espalhando pelo mundo e criando novos mercados e oportunidades tornam alguns mercados mais acessíveis e, ao mesmo tempo, dão margem para um protecionismo mais acentuado em outros.

O Capítulo 12 da Parte 4 aborda o tema do planejamento e da organização para o marketing global. A discussão sobre os relacionamentos colaborativos, dentre os quais se incluem as alianças estratégicas, reconhece a importância das relações de colaboração entre empresas, fornecedores e clientes para o sucesso do profissional de marketing global. Muitas empresas multinacionais acabam constatando que, para aproveitar ao máximo as oportunidades oferecidas pelos mercados globais, elas devem ter pontos fortes que superem com frequência suas capacidades. Os relacionamentos colaborativos podem oferecer tecnologias, inovações, produtividade, capital e acesso ao mercado, fatores que fortalecem a posição competitiva da empresa.

Os Capítulos 13 e 14 abrangem a gestão de produtos e serviços, evidenciando as diferenças estratégicas entre os produtos e serviços industriais e de consumo e a importância crescente desses mercados mundiais. Além disso, a discussão sobre o desenvolvimento de produtos e serviços globais destaca a importância da abordagem do problema de adaptação, do ponto de vista da criação de uma plataforma padronizada que possa ser adaptada para refletir as diferenças culturais. A relevância competitiva da qualidade, da inovação e da tecnologia como fatores essenciais para o sucesso do marketing no atual mercado global é também avaliada.

O Capítulo 15 conduz o leitor pelo processo de distribuição, desde o país de origem até o consumidor do mercado externo almejado. As barreiras estruturais impostas pelo sistema de distribuição de um determinado país à entrada no mercado são examinadas com base em uma apresentação pormenorizada do sistema de distribuição japonês. São também analisadas as rápidas mudanças na estrutura de canal, no Japão e em outros países, e o uso da Web como canal de distribuição. Redistribuímos também conteúdos importantes de um capítulo de uma edição anterior sobre logística de exportação nesta e em outras partes deste livro.

O Capítulo 16 aborda a propaganda e o marketing *mix* internacional. Estão incluídos na discussão sobre a segmentação de mercado global o reconhecimento da rápida evolução dos segmentos de mercado em diferentes mercados nacionais e a importância da segmentação de mercado como ferramenta estratégica competitiva para a criação de uma mensagem promocional eficaz. O Capítulo 17 analisa a venda pessoal, a gestão de vendas e a importância decisiva do treinamento, da avaliação e da supervisão dos representantes de vendas.

A escalada de preços e as formas de minimizá-la, as práticas de contracomércio e as estratégias de preço a serem empregadas quando o dólar está forte ou fraco em relação a moedas estrangeiras são conceitos apresentados no Capítulo 18.

Na Parte 5, o Capítulo 19 aborda meticulosamente as negociações com clientes, parceiros e agências regulatórias. Essa discussão enfatiza os variados estilos de negociação existentes em diferentes culturas e a importância do reconhecimento dessas diferenças à mesa de negociações.

Recursos didáticos do livro

Este livro abrange ampla e completamente o tema do qual se ocupa, enfatizando os problemas estratégicos e de planejamento enfrentados pelas empresas que comercializam em várias e diferentes culturas estrangeiras.

A utilização da internet como ferramenta de marketing internacional é evidenciada em todas as partes deste livro. Todas as vezes em que os dados empregados no texto provêm de uma fonte na internet, o endereço eletrônico é fornecido. A seção "Questões" de alguns capítulos inclui a necessidade de realizar pesquisas na internet, evidenciando ao leitor a importância desse meio de pesquisa e a ampla disponibilidade de dados existente nessa rede virtual. Vários exemplos e figuras utilizados no texto podem ser investigados mais a fundo acessando o endereço eletrônico oferecido.

Exemplos atuais e expressivos, algumas vezes bem-humorados e sempre relevantes, são utilizados para estimular o interesse e ampliar o conhecimento sobre os conceitos, ideias e estratégias que apresentamos ao enfatizar a importância da interpretação das particularidades culturais e das práticas e estratégias de negócios pertinentes.

Todos os capítulos são iniciados com a seção "Perspectiva global", um exemplo real sobre a experiência de determinadas empresas globais e também exportadores em relação às principais questões discutidas no capítulo.

Os quadros "Cruzando fronteiras" evidenciam questões contemporâneas do marketing internacional e podem ser utilizados para elucidar situações reais e também para gerar discussões em sala de aula. Esses quadros foram escolhidos por seu caráter especial, divertido e interessante para o leitor.

A seção "Mapas do mundo" foi produzida em quatro cores para possibilitar que os mapas retratem mais facilmente as fronteiras e características geográficas, culturais e políticas e igualmente porque as cores nos permitem transmitir mais adequadamente as complexidades dos símbolos e significados internacionais nas comunicações de marketing. Porém, nesta edição, os mapas apresentados no decorrer dos capítulos estão em preto e branco, seguindo o padrão gráfico do livro. A versão colorida de cada um deles pode ser acessada na página do livro pelo *site* www.grupoa.com.br. Novas fotografias de acontecimentos atuais e relevantes no marketing internacional também podem ser encontradas ao longo do livro.

Na Parte 6, o conteúdo complementar "Agenda do país: guia para desenvolver um plano de marketing" é um esquema detalhado que serve de modelo para uma análise cultural e econômica completa sobre um determinado país e oferece orientações para a elaboração de um plano de marketing.

Além da "Agenda do país", este livro abrange um conjunto de estudos de caso breves e longos, em inglês e português, que podem ser acessados *on-line* em www.grupoa.com.br. Os casos breves abordam um único problema, servindo de base para a discussão sobre uma questão ou um conceito específico. Os mais longos e mais completos têm um escopo amplo e enfatizam mais de um problema de gestão de marketing. Todos eles apresentam uma análise mais aprofundada, exigindo que o estudante faça pesquisas complementares para buscar outros dados.

Suplementos

Tomamos o máximo cuidado para oferecer novos recursos e melhorias a todas as partes do pacote de apoio pedagógico. Veja a seguir uma lista de recursos específicos:

- **Manual do professor e Banco de testes (em inglês).** O Manual do professor, preparado pelos próprios autores, contém apontamentos de aula ou sugestões pedagógicas referentes a cada capítulo. No início de cada apontamento de caso, é apresentada uma grade de correlação que oferece sugestões sobre usos alternativos desses casos.
- O Banco de testes oferece mais de 2 mil questões, como testes de verdadeiro/falso, raciocínio crítico e interpretação de texto.
- **Vídeos (em inglês).** O programa de vídeo foi revisto para esta edição e contém filmagens de empresas, vídeos temáticos e conteúdos exclusivos de treinamento em negociações. Apontamentos pedagógicos e perguntas relevantes a cada capítulo do livro são oferecidos no Manual do professor.
- *Slides* **em PowerPoint (em inglês e português).** Os *slides* oferecidos para o professor contêm figuras exibidas no corpo deste livro e também de outras fontes, além de resumos dos conceitos de cada capítulo.
- *Site*: www.grupoa.com.br. Além dos suplementos citados, o *site* traz ainda a versão colorida de todos os mapas apresentados no decorrer do livro, bem como o detalhamento dos Casos para análise. No Sumário, mais adiante, você pode ver a lista completa dos Casos e como estão disponibilizados, em português ou inglês.

Agradecimentos

O sucesso de um livro depende da contribuição de várias pessoas, especialmente daquelas que reservam um tempo para compartilhar críticas e fazer sugestões para melhorá-lo.

Gostaríamos de agradecer particularmente aos seguintes revisores, cujas observações e percepções foram valiosas:

Gregory J. Benzmiller
College of Management School for Professional Studies, Regis University

Larry Carter
Idaho State University

Anindya Chatterjee
Slippery Rock University of Pennsylvania

Dr. Dharma deSilva
CIBA, Barton School of Business, Wichita State University

David E. Foster
Montana State University

Debbie Gaspard
Southeast Community College

Jamey Halleck
Marshall University

Maxwell K. Hsu
University of Wisconsin-Whitewater

James W. Marco
Wake Technical Community College

James M. Maskulka
Lehigh University

Zahir A. Quraeshi
Western Michigan University

William Renforth
Angelo State University

Camille Schuster
California State University San Marcos

Nancy Thannert
Robert Morris University

Bronis Verhage
Georgia State University

Srdan Zdravkovic
Bryant University

Somos gratos à ajuda dos vários alunos e professores que compartilharam suas opiniões a respeito das edições anteriores e acolhemos positivamente seus comentários e sugestões.

Agradecimentos especiais a Paul Ducham, a John Weimeister, à Sara Hunter, à Heather Darr, à Katie Mergen, a Bruce Gin e à JoAnne Schopler, da McGraw-Hill/Irwin, cujo entusiasmo, criatividade, críticas construtivas e comprometimento com a excelência tornaram esta edição possível.

Philip R. Cateora
Mary C. Gilly
John L. Graham

Instruções
Rápida visão sobre a estrutura deste livro

Marketing internacional, de Cateora, Gilly e Graham, sempre foi um livro pioneiro em sua área. Nesta nova edição, os autores continuam inovando ao abordar temas que refletem as rápidas mudanças do mercado global, cuja competitividade e evolução são crescentes, e ampliar o escopo do impacto tecnológico sobre a esfera do mercado internacional.

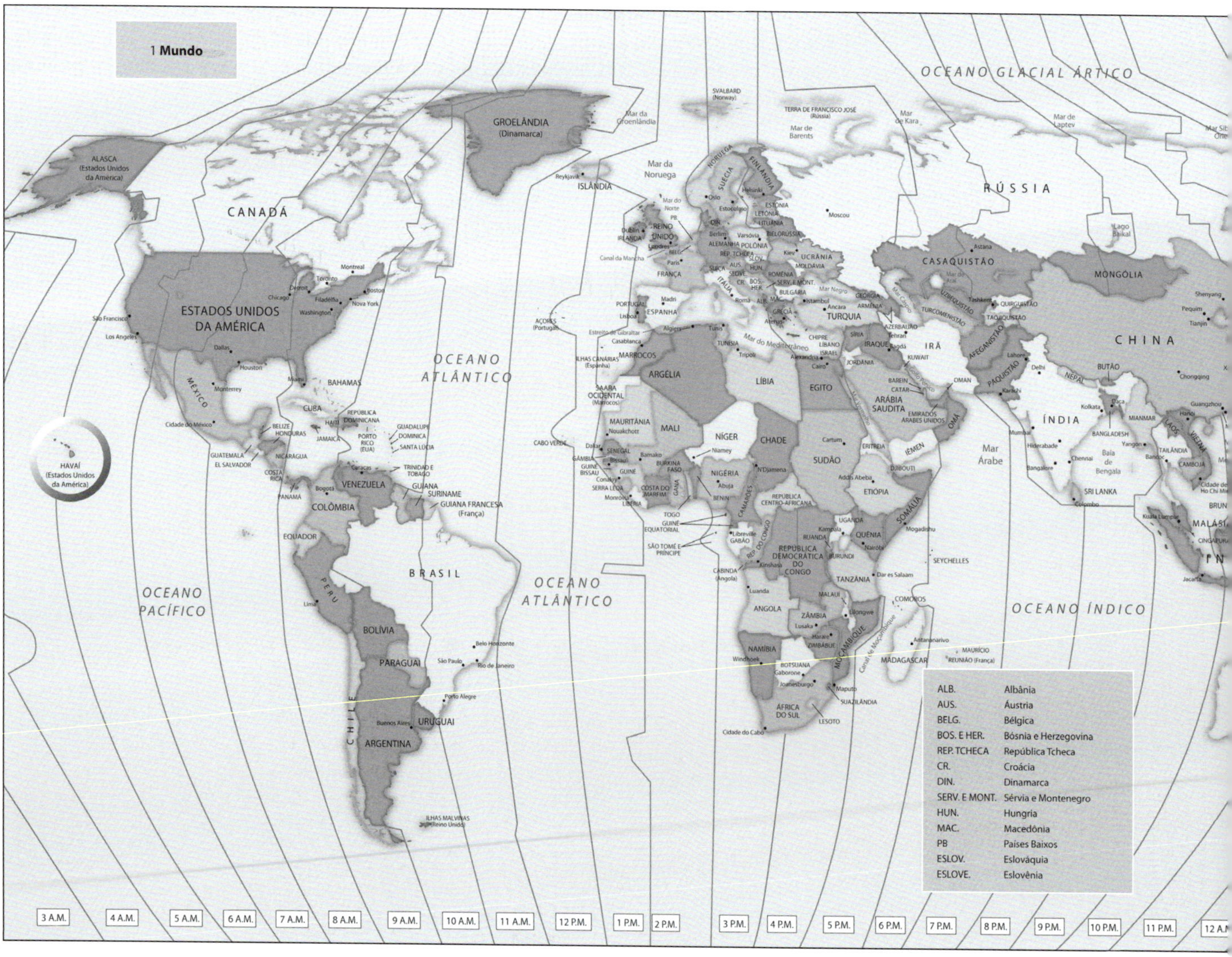

MARKETING GLOBAL NA WEB PELA MARRIOTT

A internet é a mídia mais global dentre todas as outras inventadas até o momento e ultrapassou a televisão e o rádio – que em algum dia também se tornarão globais, mas estão longe disso. A internet é o único meio que se aproxima de um alcance verdadeiramente global.
O poder da internet provém de seus vários atributos exclusivos, tais como:

- Englobar texto, áudio e vídeo em uma única plataforma.
- Oferecer um processo de comunicação bidirecional, e não apenas unidirecional.
- Funcionar simultaneamente como um meio de comunicação de massa e uma mídia personalizada.
- Construir "comunidades" globais, não restritas a fronteiras nacionais.

Esses atributos transformam a internet no meio de comunicação mais potente do planeta, e sua capacidade de comunicação é incomparável, especialmente para um mundo global. Ela é o sonho do profissional de marketing internacional.
Entretanto, para aproveitar essas características de uma maneira eficaz, é indispensável lidar com vários problemas importantes:

- Existem diferenças marcantes nos índices de adoção da internet no mundo todo, que variam de 70% ou mais na América do Norte a menos de 2% no continente africano. Essa diferença influencia em grande medida o papel da Web como elemento do marketing mix nos mercados internacionais. Mesmo no caso das economias avançadas da UE, a variabilidade da adoção é grande, estendendo-se de 88% nos Países Baixos a 49% na Bélgica. Já a média do continente africano como um todo é 1% (consulte www.internetworldstats.com).
- Problemas específicos provocados pela tecnologia, como banda larga e banda estreita, determinam quais produtos e serviços podem ser comercializados e como devem ser. Nos locais onde predomina a banda estreita, os sites que utilizam vídeo e muitos elementos gráficos não são viáveis. Um exemplo são os elaborados tours fotográficos dos hotéis Marriott no site www.Marriott.com, cujo *download* é rápido nas conexões de banda larga, mas excessivamente longo em banda estreita. Portanto, um *site* concebido para um mercado pode ser ineficaz para outro.

Renaissance é uma marca de hotel da Marriott que utiliza vários meios de comunicação para conduzir os clientes aos seus sites de extrema importância, como mídia impressa, televisão, internet e outdoor. Três anúncios impressos de duas páginas são direcionados aos clientes do Reino Unido, do Oriente Médio e da China, e todos indicam os endereços dos sites – os dois primeiros citam www.renaissancehotels.co.uk, e o último www.renaissancehotels.com.cn. Embora no final das contas o mesmo site atenda aos clientes do Reino Unido e do Oriente Médio, a apresentação do anúncio é adaptada, utilizando um vestido mais conservador, apropriado à cultura da região. Por fim, você pode ver como a campanha é empregada também nas ruas de Xangai. Pergunte aos seus colegas de classe o que a frase "Fique na moda" significa nos dois últimos anúncios.

Estrutura em quatro cores

A seção "Mapas do mundo" (ver página 83) traz mapas em cores que melhoram a didática e permitem uma apresentação mais clara de símbolos e significados culturais internacionais no marketing e na propaganda. Além disso, as fotos – nesta edição em branco e preto –, dão vida e realidade aos exemplos globais. A combinação desses estímulos visuais torna a leitura deste livro mais fácil e acessível.

Abertura dos capítulos

O "Sumário" incluído no início de cada capítulo oferece aos alunos uma rápida visão dos tópicos correspondentes, e os "Objetivos de aprendizagem" sintetizam os objetivos e os principais temas abordados. Todos os capítulos iniciam-se com a seção "Perspectiva global", um exemplo real sobre a experiência de exportadores e empresas globais que elucida questões significativas para discussão.

Quadros "Cruzando fronteiras"

Esses quadros de valor inestimável apresentam histórias casuais sobre diversas empresas. O objetivo desses exemplos curiosos e divertidos é estimular o pensamento crítico e orientar os alunos por meio de tópicos que abordam uma variedade de questões enfrentadas atualmente pelos empresários, desde problemas éticos e culturais a problemas globais.

Estudos de caso *on-line*

Os estudos de caso que acompanham este livro ampliam o conteúdo e as discussões em sala de aula e estimulam o pensamento crítico. Esses casos trazem à tona vários assuntos discutidos nos capítulos e demonstram como esses conceitos são abordados no mundo real. No Sumário completo é apresentada a relação dos Casos oferecidos e como estão disponibilizados, em português ou inglês.

Sumário resumido

Parte 1 Visão geral
1. Escopo e desafio do marketing internacional 2
2. Ambiente do comércio internacional dinâmico 26

Parte 2 Ambiente cultural dos mercados globais
3. História e geografia: fundamentos da cultura 52
4. Dinâmica cultural na avaliação dos mercados globais 94
5. Cultura, estilo de gestão e sistemas de negócios 124
6. Ambiente político: preocupação fundamental 158
7. Ambiente jurídico-legal internacional: agir de acordo com as regras 184

Parte 3 Avaliação das oportunidades do mercado global
8. Desenvolvimento da visão global por meio da pesquisa de marketing 218
9. Desenvolvimento econômico nas Américas 248
10. Europa, África e Oriente Médio 274
11. Região da Ásia-Pacífico 302

Parte 4 Desenvolvimento de estratégias de marketing globais
12. Gestão de marketing global: planejamento e organização 330
13. Produtos e serviços de consumo 358
14. Produtos e serviços empresariais 392
15. Canais de marketing internacional 418
16. Comunicação integrada de marketing e propaganda internacional 452
17. Venda pessoal e gestão de vendas 494
18. Determinação de preços para os mercados internacionais 520

Parte 5 Implantação de estratégias de marketing globais
19. Negociação com clientes, parceiros e agências regulatórias internacionais 550

Parte 6 Conteúdo complementar
Agenda do país: guia para desenvolver um plano de marketing 579

Estudos de caso

Esses estudos podem ser encontrados *on-line*, em www.grupoa.com.br. A relação de casos é apresentada no Sumário Completo a seguir.

Glossário 589

Créditos 600

Índice de nomes 602

Índice 611

Sumário

Parte 1   Visão geral

1. Escopo e desafio do marketing internacional **2**

    Perspectiva global   **Comércio global desencadeia a paz** 3

    Internacionalização dos negócios americanos **6**

    Cruzando fronteiras 1.1   *O que os camponeses franceses, os pescadores chineses e os hackers russos têm em comum?* 7

    Cruzando fronteiras 1.2   *Blanca Nieves, La Cenicienta e Bimbo* (Branca de Neve, Cinderela e Bimbo) 9

    Definição de marketing internacional **10**

    Desafio do marketing internacional **11**

        Fatores de decisão de marketing 12

        Aspectos do ambiente doméstico 12

        Aspectos do ambiente estrangeiro 13

    Cruzando fronteiras 1.3   *Telefones móveis, desenvolvimento econômico e contração da fronteira digital* 14

    Necessidades de adaptação ambiental **15**

    Critério de autorreferência e etnocentrismo: principais obstáculos **16**

    Desenvolvimento de uma consciência global **18**

    Etapas de envolvimento com o marketing internacional **19**

        Sem marketing exterior direto 20

        Marketing exterior irregular 20

        Marketing exterior regular 20

        Marketing internacional 21

        Marketing global 21

    Cruzando fronteiras 1.4   *A Orange County da Califórnia propaga-se de leste a oeste* 22

    Orientação do livro sobre marketing internacional **23**

2. Ambiente do comércio internacional dinâmico **26**

    Perspectiva global   **Barreiras comerciais: campo minado para o profissional de marketing internacional** 27

    Do século XX ao século XXI **28**

        Comércio mundial e multinacionais americanas 30

        Após a primeira década do século XXI 32

    Balanço de pagamentos **33**

    Protecionismo **35**

        Proteção lógica e ilógica 36

        Barreiras comerciais 36

    Cruzando fronteiras 2.1   *Barreiras comerciais, hipocrisia e os Estados Unidos* 37

    Cruzando fronteiras 2.2   *Roupas íntimas, vestuário, Playstation Sony e orelhas pontudas – O que tudo isso tem em comum?* 38

    Cruzando fronteiras 2.3   *Cruzando fronteiras com macacos dentro da cueca* 39

    Abrandamento das restrições comerciais **42**

        Lei Geral de Comércio e Competitividade 42

        Acordo Geral sobre Tarifas e Comércio 43

        Organização Mundial do Comércio 45

        Contornando o espírito do Gatt e da OMC 46

    Fundo Monetário Internacional e Grupo Banco Mundial **47**

    Protestos contra instituições globais **48**

Parte 2   Ambiente cultural dos mercados globais

3. História e geografia: fundamentos da cultura **52**

    Perspectiva global   **Nascimento de uma nação: o Panamá em 67 horas** 53

    Perspectiva histórica no comércio global **54**

        História e comportamento contemporâneo 55

        A história é subjetiva 57

        Destino Manifesto e Doutrina Monroe 59

    Cruzando fronteiras 3.1   *Microsoft adapta* Encarta *para "histórias locais"* 62

    Geografia e mercados globais **63**

        Clima e topografia 63

    Cruzando fronteiras 3.2   *Inovação e escassez de água, do nevoeiro à energia produzida pelas crianças* 64

        Geografia, natureza e crescimento econômico .. 66

        Responsabilidade social e gestão ambiental 68

        Recursos 72

    Dinâmica das tendências da população mundial .. **74**

        Controle do crescimento populacional 74

        Migração rural/urbana 76

        Declínio populacional e envelhecimento 76

    Cruzando fronteiras 3.3   *Onde foram parar todas as mulheres?* 78

        Escassez de trabalhadores e imigração 78

    Cruzando fronteiras 3.4   *História, geografia e população colidem nos Estados Unidos: voltando para um estilo de família multigeracional* 79

    Rotas comerciais mundiais **79**

    Vínculos comunicacionais **80**

Mapas do mundo **83**

4. Dinâmica cultural na avaliação dos mercados globais 94

Perspectiva global Ações e eBay – interposição cultural 95
Influência impregnante da cultura 96
Cruzando fronteiras 4.1 Humanos universais: o mito da diversidade? 102
Definições e origens da cultura 102
   Geografia 103
   História 104
   Política econômica 104
   Tecnologia 105
   Instituições sociais 105
Elementos culturais 109
   Valores culturais 109
Cruzando fronteiras 4.2 Não é o presente que conta, mas como você o oferece 112
   Rituais 113
   Símbolos 114
   Crenças 116
   Processos de pensamento 117
   Sensibilidade e tolerância cultural 118
Mudança cultural 118
Cruzando fronteiras 4.3 Os polegares que dominam ... 119
   Empréstimo cultural 119
   Similaridades: uma ilusão 120
   Resistência a mudanças 121
   Mudanças culturais planejadas e não planejadas 122

5. Cultura, estilo de gestão e sistemas de negócios 124

Perspectiva global As loiras se divertem mais no Japão? 125
Necessidade de adaptação 126
   Grau de adaptação 127
   Imperativos, facultativos e exclusivos 127
Impacto da cultura americana sobre o estilo de gestão 129
Estilos de gestão ao redor do mundo 131
   Autoridade e tomada de decisões 132
Cruzando fronteiras 5.1 Não bata na sogra! 133
   Objetivos e aspirações da gestão 133
Cruzando fronteiras 5.2 O turista americano e o pescador mexicano 135
   Estilos de comunicação 135
   Formalidade e ritmo 138
   Tempo P *versus* tempo M 139
   Ênfase nas negociações 141
   Orientação de marketing 141
Preconceito de gênero nos negócios internacionais 141
Cruzando fronteiras 5.3 As culturas mudam, ainda que lentamente 142
Ética nos negócios 144
   Definição de corrupção 145
   Ênfase do Ocidente sobre o suborno 146
   Suborno: variações sobre um tema 149
   Decisões ética e socialmente responsáveis 150
   Influência da cultura sobre o pensamento estratégico 152
Síntese: culturas orientadas ao relacionamento *versus* à informação 153
Apêndice: pontuação dos índices para países e regiões 156

6. Ambiente político: preocupação fundamental 158

Perspectiva global Comércio mundial enlouquece com a guerra das bananas 159
Soberania das nações 160
Estabilidade das políticas governamentais 162
   Formas de governo 163
   Partidos políticos 165
   Nacionalismo 165
Cruzando fronteiras 6.1 A Coca-Cola está de volta, mas ainda detém o segredo 166
   Medo e/ou animosidade direcionados 167
   Disputas comerciais 167
Riscos políticos dos negócios globais 167
   Confisco, expropriação e nacionalização 168
   Riscos econômicos 168
   Sanções políticas 170
Cruzando fronteiras 6.2 Vara ou cenoura? O comércio não funciona como punição, apenas como incentivo 171
   Ativistas sociais e políticos e organizações não governamentais 171
   Violência, terrorismo e guerra 175
   Ciberterrorismo e cibercrime 176
Avaliação da vulnerabilidade política 177
   Produtos e problemas politicamente suscetíveis .. 178
   Previsão de riscos políticos 178
Cruzando fronteiras 6.3 Quando as nações entram em colapso: fugindo das balas na ex-Iugoslávia 179
Diminuição da vulnerabilidade política 179
   Joint ventures 180
   Expansão da base de investimentos 181
   Licenciamento 181
   Nacionalização planejada 181
   Barganha política 181
   Subornos políticos 181
Estímulo governamental 182

7. Ambiente jurídico-legal internacional: agir de acordo com as regras 184

Perspectiva global A ilegalidade dos pijamas 185
Base dos sistemas legais 186
   Direito consuetudinário *versus* direito civil 187
   Direito islâmico 188
   Princípios marxista-socialistas 189
Jurisdição nas disputas legais internacionais 190
Resolução de disputas internacionais 191
   Conciliação 191
   Arbitragem 191
Cruzando fronteiras 7.1 České Budějovice, privatização, marcas registradas e testes de degustação – O que tudo isso tem a ver com a Anheuser-Busch? Budweiser, é claro! 192

Processo judicial 194
Proteção de direitos de propriedade intelectual: um problema especial **194**
    Falsificação e pirataria 195
    Proteção inadequada 196
    Uso prévio *versus* registro 197
    Convenções internacionais 197
    Outras abordagens gerenciais para proteger propriedades intelectuais 200
Legislação do ciberespaço: questões sem solução .. **201**
    Nomes de domínio e grileiros do ciberespaço ... 201
    Impostos 202
    Jurisdição das disputas e validade dos contratos 203
Lei comercial dentro dos países **204**
    Leis que regulamentam o marketing 204
    Legislação sobre o marketing verde 207
    Leis antitruste 208
Leis americanas aplicadas nos países anfitriões ... **209**
    Lei contra a prática de corrupção no exterior 209
Cruzando fronteiras 7.2   *Tipo de correspondência que um profissional de marketing internacional não deseja ver* 210
    Leis antitruste americanas aplicáveis a mercados externos 210
    Lei antiboicote americana 211
    Extraterritorialidade das leis americanas 211
Restrições às exportações **212**
    Leis de segurança nacional americanas 213
Cruzando fronteiras 7.3   *Misturar política e segurança traz consequências* 214
    Determinação de exigências à exportação 214
    Elain, Stela, Eric e Snap 216

Parte 3   Avaliação das oportunidades do mercado global

8. Desenvolvimento da visão global por meio da pesquisa de marketing 218
    Perspectiva global   Japão: mercado-piloto mundial 219
    Amplitude e escopo da pesquisa de marketing internacional **221**
    Processo de pesquisa **222**
    Definição do problema e proposição dos objetivos de pesquisa **222**
    Problemas de disponibilidade e utilização de dados secundários **223**
        Disponibilidade de dados 223
Cruzando fronteiras 8.1   *Dor de cabeça? Tome duas aspirinas e descanse* 224
        Confiabilidade dos dados 224
        Comparabilidade dos dados 225
        Validação de dados secundários 225
    Coleta de dados primários: pesquisa quantitativa e qualitativa **226**
    Problemas na coleta de dados primários **228**
        Capacidade para transmitir opiniões 228
        Disposição para responder 229
        Amostragem em pesquisas de campo 230
Cruzando fronteiras 8.2   *O francês é especial* 231
        Idioma e compreensão 231
Pesquisa multicultural: problema especial **234**
Pesquisa na internet: oportunidade crescente **235**
Estimativa da demanda de mercado **236**
    Opinião de especialistas 237
    Analogia 237
Cruzando fronteiras 8.3   *Previsão do mercado de serviços de saúde global* 239
Problemas na análise e interpretação das informações da pesquisa **239**
Responsabilidade pela condução da pesquisa de marketing **240**
Comunicação com os tomadores de decisões **241**
Apêndice: fontes de dados secundários **244**
    A. *Sites* relacionados ao marketing internacional 245
    B. Fontes do governo americano 245
    C. Outras fontes 246

9. Desenvolvimento econômico nas Américas 248
    Perspectiva global   Dessincronose? É alguma coisa que George Clooney pegou em *Amor Sem Escalas?* 249
    Marketing e desenvolvimento econômico **250**
        Estágios do desenvolvimento econômico 252
        Fatores do crescimento econômico 253
        Tecnologia da informação, internet e desenvolvimento econômico 255
        Objetivos dos países em desenvolvimento 255
        Infraestrutura e desenvolvimento 256
        Contribuições do marketing 257
    Marketing nos países em desenvolvimento **257**
        Nível de desenvolvimento do mercado 257
Cruzando fronteiras 9.1   *Marketing no Terceiro Mundo: ensino, determinação de preços e uso pela comunidade* 259
        Demanda nos países em desenvolvimento 260
    Grandes mercados emergentes (GMEs) **262**
    Américas **263**
        Acordo Norte-Americano de Livre-Comércio (Nafta) 263
Cruzando fronteiras 9.2   *Nova tentativa da Taco Bell* 264
Cruzando fronteiras 9.3   *Em Québec, a Pepsi tem preferência* 266
    Estados Unidos e Acordo de Livre-Comércio da América Central-República Dominicana (Alcac-RD) **267**
        Mercado Comum do Sul (Mercosul) 269
        Desenvolvimento da América Latina 269
        Cooperação econômica na América Latina 270
        Nafta para a Alca ou Amercosul? 271
    Implicações estratégicas para o marketing **271**

10. **Europa, África e Oriente Médio** 274

    Perspectiva global   Será que o livre-comércio consegue levar paz ao Oriente Médio?................. 275

    La raison d'être.. 277

        Fatores econômicos................................... 277

        Fatores políticos... 278

        Proximidade geográfica e de fuso horário........ 278

        Fatores culturais... 278

    Padrões de cooperação multinacional 279

    Mercados globais e grupos de mercado multinacional 280

    Europa.. 280

        Integração europeia................................... 280

        União Europeia.. 284

    Cruzando fronteiras 10.1   *Perda na tradução* 285

    Cruzando fronteiras 10.2   *Morte do dracma* 287

        Europa Oriental e Países Bálticos................ 287

        Comunidade dos Estados Independentes....... 289

    Cruzando fronteiras 10.3   *Recusando-se a passar o gás adiante* 290

    África 291

    Oriente Médio 294

    Cruzando fronteiras 10.4   *Dos Estados Unidos a Dubai e depois ao Irã, ilegalmente* 295

    Implicações para a integração de mercado........... 296

        Implicações estratégicas............................... 296

    Indicadores de mercado 298

        Implicações para o marketing *mix* 299

11. **Região da Ásia-Pacífico** 302

    Perspectiva global   Walmart, Tide e vinho com três cobras 303

    Crescimento dinâmico na região da Ásia-Pacífico.... 304

        Grande China... 304

        Japão.. 308

        Índia.. 311

    Cruzando fronteiras 11.1   *Infraestrutura: Índia*............ 312

        Quatro "Tigres Asiáticos"............................ 313

        Vietnã.. 313

    Cruzando fronteiras 11.2   *Benefícios da tecnologia da informação para a vida dos aldeões* 314

    Mercados da base da pirâmide (MBPs) 315

    Indicadores de mercado 316

    Associações comerciais da região da Ásia-Pacífico .. 318

        Associação das Nações do Sudeste Asiático (Ansa) e Ansa + 3 318

        Cooperação Econômica da Ásia-Pacífico (Apec).. 320

    Enfoque sobre a diversidade na China................. 320

        Nordeste da China: área industrial central de longa data.. 322

    Cruzando fronteiras 11.3   *Lidando com os dialetos na China: alguns comentários* 323

        Pequim-Tianjin... 324

        Xangai e Delta do Rio Yang-Tsé................. 325

        Delta do Rio das Pérolas............................ 325

    Cruzando fronteiras 11.4   *Mudanças culturais e difusão das celebrações provenientes do sul* 326

    O outro bilhão 326

    Diferenças no estilo de negociação comercial na Grande China.. 327

    Oportunidades de marketing na Grande China ... 328

Parte 4   Desenvolvimento de estratégias de marketing globais

12. **Gestão de marketing global: planejamento e organização**........................ 330

    Perspectiva global   Os britânicos vendem outra preciosidade 331

    Gestão de marketing global............................... 332

        Estilo Nestlé: evolução, não revolução 335

        Benefícios do marketing global 336

    Cruzando fronteiras 12.1   *Móveis suecos "para levar"*.. 337

    Cruzando fronteiras 12.2   *Apple busca parcerias ao redor do mundo*...................................... 338

    Planejamento para mercados globais 338

        Objetivos e recursos da empresa................ 339

        Comprometimento internacional................ 339

        Processo de planejamento.......................... 340

    Opções de estratégia de entrada no mercado 344

        Exportação 345

        Acordos contratuais 346

    Cruzando fronteiras 12.3   *Os homens que seriam os reis da pizza*... 348

        Alianças estratégicas internacionais................ 349

        Investimento direto no exterior 353

    Organização da concorrência global 354

        Centro de decisões 356

        Organizações centralizadas *versus* descentralizadas 356

13. **Produtos e serviços de consumo**................. 358

    Perspectiva global   Disney tenta a sorte novamente.. 359

    Qualidade.. 360

        Definição de qualidade 361

    Cruzando fronteiras 13.1   *Qualidade da comida é questão de gosto*.. 362

        Manutenção da qualidade 362

        Exigências físicas ou legais e adaptação............ 363

        Marketing verde e desenvolvimento de produtos 364

    Cruzando fronteiras 13.2   *Na Alemanha, os videogames com nu frontal são liberados, mas as cenas de sangue são verboten* 365

    Produtos e cultura 366

    Cruzando fronteiras 13.3   *Sementes para a moda: movimentos de contracultura orientais versus ocidentais e breve análise sobre as lolitas góticas de Harajuku, Japão*.................................. 367

        Produtos inovadores e adaptação................ 368

        Difusão de inovações................................. 369

    Cruzando fronteiras 13.4   *Vendendo café no Japão, um país em que se toma chá* 371

Produção de inovações.................................. 372
Análise dos componentes do produto para adaptação **373**
    Componente essencial.. 374
    Componente de embalagem............................... 374
Cruzando fronteiras 13.5   *D'oh! Ou apenas* dough *em Dubai?* 375
    Componente de serviços de suporte 376
Cruzando fronteiras 13.6   *Então, seu computador não funciona?* 377
Marketing global de serviços de consumo **378**
    Oportunidades de serviços nos mercados globais 378
Cruzando fronteiras 13.7   *Só para estudar*..................... 380
    Barreiras à entrada de serviços de consumo em mercados globais 380
Marcas nos mercados internacionais..................... **382**
    Marcas globais 385
    Marcas nacionais.. 387
    Efeito do país de origem e marcas globais 387
    Marcas próprias.. 390

14. Produtos e serviços empresariais **392**
    Perspectiva global   **Intel, o** *boom* **e o inescapável fracasso** **393**
    Cruzando fronteiras 14.1   *As estatísticas comerciais não contam toda a história*.................................. 395
Demanda nos mercados globais de *business to business*.. **395**
    Instabilidade da demanda industrial.................. 396
    Estágios de desenvolvimento econômico........... 399
    Tecnologia e demanda de mercado.................... 399
Cruzando fronteiras 14.2   *Complexo militar de consumo? Sony vende para as forças armadas* 400
Qualidade e normas globais..................................... **401**
    Qualidade é definida pelo comprador 401
Cruzando fronteiras 14.3   *Sim, as opiniões sobre o sistema métrico de fato diferem*................................. 403
    Certificação ISO 9000: norma de qualidade internacional 404
Serviços empresariais.. **406**
    Serviços pós-venda 406
    Outros serviços empresariais............................. 408
Feiras comerciais: parte crucial do marketing *business to business* **409**
Cruzando fronteiras 14.4   *Chega de dores nos pés, mas e o tanque russo de 15 toneladas?* 411
Marketing de relacionamento nos contextos *business to business* **412**

15. Canais de marketing internacional.............. **418**
    Perspectiva global   **Central Perk em Pequim** **419**
Estruturas do canal de distribuição **420**
    Estrutura de distribuição direcionada às importações 421
    Estrutura de distribuição japonesa 422
Cruzando fronteiras 15.1   *Lojas grandes e com aparência idêntica nem sempre funcionam*........... 424

    Tendências: das estruturas de canal tradicionais às modernas 424
Padrões de distribuição... **427**
    Padrões de varejo 428
Cruzando fronteiras 15.2   *Tudo depende do significado de "insatisfeito"*................................. 429
Opções de intermediário.. **430**
    Intermediários do país de origem 431
    Intermediários estrangeiros............................... 434
    Intermediários afiliados ao governo.................. 435
Fatores que afetam a escolha dos canais **435**
    Custo.. 435
    Capital (necessidade de fundos próprios).......... 436
    Controle... 436
    Cobertura 436
    Característica 437
    Continuidade 438
Gestão de canais.. **438**
    Localizar intermediários.................................... 438
    Selecionar intermediários 438
    Motivar os intermediários 439
Cruzando fronteiras 15.3   *Contornar as corcovas no mercado de camelos*.. 440
    Rescindir um contrato com um intermediário 441
    Controlar os intermediários 441
Internet **441**
Cruzando fronteiras 15.4   *Um dos vários lados sombrios da internet: defasagem crescente da oferta de órgãos cria oportunidades para intermediários on-line* 443
Logística.. **449**

16. Comunicação integrada de marketing e propaganda internacional............................ **452**
    Perspectiva global   **Barbie** *versus* **Mulan** **453**
Promoção de vendas em mercados internacionais .. **454**
Relações públicas internacionais **456**
Cruzando fronteiras 16.1   *RP na RPC* 457
Propaganda internacional....................................... **457**
Estratégias e objetivos da propaganda................... **462**
    Atributo do produto e segmentação por benefícios.. 463
    Segmentação regional 467
Mensagem: desafios à criatividade........................ **467**
    Propaganda global e o processo de comunicação 467
    Restrições legais... 471
Cruzando fronteiras 16.2   *Canadense critica severamente os Estados Unidos*............................. 472
    Limitações linguísticas....................................... 473
    Diversidade cultural 475
Cruzando fronteiras 16.3   *Objeções ao anúncio indiano não são levadas a sério* 476
    Limitações de mídia... 476
    Limitações de produção e custo........................ 476
Planejamento e análise de mídia **477**
    Fatores táticos.. 477

Cruzando fronteiras 16.4 *Temas de propaganda que funcionam no Japão, inclusive um pato domesticado* 480
Realização de campanhas e agências de propaganda **489**
Controle internacional sobre a propaganda: questões abrangentes **491**

17. Venda pessoal e gestão de vendas 494

Perspectiva global **As atribuições internacionais são fascinantes, você não acha?** 495
Criação da equipe de vendas **496**
Cruzando fronteiras 17.1 *Gestão da equipe de vendas e clientes globais* 497
Recrutamento do pessoal de marketing e de vendas **498**
    Expatriados 498
    Expatriados virtuais 499
    Cidadãos locais 500
    Cidadãos de um terceiro país 501
Cruzando fronteiras 17.2 *É a Avon ou não que está chamando?* 502
    Restrições do país anfitrião 502
Seleção do pessoal de marketing e de vendas **502**
Capacitação em marketing internacional **505**
Motivar a equipe de vendas **506**
Cruzando fronteiras 17.3 *Até que ponto essas reuniões são importantes?* 507
Desenvolver sistemas de remuneração **508**
    Para expatriados 508
    Para uma equipe de vendas global 508
Avaliação e supervisão dos representantes de vendas **511**
Preparação de uma equipe americana para atribuições no exterior **512**
    Superação da relutância em aceitar uma atribuição no exterior 512
    Diminuição da taxa de retornos prematuros 513
    Repatriação bem-sucedida de expatriados 514
Desenvolver uma consciência cultural **515**
Perfil mutável do gerente global **516**
Cruzando fronteiras 17.4 *Um olhar em direção ao futuro: líderes internacionais do amanhã? Educação para o século XXI* 517
Habilidade para falar outros idiomas **518**

18. Determinação de preços para os mercados internacionais 520

Perspectiva global **Guerra de preços** 521
Política de determinação de preços **522**
Cruzando fronteiras 18.1 *Recônditos do mercado cinza do iPhone* 523
    Objetivos da determinação de preços 523
    Importações paralelas 524
Métodos de determinação de preços internacionais **526**

Determinação de preço de custo total *versus* determinação de preço de custo variável 526
Cruzando fronteiras 18.2 *Não aperte o Charmin, Sr. Whipple – ou então mude a cor* 527
    Determinação de preço de desnatamento *versus* determinação de preço de penetração de mercado 527
Escalada de preços **529**
    Custos de exportação 529
    Impostos, tarifas e custos administrativos 529
    Inflação 530
    Deflação 530
    Flutuações da taxa de câmbio 531
    Discrepância entre moedas 532
    Custos com intermediários e transporte 532
Exemplos do efeito da escalada de preços **533**
Métodos para diminuir a escalada de preços **534**
    Redução do custo das mercadorias 534
Cruzando fronteiras 18.3 *O que significa ser humano? Um aumento de 5,2%, é isso o que significa!* 535
    Redução das tarifas 535
    Redução dos custos de distribuição 536
    Utilização de zonas de comércio exterior para diminuir a escalada de preços 537
    Venda a preços inferiores aos normais ou ao custo (*dumping*) 538
***Leasing* nos mercados internacionais** **539**
Contracomércio como instrumento de determinação de preços **539**
    Problemas do contracomércio 540
    Internet e contracomércio 541
Cotações de preço **541**
Cruzando fronteiras 18.4 *Tática psicológica de determinação de preços na China, o 8 da sorte* 542
Determinação de preços administrados **542**
    Cartéis 543
    Determinação de preços influenciada pelo governo 544
Recebimento de pagamentos: transações comerciais no estrangeiro **545**
    Cartas de crédito 545
    Letras de câmbio 547
    Pagamento antecipado 547
    Contas em aberto 547
    Forfaiting 547

Parte 5 Implantação de estratégias de marketing globais

19. Negociação com clientes, parceiros e agências regulatórias internacionais 550

Perspectiva global ***Aisatsu* japonês** 551
Perigos dos estereótipos **553**
Impacto difuso da cultura sobre o comportamento nas negociações **554**
    Diferenças no idioma e nos comportamentos não verbais 555

Cruzando fronteiras 19.1 *Fisionomias inexpressivas e injeções de Botox*........ 559

    Diferenças nos valores 561

    Diferenças nos processos de raciocínio e tomada de decisões 563

Implicações para gestores e negociadores............. 564

    Equipes de negociação 564

    Preliminares das negociações............. 566

Cruzando fronteiras 19.2 *Impacto da comunicação digital sobre as negociações internacionais* 569

    À mesa de negociações 569

Cruzando fronteiras 19.3 *Pescando negócios no Brasil* 572

    Após as negociações 574

Negociações internacionais criativas 575

Conclusões 576

Parte 6 Conteúdo complementar

Agenda do país: guia para desenvolver um plano de marketing... 579

    I. Análise cultural 580

    II. Análise econômica 582

    III. Auditoria de mercado e análise do mercado concorrente 584

    IV. Plano de marketing preliminar............ 585

Estudos de caso

Esses estudos podem ser encontrados *on-line*, em www.grupoa.com.br.

1. **Visão geral**
   1.1 Starbucks – Going global fast
   1.2 Nestlé: the infant formula controversy
   1.3 Coca e Pepsi aprendem a concorrer na Índia
   1.4 Marketing microwave ovens to a new market segment
2. **O ambiente cultural do marketing global**
   2.1 O mundo não tão maravilhoso da EuroDisney – As coisas estão melhores agora na Disneyland Resort Paris
   2.2 Cultural norms, fair & lovely, and advertising
   2.3 Starnes-brenner machine tool company: to bribe or not to bribe?
   2.4 Ethics and airbus
   2.5 Coping with corruption in trading with China
   2.6 When international buyers and sellers disagree
   2.7 McDonald's e obesidade
   2.8 Ultrasound machines, India, China, and a skewed sex ratio
3. **Avaliação das oportunidades do mercado global**
   3.1 International marketing research at the Mayo Clinic
   3.2 Mais veloz, mais alto, mais forte e mais querido
   3.3 Marketing to the bottom of the pyramid
   3.4 Crescimento contínuo da Zara e da Inditex
   3.5 A Sea Launch recovery?
4. **Desenvolvimento de estratégias de marketing globais**
   4.1 Tambrands: superando a resistência cultural
   4.2 Iberia Airlines builds a Batna
   4.3 Sales negotiations abroad for MRI Systems
   4.4 National office machines – motivating japanese salespeople: straight salary or commission?
   4.5 Aids, condoms, and carnival
   4.6 Making socially responsible and ethical marketing decisions: selling tobacco to third world countries

Glossário 589

Créditos 600

Índice de nomes 602

Índice 611

MARKETING
INTERNACIONAL

Capítulo 1
Escopo e desafio do marketing internacional

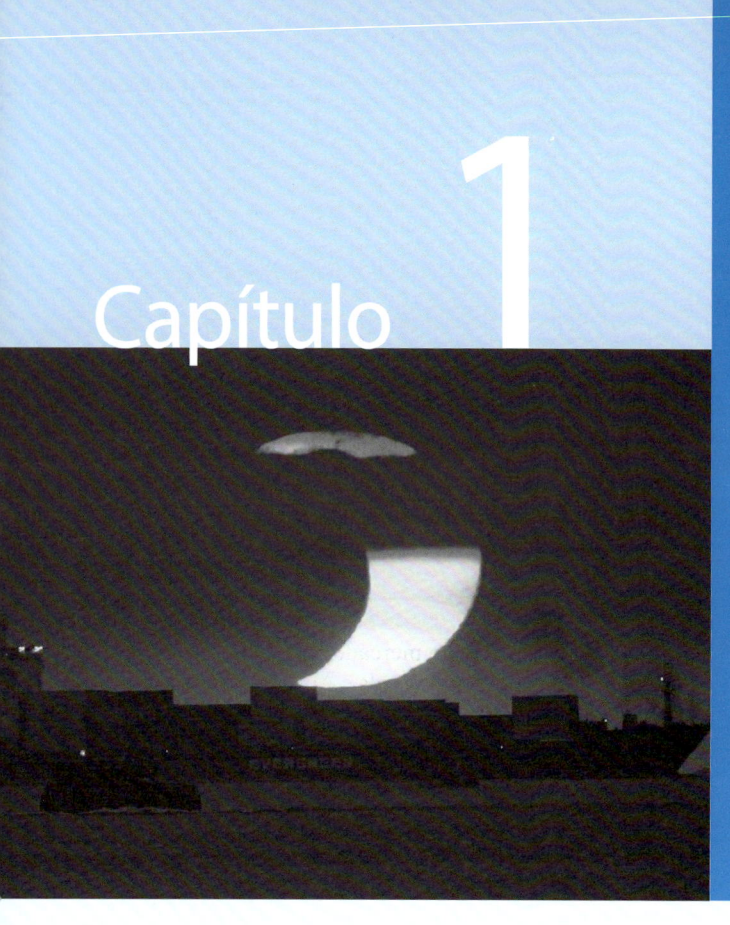

SUMÁRIO

- Perspectiva global

    Comércio global desencadeia a paz
- Internacionalização dos negócios americanos
- Definição de marketing internacional
- Desafio do marketing internacional
    - Fatores de decisão de marketing
    - Aspectos do ambiente doméstico
    - Aspectos do ambiente estrangeiro
- Necessidades de adaptação ambiental
- Critério de autorreferência e etnocentrismo: principais obstáculos
- Desenvolvimento de uma consciência global
- Etapas de envolvimento com o marketing internacional
    - Sem marketing exterior direto
    - Marketing exterior irregular
    - Marketing exterior regular
    - Marketing internacional
    - Marketing global
- Orientação do livro sobre marketing internacional

OBJETIVOS DE APRENDIZAGEM

- **OA1** Benefícios dos mercados internacionais
- **OA2** Face mutável dos negócios americanos
- **OA3** Escopo do desafio do marketing internacional
- **OA4** Importância do critério de autorreferência (CAR) no marketing internacional
- **OA5** Crescente importância da consciência global
- **OA6** Evolução do profissional de marketing que se torna global

Visão geral — PARTE UM

Perspectiva global
COMÉRCIO GLOBAL DESENCADEIA A PAZ

O comércio global cresce em tempos de paz. O *boom* econômico na América do Norte no final da década de 1990 foi provocado em grande parte pelo fim da Guerra Fria e pela abertura dos países ex-comunistas ao sistema mundial de comércio. Entretanto, devemos também compreender a importante função que o comércio e o marketing internacional desempenham na instauração da paz.

A Boeing Company, maior exportadora dos Estados Unidos, talvez seja o exemplo mais proeminente. Embora muitos possam argumentar que as vendas militares (aeronaves e mísseis) da Boeing na verdade não promovem a paz, tendo em vista a maior parte da história dessa empresa, esse segmento sempre representou apenas 20% de sua atividade comercial. Até 2002, de seus US$ 60 bilhões em receitas anuais, cerca de 65% provinham de vendas de jatos comerciais ao redor do mundo, e os outros 15%, de tecnologias espaciais e de comunicação. Lamentavelmente, esses números históricos são distorcidos pelos gastos das forças armadas americanas e pelos danos provocados no turismo pelo terrorismo.[1] Todavia, ainda assim a empresa conta com clientes em mais de 90 países e tem ao todo 158 mil funcionários nos 70 países em que atua. O novo 787 Dreamliner foi produzido com peças fabricadas em países de várias partes do mundo, como Austrália, França, Índia, Itália, Japão, Rússia e Suécia.[2] Seus mais de 12 mil jatos comerciais em operação ao redor do mundo transportam aproximadamente um bilhão de viajantes por ano. A divisão de Serviços para a Nasa da Boeing é a principal fornecedora na construção e operação da Estação Espacial Internacional, construída por 16 países e foi tripulada pela primeira vez por um americano e dois russos no outono de 2000. Sua divisão de Sistemas Espaciais e de Inteligência também fabrica e lança satélites de comunicação que influem na vida de pessoas do mundo inteiro.

Todas as atividades associadas com o desenvolvimento, a produção e a comercialização de aeronaves comerciais e veículos espaciais exigem que milhões de pessoas ao redor do mundo trabalhem em conjunto. Além disso, nenhuma empresa empreende mais do que a Boeing no sentido de possibilitar que pessoas de todos os países reúnam-se cara a cara tanto para fins de recreação quanto de comércio.[3] Todas essas interações produzem um ganho não apenas associado a relacionamentos comerciais, mas também a relacionamentos pessoais e entendimento mútuo. Este último é a base para a paz global e a prosperidade.

Outra classe de empresas que promove o diálogo global e, portanto, a paz encontra-se no setor de telefonia móvel. Ao longo de 2007, o número de assinantes de telefones móveis foi superior a 3 bilhões, e a expectativa é de que esse número ultrapasse os 4,5 bilhões em 2012. A Nokia (da Finlândia), a maior do mercado, está bem à frente das fabricantes americanas Motorola e Apple, da Samsung (da Coreia do Sul), da LG (também da Coreia do Sul) e da Sony Ericsson (do Japão e da Suécia).

As empresas individuais e de pequeno porte também contribuem para isso – talvez de maneira mais sutil do que as grandes multinacionais, mas uma contribuição igualmente importante para o todo. Nosso exemplo favorito é a empresa de Daniel Lubetzky, a PeaceWorks.

Lubetsky ganhou uma bolsa de estudos na Escola de Direito de Stanford para investigar de que forma seria possível criar *joint ventures* entre árabes e israelenses. Depois disso, seguindo a própria intuição, criou uma empresa que utilizava *pesto* de manjericão de Israel e outras matérias-primas e potes de vidro fornecidos por um parceiro árabe para produzir o primeiro produto de uma linha que ele chamou de Moshe & Ali's Gourmet Foods. Essa empresa, com sede na Park Avenue, em Nova York, atualmente vende quatro linhas de produtos diferentes em 5 mil lojas nos Estados Unidos e tem operações comerciais em Israel, no Egito, na Indonésia, na Turquia e no Sri Lanka. Entretanto, acima dos benefícios comerciais mensuráveis gerados pela cooperação entre árabes, israelenses e pessoas de outras nacionalidades, encontra-se uma valorização mútua mais perene e essencial das particularidades e da personalidade de todos os envolvidos.

O marketing internacional é um trabalho árduo. Realizar visitas de vendas não é fácil, mesmo em Paris, particularmente quando visitamos o lugar dez vezes antes. Contudo, o marketing internacional é um trabalho fundamental. Ele pode trazer prosperidade para você, sua família, sua empresa e seu país. Em última análise, quando a atividade de marketing internacional é benfeita, por grandes e pequenas empresas, é possível compreender as necessidades e os desejos dos clientes de outras regiões, e a prosperidade e a paz são promovidas ao longo do caminho.[4]

---

[1] Em 2011, aproximadamente metade da Boeing estava relacionada à área de defesa (http://www.boeing.com).
[2] W. J. Hennigan, "Dreamliner is Causing Nightmares for Boeing", *Los Angeles Times*, 15 de outubro de 2009, p. B1-B2.
[3] A fabricante europeia de aeronaves comerciais Airbus está começando a ganhar terreno, empregando 57 mil pessoas ao redor do mundo (http://www.airbus.com, acesso em 2010).
[4] Em resposta a críticas contra a globalização catalisada pela Batalha de Seattle em 1999, um corpo crescente de publicações defende o comércio como um dos principais promovedores da paz. Para analisar variados pontos de vista a respeito, consulte Jagdish Bhabwati, *In Defense of Globalization* (Oxford: Oxford University Press, 2004); Thomas L. Friedman, *The World Is Flat* (Nova York: Farrar, Straaus and Giroux, 2005);

Nos últimos 50 anos, o comércio mundial (exportação de mercadorias e serviços comerciais) teve três quedas: de 3,1%, em 1973, após a crise de petróleo da Organização dos Países Exportadores de Petróleo (Opep); de 0,3%; em 1982; e de 12% em 2009, após a derrocada financeira de 2008. O índice de crescimento mais rápido do comércio mundial – 12,5% – foi o do ano 2000. Mesmo depois dos ataques terroristas de 11 de setembro de 2001, o comércio continuou a crescer até o início da crise financeira global em 2008. Para nós, a circunstância temporária do eclipse solar parcial sobre a Baía de Manila, em janeiro de 2009, simbolizou apropriadamente essa época – particularmente o imenso declínio do tráfego de contêineres durante 2009-2010.[5]

Fontes: http://www.boeing.com e http://www.peaceworks.com – vale a pena visitar ambos os sites; os dados sobre as vendas de telefones móveis estão disponíveis em http://www.gartner.com (acesso em 2010).

OA1

Benefícios dos mercados internacionais

Ao longo da história americana, nunca antes as empresas do país, tanto grandes quanto pequenas, haviam se envolvido e sido afetadas tão profundamente pelo comércio internacional. O *boom* econômico global, inédito na história econômica moderna, dá seus sinais à medida que a campanha por eficiência, produtividade e abertura e desregulamentação dos mercados varre o mundo. Forças econômicas, tecnológicas, industriais, políticas e demográficas de grandes proporções convergem para fundar o alicerce dessa nova ordem econômica global em que será criada a estrutura de um sistema econômico e de mercado único para o mundo inteiro.

Quando escrevemos essas palavras dez anos atrás, para abrir a 11ª edição deste livro, o mundo era bastante diferente. Os Estados Unidos ainda estavam fascinados pelo *boom* da tecnologia da informação no final da década de 1990. A maioria não imaginava o fracasso que a alta tecnologia sofreria em 2001, nem os escândalos da Enron e da WorldCom. Ninguém poderia imaginar os desastres de 11 de setembro de 2001, nem mesmo os perpetradores. As guerras no Afeganistão e no Iraque ainda não estavam no horizonte. Na época, o maior conflito internacional que roubava as manchetes era a sequência de disputas entre China, Taiwan e Estados Unidos. Quem poderia ter previsto os contratempos associados com o surto da síndrome respiratória aguda grave (SRAG) na Ásia? O enorme *tsunami* no Oceano Índico em 2004 talvez também fosse impossível de prever. O preço do petróleo, cotado em mais de US$ 100 o barril, era impensável na época – o preço parecia ter atingido o pico de aproximadamente US$ 40 o barril no final de 2000.[6] Escrevemos sobre a promessa do programa espacial e da Estação Espacial Internacional, cujo futuro hoje é obscuro, tendo em vista a suspensão do programa de ônibus espaciais e os cortes orçamentários da Nasa.

Ao longo de todos esses acontecimentos, os consumidores americanos não pararam de gastar, mantendo o equilíbrio econômico mundial. As demissões temporárias em ícones industriais, como a United Airlines e a Boeing, e um mercado de trabalho geralmente difícil não abrandaram a grande ascensão do mercado habitacional americano até o outono de 2007.

Clifford J. Schultz III, Thimothy J. Burkink, Bruno Grbac e Natasa Renko, "When Policies and Marketing Systems Explode: An Assessment of Food Marketing in the War-Ravaged Balkans and Implications for Recovery, Sustainable Peace, and Prosperity", *Journal of Public Policy & Marketing*, 24, n. 1, 2005, p. 24-37; William Hernandez Requejo e John L. Graham, *Global Negotiation: The New Rules* (Nova York: Palgrave Macmillan, 2008), Capítulo 13.

[5] Ronald D. White, "Shipping Industry in Deep Water", *Los Angeles Times*, 8 de julho de 2009, p. B1-B2.
[6] Niel King Jr., Chip Cummings e Russell Gold, "Oil Hits $ 100, Jolting Markets", *The Wall Street Journal*, 3 de janeiro de 2008, p. A1, A6.

O comércio também está abrandando as tensões entre Taiwan e China[7] e entre a Coreia do Norte,[8] seus vizinhos mais próximos e os Estados Unidos. Uma linha férrea entre a Coreia do Norte e a do Sul foi aberta pela primeira vez depois de quase 60 anos para atender ao transporte de matérias-primas e de executivos do Sul, um salto para uma zona de desenvolvimento econômico especial em Kaesong, no Norte.[9]

As menores taxas de juros do governo haviam aberto uma corrida ao refinanciamento, distribuindo o dinheiro que estimulava os gastos do consumidor, mas, finalmente, no início de 2008, viam-se os primeiros sinais de enfraquecimento. Em setembro e outubro de 2008, portanto, a bolha da habitação arrebentou, e o sistema financeiro mundial ficou à beira do colapso. Os consumidores americanos, sempre fiéis, pararam de comprar, e o comércio mundial experimentou seu mais acentuado declínio em mais de 50 anos, uma queda de 12%. Prever o futuro está mais difícil do que nunca. A maioria dos especialistas acredita que o terrorismo global aumentará, e a mortandade em Bali, Madri, Londres e Mumbai parece comprovar essa previsão. Em suma, à medida que a economia global tenta recuperar-se, as tensões no comércio internacional assumem uma nova importância. A concorrência das novas empresas chinesas continua a suscitar preocupações nos Estados Unidos. Multinacionais brasileiras e indianas também estão intensificando as pressões competitivas, particularmente porque a economia desses países e outras economias emergentes tiveram maior êxito ao longo da retração econômica global mais recente.[10] Talvez a grande notícia nesses tempos um tanto quanto sombrios é que não experimentamos uma elevação nacionalista sensível no protecionismo ao comércio, tal como ocorreu na década de 1930.[11] Ademais, o crescimento constante do comércio e do balanço de pagamentos de déficits dos Estados Unidos diminiu sensivelmente durante 2009, bem como os gastos dos consumidores americanos.

O marketing internacional é afetado por esses fatores e afeta todos eles. Pela primeira vez na história, o McDonald's afastou-se dos mercados internacionais tanto na América Latina quanto no Oriente Médio.[12] As economias lentas, a concorrência crescente e o antiamericanismo tiveram impacto sobre as vendas em ambas as regiões. Aliás, a lição que se destaca para os envolvidos no comércio internacional é esperar o inesperado. Qualquer executivo experiente no comércio internacional comprovará que as coisas não saem de acordo com os planos no comércio global. Ainda assim, é necessário planejar e prever, mas os mercados, principalmente os internacionais, são em última análise imprevisíveis. Para administrar melhor as flutuações naturais que ocorrem nos mercados, é necessário construir sólidas

---

[7] "Counting Their Blessings", *The Economist*, 2 de janeiro de 2010, p. 25-28.
[8] Moises Naim, "It Didn't Happen", *Foreign Policy*, janeiro-fevereiro de 2010, p. 95-96.
[9] Richard Gibson, "McDonald's Swings to Loss on Sale of Restaurants", *The Wall Street Journal*, 24 de julho de 2007.
[10] Patrick Smith, "Taiwan and China Dance Ever Closer", *BusinessWeek*, 10 de novembro de 2008, p. 58; "Reunification by Trade", *The Economist*, 8 de agosto de 2009, p. 37-38.
[11] "North Korea Fully Opens Border Crossing", Associated Press, 17 de março de 2009.
[12] Bruce Wallace, "2 Trains Cross Korean Border", *Los Angeles Times*, 17 de maio de 2007, p. A4; Moon Ihlwan, "A Capitalist Toehold in North Korea", *BusinessWeek*, 11 de junho de 2007, p. 45; Associated Press, "North Korea Says It Gave Nuclear-Program List to U.S.", 4 de janeiro de 2008.

A aproximação entre as nações é cada vez maior. O Parlamento Europeu vota para iniciar um diálogo com a Turquia sobre sua entrada na UE. O comércio está começando a dissolver a fronteira religiosa entre a Europa cristã e a Ásia Menor muçulmana. Não obstante esse referendo positivo, a ambiguidade europeia está impelindo a Turquia a formar vínculos comerciais mais fortes com seus vizinhos árabes. Em última análise, isso pode provocar uma mudança positiva nos acontecimentos, se a Turquia, por fim, for convidada a integrar a UE.[13]

relações interpessoais e comerciais e amplos portfólios de empresas. Flexibilidade significa sobrevivência.

Talvez mais do que nunca, independentemente da vontade de participar de maneira direta do comércio internacional, hoje as empresas americanas não podem esquivar-se dos efeitos do número crescente de suas empresas que estão exportando, importando e fabricando no exterior. Tampouco podem ignorar o número de empresas com sede no exterior que atuam nos mercados americanos, o crescimento de áreas comerciais regionais, a rápida ascensão dos mercados mundiais e a quantidade crescente de concorrentes nos mercados globais.

De todos os acontecimentos e tendências que estão afetando o comércio global atualmente, quatro evidenciam-se como os mais dinâmicos, aqueles que influenciarão o formato do comércio internacional um pouco à frente das "estradas acidentadas" do presente e em um futuro mais longínquo: (1) o rápido crescimento da Organização Mundial do Comércio (OMC) e de áreas regionais de livre-comércio, como a Área de Livre--Comércio Norte-Americano e a União Europeia (UE); (2) a tendência em direção à aceitação do sistema de livre-mercado entre os países em desenvolvimento na América Latina, na Ásia e no Leste Europeu; (3) o impacto explosivo da internet, dos telefones celulares e de outras mídias globais sobre a dissolução de fronteiras nacionais; e (4) a obrigação de administrar apropriadamente os recursos naturais e o ambiente global para as gerações que estão por vir.

Hoje, o escopo da maioria das atividades de negócios é global. Tecnologia, pesquisa, investimento de capital e produção, bem como comercialização, distribuição e redes de comunicação, todos esses fatores têm dimensão global. As empresas devem estar preparadas para concorrer em uma economia global e em um ambiente físico cada vez mais interdependente, e todos os executivos e empresários devem estar atentos aos efeitos dessas tendências ao gerenciar tanto uma empresa doméstica que exporta quanto um conglomerado multinacional. Como observou um especialista internacional, toda empresa americana é internacional, pelo menos na medida em que seu desempenho comercial é em parte determinado por acontecimentos externos. Mesmo aquelas que não atuam na esfera internacional são afetadas até certo ponto pelo sucesso da UE, pelo crescimento liderado pelas exportações na Coreia do Sul, pela economia mexicana revitalizada, pelas mudanças econômicas que vigoram na China, por conflitos militares no Oriente Médio e por mudanças climáticas.

O desafio do marketing internacional é desenvolver planos estratégicos competitivos nesses mercados cada vez mais globais. Para um número crescente de empresas, ser internacional não é mais um luxo, mas uma necessidade para sua sobrevivência econômica. Essas e outras questões que estão influenciando a economia, o comércio, os mercados e a concorrência em âmbito mundial são discutidas ao longo deste livro.

Internacionalização dos negócios americanos

O atual interesse pelo marketing internacional pode ser explicado pela mudança constante das estruturas de concorrência, bem como por mudanças nas características da demanda em mercados do mundo inteiro. Em vista da globalização crescente dos mercados, na visão das empresas elas estão inevitavelmente entrelaçadas com clientes, concorrentes e fornecedores estrangeiros, mesmo dentro de suas fronteiras. Elas enfrentam concorrência em todos os

---

[13] "Looking East and South", *The Economist*, 31 de outubro de 2009, p. 57-58.

CRUZANDO FRONTEIRAS 1.1 — O que os camponeses franceses, os pescadores chineses e os hackers russos têm em comum?

Todos eles podem abalar os esforços de marketing das empresas americanas internacionais. Milhares de defensores e ativistas reuniram-se recentemente para demonstrar seu apoio a um criador de ovelhas francês em julgamento por ter vandalizado um restaurante McDonald's local. José Bové tornou-se o mito internacional da antiglobalização. Líder da Confederação dos Camponeses Franceses, ele demonizou a cadeia de *fast-food* ao retratá-la como símbolo da "hegemonia" do comércio americano e da globalização econômica. Bové e mais nove camponeses ficaram seis semanas presos e pagaram fiança por destruir parte do restaurante. Há pouco tempo, Bové voltou para a prisão, dessa vez para cumprir uma pena de dez meses, por destruir lavouras de arroz e milho geneticamente modificados (transgênicos).

Pescadores locais exigiram a suspensão da recuperação e dragagem de uma baía perto de Hong Kong, onde a Disney construiu a Disneylândia de Hong Kong. Pesquisadores alegaram que o trabalho teria diminuído sensivelmente a qualidade da água perto do local para níveis bem piores do que o previsto, matando uma enorme quantidade de peixes. Segundo o porta-voz dos pescadores, eles perderam cerca de US$ 30 milhões em virtude da dizimação dos estoques de peixes e da quantidade de peixes doentes.

Em uma década, São Petersburgo tornou-se a capital dos hackers russos. Supostamente, trata-se das mesmas pessoas que invadiram a rede interna da Microsoft. A cidade russa da ciência transformou-se no eixo dos crimes de computador de alta tecnologia. Inúmeros estudantes, professores e especialistas em informática infiltram-se nos computadores, considerando-se membros de uma estimulante subcultura que aumentou desde a queda do comunismo. Os programas são copiados no mercado negro; o Windows pirata mais recente chega à Rússia meses depois de seu lançamento no Ocidente. Sim, fianças e penas de prisão são as consequências para quem é pego. Contudo, os computadores podem ser acessados rapidamente nas universidades e cada vez mais nas residências.

Fontes: Agnes Lam, "Disney Dredging Killing Fish", *South China Morning Post*, 5 de novembro de 2000, p. 4; John Tagliabue, "Activist Jailed in Attack on Modified Crops", *The New York Times*, 27 de fevereiro de 2003, p. 6; "Citi Expands Denial of Summer Breach", *American Banker*, 28 de dezembro de 2009, p. 8; Ben Worthen, "Private Keeps Mum on Cyber Attacks", *The Wall Street Journal*, 19 de janeiro de 2010, p. B4.

OA2 — Face mutável dos negócios americanos

campos – de empresas domésticas e de conglomerados internacionais. Uma enorme porcentagem dos produtos de consumo – de tocadores de CD a aparelhos de jantar – vendidos nos Estados Unidos é fabricada no exterior. Sony, Norelco, Samsung, Toyota e Nescafé são marcas conhecidas nos Estados Unidos e, para a indústria americana, são oponentes temíveis nessa batalha competitiva por mercados americanos e mundiais.

Várias empresas americanas conhecidas no momento são controladas por estrangeiros ou estão caminhando para essa direção. Quando você para em uma loja de conveniências 7-Eleven ou compra pneus Firestone, está comprando diretamente de empresas japonesas. Algumas marcas famosas que não são mais propriedade de empresas americanas são a Carnation (suíça), o *The Wall Street Journal* (australiano) e a Smith & Wesson, fabricante de pistolas americanas que obteve a U.S. West, que é propriedade de uma empresa britânica. A última empresa de propriedade americana a fabricar televisores foi a Zenith, mas até mesmo ela foi adquirida pela sul-coreana LG Electronics, Inc., que fabrica a TV Goldstar e outros produtos. A Pearle Vision, a Universal Studios e muitas outras empresas atualmente pertencem ou são controladas por multinacionais estrangeiras (Figura 1.1). O investimento estrangeiro nos Estados Unidos é superior a US$ 23,4 trilhões.[14] Empresas do Reino Unido encabeçam o grupo de investidores, seguidas por empresas dos Países Baixos, do Japão, da Alemanha e da Suíça, nessa sequência.

Outras multinacionais que entraram no mercado americano exportando seus produtos para os Estados Unidos conseguiram uma participação de mercado suficiente para justificar a construção e a compra de instalações fabris nesse país. Honda, BMW e Mercedes estão fabricando nos Estados Unidos. Há investimentos também na direção oposta. A Ford comprou a Volvo; a PacifiCorp adquiriu o Energy Group, a maior fornecedora de eletricidade do Reino Unido e a segunda maior distribuidora de gás; e a Wisconsin Central Transportation, empresa ferroviária americana de médio porte, controla todas as operações de transporte ferroviário do Reino Unido e opera o trem particular da rainha da Inglaterra por meio de sua unidade inglesa, a Welsh & Scottish Railway. Esta última adquiriu também a empresa que administra o transporte ferroviário no Eurotúnel. Os investimentos feitos por multinacionais americanas no estrangeiro não são novidade, considerando que elas estão em massa

---

[14] http://www.bea.gov (acesso em junho de 2010).

Figura 1.1
Aquisições estrangeiras de empresas americanas.

Fonte: Dados compilados dos relatórios anuais das empresas listadas em bolsa, 2010.

Empresas/marcas americanas	Proprietário estrangeiro
Firestone (pneus)	Japão
Ben & Jerry's (sorvetes)	Reino Unido
CITGO	Venezuela
Burger King (*fast-food*)	Reino Unido
Random House (editora)	Alemanha
The Wall Street Journal	Austrália
Oroweat (pães)	México
Smith & Wesson (armas)	Reino Unido
RCA (televisores)	França/China
Chef America (*hot pockets* – sanduíches prontos para aquecer – e outras comidas)	Suíça
Huffy Corp. (bicicletas)	China
Swift & Company (carnes embaladas)	Brasil
Barneys New York (varejista)	Dubai
Columbia Pictures (filmes)	Japão
T-Mobile	Alemanha
Budweiser	Bélgica
Frigidaire	Suécia
Church's Chicken	Bahrein
Genentech	Suíça

pelo mundo afora desde o fim da Segunda Guerra Mundial, comprando empresas e investindo em instalações fabris. O que é relativamente novo para os executivos americanos é o fato de seus concorrentes globais estarem competindo com eles em "seu" mercado, os Estados Unidos. Um dos concorrentes mais interessantes é o Chivas USA, time de futebol mexicano que joga suas partidas no sul da Califórnia.

Outrora propriedade privada das empresas domésticas, o vasto mercado americano que ofereceu oportunidade para o crescimento contínuo agora deve ser repartido com uma série de empresas e produtos estrangeiros. Empresas presentes apenas nos mercados domésticos estão enfrentando uma dificuldade crescente para manter seus índices de crescimento habituais, e muitas estão procurando mercados estrangeiros em que possam expandir-se. Para as

Com o Acordo Norte-Americano de Livre-Comércio (North American Free Trade Agreement – Nafta), entraram no mercado duas marcas mexicanas bastante proeminentes. A Gigante, uma das maiores cadeias de supermercados do México, agora tem várias lojas no sul da Califórnia. A de Anaheim, mostrada na foto, é um exemplo. Suas prateleiras abrigam uma variedade de produtos panificados da marca Bimbo. O Grupo Bimbo, multinacional mexicana em ascensão, recentemente comprou marcas americanas como Oroweat, Webers e Mrs. Baird's Bread.

CRUZANDO FRONTEIRAS 1.2 — *Blanca Nieves, La Cenicienta* e *Bimbo* (Branca de Neve, Cinderela e Bimbo)

Bimbo é um nome de produto formidável. Mas também é um bom exemplo das dificuldades encontradas para comercializar um produto no exterior. O *Webster's* define *bimbo* como "[...] uma palavra depreciativa para designar uma pessoa atraente, mas de cabeça oca, uma prostituta ou vagabundo".

Entretanto, na Espanha, no México e em outros países de língua espanhola, o significado da palavra *bimbo* não é pejorativo. Aliás, com frequência ela é simplesmente associada com o logo do ursinho branco da Bimbo, a marca de pães mais popular do México que, depois do Nafta, se estendeu de norte a sul suas divisões corporativas. Por exemplo, essa empresa mexicana há pouco tempo adquiriu marcas americanas da Best Foods, a Mrs. Baird's Bread, marca local mais popular em Dallas, Texas, e a Fargo, a marca de pães mais popular na Argentina. Hoje, podemos ver nas estradas caminhões de 18 rodas transportando produtos Bimbo na Interestadual 5, em direção ao norte, para seus vizinhos latinos no sul da Califórnia e para outros lugares mais longínquos.

Talvez seja por causa da Bimbo que as autoridades municipais de Anaheim temam tanto a entrada da marca Gigante na cidade – cadeia de supermercados mexicana que vende pães doces da Bimbo, *tomatillos* (tomates verdes), peras de cacto e outros produtos prediletos dos mexicanos. A Gigante já possuía três lojas no Condado de Los Angeles, mas seu pedido para abrir um novo mercado próximo do "lugar mais feliz do mundo" foi negado pela prefeitura. Fez-se necessário perguntar se a Disneylândia, a maior empregadora de Anaheim, não estaria preocupada com a justaposição da marca Bimbo e de seus principais personagens, a pequena, loira e tipicamente americana Alice e suas congêneres do cinema. Na verdade, poderíamos argumentar mais justificadamente que a situação difícil entre a Gigante e a cidade de Anaheim tratava-se mais de uma mistura de nacionalismo, xenofobia e até racismo. A câmara municipal, por fim, foi forçada a permitir a entrada da Gigante.

As empresas americanas muitas vezes enfrentaram problemas semelhantes quando se expandiram ao redor do mundo. Um exemplo é o nacionalismo francês. Os camponeses franceses são bastante conhecidos por seus protestos – como arremessar costeletas de cordeiro e coisas parecidas em representantes do comércio. Ou, ainda melhor, são as observações feitas pelo ministro da Cultura, Jack Lang, sobre a Cartoon Network americana: "Devemos contra-atacar essa agressão americana. É inaceitável que determinados grupos audiovisuais norte-americanos colonizem descaradamente nossos países".

Pense agora no medo e na repugnância de americanos em relação à "colonização japonesa" na década de 1920 e na década de 1980. Essa xenofobia perceptível transformou-se em racismo quando os americanos atiravam pedras em automóveis Toyota e Honda, e não nos Volkswagen e BMW, ou quando censuravam a aquisição japonesa de empresas americanas e ignoravam o fato de os alemães terem se empanturrado com a aquisição de empresas como Bankers Trust, Random House e Chrysler.

A atual interdição da Petróleos Mexicanos (Pemex) a investimentos americanos no setor de petróleo e gás do México é um bom exemplo de nacionalismo. Entretanto, se a compra da Arco pela British Petroleum não apresenta nenhum problema, mas a compra da Houston's Southdown pela gigante do cimento Cemex apresenta, isso significa que o racismo está presente.

Um paradoxo impiedoso com relação aos problemas da Gigante em Anaheim pode ser constatado nitidamente fazendo um breve *tour* por Tijuana. Ao longo da última década, a mudança na fachada do comércio varejista de Tijuana foi notável. Nessa cidade fronteiriça, após o Nafta, marcas como McDonald's, Costco, Smart & Final e outras americanas dominam as placas de sinalização.

Fontes: John L. Graham, "Blanca Nieves, La Cenicienta, y Bimbo", *La Opinión*, 22 de fevereiro de 2002, p. C1 (traduzido do espanhol); Clifford Kraus, "New Accents in the U.S. Economy", *The New York Times*, 2 de maio de 2007, p. C1, C14; "Grupo Bimbo", *American Lawyer*, abril de 2009, p. 38-40.

---

empresas que operam no exterior, as receitas geradas no estrangeiro estão contribuindo de maneira geral para o total dos lucros corporativos. Um estudo de quatro anos da Conference Board sobre 1.250 empresas industriais americanas constatou que multinacionais de todos os portes e de todos os setores superam o desempenho de suas equivalentes americanas estritamente domésticas. Elas apresentam um crescimento de vendas duas vezes mais rápido, e os retornos sobre o patrimônio e sobre os ativos são significativamente superiores. Além disso, as multinacionais americanas diminuíram suas contratações no setor fabril, tanto interna quanto externamente, mais do que as empresas domésticas. Outro estudo indica que, não obstante as diversas dificuldades associadas à internacionalização, em média o valor das empresas aumentou em virtude da diversificação global.[15] Aliás, pelo menos periodicamente, os índices de lucro provenientes de empreendimentos internacionais superaram os lucros gerados pelas operações domésticas no caso de várias empresas multinacionais.[16]

---

[15] John A. Doukas e Ozgur B. Kan, "Does Global Diversification Destroy Firm Value?", *Journal of International Business Studies*, 37, 2006, p. 352-371.
[16] Justin Lahart, "Behind Stock's Run at Record", *The Wall Street Journal*, 25 de abril de 2007, p. C1-C2.

Figura 1.2
Empresas americanas proeminentes e respectivas vendas internacionais.

Fonte: Dados compilados dos relatórios anuais das empresas listadas em bolsa, 2010.

Empresa	Receitas globais/bilhões	Porcentagem das receitas provenientes de fora dos EUA
Walmart	US$ 401,20	24,6%
Ford Motor	146,30	51,9
General Electric	182,50	53,7
CitiGroup	52,80	74,8
Hewlett-Packard	118,40	68,2
Boeing	60,90	38,9
Intel	37,60	85,4
Coca-Cola	31,90	77,0
Apple	36,50	46,0
Starbucks	10,40	20,8

A Figura 1.2 mostra como as receitas geradas sobre os investimentos no exterior são importantes para as empresas americanas. Em muitos casos, as vendas internacionais foram superiores às vendas domésticas, o que demonstra o alcance global dessas marcas americanas. O desempenho da Apple foi o mais impressionante. O volume total de receitas dessa empresa explodiu de apenas US$ 6 bilhões em 2003 para US$ 24 bilhões em 2007. Entretanto, a Apple manteve seu nível tradicional de mais de 40% de receitas provenientes do exterior.

As empresas que até recentemente nunca haviam se arriscado no exterior agora estão procurando mercados externos. Aquelas que operam no exterior sabem que precisam ficar mais competitivas para superar as multinacionais estrangeiras. Elas concluíram que é necessário despender mais dinheiro e tempo para melhorar seu posicionamento de marketing no exterior, pois a disputa por esses mercados em ascensão está se intensificando. No caso das empresas que estão investindo pela primeira vez em marketing internacional e daquelas experientes, a exigência em geral é mesma: comprometimento total e incondicional com os mercados estrangeiros e, para muitas delas, novos métodos operacionais.

Definição de marketing internacional

Marketing internacional é a execução de atividades de negócios concebidas para planejar, precificar, promover e direcionar o fluxo dos produtos e dos serviços de uma empresa para consumidores ou usuários em mais de uma nação, em prol da lucratividade. A única diferença entre as definições de marketing doméstico e marketing internacional é que no último caso as atividades de marketing ocorrem em mais de um país. Essa diferença aparentemente insignificante – "em mais de um país" – é responsável pela complexidade e diversidade encontradas nas operações de marketing internacional. Os conceitos, processos e princípios de marketing são aplicáveis universalmente, e a missão do profissional de marketing é a mesma, seja realizando negócios em Dimebox, no Texas, seja em Dar es Salaam, na Tanzânia. O objetivo da empresa é gerar lucro, promovendo, precificando e distribuindo produtos para os quais exista mercado. Nesse caso, qual a diferença entre marketing doméstico e internacional?

Uma agência do Citibank no coração do Brasil em um dia de chuva de 2008. O endereço é Avenida Paulista, 1.776 – como ela parece americana! Uma das maiores corporações multinacionais do mundo por pouco não sobreviveu ao colapso financeiro de outubro de 2008. Talvez seu logo com um guarda-chuva vermelho, branco e azul a tenha protegido contra o "clima adverso" de Wall Street. Aliás, nos últimos dois anos, suas operações internacionais apresentaram um desempenho bem superior ao de seu mercado doméstico. Particularmente os mercados emergentes como China, Índia e Brasil provaram ser relativamente resilientes durante a crise financeira global iniciada em 2008.

A resposta não está relacionada com conceitos de marketing distintos, mas com o ambiente em que os planos de marketing devem ser implantados. A singularidade do marketing exterior provém de uma série de problemas incomuns e de uma variedade de estratégias essenciais para lidar com os diferentes níveis de incerteza encontrados nos mercados estrangeiros.

Concorrência, restrições legais, controles governamentais, clima, consumidores instáveis e inúmeras outras variáveis incontroláveis podem afetar, e com frequência afetam, os resultados favoráveis até mesmo de um plano de marketing bom e consistente. De modo geral, o profissional de marketing não consegue controlar nem influenciar essas variáveis incontroláveis, mas deve, em vez disso, ajustá-las ou adaptá-las em consonância com um resultado favorável. O que torna o marketing interessante é o desafio de moldar as variáveis controláveis das decisões de marketing (produto, preço, promoção, distribuição e pesquisa) na estrutura das variáveis incontroláveis do mercado (concorrência, ações políticas, leis, comportamento do consumidor, nível tecnológico e assim por diante), de uma maneira que se atinjam os objetivos de marketing. Mesmo que os princípios e conceitos de marketing sejam universalmente aplicáveis, o ambiente em que o profissional dessa atividade deve implantar os planos de marketing pode mudar de modo sensível de um país para outro ou de uma região para outra. As dificuldades criadas por ambientes distintos são a principal preocupação do profissional de marketing internacional.

Desafio do marketing internacional

OA3
Escopo do desafio do marketing internacional

O desafio do profissional de marketing internacional é mais complicado do que o do profissional de marketing doméstico porque o primeiro precisa lidar com pelo menos dois níveis de incerteza incontrolável, e não com um. A incerteza é criada pelas variáveis incontroláveis de todos os ambientes comerciais e empresariais, mas cada país em que a empresa atua apresentará um conjunto específico de variáveis incontroláveis.

A Figura 1.3 mostra o ambiente global de um profissional de marketing internacional. O círculo interno representa as variáveis controláveis que integram a área de decisão do profissional de marketing. O segundo círculo engloba aquelas variáveis ambientais domésticas que influem de alguma forma nas decisões operacionais no exterior. Já os círculos externos representam as variáveis do ambiente estrangeiro para cada mercado externo em que o profissional de marketing atua. Como esses círculos mostram, cada mercado externo em que a empresa negocia pode apresentar (e normalmente apresenta) problemas distintos que envolvem algumas ou todas as variáveis incontroláveis. Portanto, quanto maior o número de

Figura 1.3
Desafio do marketing internacional.

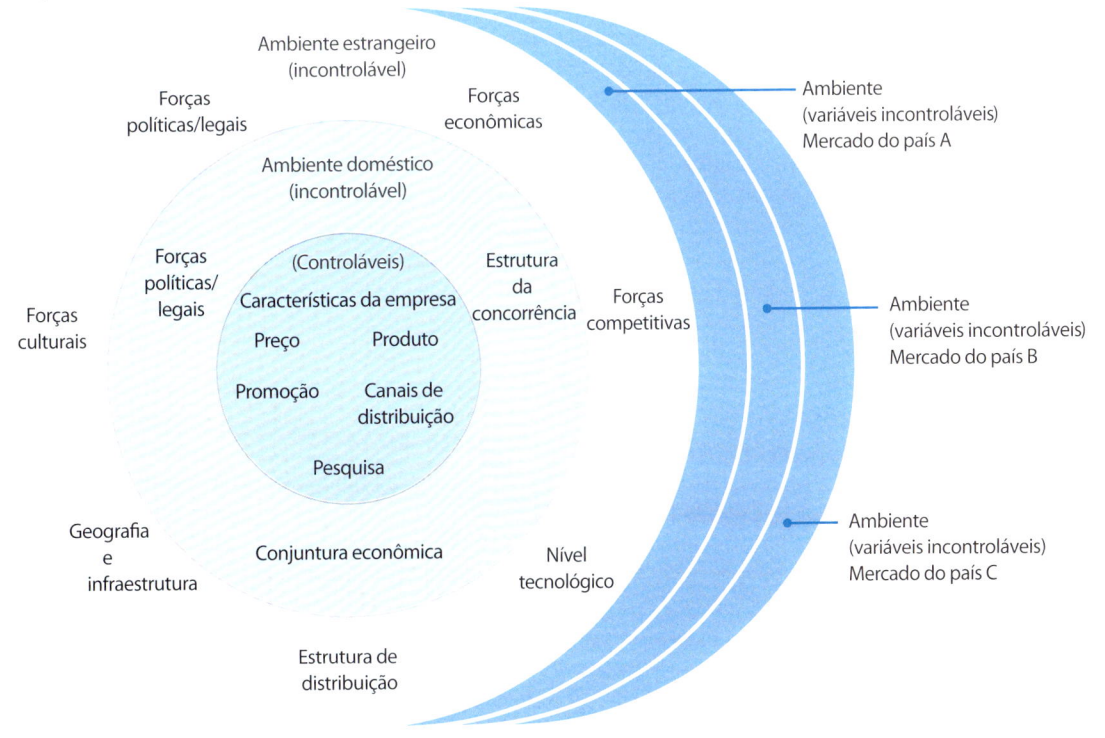

mercados estrangeiros em que a empresa atua, maior é a possível diversidade dos fatores ambientais estrangeiros com os quais ela terá de lutar. Não raro, uma solução para um problema no mercado do país A não é aplicável ao problema do mercado do país B.

Fatores de decisão de marketing

Um gerente competente cria um programa de marketing com o objetivo de obter um ajuste ideal quanto à incerteza do clima de negócios. O círculo interno da Figura 1.3 representa a área controlada pelo gerente de marketing. Levando em conta as competências, as estruturas e os recursos corporativos globais necessários que podem restringir ou favorecer a escolha de uma estratégia, o gerente de marketing associa preço, produto, promoção, canais de distribuição e atividades de pesquisa para aproveitar a demanda prevista. As variáveis **controláveis** podem ser alteradas a longo prazo e, normalmente, a curto prazo, para que haja uma adaptação às condições do mercado, às preferências do consumidor ou aos objetivos corporativos.

Os círculos externos ao redor dos fatores de decisão de marketing representam os níveis de incerteza criados pelos ambientes doméstico e estrangeiro. Embora o profissional de marketing possa criar um marketing *mix* com base nas variáveis controláveis, as variáveis **incontroláveis** são precisamente aquelas que o profissional de marketing deve avaliar com frequência e, se necessário, adaptar. Essa iniciativa – adaptar o marketing *mix* a fatores ambientais – determina o resultado de marketing para a empresa.

Aspectos do ambiente doméstico

O segundo círculo da Figura 1.3 representa as **variáveis incontroláveis do ambiente doméstico**. Essas variáveis incluem os fatores do país de origem que podem ter um efeito diferente sobre o sucesso de um empreendimento no estrangeiro: forças políticas e legais, conjuntura econômica e concorrência.

Uma decisão política envolvendo uma política doméstica para operações no exterior pode ter um efeito direto sobre o sucesso do marketing internacional de uma empresa. Por exemplo, o governo americano proibiu terminantemente qualquer relação comercial com a Líbia, a fim de desaprovar o apoio líbio a ataques terroristas, impôs restrições ao comércio com a África do Sul para protestar contra o *apartheid* e proibiu totalmente o comércio com o Iraque, cujas atividades foram consideradas uma ameaça à segurança nacional dos Estados Unidos e de seus aliados. Em cada um desses casos, os programas de marketing internacional das empresas americanas, seja IBM, Exxon ou Hawg Heaven Bait Company, foram restringidos por essas decisões políticas. O governo americano tem direito constitucional de restringir o comércio exterior quando ele afeta adversamente a segurança ou a economia do país ou quando é incompatível com a política externa americana.

Inversamente, os efeitos positivos ocorrem quando mudanças na política externa oferecem aos países um tratamento favorável. Foi esse o caso quando a África do Sul aboliu o *apartheid* e a interdição foi suspensa e quando o governo americano decidiu desatrelar questões relacionadas aos direitos humanos da política comercial externa e conceder à China o *status* do que veio a se chamar "relações comerciais permanentemente normalizadas" (*permanently normalized trade relations* – PNTR), pavimentando o caminho para a sua entrada na Organização Mundial do Comércio (OMC). Em ambos os casos, foram criadas oportunidades para as empresas americanas. Observe que às vezes as empresas conseguem exercer um nível de influência significativo e controverso sobre essa legislação nos Estados Unidos. Lembre-se de que a responsabilidade de regular as atividades de negócios é do Congresso, e não o contrário. Aliás, no caso da PNTR para a China, as empresas que tinham grande interesse nesse país, como a Boeing e Motorola, fizeram um intenso lobby para o afrouxamento das restrições comerciais.

O clima econômico doméstico é outra importante variável incontrolável no país de origem que tem efeitos de longo alcance sobre a posição competitiva de uma empresa em um mercado externo. A capacidade de investir em fábricas e instalações fabris, tanto no mercado doméstico quanto no estrangeiro, depende em grande medida da vitalidade econômica doméstica. Que o capital tende a escoar para a condição mais favorável geralmente é um fato; entretanto, para que o capital tenha mobilidade, primeiro é necessário gerá-lo. Além disso, se as condições econômicas internas se deterioram, restrições contra investimentos e compras no estrangeiro podem ser impostas para fortalecer a economia doméstica.

A concorrência no país de origem também pode ter profunda influência sobre a missão do profissional de marketing internacional. Por mais de um século, a Eastman Kodak dominou o mercado americano de filmes fotográficos e podia apostar na consecução de metas de lucratividade para obter capital e investir em mercados estrangeiros. Por não precisar se preocupar com a estrutura de lucratividade da empresa, a administração teve tempo e recursos para idealizar programas de marketing internacional agressivos. Contudo, a estrutura da concorrência mudou quando a Fuji Photo Film tornou-se um concorrente temível ao baixar o preço dos filmes nos Estados Unidos, abrir uma fábrica de US$ 300 milhões e ganhar em pouco tempo 12% do mercado americano. Desde então, a aceitação da fotografia digital, com a Canon, do Japão, na liderança do mercado, abalou ainda mais as atividades domésticas da Kodak. Em consequência disso, a Kodak foi obrigada a direcionar energia e recursos novamente para os Estados Unidos. A concorrência no país de origem afeta os planos domésticos e também internacionais de uma empresa. As restrições impostas pelo ambiente de cada país estão inextricavelmente entrelaçadas com os efeitos do ambiente doméstico.

Aspectos do ambiente estrangeiro

Além das variáveis domésticas incontroláveis, uma fonte significativa de incerteza são as **variáveis incontroláveis no ambiente estrangeiro** (representadas na Figura 1.3 pelos círculos externos). Sem dúvida, a empresa que atua em seu país sente-se confortável para prever o clima dos negócios e ajustar suas decisões de negócios quanto a essas variáveis. Entretanto, o processo de avaliação das variáveis incontroláveis em um programa de marketing internacional não raro envolve doses substanciais de choque cultural, político e econômico.

Uma empresa que atue em inúmeros países talvez perceba polaridades na estabilidade política, na estrutura de classes e na conjuntura econômica – fatores fundamentais para as decisões comerciais. As constantes convulsões sociais ou políticas que ocorrem em alguns países mostram com maior nitidez os problemas decorrentes de uma mudança expressiva no clima cultural, político e econômico em períodos relativamente curtos. Um bom exemplo é a China, que passou de um sistema jurídico comunista, no qual todos os negócios eram realizados com o Estado, para um período de transição no qual se desenvolve um sistema jurídico comercial. Nessa fase de transição, embora tenham sido aprovadas novas leis, sua interpretação foi deixada a cargo das autoridades locais, e confusões a respeito de quais regras ainda vigoram e quais não são mais aplicáveis normalmente prevalecem.

Por exemplo, é possível firmar contratos comerciais com uma empresa chinesa ou um cidadão chinês somente se essa empresa ou pessoa for considerada uma "entidade legal". Para ser considerada "pessoa jurídica", a empresa ou a pessoa precisa ter se registrado como tal junto ao governo chinês. Para complicar ainda mais as coisas, as negociações oficiais devem ocorrer apenas com os "representantes legais" da "pessoa jurídica". Portanto, se sua empresa entra em negociações com uma empresa chinesa ou um cidadão chinês, você deve solicitar os documentos jurídicos assinados que lhe dão o direito de realizar negócios nesse país. As formalidades da assinatura também devem ser consideradas. A assinatura de um contrato sela oficialmente o compromisso ou é necessário aplicar um carimbo chinês tradicional no documento? Mesmo quando tudo isso é feito apropriadamente, o governo ainda pode mudar de opinião. A Coca-Cola havia obtido aprovação para construir uma nova instalação fabril para fabricar um produto em resposta à sua crescente participação de mercado na China. Não obstante, antes de iniciar a construção, o Parlamento chinês alegou que a Coca-Cola parecia ser exageradamente bem-sucedida na China. Por isso, as negociações continuaram atrasando o projeto. São essas as incertezas dos fatores políticos e legais incontroláveis dos negócios internacionais.

As variáveis mais significativas no ambiente internacional incontrolável, mostradas nos círculos externos da Figura 1.3, incluem as forças políticas/legais, as forças econômicas, as forças competitivas, o nível tecnológico,[17] a estrutura de distribuição, a geografia e infraestrutura e as forças culturais.[18] Essas forças constituem as principais variáveis de incerteza com as quais o profissional de marketing internacional precisa lidar na elaboração de um programa de marketing. Embora cada uma delas seja discutida pormenorizadamente em capítulos subsequentes, considere o nível tecnológico e as forças políticas/legais como exemplos da natureza incontrolável do ambiente estrangeiro.

O nível tecnológico é uma variável incontrolável que não raro pode ser mal-interpretada em virtude das vastas diferenças possíveis entre os países desenvolvidos e aqueles em

---

[17] Shih-Fen S. Chn, "Extending Internationalization Theory: A New Perspective on International Technology Transfer and Its Generalization", *Journal of International Business Studies*, 36, 2005, p. 231-245.

[18] Laszlo Tihany, David A. Griffith e Craig J. Russell, "The Effect of Cultural Distance on Entry Mode Choice, International Diversification, e MNE Performance: A Meta-Analysis", *Journal of International Business Studies*, 36, n. 3, 2005, p. 270-283.

CRUZANDO FRONTEIRAS 1.3 — Telefones móveis, desenvolvimento econômico e contração da fronteira digital

Preso entre as bancas de peixe seco e algumas pilhas de mercadorias de plásticos estava um engradado vermelho com garrafas de Coca-Cola. O distribuidor local do mercado de Soweto, localizado em uma esquina deteriorada de Lusaca, capital da Zâmbia, vende seu estoque em poucos dias. Uma carga completa custa 10 milhões de *kwach* (em torno de US$ 2 mil). Em dinheiro, esse valor pode ser difícil de obter, leva uma eternidade para ser contado e – por ser dez vezes superior à média do salário anual – é um valor tentador para os ladrões. Portanto, a Coca-Cola agora solicita aos seus 300 distribuidores zambianos que não paguem as entregas em dinheiro, mas pelo envio de mensagens de texto pelo celular. O processo leva em torno de 30 segundos, e o motorista emite um recibo. Longe dali, os computadores registram o movimento do dinheiro e os estoques. A Coca-Cola não é a única. Ali pertinho, uma pequena lavanderia a seco permite que os clientes paguem pela lavagem por meio do telefone. Esse mesmo procedimento é feito por postos de gasolina zambianos, inúmeras lojas e restaurantes maiores.

Esse é apenas um exemplo das várias formas inovadoras de utilização de telefones celulares nas áreas mais pobres do mundo. Provas casuísticas da capacidade dos celulares de impulsionar a atividade econômica existem em abundância: eles permitem que pescadores ou camponeses confiram o preço em diferentes mercados antes de vender seus produtos e facilitam a vida das pessoas que procuram emprego e querem evitar possíveis perdas de viagem. Os telefones móveis diminuem os custos das operações de negócio, ampliam as redes comerciais e substituem os meios de transporte físicos, geralmente caros. Eles são particularmente valiosos quando outros meios de comunicação (como estradas, correio ou telefones de linha fixa) são ruins ou não existem.

Talvez seja difícil para os habitantes de países ricos perceberem essa importância, porque a utilização de telefones celulares em países de baixa renda é em grande medida diferente. Por exemplo, nessas regiões, eles são amplamente compartilhados. Uma pessoa em um povoado compra um celular, talvez utilizando um microcrédito, e outras pessoas alugam esse telefone por minuto. A pequena margem de lucro permite que o proprietário pague o empréstimo e ganhe a vida com isso. Quando o telefone toca, o proprietário o leva até a casa da pessoa que está sendo chamada, que então atende à chamada. Outros empreendedores iniciam seu negócio como "intérpretes de mensagens de texto", enviando e recebendo mensagens de texto (que geralmente são mais baratas que as chamadas de voz) em nome de seus clientes, que podem ser analfabetos. Portanto, embora a quantidade telefones por 100 pessoas seja pequena para os padrões do mundo rico, ainda assim eles fazem grande diferença.

Além disso, as tecnologias da telefonia móvel podem gerar controvérsias. As autoridades chinesas impuseram censura às comunicações (acesso à internet, serviço de telefonia internacional e serviço de mensagens de texto) na região noroeste da província de Xinjiang, na esteira da violência étnica naquela área em julho de 2009. Segundo autoridades locais, esses meios de comunicação foram cortados para abrandar as tensões que estavam sendo estimuladas por sites de rede social e por mensagens de texto.

Fontes: "Economics Focus, Calling across the Divide", *The Economist*, 12 de março de 2005, p. 74; Bruce Meyerson, "Skype Takes Its Show on the Road", *BusinessWeek*, 29 de outubro de 2007, p. 38; Andrew Jacobs, "China Restores Text Messaging in Xinjiang", *The New York Times*, 18 de janeiro de 2010, p. A9.

---

desenvolvimento. O profissional de marketing não pode simplesmente presumir que a interpretação do conceito de manutenção preventiva de máquinas e equipamentos em outros países é a mesma que a dos Estados Unidos. Talvez não haja especialização técnica no nível necessário para assistência ao produto, e a população de modo geral pode não ter um nível adequado de conhecimento técnico para manter apropriadamente um equipamento. Nessas situações, o profissional de marketing terá de tomar medidas complementares para que a manutenção de rotina seja considerada importante e posta em prática. Além disso, se não for possível obter prontamente uma assistência técnica, pessoas daquele país terão de ser especialmente treinadas, ou então a empresa será obrigada a oferecer assistência.

As empresas, seja em âmbito doméstico ou em outro país, enfrentam problemas políticos e legais. Entretanto, os problemas externos em geral são ampliados pelo "*status* de estrangeira" da empresa, o que aumenta a dificuldade de avaliar e prever de maneira apropriada o dinâmico clima de negócios internacional. O *status* de estrangeira de uma empresa de outro país tem duas dimensões: ela é estrangeira porque as pessoas que a controlam são estrangeiras e a cultura do país anfitrião é estranha para a administração. Esse *status* significa que, quando vista como estrangeira, ela pode ser considerada exploradora e ser alvo de preconceitos ou tratamentos injustos por parte de políticos, autoridades legais ou ambos. Os ativistas políticos podem reunir apoio ao defender a expulsão dos "exploradores estrangeiros", em geral com a aprovação manifesta ou tácita das autoridades. O governo indiano, por exemplo, deu à Coca-Cola a opção de revelar seu segredo ou então deixar o país. A empresa optou por sair. Vários anos depois, quando foi acolhida de volta, enfrentou perseguições e interferências de ativistas políticos em suas atividades de negócios, com frequência inspirados por empresas de refrigerantes concorrentes.

Além disso, no ambiente doméstico, os detalhes políticos e os desdobramentos dos acontecimentos políticos e legais em geral são mais transparentes do que em outros países. Por

Homens da tribo Maasai na Tanzânia com telefone celular. A concorrência é acirrada entre as operadoras em mercados crescentes como a Tanzânia. Tanto a Celtel quanto a Vodacom oferecem tinta para as lojas e casas locais. Além disso, pelo que se pode ver na foto, ao "transportar o celular" no lóbulo da orelha, fica mais fácil ouvir a chamada telefônica, ainda que a discagem seja dificultada!

exemplo, embora nos Estados Unidos cada litigante em uma disputa tenha acesso a procedimentos legais e ao devido processo legal, os sistemas jurídicos de vários outros países ainda estão sendo aperfeiçoados. Em muitos outros países, a corrupção pode prevalecer, os estrangeiros talvez recebam um tratamento injusto ou as leis talvez sejam tão diferentes das leis do país de origem que elas são mal-interpretadas. A questão é que a empresa estrangeira por estar nessa condição, sempre está mais sujeita aos caprichos do governo local do que uma empresa doméstica. Os conflitos do Google com o governo chinês, com respeito à censura e confidencialidade, são pertinentes nesse sentido.[19]

Forças políticas/legais e o nível tecnológico são apenas dois aspectos incontroláveis do ambiente estrangeiro discutidos em capítulos subsequentes. Em vista da incerteza presente nos diferentes ambientes de negócios estrangeiros, é necessário estudar de perto as variáveis incontroláveis em cada novo país. Portanto, uma estratégia eficaz em um país pode demonstrar-se ineficaz em outro por haver diferenças no clima político, nos estágios de desenvolvimento econômico, no nível tecnológico e em outras variantes culturais.

Necessidades de adaptação ambiental

Para ajustar e adaptar um programa de marketing para mercados externos, os profissionais da área devem ter capacidade para interpretar de maneira eficaz a influência e o impacto de cada uma das variáveis ambientais incontroláveis sobre o plano de marketing de cada mercado externo no qual eles esperam conduzir suas atividades de negócios. Em sentido amplo, as variáveis incontroláveis constituem a cultura; a dificuldade que o profissional de marketing enfrenta para se ajustar à cultura encontra-se no reconhecimento de seu impacto. No mercado doméstico, a reação à grande parte do impacto do ambiente (cultural) sobre as atividades do profissional de marketing é automática; as diversas influências culturais que preenchem nossa vida são apenas uma parte de nossa socialização, e reagimos de uma maneira aceitável para a nossa sociedade sem pensarmos conscientemente a esse respeito.

Entretanto, a adaptação cultural é uma das tarefas mais desafiadoras e importantes confrontadas pelos profissionais de marketing internacionais; eles devem ajustar suas iniciativas de marketing às culturas com as quais não estão afinados. Ao lidar com mercados incomuns, eles devem estar atentos às estruturas de referência que utilizam para tomar decisões ou avaliar o potencial do mercado, porque nossos julgamentos baseiam-se em experiências, resultante das vivências culturais em nosso país de origem. Assim que uma estrutura de referência se estabelece, ela se torna um fator fundamental na determinação ou alteração da reação do profissional de marketing às situações sociais e mesmo não sociais.

Por exemplo, os americanos que se preocupam com o tempo não estão culturalmente preparados para compreender o significado culturalmente matizado de tempo dos latino-americanos. Deve-se conhecer essa diferença para evitar mal-entendidos que possam causar prejuízo às iniciativas de marketing. Essa falha ocorre toda vez que se perde uma venda porque um "longo período de espera" no escritório de um cliente latino-americano do estrangeiro é

---

[19] Sharon LaFraniere, "China at Odds with Future in Internet Fight", *The New York Times*, 17 de janeiro de 2010, p. 6.

mal-interpretado pelo executivo de vendas americano. Os mal-entendidos entre culturas diferentes também podem ocorrer quando um simples gesto manual tem inúmeros significados distintos em diferentes partes do mundo. Quando desejam dizer que alguma coisa está OK, nos Estados Unidos inúmeras pessoas erguem uma das mãos e fazem um círculo com o polegar e o indicador. Entretanto, esse mesmo gesto manual significa "zero" ou "sem valor" para os franceses, "dinheiro" para os japoneses e um insulto sexual genérico na Sardenha e na Grécia. Um presidente dos Estados Unidos involuntariamente enviou uma mensagem para alguns manifestantes australianos ao suspender os dois primeiros dedos com o dorso da mão voltada para os manifestantes. Pretendendo acenar com um gesto de "vitória", ele não sabia que na Austrália esse mesmo gesto equivale a levantar o dedo médio nos Estados Unidos.

Condicionamento cultural é como um iceberg – não vemos 90% do que está submerso. Em qualquer estudo a respeito dos sistemas de mercado de diferentes povos, de suas estruturas políticas e econômicas, de suas religiões e de outros elementos culturais, os profissionais de marketing estrangeiros devem constantemente se prevenir para não mensurar e avaliar os mercados com base em valores e suposições consolidados em sua cultura. Eles devem tomar medidas específicas que os tornem cônscios da referência cultural de seu país de origem em suas análises e decisões.[20]

Critério de autorreferência e etnocentrismo: principais obstáculos

OA4

Importância do critério de autorreferência (CAR) no marketing internacional

O segredo de um eficiente marketing internacional é a adaptação às diferenças ambientais de um mercado para outro. A adaptação é uma iniciativa consciente da parte do profissional de marketing internacional para prever as influências das variáveis incontroláveis externas e domésticas sobre um marketing *mix* e, em seguida, ajustar esse *mix* para minimizar os efeitos dessas influências.

Os principais obstáculos ao sucesso do marketing internacional são o **critério de autorreferência (CAR)** de uma pessoa e um correspondente etnocentrismo. O CAR é a referência inconsciente que se faz a valores culturais, experiências e conhecimentos próprios para fundamentar uma decisão. O etnocentrismo – isto é, a ideia de que as pessoas pertencentes a uma empresa, cultura ou país sabem melhor como fazer as coisas – está intimamente relacionado com esse critério. O etnocentrismo foi especificamente um problema para os gerentes americanos no início do século XXI por causa da predominância dos Estados Unidos na economia mundial no final da década de 1990. Em geral o etnocentrismo é um problema quando gerentes de países ricos trabalham com gerentes e mercados em países menos ricos. Tanto o CAR quanto o etnocentrismo inibem nossa capacidade de avaliar um mercado externo à luz da realidade e da verdadeira essência desse mercado.

Quando nos confrontamos com um conjunto de fatores, reagimos espontaneamente com base no conhecimento que assimilamos ao longo da vida – conhecimento que é fruto da história de nossa cultura. Raras vezes paramos para pensar sobre nossas reações; simplesmente reagimos. Por isso, quando enfrentamos um problema em outra cultura, nossa tendência é reagir instintivamente e buscar uma solução em nosso CAR. Entretanto, nossa reação baseia-se em significados, valores, símbolos e comportamentos que são pertinentes à nossa cultura e em geral diferem daqueles da cultura estrangeira. Na maioria das vezes essas decisões não são boas.

Para mostrar o impacto do CAR, pense nos mal-entendidos que podem ocorrer com relação ao espaço ou território pessoal entre pessoas de culturas diferentes. Nos Estados Unidos, as pessoas que não têm nenhum relacionamento entre si mantêm determinada distância umas das outras quando estão conversando ou estão em grupo. Não pensamos conscientemente a respeito da distância; simplesmente sabemos o que parece certo sem pensar. Quando alguém está muito perto ou muito distante, sentimo-nos desconfortáveis e reagimos: afastando-nos um pouco mais ou ficando a uma distância que nos parece correta. Quando agimos dessa maneira, estamos recorrendo ao nosso CAR. Em algumas culturas, a distância aceitável entre as pessoas é significativamente menor que aquela com a qual os americanos sentem-se confortáveis. Quando alguém de outra cultura fica a uma distância muito próxima de um americano, ele, não conhecendo a distância aceitável dessa cultura, reage inconscientemente se afastando para restaurar a distância apropriada (isto é, própria para os padrões americanos), e isso gera uma confusão para ambas as partes. Os americanos supõem que os estrangeiros são atrevidos, ao passo que os estrangeiros assumem que os americanos

---

[20] Emily Maltby, "Expanding Abroad? Avoid Cultural Gaffes", *The Wall Street Journal*, 19 de janeiro de 2010, p. B5.

são inamistosos e literalmente "distantes". Ambos reagem de acordo com os valores de seu CAR, tornando-se vítima de um mal-entendido cultural.

O critério de autorreferência pode impedir que as pessoas percebam as diferenças culturais ou reconheçam a importância dessas diferenças. Por isso, elas correm o risco de não perceber a necessidade de tomar alguma medida, desprezam as diferenças culturais que existem entre os países ou reagem a uma situação de uma maneira ofensiva para os anfitriões. Um lapso comum cometido pelos americanos é recusar uma comida ou bebida que lhes é oferecida. Nos Estados Unidos, recusar educadamente é sem dúvida aceitável, mas na Ásia ou no Oriente Médio, o anfitrião sente-se ofendido quando uma pessoa recusa sua hospitalidade. Embora a pessoa não precise comer nem beber muito, ela deve aceitar esse acolhimento. Compreender o CAR e saber lidar com ele são as duas facetas mais importantes do marketing internacional.

O etnocentrismo e o CAR podem influenciar uma avaliação da adequabilidade de um marketing *mix* estruturado domesticamente para um mercado externo. Se os profissionais de marketing americanos não estiverem atentos, eles podem avaliar um marketing *mix* com base nas experiências dos Estados Unidos (isto é, seu CAR) sem reconhecer com precisão as diferenças culturais que exigem adaptação. A marca de gasolina Esso teve sucesso nos Estados Unidos e parecia suficientemente inofensiva para outros países. Entretanto, no Japão, foneticamente esse nome significa "carro enguiçado", uma imagem indesejável para uma marca de gasolina. Outro exemplo é o termo "pet", de Pet Milk. Esse nome foi utilizado durante décadas. Contudo, na França, o termo *pet* significa, dentre outras coisas, "flatulência" – do mesmo modo, uma imagem inadequada para uma marca de leite condensado. Esses dois exemplos constituem erros reais cometidos por empresas importantes por terem confiado em seu CAR para tomar uma decisão.

Quando o profissional de marketing toma o cuidado de examinar além de seu critério de autorreferência, os resultados são mais positivos. Um fabricante britânico de biscoitos de chocolate, ignorando seu CAR, sabia que deveria embalar os biscoitos de maneira diferente para adaptá-las ao mercado japonês. Por isso, no Japão, os biscoitos de chocolate McVitie's são embalados individualmente e acondicionados em embalagens de papelão sofisticadas e vendidos a um preço três vezes superior ao do Reino Unido – no Japão, esses biscoitos são utilizados como presentes e, portanto, devem ter uma aparência e ser percebidos como algo especial. A Unilever, reconhecendo a exclusividade de seus mercados, mudou a embalagem e reformulou seu detergente para o Brasil. Um dos motivos foi que a falta de máquinas de lavar entre os brasileiros mais pobres gerou a necessidade de fabricar uma fórmula de sabão mais simples. Além disso, pelo fato de inúmeras pessoas lavarem suas roupas em rios, o sabão em pó foi embalado em plástico, e não em papel, para não umedecer. Por fim, como os brasileiros de baixa renda preocupam-se com os preços e compram em pequenas quantidades, o sabão foi acondicionado em embalagens menores e mais baratas. Até mesmo o McDonald's modificou seu tradicional Big Mac na Índia, onde é conhecido como Maharaja Mac (Marajá Mac). Esse sanduíche é servido com dois hambúrgueres de carne de carneiro ou de frango, porque a maioria dos indianos não come carne bovina por considerar a vaca um animal sagrado. Em cada um desses exemplos, se os profissionais de marketing tivessem utilizado seu critério de autorreferência para tomar decisões, nenhuma dessas diferenças essenciais teria sido facilmente percebida, pois teriam utilizado como base a experiência do mercado de seu país de origem.

A maneira mais eficaz de controlar a influência do etnocentrismo e do CAR é reconhecer seus efeitos sobre nosso comportamento. Embora conhecer a fundo cada cultura e perceber cada diferença significativa seja quase humanamente impossível, ter consciência da necessidade de ser sensível às diferenças e de fazer perguntas quando estamos comercializando em outra cultura pode nos ajudar a evitar vários desses equívocos possíveis no marketing internacional. A Vicks Company evitou de cometer um erro na Alemanha fazendo uma pergunta apropriada. Essa empresa descobriu que em alemão "Vicks" soa como a gíria mais grosseira para "coito". Por isso, mudou o nome para "Wicks" antes de lançar o produto nesse país.

Além disso, esteja ciente de que nem toda atividade do programa de marketing difere de um país para outro; certamente, é provável que existam mais similaridades do que diferenças. Por exemplo, nos Estados Unidos, a embalagem dos biscoitos de chocolate McVitie's mencionados anteriormente é igual à do Reino Unido. Entretanto, essas semelhanças podem tranquilizar o profissional de marketing com uma falsa sensação de similaridade. Essa similaridade aparente, aliada ao critério de autorreferência, não raro é a causa dos problemas do marketing internacional. As similaridades não detectadas não geram problemas. Entretanto, uma única diferença não identificada pode provocar o insucesso do programa de marketing.

Para evitar erros nas decisões de negócios, o profissional de marketing bem-informado conduzirá uma análise transcultural para isolar as influências do CAR e manter a vigilância em relação ao etnocentrismo. Os passos a seguir são propostos como estrutura para esse tipo de análise:

1. Defina o problema ou objetivo comercial com base nos traços, hábitos ou normas de seu país de origem.
2. Defina o problema ou objetivo comercial com base nos traços, hábitos ou normas do país estrangeiro, fazendo uma pesquisa entre os nativos desse país. Não faça nenhum julgamento de valor.
3. Isole a influência do CAR no problema em questão e examine-a com cuidado para verificar até que ponto ela intensifica o problema.
4. Redefina o problema sem a influência do CAR e procure uma solução que represente a situação ideal para seu objetivo comercial.

Um gerente de vendas americano recém-enviado para o Japão decidiu que os representantes de vendas japoneses não precisavam ir ao escritório todos os dias para uma reunião matutina antes de começarem a visitar os clientes em Tóquio. Afinal, isso não era feito nos Estados Unidos. Contudo, essa nova diretriz, baseada no CAR americano e em uma postura ligeiramente etnocêntrica, gerou um súbito declínio no desempenho das vendas. Em conversas subsequentes com sua equipe japonesa, ele concluiu que esses representantes de vendas sentem-se motivados principalmente pela pressão exercida por seus pares. Felizmente, ele conseguiu reconhecer que seu CAR e seu "tino comercial" ao estilo americano não se aplicavam nesse caso em Tóquio. Ao retomar o sistema comprovado de reuniões diárias, o desempenho das vendas voltou aos índices anteriores.

O método de análise transcultural exige conhecimento tanto da cultura do mercado externo quanto da cultura do país de origem. Surpreendentemente, compreender a própria cultura exige um estudo maior, porque grande parte da influência cultural sobre o comportamento do mercado mantém-se em um nível subconsciente e não é claramente definida.

Desenvolvimento de uma consciência global

OA5
Crescente importância da consciência global

As oportunidades no comércio global são abundantes para aqueles que estão preparados para enfrentar uma miríade de obstáculos com otimismo e disposição para continuar aprendendo novos caminhos. Os empresários e executivos bem-sucedidos do século XXI terão consciência ou percepção global e uma estrutura de referência que vai além de uma região ou mesmo de um país e engloba o mundo.[21] Ter consciência global é (1) ser indulgente em relação às diferenças culturais e (2) conhecer as culturas, a história, o potencial do mercado mundial e as tendências econômicas, sociais e políticas globais.

A indulgência a respeito das diferenças culturais é fundamental no marketing internacional. Ser indulgente ou tolerante é compreender e aceitar as diferenças culturais e trabalhar com outras pessoas cujos comportamentos possam ser diferentes dos seus. Você não precisa aceitar como seu o estilo cultural de outra pessoa, mas deve permitir que os outros sejam diferentes e também iguais. Por exemplo, o fato de a pontualidade ser menos importante em algumas culturas não as torna menos produtivas, mas apenas diferentes. A pessoa tolerante compreende as diferenças que podem existir entre as culturas e utiliza esse conhecimento para se relacionar produtivamente.

Uma pessoa com consciência global tem bons conhecimentos sobre história e outras culturas. Ter conhecimento sobre outras culturas é importante para compreender o comportamento das pessoas, seja no mercado ou na sala de diretoria. Ter conhecimento de história é importante porque a maneira de pensar e agir das pessoas são influenciadas por sua história. Podemos compreender melhor a relutância de alguns latino-americanos em aceitar investimentos estrangeiros ou a relutância chinesa em se abrir completamente para os estrangeiros, se tivermos uma visão histórica.

A consciência global também exige conhecimento sobre o potencial do mercado mundial e sobre as tendências econômicas, sociais e políticas em nível global. Nas próximas décadas, ocorrerão mudanças de grande proporção em quase todas as regiões do mundo, e todas elas deverão ser continuamente acompanhadas pelas pessoas com consciência global. Em suma, essas pessoas com consciência global precisam se manter informadas a respeito das tendências econômicas, sociais e políticas globais porque os clientes potenciais (*prospects*) de um país

---

[21] Gary A. Knight e Daekwan Kim, "International Business Competence and the Contemporary Firm", *Journal of International Business Studies*, 40, n. 2, 2009, p. 255-273.

podem mudar à medida que essas tendências mudam de direção ou se antecipam. As ex-repúblicas da União Soviética, bem como a Rússia, a Europa Oriental, a China, a Índia e a América Latina, estão passando por mudanças econômicas, sociais e políticas que mudaram o curso do comércio e definiram novos poderes econômicos. O profissional de marketing bem-informado identificará oportunidades bem antes de elas se tornarem evidentes para outros. O objetivo dos autores neste livro é orientar o leitor para que adquira essa consciência global.

A consciência global pode e deve ser desenvolvida nas organizações por meio de várias abordagens. A estratégia óbvia é escolher alguns gerentes específicos que demonstrem essa consciência. A consciência global também pode ser obtida por meio de relacionamentos pessoais em outros países. Aliás, a entrada em um mercado muitas vezes é facilitada por laços sociais estabelecidos previamente. Certamente, manter relações de negócios de qualidade e duradouras com clientes estrangeiros com frequência promove a consciência global na organização em vista de uma série de interações exigidas pelo comércio. Os representantes e parceiros estrangeiros podem ajudar diretamente nesse sentido. Mas talvez o método mais eficaz seja ter uma equipe de executivos seniores ou uma diretoria culturalmente diversa. Infelizmente, os dirigentes americanos parecem enxergar um valor relativamente menor neste último método em comparação com os dirigentes na maioria dos outros países.

Etapas de envolvimento com o marketing internacional

OA6

Evolução do profissional de marketing que se torna global

Assim que uma empresa decide tornar-se internacional, deverá determinar o grau de envolvimento e comprometimento com o marketing para o qual ela está preparada. Essas decisões devem se fundamentar em um estudo e análise abrangentes do potencial do mercado e dos recursos e competências da empresa – um processo nem sempre seguido.[22] Pesquisas revelaram que inúmeros fatores contribuem para uma internacionalização mais rápida: (1) as empresas que possuem alta tecnologia e/ou recursos de marketing parecem estar mais bem equipadas para se tornar internacional do que as empresas industriais mais tradicionais;[23] (2) os mercados domésticos menores e a maior capacidade de produção parecem favorecer a internacionalização;[24] e (3) as empresas que possuem dirigentes importantes bem relacionados internacionalmente conseguem acelerar o processo de internacionalização.[25] Muitas empresas iniciam o marketing internacional experimentalmente, aprimorando-o à medida que ganham experiência e mudando suas estratégias e táticas de forma gradativa à proporção que se tornam mais comprometidas.[26] Outras o iniciam depois de muita pesquisa e com planos de longo alcance totalmente desenvolvidos, preparadas para fazer investimentos e posicionar-se no mercado, muitas vezes evidenciando um surto de atividades internacionais.[27] Um determinado estudo propõe que obter um equilíbrio entre ambas as abordagens pode na verdade funcionar melhor,[28] mostrando uma variedade de condições e características de empresas para avaliação.

Independentemente dos meios empregados para ganhar entrada no mercado externo, a empresa pode fazer um investimento pequeno ou nenhum investimento real no mercado – isto é, seu envolvimento com o marketing pode se restringir à venda de um produto, e sua intenção de obter o controle do mercado pode ser mínima ou nula. Entretanto, a empresa pode se envolver totalmente e investir grande quantidade de dinheiro e esforços para conquistar e manter uma posição específica e permanente no mercado. Em geral, uma dentre cinco etapas (às vezes elas se sobrepõem) pode definir o envolvimento de uma empresa com o marketing internacional. Embora as etapas desse envolvimento sejam apresentadas aqui em uma sequência linear, o leitor não deve concluir que essa progressão de uma etapa para outra é estanque. Muito pelo contrário, a empresa pode começar por um estágio de envolvimento

---

[22] Protiti Dastidar, "International Corporate Diversification and Performance: Does Firm Self-Selection Matter?", *Journal of International Business Studies*, 40, n. 1, 2009, p. 71-85.

[23] Chiung-Hui Tseng, Patriya Tansuhaj, William Hallagan e James McCullough, "Effects of Firm Resources on Growth in Multinationality", *Journal of International Business Studies*, 38, 2007, p. 961-974.

[24] Terence Fan e Phillip Phan, "International New Ventures: Revisiting the Influences behind the 'Born-Global' Firm", *Journal of International Business Studies*, 38, 2007, p. 1.113-1.131.

[25] Susan Freeman e S. Tamer Cavusgil, "Toward a Typology of Commitment States among Managers of Born-Global Firms: A Study of Accelerated Internationalization", *Journal of International Marketing*, 15, 2007, p. 1-40.

[26] Marian V. Jones e Nicole E. Coviello, "Internationalisation: Conceptualising an Entrepreneurial Process of Behaviour in Time", *Journal of International Business Studies*, 36, n. 3, 2005, p. 284-303.

[27] Elizabeth Maitland, Elizabeth L. Rose e Stephen Nicholas, "How Firms Grow: Clustering as a Dynamic Model of Internationalization", *Journal of International Business Studies*, 36, 2005, p. 435-451.

[28] Harry G. Barkema e Rian Drogendijk, "Internationalizing in Small, Incremental ou Larger Steps?", *Journal of International Business Studies*, 38, 2007, p. 1.132-1.148.

ou estar em mais de um simultaneamente. Por exemplo, no caso de inúmeros produtos tecnológicos que têm um ciclo de vida curto e um mercado pouco denso – mas difundido –, várias empresas de alta tecnologia, pequenas ou grandes, enxergam o mundo inteiro, inclusive o mercado doméstico, como um único mercado e lutam para atingir o mais rápido possível o máximo de clientes.

Sem marketing exterior direto

Uma empresa nesse estágio não cultiva assiduamente clientes fora das fronteiras nacionais. Entretanto, os produtos dessa empresa podem atingir mercados externos. As vendas talvez sejam realizadas por meio de empresas mercantis (*trading companies*) e também por meio dos clientes estrangeiros que entram em contato diretamente com a empresa. Ou talvez os produtos cheguem aos mercados externos via atacadistas ou distribuidores domésticos que vendem para o exterior sem o apoio explícito do produtor ou sem mesmo que ele saiba. Como as empresas desenvolvem seus sites na internet, muitas recebem pedidos de usuários internacionais. Não raro um pedido espontâneo de um comprador estrangeiro é o que desperta o interesse de uma empresa a procurar aumentar suas vendas internacionais.

Marketing exterior irregular

O fator que talvez justifique o marketing infrequente no exterior sejam os excedentes temporários provocados por variações nos níveis de produção ou demanda. Os excedentes caracterizam-se por sua temporalidade. Portanto, as vendas nos mercados externos são realizadas quando há disponibilidade de mercadorias, com pouca ou nenhuma intenção de manter uma representação contínua nesses mercados. Quando a demanda interna aumenta e absorve os excedentes, as atividades de venda para o exterior diminuem ou chegam a ser interrompidas. Nessa etapa, pouca ou nenhuma mudança é percebida na organização da empresa ou nas linhas de produto. Entretanto, poucas empresas encaixam-se nesse modelo atualmente, porque clientes do mundo inteiro procuram cada vez mais relacionamentos comerciais duradouros. Além disso, evidências levam a crer que o retorno financeiro dessas expansões internacionais de curto prazo é pequeno.

Esses dois primeiros estágios do envolvimento com o marketing internacional têm uma natureza mais reativa e na maioria das vezes não refletem um raciocínio estratégico cauteloso sobre expansão internacional. Aliás, colocar o raciocínio estratégico em fogo brando provocou insucessos de marketing até mesmo para as maiores empresas.

O consenso entre pesquisadores e autores[29] dessa área propõe três abordagens relativamente distintas para a tomada de decisões estratégicas nas empresas envolvidas com mercados internacionais:[30]
1. Marketing exterior regular
2. Marketing multidoméstico ou internacional
3. Marketing global

A seguir, analisaremos as três etapas e as orientações estratégicas correspondentes.

Marketing exterior regular

Nesse nível, a empresa tem capacidade produtiva permanente devotada à produção de mercadorias e serviços a serem comercializados em mercados externos. Ela pode empregar intermediários estrangeiros ou domésticos no exterior ou pode ter uma equipe de vendas própria ou subsidiárias de vendas em mercados externos importantes. O principal enfoque das operações e da produção é atender às necessidades do mercado doméstico. Entretanto, quando a demanda externa aumenta, aloca-se produção para os mercados externos, e os produtos podem ser adaptados para atender às necessidades de mercados externos específicos. Quanto às expectativas de lucratividade, de uma posição complementar aos lucros domésticos regulares, os lucros externos passam a ter uma importância tal que a empresa torna-se dependente das vendas externas para cumprir suas metas.

A Meter-Man, uma pequena empresa (25 funcionários) no sul de Minnesota que fabrica instrumentos de medição agrícola, é um bom exemplo de empresa nesse estágio.[31] Em 1989, essa empresa de 35 anos de idade começou a pensar na ideia de exportar. Por volta de 1992, exportava produtos para a Europa. Hoje, um terço das vendas da Meter-Man distribui-se

---

[29] Um artigo influente a esse respeito foi escrito por Yorum Wind, Susan P. Douglas e Howard V. Perlmutter, "Guidelines for Developing International Marketing Strategy", *Journal of Marketing*, abril de 1973, p. 14-23.
[30] Christian Geisler Asmussen, "Local, Regional, or Global? Quantifying MNE Geographic Scope", *Journal of International Business Studies*, 40, n. 7, 2009, p. 1.192-1.205.
[31] Consulte http://www.komelon.com para ver a linha de produtos da Meter-Man e obter outros detalhes.

entre 35 países, e ela espera que em breve as vendas internacionais respondam por cerca de 50% de suas atividades. "Quando você começa a exportar, você diz para si mesmo: ah, isso é como cereja no bolo, uma coisa boa a mais", diz o diretor de vendas e marketing. "Mas agora eu afirmo que entrar no mercado internacional tornou-se essencial para a nossa existência." Recentemente, a Meter-Man foi comprada pela Komelon, Inc., uma empresa internacional maior e mais diversificada que atua no Estado de Washington, na Coreia do Sul, na China e na Europa.

Marketing internacional

Nessa etapa, as empresas estão totalmente comprometidas e envolvidas com atividades de marketing internacional. Elas procuram mercados no mundo inteiro e vendem produtos que são fabricados com produção planejada para mercados em vários países. Em geral, esse planejamento envolve não apenas o marketing, mas também a produção de mercadorias fora do mercado doméstico. A essa altura, ela se torna uma empresa de comercialização internacional ou multinacional.

A experiência da Fedders, que fabrica condicionadores de ar para recintos fechados, é um exemplo de empresa que inicia suas atividades de negócios internacionais nessa etapa.[32] Apesar de ser a maior fabricante de condicionadores de ar nos Estados Unidos, essa empresa enfrentou restrições no mercado doméstico. Embora suas vendas estivessem crescendo de maneira constante, as vendas de ar-condicionado são sazonais (e esse é o único produto da empresa). Portanto, às vezes as vendas domésticas não chegam a cobrir os custos fixos. Além disso, o mercado americano é maduro. A maioria dos clientes compra apenas unidades de substituição. Qualquer possível crescimento só poderia vir da participação de mercado de um concorrente, e seus concorrentes, a Whirlpool e Matsushita, são temíveis. A Fedders decidiu então que a única forma de crescer era empreender no exterior.

A Fedders concluiu que a Ásia, continente em que o clima com frequência é úmido e a classe média está em ascensão, oferecia a melhor oportunidade. China, Índia e Indonésia foram consideradas seus melhores *prospects*. A China foi escolhida porque as vendas de ar-condicionado para recintos fechados haviam crescido de 500 mil unidades para mais de 4 milhões em cinco anos, o que ainda responde por apenas 12% dos domicílios nas cidades de Pequim, Shanghai e Guangzhou. A empresa viu a China como um mercado com um potencial de crescimento extraordinário. Depois de pesquisar com cautela, a Fedders formou uma *joint venture* com uma pequena empresa chinesa de ar-condicionado que estava procurando um parceiro. Uma nova empresa foi formada – a Fedders Xinle. De imediato, a empresa percebeu a necessidade de redefinir seu produto para esse mercado. Na China, a compra de condicionadores de ar representa prestígio, é vista como símbolo de *status*, e não como uma simples caixa que serve para manter o ambiente resfriado, como nos Estados Unidos. Além disso, os chineses preferem o ar-condicionado *split* – a unidade cuja ventoinha fica dentro do recinto e o trocador de calor é montado na parede do lado de fora. Pelo fato de a Fedders não fabricar modelos desse tipo, ela criou um novo produto, que é leve e eficiente em energia e oferece outros recursos, como controle remoto e mecanismo de direcionamento automático das aletas.

Ao que parece, essa *joint venture* corre de vento em popa, e a empresa investe na possibilidade de comercializar em outros mercados asiáticos e talvez começar a vender nos Estados Unidos o novo produto desenvolvido para o mercado chinês. Como a Fedders expandiu-se para outros mercados e firmou outros compromissos internacionalmente, ela continuou a evoluir como empresa internacional ou multinacional. Por fim, os êxitos obtidos internacionalmente tornaram-na uma atraente candidata a aquisição, e, em 2008, foi comprada por uma empresa francesa, a Airwell, que possui distribuidores em mais de 80 países ao redor do mundo.

Marketing global

No nível do marketing global, a mudança mais sensível é a orientação da empresa para mercados e atividades de planejamento correspondentes. Nessa etapa, as empresas tratam o mundo, inclusive o mercado doméstico, com um único mercado. As decisões quanto à segmentação de mercado não se restringem mais às fronteiras nacionais. Na verdade, os segmentos de mercado são definidos com base nos níveis de renda, nos padrões de uso ou em outros fatores que frequentemente independem de países e regiões. Muitas vezes, essa transição do marketing internacional para o marketing global é catalisada pelo fato de a empresa

---

[32] Consulte http://www.airwell-fedders.com para obter mais detalhes sobre a empresa.

CRUZANDO FRONTEIRAS 1.4 — A Orange County da Califórnia propaga-se de leste a oeste

Agora, por US$ 500 mil você pode comprar uma casa de quatro quartos em Orange County – na China!

As residências são projetadas por arquitetos do sul da Califórnia e construídas ao estilo americano, mas estão localizadas em um novo empreendimento imobiliário a uma hora de carro ao norte de Pequim. A estrada mais próxima pode ficar coberta de gelo e é margeada por plantações e utilizada por caminhões e ovelhas. A paisagem é bem diferente dos campos de golfe rodeados de palmeiras e do "Surfin' USA". Um pouco depois de Sun City, outro condomínio residencial semiconstruído, é possível avistar as casas elegantes de Orange County. Por fim, você passa por um portal de pedra, com propagandas antigas de homens praticando *fly fishing* e usando chapéu de caubói e coisas parecidas, e para o carro em frente às impressionantes mansões de Watermark-Longbeach, epicentro da falsa Los Angeles na China. "Gostei daqui assim que conheci – é exatamente como uma casa na Califórnia", diz a proprietária Nash Wei, ex-médica do exército que se tornou empresária. A propósito, em outros bairros ao redor de Pequim, também é possível comprar uma casa espaçosa em um condomínio de casas de campo ao estilo francês chamado "Palais de Fourtune" ou uma casa ecológica ao estilo de Toronto em "Maple Town".

Ao que parece, na França, as ondas na verdade podem ser melhores do que na Califórnia. Para comprovar, veja as ondas de 18 metros de Belharra Reef, próximo de St. Jean de Luz. Ou então dê uma surfada pelas lojas de roupas de surfe vizinhas na vila de Hossegor, no sul da França. Lá, você encontra de tudo: Roxy, Rip Curl Girl, Billabong e Quicksilver Boardriders Club. E as crianças e adolescentes, nos bairros e nos cafés de calçada, vestem camisetas Volcom, tênis Vans e jeans.

O setor de *surfwear* (roupas de surfe e de praia) de mais de US$ 5 bilhões, radicado em Orange County, Califórnia, estabeleceu uma base na Europa. Por isso, várias empresas de *surfwear* americanas têm escritórios internacionais, subsidiárias e lojas em Pays Basque, que tem um novo apelido: *la petite Californie*. "Este é o melhor lugar para observar o mercado", afirma Petra Holtschneider, que organizou recentemente a primeira feira comercial Action Sports Retailer no local. "Portanto, se você não faz ponto aqui, não está por dentro das coisas."

Em suma, talvez os produtos de exportação mais temíveis de Orange County sejam os programas de televisão sobre esse lugar. Primeiro veio *The OC* da Fox, depois o *Laguna Beach: The Real Orange County* da MTV, que foi transformado no *Newport Harbor: The Real Orange County*. Este último agora mostra uma geração totalmente nova de europeus e os últimos tipos de mau comportamento que transcorrem no "paraíso", enquanto influencia globalmente a moda adolescente. E uma série derivada britânica está a caminho, *Alderley Edge, Cheshire*. Talvez esse programa retorne para os Estados Unidos em forma de "programa de TV educativo" – com aquele sotaque britânico, eles parecem tão inteligentes!

Fontes: Elisabeth Rosenthal, "North of Beijing, California Dreams Come True", *The New York Times*, 3 de fevereiro de 2003, p. A3; Leslie Earnest, "Riding a French New Wave", *Los Angeles Times*, 11 de maio de 2003, p. C1; Cristina Kinon, "The Laguna Effect: MTV's Sexy Soaps Are Changing the Face of Fashion, Mags, and the Way Teens Speak", *New York Daily News*, 13 de agosto de 2007, p. 33; Alyssa Abkowitz, "The Surfin' CEO", *Fortune International (Europe)*, 20 de julho de 2009, p. 17.

---

ultrapassar o limite no qual mais da metade de suas receitas de vendas provém do exterior. As pessoas mais competentes da empresa começam a procurar designações internacionais, e toda a operação – estrutura organizacional, fontes de financiamento, produção, marketing e assim por diante – começa a tomar uma perspectiva global.

O exemplo da transição da Coca-Cola de internacional para global é instrutivo. Na verdade, a Coca-Cola era uma empresa global há anos; sua reestruturação organizacional em meados da década de 1990 foi o último passo no reconhecimento das mudanças que haviam ocorrido. A princípio, todas as divisões internacionais reportavam ao vice-presidente executivo no comando das operações internacionais, que, do mesmo modo que o vice-presidente das operações americanas, reportava ao presidente. A nova organização é composta por seis divisões internacionais. A unidade de negócios americana responde por 20% dos lucros e perdeu importância apenas para parte de uma das seis unidades de negócios internacionais nas regiões geográficas globais da empresa. Essa nova estrutura não diminui a importância das atividades norte-americanas da empresa; apenas coloca outras áreas em pé de igualdade. Entretanto, ela representa o reconhecimento de que o crescimento futuro virá de mercados emergentes fora dos Estados Unidos.

As operações internacionais das empresas no marketing global refletem a concorrência mais intensificada provocada pela globalização dos mercados, pela interdependência das economias mundiais e pelo número crescente de empresas concorrentes dos países desenvolvidos e em desenvolvimento que disputam os mercados mundiais. *Empresas globais* e *marketing global* são termos frequentemente empregados para descrever o escopo das operações e a orientação da gestão de marketing das empresas nessa etapa.

Quando o ambiente competitivo que as empresas americanas enfrentam tornar-se mais internacionalizado – e isso com certeza ocorrerá –, a orientação mais eficaz para muitas empresas envolvidas com o marketing em outro país será a orientação de marketing global.[33] Essa orientação significa atuar como se todos os mercados do país no escopo de operações de uma empresa (incluindo o mercado doméstico) pudessem ser abordados como um único mercado global e padronizar o marketing *mix* nos locais em que for culturalmente viável e econômico. Entretanto, isso não implica uma adesão servil a uma única orientação estratégica. Dependendo do produto e do mercado, outras orientações podem fazer mais sentido do ponto de vista de marketing. Por exemplo, a Procter & Gamble pode adotar uma estratégia global para fraldas descartáveis, mas uma estratégia multidoméstica nos mercados asiáticos para detergentes.

Orientação do livro sobre marketing internacional

Os problemas enfrentados pelo profissional de marketing que atua no mercado externo decorrem em sua maioria da estranheza do ambiente em que os programas de marketing devem ser implantados. O sucesso depende, em parte, da capacidade de avaliação e adaptação apropriada ao impacto provocado por um ambiente estranho. O profissional de marketing internacional competente reúne as melhores qualidades de um antropólogo, sociólogo, psicólogo, diplomata, advogado, profeta e empresário.

Em vista de todas as variáveis envolvidas, com o que um livro universitário sobre marketing para mercados estrangeiros deve preocupar-se? Na opinião dos autores deste livro, um estudo sobre o ambiente de marketing em mercados estrangeiros, povos e culturas[34] e suas influências no processo de marketing como um todo é a principal preocupação e a abordagem mais eficaz para uma exposição significativa. Nossos pontos de vista são respaldados pela mais recente classificação dos países quanto à globalização – consulte a Figura 1.4.[35] Sim, os Estados Unidos estão quase no topo da lista, e os países classificados entre os "20 países mais globalizados" são em sua maioria pequenos. Entretanto, a principal conclusão a ser extraída do gráfico é a predominância dos Estados Unidos em "conectividade tecnológica". Observe

Ao norte de Pequim, China, um novo empreendimento imobiliário está sendo demarcado em Orange County. Os jardins e rebocos e os ladrilhos exteriores foram criados para reproduzir o visual mediterrâneo e a atmosfera das residências de Newport Beach, na Califórnia.

Orange County também chegou à França, mas por meio da cultura do surfe e dos fabricantes de roupas de surfe do sul da Califórnia. A Quiksilver de Orange County abriu sua matriz europeia no sudeste da França em 1984. No ano passado, as vendas europeias corresponderam a mais de US$ 1 bilhão. O sucesso da empresa na Europa pode ser em parte atribuído à contratação de profissionais locais que ocupavam cargos de marketing importantes. Maritxu Darrigrand, ex-campeã francesa de surfe feminino, agora é diretora de marketing da Quiksilver na Europa. A Orange County também chegou ao Reino Unido por meio da série *Laguna Beach: The Real Orange County*. Esse programa da MTV leva as praias da Califórnia – roupas, músicas e maus comportamentos – para a Europa.

---

[33] Amar Grande, Christoph Schenzler e Lemma W. Senbet, "Valuation of Global Diversification", *Journal of International Business Studies*, 40, n. 9, 2009, p. 1.515-1.532.

[34] Tricia Bisoux, "Trade Secrets: An Interview with Caterpillar CEO, Jim Owens", *BizEd*, setembro-outubro de 2009, p. 20-27; Udo Zander e Lena Zander, "Operating the Grey Box: Social Communities, Knowledge and Culture in Acquisitions", *Journal of International Business Studies*, 41, n. 1, 2010, p. 27-37.

[35] "Measuring Globalization", *Foreign Policy*, novembro-dezembro de 2007, p. 68-77.

Figura 1.4
Lista dos 20 países mais globalizados da *Foreign Policy*.

Países com maior classificação em comércio, viagens, tecnologia e relações com o resto do mundo

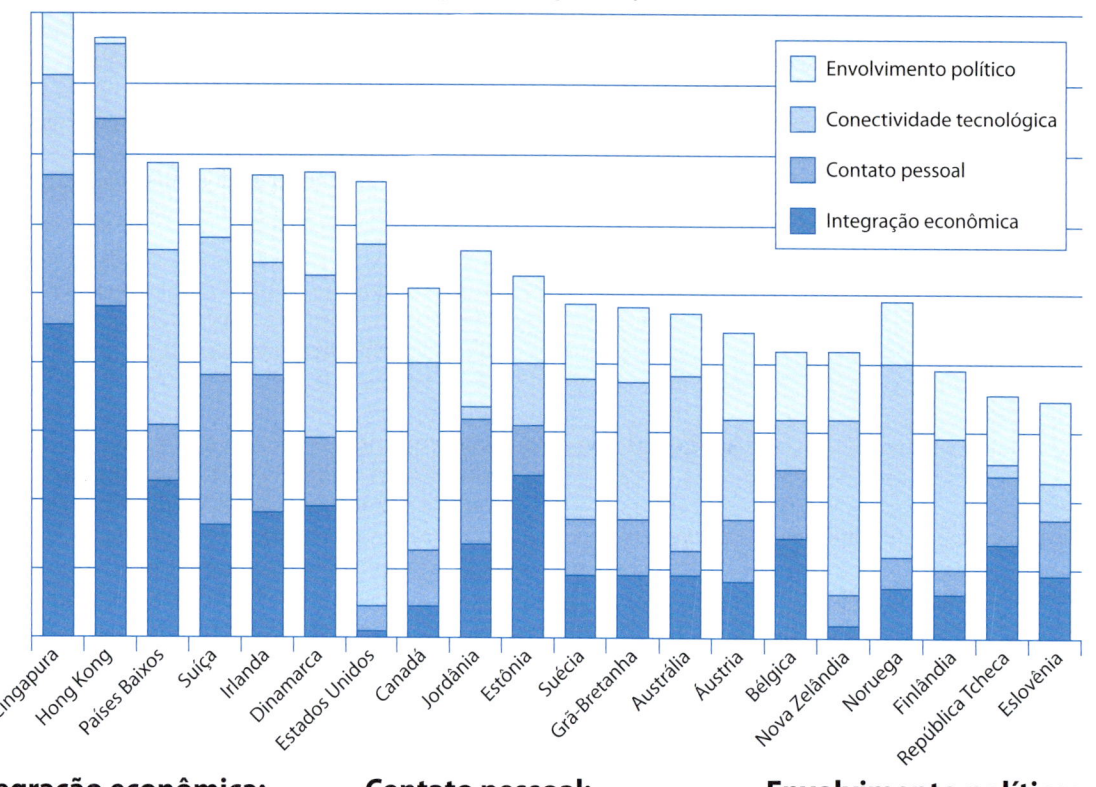

- Envolvimento político
- Conectividade tecnológica
- Contato pessoal
- Integração econômica

Cingapura, Hong Kong, Países Baixos, Suíça, Irlanda, Dinamarca, Estados Unidos, Canadá, Jordânia, Estônia, Suécia, Grã-Bretanha, Austrália, Áustria, Bélgica, Nova Zelândia, Noruega, Finlândia, República Tcheca, Eslovênia

Integração econômica:
Comércio e investimento direto no estrangeiro.

Conectividade tecnológica:
Usuários de internet, hospedagem de *sites* e servidores de segurança.

Contato pessoal:
Viagens e turismo internacionais, tráfego telefônico internacional e remessas e transferências pessoais (incluindo remessas a trabalhadores, remuneração de funcionários e outras transferências de pessoa para pessoa e não governamentais).

Envolvimento político:
Afiliação a organizações internacionais, contribuições pessoais e financeiras para as missões de manutenção da paz das Nações Unidas, tratados internacionais ratificados e transferências governamentais.

Fonte: *Foreign Policy*, novembro-dezembro de 2007, p. 68-77. Copyright 2007 da *Foreign Policy*. Dados reproduzidos com permissão da *Foreign Policy* por meio do Centro de Liberação de Direitos Autorais.

particularmente que os Estados Unidos são os mais fracos na dimensão "contato pessoal". Em comparação com pessoas de outros países, os americanos em geral não experimentam ambientes estrangeiros. Essa falta é a lacuna na qual este livro se concentra.

Consequentemente, o direcionamento deste livro pode ser mais bem descrito como uma abordagem ambiental/cultural ao marketing estratégico internacional. De modo algum este livro objetiva apresentar princípios de marketing. Na verdade, seu objetivo é demonstrar os problemas específicos do marketing internacional, tentando relacionar o ambiente estrangeiro com o processo de marketing e mostrar as várias maneiras pelas quais a cultura pode influenciar as atividades de marketing. Embora os princípios de marketing sejam aplicáveis universalmente, o ambiente cultural em que o profissional de marketing deve implantar os planos de marketing pode mudar sensivelmente de um país para outro. É com as dificuldades criadas por ambientes diferentes que este livro está principalmente preocupado.

Este livro aborda problemas relevantes a qualquer empresa que exporte ou atue em outros países ou grupos de países, por mais insignificante que seja o envolvimento ou o método de envolvimento. Portanto, a discussão sobre marketing internacional compreende desde as atividades de marketing e de negócios de pequenos exportadores, como uma empresa do Colorado que gera mais de 50% de seus US$ 40 mil anuais com a venda de separadores de ovas de peixe no Canadá, na Alemanha e na Austrália, a atividades de empresas globais como a Motorola, Avon e Johnson & Johnson, as quais geram mais de 50% de seus lucros anuais com a venda de diversos produtos para segmentos de mercado de diversos países ao redor do mundo.

A primeira parte de *Marketing internacional* apresenta uma visão geral do marketing internacional, como uma discussão sobre o ambiente de negócios global que o profissional de marketing confronta. A seção subsequente aborda exclusivamente as variáveis incontroláveis do ambiente e sua avaliação, seguida por capítulos que avaliam oportunidades de mercado globais. Posteriormente, são analisados os problemas de gestão do desenvolvimento de estratégias de marketing global. Em cada capítulo, o impacto do ambiente sobre o processo de marketing é evidenciado.

O espaço não permite uma abordagem enciclopédica sobre todas as questões relacionadas ao marketing internacional; no entanto, os autores tentaram apresentar detalhes suficientes para que os leitores avaliem a necessidade real de realizar uma análise meticulosa quando houver necessidade. Este livro oferece uma estrutura para essa finalidade.

RESUMO

A internacionalização dos negócios americanos está ganhando ímpeto e velocidade. A globalização dos mercados e da concorrência exige que todos os diretores e gerentes prestem atenção ao ambiente global. Define-se marketing internacional como a execução de atividades de negócios, que inclui decisões relacionadas com determinação de preços, promoção, produto e distribuição além das fronteiras nacionais. O desafio do marketing internacional torna-se mais intimidante porque fatores ambientais como leis, costumes e culturas variam de país para país. Essas diferenças ambientais devem ser levadas em conta se as empresas pretendem comercializar lucrativamente seus produtos e serviços em outros países.

Os principais obstáculos que os profissionais de marketing internacional enfrentam não estão restritos a questões ambientais. Tão importantes quanto são as dificuldades associadas com os critérios de autorreferência e o etnocentrismo desse profissional, que limitam sua capacidade para compreender e adaptar as diferenças preponderantes nos mercados externos. Consciência global e sensibilidade são as melhores soluções para esses problemas, e elas devem ser incentivadas em organizações que praticam o marketing internacional. Para algumas empresas, o marketing internacional está subordinado às operações domésticas. Um segundo tipo de empresa considera o marketing internacional um fator indispensável para gerar receitas de vendas, mas trata cada mercado como uma entidade distinta. Por fim, a orientação de marketing global vê o mundo como um único mercado, e os segmentos de mercado não estão mais restritos a fronteiras nacionais – características e comportamentos comuns do consumidor entram em cena como as principais variáveis de segmentação aplicadas entre os países.

PALAVRAS-CHAVE

Marketing internacional

Variáveis controláveis

Variáveis incontroláveis

Variáveis incontroláveis do ambiente doméstico

Variáveis incontroláveis do ambiente estrangeiro

Critério de autorreferência (CAR)

Consciência global

QUESTÕES

1. Defina as palavras-chave acima relacionadas.
2. "A missão do profissional de marketing é a mesma, seja realizando negócios em Dimebox, no Texas, seja em Dar es Salaam, na Tanzânia." Discuta essa afirmação.
3. De que forma você explicaria o maior interesse das empresas americanas pelo marketing internacional?
4. Discuta as quatro etapas de envolvimento com o marketing internacional.
5. Discuta as condições que possibilitaram o desenvolvimento de mercados globais.
6. Qual a diferença entre uma empresa global e uma empresa multinacional?
7. Diferencie os três conceitos de marketing internacional.
8. Prepare um plano duradouro para se adquirir consciência global.
9. Discuta os três fatores necessários para adquirir consciência global.
10. Defina e discuta a ideia de orientação de marketing global.
11. Visite a página inicial do Escritório de Análise Econômica (Bureau of Economic Analysis – BEA), em http://www.bea.doc.gov. Selecione a seção "International articles" (artigos internacionais) e encontre as informações mais recentes sobre investimentos diretos do exterior nos Estados Unidos. Qual país investe mais dinheiro nos Estados Unidos? E o segundo, qual é?

Capítulo 2
Ambiente do comércio internacional dinâmico

SUMÁRIO

- Perspectiva global

    Barreiras comerciais: campo minado para o profissional de marketing internacional

- Do século XX ao XXI
    - Comércio mundial e multinacionais americanas
    - Após a primeira década do século XXI
- Balanço de pagamentos
- Protecionismo
    - Proteção lógica e ilógica
    - Barreiras comerciais
- Abrandamento das restrições comerciais
    - Lei Geral de Comércio e Competitividade
    - Acordo Geral sobre Tarifas e Comércio
    - Organização Mundial do Comércio
    - Contornando o espírito do Gatt e da OMC
- Fundo Monetário Internacional e Grupo Banco Mundial
- Protestos contra instituições globais

OBJETIVOS DE APRENDIZAGEM

OA1 Alicerce para o restabelecimento do comércio mundial após a Segunda Guerra Mundial

OA2 Importância dos números do balanço de pagamentos para a economia de um país

OA3 Efeitos do protecionismo sobre o comércio mundial

OA4 Vários tipos de barreiras ao comércio

OA5 Cláusulas da Lei Geral de Comércio e Competitividade

OA6 Importância do Gatt e da Organização Mundial do Comércio

OA7 Surgimento do Fundo Monetário Internacional e do Grupo Banco Mundial

Visão geral PARTE UM

Perspectiva global
BARREIRAS COMERCIAIS: CAMPO MINADO PARA O PROFISSIONAL DE MARKETING INTERNACIONAL

Todos nós conhecemos a história das disputas comerciais entre Estados Unidos e Japão. O Japão impõe tantas barreiras comerciais e tarifas altas que os produtores americanos não conseguem vender nesse país tanto quanto as empresas japonesas vendem nos Estados Unidos. Os japoneses alegam que a "especificidade" da neve japonesa exige esquis fabricados no Japão e as bolas de beisebol americanas não são adequadas para o beisebol japonês. Mesmo quando o Japão abriu o mercado de arroz, era necessário misturar o conhecido arroz da Califórnia e vendê-lo com grãos inferiores do arroz japonês. Além disso, no exato momento em que este texto está sendo escrito, o governo japonês continua a excluir a carne bovina americana da alimentação japonesa por causa de disputas acerca da doença da vaca louca.[1]

Mas os japoneses não são os únicos. Todos os países parecem tirar proveito do mercado aberto americano, embora ao mesmo tempo imponham barreiras às exportações americanas. Os franceses, por exemplo, protegem sua indústria cinematográfica e de radioteledifusão contra a concorrência estrangeira restringindo o número de programas americanos que podem ser exibidos na televisão, a porcentagem de músicas americanas que podem ser executadas nas rádios e a proporção de filmes americanos que podem ser exibidos nos cinemas franceses. Há pouco tempo, a França lançou sua versão "francesa" da CNN com um sólido apoio financeiro do governo. Não são apenas as barreiras e altas tarifas que restringem o quanto as empresas americanas podem vender. Os preços dos produtos importados são bem mais altos do que os preços dos produtos vendidos para os Estados Unidos.

Uma tática de proteção comercial chegou a envolver o Supremo Tribunal britânico, que por fim respondeu uma pergunta que há muito tempo perturba os notívagos que gostam de beliscar alguma guloseima. O que é exatamente um Pringles? Com citações da baronesa Hale de Richmond a Oliver Wendell Holmes, o juiz Robin Jacob concluiu que, legalmente, são batatas *chips*. A decisão não é favorável à Procter & Gamble do Reino Unido, que hoje deve ao governo US$ 160 milhões em impostos sobre valor agregado. Mas é favorável às contribuições e impostos de Sua Majestade – e para os fãs das opiniões jurídicas categóricas. Essa decisão também é um lembrete – visto que os conservadores dos Estados Unidos atacam a juíza Sonia Sotomayor por não ser uma "intérprete rigorosa das leis" – da falta de propósito desses rótulos. Na Grã-Bretanha, a maioria dos alimentos é isenta do imposto sobre valor agregado (*value-added tax* – VAT), mas as batatas *chips* (conhecidas lá como *crisps*) e "produtos semelhantes feitos de batata ou de farinha de batata" são tributáveis. A Procter & Gamble, no que poderia ser considerado um apelo à interpretação rigorosa das leis, defendeu que o Pringles é composto por cerca de 40% de farinha de batata, mas contém também milho, arroz e trigo, e portanto não deveria ser considerado batatas *chips* ou "produtos semelhantes". Na verdade, é um "aperitivo apetitoso".

O Tribunal de Impostos discordou, decidindo que o Pringles, comercializado nos Estados Unidos como *potato chips*, é um produto tributável. "Há outros ingredientes", concordou o tribunal, mas o Pringles "é feito de farinha de batata e, portanto, não se pode dizer que não seja feito de farinha de batata, e a proporção de mais de 40% de farinha é significativa".

As barreiras ao comércio, sejam elas tarifárias ou não, são um dos principais problemas que os profissionais de marketing internacional enfrentam. As nações continuam a utilizar barreiras comerciais por uma série de motivos: alguns sensatos, outros insensatos. Felizmente, em geral, as tarifas atingiram valores mínimos recordes, e houve um avanço significativo na eliminação de barreiras não tarifárias. Esforços continuam ao redor do mundo para diminuir ainda mais esses obstáculos incômodos à paz e prosperidade.

Fontes: Adaptada de Todd G. Buchholz, "Free Trade Keeps Prices Down", *Consumer's Research Magazine*, outubro de 1995, p. 22; Tomas Kellner, "What Gaul!", *Forbes*, 28 de abril de 2003, p. 52; Jonathan Lynn, "WTO Negotiations to Trackle Obstacles to Farm Deal", *Reuters News*, 3 de janeiro de 2008; Adam Cohen, "The Lord Justice Hath Ruled: Pringles Are Potato Chips", *The New York Times*, 1º de junho de 2009.

---

[1] Consulte James Day Hodgson, Yoshihiro Sano e John L. Graham, *Doing business in the new Japan, succeeding in America's Richest Foreign Market* (Boulder, CO: Rowman & Littlefield, 2008), para obter um relato completo.

Figura 2.1

Os dez maiores parceiros comerciais americanos em 2009 (em bilhões de dólares, comércio de mercadorias).

Fonte: http://www.census.gov/foreign-trade/top, 2010.

País	Comércio total	Exportações	Importações	Saldo
Canadá	US$ 429,6	US$ 204,7	US$ 224,9	US$ −20,2
China	366,0	69,6	296,4	−226,5
México	305,5	129,0	176,5	−47,5
Japão	147,1	51,2	95,9	−44,7
Alemanha	114,6	43,3	71,3	−28,0
Reino Unido	93,2	45,7	47,5	−1,8
Coreia do Sul	67,9	28,6	39,2	−10,6
França	60,6	26,5	34,0	−7,5
Países Baixos	48,4	32,3	16,1	+16,2
Taiwan	46,8	18,4	28,4	−10,0

Antes, as batalhas competitivas no mercado eram travadas na Europa Ocidental, no Japão e nos Estados Unidos; hoje, elas se estenderam para a América Latina, Europa Oriental, Rússia, China, Índia, Ásia e África, visto que esses mercados emergentes continuam se abrindo para o comércio. Mais pessoas ao redor do mundo, dos mais ricos aos mais pobres, participarão da crescente prosperidade mundial por meio do comércio global. A economia global emergente nos permite participar da concorrência mundial, apresentando vantagens significativas tanto para os profissionais de marketing quanto para os consumidores. Os profissionais de marketing beneficiam-se da abertura de novos mercados e de mercados menores com um crescimento suficiente para se tornarem oportunidades de negócios viáveis. Os consumidores beneficiam-se porque podem escolher dentre a variedade maior de mercadorias produzidas em todos os lugares do mundo a preços mais baixos.

Unidos pela expansão dos meios de comunicação internacionais e de empresas globais, consumidores de todos os cantos do mundo exigem cada vez mais uma variedade de produtos e serviços. Como mostra a Figura 2.1, o comércio mundial é uma atividade econômica importante e, em virtude dessa importância, a tendência é que os países tentem controlar o comércio internacional em benefício próprio. À medida que a concorrência se intensifica, a tendência ao protecionismo ganha força. Para que os benefícios das mudanças sociais, políticas e econômicas que ocorrem no momento sejam plenos, o livre-comércio deve prevalecer no mercado global como um todo. A criação da Organização Mundial do Comércio (OMC) é uma das grandes vitórias para o livre-comércio nas últimas décadas.

Este capítulo investiga brevemente o passado e o presente dos Estados Unidos no comércio global e alguns conceitos importantes para compreender a relação entre o comércio internacional e a política econômica desse país. Uma discussão a respeito do protecionismo sensato e insensato, o maior impedimento ao comércio, é acompanhada de uma análise sobre o Acordo Geral sobre Tarifas e Comércio (General Agreement on Tariffs and Trade – Gatt) e a OMC, dois acordos multinacionais concebidos para promover o livre-comércio.

Do século XX ao XXI

Na história econômica moderna, em nenhum momento os países foram tão interdependentes do ponto de vista econômico, houve tantas oportunidades para o comércio internacional ou existiu um potencial de demanda tão crescente quanto hoje, em plena abertura do século XXI. A verdade dessa afirmação prevalece mesmo quando se leva devidamente em conta a crise financeira global iniciada em 2008. Em contraposição, nos 100 anos precedentes, o desenvolvimento econômico mundial foi instável.

A primeira metade do século XX foi arruinada por uma depressão econômica mundial de grandes proporções ocorrida entre duas guerras mundiais que quase destruiu a maior parte do mundo industrializado. A última metade do século, embora livre de guerras mundiais, foi arruinada por conflitos entre os países que adotavam o socialismo marxista e aqueles que seguiam um modelo capitalista democrático de desenvolvimento econômico. Em consequência dessa cisão ideológica, os padrões de comércio tradicionais sofreram uma ruptura.

Após a Segunda Guerra Mundial, a fim de refrear a propagação do comunismo, os Estados Unidos resolveram infundir o ideal do capitalismo pelo mundo afora, tanto quanto possível. O Plano Marshall, cujo objetivo era ajudar a reconstruir a Europa, a assistência financeira para o desenvolvimento industrial para reconstruir o Japão e os recursos canalizados por

OA1

Alicerce para o restabelecimento do comércio mundial após a Segunda Guerra Mundial

Embora a fileira de tratores John Deere que serão embarcados de sua fábrica em Waterloo, Iowa, impressione, os carros Hyundai estacionados em fila à beira-mar em Ulsan, Coreia do Sul, para serem embarcados para os Estados Unidos, apequena a quantidade de tratores. A justaposição dessas duas fotos reflete apropriadamente a persistência do déficit comercial americano mais amplo de mercadorias.

meio da Agência para o Desenvolvimento Internacional para promover o crescimento econômico no mundo subdesenvolvido foram utilizados para ajudar a criar uma economia mundial sólida. A dissolução dos poderes coloniais criou vários novos países na Ásia e na África. Com a luta desses países para ganhar independência econômica e a assistência financeira oferecida pelos Estados Unidos, a maioria das economias mundiais não comunistas se desenvolveu, e novos mercados foram criados.

Os benefícios da assistência econômica ao estrangeiro dada pelos Estados Unidos escoaram para ambos os lados. Para cada dólar que os Estados Unidos investiam no desenvolvimento econômico e na reconstrução de outros países após a Segunda Guerra Mundial, centenas de dólares retornavam ao país pela compra de produtos agrícolas, produtos manufaturados e serviços americanos. Essa demanda externa criada pelo Plano Marshall e por outros programas[2] foi fundamental para a economia americana porque a imensa base manufatureira construída para suprir a Segunda Guerra Mundial e a oferta crescente de mão de obra de veteranos militares criaram uma capacidade de produção bem superior às necessidades domésticas. O grande *boom* econômico e a elevação do padrão de vida experimentados pelos Estados Unidos após a Segunda Guerra Mundial foram estimulados pela satisfação da demanda contida nos Estados Unidos e a demanda criada para reconstruir os países europeus e asiáticos destruídos pela guerra. Em resumo, os Estados Unidos ajudaram a solidificar as economias mundiais, permitindo que elas comprassem mais deles próprios.

Além da assistência econômica americana, uma mudança em direção à cooperação internacional entre as nações comerciais manifestou-se na negociação (1986-1994) do Gatt. O comércio internacional havia caído para a metade depois da Primeira Guerra Mundial, quando as nações seguiram o exemplo dado pela aprovação americana da Lei Smoot-Hawley (1930), que aumentou a média das tarifas americanas em mais de 20 mil produtos importados para mais de 60%. Em retaliação, 60 países ergueram altos muros tarifários, e o comércio internacional ficou paralisado, bem como a maioria das economias. Uma importante recessão mundial lançou as economias mundiais para a Grande Depressão, quando o comércio por pouco não exauriu.[3]

Determinados a não repetir o desastre econômico que se seguiu à Primeira Guerra Mundial, governantes mundiais criaram o **Gatt**, um fórum para os países-membros negociarem

---

[2] A Organização para a Cooperação e o Desenvolvimento Econômico (OCDE) foi um resultado imediato do Plano Marshall.
[3] David M. Kennedy, Lizabeth Cohen e Thomas A. Bailey, *The American Pageant*, 13. ed. (Boston: Houghton Mifflin, 2006).

uma redução das tarifas e outras barreiras ao comércio. Esse fórum se mostrou eficaz na consecução desses objetivos. Com a ratificação dos acordos da Rodada do Uruguai, o Gatt tornou-se parte da OMS em 1995, e seus 117 membros originais ingressaram em uma nova era de livre-comércio.

Comércio mundial e multinacionais americanas

O rápido crescimento das economias destruídas pela guerra e dos países anteriormente subdesenvolvidos, aliado a uma cooperação e assistência econômica de larga escala, abriram novas oportunidades para o marketing em nível global. Os padrões de vida em ascensão, uma ampla base de consumidores e os mercados industriais externos criaram oportunidade para que as empresas americanas expandissem suas exportações e investimentos no mundo inteiro. Durante a década de 1950, muitas empresas americanas que nunca haviam comercializado fora dos Estados Unidos começaram a exportar, e outras fizeram investimentos significativos em marketing e em instalações de produção no exterior.

No fim da década de 1960, as corporações multinacionais (CMNs) estavam enfrentando desafios importantes em duas frentes: a resistência ao investimento direto e a concorrência crescente nos mercados de exportação. Os grandes investimentos feitos por empresas americanas na Europa e na América Latina aumentaram a preocupação de seus países com o domínio crescente das multinacionais americanas. Na América Latina, a reação foi expropriar os investimentos americanos diretos ou forçar as empresas a vender participação majoritária aos cidadãos. Na Europa, a apreensão manifestou-se pela intensa exigência pública para que se restringisse o investimento estrangeiro. Preocupações, mesmo na Grã-Bretanha, de que eles se tornassem um satélite com a industrialização, mas sem nenhuma definição política, fez com que fossem criadas diretrizes específicas para *joint ventures* entre empresas britânicas e americanas. Na Comunidade Europeia, as multinacionais americanas eram recusadas de várias formas, desde um controle rígido sobre propostas de *joint ventures* e regulamentações que cobriam aquisições americanas de empresas europeias até leis protecionistas muito severas.

A ameaça sentida pelos europeus foi muito bem expressa no famoso livro *O desafio americano*, em que o autor francês J. J. Servan-Schreiber escreveu:

> Daqui a 15 anos é bem provável que o terceiro maior poder industrial do mundo, logo após os Estados Unidos e a Rússia, não será a Europa, mas a indústria americana na Europa. Desde já, no nono ano do Mercado Comum, esse mercado europeu é basicamente americano em termos organizacionais.[4]

A previsão de Servan-Schreiber não se concretizou por vários motivos, mas um dos mais importantes foi que as CMNs americanas enfrentaram um ressurgimento da concorrência de todos os cantos do mundo. O crescimento e a reconstrução da economia mundial pós-Segunda Guerra Mundial estavam começando a emergir em uma concorrência que desafiava a supremacia da indústria americana. A concorrência procedia de todas as frentes; Japão, Alemanha e a maior parte do mundo industrializado e vários países em desenvolvimento estavam lutando pela demanda em seu próprio país e procurando também mercados mundiais. Os países outrora classificados como menos desenvolvidos foram reclassificados então como países recém-industrializados (*newly industrialized countries* – NICs ou PRIs). Vários PRIs, como Brasil, México, Coreia do Sul, Taiwan, Cingapura e Hong Kong, experimentaram um rápido processo de industrialização em determinados setores e tornaram-se concorrentes mundiais agressivos em aço, construção naval, eletrônicos de consumo, automóveis, aeronaves leves, calçados, têxteis, vestuário e assim por diante. Além dos PRIs, países em desenvolvimento como a Venezuela, o Chile e Bangladesh criaram empresas estatais (EEs) que operavam em outros países. Uma empresa estatal venezuelana tem uma subsidiária em Porto Rico que produz lona, cosméticos, cadeiras e zíperes; há também empresas chilenas e colombianas em Porto Rico. No Estado americano da Geórgia, uma empresa venezuelana atua na área de agronegócios; em Bangladesh, o sexto maior exportador de vestuário para os Estados Unidos também possui uma fábrica de colchões na Geórgia.

Em suma, o poder e o potencial econômico passaram a ser distribuídos de maneira mais uniforme entre os países em comparação à situação vigente, quando Servan-Schreiber advertiu a Europa quanto ao domínio das multinacionais americanas. Ao contrário, a posição

---

[4] J. J. Servan-Schreiber, *The American Challenge* (Nova York: Atheneum Publishers, 1968), p. 3.

Figura 2.2

A nacionalidade das 100 maiores corporações industriais do mundo (tamanho avaliado de acordo com as receitas anuais).

Fonte: "2009 Global 500", *Fortune*, http://www.fortune.com, 2010.

	1963	1979	1984	1990	1996	2000	2005	2009
Estados Unidos	67	47	47	33	24	36	33	30
Alemanha	13	13	8	12	13	12	15	14
Grã-Bretanha	7	7	5	6	2	5	10	6
França	4	11	5	10	13	11	10	10
Japão	3	7	12	18	29	22	12	10
Itália	2	3	3	4	4	3	3	5
Países Baixos – Reino Unido	2	2	2	2	2	2	1	1
Países Baixos	1	3	1	1	2	5	2	1
Suíça	1	1	2	3	5	3	4	1
Luxemburgo								1
Bélgica		1	1	1		1		1
Noruega							1	1
Finlândia								1
Brasil		1		1				1
Canadá		2	3					
Índia			1					
Kuwait			1					
México		1	1	1	1		1	1
Venezuela		1	1	1	1			
Coreia do Sul			4	2	4		1	4
Suécia			1	2				
África do Sul			1	1				
Espanha				2			1	3
Rússia								2
China						2	1	5
Malásia								1

dos Estados Unidos no comércio mundial hoje é compartilhada com outros países. Por exemplo, em 1950, os Estados Unidos representavam 39% do produto nacional bruto (PNB) mundial, mas por volta de 2010 representavam menos de 25%. Entretanto, nesse meio tempo, o PNB global tornou-se bem maior, do mesmo modo que a produção industrial – todos os países compartilhavam mais do bolo da economia. Essa mudança refletiu-se nas flutuações de crescimento das CMNs de outros países também. A Figura 2.2 mostra as mudanças sensíveis ocorridas entre 1963 e 2009. Em 1963, 67 das maiores corporações industriais do mundo eram americanas. Por volta de 1996, esse número caiu para um mínimo de 24, enquanto o Japão, que tinha as 3 maiores, passou a ter 29, e a Coreia do Sul passou de 0 para 4. Após o grande *boom* econômico no final da década de 1990 nos Estados Unidos, 36 das maiores empresas eram americanas, somente 22 eram japonesas e nenhuma era coreana. Há pouco tempo, a Gazprom, a gigante russa de gás natural, foi a primeira concorrente da Europa Oriental a estar entre as 100 empresas mais globalizadas, obtendo o 52º lugar na lista mais recente da *Fortune*.[5] A menor classificação das empresas japonesas e a maior das chinesas são também proeminentes.

Outra dimensão do poder econômico mundial, o balanço do comércio de mercadorias refletiu igualmente o papel cambiante dos Estados Unidos no comércio mundial. Entre 1888 e 1971, os Estados Unidos venderam mais para outros países do que compraram; ou seja, a balança comercial dos Estados Unidos era favorável. Entretanto, em 1971, os Estados Unidos tinham um déficit comercial de US$ 2 bilhões, que cresceu de forma constante até atingir um auge, em 1987, de US$ 160 bilhões. Depois disso, o déficit comercial de mercadorias caiu

[5] "GAZPROM Eyes 10% of French Gas Market in 4-5 Years", *Dow Jones International News*, 3 de janeiro de 2008.

para US$ 74 bilhões em 1991, mas começou a aumentar novamente e, em 2007, foi superior a US$ 700 bilhões. Com o enfraquecimento contínuo do dólar americano, o déficit comercial abrandou um pouco no outono de 2007.[6] A consequência positiva da crise financeira global iniciada em 2008 nos Estados Unidos foi que o déficit comercial americano diminuiu pela metade durante 2009 em relação à sua alta em 2007.

A intensificação da concorrência para as empresas americanas durante a década de 1980 levantou questões semelhante àquelas ouvidas na Europa duas décadas antes: como manter a força competitiva da atividade econômica americana para evitar o domínio dos mercados americanos por CMNs estrangeiras e impedir que o "país seja comprado". Na década de 1980, os Estados Unidos viram sua posição competitiva em bens de capital, como computadores e maquinaria, corroer acentuadamente. De 1983 a 1987, quase 70% do crescimento do déficit comercial de mercadorias correspondia a bens de capital e automóveis, que, na época, eram os setores americanos dos altos salários e das altas habilidades. Contudo, a indústria americana recebeu um sinal de alerta e reagiu reestruturando seus setores – em essência, "cortando as gorduras e diminuindo de tamanho". No final da década de 1990, os Estados Unidos uma vez mais estava competindo de igual para igual no setor de bens de capital, particularmente com os excedentes comerciais na categoria de alta tecnologia.

Entre as questões mais importantes levantadas na década de 1980 estavam aquelas relacionadas à capacidade das empresas americanas de concorrer em mercados estrangeiros e à imparcialidade das políticas de comércio internacional de alguns países. Atritos comerciais giravam em torno das vendas de automóveis e eletrônicos do Japão nos Estados Unidos e das práticas comerciais restritivas japonesas. Os Estados Unidos, grandes defensores do livre-comércio, enfrentavam o dilema de estimular seus parceiros comerciais a retribuir com a abertura de seus mercados sem provocar maior protecionismo. Além de conseguir pressionar o Japão a abrir seus mercados para alguns tipos de comércio e investimento, os Estados Unidos eram uma mola propulsora por trás da criação da OMC.

Na última década do século XX, mudanças profundas na forma como o mundo passaria a comercializar estavam a caminho. A contínua integração dos países da União Europeia (UE), a criação do Acordo Norte-Americano de Livre-Comércio (North American Free Trade Agreement – Nafta)[7] e da Área de Livre-Comércio Americana (American Free Trade Area – Afta) e a rápida evolução da conferência da Cooperação Econômica da Ásia e do Pacífico (Asia-Pacific Economic Cooperation – Apec) são as bases dos blocos econômicos globais que, para muitos especialistas, dominarão os padrões comerciais no futuro. Com o retorno de Hong Kong em 1997 e Macau em 2000 para a China, é a primeira vez depois de 400 anos que toda a Ásia é controlada e administrada por asiáticos. Ao longo das décadas pós--Segunda Guerra Mundial, o Ocidente estabeleceu os padrões de comércio, mas, progressivamente, a Ásia será uma força de peso, se não a principal.

Após a primeira década do século XXI

O crescimento abrupto e sem precedentes da economia americana no final da década de 1990 arrefeceu de maneira sensível nos últimos cinco anos e, naturalmente, de maneira ainda mais sensível em 2009. O crescimento na maior parte do restante do mundo seguiu o mesmo curso, com exceção da China. A Organização para a Cooperação e o Desenvolvimento Econômico (OCDE) estima que as economias dos países-membros crescerão em média 3% ao ano nos próximos 25 anos, ao mesmo ritmo dos últimos 25 anos. De modo oposto, as economias do mundo em desenvolvimento crescerão a um ritmo mais rápido – de um índice anual de 4% no último quarto de século para um índice de 6% nos próximos 25 anos. A participação desses países no produto bruto mundial aumentará de cerca de um sexto para quase um terço nesse mesmo período. O Banco Mundial estima que cinco países – Brasil, China,[8] Índia, Indonésia e Rússia –, cuja participação no comércio mundial não chega a um terço da participação da UE, terão uma participação 50% superior à da UE por volta de 2020. Consequentemente, a influência e o poder econômico passarão dos países industrializados – Japão, Estados Unidos e países da UE – para os países da América Latina, Europa Oriental, Ásia e África.

Essa mudança não significa que os mercados na Europa, no Japão e nos Estados Unidos deixarão de ser importantes; essas economias continuarão a produzir mercados grandes e

---

[6] Elizabeth Price e Brian Blackstone, "U.S. Trade Deficit Shrinks: Rising Prices Dampen Demand for Imports, Could Fuel Inflation", *The Wall Street Journal Asia*, 12 de novembro de 2007, p. 9.
[7] Jenalia Moreno, "Trade Tariffs End, Makint Nafta a Milestone", *Houston Chroicle*, 2 de janeiro de 2008.
[8] "Fear the Dragon", *The Economist*, 9 de janeiro de 2010, p. 73-74.

lucrativos, e as empresas estabelecidas nesses mercados serão beneficiadas. Isso de fato significa que, se uma empresa quiser ser um concorrente importante no século XXI, agora é o momento de começar a assentar suas bases. Mas como essas mudanças que ocorrem no mercado global afetarão os negócios internacionais? Em primeiro lugar, o nível e a intensidade da concorrência mudarão à medida que as empresas começarem a se preocupar em ganhar acesso ou manter sua posição nos mercados emergentes, nas áreas de comércio regionais e nos mercados estabelecidos da Europa, do Japão e dos Estados Unidos.

As empresas procuram saídas para se tornar mais eficientes, melhorar a produtividade e ampliar seu alcance global, mantendo ao mesmo tempo a capacidade de reagir rapidamente e oferecer produtos que os mercados necessitam e procuram. Por exemplo, grandes empresas estatais chinesas investem pesadamente nas economias em desenvolvimento. A Nestlé está consolidando sua predominância nos mercados de consumo globais adquirindo e comercializando vigorosamente marcas importantes em países específicos. A Samsung da Coreia do Sul investiu US$ 500 milhões no México para garantir seu acesso aos mercados da Afta. A Whirlpool, fabricante americana de eletrodomésticos, que assegurou o primeiro lugar no setor global de eletrodomésticos adquirindo a divisão europeia do fabricante de eletrodomésticos N. V. Philips, reestruturou-se imediatamente para se tornar uma empresa global. Esses são alguns exemplos das mudanças que varrem as empresas multinacionais à medida que elas se preparam para o século XXI.

As empresas globais não são as únicas que procuram agressivamente novas oportunidades de mercado. Empresas pequenas utilizam novas abordagens de marketing e buscam saídas para aplicar seu conhecimento tecnológico na exportação de produtos e serviços nunca antes vendidos no exterior. Uma pequena empresa do Meio-Oeste que fabrica e congela massa de *bagel* para os supermercados assarem e venderem como produto próprio enxergou oportunidades no exterior e começou a exportar para o Japão. As vendas internacionais, embora a princípio pequenas, demonstraram tamanho potencial que a empresa vendeu sua unidade americana para se concentrar nas operações internacionais. Outro exemplo de empresa menor é a Nochar Inc., que fabrica o retardador de chamas que ela desenvolveu uma década atrás para a prova Indianápolis 500. Agora, a empresa obtém 32% de suas vendas no exterior, em 29 países. O proprietário da Buztronics Inc., fabricante de *buttons* de lapela, ouviu um amigo dizer que seus *buttons*, equipados com uma luz vermelha piscante, fariam "muito sucesso" no Japão. Ele começou a exportar para o Japão, e, apenas um ano depois, 10% das vendas da Buztronics provinham do exterior. Embora 50% dos maiores exportadores respondam por 30% das exportações de mercadorias americanas, o restante provém de empresas pequenas e médias como as que acabamos de mencionar. O mundo dos negócios está experimentando um turbilhão de atividades à medida que empresas grandes e pequenas ajustam-se à internacionalização do mercado no âmbito doméstico e externo.

Balanço de pagamentos

OA2

Importância dos números do balanço de pagamentos para a economia de um país

Quando há comercialização entre países, ocorrem transações financeiras entre empresas ou consumidores de diferentes nações. Produtos e serviços são exportados e importados, presentes em dinheiro são trocados, investimentos são feitos, pagamentos em dinheiro são realizados, valores em dinheiro são recebidos e viagens de férias e ao exterior são feitas. Em resumo, ao longo de um período qualquer, o fluxo de dinheiro que sai e entra em um país é constante. O sistema de contas que registra as transações financeiras internacionais de um país é chamado de **balanço de pagamentos**.

As demonstrações do balanço de pagamentos de uma nação registram todas as transações financeiras entre seus residentes e pessoas de outros países durante um determinado período, normalmente um ano. Pelo fato de o registro do balanço de pagamentos ser mantido em um sistema de escrituração contábil por partidas dobradas, ele sempre deve estar em equilíbrio. Como na demonstração financeira de uma empresa individual, os ativos e passivos ou os créditos e débitos devem se contrabalançar. E, tal como a demonstração de uma empresa, o fato de haver um equilíbrio não significa que a situação financeira de um país é particularmente boa ou ruim. O balanço de pagamentos registra a condição, não o que determina essa condição. Todas as transações financeiras de uma nação com outros países são representadas em seu balanço de pagamentos.

As demonstrações do balanço de pagamentos de uma nação apresentam uma visão geral de sua situação econômica em nível internacional e são uma importante medida econômica utilizada pelo Ministério da Fazenda, pelo Banco Central e por outros órgãos governamentais cuja responsabilidade é manter a estabilidade econômica externa e interna. O balanço de pagamentos representa, de um lado, a diferença entre os recebimentos provenientes de outros países e, de outro, os pagamentos feitos a esses países. No lado positivo do balanço de pagamentos dos Estados Unidos estão as vendas de mercadorias de exportação, o dinheiro gasto por turistas estrangeiros, os pagamentos de seguro, transporte e serviços semelhantes aos Estados Unidos, os pagamentos de dividendos e juros sobre investimentos no exterior, o retorno sobre o capital investido no exterior, os novos investimentos estrangeiros nos Estados Unidos e os pagamentos estrangeiros ao governo.

No lado negativo, estão os custos das mercadorias importadas, os gastos realizados por turistas americanos no exterior, novos investimentos externos, gastos militares no exterior e auxílio financeiro ao exterior. O déficit ocorre quando os pagamentos internacionais são superiores ao que é recebido. Ele pode ser diminuído ou eliminado aumentando os recebimentos internacionais do país (isto é, obtendo mais exportações para outros países ou mais turistas de outros países) e/ou diminuindo as despesas em outros países. A demonstração do balanço de pagamentos inclui três contas: a **conta-corrente**, que é a documentação de todas as exportações de mercadorias, importações e serviços mais as transferências unilaterais de fundos; a *conta de capital*, que é a documentação dos investimentos diretos, do portfólio de investimentos e movimentações de capital de curto prazo para e proveniente de outros países; e a *conta de reservas*, que é a documentação das exportações e importações de ouro, elevações ou reduções no câmbio internacional e elevações ou reduções nos passivos para com bancos centrais estrangeiros. Das três, a conta-corrente é a mais importante para as atividades de negócios internacionais.

A *conta-corrente* é importante porque inclui todas as contas de comércio de mercadorias e de serviços internacionais, isto é, as contas do valor de todos os serviços e mercadorias importados e exportados e todos os recebimentos e pagamentos de investimentos e contratações de pessoal no exterior.[9] A Figura 2.3 mostra os cálculos de conta-corrente de 2009 dos Estados Unidos.

Desde 1971, os Estados Unidos tiveram um saldo favorável em conta-corrente (como porcentagem do produto interno bruto – PIB) em apenas alguns anos (consulte a Figura 2.4). Os desequilíbrios foram provocados principalmente pela demanda americana por petróleo,[10] produtos derivados do petróleo, carros, bens duráveis de consumo e outras mercadorias. Aliás, o déficit comercial de produtos de 2009 foi de US$ 517 bilhões, um enorme avanço em relação aos dois anos precedentes.[11] Todavia, esses desequilíbrios produzem drásticos efeitos no balanço de pagamentos e, portanto, no valor da moeda americana no mercado mundial. Fatores como esses em algum momento exigem ajustes por meio de mudanças nas taxas de câmbio, nos preços e/ou nos rendimentos. Em resumo, quando os bens de um país, cujas despesas excedem seus rendimentos, são exauridos, esse país, tal como um indivíduo, deve diminuir seu padrão de vida. Se seus habitantes não fizerem isso voluntariamente, as taxas de câmbio de sua moeda para moedas estrangeiras diminuem, e, por meio do mercado de câmbio internacional, o poder aquisitivo de mercadorias estrangeiras é transferido desse país para outro. Como é possível ver na Figura 2.5, o dólar americano fortaleceu-se em relação à maioria das outras moedas importantes durante a década de 1990, mas enfraqueceu ao longo da última década.

Figura 2.3
Conta-corrente dos Estados Unidos de acordo com os principais componentes, 2009 (em bilhões de dólares).

Exportações	
Mercadorias	US$ 1.046
Serviços	509
Receitas	561
Importações	
Mercadorias	−1.563
Serviços	−371
Pagamentos	−472
Transferências unilaterais em conta, líquido	−130
Saldo em conta-corrente	−420

---

[9] "Financial Globalization and U.S. Current Account Deficit", *US Fed News*, 3 de janeiro de 2008.
[10] Terence Poon, "China to Steady Prices Amid Inflation Worries", *The Wall Street Journal*, 10 de janeiro de 2008.
[11] www.bea.gov.

Figura 2.4
Saldo em conta-corrente dos Estados Unidos (% do PIB).

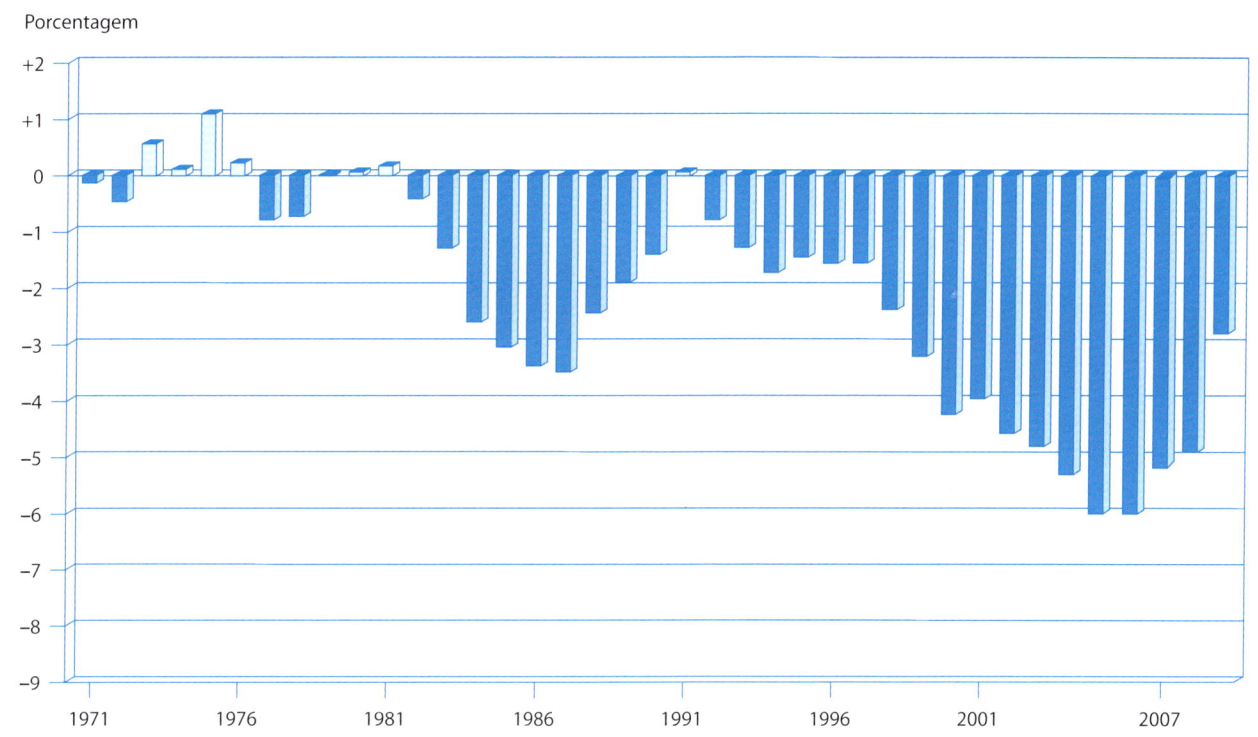

Porcentagem

[Gráfico de barras mostrando o saldo em conta-corrente dos EUA como % do PIB, de 1971 a aproximadamente 2009, com valores oscilando entre +1% no início e chegando a aproximadamente -6% por volta de 2005-2006.]

Fonte: Banco Mundial.

Figura 2.5
O que um dólar americano poderia comprar?

Fonte: *The Wall Street Journal*, 2010.

	1985	1988	1992	1995	1999	2000	2005	2010
Libra esterlina	0,86	0,54	0,56	0,63	0,62	0,68	0,57	0,63
Franco francês	9,6	5,4	5,29	4,95	6,49	7,28		
Iene japonês	250,23	123,7	126,7	93,96	102,58	112,21	112,3	89,9
Franco suíço	2,25	1,29	1,41	1,18	1,58	1,68	1,31	0,96
Euro				1,01	0,90	0,92	1,08	0,79	0,71
Peso mexicano	0,37	2,28	3,12	6,45	9,43	9,47	10,8	13,0

Como o déficit do comércio americano cresceu, as pressões começaram a puxar o valor do dólar para níveis mais baixos. E quando as moedas estrangeiras podem ser comercializadas por mais dólares, os produtos americanos (e as empresas) ficam mais baratos para o cliente estrangeiro e as exportações aumentam, tornando os produtos estrangeiros mais caros para o cliente americano e a demanda por mercadorias importadas é refreada. De modo semelhante, os investimentos em ações expressas em dólar e essas mercadorias de investimento tornam-se menos atraentes. Aliás, o próprio dólar torna-se menos conveniente como moeda global.[12]

Protecionismo

OA3

Efeitos do protecionismo sobre o comércio mundial

Os executivos das empresas internacionais estão cientes do fato de que lidam com um universo de barreiras tarifárias, não tarifárias e de cotas cujo objetivo é proteger os mercados de um país contra a invasão de empresas estrangeiras.[13] Embora a OMC tenha conseguido diminuir as tarifas, os países ainda recorrem a medidas de protecionismo.[14] As nações utilizam barreiras legais, barreiras cambiais e barreiras psicológicas para refrear a entrada de mercadorias não desejadas. As empresas trabalham em conjunto para estabelecer barreiras particulares ao mercado, embora a própria estrutura do mercado possa apresentar enormes barreiras

---

[12] Mark Whitehouse, "Foreign Investors View Dollar as 'Refuge Currency' Despite Recent Tumult", *The Wall Street Journal*, 20 de agosto de 2007, p. A2.
[13] Tor Korneliussen e Jorg Blasius, "The Effects of Cultural Distance, Free Trade Agreements, and Protectionism on Perceived Export Barriers", *Journal of Global Marketing*, 21, n. 3, 2008, p. 217-230.
[14] "The Nuts and Bolts Come Apart", *The Economist*, 28 de março de 2009, p. 79-80.

às mercadorias importadas. O complexo sistema de distribuição do Japão, como será discutido em detalhes no Capítulo 15, é um bom exemplo de estrutura de mercado que cria barreira ao comércio. Entretanto, conquanto essa barreira seja eficaz para manter alguns produtos fora do mercado, legalmente ela não pode ser vista como barreira comercial.

Proteção lógica e ilógica

Inúmeros argumentos para manter restrições governamentais ao comércio são usados pelos protecionistas, mas em essência todos podem ser assim classificados: (1) proteção de uma indústria nascente, (2) proteção do mercado doméstico,[15] (3) necessidade de manter o dinheiro no país, (4) estímulo à acumulação de capital, (5) manutenção do padrão de vida e dos salários reais, (6) conservação de recursos naturais, (7) industrialização de um país de baixos salários, (8) manutenção do emprego e redução do desemprego, (9) defesa nacional, (10) aumento do porte das empresas e (11) retaliação e negociação. Para os economistas em geral, apenas os argumentos da indústria nascente, da defesa nacional e da industrialização dos países subdesenvolvidos são válidos. O argumento da conservação de recursos está se tornando cada vez mais válido em uma era de consciência ambiental[16] e escassez mundial de matérias-primas e *commodities* agrícolas. Uma proteção temporária dos mercados com excesso de capacidade produtiva ou excesso de mão de obra poderia se justificar quando essa proteção facilitar uma transição ordenada. Lamentavelmente, essa proteção muitas vezes torna-se prolongada e contribui para a ineficiência industrial porque prejudica a adaptação realista de um país à sua situação mundial.

Para ter uma ideia do que isso custa ao consumidor, considere os resultados de um estudo recente sobre 21 setores protegidos. Essa pesquisa demonstrou que os consumidores americanos pagam cerca de US$ 70 bilhões por ano em preços mais elevados em virtude de tarifas e outras restrições de proteção. Em média, o custo aos consumidores para manter um emprego nesses setores protegidos foi de US$ 170 mil por ano, ou várias vezes a remuneração média (salários e benefícios) dos trabalhadores industriais. Infelizmente, o protecionismo é comum do ponto de vista político, particularmente em tempos de salários declinantes[17] e/ou alto desemprego, mas raras vezes renova o crescimento de um setor em declínio. Além disso, os empregos que são mantidos o são a um custo muito alto, o que acaba sendo um imposto que os consumidores pagam sem saber.

Barreiras comerciais

OA4

Vários tipos de barreiras ao comércio

Para estimular o desenvolvimento da indústria doméstica e proteger a indústria existente, os governos podem estabelecer barreiras comerciais em forma de tarifas e de uma variedade de **barreiras não tarifárias**, como cotas, boicotes, barreiras monetárias e barreiras de mercado. Essas barreiras são impostas contra importações e empresas estrangeiras. Embora o motivo de tais barreiras possa ser econômico ou político, elas são estimuladas pela indústria doméstica. Sejam ou não barreiras sensatas do ponto de vista econômico, a realidade é que elas existem.

Tarifas. *Grosso modo*, **tarifa** é um imposto estabelecido por um governo sobre as mercadorias que cruzam suas fronteiras. As tarifas podem ser utilizadas como impostos para gerar receitas ou para desestimular a importação de mercadorias, ou por ambos os motivos. As taxas tarifárias são estabelecidas com base no volume ou na quantidade ou em ambos. Nos Estados Unidos, por exemplo, os impostos aduaneiros utilizados são assim classificados: (1) impostos *ad valorem*, que se baseiam em uma porcentagem do valor determinado das mercadorias importadas; (2) impostos específicos, que consistem em um valor estipulado por peso unitário ou alguma outra medida de quantidade; e (3) imposto composto, que associa impostos específicos e *ad valorem* em determinado produto, isto é, um imposto por libra (453,5 gramas) mais uma porcentagem do valor. Como as tarifas mudam com frequência, todo país publica regularmente sua programação tarifária para o exportador.[18]

---

[15] Alistair MacDonald e Cecilie Rohwedder, "U.K. Officials, Workers Troubled by Foreign Takeovers", *The Wall Street Journal*, 20 de janeiro de 2010, p. B6.

[16] John Carey, "Global Warning, Suddenly the Climate in Washington Is Changing", *BusinessWeek*, 27 de junho de 2005, p. 91.

[17] Jane Sasseen, "Economists Rethink Free Trade", *BusinessWeek*, 11 de fevereiro de 2008, p. 32-33.

[18] A Programação de Tarifas Harmonizadas (Harmonized Tariff Schedule) dos Estados Unidos pode ser baixada ou acessada por meio de um banco de dados tarifários interativo em http://www.usitc.gov. Selecione Harmonized Tariff Schedule.

CRUZANDO FRONTEIRAS 2.1 — Barreiras comerciais, hipocrisia e os Estados Unidos

Os Estados Unidos veem-se como líder do livre-comércio e com frequência movem processos judiciais contra os países considerados parceiros comerciais desleais. A Seção 301* da Lei Geral de Comércio e Competitividade (Omnibus Trade and Competitiveness Act) autoriza o governo americano a investigar e retaliar barreiras estrangeiras específicas ao comércio consideradas desleais e a impor tarifas de no máximo 100% sobre as exportações aos Estados Unidos por parte das nações culpadas, a menos que elas atendam às demandas domésticas americanas. Contudo, vários países consideram hipócritas algumas das posturas assumidas pelos Estados Unidos, visto que o próprio país é tão culpado quanto ao proteger seus mercados com barreiras comerciais. Um estudo conduzido pelo governo japonês alega que os Estados Unidos empregam práticas comerciais desleais em 10 das 12 áreas políticas examinadas. Notadamente, observa-se que os Estados Unidos impõem cotas sobre as importações, praticam tarifas altas e abusam de medidas *antidumping*. Essas críticas estão corretas? Esse país está sendo hipócrita com relação ao livre-comércio? Seja você o juiz.

Os Estados Unidos iniciaram uma investigação, no âmbito da Seção 301[a], sobre as cotas japonesas aos produtos cítricos. "A remoção de barreiras desleais do Japão poderia diminuir o preço da laranja para os consumidores japoneses em um terço", disse o representante do Comércio dos Estados Unidos. Coincidentemente, os Estados Unidos praticavam uma tarifa de 40% sobre as importações de suco de laranja brasileiro quando essa investigação foi iniciada.

Os Estados Unidos também iniciaram um no âmbito da Seção processo 301[a] contra a Coreia em virtude de suas cotas de importação de carne bovina, ainda que, segundo estimativas, as cotas de importação de carne bovina do próprio país custem anualmente aos consumidores americanos US$ 873 milhões por causa dos preços mais elevados. Outro processo foi iniciado contra Brasil, Coreia e Taiwan em decorrência de barreiras comerciais no setor de calçados, embora os Estados Unidos imponham tarifas de até 67% sobre as importações de calçados.

Você consegue acreditar que os Estados Unidos têm dois volumes de códigos alfandegários, do tamanho de uma lista telefônica, que contêm restrições para produtos tão inócuos quanto tesouras, suéteres, peças de couro, bijuterias, tampões higiênicos, pizzas, cotonetes de algodão, sorvetes e até mesmo produtos que não produzem, como vitamina B12? Eles têm também restrições a produtos mais suscetíveis como carros, supercomputadores, madeira e todos os tipos de roupas imagináveis. Os latino-americanos que pretendem exportar para o país podem encontrar centenas de seus produtos de exportação mais promissores, como uva, tomate, cebola, aço, cimento, aspargo e calçados, nessa lista alfandegária. Visite www.usitc.gov/tata/index.htm e selecione Interactive Tariff Database (Banco de Dados Tarifário Interativo) para ver alguns outros exemplos.

Portanto, os Estados Unidos são ou não tão culpados quanto os demais países?

*A Seção 301, cláusula da lei de comércio americana, autoriza o governo americano a mover processos judiciais contra os países que supostamente tenham utilizado práticas "descabidas, injustificáveis ou discriminatórias" que restrinjam o comércio americano.

Fontes: Resumido de James Bovard, "A U.S. History of Trade Hypocrisy", *The Wall Street Journal*, 8 de março de 1994, p. A10; Brian Hindley e Fredrik Erixon, "Dumping Protectionism", *The Wall Street Journal*, 1º de novembro de 2007, p. 12; "Chinese Dumping Duties", *Steel Times International*, outubro de 2009, p. 4.

Em geral, as tarifas:
- Aumentam
  - Pressões inflacionárias.
  - Privilégios em juros especiais.
  - Controle governamental e a deliberações políticas em assuntos econômicos.
  - Número de tarifas (outras tarifas são geradas por meio da reciprocidade).
- Enfraquecem
  - Condições do balanço de pagamentos.
  - Padrões de oferta e demanda.
  - Relações internacionais (elas podem desencadear guerras comerciais).
- Restringem
  - Fontes de oferta dos produtores.
  - Opções disponíveis aos consumidores.
  - Concorrência.

Além disso, as tarifas são arbitrárias, discriminatórias e exigem administração e supervisão constantes. Muitas vezes, elas são utilizadas como retaliação contra medidas protecionistas de parceiros comerciais. Em uma disputa com a UE sobre subsídios à exportação de massas, os Estados Unidos impuseram um aumento de 40% nas tarifas sobre o espaguete europeu e massas sofisticadas. A UE criou retaliações contra limões e nozes americanos. A guerra das massas continuou quando a Europa aumentou suas tarifas sobre fertilizantes, produtos derivados de papel e gordura de vaca americanos, e os Estados Unidos reagiram na mesma moeda. Essa guerra terminou quando os europeus finalmente eliminaram os subsídios à exportação de massas. Os países menos desenvolvidos expressam cada vez mais suas queixas contra as tarifas americanas e europeias sobre produtos agrícolas.[19]

---

[19] Allan Odhiambo, "EAC States in Row over Wheat Import Tariffs", *All Africa*, 30 de agosto de 2007.

CRUZANDO FRONTEIRAS 2.2

Roupas íntimas, vestuário, Playstation Sony e orelhas pontudas – O que tudo isso tem em comum?

O que roupas íntimas, vestuário, Playstation Sony e orelhas pontudas têm em comum? Cotas!

Chamemos o primeiro caso de "efeito Madonna". Madonna, a estrela *pop*, mudou a interpretação de vestuário/roupas íntimas quando o Serviço Aduaneiro americano, sempre vigilante, interceptou uma remessa de 880 bustiês na fronteira americana. Tratava-se de um problema de violação de cotas e tarifas. O expedidor classificou essa remessa como roupa íntima, para a qual os Estados Unidos não exigem cota nem tarifa. Entretanto, com relação à importação de vestuário, o país impõe uma cota, e o funcionário do Serviço Aduaneiro classificou esse produto inspirado por Madonna como "vestuário", exigindo o certificado de cota correspondente.

"Não há dúvida de que eram roupas de cima. Eu vi; e vi as meninas usando, e elas usam essas roupas como roupa de cima." O importador levou três semanas para obter autorizações suficientes de cota de vestuário para cobrir a remessa; nesse meio tempo, vários varejistas cancelaram seus pedidos.

Chamemos o segundo caso de efeito vídeo/computador. As autoridades da UE classificaram originalmente o Playstation, da Sony, como videogame e, portanto, um produto com tarifa mais alta do que se fosse classificado como computador, que era a classificação desejada pela Sony. Segundo determinação do Tribunal de Primeira Instância, "o produto foi concebido principalmente para rodar videogames". Portanto, estaria sujeito a milhões de euros em direitos aduaneiros. Contudo, o tribunal de apelação apoiou a Sony quanto a um erro técnico e mudou essa decisão. Na verdade, isso não fez grande diferença, porque as classificações alfandegárias da UE mudariam seis meses depois para permitir a entrada de computadores e consoles de videogame na UE com tarifa zero.

Chamemos o terceiro caso de efeito Vulcano. As autoridades da UE utilizaram o abraço da morte de Vulcano ao personagem Spock de *Jornada nas Estrelas*. Figuras semelhantes ao personagem Spock e suas orelhas pontudas foram vítimas da cota da UE sobre bonecas fabricadas na China. O Conselho de Ministros da UE de repente impôs uma cota equivalente a US$ 81,7 milhões sobre bonecas com formas não humanas provenientes da China – mas não interferiu nas bonecas com formas humanas.

As autoridades alfandegárias britânicas enfrentam uma circunstância incomum porque agora precisam discutir o grau de "humanidade" de cada boneca. Eles colocaram na lista negra os ursinhos de pelúcia, mas tiraram o Batman e o Robin. E, embora tenham recusado Spock pelo fato de ele vir do planeta Vulcano, admitiram o capitão Kirk de *Jornada nas Estrelas*. O Fã Clube Oficial de *Jornada nas Estrelas* afirmou que as autoridades alfandegárias "devem dar algum desconto a Spock" porque sua mãe, Amanda, era humana. "Não vemos nenhum motivo para mudarmos nossa interpretação. Não existe nenhum ser humano com orelhas desse tamanho."

Fontes: Rosalind Resnick, "Busting Out of Tariff Quotas", *North American International Business* (agora publicado como *International Business*), fevereiro de 1991, p. 10; Dana Milbank, "British Customs Officials Consider Mr. Spock Dolls to Be Illegal Aliens", *The Wall Street Journal*, 2 de agosto de 1994, p. B1; "EU Rejects Sony Customs Claim" (Salt Lake City), *Desert News*, 6 de outubro de 2003.

Figura 2.6
Tipos de barreira não tarifária.

Fonte: Dados reimpressos de A. D. Cao, "Nontariff Barriers to U.S. Manufactured Exports", *Journal of World Business*, vol. 15, p. 94. Copyright © 1980. Com permissão da Elsevier.

Restrições específicas ao comércio
Cotas
Pedidos de licença de importação
Restrições proporcionais de mercadorias estrangeiras e domésticas (exigências locais quanto a teor, conteúdo e matérias-primas)
Limites de preço mínimo para as importações
Embargos

Procedimentos de entrada alfandegários e administrativos
Sistemas de avaliação
Práticas *antidumping*
Classificações de tarifa
Exigências de documentação
Taxas

Padrões
Disparidades entre padrões
Aceitação intergovernamental de métodos e padrões de teste
Padrões de embalagem, rotulagem e marcação

Participação governamental no comércio
Políticas governamentais de aquisição
Subsídios à exportação
Direitos alfandegários compensatórios
Programas de assistência doméstica

Cobranças sobre as importações
Exigências de depósito prévio de importação
Taxas administrativas
Impostos especiais complementares
Discriminações de crédito de importação
Impostos variáveis
Impostos de fronteira

Outros
Restrições voluntárias a exportações
Acordos de comercialização ordenada

Cotas e licenças de importação. Cota é uma unidade específica ou um limite monetário aplicado a um determinado tipo de mercadoria. A Grã-Bretanha limita a importação de aparelhos de televisão; a Alemanha estabeleceu cotas sobre os rolamentos japoneses; a Itália

CRUZANDO FRONTEIRAS 2.3 — Cruzando fronteiras com macacos dentro da cueca

Robert Cusack entrou ilicitamente nos Estados Unidos com um casal de macacos pigmeus ameaçados de extinção dentro de sua cueca! No dia 13 junho de 2002, um representante especial do Serviço de Peixes e de Animais e Plantas Selvagens dos Estados Unidos telefonou para o Aeroporto Internacional de Los Angeles depois que Cusack foi detido pela alfândega americana, vindo da Tailândia. Os funcionários logo descobriram também que Cusack transportava quatro pássaros tropicais em risco de extinção e 50 orquídeas protegidas. "Quando um dos inspetores abriu sua bagagem, um dos pássaros voou", afirma um funcionário. "Ele teve de apanhar o pássaro." Depois de encontrar os demais pássaros e plantas exóticas que foram roubados, o inspetor perguntou: "Há algo mais que o senhor deva nos contar?". Cusack respondeu: "Sim, estou com um casal de macacos dentro da cueca". Os macacos foram levados para o zoológico de Los Angeles, e o contrabandista pegou 57 dias de prisão. Ele também pagou uma multa de cinco dígitos.

Da mesma forma, Wang Hong, exportador chinês, reconheceu a culpa por contrabandear tartarugas marinhas para os Estados Unidos. Ele não as transportava na cueca; na verdade, as "partes" da tartaruga marinha entraram no país em forma de cascos e arcos para violino, dentre outras coisas.

O contrabando não é praticado apenas por indivíduos sorrateiros. Empresas multinacionais também podem envolver-se com contrabandos. Somente na última década, houve condenações por contrabando de celulares para o Vietnã, cigarros para o Iraque e Canadá e platina para a China. Em um dos casos corporativos, talvez o mais grave, após um processo judicial de nove anos, a Amway Corporation concordou em pagar ao governo canadense US$ 38,1 milhões para dirimir as acusações de que havia evitado impostos alfandegários subavaliando as mercadorias que exportou dos Estados Unidos para distribuidores canadenses por um período de mais de seis anos. Sempre que existem barreiras comerciais, o contrabando é a reação comum. Aliás, cerca de 100 anos atrás, Rudyard Kipling havia escrito:

Vinte e cinco pôneis trotando na escuridão –

Vinho para o vigário, tabaco para o sacristão;

Rendas para as senhoras, cartas para o espião;

Mas vigie o muro, minha querida, enquanto os fidalgos passam ao lado!

Fontes: "Amway Pays $ 38 Million to Canada", *Los Angeles Times*, 22 de setembro de 1989, p. 3; Patricia Ward Biederman, "Smuggler to Pay for Pocketing Monkeys", *Los Angeles Times*, 19 de dezembro de 2002, p. B1; "Chinese National Pleads Guilty of Smuggling Protected Sea Turtles", *Associated Press*, 3 de janeiro de 2008; Raymond Fisman, "Measuring Tariff Evasion and Smuggling", *NBER Reporter*, n. 3, 2009, p. 8-10.

---

restringe as motocicletas japonesas; e os Estados Unidos impõem cotas ao açúcar, aos têxteis e, por incrível que pareça, ao amendoim. As cotas representam uma restrição absoluta à quantidade de um produto específico que pode ser importada. Quando os japoneses permitiram pela primeira vez a entrada de arroz estrangeiro no país, impuseram uma cota, mas desde 2000 as cotas foram substituídas por tarifas.[20] Ainda mais complicada foi a guerra da banana entre os Estados Unidos e a UE, que deu origem a um sistema misto em que a entrada de uma cota de bananas é permitida mediante uma tarifa e a cota subsequente é isenta. No início de 2010, quando o filme *Avatar* predominava nos cinemas do mundo inteiro, a China exigiu que seus cinemas exibissem apenas as versões em 3D.[21] Tal como as tarifas, as cotas tendem a elevar os preços.[22] Estima-se que as cotas americanas sobre os produtos têxteis aumentam em 50% o preço de atacado das roupas.

A fim de regularizar o fluxo cambial e a quantidade de uma determinada *commodity* importada, os países costumam exigir licenças de importação. A diferença fundamental entre as cotas e as licenças de importação como meio de controlar as importações é a maior flexibilidade das licenças sobre as cotas. As cotas permitem importações até o momento em que se esgotam; as licenças restringem as quantidades caso a caso.

Restrições voluntárias à exportação. As **restrições voluntárias à exportação (RVEs)** ou acordos de comercialização ordenada (*orderly marketing agreements* – OMAs) são semelhantes às cotas. Comuns em produtos têxteis, vestuário, aço, produtos agrícolas e automóveis, as RVEs constituem um acordo entre o país importador e o país exportador quanto ao volume de exportações. Durante muitos anos, o Japão manteve um acordo de RVE sobre automóveis com os Estados Unidos; isto é, o Japão concordou em exportar uma quantidade fixa de automóveis anualmente. Quando os Estados Unidos ainda fabricavam aparelhos de televisão, o Japão assinou um OMA restringindo as exportações de televisores em cores japoneses para os Estados Unidos em 1,56 milhões de unidades por ano. Não obstante, as

---

[20] Consulte o *site* da USA Rice para obter detalhes, em http://www.usarice.com; consulte também Hodgson *et al.*, *Doing Business in the New Japan*.
[21] Ian Johnson, "China's Homegrown Movies Flourish", *The Wall Street Journal*, 20 de janeiro de 2010, p. B1, B4.
[22] Peter T. Leach, "Is China Losing Its Edge?", *Journal of Commerce*, 3 de dezembro de 2007.

A NYK (Nippon Yusen Kaisha) transporta automóveis do Japão para Aqaba, na Jordânia. Na região do Mar Vermelho, os automóveis são enviados para outros países, mas não para o vizinho Israel. Em virtude do boicote árabe contra Israel, as remessas de automóveis são feitas separadamente para o porto adjacente de Eilat.

empresas japonesas começaram a adaptar suas estratégias investindo na fabricação de televisores nos Estados Unidos e no México. Em consequência disso, elas recuperaram toda a participação de mercado que haviam perdido por meio do OMA e com o tempo passaram a dominar o mercado inteiro. Uma RVE é chamada de voluntária porque o país exportador estabelece os limites; entretanto, geralmente ela é imposta, diante da ameaça de cotas e tarifas mais rígidas serem instituídas pelo país importador se não for estabelecida uma RVE.

Boicotes e embargos. Boicote governamental é uma restrição absoluta contra a compra e a importação de determinados serviços e/ou mercadorias de outros países. Essa restrição pode até incluir proibição de viagens, como a que existe hoje para turistas chineses; o governo de Pequim recusa-se a aceitar o Canadá como um destino turístico. As autoridades de Pequim não se mostraram dispostas a oferecer explicações, mesmo depois de três anos de reclamações e negociações com as autoridades canadenses, mas a maioria acredita que isso esteja relacionado com as críticas implacáveis do Canadá contra as políticas de direitos humanos chinesas.[23] Embargo é a recusa em vender para um país específico. Um boicote público pode ser formal ou informal e pode ser patrocinado pelo governo ou por um setor. Os Estados Unidos utilizam boicotes e embargos contra os países com os quais mantém alguma disputa. Por exemplo, os Estados Unidos ainda impõem sanções contra Cuba[24] e Irã. Entretanto, existem preocupações crescentes entre os formuladores de políticas americanos de que as sanções patrocinadas pelo governo provocam prejuízos desnecessários tanto para os Estados Unidos quanto para o país que está sendo boicotado e não produzem os resultados desejados. Não é incomum os cidadãos de um país boicotarem os produtos de outros países quando o governo ou grupos civis os estimulam a isso. Os produtos Nestlé foram boicotados por um grupo de cidadãos que consideraram a forma como a Nestlé promoveu suas comidas para bebê em países menos desenvolvidos enganosa para as mães e prejudicial aos bebês.

Barreiras monetárias. Um governo pode regulamentar de modo eficaz sua posição comercial internacional utilizando várias restrições por meio de controle cambial. Ele pode decretar essas restrições para preservar a posição de seu balanço de pagamentos ou especificamente para oferecer vantagens ou estimular determinados setores. Duas barreiras desse tipo são o bloqueio de moeda e as exigências de aprovação governamental para proteger o câmbio internacional.

O *bloqueio de moeda* é utilizado como arma política ou para reagir a situações difíceis no balaço de pagamentos. Quando está em vigor, o bloqueio intercepta todas as importações ou todas as importações acima de um determinado nível. Para efetuá-lo, há uma recusa em permitir que um importador troque a moeda nacional pela moeda do vendedor.

A *aprovação governamental* para proteger o câmbio internacional com frequência é utilizada por países que experimentam dificuldades graves no câmbio internacional. Em diferentes ocasiões, a maioria dos países latino-americanos e da Europa Oriental exigiu que todas as transações cambiais internacionais fossem aprovadas por um ministro de Estado ou membro do governo de estatuto superior. Portanto, os importadores que desejam comprar uma mercadoria estrangeira devem solicitar uma autorização cambial, isto é, uma permissão para trocar uma quantia em moeda doméstica por uma quantia em moeda estrangeira.

A autorização cambial pode também estipular uma taxa de câmbio, que pode ser desfavorável, dependendo do que o governo deseja. Além disso, essa autorização pode estipular que a quantia a ser trocada deve ser depositada em um banco local um tempo antes da transferência das mercadorias. Por exemplo, o Brasil algumas vezes exigiu que valores fossem depositados 360 dias antes da data de importação. Essa exigência é extremamente restritiva, pois os recursos ficam fora de circulação e correm o risco de serem destruídos pela inflação. Essas políticas provocam problemas de fluxo de caixa importantes para o importador e aumentam sensivelmente o preço dos produtos importados. Sem dúvida, essas barreiras cambiais são um sério impedimento ao comércio.

---

[23] "Canada Threatens China with WTO Action over Tourism Ban", *Agence France-Presse*, 8 de janeiro de 2008.
[24] Cornelia Dean, "Cuba After the Embargo", *The New York Times News Service, Edmonton Journal*, 6 de janeiro de 2008, p. E8.

Cracker Jack inventou em 1912 a promoção "brinquedos com doces". Entretanto, a fabricante italiana dos chocolates Ferrero fez inovações mais ousadas. Seus chocolates de leite Kinder Ovo contêm *surpresas* apreciadas por crianças de 37 países ao redor do mundo. Esse produto não é vendido nos Estados Unidos por preocupações com relação ao perigo de asfixia. O produto mostrado acima (à esquerda), produzido na Argentina para ser vendido no México, inclui uma etiqueta de advertência para crianças com menos de 3 anos de idade. Por esse mesmo motivo, Cracker Jack teve de eliminar vários brinquedos bacanas em miniatura que eram colocados dentro das embalagens. No final da década de 1990, a Nestlé lançou um produto similar ao Kinder Ovo no mercado americano, mas foi obrigada a recolhê-lo por motivos de segurança. O Wonderball é a última versão, mas ele contém brinquedos comestíveis de chocolate. Consulte www.ferrero.com.ar e www.crackerjack.com para obter mais detalhes. Os brinquedos devem ter um diâmetro maior do que o do tubo de plástico exibido à direita para atender às normas de segurança americanas.

Padrões. Barreiras não tarifárias dessa categoria incluem padrões para proteger a saúde, a segurança e a qualidade dos produtos. Às vezes, os padrões são utilizados de uma maneira excessivamente rigorosa ou discriminadora para restringir o comércio, mas a quantidade exagerada de regulamentos nessa categoria é em si um problema. O regulamento sobre o teor de fruta de uma geleia varia tanto de um país para outro que um especialista em agricultura assim afirma: "Um exportador de geleias precisa de um computador para evitar os regulamentos de um ou outro país". A diferença entre padrões é um dos principais desacordos entre os Estados Unidos e o Japão. O tamanho do buraco na madeira do tipo compensada exportada para o Japão pode determinar se a remessa será ou não aceita; se o buraco for muito grande, a remessa é rejeitada porque os padrões de qualidade não são atendidos. Outros exemplos são os seguintes: nos Países Baixos, todos os ovos de galinha ou de pata importados devem conter uma indicação com tinta indelével do país de origem; na Espanha, os leites condensados importados devem conter um rótulo com o teor de gordura, se tiverem menos de 8% de gordura; e na UE foram instituídos controles rígidos à importação de carne bovina e produtos derivados dessa carne importados do Reino Unido por causa da doença da vaca louca. Acrescente a essa lista os alimentos geneticamente modificados (transgênicos), que enfrentam rígida oposição da UE, bem como de ativistas do mundo inteiro.

Os Estados Unidos e outros países exigem que alguns produtos (especialmente os automóveis) tenham uma porcentagem de "conteúdo local" para serem aceitos em seus mercados. O Nafta estipula que todos os automóveis provenientes dos países-membros tenham no mínimo 62,5% de conteúdo norte-americano, para impedir que os fabricantes de automóveis estrangeiros utilizem um país-membro como porta dos fundos para outro país.

Multas *antidumping*. Historicamente, as barreiras comerciais tarifárias e não tarifárias impediram o livre-comércio, mas ao longo dos anos elas foram eliminadas ou reduzidas por meio de iniciativas do Gatt e da OMC. Hoje, existe uma nova barreira tarifária: as leis *antidumping* criadas para impedir a entrada de mercadorias estrangeiras em um mercado. Essas leis foram elaboradas para evitar que produtores estrangeiros utilizem "preços predatórios", uma prática em que um produtor estrangeiro vende intencionalmente seus produtos em outro país por um valor inferior ao custo de produção para minar a concorrência e tomar controle do mercado. Essa barreira foi criada como um tipo de lei antitruste no comércio internacional. São cobrados impostos *antidumping* dos violadores por vender abaixo do custo e/ou "direitos compensatórios" para evitar a utilização de subsídios de governos estrangeiros com o objetivo de minar a indústria local. Muitos países têm leis semelhantes, que são possibilitadas de acordo com as regras da OMC.

Nos últimos anos houve um aumento descomunal nos processos *antidumping* nos Estados Unidos. Em um único ano, 12 fabricantes de aço americanos abriram processos *antidumping* contra 82 fabricantes de aço estrangeiros em 30 países ao todo. Em setembro de 2009, os

Estados Unidos impuseram direitos *antidumping* sobre pneus importados da China, não obstante o acordo do presidente Barack Obama com outros países do G20 de "evitar medidas protecionistas em momentos de grande risco econômico", firmado em abril daquele ano.[25] Para muitos economistas, essa cobrança de direitos *antidumping* foi desnecessária por causa do número de empresas e países envolvidos; teria sido melhor ter deixado a cargo da oferta e da demanda a classificação e escolha dos melhores produtores e preços. E, obviamente, os países visados também reclamaram. Entretanto, os processos *antidumping* representam barreiras comerciais de fato. As investigações são muito caras, levam muito tempo para serem solucionadas e, enquanto não são resolvidas, restringem de modo eficaz o comércio. Além disso, a ameaça de ser alvo de cobrança de direitos *antidumping* é suficiente para afastar algumas empresas do mercado.

Subsídios domésticos e estímulos econômicos. Há muito tempo os subsídios agrícolas dos Estados Unidos e da Europa têm sido objeto de reclamações comerciais dos países em desenvolvimento. Todavia, as estagnações econômicas principiadas em 2008 desencadearam novos e imensos pacotes de socorro financeiro doméstico em economias maiores aos bancos e fabricantes de automóveis, para citar apenas dois exemplos. Os países em desenvolvimento reclamam que esses subsídios a setores domésticos oferecem às empresas desses países vantagens desleais no mercado global. Os países menores defendem-se com uma variedade de táticas; por exemplo, a Malásia restringiu o número de portos que poderiam receber mercadorias, o Equador aumentou as tarifas de 600 tipos de produtos, e a Argentina e 15 outros países pediram à OMC para examinar se os estímulos e socorros financeiros eram "subsídios industriais", caso em que, de acordo com as regras da OMC, os parceiros comerciais têm direito de retaliar.[26] De modo semelhante, o governo americano reclamou de políticas chinesas, como prolongados controles de moeda, incentivos fiscais às exportações e exigências que forçam as entidades governamentais a comprar produtos chineses.[27]

Abrandamento das restrições comerciais

Diminuir o déficit comercial tem sido uma prioridade para o governo americano há inúmeros anos. Dentre as várias propostas apresentadas, a maioria aborda a lealdade comercial com alguns de seus parceiros comerciais, e não a redução das importações ou ajuste de outras políticas comerciais. Muitos acreditam que a quantidade de países que podem comercializar livremente nos Estados Unidos é muito grande, ao passo que a concessão de acesso a produtos americanos nos países correspondentes não é a equitativa. O Japão, durante duas décadas, foi o parceiro comercial com o qual os Estados Unidos tiveram o maior déficit e que deu margem às principais preocupações com relação à lealdade. A Lei Geral de Comércio e Competitividade, de 1988, enfoca a questão da lealdade comercial e procura soluções para melhorar a competitividade americana. Na virada do século, a China assumiu o lugar do Japão enquanto principal "problema comercial" dos Estados Unidos, como pode ser visto na Figura 2.1.

Lei Geral de Comércio e Competitividade

A *Lei Geral de Comércio e Competitividade* (Omnibus Trade and Competitiveness Act), de 1988, é multifacetada, e seu principal objetivo é ajudar as empresas a se tornarem mais competitivas nos mercados globais, bem como corrigir possíveis injustiças percebidas em práticas comerciais.[28] Essa lei comercial foi elaborada para lidar com os déficits comerciais, o protecionismo e a lealdade geral de parceiros comerciais dos Estados Unidos. A principal preocupação do Congresso dizia respeito ao fato de os mercados americanos estarem abertos para a maioria do mundo e os mercados do Japão, da Europa Ocidental e de vários países asiáticos estarem relativamente fechados. Essa lei reflete a constatação de que devemos lidar com nossos parceiros comerciais de acordo com a maneira que eles de fato atuam, e não com o modo como desejamos que eles se comportem. Alguns consideram essa lei uma medida protecionista, mas o governo a considera um meio de oferecer mecanismos mais sólidos para abrir mercados externos e ajudar os exportadores americanos a ganhar maior competitividade. O projeto de lei abrange três áreas consideradas críticas para melhorar o comércio americano: acesso ao mercado, expansão das exportações e assistência às importações.

OA5

Cláusulas da Lei Geral de Comércio e Competitividade

---

[25] "Economic Vandalism", *The Economist*, 19 de setembro de 2009, p. 13.
[26] Carol Matlack, "The New Protectionism", *BusinessWeek*, 22 de junho de 2009, p. 22-23.
[27] Pete Engardio, "Beijing Bolsters the Barriers", *BusinessWeek*, 6 de julho de 2009, p. 26.
[28] Caroline Baum, "China Isn't a Currency Manipulator", *Today* (Cingapura), 20 de junho de 2007, p. 35.

O *outdoor* sobre um prédio em um centro comercial movimentado de Pequim evidencia a importância da tecnologia espacial da China para todos os transeuntes. Entretanto, a Boeing e a Hughes tiveram de pagar US$ 32 milhões em um acordo feito com o governo americano por supostamente ter transferido aos chineses informações confidenciais sobre tecnologias espaciais em meados da década de 1990. As restrições sobre as vendas de tecnologia diminuíram a competitividade das empresas americanas de alta tecnologia em outros mercados internacionais além da China, como o Canadá.

A questão da abertura dos mercados para produtos americanos é abordada pela seção de *acesso ao mercado* dessa lei. Muitas barreiras restringem ou proíbem a entrada de produtos em um mercado externo. Padrões técnicos desnecessariamente restritivos, sistemas de distribuição compulsórios, barreiras alfandegárias, tarifas, cotas e exigências rigorosas de licença são apenas alguns exemplos. Essa lei concede ao presidente dos Estados Unidos autoridade para restringir a venda de produtos de um país no mercado americano se esse país impuser restrições desleais aos produtos americanos. Além disso, se as regras de aquisição de um governo estrangeiro discriminarem empresas americanas, o presidente dos Estados Unidos tem autoridade para impor interdição semelhante a mercadorias e serviços da nação ofensiva.

Além de enfatizar o acesso ao mercado, essa lei reconhece que alguns problemas da competitividade das exportações americanas provêm de impedimentos comerciais impostos por regulamentações do próprio país e desincentivos à exportação. Os controles de exportação, a Lei contra a Prática de Corrupção no Exterior (Foreign Corrupt Practices Act – FCPA) e a promoção das exportações foram especificamente abordados na seção *expansão das exportações*. As licenças de exportação podiam ser obtidas mais fácil e rapidamente para produtos que estivessem na lista de controle de exportações. Além disso, a lei reafirmava a responsabilidade do governo de ser mais responsivo às necessidades do exportador. Duas principais contribuições que facilitavam o comércio de exportação foram os procedimentos computacionais para solicitação e acompanhamento dos pedidos de licença e a criação do Banco de Dados para o Comércio Nacional (National Trade Data Bank – NTDB), para melhorar o acesso aos dados comerciais.

O comércio de exportação é uma via de mão dupla: devemos estar preparados para concorrer com as importações no mercado doméstico se forçarmos os mercados estrangeiros a se abrirem para o comércio americano. Reconhecendo que a entrada estrangeira nos mercados americanos pode provocar sérias pressões competitivas, perda de participação de mercado e, ocasionalmente, prejuízos financeiros graves, a seção de *assistência às importações* da Lei de Comércio e Competitividade oferece uma relação de soluções para as empresas americanas adversamente afetadas pelas importações. As empresas seriamente prejudicadas por importações comercializadas regularmente podem solicitar a assistência temporária do governo enquanto se ajustam à concorrência nas importações e recuperam sua vantagem competitiva.

Com essa lei, o processo de obtenção de licenças de exportação ficou bem mais flexível, o número de produtos na lista de controle de exportações diminuiu, o acesso a informações foi ampliado e uma base para negociações foi firmada com a Índia, o Japão e outros países para eliminar ou diminuir as barreiras ao comércio. Contudo, desde o relatório parlamentar de 1999, as restrições à exportação de vários produtos de alta tecnologia foram novamente enrijecidas por motivos de segurança nacional.[29]

Com a expansão do mercado global, os países mercantis têm procurado atentamente soluções para eliminar tarifas, cotas e outras barreiras ao comércio. Quatro iniciativas estão em vigor para apoiar o crescimento do comércio internacional: o Gatt, a OMC, que está associada ao Gatt, o Fundo Monetário Internacional (FMI) e o Grupo Banco Mundial.

Acordo Geral sobre Tarifas e Comércio

■ **OA6**

Importância do Gatt e da Organização Mundial do Comércio

Historicamente, os tratados comerciais eram negociados de maneira bilateral (entre duas nações), com pouca atenção às relações com outros países. Além disso, eles tendiam a erguer barreiras, e não a ampliar os mercados e restaurar o comércio mundial. Os Estados Unidos e 22 outros países assinaram o *Acordo Geral sobre Tarifas e Comércio* (General Agreement on Tariffs and Trade – Gatt) logo após a Segunda Guerra Mundial.[30] Embora nem todos os países tenham participado, o Gatt pavimentou o caminho para o primeiro acordo mundial sobre tarifas. O acordo original ofereceu um processo para diminuir as tarifas e criou uma agência para vigiar o comércio mundial. O diretor e a equipe da agência

---

[29] Elaine Kurtenbach, "China Says Bids Due from Three Global Nuclear Power Companies", *Associated Press*, 25 de fevereiro de 2005.
[30] Florence Chong, "As Gatt Turns 60, Crean Pledges to Revive the Great Struggle for World Trade Liberalization", *The Australian*, 2 de janeiro de 2008, p. 17.

De acordo com o governo americano, não podemos chamar esse peixe de peixe-gato, a menos que ele tenha sido criado nos Estados Unidos. Os vietnamitas criam peixes em arrozais inundados cujos filés custam em torno de US$ 1,80 por libra (453,59 gramas) no atacado. O preço praticado por criadores de peixes americanos é aproximadamente US$ 2,80. Nem os consumidores nem os ictiólogos conseguem demonstrar a diferença entre o peixe americano e o asiático, mas mesmo assim houve intervenção americana. Uma reivindicação do Congresso quanto ao nome "peixe-gato" forçou os Estados Unidos a abafar seus próprios protestos contra a reivindicação de direitos exclusivos dos europeus sobre o nome "arenque". (© *Tom McHugh/ Photo Researchers, Inc.*)

Gatt oferecem às nações um fórum de negociação de assuntos comerciais e temas afins. Os países-membros procuram resolver bilateralmente suas disputas; se isso não funcionar, são formados painéis especiais do Gatt para recomendar uma providência. Esses painéis são apenas consultivos e não têm nenhum poder de coação.

O tratado Gatt e as assembleias subsequentes criaram acordos e diminuíram significativamente as tarifas sobre uma grande variedade de mercadorias. Periodicamente, os países-membros encontram-se para reavaliar as barreiras comerciais e estabelecer códigos internacionais para promover o comércio entre os membros. Em geral, o acordo cobre estes três elementos básicos: (1) o comércio deve ser conduzido de maneira não discriminativa; (2) é necessário oferecer proteção aos setores domésticos por meio de tarifas alfandegárias, e não por meio de medidas comerciais como as cotas de importação; e (3) os painéis consultivos devem ser o principal método a ser empregado para solucionar problemas comerciais globais.

Desde a criação do Gatt, foram realizadas oito "rodadas" de negociações tarifárias intergovernamentais. A mais recente foi a Rodada do Uruguai (1994), que pegou carona no sucesso da Rodada de Tóquio (1974) – a iniciativa mais abrangente e de longo alcance do Gatt até aquela época. A Rodada de Tóquio gerou cortes tarifários e estabeleceu novas regras internacionais sobre subsídios e medidas compensatórias, *antidumping*, de aquisição governamental, de barreiras técnicas ao comércio (padrões), de valoração aduaneira e de licença de importações. Embora a Rodada de Tóquio tenha abordado as barreiras não tarifárias, algumas áreas que não foram cobertas continuaram impedindo o livre-comércio.

Além do acesso ao mercado, havia questões comerciais dos setores de serviços, produtos agrícolas e produtos têxteis; direitos de propriedade intelectual; e fluxos de investimento e capital. Os Estados Unidos estavam particularmente interessados em abordar o comércio de serviços e os direitos de propriedade intelectual, visto que ambos não estavam devidamente protegidos. Com base nessas questões, a oitava rodada de negociações (Rodada do Uruguai) ocorreu em 1986 em um encontro entre ministros do Comércio do Gatt em Punta del Este, Uruguai, e foi concluída em 1994. Em 1995, 80 membros do Gatt, incluindo os Estados Unidos, a UE (e seus países-membros), o Japão e o Canadá, aceitaram o acordo.

A seção sobre acesso ao mercado (medidas tarifárias e não tarifárias) a princípio foi considerada de importância secundária nas negociações, mas o resultado final foi bem além da meta inicial da Rodada do Uruguai de reduzir um terço das tarifas. Na verdade, praticamente todas as tarifas em dez setores industriais vitais com parceiros comerciais importantes foram eliminadas. Esse acordo possibilitou cortes tarifários substanciais (que giraram em torno de 50 a 100%) em produtos eletrônicos e equipamentos científicos e a harmonização de tarifas no setor químico, com taxas bastante baixas (de 5,5 a 0%).

Um objetivo fundamental dos Estados Unidos na Rodada do Uruguai foi reduzir ou eliminar barreiras ao comércio internacional de serviços. O *Acordo Geral de Comércio em Serviços* (General Agreement on Trade in Services – Gats) foi o primeiro acordo multilateral legalmente obrigatório a cobrir o comércio e os investimentos no setor de serviços. Ele ofereceu princípios legais para negociações futuras para eliminar barreiras que discriminam serviços estrangeiros e negam-lhes acesso ao mercado. Pela primeira vez, medidas disciplinares e procedimentos foram estabelecidos para abranger o comércio e os investimentos em serviços. Foram obtidas concessões específicas de abertura do mercado de uma variedade de países individuais, e providências foram tomadas para dar continuidade às negociações para liberalizar ainda mais os serviços financeiros e de telecomunicação.

Igualmente significativos foram os resultados das negociações no setor de investimentos. As *Medidas de Investimentos Relacionados ao Comércio* (Trade-Related Investment Measures – TRIMs) estabeleceram o princípio básico de que as restrições aos investimentos podem ser barreiras comerciais importantes e, portanto, foram incluídas, pela primeira vez, nos procedimentos do Gatt. Em consequência das TRIMs, as restrições na Indonésia que proíbem empresas estrangeiras de abrir seus próprios canais de distribuição no atacado ou no varejo podem ser contestadas, e, do mesmo modo, as restrições no Brasil que exigem que as empresas pertencentes a estrangeiros comprem a maioria de seus componentes de fornecedores locais caros, bem como que os afiliados de multinacionais estrangeiras mantenham um superávit comercial em favor do Brasil exportando mais do que vendem internamente.

Outro objetivo dos Estados Unidos na Rodada do Uruguai foi obtido por meio do acordo denominado *Aspectos dos Direitos de Propriedade Intelectual Relacionados ao Comércio* (Trade-Related Aspects of Intellectual Property Rights – TRIPs). O acordo TRIPs estabelece padrões sensivelmente mais altos de proteção para uma grande variedade de direitos de propriedade intelectual (patentes, direitos autorais, marcas registradas, segredos comerciais, projetos industriais e criações novas de *chips* semicondutores) em comparação ao que está incorporado nos acordos internacionais, e está preparado para impor de modo eficaz esses padrões tanto em nível internacional quanto nacional.

A Rodada do Uruguai inclui também outro conjunto de melhorias nas regras que cobrem fatores como o *antidumping*, padrões, salvaguardas, valoração aduaneira, regras de origem e licença de importações. Em cada um desses casos, as regras e os procedimentos tornaram-se mais abertos, equitativos e previsíveis, e isso, portanto, nivela mais o campo de jogo do comércio. Talvez a conquista mais notável da Rodada do Uruguai tenha sido a criação de uma nova instituição para ser sucessora do Gatt – a OMC.

Organização Mundial do Comércio

Na assinatura do acordo da Rodada do Uruguai em Marraquexe, Marrocos, em abril de 1994, representantes americanos exigiram uma enorme ampliação da definição de questões relacionadas ao comércio. O resultado foi a criação da **Organização Mundial do Comércio (OMC)**,[31] que engloba a atual estrutura do Gatt e a amplia para novas áreas não devidamente cobertas no passado. A OMC é uma instituição, não um acordo como o Gatt. Ela estabelece várias regras que regulamentam o comércio entre seus 148 membros, oferece um painel de especialistas que ouvem e tomam decisões oficiais sobre disputas comerciais entre os membros e, diferentemente do Gatt, emite decisões obrigatórias. Pela primeira vez, todos os membros serão obrigados a participar totalmente de todos os aspectos dos acordos atuais do Gatt e da Rodada do Uruguai. Além disso, por meio de sua estatura e escopo mais abrangentes, a OMC oferece um fórum permanente e abrangente para a resolução de questões comerciais do mercado global do século XXI.

Todos os países-membros terão representação equitativa nas conferências ministeriais da OMC, programadas para ocorrer no mínimo a cada dois anos para a escolha de um diretor geral, que designará outros dirigentes. As disputas comerciais, como a controvérsia sobre os alimentos geneticamente modificados, são ouvidas por um painel de especialistas escolhidos pela OMC a partir de uma lista de especialistas comerciais oferecida pelos países-membros. O painel ouve ambos os lados e emite uma decisão; o lado vencedor é então autorizado a retaliar com sanções comerciais se o país perdedor não mudar suas práticas comerciais. Embora a OMC não tenha nenhum meio para impor essas decisões, espera-se que pressões internacionais de outros países-membros para o cumprimento das decisões da OMC forcem a anuência. A OMC procura garantir que os países-membros concordem com as obrigações de todos os acordos, e não apenas com aquelas que eles julgam adequadas. Pela primeira vez, os países-membros, incluindo os países em desenvolvimento (os mercados de mais rápido crescimento do mundo), terão a obrigação de abrir seus mercados e de cumprir as regras do sistema comercial multilateral.

As provisões da OMC quanto à Rodada do Uruguai encontraram alguma resistência antes de serem ratificadas por três superpotências: Japão, UE e Estados Unidos. A contenda legal entre os países da UE girou em torno da decisão sobre se o tratado fundador da UE dá à Comissão Europeia o direito exclusivo de negociar em nome de seus membros em todas as áreas cobertas pela OMC.

Nos Estados Unidos, a ratificação foi contestada em virtude da preocupação quanto à possível perda de soberania sobre suas leis comerciais para a OMC, à falta de poder de veto (a maioria dos membros da OMC poderia impor uma decisão sobre os Estados Unidos) e ao papel que os Estados Unidos assumiriam quando surgisse um conflito em relação às leis de um determinado país que pudessem ser contestadas por um membro da OMC. O acordo Gatt foi ratificado pelo Congresso americano e subsequentemente pela UE, pelo Japão e por mais de 60 outros países. Todos os 117 membros do ex-Gatt apoiaram o acordo da Rodada do Uruguai. Desde praticamente a criação da OMC, em 1º de janeiro de 1995, sua agenda é

---

[31] Consulte http://wto.org.

constantemente repleta de questões variadas, desde ameaças, boicotes e sanções à participação do Irã[32] e da Rússia.[33] Aliás, um acontecimento importante no comércio internacional nos últimos anos é a entrada da China na OMC, em 2001. Em vez de aguardar várias "rodadas" para aplainar os problemas, a OMC oferece uma estrutura para discussões e resoluções contínuas sobre questões que retardam o comércio.

A OMC tem seus detratores. Contudo, com base na maioria dos indícios, está ganhando aceitação na comunidade comercial. O número de países que se associaram e daqueles que desejam tornar-se membro é uma boa medida de sua importância. Outra medida são suas realizações desde o momento em que foi criada: ela foi o palco de negociações bem-sucedidas para a abertura de mercados nas telecomunicações e no setor de equipamentos de tecnologia da informação, algo que os Estados Unidos procuraram nas últimas duas rodadas do Gatt. A OMC foi também ágil na resolução de disputas comerciais e continua supervisionando a implantação dos acordos alcançados na Rodada do Uruguai. Todavia, outros problemas acompanham suas vitórias, como deter aqueles países que desejam todos os benefícios de pertencer à OMC e também proteger seus mercados. Aliás, a última iniciativa multilateral, chamada de "Rodada de Doha", em referência à capital do Qatar, onde os diálogos começaram em 2001, ficou em um impasse e pouco avançou.[34]

Contornando o espírito do Gatt e da OMC

Infelizmente, tal como é provável em qualquer lei ou acordo, desde a criação da OMC há países que procuram brechas e formas de contornar suas provisões. Por exemplo, a China foi convidada para se tornar membro da OMC, mas, para ser aceita, teve de mostrar a verdadeira intenção de reduzir tarifas e outras restrições ao comércio. Para atender às exigências e entrar na OMC, a China diminuiu suas tarifas em 5 mil linhas de produtos e eliminou uma série de tradicionais barreiras não tarifárias ao comércio, como cotas, licenças e controles de moeda estrangeira. Ao mesmo tempo, as empresas americanas começaram a perceber um aumento na quantidade e no escopo dos padrões técnicos e das exigências de inspeção. Para citar um bom exemplo, a China recentemente aplicou exigências de inspeção de segurança e qualidade a produtos importados aparentemente tão inofensivos quanto os quebra-cabeças. Além disso, ela tem insistido em que vários importados elétricos e mecânicos sejam submetidos a um processo de certificação de alto custo que exige que as empresas estrangeiras, mas não as domésticas, paguem as visitas de funcionários de inspeção chineses no local do exportador. De acordo com as regras da OMC, a China agora deve justificar a decisão de impor determinados padrões e oferecer um fundamento lógico para esses critérios de inspeção. Em 2009, a OMC regulamentou as restrições chinesas a importações de filmes, músicas e livros considerados ilegais. Essa disposição regulamentar está sujeita a apelação. Contudo, se ratificada, criará enormes oportunidades para empresas como a Apple e seu iTunes.[35]

Os direitos *antidumping* mencionados anteriormente representam a saída favorita para os países imporem novos direitos. Na verdade, seguindo o exemplo dos Estados Unidos, o usuário mais prolífico da região de processos *antidumping*, o México e outros países da América Latina também recorrem mais a esse recurso. A OMC continua combatendo essas barreiras novas e criativas ao comércio.

Em conclusão, frustrados com o lento andamento da mais recente rodada de negociações comerciais da OMC, vários países negociam acordos bilaterais.[36] Por exemplo, os Estados Unidos assinaram acordos de livre-comércio com o Peru, a Colômbia, o Panamá e a Coreia do Sul.[37] A UE emprega atividades semelhantes com países da América do Sul. Talvez o fato mais notável seja o início de diálogos sobre livre-comércio entre a China e Taiwan.[38] A Coreia do Sul e a Índia[39] também assinaram um pacto de livre-comércio, do mesmo modo que

---

[32] Tom Wright, "WRTO to Open Talks on Iran's Membership", *International Herald Tribune*, 27 de maio de 2005, p 1.
[33] "Mexico Backs Russia's WTO Bid, Welcomes Russian Energy Investment", *Agence France-Presse*, 21 de junho de 2005.
[34] John W. Miller, "Blame Goes Global at WTO", *The New York Times*, 3 de dezembro de 2009.
[35] Don Lee, "A Win for U.S. Media in China", *Los Angeles Times*, 13 de agosto de 2009, p. B1, B4.
[36] Jayant Menon, "Dealing with the Proliferation of Bilateral Free Trade Agreements", *World Economy*, 32, outubro de 2009, p. 1.381-1.407.
[37] http://www.ustr.gov, 2010.
[38] Ting-I Tsai, "China, Taiwan Set Stage for a Landmark Pact on Trade", *The Wall Street Journal-Eastern Edition*, 19 de dezembro de 2009, p. A19.
[39] Kanga Kong, "Trade Accord with India Will Cut or Eliminate Tariffs", *The Wall Street Journal-Eastern Edition*, 8 de agosto de 2009, p. A9.

Fundo Monetário Internacional e Grupo Banco Mundial

OA7

Surgimento do Fundo Monetário Internacional e do Grupo Banco Mundial

cinco países da África Oriental.[40] Desde que esses diálogos bilaterais em última análise abram espaço para concessões multilaterais, essas atividades não são incongruentes com as metas e aspirações da OMC.

O **Fundo Monetário Internacional (FMI)**[41] e o **Grupo Banco Mundial**[42] são duas instituições globais criadas para ajudar as nações a se tornarem e permanecerem economicamente viáveis. Ambos desempenham um papel importante no ambiente do comércio internacional por ajudar a manter a estabilidade nos mercados financeiros e assistir os países que procuram desenvolver-se e reestruturar-se economicamente.

Reservas monetárias inadequadas e moedas instáveis são problemas particularmente controvertidos no mercado global. Enquanto essas condições existirem, os mercados mundiais não conseguem desenvolver-se e funcionar de maneira tão eficaz quanto deveriam. Para superar essas barreiras de mercado específicas que assolaram a comercialização internacional antes da Segunda Guerra Mundial, foi criado o *Fundo Monetário Internacional (FMI)*. Originalmente, 29 países assinaram o acordo; hoje, são 184 países-membros. Entre os objetivos do FMI estão a estabilização das taxas de câmbio internacionais e o estabelecimento de moedas que podem ser convertidas livremente, para facilitar a expansão e o crescimento equilibrado do comércio internacional. Os países-membros associaram-se por livre-iniciativa para fazerem consultas de forma recíproca e manterem um sistema estável de compra e venda de suas moedas, de modo que os pagamentos em moeda estrangeira entre os países possam ocorrer de maneira tranquila e sem atrasos. O FMI também empresta dinheiro aos membros que enfrentam problemas para cumprir suas obrigações financeiras para com outros membros. Argentina, Turquia e Grécia receberam recentemente esse tipo de ajuda do FMI, mas os resultados foram variados.

Para lidar universalmente com a flutuação das taxas cambiais, o FMI desenvolveu os *direitos especiais de saque* (*special drawing rights* – SDRs), uma de suas invenções mais úteis. Visto que tanto o ouro quanto o dólar americano perderam sua utilidade como instrumento básico do mercado financeiro, a maioria das estatísticas monetárias está relacionada ao SDR. O SDR em vigor é "ouro em papel" e representa uma base média de valor derivada do valor de um grupo de moedas importantes. Em vez de serem elaborados considerando a moeda de um determinado país, os contratos comerciais com frequência são escritos em SDRs porque estes são bem menos suscetíveis às flutuações cambiais. Mesmo as taxas flutuantes não necessariamente refletem de maneira precisa as relações cambiais. Alguns países permitem que sua moeda flutue naturalmente sem manipulação (flutuação limpa), enquanto outros manipulam de forma sistemática o valor de sua moeda (flutuação suja), modificando a moeda do mercado monetário. Embora muita coisa tenha mudado no sistema monetário mundial desde a criação do FMI, ele ainda desempenha um papel importante no sentido de fornecer financiamentos de curto prazo a governos que se esforçam para pagar dívidas de conta-corrente.

Conquanto o FMI seja alvo de algumas críticas severas,[43] a maioria concorda que ele prestou um valioso serviço e pelo menos atingiu em parte vários de seus objetivos. Sem dúvida, o FMI provou seu valor na crise financeira entre alguns países asiáticos em 1997. O impacto dessa crise foi aliviado significativamente em decorrência das providências tomadas pelo FMI. Durante a crise financeira, o FMI ofereceu empréstimos a vários países, como Tailândia, Indonésia e Coreia do Sul. Se esses países não tivessem recebido auxílio (US$ 60 bilhões somente para a Coreia), as reverberações econômicas poderiam ter provocado uma recessão global. De certo modo, todos os principais mercados de ações refletiram reduções substanciais nos preços de mercado, e o índice de crescimento econômico em alguns países ficou lento.

Às vezes confundido com o FMI, o *Grupo Banco Mundial* é uma instituição distinta cujo objetivo é diminuir a pobreza e elevar os padrões de vida promovendo um crescimento sustentável e investindo em pessoas. Esse banco oferece empréstimos, assessoria técnica e orientações políticas para os países-membros em desenvolvimento para que atinjam seus

---

[40] "It Really May Happen", *The Economist*, 2 de janeiro de 2010, p. 36.
[41] http://www.imf.org.
[42] http://www.worldbank.org.
[43] Krishna Guha, "Watchdog Calls on IMF to Curb Loan Conditions", *Financial Times*, 4 de janeiro de 2008, p. 4.

objetivos.⁴⁴ O Grupo Banco Mundial tem cinco instituições, e cada uma delas executa um tipo de serviço, nesta ordem: (1) empréstimo ao governo dos países em desenvolvimento para financiar projetos de desenvolvimento em educação, saúde e infraestrutura; (2) assessoria aos governos em projetos de desenvolvimento nos países em desenvolvimento mais pobres (renda *per capita* de US$ 925 ou menos); (3) empréstimos diretos ao setor privado para ajudar a fortalecê-lo nos países em desenvolvimento com empréstimos de longo prazo, investimentos em participações e outros tipos de assistência financeira; (4) oferecimento de garantias de investimento contra "risco não comercial", como expropriação e guerras, para criar um ambiente nos países em desenvolvimento que atraia investidores estrangeiros; e (5) promoção de um fluxo maior de investimentos internacionais, oferecendo recursos para a conciliação e arbitragem de disputas entre governos e investidores estrangeiros. Além disso, ele oferece recomendações, realiza pesquisas e produz publicações na área de legislação de investimentos estrangeiros. Desde a sua criação, essas duas instituições desempenham um papel fundamental para o desenvolvimento econômico dos países ao redor do mundo e, portanto, contribuíram para a expansão do mercado internacional a partir da Segunda Guerra Mundial.

Protestos contra instituições globais

A partir de 1999, os "manifestantes anticapitalistas", tal como têm sido chamados por algumas pessoas, começaram a influenciar o trabalho das principais instituições globais descritas anteriormente. A principal reclamação contra a OMC, o FMI e outras instituições é uma mistura de consequências não intencionais da globalização: preocupações ambientais, exploração de trabalhadores e perda de empregos domésticos, extinção cultural, elevações do preço do petróleo e menor soberania das nações. Os protestos antiglobalização primeiro chamaram a atenção da imprensa mundial durante o encontro da OMC em Seattle em novembro de 1999. Posteriormente, em abril de 2000, ocorreram os encontros do Banco

Três tipos de protestos antiglobalização: a foto exibida nesta página e as duas outras na página seguinte. Gifford Myers exibiu essa escultura, *Object (Globalization) – 2001*, em Faenza, Itália, como um protesto pacífico.

---

⁴⁴ Thomas Pearmain, "Tanzanian Power Sector Faces Difficult Year", *Global Insight*, 2 de janeiro de 2008.

A Starbucks talvez esteja substituindo o McDonald's com relação às marcas americanas que os estrangeiros mais adoram odiar. Aqui, a polícia local não conseguiu impedir que os agitadores que se manifestavam contra a OMC em Seattle quebrassem vitrines próximas à sede do encontro.

E, finalmente, os protestos que provocaram mortes. Terroristas mutilaram e mataram as pessoas que estavam a bordo de um famoso ônibus vermelho de dois andares em Londres (na foto é possível ver os estilhaços espalhados pela rua).

Mundial e do FMI em Washington, DC; em setembro de 2000 o Fórum Econômico Mundial em Melbourne, Austrália; e também neste mês os encontros entre FMI e Banco Mundial em Praga. Por volta de 10 mil protestantes enfrentaram quase 11 mil policiais em Praga. Os manifestantes criaram *sites* associados com cada evento, denominados de acordo com as respectivas datas. Os *sites* e a internet foram um meio de comunicação fundamental para ajudá-los nos esforços organizacionais, e os protestos[45] e a violência continuaram em outros encontros entre líderes mundiais com respeito a questões econômicas, como nos encontros do G20 em Londres, em 2009,[46] e nos países afetados pelo FMI. Tragicamente, é bem provável que o terrorismo em Londres tenha sido marcado para coincidir com os encontros do G8 na Escócia, em 2005.[47]

Os grupos de manifestantes, alguns deles com propósitos responsáveis, influíram nas políticas. Por exemplo, as campanhas contra as *sweatshops* (locais de trabalho escravo), principalmente nos Estados Unidos e em sua maioria lideradas por estudantes, repercutiram além das universidades. Uma coalizão entre organizações não governamentais, grupos estudantis e o Unite (sindicato dos trabalhadores têxteis) recentemente processou importadores de vestuário, como a Calvin Klein e The Gap, contra as condições de trabalho na comunidade americana de Saipan, no Pacífico. Diante dos litígios e de prolongadas campanhas públicas contra suas marcas, 17 empresas aquiesceram, prometendo oferecer melhores condições de trabalho. De modo semelhante, um projeto do Banco Mundial na China, que envolvia a transferência de chineses étnicos pobres para territórios que eram tradicionalmente tibetanos, foi abandonado após uma exaltação política liderada por um grupo relativamente pequeno de ativistas pró-tibetanos.

---

[45] "Pakistani Farmers Stage Protest in Lahore against WTO Regime", *BBC Monitoring South Asia*, 18 de abril de 2007.
[46] Jennifer Martinez, "Anarchists Organize to Spread Word", *The Wall Street Journal-Eastern Edition*, 1º de abril de 2009, p. A8.
[47] Mark Rice-Osley, "Overshadowed by Terrorism", G-8 Summit Still Secures Debt Relief", *Christian Science Monitor*, 11 de julho de 2005, p. 7.

Em vista do aparente sucesso relacionado com as iniciativas geralmente pacíficas da sociedade civil em influenciar as diretivas dessas instituições globais, podemos esperar mais atitudes semelhantes no futuro. Contudo, prever as consequências do terrorismo que aparentemente foi acrescentado ao *mix* de protestos é impossível.

RESUMO

Independentemente da abordagem teórica utilizada em defesa do comércio internacional, os benefícios de uma vantagem absoluta ou comparativa sem dúvida podem ser aproveitados por qualquer nação. Com a intensificação da concorrência em todos os cantos do mundo, as pressões pelo protecionismo provenientes de todas as regiões do globo também aumentaram em um momento em que os mercados abertos são fundamentais para desenvolver e utilizar recursos mundiais da maneira mais benéfica possível. Contudo, embora a proteção dos mercados possa ser necessária em vista de determinadas circunstâncias e possa ser favorável à defesa nacional ou ao estímulo dos setores nascentes nos países em desenvolvimento, o consumidor raramente se beneficia de tal proteção.

Os mercados internacionais livres ajudam os países subdesenvolvidos a tornarem-se autossuficientes, e, pelo fato de os mercados abertos oferecerem novos consumidores, desde a Segunda Guerra Mundial a maioria das nações industrializadas cooperou para os esforços em direção a um mercado mais livre. Esse comércio sempre será parcialmente ameaçado por diversas barreiras governamentais e de mercado que existem ou são criadas para a proteção das empresas domésticas. Entretanto, a tendência tem sido em direção a um mercado mais livre. As realidades econômicas e políticas em constante transformação produzem estruturas comerciais especiais que continuam protegendo determinados setores de importância. O futuro dos mercados globais abertos depende da diminuição controlada e equitativa das barreiras comerciais.

PALAVRAS-CHAVE

Gatt
Balanço de pagamentos
Conta-corrente
Protecionismo

Barreiras não tarifárias
Tarifa
Restrições voluntárias à exportação (RVEs)

Organização Mundial do Comércio (OMC)
Fundo Monetário Internacional (FMI)

QUESTÕES

1. Defina as palavras-chave acima relacionadas.
2. Discorra sobre a globalização da economia americana.
3. Quais as diferenças entre conta-corrente, balança comercial e balanço de pagamentos?
4. Explique o papel do preço como regulador do mercado livre.
5. "Teoricamente, o mercado é um mecanismo automático, competitivo e autorregulamentado que procura oferecer o máximo bem-estar possível aos consumidores e que melhor regulamenta a utilização dos fatores de produção." Explique essa afirmação.
6. Entreviste vários empresários locais para identificar suas posturas em relação ao comércio mundial. Além disso, procure saber se eles compram ou vendem mercadorias produzidas em países estrangeiros. Correlacione essas posturas com a experiência comercial desses entrevistados e faça um relatório sobre suas constatações.
7. Qual o papel do lucro no comércio internacional? O lucro substitui ou complementa a função reguladora da determinação de preços? Discuta essas questões.
8. Por que o balanço de pagamentos sempre se contrabalança, ainda que a balança comercial não?
9. Enumere as soluções que uma nação pode utilizar para superar uma balança comercial desfavorável.
10. Respalde ou refute cada um dos vários argumentos comumente empregados a favor das tarifas.
11. A França exporta em torno de 18% de seu PIB, enquanto sua vizinha Bélgica exporta 46%. Quais áreas da política econômica provavelmente serão afetadas por essas variações nas exportações?
12. A difusão do desemprego muda a lógica econômica do protecionismo?
13. Examine as consequências econômicas de um desequilíbrio comercial importante, como aquele provocado pelas importações de petróleo.

14. Discorra sobre as principais provisões da Lei Geral de Comércio e Competitividade, de 1988.
15. A Rodada de Tóquio do Gatt enfatizou a redução de barreiras não tarifárias. Em que sentido a Rodada do Uruguai foi diferente?
16. Discorra sobre o impacto do Gatt, das TRIMs e do acordo TRIPs sobre o comércio global.
17. Discorra sobre a evolução do comércio mundial que ocasionou a criação da OMC.
18. Visite o *site* www.usitc.gov/tarriffs.htm (programação de tarifas alfandegárias dos Estados Unidos) e examine quais são os impostos de importação dos calçados de couro. Você encontrará uma diferença nos impostos dos sapatos que têm valores, matéria-prima e quantidade diferentes. Utilizando o que você aprendeu neste capítulo, explique o raciocínio subjacente a essas diferenças. Proceda da mesma forma com relação aos sucos de laranja congelados e/ou concentrados.
19. A história do Gatt é longa e movimentada. Visite www.wto.org/wto/about/about.htm e escreva um breve relato sobre as várias rodadas do Gatt. Quais foram as principais questões abordadas em cada rodada?

Capítulo 3

História e geografia

fundamentos da cultura

SUMÁRIO

- Perspectiva global

    Nascimento de uma nação: o Panamá em 67 horas

- Perspectiva histórica no comércio global
    - História e comportamento contemporâneo
    - A história é subjetiva
    - Destino Manifesto e Doutrina Monroe
- Geografia e mercados globais
    - Clima e topografia
    - Geografia, natureza e crescimento econômico
    - Responsabilidade social e gestão ambiental
    - Recursos
- Dinâmica das tendências da população mundial
    - Controle do crescimento populacional
    - Migração rural/urbana
    - Declínio populacional e envelhecimento
    - Escassez de trabalhadores e imigração
- Rotas comerciais mundiais
- Vínculos comunicacionais

OBJETIVOS DE APRENDIZAGEM

OA1	Importância da história e da geografia para a compreensão dos mercados internacionais
OA2	Impactos da história sobre a cultura de um país
OA3	Como a cultura interpreta os acontecimentos aos seus próprios olhos
OA4	Até quando as políticas internacionais americanas do passado afetarão as atitudes dos consumidores no exterior
OA5	Impacto da diversidade geográfica sobre o perfil econômico de um país
OA6	Por que os profissionais de marketing precisam atentar-se à geografia de um país
OA7	Efeitos econômicos do controle do crescimento populacional e do envelhecimento populacional
OA8	Infraestruturas de comunicação são intrínsecas ao comércio internacional

Ambiente cultural dos mercados globais | PARTE DOIS

Perspectiva global

NASCIMENTO DE UMA NAÇÃO: O PANAMÁ EM 67 HORAS

O palco está armado

Junho de 1902	Os Estados Unidos oferecem US$ 10 milhões à Colômbia para comprar a Zona do Canal do Panamá.
Agosto de 1903	O Senado da Colômbia recusa a oferta. Theodore Roosevelt, contrariado com a decisão, refere-se ao Senado colombiano como "aquelas criaturas insignificantes e desprezíveis de Bogotá". Roosevelt concorda então com uma conspiração, liderada pelo doutor Manuel Amador, para ajudar um grupo que planejava separar-se da Colômbia.
17 de outubro	Os dissidentes panamenhos viajam a Washington e concordam em realizar uma revolução apoiada pelos Estados Unidos. A revolução é agendada para 3 de novembro, às 18h.
18 de outubro	Uma bandeira, uma constituição e uma declaração de independência são então criadas ao longo do fim de semana. A primeira bandeira do Panamá é concebida e feita à mão em Highland Falls, no Estado de Nova York, usando um tecido comprado na Macy's.

Philippe Jean Bunau-Varilla, engenheiro francês associado com a falência da empresa de construção do canal francês-panamenho, e não um residente permanente no Panamá, é nomeado embaixador do Panamá para os Estados Unidos.

Nasce um país

Terça-feira, 3 de novembro	Precisamente às 18h, as tropas colombianas são subornadas a baixar suas armas. A revolução começa, o USS Nashville navega em direção ao porto de Cólon, e a junta proclama a independência do Panamá.
Sexta-feira, 6 de novembro	Por volta das 13h, os Estados Unidos reconhecem a soberania do Estado do Panamá.
Sábado, 7 de novembro	O novo governo envia uma delegação oficial do Panamá para os Estados Unidos para instruir o embaixador panamenho sobre as cláusulas do Tratado do Canal do Panamá.
Quarta-feira, 18 de novembro	Às 18h40, o embaixador panamenho assina o Tratado do Canal do Panamá. Às 23h30, a delegação oficial panamenha chega a uma estação ferroviária de Washington, DC, e é recebida pelo embaixador, que lhes informa que o tratado havia sido assinado algumas horas antes.

O presente

1977	Os Estados Unidos concordam em renunciar ao controle da Zona do Canal do Panamá em 31 de dezembro de 1999.
1997	É criada a Autoridad del Canal de Panamá, que assumiria o controle da Comissão Americana do Canal do Panamá.
1998	O Panamá concede a uma empresa chinesa o direito de construir novas instalações portuárias do lado do Pacífico e do Atlântico, controlar ancoragens, contratar novos pilotos para orientar embarcações pelo canal e bloquear todas as travessias que interferissem nas atividades da empresa.
1º de janeiro de 2000	"O canal é nosso" é o brado triunfante no Panamá.
17 de janeiro de 2000	O Pentágono vê uma potencial ameaça chinesa no Canal do Panamá.
Julho de 2002	A China pressiona o Panamá para estender o reconhecimento diplomático à China e deixar de reconhecer Taiwan.
2005	Previsões indicam que o Canal do Panamá atingirá sua capacidade máxima por volta de 2010. O conselho de administração propõe uma expansão de US$ 5 bilhões para acrescentar um conjunto paralelo de bloqueios em resposta à ameaça de um projeto concorrente de construir canais ou sistemas "multimodais" pelo Istmo de Tehuantepec do México. Ou o canal se expandia, ou "correria o risco de mais cedo ou mais tarde tornar-se apenas um canal regional".
2010	Um projeto para dobrar a capacidade do canal é iniciado, com conclusão programada para 2014.

Esse relato ilustra bem como a história e a geografia podem afetar as atitudes públicas e políticas no presente e em um futuro mais longínquo. Para os panamenhos e grande parte dos latino-americanos, o Canal do Panamá é apenas um exemplo das várias intrusões americanas ocorridas no início do século XX que mancharam as relações entre Estados Unidos e América Latina. Com relação aos Estados Unidos, a importância geográfica do Canal do Panamá para o comércio (navegar entre as duas costas pelo canal diminui o trajeto para alguns países em cerca de 12.900 quilômetros) torna o controle do canal uma questão delicada, particularmente diante da possibilidade de esse controle ser hostil. O fato de uma empresa chinesa deter o controle operacional dos portos do Pacífico e do Atlântico e a possibilidade de apresentar uma ameaça indireta à Zona do Canal do Panamá preocupam o governo americano. A história recente do conflito americano com a China e a história da dominação ocidental de partes da China criam para muitos uma relação antagônica entre os dois países. Além disso, há quem se pergunte se o Panamá relutaria ou não em pedir a intervenção dos Estados Unidos em alguma data futura, talvez por temer que os americanos permaneçam por lá por mais 98 anos. Embora na melhor das hipóteses a probabilidade de a China sabotar o canal seja pequena, essa bagagem histórica desencadeia uma dúvida sobre o que aconteceria se as relações dos Estados Unidos com a China se deteriorassem a ponto de levar a crer que o canal estaria correndo risco.

Fontes: Bernard A. Weisberger, "Panama: Made in U.S.A.", *American Heritage*, novembro de 1989, p. 24-25; Juanita Darling, "The Canal Is Ours' Is Jubilant Cry in Panama", *Los Angeles Times*, 1º de janeiro de 2000, p. A1; C. J. Scchexayder, "Spain–Mexico Team Outbids Panama Canal Competitors", *Engineering News-Record*, 4 de janeiro de 2010, p. 11.

OA1
Importância da história e da geografia para a compreensão dos mercados internacionais

Aqui, iniciamos a discussão sobre o *ambiente cultural dos mercados globais*. Pode-se definir *cultura* como um princípio aceito por uma sociedade para reagir a acontecimentos externos e internos. Para compreender plenamente as atitudes e pontos de vista de uma sociedade, é necessário avaliar a influência dos acontecimentos históricos e da singularidade geográfica aos quais uma cultura foi obrigada a se adaptar. Para interpretar os comportamentos e atitudes de uma determinada cultura ou de um determinado país, o profissional de marketing deve ter algum conhecimento sobre a história e a geografia desse país.

O objetivo deste capítulo é apresentar ao leitor os impactos histórico-geográficos que incidem sobre o processo de marketing. A influência da história sobre os comportamentos e atitudes e a influência da geografia sobre os mercados, o comércio e os problemas ambientais são analisados mais especificamente.

Perspectiva histórica no comércio global

A história ajuda a definir a "missão" de um país, de que forma ele percebe seus vizinhos, como ele enxerga sua posição em relação ao mundo e como ele se vê. Ter uma noção da história de um país é importante para interpretar as posturas com respeito ao papel do governo e dos negócios, as relações entre administradores e administrados, as fontes de autoridade administrativa e as posturas quanto às corporações estrangeiras.

Para compreender, explicar e avaliar a imagem de um povo sobre si mesmo e as atitudes e os medos inconscientes que se refletem em seu ponto de vista sobre as culturas estrangeiras, é necessário estudar a cultura do presente e também compreender a cultura do passado – isto é, a história de um país.

1000 Fim do primeiro milênio; o problema da virada do ano de 999 para 1000 – o temor difundido do fim do mundo provou-se infundado.

1000 Os viquingues colonizam a Terra Nova.

1004 A união chinesa desmorona com o tratado entre Song e Liao, concedendo a Liao plena autonomia; a China permanecerá desmembrada até a invasão mongol no século XIII (consulte 1206).

1025 No sul da Índia, a Marinha de Guerra dos Cholas subjuga o império de Srivijaya na moderna Mianmar para proteger seu comércio com a China.

1054 Itália e Egito formalizam relações comerciais.

1066 William, o Conquistador, triunfa sobre Haroldo II na Batalha de Hastings, estabelecendo o governo normando na Inglaterra e unindo para sempre o país ao continente.

1081 Veneza e Bizâncio encerram seu tratado comercial (renovado em 1126).

1095 A primeira cruzada inicia-se; o papa Urbano II pede aos aristocratas europeus que ajudem os bizantinos a repelir os turcos; as viagens, as histórias e as mercadorias adquiridas pelo caminho pelos expedicionários das cruzadas ajudam a aumentar o comércio ao longo da Europa e com o Mediterrâneo e a Ásia; a oitava grande cruzada chega ao fim – a Síria expulsa os cristãos.

1100 O Japão começa a se isolar do resto do mundo. Na verdade, até meados do século XIX, ainda não havia voltado a se abrir totalmente (consulte 1858).

1100 A China inventa a bússola marítima e torna-se uma potência no comércio; o uso difundido do papel-moeda também ajuda a incrementar o comércio e a aumentar a prosperidade.

História e comportamento contemporâneo

■ **OA2**

Impactos da história sobre a cultura de um país

A maioria dos americanos conhece a maior parte da história europeia, embora nossos principais parceiros comerciais no momento estejam a oeste e ao sul. Por volta de 2008, a China tornou-se um tema polêmico nos Estados Unidos. Isso ocorreu também em 1776. De certo modo, a história americana de fato começa com a China. Lembre-se da Festa do Chá de Boston: na época nossa queixa era sobre o imposto britânico e, mais importante do que isso, a proibição britânica aos negociantes ianques de comercializar diretamente com os mercadores de Cantão. Por isso, vale a pena discorrer por algum momento acerca de alguns pontos proeminentes na história do mercado de rápido crescimento que é a China dos tempos modernos. James Day Hodgson, ex-secretário do Trabalho dos Estados Unidos e embaixador do Japão, propõe que qualquer pessoa com atividades de negócios em outro país deva conhecer pelo menos a versão enciclopédica do passado do povo desse país, por uma questão de delicadeza, quando não de persuasão.[1] A fim de citar exemplos importantes, comentaremos alguns episódios talvez surpreendentes sobre o passado que continua influenciando ainda hoje as relações comerciais entre Estados Unidos e Ásia.

Primeira Guerra do Ópio e o Tratado de Nanjing (1839-1842).

No início da década de 1800, a predileção britânica por chá estava criando um enorme déficit comercial com a China. As barras de prata estavam fluindo rapidamente em direção ao Oriente. Obviamente, outras mercadorias também estavam sendo comercializadas. As exportações da China abrangiam igualmente açúcar, seda, madrepérola, papel, cânfora, cássia, cobre e alumínio, artigos laqueados, ruibarbo, vários óleos, bambu e porcelanas. Os "bárbaros" britânicos forneciam algodão e têxteis de lã, ferro, estanho, chumbo, cornalina, diamantes, pimenta, noz-de-areca, pérolas, relógios de pulso e de parede, colares de coral e âmbar, ninhadas de aves e barbatanas de tubarão e gêneros alimentícios como peixe e arroz. No entanto, a permuta de chá por prata era predominante.

E então ocorreu a epifania da Companhia das Índias Orientais Inglesas: o ópio. Fácil de embarcar, com alto valor na relação entre volume e peso e viciante para os consumidores – que produto maravilhoso! À época, o melhor ópio provinha da Índia britânica. Portanto, uma vez que o fluxo total começou, o déficit comercial provocado pelo chá desapareceu em um piscar de olhos. O imperador lamentava-se e emitia decretos, mas o comércio de ópio prosperava. Hoje, um dos maiores arranha-céus de Hong Kong é a Casa Comercial Jardine-Matheson.[2] Suas janelas circulares lembram as escotilhas do veleiro que utilizava em seus primórdios para a comercialização de ópio.

Em 1836, algumas autoridades chinesas do alto escalão defenderam a legalização do ópio. Os fornecedores estrangeiros impulsionaram a produção e as remessas antes que as vendas explodissem. O imperador então tomou a direção oposta e ordenou que se destruíssem os estoques de Cantão (hoje conhecida como Guangzhou). Por volta de 1839, o comércio estava morto. Para reagir, os britânicos afundaram juncos no Rio das Pérolas e bloquearam os portos chineses.

---

[1] James Day Hodgson, Yoshihiro Sano e John L. Graham, *Doing Business in the New Japan, Succeeding in America's Richest Foreign Market* (Latham, MD: Rowman & Littlefield, 2008).

[2] Em um artigo muito interessante, os autores defendem que as opções feitas hoje pela Jardine's e Swire's (casas comerciais) na Ásia, por exemplo, são uma consequência de opções estratégicas que se evidenciaram pela primeira vez um século atrás! Consulte Geoffrey Jones e Tarun Khanna, "Bringing History (Back) into International Business", *Journal of International Business Studies*, 37, 2006, p. 453-468.

1100 O Império Inca, nos Andes, começa a se desenvolver e com o tempo abrange em torno de 12 milhões de pessoas, até sua destruição pela Espanha em 1553; as cidades especializam-se em determinadas atividades agrícolas e comercializam as mercadorias que não produzem com outras cidades.

1132 As comunas francesas obtêm cartas de autonomia de Henrique I para proteger o comércio.

1189 Mercadores alemães encerram o tratado com Novgorod, na Rússia.

1200 O islamismo é divulgado pelos comerciantes de especiarias para o Sudeste Asiático.

1200 Mais de 60 mil mercadores italianos trabalham e vivem em Constantinopla.

1206 Gêngis Khan torna-se o Grande Khan, controlando a maior parte do norte da China; após sua morte em 1227, o clã Khan conquista grande parte da Ásia em meados do século e promove o intercâmbio e o comércio, restaurando a Estrada da Seda, que unia os chineses e os comerciantes ocidentais.

1215 A Carta Magna, um pacto entre o rei da Inglaterra e seus súditos, é assinada pelo rei João, que passa a se submeter ao Estado de direito.

1229 Os mercadores alemães assinam um tratado comercial com o príncipe de Smolensk, na Rússia.

1252 As primeiras moedas de ouro são emitidas no Ocidente desde a queda de Roma, em Florença.

1269 A Inglaterra institui estradas com pedágio.

1270 O veneziano Marco Polo e seu pai viajam pela Ásia e pelo Oriente Médio, tornando-se os primeiros comerciantes europeus a estabelecer amplas conexões com a região.

1279 Kublai Khan une a China e cria e a dinastia Yuan (Origem);

O "magicamente preciso" canhão inglês apontado para Nanjing rendeu algumas negociações em 1842: os chineses abriram mão de Hong Kong e cederam 21 milhões de libras esterlinas aos ingleses. Os portos de Xiamen, Fuzhou, Ningbo e Xangai foram abertos ao comércio e ao povoamento por estrangeiros. Hong Kong tornou-se então o portal para uma China xenofóbica, particularmente nos último 50 anos. Talvez mais importante, a China pela primeira vez reconheceu que havia perdido o *status* de grande potência.

Por fim, a Guerra do Ópio passou a se relacionar com o acesso de estrangeiros ao comércio chinês, e o Tratado de Nanjing na realidade não resolveu a questão. Uma segunda Guerra do Ópio foi travada entre 1857 e 1860. Nesse imbróglio, britânicos e franceses juntaram forças para destruir o Palácio de Verão de Pequim. Essas novas humilhações deram maior liberdade aos comerciantes estrangeiros. Vale notar que esse tratado incluía especificamente provisões que autorizavam o evangelismo cristão em todo o império.

Rebelião de Taiping (1851-1864).

Uma consequência da humilhação por parte dos estrangeiros foi a perda de confiança no governo chinês. O distúrbio resultante chegou ao seu ponto crucial em Guangxi, a província mais ao sul do império. O líder do levante foi um camponês que cresceu perto de Guangzhou. Hong Xiuquan queria se tornar funcionário público, mas não passou no exame obrigatório baseado nos ensinamentos confucianos. Quando voltou a Guangzhou para prestar o exame pela segunda vez, conheceu missionários protestantes ocidentais e posteriormente começou a ter visões de Deus.

Quando foi reprovado pela quarta vez, em 1843, começou a evangelizar, apresentando-se como irmão de Cristo. Nos sete anos subsequentes, atraiu 10 mil seguidores. Em 1851, foi coroado por seus seguidores como "Rei Celestial" do "Reino Celestial da Paz". Apesar da denominação adotada, eles se revoltaram, cortaram o rabo-de-cavalo para desafiar o imperador Manchú e começaram a marchar em direção ao norte. Com o fervor dos fanáticos religiosos que eram, abriram caminho rumo à capital Nanjing e quase a Tianjing em 1855.

Contudo, as coisas começaram a se desemaranhar. Tropas chinesas opostas se organizaram. Como os estrangeiros não gostavam da interpretação de Hong das escrituras nem de suas 88 concubinas e tampouco dos ataques contra Xangai, eles formaram outro exército contra ele. Hong cometeu suicídio um pouco antes da derrota final e da recaptura de Nanjing.

As estimativas do número de mortes na Rebelião de Taiping ficam entre 20 e 40 milhões de pessoas. Repetimos: de 20 a 40 milhões de vidas chinesas foram perdidas. Em contraposição, "apenas" 2 milhões de pessoas foram mortas na Revolução Comunista em 1949. A Rebelião de Taiping é a guerra civil mais horrenda na história mundial. Não há dúvida de que Hong Xiuquan era insano. Outras rebeliões ocorreram na China nessa época; a rebelião muçulmana no noroeste foi a mais notável (1862-1878). Entretanto, com base nesses acontecimentos em meados da década de 1800, é fácil constatar por que a liderança chinesa ainda hoje mantém cautela em relação a influências estrangeiras em geral e a movimentos religiosos em particular.[3]

História e Japão.

O comércio com o Japão foi um assunto polêmico nos Estados Unidos tanto na década de 1850 quanto na de 1980. De modo semelhante, a menos que você tenha uma

---

[3] N. Mark Lam e John L. Graham, Doing Business in China Now, the World's Most Dynamic Marketplace (Nova York: McGraw-Hill, 2007).

---

até o momento de sua morte, em 1294, ele criou um império mongol unificado que se estendia da China à Europa Oriental.

1300 Os primeiros sinais da Renascença surgem na Europa à medida que as pessoas entram em contato com outras culturas, principalmente por meio dos mercadores e do comércio; são realizadas feiras comerciais em inúmeras cidades europeias.

1315 A Europa é acometida pela grande fome, que dura dois anos, mais difundida e mais longa do que todas as anteriores.

1348 A Peste Negra mata de um terço a um quarto da população na Europa (25 milhões de pessoas) em apenas três anos; isso abalou o comércio na medida em que as cidades, tentando impedir a propagação da doença, restringiam os visitantes; essa doença provavelmente começou na Ásia, na década de 1320; uma inflação maciça se estabelece, porque as mercadorias só podiam ser obtidas localmente; a demanda por servos era alta, e isso começou a aumentar o valor dos ordenados pagos, mudando para sempre o panorama da mão de obra na Europa.

1358 A Liga Hanseática alemã é oficialmente formada pelas hansas, associações de mercadores, como forma de proteção mútua e comercial. A liga chega a englobar mais de 70 cidades e dura quase 300 anos.

1375 Timur Lang, o Turco (Tamerlão), conquista terras de Moscou a Deli.

1381 Amotinadores ingleses matam comerciantes flamengos estrangeiros como parte da grande rebelião de 100 mil camponeses contra Ricardo II, liderada por Wat Tyler em uma tentativa fracassada de acabar com a opressão do feudalismo.

1392 A Inglaterra proíbe os estrangeiros de vender mercadorias a varejo no país.

percepção histórica das várias mudanças que acometeram o Japão (sete séculos sob o sistema feudal xogum, isolamento antes da chegada do comodoro Perry em 1853, ameaça de dominação por parte dos poderes coloniais, ascensão de novas classes sociais, influências ocidentais, humilhação após a Segunda Guerra Mundial e envolvimento na comunidade internacional), você terá dificuldade de compreender plenamente o comportamento contemporâneo desse país. Por que os japoneses demonstram tamanha lealdade às suas empresas? Por que é tão difícil um estrangeiro desenvolver a lealdade existente entre os participantes dos sistemas de distribuição japoneses? Por que as decisões são tomadas por consenso? As respostas a essas perguntas podem ser explicadas em parte pela história japonesa (e também pela geografia).

A lealdade à família, ao país, à empresa e aos grupos sociais e o forte impulso de cooperar, de trabalhar em conjunto por uma causa comum permeiam várias facetas do comportamento japonês e têm raízes históricas que remontam a milhares de anos. Tradicionalmente, a lealdade e a dedicação, o senso de responsabilidade e o respeito pela disciplina, pela formação e pela mestria foram reforçados para manter a estabilidade e a ordem. A **filosofia confuciana**, ensinada ao longo da história japonesa, enfatiza a virtude básica da lealdade "de amigo para amigo, de esposa para marido, de filho para pai e mãe, de irmão para irmão, mas, sobretudo, a [virtude] de sujeição ao senhor", isto é, ao país. Uma premissa fundamental da ideologia japonesa reflete a importância da cooperação para o bem coletivo. Os japoneses chegam ao consenso concordando que todos se unirão contra pressões externas que possam ameaçar o bem coletivo. Uma perspectiva histórica oferece ao estrangeiro no Japão uma base para começar a desenvolver uma sensibilidade cultural e uma compreensão mais adequada do comportamento do japonês contemporâneo.

A história é subjetiva

OA3

Como a cultura interpreta os acontecimentos aos seus próprios olhos

A história é importante para compreendermos por que um país comporta-se de uma determinada forma, mas do ponto de vista histórico de quem? Os acontecimentos históricos são vistos de acordo com a impressão pessoal e os critérios de autorreferência (CARs) de alguém e, portanto, o que é registrado por um historiador talvez não seja por outro, particularmente se os historiadores forem de culturas diferentes. Por tradição, os historiadores tentam ser objetivos, mas poucos conseguem abster-se de filtrar os acontecimentos por meio de suas tendenciosidades culturais.[4]

Nossa perspectiva influencia não apenas nossa visão da história, mas também, e de forma sutil, nossa visão de vários outros assuntos. Por exemplo, os mapas mundiais vendidos nos Estados Unidos geralmente mostram os Estados Unidos no centro, enquanto na Grã-Bretanha, esta é central, e o mesmo acontece com outras nações.

Um fator fundamental no conhecimento sobre a cultura empresarial/comercial e política de um país é a percepção subjetiva de sua história. Por que os mexicanos têm uma relação de amor e ódio com os Estados Unidos? Por que só recentemente os mexicanos exigiram controle majoritário sobre a maioria dos seus investimentos no exterior? O que está por trás do lamento "Pobre México, tão longe de Deus e tão perto dos Estados Unidos" do ditador

---

[4] Um exemplo de tendenciosidade desse tipo são as percepções divergentes sobre a Turquia pelos membros da União Europeia quanto à decisão de aceitar a associação desse país à UE. Consulte "Which Turkey?", *The Economist*, 17 de março de 2005.

1400 Os coreanos desenvolvem a impressão por tipos móveis (consulte 1450).

1404 Os chineses proíbem o comércio privado em outros países, mas os navios estrangeiros podem comercializar na China com permissão oficial.

1415 Os chineses iniciam uma relação comercial significativa com a África por meio de expedições governamentais – alguns acreditam que eles navegaram também para a América do Norte em 1421.

1425 A cidade hanseática de Bruges é o primeiro porto marítimo do Atlântico a se tornar um centro comercial importante.

1427 O Império Asteca é criado por Itzcotl, e incluirá seis milhões de pessoas até sua destruição em 1519.

1430 O príncipe português Henrique, o Navegador, explora a costa oeste da África para promover o comércio.

1441 O Império Maia desmorona quando a cidade de Mayapán é destruída em uma revolta.

1450 A Renascença consolida-se em Florença, sua tradicional terra natal.

1450 A Bíblia de Gutenberg é o primeiro livro impresso com o tipo móvel; a capacidade de produzir livros em massa gera uma revolução da informação.

1453 O Império Bizantino é destruído quando Muhammad II saqueia Constantinopla (que passou a se chamar Istambul).

1464 O serviço postal real francês é estabelecido por Luís XI.

1470 Primeira pirataria de marca comercial cometida pelos persas, que copiam a porcelana chinesa produzida em massa para explorar sua popularidade em outros países.

1479 Sob o Tratado de Constantinopla, em troca de direitos comerciais no Mar Negro, Veneza concorda em

O Monumento de Los Niños Héroes é uma homenagem a seis jovens cadetes que, durante a Guerra México – Estados Unidos de 1847, preferiram morrer a renunciar. Essa guerra é importante para a história mexicana e ajuda a explicar, em parte, a relação de amor e ódio do México com os Estados Unidos.
(© Dave G. Houser/Corbis)

general Porfírio Díaz? Por quê? Porque os mexicanos veem os Estados Unidos como uma ameaça à sua soberania política, econômica e cultural.

Esses sentimentos mistificam a maioria dos cidadãos americanos. Afinal de contas, os Estados Unidos sempre foram bons vizinhos do México. A maior parte concordaria com a declaração do presidente John F. Kennedy durante uma visita ao México de que "A geografia nos fez vizinhos e a tradição nos tornou amigos". Os norte-americanos talvez se surpreendam ao saber que para a maioria dos mexicanos é "mais sensato dizer 'A geografia nos tornou mais próximos e a tradição nos tornou muito distantes'".[5]

Os cidadãos americanos consideram-se bons vizinhos. Eles consideram a Doutrina Monroe uma proteção da América Latina contra a colonização europeia e a intervenção da Europa nos governos do hemisfério ocidental. Os latino-americanos, em contraposição, tendem a considerar a Doutrina Monroe uma expressão ofensiva da influência dos Estados Unidos sobre a América Latina. Em outras palavras, "Europa, tire as mãos de cima – a América Latina é só para os Estados Unidos", é talvez uma atitude tipificada pelo ex-presidente americano Ulysses S. Grant, que, em um discurso no México em 1880, descreveu o México como uma "mina magnífica" ao sul da fronteira à espreita dos interesses norte-americanos.

Orgulhosos de seus atos de heroísmo, os fuzileiros navais dos Estados Unidos cantam: "dos palácios de Montezuma às praias de Trípoli". Para os mexicanos, as bravuras às quais eles se referem são lembradas como as tropas americanas que marcharam até o centro da Cidade do México e lhes arrancaram os 2.305 quilômetros quadrados que se tornaram o Arizona, a Califórnia, o Novo México e o Texas (consulte a Figura 3.1). Um monumento proeminente na entrada do Parque Chapultepec reconhece *Los Niños Héroes* (os garotos heróis), que resistiram às tropas americanas, enrolaram-se na bandeira do México e saltaram para a morte em lugar de se render. Os mexicanos relatam o heroísmo de *Los Niños Héroes*[6] e a perda do território mexicano para os Estados Unidos todo dia 13 de setembro,

---

[5] Para uma análise criteriosa de algumas das questões que influíram nas relações entre os Estados Unidos e o México, consulte John Skirius, "Railroad, Oil e Other Foreign Interest in the Mexican Revolution, 1911--1914", *Journal of Latin American Studies*, fevereiro de 2003, p. 25.

[6] Quando as Nações Unidas recomendaram que todos os países reservassem um dia ao ano para homenagear suas crianças, o México designou o dia 30 de abril como o "Dia de Los Niños". Curiosamente, esse feriado com frequência coincide com as celebrações do Dia de São Patrício, que reconhece o San Patricio, batalhão irlandês-americano que lutou com os mexicanos na Guerra México–Estados Unidos. Consulte Carol Sowers, "El Dia de Los Niños Adds International Touch to Celebration", *Arizona Republic*, 29 de abril de 2005.

---

pagar impostos ao Império Otomano.

1482 Os ingleses organizam um sistema postal em que os cavalos são revezados a cada 32 quilômetros.

1488 Bartolomeu Dias navega pela costa da África; suas viagens, bem como as de Cristóvão Colombo, prenunciam a era das viagens marítimas.

1492 Cristóvão Colombo "descobre" o Novo Mundo.

1494 Portugal e Espanha dividem entre si o mundo inexplorado por meio do Tratado de Tordesilhas.

1500 Ascensão do mercantilismo, a acumulação de riquezas pelo Estado para aumentar seu poder, na Europa Ocidental; os Estados que não tinham minas de ouro ou de prata tentam controlar o comércio para manter um excedente e acumular esses minérios; o inglês Thomas Mun foi um dos principais proponentes do mercantilismo em 1600, constatando que o importante era a balança comercial global, e não a possibilidade de uma determinada atividade comercial provocar um excedente.

1500 O comércio de escravos torna-se um componente fundamental do comércio.

1504 É estabelecido um serviço postal regular entre Viena, Bruxelas e Madri.

1520 O primeiro chocolate é levado do México para Espanha.

1521 O México é conquistado por Hernán Cortés depois que o governante asteca Montezuma é morto acidentalmente.

1522 A expedição de Magalhães completa seu terceiro ano de volta ao mundo; é a primeira circunavegação bem-sucedida.

1531 A bolsa de valores de Antuérpia é a primeira a ter um prédio próprio, retratando sua importância para o financiamento das empresas comerciais em toda a Europa e a influência ascendente

Figura 3.1
Expansão territorial dos Estados Unidos a partir de 1783.

Os Estados Unidos expandiram-se a oeste até atingir o Pacífico por meio de uma série de acordos financeiros, negociações de colônias e anexações forçadas. A aquisição do território do México começou com a Batalha de San Jacinto em 1836, quando o Texas foi palco de uma revolta vitoriosa contra o governo do México e tornou-se a República do Texas – que posteriormente se juntaria à União, em 1845. Com a Guerra do México (1846-1848), o México acabou cedendo a Califórnia e parte do Oeste aos Estados Unidos.

Fonte: Extraída de *Oxford Atlas of the World*, 10. ed., 2002. Reimpressa com permissão da Philip's Maps.

CONTEÚDO *ON-LINE*
O mapa colorido está disponível no site do livro.

Expansão Territorial a partir de 1783

- Estados Unidos, 1783
- Aquisição de Louisiana, 1803
- Anexação da Flórida Ocidental, 1810, 1813
- A Flórida Oriental é cedida pela Espanha, 1819
- Território adquirido da Grã-Bretanha, 1818, 1842
- Anexação do Texas, 1845
- Região Oregon Country, 1846
- Cedida pelo México, 1848
- Aquisição de Gadsden, 1853
- 1837 Data de reconhecimento como Estado

quando o presidente do México, os ministros e os corpos diplomáticos reúnem-se na Cidade do México para fortalecer a lembrança da derrota que ocasionou o "*despojo territorial*" (pilhagem territorial).

A Revolução Mexicana, que derrubou o ditador Díaz e criou o Estado moderno mexicano, é relembrada particularmente pela expulsão dos estrangeiros – especialmente de empresários norte-americanos, que se destacavam entre os empreendedores mais abastados e influentes no México.

Destino Manifesto e Doutrina Monroe

O **Destino Manifesto** e a Doutrina Monroe foram adotados para fundamentar a política externa americana durante grande parte dos séculos XIX e XX.[7] O Destino Manifesto, de

---

[7] Há quem diga que isso vale também para o século XXI. Consulte "Manifest Destiny Warmed Up?", *The Economist*, 14 de agosto de 2003. Obviamente, outras pessoas não concordam. Consulte Joseph Contreras, "Roll Over Monroe: The Influence the United States Once Claimed as a Divine Right in Latin America Is Slipping away Fast", *Newsweek International*, 10 de dezembro de 2007.

---

do intercâmbio e do comércio privado; a Antuérpia emerge como uma capital mercantil.
1532 O Brasil é colonizado pelos portugueses.
1534 Os ingleses rompem com a Igreja católica, pondo fim à sua predominância nas políticas e no comércio em toda a Europa, quando Henrique VIII cria a Igreja anglicana.
1553 O Império Inca, na América do Sul, chega ao fim com a conquista dos espanhóis; os incas criaram uma ampla área comercial, complementada por uma infraestrutura de estradas e canais.
1555 O comércio de tabaco começa depois que é introduzido na Europa por comerciantes espanhóis e portugueses.
1557 A coroa espanhola sofre a primeira dentre suas inúmeras bancarrotas, desestimulando os empréstimos além-fronteira.
1561 Por meio de comerciantes holandeses, as tulipas chegam à Europa pela primeira vez, provenientes do Oriente Próximo.
1564 Nasce William Shakespeare; muitas de suas peças são histórias sobre comerciantes mercantis.
1567 A febre tifoide, vinda da Europa, mata dois milhões de nativos na América do Sul.
1588 A Armada espanhola é derrotada pelos britânicos, anunciando a ascensão da Grã-Bretanha como o maior poder naval do mundo; esse poder permitirá que a Grã-Bretanha colonize várias regiões do globo e possibilitará que ela domine o comércio ao longo dos 300 anos subsequentes.
1596 A primeira privada com descarga é inventada para a rainha britânica Elizabeth I.
1597 O sacro Império Romano expulsa mercadores ingleses como retaliação ao tratamento inglês dado pela Liga Hanseática.
1600 A batata é levada da América do Sul para a Europa, de

acordo com sua interpretação mais ampla, pretendia dizer que os americanos foram o povo escolhido por Deus para criar uma sociedade-modelo. Mais especificamente, referia-se à expansão territorial dos Estados Unidos do Atlântico ao Pacífico. A ideia do Destino Manifesto foi utilizada para justificar a anexação do Texas, Oregon, Novo México e Califórnia e, posteriormente, o envolvimento dos Estados Unidos em Cuba, no Alasca, no Havaí e nas Filipinas. A Figura 3.1 mostra quando e por que meios os Estados Unidos do presente foi adquirido.

A **Doutrina Monroe**, alicerce da política externa americana inicial, foi enunciada pelo presidente James Monroe em uma declaração pública que proclamava três máximas: fim da colonização europeia no Novo Mundo, abstenção dos Estados Unidos em assuntos políticos europeus e não intervenção por parte dos governos europeus nos governos do hemisfério ocidental.

A partir de 1870, a interpretação da Doutrina Monroe foi progressivamente difundida. Em 1881, seus princípios foram evocados na discussão sobre o desenvolvimento de um canal por meio do Istmo do Panamá. Theodore Roosevelt aplicou a Doutrina Monroe a tal ponto que ela passou a ser conhecida como o **Corolário de Roosevelt**, que estabelecia que os Estados Unidos não apenas proibiriam intervenções não americanas em assuntos latino-americanos, mas também policiariam a região e garantiriam que as nações latino-americanas cumprissem suas obrigações internacionais. Esse corolário que sancionou a intervenção americana foi utilizado em 1905, quando Roosevelt forçou a República Dominicana a aceitar a nomeação de um consultor econômico que rapidamente se tornou o diretor financeiro daquele pequeno país. Foi também utilizado para adquirir da Colômbia, em 1903, a Zona do Canal do Panamá e para formar um governo provisório em Cuba, em 1906.

A maneira como os Estados Unidos adquiriram a propriedade para a Zona do Canal do Panamá é um exemplo típico do Corolário de Roosevelt – tudo o que for bom para os Estados Unidos é justificável. Como mostra a seção "Perspectiva global" no início deste capítulo, a criação do país Panamá foi totalmente fabricada pelos Estados Unidos.[8]

De acordo com a história americana, essas experiências arriscadas na América Latina eram uma parte justificável da política externa; para os latino-americanos, eram intrusões indesejáveis em seus assuntos. Essa perspectiva tem sido reforçada constantemente pela intervenção americana na América Latina desde 1945 (consulte a Figura 3.2). O modo como os acontecimentos históricos são registrados e interpretados em uma cultura podem diferir substancialmente do modo como esses mesmos acontecimentos são registrados e interpretados em outra. Do ponto de vista dos Estados Unidos, todas as intervenções mostradas na Figura 3.2 foram justificáveis. Uma comparação histórica ajuda muito a explicar as diferenças de ponto de vista e comportamentais dos povos de ambos os lados da fronteira. Muitos mexicanos acreditam que seu "bom vizinho" ao norte não hesita em mostrar sua arrogância e abusar de sua autoridade quando deseja alguma coisa. Assim, não faltam

---

[8] Para examinar uma discussão interessante sobre como as intervenções históricas dos Estados Unidos no exterior afetam as opiniões acerca do envolvimento americano com o Iraque, consulte "Anti-Americanism: The View from Abroad", *The Economist*, 17 de fevereiro de 2005.

---

onde se propaga rapidamente para o restante do mundo, tornando-se um alimento básico da produção agrícola.

1600 O Japão começa a trocar prata por mercadorias estrangeiras.

1600 A rainha britânica Elizabeth I concede carta de autorização à Companhia das Índias Orientais, que dominará o comércio com o Oriente até o seu fim, em 1857.

1601 A França estabelece acordos postais com países vizinhos.

1602 Os holandeses concedem carta patente à Companhia das Índias Orientais Holandesas, que dominará o comércio de café e especiarias do sul da Ásia.

1607 É construído o assentamento britânico de Jamestown.

1609 Os holandeses começam a comercializar peles em Manhattan.

1611 O Japão concede aos holandeses uma permissão limitada para comercialização.

1612 A Companhia das Índias Orientais Britânicas constrói sua primeira fábrica na Índia.

1620 O Mayflower parte em viagem para o Novo Mundo.

1620 O pai da Revolução Científica, Francis Bacon, publica *Novum Organum*, promovendo o raciocínio indutivo por meio da experimentação e da observação.

1625 O jurista holandês Hugo Grotius, às vezes chamado de pai do direito internacional, publica *Direito da Guerra e da Paz*.

1636 É fundada a Universidade de Harvard.

1637 A "mania holandesa por tulipas" provoca o primeiro auge-ruína da história no mercado.

1651 Os ingleses aprovam a primeira de suas leis de navegação para restringir o comércio holandês, forçando as

Figura 3.2
Intervenção americana na América Latina desde 1945.

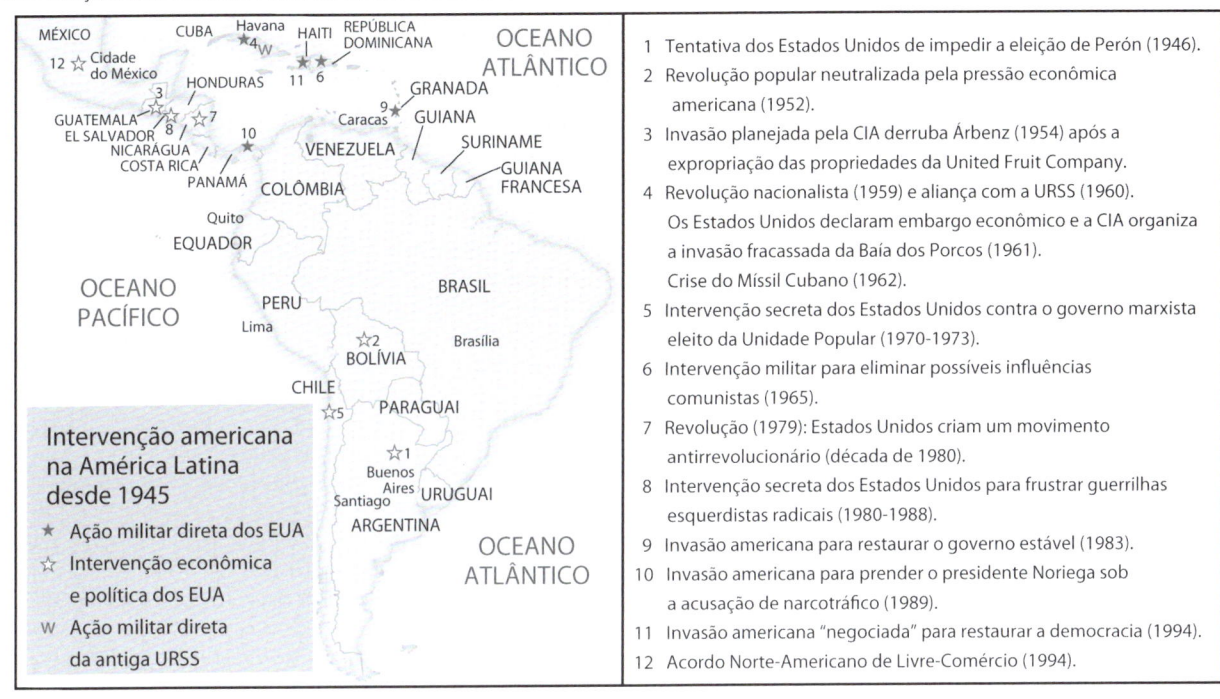

1. Tentativa dos Estados Unidos de impedir a eleição de Perón (1946).
2. Revolução popular neutralizada pela pressão econômica americana (1952).
3. Invasão planejada pela CIA derruba Árbenz (1954) após a expropriação das propriedades da United Fruit Company.
4. Revolução nacionalista (1959) e aliança com a URSS (1960). Os Estados Unidos declaram embargo econômico e a CIA organiza a invasão fracassada da Baía dos Porcos (1961). Crise do Míssil Cubano (1962).
5. Intervenção secreta dos Estados Unidos contra o governo marxista eleito da Unidade Popular (1970-1973).
6. Intervenção militar para eliminar possíveis influências comunistas (1965).
7. Revolução (1979): Estados Unidos criam um movimento antirrevolucionário (década de 1980).
8. Intervenção secreta dos Estados Unidos para frustrar guerrilhas esquerdistas radicais (1980-1988).
9. Invasão americana para restaurar o governo estável (1983).
10. Invasão americana para prender o presidente Noriega sob a acusação de narcotráfico (1989).
11. Invasão americana "negociada" para restaurar a democracia (1994).
12. Acordo Norte-Americano de Livre-Comércio (1994).

Intervenção americana na América Latina desde 1945
- ★ Ação militar direta dos EUA
- ☆ Intervenção econômica e política dos EUA
- W Ação militar direta da antiga URSS

Fonte: Extraída do *Oxford Atlas of the World*, 10. ed., 2002. Reimpressa com permissão da Philip's Maps.

CONTEÚDO ON-LINE
O mapa colorido está disponível no site do livro.

OA4
Até quando as políticas internacionais americanas do passado afetarão as atitudes dos consumidores no exterior

suspeitas de que o autointeresse é a principal motivação para manter boas relações com o México.[9]

A história vista por uma perspectiva latino-americana explica de que forma um líder nacional, sob condições econômicas adversas, pode apontar o dedo para os Estados Unidos ou uma corporação multinacional americana e despertar uma reação emocional especial no povo para desviar a atenção do governo no poder. Para citar um bom exemplo, após a votação da Câmara dos Deputados americana para desaprovar o México pela corrupção no mundo das drogas, o presidente Ernesto Zedillo sentiu-se pressionado a assumir uma posição dura em relação a Washington. Ele utilizou o aniversário de expropriação do setor petroleiro a companhias estrangeiras realizada pelo México em 1938 para iniciar um

---
[9] O entusiasmo de vários latino-americanos com os pronunciamentos do primeiro mandato da administração Bush de que os Estados Unidos estavam olhando para o sul "não como uma reflexão tardia, mas como um compromisso essencial" – de que uma "região que foi separada com tanta frequência pela história ou por rivalidades e ressentimentos" deve preparar-se para o início de uma "nova era" de cooperação – em pouco tempo tornou-se uma decepção. Com a guerra contra o terrorismo, a atenção dos Estados Unidos desviou-se da América Latina. Marcela Sanchez, "Bush, Looking Every Which Way but South", *Washington Post*, 6 de janeiro de 2005.

---

colônias a comercializar apenas com os navios ingleses.

1654 Espanha e Alemanha criam os direitos de propriedade hereditários, um conceito que ajudará famílias isoladas a criar grande riqueza e, portanto, provocará o desenvolvimento de impérios comerciais privados.

1687 A maçã que caiu sobre a cabeça de Newton o leva a anunciar a lei da gravidade.

1694 É criado o Banco da Inglaterra, que concede empréstimos a pessoas físicas a uma taxa de juros de 8%.

1698 É inventada a primeira máquina a vapor.

1719 Os franceses consolidam seu comércio na Ásia por meio de uma empresa, a Companhia das Índias Orientais Francesas; entretanto, a concorrente Companhia das Índias Orientais Inglesas mantém seu domínio sobre o comércio da região, e os franceses voltam para o comércio com empresa individual 60 anos depois.

1725 Ascensão dos fisiocratas, seguidores do filósofo econômico François Quesnay, que acreditava que a produção, e não o comércio, criava riqueza e que a lei natural deveria reger, o que significava que os produtores deveriam poder trocar mercadorias livremente; esse movimento foi influenciado pelas ideias de Adam Smith, que promoviam o livre-comércio.

1740 Maria Theresa torna-se imperatriz do sacro Império Romano (até 1780); ela põe fim à servidão e fortalece o poder do Estado.

1748 Primeiro mapa moderno desenhado cientificamente, a Carte Géométrique de la France (Carta Geométrica da França), que compreendia 182 folhas, foi autorizado e subsequentemente desenhado pela Academia de Ciências de Paris; Luís XV declarou que esse novo mapa,

CRUZANDO FRONTEIRAS 3.1 — Microsoft adapta *Encarta* para "histórias locais"

A adaptação à cultura local é um fator estratégico importante para inúmeros produtos e conhecer a história de um país ajuda a atingir esse objetivo. A Microsoft tem nove diferentes versões que retratam a "história local" para garantir que sua enciclopédia multimídia *Encarta*, em CD-ROM, não contenha nenhum disparate cultural. Consequentemente, ela sempre retrata interpretações diferentes e às vezes contraditórias dos mesmos acontecimentos históricos. Por exemplo, quem inventou o telefone? Na edição dos Estados Unidos, do Reino Unido e da Alemanha, é Alexander Graham Bell, mas faça a mesma pergunta na edição italiana e receberá outra resposta – Antonio Meucci, fabricante ítalo-americano de velas que, segundo os italianos, chegou à invenção cinco anos antes de Bell. No caso das lâmpadas elétricas, nos Estados Unidos o inventor é Thomas Alva Edison, mas no Reino Unido é o inventor britânico Joseph Swan. Outros acontecimentos históricos refletem as percepções locais. Por exemplo, a nacionalização do Canal de Suez na edição americana é uma intervenção decisória das superpotências. Na edição da França e do Reino Unido, ela é resumida como uma "revogação humilhante" para os britânicos e franceses – frase que não aparece na edição americana.

Embora a Microsoft tenha acertado em adaptar esses acontecimentos ao contexto histórico local, algumas vezes essa adaptação comete enganos de geografia. A fúria sul-coreana ficou inflamada quando a ilha sul-coreana de Ullung-do foi posicionada dentro das fronteiras do Japão e quando o Lago Chon-Ji – que, como se diz, é o lugar em que o primeiro coreano desceu dos céus – foi localizado na China. Além disso, constrangida, a Microsoft pediu desculpas ao povo tailandês por se referir a Bancoc como um centro de sexo comercial, garantindo ao grupo de ativistas mulheres que protestou que a edição revista "incluiria todos os conteúdos importantes que melhor retratassem sua rica cultura e história".

A Microsoft também se curva a pressões políticas. O governo da Turquia interrompeu a distribuição de uma edição da *Encarta* em que o nome Curdistão era empregado para indicar no mapa uma região ao sudeste da Turquia. Por isso, a Microsoft tirou do mapa o nome Curdistão. Os governos muitas vezes fazem *lobby* para que a empresa mostre suas fronteiras preferidas nos mapas. Quando a fronteira entre o Chile e a Argentina no sul dos Andes era disputada, ambos os países fizeram *lobby* por sua fronteira preferida, e a solução com a qual ambos concordaram foi: nenhuma fronteira.

Contudo, essas histórias engraçadas sobre as diferenças na *Encarta* certamente acabarão, porque a própria enciclopédia *on-line* tornou-se um tópico de história. Em 2009, a Microsoft encerrou todas as atividades da *Encarta* sem dar nenhuma explicação e, muitos analistas concordam que o motivo foi simplesmente a Wikipedia.

Fontes: Kevin J. Delaney, "Microsoft's Encarta Has Different Facts for Different Folks", *The Wall Street Journal*, 25 de junho de 1999, p. A1; "Why You Won't Find Kurdistan on a Microsoft Map of Turkey", *Geographical*, 1º de novembro de 2004; Nick Winfield, "Microsoft to Shut Encarta as Free Sites Alter Market", *The Wall Street Journal*, 31 de março de 2009, p. B3.

---

poderoso ataque nacionalista. Ele louvou o monopólio estatal de petróleo Pemex como um "símbolo de nossas lutas históricas por soberania". Membros sindicais o encorajaram, agitando uma faixa em que se lia: "Em 1938 o México 'perdeu a certificação' porque expropriou seu petróleo e ganhou – hoje perdemos a certificação por defendermos nossa dignidade e soberania". Ao que parece, o presidente venezuelano Hugo Chávez estava ouvindo, tendo em vista a recente nacionalização dos ativos das companhias petrolíferas estrangeiras na Bacia do Rio Orinoco[10] e a recente mudança do nome do país para República Bolivariana da Venezuela.[11]

---

[10] "Venezuela: Spirit of the Monroe Doctrine", *Washington Times*, 10 de junho de 2007, p. B5; Brian Ellsworth, "Oil at $ 100, Venezuela's Chavez Faces Industry Slump", *Reuters*, 4 de janeiro de 2008.
[11] "Venezuela: Chavez's New Currency Targets Inflation", *Tulsa World*, 1º de janeiro de 2008, p. A6.

---

com dados mais precisos, perdia mais territórios do que suas guerras de conquista haviam ganhado.

1750 Benjamin Franklin demonstra que o relâmpago é uma forma de eletricidade conduzindo-o por uma linha molhada de uma pipa.

1750 A Revolução Industrial inicia-se e decola, em 1780, com a fabricação da máquina a vapor para conduzir outras máquinas. Com isso, a produtividade e o consumo aumentam (do mesmo modo que as condições de trabalho insalubres e o sofrimento dos trabalhadores).

1760 Os chineses começam a enrijecer o regulamento do comércio exterior, que duraria quase um século, quando então permitem que os europeus negociem apenas em pequenas áreas fora de Cantão e somente com os chineses que lhes eram indicados.

1764 As vitórias britânicas na Índia dão início à dominação britânica sobre esse país, o comércio no Oriente e as rotas comerciais.

1764 Os britânicos começam a colocar número nas casas, tornando as entregas postais mais eficientes e oferecendo meios para o surgimento das vendas diretas pelo correio séculos mais tarde.

1773 A Festa do Chá de Boston simboliza o início da Revolução Americana; o impulso veio dos mercadores americanos que tentaram tomar o controle da distribuição de mercadorias que eram monitoradas pelos britânicos.

1776 A Declaração de Independência dos Estados Unidos proclama os direitos das colônias de definir seu próprio destino, particularmente seu próprio destino econômico.

1776 A teoria do capitalismo moderno e do livre-comércio é

Esses governantes podem ser aplaudidos por realizar **expropriações** ou confiscar investimentos estrangeiros, ainda que esses investimentos estejam fazendo contribuições importantes para a economia de seu país. Para compreender as atitudes, os preconceitos e os temores de um país, é necessário olhar além da superfície dos acontecimentos atuais e enxergar as sutilezas secretas de seu passado inteiro para obter uma pista. Três comentários feitos por mexicanos resumem melhor esta seção:

> A história é ensinada de uma forma no México e de outra nos Estados Unidos – os Estados Unidos nos roubaram, mas somos retratados nos livros escolares americanos como os bandidos que invadiram o Texas.

> Talvez não gostemos dos gringos por motivos históricos, mas hoje o mundo se divide em blocos comerciais, e estamos algemados um ao outro para o bem ou para o mal.

> Sempre fomos e continuamos a ser uma colônia dos Estados Unidos.

Geografia e mercados globais

A geografia, que é o estudo sobre a superfície, os climas, os continentes, os países, os povos, as indústrias e os recursos da Terra, é um fator do ambiente incontrolável com o qual todo profissional de marketing confronta-se, mas que recebe pouquíssima atenção.[12] A tendência é estudar os aspectos geográficos como entidades isoladas, e não como agentes causais importantes do ambiente de marketing. A geografia é muito mais que a memorização de países, capitais e rios. Ela abrange também conhecimentos sobre como a cultura e a economia de uma sociedade são afetadas quando um país empenha-se para atender às necessidades de seu povo dentro dos limites impostos por sua constituição física. Por isso, o estudo da geografia é fundamental na avaliação dos mercados e de seu respectivo ambiente.

OA5
Impacto da diversidade geográfica sobre o perfil econômico de um país

Esta seção examina as principais características geográficas que um profissional de marketing precisa levar em conta ao avaliar os aspectos ambientais do marketing. Essa análise do mundo como um conjunto oferece ao leitor uma visão ampla dos mercados mundiais e uma percepção das consequências da diversidade geográfica nos perfis econômicos de diferentes nações. O clima e a topografia são examinados como facetas dos elementos mais amplos e mais importantes da geografia. Uma breve passada de olhos sobre os recursos e a população da Terra – os elementos básicos dos mercados mundiais – conclui essa apresentação sobre a geografia e os mercados globais.

Clima e topografia

OA6
Por que os profissionais de marketing precisam atentar-se à geografia de um país

Altitude, umidade e temperaturas extremas são características climáticas que afetam o uso e a função de produtos e equipamentos. Os produtos que funcionam bem em zonas temperadas podem se deteriorar rapidamente ou exigir resfriamento especial ou lubrificação para funcionar de maneira adequada em zonas tropicais. Os fabricantes constataram que os equipamentos de construção utilizados nos Estados Unidos exigem amplas alterações para suportarem a intensidade de calor e poeira do Deserto do Saara. Uma empresa do Taiwan enviou uma remessa de copos para um comprador no Oriente Médio. Os copos foram acondicionados em engradados de madeira forrados e protegidos com palha de feno para

---

[12] A importância da geografia para a compreensão dos desafios globais do mundo contemporâneo é discutida em Harm J. de Blij, *Why Geography Matters* (Nova York: Oxford University Press, 2005).

---

enunciada por Adam Smith em *A Riqueza das Nações*; segundo sua teoria, os países só produziriam e exportariam mercadorias que eles fossem capazes de produzir a um custo mais baixo do que o de seus parceiros comerciais; ele demonstra que os mercantilistas estavam errados: não é o ouro nem a prata que promoverão a prosperidade de uma nação, mas o *material* que pode ser comprado com ambos.

1783 O Tratado de Paris põe fim oficialmente à Revolução Americana após a rendição dos britânicos às tropas americanas em Yorktown, em 1781.

1787 A Constituição americana é aprovada e se torna um documento-modelo para outras constituições ao longo de pelo menos dois séculos; as constituições escritas ajudarão a estabilizar vários países e a estimular o investimento e o comércio estrangeiro com eles.

1789 Começa a Revolução Francesa, que mudará a estrutura de poder na Europa e ajudará a introduzir leis de proteção ao indivíduo e a estabelecer democracias restritas na região.

1792 Cria-se a iluminação a gás; no espaço de três décadas, a maioria das principais cidades europeias e americanas utilizará luzes a gás.

1804 A locomotiva a vapor é inventada; ela se torna a forma predominante de transporte de mercadorias e pessoas até o século XX, quando os caminhões e aviões tornam-se comercialmente viáveis.

1804 Napoleão coroa-se imperador, derrubando o governo revolucionário francês, e tenta conquistar a Europa (depois de ter ocupado o Egito para pôr fim ao comércio britânico com o Oriente), mas seu

CRUZANDO FRONTEIRAS 3.2 — Inovação e escassez de água, do nevoeiro à energia produzida pelas crianças

Quem vive em Chungungo, no Chile, uma das regiões mais áridas do país, sem nenhuma fonte de água próxima, bebe neblina. É sério! Graças a uma lenda, a cientistas canadenses e chilenos talentosos, Chungungo agora tem sua própria fonte de água potável, depois de 20 anos de seca. Antes dessa nova fonte de água, Chungungo dependia unicamente de caminhões-pipa que a abasteciam duas vezes por semana.

Chungungo sempre foi uma região árida, e diz a lenda que seus habitantes primitivos costumavam venerar as árvores. Eles as consideram sagradas porque um fluxo permanente de água brotava de suas copas, produzindo uma chuva constante proveniente de seu interior! A lenda estava certa – as árvores produziam chuva! Um nevoeiro espesso se forma ao longo da costa. Quando ele se move para o interior e é forçado a subir acima das montanhas, transforma-se em pequenas gotas de chuva, que são retidas pelas folhas das árvores, produzindo uma fonte constante de chuva. Os cientistas resolveram aproveitar esse fenômeno natural.

A vizinha e antiga floresta de eucaliptos do monte El Tofo ofereceu a pista que os cientistas precisavam para criar um engenhoso sistema de abastecimento de água. Para reproduzir o efeito de captação de água das árvores, eles instalaram 86 "captadores de nevoeiro" no cume do monte – imensas redes apoiadas por pilares de eucalipto de 3,70 metros, com reservatórios de água na base. Cerca de 7.200 litros de água são coletados ao dia e bombeados para a cidadezinha. Esse sistema de pequena escala é barato (em torno de 20% do valor da água transportada por caminhão-pipa), limpo e fornece às pessoas da comunidade abastecimento constante de água potável.

Na África Subsaariana, pessoas inventivas criaram um novo sistema para tirar água dos poços. Uma invenção que pode mudar e salvar vidas – o sistema de abastecimento de água PlayPump – oferece fácil acesso à água potável, diverte as crianças e gera melhorias para a saúde, a educação, a igualdade de gênero e o desenvolvimento econômico em mais de mil povoados rurais na África do Sul, na Suazilândia, em Moçambique e na Zâmbia. Os sistemas PlayPump são bombas de água inovadoras, sustentáveis e patenteadas, alimentadas pela energia produzida pelas crianças enquanto elas brincam. Instalado perto de escolas, o sistema PlayPump serve também como bomba d'água e carrossel. Além disso, esse sistema é a única forma de atingir as comunidades rurais e do perímetro urbano com informações sobre saúde pública que podem salvar vidas. Observe a foto e a figura exibidas, mostrando uma nova solução a um dos problemas mais antigos da humanidade.

Fontes: "Drinking Fog", *World Press Review*; "Silver Lining", *The Economist*, 5 de fevereiro de 2000, p. 75; "Unesco Water Portal Weekly Update N. 89: Fog", 15 de abril de 2005, http://www.unesco.org/water/news/newsletter/89.shtml; http://www.playpumps.org, 2008; Aliah D. Wright, "Dive into Clean Water", *HRMagazine*, 54, n. 6, 2009, p. 4.

---

evitar a quebra, mas chegaram todos quebrados. Por quê? Quando foram levados para o clima mais quente e menos úmido do Oriente Médio, o teor de umidade da palha diminuiu significativamente, e a palha secou a ponto de não oferecer nenhuma proteção.

Mesmo em um único mercado nacional, o clima pode ser suficientemente diverso e exigir adaptações importantes. Em Gana, um produto adaptado para todo o mercado deve funcionar de maneira eficaz no calor extremo e de baixa umidade do deserto e em florestas úmidas tropicais. As máquinas de lavar Bosh-Siemens projetadas para os países europeus exigem ciclos de rotação que giram entre um ciclo mínimo de 500 rpm e um ciclo máximo de 1.600 rpm. Como o Sol não aparece regularmente na Alemanha ou na Escandinávia, as máquinas de lavar devem ter um ciclo de rotação de 1.600 rpm porque os usuários não podem se dar ao luxo de pendurar as roupas no varal do quintal para secar. Entretanto, na Itália e na Espanha, as roupas podem ficar úmidas, porque a abundância de Sol é suficiente para justificar uma velocidade de ciclo de 500 rpm.

---

fracasso resulta na remarcação de fronteiras nacionais na Europa e na América Latina.

1807 Robert Fulton é o primeiro a prenunciar uma nova era de transporte quando seu barco a vapor Clermont navega de Nova York para Albany.

1807 O Código Napoleônico francês é lançado e com o tempo torna-se um modelo de lei civil adotado por várias nações ao redor do mundo.

1807 O presidente americano Thomas Jefferson proíbe o comércio com a Europa na tentativa de convencer navios beligerantes britânicos e franceses a deixar em paz os navios mercantes neutros dos Estados Unidos.

1810 O francês Nicolas Appert cria a comida enlatada e consegue impedir sua deterioração.

1810 Após a invasão napoleônica da Espanha e de Portugal, Simón Bolívar inicia as guerras de independência das colônias espanholas na América Latina, o que levou à instauração de novos governos na Bolívia, na Colômbia, no Equador, no Peru e na Venezuela.

1814 A primeira locomotiva a vapor é fabricada na prática por George Stephenson na Inglaterra, prenunciando o nascimento do transporte ferroviário em 1825 com o primeiro trem que transportou 450 passageiros a 24 quilômetros por hora.

1815 Napoleão é derrotado na Batalha de Waterloo e abdica ao trono dias depois.

1815 Os britânicos constroem rodovias de pedras britadas, melhorando significativamente a qualidade e a velocidade das viagens por terra.

1817 David Ricardo publica *Princípios de Economia Política e Tributação*, no qual ele propõe a teoria econômica moderna: as vantagens comparativas impulsionam o comércio;

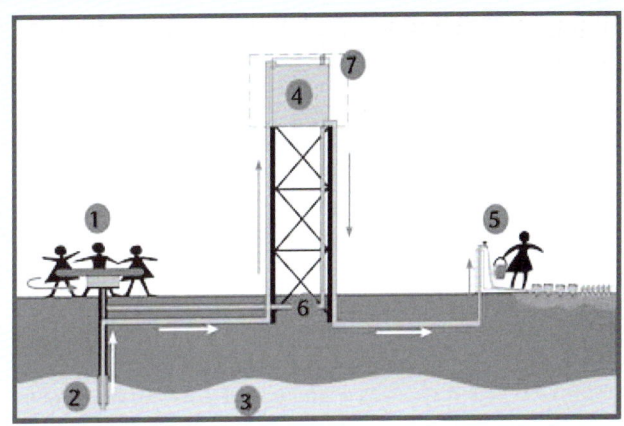

Enquanto as crianças divertem-se no carrossel PlayPump, (1) água potável é bombeada (2) do subsolo (3) para uma caixa de 2.500 litros, (4) a sete metros de altura do chão. Por meio de uma simples torneira (5), adultos e crianças têm acesso à água facilmente. O excesso de água na caixa é devolvido para o orifício na base (6). A caixa d'água (7) oferece oportunidades raras para fazer propaganda para as comunidades afastadas. Os quatro lados da caixa são alugados como *outdoor*. Duas laterais destinam-se a propagandas ao consumidor e as duas outras a informações educacionais e de saúde. A receita gerada com esse modelo excepcional paga a manutenção da bomba. Com capacidade para produzir 1.400 litros de água por hora, a 16 rpm, a uma profundidade de 40 metros, a bomba é eficaz até uma profundidade de 100 metros. Consulte http://www.playpumps.org. *(Direitos: © Frimmel Smith/PlayPump.)*

A diferença entre as estações dos hemisférios norte e sul também afetam as estratégias globais. A JCPenny tinha a intenção de abrir cinco lojas no Chile como parte de seu plano de expansão para países abaixo da linha do equador. Como a empresa tinha capacidade de comprar grandes quantidades para suas lojas norte-americanas, mexicanas e brasileiras, ela queria aproveitar essa vantagem e oferecer preços baixos em sua expansão na América do Sul. Depois de abrir a primeira loja no Chile, a empresa constatou que esse plano não funcionaria: no momento em que comprava mercadorias de inverno na América do Norte, precisava de mercadorias de verão na América do Sul. Diante disso, a empresa vendeu rapidamente sua loja no Chile, e sua expansão para a América do Sul restringiu-se ao Brasil.[13]

Montanhas, oceanos, mares, florestas virgens e outras características geográficas podem representar sérios impedimentos ao crescimento econômico e ao comércio. Por exemplo, cadeias de montanhas cobrem a costa oeste da América do Sul ao longo de 7.240 quilômetros de extensão, a uma altitude média de 3.960 metros e a uma amplitude de 480 a 640 quilômetros. Essa barreira natural e descomunal impossibilitou o estabelecimento de rotas comerciais entre a costa do Pacífico e a do Atlântico. As barreiras naturais da América do Sul inibem o crescimento, o comércio e a comunicação em nível nacional e regional. Os obstáculos

[13] Miriam Jordan, "Penney Blends Two Business Cultures", *The Wall Street Journal*, 5 de abril de 2001.

os países produzirão e exportarão mercadorias se tiverem uma vantagem *comparativa*, em contraste com a vantagem *absoluta* de Adam Smith (consulte 1776).

1821 Os britânicos são os primeiros a adotar o padrão-ouro para lastrear o valor de sua moeda.

1823 O presidente americano James Monroe promulga a doutrina que leva seu nome, proclamando o princípio da não colonização das Américas na expectativa de asseverar a influência dos Estados Unidos sobre a região.

1837 Inicia-se o reinado da rainha britânica Vitória; ela assiste ao crescimento do Império Britânico e à ascensão da Grã-Bretanha como potência industrial (e morre em 1901).

1837 O telégrafo eletrônico começa a ser utilizado amplamente no comércio, transmitindo rapidamente as informações. Um exemplo são as ordens de produção.

1839 É introduzido na Inglaterra o processo de gravação de imagens negativas em papel, precursor da moderna tecnologia dos filmes fotográficos.

1841 Briton David Livingstone inicia sua exploração de 30 anos na África.

1842 Hong Kong é cedida à Grã-Bretanha com o Tratado de Nanjing após a Guerra do Ópio; a cidade se torna um centro financeiro e comercial para a Ásia.

1844 Os chineses abrem cinco portos para os navios americanos.

1847 Os Estados Unidos emitem os primeiros selos postais patrocinados pelo governo, melhorando a precisão e a eficiência da comunicação pelo correio.

1848 John Stuart Mill publica *Princípios de Economia Política*, complementando a teoria econômica moderna ao enunciar

Este anúncio é o primeiro a mostrar uma pessoa vomitando para divulgar um produto. O produto anunciado é recomendado para o tratamento do mal das montanhas. Esse *outdoor* é exibido no aeroporto de Lima, Peru, sendo direcionado aos turistas que viajam acima do nível do mar para Cuzco e Machu Picchu (a paisagem deslumbrante que aparece ao fundo). Cuzco, antiga capital inca, fica a 3.350 metros de altitude, e muitos turistas estrangeiros que visitam a cidade são acometidos por esse tipo específico de mal de turista.

geográficos produzem efeitos diretos sobre a economia e os mercados de um país e também sobre as respectivas atividades de comunicação e distribuição na China, na Rússia, na Índia e no Canadá. À medida que os países procuram oportunidades econômicas e os desafios do mercado global, eles investem em infraestrutura para superar essas barreiras. Antes vistas como proteção natural contra vizinhos potencialmente hostis, as barreiras físicas existentes na Europa hoje são consideradas impedimentos a um comércio eficaz em uma união econômica integrada.

Durante décadas os britânicos resistiram ao túnel sob o Canal da Mancha – eles não confiavam na França nem em nenhum outro país europeu e viam o canal como uma proteção. Contudo, quando eles se tornaram membros da União Europeia (UE), a realidade econômica determinou que o túnel deveria ser construído para facilitar o comércio com os demais membros da UE. Hoje, é possível tomar um trem-bala para atravessar o canal. Porém, mesmo após uma década de sua abertura, sua situação financeira ainda é um tanto instável,[14] e recentemente trabalhadores não documentados (ilegais) tentaram atravessar a pé o corredor subaquático para chegar à Inglaterra.[15]

Desde os tempos do cartaginês Hannibal Barca, os Alpes serviram como uma importante barreira física e ofereceram aos países europeus uma forma de se protegerem uns dos outros. Porém, com a expansão da UE, os Alpes tornaram-se um impedimento de peso ao comércio. O tráfego de caminhões entre o sul da Alemanha e o norte da Itália, que obstrui as estradas ao longo de uma das rodovias montanhosas mais perigosas da Suíça, não era apenas fatigante para todos os viajantes, mas tornou-se economicamente inaceitável. A solução, o Túnel de Loetschberg, de 34 quilômetros, inaugurado em 2007, esconde-se sob os Alpes e diminui o tempo de viagem que os trens precisam para atravessar o percurso entre a Alemanha e a Itália de três horas e meia para menos de duas horas. Por volta de 2014, o Túnel Gottard, de 58 quilômetros, oferecerá uma cobertura ferroviária complementar para a região e será o maior túnel ferroviário do mundo.

Geografia, natureza e crescimento econômico

Sempre na linha tênue entre a subsistência e as calamidades, os países menos privilegiados sofrem desproporcionalmente com as catástrofes naturais e as provocadas pelos seres humanos.[16] O desastre provocado pelo terremoto haitiano em 2010 talvez seja um exemplo notório. O clima e a topografia, somados a guerras civis, políticas ambientais deficientes e desastres

---

[14] Robert Lea, "Chunnel Rail Link Firm Heads for a Multi-Billion Break-Up", *Evening Standard*, 1º de novembro de 2007, p. 28.
[15] "Illegals in the Chunnel", *Daily Express*, 4 de janeiro de 2008, p. 39.
[16] "Asia's Tsunami: Helping the Survivors", *The Economist*, 5 de janeiro de 2005.

---

que os ganhos provenientes do comércio estão refletidos na força da demanda *recíproca* de importações e exportações e que os ganhos adviriam de relações de troca mais adequadas (consulte 1817).

1848 É lançado o Manifesto Comunista, dos alemães Karl Marx e Friedrich Engels, que se tornará o fundamento dos movimentos comunistas do século XX.

1851 É realizada em Londres a primeira exposição internacional do mundo, exibindo novas tecnologias.

1856 A Declaração de Paris reconhece o princípio da livre circulação para o comércio, mesmo em tempos de guerra – os bloqueios poderiam se estender apenas ao longo da costa inimiga; além disso, essa declaração estabelece a possibilidade de nações não originalmente signatárias aderirem aos tratados.

1857 Rússia e França assinam um tratado comercial.

1858 Os Tratados Comerciais Ansei com o Japão abrem o país outrora fechado para comercializar com o Ocidente (esses tratados ocorreram após a "abertura" do Japão para o Ocidente pelo americano Matthew Perry, em 1854).

1860 O objetivo do Tratado Cobden é criar o livre-comércio reduzindo ou eliminando as tarifas entre Grã-Bretanha e França; além disso, esse tratado abre possibilidade para o *status* de nação mais favorecida nos acordos bilaterais e com o tempo para os acordos multilaterais.

1860 Os Estados Unidos adotam o passaporte para regulamentar as viagens ao exterior.

1866 O princípio do dínamo elétrico é descoberto pelo alemão Werner Siemens, que produzirá o primeiro sistema de transmissão de energia elétrica.

1866 O cabo transatlântico é concluído, possibilitando a comunicação quase instantânea

naturais, empurram ainda mais esses países para a estagnação econômica. Sem um sistema de gestão de irrigação e de água, esses países são afetados por secas, enchentes e erosões do solo, o que em geral aumenta gradualmente os desertos, reduzindo a fertilidade de longo prazo das terras.[17] O aumento populacional, o desflorestamento e o sobrepastoreio intensificam o impacto das secas e causam subnutrição e saúde precária, reduzindo ainda mais a capacidade desses países de solucionar seus problemas. Não é possível prever os ciclones, nem uma precipitação pluviométrica inadequada, mas existem meios pra controlar seus efeitos. Os países mais acometidos por calamidades estão entre os mais pobres do mundo.[18] Muitos não possuem nem capital nem capacidade técnica para minimizar as consequências dos fenômenos naturais, estando à mercê da natureza.

À medida que os países prosperam, as barreiras naturais são superadas. Túneis e canais são escavados e pontes e barragens são construídas como forma de se adaptar ao clima, à topografia e aos extremos recorrentes da natureza. A humanidade conseguiu razoavelmente superar ou minimizar as consequências das barreiras geográficas e dos desastres naturais. Todavia, à proporção que isso ocorre, os seres humanos têm de lutar com problemas que eles próprios provocam. A construção de barragens é um bom exemplo de como a tentativa de cultivar a natureza para o bem tem um lado ruim. Os países em desenvolvimento consideram as barragens uma solução econômica para uma série de problemas. As barragens geram eletricidade, ajudam a controlar as enchentes, fornecem água para irrigação durante período de seca e podem ser uma fonte de peixes. Entretanto, existem efeitos secundários: elas desalojam pessoas (a barragem Três Gargantas, na China, desalojará 1,3 milhões de pessoas[19] e ao mesmo tempo atrairá turistas[20]), e seus sedimentos acabam obstruindo o reservatório, não sendo mais transportados pela correnteza para repor o solo e acrescentar nutrientes. De modo semelhante, o Projeto de Barragem do Vale Narmada, na Índia, produzirá eletricidade, controle de enchentes e irrigação, porém desalojou dezenas de milhares de pessoas. Como os benefícios das barragens são avaliados em comparação com os custos sociais e ambientais, dúvidas sobre sua eficácia são levantadas. Em suma, a necessidade de projetos gigantescos como esses deve ser avaliada com base nos respectivos custos sociais e ambientais.

À medida que a corrida global em direção à industrialização e ao crescimento econômico acelera, os problemas ambientais tornam-se aparentes. Destruição de ecossistemas, reassentamento de pessoas, gestão inadequada de resíduos perigosos e poluição industrial são problemas que devem ser abordados pelo mundo industrializado e pelos países em busca de desenvolvimento econômico.[21] Os problemas são em sua maioria subprodutos dos processos

---

[17] Consulte o Mapa 2, "Clima Global", na seção "Mapas do Mundo", para examinar a diversidade do clima mundial. O fenômeno climático El Niño provoca mudanças drásticas nos padrões climáticos e acarreta quebras de safra, fome, incêndios florestais, poeira e tempestades de areia e outros desastres associados com excesso ou escassez de chuva.
[18] "Water Shortage Fears in Darfur Camps", *All Africa*, 10 de dezembro de 2007; "Northern Vietnam Likely to Face Water Shortages", *Xinhua News Agency*, 4 de janeiro de 2008.
[19] Anita Chang, "China: Three Gorges Dam Impact Not That Bad", *Associated Press*, 22 de novembro de 2007.
[20] "Tourist Arrivals to Three Gorges Dam Hit New High in 2007", *Asia Pulse*, 8 de janeiro de 2008.
[21] Sandy Bauers, "Big Wake-Up to Global Warming", *Philadelphia Inquirer*, 24 de dezembro de 2007, p. D1.

(telegráfica) entre os Estados Unidos e a Europa.

1869 O canal de Suez é concluído depois de 11 anos de construção; esse canal diminui significativamente o tempo de viagem entre a Europa e a Ásia, cortando, por exemplo, 6.500 quilômetros do percurso entre a Grã-Bretanha e a Índia.

1869 A primeira ferrovia transcontinental americana é concluída, anunciando um *boom* comercial; a primeira máquina de escrever comercialmente viável é patenteada; até o momento em que o processamento de textos pelo computador tornou-se comum – um século mais tarde –, a máquina de escrever possibilita que qualquer pessoa produza documentos de maneira rápida e legível.

1873 Os Estados Unidos adotam o padrão-ouro para fixar o valor internacional do dólar.

1875 A União Postal Universal é criada na Suíça para possibilitar o serviço postal internacional.

1876 Alexander Graham Bell obtém a patente do telefone, que revolucionará as comunicações.

1880 Thomas Edison cria a primeira estação de energia elétrica (depois de inventar a luz elétrica em 1878), que ilumina a cidade de Nova York e desencadeia uma revolução na cultura e nos negócios, possibilitando que o dia tivesse de fato 24 horas e abrindo caminho para os aparelhos eletrônicos.

1881 Criação do Zoopraxiscope, projetor que exibe imagens em movimento.

1884 É criado um referencial para estabelecer a hora oficial e medir a longitude de qualquer ponto do mundo, designando-se Greenwich, na Inglaterra, como o principal meridiano (longitude de 0°).

1886 É fundada a Federação Americana do Trabalho, que se

que contribuíram significativamente para o desenvolvimento econômico e a melhoria dos estilos de vida. Ao longo da segunda metade do século XX, governos e indústrias ampliaram de forma considerável suas iniciativas para desenvolver meios mais adequados de controlar a natureza e permitir que a indústria cresça e ao mesmo tempo proteja o meio ambiente.[22]

Responsabilidade social e gestão ambiental

Nações, empresas e povos chegaram a um consenso no encerramento da última década: a proteção ambiental não é uma opção, é uma parte essencial do complexo processo do mundo dos negócios. Muitos veem a proteção ambiental como um problema global – e não como uma questão nacional – que apresenta ameaças comuns à humanidade e, portanto, não pode ser abordado separadamente pelas nações. O que mais preocupa os governos e as empresas são as soluções para deter a maré de poluição e limpar décadas de negligência.

As empresas que constroem instalações fabris nos países em que as regulamentações de poluição são mais liberais percebem que estas estão rígidas em todos os lugares. Muitos governos delineiam novas regulamentações e impõem as que existem. Os produtos eletrônicos

Dois tipos de progresso econômico que são muito diferentes em relação aos prejuízos causados. Na primeira foto, os imensos caminhões parecem anões ao lado da comporta de 185 metros da barragem Três Gargantas. A China começou a encher o reservatório em um passo significativo para concluir o maior projeto de hidrelétrica do mundo. A expectativa é atingir um nível de 135 metros (446 pés), inundando milhares de acres, inclusive cidades e propriedades agrícolas ao longo do Rio Yang-Tsé. A segunda foto mostra cidadãos mongóis olhando para uma pequena parte de um imenso projeto de energia solar na região em que vivem. Embora para os habitantes locais isso possa parecer uma ofensa aos olhos, ao menos é um projeto relativamente eficiente em energia. (AP/Wide World Photos)

---

[22] Visite http://www.gemi.org para obter informações sobre a Iniciativa de Gestão Ambiental Global (Global Environment Management Initiative – Gemi), uma organização de empresas multinacionais americanas dedicada à proteção ambiental. Consulte também Keith Bradsher, "Hong Kong Utilities Agree to Pollution-Linked Rates", *The New York Times*, 10 de janeiro de 2008, p. C4.

---

tornou um modelo para os trabalhadores ao redor do mundo unirem-se contra a administração, ganharem salários mais altos e melhorarem as condições de trabalho.

1901 O italiano Guglielmo Marconi transmite a primeira mensagem por rádio; pode-se dizer que o rádio foi a centelha que desencadeou a globalização, por causa da velocidade com que as informações podem ser transmitidas.

1903 O primeiro voo bem-sucedido de um avião, pilotado por Orville Wright, ocorre em Kitty Hawk, na Carolina do Norte.

1904 O primeiro tubo de vácuo (válvula eletrônica) é desenvolvido por John Fleming, permitindo a conversão de corrente alternada em corrente contínua e ajudando a difundir a utilização do rádio.

1913 A linha de montagem é introduzida por Henry Ford, o que revolucionará o processo de fabricação.

1914 A primeira guerra a envolver grande parte do mundo inicia-se com o assassinato do arquiduque Francis Ferdinand e dura quatro anos; a construção do Canal do Panamá é concluída, agilizando e facilitando o comércio.

1917 Lenin e Trotski lideram a Revolução Russa, criando um modelo econômico de subsistência que afetará (adversamente) o comércio pelo resto do século.

1919 O primeiro voo transatlântico sem escala é realizado, pavimentando o caminho para o rápido transporte de cargas ao redor do globo.

1920 É criada a Liga das Nações, estabelecendo um modelo para a cooperação internacional (embora não tenha conseguido manter a paz).

1923 Vladimir Zworykin cria o primeiro televisor eletrônico,

contêm inúmeras substâncias tóxicas que criam um problema sério de descarte em aterros de lixo, uma vez que o descarte inadequado possibilita que as toxinas infiltrem-se no lençol freático. A UE, bem como outros países, tem leis que estipulam a quantidade e o tipo de substância potencialmente tóxica que devem ser recolhidos pelas empresas para reciclagem. Um grande estímulo para essa medida é a constatação de que a poluição está à beira de se tornar completamente incontrolável.

Atualmente, a China é o país mais poluidor em quase todos os aspectos.[23] Por volta de 2020, as **emissões de gases de efeito estufa** serão mais de duas vezes mais altas que as de seu rival mais próximo, os Estados Unidos. Uma análise dos rios, lagos e reservatórios da China revelaram que as substâncias tóxicas são responsáveis por 21% da poluição e que 16% dos rios estavam seriamente poluídos com excrementos. A China abriga 16 das 20 cidades mais poluídas do mundo.[24] O próprio processo de controle dos níveis de resíduos industriais desencadeia outro problema talvez igualmente grave: o descarte de resíduos perigosos, um subproduto dos controles da poluição. Segundo estimativas coletadas anualmente, a quantidade de resíduos perigosos é superior a 300 milhões de toneladas. A questão crucial é o descarte, que não deve simplesmente mudar o problema para outro lugar. Os países que encontram dificuldades crescentes com o descarte de resíduos procuram países dispostos a assumir a carga e o ônus do descarte. O descarte de resíduos é legal em alguns países em desenvolvimento porque os governos querem obter as receitas que são geradas ao oferecer locais para isso. Em outros casos, o despejo ilegal é feito clandestinamente. Um tratado entre os membros da Convenção de Basileia que exigia aprovação prévia para despejo foi alterado em outra ocasião para proibir totalmente a exportação de resíduos perigosos pelas nações desenvolvidas. A influência e o exemplo oferecidos por esse tratado refletem na maior conscientização das empresas e das pessoas em geral sobre os problemas da poluição.[25]

Governos, organizações e empresas estão cada vez mais preocupados com a responsabilidade social e as questões éticas em torno do problema de manter o crescimento econômico e ao mesmo tempo proteger o meio ambiente para as gerações futuras. Todavia, o compromisso assumido por governos e empresas varia muito ao redor do mundo. Por exemplo, por ter um dos maiores índices de poluição *per capita*, os Estados Unidos ficam atrás de quase todos os principais concorrentes no que diz respeito a concordar com os padrões de emissão de gases de efeito estufa (consulte a Figura 3.3).[26] A Organização para a Cooperação e o Desenvolvimento Econômico (OCDE), os Estados Unidos, a UE e grupos ativistas internacionais empreendem programas para fortalecer as políticas ambientais.[27] Sob vários aspectos, a China, por ter os problemas de poluição mais urgentes e maiores, está na liderança em termos de novas tecnologias verdes.[28] Várias companhias multinacionais de grande porte, como a

---

[23] Sharon Begley, "Leaders of the Pack", *BusinessWeek*, 30 de novembro de 2009, p. 46-51.
[24] Jim Yardley, "Consultant Questions Beijing's Claim of Cleaner Air", *The New York Times*, 10 de janeiro de 2008, p. A3.
[25] Para obter uma visão abrangente da OCDE, bem como sobre questões ambientais, visite http://www.oecd.org.
[26] "Closing the Gaps", *The Economist*, 5 de dezembro de 2009, p. 18-19.
[27] William C. Clark, "Science and Policy for Sustainable Development", *Environment*, janeiro-fevereiro de 2005.
[28] Shai Oster, "World's Top Polluter Emerges as Green-Technology Leader", *The Wall Street Journal*, 15 de dezembro de 2009 [on-line].

---

que com o tempo ajudará a integrar culturas e consumidores ao redor do mundo.

1929 Início da Grande Depressão com a quebra da Bolsa de Valores dos Estados Unidos.

1930 A Tarifa Hawley-Smoot é aprovada pelo Senado americano, afundando ainda mais o mundo na Grande Depressão.

1935 O radar é inventado na Grã-Bretanha; isso abrirá caminho para as viagens marítimas e aéreas mesmo em condições sem visibilidade e permitirá que as mercadorias sigam uma programação de transporte (e com o tempo possibilitará o desenvolvimento do método *just-in-time* e de outros processos de economia de custo).

1938 O americano Chester Carlson desenvolve o processo de fotocópia a seco (xerografia), que, dentre outras coisas, permitirá que os governos exijam o preenchimento de vários formulários para a circulação de mercadorias.

1939 Início da Segunda Guerra Mundial com a invasão alemã da Polônia; mais de 50 milhões de pessoas morrerão.

1943 O primeiro computador programável, o Colossus I, é criado na Inglaterra, em Bletchley Park; ele ajuda a decifrar os códigos alemães.

1944 A Conferência de Bretton Woods cria um ponto de partida para a cooperação econômica entre 44 países e a criação do Fundo Monetário Internacional para ajudar a estabilizar as taxas de câmbio.

1945 Introdução de armas atômicas; a Segunda Guerra Mundial chega ao fim; criação da Organização das Nações Unidas (ONU).

1947 O Acordo Geral sobre Tarifas e Comércio (Gatt) é assinado por 23 países para tentar diminuir as barreiras comerciais ao redor do mundo.

Figura 3.3
Comparação entre os índices de emissão de gases de efeito estufa e as promessas de diminuição.

Fonte: Painel Intergovernamental sobre Mudanças Climáticas.

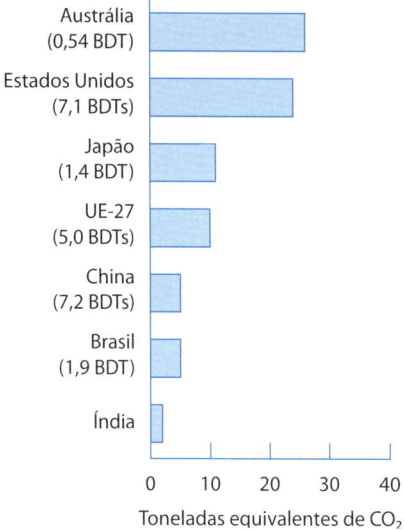

Emissões de gases de efeito estufa
Total em Bilhões de Toneladas (BDTs) e por pessoa, aproximadamente em 2006

- Austrália (0,54 BDT)
- Estados Unidos (7,1 BDTs)
- Japão (1,4 BDT)
- UE-27 (5,0 BDTs)
- China (7,2 BDTs)
- Brasil (1,9 BDT)
- Índia

Toneladas equivalentes de CO_2

Metas prometidas de redução de emissão de gases de efeito estufa

- IPCC* Recomendações
- UE-27
- Japão
- Austrália
- Média dos Países Desenvolvidos
- Estados Unidos
- Canadá

Porcentagem de diminuição nos níveis de 1990 até aproximadamente 2020

* Painel Intergovernamental de Mudanças Climáticas.

Nessa foto, em São Paulo, a Shell vende dois tipos de combustível: álcool, fabricado principalmente, da cana-de-açúcar, e gasolina, fabricada a partir de combustíveis fósseis mais poluidores. Os motores *flex* (bicombustível) dos carros brasileiros utilizam ambos os tipos de combustíveis ou uma mistura deles. Embora o preço por litro seja bem diferente, a quilometragem por litro também é. Os brasileiros escolhem o combustível de acordo com o tipo de uso do carro – isto é, cidade *versus* estrada.

1948 A invenção do transistor, que substitui a válvula eletrônica, desencadeia uma revolução na tecnologia.

1949 A República Popular da China é fundada por Mao Tsé-tung, que restringirá o acesso ao maior mercado de consumo do globo.

1957 Bélgica, França, Alemanha Ocidental, Itália, Luxemburgo e Países Baixos criam a Comunidade Econômica Europeia (CEE), precursora da atual União Europeia (UE).

1961 O Muro de Berlim é erguido, criando a Europa Oriental e Ocidental com uma barreira física e ideológica.

1964 Comunicações globais por satélite são estabelecidas pela Organização Internacional de Telecomunicações por Satélite (International Telecommunications Satellite Organization – Intelsat).

1965 Ralph Nader publica *Unsafe at Any Speed* (Inseguro a Qualquer Velocidade), desencadeando uma revolução na informação ao consumidor e nos direitos do consumidor.

1967 É criada a Comunidade Europeia (CE), unindo a CEE, a Comunidade Europeia do Carvão e do Aço e a Comunidade Europeia de Energia Atômica.

1971 A Intel produz o primeiro microprocessador, que abre caminho para o computador pessoal; a China comunista assume seu assento na ONU, tornando-a um corpo representativo verdadeiramente global.

1971 Os Estados Unidos abandonam o padrão-ouro, possibilitando que o sistema monetário internacional determinasse as taxas de câmbio com base em valores percebidos, e não nos valores fixados em relação ao ouro.

1972 Um bilhão de aparelhos de rádio no planeta.

1973 O embargo ao petróleo árabe sacode o mundo industrial

Uma imensa descoberta em alto-mar promete tornar o Brasil um dos principais exportadores de petróleo por meio de sua companhia de petróleo, a Petrobras.[37] (*The New York Times*, 11 de janeiro de 2008, p. C1; © Edro Lobo/Bloomberg News/Landov.)

Petrobras,[29] a Walmart[30] e a Nike, além de estarem transformando suas atividades ao redor mundo para que se tornem mais limpas, pressionam seus fornecedores para que façam o mesmo.

A questão que preocupa a todos é se o desenvolvimento econômico e a proteção ambiental podem coexistir. O **desenvolvimento sustentável** é uma abordagem articulada utilizada por aqueles (por exemplo, governos, empresas, ambientalistas e outros) que buscam o crescimento econômico empregando "uma gestão de recursos sensata, a distribuição equitativa de benefícios e a diminuição das consequências negativas sobre as pessoas e o ambiente provocadas pelos processos de crescimento econômico". O desenvolvimento sustentável não está relacionado ao meio ambiente ou à economia ou à sociedade. Está relacionado a atingir um equilíbrio duradouro entre todos os três. Mais e mais empresas abraçam a ideia do desenvolvimento sustentável como uma oportunidade de "ganho mútuo".[31] A responsabilidade por proteger o ambiente não é apenas dos governos, das empresas ou dos grupos ativistas; na verdade, todo cidadão tem a responsabilidade social e moral de incluir a proteção ambiental entre seus objetivos mais importantes.[32] Essa ideia é particularmente um problema nos Estados Unidos, em que os consumidores não raro estão mais interessados em estilo do que em sustentabilidade,[33] as pesquisas de opinião pública preferem o crescimento ao meio ambiente[34] e os alunos do Ensino Médio recebem uma educação ambiental relativamente restrita.[35] Um estudo recente também demonstrou que os governos com eleitorado pluralista podem encontrar um problema relativamente maior para persuadir grupos minoritários importantes a concordar com suas iniciativas ambientais.[36]

---

[29] Jose Sergio Gabrielli de Azevedo, "The Greening of Petrobras", *Harvard Business Review*, março de 2009, p. 43-47.
[30] Adam Aston, "Wal-Mart's Green Stock", *BusinessWeek*, 25 de maio de 2009, p. 44.
[31] Visite http://www.oecd.org, *site* da OCDE, para acessar um diretório de *sites* e obter uma cobertura completa sobre desenvolvimento sustentável.
[32] Visite http://www.webdirectory.com para acessar o *Amazing Environmental Organization Web Directory*, um mecanismo de busca com *links* para uma lista extensa de assuntos ambientais.
[33] Burt Helm, "Nike Goes Green, Very Quietly", *BusinessWeek*, 22 de junho de 2009, p. 56.
[34] "Who Cares?", *The Economist*, 5 de dezembro de 2009, p. 15.
[35] "Are U.S. Teenagers 'Green' Enough?", *Chronicle of Higher Education*, 20 de novembro de 2009, p. A4.
[36] Amir Grinstein e Udi Nisan, "Demarketing, Minorities, and National Attachment", *Journal of Marketing*, 73, n. 2, 2009, p. 105-122.
[37] Alexi Barrinuevo, "Hot Prospect for Oil's Big League", *The New York Times*, 11 de janeiro de 2008, p. C1, C4.

---

com a compreensão da natureza totalmente global da oferta e da demanda.

1980 A CNN é fundada e fornece informações instantâneas e comuns ao mundo inteiro, o que significou outro passo em direção ao processo de globalização iniciado pelo rádio em 1901.

1987 A Organização Internacional de Normalização lança a ISO 9000 para criar um padrão de qualidade global.

1988 Um bilhão de televisores no planeta.

1989 Cai o Muro de Berlim, simbolizando a abertura do mundo oriental para o ocidental no âmbito das ideias e do comércio.

1991 A União Soviética abandona formalmente o comunismo, à medida que a maioria dos ex-países comunistas migra para o capitalismo e o comércio que esse sistema estimula; é criada a Comunidade dos Estados Independentes (CEI) entre Rússia, Ucrânia e Bielorrússia.

1993 O Acordo Norte-Americano de Livre-Comércio (North American Free Trade Agreement – Nafta) é ratificado pelo Congresso americano; a UE é criada com base na CE e em uma estrutura de medidas conjuntas de segurança e políticas externas pelo Tratado de Maastricht sobre a União Europeia em 1991; a CEE passa a se chamar CE.

1994 O Túnel do Canal (Túnel da Mancha ou Eurotúnel) é aberto entre França e Grã-Bretanha, oferecendo uma conexão por terra para o comércio entre o continente e a Grã-Bretanha.

1995 A Organização Mundial do Comércio (OMC) é criada como sucessora do Gatt; em 2000, mais de 130 países responderão por mais de 90 do comércio mundial.

1997 Hong Kong, centro mundial financeiro e comercial e bastião do capitalismo, volta a

Recursos

A disponibilidade de minerais[38] e a capacidade de gerar energia são a mola mestra da tecnologia moderna. Os locais da Terra em que existem recursos e fontes disponíveis de energia são acidentes geográficos. As nações mundiais não são equitativamente dotadas de recursos naturais, e em nenhuma nação a demanda por um mineral específico ou por uma determinada fonte de energia coincide com o suprimento doméstico.

Na maior parte dos países subdesenvolvidos, o trabalho humano predomina como fonte de energia. Os principais suplementos à energia humana são animais, madeira, combustível fóssil, energia nuclear e, em uma proporção menor e em um nível mais experimental, as ondas do oceano, a energia geotérmica e a energia solar. De todas as fontes de energia, o petróleo e o gás proveem mais de 60% do consumo mundial de energia.[39] Por causa da versatilidade do petróleo e da facilidade com que ele é armazenado e transportado, seus derivados continuam dominando o uso de energia.[40] (Consulte a Figura 3.4.)

Muitos países que eram autossuficientes em grande parte de sua fase inicial de crescimento econômico tornaram-se importadores líquidos de petróleo nas últimas décadas e continuam se tornando cada vez mais dependentes de fontes estrangeiras. Um exemplo espetacular são os Estados Unidos, que eram quase totalmente autossuficientes até 1942, tornaram-se um dos principais importadores em 1950 e entre 1973 e 2000 aumentaram sua dependência de necessidades anuais de 36% para mais de 66%. Segundo previsões, se esses índices de consumo se mantivessem, em meados da década de 2000 os Estados Unidos estariam importando mais de 70% de suas necessidades, isto é, mais de 17 milhões de barris de petróleo por dia. A Figura 3.4 compara o consumo interno de energia da América do Norte com o de outras regiões mundiais. É interessante notar que, embora a América do Norte apresente atualmente o maior consumo de energia, a Ásia (em fase de industrialização) e três regiões industrializadas (como mostra a Figura 3.4) não ficam muito atrás. Na verdade, a China tornou-se o segundo maior país importador de petróleo do mundo depois dos Estados Unidos, e a demanda continua crescendo rapidamente.[41]

Desde a Segunda Guerra Mundial, as discussões a respeito da disponibilidade ilimitada de fontes de suprimento aparentemente inesgotáveis de petróleo são proeminentes.[42] O sensível aumento do crescimento econômico no mundo industrializado e a pressão pela industrialização no restante do mundo exigiram um nível extraordinário de recursos de energia da Terra. Infelizmente, à medida que os países se industrializam, as fontes de energia nem sempre são utilizadas com eficiência. Por exemplo, em comparação à média mundial, a China gasta três vezes mais energia (todas as fontes) para produzir um dólar de produto nacional bruto (PNB). No Japão, provavelmente o usuário de energia mais eficiente do mundo, menos de 5 onças (0,14 l) de petróleo são necessárias para gerar um dólar em PNB. Na China, são necessárias

---

[38] "Global Copper Shortage Reaches 340,000t in H1", *China Industry Daily News*, 21 de setembro de 2007.
[39] Visite http://www.eia.de.gov e procure por "International Energy Outlook (most current year)" [Panorama Internacional de Energia, ano mais recente"], para obter informações sobre produção, uso e assim por diante.
[40] Consulte o Mapa 3, "Produção e Consumo de Petróleo e Gás", para obter uma visão global sobre o fluxo e o uso de petróleo.
[41] Koh Chin Ling e Loretta Ng, "China's Crude Oil Imports Surge in March", *International Herald Tribune*, 22 de abril de 2005.
[42] Stanley Reed, "Endless Oil", *BusinessWeek*, 18 de janeiro de 2010, p. 47-49.

---

ser controlada por chineses comunistas; a Pathfinder aterrissa em Marte, e o Rover sai para um passeio mas não encontra ninguém com quem possa comercializar.

1999 O euro é introduzido em 11 países da UE, pavimentando o caminho para a criação de uma verdadeira associação comercial e de um verdadeiro bloco econômico.

1999 A Rodada de Seattle de negociações da OMC opõe Estados Unidos e UE, no primeiro grande protesto contra a globalização.

1999 O controle do Canal do Panamá, rota comercial de grande importância, volta para o Panamá.

2000 Chega o segundo milênio, e os problemas de computador previstos causam desapontamento.

2001 Ataques terroristas do 11 de setembro ao World Trade Center em Nova York e ao Pentágono em Washington, CD; um bilhão de telefones celulares no planeta.

2002 Os Estados Unidos atacam o Talibã no Afeganistão.

2003 Os Estados Unidos atacam o regime de Saddam Hussein no Iraque.

2004 O enorme *tsunami* do Oceano Índico mata 500 mil pessoas.

2006 Um bilhão de computadores pessoais no planeta.

2008 Pequim hospeda os Jogos Olímpicos.

2009 A Grande Recessão provoca o maior declínio do comércio mundial depois da Segunda Guerra Mundial; ainda assim, existem quase quatro bilhões de assinantes de celulares ao redor do mundo.

2010 O terremoto no Haiti mata mais de 200 mil pessoas.

2040 Estimativa mais antiga das Nações Unidas para que a população mundial comece a encolher em decorrência da diminuição global da fertilidade.

Figura 3.4
Consumo mundial de energia.

Energia consumida em regiões mundiais, medida em quatrilhões de BTUs em 2001. O consumo mundial total foi de 381,8 quatrilhões de BTUs. A maior porção de hidro/outras categorias corresponde à energia hidrelétrica. Os combustíveis de madeira, turfa, fezes de animais, eólicos, solares e geotérmicos respondem por menos de 1 quatrilhão de BTUs na outra porção de hidro/outras categorias.

Fontes: Dados compilados de "Introduction to World Geography", *Oxford Atlas of the World* (Nova York: Oxford University Press, 2003) e Administração de Informações sobre Energia (AIE), *International Energy Outlook 2004* (Washington, DC, 2005), http//www.eia.doe.gov/oiaf/ieo.

Total do consumo mundial de energia/ região e combustível (quatrilhões de BTUs)

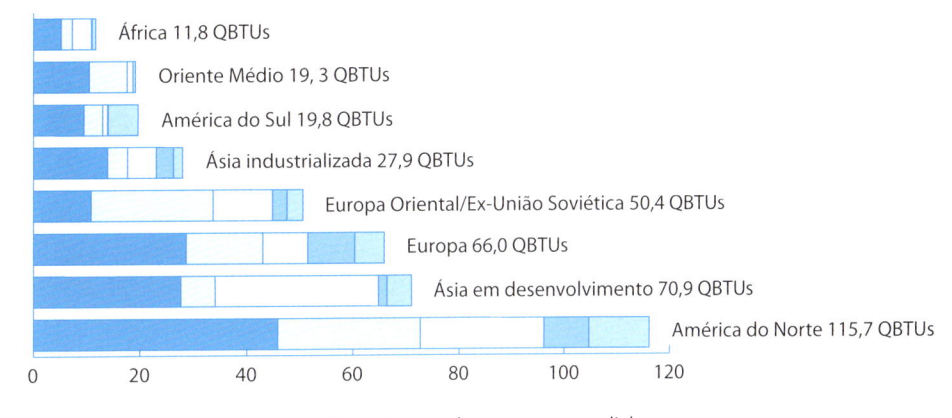

- África 11,8 QBTUs
- Oriente Médio 19,3 QBTUs
- América do Sul 19,8 QBTUs
- Ásia industrializada 27,9 QBTUs
- Europa Oriental/Ex-União Soviética 50,4 QBTUs
- Europa 66,0 QBTUs
- Ásia em desenvolvimento 70,9 QBTUs
- América do Norte 115,7 QBTUs

Porcentagem do consumo mundial de energia por fonte de energia

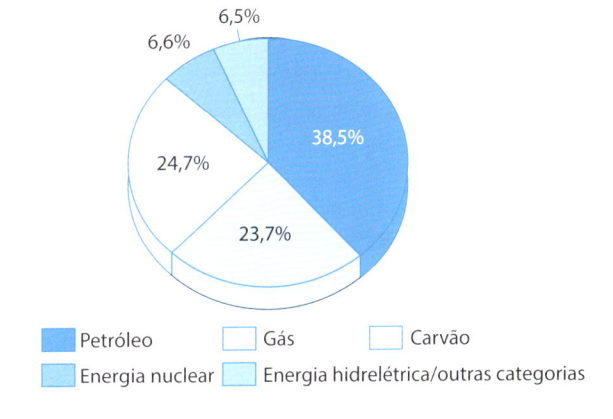

- Petróleo: 38,5%
- Gás: 23,7%
- Carvão: 24,7%
- Energia nuclear: 6,6%
- Energia hidrelétrica/outras categorias: 6,5%

Estrume de gado, usado como adubo nas lavouras ou seco e prensado em barras para ser usado como combustível doméstico, é transportado para um mercado local na Índia. Os gados da Índia produzem enormes quantidades de estrume, que, segundo alguns estudos, fornecem anualmente o equivalente a 10 mil megawatts de energia.

Esta mulher Maasai da Tanzânia fez bom uso do esterco e da urina de vaca para construir sua choupana, retratada aqui na aldeia de sua família (ou *boma*). Os Maasai seminômades deixam o gado pastando durante o dia e os prendem à noite em um curral cercado com madeira da árvore de acácia, para protegê-los contra predadores.

aproximadamente 80 onças (2,27 l).[43] Os motivos do uso ineficiente de petróleo da China são inúmeros, mas o maior culpado é a obsolescência tecnológica.[44]

O crescimento das economias de mercado e a dependência crescente em relação ao suprimento de petróleo de regiões politicamente instáveis – Oriente Médio, ex-União Soviética e América Latina – criam uma interdependência global de recursos de energia. O resultado final é um profundo impacto sobre os preços do petróleo e sobre as economias dos países industrializados e em fase de industrialização.

O local, a qualidade e a disponibilidade de recursos influirão no padrão de comércio e de desenvolvimento econômico mundial em algum momento ainda longínquo do século XXI. Além das matérias-primas para a industrialização, o suprimento de energia deve ser economicamente viável para transformar os recursos em produtos utilizáveis. À medida que a demanda global por recursos se intensificar e os preços subirem, os recursos terão uma importância cada vez maior entre as variáveis incontroláveis que permeiam as decisões do profissional de marketing internacional.

Dinâmica das tendências da população mundial

A população atual, os deslocamentos populacionais rurais/urbanos, os índices de crescimento, as faixas etárias e o controle populacional ajudam a determinar a demanda do momento para diversas categorias de produtos.[45] Embora não seja o único determinante, a existência de um número exagerado de pessoas é importante na avaliação dos possíveis mercados de consumo. As mudanças na composição e distribuição da população entre os países do mundo inteiro afetarão profundamente a demanda no futuro. Além disso, hoje parece que a demanda mundial de produtos pode igualmente influir nos padrões de migração, invertendo a tradicional relação causal. Mais especificamente, a crise financeira global que se iniciou em 2008 parece ter provocado (talvez temporariamente) uma reversão das áreas urbanas para as rurais no âmbito nacional e dos países desenvolvidos para os países em desenvolvimento no âmbito internacional, pois as oportunidades de emprego diminuem em decorrência do declínio na demanda mundial de produtos e serviços.[46]

Estimativas recentes indicam que a população mundial é superior a 6,8 bilhões de pessoas, e a previsão é de que esse número cresça para 8 bilhões até 2050. Todavia, diferenças aparentemente pequenas nas suposições sobre os índices de fertilidade podem fazer grandes diferenças nas previsões de crescimento. De acordo com a proposição de especialistas das Nações Unidas, é possível que a população do planeta chegue a um pico de 8 bilhões e comece a diminuir após 2040. Entretanto, todas as previsões de cenário concordam que o crescimento projetado até 2050 ocorrerá nas regiões menos desenvolvidas.[47] A Figura 3.5 mostra que, por volta de 2050, 85% da população estará concentrada em regiões menos desenvolvidas. A Organização Internacional do Trabalho estima que 1,2 bilhão de empregos devem ser criados no mundo inteiro para acomodar esses novos candidatos até 2050. Além disso, esses novos empregos precisarão ser criados principalmente nas áreas urbanas, onde a maioria da população residirá.

Controle do crescimento populacional

Tendo em vista as fatídicas consequências da explosão populacional, a lógica seria os países tomarem medidas para diminuir o crescimento para índices controláveis, mas a procriação é um dos fatores suscetíveis à cultura mais incontroláveis. Economia, autoestima, religião, política e educação, tudo isso desempenha um papel decisivo nas atitudes com relação ao tamanho das famílias. Todas essas considerações tornam o impacto da imposição de longo prazo das políticas de filho único da China mais notável.[48]

---

[43] "Lessons from a Miser", *BusinessWeek*, 11 de abril de 2005, p. 51.
[44] "Wasteful Ways", *BusinessWeek*, 11 de abril de 2005, p. 50.
[45] Um livro escrito em 1998 previu a Grande Recessão de 2008-2009 dez anos antes, com base em projeções demográficas da demanda do consumidor. Uma leitura bastante interessante é Harry S. Dent, *The Roaring 2000s* (Nova York: Touchstone, 1998); consulte também John L. Graham, "2020 Is 23 Years from Now", *UCInsight*, primavera de 1997, p. 3, 13, para examinar uma previsão similar baseada em demografia.
[46] Patrick Barta e Joel Millman, "The Great U-Turn", *The Wall Street Journal*, 6 de junho de 2009, p. A1.
[47] Consulte *World Population Prospects, The 2008 Revisions*, Assuntos Econômicos e Sociais das Nações Unidas, http://www.unpopulation.org, 2010.
[48] Maureen Fan, "Officials Violating 'One-Child' Policy Forced Out in China", *Washington Post*, 8 de janeiro de 2008, p. A16.

Figura 3.5

População mundial por região, 2009-2050, e expectativa de vida no nascimento, 2005-2010 (em milhões).

Fonte: *World Population Prospects, The 2008 Revisions*, Assuntos Econômicos e Sociais das Nações Unidas, http://www.unpopulation.org, 2010. Dados reimpressos com permissão.

Regiões	População/milhões 2009	População/milhões 2050*	Expectativa de vida no nascimento 2005-2010
Mundo	6.829	7.959	67,2
Regiões mais desenvolvidas**	1.233	1.126	77,1
Regiões menos desenvolvidas†	5.596	6.833	65,6
Regiões minimamente desenvolvidas‡	835	1.463	55,9
África	1.010	1.748	54,1
Ásia	4.121	4.533	68,9
Europa	732	609	75,1
América Latina	582	626	73,4
América do Norte	348	397	79,3
Oceania	35	45	76,2

* Menor estimativa entre as três apresentadas.
** As regiões mais desenvolvidas compreendem todas as regiões da Europa e a América do Norte, a Austrália, a Nova Zelândia e o Japão.
† As regiões menos desenvolvidas compreendem todas as regiões da África, a Ásia (excluindo o Japão) e a América Latina e as regiões da Melanésia, Micronésia e Polinésia.
‡ As regiões minimamente desenvolvidas, de acordo com a definição da Assembleia Geral das Nações Unidas, abrangem 48 países, dos quais 33 encontram-se na África, 9 na Ásia, 1 na América Latina e 5 na Oceania. Eles também estão incluídos nas regiões menos desenvolvidas.

OA7

Efeitos econômicos do controle do crescimento populacional e do envelhecimento populacional

Os pré-requisitos do controle populacional são salários adequados, maior nível de alfabetização, instrução para as mulheres, acesso universal ao sistema de saúde, planejamento familiar, melhor nutrição e, talvez, o mais importante, uma mudança nas crenças culturais básicas quanto à importância das famílias grandes. Infelizmente, o avanço em relação à melhoria das condições de vida e à mudança de crenças foi mínimo. A Índia é um bom exemplo do que está ocorrendo em grande parte do mundo. A população da Índia antes era estável, mas, com a melhoria das condições de saúde, que aumenta a longevidade e diminui a mortalidade infantil, ela superará à da China por volta de 2050, quando ambas responderão por cerca de 50% dos habitantes do mundo.[49] As tentativas do governo de instituir mudanças são impedidas por uma série de fatores, como inépcia política[50] e lentas mudanças nas normas culturais. Apesar disso, o governo continua a aprovar leis com a intenção de restringir o número de nascimentos. Um exemplo recente foi a lei que impede as pessoas com mais de dois filhos de serem eleitas ao Parlamento nacional e às assembleias estaduais. O significado desse regulamento seria que muitas pessoas que estão no poder no momento não poderiam candidatar-se à reeleição por causa do tamanho de sua família.[51]

Talvez o impedimento mais importante ao controle populacional sejam as atitudes culturais com relação à importância das famílias grandes. Em várias culturas, o prestígio de um homem, vivo ou morto, depende do tamanho de sua prole, e a única riqueza da família são seus filhos. A primeira-ministra Indira Gandhi comprovou o quanto esses sentimentos são intensos em sua iniciativa de esterilização em massa de homens, o que, segundo consta, foi a principal causa de sua derrota em uma eleição subsequente. Além disso, muitas religiões desaconselham ou proíbem o planejamento familiar e, portanto, são um obstáculo ao controle. A Nigéria tem uma forte tradição muçulmana no norte e uma forte tradição católico-romana no leste, e ambas as crenças favorecem as famílias grandes. As religiões mais tradicionais na África incentivam as famílias grandes; na verdade, a principal divindade para muitas pessoas é a deusa da terra e da fertilidade.

O planejamento familiar e tudo o que ele implica são de longe os meios mais universais empregados pelos governos para controlar os índices de natalidade, mas alguns economistas acreditam que uma diminuição da taxa de fertilidade depende da prosperidade econômica e só ocorrerá com o desenvolvimento econômico. Várias evidências casuísticas levam a crer que as taxas de fertilidade diminuem à medida que as economias prosperam. Por exemplo,

---

[49] "India to Surpass China in Population", *ExpressIndia*, 18 de maio de 1005.
[50] Anand Giridharadas, "A Buoyant India Dares to Ask: Is a Billion So Bad?", *International Herald Tribune*, 4 de maio de 2005.
[51] V. K. Paghunathan, "3 Tykes and You're Out", *Straits Times*, 11 de abril de 2003.

antes de a economia da Espanha começar seu rápido crescimento na década de 1980, as famílias tinham seis ou mais filhos; hoje, a Espanha tem um dos índices de natalidade mais baixos da Europa – uma média de 1,24 filho por mulher. Padrões semelhantes se repetiram em outros países europeus à medida que as economias prosperaram.

Migração rural/urbana

A migração de áreas rurais para áreas urbanas se deve em grande parte a um desejo por maior acesso a fontes de instrução, cuidados de saúde e melhores oportunidades de emprego.[52] No início da década de 1800, menos de 3,5% da população mundial morava em cidades de 20 mil habitantes ou mais e menos de 2% em cidades de 100 mil habitantes ou mais; hoje, mais de 40% da população mundial vive em áreas urbanas, e essa tendência está acelerando. Uma vez na cidade, talvez três dentre quatro migrantes conseguem algum ganho econômico.[53] A renda familiar de um operário urbano no Brasil, por exemplo, é quase cinco vezes maior que a de um trabalhador agrícola em uma área rural.

Estimativas indicam que em 2030 mais de 61% da população mundial viverá em áreas urbanas (esse número chegou a 49% em 2005, com mudanças semelhantes em todas as regiões) e pelo menos 27 cidades terão populações de 10 milhões de habitantes ou mais, 23 das quais em regiões menos desenvolvidas. Tóquio ultrapassou a Cidade do México na classificação de maior cidade do planeta, com uma população de 26 milhões, o que representa um salto de quase 8 milhões desde 1990.

Embora os migrantes experimentem uma melhoria relativa em seu padrão de vida, o crescimento urbano intenso, sem investimentos em serviços, com o tempo provoca problemas sérios. Favelas povoadas por trabalhadores desqualificados vivendo de maneira precária pressionam demasiadamente os sistemas de saneamento e de abastecimento de água[54] e os serviços sociais. A partir de um certo ponto, as desvantagens do crescimento urbano desordenado começam a superar as vantagens para todas as pessoas envolvidas.

Pense nas condições hoje existentes na Cidade do México. Além da neblina de fumaça, do lixo e da poluição gerados por sua população, a Cidade do México enfrenta uma séria escassez de água. As fontes locais de abastecimento de água estão praticamente exauridas e, em alguns casos, são insalubres.[55] O consumo de água em todas as fontes é de aproximadamente 60 mil litros por segundo, mas os lençóis d'água estão produzindo apenas 10 mil litros por segundo. A água provém de fontes a centenas de quilômetros de distância e precisam ser bombeadas a uma altura de 2.270 metros para chegar à Cidade do México. Esses problemas não são exclusivos do México; no mundo em desenvolvimento como um todo, instalações e medidas sanitárias deficientes e fontes de abastecimento de água inadequadas são consequências do crescimento desenfreado da população. Estima-se que atualmente 1,1 bilhão de pessoas não têm acesso à água potável e 2,8 bilhões não têm acesso a serviços de saneamento. Há estimativas de que 40% da população mundial, 2,5 bilhões de pessoas, não terá água limpa se não houver um investimento maior em recursos hídricos. As perspectivas de melhora não são encorajadoras, porque a maior parte do crescimento urbano mundial ocorrerá em países em desenvolvimento que estão economicamente sobrecarregados.

Declínio populacional e envelhecimento

Enquanto o mundo em desenvolvimento enfrenta um rápido crescimento populacional,[56] a população do mundo industrializado está diminuindo e envelhecendo rapidamente.[57] Os índices de natalidade na Europa Ocidental e no Japão vêm diminuindo desde o início ou meados da década de 1960; mais mulheres preferem investir em sua vida profissional a ter filhos, e vários casais que trabalham optam por não ter filhos. Em consequência desses e de outros fatores contemporâneos, o crescimento populacional em vários países está abaixo do nível

---

[52] Tor Ching Li, "Urban Migration Drains Asian Coffee Farms' Work Force", *Dow Jones Commodities Service*, 13 de dezembro de 2007.
[53] Diane Mosher, "Chinese Urban Migration Creates Opportunities for International Urban Planners", *Multi-Housing News*, 2 de abril de 2007.
[54] "China Faces Worsening Water Woes", *Chicago Sun-Times*, 24 de março de 2005.
[55] "Nation Faces Water Shortage", *El Universal* (Cidade do México), 23 de março de 2005.
[56] Gerald Tenywa e Ben Okiror, "Population Growth Highest around Lake Victoria", *All Africa*, 1º de novembro de 2007.
[57] Existem exceções óbvias. Consulte "Finland Sees Record-High Population Growth in 2007", *Xinhua News Agency*, 1º de janeiro de 2008.

Figura 3.6
Densidade etária mundial e de alguns países.

Fonte: De *Oxford Atlas of the World*, 10. ed., 2002. Dados reimpressos com permissão.

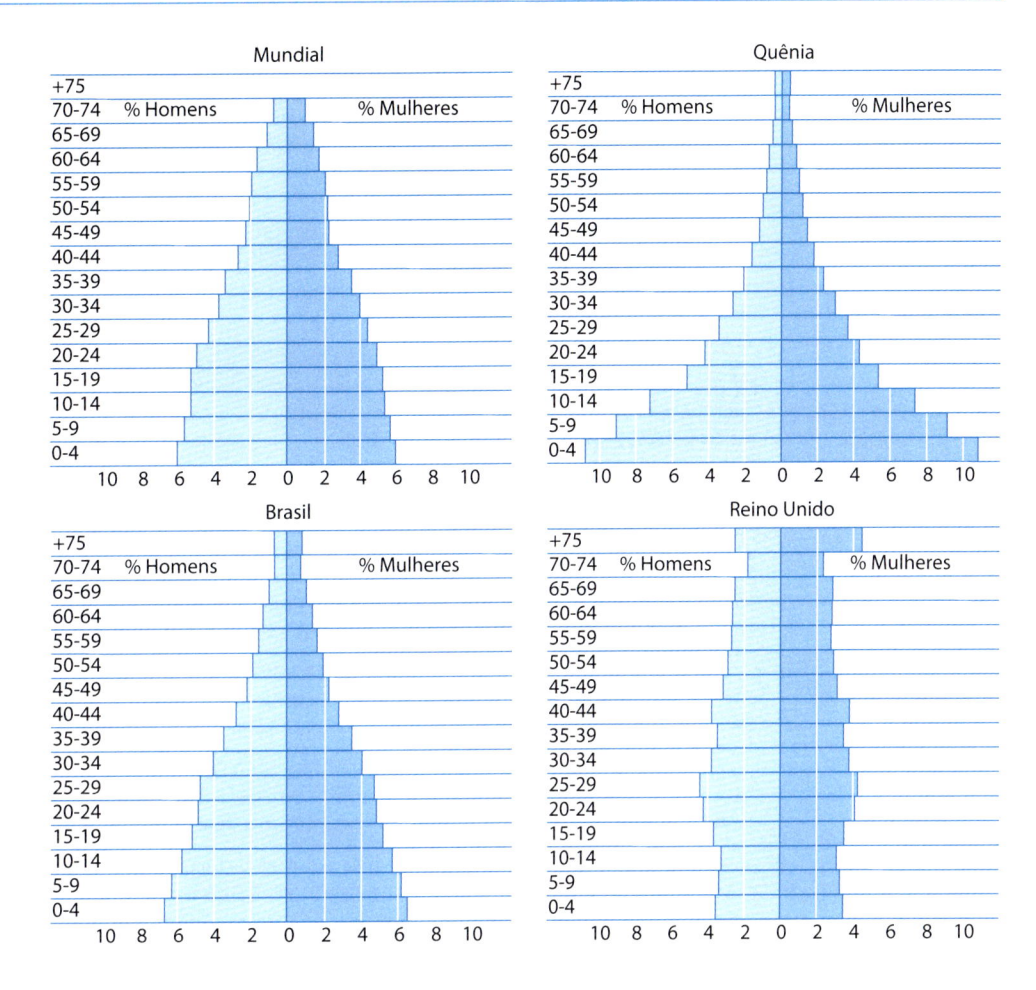

necessário para manter os níveis atuais. Apenas para impedir a queda populacional, um país precisa de uma taxa de fertilidade de cerca de 2,1 filhos por mulher. Nenhum país importante tem um crescimento populacional interno suficiente para se manter, e a expectativa é de que essa tendência continue no decorrer dos próximos 50 anos.

Ao mesmo tempo que o crescimento populacional está diminuindo no mundo industrializado,[58] o número de pessoas na terceira idade nunca foi tão grande.[59] A expectativa de vida global aumentou mais nos últimos 50 anos do que ao longo dos 5 mil anos precedentes. Até a Revolução Industrial, no máximo de 2 a 3% da população total tinha mais de 65 anos. Hoje, no mundo desenvolvido, o grupo com idade acima de 65 anos responde por 14%, e por volta de 2030, esse grupo atingirá 25% em cerca de 30 países diferentes. Além disso, o número de pessoas com 75 anos ou mais aumentará mais rapidamente do que o de pessoas na faixa etária de 55 a 74 anos. Segundo projeções das Nações Unidas, em 2050, o número de pessoas com 65 a 84 anos aumentará de 400 milhões para 1,3 bilhão (triplicará), o número de pessoas com 85 anos ou mais aumentará de 26 milhões para 175 milhões (sextuplicará), e o número de pessoas com 100 anos ou mais aumentará de 135 mil para 2,2 milhões (um aumento de 16 vezes). A Figura 3.6 mostra a disparidade no envelhecimento característico entre os países menos desenvolvidos (Quênia), os países em desenvolvimento (Brasil) e um país economicamente desenvolvido (Reino Unido). Países como o Quênia, que tem uma alta porcentagem de pessoas jovens, enfrentam altos custos de educação e cuidados de saúde, ao passo que países como o Reino Unido, com pirâmides populacionais mais densas na parte superior, enfrentam um custo alto de aposentadoria e de cuidados de saúde para os idosos e um menor número de assalariados para arcar com esses custos.

Europa, Japão e Estados Unidos são um exemplo perfeito dos problemas decorrentes quando uma porcentagem crescente de pessoas idosas precisa ser amparada por um número decrescente de trabalhadores qualificados. Em 1998, o Japão ultrapassou um limite visto

---

[58] "Russia's Population Shrinks by 208,000 in 10 Months", *Russia & CIS Newswire*, 21 de dezembro de 2007.
[59] "China Population Ageing Rapidly", *Associated Press Newswires*, 17 de dezembro de 2007.

CRUZANDO FRONTEIRAS 3.3 — Onde foram parar todas as mulheres?

Três questões convergentes na China têm o potencial de provocar um sério desequilíbrio de gênero:
- A China, o país mais populoso do mundo, tem uma política rigorosa de filho único para refrear o crescimento populacional.
- Os valores tradicionais ditam a superioridade masculina e há uma nítida preferência dos pais por meninos.
- Os exames pré-natais permitem que as mulheres descubram o sexo dos fetos e abortem os femininos não desejados.

A primeira geração de crianças nascidas sob a política de filho único atingiu a idade matrimonial, e há pouquíssimas noivas disponíveis. A proporção de homens para mulheres é anormalmente grande – em 2005, girava entre 118 meninos para cada 100 meninas. Portanto, os homens que estão na casa dos 20 anos lidam com a dura realidade de seis solteiros para cada cinco noivas. Diante disso, o que um solteirão desesperado deve fazer?

A escassez levou alguns pais a adquirir bebês do sexo feminino como futura noiva para seus filhos. Eles preferem adquirir bebês porque são menos propensos a se esquivar, veem os compradores como seus próprios pais e são mais baratos que as noivas adolescentes. Um bebê do sexo feminino pode custar apenas US$ 100 e não gera as multas impostas aos casais que violam os limites de controle de natalidade. Essas multas podem equivaler a um total de seis anos de salário.

Outra opção é o casamento entre parentes. Aos 20 anos, quando todos seus amigos estavam de casamento arrumado, Liu se viu desacompanhado. Seus pais, camponeses em uma pequena aldeia, não conseguiram juntar os US$ 2 mil necessários para conquistar uma noiva para o filho. Desesperada, a mãe de Liu pediu um favor à sua irmã: será que ela poderia pedir à Hai, sua filha, para ser noiva de Liu? Mulheres jovens como Hai não tendem a contestar os pais. Portanto, Liu e Hai se casaram.

As autoridades chinesas atentas a esse desequilíbrio, anunciaram uma série de novos programas para reverter essa tendência. As iniciativas incluem o pagamento em dinheiro aos casais que tiverem uma filha e permitirem que ela viva, bem como privilégios habitacionais, empregatícios e de formação profissional. Algumas famílias que têm filhas também poderão ser dispensadas do pagamento de mensalidades escolares. Ao mesmo tempo que o governo defende com convicção sua política de filho único, tenta possibilitar que os casais cujo primogênito seja uma mulher tenham um segundo filho. Nesse meio tempo e até que essa nova política aumente a quantidade de mulheres, os homens que hoje estão na faixa dos 20 anos de idade simplesmente continuarão a competir por uma esposa.

Fontes: Nicholas Zamiska, "China's One-Child Policy Gets Wider Enforcement", *The Wall Street Journal Asia*, 8 de janeiro de 2008, p. 10; Mark R. Rosenzweig e Junse Zhang, "Do Population Control Policies Induce More Human Capital Investment?", *Review of Economic Studies*, 76, n. 3, 2009, p. 1.149-1174.

---

com temor pelo restante do mundo desenvolvido: o ponto em que os fundos de retirada dos aposentados do sistema de pensão ultrapassam a contribuição dos trabalhadores. Os idosos exigem maior desembolso do governo com relação a cuidados de saúde e hospitais,[60] habitações especiais e clínicas de repouso e pagamentos de pensão e assistência social, mas a força de trabalho que ampara esses custos está diminuindo. A parte do mundo com a maior porcentagem de pessoas com mais de 65 anos de idade também é a parte do mundo com o menor número de pessoas abaixo de 15 anos. Essa disparidade significa que haverá menos trabalhadores para arcar com os futuros aposentados. Com isso, a carga tributária para os futuros trabalhadores será intolerável, existirá um número maior de pessoas do grupo com mais de 65 anos na força de trabalho ou haverá pressão por mudança nas leis existentes para possibilitar uma migração em massa e estabilizar a proporção de trabalhadores e aposentados. Todas essas soluções têm problemas específicos.[61]

Escassez de trabalhadores e imigração

Na maioria dos países, a imigração em massa não é bem-aceita pela população residente. Entretanto, um relatório recente das Nações Unidas defende de maneira mais convincente a mudança nas leis de imigração como solução viável. O livre fluxo da imigração ajudará a melhorar o duplo problema da expansão desenfreada da população nos países menos desenvolvidos e da escassez de trabalhadores nas regiões industrializadas.[62] A Europa é a região do mundo mais afetada pelo envelhecimento e, portanto, por uma diminuição constante na

---

[60] Ben Shankland, "Government of Colombia Tries to Sell Beleaguered Hospital Again", *Global Insight Daily Analysis*, 19 de dezembro de 2007.

[61] J. T. Young, "Failure of Social Security Reform Mustn't Derail Personal Accounts", *Investor's Business Daily*, 3 de janeiro de 2008.

[62] "Russian Immigration Rules Could Cause Worker Shortage", *Associated Press, Charleston Gazette*, 16 de janeiro de 2007, p. P2D.

CRUZANDO FRONTEIRAS 3.4 — História, geografia e população colidem nos Estados Unidos: voltando para um estilo de família multigeracional

Como os sistemas de pensão, os sistemas de saúde e os planos de aposentadoria continuam desmoronando sob o peso dos números do *baby boom*, todos nós precisamos nos apoiar mais nos laços familiares e manter viva na memória a característica humana fundamental da interdependência. O problema é que essa recordação é particularmente difícil para os americanos, em contraste com todos os demais povos do planeta.

Os Estados Unidos começaram com a Declaração de Independência. No dia 4 de julho de 1776, os fundadores do país romperam com a tirania da Inglaterra para criar um novo país. Esse documento e a ideia de independência representam a essência de ser americano e a noção mais celebrada da nação. Aliás, o objetivo do método americano em voga de criação de filhos é inculcar essa ideia na maneira de pensar dos filhos: fazemos de tudo para que arrumem sua cama, preparem seu almoço, lavem suas roupas, façam o dever de casa, dirijam seu próprio carro e assim por diante. De que outra forma eles poderiam se tornar adultos independentes?

Existem pelo menos três problemas nessa obsessão americana pela independência. Primeiro, ela estigmatiza o número crescente de filhos-bumerangue (que voltam a morar com os pais) e de avós que vivem como família com seus netos em todos os cantos do país inteligentemente reunificado. De acordo com os dados mais recentes do censo americano, 22 milhões de adultos moram com os pais e 6 milhões de avós vivem em domicílios de três gerações, e esses números aumentam rapidamente. Em segundo lugar, o ensino da independência na verdade não funcionou de maneira alguma, como veremos a seguir. E, em terceiro, de qualquer forma, essa questão de independência na realidade não existe. O que existe é interdependência.

Essa ênfase exagerada sobre a independência agora está sendo reconhecida pelos americanos mais inclinados à independência, os CEOs. No extraordinário livro de Bill George, *Authentic Leadership* (Liderança autêntica), o autor defende que o cargo de diretor executivo depende de seis grupos. Não surpreendentemente, o ex-CEO da Medtronic cita os acionistas, os funcionários, os clientes, os vendedores e a sociedade. Contudo, o que é excepcional em sua lista – e talvez até revolucionário – é sua própria família. Ele reconhece que seu sucesso como diretor executivo dependeu em parte da qualidade de vida de sua família. Portanto, ele organizou sua equipe executiva e suas responsabilidades de tal modo que tivesse tempo para frequentar as partidas de futebol dos filhos e coisas parecidas. Extraordinário!

Fontes: Sharon G. Niederhaus e John L. Graham, *Together Again, A Creative Guide to Multigeracional Living* (Lanham, MD: Evans, 2007); Sandra Timmerman, "Generational Reciprocity: What Does It Mean in the 21st Century?", *Journal of Financial Service Professionals*, 63, n. 5, 2009, p. 25-27; "Boomers: New Social Media Mavins", *Research Brief, Center for Media Research*, 26 de janeiro de 2010 [on-line].

---

proporção entre trabalhadores e aposentados. A proporção de pessoas mais velhas aumentará de 20% em 1998 para 35% em 2050. O país com a porcentagem mais alta de pessoas idosas será a Espanha, seguida de perto pela Itália. Ao reconhecer esse problema, a Espanha mudou suas leis de imigração para abrir suas fronteiras a todos os sul-americanos com descendência espanhola.[63] Para evitar que a proporção entre trabalhadores e aposentados diminua, a Europa precisará de 1,4 bilhão de imigrantes nos próximos 50 anos, ao passo que o Japão e os Estados Unidos[64] precisarão de 600 milhões de imigrantes do presente momento até 2050. Todavia, a imigração não ajudará a melhorar o problema se a oposição política e cultural existentes em relação a ela não for superada.

As tendências de crescimento populacional constante no mundo em desenvolvimento, com deslocamentos significativos das áreas rurais para as urbanas, os menores índices de natalidade no mundo industrializado e o envelhecimento da população global provocarão sérias consequências às condições empresariais e econômicas mundiais. Se essas tendências não forem ajustadas de maneira eficaz, muitos países experimentarão um crescimento econômico mais lento, sérios problemas financeiros nos programas de aposentadoria e maior deterioração dos serviços públicos e sociais, o que pode desencadear agitações sociais.

Rotas comerciais mundiais

As rotas comerciais unem o mundo, minimizando a distância, as barreiras naturais, a falta de recursos e as diferenças básicas entre povos e economias. Desde que um grupo de pessoas em algum lugar do mundo deseje algo que outro grupo de pessoas em outro lugar qualquer possua e que exista um meio para viajar entre ambos, existirá comércio. As

---

[63] "Spain Grants Amnesty to 700,000 Migrants", *Guardian Unlimited*, 9 de maio de 2005.
[64] "US Tech Sector Eyes Immigration Bill Revival, Cites Worker Shortage", *Agence France-Presse*, 9 de junho de 2007.

As mudanças climáticas abriram uma nova rota comercial que pode concorrer com o Canal do Panamá, diminuindo os onerosos dias do tempo de viagem entre a Europa Ocidental e a Ásia. Aqui, uma embarcação comercial alemã acompanha um quebra-gelos russo pela conhecida Passagem Noroeste.

primeiras rotas comerciais eram terrestres; posteriormente, vieram as rotas marítimas, as rotas aéreas e, finalmente, alguns podem afirmar, a internet para conectar os países.

As rotas comerciais na Europa, na Ásia e nas Américas foram bem estabelecidas nos anos de 1500. O Império Espanhol fundou a cidade de Manila nas Filipinas para receber seus galeões carregados de prata com destino à China. Na viagem de volta, o carregamento de seda e de outros produtos desses navios era descarregado no México, transportado por terra até o Atlântico e embarcado em navios espanhóis para a Espanha. O que algumas vezes deixamos de reconhecer é que essas mesmas rotas comerciais continuam importantes mesmo nos dias de hoje e que vários países latino-americanos têm sólidas relações com a Europa, a Ásia e o restante do mundo que remontam aos anos de 1500. As *commodities* comercializadas mudaram de 1500 para cá, mas o comércio e as rotas comerciais continuam importantes. Hoje, em vez de descarregar as mercadorias no México e transportá-las por terra até o Atlântico em carroças puxadas por mulas, os navios vão do Pacífico ao Atlântico pelo Canal do Panamá. E os navios muito grandes para o canal descarregam seus contêineres em uma estrada de ferro que atravessa o Istmo do Panamá para serem novamente carregados em outro navio.[65]

As rotas comerciais representam as tentativas dos países de superar desequilíbrios econômicos e sociais criados em parte pela influência da geografia. A maior parte do comércio mundial ocorre entre os países mais industrializados e em fase de industrialização da Europa, América do Norte e Ásia. Não é de surpreender que o fluxo de comércio, tal como ilustrado no "Mapa 8", ao final deste capítulo, conecte essas principais áreas comerciais.

Vínculos comunicacionais

■ OA8

Infraestruturas de comunicação são intrínsecas ao comércio internacional

Uma das bases de sustentação de toda e qualquer atividade comercial é a boa comunicação – saber onde existem produtos e serviços e onde eles são necessários e a capacidade de comunicação instantânea entre lugares amplamente distantes. As contínuas melhorias realizadas nas comunicações eletrônicas facilitaram a expansão do comércio. Primeiro foi o telégrafo, depois o telefone, a televisão, os satélites, os celulares,[66] o computador, a internet e uma combinação de todos eles.[67] O "Mapa 5" nas páginas que se seguem mostra a importância do cabo de fibra óptica e dos satélites para as comunicações globais. Todas as revoluções tecnológicas repercutiram profundamente nas condições humanas, no crescimento econômico e na maneira como o comércio funciona. Toda nova tecnologia de comunicação produziu novos modelos de negócios; algumas empresas reinventaram suas atividades para adaptar-se às novas tecnologias, ao passo que outras não conseguiram reagir e deixaram de existir. As revoluções

---

[65] "Panama Canal Expansion Gets Environmental Approval", *Journal of Commerce Online*, 13 de novembro de 2007.

[66] "Mobil Marvels, A Special Report on Telecoms in Emerging Markets", *The Economist*, 26 de setembro de 2009, p. 1-19.

[67] Rajesh Veeraraghavan, Naga Yasodhar e Kentaro Toyama, "Warana Unwired: Replacing PCs with Mobile Phones in a Rural Sugar Cane Cooperative", *Information Technologies & International Development*, 5, n. 1, 2009, p. 81-95.

produzidas pela internet e pelo telefone móvel não serão diferentes, pois também afetam as condições humanas, o crescimento econômico e a maneira como o comércio funciona. Como discutiremos nos capítulos subsequentes, a internet e o aumento substancial dos assinantes de celular no mundo inteiro começaram a moldar a forma como a atividade econômica internacional é administrada. Entretanto, visto que as associações entre novas tecnologias permeiam o tecido das culturas mundiais, as maiores mudanças ainda estão por ocorrer.[68]

[68] Ben Charny, "Steve Jobs Reveals New iPad Device", *The Wall Street Journal*, 27 de janeiro de 2010 [*on-line*].

RESUMO

Uma autoridade britânica aconselhou empresários estrangeiros a estudar o mundo até o momento em que "a mera menção de uma cidade, país ou rio lhes permita identificá-los imediatamente no mapa". Embora talvez o aluno de marketing internacional não precise memorizar o mapa mundial a esse ponto, o futuro profissional dessa área deverá estar razoavelmente familiarizado com o mundo, o clima e as diferenças topográficas. Do contrário, as características de comercialização fundamentais em relação à geografia podem ser totalmente negligenciadas quando sua empresa decidir comercializar em outro país. A necessidade de conhecimentos geográficos e históricos não se restringe a localizar continentes e respectivos países. É necessário reconhecer que os obstáculos geográficos têm um efeito direto sobre o marketing e as atividades correspondentes de comunicação e distribuição. No caso das pessoas que nunca estiveram em uma floresta tropical, com precipitação pluviométrica de 1,5 metro (e algumas vezes de mais de 5 metros), é difícil prever a necessidade de proteção contra um alto nível de umidade. De modo semelhante, a pessoa que nunca se defrontou com os sérios problemas provocados pela desidratação na região do Saara, com temperatura constante acima de 37°C, terá dificuldade para compreendê-los. Os efeitos indiretos das ramificações geográficas de uma sociedade e de uma cultura em algum momento podem se refletir nas atividades de marketing. Inúmeras peculiaridades de um país (isto é, peculiares para os estrangeiros) poderiam ser mais bem compreendidas e previstas se sua história e geografia fossem estudadas com maior atenção. Sem conhecer historicamente uma cultura, não é possível compreender totalmente as posturas tomadas dentro de um mercado.

Além das ramificações mais simples e mais óbvias do clima e da topografia, a história e a geografia exercem profundas influências sobre o desenvolvimento da economia e da sociedade em geral de um país. Nesse caso, é necessário estudar história e geografia para compreender por que um país desenvolveu-se de uma determinada forma, e não para simplesmente adaptar os planos de marketing. História e geografia são dois aspectos que devem ser totalmente compreendidos e incluídos nos planos de marketing internacional de maneira proporcional à sua influência sobre a iniciativa de marketing.

PALAVRAS-CHAVE

Guerras do Ópio
Rebelião de Taiping
Filosofia confuciana

Destino Manifesto
Doutrina Monroe
Corolário de Roosevelt

Expropriação
Emissões de gás de efeito estufa
Desenvolvimento sustentável

QUESTÕES

1. Defina as palavras-chave acima relacionadas.
2. Por que estudar geografia em marketing internacional?
3. Por que estudar a história de um país?
4. Em que sentido os conhecimentos históricos ajudam um profissional de marketing internacional?
5. Por que existe uma relação de amor e ódio entre o México e os Estados Unidos?
6. Alguns dizem que o meio ambiente global é um problema global, e não nacional. O que isso significa?
7. Escolha um país e mostre como o emprego e a topografia afetam o marketing nesse país.
8. Escolha um país, diferente do México, e mostre como eventos históricos significativos influenciaram sua cultura.
9. Discorra sobre os princípios do comércio mundial. Dê exemplos que mostrem os diferentes fundamentos existentes.
10. O profissional de marketing deve "examinar também o efeito mais complexo da geografia sobre as características gerais do mercado, os sistemas de distribuição e a conjuntura econômica". Comente essa afirmação.

11. O padrão da população mundial está mudando das áreas rurais para as urbanas. Discorra sobre as ramificações para o marketing.

12. Escolha um país com uma população estável e um em que a população esteja crescendo rapidamente. Compare as implicações para o marketing dessas duas situações.

13. "As rotas comerciais mundiais unem o mundo." Discuta essa afirmação.

14. Discorra sobre como a interpretação americana do Destino Manifesto e da Doutrina Monroe poderiam diferir das interpretações de uma pessoa natural da América Latina.

15. O telégrafo, o telefone, a televisão, os satélites, o computador, os celulares e a internet influenciaram de alguma forma a configuração dos negócios internacionais. Descreva como cada uma dessas inovações comunicacionais afetam a gestão de negócios internacionais.

Mapas do mundo

1. **Mundo**
2. **Clima global**
3. **Produção e consumo de gás e petróleo**
4. **Água**
5. **Comunicações globais**
6. **Terrorismo global**
7. **Religiões**
8. **Economia global e comércio mundial**

CONTEÚDO ON-LINE
Todos os mapas desta seção estão disponíveis no site do livro.

1 Mundo

ALB.	Albânia
AUS.	Áustria
BELG.	Bélgica
BOS. E HER.	Bósnia e Herzegovina
REP. TCHECA	República Tcheca
CR.	Croácia
DIN.	Dinamarca
SERV. E MONT.	Sérvia e Montenegro
HUN.	Hungria
MAC.	Macedônia
PB	Países Baixos
ESLOV.	Eslováquia
ESLOVE.	Eslovênia

| 4 P.M. | 5 P.M. | 6 P.M. | 7 P.M. | 8 P.M. | 9 P.M. | 10 P.M. | 11 P.M. | 12 A.M. | 1 A.M. | 2 A.M. | 3 A.M. |

85

2 Clima global

VENTOS POLARES

VENTOS POLARES

Corrente do Labrador

AMÉRICA DO NORTE

Corrente do Alasca

Corrente Pacífico-Norte

Corrente da Califórnia

Corrente Equatorial Norte

VENTOS ALÍSIOS DO NORTE

VENTOS DO OESTE

VENTOS DO OESTE

Corrente do Golfo

Corrente das Canárias

VENTOS ALÍSIOS DO NORTE

Corrente Equatorial Norte

Contracorrente Equatorial

Corrente Equatorial Sul

VENTOS ALÍSIOS DO SUL

AMÉRICA DO SUL

Corrente do Peru (de Humboldt)

El Niño

Corrente do Brasil

Corrente Equatorial Sul

VENTOS ALÍSIOS DO SUL

Corrente das Malvinas

Corrente de Bengala

El Niño
O El Niño chega a ocorrer até 30 vezes em um único século, quando os ventos alísios no sentido leste-oeste que passam impetuosamente sobre o Oceano Pacífico tornam-se extraordinariamente fracos, fazendo com que as águas aquecidas, em geral refreadas pelo vento, fluam para o leste ao longo do equador. Essa corrente cria uma faixa de água quente e uma área de baixa pressão atmosférica com violentas tempestades no Pacífico Oriental. O sistema climático global torna-se caótico; acontecimentos aleatórios e incomuns, como furacões, ondas de calor, enchentes anormais e secas, ocorrem ao redor do globo, deixando um rastro de devastação.

VENTOS DO OESTE

Corrente Circumpolar Antártica

Corrente Circumpolar Antártica

VENTOS DO OESTE

VENTOS POLARES

VENTOS DO OESTE

VENTOS POLARES

Ventos e correntes

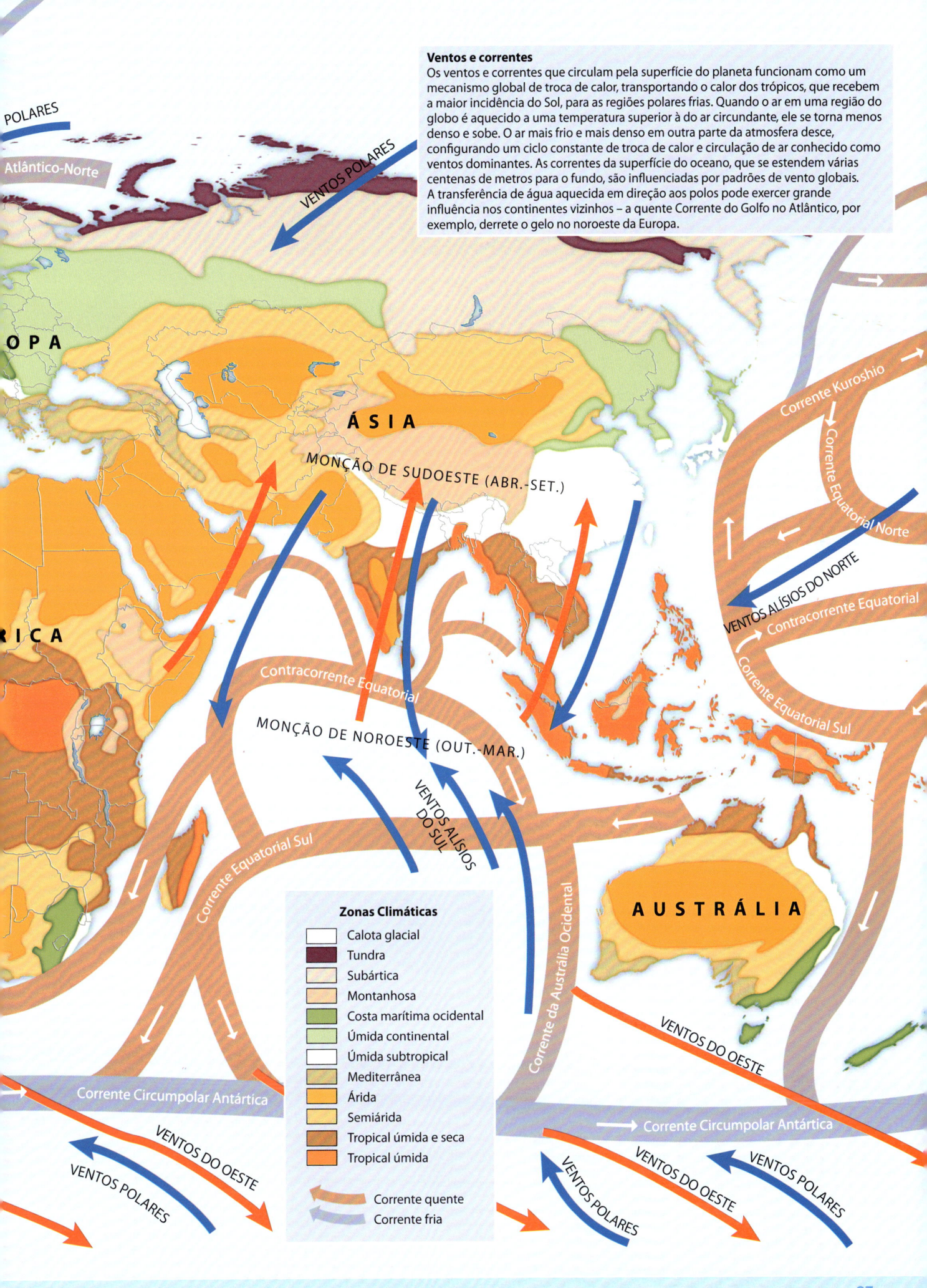

Os ventos e correntes que circulam pela superfície do planeta funcionam como um mecanismo global de troca de calor, transportando o calor dos trópicos, que recebem a maior incidência do Sol, para as regiões polares frias. Quando o ar em uma região do globo é aquecido a uma temperatura superior à do ar circundante, ele se torna menos denso e sobe. O ar mais frio e mais denso em outra parte da atmosfera desce, configurando um ciclo constante de troca de calor e circulação de ar conhecido como ventos dominantes. As correntes da superfície do oceano, que se estendem várias centenas de metros para o fundo, são influenciadas por padrões de vento globais. A transferência de água aquecida em direção aos polos pode exercer grande influência nos continentes vizinhos – a quente Corrente do Golfo no Atlântico, por exemplo, derrete o gelo no noroeste da Europa.

Zonas Climáticas

- Calota glacial
- Tundra
- Subártica
- Montanhosa
- Costa marítima ocidental
- Úmida continental
- Úmida subtropical
- Mediterrânea
- Árida
- Semiárida
- Tropical úmida e seca
- Tropical úmida

- Corrente quente
- Corrente fria

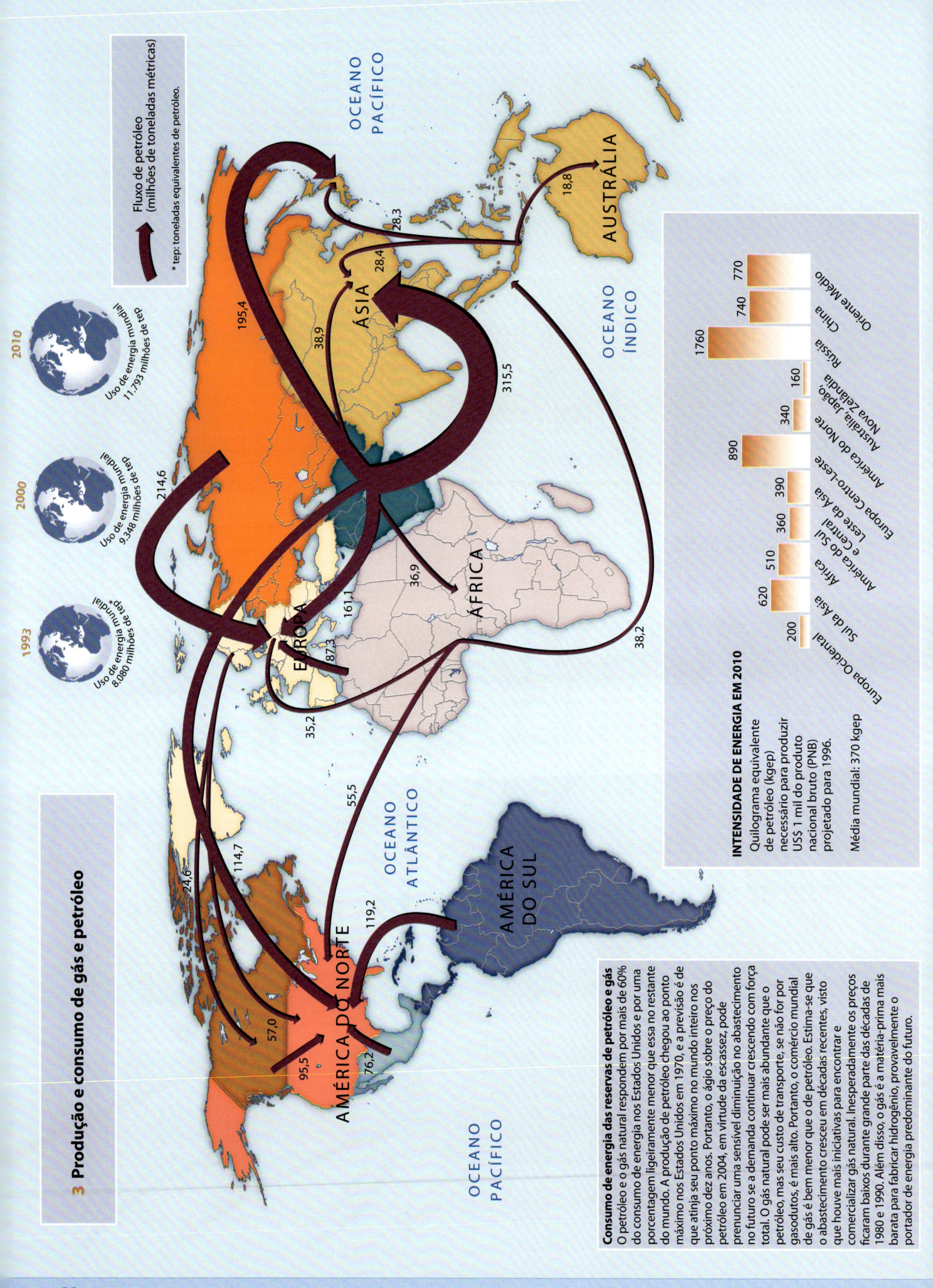

3 Produção e consumo de gás e petróleo

Consumo de energia das reservas de petróleo e gás
O petróleo e o gás natural respondem por mais de 60% do consumo de energia nos Estados Unidos e por uma porcentagem ligeiramente menor que essa no restante do mundo. A produção de petróleo chegou ao ponto máximo nos Estados Unidos em 1970, e a previsão é de que atinja seu ponto máximo no mundo inteiro nos próximos dez anos. Portanto, o ágio sobre o preço do petróleo em 2004, em virtude da escassez, pode prenunciar uma sensível diminuição no abastecimento no futuro se a demanda continuar crescendo com força total. O gás natural pode ser mais abundante que o petróleo, mas seu custo de transporte, se não for por gasodutos, é mais alto. Portanto, o comércio mundial de gás é bem menor que o de petróleo. Estima-se que o abastecimento cresceu em décadas recentes, visto que houve mais iniciativas para encontrar e comercializar gás natural. Inesperadamente os preços ficaram baixos durante grande parte das décadas de 1980 e 1990. Além disso, o gás é a matéria-prima mais barata para fabricar hidrogênio, provavelmente o portador de energia predominante do futuro.

Fluxo de petróleo (milhões de toneladas métricas)

*tep: toneladas equivalentes de petróleo.

1993 — Uso de energia mundial 8.080 milhões de tep
2000 — Uso de energia mundial 9.348 milhões de tep
2010 — Uso de energia mundial 11.793 milhões de tep

AMÉRICA DO NORTE: 24,6 · 114,7 · 57,0 · 95,5 · 76,2 · 119,2 · 55,5
AMÉRICA DO SUL
EUROPA: 873 · 161,1 · 35,2
ÁFRICA: 36,9 · 38,2
ÁSIA: 195,4 · 214,6 · 38,9 · 28,4 · 28,3 · 315,5
AUSTRÁLIA: 18,8

OCEANO PACÍFICO
OCEANO ATLÂNTICO
OCEANO ÍNDICO

INTENSIDADE DE ENERGIA EM 2010

Quilograma equivalente de petróleo (kgep) necessário para produzir US$ 1 mil do produto nacional bruto (PNB) projetado para 1996.

Média mundial: 370 kgep

- Europa Ocidental: 200
- Sul da Ásia: 620
- América do Sul e central: 510
- Leste da Ásia: 360
- Europa Centro-Leste: 390
- África: 890
- América do Norte: 340
- Austrália, Japão, Nova Zelândia: 160
- Rússia: 1760
- China: 740
- Oriente Médio: 770

Água

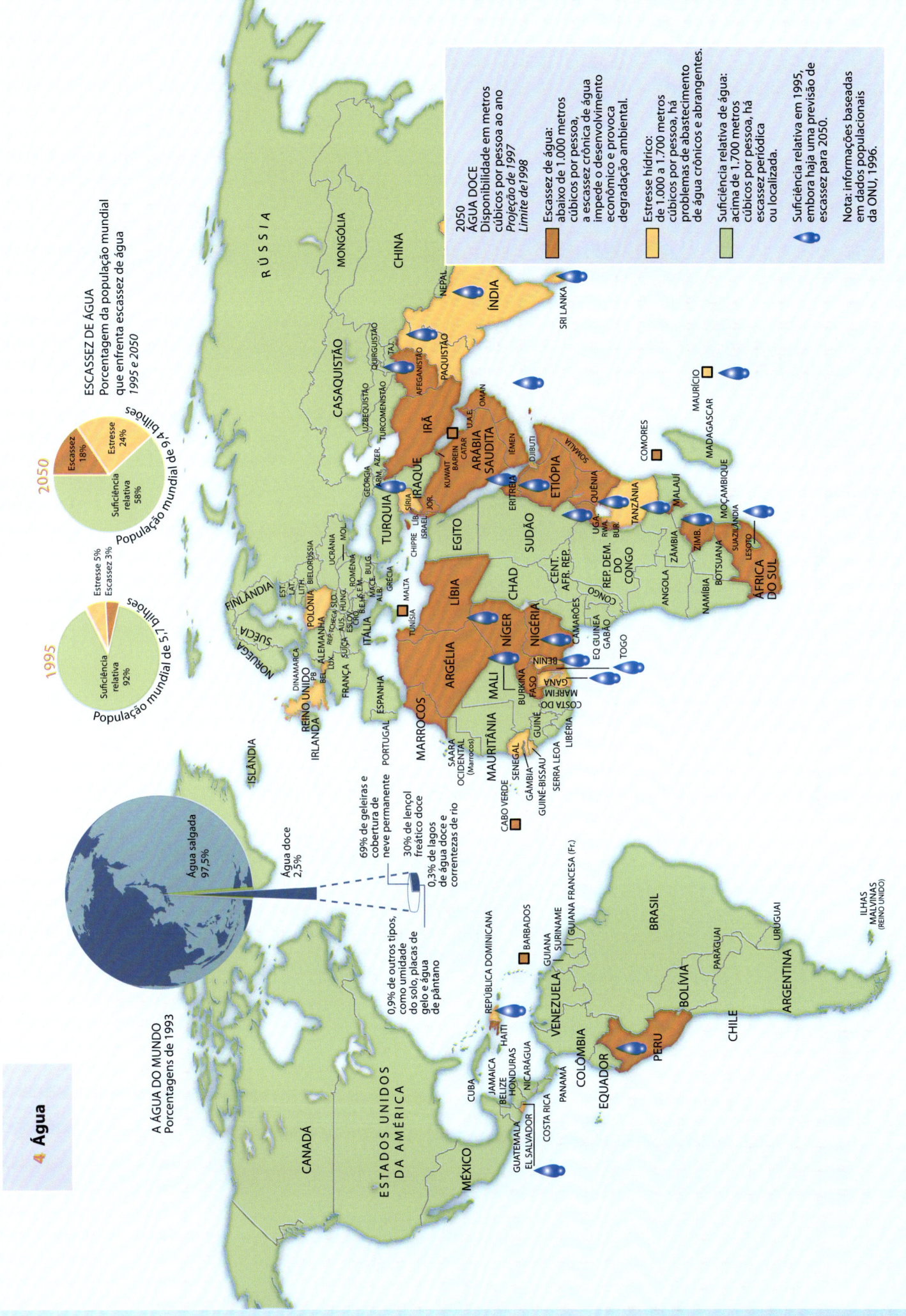

A ÁGUA DO MUNDO
Porcentagens de 1993

- Água salgada 97,5%
- Água doce 2,5%
  - 69% de geleiras e cobertura de neve permanente
  - 30% de lençol freático doce
  - 0,9% de outros tipos, como umidade do solo, placas de gelo e água de pântano
  - 0,3% de lagos de água doce e correntezas de rio

ESCASSEZ DE ÁGUA
Porcentagem da população mundial que enfrenta escassez de água
1995 e 2050

1995 — População mundial de 5,7 bilhões
- Suficiência relativa 92%
- Estresse 5%
- Escassez 3%

2050 — População mundial de 9,4 bilhões
- Suficiência relativa 58%
- Estresse 24%
- Escassez 18%

ÁGUA DOCE
Disponibilidade em metros cúbicos por pessoa ao ano
Projeção de 1997
Limite de 1998

2050

- **Escassez de água:** abaixo de 1.000 metros cúbicos por pessoa, a escassez crônica de água impede o desenvolvimento econômico e provoca degradação ambiental.
- **Estresse hídrico:** de 1.000 a 1.700 metros cúbicos por pessoa, há problemas de abastecimento de água crônicos e abrangentes.
- **Suficiência relativa de água:** acima de 1.700 metros cúbicos por pessoa, há escassez periódica ou localizada.
- Suficiência relativa em 1995, embora haja uma previsão de escassez para 2050.

Nota: informações baseadas em dados populacionais da ONU, 1996.

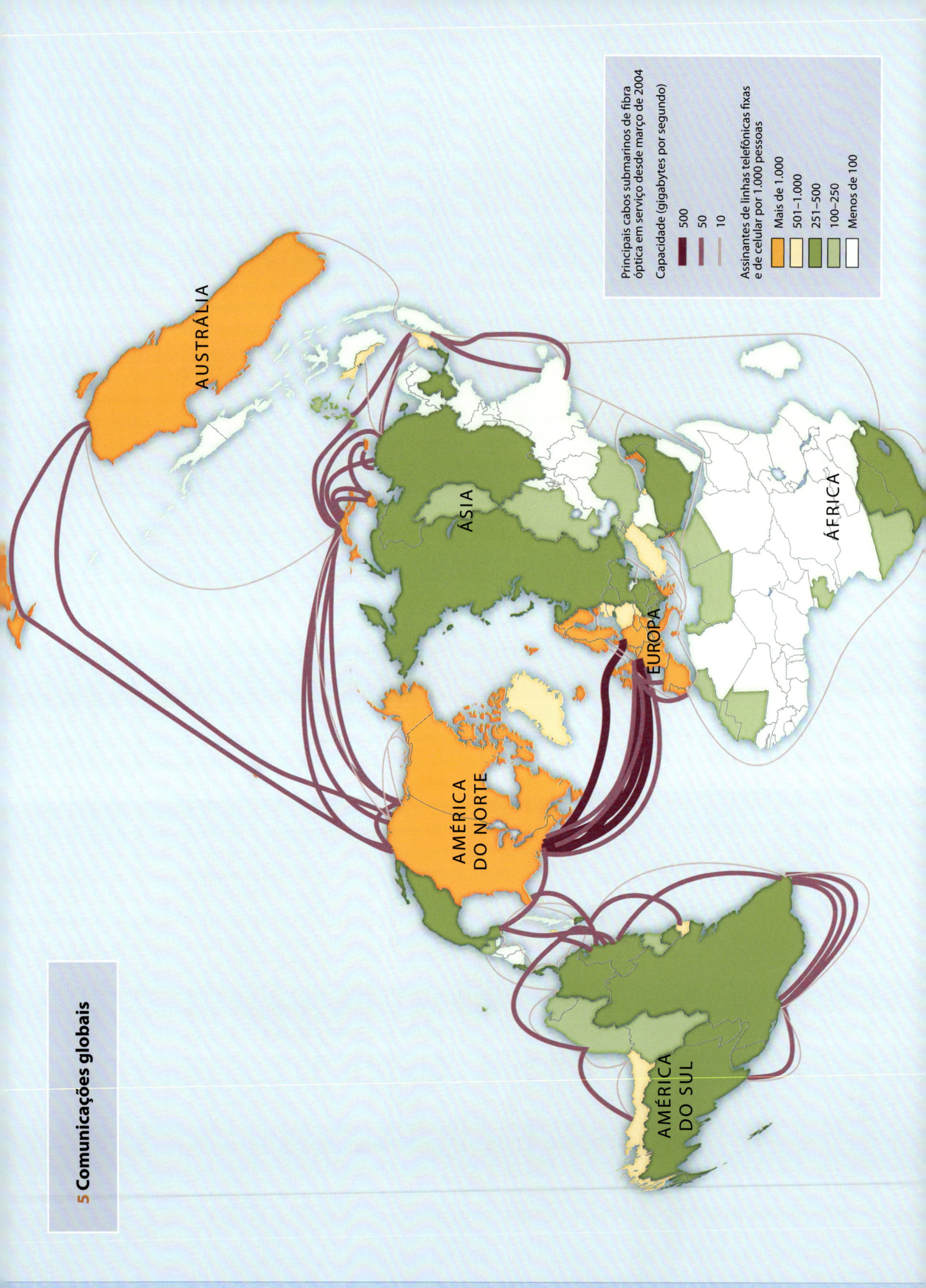

5 Comunicações globais

Principais cabos submarinos de fibra óptica em serviço desde março de 2004

Capacidade (gigabytes por segundo)
- 500
- 50
- 10

Assinantes de linhas telefônicas fixas e de celular por 1.000 pessoas
- Mais de 1.000
- 501–1.000
- 251–500
- 100–250
- Menos de 100

AUSTRÁLIA
ÁSIA
ÁFRICA
EUROPA
AMÉRICA DO NORTE
AMÉRICA DO SUL

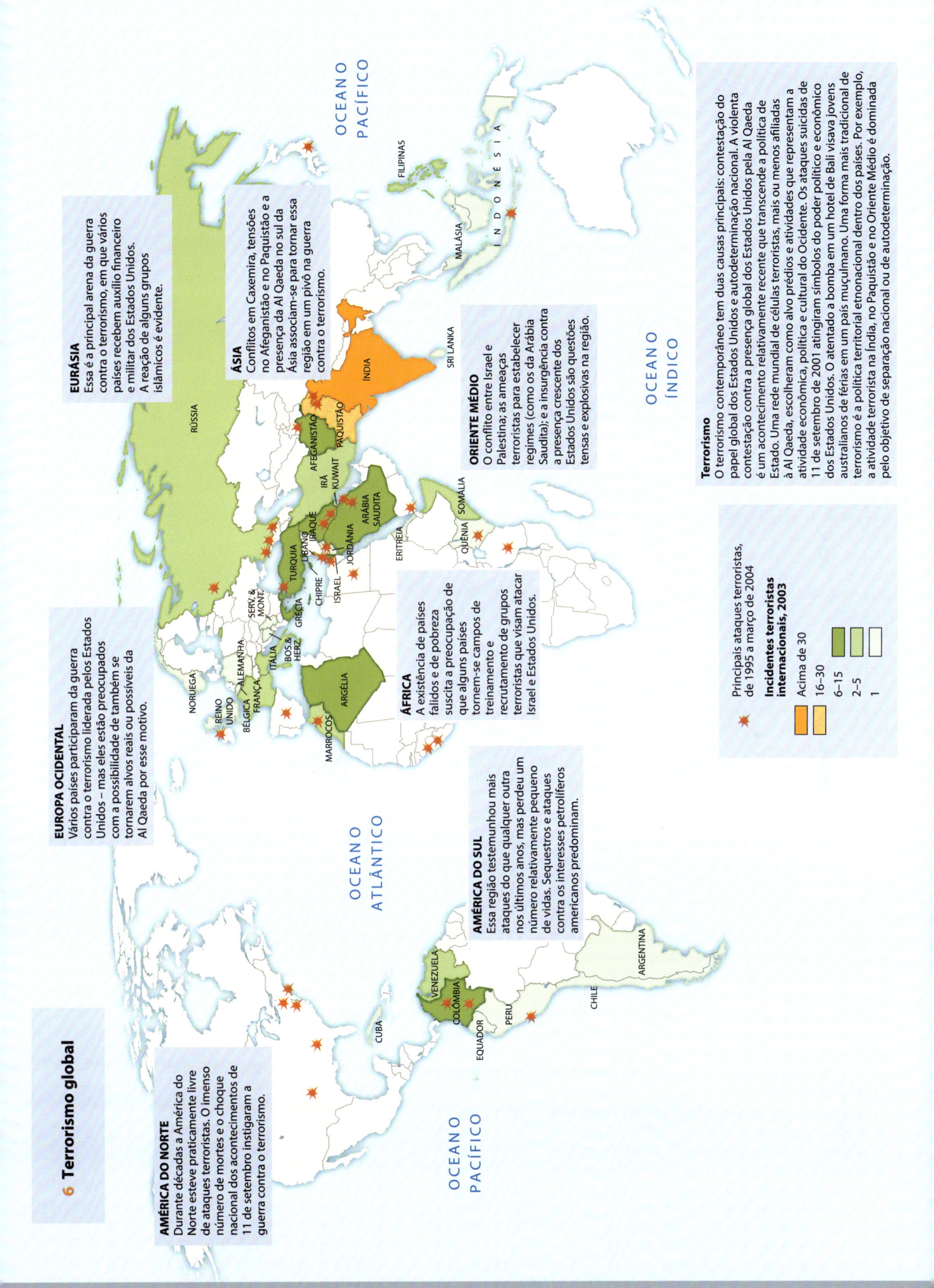

6 Terrorismo global

AMÉRICA DO NORTE
Durante décadas a América do Norte esteve praticamente livre de ataques terroristas. O imenso número de mortes e o choque nacional dos acontecimentos de 11 de setembro instigaram a guerra contra o terrorismo.

EUROPA OCIDENTAL
Vários países participaram da guerra contra o terrorismo liderada pelos Estados Unidos – mas eles estão preocupados com a possibilidade de também se tornarem alvos reais ou possíveis da Al Qaeda por esse motivo.

EURÁSIA
Essa é a principal arena da guerra contra o terrorismo, em que vários países recebem auxílio financeiro e militar dos Estados Unidos. A reação de alguns grupos islâmicos é evidente.

ÁSIA
Conflitos em Caxemira, tensões no Afeganistão e no Paquistão e a presença da Al Qaeda no sul da Ásia associam-se para tornar essa região em um pivô na guerra contra o terrorismo.

ORIENTE MÉDIO
O conflito entre Israel e Palestina; as ameaças terroristas para estabelecer regimes (como os da Arábia Saudita); e a insurgência contra a presença crescente dos Estados Unidos são questões tensas e explosivas na região.

ÁFRICA
A existência de países falidos e de pobreza suscita a preocupação de que alguns países tornem-se campos de treinamento e recrutamento de grupos terroristas que visam atacar Israel e Estados Unidos.

AMÉRICA DO SUL
Essa região testemunhou mais ataques do que qualquer outra nos últimos anos, mas perdeu um número relativamente pequeno de vidas. Sequestros e ataques contra os interesses petrolíferos americanos predominam.

Terrorismo
O terrorismo contemporâneo tem duas causas principais: contestação do papel global dos Estados Unidos e autodeterminação nacional. A violenta contestação contra a presença global dos Estados Unidos pela Al Qaeda é um acontecimento relativamente recente que transcende a política de Estado. Uma rede mundial de células terroristas, mais ou menos afiliadas à Al Qaeda, escolheram como alvo prédios e atividades que representam a atividade econômica, política e cultural do Ocidente. Os ataques suicidas de 11 de setembro de 2001 atingiram símbolos do poder político e econômico dos Estados Unidos. O atentado a bomba em um hotel de Bali visava jovens australianos de férias em um país muçulmano. Uma forma mais tradicional de terrorismo é a política territorial etnonacional dentro dos países. Por exemplo, a atividade terrorista na Índia, no Paquistão e no Oriente Médio é dominada pelo objetivo de separação nacional ou de autodeterminação.

Principais ataques terroristas, de 1995 a março de 2004

Incidentes terroristas internacionais, 2003
- Acima de 30
- 16–30
- 6–15
- 2–5
- 1

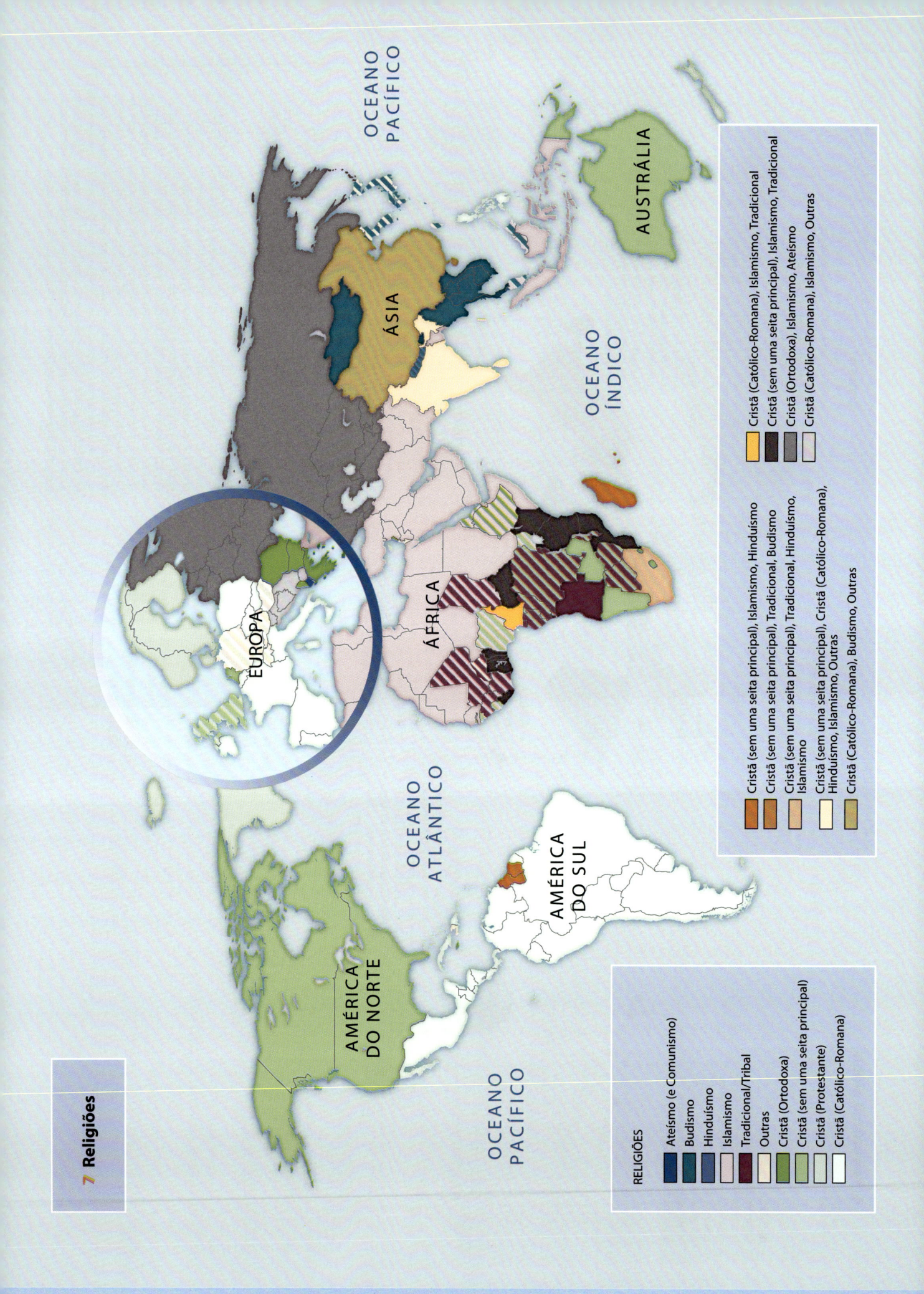

7 Religiões

RELIGIÕES
- Ateísmo (e Comunismo)
- Budismo
- Hinduísmo
- Islamismo
- Tradicional/Tribal
- Outras
- Cristã (Ortodoxa)
- Cristã (sem uma seita principal)
- Cristã (Protestante)
- Cristã (Católico-Romana)

- Cristã (sem uma seita principal), Islamismo, Hinduísmo
- Cristã (sem uma seita principal), Tradicional, Budismo
- Cristã (sem uma seita principal), Tradicional, Hinduísmo, Islamismo
- Cristã (sem uma seita principal), Cristã (Católico-Romana), Hinduísmo, Islamismo, Outras
- Cristã (Católico-Romana), Budismo, Outras
- Cristã (Católico-Romana), Islamismo, Tradicional
- Cristã (sem uma seita principal), Islamismo, Tradicional
- Cristã (Ortodoxa), Islamismo, Ateísmo
- Cristã (Católico-Romana), Islamismo, Outras

OCEANO PACÍFICO
OCEANO ATLÂNTICO
OCEANO ÍNDICO
AMÉRICA DO NORTE
AMÉRICA DO SUL
EUROPA
ÁFRICA
ÁSIA
AUSTRÁLIA

8 Economia global e comércio mundial

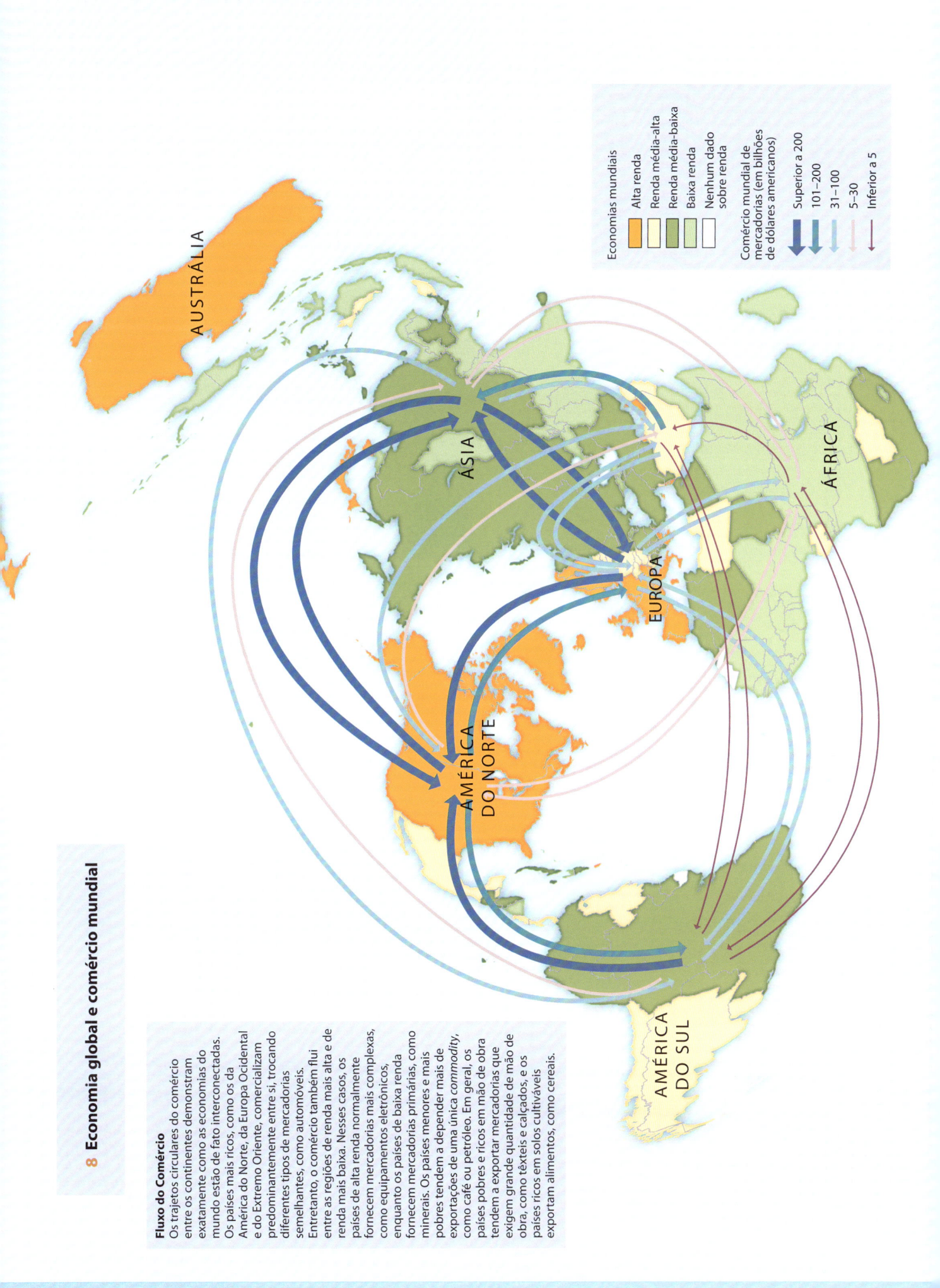

Fluxo do Comércio

Os trajetos circulares do comércio entre os continentes demonstram exatamente como as economias do mundo estão de fato interconectadas. Os países mais ricos, como os da América do Norte, da Europa Ocidental e do Extremo Oriente, comercializam predominantemente entre si, trocando diferentes tipos de mercadorias semelhantes, como automóveis. Entretanto, o comércio também flui entre as regiões de renda mais alta e de renda mais baixa. Nesses casos, os países de alta renda normalmente fornecem mercadorias mais complexas, como equipamentos eletrônicos, enquanto os países de baixa renda fornecem mercadorias primárias, como minerais. Os países menores e mais pobres tendem a depender mais de exportações de uma única *commodity*, como café ou petróleo. Em geral, os países pobres e ricos em mão de obra tendem a exportar mercadorias que exigem grande quantidade de mão de obra, como têxteis e calçados, e os países ricos em solos cultiváveis exportam alimentos, como cereais.

Economias mundiais
- Alta renda
- Renda média-alta
- Renda média-baixa
- Baixa renda
- Nenhum dado sobre renda

Comércio mundial de mercadorias (em bilhões de dólares americanos)
- Superior a 200
- 101–200
- 31–100
- 5–30
- Inferior a 5

AUSTRÁLIA
ÁSIA
EUROPA
ÁFRICA
AMÉRICA DO NORTE
AMÉRICA DO SUL

Capítulo 4

Dinâmica cultural na avaliação dos mercados globais

SUMÁRIO

- Perspectiva global

    Ações e eBay: interposição cultural

- Influência impregnante da cultura
- Definições e origens da cultura
    - Geografia
    - História
    - Política econômica
    - Tecnologia
    - Instituições sociais
- Elementos culturais
    - Valores culturais
    - Rituais
    - Símbolos
    - Crenças
    - Processos de pensamento
    - Sensibilidade e tolerância cultural
- Mudança cultural
    - Empréstimo cultural
    - Similaridades: uma ilusão
    - Resistência a mudanças
    - Mudanças culturais planejadas e não planejadas

OBJETIVOS DE APRENDIZAGEM

- **OA1** Importância da cultura para o profissional de marketing internacional
- **OA2** Origens da cultura
- **OA3** Elementos culturais
- **OA4** Impacto do empréstimo cultural
- **OA5** Estratégia da mudança planejada e suas consequências

Ambiente cultural dos mercados globais

PARTE DOIS

Perspectiva global

AÇÕES E EBAY – INTERPOSIÇÃO CULTURAL

Dois trilhões de dólares! Isso equivale a aproximadamente 200 trilhões de ienes. Seja em que moeda for, é muito dinheiro. Casas de corretagem americanas como a Fidelity Investments, a Goldman Sachs e a Merrill Lynch providenciaram depressa novos produtos e serviços de investimento para introduzir no Japão e tentar atrair o imenso fluxo de capital esperado dos depósitos a prazo de dez anos mantidos no sistema postal japonês. A liberalização dos mercados de capitais japoneses nos últimos anos agora oferece aos consumidores japoneses maior liberdade de opção quanto aos seus investimentos. Os depósitos a prazo pelo correio ainda rendem em torno de 2% no Japão, e as poupanças bancárias não têm rendido nada. Para os padrões de *trading* eletrônico americanos, isso significa uma torrente eletrônica de dinheiro escoando dos correios e entrando nos mercados acionários. Correto?

Mas o Japão não é os Estados Unidos. Entre os investidores japoneses, a cultura de assumir riscos ao estilo americano não tem espaço. O volume do comércio de ações no Japão representa em torno de um sexto do volume dos Estados Unidos. No Japão, apenas 12% dos ativos financeiros das famílias são investidos diretamente em ações, e somente 2% em fundos mútuos. Em contraposição, cerca de 55% das famílias americanas possuem ações. "A maioria da população [no Japão] não sabe o que é fundo mútuo", afirma um analista. Desse modo, será que a torrente esperada não passará de um filete? E o que dizer do comércio de ações *on-line*? A utilização da internet no Japão aumentou – existem hoje em torno de 88 milhões de usuários no país. Isso equivale quase à mesma porcentagem dos Estados Unidos. Contudo, o dilúvio esperado em relação às ações demonstrou-se apenas um respingo. Agora, a Merrill Lynch e outras casas reduzem seu quadro de funcionários tão rápido quanto o formaram há apenas dois anos.

Para piorar ainda mais a situação dos japoneses, a transição para um mercado de valores mobiliários mais moderno e confiável não foi tranquila. Em 2005, ocorreu uma operação estarrecedora na Bolsa de Valores de Tóquio; em vez de fazer um pedido pequeno de uma ação por 610 mil ienes da J-Com, um corretor da Mizuho Securities Co., por engano, fez um pedido de venda de 610 mil ações por 1 iene. A Mizuho perdeu 40 bilhões de ienes (US$ 344 milhões) em virtude de um simples erro de digitação, que provocou o pedido de demissão de Takuo Tsurushima, então presidente da Bolsa de Valores do Japão. Ui!

Uma empresa francesa tenta romper uma aversão semelhante ao *trading* eletrônico e às ações na França. Cerca de 32 milhões de pessoas apenas utilizam a internet na França, e um terço desse número possui ações. Há muito tempo os franceses evitam investir no mercado de ações, considerando esse tipo de investimento um esquema para enriquecer pessoas bem-informadas e com informações privilegiadas e espoliar os novatos. Após a derrocada da Enron (2010) e da Lehman Bros. (2008) nos Estados Unidos, era possível ouvir os riscos dissimulados nos cafés de calçada de lá. Contudo, mesmo na França, as preferências por investimento começam a mudar, especialmente porque o mercado imobiliário sofreu uma reviravolta. Ao mesmo tempo, a liberalização do setor de serviços financeiros da Europa diminui os custos de transação para investidores institucionais e também para investidores de varejo.

O eBay, site de leilão particular *on-line* de grande sucesso nos Estados Unidos, enfrenta dificuldades tanto no Japão quanto na França. O baixo índice de utilização da internet na França é apenas parte do problema. Para os japoneses, é constrangedor vender refugos a qualquer pessoa, e ainda mais comprá-los de estranhos. As vendas de garagem (*garage sales*) são desconhecidas por lá. Na França, terra natal do fundador do eBay, Pierre Omidyar, a empresa enfrenta dificuldades com as leis que restringem operações a alguns poucos leiloeiros certificados pelo governo.

Com base no que conhecemos sobre as diferenças nos valores culturais entre os Estados Unidos, o Japão e a França, devemos aguardar uma difusão mais lenta desses serviços de internet de alta tecnologia nestes dois últimos países. O *trading* e os leilões eletrônicos explodiram no cenário americano. Entretanto, em comparação com os de vários outros países, os investidores americanos não são avessos ao risco e às incertezas dos investimentos acionários nem às interações impessoais das transações *on-line*.

Fontes: William D. Echikson, "Rough Crossing for eBay", *BusinessWeek E. Biz*, 7 de fevereiro de 2000, p. EB48; Sang Lee, "Japan and the Future of Electronic Trading", *Securities Industry News*, 5 de novembro de 2007; *World Development Indicators*, Banco Mundial, 2010.

OA1
Importância da cultura para o profissional de marketing internacional

A cultura está relacionada ao projeto de vida de um grupo. Ela é pertinente ao estudo do marketing, especialmente do marketing internacional. Se você levar em conta o escopo do conceito de marketing – a satisfação das necessidades e dos desejos do consumidor em troca de lucro –, um profissional de marketing competente sem dúvida deve ser um estudioso de culturas. Por exemplo, ao redigir uma mensagem promocional, devem ser utilizados símbolos reconhecíveis e significativos para o mercado (a cultura). Ao desenvolver um produto, é necessário tornar culturalmente aceitáveis (isto é, aceitáveis à sociedade atual) o estilo, o uso e outras atividades relacionadas com o marketing, para que sejam operacionais e significativos. Na verdade, a cultura é dominante em todas as atividades de marketing – na determinação de preço, na promoção, nos canais de distribuição, no produto, na embalagem e no estilo – e as iniciativas do profissional de marketing na realidade tornam-se parte do tecido cultural. A maneira como essas iniciativas interagem com a cultura determina o grau de sucesso ou fracasso das iniciativas de marketing.

A forma e a quantidade de consumo das pessoas, a prioridade das necessidades e dos desejos que elas tentam satisfazer e a maneira pela qual elas satisfazem esses desejos e necessidades são fatores de sua cultura que moderam, moldam e ditam seu estilo de vida. A cultura é uma parte do ambiente humano construída pelos seres humanos – é a soma final do conhecimento, das crenças, das artes, dos valores morais, das leis, dos costumes e de outros hábitos e aptidões adquiridos pelos seres humanos na condição de membros da sociedade.[1]

Os mercados mudam constantemente, não são estáticos. Na verdade, eles evoluem, ampliam-se e contraem-se em resposta às iniciativas de marketing, às condições econômicas e a outras influências culturais. Os mercados e seu comportamento correspondente fazem parte da cultura de um país. Não é possível compreender verdadeiramente de que forma os mercados evoluem ou reagem ao esforço de um profissional de marketing sem reconhecer que esses mercados são uma consequência da cultura. Os mercados são produto da interação triangular entre as iniciativas do profissional de marketing, as condições econômicas e todos os outros elementos culturais. Os profissionais de marketing adaptam constantemente suas iniciativas às exigências culturais do mercado, mas também atuam como *agentes de mudança* sempre que o produto ou a ideia comercializado é inovador. Seja qual for o nível de aceitação, a utilização de algo novo é o começo de uma mudança cultural, e o profissional de marketing torna-se um agente de mudança.

Este é o primeiro dos quatro capítulos que enfocam a cultura e o marketing internacional. Uma discussão sobre o conceito amplo de cultura como base para o marketing internacional é apresentada neste capítulo. O capítulo seguinte, "Cultura, estilo de gestão e sistemas de negócios", analisa a cultura e de que forma ela influencia a prática dos negócios e o comportamento e raciocínio dos gestores. Os Capítulos 6 e 7 examinam os elementos culturais essenciais ao estudo do marketing internacional: o ambiente político e o ambiente legal.

O objetivo deste capítulo é intensificar a sensibilidade do leitor para as dinâmicas da cultura. Não é um tratado sobre as informações culturais de um determinado país nem uma reflexão minuciosa sobre marketing ou um estudo epidemiológico sobre seus diversos tópicos. Na verdade, seu objetivo é enfatizar a importância das diferenças culturais para os profissionais de marketing e a necessidade de estudar a cultura de cada país e todas as suas origens e elementos, bem como salientar alguns aspectos importantes que devem ser abordados.

Influência impregnante da cultura

A cultura afeta todos os âmbitos de nossa vida, todos os dias, do nascimento à morte.[2] Ela afeta a forma como gastamos nosso dinheiro e a maneira como consumimos em geral. Ela afeta até a forma como dormimos. Por exemplo, dizem que os espanhóis dormem menos que outros europeus e que as crianças japonesas dormem com os pais. Nos gráficos de índice de natalidade apresentados na Figura 4.1, é possível observar claramente como a cultura atua. Quando examinamos os dados dos três países, as diminuições graduais que se iniciam na década de 1960 são evidentes. À medida que os países passam da economia agrícola para a economia industrial e para a de serviços, os índices de natalidade diminuem. As causas imediatas disso podem ser as políticas governamentais e as tecnologias de controle de

---

[1] Um *site* interessante que traz informações culturais sobre diferentes traços, gestos, feriados, idiomas e religiões é www.culturegramas.com.
[2] O resumo mais importante das pesquisas na área do impacto cultural sobre o comportamento de consumo é de Eric J. Arnould e Craig J. Thompson, "Consumer Culture Theory (CCT): Twenty Years of Research", *Journal of Consumer Research*, 3, n. 2, março de 2005, p. 868-882.

Figura 4.1
Índices de natalidade (por mil mulheres).

Fonte: Banco Mundial, *World Development Indicators*, 2010. Copyright © 2010 do Banco Mundial. Dados reimpressos com permissão do Banco Mundial por meio do Centro de Liberação de Direitos Autorais.

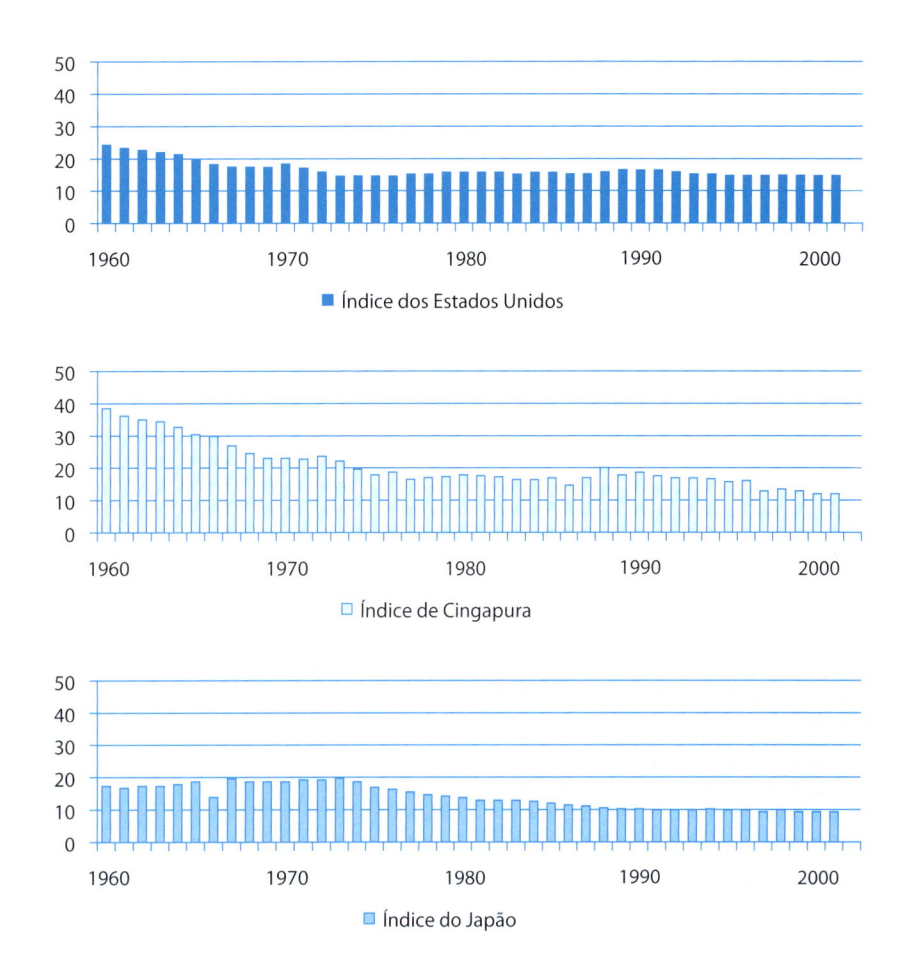

■ Índice dos Estados Unidos

□ Índice de Cingapura

■ Índice do Japão

natalidade, mas uma mudança global de valores também está ocorrendo. Em quase todos os lugares, a preferência tem sido por famílias menores. Hoje, essa mudança cultural leva os especialistas a prever que a população do planeta na verdade começará a diminuir após 2040, a menos que algumas mudanças de peso intervenham na longevidade, como alguns preveem.

Todavia, se examinarmos mais a fundo esses gráficos, veremos consequências culturais ainda mais interessantes. Observe os pequenos picos em 1976 e 1988 nos dados de Cingapura. O mesmo padrão pode ser visto nos dados de Taiwan. Esses nascimentos "suplementares" não são uma questão de flutuação aleatória. Nas culturas chinesas, nascer no ano do dragão (12 animais – cachorro, rato, coelho, porco etc. – correspondem a anos específicos do calendário) é considerado sorte. Esses aumentos no índice de natalidade têm implicações para os vendedores de fraldas e de brinquedos, as escolas, as faculdades e assim por diante em anos consecutivos em Cingapura. Entretanto, as superstições culturais[3] têm uma influência ainda mais forte sobre os índices de natalidade no Japão, como mostra a Figura 4.1. A queda de 20% nas taxas de fertilidade japonesas em 1966 foi provocada pela crença de que as mulheres nascidas no Ano do Cavalo de Fogo, que ocorre a cada 60 anos, terão uma vida infeliz e talvez matem o marido. Essa queda de fertilidade repentina e significativa, que historicamente ocorre a cada 60 anos desde que o Japão começou a registrar os nascimentos, indicam abstinência, aborto e adulterações nas certidões de nascimento. A superstição provocou a estigmatização das mulheres nascidas em 1966 e tem grande influência sobre o potencial de mercado de uma variedade enorme de produtos e serviços de consumo no Japão. Será interessante observar como as inovações tecnológicas e a cultura interagirão no Japão em 2026, o próximo Ano do Cavalo de Fogo.[4]

---

[3] Sabemos que as superstições também podem influenciar outros tipos de julgamento dos consumidores. Consulte Thomas Kramer e Lauren Block, "Conscious and Nonconscious Components of Superstitious Beliefs in Judgment and Decision Making", *Journal of Consumer Research*, 34, n. 2, 2008, p. 783-793.

[4] Robert W. Hodge e Naohiro Ogawa, *Fertility Change in Contemporary Japan* (Chicago: University of Chicago Press, 1991).

Figura 4.2
Padrões de consumo (anual *per capita*).

Fonte: EuroMonitor International, 2010.

País	Flores de corte/caules	Chocolate/kg	Peixes e frutos do mar/kg	Massas secas/kg	Vinho/L	Tabaco/rolos
França	81	3,9	6,2	5,7	26,9	845 (–25%)*
Alemanha	120	7,8	4,6	5,9	21,5	1.019 (–34%)
Itália	87	2,6	8,8	18,5	26,2	1.532 (–11%)
Países Baixos	125	4,8	25,0	2,7	20,7	837 (–11%)
Espanha	33	2,0	20,2	3,9	10,3	2.133 (–8%)
Reino Unido	48	10,5	12,4	1,5	18,2	754 (–15%)
Japão	110	1,1	38,2	1,5	4,7	1.875 (–16%)
Estados Unidos	75	5,0	5,2	3,1	6,9	1.106 (–12%)

* Índice de crescimento em cinco anos.

A influência cultural é também mostrada nos dados sobre consumo apresentados na Figura 4.2. O enfoque nesse caso são seis países da União Europeia (UE), mas os dados de dois outros mercados mundiais importantes e ricos – o Japão e os Estados Unidos – são igualmente incluídos. Os produtos comparados são aqueles que podem fazer parte de um jantar romântico tradicional (americano).

Em primeiro lugar vêm as flores e os doces. Os holandeses são os maiores consumidores de flores de corte, e essa preferência particular por pétalas será investigada mais a fundo nas páginas posteriores. Os britânicos adoram o seu chocolate. Talvez esse maior índice de consumo seja provocado pela propaganda da Cadbury[5] ou talvez tradicionalmente as temperaturas mais frias tenham facilitado o armazenamento e permitido um nível de qualidade mais alto nos países do norte. Pelo menos entre os seis países da UE, o consumo *per capita* de chocolate parece diminuir com a latitude.

Na Europa, os holandeses, e depois os espanhóis, são os mais propensos a comer peixes em abundância. Ambos estão bem atrás dos japoneses, que têm predileção por peixes e frutos do mar. Com base nos dados dessa tabela, pode-se concluir que a quantidade de água que cerca o Japão explica essa preferência por frutos do mar. Mas o que dizer da Grã-Bretanha? A geografia plana da Inglaterra e da Escócia possibilita uma produção eficiente de carne bovina, e ainda nesta seção avaliamos as consequências dessa forte preferência dos britânicos por carne vermelha. Os italianos comem mais macarrão – o que não é uma surpresa. A história é importante. Esse produto na verdade foi inventado na China. Contudo, dizem que em 1270 Marco Polo levou essa inovação para a Itália, onde ela se desenvolveu. A proximidade com a China também explica o alto índice de consumo de talharim japonês (mas não de massas secas).

E quanto às bebidas alcoólicas e ao tabaco? As uvas são mais bem cultivadas na França e na Itália. Portanto, as condições climáticas, associadas ao solo, explicam pelo menos parte do padrão de consumo de vinho apresentado na Figura 4.2. A cultura também influencia as leis, os limites de idade e outros fatores relacionados às bebidas alcoólicas. O ambiente jurídico tem implicações igualmente no consumo de cigarros. Aliás, os padrões mais notáveis nessa tabela não são os números correspondentes ao consumo atual; os dados curiosos são os índices de crescimento de cinco anos. A demanda encolhe de uma maneira extraordinariamente rápida quase em todos os lugares. Essa queda sensível no consumo de cigarros reflete uma imensa mudança cultural que o mundo quase nunca testemunha.

Qualquer discussão sobre o consumo de tabaco nos conduz imediatamente a uma avaliação das consequências desse consumo. Poder-se-ia esperar que um alto consumo de produtos românticos – flores, doces e vinhos – elevasse o índice de natalidade, mas, com base na Figura 4.3, não se tem nenhuma conclusão clara. Os alemães têm um dos mais altos níveis de consumo dentre os três produtos românticos e também o índice de natalidade mais baixo entre os oito países.

Talvez a predominância de peixe na dieta dos japoneses lhes garanta a expectativa de vida mais longa. Contudo, a expectativa de vida nesses oito países ricos representada na tabela mostra pouca variação. Contudo, a *causa mortis* varia significativamente entre esses países. A influência do consumo de peixe comparado ao de carne vermelha sobre a

---

[5] Consulte o *site* da Cadbury para conhecer a história do chocolate – www.cadbury.co.uk. O chocolate é também um produto importante na Suíça, onde o consumo *per capita* é superior a 12 kg. O clima de montanha é mais frio e, obviamente, a sede corporativa da Nestlé fica lá.

Encontrar carne de cavalo ou de jumento como prato de entrada não seria nem um pouco romântico nem apetitoso na maioria dos lugares do mundo. Ainda que o consumo de carne de cavalo esteja diminuindo largamente na França, em Paris ainda é possível comprar bife de cavalo nas *boucheries chevalines* da cidade. *Escargot, oui*, Eeyore, *oui*! Há ainda um recente artigo publicado no *The Wall Street Journal* que defende o consumo de carne de cachorro nos Estados Unidos e oferece uma receita. Uau![6]

incidência de problemas cardíacos é fácil de ser observada. O dado mais interessante da Figura 4.3 é a incidência extremamente alta de câncer de estômago no Japão. Segundo pesquisas mais recentes, dois fatores são responsáveis: (1) comidas salgadas como o molho de soja e (2) a bactéria *Helicobacter pylori*. Esta última está associada às condições insalubres prevalecentes no Japão logo após a Segunda Guerra Mundial e que ainda hoje prejudica a saúde no Japão. Por fim, como o câncer de estômago no Japão é tão predominante, os japoneses desenvolveram o tratamento mais avançado para essa doença, tanto em relação aos procedimentos quanto aos instrumentos. Ainda que o índice de mortalidade seja o mais alto, o índice de sucesso do tratamento é do mesmo modo o mais alto no Japão. Esteja você em Tacoma, em Toronto ou em Teerã, o melhor remédio para o câncer de estômago talvez seja uma passagem para Tóquio. Aliás, esse exemplo demonstra bem que a cultura não afeta apenas o consumo, mas também a produção (de serviços médicos, nesse caso).

A questão é que a cultura de fato importa.[7] É fundamental que os profissionais de marketing aprendam a avaliar a complexidade das diferentes culturas para que possam obter bons resultados nos mercados externos.

Figura 4.3
Consequências do consumo.

País	Índice de natalidade/ 100 mil	Expectativa de vida	Índice de mortalidade/100 mil			
			Doença cardíaca isquêmica	*Diabetes Mellitus*	Câncer de pulmão	Câncer de estômago
França	12,8	81,4	71,2	21,8	45,3	8,1
Alemanha	8,1	80,1	176,2	29,8	50,1	13,4
Itália	9,6	81,4	134,8	31,4	58,9	18,8
Países Baixos	10,9	80,7	76,2	22,2	61,4	8,9
Espanha	10,6	81,0	87,1	23,0	47,1	13,0
Reino Unido	13,0	79,6	162,6	10,8	54,7	9,2
Japão	8,4	82,7	55,8	10,3	46,5	38,1
Estados Unidos	13,9	78,1	172,8	25,3	53,6	4,2

Fonte: EuroMonitor, 2010.

[6] Jonathan Safran Foer, "Let Them Eat Dog", *The Wall Street Journal*, 31 de outubro de 2009, p. W10.
[7] Lawrence E. Harrison e Samuel P. Huntington (eds.), *Culture Matters* (Nova York: Basic Books, 2000).

A Floriade, maior exposição de flores do mundo, ocorre uma vez a cada década.

Fachada do Aalsmeer Flower Auction – observe o avião que está aterrissando no Aeroporto Schiphol, perto dali, que atende tanto a Amsterdã quanto a Aalsmeer.

Todos nós adoramos flores. Porém, para os holandeses, as flores são mais importantes do que isso. Na verdade, elas são um fascínio nacional, uma fixação ou mesmo um fetiche.

Por quê? A resposta está em um relato instrutivo sobre cultura e mercados internacionais, os temas predominantes deste capítulo. Esse relato inicia-se pela geografia, passa pelas origens e pelos elementos culturais e termina mostrando que os holandeses são os mestres da exposição, do consumo e da produção de flores.

Geografia. Os rios e as baías tornam a Holanda um ótimo país mercantil. Contudo, o tempo inclemente, as chuvas e a neve em mais de 200 dias por ano a transforma e um lugar apagado, cinza, quase o ano inteiro. O navio-fantasma Holandês Voador não foi apenas para as Ilhas das Especiarias em busca de condimentos para o paladar; ele foi também para o Mediterrâneo Oriental em busca de especiarias para os olhos. As cores vibrantes da tulipa chegaram pela primeira vez à Europa em um navio holandês em 1561, provenientes do Império Otomano.

O papa na Praça de São Pedro no Domingo de Páscoa, rodeado por flores holandesas.

História. O entusiasmo dos holandeses por essa nova "droga visual" era imenso. Sua forma mais persuasiva era, paradoxalmente, a tulipa negra. Os preços explodiram, e os especuladores compravam e vendiam notas promissórias para garantir a entrega de bulbos de tulipa negra. Esse mercado de derivativos praticava preços equivalentes a US$ 1 milhão ou mais, em dólares de hoje, por um único bulbo de tulipa, valor suficiente para comprar atualmente um prédio de cinco andares no centro de Amsterdã. A mania por tulipas, além de criar mercados de futuros, provocou a primeira grande queda de mercado registrada na história. Os preços despencaram verticalmente quando o governo assumiu o controle em 1637. Hoje, no mercado de flores de Amsterdã, você pode comprar um bulbo de tulipa negra por apenas um dólar!

Mercado de flores de Amsterdã – um lugar movimentado para os consumidores locais e turistas.

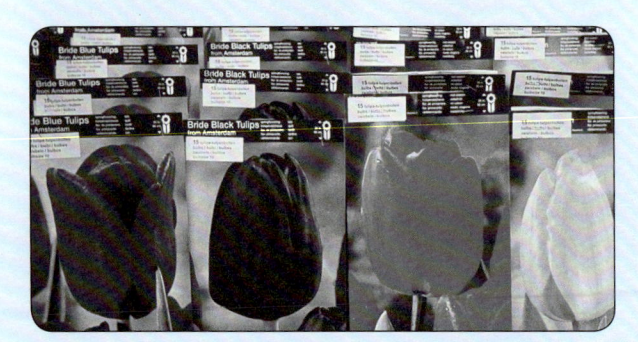

Quatrocentos anos depois, a tulipa negra é vendida por um dólar no mercado de flores de Amsterdã.

Vista do porto holandês com navios mercantes, por volta de 1600.

Dentro da Aalsmeer, 150 campos de futebol de flores de corte, 20 milhões de flores por dia, são preparados para o leilão.

Os licitantes, distribuídos em quatro salas imensas, não tiram os olhos do "relógio", para ver quando os preços altos caem. O comprador atacadista que para o relógio paga o preço correspondente nesse arquetípico "leilão holandês".

Tecnologia e economia. Nessa história, a tecnologia leva o nome de Carolus Clusius, botânico que desenvolveu métodos para tratar as cores das tulipas no início da década de 1600. Esse tratamento tornou as tulipas ainda mais atraentes e valiosas, internacionalizando o comércio desse produto para os holandeses.

Instituições sociais. Todo Domingo de Páscoa, o papa dirige-se ao mundo na Praça de São Pedro, em Roma, dizendo "Bedankt voor bloemen", e então agradece à nação holandesa por oferecer as flores para esse importante ritual católico. O governo holandês, uma vez a cada dez anos, patrocina a maior exposição de floricultura do mundo, a Floriade. Em suma, é no Leilão de Flores de Aalsmeer, perto de Amsterdã, que são estabelecidos os preços para todas as flores em todos os mercados ao redor do mundo. Os holandeses continuam sendo os maiores exportadores de flores (detém 60% da participação de mercado global), distribuindo-as ao longo da Europa e ao redor do mundo.

Valores culturais. O alto valor que os holandeses conferem às flores pode ser comprovado de várias maneiras, especialmente por seu alto índice de consumo, como mostra a Figura 4.2.

Símbolos estéticos. As telas de Rembrandt van Rijn, incluindo sua mais famosa, *A Ronda Noturna* (1642, Rijksmuseum, Amsterdã), exibem tons escuros. Os artistas geralmente utilizam as cores do ambiente circundante. Um quarto de século depois, seu compatriota Vincent Van Gogh utilizou tons sombrios semelhantes quando trabalhava na Holanda. Posteriormente, quando Van Gogh foi para o ensolarado e exuberante sul da França, as cores começaram a explodir em suas telas. E, obviamente, lá ele pintava flores!

Fora da Aalsmeer, os caminhões são carregados para fazer entregas por terra ao longo da Europa e abastecer os aviões que levam suas flores para o mundo inteiro.

A Ronda Noturna, de Rembrandt.

Tela *Os Girassóis*, de Van Gogh, pintada no sul da França em 1889 e vendida para um executivo japonês do setor de seguros por cerca de US$ 40 milhões em 1987, na época o preço mais alto pago por uma obra de arte. Os japoneses são também grandes consumidores de flores – consulte a Figura 4.2.

Os Comedores de Batatas, de Van Gogh, pintada nos Países Baixos em 1885.

CRUZANDO FRONTEIRAS 4.1 — Humanos universais: o mito da diversidade?

Sim, a influência da cultura é impregnante. Contudo, o antropólogo Donald E. Brown salienta com razão que somos todos seres humanos. E, como todos nós somos da mesma espécie, na verdade compartilhamos inúmeras coisas. Apresentamos aqui alguns das centenas de traços que temos em comum:

Utilizamos metáforas.

Temos um sistema de *status* e de papéis.

Somos etnocêntricos.

Criamos obras artísticas.

Concebemos o sucesso e o fracasso.

Criamos grupos contrários a estranhos.

Imitamos influências externas.

Resistimos a influências externas.

Consideramos as questões relacionadas à sexualidade como algo íntimo.

Expressamos nossas emoções no rosto.

Retribuímos.

Usamos drogas que alteram nosso estado de ânimo.

Superestimamos a objetividade de pensamento.

Temos medo de cobra.

Assumimos obrigações financeiras em troca de bens e serviços.

Comercializamos e transportamos mercadorias.

Aliás, as duas últimas afirmações levam a crer que poderíamos ser caracterizados como "animais que permutam".

Fonte: Donald E. Brown, *Human Universals* (Nova York: McGraw-Hill, 1991).

Definições e origens da cultura

OA2

Origens da cultura

Há várias maneiras de pensar sobre cultura. O professor de administração holandês Geert Hofstede refere-se à cultura como o "*software* da mente", defendendo que ela serve como um guia para os seres humanos pensarem e se comportarem e uma ferramenta de resolução de problemas.[8] O antropólogo e consultor de negócios Edward Hall oferece uma definição ainda mais importante para os gestores de marketing internacional: "As pessoas que estávamos aconselhando não paravam de bater a cabeça contra uma barreira invisível [...]. Sabíamos que o que elas estavam enfrentando era uma maneira completamente diferente de organizar a vida, de pensar e de conceber suposições básicas sobre família e Estado, sistema econômico e até mesmo sobre o próprio homem".[9] Os pontos que se destacam nas observações de Hall são primeiramente que as diferenças culturais muitas vezes são invisíveis e, em segundo lugar, que os profissionais de marketing que as ignoram não raro prejudicam tanto a empresa em que trabalham quanto sua carreira. Citando um último exemplo, James Day Hodgson, ex-embaixador dos Estados Unidos no Japão, define cultura como um "matagal", um emaranhado.[10] Essa metáfora dá esperança para quem deseja batalhar nos mercados internacionais. De acordo com o Hodgson, os matagais são difíceis de atravessar, mas esforço e paciência com frequência transformam-se em sucesso.

A maioria das definições tradicionais de **cultura** gira em torno da ideia de que cultura é a soma de *valores*, *rituais*, *símbolos*, *crenças* e *processos de pensamento* que são *aprendidos* e *compartilhados* por um grupo de pessoas[11] e depois *transmitidos* de geração para geração.[12] Portanto, a cultura reside na mente do indivíduo. Contudo, o termo "cultura" reconhece que as grandes coletividades podem, em grande medida, ter ideias afins.

Os profissionais de marketing mais competentes não avaliarão apenas as diferenças culturais pertinentes aos seus negócios. Eles também terão conhecimento da origem dessas diferenças. Neste último caso, um conhecimento mais aprofundado ajudará os profissionais

---

[8] Geert Hofstede, *Culture's Consequences*, 2. ed. (Thousand Oaks, CA: Sage, 2001); Susan P. Douglas, "Exploring New Worlds: The Challenge of Global Marketing", *Journal of Marketing*, janeiro de 2001, p. 103-109.

[9] Edward T. Hall, *The Silent Language* (Nova York: Doubleday, 1959), p. 26.

[10] James D. Hodgson, Yoshihiro Sano e John L. Graham, *Doing Business in the New Japan, Succeeding in America's Richest Foreign Market* (Latham, MD: Rowman & Littlefield, 2008).

[11] Observe que o grupo pode ser menor do que o definido por nação. Consulte Rosalie Tung, "The Cross-Cultural Research Imperative: The Need to Balance Cross-Cultural and Intra-National Diversity", *Journal of International Business Studies*, 39, 2008, p. 41-46; Jean-Fraçois Quellet, "Consumer Racism and Its Effects on Domestic Cross-Ethnic Product Purchase: An Empirical Test in the United States, Canada, and France", *Journal of Marketing*, 71, 2007, p. 113-128.

[12] Melvin Herskovitz, *Man and His Works* (Nova York: Alfred A. Knopf, 1952), p. 634. Consulte também o Capítulo 10, "Culture", em Raymond Scupin e Christopher R. Decorse, *Anthropology: A Global Perspective*, 6. ed. (Englewood Cliffs, NJ: Prentice Hall, 2005).

Figura 4.4
Origens, elementos e consequências da cultura.

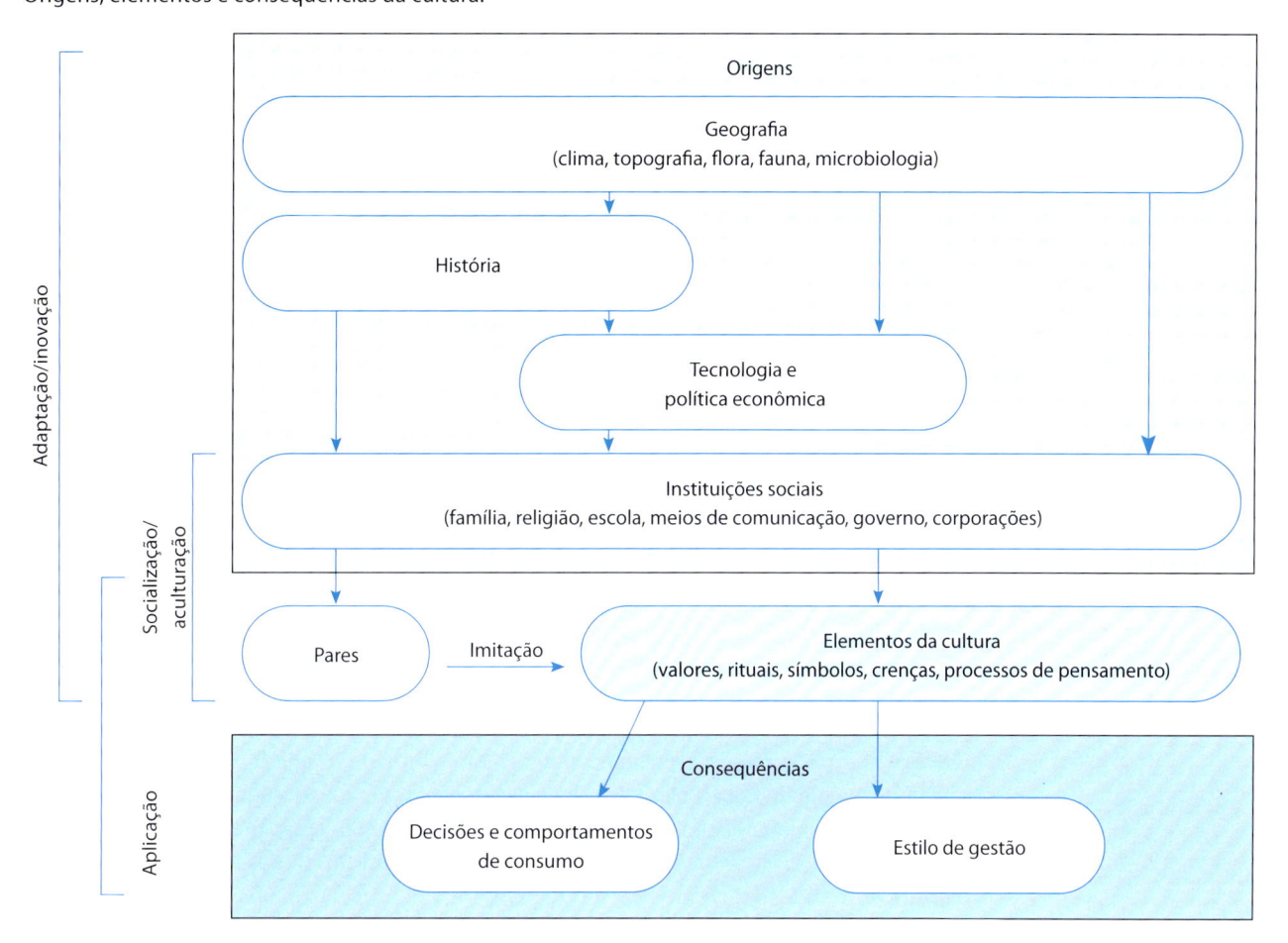

Origens
- Geografia (clima, topografia, flora, fauna, microbiologia)
- História
- Tecnologia e política econômica
- Instituições sociais (família, religião, escola, meios de comunicação, governo, corporações)
- Pares → Imitação → Elementos da cultura (valores, rituais, símbolos, crenças, processos de pensamento)

Consequências
- Decisões e comportamentos de consumo
- Estilo de gestão

Processos laterais: Adaptação/inovação; Socialização/aculturação; Aplicação.

de marketing a perceber diferenças culturais em novos mercados e prever mudanças nos mercados em que atuam no momento. A Figura 4.4 retrata os vários fatores causais e processos sociais que determinam e formam as culturas e as diferenças culturais. Em poucas palavras, os seres humanos fazem *adaptações* nos ambientes em constante transformação por meio da *inovação*. Os indivíduos aprendem uma cultura com as instituições sociais por meio da *socialização* (crescer e desenvolver-se) e da *aculturação* (ajustar-se a uma nova cultura). Além disso, os indivíduos absorvem a cultura por meio da modelagem de papéis ou da imitação de pares. Por fim, as pessoas tomam decisões sobre consumo e produção *aplicando* conhecimentos enraizados em sua cultura. A seguir são apresentados mais detalhes sobre os diferentes aspectos relacionados à cultura.

Geografia

Nos capítulos precedentes, descrevemos as consequências imediatas da geografia sobre as escolhas do consumidor. Entretanto, a geografia não afeta apenas o tipo de casaco que você compra. Sua influência é mais profunda. Aliás, a geografia (definida amplamente aqui para incluir clima, topografia, flora, fauna e microbiologia) influenciou a história, a tecnologia, a economia, nossas instituições sociais, talvez até a proporção de nascimento de meninos e meninas[13] e, com certeza, nossa maneira de pensar.[14] As influências geográficas manifestam-se em nossos valores culturais mais profundos, desenvolvidos ao longo de milênios, e, à medida que a geografia muda, os seres humanos conseguem adaptar-se quase de imediato. Pode-se observar isso nos novos rituais de interação decorrentes do infortúnio do HIV e da aids ou, mais recentemente, no surto da síndrome respiratória aguda grave na China. As

---

[13] Nicholas Bakalar, "Why Does Latitude Affect Boy-Girl Ratios?", *International Herald Tribune*, 23 de abril de 2009, p. 10.
[14] Richard E. Nisbett, *The Geography of Thought: How Asians and Westerners Think Differently... and Why* (Nova York: The Free Press, 2003).

fronteiras culturais existentes no Canal da Mancha ou no Estreito de Taiwan são também representativas da importância histórica da geografia na vida humana.

As ideias de dois pesquisadores são particularmente pertinentes a qualquer discussão sobre a influência da geografia em tudo, da história aos valores culturais do presente. Jared Diamond,[15] professor de fisiologia, nos diz que, historicamente, as inovações propagam-se mais rápido do Leste para o Oeste do que do Norte para o Sul. Antes do advento das expedições transoceânicas, as ideias fluíam pela Rota da Seda, mas não pelo Saara ou pelo Istmo do Panamá. Diamond utiliza essa abordagem geográfica para explicar a predominância das culturas euro-asiáticas, com sua tecnologia superior e germes mais virulentos, sobre as culturas africana e americana. Aliás, a contribuição mais importante de Diamond é sua matéria a respeito da influência da microbiologia sobre a história mundial.

Philip Parker,[16] professor de marketing, defende a profunda influência da geografia sobre a história, a economia e o comportamento do consumidor. Por exemplo, ele revela fortes correlações entre a latitude (clima) e o produto nacional bruto (PNB) *per capita* dos países. Provas empíricas podem ser encontradas nos relatos de outros pesquisadores sobre a influência aparente do clima sobre os salários dos trabalhadores.[17] Parker, tal como Diamond, que o precede, explica os fenômenos sociais utilizando princípios da fisiologia. As implicações de gestão de seu tratado estão relacionadas à utilização da temperatura ambiental como uma variável de segmentação de mercado. Voltaremos a esse assunto no Capítulo 8.

História

O impacto de acontecimentos específicos na história pode ser visto na tecnologia, nas instituições sociais, nos valores culturais e até no comportamento do consumidor. O livro de Diamond é rico em exemplos. Por exemplo, grande parte das políticas comerciais americanas apoiou-se no acaso de o tabaco (isto é, da tecnologia de um novo cultivo comercial) ser a fonte original de sobrevivência econômica da colônia de Virgínia nos anos de 1600. De maneira semelhante, a Declaração de Independência (e, por conseguinte, os valores e as instituições dos americanos), foi influenciada fundamentalmente pela publicação coincidente em 1776 do livro *A Riqueza das Nações*, de Adam Smith. Observe também que os conflitos militares no Oriente Médio em 2003 geraram novas marcas de refrigerantes de cola como alternativa à Coca-Cola – Mecca Cola, Muslim Up, Arab Cola e Cola Turka.[18]

Política econômica

Ao longo da maior parte do século XX, quatro sistemas de governo disputaram a dominação do mundo: colonialismo, fascismo, comunismo e democracia/livre-iniciativa. O fascismo caiu em 1945. O colonialismo também foi vítima da Segunda Guerra Mundial, embora seus espasmos de morte tenham durado até grande parte da segunda metade do século. O comunismo desintegrou-se na década de 1990.[19] Um especialista chegou a declarar o "fim da história".[20] Infelizmente, tivemos o 11 de setembro e os conflitos no Oriente Médio para não deixar a lista de coisas ruins parar de crescer. Muito mais detalhes são abordados nos Capítulos 6 e 7 sobre as influências do ambiente político e jurídico na cultura de comércio e consumo. Por isso, interromperemos por enquanto esse tópico fundamental. A principal questão que deve ser avaliada aqui é a influência da política econômica sobre as instituições sociais, os valores culturais e os modos de pensar.

---

[15] O livro *Guns, Germs, and Steel: The Fates of the Human Societies* (Nova York: Norton, 1991), de Jared Diamond, ganhou o Prêmio Pulitzer, recebeu o Prêmio Phi Beta Kappa de Ciência e é uma leitura maravilhosa para todos aqueles que se interessam por história e/ou inovação. A PBS também produziu uma versão em vídeo desse livro. Consulte também o livro mais recente de Diamond, *Collapse* (Nova York: Vinking, 2005). [N. de T.: Ambos publicados no Brasil, *Armas, Germes e Aço: os Destinos das Sociedades Humanas* (Rio de Janeiro, Record) e *Colapso: Como as Sociedades Escolhem o Fracasso ou o Sucesso*.]

[16] O livro *Physioeconomic* (Cambridge, MA: MIT Press, 2000), de Philip Parker, é uma discussão rica em dados sobre a economia global que vale a pena ser lida.

[17] Evert Van de Vliert, "Thermoclimate, Culture, and Poverty as Country-Level Roots of Workers' Wages", *Journal of International Business Studies*, 34, n. 1, 2003, p. 40-52.

[18] Consulte http://www.colaturka.com.tr.

[19] Há quem defenda que o comunismo sobreviveu na Coreia do Norte, em Cuba ou na República Popular da China. Contudo, pelo menos no último caso, a livre-iniciativa está em ascendência. A primeira parece mais ditatorial para a maioria das pessoas.

[20] Francis Fukuyama, *The End of History and the Last Man* (Nova York: The Free Press, 1992).

Tecnologia

Pare por um momento e avalie qual inovação tecnológica teve o maior impacto sobre as instituições e os valores culturais nos últimos 50 anos nos Estados Unidos. Sem brincadeira, pare de ler, olhe pela janela e pense por um momento nessa questão.

Há várias respostas adequadas, mas a melhor é única. Com certeza os aviões a jato, os condicionares de ar, os televisores,[21] os computadores, os celulares e a internet integram a lista. Contudo, muito provavelmente a melhor resposta é a pílula anticoncepcional.[22] Isto é, a pílula de controle de natalidade ou, em linhas gerais, as técnicas de controle de natalidade exerceram um enorme impacto sobre a vida cotidiana da maioria dos americanos e dos povos ao redor do mundo.[23] Essencialmente, ela libertou as mulheres para seguirem carreiras profissionais e os homens para passar mais tempo com os filhos. Antes do advento da pílula, o papel dos homens e o papel das mulheres eram ditados por responsabilidades e papéis reprodutivos. Hoje, nos Estados Unidos, 50% dos alunos de especialização em marketing são do sexo feminino e 10% das tripulações dos navios da Marinha dos Estados Unidos são mulheres. Antes da pílula, esses números eram inimagináveis.

Obviamente, nem todo mundo está feliz com essas novas "liberdades". Por exemplo, em 1968, a Igreja Católica Romana proibiu o uso da pílula de controle de natalidade. Porém, é indiscutível que a tecnologia de controle de natalidade afetou profundamente as instituições sociais e os valores culturais. As famílias são menores, e o governo e as escolas são forçados a abordar assuntos como abstinência e distribuição de preservativos.

Em conclusão, o leitor perceberá que a tecnologia não soluciona todos os problemas. Por exemplo, poucos contestariam a ideia de que os Estados Unidos lideram o mundo em tecnologias de cuidados de saúde, embora essa liderança tecnológica não ofereça o melhor sistema de saúde.[24] Outros aspectos culturais fazem diferença, o que se torna evidente é que os cidadãos de vários países ao redor do mundo têm maior longevidade (a medida mais objetiva da qualidade do sistema de saúde oferecido em um país), como mencionado antes neste capítulo. As opções de estilo de vida dos consumidores e a estrutura financeira também influem sensivelmente no sistema de saúde americano. Consulte a Figura 4.5 para uma rápida comparação entre os sistemas de saúde de alguns países.

Instituições sociais

As **instituições sociais**, como *família*, *religião*, *escola*, *meios de comunicação*, *governo* e *corporações*, influem no modo como as pessoas interagem, organizam suas atividades para viver em harmonia umas com as outras, ensinam comportamentos aceitáveis para as gerações subsequentes e se autoadministram. As posições que os homens e as mulheres ocupam na sociedade, a família, as classes sociais,[25] o comportamento grupal, os grupos etários e a forma como as sociedades definem decência e civilidade são interpretados diferentemente em cada cultura. Por exemplo, nas culturas em que as organizações sociais resultam em unidades familiares coesas, uma campanha promocional direcionada à unidade familiar em geral é mais eficaz do que aquela que se dirige a membros individuais de uma família. Por exemplo, propagandas de viagem no Canadá, um país culturalmente dividido, apresentam uma esposa sozinha para o segmento de mercado dos falantes de inglês e um casal para o segmento que fala francês, porque este último é, por tradição, mais unido por laços familiares.

Os papéis e as posições ocupadas em uma sociedade são influenciados pelos preceitos das instituições sociais. O sistema de castas na Índia é uma instituição desse tipo. A eleição de uma pessoa de casta baixa – outrora chamada de "intocável" – para presidente gerou notícias internacionais porque foi um desvio significativo em relação à cultura indiana tradicional. Décadas atrás, tocar levemente ou mesmo olhar de relance para uma pessoa intocável era considerado suficiente para desonrar um hindu de alto *status*. Embora o sistema de castas tenha sido proscrito, ele se mantém como parte da cultura.

---

[21] Sandra K. Smith Speck e Abhijit Roy, "The Interrelationships between Television Viewing, Values, and Perceived Well-Being: A Global Perspective", *Journal of International Business Studies*, 39, n. 7, 2008, p. 1.197-1.219.

[22] Bernard Asbell, *The Pill: A Biography of the Drug that Changed the World* (Nova York: Random House, 1995).

[23] "Go Forth and Multiply a Lot Less", *The Economist*, 31 de outubro de 2009, p. 29-30.

[24] T. R. Reid, "No Country for Sick Men", *Newsweek*, 21 de setembro de 2009.

[25] Tuba Ustuner e Douglas B. Holt, "Toward a Theory of Consumption in Less Industrialized Countries", *Journal of Consumer Research*, 2010 [*on-line*].

Figura 4.5
Comparação entre sistemas de saúde.

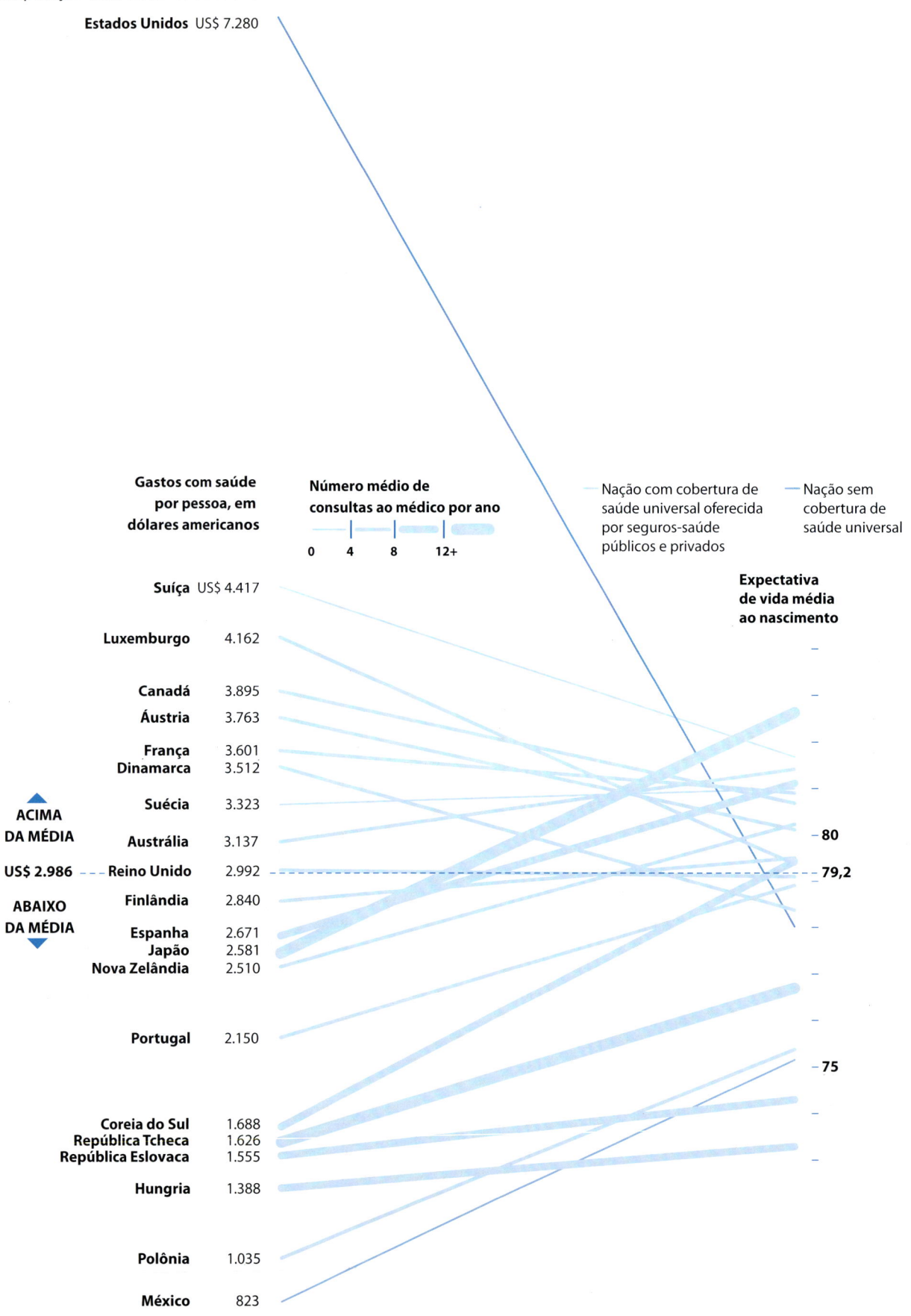

País	Gastos com saúde por pessoa, em dólares americanos
Estados Unidos	US$ 7.280
Suíça	US$ 4.417
Luxemburgo	4.162
Canadá	3.895
Áustria	3.763
França	3.601
Dinamarca	3.512
Suécia	3.323
Austrália	3.137
Reino Unido	2.992
Finlândia	2.840
Espanha	2.671
Japão	2.581
Nova Zelândia	2.510
Portugal	2.150
Coreia do Sul	1.688
República Tcheca	1.626
República Eslovaca	1.555
Hungria	1.388
Polônia	1.035
México	823

ACIMA DA MÉDIA — US$ 2.986 — ABAIXO DA MÉDIA

Número médio de consultas ao médico por ano: 0 | 4 | 8 | 12+

— Nação com cobertura de saúde universal oferecida por seguros-saúde públicos e privados
— Nação sem cobertura de saúde universal

Expectativa de vida média ao nascimento: 80 — 79,2 — 75

Fonte: Michelle Andrews, "Health, The Cost of Care", *National Geographic Magazine*, dezembro de 2009.

Família. A família se forma e funciona de maneira significativamente diversa ao redor do mundo, até mesmo ao redor de um país.[26] Por exemplo, embora o nepotismo seja visto como um problema nas organizações americanas, ele muitas vezes é considerado um princípio organizador nas empresas chinesas e mexicanas.[27] De outro modo, pense nos executivos holandeses que vivem com a mãe, a mulher e os filhos em uma casa em Maastricht que pertence à sua família há 300 anos. É também comum entre as pessoas de alta renda no Cairo comprar um prédio de apartamentos para abrigar a família estendida – avós, irmãos casados, primos e respectivos filhos. Pense ainda em uma mãe japonesa que cuida de dois filhos praticamente sozinha e em geral dorme com eles à noite, enquanto o marido dorme durante as quatro horas por dia que gasta para ir e voltar do trabalho de trem. E existe igualmente a família americana na Califórnia, na qual marido e mulher trabalham para arcar com os carros, o guarda-roupa e os filhos na faculdade, o tempo todo preocupados com os pais idosos que moram do outro lado do país.

Até mesmo a proporção de crianças do sexo masculino e do sexo feminino é influenciada pela cultura (bem como pela latitude). Na maioria dos países europeus, essa proporção é meio a meio. Entretanto, o índice de meninos entre 1 a 6 anos na Índia é 52% e de meninos entre 1 e 4 anos na China é de 55%. Obviamente, essas proporções têm implicações a longo prazo para as famílias e as sociedades. Além disso, a preferência por meninos é arraigada nessas culturas, como demonstra o livro chinês *Livro das Canções*, escrito em aproximadamente 800 a.C.

> Quando nascer um menino
> Deixe-o dormir na cama,
> Vista-o com roupas finas,
> E dê-lhe uma pedra de jade para brincar...
> Quando nascer uma menina,
> Deixe-a dormir no chão,
> Enrole-a em uma manta comum,
> E dê-lhe telhas quebradas de brinquedo.

Todas essas diferenças influem diretamente na maneira como as crianças pensam e se comportam. Por exemplo, o individualismo é ensinado na primeira noite em que um bebê americano é aconchegado em seu berço em outro recinto da casa. Os valores do igualitarismo são aprendidos no primeiro momento em que o pai lava a louça em frente às crianças, a mãe sai para o trabalho ou uma criança de 3 anos de idade aprende que o vovô e o irmão menor devem ser tratados como "senhor" e "você", respectivamente. E existem boas perspectivas quanto à igualdade de gênero: a lacuna educacional entre homens e mulheres está cada vez mais estreita em vários lugares do mundo – por exemplo, hoje a maioria dos estudantes universitários nos Estados Unidos é mulher.

Religião. Na maior parte das culturas, a primeira instituição social que os bebês conhecem além da família é uma igreja, mesquita, capela ou sinagoga. O impacto da religião sobre os sistemas de valores de uma sociedade e as consequências dos sistemas de valores sobre o marketing não devem ser subestimados. Por exemplo, os protestantes acreditam que a relação de um indivíduo com Deus é pessoal, e as confissões são feitas diretamente por meio da oração. Entretanto, os católicos romanos confessam aos padres, estabelecendo uma hierarquia dentro da Igreja. Considerando isso, alguns estudiosos argumentam que o protestantismo engendra um modo igualitário de pensar. Contudo, sejam quais forem suas particularidades, a religião sem dúvida afeta os hábitos das pessoas, sua maneira de ver a vida, os produtos que elas compram, a forma como elas compram e até os jornais que elas leem.

A influência da religião pode ser extremamente grande. Por isso, os profissionais de marketing que conhecem pouco ou não conhecem nada a respeito de uma religião podem cometer facilmente sérias ofensas. A religião de uma pessoa na maioria das vezes não é um guia confiável para as crenças de outras. A maior parte das pessoas não conhece outras religiões

---

[26] A descrição de Michael Finkel da vida diária da tribo caçadora-coletora, tal como observada na Tanzânia, é importante como representação da vida e estrutura familiar no estado primitivo de um povo. Consulte "The Hadza", *National Geographic*, dezembro de 2009, p. 94-118; consulte também John L. Graham, "Mother and Child Reunion", *Orange County Register*, 11 de janeiro de 2009.

[27] Anabella Davila e Maria M. Elvira, "Culture and Human Resource Management in Latin America", em Marta M. Elvira e Anabella Davila (eds.), *Managing Human Resources in Latin America* (Londres: Routledge, 2005), p. 3-24.

além daquela que seguem, e, o que "conhece" de outras religiões com frequência é equivocado. A religião islâmica é um bom exemplo da necessidade de ter conhecimentos básicos sobre as principais religiões. Mais de um bilhão de pessoas no mundo adotam o islamismo, embora empresas multinacionais importantes muitas vezes ofendam os muçulmanos. A *maison* de alta-costura Chanel involuntariamente profanou o Alcorão ao bordar versos do livro sagrado do islamismo em vários vestidos exibidos em suas coleções de verão. O estilista disse que teve a ideia a partir de um livro sobre o Taj Mahal da Índia e que não tinha consciência do seu significado. Para apaziguar um grupo de muçulmanos que considerou a utilização desses versos uma profanação, a Chanel foi obrigada a destruir os vestidos e o negativo das fotos que haviam sido tiradas. A Chanel com certeza não tinha nenhuma intenção de ofender os muçulmanos, visto que alguns de seus clientes mais importantes adotam o islamismo. Esse exemplo mostra como é fácil ofender pessoas quando o profissional de marketing, nesse caso o figurinista, não tem familiaridade com outras religiões.

Escola. A educação/instrução, uma das instituições sociais mais importantes, afeta todos os aspectos da cultura, do desenvolvimento econômico ao comportamento do consumidor. A taxa de alfabetização de um país é uma influência determinante em seu desenvolvimento econômico. Inúmeros estudos indicam uma relação direta entre a taxa de alfabetização de um país e seu potencial de rápido crescimento econômico. De acordo com o Banco Mundial, nenhum país teve prosperidade econômica com menos de 50% de alfabetização. Porém, nos casos em que um país investiu em educação, as recompensas econômicas foram substanciais. O impacto da alfabetização sobre o marketing é profundo. Comunicar-se com um mercado letrado é mais fácil do que com um mercado em que seja preciso recorrer a símbolos e imagens. Progressivamente, as escolas são vistas como precursoras de mudanças culturais e avanços positivos em todo o planeta.

Meios de comunicação. As quatro instituições que mais influem nos valores e na cultura são as escolas, as igrejas, as famílias e, mais recentemente, os meios de comunicação. Nos Estados Unidos, nos últimos 30 anos, o número de mulheres que entraram para a força de trabalho foi crescente, diminuindo de modo significativo a influência da família sobre a cultura americana. O tempo dedicado aos meios de comunicação (televisão e, cada vez mais, internet e celulares) substituiu o tempo em família – em grande medida em detrimento da cultura americana, defendem alguns. No momento, é difícil avaliar os efeitos de longo prazo das horas passadas com Bart Simpson ou com um personagem clérigo do EverQuest. Aliás, a breve aparição do primeiro-ministro britânico em *Os Simpsons* indica a proeminência desse programa ao redor do mundo.

As crianças americanas passam apenas 180 dias por ano na escola. Compare essa frequência com os 251 dias na China, os 240 dias no Japão e os 200 dias na Alemanha. Na verdade, as autoridades chinesas reconhecem as desvantagens para o país de ficar muito tempo na escola – mentes estreitas. De modo semelhante, os americanos reclamam cada vez mais dos efeitos prejudiciais da exposição exagerada aos meios de comunicação. Muitos censuram a decadência do sistema educacional americano porque ele produz uma porcentagem menor de graduados universitários do que 12 outros países, como Rússia, Japão e França.[28]

Governo. Em comparação com as influências iniciais (durante a infância) e diretas da família, da religião, da escola e dos meios de comunicação, os governos influem relativamente pouco. Os valores culturais e os padrões de pensamento são em grande medida estabelecidos antes e durante a adolescência. Na maioria das vezes, os governos tentam influenciar o modo de pensar e os comportamentos dos cidadãos adultos pelo "próprio bem" desses

Nos Estados Unidos, as crianças frequentam a escola 180 dias por ano; na China, elas frequentam 251 dias – isso representa seis dias por semana. Há uma grande ânsia pela palavra escrita na China. Nesta foto, crianças leem livros alugados por um vendedor de rua.

---

[28] Michael E. Porter, "Why America Needs an Economic Strategy", *BusinessWeek*, 10 de novembro de 2008, p. 39-42; "The Underworked American [child]", *The Economist*, 13 de junho de 2009, p. 40.

cidadãos. Por exemplo, o governo francês estimula os cidadãos a ter filhos desde os tempos de Napoleão. Agora, ele está oferecendo um novo "bônus de natalidade" de US$ 800, concedido às mulheres no sétimo mês de gravidez – ainda que a França tenha uma das taxas de fertilidade mais altas na UE (consulte a Figura 4.1). De modo semelhante, o governo japonês gasta US$ 225 milhões para ampliar as instalações de creches, a fim de aumentar o índice de natalidade decrescente e empregar melhor as mulheres na força de trabalho.[29] Observe também as proibições francesas e britânicas mais recentes, apoiadas pelo governo, dos *hijabs* (os véus usados na cabeça por colegiais muçulmanas) ou a iniciativa do governo holandês de proibir *burkas* (túnicas que cobrem o corpo inteiro usadas por mulheres muçulmanas)[30] ou a proibição do governo suíço de construção de minaretes.[31] Além disso, mudanças de governo importantes, como a dissolução da União Soviética, podem exercer influências notáveis sobre crenças pessoais e outros aspectos culturais.

Em alguns países, o governo detém os meios de comunicação e utiliza regularmente propaganda política para formar opiniões públicas "favoráveis". Outros países preferem não separar Igreja e Estado – por exemplo, atualmente o Irã é governado por clérigos. Os governos também influem indiretamente no modo de pensar das pessoas por meio do apoio a organizações religiosas e escolas. Por exemplo, tanto o governo japonês quanto o chinês no momento se esforçam em promover um pensamento mais criativo entre os estudantes por meio de mudanças obrigatórias nas atividades e nas horas passadas em sala de aula. Os governos também influenciam o modo de pensar e o comportamento por meio da aprovação, promulgação, promoção e aplicação de uma série de leis que afetam os comportamentos de consumo e da prática do marketing. O governo irlandês recentemente está preocupado com o consumo de Guinness e de outros produtos alcoólicos por seus cidadãos. Estudos conduzidos pelo governo indicam que o abuso de bebidas custa ao país 2% do produto interno bruto (PIB). Portanto, para desestimular o consumo de bebidas alcoólicas por menores, as leis irlandesas estão cada vez mais rígidas (consulte o fim do Capítulo 16 para obter mais detalhes).

Corporações. Obviamente, as corporações nos dominam desde cedo mediante os meios de comunicação. Entretanto, mais importante do que isso, as inovações geralmente são introduzidas nas sociedades pelas empresas, muitas vezes por multinacionais. Aliás, os mercadores e negociantes têm sido ao longo de toda a história o principal canal para a difusão das inovações, seja por meio da Rota da Seda, pelo transporte aéreo ou pela internet dos tempos modernos. As multinacionais têm acesso a ideias do mundo inteiro. Por meio da distribuição eficiente de novos produtos e serviços baseados nessas novas ideias, as culturas mudam, e novos modos de pensar são estimulados. O papel decisivo das empresas como agentes de mudança é discutido em detalhes na última seção deste capítulo.

Elementos culturais
OA3
Elementos culturais
Valores culturais

Anteriormente, nossa definição de cultura englobou cinco elementos: valores, rituais, símbolos, crenças e processos de pensamento. Os profissionais de marketing internacional devem desenvolver produtos, sistemas de distribuição e programas promocionais considerando devidamente cada um deles.

O que provoca a diversidade cultural existente entre os países são as diferenças fundamentais nos **valores culturais**, isto é, na importância que se atribui a coisas e ideias. A informação mais útil sobre como os valores culturais influenciam vários tipos de negócio e comportamento de mercado provém do influente trabalho de Geert Hofstede.[32] Ao estudar mais de 90 mil pessoas ao todo em 66 países, ele descobriu que as culturas dos países estudados diferiam em relação a quatro dimensões principais. Subsequentemente, ele e centenas de outros pesquisadores identificaram que inúmeros padrões de negócio e de comportamento do consumidor estão associados com três dessas quatro dimensões.[33] As

---

[29] Tomoko Yamazaki e Komaki Ito, "Japan: Boosting Growth with Day Care", *Bloomberg BusinessWeek*, 4 de janeiro de 2010, p. 96-97.
[30] "The War of French Dressing", *The Economist*, 16 de janeiro de 2010, p. 49-50.
[31] Deborah Ball, "Muslim Leaders Condemn Swiss Minaret Ban", *The Wall Street Journal*, 30 de novembro de 2009.
[32] Hofstede, *Culture's Consequences*.
[33] Debanjan Mitra e Peter N. Golder, "Whose Culture Matters? Near-Market Knowledge and Its Impact on Foreign Market Entry Timing", *Journal of Marketing Research*, 39, n. 3, agosto de 2002, p. 350-365; Boonghee Yoo e Naveen Donthu, "Culture's Consequences, a Book Review", *Journal of Marketing Research*, 39, n. 3, agosto de 2002, p. 388-389.

Figura 4.6
Índices de Hofstede, idiomas e distância idiomática.

Fonte: Geert Hofstede, *Culture's Consequences* (Thousand OAKs, CA: Sage, 2001). Dados impressos com permissão de Geert Hofstede.

País	Pontuação IDV	Pontuação IDP	Pontuação IEI	Língua materna	Distância do Inglês
Países árabes	38	80	68	Árabe	5
Austrália	90	36	51	Inglês	0
Brasil	38	69	76	Português	3
Canadá	80	39	48	Inglês (Francês)	0, 3
Colômbia	13	67	80	Espanhol	3
Finlândia	63	33	59	Finlandês	4
França	71	68	86	Francês	3
Alemanha	67	35	65	Alemão	1
Grã-Bretanha	89	35	35	Inglês	0
Grécia	35	60	112	Grego	3
Guatemala	6	95	101	Espanhol	3
Índia	48	77	40	Drávida	3
Indonésia	14	78	48	Bahasa	7
Irã	41	58	59	Persa	3
Japão	46	54	92	Japonês	4
México	30	81	82	Espanhol	3
Países Baixos	80	38	53	Holandês	1
Nova Zelândia	79	22	49	Inglês	0
Paquistão	14	55	70	Urdu	3
Coreia do Sul	18	60	85	Coreano	4
Taiwan	17	58	69	Taiwanês	6
Turquia	37	66	85	Turco	4
Estados Unidos	91	40	46	Inglês	0
Uruguai	36	61	100	Espanhol	3
Venezuela	12	81	76	Espanhol	3

quatro[34] dimensões são as seguintes: índice de individualismo/coletivismo (IDV), que enfoca o autodirecionamento; índice de distância do poder (IDP), que enfatiza as posturas em relação à autoridade; índice de evitação de incerteza (IEI), que se concentra na disposição ao risco; e índice de masculinidade/feminilidade (MAS), que enfoca a assertividade e o êxito. A dimensão individualismo/coletivismo demonstrou-se a mais útil dentre as quatro, justificando livros exclusivos sobre esse assunto.[35] Como o MAS demonstrou-se menos útil, não o examinaremos mais a fundo aqui. Consulte a Figura 4.6 para obter detalhes.

Ao longo da década de 1990, Robert House[36] e seus colegas desenvolveram um conjunto comparável de dados, mais direcionados aos valores relacionados à liderança e a organizações. Os dados oferecidos por esses pesquisadores são por si sós bastante valiosos, e as feições desse estudo coincidem perfeitamente com os dados de Hofstede, coletados cerca de 25 anos antes. A importância desse trabalho gerou críticas e discussões consideráveis.[37]

---

[34] Em um estudo subsequente, uma quinta dimensão, orientação de longo prazo (OLP), foi identificada em relação às orientações temporais das diferentes culturas. Consulte Geert Hofstede e Michael Harris Bond, "The Confucius Connection", *Organizational Dynamics*, 16, n. 4, primavera de 1988, p. 4-21; Hofstede, *Culture's Consequences*.
[35] Harry C. Triandis, *Individualism and Collectivism* (Boulder, CO: Westview Press, 1995).
[36] Robert J. House, Paul J. Hanges, Mansour Javidan, Peter W. Dorfman e Vipin Gupta (eds.), *Culture, Leadership, and Organizations: The Globe Study of 62 Societies* (Thousand Oaks, CA: Sage, 2004).
[37] Bradley L. Kirkman, Kevin B. Lowe e Cristina Gibson, "A Quarter Century of Cultures' Consequences: A Review of Empirical Research Incorporating Hofstede's Cultural Values Framework", *Journal of International Business Studies*, 37, 2006, p. 285-320; Kwock Leung, "Editor's Introduction to the Exchange between Hofstede and GLOBE", *Journal of International Business Studies*, 37, 2006, p. 881; Geert Hofstede, "What Did GLOBE Really Measure? Researchers' Minds *versus* Respondents' Minds", *Journal of International Business Studies*, 37, 2006, p. 882-896; Mansour Javidan, Robert J. House, Peter W. Dorfman, Paul J. Hanges e Mary Sully de Luque, "Conceptualizing and Measuring Cultures and Their Consequences: A Comparative Review of GLOBE's and Hostede's Approaches", *Journal of International Business Studies*, 37, 2006, p. 897-914; Peter B. Smith, "When Elephants Fight, the Grass Gets Trampled: The GLOBE and Hofstede Projetcts", *Journal of International Business Studies*, 37, 2006, p. 915-921; P. Christopher Earley, "Leading Cultural Research in the Future: A Matter of Paradigms and Taste", *Journal of International Business Studies*, 37, 2006, p. 922-931.

Índice de individualismo/coletivismo. Refere-se à preferência pelos comportamentos que promovem o autointeresse dos indivíduos. As culturas que apresentam uma alta pontuação de IDV refletem uma mentalidade "centrada no eu" e tendem a recompensar e aceitar a iniciativa individual, ao passo que aquelas com baixa pontuação de IDV refletem uma mentalidade "centrada no nós" e geralmente subjuga o indivíduo ao grupo. Essa distinção não significa que os indivíduos não se identificam com grupos quando uma cultura tem uma pontuação alta de IDV. Na verdade, significa que a iniciativa e a independência pessoal são aceitas e endossadas. O individualismo faz parte das sociedades em que os laços entre os indivíduos são frouxos; a expectativa é de que todos cuidem de si mesmos e de sua família imediata. O coletivismo, ao contrário, faz parte de sociedades em que as pessoas são integradas desde o momento em que nascem em grupos fortes e coesos que continuam a protegê-las ao longo da vida em troca de uma lealdade inquestionável.

Índice de distância do poder. Mede a tolerância à desigualdade social, isto é, a desigualdade de poder entre superiores e subordinados dentro de um sistema social. As culturas com pontuações altas de IDP tendem a ser hierárquicas. Os papéis sociais, a manipulação e a herança são citados como fonte de poder e prestígio social por seus membros. Aquelas com baixa pontuação, em contraposição, tendem a valorizar a igualdade e citam o conhecimento e o respeito como fonte de poder. Desse modo, as pessoas provenientes de culturas com IDP alto são mais propensas a ter uma desconfiança geral em relação às outras (que não pertencem ao seu grupo) porque consideram que o poder está nas mãos dos indivíduos e é coercitivo, e não legítimo. Um IDP alto tende a indicar uma percepção das diferenças entre superior e subordinado e a crença de que os que detêm o poder têm direito a privilégios. Um IDP baixo reflete pontos de vista mais igualitários.

Índice de evitação de incerteza. Avalia a tolerância à incerteza e à ambiguidade entre os membros de uma sociedade. As culturas com alto IEV são extremamente intolerantes em relação à ambiguidade e, em consequência disso, tendem a desconfiar de novas ideias ou comportamentos. Tendem também a ter um alto nível de ansiedade e estresse e a se preocupar com a segurança e o cumprimento de regras. Por isso, elas se apegam dogmaticamente a padrões de comportamento que foram postos à prova ao longo da história, os quais, levados ao extremo, tornam-se leis invioláveis. Aquelas com IEV extremamente alto, portanto, concordam com um alto nível de autoridade sobre as regras como forma de evitar riscos. As culturas com IEV baixo estão associadas com baixo nível de ansiedade e estresse, tolerância em relação a desvios comportamentais e diferenças de opinião e disposição a assumir riscos. Desse modo, tais culturas adotam uma postura mais empírica com relação ao entendimento e ao conhecimento, ao passo que as culturas com alto IEV buscam a verdade absoluta.

Valores culturais e comportamento do consumidor. Vários estudos demonstraram que os valores culturais podem predizer determinados comportamentos do consumidor, como comunicação boca a boca,[38] compra impulsiva,[39] reações de surpresa[40] e indignação,[41] propensão a reclamar,[42] reação contra falhas de atendimento ao cliente[43] e até preferências por filmes.[44] Voltando ao exemplo de *trading* eletrônico apresentado na abertura deste capítulo, podemos ver como as ideias de Hofstede sobre valores culturais poderiam nos ajudar a prever a velocidade de difusão de novos serviços ao cliente, como os investimentos no mercado acionário e os leilões eletrônicos no Japão e na França. Como mostra a Figura 4.6, dentre todos os países, os Estados Unidos apresentam a pontuação mais alta em individualismo (91).

---

[38] Desmond Lam, Alvin Lee e Richard Mizerski, "The Effects of Cultural Values in Word-of-Mouth Communication", *Journal of International Marketing*, 17, n. 3, 2009, p. 55-70.
[39] Yinlong Zhang, Karen Page Winterich e Vikas Mittal, "Power-Distance Belief and Impulsive Buying", *Journal of Marketing Research*, 47, 2010.
[40] Ana Valenzuela, Barbar Mellers e Judi Strebel, "Pleasurable Surprises: A Cross-Cultural Study of Consumer Responses to Unexpected Incentives", *Journal of Consumer Reseach*, 36, 2010.
[41] Daisann McLane, "Trackling the Yuck Factor", *National Geographc Traveler*, janeiro de 2010, p. 26-28.
[42] Piotr Chelminski e Robin A. Coulter, "The Effects of Cultural Individualism and Self-Confidence on Propensity to Voice: From Theory to Measurement to Practice", *Journal of International Marketing*, 15, 2007, p. 94-118.
[43] Haksin Chan, Lisa C. Wan e Leo Y. M. Sin, "The Contrasting Effects of Culture on Consumer Tolerance: Interpersonal Face and Impersonal Fate", *Journal of Consumer Research*, 36, n. 2, 2009, p. 292-304; Haskin Chan e Lisa C. Wan, "Consumer Responses to Service Failures: A Resource Preference Model of Cultural Influences", *Journal of International Marketing*, 16, n. 1, 2008, p. 72-97.
[44] J. Samuel Craig, William H. Greene e Susan P. Douglas, "Culture Matters: Consumer Acceptance of U.S. Films in Foreign Markets", *Journal of International Marketing*, 13, 2006, p. 80-103.

CRUZANDO FRONTEIRAS 4.2 — Não é o presente que conta, mas como você o oferece

Presentear no estrangeiro exige atenção redobrada, para que seja realizado da maneira devida. Veja algumas sugestões:

JAPÃO
Não abra o presente em frente a um colega japonês, a não ser que ele peça, e não espere que ele abra o presente que você lhe der.

Evite usar fitas e laços no embrulho dos presentes. Os laços não são considerados atraentes e as fitas coloridas podem ter significados distintos.

Sempre ofereça o presente com as duas mãos.

EUROPA
Evite rosas vermelhas e flores brancas, números pares e o número 13. Não embrulhe as flores em papel.

Não corra o risco de passar a impressão de suborno comprando um presente de valor expressivo.

MUNDO ÁRABE
Não leve presentes em um primeiro encontro para conhecer uma determinada pessoa. Isso pode ser interpretado como suborno.

Não deixe passar a impressão de que você se programou para oferecer o presente no momento em que o presenteado estivesse sozinho. Isso passa uma má impressão, a menos que você conheça bem essa pessoa. Em relacionamentos menos pessoais, presenteie publicamente.

AMÉRICA LATINA
Não dê nenhum presente enquanto não desenvolver um relacionamento relativamente pessoal, a menos que ele seja dado para expressar gratidão pela hospitalidade.

Os presentes devem ser dados em encontros sociais, e não no decorrer de algum encontro de negócios.

Evite o preto e o roxo; essas cores são associadas com o período católico da Quaresma.

CHINA
Nunca faça estardalhaço ao dar um presente – tanto publicamente quanto particularmente. Contudo, sempre dê o presente com as duas mãos.

Os presentes devem ser oferecidos privativamente, com exceção dos presentes coletivos cerimoniais em banquetes ou após um discurso.

RÚSSIA
De modo geral, os russos gostam de dar e receber presentes – portanto, use-os frequentemente. Levar algum presente para as crianças é uma boa ideia.

Quando convidado a visitar a residência de um russo, leve chocolates ou vinho, e não vodca.

Levar um buquê de flores é uma boa opção, mas sempre em número ímpar. Os números pares são para funerais.

ESTADOS UNIDOS
Presentes muito pomposos podem causar sérios problemas.

Fonte: James Day Hodgson, Yoshihiro Sano e John L. Graham, *Doing Business in the New Japan* (Latham, MD: Rowman and Littlefield, 2008); www.executiveplanet.com, 2010.

O Japão apresenta 46 pontos nesse mesmo quesito, e a França, 71. Nos Estados Unidos, onde o individualismo reina supremo, é possível prever que a atividade "social virtual" de sentar-se sozinho ao computador seria mais aceitável. Tanto no Japão quanto na França, onde os valores favorecem as atividades em grupo, a conversa face a face com corretores de valores e vizinhos seria preferível à comunicação eletrônica impessoal.

De modo semelhante, tanto o Japão (92) quanto a França (86) apresentam alta pontuação no IEI de Hofstede, e os Estados Unidos apresenta uma pontuação baixa (46). Com base nessas pontuações, poder-se-ia prever que os investidores japoneses e franceses são menos propensos a assumir os riscos dos investimentos de mercado – aliás, os depósitos do sistema postal ou as contas de poupança são preferidos em virtude da garantia oferecida. Portanto, em ambos os casos, os dados de Hofstede sobre valores culturais levam a crer que a difusão dessas inovações será mais lenta no Japão e na França do que nos Estados Unidos. Essas previsões são coerentes com os resultados de pesquisa segundo os quais as culturas com pontuações mais altas em individualismo e mais baixas em evitação de incertezas tendem a ser mais inovadoras.[45]

Talvez a pesquisa mais interessante sobre valores culturais e comportamento do consumidor esteja relacionada a dois experimentos com estudantes americanos e chineses.[46] Foram apresentados a ambos os grupos anúncios impressos que usavam apelos emocionais centrados no outro (isto é, a fotografia de um casal divertindo-se na praia) *versus* apelos emocionais centrados no eu (um indivíduo divertindo-se na praia). Os pesquisadores previram que os americanos, individualistas, responderiam mais favoravelmente aos apelos centrados no eu e

---

[45] Jan-Benedict E. M. Steenkamp, Frenkel ter Hofstede e Michel Wedel, "A Cross-National Investigation into the Individual and National Cultural Antecedents of Consumer Innovativeness", *Journal of Marketing*, 63, abril de 1999, p. 55-69.

[46] Jennifer L. Aaker e Patti Williams, "Empathy vs. Pride: The Influence of Emotional Appeals across Cultures", *Journal of Consumer Research*, 25, dezembro de 1998, p. 241-261.

Todos os muçulmanos são ordenados a fazer o *hajj*, isto é, a peregrinação a Meca, uma vez na vida, se fisicamente possível. Aqui, em torno de dois milhões de fiéis de todas as partes do mundo participam anualmente em um dos maiores encontros ritualísticos do mundo.[47]

os chineses, coletivistas, aos apelos centrados no outro, mas eles constataram o oposto. O segundo experimento os ajudou a explicar esse resultado inesperado: em ambos os casos, o que os participantes gostavam nos anúncios era a *inovação vis-à-vis* à sua cultura. Portanto, mesmo nessa circunstância, os valores culturais ofereceram informações úteis para os profissionais de marketing. Contudo, a complexidade do comportamento humano, de seus valores e de sua cultura é evidente.

Rituais

Usando a cor ritualística "laranja", milhares de peregrinos do deus Shiva descendo uma das mais de cem *ghats* existentes em Varanasi, na Índia, para realizar o *puja* (ritual de purificação da alma). Varanasi (também conhecida como Benares ou Banaris) é uma das cidades mais antigas e sagradas da Índia. Dizem que é a terra do deus Shiva (deus hindu) e o local do primeiro sermão de Buda. Por isso, seguidores de inúmeras religiões afluem diariamente a Varanasi. Todos os dias, ao nascer e ao pôr do sol, os peregrinos lotam as *ghats* (escadarias que levam ao rio sagrado/Mãe Ganga/Rio Ganges) para mergulhar na água e realizar o *puja*. No dia mais movimentado do ritual, em torno de 5 a 10 milhões de pessoas participam (de acordo com a professora Rika Houston). Entretanto, os rituais televisionados, como o Oscar e a Copa do Mundo de Futebol atraem bilhões de pessoas, mas em forma de público virtual.

A vida é repleta de **rituais**, isto é, de padrões de comportamento e interação que são aprendidos e reproduzidos. Os mais óbvios estão relacionados com acontecimentos importantes da vida. As cerimônias de casamento são bons exemplos. Talvez o ritual mais importante para a maioria dos leitores deste livro seja o de colação de grau – "pompa e circunstância", chapéus engraçados, longos discursos e tudo o mais. Na maioria das vezes esses rituais

[47] Hassan M. Fattar, "The Price of Progress: Transforming Islam's Holiest Sight", *The New York Times International*, 8 de março de 2007, p. A4.

diferem de uma cultura para outra. Aliás, existe um *gênero* só de filmes estrangeiros sobre casamentos,[48] e talvez o melhor seja *Um Casamento à Indiana*. Noivos em cavalos brancos e flores comestíveis sem dúvida fazem parte da cerimônia para os abastados de Nova Deli.

A vida é igualmente regada de pequenos rituais, como jantar em um restaurante ou passear em uma loja de departamentos ou mesmo cuidar da aparência antes de sair para o trabalho ou para a escola de manhã. Em um requintado restaurante em Madri, a sobremesa pode preceder o prato de entrada, mas o jantar só começa em torno da meia-noite, e todo esse processo pode durar três horas. Nos Estados Unidos, quando alguém vai a uma loja de departamentos, em geral precisa procurar um funcionário para pedir informações. No Japão não é bem assim, porque o auxiliar se curva à porta, em sinal de reverência, assim que você entra. Ir a um médico nos Estados Unidos e ficar aguardando 15 minutos em uma sala de exames com nada mais senão uma camisola de papel é comum. Na Espanha, os exames costumam ser realizados na sala do médico. Não há espera, porque, quando você entra, o médico está sentado à mesa.

Os rituais são importantes. Eles são utilizados em interações do cotidiano e em ocasiões especiais e indicam o que as pessoas devem esperar. No último capítulo deste livro, analisamos o ritual das negociações comerciais, que também varia de uma cultura para outra.

Símbolos

O antropólogo Edward T. Hall afirma que cultura é comunicação. Em seu influente artigo a respeito das diferenças culturais nos ambientes de negócios, ele fala sobre as "linguagens" do tempo, do espaço, dos objetos, das amizades e dos acordos.[49] Aliás, aprender a interpretar corretamente os símbolos que nos rodeiam é um fator fundamental da socialização, e esse aprendizado começa imediatamente após o nascimento, quando começamos a ouvir a linguagem falada, a ver as expressões faciais e a sentir o toque da mãe e o sabor do leite materno.[50] Começamos nossa análise sobre os sistemas simbólicos com a linguagem, a parte mais óbvia e a parte que envolve com maior frequência comunicações conscientes.

Linguagem/idioma.

Devemos mencionar que, para algumas pessoas ao redor do mundo, a linguagem é em si considerada uma instituição social, em geral com importância política. Sem dúvida os franceses fazem tudo o que é preciso e chegam a extremos para preservar a pureza do idioma *francês*. No Canadá, o idioma foi ponto de convergência de disputas políticas que chegaram a incluir uma possível separação, embora mais recentemente as coisas pareçam ter se acalmado por lá. Infelizmente, como o número de línguas faladas continua a diminuir no mundo inteiro, a extraordinária diversidade cultural do planeta também está diminuindo.

A importância de conhecer a língua de um país não pode ser subestimada, particularmente se você estiver vendendo seus produtos na França! O profissional de marketing competente deve desenvolver ao máximo suas habilidades de comunicação, o que exige um conhecimento meticuloso do idioma e a habilidade de falá-lo. Os redatores publicitários devem se preocupar menos com as diferenças óbvias entre os idiomas e mais com os significados idiomáticos e simbólicos[51] expressos. Não é suficiente apenas traduzir um termo para o espanhol, por exemplo, porque nos países da América Latina em que se fala o espanhol o vocabulário varia amplamente. Por exemplo, *tambo* significa hospedaria à margem da estrada na Bolívia, na Colômbia, no Equador e no Peru; fazenda de gado leiteiro na Argentina e no Uruguai; e bordel no Chile. Se isso representar um problema para você, experimente comunicar-se com o povo de Papua Nova Guiné. Em torno de 750 dialetos, todos distintos e incompreensíveis entre si, são falados lá. Essa questão crucial sobre a precisão das traduções nas comunicações de marketing é discutida mais a fundo nos Capítulo 8 e 16.

A relação entre idioma e marketing internacional é importante também por outro motivo. Estudos recentes indicam que um novo conceito, o de **distância idiomática**, está se

---

[48] Outros filmes excelentes desse gênero são *Cousin, Cousine* (*Primo Prima*, França), *Quatro Casamentos e Um Funeral* (Reino Unido), *Driblando o Destino* (Reino Unido, imigrantes asiáticos), *Núpcias na Galileia* (Palestina/Israel) e *Banquete de Casamento* (Taiwan). Consulte também Cam Simpson, "For Jordanians, Shotgun Weddings Can Be a Problem", *The Wall Street Journal*, 5 de junho de 2007, p. A1, A11.

[49] Edward T. Hall, "The Silent Language in Overseas Business", *Harvard Business Review*, maio-junho de 1960, p. 87-96. Uma discussão sobre a importância do trabalho de Hall encontra-se em John L. Graham, "Culture and Human Resources Management", em Aln M. Rugman e Thomas L. Brewer (eds.), *The Oxford Handbook of International Business* (Oxford: Oxford University Press, 2008), p. 503-536.

[50] Os condimentos que uma mãe que está amamentando consome afetam o sabor do leite que ela produz.

[51] Eric Yorkston e Gustavo E. de Mello, "Linguistic Gender Marking and Categorization", *Journal of Consumer Research*, 32, 2005, p. 224-234.

provando útil para os pesquisadores de marketing nas decisões de segmentação de mercado e estratégia de entrada. A distância idiomática demonstrou ser um fator importante para a identificação de diferenças de valor entre os países e a determinação da quantidade de transações comerciais entre eles.[52] A ideia é que transpor diferenças idiomáticas "mais amplas" aumenta os custos de transação.

Ao longo dos anos, os pesquisadores linguísticos constataram que os idiomas falados ao redor do mundo conformam-se a árvores genealógicas[53] com base na similaridade de suas formas e de sua evolução. Por exemplo, o espanhol, o italiano, o francês e o português são classificados como línguas românicas porque têm uma raiz comum, o latim. As distâncias podem ser medidas nessas árvores linguísticas. Tomando o inglês[54] como ponto de partida, o alemão está a um ramo de distância; o dinamarquês, a dois; o espanhol, a três; o japonês, a quatro; o hebraico, a cinco; o chinês, a seis; e o tailândês, a sete. Essas pontuações de "distância do inglês" são relacionadas para uma amostragem de culturas na Figura 4.6.

Outro trabalho nessa área demonstra uma influência direta do idioma sobre os valores culturais, as expectativas e até mesmo as concepções sobre o tempo. Por exemplo, à medida que a distância em relação ao inglês aumenta, o individualismo diminui.[55] Esses estudos são alguns dos primeiros desse gênero, e muitas outras pesquisas precisam ser conduzidas, mas o conceito de distância idiomática parece promissor para compreendermos e prevermos diferenças culturais quanto a valores, expectativas e comportamentos tanto do consumidor quanto de gestão. Outra área que tem atraído novo interesse dos pesquisadores é a relação entre o bilinguismo/biculturalismo e os comportamentos e valores do consumidor. Por exemplo, os consumidores bilíngues processam as propagandas de forma diferente quando as ouvem em sua língua materna e quando as ouvem em seu segundo idioma,[56] e os consumidores biculturais, diferentemente dos consumidores apenas bilíngues, podem alternar de uma identidade e estrutura de percepção para outra.[57]

Além disso, a relação entre o idioma falado e os valores culturais tem implicações profundas. Isto é, à medida que o inglês difunde-se pelo mundo afora por meio de sistemas escolares e da internet, valores culturais de individualismo e igualitarismo propagam-se com ele. Por exemplo, tanto os falantes do mandariam da China quanto os falantes do espanhol devem aprender duas palavras com relação ao pronome pessoal da primeira e segunda pessoa (*ni* e *nin* e *tu* e *usted*, respectivamente). O uso apropriado de ambos depende totalmente de que se conheça o contexto social da conversa. O respeito pela posição social é transmitido pelo uso de *nin* e *usted*. Em inglês, há apenas uma forma, *you*.[58] Os falantes podem ignorar o contexto e a posição social e ainda assim falar corretamente. É mais fácil, e a posição social torna-se menos importante. *Français*, tome cuidado!

A estética como símbolo.   A arte comunica. Aliás, Confúcio já teria dito que "Uma imagem vale mais que mil palavras". Porém, obviamente, isso também se aplica a uma dança ou a uma canção. Ao adquirir uma cultura, aprendemos o significado desse maravilhoso sistema simbólico representado em sua *estética*, isto é, sua arte, folclore, música, teatro, dança, vestuário e cosméticos. Em qualquer lugar do mundo, os consumidores respondem a imagens, mitos e metáforas que os ajudam a definir suas identidades e relações pessoais e nacionais em um contexto cultural e de benefícios do produto. A singularidade de uma cultura pode ser percebida rapidamente em símbolos que possuem significados diversos.

---

[52] Jennifer D. Chandler e John L. Graham, "Relationship-Oriented Cultures, Corruption, and International Marketing Success", *Journal of Business Ethics*, 92, n. 2, 2010, p. 251-267.

[53] Para examinar a representação mais abrangente das árvores linguísticas globais, consulte Jiangtian Chen, Robert R. Sokal e Merrit Ruhlen, "Worldwide Analysis of Genetic and Linguistic Relationships of Human Populations", *Human Biology*, 67, n. 4, agosto de 1995, p. 595-612.

[54] Reconhecemos o etnocentrismo com relação a utilizar o inglês como ponto de partida. Entretanto, as árvores linguísticas podem ser empregadas para avaliar a distância entre qualquer idioma. Por exemplo, as análises que utilizaram o francês ou o japonês como ponto de partida também se demonstraram proveitosas.

[55] Joel West e John L. Graham, "A Linguistics-Based Measure of Cultural Distance and Its Relationship to Managerial Values", *Management International Review*, 44, n. 3, 2004, p. 239-260.

[56] Stefano Puntoni, Bart de Langhe e Stijn M. J. van Osselaer, "Bilingualism and the Emotional Intensity of Advertising Language", *Journal of Consumer Research*, 35, 2009, p. 1.012-1.025.

[57] David Luna, Torsten Ringberg e Laura A. Peracchio, "One Individual, Two Identities: Frame Switching Biculturals", *Journal of Consumer Research*, 35, n. 2, 2008, p. 279-293.

[58] Em inglês, tradicionalmente havia um segundo pronome de segunda pessoa. O *"thee"* (te, ti) permaneceu como a forma informal até o último século. Mesmo em alguns países de língua espanhola, como Costa Rica, o "tu" está caindo em desuso de maneira semelhante.

Figura 4.7
Excursões metafóricas por 23 nações.

Fonte: De Martin J. Gannon, *Understanding Global Cultures, Metaphorical Journeys through 23 Nations*, 2. ed. Copyright © 2001. Dados reimpressos com permissão da Sage Publications.

Reino tailandês	Casa inglesa tradicional
Jardim japonês	*Balik kampung* malasiano
Índia: Dança de Shiva	Mercado nigeriano
Joias beduínas e Arábia Saudita	*Kibutz* e *Mochav* israelenses
As Cafeterias turcas	Ópera italiana
O Samba brasileiro	Renda belga
As Igrejas de aldeia polonesas	Fiesta mexicana
O *Kimchi* e a Coreia	Balé russo
A Sinfonia alemã	Tourada espanhola
O *Stuga* sueco	Tourada portuguesa
As Conversas irlandesas	Altar familiar chinês
O Futebol americano	

Considere, por exemplo, os tons de terra sutis de um típico restaurante japonês, em comparação ao vermelho-vivo e amarelo-vivo na decoração dos restaurantes étnicos chineses. De modo semelhante, a rivalidade de longa data entre o clãs escoceses Lindsay e Donald provocou algumas consternações para o McDonald's Corporation quando escolheu o padrão de tecido axadrezado como novo uniforme para seus funcionários. O lorde Godfrey Macdonald, chefe do clã Donald, ficou indignado e reclamou que a empresa McDonald's "desconhecia completamente aquele nome". Obviamente, o xadrez dos uniformes hoje é a menor preocupação da empresa, visto que os consumidores britânicos estão cada vez mais preocupados com problemas relacionados à saúde.

Se não houver uma interpretação e apresentação[59] cultural coerentes com os valores estéticos do país, inúmeros problemas de marketing podem vir à tona. A estilização dos produtos deve ser esteticamente agradável para ter sucesso, do mesmo modo que as propagandas e o leiaute das embalagens. A insensibilidade aos valores estéticos pode ofender, criar uma impressão negativa e, em geral, tornar as iniciativas de marketing ineficazes ou mesmo prejudiciais. Se não houver familiaridade com os valores estéticos de uma cultura, significados simbólicos importantes podem ser negligenciados. Por exemplo, os japoneses reverenciam a garça (*Tsuru*) como uma ave extremamente afortunada porque dizem que ela vive mil anos. Entretanto, deve-se evitar completamente o número quatro porque a palavra correspondente a quatro, *shi*, significa também morte para os japoneses. Portanto, no Japão, os jogos de chá são vendidos com cinco xícaras, e não quatro.

Em conclusão, segundo um pesquisador, conhecer as metáforas de diferentes culturas é uma porta fundamental para o sucesso. Na Figura 4.7, relacionamos as metáforas que Martin Gannon[60] identificou para representar as culturas ao redor do mundo. Nesse texto fascinante, Gannon compara o "futebol americano" (com seu individualismo, sua especialização competitiva, o agrupamento dos jogadores para combinar os lances do jogo e sua celebração oficial de perfeição) com a "tourada espanhola" (com seu pomposo desfile de abertura, a participação do público e o ritual de luta) e com a "dança indiana de Shiva" (com seus ciclos de criação, familiares e de interação social). As evidências empíricas que respaldam a ideia de que as metáforas de fato importam estão começando a se multiplicar.[61] Qualquer bom profissional de marketing internacional pode encontrar um excelente material para suas campanhas de propaganda nas descrições reveladoras apresentadas por essas pesquisas.

Crenças

Obviamente, grande parte do que assimilamos como crença provém de nossa formação religiosa. Contudo, examinar adequadamente aqui as questões relacionadas à fé verdadeira e à espiritualidade é com certeza impossível. Além disso, a relação entre superstição e religião não é nem um pouco clara. Por exemplo, uma explicação acerca da origem da aversão ocidental ao número 13 está relacionada a Jesus e seus 12 discípulos sentados à mesa da Última Ceia.

Não obstante, muitas de nossas crenças são seculares por natureza. O que os ocidentais com frequência chamam de superstição pode desempenhar um papel em grande medida

---

[59] Michael W. Allen, Rich Gupta e Arnaud Monnier, "The Interactive Effect of Cultural Symbols and Cultural Values on Taste Evaluations", *Journal of Consumer Research*, 35, n. 2, 2008, p. 294-308.
[60] Martin J. Gannon, *Understanding Global Cultures, Metaphorical Journeys through 23 Nations*, 2. ed. (Thousand Oaks, CA: Sage, 2001.
[61] Cristina B. Gibson e Mary E. Zeller-Bruhn, "Metaphors and Meaning: An Intercultural Analysis of the Concept of Work", *Administrative Science Quarterly*, 46, n. 2, 2001, p. 274-303.

Padres ortodoxos russos preparam-se para benzer uma linha de montagem na fábrica de utilitários esportivos da Niva próxima de Moscou, parte de uma *joint venture* com a General Motors e AvtoVaz. A Niva é a que mais vende utilitários esportivos na Rússia, obtendo lucros para a GM. Para o camarada Lenin, estes seriam tempos difíceis!

importante no sistema de crenças de uma sociedade de outra parte do mundo. Por exemplo, em regiões da Ásia, espíritos, previsão da sorte, quiromancia, tipo sanguíneo, leitura do formato do crânio, fases lunares, curandeiros ou terapeutas de cura, demônios e adivinhos podem ser fatores intrínsecos à sociedade. Pesquisas sobre propagandas realizadas na Grande China mostram uma preferência pelo "8" como último dígito nos preços listados – esse número tem a conotação de "prosperidade" na cultura chinesa. A Olimpíada de Pequim foi iniciada em 8/8/2008 por esse motivo! Lembre-se também da preocupação japonesa com o Ano do Cavalo de Fogo analisada antes.

Chamado de arte, ciência, filosofia ou superstição – dependendo de quem fala –, o *feng shui* chinês é uma crença antiga importante alimentada pelos chineses, dentre outros povos. *Feng shui* é o processo que conecta os seres humanos ao universo do *chi*, a energia que mantém a vida e flui pelo corpo e arredores e também ao redor dos lares e locais de trabalho. A ideia é canalizar o *chi* para aumentar a sorte, a prosperidade, a saúde e a honra do dono de uma casa ou propriedade e minimizar a energia negativa, *sha chi*, e seus efeitos. Para isso, é necessário contratar os serviços de um mestre em *feng shui*, que determinará a posição positiva de uma construção em relação ao horóscopo do proprietário, à data de fundação de um determinado negócio ou à forma do terreno e da construção. Não diz respeito a aparência e estilo, e está além da estética: no *feng shui*, acredita-se piamente que é possível criar um ambiente harmônico por meio do projeto e da disposição da mobília e evitando-se construções com face para o noroeste, o "portal de entrada do demônio", e sudoeste, a "porta dos fundos do demônio". Aliás, a Disney aplicou o *feng shui* em todos os seus novos passeios na Disneylândia de Hong Kong.

Na maioria das vezes, as crenças de uma pessoa são uma história pitoresca para outra. Desprezar a importância dos mitos, das crenças, das superstições ou de outras crenças culturais, por mais estranhas que possam parecer, é um equívoco porque elas são elementos fundamentais do tecido cultural de uma sociedade e influenciam todos os tipos de comportamento. O profissional de marketing que desprezar as superstições em outras culturas nas quais esteja atuando comercialmente pode estar cometendo um erro bastante caro. Para um ocidental que se recusa a passar debaixo da escada, teme os sete anos de azar depois de quebrar um espelho, compra bilhetes de loteria de um dólar e raras vezes chega ao 13º andar de um prédio, é difícil compreender o motivo de tanto estardalhaço com relação a ter nascido no ano certo e na fase lunar correta ou confiar profundamente em pessoas que sabem ler as mãos ou em especialistas em caligrafia, como no Japão.

Processos de pensamento

Agora estamos conhecendo mais detalhadamente até que ponto os modos de pensar variam de uma cultura para outra. Por exemplo, novos estudos estão demonstrando diferenças culturais em relação à impaciência do consumidor[62] e à maneira como toma decisões a respeito

---

[62] Haipen (Allan) Chen, Sharon Ng e Akshay R. Rao, "Cultural Differences in Consumer Impatience", *Journal of Marketing Research*, 42, 2007, p. 291-301.

de produtos – a cultura parece ser mais importante nos julgamentos precipitados do que nas deliberações mais prolongadas.[63] Richard Nisbett, em seu maravilhoso livro *The Geography of Thought* (A Geografia do Pensamento),[64] discuta amplamente as diferenças no pensamento "asiático e ocidental". Ele começa com Confúcio e Aristóteles e desenvolve seus argumentos considerando escritos históricos e filosóficos e descobertas das pesquisas mais recentes da ciência comportamental, como seus experimentos sociopsicológicos. Embora ele reconheça os perigos que rondam as generalizações acerca das culturas japonesa, chinesa e coreana, por um lado, e das culturas europeias e americanas, por outro, muitas de suas conclusões são coerentes com nosso trabalho sobre negociações internacionais, valores culturais e distância idiomática.

Uma boa metáfora para os pontos de vista de Nisbett é a afirmação de Confúcio sobre a importância da imagem. Os asiáticos tendem a ver todo o quadro e relatar detalhes sobre o segundo e o primeiro plano. Em contraposição, os ocidentais focalizam o primeiro plano e podem oferecer grande quantidade de detalhes sobre os elementos centrais, mas veem relativamente pouco no segundo plano. Essa diferença de percepção – visão específica e visão abrangente – está associada a inúmeras diferenças em relação a valores, preferências e expectativas com respeito a acontecimentos futuros. O livro de Nisbett é uma leitura essencial para todas as pessoas que estiverem comercializando produtos e serviços internacionalmente. Suas constatações são apropriadas para os japoneses que estão vendendo em Jacksonville ou para os belgas que estão vendendo em Pequim.

Todos os cinco elementos culturais devem ser avaliados com base em como eles podem afetar um programa de marketing proposto. Os produtos e serviços mais recentes e os programas mais amplos que abranjam todo o ciclo de vida, do desenvolvimento do produto à promoção e à venda final, exigem uma avaliação mais aprofundada dos fatores culturais. Além disso, as diferentes origens e elementos culturais que apresentamos muitas vezes interagem de maneira sinérgica. Portanto, o profissional de marketing deve também dar um passo atrás e considerar as consequências culturais mais amplas das iniciativas de marketing.

Sensibilidade e tolerância cultural

A base do marketing de sucesso praticado no exterior é a **sensibilidade cultural** – estar sintonizado às nuanças culturais para considerar, avaliar e apreciar uma nova cultura objetivamente. A sensibilidade cultural ou empatia cultural deve ser cultivada atentamente. Ou seja, para todo traço cultural divertido, irritante, peculiar ou repulsivo que identificarmos em um país, outras pessoas verão um traço igualmente divertido, irritante ou repulsivo em nossa cultura. Por exemplo, banhamos, perfumamos e desodorizamos o corpo em um ritual diário que é visto em várias culturas como um ato compulsivo, ao passo que quase sempre nos irritamos com as culturas menos preocupadas com o odor natural do corpo. O fato de uma cultura ser diferente não a torna errada. Os profissionais de marketing devem compreender até que ponto sua cultura influencia suas suposições sobre outra cultura. Quanto mais a situação for incomum, mais sensível, tolerante e flexível ele precisará ser.[65] A sensibilidade cultural diminui o conflito e melhora a comunicação e, portanto, aumenta o sucesso das relações colaborativas.

Além de conhecer as origens e os elementos culturais, o profissional de marketing internacional também deve avaliar até que ponto as culturas mudam e aceitam ou rejeitam novas ideias. Como esse profissional em geral tenta introduzir algo completamente novo (como o *trading* eletrônico) ou melhorar o que está em uso, é necessário compreender perfeitamente o modo como as culturas mudam e de que forma ocorre a resistência a mudanças.

Mudança cultural

A cultura é dinâmica por natureza; é um processo vivo.[66] Contudo, o fato de a mudança cultural ser constante parece paradoxal, porque outro importante atributo da cultura é o conservadorismo e a resistência a mudanças. O dinamismo cultural é significativo para a avaliação de novos mercados, ainda que as mudanças enfrentem resistência. As sociedades

---

[63] Donnel A. Briley e Jennifer L. Aaker, "When Does Culture Matter? Effects of Personal Knowledge on the Correction of Culture-Based Judgments", *Journal of Marketing Research*, 43, 2008, p. 395-408.

[64] Nisbett, *The Geography of Thought*.

[65] Paul Vitello, "When a Kiss Is More Than a Kiss", *The New York Times*, 6 de maio de 2007, Seção 4, p. 1.

[66] Aliás, os aspectos das classificações de valores de Hofstede demonstraram-se variáveis com o passar do tempo. Consulte Steve Jenner, Bren MacNab, Donnel Briley, Richard Brislin e Reg Worthley, "Culture Change and Marketing", *Journal of International Marketing*, 21, n. 2, 2008, p. 161-172.

CRUZANDO FRONTEIRAS 4.3   Os polegares que dominam

Mok-Min Ha sente-se hoje como uma exímia "torpedista". Na escola de inglês abarrotada que ela frequenta nas férias de inverno, os alunos, invejosos de seu direito de ostentar um recorde internacional, entram na fila para travar um duelo com ela. "Eles chegam com o celular vangloriando-se de que podem me vencer", afirma exaltada a garota de 16 anos de idade, soltando um suspiro, passando em seu rosto inexpressivo um ar de campeã acostumada – e um tanto fatigada – com a fama. "Eu os deixo tentar." Com outro jovem sul-coreano, Yeong-Ho Bae, a Equipe da Coreia ganhou a competição internacional realizada em Nova York para determinar quem poderia enviar mensagens de texto o mais rápido possível e da maneira mais precisa. "Quando os outros me veem digitando, eles acham que não sou assim tão rápido e que podem me superar", disse Bae, de 17 anos, egresso do Ensino Médio que pinta o cabelo de castanho-claro e estuda para se tornar cantor de ópera. "Até agora, nunca perdi uma competição." Na competição de Nova York, ele digitou seis caracteres por segundo. "Se consigo pensar mais rápido, posso digitar mais rápido", disse ele.

A Copa do Mundo de SMS, patrocinada pela empresa sul-coreana de telefones celulares LG Electronics, reuniu equipes de duas pessoas provenientes de 13 países que conquistaram o título nacional vencendo um total de seis milhões de competidores. Empunhando a bandeira de seu país, as equipes se encontraram para uma disputa internacional de dedos ágeis.

Atrás de Ha e Bae estava uma equipe americana, seguida pela equipe argentina.

Desde que voltaram para seu país, com um prêmio de US$ 50 mil, Ha e Bae tornaram-se praticamente heróis para a "tribo do polegar" – os jovens que se sentem mais à vontade digitando do que conversando. Ha digita uma média de 150 a 200 mensagens por dia – "isso entre meus amigos", disse ela, defensivamente. "Alguns chegam a enviar 500 mensagens por dia." Em 2009, Ha também venceu o título nacional sul-coreano, que reuniu mais de 2,8 milhões de competidores, digitando com o polegar 7,25 caracteres por segundo. (A melhor classificação entre os participantes com 40 anos de idade ou mais foi 2,2 caracteres por segundo.) Bae, o campeão nacional anterior, digitou 8 caracteres por segundo, mas não participou da competição em 2009.

Mesmo para uma pessoa mais velha com maior habilidade tecnológica, continua sendo difícil não ficar atrás da tribo do polegar. No programa *The Daily Show*, em janeiro de 2010, Bill Gates até admitiu ao apresentador Jon Stewart que havia começado a usar o Twitter – pela primeira vez, só por esse mês! Os sistemas de comunicação da humanidade estão se transformando à velocidade de Mok-Min.

Fontes: Choe Sang-Hun "Rule of Thumbs: Koreans Reign in Texting World", *The New York Times*, 28 de janeiro de 2010, p. A12; "Le Snooze? We Lose", *Los Angeles Times*, 8 de maio de 2009, p. A38.

---

mudam de variadas maneiras. Algumas sofrem mudanças impostas pela guerra (por exemplo, as mudanças no Japão após a Segunda Guerra Mundial) ou por desastres naturais. Na maioria das vezes, a mudança decorre da busca de uma sociedade por formas de solucionar os problemas criados por mudanças em seu ambiente. Um dos pontos de vista a esse respeito é aquele que defende que a cultura é a acumulação das melhores soluções aos problemas enfrentados em comum pelos membros de uma determinada sociedade. Em outras palavras, cultura é a forma que os seres humanos utilizam para se ajustar aos componentes ambientais e históricos da existência humana.

Alguns acidentes ofereceram soluções para alguns problemas; as invenções solucionaram vários outros. Contudo, normalmente as sociedades encontraram respostas analisando outras culturas das quais pudessem emprestar ideias. O empréstimo cultural é comum a todas as culturas. Embora cada sociedade precise encontrar algumas soluções exclusivas (como o câncer de estômago no Japão), a maioria dos problemas que as sociedades enfrentam é por natureza semelhante.

Empréstimo cultural

■ **OA4**

Impacto do empréstimo cultural

O **empréstimo cultural** é uma iniciativa pela qual se aprende com formas culturais alheias, na busca das melhores soluções para os problemas específicos de uma sociedade.[67] Portanto, as culturas, por si sós exclusivas, são em parte produto da imitação de uma variedade de outras. Algumas culturas desenvolvem laços mais estreitos e algumas se distanciam com o contato.[68] Considere, por exemplo, a cultura americana (dos Estados Unidos) e um cidadão americano típico, que começa o café da manhã com um suco de laranja do Mediterrâneo Oriental, um cantalupo (melão) da Pérsia ou talvez uma fatia de melancia africana. Depois da fruta e do primeiro café, ele comerá *waffle*, bolo tipicamente escandinavo feito de trigo,

---

[67] Examine uma discussão sobre os adolescentes japoneses enquanto líderes da mudança cultural no planeta: Amy Chozick, "Land of the Rising Karaoke Hot Tub", *The Wall Street Journal*, 9 de março de 2007, p. W1.
[68] Kwok Leung, Rabi s. Bhagat, Nancy B. Bchan, Miriam Erez e Cristina Gibson, "Culture and International Business: Recent Advances and Their Implications for Future Research", *Journal of International Business Studies*, 36, 2006, p. 357-378.

planta que se tornou doméstica na Ásia Menor. Sobre o *waffle*, ele colocará xarope de ácer, inventado por nativos das florestas do leste dos Estados Unidos. Como acompanhamento, ele talvez coma ovos de espécies domesticadas na Indochina ou finas fatias de carne de um animal domesticado na Ásia Oriental, que foram salgadas e defumadas por um processo desenvolvido no norte da Europa. Enquanto ele toma o café da manhã, lê as notícias do dia, impressas em tipos inventados pelos semitas antigos sobre um material inventado na China por um processo também inventado nesse país. À medida que ele lê as matérias sobre os problemas que estão ocorrendo no exterior, agradece a uma divindade hebraica em um idioma indo-europeu por ser 100% americano.[69]

Na verdade, esse cidadão está correto em presumir que seja 100% americano, porque todos os elementos culturais emprestados foram adaptados para atender às suas necessidades e moldados a hábitos, alimentos e costumes exclusivamente americanos. Os americanos comportam-se como tal em virtude dos preceitos de sua cultura. Independentemente de como ou de onde as soluções são encontradas, uma vez que um determinado padrão de ação é considerado aceitável pela sociedade, ele se torna o meio aceito e é passado adiante e ensinado como parte da herança cultural do grupo. A herança cultural é uma das diferenças fundamentais entre os seres humanos e outros animais. A cultura é aprendida; as sociedades transmitem para as gerações subsequentes as soluções encontradas para seus problemas, construindo e ampliando constantemente a cultura para possibilitar uma ampla série de comportamentos. As diferenças existem porque, embora vários comportamentos sejam emprestados de outras culturas, eles são associados de uma forma exclusiva que se torna típica de uma sociedade específica. Para o profissional de marketing internacional, essa característica de semelhança e diferença das culturas tem um significado importante no sentido de ganhar empatia cultural.

Similaridades: uma ilusão

Para um profissional de marketing inexperiente, a característica de semelhança e diferença das culturas cria ilusões de similaridade que normalmente não existem. Diversas nacionalidades podem falar o mesmo idioma ou ter raças e heranças semelhantes, mas isso não quer dizer que existam similaridades em outros aspectos – que um produto aceitável para uma cultura será prontamente aceito em outra ou que uma mensagem promocional bem-sucedida em um país terá sucesso em outro. Ainda que as pessoas partam de uma ideia ou postura comum, como no caso dos americanos e britânicos, falantes do inglês, o empréstimo e a assimilação cultural para atender a necessidades individuais transformam-se com o passar do tempo em culturas bastante distintas. Ter um idioma comum não garante que as palavras e frases sejam interpretadas de modo semelhante. Tantos os britânicos quantos os americanos falam inglês, porém as diferenças culturais são tantas que uma frase pode ter um significado diferente para cada um e ser totalmente mal-interpretada. Na Inglaterra, utiliza-se *lift* e não *elevator* para elevador, e o americano, quando utiliza a palavra *bathroom* (banheiro), geralmente se refere a *toilet* (privada), ao passo que na Inglaterra *bathroom* é o lugar em que se toma banho de banheira. Além disso, os ingleses usam "*hoover*" e os americanos usam "*vacuum*" para o ato de passar o aspirador. O título do filme *The Spy Who Shagged Me* (*O Espião Irresistível*) não significa nada para a maioria dos americanos, mas significa muito para os consumidores britânicos.* Aliás, o antropólogo Edward Hall adverte que os americanos e os britânicos enfrentam dificuldades para se compreender em virtude de suas *aparentes* e *supostas* similaridades culturais.

A crescente unificação econômica da Europa estimulou a tendência a se falar em "consumidor europeu". Muitos dos obstáculos comerciais na Europa têm sido ou serão eliminados à medida que a UE tomar forma, mas os profissionais de marketing, ávidos por entrar no mercado, não devem tirar a conclusão precipitada de que uma Europa economicamente unificada equivale a um conjunto comum de desejos e necessidades de consumo. As diferenças culturais existentes entre os membros da UE decorrem de séculos de história que levarão séculos para se atenuar.[70] Os próprios Estados Unidos têm várias subculturas que até mesmo hoje, com os meios de comunicação de massa e a rapidez das viagens, resistem abertamente a uma completa homogeneização. Propor que o Sul é em todos os aspectos igual à região Nordeste ou Meio-Oeste dos Estados Unidos seria tolice, do mesmo modo que o seria

---

[69] Ralph Linton, *The Study of Man* (Nova York: Appleton-Century-Crofts, 1936), p. 327.

* N. de T.: No inglês britânico, *shag* significa fazer sexo, ao passo que no inglês americano significa "tornar áspero".

[70] Tuba Ustuner e Douglas B. Holt, "Dominated Consumer Acculturation: The Social Construction of Poor Migrant Women's Consumer Identity in a Turkish Squatter", *Journal of Consumer Research*, 34, 2007, p. 41-56.

supor que a unificação da Alemanha eliminou as diferenças culturais que se ergueram ao longo de 40 anos de separação política e social.

Os profissionais de marketing devem avaliar completamente cada um dos países com relação aos produtos ou serviços propostos e nunca recorrer ao axioma empregado com frequência de que, se algo vende em um país, certamente venderá em outro. À medida que as comunicações de massa e a maior interdependência econômica e social no mundo inteiro aumentarem, as similaridades entre os países também aumentarão, e comportamentos, desejos e necessidades do mercado continuarão a evoluir. Ao longo desse processo, a tendência será apoiar-se mais em similaridades aparentes quando na verdade elas talvez não existam. É uma postura sensata do profissional de marketing lembrar-se de que a cultura toma algo emprestado e então a adapta e personaliza às suas necessidades e idiossincrasias; portanto, o que talvez pareça igual para um observador externo pode ter um significado cultural diferente.

Resistência a mudanças

Um dos fatores que caracterizam a cultura humana é a mudança. Lendo revistas publicadas 20 anos atrás, pode-se comprovar que os hábitos, as preferências, os estilos, os comportamentos e os valores das pessoas não são constantes, mas continuamente mutáveis. Contudo, esse desenvolvimento cultural gradual, se ocorrer, não ocorre sem alguma resistência. Além disso, pesquisas demonstram que os consumidores de diferentes culturas apresentam graus de resistência distintos.[71]

O grau de resistência a novos padrões varia. Em algumas situações, novos elementos são aceitos total e rapidamente; em outras, a resistência é tão grande que a aceitação nunca ocorre. Estudos demonstram que os fatores mais importantes para determinar o tipo e o nível de aceitação de uma inovação são o nível de interesse pelo que é proposto e a intensidade com que esse novo mudará o antigo – isto é, até que ponto a inovação romperá com os valores e padrões comportamentais aceitos atualmente. Observações indicam que as inovações aceitas mais prontamente são aquelas pelas quais a sociedade tem maior interesse e que provocam menos rupturas. Por exemplo, a rápida industrialização de regiões da Europa mudou atitudes há muito tempo apreciadas com relação ao tempo e às mulheres que trabalham fora. Hoje, existe um interesse por encontrar formas de economizar tempo e tornar a vida mais produtiva; a vida vagarosa do continente desaparece rapidamente. A essa preocupação com o tempo se seguiu uma aceitação extremamente rápida de várias inovações que talvez enfrentaram a resistência da maioria há apenas alguns anos. Comidas instantâneas, dispositivos para economizar mão de obra e estabelecimentos de *fast-food*, todos em apoio a uma atitude cambiante em relação ao trabalho e ao tempo, ganham rápida aceitação.

Entender o processo de aceitação das inovações é crucial para o profissional de marketing, que não pode aguardar séculos nem mesmo décadas para que um produto ou serviço seja aceito, pois deve ganhar aceitação de acordo com os limites dos recursos financeiros e os períodos de lucratividade projetados. Os cientistas sociais, preocupados com os conceitos de mudança social planejada, apresentam constatações e métodos possíveis. Tradicionalmente, os empréstimos culturais e as mudanças decorrentes deles aconteceram, em sua maioria, sem um plano deliberado. Contudo, cada vez mais, as mudanças ocorrem nas sociedades em consequência de iniciativas intencionais de algumas instituições para promover mudanças, isto é, mudanças planejadas.

Um programa da MTV* em Mumbai (ex-Bombaim), na Índia. A cultura de fato muda os vestidos e até mesmo os nomes das grandes cidades! Ainda assim, um habitante da cidade nos diz que todos ainda a chamam de Bombaim, embora esse nome tenha sido mudado oficialmente.

---

* N. de RT: Do programa *Date my Mom* (Namore Minha Mãe), da MTV americana.
[71] Mark Cleveland, Michel Laroche e Nicolas Papadopoulos, "Cosmopolitanism, Consumer Ethnocentrism, and Materialism: An Eight-Country Study of Antecedents and Outcomes", *Journal of International Marketing*, 17, n. 1, 2009, p. 116-146; Gerald J. Tellis, Eden Yen e Simon Bell, "Global Consumer Innovativeness: Cross-Country Differences and Commonalities", *Journal of International Marketing*, 17, n. 2, 2009, p. 1-22.

Mudanças culturais planejadas e não planejadas

OA5

Estratégia da mudança planejada e suas consequências

A primeira medida para promover mudanças planejadas em uma sociedade é identificar que fatores culturais colidem com uma inovação e, portanto, geram resistência à sua aceitação. O passo seguinte é a tentativa de transformar esses obstáculos à aceitação em estímulo à mudança. Os mesmos métodos intencionais utilizados pelo planejador social para que cereais híbridos, métodos de saneamento mais adequados, técnicas agrícolas aprimoradas ou dietas ricas em proteína sejam aceitos pela população das sociedades subdesenvolvidas podem ser adotados por profissionais de marketing para atingir seus objetivos de marketing.[72]

Os profissionais de marketing têm duas opções para introduzir uma inovação em uma cultura: eles podem aguardar a ocorrência de mudanças ou incitar as mudanças. O primeiro caso requer que se espere com otimismo a ocorrência de mudanças culturais fortuitas que comprovem que as inovações terão valor para uma determinada cultura; o segundo exige a introdução de uma ideia ou produto e providências para superar a resistência e provocar uma mudança que acelere o índice de aceitação. Por exemplo, no Japão, os funcionários da Fidelity Investments montaram uma barraca em frente à estação de trem Shinjuku, em Tóquio, e distribuíram aos usuários de transporte grande quantidade de folhetos e demonstrações em japonês sobre os serviços de compra e venda de ações *on-line* na WebXpress para acelerar mudanças comportamentais nos investidores japoneses. Entretanto, como mencionado antes, essas mudanças não ocorreram rápido o suficiente para a maioria das empresas estrangeiras direcionadas a essa atividade e para serviços financeiros semelhantes.

Obviamente, nem todas as iniciativas de marketing exigem que uma mudança seja aceita. Na verdade, as iniciativas de marketing mais bem-sucedidas e altamente competitivas são realizadas por meio de uma estratégia de **congruência cultural**. Em essência, essa estratégia resume-se à promoção de produtos semelhantes àqueles que estão no mercado, da maneira mais congruente possível com as normas culturais existentes, minimizando, desse modo, a resistência. No entanto, quando os programas de marketing dependem de uma mudança cultural para serem bem-sucedidos, a empresa pode decidir deixar a aceitação a cargo de uma estratégia de mudança não planejada – isto é, introduzir um produto e esperar que o melhor aconteça –, ou empregar uma estratégia de **mudança planejada** – isto é, planejar e iniciar deliberadamente uma mudança nos aspectos culturais que apresentam resistência aos objetivos de marketing predeterminados.

A título de exemplo de mudança cultural não planejada, pense em como a dieta japonesa mudou desde a introdução do leite e do pão logo após a Segunda Guerra Mundial. Os japoneses, predominantemente apreciadores de peixes, aumentaram a tal ponto a ingestão de gordura e proteína animal que hoje a maioria ingere mais gordura e proteína que verduras e hortaliças. A tendência do Japão é ingerir tantos hambúrgueres McDonald's quanto as tradicionais bolas de arroz enroladas em alga marinha comestível, e os hambúrgueres americanos estão substituindo várias comidas japonesas tradicionais. O Burger King comprou a cadeia de restaurantes Morinaga Love, desenvolvida no próprio Japão, que vende hambúrgueres de salmão – feitos com uma fatia de queijo e uma folha de alga marinha seca, com maionese, entre dois bolinhos de arroz grudento, moldados em forma de pão doce –, além de hambúrgueres de berinjela e outras gulodices.

A ocidentalização da dieta fez com que vários japoneses ficassem acima do peso. Para combater essa tendência, os japoneses estão comprando alimentos de baixa caloria e com baixo teor de gordura e frequentando academias desportivas. Tudo isso começou quando as forças de ocupação americana introduziram pão, leite e bife bovino na cultura japonesa. As consequências sobre os japoneses não foi intencional; contudo, ocorreram mudanças. Se a intenção tivesse sido a introdução de uma nova dieta – isto é, uma estratégia de mudança planejada –, medidas específicas teriam sido tomadas para identificar e superar uma resistência a mudanças de dieta, acelerando o processo de mudança.

A estratégia de marketing é avaliada culturalmente com relação à aceitação, à resistência ou à rejeição. O modo como as iniciativas de marketing interagem com a cultura determina seu grau de sucesso ou insucesso. Na maioria das vezes, os profissionais de marketing não têm consciência da amplitude de seu impacto sobre a cultura anfitriã. Se for implantada uma estratégia de mudança planejada, esse profissional tem a responsabilidade de determinar as consequências dessa medida.

---

[72] Dois livros bastante importantes sobre esse assunto são Everett M. Rogers, *Diffusion of Innovations*, 4. ed. (Nova York: The Free Press, 1995) e Gerald Zaltman e Robert Duncan, *Strategies for Planned Change* (Nova York: John Wiley & Sons, 1979).

RESUMO

A avaliação completa e meticulosa das origens (geografia, história, economia política, tecnologia e instituições sociais) e dos elementos (valores culturais, rituais, símbolos, crenças e modos de pensar) culturais provavelmente é o aspecto mais importante para o profissional de marketing internacional na elaboração de planos e estratégias de marketing. Os profissionais de marketing podem controlar o produto oferecido ao mercado – promoção, preço e possíveis métodos de distribuição –, mas seu controle sobre o ambiente cultural no qual esses planos devem ser implantados é bastante restrito. Como eles não podem controlar todas as influências sobre seus planos de marketing, devem tentar prever as possíveis consequências das variáveis incontroláveis e fazer um planejamento que impeça que essas variáveis obstruam a consecução dos objetivos de marketing. Além disso, eles podem implantar mudanças que viabilizem a aceitação de seus produtos ou programas de marketing.

É também necessário planejar uma estratégia de marketing com relação às variáveis incontroláveis do mercado doméstico. Porém, quando uma empresa atua internacionalmente, cada novo ambiente, que é influenciado por variáveis desconhecidas e às vezes irreconhecíveis ao profissional de marketing, dificulta esse empreendimento. Por esses motivos, deve haver uma iniciativa e estudos especiais para obter conhecimentos suficientes sobre a cultura estrangeira e lidar com as características incontroláveis. Talvez seja prudente generalizar que, de todos os instrumentos que o profissional de marketing tem à sua disposição, aqueles que ajudam a criar empatia com outra cultura são os mais valiosos. Todos os elementos culturais são investigados a fundo nos capítulos subsequentes com ênfase especial aos costumes políticos, à cultura política e à cultura jurídica.

PALAVRAS-CHAVE

Cultura
Instituições sociais
Valores culturais
Rituais

Distância idiomática
Estética
Sensibilidade cultural
Empréstimo cultural

Congruência cultural
Mudança planejada

QUESTÕES

1. Defina as palavras-chave acima relacionadas.
2. Qual o papel do profissional de marketing enquanto agente de mudança?
3. Discorra sobre as três estratégias de mudança cultural que o profissional de marketing internacional pode implantar.
4. "A cultura é predominante em todas as atividades de marketing." Discuta essa afirmação.
5. Qual a importância da empatia cultural para os profissionais de marketing internacional? Como eles conquistam a empatia cultural?
6. Por que o profissional de marketing internacional deve preocupar-se em estudar uma ou mais culturas?
7. Qual é a definição popular de cultura? De onde a cultura provém?
8. "Os membros de uma sociedade tomam emprestado de outras culturas soluções para os problemas que enfrentam em comum." O que isso significa? Que significado isso tem para o marketing?
9. "Para o profissional de marketing inexperiente, a característica de semelhança e diferença das culturas cria ilusões de similaridade que normalmente não existem." Discuta essa afirmação e ofereça exemplos.
10. Aponte os elementos culturais sob o ponto de vista de um antropólogo. Como o profissional de marketing pode utilizar esse esquema cultural?
11. Discuta como as instituições sociais influem na cultura e no marketing de uma série de maneiras e ofereça exemplos.
12. "Os mercados são produto da interação triangular entre as iniciativas do profissional de marketing, as condições econômicas e todos os outros elementos culturais." Comente essa afirmação.
13. Cite e discuta alguns problemas particularmente difíceis provocados pelo idioma com relação ao marketing praticado no exterior.
14. Suponha que lhe pedissem para preparar uma análise cultural de um mercado potencial. O que você faria? Descreva os passos e comente brevemente cada um.
15. As culturas são dinâmicas. Como elas mudam? Existem casos em que as mudanças não são repelidas, mas, ao contrário, apreciadas? Explique. Qual a relevância disso para o marketing?
16. Como a resistência a uma mudança cultural influi na introdução de um produto no mercado? Existe alguma semelhança no marketing doméstico? Explique e dê exemplos.
17. As inovações podem ser funcionais ou disruptivas. Explique e dê exemplos de cada caso.
18. Conteste a proposição segundo a qual uma multinacional não tem nenhuma responsabilidade sobre as consequências de uma inovação, a não ser por seus efeitos diretos, como a segurança, o desempenho ou outra característica do produto.
19. Identifique um produto cujo lançamento em uma cultura estrangeira possa provocar consequências disruptivas e descreva como essas consequências podem ser eliminadas e ainda assim o produto ser lançado lucrativamente.

Capítulo 5
Cultura, estilo de gestão e sistemas de negócios

SUMÁRIO

- Perspectiva global
  As loiras divertem-se mais no Japão?
- Necessidade de adaptação
  - Grau de adaptação
  - Imperativos, facultativos e exclusivos
- Impacto da cultura americana sobre o estilo de gestão
- Estilos de gestão ao redor do mundo
  - Autoridade e tomada de decisões
  - Objetivos e aspirações de gestão
  - Estilos de comunicação
  - Formalidade e ritmo
  - Tempo P *versus* tempo M
  - Ênfase nas negociações
  - Orientação de marketing
- Preconceito de gênero nos negócios internacionais
- Ética nos negócios
  - Definição de corrupção
  - Ênfase do Ocidente sobre o suborno
  - Suborno: variações sobre um tema
  - Decisões ética e socialmente responsáveis
  - Influência da cultura sobre o pensamento estratégico
- Síntese: culturas orientadas ao relacionamento *versus* à informação

OBJETIVOS DE APRENDIZAGEM

OA1 Necessidade de adaptação às diferenças culturais

OA2 Como e por que os estilos de gestão variam ao redor do mundo

OA3 Grau e implicações do preconceito de gênero em outros países

OA4 Importância das diferenças culturais na ética nos negócios

OA5 Diferenças entre as culturas orientadas ao relacionamento e as orientadas à informação

Ambiente cultural dos mercados globais PARTE DOIS

Perspectiva global
AS LOIRAS SE DIVERTEM MAIS NO JAPÃO?

"Minha primeira viagem ao Japão foi um tanto quanto desastrosa por vários motivos. A reunião não transcorreu tranquilamente porque a todo tempo pelo menos 20 pessoas, se não mais, entravam e saíam da sala apenas para me ver. Uma coisa é ver uma mulher à mesa de negociações, mas ver uma mulher que por acaso é loira, jovem e bastante alta para os padrões japoneses (1,73 metros sem salto) conduzir as discussões era algo além do que a maioria dos homens japoneses poderia aceitar", relata uma executiva americana.

"Embora fosse a principal negociadora da equipe da Ford, os japoneses costumavam fazer de tudo para evitar conversar comigo diretamente. À mesa de negociações, sentava-me propositalmente entre os integrantes da minha equipe, na posição estratégica de porta-voz. O principal negociador da equipe japonesa evitava sentar-se cara a cara comigo, mas a dois assentos de distância. Além disso, ninguém me fazia perguntas e/ou comentários – o faziam para todos os integrantes da minha equipe (todos homens), mas não para mim. Não diziam meu nome nem notavam minha presença, e o mais desconcertante foi que eles pareciam rir de mim. Se estivéssemos falando sobre um assunto sério, como garantia dos produtos, e eu fizesse um comentário ou alguma pergunta, os japoneses, depois de um bombardeio de perguntas, começavam todos a rir."

Outro exemplo disso diz respeito aos brinquedos e ao comportamento do consumidor. Durante anos, as bonecas Barbie foram vendidas no Japão com uma aparência diferente das bonecas nos Estados Unidos. Elas tinham traços faciais asiáticos, cabelo preto e usavam figurinos inspirados na moda japonesa.

Contudo, há sete anos, a Mattel Inc. conduziu uma pesquisa de mercado ao redor do mundo e constatou algo surpreendente: a Barbie original, de cabelo loiro e olhos azuis, tinha em Hong Kong a mesma aceitação que em Hollywood. As meninas não se importavam que a Barbie não se parecesse com elas – pelo menos era isso o que a pesquisa de mercado mostrava.

"Tudo não passa de fantasia e cabelo", disse Peter Broegger, gerente geral das operações da Mattel na Ásia. "Na Ásia, as bonecas Barbie loiras simplesmente vendem tão bem quanto nos Estados Unidos."

A Mattel, portanto, começou a repensar um dos princípios básicos de sua atividade global avaliada em US$ 55 bilhões – que as crianças de diferentes países desejam brinquedos diferentes. As conclusões foram significativas para as crianças, para os pais e particularmente para a empresa. No passado, gigantes como a Mattel, a Hasbro Inc. e a Lego Co. produziam brinquedos e acessórios em uma variedade de estilos. No entanto, a Mattel seguiu uma direção oposta, criando e comercializando uma única versão no mundo todo. As vendas caíram verticalmente, forçando uma remodelação da Barbie que há pouco tempo incluiu as roupas Hello Kitty e um novo videogame, o iDesign. Hoje, mesmo aos 50 anos, a Barbie voltou a dar lucro.

Fontes: James D. Hodgson, Yoshihiro Sano e John L. Graham, *Doing Business with the New Japan, Succeeding in America's Richest International Market* (Latham, MD: Rowman & Littlefield, 2008); Lisa Banon e Carlta Vitzthum, "One-Toy-Fits-All: How Industry Learned to Love the Global Kid", *The Wall Street Journal*, 29 de abril de 2003, p. A1; Andrea Chang, "Barbie Brings in the Bucks", *Los Angeles Times*, 30 de janeiro de 2010, p. B3.

Talvez nada cause tantos problemas para os americanos que negociam em outros países do que sua impaciência. Pessoas do mundo inteiro sabem que as táticas de demora funcionam bem contra os regateadores de preço americanos que se preocupam com o tempo.

Não é novidade que a cultura, bem como todos os seus elementos, afeta profundamente o estilo de gestão e os sistemas empresariais como um todo. A primeira tese de peso relacionada a esse assunto foi defendida pelo sociólogo alemão Max Weber em 1930.[1] A cultura não apenas estabelece os critérios para o comportamento diário dos negócios, mas também forma padrões gerais de valores e motivações. Os executivos são em grande medida cativos às suas heranças e não conseguem escapar totalmente dos elementos culturais que assimilaram ao longo da vida.

Nos Estados Unidos, por exemplo, a perspectiva histórica do individualismo e da "conquista do Oeste" parece evidenciar-se no fato de a prosperidade individual ou os lucros corporativos serem as medidas predominantes de sucesso. A ausência de fronteiras e de recursos naturais no Japão e sua dependência em relação ao comércio fizeram com que os critérios de sucesso individual e corporativo girassem em torno da uniformidade, da subordinação ao grupo e da capacidade da sociedade de manter um alto índice de emprego. A herança feudal do sul da Europa tende a enfatizar a manutenção do poder e da autoridade individuais e corporativos e ao mesmo tempo associar esses traços feudais à preocupação paternalista de bem-estar mínimo para os trabalhadores e outros membros da sociedade. Vários estudos identificam os norte-americanos como individualistas, os japoneses como indivíduos voltados para o consenso e comprometidos com o grupo e os sul-europeus e centro-europeus como elitistas e preocupados com sua posição social. Embora essas descrições sejam estereótipos, elas exemplificam as diferenças culturais que não raro se manifestam no comportamento e nas práticas de negócios. Essas diferenças também coincidem bastante com as pontuações de Hofstede relacionadas no capítulo anterior, na Figura 4.5.[2]

A falta de empatia com as práticas de negócios estrangeiras ou seu desconhecimento pode criar barreiras insuperáveis para uma boa relação de negócios. Algumas empresas demarcam suas estratégias com a ideia de que seus pares em outras culturas empresariais são semelhantes e movidos por interesses, motivações e metas similares – isto é, de que eles são "exatamente como nós". Embora isso possa ser verdade em alguns aspectos, existem diferenças suficientes para provocar frustrações, erros de comunicação e, essencialmente, perda de oportunidades de negócios quando essas diferenças não são compreendidas e abordadas da forma devida.

Conhecer o *estilo de gestão* de um país – isto é, a cultura empresarial, os valores de gestão e os métodos e comportamentos empresariais – e estar predisposto a adaptar-se a essas diferenças é fundamental para obter sucesso no mercado internacional. Se os empresários e profissionais de marketing não se mantiverem flexíveis, aceitando diferenças nos padrões básicos de pensamento, no ritmo local dos negócios, nas práticas religiosas, na estrutura política e na lealdade familiar, eles terão dificuldade para – ou até mesmo não conseguirão – alcançar conclusões satisfatórias em suas transações de negócio. Nessas situações, os obstáculos assumem várias formas, mas não é incomum uma proposta comercial de um negociador ser aceita em relação a outra simplesmente pelo fato de "esta reconhecer quem de fato somos".

Este capítulo concentra-se em questões relacionadas especificamente ao estilo de gestão. Além de uma análise sobre a necessidade de adaptação, ele examina as diferenças existentes nos estilos de gestão e de ética nos negócios e termina com uma discussão a respeito da influência cultural sobre o pensamento estratégico.

Necessidade de adaptação

OA1
Necessidade de adaptação às diferenças culturais

O conceito de adaptação é fundamental no marketing internacional, e a predisposição à adaptação é indispensável. A adaptação, ou ao menos a aceitação, é necessária em questões menos importantes e igualmente em questões de grande importância.[3] Na verdade, as situações triviais ou aparentemente insignificantes são muitas vezes as mais cruciais. A tolerância é apenas um dentre diversos fatores fundamentais. Uma aceitação positiva, isto é, uma tolerância sincera, é do mesmo modo essencial. Por meio dessa aceitação positiva, a adaptação torna-se mais fácil porque ser empático com o ponto de vista alheio naturalmente abre espaço para ideias que se enquadram nas diferenças culturais.

---

[1] Max Weber, *The Protestant Ethic and Spirit of Capitalism* (Londres: George Allen & Unwin, 1930, 1976).
[2] Geert Hofstede, *Culture's Consequences*, 2. ed. (Thousand Oaks, CA: Sage, 2001).
[3] Emily Maltby, "Expanding Abroad? Avoid Cultural Gaffes", *The Wall Street Journal*, 19 de janeiro de 2010, p. B5.

A título de orientação para essa adaptação, todos aqueles que desejam lidar com indivíduos, empresas ou autoridades em outros países devem estar aptos a atender a dez critérios básicos: (1) tolerância sincera, (2) flexibilidade, (3) humildade, (4) equidade/imparcialidade, (5) capacidade de ajustar-se a ritmos diferentes, (6) curiosidade/interesse, (7) conhecimento sobre o país, (8) empatia com os outros, (9) capacidade de obter respeito e (10) capacidade de integrar-se ao ambiente. Em resumo, acrescente a qualidade da adaptabilidade às qualidades de um bom executivo e terá um empresário ou profissional de marketing internacional competente. É difícil contradizer esses dez critérios. Como comentou um crítico, "eles são bem parecidos com os 12 Mandamentos dos Escoteiros". Entretanto, à medida que você ler este capítulo, verá que se trata de uma obviedade que algumas vezes ignoramos.

Grau de adaptação

A adaptação não exige que os altos executivos renunciem ao seu estilo e adotem os costumes locais; na verdade, os executivos devem ter consciência dos costumes locais e estar dispostos a se ajustar às diferenças que podem provocar mal-entendidos. Conhecer a própria cultura e reconhecer que as diferenças nas outras pessoas podem gerar ansiedade, frustração e enganos sobre as intenções do anfitrião são aspectos essenciais para uma adaptação eficaz. O critério de autorreferência (CAR) é particularmente importante nos costumes dos negócios. Se não compreendermos os costumes de nossos pares estrangeiros, ficaremos mais propensos a avaliar o comportamento dessas pessoas com base no que nos é familiar. Por exemplo, do ponto de vista americano, a interrupção frequente de um executivo brasileiro durante uma reunião de negócios pode parecer um tanto quanto rude, ainda que esse comportamento simplesmente reflita uma diferença cultural no estabelecimento de uma conversa.

O segredo da adaptação é manter sua cultura, mas desenvolver uma percepção e disposição para se ajustar às diferenças existentes. O profissional de marketing competente sabe que na China é importante defender ideias sem recorrer a argumentos sedutores; a crítica, mesmo quando solicitada, pode levar um anfitrião a sentir-se desprestigiado ou humilhado. Na Alemanha, é considerado indelicado utilizar o prenome, a não ser quando convidado a fazê-lo. Em vez disso, você deve dirigir-se a uma pessoa como *Herr* (senhor), *Frau* (senhora) ou *Fraulein* (senhorita) seguido do sobrenome. No Brasil, não se ofenda pela inclinação das pessoas de tocá-lo ao longo de uma conversa. Não se trata de uma violação ao seu espaço, é apenas a forma brasileira de cumprimentar, de enfatizar uma questão ou de fazer um gesto de afeição e amizade. O chinês, o alemão ou o brasileiro não esperam que você aja como eles. Afinal de contas, você é americano, e não chinês, alemão ou brasileiro, e seria tolice um americano renunciar aos costumes que contribuíram de maneira tão notável para o sucesso americano. Seria igualmente tolice pessoas de outras nacionalidades abrirem mão de seus costumes. Quando culturas diferentes se encontram, as pessoas devem ter uma tolerância sincera e uma disposição para se adaptar às diferenças umas das outras. Assim que o profissional de marketing perceber as diferenças culturais e as prováveis consequências de não conseguir adaptar-se ou ajustar-se, ele precisa avaliar a variedade aparentemente infindável de costumes existentes. Por onde se deve começar? A quais costumes se deve ser absolutamente fiel? Quais outros podem ser ignorados? Felizmente, dentre as várias diferenças óbvias existentes entre as culturas, apenas algumas são preocupantes.

Imperativos, facultativos e exclusivos

Os costumes comerciais podem ser agrupados em *imperativos*, aqueles que devem ser reconhecidos e aceitos; *facultativos*, aqueles aos quais a adaptação é favorável, mas não essencial; e *exclusivos*, aqueles dos quais o estrangeiro não precisa participar. O profissional de marketing internacional deve perceber as nuances de cada um desses três tipos de costumes culturais.

Costumes culturais imperativos.

São os costumes e expectativas que devem ser seguidos e satisfeitos ou então evitados para que as relações tenham êxito. Os empresários bem-sucedidos conhecem a palavra chinesa *guanxi*,[4] o termo japonês *ningen kankei* ou o termo latino-americano *compadre*. Todos estão relacionados com a amizade, as relações humanas ou a obtenção de certo nível de confiança.[5] Eles também sabem que em algumas culturas,

---

[4] Alaka N. Rao, Jone L. Pearce e Katherine Xin, "Government, Reciprocal Exchange and Trust Among Business Associates", *Journal of International Business Studies*, 36, 2005, p. 104-118; Kam-hon Lee, Gong-ming Qian, Julie H. Yu e Ying Ho, "Trading Favors for Marketing Advantage: Evidence from Hong Kong, China and the United States", *Journal of International Marketing*, 13, 2005, p. 1-35.

[5] Srilata Zaheer e Akbar Zaheer, "Trust across Borders", *Journal of International Business Studies*, 37, 2006, p. 21-29.

para começar uma negociação comercial eficaz, primeiro é preciso estabelecer uma relação de amizade, para a qual não há substituto.

Guanxi, ningen kankei, compadre e outras expressões relacionadas à confiança desenvolvem-se com conversas informais, diversão, amigos em comum, contatos ou simplesmente passando o tempo com os outros. Nas culturas em que as amizades são fundamentais para o sucesso, o empresário não deve menosprezar o tempo necessário para desenvolvê-las. A amizade motiva os agentes locais a fechar mais vendas e ajuda a estabelecer o relacionamento adequado com os usuários finais, o que gera mais vendas ao longo de um período maior. É claro que o atendimento pós-venda, o preço e o produto devem ser competitivos, mas o empresário ou profissional de marketing que desenvolver relações interpessoais terá vantagem. Estabelecer uma amizade é imperativo em várias culturas. Se isso não ocorrer, o empresário correrá o risco de não ganhar confiança e aceitação, pré-requisitos culturais básicos para desenvolver e manter relações comerciais eficazes.

A importância de estabelecer uma relação de amizade não pode ser subestimada, especialmente nos países em que as relações familiares são estreitas. Na China, por exemplo, o estrangeiro está, na melhor das hipóteses, em quinto lugar em ordem de importância quando os chineses escolhem com quem desejam conduzir negócios. A família vem em primeiro lugar, e em seguida vem a família estendida, os vizinhos, os ex-colegas de escola e só então, com relutância, os estrangeiros – e ainda assim só depois de desenvolver uma relação de confiança.

Em algumas culturas, a conduta de uma pessoa é mais fundamental que em outras. Por exemplo, provavelmente nunca é aceitável perder a paciência, elevar o tom da voz ou corrigir alguém em público, não importa o quanto a situação seja decepcionante. Em determinadas culturas, esse comportamento só o faria parecer grosseiro, mas em outras isso poderia pôr fim a uma negociação. Nas culturas asiáticas, é imperativo evitar que a outra pessoa se sinta humilhada ou desprestigiada. Na China, erguer a voz, gritar com alguém em público ou corrigir alguém na frente de seus pares é humilhante.

Um fator complicador com relação à consciência cultural é que uma atitude que talvez deva ser evitada em uma cultura é fundamental em outra. Por exemplo, no Japão, estabelecer um contato visual prolongado pode ser ofensivo e é fundamental que seja evitado. Entretanto, com os executivos árabes e latino-americanos, é importante estabelecer um forte contato visual. De outro modo, você corre o risco de ser considerado evasivo ou suspeito.

Costumes culturais facultativos. Esses costumes estão relacionados com questões comportamentais ou com costumes não obrigatórios que os estranhos a uma determinada cultura podem optar por seguir ou não. Em outras palavras, seguir o costume em pauta não é particularmente importante, mas admissível. A maioria dos costumes encaixa-se nessa categoria. Não é preciso comer uma comida que faça mal para o sistema digestivo (desde que o ato de recusar seja educado) nem beber bebidas alcoólicas (seja por motivo de saúde, pessoal ou religioso), e um homem não precisa cumprimentar outro com um beijo (um costume em alguns países). Não obstante, uma tentativa simbólica de participar desses costumes facultativos não apenas é aceitável, mas também ajuda a estabelecer harmonia e afinidade, demonstrando que o empresário ou profissional de marketing estudou aquela cultura. Os japoneses não esperam que um ocidental os reverencie e compreenda o significado do ritual da reverência entre os japoneses, embora uma reverência simbólica indique interesse e certa sensibilidade pela cultura japonesa, o que é interpretado como um gesto de benevolência e afeição. Isso pode ajudar a pavimentar o caminho para uma relação forte e confiante.

Um costume cultural facultativo em um país pode ser imperativo em outro. Por exemplo, em algumas culturas, pode-se aceitar ou rejeitar diplomática e educadamente um convite para um drinque, embora em outros casos a recusa para um drinque seja um insulto. Na República Tcheca, um aperitivo ou outro licor oferecido no início de uma reunião de negócios, mesmo de manhã, é uma forma de demonstrar boa vontade e confiança. É um sinal de que você é bem-vindo como um amigo. É fundamental que você aceite, a menos que esclareça ao cidadão checo que sua recusa é por um motivo de saúde ou religioso. As negociações comerciais chinesas com frequência envolvem banquetes nos quais se consome uma grande quantidade de bebidas alcoólicas e se fazem inúmeros brindes. É fundamental participar desses brindes erguendo o copo com a bebida oferecida, mas tomá-la é opcional. Seus parceiros de negócios árabes oferecerão café porque, para estabelecer um nível de amizade e

PEQUIM, CHINA: A chanceler alemã, Angela Merkel, e o primeiro-ministro da China, Wen Jiabao, brindam após a Cúpula de Negócios China–União Europeia no Grande Salão do Povo em Pequim. Essa cúpula foi incentivada pelo acordo sobre uma rixa comercial em que 80 milhões de peças de vestuário ficaram empilhadas nos portos marítimos europeus, impedidas de serem enviadas às lojas em virtude do pacto de cota ajustado na época. Tomar meia garrafa é um costume facultativo, mas bebericar é um costume imperativo nesse caso.

confiança, esse ritual é importante. Você deve aceitar, mesmo que apenas tome um golinho para celebrar. Os costumes facultativos são os que apresentam as diferenças mais visíveis e, portanto, mais óbvias. Não raro, é a conformidade com os costumes imperativos e exclusivos menos óbvios que é crucial.

Costumes culturais exclusivos. São os costumes ou padrões de comportamento reservados exclusivamente para os habitantes locais e dos quais o estrangeiro é excluído. Por exemplo, a tentativa de um cristão de agir como um muçulmano seria repugnante para um seguidor de Maomé. Igualmente ofensivo é um estrangeiro criticar ou fazer troça de assuntos políticos, hábitos sociais e peculiaridades do país, mesmo que os habitantes locais, entre eles, critiquem essas questões. Há alguma verdade naquele velho ditado: "Eu posso amaldiçoar meu irmão, mas, se você o amaldiçoá-lo, haverá briga". Poucas peculiaridades culturais estão reservadas exclusivamente aos habitantes locais, mas o estrangeiro deve ter o cuidado de evitar participar daquelas que são restritas.

Os empresários estrangeiros precisam ser suficientemente perceptivos para saber quando lidam com um costume imperativo, facultativo ou exclusivo e ter adaptabilidade para reagir a cada um. Não há muitos costumes imperativos e exclusivos, mas os comportamentos ofensivos são em sua maioria praticados por desconhecimento. Não é necessário ficar obcecado com relação à possibilidade de cometer uma gafe. Os empresários mais sensíveis revelarão o engano. Contudo, quanto menos equívocos forem cometidos, mais tranquila será a relação. A propósito, você pode pedir ajuda. Se tiver um bom relacionamento com seus pares estrangeiros, poderá lhes pedir para lhe dizer quando e como "você se portou mal".

Impacto da cultura americana sobre o estilo de gestão

Existem pelo menos três motivos para enfatizar brevemente a cultura e o estilo de gestão americanos. Primeiramente, para os leitores americanos, é importante ter consciência dos elementos culturais que influenciam decisões e comportamentos, pois essa autoconsciência os ajudará a se adaptar ao trabalho com seus colegas de outras culturas. Segundo, para os leitores novatos em relação à cultura americana, é favorável conhecer melhor seus colegas e parceiros de negócios dos Estados Unidos. O mercado americano é o maior mercado exportador do mundo, e esperamos que esse conhecimento ajude as pessoas a ter mais paciência quando estiverem conduzindo negócios internacionalmente. Quanto ao terceiro motivo, desde o final da década de 1990, a cultura empresarial americana tem sido exportada para o mundo, do mesmo modo que na década de 1980 as práticas de gestão japonesas eram imitadas praticamente em todos os lugares. Certamente, as práticas de gestão desenvolvidas no âmbito dos Estados Unidos não serão apropriadas e úteis em toda parte. Portanto, compreender seus fundamentos ajudará as pessoas a tomar decisões com relação a empregar, adaptar ou rejeitar essas práticas. Aliás, na maioria dos casos, o conselho de Peter Drucker será aplicável: "Pessoas diferentes devem ser gerenciadas de maneira diferente".[6]

Existem muitos pontos de vista divergentes com relação às ideias mais importantes nas quais os conceitos culturais normativos americanos se baseiam. Os que ocorrem com maior frequência nas discussões sobre avaliações transculturais podem ser resumidos nos seguintes itens:
- Ponto de vista de "mestre do destino".
- Empreendimento independente como instrumento de ação social.
- Seleção de pessoal e recompensa com base no mérito.
- Decisões fundamentadas em análise objetiva.
- Amplo intercâmbio na tomada de decisões.
- Busca interminável pelo aperfeiçoamento.
- Concorrência que gera eficiência.

A filosofia do "mestre do destino" é fundamental para o pensamento de gestão americano. *Grosso modo*, as pessoas podem influenciar de maneira significativa o futuro; eles têm controle sobre seu próprio destino. Esse ponto de vista também reflete a visão de que, embora a sorte possa influenciar o futuro de um indivíduo, no cômputo geral, a persistência, o trabalho árduo, o compromisso de atender às expectativas e o uso eficaz do tempo dão às pessoas controle sobre seu destino. Em contraposição, várias culturas têm uma visão mais fatalista da vida. Elas acreditam que o destino individual é determinado por uma ordem superior e que o que acontece não pode ser controlado.

---

[6] Peter F. Drucker, *Management Challenges for the 21st Century* (Nova York: HarperBusiness, 1999), p. 17.

Nos Estados Unidos, as posturas relativas a planejamento, controle, supervisão, compromisso, motivação, programação e prazos finais são todas influenciadas pela ideia de que os indivíduos podem controlar seu futuro. Lembre-se de que no Capítulo 4 mostramos que a pontuação dos Estados Unidos na dimensão de individualismo de Hofstede foi a mais alta.[7] Nas culturas em que as crenças são mais coletivistas e fatalistas, essas boas práticas comerciais podem ser seguidas, mas a preocupação quanto ao resultado final é diferente. Afinal de contas, se uma pessoa acredita que o futuro é determinado por uma ordem superior incontrolável, na verdade que diferença faz o esforço individual?

A aceitação da ideia de que a *iniciativa independente* é um instrumento de ação social é o conceito fundamental das corporações (sociedades anônimas) americanas. Uma corporação é reconhecida como uma entidade que tem regras e é perene e como uma instituição social distinta e vital. Esse reconhecimento pode gerar sentimentos profundos de obrigação de servir à empresa. Aliás, a empresa talvez tenha precedência sobre a família, os amigos ou as atividades que possam divergir dos seus interesses. Essa ideia contrapõe-se em grande medida às posturas mantidas pelos mexicanos, que sentem firmemente que as relações pessoais são mais importantes na vida diária do que o trabalho e a empresa, e pelos chineses, que consideram crucial um conjunto mais amplo de interessados (*stakeholders*).

O entendimento de que a seleção de pessoal e a recompensa devem ser feitas com base no *mérito* é coerente com o ponto de vista de que os indivíduos controlam seu destino. A seleção, promoção, motivação ou demissão de funcionários por diretores e gerentes americanos enfatizam a necessidade de selecionar as pessoas mais bem qualificadas para os cargos; retê-las, desde que seu desempenho corresponda aos padrões de expectativa; e permitir que subam de posição, desde que esses padrões sejam atendidos. Em outras culturas, em que os laços de amizade ou familiares são mais importantes do que a vitalidade da empresa, os critérios de seleção, organização e motivação são significativamente diferentes dos critérios das empresas americanas. Em algumas culturas, as empresas ampliam-se para acomodar a maior quantidade possível de amigos e parentes. Se alguém fica sabendo que as promoções são dadas com base em laços pessoais e amizades, e não no mérito, uma alavanca motivacional fundamental vai por água abaixo. Entretanto, em muitas outras culturas, a pressão social proveniente do grupo muitas vezes é uma forte motivação. As superstições podem também entrar em jogo na seleção de pessoal; no Japão, o tipo sanguíneo pode pesar nas decisões de contratação![8]

Nos Estados Unidos, a forte convicção de que as decisões de negócios devem basear-se em uma *análise objetiva* e de que os dirigentes lutam para ser científicos têm um impacto profundo sobre as posturas dos dirigentes americanos com relação à objetividade na tomada de decisões e à exatidão dos dados. Embora o julgamento e a intuição sejam instrumentos importantes na tomada de decisões, a maioria dos dirigentes americanos acredita que as decisões devem ser respaldadas e fundamentadas em informações precisas e relevantes. Portanto, nas empresas americanas, enfatizam-se em grande medida a coleta e o livre fluxo de informações em todos os níveis organizacionais e a franqueza de expressão na avaliação de opiniões ou nas decisões de negócios. Em outras culturas, esse respaldo factual e racional às decisões não é tão importante; a precisão dos dados e mesmo sua divulgação apropriada não são os principais pré-requisitos. Além disso, os dados existentes com frequência estão ao alcance dos olhos apenas de alguns poucos escolhidos. A franqueza de expressão e a transparência no tratamento dos dados que caracterizam as empresas americanas não se encaixam facilmente em algumas culturas.

A ideia prevalecente de *um amplo intercâmbio na tomada de decisões* é compatível com os pontos de vista de controle do próprio destino e da promoção baseada no mérito. Embora a tomada de decisões não seja um processo democrático nas empresas americanas, existe a forte convicção de que os indivíduos de uma organização precisam da responsabilidade de tomar decisões para que possam continuar se desenvolvendo. Portanto, as decisões com frequência são descentralizadas, e a capacidade e a responsabilidade de tomar decisões são incentivadas nos níveis hierárquicos inferiores da administração. Em várias culturas, as decisões são altamente centralizadas, em parte por causa do ponto de vista de que apenas algumas pessoas na empresa têm direito ou capacidade de tomar decisões. No Oriente Médio, por exemplo, somente os altos executivos tomam decisões.

---

[7] Hofstede, *Culture's Consequences*.
[8] David Picker, "Blood, Sweat, and Type O", *The New York Times*, 14 de dezembro de 2006, p. C15.

Qual a diferença entre a declaração de Adam Smith – "Ao buscar seu próprio interesse, o indivíduo frequentemente promove o interesse da sociedade de maneira mais eficaz do que quando realmente tem a intenção de promovê-lo" – e a de Gordon Gekko – "Ganância é bom"? É o advérbio. Smith não disse "sempre", "quase sempre" ou "na maioria das vezes". Ele disse "frequentemente". Hoje, muitos indivíduos de Wall Street ignoram essa diferença fundamental.

Um valor fundamental subjacente ao sistema empresarial americano reflete-se na ideia da *busca interminável pelo aperfeiçoamento*. Os Estados Unidos sempre foram uma sociedade relativamente ativista; em várias posições sociais e profissionais, a pergunta prevalecente é "É possível fazer melhor?". Desse modo, os conceitos de gestão refletem a convicção de que a mudança não é apenas normal, mas também necessária, e de que nada é sagrado nem prescinde de aprimoramento. O que conta são os resultados: se os processos precisam mudar para obter resultados, então a mudança é pertinente. Em outras culturas, a força e o poder daqueles que estão no comando habitualmente não se apoiam na mudança, mas na premissa de que o *status quo* exige uma estrutura estável. Propor melhorias implica que aqueles que estão no poder falharam; uma pessoa em uma posição inferior que proponha mudanças é considerada uma ameaça ao domínio privado de outra pessoa, e não um indivíduo atento e dinâmico.

Talvez o mais fundamental para as práticas de gestão ocidentais seja a ideia de que a *concorrência é crucial para a eficiência*, o aprimoramento e a regeneração. Gordon Gekko apresentou essa ideia de um modo mais banal no filme *Wall Street*: "Ganância é bom". Adam Smith, em seu livro *A Riqueza das Nações*, escreveu uma das frases mais importantes da língua inglesa: "Ao buscar seu próprio interesse, o indivíduo frequentemente promove o interesse da sociedade de maneira mais eficaz do que quando realmente tem a intenção de promovê-lo".[9] Essa noção de "mão invisível" justifica o comportamento competitivo na medida em que melhora a sociedade e suas organizações. A concorrência entre os vendedores (por exemplo, as competições de vendas) é uma boa prática porque promove o melhor desempenho individual e, consequentemente, o melhor desempenho corporativo. No entanto, muitas vezes, os dirigentes e os formuladores de políticas de outras culturas não compartilham dessa visão de que "ganância é bom". A cooperação é mais proeminente, e as eficiências são conseguidas por meio de custos de transação menores. Estes últimos pontos de vista são mais predominantes em culturas coletivistas como a China e o Japão.

Estilos de gestão ao redor do mundo[10]

OA2
Como e por que os estilos de gestão variam ao redor do mundo

Como as estruturas, os valores administrativos e os comportamentos são diversos nos negócios internacionais, há uma variação considerável na maneira como os negócios são conduzidos.[11] Não importa o quanto um empresário esteja preparado para abordar um mercado externo, haverá determinados choques culturais sempre que se encontrarem diferenças no nível de contato, na ênfase dada às comunicações, no ritmo e na formalidade das empresas estrangeiras. Os padrões éticos diferem substancialmente entre as culturas, do mesmo modo que os rituais, como as interações e negociações de vendas. Na maioria dos países, o empresário estrangeiro está propenso a enfrentar um grau razoavelmente alto de envolvimento do governo.

[9] Adam Smith, *The Wealth of Nations*, Livro IV (1776; reimpresso, Nova York: Modern Library, 1994), p. 485.
[10] Um *site* que oferece informações sobre os estilos de gestão ao redor do mundo é www.globalnegotiationresources.com.
[11] Sam Han, Tony Kang, Stephen Salter e Yong Keun Yoo, "A Cross-Country Study on the Effects of National Culture on Earnings Management", *Journal of International Business Studies*, 41, 2010, p. 123-141.

Entre as quatro dimensões de valores culturais de Hofstede discutidas no Capítulo 4, o índice de individualismo/coletivismo (IDV) e o índice de distância do poder (IDP) são especialmente relevantes na análise dos métodos de conduzir negócios transculturalmente.

Autoridade e tomada de decisões

Porte da empresa, controle acionário, responsabilidade pública e valores culturais que determinam a importância do *status* e da posição (ISP) associam-se para influenciar a estrutura de autoridade da empresa. Nos países com ISP alto, como o México e a Malásia, conhecer a posição e o *status* dos clientes e sócios é bem mais importante do que em sociedades mais igualitárias (baixo ISP), como a Dinamarca e Israel. Nos países com ISP alto, os subordinados tendem a não contradizer os chefes. Porém, nos países com ISP baixo, isso ocorre com frequência. Embora os executivos internacionais enfrentem uma variedade de padrões de autoridade que podem complicar a tomada de decisões no ambiente global, a maioria deles é uma variação de três padrões típicos: decisões da alta administração, decisões descentralizadas e decisões de comitê ou grupo.

A tomada de decisões pela alta administração geralmente ocorre em situações em que a família ou outro indivíduo com proximidade de posse[12] concede absoluto controle aos proprietários e as empresas são suficientemente pequenas para comportar decisões centralizadas. Em inúmeras empresas europeias, como as da França, a autoridade de tomada de decisões é protegida ciosamente por algumas pessoas do alto escalão que exercem um rígido controle. Em outros países, como o México e a Venezuela, em que existe uma herança semifeudal, os estilos de administração são caracteristicamente autocráticos e paternalistas. A participação na tomada de decisões pela média administração tende a ser menosprezada; os membros dominantes da família tomam decisões que tendem mais a satisfazer os membros familiares do que a aumentar a produtividade. Isso também se aplica a empresas estatais, em que os administradores profissionais têm de acatar as decisões tomadas por políticos, que geralmente não têm nenhum conhecimento prático de gestão. Nos países médio-orientais, a alta administração toma todas as decisões e prefere lidar apenas com outros executivos com poder de tomada de decisões. Lá, as negociações são sempre conduzidas com o próprio indivíduo, e não com um departamento ou uma função.

À medida que as empresas crescem e a gestão profissional evolui, há uma mudança em direção a um processo descentralizado de tomada de decisões de gestão, permitindo que os executivos de diferentes níveis da administração exerçam autoridade sobre suas próprias funções. Como mencionado antes, essa postura é típica das empresas de grande escala que possuem sistemas de gestão extremamente desenvolvidos, como é comum nos Estados Unidos. Nesse país, os empresários tendem a tratar com a média administração, e a função ou o cargo em geral tem precedência sobre o indivíduo que ocupa o cargo.

No comitê, as decisões são tomadas por um grupo ou por consenso. Os comitês podem adotar uma postura centralizada ou descentralizada, mas o conceito de gestão por comitê envolve algo bem diferente do exercício individualizado da alta administração e dos esquemas de tomada de decisões descentralizados que acabamos de discutir. Como as culturas e as religiões asiáticas tendem a enfatizar a harmonia e o coletivismo, não é de surpreender que a tomada de decisões em grupo predomine por lá. A despeito da ênfase sobre a posição e hierarquia na estrutura social japonesa, a empresa enfatiza a participação do grupo, a harmonia em grupo e a tomada de decisões em grupo – mas no nível da alta administração.

As exigências desses três tipos de sistema de autoridade com relação à criatividade e à adaptabilidade do empresário e do profissional de marketing são evidentes. No caso das sociedades com autoridade delegada, o principal problema é identificar o indivíduo que tem autoridade. Na estrutura de tomada de decisões por comitê, todos os membros do comitê têm de ser convencidos dos méritos da proposição ou do produto em questão. Desse modo, a abordagem de marketing de cada uma dessas situações difere.

---

[12] Vários pesquisadores demonstraram empiricamente a influência e a desvantagem dessas estruturas de autoridade. Consulte Kathy Fogel, "Oligarchic Family Control, Social Economic Outcomes, and the Quality of Government", *Journal of International Business Studies*, 37, 2006, p. 603-622; Naresh Kharti, Eric W. K. Tsang e Thomas M. Begley, "Cronyism: A Cross-Cultural Analysis", *Journal of International Business Studies*, 37, 2006, p. 61-75; Ekin K. Pellegrini e Terri A. Scandura, "Leader-Member Exchange (LMX), Paternalism, and Delegation in the Turkish Business Culture An Empirical Investigation", *Journal of International Business Studies*, 37, 2006, p. 264-279.

CRUZANDO FRONTEIRAS 5.1 — Não bata na sogra!

O agrupamento e o coletivismo da cultura chinesa oferecem um solo fértil para a hierarquia. Acrescente um pequeno conselho confuciano e as relações de *status* tornam-se fundamentais para compreender os sistemas empresariais chineses. Os ensinamentos de Confúcio serviram de alicerce para a educação chinesa ao longo de 2 mil anos, até 1911. Ele definiu cinco relações primordiais: entre governante e governado, marido e mulher, pais e filhos, irmãos mais novos e mais velhos e amigos. Exceto a última, todas as relações eram hierárquicas. Os governados, as esposas, os filhos e os irmãos mais novos eram todos aconselhados a trocar a obediência e lealdade pela benevolência de seus governantes, maridos, pais e irmãos mais velhos, respectivamente. A rigorosa adesão a essas relações verticais gerava harmonia social, o antídoto à violência e à guerra civil de seu tempo.

A obediência e a deferência aos superiores ainda são valores arraigados na cultura chinesa. A história da família Cheng, apresentada a seguir, demonstra a importância histórica da hierarquia social e da grande distância do poder.

Em outubro de 1865, a mulher de Cheng Han-Cheng teve a audácia de bater em sua sogra. Esse ato foi considerado um delito abominável ao qual se infligiu um castigo: Cheng e sua esposa foram esfolados vivos, em frente à mãe, suas peles foram expostas no portal de várias vilas, e seus ossos foram incinerados. O tio-avô de Cheng, o mais velho de seus parentes mais próximos, foi decapitado; seu tio e dois irmãos e o chefe do clã Cheng foram enforcados. A mãe da esposa de Cheng, em cujo rosto foi tatuada a frase "negligenciou a educação da filha", foi ostentada em sete províncias. Seu pai levou 80 golpes e foi banido para um lugar a 3.000 *li** de distância. Os chefes da família que moravam à direita e à esquerda da casa de Cheng levaram 80 golpes e foram banidos para Heilung-kiang. O encarregado da educação da vila levou 60 golpes e foi banido para um lugar a 1.000 *li* de distância. O filho de 9 meses de Cheng recebeu um novo nome e foi deixado aos cuidados do magistrado do município. A propriedade de Cheng deveria ficar desabitada "para sempre". Tudo isso foi registrado em uma estela, e cópias dessas inscrições, feitas por fricção, foram distribuídas por todo o império.

Recomendamos que seus filhos leiam essa história! Porém, falando sério, observe que as autoridades responsabilizaram toda a rede social pela violação de hierarquia cometida pela mulher de Cheng. *Status* não é brincadeira entre os chineses. A idade e a posição dos executivos e outras indicações de *status* devem ser levados em conta nas negociações com os chineses. O igualitarismo e a informalidade americanos não são bem-vistos no lado oeste do Pacífico.

Fontes: Dau-lin Hsu, "The Myth of the 'Five Human Relations' of Confucius", *Monumenta Sinica*, 1970, p. 29, 31, citado em Gary G. Hamilton, "Patriarchalism in Imperial China and Western Europe A Revision of Weber's Sociology of Domination", *Theory and Society*, 13, 1984, p. 393-425; N. Mark Lam e John L. Graham, *China Now, Doing Business in the World's Most Dynamic Market* (Nova York: McGraw-Hill, 2007).

* N. de RT.: *Li* é uma tradicional unidade chinesa para distância. Um *li* equivale a 500 metros.

Objetivos e aspirações de gestão

A formação e a procedência (isto é, o ambiente cultural) dos diretores influem significativamente em sua postura pessoal e empresarial.[13] A sociedade de forma geral estabelece a posição social ou o *status* da administração, e as origens culturais ditam os padrões das aspirações e dos objetivos entre os executivos. Um determinado estudo relata que nas empresas escandinavas que sofrem influência financeira anglo-americana a remuneração dos diretores executivos é superior e que isso reflete em parte uma recompensa em virtude do maior risco de demissão.[14] Essas influências culturais afetam a postura dos diretores quanto à inovação, a novos produtos e à condução de negócios com estrangeiros. Para compreender totalmente o estilo de gestão de outra pessoa, é necessário avaliar seus valores, os quais normalmente estão refletidos nos objetivos da organização empresarial e nas práticas que prevalecem na empresa. Ao lidar com uma empresa estrangeira, o profissional de marketing deve estar particularmente atento aos objetivos e às aspirações variáveis da administração.

Segurança e mobilidade. A segurança pessoal e a mobilidade no emprego estão relacionadas diretamente com uma motivação humana básica e, portanto, têm amplas implicações econômicas e sociais. A palavra *segurança* é um tanto ambígua, e essa própria ambiguidade oferece alguns indícios sobre a variação administrativa. Para alguns, segurança significa um gordo salário e a formação e capacidade necessárias para mudar de uma empresa para outra de acordo com a hierarquia empresarial; para outros, representa a segurança dos cargos vitalícios na empresa em que trabalham; e para alguns outros significa planos de aposentadoria adequados e outros benefícios de assistência social. As empresas europeias, particularmente nos países mais hierárquicos (ISP), como a França e a Itália, têm uma forte postura paternalista, e supõe-se que os indivíduos trabalharão para a empresa durante a

---

[13] Ted Baker, Eric Gedajlovic e Michael Lubatkin, "A Framework for Comparing Entrepreneurship Processes across Nations", *Journal of International Business Studies*, 36, 2005, p. 492-504.

[14] Lars Oxelheim e Trond Randoy, "The Anglo-American Financial Influence on CEO Compensation in Non-Anglo-American Firms", *Journal of International Business Studies*, 36, 2005, p. 470-483.

maior parte da vida. Por exemplo, na Grã-Bretanha, os diretores dão grande importância à realização e à individual autonomia, ao passo que os diretores franceses dão mais importância a uma supervisão competente, a políticas empresariais confiáveis, a benefícios extras, à segurança e a condições de trabalho confortáveis. Os diretores franceses têm menor mobilidade que os britânicos. Em conclusão, algumas pesquisas demonstraram que essas diferenças são gerais – o comprometimento dos trabalhadores com a empresa tendia a ser maior nos países com um índice de individualismo (IDV) maior e um índice de distância do poder (IDP) menor.[15]

Vida pessoal. Para muitos indivíduos, uma vida pessoal e/ou familiar satisfatória tem prioridade sobre lucro, segurança ou qualquer outro objetivo.[16] Em seu estudo mundial sobre aspirações individuais, David McClelland[17] descobriu que a cultura de alguns países ressaltava a virtude de uma vida pessoal satisfatória como algo bem mais importante que o lucro ou o êxito. O ponto de vista hedonista da Grécia antiga incluía explicitamente o trabalho como um fator indesejável que impedia a busca do prazer ou de uma vida pessoal de qualidade. De outro modo, de acordo com Max Weber,[18] pelo menos parte do padrão de vida que desfrutamos nos Estados Unidos hoje pode ser atribuída à ética protestante do trabalho árduo da qual extraímos grande parte de nossa herança comercial.

Para os japoneses, vida pessoal significa vida na empresa. Muitos trabalhadores japoneses consideram seu trabalho a parte mais importante de toda a sua vida. A virtude moral do trabalho para os japoneses – manutenção do senso de propósito – provém da lealdade à empresa e com frequência leva os funcionários japoneses a manter uma identidade com a corporação. Embora essa ideia continue válida para a maioria, evidências contundentes indicam que a instabilidade da economia japonesa afetou os padrões de crescimento na carreira[19] e mudou o ponto de vista sobre o *salaryman* (executivo corporativo para os japoneses), antes visto como alguém da elite empresarial e agora visto com certo escárnio. A cultura empresarial japonesa se distancia gradualmente do emprego permanente que desencadeou essa intensa lealdade. Hoje, até mesmo a formalidade japonesa no ambiente de trabalho se curva diante dos preços mais altos do petróleo: as gravatas e os colarinhos abotoados são abandonados para manter os termostatos em 28°.

Podemos fazer uma avaliação do equilíbrio entre vida profissional e vida pessoal em diferentes culturas a partir da Figura 5.1. Como ponto de referência, 40 horas por semana vezes 50 semanas é igual a 2 mil horas. Os americanos parecem estar no ponto intermediário de horas trabalhadas, bem acima dos norte-europeus e bem abaixo dos sul-coreanos. Os americanos recebem em sua maioria duas semanas de férias pagas, enquanto os europeus recebem entre quatro e seis semanas! Na Coreia do Sul e em outras nações asiáticas, o sábado é contado como dia de trabalho. Embora não relacionemos os números para a China, as novas pressões da livre-iniciativa estão aumentando o número de horas e também

Figura 5.1
Horas anuais trabalhadas.

Fonte: OCDE, Indicadores de Mercado de Trabalho, 2010.

País	Horas
Reino Unido	1.670
Canadá	1.736
Alemanha	1.433
Países Baixos	1.392
Japão	1.785
Noruega	1.411
Estados Unidos	1.794
Coreia do Sul	2.305
México	1.871
Itália	1.824

---

[15] Ronald Fischer e Angela Mansell, "Commitment across Cultures: A Meta-Analytic Approach, *Journal of International Business Studies*, 40, 2009, p. 1.339-1.358.
[16] David Gautheir-Villars, "Mon Dieu! Sunday Work Hours Upset French Devotion to Rest", *The Wall Street Journal*, 24 de julho de 2009 [*on-line*].
[17] David C. McClelland, *The Achieving Society* (Nova York: The Free Press, 1985).
[18] Weber, *The Protestant Ethic*.
[19] George Graen, Ravi Dharwadkar, Rajdeep Grewal e Mitsuru Wakabayashi, "Japanese Career Progress: An Empirical Examination", *Journal of International Business Studies*, 7, 2006, p. 148-161.

CRUZANDO FRONTEIRAS 5.2 — O turista americano e o pescador mexicano

Um turista americano encontrava-se no píer de um vilarejo litorâneo mexicano quando um pequeno barco com apenas um pescador atracou. O turista elogiou o mexicano pela qualidade do peixe e lhe perguntou quanto tempo ele havia levado para fisgá-lo.

"Pouquíssimo tempo", respondeu o mexicano.

O turista então perguntou: "Por que o senhor não ficou por mais tempo para pegar mais peixes?".

"Com esse aqui eu tenho o suficiente para satisfazer as necessidades da minha família", respondeu ele.

O turista fez então outra pergunta: "Mas o que o senhor faz com o restante do seu tempo?".

"Durmo até mais tarde, pesco um pouco, brinco com meus filhos, faço a sesta com minha mulher, Maria, passeio na vila todas as noites para bebericar um vinho e tocar violão com os amigos. Tenho uma vida preenchida e atarefada", respondeu o mexicano.

Então, o turista, zombando do mexicano, diz: "Eu posso ajudá-lo. O senhor deve passar mais tempo pescando e, com o lucro, comprar um barco maior. Com o lucro do barco maior, poderia comprar vários barcos. Com o tempo, o senhor teria uma frota de barcos de pesca. Em vez de vender seus peixes para um intermediário, poderia vendê-los diretamente para o processador e algum dia abrir sua fábrica de conservas. O senhor controlaria o produto, o processamento e a distribuição. Poderia sair deste vilarejo e mudar-se para a Cidade do México, depois Los Angeles e quem sabe Nova York, onde tocaria sua empresa sem parar de crescer".

"Mas quanto tempo isso levaria?", perguntou o pescador mexicano.

"De 15 a 20 anos", respondeu o turista.

"Mas o que eu faria então?", perguntou o mexicano.

O turista então riu, dizendo: "Essa é a melhor parte. No momento oportuno, o senhor venderia as ações de sua empresa e ficaria muito rico. Ganharia milhões".

"Milhões?... E daí?"

"Daí o senhor se aposentaria e se mudaria para um pequeno vilarejo pesqueiro no litoral, onde poderia dormir até mais tarde, pescar um pouco, brincar com os netos, fazer a sesta com sua mulher e passear no vilarejo à noite para tomar um vinho e tocar violão com os amigos", disse o americano.

Fonte: Autor desconhecido.

---

a quantidade de estresse nesse país. Contudo, o dado mais assustador não se encontra na tabela. Embora as horas trabalhadas estejam diminuindo quase em todos os lugares, nos Estados Unidos esse número aumenta – desde 1990, chegou a 36 horas. Nosso obrigado a Max Weber! Mas fica a dúvida: em que pé as coisas estarão em 2020?

Afiliação e aceitação social. Em alguns países, a aceitação pelos vizinhos e colegas de trabalho parece ser um objetivo predominante nos negócios. O ponto de vista asiático é refletido na tomada de decisões pelo grupo, postura muito importante no Japão, assim como encaixar-se no grupo. A identificação com o grupo é tão forte no Japão que, quando se pergunta a um trabalhador o que ele faz para viver, ele geralmente responde que trabalha para a Sumitomo ou a Mitsubishi ou a Mastsushita, e não que ele é chofer, engenheiro ou químico.

Poder e êxito. Embora no mundo inteiro os gerentes de negócios procurem obter certo poder, o poder parece ser uma motivação maior nos países da América do Sul. Nesses locais, muitos empresários não apenas procuram lucro, mas utilizam sua posição profissional para se tornar um líder social e político. Relacionadas a isso, ainda que diferentes, são as motivações pelo êxito, que também são identificadas por pesquisadores de gestão nos Estados Unidos. Pode-se avaliar o êxito pela quantia de dinheiro em conta-corrente ou pela posição de destaque – duas aspirações particularmente relevantes nos Estados Unidos.

Estilos de comunicação

Edward T. Hall, professor de antropologia e consultor de empresas e governos sobre relações interculturais durante décadas, afirma que a comunicação envolve muito mais que apenas palavras. Seu artigo "The Silent Language of Overseas Business" ("A Linguagem Silenciosa dos Negócios no Exterior"), publicado na *Harvard Business Review* em 1960,[20] continua sendo uma leitura compensadora. Nesse artigo, ele descreve os significados simbólicos (**linguagem silenciosa**) do *tempo*, do *espaço*, dos *objetos*, das *amizades* e dos *acordos* e a forma como eles variam de uma cultura para outra. Em 1960, Hall não poderia ter previsto as inovações introduzidas pela internet. Entretanto, todas as suas ideias sobre comunicação transcultural aplicam-se igualmente a esse meio. Aqui, iniciamos uma discussão sobre a comunicação face a face (direta) e então passamos para as mídias eletrônicas.

---

[20] *Harvard Business Review*, maio-junho de 1960, p. 87-96.

Diferença de espaço no escritório: observe o individualismo representado pelos cubículos americanos e o coletivismo demonstrado pela disposição do escritório japonês.

Comunicação face a face. Nenhum idioma é facilmente traduzido para outro, pois os significados das palavras diferem muito entre os idiomas. Por exemplo, a palavra "*marriage*" (casamento), mesmo quando traduzida com precisão, pode conotar coisas bastante distintas em diferentes línguas – em uma pode significar amor, e em outra, restrições. Embora o idioma seja o instrumento de comunicação básico dos empresários que comercializam em territórios estrangeiros, os gestores, particularmente dos Estados Unidos, na maioria dos casos, não adquirem nenhum conhecimento básico de outro idioma, muito menos dominam as nuanças linguísticas que revelam posturas e informações não explícitas.

Com base em um trabalho de campo antropológico realizado ao longo de décadas, Hall[21] situa 11 culturas em um *continuum* de alto contexto e baixo contexto (consulte a Figura 5.2). A comunicação em uma cultura de alto contexto depende em grande medida dos aspectos contextuais (*quem* diz, *quando* diz, *como* diz) ou não verbais da comunicação, ao passo que a cultura de baixo contexto depende mais de comunicações explícitas expressas verbalmente.

Um breve exemplo da dimensão de alto/baixo contexto do estilo de comunicação pode ser visto no relato de um executivo de marketing internacional sobre um jantar de negócios em Los Angeles: "Eu o peguei [um cliente alemão] em seu hotel perto do Aeroporto Internacional e lhe perguntei o que gostaria de comer no jantar. Ele disse: 'Algo local'. Hoje, em Los Angeles, comida local é comida mexicana. Até então nunca havia conhecido ninguém que não tivesse comido *taco*! Fomos a um ótimo restaurante mexicano em Santa Mônica e pedimos de tudo: *guacamole*, *salsa*, *enchiladas*, *burritos*, uma noite típica para tomar Alka-Seltzer. Quando terminamos, perguntei a ele se havia gostado da comida. Ele respondeu delicadamente: 'Não estava muito boa'".

O americano deve ter sido pego de surpresa pela resposta honesta, e talvez bastante direta, de seu cliente. Todavia, estava bem consciente da franqueza dos alemães[22] e simplesmente amorteceu o "golpe". Como os alemães não se preocupam muito com o contexto, eles se limitam a responder sem rodeios. A maioria dos americanos suavizaria um pouco o choque com uma resposta como: "Estava muito boa, mas talvez um bocado apimentada". E um japonês, que se preocupa muito com o contexto, na verdade suavizaria a resposta com algo do tipo: "Estava muito boa, obrigado", embora nunca mais quisesse provar novamente uma comida mexicana.

Um americano ou alemão poderiam considerar a resposta do japonês pouco sincera. Contudo, do ponto de vista do japonês, ele estava apenas tentando manter uma relação de harmonia. Aliás, os japoneses têm duas palavras para verdade ou sinceridade, *honne* (mente

---

[21] Edward T. Hall, "Learning the Arabs' Silent Language", *Psychology Today*, agosto de 1979, p. 45-53. Hall escreveu vários livros que devem ser lidos por todos aqueles que estão envolvidos com negócios internacionais, como *The Silent Language* (Nova York: Doubleday, 1959), *The Hidden Dimension* (Nova York: Doubleday, 1966) e *Beyond Culture* (Nova York: Anchor Press-Doubleday, 1976).

[22] Curiosamente, a etimologia do termo "franqueza" está relacionada aos francos, uma tribo germânica antiga que se estabeleceu ao longo do Reno. Isso não é uma mera coincidência; novamente é a história influenciando os símbolos (isto é, a língua)!

Figura 5.2
Contexto, comunicação e culturas: escala de Edward Hall.

Nota: Reproduzida de acordo com E. T. Hall.

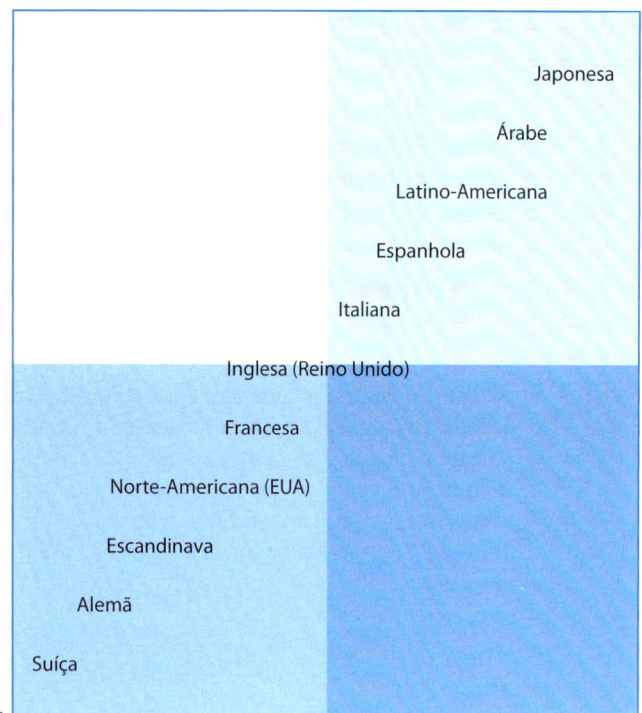

```
                                    Alto contexto
                    Japonesa         (implícita, ênfase
                                    sobre o contexto
                    Árabe            da comunicação)

                    Latino-Americana

                    Espanhola

                    Italiana

              Inglesa (Reino Unido)

                    Francesa

              Norte-Americana (EUA)

                    Escandinava

                    Alemã

                    Suíça
Baixo contexto
(explícita, ênfase
sobre o conteúdo
da comunicação)
```

verdadeira, isto é, dizer o que realmente pensa) e *tatemae* (postura em público).[23] A primeira dá o recado, a segunda preserva a relação. E, como no Japão o contexto é alto, a segunda opção na maioria dos casos é mais importante.

Comunicações pela internet. A mensagem em um *site B2B* (*business to business*) é uma extensão da empresa e deve estar de acordo com suas práticas empresariais, do mesmo modo que qualquer representante da empresa. Assim que uma mensagem é postada, ela pode ser lida em qualquer lugar, a qualquer hora. Consequentemente, a oportunidade de transmitir uma mensagem não intencional é infinita. Nada do que está relacionado à Web mudará o grau com que as pessoas identificam-se com seu próprio idioma e cultura; portanto, o idioma deve estar no primeiro lugar da lista na análise sobre a viabilidade de um *site*.

Segundo estimativas, hoje 78% do conteúdo de um *site* é escrito em inglês, mas uma mensagem de *e-mail* em inglês pode não ser compreendida por 35% de todos os usuários de internet. Um estudo sobre empresas do continente europeu ressalta a necessidade de as empresas responderem em seu idioma. Um terço dos altos gerentes europeus pesquisados afirmou que não se sujeitariam ao inglês *on-line*. Eles não acreditam que os gerentes de nível médio conseguem empregar suficientemente bem o inglês para conduzir negociações na internet.

No extremo estão os franceses, que chegaram a proibir o emprego de termos em inglês. O ministro das Finanças francês emitiu uma diretriz segundo a qual todas as correspondências oficiais do serviço civil francês devem evitar termos comerciais comuns em inglês, como *startup* e *e-mail*; em vez disso, recomendava *jeune pousse* (literalmente, uma planta jovem, em desenvolvimento) e *courrier électronique* (correio eletrônico).

A solução para o problema é ter *sites* específicos para cada país, como os da IBM e Marriott. A Dell Computer, por exemplo, disponibiliza a página principal de seu *site* aos clientes empresariais, em 12 idiomas. Inúmeras empresas especializam-se em tradução de *sites*; além disso, existem programas de *software* que traduzem as mensagens da empresa para outro idioma. Contudo, a exatidão cultural e linguística continua sendo um problema na tradução por máquina. Se não for feita apropriadamente, as frases em inglês tendem a ser traduzidas de uma maneira que pode constranger a empresa ou mesmo prejudicá-la. Uma forma de evitar esse problema é utilizar no conteúdo da fonte original um inglês fácil

---

[23] James D. Hodgson, Hoshihiro Sano e John L. Graham, *Doing Business with the New Japan* (Boulder, CO: Rowman & Littlefield, 2008).

de traduzir, isento de frases complicadas, expressões idiomáticas ou gírias. Infelizmente, não existe nenhuma tradução por máquina que possa lidar com as nuances idiomáticas ou sintáticas.

O ideal seria que todo representante de sua empresa falasse fluentemente o idioma de seus clientes estrangeiros ou parceiros comerciais e também conhecesse sua cultura, o que é um objetivo impossível para a maioria das empresas. No entanto, nada justifica que as pessoas que acessam o *site* de uma empresa não possam se comunicar em seu idioma, se a empresa deseja ser verdadeiramente global.

Além de amigável com relação ao idioma, o *site* deve ser examinado quanto a qualquer símbolo, ícone ou outras impressões não verbais que possam transmitir uma mensagem indesejável. Os ícones frequentemente utilizados em *sites* podem ser mal interpretados. Por exemplo, um ícone semelhante a uma mão fazendo um gesto como o "toca aqui" seria ofensivo na Grécia, e uma imagem do dedo polegar unido ao indicador, formando um círculo – o gesto americano do OK –, pode deixar um visitante brasileiro enfurecido. Já o sinal de paz, feito com o dedo indicador e anular levantados, quando virado ao contrário tem um significado extremamente grosseiro para os britânicos; e para um europeu o "You've Got Mail" ("Você recebeu uma mensagem") da AOL soa como uma chateação. As cores também representam um problema; o verde é uma cor sagrada em algumas culturas médio-orientais e não deve ser utilizado para algo trivial como a cor de segundo plano de um *site*.

Em conclusão, a utilização de *e-mail* e os índices de uso pelos gerentes são também influenciados pela cultura. Isto é, nas culturas de alto contexto, os executivos não usam esse meio com a mesma frequência que nas culturas de baixo contexto. Aliás, a estrutura do idioma japonês no mínimo retardou a difusão das tecnologias de internet nesse país.[24] Além disso, os executivos de Hong Kong são menos cooperativos nas negociações ao usar *e-mail* do que nas relações face a face.[25] Simplesmente não é possível assinalar por meio do computador grande parte das informações contextuais, tão importantes nas culturas de alto contexto.

Formalidade e ritmo

A rapidez e a despreocupada informalidade que parecem caracterizar as relações de negócios americanas ao que tudo indica são traços exclusivos que, além de não serem compartilhados, não são apreciados por executivos de outros países. Um executivo alemão comentou que ficou surpreso quando os funcionários de seu cliente de Indiana o chamaram pelo prenome. "Na Alemanha, só fazemos isso quando conhecemos alguém há dez anos – e jamais se estivermos em um nível hierárquico inferior", comentou ele. Entretanto, essa aparente informalidade não indica falta de comprometimento com o trabalho. Ao comparar gerentes de negócios britânicos e americanos, um executivo inglês fez um comentário sobre o intenso envolvimento dos gerentes americanos nos negócios: "Mesmo em um coquetel ou jantar, o americano continua trabalhando".

Ainda que os norte-europeus aparentemente tenham assimilado determinadas atitudes americanas nos últimos anos, não subentenda que eles foram "americanizados". Como afirmou um escritor, "Embora usar o prenome em encontros de negócios seja visto como um mau hábito americano em vários países, em nenhum lugar é considerado tão ofensivo quanto na França", onde a formalidade ainda impera. Pessoas que há muitos anos trabalham lado a lado ainda se dirigem umas as outras utilizando pronomes formais. O índice de distância do poder (IDP) na França é superior ao dos Estados Unidos, e essas diferenças podem provocar equívocos culturais. Por exemplo, as formalidades empregadas nas práticas comerciais francesas, em contraposição à postura informal dos americanos, são símbolos da necessidade francesa de mostrar distinção e posição hierárquica/social e da tendência americana de minimizar sua importância. Portanto, os franceses são chamados de esnobes pelos americanos, ao passo que os franceses consideram os americanos grosseiros e rudes.

Pressa e impaciência são provavelmente os erros mais comuns nas iniciativas dos norte-americanos de comercializar no Oriente Médio. A maioria dos árabes não gosta de envolver-se em discussões sérias sobre negócios antes de ter duas ou três oportunidades de encontrar o indivíduo com o qual negociam; as negociações tendem a ser prolongadas. Os árabes podem tomar decisões rápidas quando preparados para isso, mas não gostam de se sentir pressionados nem de receber prazos finais. O sócio-diretor do escritório da KPMG do Kuwait, Peat Marwick,

---

[24] *Ibid.*
[25] Guang Yang e John L. Graham, "The Impact of Computer-Mediated Communications on the Process and Outcomes of Buyer-Seller Negotiations", documento oficial, Irvine, Universidade da Califórnia, 2010.

fala sobre a postura de vários executivos americanos de "fazer uma visita às pressas": "Ainda que no Ocidente possa ser visto como algo dinâmico, o 'Eu só tenho um dia para ficar aqui' pode muito bem ser considerado uma mera descortesia aqui".

Os profissionais de marketing e empresários que esperam obter o maior êxito possível precisam lidar com os executivos estrangeiros de uma maneira aceitável para estes. Os latino-americanos baseiam-se em grande medida na amizade, mas essa relação deve ser estabelecida ao estilo deles: devagar e ao longo de um período significativo. O latino-americano típico mantém uma postura extremamente formal até o momento em que se estabelece uma relação genuína de respeito e amizade. Mesmo assim, ele não costuma ir direto ao assunto e não se pressionará. Em consonância com a cultura, *mañana* (amanhã) está de bom tamanho. O modo como as pessoas percebem o tempo ajuda a explicar algumas das diferenças entre os gestores americanos e os de outras culturas.

Tempo P *versus* tempo M

Algumas pesquisas demonstraram que nas culturas inglesas, como os Estados Unidos, os gestores tendem a se preocupar mais com a gestão do tempo do que os gestores das culturas latinas ou asiáticas.[26] Nossa visão com relação às culturas latinas, por exemplo, é que "eles sempre estão atrasados", e a visão que eles têm de nós é "vocês são sempre pontuais". Nem uma nem outra afirmação está totalmente correta, embora ambas contenham alguma verdade. O fato é que a sociedade americana preocupa-se muito com o tempo – tempo é dinheiro –, ao passo que, para várias outras culturas, o tempo deve ser saboreado, e não gasto.

Para Edward T. Halls existem dois sistemas de tempo no mundo: o **monocrônico** e o **policrônico**. O *tempo M* ou *monocrônico* caracteriza a maioria dos norte-americanos, suíços, alemães e escandinavos. Essas culturas ocidentais tendem a se concentrar em uma coisa por vez. Eles dividem o tempo em pequenas unidades e preocupam-se com a pontualidade. O tempo M é usado de maneira linear e é vivenciado de uma forma quase palpável, na medida em que o tempo pode ser economizado, desperdiçado, gasto ou perdido. A maioria das culturas de baixo contexto funciona de acordo com o tempo M. O *tempo P* ou *policrônico* é mais predominante nas culturas de alto contexto, em que a conclusão de uma interação humana é mais enfatizada do que a obediência a um cronograma ou programação. O tempo P caracteriza-se pela ocorrência simultânea de várias coisas e por "um grande envolvimento com as pessoas". Esse tempo possibilita o desenvolvimento de relações e a assimilação do contexto.

Um estudo comparativo sobre as percepções de pontualidade nos Estados Unidos e no Brasil constatou que os relógios brasileiros eram menos confiáveis e que havia menos relógios públicos no Brasil que nos Estados Unidos. Os pesquisadores constataram também que, comparados aos americanos, os brasileiros na maior parte das vezes se descreveram como não pontuais, demonstraram maior flexibilidade quanto à definição de *adiantado* e *atrasado*, estão menos preocupados com os atrasos e são mais propensos a atribuir a culpa por seu atraso a fatores externos.[27] A Figura 5.3 apresenta comparações relativas ao tempo entre 31 países. Observamos que um determinado estudo considerou esse índice útil porque prevê adequadamente o número de dias necessários para obter uma licença comercial em todos os países elencados.[28]

O desejo americano de ir direto ao assunto e pôr a mão na massa é uma manifestação de uma cultura voltada para o tempo M, do mesmo modo que outros indícios de objetividade. No processo do tempo P, os cronogramas são menos rígidos, o envolvimento com os indivíduos é maior e existe a postura do "vamos esperar para ver o que acontece". Por exemplo, se dois colegas latino-americanos estiverem conversando, preferem chegar atrasados a um compromisso subsequente a terminar a conversar abruptamente, sem aguardar por uma conclusão natural. No tempo P, o conceito de pontualidade e atraso é mais flexível. As interrupções são rotineiras, atrasos com os quais se deve contar. Não se trata tanto de protelar as coisas *hasta la mañana*, mas da ideia de que não se deve esperar que as atividades humanas funcionem como um relógio.

---

[26] Glen H. Brodowsky, Beverlee B. Anderson, Camille P. Schuster, Ofer Meilich e M. Ven Venkatesan, "If Time Is Money Is It a Common Currency? Time in Anglo, Asian, and Latin Cultures", *Journal of Global Marketing*, 21, n. 4, 2008, p. 245-258.

[27] Robert Levine, *The Geography of Time* (Nova York: Basic Books, 1998).

[28] Runtian Jing e John L. Graham, "Regulation vs. Values: How Culture Plays Its Role", *Journal of Business Ethics*, 80, n. 4, 2008, p. 791-806.

Figura 5.3

Velocidade é relativa.

Classificação de 31 países em relação ao ritmo de vida em geral [justaposição de três medidas: (1) minutos que os pedestres do centro da cidade levam para percorrer 18 metros, (2) minutos que um funcionário do correio leva para concluir uma venda de selo e (3) precisão em minutos dos relógios públicos].

Fonte: Robert Levine, "The Pace of Life in 31 Countries", *American Demographics*, novembro de 1997. Copyright © 2010 Crain Communication. Dados reimpressos com permissão.

Ritmo geral	País	Percorrer 18 metros	Correio	Relógios públicos
1	Suíça	3	2	1
2	Irlanda	1	3	11
3	Alemanha	5	1	8
4	Japão	7	4	6
5	Itália	10	12	2
6	Inglaterra	4	9	13
7	Suécia	13	5	7
8	Áustria	23	8	9
9	Países Baixos	2	14	25
10	Hong Kong	14	6	14
11	França	8	18	10
12	Polônia	12	15	8
13	Costa Rica	16	10	15
14	Taiwan	18	7	21
15	Cingapura	25	11	4
16	Estados Unidos	6	23	20
17	Canadá	11	21	22
18	Coreia do Sul	20	20	16
19	Hungria	19	19	18
20	República Tcheca	21	17	23
21	Grécia	14	13	29
22	Quênia	9	30	24
23	China	24	25	12
24	Bulgária	27	22	17
25	Romênia	30	29	5
26	Jordânia	28	27	19
27	Síria	29	28	27
28	El Salvador	22	16	31
29	Brasil	31	24	28
30	Indonésia	26	26	30
31	México	17	31	26

As culturas apresentam em sua maioria um comportamento misto de tempo P e tempo M, mas tendem a adotar mais um ou outro. Algumas são semelhantes ao Japão, onde os compromissos são cumpridos segundo o tempo M – isto é, com maior precisão –, mas, assim que um encontro ou uma reunião começa, o tempo P prevalece. Para os japoneses, os empresários americanos são muito preocupados com o tempo e movidos por cronogramas e prazos, o que impede o desenvolvimento tranquilo de relações de amizade.

Quando empresários de tempo M e tempo P se encontram, é necessário fazer ajustes para que haja uma relação harmoniosa. Muitas vezes, é possível obter certa objetividade especificando, diplomaticamente, se a reunião deverá começar no "horário mexicano"[29] ou no "horário americano". Um americano que conseguiu estabelecer uma boa relação de trabalho com os sauditas ao longo de vários anos afirma que aprendeu a arranjar inúmeras coisas para fazer quando viaja. Outros arrumam alguns afazeres no escritório para aguardar a chegada de um colega cuja postura é policrônica. O importante é que os diretores americanos aprendam a adaptar-se ao tempo P para evitar a ansiedade e a frustração decorrentes da falta de sincronização com o horário dos habitantes locais. Entretanto, à medida que os mercados globais se expandem, os empresários das culturas de tempo P se adaptam às de tempo M.

---

[29] Ken Ellingwood, "Just Late Enough to Be Early", *Los Angeles Times*, 12 de setembro de 2009, p. A1, A25.

Ênfase nas negociações

As negociações talvez sejam o ritual comercial mais básico. Todas as diferenças que acabamos de analisar nas práticas comerciais e na cultura entram em jogo com maior frequência e de maneira mais óbvia no processo de negociação do que em outros aspectos dos negócios. Os elementos básicos das negociações comerciais são os mesmos em qualquer país: estão relacionados com os produtos, os preços e as condições, os serviços associados com o produto e, finalmente, a relação de amizade entre vendedores e clientes. Todavia, é importante lembrar que o processo de negociação é complexo e que o risco de mal-entendidos é maior nas negociações com pessoas de outra cultura.

A postura adotada à mesa de negociações por um indivíduo é influenciada por vários fatores e costumes culturais normalmente desconhecidos para outros participantes e talvez não sejam reconhecidas pelo próprio indivíduo. A formação cultural condiciona a compreensão e a interpretação de cada negociador do que ocorre nas sessões de negociação. A possibilidade de ofensas recíprocas ou de interpretação incorreta dos motivos do outro é especialmente grande quando se utiliza o critério de autorreferência (CAR) para avaliar uma situação. Uma regra básica a utilizar nas negociações é primeiro "conhecer você mesmo" e segundo "conhecer seu colega". O CAR de ambas as partes entrará em jogo se não houver certo cuidado. O principal objetivo do Capítulo 19 é analisar como os costumes comerciais e a cultura influenciam as negociações.

Orientação de marketing

É fato que o grau de orientação de marketing de uma empresa relaciona-se positivamente com a lucratividade. Embora as empresas americanas estejam adotando cada vez mais essa ideia (e o marketing em geral),[30] as empresas de outros países não foram tão rápidas para mudar de orientações mais tradicionais como a orientação para *produção* (os consumidores preferem produtos com ampla oferta), orientação para *produto* (os consumidores preferem os produtos que oferecem maior qualidade, desempenho ou recursos inovadores) e orientação para *venda* (os consumidores e também as empresas não comprarão o suficiente se não forem estimulados). Por exemplo, em vários países, os engenheiros são predominantes nas diretorias e há uma ênfase sobre a orientação para produto. No entanto, as empresas americanas mais lucrativas adotam a orientação para o mercado, na qual todas as pessoas da organização (da fábrica ao departamento financeiro) são estimuladas a gerar, disseminar e responder à inteligência de marketing (isto é, preferências dos consumidores, ações da concorrência e decisões regulatórias) e são recompensadas por isso. Há pouco tempo, alguns pesquisadores confirmaram empiricamente que, por motivos variados e complexos, que incluem explicações culturais, a orientação para o mercado é menos predominante em inúmeros países,[31] e nas empresas globais pode ser difícil estimular essa orientação em unidades de negócios heterogêneas.[32]

Preconceito de gênero nos negócios internacionais

OA3

Grau e implicações do preconceito de gênero em outros países

O preconceito contra dirigentes do sexo feminino em alguns países, associado aos mitos alimentados por dirigentes do sexo masculino, faz as empresas multinacionais americanas hesitarem em oferecer atribuições internacionais às mulheres. Embora hoje as mulheres componham mais da metade da força de trabalho dos Estados Unidos,[33] elas representam uma porcentagem relativamente pequena dos funcionários que são escolhidos para exercer atribuições internacionais – menos de 20%. Por quê? O motivo citado com maior frequência é a inaptidão das mulheres para ser bem-sucedidas no exterior. Como teria dito um executivo, "De modo geral, as executivas americanas tendem a não ter tanto êxito nas atribuições de trabalho que se estendem para o exterior quanto os homens americanos". Infelizmente, essas atitudes são compartilhadas por vários e provavelmente provêm da crença de que os papéis tradicionais das mulheres nas sociedades em que os homens predominam as impedem de estabelecer boas relações com os colegas do país anfitrião. Uma dúvida frequente é saber se é apropriado enviar mulheres para conduzir negociações com clientes estrangeiros em culturas em que não é comum haver mulheres em cargos gerenciais. Para alguns parece

---

[30] John F. Gaski e Michael J. Etzel, "National Aggregate Consumer Sentiment toward Marketing: A Thirty-Year Retrospective and Analysis", *Journal of Consumer Research*, 31, 2005, p. 859-867.

[31] Sin *et al.*, "Marketing Orientation"; John Kuada e Seth N. Buatsi, "Market Orientation and Management Practices in Ghanaian Firms: Revisiting the Jaworski and Kohli Framework", *Journal of International Marketing*, 13, 2005, p. 58-88; Reto Felix e Wolfgang Hinck, "Market Orientation of Mexican Companies", *Journal of International Marketing*, 13, 2005, p. 111-127.

[32] Paul D. Ellis, "Distance, Dependence and Diversity of Markets: Effects on Market Orientation", *Journal of International Business Studies*, 38, 2007, p. 374-386.

[33] "We Did It!", *The Economist*, 2 de janeiro de 2010, p. 7.

CRUZANDO FRONTEIRAS 5.3 — As culturas mudam, ainda que lentamente

SEUL

Seguindo um hábito consagrado pelo tempo da cultura corporativa sul-coreana, um gerente de 38 anos de idade leva sua equipe de dez pessoas duas vezes por semanas para uma rodada de bebida após o trabalho. Ele estimula seus subordinados a beber, inclusive uma *designer* gráfica de 29 anos de idade que se queixou que seu limite são dois copos de cerveja. "Ou você bebe ou vai se ver comigo amanhã", disse-lhe o chefe uma noite.

Ela bebeu, temendo que sua recusa pudesse prejudicar sua carreira. Contudo, com o tempo, incapaz de continuar concordando em beber, pediu demissão e moveu uma ação judicial. Em maio, na primeira decisão judicial desse tipo, o Tribunal Superior de Seul afirmou que forçar um subordinado a ingerir bebidas alcoólicas era ilegal e considerou o gerente culpado de "violar a dignidade humana". O tribunal estipulou que essa mulher deveria receber uma multa por danos morais no valor de US$ 32 mil em decorrência desses incidentes, que ocorreram em 2004.

Essa decisão judicial foi ao mesmo tempo uma evidência da presença crescente das mulheres na vida corporativa da Coreia do Sul e uma confirmação das mudanças em vigor. Como a quantidade de mulheres contratadas como profissionais pelas empresas é crescente, a Coreia do Sul lutou para mudar a cultura corporativa do país, a começar por sua postura em relação a bebidas alcoólicas.

TÓQUIO

A experiência de Kayoko Mura mostra uma grande mudança de postura das empresas japonesas quanto a trabalhadores do sexo feminino. Quando Mura demitiu-se de seu emprego no departamento de contabilidade 16 anos atrás, a gigante da alimentação Kagome Co. fez pouco para detê-la. Ela estava se casando e achou que não conseguiria transferência para Tóquio, onde ela e o marido viveriam.

Contudo, no último verão, o escritório da Kagome em Tóquio procurou Mura, agora com 44 anos de idade, e a persuadiu a voltar para o mesmo tipo de trabalho que tinha antes. A empresa também designou um engenheiro de sistemas para trabalhar com ela até que ganhe agilidade no sistema de computador. A Kagome chegou até a aceitar seu pedido para trabalhar meio período (seis horas por dia) e três vezes por semana. "Muitas mulheres pedem demissão depois que investimos tempo e dinheiro em capacitação", afirma Tomoko Sone, porta-voz da Kagome. "Para a empresa, [não as recontratar] é um desperdício e tanto".

OSLO

De 2008 em diante, todas as empresas norueguesas passaram a ser obrigadas a ter no mínimo 40% de mulheres entre os membros da diretoria. Antes da aprovação dessa lei em 2003, 7% dos membros da diretoria eram mulheres. Todavia, como indica a Figura 5.4, esse número subiu rapidamente para 36% em 2008, embora 75 empresas ainda tenham de cumprir essa cota. A presidente do conselho administrativo da Statoil, Grace Reksten Skaugen, explica as vantagens das mulheres: "As mulheres sentem-se mais compelidas do que os homens a fazer o que devem e podem se dar ao luxo de fazer perguntas difíceis, porque nem sempre se espera que as mulheres devam saber as respostas". Reksten Skaugen foi escolhida como a presidente do ano da Noruega em 2007.

Fontes: Norimitsu Onishi, "Corporate Korea Corks the Bottle as Women Rise", *The New York Times*, 10 de junho de 2007, p. 1, 4; Miho Inada, "Japanese Companies Woo Women Back to Work", *The Wall Street Journal*, 23 de julho de 2007, p. B1, B3; Siri Terjesen e Val Singh, "Female Presence on Corporate Boards: A Multi-Country Study", *Journal of Business Ethics*, 85, 2008, p. 55-63; "We Did It!", *The Economist*, 2 de janeiro de 2010, p. 7.

Duas maneiras de prevenir o assédio a mulheres. Mika Kondo Kunieda, consultora do Banco Mundial em Tóquio, explica: "Eu pego um vagão de metrô especial, destinado exclusivamente a mulheres, entre 7h20 e 9h20. Esses vagões foram criados em 2005 em virtude das frequentes reclamações de que as mulheres eram tocadas e assediadas sexualmente. Fui vítima algumas vezes quando ainda jovem. Foi – e ainda é – uma experiência humilhante. Precisei aprender a me posicionar para evitar investidas mesmo nos trens mais superlotados. Agora, vejo alguns homens visivelmente apreensivos quando percebem que subiram acidentalmente em um vagão destinado apenas a mulheres!".[34] Além disso, como retrata a foto em Riad, Arábia Saudita, o Alcorão especifica que as mulheres devem se cobrir para não serem reconhecidas e incomodadas.

---

[34] "Eye on the World", *Marie Claire*, abril de 2007, p. 134.

Figura 5.4
Raridades.

Fonte: Siri Terjesen e Val Singh, "Female Presence on Corporate Boards: A Multi-Country Study", *Journal of Business Ethics*, 85, 2008, p. 55-63.

País	0 — 20
México	~3
França	~5
Alemanha	~6
Brasil	~8
China	~10
Austrália	~10
Cingapura	~11
Suécia	~13
Reino Unido	~14
Estados Unidos	~15
Noruega	~17

Mulheres em diretorias corporativas como porcentagem do total.

lógico que, se em outra cultura as mulheres não são aceitas em cargos gerenciais, a mulher estrangeira também não será aceita nessa cultura.

Em várias culturas – asiáticas, médio-orientais e latino-americanas –, não é comum encontrar mulheres em níveis administrativos superiores (consulte a Figura 5.4), e homens e mulheres são tratados de forma distinta. Além disso, os protótipos de liderança preferidos com relação ao homem e à mulher também variam de um país para outro.[35] Aliás, a manchete de jornal mais assustadora escrita talvez tenha sido "Asia, Vanishing Point for as Many as 100 Million Women" ["Ásia, um ponto de desaparecimento de 100 milhões de mulheres"]. Esse artigo, publicado no *International Herald Tribune* em 1991,[36] ressalta que o índice de natalidade na maioria dos países ao redor do mundo é de 105 meninos para 100 meninas. Entretanto, em países como os Estados Unidos ou o Japão, em que geralmente as mulheres vivem mais do que os homens, existem na população em torno de 96 homens para 100 mulheres. Os números atuais de homens por 100 mulheres em outros países asiáticos são os seguintes: 102 na Coreia, 103 na China, 109 na Índia e 106 no Paquistão. Segundo o artigo, desde o nascimento há uma discriminação sistemática contra as mulheres. Consideradas ilegais atualmente, as ultrassonografias ainda são utilizadas para tomar decisões sobre aborto baseadas no sexo do bebê. Todo esse preconceito diminuiu drástica e negativamente a quantidade de mulheres na população, tanto que em algumas províncias da China, existem hoje 120 homens para 100 mulheres.

Apesar do enorme preconceito contra as mulheres em outros países, algumas evidências levam a crer que o preconceito contra executivas pode ser exacerbado e que o tratamento que as mulheres locais recebem em sua cultura não indica necessariamente de que forma uma executiva estrangeira é tratada. Seria incorreto propor que não há diferença na maneira como os gerentes e executivos homens e mulheres são percebidos em diferentes culturas. Porém, essa diferença não significa que as mulheres não consigam ter êxito em atribuições no estrangeiro.

O segredo do sucesso nos negócios internacionais tanto para os homens quanto para as mulheres na maior parte dos casos depende da intensidade do apoio dado pela empresa. Quando uma diretora recebe capacitação e grande apoio da empresa, normalmente ela recebe um respeito proporcional ao cargo que ocupa e à empresa que ela representa. Para ter êxito, a mulher precisa de um título que lhe dê credibilidade imediata na cultura em que trabalha e de uma estrutura de apoio e uma relação hierárquica que a ajudem a realizar seu trabalho.[37] Em resumo, com o respaldo da organização, a resistência à sua pessoa, pelo fato de ser mulher, não se materializa ou é menos problemática que o previsto. Quando as negociações começam, a disposição de um anfitrião de envolver-se nas negociações e o respeito pela pessoa estrangeira aumentam ou diminuem dependendo das habilidades de negócios que ela demonstra, independentemente do gênero. Como disse um executivo, "O aspecto mais difícil em uma atribuição internacional é ser escolhido, e não ter êxito depois de escolhido".

Na maioria dos países europeus, com exceção da Alemanha, a quantidade de mulheres em cargos gerenciais (em todos os níveis) é comparável à dos Estados Unidos. A Organização Internacional do Trabalho ressalta que, nos Estados Unidos, 43% dos cargos gerenciais são ocupados por mulheres; na Grã-Bretanha, 33%; e na Suíça, 28%. Entretanto, na Alemanha, o quadro é diferente. De acordo com uma fonte econômica, as executivas alemãs ocupam apenas 9,2% dos cargos administrativos e enfrentam rigorosa resistência de seus colegas do sexo masculino quando concorrem a cargos de nível superior. Todavia, a boa notícia é uma indicação de que as empresas alemãs tentam remediar essa situação. Uma medida

---

[35] Lori D. Paris, Jon P. Howell, Peter W. Dorfman e Paul J. Hanges, "Preferred Leadership Prototypes of Male and Female Leaders in 27 Countries", *Journal of International Business Studies*, 40, 2009, p. 1.396-1.405.
[36] Consulte 7 de janeiro de 1991, p. 1.
[37] Nancy J. Adler, *International Dimensions of Organizational Behavior* (Mason: OH, Southwestern College Publishing, 2007).

tomada para impulsionar as mulheres na hierarquia executiva é o assim chamado sistema de interaconselhamento, organizado pela Lufthansa e por sete outras grandes empresas. Os altos diretores em uma determinada empresa oferecem conselhos a executivas de outra empresa a fim de ajudá-las a desenvolver o tipo de rede de influências que possibilita que os executivos consigam subir de posição na hierarquia corporativa.[38]

Como os mercados mundiais estão mais globais e a concorrência internacional aumenta, as empresas americanas precisam ser representadas pelos funcionários mais competentes que tiverem, do nível hierárquico mais básico ao CEO. Pesquisas demonstram que as empresas globais exigem experiência internacional para o cargo de alto executivo. Os executivos que tiveram experiência em âmbito internacional são mais propensos a conquistarem promoção e remunerações mais altas, assim como maior estabilidade no emprego. A falta de experiência internacional não deve ser uma barreira estrutural à ascensão no mundo corporativo americano, e restringir o banco de talentos apenas por causa do gênero parece uma atitude tacanha. A boa notícia é que o cenário para as mulheres tem evoluído nos cargos administrativos, e o tema do gênero nas empresas multinacionais recebe grande atenção das pesquisas.[39]

Portanto, o que dizer a respeito do relato da executiva da Ford apresentado no início deste capítulo? Ela não estava se divertindo nem um pouco no Japão até o momento em que encerramos sua história. Contudo, de acordo com a opinião geral (de seus colegas americanos, de seus supervisores e mesmo de alguns colegas japoneses), esse primeiro encontro não caracterizou seus demais encontros com os japoneses, nos quais seu êxito foi crescente. Para ela, essa eficácia subsequente deveu-se ao apoio que recebeu dos membros masculinos de sua equipe na Ford e da importância que ela atribui ao desenvolvimento de relações pessoais com os japoneses. Ela mesma explica:

> Eu e meu marido, que também é diretor da Ford que trabalha com clientes japoneses, resolvemos reunir alguns de nossos parceiros da Mazda em um jantar tipicamente americano em sua viagem subsequente a Detroit. Primeiramente, convidamos três pessoas para nos visitarem em casa. Pensamos que essa seria uma forma bacana e amigável de nos conhecermos e de oferecer aos japoneses um jantar simples e caseiro verdadeiramente americano. Porém, na véspera do jantar, a notícia se espalhou e acabamos tendo 13 pessoas em casa. Eles meio que se convidaram para o jantar. Alguns mudaram suas reuniões e outros vieram de avião do Salão do Automóvel de Chicago. Foi uma experiência maravilhosa, e pela primeira vez me viram como gente. E também como mãe, esposa, e, igualmente, uma parceira comercial. Falamos sobre famílias, a economia mundial e o setor de automóveis em geral. O jantar foi um ponto de virada decisivo nas minhas relações com a Mazda.[40]

Ética nos negócios

OA4
Importância das diferenças culturais na ética nos negócios

A questão moral do que é certo ou apropriado apresenta vários dilemas para os profissionais de marketing doméstico, pois, mesmo no próprio país, os padrões éticos nem sempre são definidos ou claros. Mas esse problema é infinitamente mais complexo no mercado internacional, uma vez que os julgamentos de valor diferem de modo significativo entre grupos culturalmente diversos.[41] O que é comumente aceito como certo em um país pode ser totalmente inaceitável em outro, embora pelo menos um estudo tenha demonstrado uma coerência relativa entre 41 países nos princípios éticos relativos à persuasão de

---

[38] Para obter informações mais abrangentes sobre a igualdade mundial das mulheres (bem como classificações sobre participação econômica e oportunidade), acesse http://www.weforum.org, no *World Economic Forum's Gender Gap Index*, 2007. Quanto à classificação de oportunidade econômica, os Estados Unidos estão no 3º lugar, a Noruega no 11º, a Alemanha no 32º, o Japão no 83º e a Arábia Saudita no 115º, o último da lista de 115 países.

[39] Por exemplo, consulte K. Praveen Parboteeah, Martin Hoegl e John B. Cullen, "Managers' Gender Role Attitudes: A Country Institutional Profile Approach", *Journal of International Business Studies*, 39, n. 5, 2008, p. 795-813; William Newburry, Liuba Y. Belkin e Paradis Ansari, "Perceived Career Opportunities from Globalization Capabilities and Attitudes towards Women in Iran and the U.S.", *Journal of International Business Studies*, 39, n. 5, 2008, p. 814-832.

[40] Hodgson, Sano e Graham, *Doing Business with the New Japan*.

[41] Pallab Paul, Abhijit Roy e Kausiki Mukjhopadhyay, "The Impact of Cultural Values on Marketing Ethical Norms: A Study in India and the United States", *Journal of International Marketing*, 14, 2006, p. 28-56; Jatinder J. Singh, Scott J. Vitell, Jamal Al-Khatif e Irvine Clark III, "The Role of Moral Intensity and Personal Moral Philosophies in the Ethical Decision Making of Marketers: A Cross-Cultural Comparison of China and the United States", *Journal of International Marketing*, 15, 2007, p. 86-112; Srivatsa Seshadri e Greg M. Broekemier, "Ethical Decision Making: Panama-United States Differences in Consumer and Marketing Contexts", *Journal of Global Marketing*, 22, 2009, p. 299-311.

superiores.⁴² Dar presentes de alto valor, por exemplo, geralmente é uma atitude condenável nos Estados Unidos, mas em vários países isso não só é aceito, como é esperado.⁴³

Definição de corrupção

Aliás, em consonância com as discussões sobre idioma, o significado da palavra corrupção varia de modo considerável ao redor do mundo. Nos países ex-comunistas, em que o marxismo era uma parte importante do sistema educacional para inúmeras pessoas, o *lucro* pode ser visto como uma forma de corrupção. O que os diretores americanos consideram essencial, outros enxergam como sinal de exploração. O *individualismo*, tão importante para os americanos, também pode ser visto como uma forma de corrupção. Os japoneses têm uma expressão: "A unha que se sobressai acaba sendo decepada". Na Índia, muitos atribuem o declínio da sociedade indiana ao *consumo desenfreado*, como aquele promovido pela MTV. Obviamente, esse consumo desenfreado é o que manteve o equilíbrio da economia americana logo após a virada do século. Em alguns países, não existe maior Satanás que os *filmes americanos proibidos para menores*, com suas cenas de sexo e violência. Na China, os *missionários* e os movimentos religiosos são vistos pelo governo como potencialmente perigosos e disruptivos. Muitas pessoas na África Subsaariana consideram as *leis de propriedade intelectual* ocidentais um tipo de exploração que impede que milhões de pessoas recebam tratamento para a aids. Durante a crise financeira de 1997-1998, muitos líderes governamentais no sul da Ásia condenaram a *especulação monetária*, considerando-a o pior tipo de corrupção.

Em conclusão, lembre-se da homogeneização das bonecas Barbie em 2003, descrita no início deste capítulo, e veja o que previmos em uma edição anterior deste livro:

Atualmente, a *Barbie* se diverte à beça no Japão. Esperamos que esse romance dure, mas não estamos convictos de que durará. O artigo menciona a ampla pesquisa de marketing que a Mattel realizou com as crianças. Contudo, não há nenhuma menção à pesquisa de marketing realizada com os respectivos pais.⁴⁴ Garantimos que a venda de uma boneca loira de seios grandes às suas filhas será vista como um tipo de corrupção por alguns pais asiáticos, e talvez igualmente pelas autoridades governamentais. Especialmente se os Estados Unidos forem percebidos como um país à procura de hegemonia militar e econômica, uma intensa reação contra os símbolos desse país se seguirá. Cuidado com a Barbie, o GI Joe e outros amigos provenientes das lojas de brinquedo.

Nossas críticas quanto à Mattel na época estavam corretas por três motivos. Primeiro, as vendas da Barbie haviam diminuído no mundo inteiro depois que essa boneca foi padronizada globalmente. Além disso, pais e governos reagiram. A proibição mais escandalosa foi a da Arábia Saudita, ressaltada no *site* do Comitê Saudita para a Propagação da Virtude e Prevenção do Vício: "As bonecas Barbie judaicas, com suas roupas decotadas e posturas, acessórios e utensílios vergonhosos, simbolizam a decadência do Ocidente pervertido. Estejamos atentos aos seus perigos e tomemos cuidado".⁴⁵ O terceiro motivo é que a estratégia da Mattel aumentou as vendas de suas concorrentes, as multiétnicas Bratz, Razanne e, nos países do Golfo Árabe, a Fulla, da MGA Entertainment, Inc. A Razanne e a Fulla foram criadas tendo-se em mente meninas muçulmanas e pais muçulmanos. A Fulla tem cabelo preto até a cintura, com mechas vermelhas, rosto redondo, grandes olhos

O papa Bento XVI escreveu que os livros e filmes de Harry Potter podem "distorcer o cristianismo no fundo da alma, antes que ele se desenvolva devidamente". Antonio Banderas talvez tenha ajudado a melhorar a aceitabilidade europeia de *Shrek 2* ao comparecer na estreia desse filme em Madri. De qualquer forma, os bens e serviços direcionados a crianças atraem especialmente a atenção dos pais e das agências regulatórias do mundo inteiro.

---

⁴² David A. Ralston, Carolyn P. Egri, Maria Teresa de la Garza Carranza e Prem Ramburuth e 44 colegas, "Ethical Preferences for Influencing Superiors: A 41 Society Study", *Journal of International Business Studies*, 40, 2009, p. 1.022-1.045.
⁴³ Consulte http://www.ethics.org e http://www.business-ethics.org, para obter mais informações pertinentes.
⁴⁴ Lisa Bannon e Carlta Vitzthum, "One-Toy-Fits-All", *The Wall Street Journal*, 29 de abril de 2003, p. A1.
⁴⁵ "Saudis Bust Barbie's 'Dangers'", *CBS News*, 10 de setembro de 2003.

NEGÓCIOS CULTIVADOS NO PRÓPRIO PAÍS?
Quando a economia global arrefeceu e as exportações da China caíram, Pequim diminui os impostos sobre as vendas de carros e imóveis em determinadas situações, na expectativa de acelerar o motor de consumo do país. À direita, um homem e uma mulher fazem uma pausa do lado de fora de uma loja de bonecas Barbie em outubro. Ao que tudo indica, a Barbie loira não parece corromper as crianças na China!

castanhos, cor bronzeada e menos peito que a Barbie, e usa roupas que escondem os cotovelos e os joelhos. Falaremos mais sobre esse assunto no Capítulo 8, porque ele está relacionado a pesquisa de mercado.

Ênfase do Ocidente sobre o suborno

Antes do escândalo da Enron, da WorldCom e da Madoff, a palavra corrupção significava, para a maioria dos americanos, suborno. Agora, no contexto doméstico, a fraude ganhou um lugar mais proeminente nas manchetes.[46] Os casos mais visíveis de suborno no exterior, como aqueles que envolveram a gigante alemã Siemens e a execução do diretor do órgão de supervisão de alimentos e medicamentos da China por aceitar suborno, ressaltam as complexidades éticas e legais dos negócios internacionais. Durante a década de 1970, o suborno tornou-se um problema nacional para as empresas americanas envolvidas com mercados internacionais, quando da divulgação de subornos políticos a estrangeiros por empresas americanas. À época, os Estados Unidos não tinham nenhuma lei contra o pagamento de suborno em países estrangeiros. Entretanto, no caso das empresas de capital aberto, os regulamentos da Comissão de Valores Mobiliários (Securities and Exchange Commission – SEC) exigiam uma divulgação pública precisa de todos os gastos. Como esses pagamentos não foram devidamente divulgados ao público, muitos executivos enfrentaram a acusação de violar regulamentos da SEC.

O problema tomou proporções maiores porque atraiu a atenção nacional para uma questão básica – a ética. A comunidade empresarial defendeu-se dizendo que os subornos eram um meio de vida no mundo inteiro: se você não pagar subornos, não faz negócios. A decisão de pagar suborno cria um conflito importante entre o que é ético e apropriado e o que parece lucrativo e algumas vezes essencial para os negócios. Para muitos concorrentes globais, os subornos são um recurso indispensável para atingir seus objetivos comerciais. Uma das principais reclamações das empresas americanas foi que outros países não têm legislação tão restritiva quanto a dos Estados Unidos. A defesa dos Estados Unidos de leis globais antissuborno deu margem a uma série de acordos por parte dos países-membros da Organização para a Cooperação e o Desenvolvimento Econômico (OCDE), da Organização dos Estados Americanos (OEA) e da Convenção das Nações Unidas contra a Corrupção (United Nations Convention against Corruption – Uncac). Há muito tempo considerados quase que um meio de vida profissional, o suborno e outras formas de corrupção hoje são cada vez mais criminalizados.

Líderes governamentais do mundo inteiro perceberam que a democracia depende da confiança que as pessoas têm na integridade de seu governo e que a corrupção deteriora a

---

[46] Robert J. Rhee, "The Madoff Scandal, Market Regulatory Failure and the Business Education of Lawyers", *Journal of Corporation Law*, 35, n. 2, 2010, p. 363-392.

Figura 5.5
Índice de percepção de corrupção (IPC) da Transparency International

Os números mais altos correspondem a uma prevalência menor de aceitação de suborno. São mostrados os 25 países com classificação mais alta e os 25 com classificação mais baixa; consulte http://www.transparency.org, para obter a lista mais completa e atualizada.

Classificação	País	Pontuação do IPC	Classificação	País	Pontuação do IPC
1	Nova Zelândia	9,4	154	Paraguai	2,1
2	Dinamarca	9,3	154	Iêmen	2,1
3	Cingapura	9,2	158	Camboja	2,0
3	Suécia	9,2	158	República Centro-Africana	2,0
5	Suíça	9,0	158	Laos	2,0
6	Finlândia	8,9	158	Tadjiquistão	2,0
6	Países Baixos	8,9	162	Angola	1,9
8	Austrália	8,7	162	Congo	1,9
8	Canadá	8,7	162	República Democrática do Congo	1,9
8	Islândia	8,7	162	Guiné-Bissau	1,9
11	Noruega	8,6	162	Quirguistão	1,9
12	Hong Kong	8,2	168	Burundi	1,8
12	Luxemburgo	8,2	168	Guiné Equatorial	1,8
14	Alemanha	8,0	168	Guiné	1,8
14	Irlanda	8,0	168	Irã	1,8
16	Áustria	7,9	168	Haiti	1,8
17	Japão	7,7	168	Turcomenistão	1,8
17	Reino Unido	7,7	174	Uzbequistão	1,7
19	Estados Unidos	7,5	175	Chade	1,6
20	Barbados	7,4	176	Iraque	1,5
21	Bélgica	7,1	176	Sudão	1,5
22	Catar	7,0	178	Mianmar	1,4
22	Santa Lúcia	7,0	179	Afeganistão	1,3
24	França	6,9	180	Somália	1,1
25	Chile	6,7			

Fonte: Índice de Percepção de Corrupção 2009. Utilizada com permissão da Transparency International. O índice mais recente pode ser obtido em http://www.transparency.org.

liberalização econômica. As medidas da OEA, da OCDE e da Uncac obrigarão a maioria das nações comerciais mundiais a manter um padrão de comportamento ético mais alto do que antes.

Uma organização internacional denominada Transparency International (TI)[47] dedica-se ao "combate à corrupção por meio de alianças internacionais e nacionais que estimulem os governos a estabelecer e implantar leis, políticas e programas anticorrupção eficazes". O nome "Transparency International" (transparência internacional) demonstrou-se bastante revelador, visto que mais estudiosos identificam uma relação entre a disponibilidade de informações e níveis mais baixos de corrupção.[48] Dentre suas várias atividades, a TI conduz uma pesquisa internacional com executivos, analistas políticos e o público em geral para avaliar suas percepções de corrupção em 180 países. No índice de percepção de corrupção (IPC), exemplificado em parte na Figura 5.5, a Nova Zelândia, com pontuação de 9,4 em um patamar máximo de 10, foi percebida como o país menos corrupto, e a Somália, com 1,1, o país mais corrupto. A TI também classifica os 22 países que mais pagam suborno, classificação essa exibida integralmente na Figura 5.6. A TI deixa bastante claro que seu objetivo não é expor os vilões e culpabilizar, mas melhorar a consciência pública para que se tomem medidas construtivas. Como seria de esperar, esses países que recebem baixa pontuação não estão satisfeitos; entretanto, o efeito foi aumentar a fúria pública e levantar debates parlamentares ao redor do mundo – exatamente o objetivo da TI.

---

[47] http://www.transparency.org.
[48] Cassandra E. DiRienzo, Jayoti Das, Kathryn T. Cort e John Burbridge Jr., "Corruption and the Role of Information", *Journal of International Business Studies*, 38, 2007, p. 320-332.

Figura 5.6
Índice de pagadores de propina da Transparency International.*

As pontuações mais altas correspondem a valores mais baixos de propinas pagas internacionalmente.

Fonte: Dados reimpressos do Índice de Pagadores de Propina. Copyright © 2009, Transparency International: aliança global contra a corrupção. Dados utilizados com permissão. Para obter mais informações, acesse: http://www.transparency.org.

Classificação	País	2008
1	Bélgica	8,8
1	Canadá	8,8
3	Países Baixos	8,7
3	Suíça	8,7
5	Alemanha	8,6
5	Japão	8,6
5	Reino Unido	8,6
8	Austrália	8,5
9	França	8,1
9	Cingapura	8,1
9	Estados Unidos	8,1
12	Espanha	7,9
13	Hong Kong	7,6
14	África do Sul	7,5
14	Coreia do Sul	7,5
14	Taiwan	7,5
17	Brasil	7,4
17	Itália	7,4
19	Índia	6,8
20	México	6,6
21	China	6,5
22	Rússia	5,9

* Com base em respostas a questões como: nos setores empresariais com os quais você está mais familiarizado, indique até que ponto as empresas dos países listados estão propensas a pagar ou oferecer propinas para ganhar ou manter um determinado negócio nesse país (no país de residência do entrevistado).

O dado mais notável nas pontuações do IPC da TI é a rápida ascendência do Japão na última década, de uma pontuação de 5,8 em 1998 para 7,7 em 2009. A título de comparação, os Estados Unidos mantiveram a mesma pontuação de 7,5 nas classificações desse mesmo período. Nenhum país grande e afluente subiu de classificação tão rapidamente. Agora, pelo menos de acordo com a TI, os Estados Unidos são mais corruptos do que o Japão. Embora a diferença entre os dois maiores exportadores talvez seja insignificante, os números contradizem as antigas críticas dos americanos de que o Japão é "corrupto".

Aliás, o êxito do Japão em diminuir a corrupção em seu sistema empresarial é ainda mais notável porque sua cultura é orientada ao relacionamento, o que muitos prognosticariam como uma postura favorável ao suborno. Em conclusão, os críticos estão estranhamente em silêncio com relação à influência da pressão externa, consubstanciada na convenção antissuborno previamente mencionada da OCDE, à qual o Japão se associou em 1999 (os Estados Unidos também se associaram à convenção da OCDE nesse mesmo ano). Há muito tempo alguns observadores defendem que mudanças importantes ocorridas no Japão com frequência produzem essas influências externas. Portanto, os anos de 1999 a 2001 parecem representar o principal ponto de virada na luta do Japão contra a corrupção.

O IPC da Transparency International se mostra útil em pesquisas acadêmicas sobre as causas e consequências do suborno. De forma inteiramente coerente com nossa discussão a respeito das origens e dos elementos culturais no Capítulo 4 (consulte a Figura 4.4), níveis mais altos de suborno foram identificados em nações de baixa renda e em nações com passado comunista, fatores que estão relacionados à economia política. Além disso, níveis mais altos de suborno foram identificados em países coletivistas (IDV) e com alta distância do poder (IDP), nos quais restrições legais, como a Lei contra a Prática de Corrupção no Exterior (Foreign Corrupt Practices Act – FCPA), impediram a participação das empresas.[49] As empresas em geral parecem também evitar investimentos em países

---
[49] H. Rika Houston e John L. Graham, "Culture and Corruption in International Markets: Implications for Policy Makers and Managers", *Consumption, Markets, and Culture*, 4, n. 3, 2000, p. 315-340; Jennifer D. Chandler e John L. Graham, "Relationship-Oriented Cultures, Corruption, and International Marketing Success", *Journal of Business Ethics*, 92(2), 2010, p. 251-267.

corruptos.⁵⁰ Em suma, quando executivos de empresas multinacionais comportam-se eticamente nesses países, eles tendem a promover comportamentos empresariais mais éticos entre seus pares no país anfitrião.⁵¹

Corrupção: variações sobre o tema

Embora a corrupção seja uma questão legal, é igualmente importante considerá-la no contexto cultural para compreender os diferentes pontos de vista a esse respeito no mercado global. De uma perspectiva cultural, as posturas quanto à corrupção são significativamente diferentes entre os povos. Algumas culturas parecem mais abertas com relação à aceitação de suborno, por exemplo, ao passo que outras, como nos Estados Unidos desprezam publicamente essa prática. Contudo, as empresas americanas estão longe de ser virtuosas – acreditamos que a nota "C" (7,2) da Transparency International (TI) esteja correta. Independentemente dos limites da conduta aceitável, não existe um só país em que as pessoas considerem apropriado aos indivíduos com poder político enriquecer por meio de acordos ilícitos, em detrimento dos cofres públicos. A primeira providência para compreender a cultura da corrupção é avaliar as inúmeras variações que a palavra pode assumir. As atividades que estão nessa categoria vão da extorsão ao suborno e à propina.

Extorsão e corrupção. A diferença entre extorsão e corrupção depende de o ato ser consequência de uma oferta ou de uma exigência de pagamento. O pagamento oferecido voluntariamente por alguém à procura de alguma vantagem ilícita é **corrupção** ao passo que o pagamento exigido por quem detém o poder do sim e do não é **extorsão**. Por exemplo, *será corrupção* se o executivo de uma empresa oferecer dinheiro a um funcionário do governo em troca da classificação oficial incorreta de algumas mercadorias importadas, para que se aplique na remessa um imposto mais baixo do que seria aplicado com a classificação correta. Entretanto, *será extorsão* se os pagamentos forem exigidos – por coação de alguém com autoridade – de uma pessoa que esteja apenas à procura de algo a que tem direito legítimo. Um exemplo de extorsão seria um ministro da Fazenda de um país exigir uma alta quantia sob a ameaça de vetar um contrato de milhões de dólares.

A extorsão pode parecer menos incorreta do ponto de vista moral porque é possível recorrer à desculpa de que "se não pagarmos, não conseguiremos o contrato" ou "aquele (temido) funcionário público me fez fazer isso". No entanto, mesmo se não for legalmente incorreta, a extorsão será moralmente incorreta.

Propina e suborno. A **propina*** em geral refere-se a um valor relativamente pequeno de dinheiro em espécie, um presente ou um serviço oferecido a um funcionário do governo de baixo escalão em um país em que esses presentes não são proibidos por lei. O objetivo é facilitar ou agilizar o desempenho normal e lícito de uma atribuição por parte de um funcionário. Essa prática é comum em vários países do mundo. Um pequeno pagamento feito a estivadores para agilizar o ritmo para que o descarregamento de um caminhão leve algumas horas e não o dia todo é um exemplo de propina.

Em contraposição, no **suborno**, é oferecida uma grande quantia – com frequência sem uma explicação devida – com o objetivo de seduzir uma autoridade a cometer um ato ilícito em nome da pessoa que oferece o suborno. A propina é paga quando a pessoa é solicitada a fazer um serviço mais rapidamente ou de maneira mais eficiente; o suborno é um pedido para que uma autoridade faça de conta que não viu, não realize seu trabalho ou infrinja a lei.

Pagamento de representante. Um terceiro tipo de pagamento que pode parecer suborno e talvez não seja é a comissão paga a um representante. Quando um executivo não tem certeza sobre as regras e os regulamentos de um país, pode contratar um representante para atuar em nome da empresa nesse país. Por exemplo, pode-se contratar um advogado para submeter um recurso de mudança no código de construção porque ele fará um trabalho mais eficiente do que alguém não familiarizado com esses procedimentos. Embora essa prática

---

⁵⁰ Utz Weitzel e Sjors Berns, "Cross-Border Takeovers, Corruption, and Related Aspects of Governance", *Journal of International Business Studies*, 37, 2006, p. 786-806; Alvaro Cuervo-Cazurra, "Who Cares about Corruption", *Journal of International Business Studies*, 37, 2006, p. 807-822.

⁵¹ Yadong Luo, "Political Behavior, Social Responsibility, and Perceived Corruption A Structural Perspective", *Journal of International Business Studies*, 37, 2006, p. 747-766; Chuck C. Y. Kwok e Solomon Tadesse, "The MNC as an Agent of Change for Host-Country Institutions: FDI and Corruption", *Journal of International Business Studies*, 37, 2006, p. 767-785.

* N. de RT.: No Brasil, o termo é popularmente conhecido como "molhar a mão".

na maioria dos casos seja um procedimento lícito e útil, se parte do pagamento do representante for usado para pagar suborno, esse pagamento a um intermediário será utilizado ilicitamente. De acordo com a legislação americana, o funcionário público que sabe da intenção de um representante de subornar corre o risco de ser processado e sofrer pena de prisão. A FCPA proíbe as empresas americanas de pagar suborno abertamente ou usando intermediários como canal quando um diretor americano sabe que parte do pagamento do intermediário será utilizada como suborno. Advogados, representantes, distribuidores e outros podem servir simplesmente de canal para pagamentos ilícitos. Os códigos legais, que variam de um país para outro, podem complicar ainda mais esse processo; o que é ilegal em um país pode ser ignorado em outro e ser legal em um terceiro.

A resposta à questão do suborno não é absoluta. É fácil generalizar os princípios éticos dos subornos políticos e de outros tipos de pagamento, mas é bem mais difícil tomar a decisão de negar o pagamento de dinheiro quando as consequências disso podem influir na capacidade da empresa ou mesmo impedi-la de conduzir seus negócios lucrativamente. Em vista da variedade de padrões éticos e de níveis de moralidade existentes em diferentes culturas, o dilema da ética e do pragmatismo que os negócios internacionais enfrentam só será resolvido quando os acordos anticorrupção entre os membros da OCDE, da ONU e da OEA estiverem totalmente implantados e as empresas multinacionais recusarem-se a pagar extorsões ou a oferecer suborno.

A FCPA, que proíbe empresas e executivos americanos de oferecer suborno a funcionários públicos de outros países, teve um efeito positivo. De acordo com os últimos números divulgados pelo Departamento de Comércio, desde 1994 as empresas americanas desistiram de 294 importantes contratos comerciais no exterior, avaliados em US$ 145 bilhões, para não pagar subornos. Essa informação corrobora as evidências acadêmicas citadas anteriormente. Ainda que inúmeros relatórios indiquem uma diminuição decisiva no pagamento de suborno por empresas americanas, o engodo dos contratos é muito atraente para algumas empresas. A Lockheed Corporation fez pagamentos questionáveis no exterior, no valor de US$ 22 milhões, durante a década de 1970. Mais recentemente, essa empresa confessou-se culpada de pagar US$ 1,8 milhão em suborno a um membro do Parlamento nacional egípcio em troca de uma ação de *lobby* a favor da venda de três aviões de carga no valor de US$ 79 milhões para as forças armadas. A Lockheed foi pega e multada em US$ 25 milhões, ficando proibida de exportar seus aviões de carga por um período de três anos. Os atos da Lockheed na década de 1970 influenciaram significativamente a aprovação da FCPA. Hoje, comparada a qualquer grande corporação nos Estados Unidos, a Lockheed mantém um dos programas de capacitação em princípios éticos e legais mais abrangentes.

Seria ingênuo supor que apenas as leis e suas penalidades decorrentes acabarão com a corrupção. Só haverá mudanças se compradores e vendedores e os governos dispostos a assumir uma posição tomarem decisões mais responsáveis do ponto de vista ético e social.

Decisões ética e socialmente responsáveis

Comportar-se de maneira ética e socialmente responsável deve ser a marca comportamental distintiva de qualquer executivo, doméstico ou internacional. A maioria de nós sabe, por natureza, como deve reagir de maneira socialmente responsável ou eticamente correta com relação a transgressões legais intencionais, a atos que prejudicam o meio ambiente, à negação de direitos a uma pessoa, à obtenção de vantagens desleais ou a comportamentos que possam provocar danos ou lesões corporais. Entretanto, as relações complexas entre política, corrupção e responsabilidade social corporativa só agora começam a receber atenção de acadêmicos e profissionais liberais.[52] Infelizmente, as questões difíceis não são óbvias e simplesmente classificáveis em certas ou erradas, e as diferenças de valores culturais influenciam a capacidade de julgamento dos gestores.[53] Em vários países, o profissional de

---

[52] Peter Rodriguez, Donald S. Siegel, Amy Hillman e Lorraine Eden, "Three Lenses on the Multinational Enterprise: Politics, Corruption, and Corporate Social Responsibility", *Journal of International Business Studies*, 37, 2006, p. 733-746.

[53] David A. Waldman, Mary Sully de Luque, Nathan Washburn, Robert J. House, Bolanle Adetoun, Angel Barrasa, Mariya Bobina, Muzaffer Bodur, Yi-jung Chen, Sukhendu Debbarma, Peter Dorfman, Rosemary R. Dzuvichu, Idil Evcimen, Pingping u, Mikhail Grachev, Roberto Gonzalez Duarte, Vipin Gupta, Deanne N. Den Hartog, Annebel H. B. de Hoogh, Jon Howell, Kuen-yung Jone, Hayat Kabasakal, Edvard Konrad, P. L. Koopman, Rainhart Lang, Cheng-chen Lin, Jun Liu, Boris Martinez, Almarie E. Munley, Nancy Papalexandris, T. K. Peng, Leonel Prieto, Narda Quigley, James Rajasekar, Francisco Gil Rodriguez, Johannes Steyrer, Betania Tanure, Henk Theirry, V. M. Thomas, Peter T. van den Berg e Celeste P. M. Wilderom, "Cultural Leadership Predictors of Corporate Social Responsibility Values of Top Management: A GLOBE Study of 15 Countries", *Journal of International Business Studies*, 37, 2006, p. 823-837.

marketing internacional enfrenta o dilema de reagir a situações diversas em que não existe lei local, os costumes locais parecem fechar os olhos para determinados comportamentos ou uma empresa disposta a fazer "o que for necessário" tem preferência em relação à empresa que se recusa a se envolver com determinadas práticas. Em resumo, ser socialmente responsável e eticamente correto não é algo simples para o profissional de marketing internacional.

Nas operações comerciais normais, as dificuldades surgem na tomada de decisões, no estabelecimento de diretrizes e na participação em operações comerciais, com relação a cinco grandes áreas: (1) práticas e políticas empregatícias, (2) proteção ao consumidor, (3) proteção ao meio ambiente, (4) pagamentos políticos e envolvimento em assuntos políticos do país e (5) direitos humanos básicos e liberdades fundamentais. Em vários países, as leis podem ajudar a definir os limites mínimos de responsabilidade ética e social, mas a lei é apenas uma base sobre a qual a moralidade social e pessoal de um indivíduo é posta à prova. A afirmação de que "não existe nenhuma autoridade legal de controle" pode significar que o comportamento não é ilegal, mas não significa que seja moralmente correto ou ético. A conduta ética nos negócios normalmente deve estar em um nível bem acima do exigido por lei ou pela "autoridade legal de controle". Na verdade, as leis são as marcas de comportamentos passados considerados antiéticos ou socialmente irresponsáveis pela sociedade.

Talvez os melhores norteadores de uma boa ética nos negócios sejam os exemplos estabelecidos por líderes empresariais éticos. Entretanto, três princípios éticos também oferecem uma estrutura para ajudar o profissional de marketing a distinguir o certo e o errado, determinar o que deve ser feito e justificar apropriadamente seus atos. Em resumo, esses princípios são os seguintes:

- **Ética utilitária.** O ato em questão otimiza o "bem comum" ou os benefícios para todos os grupos de interesse? E quais são os grupos de interesse pertinentes?
- **Direitos das partes.** O ato respeita os direitos dos indivíduos envolvidos?
- **Justiça ou equidade.** O ato respeita os cânones de justiça ou equidade de todas as partes envolvidas?

As respostas a essas perguntas podem ajudar o profissional de marketing a determinar até que ponto as decisões são benéficas ou prejudiciais e certas ou erradas e se as consequências de seus atos são éticas ou socialmente responsáveis. Talvez o melhor plano a seguir seja perguntar: É legal? Está correto? Consegue resistir a uma avaliação dos acionistas, dos executivos da empresa e do público?

Embora os Estados Unidos sem dúvida tenham liderado a campanha contra o suborno internacional, as empresas e instituições europeias ao que parece investem mais esforço e dinheiro na promoção do que vem sendo chamado de "responsabilidade social corporativa". Por exemplo, o grupo de vigilância Corporate Social Responsibility (CSR) Europa, em parceria com o Instituto Europeu de Administração de Negócios (Institut Européen d'Administration des Affaires – Insead), uma escola de negócios nos arredores de Paris, analisa a relação entre a atratividade dos investimentos e os comportamentos corporativos positivos em várias dimensões. Os estudos desse grupo identificaram uma forte relação entre a responsabilidade social das empresas e as opções de investimento em ações para os investidores institucionais europeus.[54] Isso tudo não quer dizer que as empresas europeias não apresentem maus comportamentos corporativos que lhes sejam próprios. Entretanto, esperamos que outras iniciativas futuras busquem avaliar e monitorar a responsabilidade social corporativa ao redor do mundo.

Para concluir, mencionaremos três exemplos notáveis de combate à corrupção em iniciativas governamentais, corporativas e individuais. O primeiro, é o do governo da Noruega, que investe seu imenso lucro proveniente do petróleo apenas em empresas éticas; recentemente, o governo norueguês retirou fundos de empresas como a Walmart, a Boeing e a Lockheed Martin, de acordo com seus critérios éticos.[55] O segundo é Alan Boekmann, CEO da empresa de construção global Fluor Corp., que está farto com a corrupção em sua própria empresa. Com colegas de empresas concorrentes, Boekmann solicitou um programa de auditores externos para avaliar a eficácia dos programas antissuborno das empresas.[56] O terceiro exemplo ocorreu em 2001. Alexandra Wrage fundou a Trace International, em Annapolis, Maryland, uma organização sem fins lucrativos que fornece relatórios sobre corrupção

---

[54] Consulte http://www.csreurope.org.
[55] Mark Landler, "Norway Tries to Do Well By Doing Good", *The New York Times*, 4 de maio de 2007, p. C1, C4.
[56] Katherine Yung, "Fluor Chief in War on Bribery", *Dallas Morning News*, 21 de janeiro de 2007, p. 1D, 4D.

com relação a possíveis clientes estrangeiros e capacitação para executivos que estejam envolvidos com operações comerciais em áreas difíceis.[57] Enaltecemos todas essas iniciativas.

Influência da cultura sobre o pensamento estratégico

Talvez Lester Thurow tenha oferecido a descrição mais bem articulada sobre como a cultura influencia o modo de pensar dos gestores a respeito de suas estratégias de negócios.[58] Hoje, outros autores examinam bem mais a fundo as ideias de Thurow,[59] que fez a diferenciação entre o tipo de capitalismo "individualista" dos britânicos e americanos e o tipo de capitalismo "comunitário" do Japão e da Alemanha. Os sistemas empresariais nestes dois últimos países caracterizam-se pela cooperação entre governo, administração e mão-de-obra, particularmente no Japão. De modo oposto, relações antagônicas entre mão-de-obra, administração e governo são mais a norma no Reino Unido e especialmente nos Estados Unidos. Podemos ver que essas diferenças culturais refletem-se nos resultados de Hofstede – na escala de IDV, os Estados Unidos apresentam 91, o Reino Unido 89, a Alemanha 67 e o Japão 46.

Encontramos evidências dessas diferenças também em uma comparação com o desempenho de empresas americanas, alemãs e japonesas.[60] Nas culturas menos individualistas, existe cooperação entre mão-de-obra e administração – na Alemanha, a mão-de-obra é representada na diretoria corporativa, e, no Japão, a administração assume a responsabilidade pelo bem-estar da força de trabalho. Como o bem-estar da força de trabalho é mais importante para as empresas japonesas do que para as alemãs, suas receitas de vendas são mais estáveis ao longo do tempo. As demissões temporárias ao estilo americano são evitadas. A postura individualista americana quanto às relações entre mão-de-obra e administração é de antagonismo – cada um por si. Portanto, observamos greves prejudiciais e grandes demissões temporárias que acabam provocando um desempenho mais instável nas empresas americanas, ao passo que estudos recentes revelam ser a estabilidade um dos principais critérios dos investidores globais.[61]

Por volta de 2000, a ênfase americana sobre a concorrência parecia a melhor postura, e as práticas comerciais ao redor do mundo aparentemente convergiam para o modelo americano. Contudo, é importante lembrar-se daquela palavra-chave na justificativa de Adam Smith para concorrência – "frequentemente". Vale a pena repetir aqui: "Ao buscar seu próprio interesse, o indivíduo frequentemente promove o interesse da sociedade [...]". Smith escreveu *frequentemente*, e não *sempre*. Uma postura competitiva e individualista funciona bem no contexto de *boom* econômico. No final da década de 1990, as empresas americanas dominavam as japonesas e europeias. Estas últimas pareciam pesadas, conservadoras e lentas na aquecida economia da informação global então em voga. Todavia, nas culturas competitivas, retração econômica pode ser coisa feia. Por exemplo, a instabilidade e as demissões temporárias da Boeing durante o fracasso das aeronaves comerciais no final da década de 1990 e início da década de 2000 foram prejudiciais não apenas para os funcionários e as respectivas comunidades locais, mas também para os acionistas. Além disso, durante a drástica recessão econômica de 2008-2009, a tendência entre

PROCURA-SE EMPREGO: Os trabalhadores migrantes chineses anunciam suas habilidades enquanto aguardam empregadores na cidade de Chengdu, na província de Sichuan, em uma segunda-feira de 2010. Segundo previsões do governo, o número total de migrantes à procura de emprego este ano chegará a pelo menos 25 milhões.

---

[57] Eamon Javers, "Steering Clear of Foreign Snafus", *BusinessWeek*, 12 de novembro de 2007, p. 76. Consulte também, http://www.traceinternational.org.

[58] Lester Thurow, *Head to Head* (Nova York: William Morrow, 1992).

[59] Gordon Redding, "The Thick Description and Comparison of Societal Systems of Capitalism", *Journal of International Business Studies*, 36, n. 2, 2005, p. 123-155; Michael A. Witt e Gordon Redding, "Culture, Meaning, and Institutions: Executive Rationale in Germany and Japan", *Journal of International Business Studies*, 40, 2009, p. 859-885.

[60] Cathy Anterasian, John L. Graham e R. Bruce Money, "Are U.S. Managers Superstitious about Market Share?", *Sloan Management Review*, 37, n. 4, 1996, p. 67-77.

[61] Vincentiu Covrig, Sie Tin Lau e Lilian Ng, "Do Domestic and Foreign Fund Managers Have Similar Preferences for Stock Characteristics? A Cross-Country Analysis", *Journal of International Business Studies*, 37, 2006, p. 407-429; Kate Linebaugh e Jeff Bennett, "Marchionne Upends Chrysler's Ways", *The Wall Street Journal*, 12 de janeiro de 2010, p. B1, B2.

Após duas décadas de estagnação no Japão, o contrato de emprego permanente enfraquece. Os reflexos dessa mudança podem ser comprovados pela maior frequência de dispensas temporárias corporativas, pela procura frustrante de emprego e pelo "acampamento" em lugares públicos como o Parque Ueno, em Tóquio. Contudo, mesmo em seu pior momento na história, os desempregados japoneses são apenas uma gota se comparados com a torrente de avisos de demissão e sem-teto ocorrida quando a economia americana caiu.

Síntese: culturas orientadas ao relacionamento *versus* à informação

■ **OA5**

Diferenças entre as culturas orientadas ao relacionamento e as orientadas à informação

as empresas asiáticas foi evitar as demissões temporárias, em comparação com suas equivalentes americanas,[62] e até rejeitar os Estados Unidos como referência na dimensão de melhores práticas administrativas.[63] É necessário mencionar também que Thurow e outros autores dessa área omitiram um quarto tipo de capitalismo – aquele que é comum nas culturas chinesas.[64] Suas características distintivas são uma abordagem mais empreendedora e a ênfase sobre o *guanxi* (rede de relações pessoais de um indivíduo)[65] como princípio sistematizador entre as empresas. Esse quarto tipo de capitalismo também é previsto pela cultura. As culturas chinesas têm IDP alto e IDV baixo, e a grande reciprocidade decorrente da ideia do *guanxi* corresponde perfeitamente aos dados.

Com uma frequência cada vez maior, os estudos têm observado uma grande relação entre o contexto alto/baixo de Hall e os índices de individualismo/coletivismo e distância do poder de Hofstede. Por exemplo, a cultura americana, cujo contexto é baixo, apresenta uma pontuação relativamente baixa no índice distância do poder e alta no índice de individualismo, ao passo que as culturas árabes, cujo contexto é alto, apresentam uma pontuação alta em distância do poder e baixa em individualismo. Esse resultado não é de todo surpreendente, visto que Hofstede[66] apoia-se em grande medida nas ideias de Hall ao desenvolver e denominar as dimensões culturais reveladas por meio de seu imenso banco de dados. Aliás, o nível de correlação das três dimensões – alto/baixo contexto, IDV e IDP – está acima de $r = 0,6$, o que leva a crer que as três avaliam predominantemente a mesma coisa.[67] De modo semelhante, quando comparamos a distância idiomática (em relação ao inglês) e o índice de percepção de corrupção da Transparency International com os outros três, observamos níveis similares de correlação entre todas as cinco dimensões. Embora não existam medidas para outras dimensões da cultura empresarial e comercial, um padrão parece evidente (consulte a Figura 5.7).

O padrão exibido não é definitivo, apenas sugestivo. Nem toda cultura encaixa-se em todas as dimensões culturais de uma maneira precisa. Entretanto, a síntese é útil em vários sentidos. Em primeiro lugar, ela oferece uma forma simples e lógica de pensar sobre as várias diferenças culturais descritas nos Capítulos 4 e 5. Por exemplo, na cultura americana, o contexto é baixo, o individualismo (IDV) é alto, o índice de distância do poder (IDP) é baixo, obviamente não existe distância em relação ao inglês, o tempo é monocrônico, o estilo de linguagem é direto e o foco está voltado para o primeiro plano.[68] Além disso, a cultura americana alcança eficiência por meio da concorrência. Portanto, daqui em diante ela é categorizada neste livro como uma *cultura orientada à informação*. Entretanto, na cultura japonesa, o contexto é alto, o coletivismo é alto, a distância do poder é alta, a distância em relação ao inglês é grande, o tempo é (em parte) policrônico, o estilo de linguagem é indireto, o foco está voltado para o segundo plano e a eficiência é alcançada por meio da redução dos custos de transação. Portanto, ela é categorizada apropriadamente como uma *cultura orientada ao relacionamento*. Todos esses traços são verdadeiros, embora tanto os Estados

---

[62] Evan Ramsatd, "Koreans Take Pay Cuts to Stop Layoffs", *The Wall Street Journal*, 3 de março de 2009 [*on-line*].
[63] "China Rethinks the American Way", *BusinessWeek*, 15 de junho de 2009, p. 32.
[64] Don Y. Lee e Philip L. Dawes, "Guanxi, Trust, and Long-Term Orientation in Chinese Business Markets", *Journal of International Marketing*, 13, n. 2, 2005, p. 28-56; Flora Gu, Kineta Hung e David K. Tse, "When Does Guanxi Matter? Issues of Capitalization and Its Darkside", *Journal of Marketing*, 72, n. 4, 2008, p. 12-28; Roy Y. J. Chua, Michael W. Morris e Paul Ingram, "Guanxi vs. Networking: Distinctive Configurations of Affect- and Cognition-Based Trust in the Networks of Chinese vs. American Managers", *Journal of International Business Studies*, 40, n. 3, 2009, p. 490-508.
[65] Mark Lam e John L. Graham, *Doing Business in the New China, The World's Most Dynamic Market* (Nova York: McGraw-Hill, 2007).
[66] Hofstede, *Culture's Consequences*.
[67] Esse *continuum* também foi chamado de "protuberância do contexto social" por H. Rika Houston e John L. Graham, "Culture and Corruption in International Markets: Implications for Policy Makers and Managers", *Consumption, Markets, and Culture*, 4, n. 3, 2000, p. 315-340.
[68] Richard E. Nisbett, *The Geography of Thought* (Nova York: The Free Press, 2003).

Figura 5.7
Dimensões da cultura: uma síntese.

Orientada à Informação (OI)	Orientada ao Relacionamento (OR)
Baixo contexto	Alto contexto
Individualismo	Coletivismo
Pequena distância do poder	Grande distância do poder (inclui gênero)
O suborno é menos comum	O suborno é mais comum*
Pequena distância do inglês	Grande distância do inglês
Objetividade linguística	Subjetividade linguística
Tempo monocrônico	Tempo policrônico
Internet	Frente a frente
Primeiro plano	Segundo plano
Concorrência	Diminuição dos custos de transação

* Ressaltamos que Cingapura, Hong Kong, Japão e Chile não se enquadram em todas as regras aqui, mas a maioria concordaria que a cultura desses quatro países é orientada ao relacionamento.

Unidos quanto o Japão sejam democracias de alta renda. Ambas as culturas alcançam eficiência, mas por meio de ênfases distintas. O sistema empresarial americano utiliza a concorrência, ao passo que o Japão depende mais da redução dos custos de transação.

O aspecto mais administrativamente útil dessa síntese das diferenças culturais é que ela permite que se façam previsões sobre culturas desconhecidas. A consulta às três medidas disponíveis nos oferece algumas dicas sobre como os consumidores e/ou parceiros comerciais vão se comportar e pensar. Hofstede apresentou pontuações para 78 países e regiões, que se encontram no Apêndice deste capítulo. Escolha um país na lista para obter algumas informações sobre o mercado e/ou os indivíduos. Poder-se-ia presumir que a cultura de Trinidad é orientada à informação e a cultura da Rússia ao relacionamento, e assim por diante. Além disso, são apresentadas pontuações de distância idiomática (qualquer idioma pode ser utilizado como ponto de partida, e não apenas o inglês) para cada país e, de modo eficaz, para cada pessoa. Com base nisso, presumiríamos que alguém que tenha o japonês como língua materna seja orientado ao relacionamento.

Para finalizar, ficamos muito empolgados com a publicação de um livro fundamental, *Culture Matters* [*A Cultura Importa*].[69] Obviamente, concordamos com o ponto de vista do título e esperamos que o livro ajude a reacender o interesse pelas influências penetrantes da cultura que Max Weber e outros instauraram tempos atrás.

---

[69] Lawrence I. Harrison e Samuel P. Huntington (eds.), *Culture Matters* (Nova York: Basic Books, 2000).

RESUMO

Os estilos de gestão diferem de um país para outro. Algumas culturas parecem enfatizar a importância das informações e da concorrência e outras a se concentrar mais nos relacionamentos e na diminuição dos custos de transação. Entretanto, não existem respostas simples, e a única generalização segura é que os executivos que atuam em outro país devem ser sensíveis ao ambiente empresarial e comercial e estar dispostos a adaptar-se, quando necessário. Infelizmente, saber quando essa adaptação é essencial nem sempre é fácil; em alguns casos, ela é opcional, embora em outros na verdade seja indesejável. O conhecimento sobre a cultura na qual você está entrando é o único fundamento sólido para o planejamento.

O comportamento empresarial e comercial provém em grande parte do ambiente cultural básico em que a empresa atua e, como tal, está sujeito à extrema multiplicidade encontrada em diversas culturas e subculturas. As considerações ambientais influem de modo significativo nas posturas, nos comportamentos e nos pontos de vista dos executivos estrangeiros. Os padrões motivacionais desses executivos dependem em parte de sua formação pessoal, do cargo que ocupam, de sua fonte de autoridade e de sua personalidade.

A diversidade de padrões motivacionais afeta inevitavelmente os métodos de negociação em diferentes países. Em alguns países, os profissionais de marketing prosperam com a concorrência; em outros, eles fazem tudo o que é possível para eliminá-la. A postura de tomada de decisões autoritária e centralizada de algumas nações difere acentuadamente da descentralização democrática de outras. Essa variação internacional caracteriza o nível de contato, a postura ética, a concepção de negociação e quase tudo relacionado à condução de negócios. O profissional de marketing que atua no exterior não deve tomar como certo nenhum aspecto do comportamento empresarial e comercial.

A nova estirpe de executivo que surgiu nos últimos anos parece ser mais sensível a essas diferenças culturais. Entretanto, essa sensibilidade não é suficiente; o profissional de marketing internacional deve estar constantemente alerta e preparado para se adaptar quando necessário. É indispensável sempre perceber que, independentemente do tempo que permanece em um país, o estrangeiro não é um cidadão local; em vários países, o indivíduo pode ser tratado sempre como um estrangeiro. Dessa forma, deve-se evitar o grave equívoco de supor que o conhecimento sobre uma cultura permite que se obtenha aceitação em outra.

PALAVRAS-CHAVE

Costume cultural imperativo
Costume cultural facultativo
Costume cultural exclusivo
Linguagem silenciosa

Tempo M
Tempo P
Corrupção
Propina

Suborno
Princípio de ética utilitária
Princípio de justiça ou equidade

QUESTÕES

1. Defina as palavras-chave acima relacionadas.
2. "Mais do que a tolerância a uma cultura estrangeira é necessária; existe também a necessidade de uma aceitação positiva do conceito 'diferentes, mas iguais'." Explique detalhadamente essa afirmação.
3. "Devemos ter em mente que, na atual economia mundial, direcionada aos negócios, as próprias culturas são significativamente afetadas pelas atividades de negócios e pelas práticas de negócios." Comente essa afirmação.
4. "Ao lidar com empresas estrangeiras, o profissional de marketing deve estar particularmente consciente dos objetivos e aspirações variáveis da administração." Explique essa afirmação.
5. Proponha algumas soluções para que as pessoas possam lidar com costumes empresariais exclusivos com os quais elas possam se deparar em uma viagem ao exterior.
6. Os costumes empresariais e os costumes nacionais estão intimamente inter-relacionados. De que maneira essas duas áreas coincidem e de que maneira elas demonstram diferenças? Como essas áreas de similaridade e diferença poderiam ser identificadas?
7. Identifique exemplos locais e estrangeiros de costumes culturais imperativos, facultativos e exclusivos. Explique por que cada exemplo enquadra-se na categoria que você escolheu.
8. Compare os papéis de autoridade da administração em diferentes sociedades. Como os diferentes pontos de vista de autoridade afetam as atividades de marketing?
9. Faça o mesmo para os padrões aspiracionais.
10. Quais efeitos sobre os costumes empresariais poderiam ser previstos com base no rápido aumento em tempos recentes do nível de atividade comercial internacional?
11. Entreviste alguns estudantes estrangeiros para identificar que tipo de choque cultural eles sofreram quando visitaram seu país pela primeira vez.
12. Diferencie:
    Propriedade privada e propriedade familiar
    Tomada de decisões descentralizada e por comitê
13. De que maneira o porte da empresa de um cliente afeta o comportamento empresarial?
14. Compare três padrões de tomada de decisões nos negócios internacionais.
15. Investigue as várias formas pelas quais os costumes empresariais podem afetar a estrutura da concorrência.
16. Por que é importante que um alto executivo esteja atento ao significado dos diferentes estilos de gestão?
17. Cite algumas precauções que um indivíduo de uma cultura orientada ao relacionamento deve considerar ao lidar com alguém de uma cultura orientada à informação.
18. Os subornos políticos são um problema. Como você reagiria diante da possibilidade de pagar suborno? E o que você faria se soubesse que não pagar esse suborno impediria o fechamento de um contrato de US$ 10 milhões?
19. Diferencie:
    corrupção
    extorsão
    propina
    suborno
20. Diferencie tempo P de tempo M.
21. Discorra sobre como uma pessoa de tempo P reage diferentemente de uma pessoa de tempo M no que se refere a cumprir pontualmente um compromisso.
22. Explique a seguinte afirmação: "as leis são as marcas de comportamentos passados considerados antiéticos ou socialmente irresponsáveis pela sociedade".
23. Quais são os três princípios éticos que oferecem uma estrutura para ajudar a distinguir o certo e o errado? Explique-os.
24. Acesse o *site* da Transparency International e verifique se os índices de percepção de corrupção dos países relacionados nas Figuras 5.4 e 5.5 mudaram. Depois de examinar o banco de dados da TI, explique por que essas mudanças ocorreram. O endereço do *site* é: http://www.transparency.org.
25. Discorra sobre os prós e os contras de usar o argumento "não existe nenhuma autoridade legal de controle" como fundamento para o comportamento ético.
26. "A página principal de uma empresa na Web é sua porta de entrada, e essa entrada deve ter um escopo global." Discuta essa afirmação. Visite várias páginas Web de empresas multinacionais importantes e avalie a "porta de entrada" dessas empresas para o mundo global.
27. Acesse o *site* da Shell e da Nike e compare as declarações de valor dessas empresas. Quais são as principais questões que ambas abordam? Você acha que essas declarações são úteis para nortear uma tomada de decisões ética e socialmente responsável?
28. Acesse sua fonte de referências favorita na Web e acesse algumas matérias jornalísticas recentes sobre a Nike e sua suposta violação de direitos humanos. Acesse a declaração da Nike sobre valores corporativos e redija um breve relato sobre essas supostas violações e a declaração de valores corporativos da Nike.

Apêndice: pontuação dos índices para países e regiões

País	Distância do poder	Evitação de incerteza	Individualismo/coletivismo	Masculinidade/feminilidade	Orientação de longo prazo/curto prazo	Língua materna	Distância do inglês
África do Sul	49	49	65	63		Africâner	1
Alemanha	35	65	67	66	31	Alemão	1
Argentina	49	86	46	56		Espanhol	3
Austrália total	36	51	90	61	31	Inglês	0
Aborígine	80	128	89	22	10	Australiano	7
Áustria	11	70	55	79	31	Alemão	1
Bangladesh	80	60	20	55	40	Bengali	3
Bélgica total	65	94	75	54	38	Holandês	1
Falantes do holandês	61	97	78	43		Holandês	1
Falantes do francês	67	93	72	60		Francês	3
Brasil	69	76	38	49	65	Português	3
Bulgária	70	85	30	40		Búlgaro	3
Canadá total	39	48	80	52	23	Inglês	0
Falantes do francês	54	60	73	45	30	Francês	3
Chile	63	86	23	28		Espanhol	3
China	80	30	20	66	118	Mandarim	6
Cingapura	74	8	20	48	48	Mandarim	6
Colômbia	67	80	13	64		Espanhol	3
Coreia (do Sul)	60	85	18	39	75	Coreano	4
Costa Rica	35	86	15	21		Espanhol	3
Dinamarca	18	23	74	16	46	Dinamarquês	1
El Salvador	66	94	19	40		Espanhol	3
Equador	78	67	8	63		Espanhol	3
Eslováquia	104	51	52	110	38	Eslovaco	3
Espanha	57	86	51	42	19	Espanhol	3
Estados Unidos	40	46	91	62	29	Inglês	0
Estônia	40	60	60	30		Estoniano	4
Finlândia	33	59	63	26	41	Finlandês	4
Filipinas	94	44	32	64	19	Tagalo	7
França	68	86	71	43	39	Francês	3
Grã-Bretanha	35	35	89	66	25	Inglês	0
Grécia	60	112	35	57		Grego	3
Guatemala	95	101	6	37		Espanhol	3
Hong Kong	68	29	25	57	96	Cantonês	6
Hungria	46	82	80	88	50	Húngaro	4
Índia	77	40	48	56	61	Dravídico	3
Indonésia	78	48	14	46		Bahasa (Malaio)	7
Irã	58	59	41	43		Persa	3

Capítulo 5 Cultura, estilo de gestão e sistemas de negócios

País						Idioma
Irlanda	28	35	70	68	43	0	Inglês
Israel	13	81	54	47		5	Hebraico
Itália	50	75	76	70	34	3	Italiano
Iugoslávia total	76	88	27	21		3	Servo-croata
Croácia (Zagreb)	73	80	33	40		3	Servo-croata
Eslovênia (Ljubljana)	71	88	27	19		3	Esloveno
Sérvia (Belgrado)	86	92	25	43		3	Servo-croata
Jamaica	45	13	39	68		0	Inglês
Japão	54	92	46	95	80	4	Japonês
Luxemburgo	40	70	60	50		1	Luxemburguês
Malásia	104	36	26	50		7	Malaio
Malta	56	96	59	47		5	Maltês
México	81	82	30	69		3	Espanhol
Marrocos	70	68	46	53		5	Árabe
Nova Zelândia	22	49	79	58	30	0	Inglês
Noruega	31	50	69	8	44	1	Norueguês
Países Baixos	38	53	80	14	44	1	Holandês
Panamá	95	86	11	44		3	Espanhol
Paquistão	55	70	14	50	0	3	Urdu
Peru	64	87	16	42		3	Espanhol
Polônia	68	93	60	64	32	3	Polonês
Portugal	63	104	27	31	30	3	Português
República Tcheca	57	74	58	57	13	3	Checo
Romênia	90	90	30	42		3	Romeno
Rússia	93	95	39	36		3	Russo
Suécia	31	29	71	5	33	1	Sueco
Suíça total	34	58	68	70	40	1	Alemão
Falantes do alemão	26	56	69	72		1	Alemão
Falantes do francês	79	70	64	58		3	Francês
Suriname	85	92	47	37		1	Holandês
Tailândia	64	64	20	34	56	7	Tailandês
Taiwan	58	69	17	45	87	6	Taiwanês
Trinidad	47	55	16	58		0	Inglês
Turquia	66	85	37	45		4	Turco
Uruguai	61	100	36	38		3	Espanhol
Venezuela	81	76	12	73		3	Espanhol
Vietnã	70	30	20	40	80	7	Vietnamita
Regiões							
África Ocidental	77	54	20	46	16	8	
África Oriental	64	52	27	41	25	8	
Países Árabes	80	68	38	53		5	Árabe

Fonte: Geert Hofstede, *Culture's Consequences*, 2. ed. (Thousand Oaks, CA: Sage, 2001).

Capítulo 6

Ambiente político
preocupação fundamental

SUMÁRIO

- Perspectiva global

    Comércio mundial enlouquece com a guerra das bananas

- Soberania das nações
- Estabilidade das políticas governamentais
    - Formas de governo
    - Partidos políticos
    - Nacionalismo
    - Medo e/ou animosidade direcionados
    - Disputas comerciais
- Riscos políticos dos negócios globais
    - Confisco, expropriação e nacionalização
    - Riscos econômicos
    - Sanções políticas
    - Ativistas sociais e políticos e organizações não governamentais
    - Violência, terrorismo e guerra
    - Ciberterrorismo e cibercrime
- Avaliação da vulnerabilidade política
    - Produtos e problemas politicamente suscetíveis
    - Previsão de riscos políticos
- Diminuição da vulnerabilidade política
    - *Joint ventures*
    - Expansão da base de investimentos
    - Licenciamento
    - Nacionalização planejada
    - Barganha política
    - Subornos políticos
- Estímulo governamental

OBJETIVOS DE APRENDIZAGEM

OA1 O que significa soberania das nações e como isso pode afetar a estabilidade das políticas governamentais

OA2 De que forma os diferentes tipos de governo, os partidos políticos, o nacionalismo, o medo/animosidade direcionados e as disputas comerciais podem afetar o ambiente para marketing no estrangeiro

OA3 Riscos políticos dos negócios globais e fatores que influem na estabilidade

OA4 Importância do sistema político para o marketing internacional e seus efeitos sobre os investimentos no exterior

OA5 Impacto dos ativistas sociais e políticos, da violência e do terrorismo sobre os negócios internacionais

OA6 Como avaliar e diminuir as consequências da vulnerabilidade política

OA7 Como e por que os governos estimulam o investimento no exterior

Ambiente cultural dos mercados globais

Perspectiva global

COMÉRCIO MUNDIAL ENLOUQUECE COM A GUERRA DAS BANANAS

Em vez de ferir Chiquita Banana, a ira política golpeou o presunto Prosciutto di Parma, da Itália, as bolsas femininas da França e os óleos de banho e sabonetes da Alemanha. Esses e um punhado de outros produtos importados da Europa foram retalhados pelo governo dos Estados Unidos com uma tarifa de importação de 100% em retaliação aos regulamentos de importação de bananas da União Europeia (UE), que favoreciam as bananas caribenhas, e não as latino-americanas. Lembre-se de que os Estados Unidos não exportam bananas, embora estivessem envolvidos em uma guerra comercial nos últimos sete anos que custou milhões de dólares a inúmeros pequenos negócios em ambos os lados do Atlântico. "Mas como isso pode acontecer?", pergunta você. A política é assim!

Uma pequena empresa, a Reha Enterprises, por exemplo, vende óleos de banho, sabonetes e outros produtos importados da Alemanha. A tarifa sobre seu produto mais popular, a espuma de banho herbácea, aumentou de 5 para 100%. As faturas aduaneiras relativas a seis meses saltaram de apenas US$ 1.851 para US$ 37.783 – uma elevação tributária de 1.941%. Para uma pequena empresa em que as vendas brutas correspondem a menos de US$ 1 milhão anualmente, isso foi incapacitante. Quando a Reha soube da iminente "guerra das bananas", ligou para todo mundo – congressista, senador, representante do Comércio dos Estados Unidos (United States Trade Representative – USTR). Quando falou sobre seu drama ao USTR, um funcionário mostrou-se admirado. "Eles ficaram surpresos com o fato de eu ainda importar", porque imaginaram que a tarifa liquidaria com todo o setor. Essa era a intenção deles, que, obviamente, incluía também liquidar com a Reha Enterprises.

Em vigor, eles lhe disseram que era uma falha dele o fato de ter sido envolvido naquela guerra comercial. Ele deveria ter participado das audiências em Washington, tal como a Gillette e a Mattel, pois talvez assim seus produtos tivessem sido removidos da lista, do mesmo modo que os produtos dessas duas empresas. Inúmeros produtos europeus, como roupas, fornos, enfeites para copos natalinos, bonecas e canetas esferográficas, que originalmente estavam sendo visados pelas tarifas retaliativas, escaparam. Ações de *lobby* agressivas por parte de grandes corporações, associações comerciais e membros do Congresso removeram da lista a maioria dos produtos importados sob ameaça. O USTR havia publicado uma lista dos importados visados no *Federal Register*, convidando as empresas afetadas a depor. Infelizmente, o *Federal Register* não estava no rol de leitura de Reha.

Nesse caso, disseram-lhe, que deveria ter contratado um lobista em Washington para mantê-lo informado. Ótimo conselho – mas isso não faz muito sentido para uma empresa que produz uma receita bruta anual inferior a US$ 1 milhão. Outro conselho recebido de um funcionário do USTR foi a sugestão extraoficial de que ele poderia mudar o número alfandegário na fatura, pois assim daria a entender que estava importando mercadorias não sujeitas à tarifa, uma decisão que poderia resultar em uma enorme multa ou em prisão caso fosse pego. As pequenas empresas da Europa enfrentaram problemas semelhantes porque suas atividades de exportação encolheram em virtude das tarifas.

Como essa guerra das bananas começou? A UE impôs uma cota e tarifas que favoreciam as importações provenientes de ex-colônias no Caribe e na África, distribuídas por empresas europeias, em detrimento das bananas latino-americanas distribuídas por empresas americanas. A Chiquita Brands International e a Dole Food Company, argumentando que as "barreiras comerciais ilegais" da UE custavam US$ 520 milhões anuais em vendas não realizadas na Europa, pediram a ajuda do governo dos Estados Unidos. De acordo com a conclusão do governo, barreiras comerciais desleais prejudicavam os negócios dessas empresas, aplicando tarifas de 100% em determinados produtos europeus importados. Coincidentemente, as contribuições da Chiquita Brands para a campanha política anual aumentaram de cerca de US$ 40 mil em 1991 para US$ 1,3 milhão em 1998.

Por fim chegou-se a um acordo que impunha altas tarifas sobre as bananas latino-americanas e cotas (sem tarifas) sobre as bananas das ex-colônias da Europa. Contudo, as bananas continuaram sendo atacadas, mas não de uma maneira direta e óbvia. Em 2007, o foco do problema mudou para a curvatura das bananas. Isto é, as bananas da América Latina tendem a ser longas e retas, ao passo que as bananas provenientes dos países não tarifados são curtas e curvas. Como estas últimas não são as bananas preferidas nem dos expedidores nem dos varejistas (o acondicionamento das bananas curvas não é tão perfeito e econômico), as bananas das ex-colônias continuaram sendo preteridas. Então novos regulamentos foram adotados pela Comissão Europeia, estipulando que as bananas não deveriam ter "malformações ou curvaturas anormais", e os produtores de bananas curvas ameaçaram não cumprir o acordo. Por volta de 2007, todos os envolvidos consideraram esse panorama extremamente repulsivo.

Entretanto, essa história teve um final feliz. Em 2009, após uma maratona de encontros com todas as partes envolvidas em Genebra, a cicatriz desse *banana split* de 16 anos finalmente se fechou: a UE removeu as tarifas de importação sobre as bananas cultivadas na América Latina por empresas americanas.

Fontes: "U.S. Sets Import Tariffs in Latest Salvo in Ongoing Battle over Banana Trade", *Minneapolis Star Tribune*, 4 de março de 1999; Timothy Dove, "Hit by a $200,000 Bill from the Blue", *Time*, 7 de fevereiro de 2000, p. 54; Jeremy Smith, "EU Heading for Trade Crunch over Bananas", *Reuters*, 14 de novembro de 2007.

Nenhuma empresa, doméstica ou internacional, pequena ou grande, pode conduzir negócios sem levar em conta a influência do ambiente político no qual atuará. Uma das realidades mais incontestáveis e decisivas dos negócios internacionais é que tanto o governo anfitrião quanto o governo nacional são parceiros integrais. Um governo reage ao seu ambiente criando e adotando políticas consideradas fundamentais para a solução dos problemas criados por circunstâncias próprias. Nas políticas e posturas do governo com relação ao comércio, encontram-se suas ideias sobre como estimular mais adequadamente o interesse nacional, considerando seus próprios recursos e sua filosofia política. Um governo controla as atividades de uma empresa estimulando-a e oferecendo apoio ou desestimulando-a e restringindo suas atividades, de acordo com sua intenção.

O direito internacional reconhece o direito de soberania de uma nação de conceder ou negar permissão para que se conduzam negócios em suas fronteiras políticas e de controlar onde seus cidadãos podem conduzir negócios. Portanto, o ambiente político dos países é uma preocupação fundamental para o profissional de marketing internacional. Este capítulo examina alguns dos fatores mais importantes na avaliação de mercados globais.

Soberania das nações

OA1

O que significa soberania das nações e como isso pode afetar a estabilidade das políticas governamentais

No contexto do direito internacional, o *Estado soberano* é independente e está livre de qualquer controle externo; desfruta de plena igualdade legal em relação aos outros Estados; governa seu próprio território; escolhe seu próprio sistema político, econômico e social; e tem poder para firmar acordos com outras nações. A **soberania** está relacionada tanto aos poderes exercidos por um Estado em relação a outros países quanto aos poderes supremos exercidos sobre seus próprios membros.[1] Um Estado estabelece requisitos para a cidadania, define fronteiras geográficas e controla o comércio e a circulação de pessoas e mercadorias em suas fronteiras. Além disso, o cidadão está sujeito às leis de seu país mesmo quando se encontra além de suas fronteiras. É em virtude da ampliação das leis nacionais para um âmbito além das fronteiras geográficas do país que surge grande parte dos conflitos nos negócios internacionais. Esse raciocínio é particularmente verdadeiro quando o outro país conclui que sua soberania está comprometida.

As nações podem e de fato abreviam aspectos específicos de seus direitos de soberania para coexistirem com outras nações. A UE, o Nafta, a Organização do Tratado do Atlântico Norte (Otan) e a OMC[2] representam exemplos de nações que concordam voluntariamente em abrir mão de alguns de seus direitos de soberania para compartilhar com outros países-membros um objetivo comum e mutuamente benéfico. Os líderes das nações do G20 abriram mão de parte dessa soberania em um acordo imensamente importante realizado em 2009 para "rejeitar o protecionismo" no pior momento da quebra de 2009, quando o comércio mundial teve um declínio superior a 12%. As péssimas memórias do desastre de Smoot-Hawley* na Grande Depressão ao que parece tornaram a decisão digna de celebração, como mostra a foto na página seguinte.

A Figura 1.4 indica como o envolvimento dos Estados Unidos nas associações políticas internacionais é surpreendentemente pequeno (quer dizer, é em grande medida soberano). Aliás, com relação à participação de regimes estabelecidos por tratados internacionais, os Estados Unidos estão na extremidade inferior da lista dos 72 países classificados pela

---

[1] Os interessados em obter mais informações sobre o conceito de soberania podem consultar Stephen D. Krasner (ed.), *Problematic Sovereignty* (Nova York: Columbia University Press, 2001).
[2] "Global Trade Talks Founder on Farm-Subsidy Issues", *The Wall Street Journal Online*, 21 de junho de 2007.
* N. de R.T.: Em 1930, o governo dos Estados Unidos aprovou o Ato Tarifário Smoot-Hawley, que passou a vigorar como lei em junho daquele ano. A tarifa Smoot-Hawley aumentou as tarifas alfandegárias em cerca de 20 mil itens estrangeiros. Com essa lei, o objetivo do presidente americano era diminuir a competição dos produtos nacionais com os importados e garantir empregos durante o período da Grande Depressão. Parceiros comerciais dos Estados Unidos reagiram com a aprovação de leis e atos semelhantes, o que provocou uma queda súbita nas exportações norte-americanas e um aumento dos níveis de desemprego no país.

POLEGARES PARA CIMA: O presidente americano, Barack Obama, o então primeiro-ministro italiano, Silvio Berlusconi, e o presidente russo, Dmitry Medvedev, fizeram caretas para as câmeras durante uma sessão de fotos em grupo após a Cúpula do G20 em abril de 2009, em Londres, com o objetivo de corrigir a economia global arruinada pela crise. Todos os líderes das nações do G20 assinaram um comunicado conjunto prometendo "resistir ao protecionismo". Esse acordo de abril de 2009 marcou o pior momento da quebra do comércio mundial (uma queda de mais de 12%) naquele ano. Essa celebração simboliza a bem-sucedida fuga ao projétil da tarifa Smoot-Hawley, que exacerbou consideravelmente a Grande Depressão na década de 1930.

revista *Foreign Policy*, em igualdade com o Irã e Israel (no 68º lugar) e na frente apenas de Hong Kong e Taiwan.[3] O mais notável é que o Protocolo de Quioto sobre mudanças climáticas globais e o Tribunal Criminal Internacional foram rejeitados pela administração Bush, assim como tratados menos conhecidos como a Convenção da Basileia sobre o Controle da Circulação Transnacional de Resíduos Perigosos. Essa aparente falta de envolvimento político internacional é particularmente difícil de compreender, na medida em que se reconhece amplamente que esses acordos conduzem à paz e à compreensão mútua.[4] Felizmente, o presidente Obama agora estabeleceu uma postura mais positiva para a cooperação e os acordos internacionais, que foi acolhida positivamente pelo restante do mundo.

Os países que concordam em abrir mão de parte de sua soberania com frequência são acometidos por um temor torturante quanto à possibilidade de terem exagerado nas concessões. Por exemplo, a OMC é considerada por alguns a maior ameaça à soberania nacional até o momento. A adesão à OMC significa inevitavelmente perda de parte da soberania nacional, porque os países-membros prometeram agir de acordo com os pactos e os procedimentos de arbitragem que podem sobrepor-se às leis nacionais e ter desdobramentos de longo alcance para os cidadãos. A soberania foi uma das questões centrais na disputa entre Estados Unidos e UE quanto à recusa da Europa em diminuir as tarifas e cotas sobre as bananas (consulte a seção "Perspectiva global" no início deste capítulo). Além disso, críticas sobre os acordos de livre-comércio com a Coreia do Sul e o Peru sustentam que os Estados Unidos sacrificaram exageradamente sua soberania.

Os investimentos no exterior também podem ser vistos como uma ameaça à soberania e, portanto, tornar-se um brado de guerra por parte de facções opostas. A proposta de compra da Unocal feita pela companhia petrolífera nacional chinesa foi recusada por esse motivo. Como os bancos americanos lutaram para manter a liquidez durante a derrocada das hipotecas residenciais em 2008, enormes investimentos do exterior foram solicitados e recebidos por uma classe de investidores estrangeiros que os políticos americanos particularmente desaprovam – os assim chamados "fundos de riqueza soberana" –, que envolvem grandes fundos controlados pelos governos da China e do Oriente Médio.[5] Ao mesmo tempo, os congressistas americanos exigiram que a China elevasse o valor de sua moeda, mas isso facilitaria ainda mais a compra de ativos americanos por parte das empresas chinesas e de seu governo.[6] Obviamente, os chineses opõem-se a esta última pressão política por considerá-la uma ameaça à sua soberania. Paradoxalmente, os americanos criticaram o México por impedir tipos semelhantes de investimentos americanos. Ou seja, o México precisa muito de usinas de geração de eletricidade financiadas pelo setor privado e de modernizar a rede de transmissão sobrecarregada do país. O governo mexicano entrou em um acordo com uma empresa belga para construir uma usina hidrelétrica que evitaria o monopólio estatal de eletricidade e venderia eletricidade diretamente para grandes fabricantes mexicanos. Contudo, a Constituição mexicana restringe a propriedade privada de serviços de utilidade pública, e qualquer exceção exige um referendo de dois terços do Legislativo. O Partido Revolucionário Institucional (PRI) considerou a tentativa de abrir o setor de energia protegido do México uma investida contra a soberania mexicana e impediu o acordo. O que todo esse conflito demonstra é que a soberania nacional é uma questão crucial na avaliação do ambiente em que uma empresa atua.

---

[3] "Measuring Globalization", *Foreign Policy*, novembro-dezembro de 2007, p. 68-77.
[4] John L. Graham, "The Big Secret of World Peace", *Journal of Commerce*, 13 de fevereiro de 1995, página op-ed (oposta ao editorial); John L. Graham, "Trade Brings Peace", em J. Runzo e N. Martin (eds.), *War and Reconciliation* (Cambridge: Cambridge University Press, 2011); Thomas L. Friedman, *The World Is Flat* (Nova York: Farrar, Strauss, and Giroux, 2005).
[5] Peter S. Goodman e Louise Story, "Overseas Investors Buying U.S. Holdings at Record Pace", *The New York Times*, 20 de janeiro de 2008, p. 1, 14.
[6] "Lost in Translations", *The Economist*, 19 de janeiro de 2008, p. 73-75.

Estabilidade das políticas governamentais

O clima político ideal para uma empresa multinacional é um governo estável e amistoso. Infelizmente, os governos nem sempre são estáveis e amistosos, tampouco os governos estáveis e amistosos sempre se mantêm assim. Mudanças radicais na filosofia governamental quando um partido político de oposição ascende ao poder,[7] pressão de grupos nacionalistas e de autointeresse, enfraquecimento das condições econômicas, preconceito contra investimentos estrangeiros ou conflitos entre governos são questões que podem afetar a estabilidade de um governo. Como as empresas estrangeiras são julgadas por critérios extremamente variáveis, tendo em vista a grande quantidade de nações, a estabilidade e afabilidade do governo de cada país devem ser avaliadas como uma prática de negócios permanente.

No topo da lista das questões políticas relativas às empresas estrangeiras encontra-se a estabilidade ou instabilidade das políticas governamentais prevalecentes. Os governos podem mudar[8] ou novos partidos políticos podem ser eleitos, mas a preocupação da empresa multinacional é a continuidade do conjunto de regulamentos ou códigos de comportamento e a preservação do Estado de direito – independentemente do governo que está no poder. Uma mudança no governo, seja por eleição ou golpe, nem sempre significa uma mudança de risco político. Na Itália, por exemplo, mais de 50 governos diferentes foram formados desde o fim da Segunda Guerra Mundial. Embora o tumulto político ainda prevaleça na Itália, o comércio continua como de costume. Em contraposição, a Índia teve tantos governos quanto a Itália desde 1945, e nos últimos anos vários deles foram favoráveis a investimentos estrangeiros e mercados abertos, mas grande parte das políticas governamentais continua hostil a investimentos estrangeiros. Funcionários públicos seniores que não respondem diretamente ao eleitorado mas permanecem em sua posição, a despeito da mudança do governo eleito, dão continuidade a políticas anteriores. Mesmo após a eleição de partidos favoráveis a uma reforma econômica, na Índia a burocracia continua a ser ocupada por planejadores centrais da "velha guarda".

Em contraposição, podem ocorrer mudanças radicais nas políticas do comércio exterior na maioria dos governos estáveis. Um mesmo partido político, o PRI, controlou o México de 1929 a 2000. Durante esse período, o risco político para os investidores estrangeiros girava entre a expropriação dos investimentos estrangeiros e a afiliação do México ao Nafta, com a abertura para os investimentos e comércio externos. Nos últimos anos, o PRI criou um ambiente político estável para os investimentos estrangeiros, em contraste com as expropriações e importunações iniciais. Entretanto, a partir das eleições em 2000, uma nova era emergiu na política mexicana em consequência das profundas mudanças dentro do PRI provocadas pelo então presidente Ernesto Zedillo. Desde 1929, o presidente mexicano escolhia seu sucessor, o qual, sem dificuldade, sempre era eleito. O presidente Zedillo mudou esse processo ao se recusar a indicar um candidato; em vez disso, ele deixou a nomeação ser decidida por uma eleição primária aberta – a primeira após sete décadas. Entre os quatro candidatos concorrentes, o PRI escolheu Labastida Ochoa, e o partido de oposição PAN[9] escolheu Vicente Fox, que, apesar de parecer ter poucas chances de vencer, ganhou a presidência. Embora o PAN tivesse ganhado força ao longo de vários anos no Congresso e entre os governos estaduais, até 2000 seus candidatos presidenciais nunca haviam ganhado uma eleição.

Alguns países africanos são instáveis e enfrentam guerras civis aparentemente intermináveis, disputas por fronteira e regimes militares opressivos. Mesmo o Quênia, relativamente estável e próspero, foi vítima de uma violência política em 2008 que prejudicou o crescimento do comércio em toda a região.[10] Serra Leoa teve três mudanças de governo em cinco anos, e o golpe de Estado mais recente pôs fim à breve experiência do país com a democracia. Pouco tempo depois do golpe, estourou uma guerra civil, e as Nações Unidas tiveram de manter a paz. A África Central, onde as guerras étnicas enredaram sete nações, é uma das regiões mais politicamente instáveis do mundo. Portanto, a África está aprisionada em um círculo vicioso: para prosperar, suas nações precisam de investimentos estrangeiros. Porém, os investidores desconfiam das nações instáveis, que é a condição de grande parte

---

[7] Sabrina Tavernise, "Debate Intensifies in Turkey over Head Scarf Ban", *The New York Times*, 19 de janeiro de 2008, p. A5.
[8] Sebastian Moffett, "Japanese Prime Minister Steps Down after Less than One Year in Office", *The Wall Street Journal Online*, 12 de setembro de 2007.
[9] PAN significa Partido Acción Nacional (Partido da Ação Nacional). O PAN e PRI estão entre os oito maiores partidos políticos do México.
[10] Michela Wrong, "Kenya's Turmoil Cuts off Its Neighbors", *Los Angeles Times*, 14 de janeiro de 2008, p. C4.

CONDIÇÕES CAÓTICAS:
No primeiro sábado após o tremor, às 9h, as ruas do centro de Porto Príncipe ficaram lotadas de pessoas à procura de comida e coisas aproveitáveis. Espectadores se juntam à multidão.

da África.[11] Um estudo recente do Banco Mundial demonstrou que 47 nações da África Subsaariana estavam atraindo menos de US$ 2 bilhões anualmente em investimentos estrangeiros diretos – em torno de um décimo do que uma nação em desenvolvimento como o México atrai.

Quando existe possibilidade de lucro e as empresas multinacionais têm permissão para operar em um país, elas podem funcionar em qualquer tipo de governo, desde que haja previsibilidade e estabilidade de longo prazo. A PepsiCo, por exemplo, operou lucrativamente na União Soviética quando o sistema político desse país era um dos mais radicais. Anos antes da desintegração do Partido Comunista da URSS, a PepsiCo estabeleceu uma operação de contracomércio extremamente lucrativa nesse país. A empresa trocava o xarope da Pepsi por vodca russa, evitando, portanto, as transações financeiras legalmente complexas da época.[12]

Os ambientes socioeconômicos e políticos invariavelmente mudam, como na União Soviética e no México. Há cinco causas políticas principais de instabilidade nos mercados internacionais: (1) formas de governo que parecem inerentemente instáveis, (2) mudanças nos partidos políticos durante as eleições que podem gerar influências importantes sobre as condições do comércio, (3) nacionalismo, (4) animosidade contra países específicos e (5) as próprias disputas comerciais.

Formas de governo

OA2

De que forma os diferentes tipos de governo, os partidos políticos, o nacionalismo, o medo/animosidade direcionados e as disputas comerciais podem afetar o ambiente para marketing no estrangeiro

Em torno de 500 a.C., os gregos antigos conceberam e julgaram três formas fundamentais de governo: governo de um só homem, governo de poucos e governo de muitos. Hoje, os termos comumente empregados para essas formas de governo são monarquia (ou ditadura), aristocracia (ou oligarquia) e democracia. Quase à mesma época da história, Ciro, o Grande, imperador da Pérsia, declarou que o propósito do governo era servir às pessoas, e não o contrário – ideia que está embutida na constituição da maioria das nações modernas. Subsequentemente ao colapso do colonialismo que se iniciou com a Segunda Guerra Mundial e do comunismo em torno de 1990, o mundo parecia ter chegado ao consenso de que a democracia de livre-iniciativa era a melhor solução para todas as críticas aos governos, desde os tempos de Aristóteles, Ciro e outros.[13]

Dos mais de 200 Estados soberanos existentes no planeta, quase todos têm um governo pelo menos nominalmente representativo, com sufrágio universal para pessoas acima de 18 anos. Em cerca de 10% das nações, o sufrágio é obrigatório; no restante, é voluntário. Poucos países têm algumas regras incomuns sobre sufrágio: na Bolívia, os cidadãos podem

---

[11] Acesse http://www.eiu.com para obter o resumo dos relatórios do país de interesse, elaborados pela Unidade de Inteligência da *Economist* (Economist Intelligence Unit), sobre dados políticos e econômicos atuais. Nesse *site*, algumas informações só são disponibilizadas mediante o pagamento de uma taxa, mas outras fontes são gratuitas.

[12] Acesse o *site* da Pepsi na Rússia para examinar a história da Pepsi e suas propagandas nesse país, bem como outras informações: http://www.pepsi.ru.

[13] Francis Fukuyama, *The End of History and the Last Man* (Nova York: The Free Press, 1992).

Figura 6.1
Amostragem dos tipos de governo.

Fonte: http://www.cia.gov/publications/factbook/, 2008.

País	Tipo de governo
Afeganistão	República islâmica
Belarus	República de nome, mas na verdade uma ditadura
Bósnia e Herzegovina	República democrática federal emergente
Mianmar	Junta militar
Canadá	Confederação com democracia parlamentar
China	Estado comunista
República Democrática do Congo	Ditadura que presumivelmente passa por uma transição para um governo representativo
Cuba	Estado comunista
Irã	República teocrática
Líbia	*Jamahiriya* (democracia direta) em teoria governada pelo populacho por meio de conselhos locais; na verdade, uma ditadura militar
Coreia do Norte	Estado comunista, ditadura de um só homem
Arábia Saudita	Monarquia
Somália	Nenhum governo nacional permanente; governo federal parlamentar transicional
Sudão	Regime autoritário – junta militar dominante
Reino Unido	Monarquia constitucional
Estados Unidos	República federal constitucional
Uzbequistão	República; governo presidencial autoritário, com pouco poder fora do Executivo
Vietnã	Estado comunista

votar aos 18 anos de idade se forem casados e, se solteiros, a partir dos 21; no Peru, policiais e militares não podem votar; na Croácia, os cidadãos podem votar aos 16 se estiverem empregados; no Líbano, apenas as mulheres que cursaram pelo menos o Ensino Fundamental podem votar (embora todos os homens o possam); e a Arábia Saudita proíbe as mulheres de votar. Este último parece o único país ainda completamente na idade das trevas com relação ao sufrágio. A Figura 6.1 apresenta uma amostragem dos países que atualmente assumem uma postura diferente diante do pensamento convencional sobre democracia representacional. Contudo, o mais problemático é o aparente retrocesso de alguns países da democracia à autocracia, como Nigéria, Quênia, Bangladesh, Venezuela, Geórgia e Quirguistão.[14] O governo do Haiti foi literalmente triturado pelo grande terremoto de 2010.[15] Aliás, de acordo com a Heritage Foundation, os Estados Unidos experimentaram seu maior declínio com relação à "liberdade econômica" em virtude do impacto dominante dos incentivos econômicos de 2008-2009.[16] Entretanto, todos nós podemos testemunhar talvez o maior experimento do mundo em termos de mudança política e econômica: a corrida entre a reforma *big bang* russa e o gradualismo chinês à medida que o comunismo é deixado cada vez mais para trás em ambos os países.[17]

A Agência Central de Inteligência (Central Intelligence Agency – CIA)[18] afirma ter examinado as constituições bem além de suas fachadas, com relação à sua autodescrição. Por exemplo, o Irã (a Pérsia moderna) é definido como uma "República teocrática", reconhecendo que a Constituição codifica os princípios islâmicos do governo do modo como são interpretados pelo Alcorão. Embora os partidos políticos tenham permissão para atuar, eles têm pouco poder político. Em vez disso, o líder supremo controla todas as decisões importantes do governo, inclusive quem tem permissão para concorrer à presidência do Irã.

---

[14] "Crying for Freedom", *The Economist*, 16 de janeiro de 2010, p. 58-60.
[15] Marci Lacey, "Haiti's Icon of Power, Now Palace for Ghosts", *The New York Times*, 23 de janeiro de 2010.
[16] Terry Miller, "The U.S. Isn't as Free as It Use to Be", *The Wall Street Journal*, 20 de janeiro de 2010, p. A17.
[17] Brian Bremmer, "The Dragon's Way or the Tiger's?", *BusinessWeek*, 20 de novembro de 2006, p. 55-62; N. Mark Lam e John L. Graham, *Doing Business in China Now, The World's Most Dynamic Market* (Nova York: McGraw-Hill, 2007).
[18] http://www.cia.gov/publications/factbook/, 2010.

DE OLHO NAS URNAS: Imagens do aiatolá Ali Khamenei (o líder supremo) e o finado aiatolá Ruhollah Khomeini avultam sobre as mulheres iranianas em fila para votar em uma mesquita ao sul de Teerã. Como manda a lei, mulheres e homens aguardam em filas distintas nos locais de votação com mais de uma urna eleitoral. O governo atual também especifica o vestuário público das mulheres aqui retratadas.

Partidos políticos

Com relação à maioria dos países ao redor do mundo, é particularmente importante que o profissional de marketing conheça a filosofia de todos os seus principais partidos políticos, porque qualquer um deles pode tornar-se dominante e alterar as posturas prevalecentes e o clima de negócios como um todo.[19] Nos países em que dois fortes partidos políticos normalmente sucedem um ao outro pelo controle do governo, é importante ter ideia da direção que cada partido tende a tomar.[20] Na Grã-Bretanha, por exemplo, o Partido Trabalhista normalmente tem sido mais restritivo que o Partido Conservador com respeito ao comércio exterior. O Partido Trabalhista, quando no poder, restringiu as importações, ao passo que a tendência do Partido Conservador foi liberar o comércio exterior. Na Grã-Bretanha, as empresas estrangeiras podem esperar uma oscilação entre as políticas comerciais liberais dos conservadores e as políticas restritivas dos trabalhistas. Obviamente, nos Estados Unidos, a ala democrática do Congresso relutou em ratificar os pactos de livre-comércio negociados pela administração republicana de George Bush na Casa Branca.[21]

O profissional de marketing internacional arguto deve compreender todos os aspectos do cenário político para estar devidamente informado sobre esse ambiente. Mudanças imprevisíveis e drásticas nas políticas governamentais intimidam os investimentos, seja qual for a causa da mudança. Em resumo, uma avaliação atual da filosofia e das posturas políticas de um país é fundamental para dimensionar a estabilidade e atratividade de um governo com relação ao potencial de mercado.

Nacionalismo

O nacionalismo econômico e cultural, que em certa medida existe em todos os países, é outro fator importante na avaliação do clima de negócios. O **nacionalismo** pode ser mais bem definido como um intenso sentimento de orgulho e união nacional, o despertar do povo de uma nação para o orgulho por seu país. Esse orgulho pode assumir um viés de preconceito contra estrangeiros nos negócios, em que perseguições e controles menos expressivos com relação aos investimentos estrangeiros são apoiados e às vezes até aplaudidos.[22] Um dos objetivos centrais do nacionalismo econômico é a preservação da autonomia econômica nacional, visto que os residentes associam seus interesses com a preservação da soberania do Estado no qual residem. Em outras palavras, o interesse e a segurança nacionais são mais importantes do que as relações internacionais.

---

[19] Paul M. Vaaler, Burkhard N. Schrage e Steven A. Block, "Counting the Investor Vote: Political Business Cycle Effects on Sovereign Bond Spreads in Developing Countries", *Journal of International Business Studies*, 36, n. 1, 2005, p. 62-88.

[20] Joy C. Shaw, "Taiwan's KMT Wins Big in Legislative Elections", *The Wall Street Journal Online*, 12 de janeiro de 2008.

[21] Steven R. Weisman, "Bush in Accord with Democrats on Trade Pacts", *The New York Times*, 11 de maio de 2007, p. 1, C7.

[22] David Pierson, "China Pursues Oil on U.S. Turf", *Los Angeles Times*, 22 de outubro de 2009, p. B1, B4.

CRUZANDO FRONTEIRAS 6.1 — A Coca-Cola está de volta, mas ainda detém o segredo

Durante quase 100 anos, a fórmula para a fabricação da Coca-Cola foi guardada a sete chaves. Mas então o governo da Índia determinou que a empresa deveria revelá-la; do contrário, seria obrigada a interromper suas operações no país. Um ingrediente secreto, denominado 7-X, supostamente confere à Coca-Cola seu sabor distintivo. O ministro da Indústria disse ao Parlamento indiano que a filial da Coca-Cola na Índia precisaria transferir 60% de suas ações patrimoniais para os indianos e também seu *know-how* até abril de 1978 ou então fechar as portas.

As vendas indianas respondem por menos de 1% das vendas mundiais da Coca-Cola, mas o mercado potencial na Índia, um país de 800 milhões de habitantes na época, era tremendo. O governo recusou-se a permitir que a filial importasse os ingredientes necessários, e a Coca-Cola – cujos produtos outrora eram tão abundantes quanto a água engarrafada vendida em quase todas as cidades indianas com mais de 50 mil habitantes – arrumou as malas e deixou o país. O ministro da Indústria disse que as atividades da Coca-Cola na Índia "oferecem um exemplo clássico de como as corporações multinacionais que operam em uma área de baixa prioridade e alta lucratividade em um país em desenvolvimento alcançam um crescimento descontrolado e [...] brincam com a indústria nacional mais frágil".

Dezesseis anos depois, a postura da Índia com relação a investimentos estrangeiros mudou, e a Coca-Cola entrou novamente no mercado sem ter de revelar sua fórmula. Entretanto, nesse período de 16 anos de exílio da Coca, a Pepsi-Cola entrou na Índia e abocanhou uma participação de mercado de 26%. Não há com que se preocupar. Há muito potencial de crescimento para ambas, visto que o consumo *per capita* na Índia corresponde a apenas 3 garrafas de 230 mL por ano, em comparação com 12 no Paquistão e mais de 500 no México. Para evitar outra possível vulnerabilidade política, a Coca-Cola vendeu 49% de sua subsidiária de engarrafamento indiana a investidores institucionais e aos funcionários. A empresa espera que essa medida ponha fim a um problema que preocupava o governo indiano, cujo desejo era de que os indianos possuíssem parte da sua operação local – em outras palavras, a Coca-Cola tomou medidas para tornar suas operações domésticas.

Contudo, a Índia continua sendo um mercado difícil. Há pouco tempo, uma disputa acerca da qualidade da água, a concorrência de preços dentro do país, o alarme quanto à possibilidade de a Coca-Cola conter pesticida e o frio prejudicaram as vendas da empresa na Índia, a despeito de uma recuperação global e geral nas receitas e nos lucros. Além disso, depois da primeira tentativa fracassada de entrar no mercado de bebidas energéticas com uma nova marca chamada "Shocker", vamos torcer para que a Coca não se queime em sua segunda tentativa, o "Burn!".

Fontes: Craig Simons, "India Coke Plant Still Closed as Water Woes Argued", *Atlanta Journal-Constitution*, 16 de dezembro de 2007, p. F1; "Coke India Chief Bullish on India Becoming Top 5 Global Market", *Asia Pulse*, 15 de janeiro de 2008; "Coca-Cola: A Second Shot at Energy Drinks", *MarketWatch: Global Round-Up*, janeiro de 2010, p. 39.

Os sentimentos de nacionalismo são manifestados de variadas formas, como o apelo "comprem apenas os produtos do nosso país" [por exemplo, "Buy American" (compre produtos americanos)], as restrições a importações, as tarifas restritivas e outras barreiras ao comércio. Além disso, eles podem dar espaço para um controle sobre os investimentos estrangeiros, muitas vezes vistos com suspeita, o que então se torna objeto de intenso escrutínio e controle. De modo geral, quanto mais um país se sente ameaçado por alguma força externa ou a economia doméstica sofre declínios, mais nacionalista ele se torna para se proteger contra intrusões.

No período pós-Segunda Guerra Mundial, quando vários novos países foram fundados e muitos outros estavam em busca de independência econômica, as manifestações do nacionalismo militante eram desenfreadas. A expropriação de empresas estrangeiras, as políticas de investimento restritivas e a nacionalização das indústrias foram medidas comuns em algumas partes do mundo. Durante esse período, a Índia impôs medidas tão restritivas aos investimentos estrangeiros que empresas como Coca-Cola, IBM e muitas outras optaram por deixar o país, em vez de enfrentar a incerteza de um clima econômico hostil. Em vários países latino-americanos, posturas semelhantes prevaleceram e deram margem a expropriações e até mesmo ao confisco de investimentos estrangeiros.

Por volta do final da década de 1980, o nacionalismo militante se apaziguou; hoje, o investidor estrangeiro, outrora temido como um tirano dominante que ameaçava o desenvolvimento econômico, com frequência é procurado como fonte de investimento de capital essencial.[23] O nacionalismo vai e volta à medida que as circunstâncias e posturas mudam, e as empresas estrangeiras bem acolhidas hoje podem ser perseguidas amanhã, e vice-versa.

Embora o nacionalismo econômico militante tenha diminuído, é possível encontrar sentimentos nacionalistas nos países mais economicamente prósperos. Quando os negociadores americanos pressionaram o Japão a importar mais arroz para ajudar a equilibrar o déficit

---

[23] Por exemplo, o *líder líbio* Muammar *Kadafi* mudou sua postura quanto às relações internacionais do apoio ao terrorismo ao apoio ao comércio. Consulte "Rehabilitating Libya", *The New York Times* (editorial), 8 de janeiro de 2007, p. 14.

comercial entre os dois países, os sentimentos nacionalistas ascenderam a um novo patamar. As ideias altamente enraizadas dos japoneses de autossuficiência e autorrespeito e a preocupação com o bem-estar dos agricultores japoneses levaram o Japão a opor-se a qualquer mudança ao longo de vários anos. Somente depois de um déficit na colheita de arroz japonesa é que as restrições sobre as importações de arroz foram temporariamente abrandadas. Mesmo assim, todo arroz estrangeiro importado primeiramente tinha de ser misturado com o arroz japonês para ser vendido.

Medo e/ou animosidade direcionados

É fundamental que os profissionais de marketing não confundam nacionalismo, cuja animosidade geralmente é direcionada a *todos* os países, com uma animosidade ou medo muito difundido em relação a um determinado país. Esse erro foi cometido pela Toyota nos Estados Unidos no final da década de 1980 e início da década de 1990. As vendas de carros japoneses estavam diminuindo nos Estados Unidos. Uma campanha de propaganda foi então criada e veiculada supondo-se que o problema fosse o nacionalismo americano. Entretanto, o nacionalismo evidentemente não era o problema, porque as vendas de carros alemães não estavam experimentando o mesmo tipo de queda. O problema propriamente dito era o *medo* dos americanos em relação ao Japão. Aliás, na época, os americanos consideravam a ameaça econômica do Japão maior que a ameaça militar da União Soviética. Portanto, quando a Toyota gastou milhões em uma campanha de propaganda mostrando o Camry sendo fabricado por americanos em uma fábrica da Toyota em Kentucky, ela provavelmente exacerbou o medo dos americanos de que os japoneses estivessem "colonizando" os Estados Unidos.

Livros *best-seller* na França, como *The world is not merchandise, Who is killing France? The American Strategy* [O mundo não é mercadoria, Quem está matando a França? A estratégia americana] e *No thanks Uncle Sam* [Não, obrigado, Tio Sam], são um exemplo dessa animosidade contra os Estados Unidos. Embora essas atitudes possam ser consideradas esquisitas em um país que devora filmes americanos, come comidas rápidas americanas, assiste a séries americanas e compra em supermercados americanos como o Walmart, a animosidade nacional – seja qual for a causa – é uma parte fundamental do ambiente político. Os Estados Unidos também não estão imunes a esses mesmos tipos de negativismo direcionado. A divergência entre França e Estados Unidos com relação à Guerra do Iraque causou ressentimentos em ambos os lados e uma reação adversa americana contra o vinho francês, o queijo francês e até mesmo produtos americanos considerados franceses. A fabricante da mostarda French's foi obrigada a divulgar um comunicado à imprensa afirmando que era "uma empresa americana fundada por um americano chamado 'French'". Portanto, parece bastante claro que nenhum Estado-nação, por mais protegido que seja, irá tolerar a entrada de uma empresa estrangeira em seu mercado e economia se perceber alguma ameaça social, cultural, econômica ou política ao seu bem-estar.

Disputas comerciais

Por fim, as próprias disputas comerciais inflexíveis podem irritar mercados internacionais mais amplos. No início deste capítulo, analisamos nosso exemplo favorito – o das bananas. Em 2010, dentre os vários assuntos do momento estavam a subvalorização da moeda chinesa, a proibição à importação de carne bovina no Japão, os subsídios chineses que aparentemente violavam os regulamentos da OMC, os subsídios agrícolas em países desenvolvidos e o longo duelo em fogo brando entre a Airbus e a Boeing por subsídios. Qualquer uma dessas disputas pode transbordar e afetar outros aspectos do comércio internacional. Contudo, atualmente, as cabeças mais frias parecem estar prevalecendo – bem como os processos de resolução de disputas da OMC.

Riscos políticos dos negócios globais

OA3
Riscos políticos dos negócios globais e fatores que influem na estabilidade

Questões como soberania, filosofias políticas divergentes e nacionalismo são evidentes em inúmeras medidas governamentais que intensificam os riscos do comércio global. Esses riscos podem variar desde o confisco, o mais cruel, a vários regulamentos e regras governamentais menores, mas ainda assim significativos, como controles de câmbio, restrições à importação e controles de preço, que afetam diretamente o desempenho das atividades comerciais. Embora a princípio nem sempre oficialmente abençoados, os grupos ativistas sociais ou políticos podem instigar os governos a tomar medidas que acabam sendo prejudiciais ao comércio. De todos os riscos políticos, o mais caro corresponde às medidas que provocam a transferência do patrimônio de uma empresa para o governo, com ou sem uma indenização adequada.

Confisco, expropriação e nacionalização

OA4
Importância do sistema político para o marketing internacional e seus efeitos sobre os investimentos no exterior

O risco político mais grave é o **confisco**, isto é, a apreensão dos ativos de uma empresa sem pagamento. Dois confiscos notáveis de propriedades americanas ocorreram quando Fidel Castro passou a comandar Cuba e posteriormente quando o xá do Irã foi derrubado. O confisco foi mais predominante nas décadas de 1950 e 1960, quando vários países subdesenvolvidos consideravam essa prática, embora ineficaz, um meio de crescimento econômico.

Menos drástica, mas ainda assim grave, é a **expropriação**, situação em que o governo apreende um investimento, mas faz algum reembolso dos ativos. Por exemplo, em 2008, o regime de Chávez na Venezuela expropriou as operações da Cemex do México, pagando um preço negociado.[24] Com frequência o investimento expropriado é nacionalizado; isto é, torna-se uma entidade estatal. Um terceiro tipo de risco é a **nacionalização**, que ocorre quando os países anfitriões provocam a transferência gradual de investimentos estrangeiros para o controle e a propriedade de uma nação por meio de uma série de decretos governamentais que impõem controle acionário local e maior envolvimento nacional na administração de uma empresa. O objetivo máximo da nacionalização é forçar os investidores estrangeiros a dividir mais o controle acionário, a administração e os lucros com os habitantes locais.

Em vez de ser uma resposta rápida ao desenvolvimento econômico, a expropriação e a nacionalização muitas vezes provocaram a nacionalização de empresas ineficientes, tecnologicamente fracas e não competitivas nos mercados mundiais. Os riscos do confisco e da expropriação parecem ter diminuído nas duas últimas décadas (exceto na América Latina, particularmente na Venezuela),[25] porque a experiência demonstrou que poucos dos benefícios desejados materializaram-se após a encampação por parte do governo.[26] Hoje, os países não raro exigem que os potenciais investidores concordem em dividir o controle acionário, usar matéria-prima local, entrar em acordos trabalhistas e administrativos e compartilhar a participação nas vendas de exportação como condição para a sua entrada; ou seja, a condição para o investimento é que a empresa torne-se doméstica.

Atualmente, os países veem os investimentos estrangeiros como um meio de crescimento econômico. Como o mundo tornou economicamente interdependente, não parece haver dúvida de que grande parte do sucesso econômico de países como Coreia do Sul, Cingapura e Taiwan é vinculado a investimentos estrangeiros. Nações do mundo inteiro que há poucos anos restringiam ou proibiam investimentos estrangeiros agora buscam os investidores estrangeiros como uma fonte de capital e tecnologia em grande medida essencial. Além disso, elas começaram a privatizar os setores de telecomunicações, telerradiodifusão, linhas aéreas, bancos, ferrovias e outras empresas de propriedade estatal como meio de aumentar a concorrência e atrair capital estrangeiro.

Os benefícios da privatização são vários. No México, por exemplo, a privatização da companhia telefônica nacional gerou benefícios quase imediatos quando o governo recebeu centenas de milhões de dólares, um capital extremamente necessário, da venda e do investimento em novos sistemas de telecomunicação. Situação semelhante se deu no Brasil, na Argentina, na Índia e em vários países da Europa Oriental. Paradoxalmente, muitas das empresas que foram expropriadas e nacionalizadas em épocas anteriores agora são privatizadas.

Riscos econômicos

Mesmo que a expropriação e o confisco estejam em declínio do mesmo modo que os riscos de fazer negócios no exterior, as empresas internacionais ainda se confrontam com uma variedade de riscos econômicos que podem se concretizar sem dar muitos sinais. Restrições às atividades comerciais podem ser impostas sob o pretexto de segurança nacional para proteger um setor emergente, escassear as divisas estrangeiras, elevar as receitas ou retaliar práticas comerciais desleais, dentre inúmeros outros motivos reais ou imaginários. Esses riscos econômicos são uma parte importante e recorrente do ambiente político que poucas empresas internacionais podem evitar.

Controle cambial. O controle cambial decorre da escassez de divisas estrangeiras mantidas por um país. Quando uma nação enfrenta escassez de divisas estrangeiras e/ou uma enorme quantidade de capital deixa o país, ela pode impor controles sobre todas as movimentações

---

[24] Steven Bodzin, "Cemex Handing Plants to Chavez", *The Globe and Mail*, 28 de agosto de 2008, p. B5.
[25] Simon Romero, "Chavez Takes over Foreign-Controlled Oil Projects in Venezuela", *The New York Times*, 2 de maio de 2007, p. A3.
[26] Marla Dickerson, "Woes Mount for Mexico's State Oil Titan", *Los Angeles Times*, 2 de janeiro de 2008, p. C1, C4.

Figura 6.2
Como as coisas podem ficar complicadas!

Fontes: "Myanmar's Crumbling Kit", *Asiaweek*, 2 de março de 2001, p. 8; Michael Vatikiotis, "Neighbors Lean on Myanmar", *International Herald Tribune*, 2 de fevereiro de 2005, p. 7; "Myanmar Military Confirms No Change in Fuel Rations", *Dow Jones International*, 31 de dezembro de 2007.

Os controles cambiais também se estendem aos produtos aplicando-se um sistema de múltiplas taxas de câmbio para regularizar o comércio em determinadas *commodities* classificadas como necessidade ou supérfluo. Os produtos essenciais são colocados nas categorias de câmbio mais favoráveis (baixo), ao passo que os produtos supérfluos são em grande medida penalizados com altas taxas cambiais. Mianmar (antes conhecido como Burma), por exemplo, tem três taxas cambiais para o *kyat* (Kt) ou quiate: a taxa oficial (Kt 6:US$ 1), a taxa de mercado (Kt 100-125:US$ 1) e taxa alfandegária de importação (Kt 100:US$ 1). Como o quiate não pode ser convertido oficialmente em moedas que possam ser gastas fora do país, os investidores são gravemente afetados por passivos fiscais, e a possibilidade de enviarem os lucros para fora do país diminui. Com essas taxas cambiais, o passivo fiscal pode ser bastante alto. Por exemplo, um lucro de Kt 135 mil corresponde a US$ 22.500 a uma taxa de câmbio oficial de Kt 6 para US$ 1, mas, a uma taxa de mercado, o investidor ganha apenas US$ 1 mil. A diferença entre as taxas cambiais significa que o investidor é obrigado a pagar impostos sobre um lucro de US$ 21.500 não auferido e inexistente. Parece que hoje quase nada faz sentido em Mianmar.

de capital ou seletivamente contra as empresas mais vulneráveis do ponto de vista político para manter a oferta de divisas estrangeiras a aplicações mais essenciais. Um problema recorrente para o investidor estrangeiro é obter lucro dentro e fora do país anfitrião sem perder valor, o que pode ocorrer quando uma moeda sofre desvalorização. A Figura 6.2 mostra como os controles cambiais podem afetar a lucratividade de uma empresa internacional. Muitos países mantêm regulamentos sobre controle de câmbio. Nesse caso, se uma economia sofrer um revés ou as reservas de divisas estrangeiras diminuírem de maneira acentuada, são impostos rapidamente controles de conversão cambial.

Leis sobre conteúdo local. Além de restringir as importações a mercadorias essenciais, para forçar a compra de produtos locais, os países com frequência exigem que um produto vendido no país tenha uma porcentagem de conteúdo local, isto é, elementos fabricados internamente. A Tailândia, por exemplo, exige que todos os produtos derivados do leite contenham pelo menos 50% do leite produzido em suas fazendas de gado leiteiro. Ao contrário da crença popular, as exigências de conteúdo local não estão restritas aos países do Terceiro Mundo. A UE enfrentou uma exigência de conteúdo local de 45% nas *screwdriver operations*, nome atribuído às montadoras estrangeiras, e o Nafta exige 62% de conteúdo local em relação a todos os carros provenientes dos países-membros.

Restrições às importações. Determinadas restrições à importação de matérias-primas, máquinas e peças sobressalentes são estratégias razoavelmente comuns para forçar a indústria estrangeira a comprar mais material no país anfitrião e, portanto, criar mercados para a indústria doméstica. Embora essa restrição seja uma tentativa de apoiar o desenvolvimento da indústria doméstica, o resultado não raro tolhe e às vezes interrompe as operações de indústrias estabelecidas. O problema então se torna crítico quando não existe nenhuma fonte de suprimento adequadamente desenvolvida no país.

Controles fiscais. Os impostos devem ser classificados como um risco político quando são utilizados como um mecanismo para controlar os investimentos estrangeiros. Nesses casos, os aumentos são feitos sem notificação e violam acordos formais. A Índia, por exemplo, cobra da PepsiCo e da Coca-Cola 40% de impostos sobre todos os refrigerantes engarrafados no país. E, utilizando um ângulo de ataque diferente, a Índia tenta coletar US$ 40 milhões em impostos sobre as passagens de viagem vendidas *on-line* no centro de processamento de dados da Sabre (um serviço de reserva de voos) em Tulsa, Oklahoma. O governo indiano defende que a Sabre tem um negócio permanente na Índia em forma de dados que fluem entre o centro de processamento da Sabre em Tulsa e os computadores de mesa dos agentes de viagem na Índia. Com relação aos países subdesenvolvidos em que a economia sofre constante ameaça da escassez de fundos, a tributação excessiva sobre investimentos estrangeiros bem-sucedidos é atraente para algumas autoridades governamentais como o meio mais conveniente e rápido de encontrar recursos operacionais. Como a importância da internet é cada vez maior, os países certamente recorrerão às transações pela internet como uma fonte lucrativa de receitas.

Controles de preço. Os produtos essenciais que atraem grande interesse público, como os farmacêuticos, alimentícios, a gasolina e os carros, com frequência estão sujeitos ao controle de preço. Os controles aplicados em períodos inflacionários podem ser utilizados para controlar o custo de vida e também para forçar as empresas estrangeiras a vender ações a

As consequências do embargo dos Estados Unidos a Cuba: uma Mercedes alemã novinha em folha para um diplomata estrangeiro (placa preta), um Chery QQ chinês relativamente novo (placa provisória vermelha) e um dos carros americanos mais novos que é possível encontrar na ilha, um Chevy 1957 (placa amarela de cidadão comum), certamente com motor recondicionado. Várias outras marcas europeias e asiáticas transitam pelas ruas de Havana, quase toda com modelos recentes. Não se vê nenhum novo modelo americano.

interessados locais. Um efeito colateral sobre a economia local pode ser a desaceleração ou mesmo a interrupção do investimento de capital.

Problemas com mão de obra. Em vários países, os sindicatos trabalhistas recebem grande apoio do governo, que é empregado de maneira eficaz para obter concessões especiais das empresas. Talvez se proíbam demissões temporárias e talvez seja necessário compartilhar os lucros e oferecer uma quantidade extraordinária de serviços. Na verdade, em vários países, as empresas estrangeiras são consideradas um alvo legítimo para as demandas de suprimento de mão-de-obra doméstica. Na França, a crença no emprego pleno é quase um fervor religioso; as demissões temporárias, seja qual for sua proporção, especialmente por empresas de propriedade de estrangeiros, são vistas como crise nacional. Devemos ressaltar também que algumas empresas multinacionais têm mais poder que alguns sindicatos locais. O Walmart fechou uma loja em Québec para impedir que ela se vinculasse a um sindicato.

Sanções políticas

Além dos riscos econômicos, um país ou um grupo de países pode boicotar outro país, interrompendo todo o comércio entre os países, ou pode emitir sanções contra o comércio de produtos específicos. Os boicotes comerciais dos Estados Unidos contra Cuba e Irã são de longa data. O país sofreu algumas críticas por sua exigência de sanções contínuas contra Cuba e suas ameaças de sanções futuras contra países que violam questões de direitos humanos.[27]

A história demonstra que as sanções são quase sempre infrutíferas para alcançar os objetivos desejados, particularmente quando negociantes ou investidores de outras nações as ignoram. Por exemplo, recentemente os chineses assinaram um acordo com o Irã de US$ 70 bilhões para levar gás natural para a China. Consulte a seção "Cruzando fronteiras 6.2" para obter mais detalhes sobre esse assunto. Essa falta de sucesso pode ser vista no caso de Cuba, Coreia do Norte e Irã, onde o comportamento indesejável ao qual se impuseram sanções continua, e os únicos que parecem prejudicados são o povo[28] e as empresas que ficam prensadas entre uma coisa e outra.

---

[27] Ginger Thompson, "Imposing Conditions, OAS Lifts Its Suspension of Cuba", *Washington Post*, 4 de junho de 2009 [*on-line*].
[28] Barbara Demick, "North Koreans' Misery Amplified a Hundredfold", *Los Angeles Times*, 3 de fevereiro de 2010, p. A1, A7.

CRUZANDO FRONTEIRAS 6.2 — Vara ou cenoura? O comércio não funciona como punição, apenas como incentivo

Era 1807 quando Thomas Jefferson introduziu uma inovação diplomática propondo sanções ao comércio. Os burros* que Thomas Jefferson fez de tudo para persuadir eram bem grandes e bastante teimosos – Inglaterra e França. O objetivo era que essas nações bélicas deixassem os navios americanos sossegados em alto-mar. Por não ter uma marinha de guerra competitiva, nosso terceiro presidente idealizou o embargo comercial; em vez de usar o comércio como incentivo, ele planejou retê-lo e utilizá-lo como punição. Contudo, em lugar de mudar as políticas e os comportamentos dos franceses ou dos ingleses, o plano de ação de Jefferson na verdade pôs em risco os negociantes da Nova Inglaterra, que assim se queixaram:

Nossos navios em movimento outrora embranqueceram o oceano;
Velejavam e retornavam com carregamento;
Agora, condenados à decadência, tornaram-se vítima,
De Jefferson, dos vermes e do EMBARGO.

O embargo de Jefferson degringolou em apenas 15 meses. Somente a Guerra de 1812 solucionou os problemas dos ataques ingleses em alto-mar.

Observe o histórico de sanções comerciais do último século. Em 1940, os Estados Unidos disseram para os japoneses saírem da China, e o resultante embargo de gasolina e de sucata provocou imediatamente o ataque ao Pearl Harbor. Desde 1948, os países árabes boicotam Israel. Como esses países comercializam mais frequentemente com seus vizinhos mais próximos, ficamos a perguntar o quanto essa falta de relações comerciais promoveu os contínuos conflitos naquela área. Israel ainda permanece de pé. Em 1959, Fidel Castro tomou posse de Cuba. Os Estados Unidos boicotaram o açúcar e os charutos cubanos durante mais de 50 anos, mas Castro manteve-se no comando. O objetivo do desaquecimento do fluxo de petróleo da Opec em 1973 era impedir que os Estados Unidos continuassem apoiando Israel. Entretanto, os dólares continuam fluindo rapidamente para Israel e agora também para o Egito.

Em 1979, os Estados Unidos disseram para os soviéticos saírem do Afeganistão. Eles se recusaram. Os Estados Unidos boicotaram a Olimpíada de Moscou e pararam de vender cereais e tecnologia para os soviéticos. Qual foi a resposta deles? Continuaram matando afeganes (e, a propósito, soldados soviéticos) por mais dez anos. Além disso, em 1984, eles e os atletas de seus aliados não participaram da Olimpíada de Los Angeles. E o embargo da alta tecnologia de qualquer forma não funcionou. Em meados da década de 1970, uma divisão da Caterpillar em San Diego perdeu milhões de dólares em contratos de prestação de serviços para os gasodutos de gás natural dos soviéticos. Essas receitas foram perdidas para sempre, porque os soviéticos aprenderam sozinhos a fazer os serviços de manutenção e vistoria. Em 1989, uma organização de pesquisa de armas de Moscou tinha todas as marcas de computador então disponíveis no Ocidente: IBM, Apple e os melhores de Taiwan e também do Japão.

Talvez as sanções comerciais multilaterais da década de 1980 impostas à África do Sul tenham acelerado o fim do *apartheid*. Porém, o mesmo não se pode dizer sobre o embargo de dez anos do mundo ao Iraque. A utilização do comércio como arma matava crianças, enquanto Saddam Hussein celebrava festas de aniversário de US$ 12 milhões. Aliás, o melhor remédio para a paz no Oriente Médio (e também para a carteira dos contribuintes americanos) é ambos os lados eliminarem todos os embargos.

O fim do último século testemunhou grandes passos na eliminação de sanções comerciais mal concebidas. Talvez o mais importante tenha sido a aprovação do Senado e do presidente dos Estados Unidos das relações comerciais permanentemente normalizadas (*permanently normalized trade relations – PNTR*) com a China. Outras medidas importantes foram a flexibilização de algumas restrições comerciais ao Vietnã, à Coreia do Norte, ao Irã e a Cuba. Aliás, em consequência da diplomacia do presidente Clinton, a Coreia do Norte e a Coreia do Sul marcharam juntas na Olimpíada de Sydney; os americanos agora compram pistache e tapetes do Teerã, e as empresas americanas vendem suprimentos e serviços médicos em Havana. Extraordinário!

Esses mesmos incentivos precisam ser lançados em direção a outros países que estão na lista negra dos Estados Unidos – Mianmar, Angola, Líbia, Sudão e Síria. Esteja certo de que o coro de críticas com relação aos direitos humanos, à liberdade de imprensa e à democracia deve continuar, em alto e bom som. Porém, em vez de jogar bombas (ou ameaçar), deveríamos vender computadores e conexões de internet para esses países. O custo de um míssil teleguiado é quase equivalente ao custo de 2 mil computadores Apple! E, no final das contas, a coerção não funciona. O intercâmbio e o diálogo, sim.

* N. de T.: O autor se refere à metáfora do "burro atrás da cenoura". Há duas formas de fazer o burro andar: usar uma vara ou dependurar uma cenoura na frente dele. Para tentar alcançar a cenoura, ele andará. A vara é a punição, e a cenoura, o incentivo/recompensa. Thomas Jefferson, para persuadir os burros, não usou o incentivo, mas a punição.

Fonte: John L. Graham, "Trade Brings Peace", em Joseph Runzo e Nancy M. Martin (eds.), *War and Reconciliation* (Cambridge, MA: Cambridge University Press, 2011).

Ativistas sociais e políticos e organizações não governamentais

Embora os atos dos **ativistas sociais e políticos** em geral não sejam oficialmente sancionados pelo governo, seu impacto pode interromper o fluxo normal do comércio. Os ativistas sociais e políticos vão desde aqueles que procuram provocar mudanças pacíficas àqueles que recorrem à violência e ao terrorismo para impor mudanças. Quando bem organizados, esses ativistas podem ter êxito.

A técnica de protesto mais interessante foi utilizada pela primeira vez por agricultores franceses. Talvez tenham sido inspirados pelo filme americano *Animal House* [*Clube dos Cafajestes*]. Seja como for, os agricultores franceses gostam de arremessar comida nos outros. Aqui, eles arremessaram tomates e coisas semelhantes em uma loja McDonald's; além disso, arremessaram costeletas de cordeiro em representantes do comércio do próprio país.

O NOVO PODER DOS PROTESTOS PACÍFICOS

Quero acreditar que a longo prazo as pessoas farão mais para promover a paz do que os governos. Na verdade, acredito que as pessoas desejam tanto a paz que qualquer dia desses será melhor os governos saírem do caminho e deixarem-nas conquistá-la.

– Dwight D. Eisenhower

Acreditamos que a paz ocorra porque as pessoas a desejam, e não porque os políticos as ordenem. Nossas ideias não são novas. Os livros *Sociedade Aberta e Seus Inimigos*,[29] de Karl Popper, e *Unconquerable World* [*O Mundo Inconquistável*],[30] de Jonathan Schell, trazem o mesmo tipo de argumentação. Como no mundo de hoje só pensamos em sanções comerciais punitivas e imposição militar, é importante lembrar as pessoas de que existem alternativas mais viáveis para as relações internacionais e a persuasão global.[31]

---

[29] Karl R. Popper, *The Open Society and Its Enemies*, 5. ed. (Princeton, NJ: Princeton University Press, 1966).
[30] Jonathan Schell, *The Unconquerable World: Power, Nonviolence, and the Will of the People* (Nova York: Metropolitan Books, 2003).
[31] Extraído de John L. Graham, *Trade Brings Peace*, 2011.

Ao que parece, eles estão atentos a Taiwan. Há pouco tempo, os pescadores arremessaram peixes em Taipé para protestar contra a presença da frota pesqueira japonesa em suas águas.

PROTESTO CONTRA O PREÇO DO LEITE: Pecuarista espirra leite em policiais durante um protesto contra o declínio do preço do leite do lado de fora da sede da Comissão Europeia em Bruxelas. Os pecuaristas europeus buscam novas formas para lidar com a queda acentuada no preço do leite. Um formidável jato de leite direto da teta!

DESPINDO SEU ESPANTO: Os membros da passeata do Partido Pirata pelo Aeroporto Tegel de Berlim para protestar contra os planos do governo de testar o escaneamento de corpo inteiro como invasão à privacidade dos cidadãos.

Para os organizadores (ativistas sociais e políticos) dessas várias manifestações, dois fatores são importantes nos protestos: (1) atrair grande número de pessoas e (2) produzir fotos memoráveis. Nestas páginas há algumas de nossas fotos favoritas. Observe que, na medida em que os ativistas da Sea Shepherd Conservation Society (Guardiões do Mar) utilizaram a força para subir a bordo do navio japonês (abaixo), não podemos fechar os olhos e tolerar esses métodos. Danos a propriedades e violência nunca se justificam, e utilizá-los demonstra uma patética falta de pensamento criativo a respeito de comunicações de marketing integrado (consulte o Capítulo 16).

Ativistas do Partido Bharatiya Janata usando máscaras "diabólicas" proferem palavras de ordem antigovernamentais perto de uma fábrica da Union Carbide na cidade central indiana de Bhopal, na véspera do Dia Mundial do Ambiente. Os ativistas protestaram para chamar a atenção do governo para os resíduos químicos, exigindo sua limpeza e remoção naquela área. O vazamento da fábrica de pesticida da Union Carbide em 1984 foi um dos piores acidentes industriais do mundo, matando 3 mil pessoas e deixando milhares de outras com doenças para o resto da vida.

Para alguns, eles eram "piratas" e, para outros, "reféns". Porém, dois ativistas contra a pesca de baleias (um australiano e outro bretão da Sea Shepherd Conservation Society) que atraíram a atenção mundial subindo violentamente a bordo de um navio arpoador japonês nas águas da Antártica demonstraram como o conflito emocional com a caça anual japonesa de baleias pode abalar as melhores relações de amizade internacionais.

OA5

Impacto dos ativistas sociais e políticos, da violência e do terrorismo sobre os negócios internacionais

Nas páginas anteriores, mostramos manifestantes usando a criatividade para dizer o que queriam. Não recomendamos o tipo de protesto destrutivo retratado anteriormente.

Um dos atos mais eficazes e conhecidos dos ativistas políticos e sociais foi contra a Nestlé, em virtude do incentivo à compra de fórmulas que substituem o leite materno nos mercados do Terceiro Mundo. O boicote mundial aos produtos da Nestlé produziu mudanças de peso no marketing da empresa. Há pouco tempo, ativistas da Campanha Free Burma exerceram pressão suficiente para que várias empresas de confecção americanas parassem de importar têxteis de Mianmar. Além disso, os ativistas de vários *campi* universitários americanos boicotaram os refrigerantes Pepsi-Cola e as lojas Pizza Hut e Taco Bell, de propriedade da PepsiCo, afirmando que as atividades comerciais da empresa contribuíam para a péssima qualidade dos direitos humanos em Mianmar. As consequências do boicote foram tão sérias que a PepsiCo vendeu sua participação em sua *joint venture* em Mianmar e afastou-se desse mercado. A preocupação da empresa era de que as prováveis perdas nos Estados Unidos excedessem os prováveis lucros em Mianmar. A cervejaria alemã Heineken e a dinamarquesa Carlsberg afastaram-se de Mianmar por motivos semelhantes.

A questão particularmente ampla da globalização é também o foco de vários grupos de ativistas sociais e políticos. As manifestações em Seattle durante o encontro da OMC em 1999 e em Washington, DC, contra o Banco Mundial e o Fundo Monetário Internacional (FMI), bem como manifestações similares em outros países, refletem a preocupação crescente em torno de uma economia global. Sejam eles mal orientados (ou não orientados), desinformados ou apenas "excêntricos", como foram descritos, os ativistas sociais e políticos podem ser um poderoso motivo para incitar a opinião pública e são uma força política importante que não deve ser ignorada, como bem sabem empresas como Nike, McDonald's e Nestlé.

A internet tornou-se um mecanismo eficaz para os ativistas sociais e políticos espalharem notícias sobre qualquer causa que estejam defendendo. Durante comícios de protesto contra a guerra entre Estados Unidos e Iraque, os organizadores conseguiram coordenar manifestações de protesto em 600 cidades do mundo e disseminar informações facilmente. Uma busca no Google por "protestos pela paz" nessa época (2003) apresentou 788 mil entradas (em torno de 660 mil, em 2008), incluindo comunicados à imprensa, *sites* de organizações de paz, petições de paz *on-line*, informações sobre lugares em que haveria passeatas e doações financeiras e orientações sobre como escrever para um representante no Congresso.

Frequentemente relacionadas ao ativismo político, as **organizações não governamentais** (ONGs) afetam cada vez mais as decisões políticas tomadas pelos governos.[32] Muitas delas se envolvem em protestos pela paz, ações de *lobby* e até colaborações com organizações governamentais. Além disso, várias delas lutam para mitigar grande parte da aflição humana que castiga determinadas regiões do planeta. Algumas ONGs foram reconhecidas em nível global – Cruz Vermelha e Crescente Vermelho, Anistia Internacional, Oxfam, Unicef,

DESASTRE POLÍTICO ACOMETE O QUÊNIA: Na favela Kibera, de Nairóbi, defensores do líder Raila Odinga arrancam os trilhos de uma estrada de ferro que liga a costa à Uganda. Doze pessoas foram assassinadas em conflitos relacionados. Obviamente, essa destruição prejudicará muito o comércio e o progresso de todos os países da África Oriental. Esperamos que a rodovia e o aeroporto internacional ao sul de Nairóbi permaneçam intactos, visto que eles abastecem toda a Europa com as flores cultivadas em estufas da região, e as exportações de flores são uma fonte fundamental de receitas para a economia outrora próspera do Quênia.

[32] Hildy Teegen, Jonathan P. Doh e Sushil Vachani, "The Importance of Non-Governmental Organizations (NGOs) in Global Governance and Value Creation: An International Business Research Agenda", *Journal of International Business Studies*, 35, n. 6, 2004, p. 463-483.

Figura 6.3
Advertências sobre viagem do Departamento de Estado dos Estados Unidos (segundo a data de emissão, da mais recente para a mais antiga).

Fonte: http://travel.state.gov/travel/, 2010.

Haiti	Chade	Colômbia
Paquistão	Mali	Guiné
Sudão	Sri Lanka	Líbano
Somália	Nepal	Costa do Marfim
Mauritânia	Argélia	Filipinas
Burundi	Indonésia	Colômbia
Costa do Marfim	Iêmen	Afeganistão
Somália	Nepal	
Iraque	Síria	

Care e Habitat para a Humanidade são exemplos – por seu bom trabalho, por sua influência política e até pela força de sua marca.[33]

Violência, terrorismo e guerra

A violência, embora geralmente não seja uma iniciativa do governo, é outro risco relacionado que as empresas multinacionais devem levar em conta ao avaliar a vulnerabilidade política de suas atividades. O mundo continua sendo vitimado por milhares de ataques terroristas todos os anos.[34] O terrorismo tem vários e distintos objetivos. As multinacionais são visadas para atrapalhar o governo e suas relações com as empresas, para gerar fundos com o sequestro de executivos e financiar objetivos terroristas, para serem usadas como marionetes em disputas políticas ou sociais não especificamente direcionadas a elas e para infligir terror em um país, como fizeram os acontecimentos do 11 de setembro de 2001.

O 11 de setembro elevou o custo dos negócios tanto em nível doméstico quanto internacional. A predominância dos Estados Unidos em assuntos mundiais expõe as empresas americanas a uma multiplicidade de incertezas, do perigo crescente de violência política aos riscos de investimento nos mercados emergentes. Nos últimos 30 anos, 80% dos ataques terroristas contra os Estados Unidos visavam empresas americanas. Desde 11 de setembro, restaurantes McDonald's, KFC e Pizza Hut foram bombardeados, ao todo, em mais de dez países, como Turquia, Arábia Saudita, Rússia, Líbano e China, sendo que a maioria dos ataques foram associados a grupos militantes islâmicos. Há motivos para esperar que as empresas se tornem cada vez mais atraentes para os terroristas, tanto pelo fato de serem menos protegidas que os alvos governamentais quanto pelo que simbolizam. Com base nas ameaças de terrorismo e de outras violências, o Departamento de Estado americano divulga advertências sobre viagem em seu *site* (consulte a Figura 6.3 para obter uma lista recente). Entretanto, muitos viajantes internacionais parecem ignorar regularmente essas advertências.[35]

O governo comunista de Cuba proíbe propagandas particulares. Aqui, na esquina da 23ª e L, a "Times Square" de Havana, os únicos letreiros que você pode ver são os títulos dos filmes e uma propaganda política sobre os cinco cidadãos cubanos que foram mantidos em prisões americanas, condenados por espionagem contra os Estados Unidos. O governo cubano considera esses cinco cidadãos os heróis que se infiltraram em grupos terroristas no sul da Flórida, decididos a atacar Cuba.

Em suma, temos fortes motivos para acreditar que os conflitos armados internacionais rapidamente se tornam obsoletos. O número de guerras tem diminuído de forma consistente desde o fim da Guerra Fria. Embora os políticos em quase todos os países utilizem a xenofobia para consolidar seu próprio poder político, a ameaça de um país de atacar outro diminui com rapidez. Alguns preveem uma eminente guerra no espaço, em que os satélites serão utilizados como arma, mas a colaboração multinacional na Estação Espacial Internacional faz essa possibilidade parecer remota.[36] Em 1996, o cientista político

---

[33] Consulte o excelente livro de John A. Quelch e Nathalie Laidler-Kylander, *The New Global Brands: Managing Non-Governmental Organizations in the 21st Century* (Mason, OH: South-Western, 2006).
[34] John M. Glionna, "Twin Hotel Blasts Kill 9 People in Indonesian Capital", *Los Angeles Times*, 17 de julho de 2009, p. A25.
[35] "Who Do We Trust", *Condé Nast Traveler*, março de 2005, p. 53-62.
[36] "Disharmony in the Spheres", *The Economist*, 19 de janeiro de 2008, p. 25-28.

Figura 6.4
Conflitos armados ao redor do mundo.

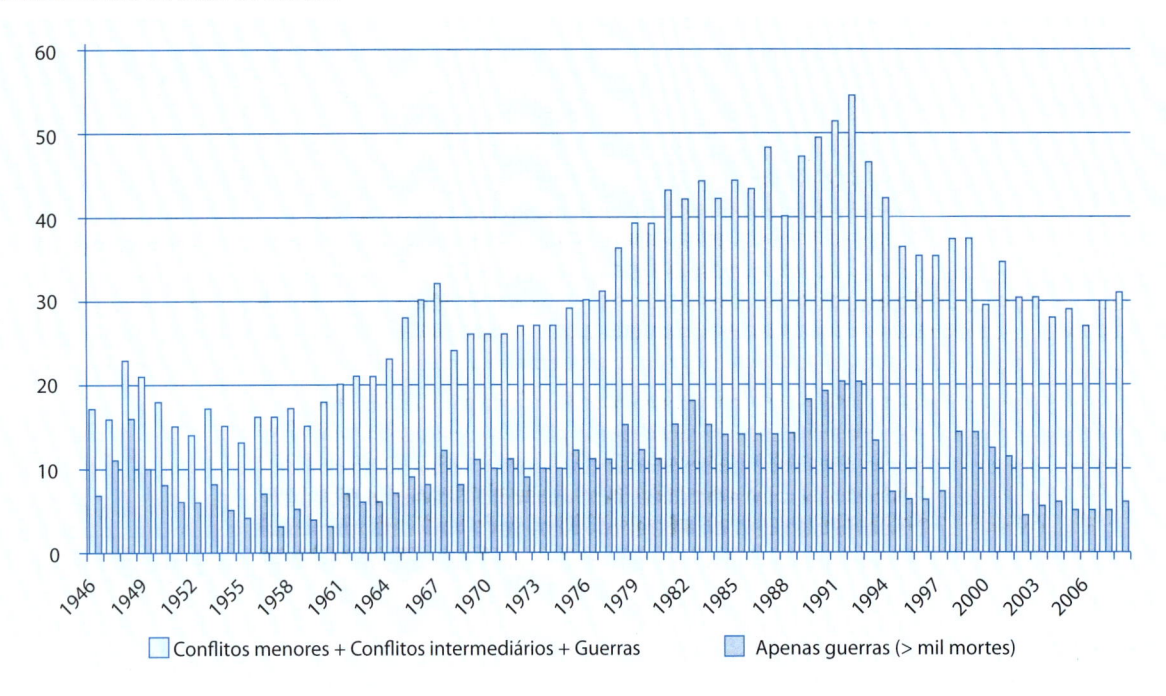

☐ Conflitos menores + Conflitos intermediários + Guerras   ☐ Apenas guerras (> mil mortes)

Fonte: Instituto Internacional de Pesquisa sobre a Paz, Oslo, http://www.prio.no, 2010.

Samuel Huntington[37] previu publicamente um conflito entre civilizações. Segundo sua visão, o mundo estava dividido em nove civilizações (ou agrupamentos culturais): ocidental, latino--americana, africana, islâmica, sínica (chinesa), hinduísta, ortodoxa, budista e japonesa. Essa previsão nos faz lembrar das várias outras pessoas que propuseram no início da década de 1990 que o mundo em breve se transformaria em três esferas de influência com base no comércio, dominadas pelos Japão, pela UE e pelos Estados Unidos. Pode haver certo sentido nesta última classificação; o fuso horário exerce uma importante influência nos padrões do comércio que favorecem o intercâmbio Norte–Sul. Entretanto, essas duas teorias ignoram os êxitos da OMC e a rápida multiplicação dos acordos de comércio bilaterais, como aquele entre os Estados Unidos e a Coreia do Sul. E certamente os dados incluídos na Figura 6.4 levam a crer que essas advertências sobre um novo conflito de civilizações são fora de propósito. Embora três das seis guerras em andamento em 2010 fossem internacionais (Afeganistão/Paquistão, Iêmen/Arábia Saudita e Iraque/EUA), as outras três são exemplos mais apropriados de guerra civil (Somália, Sudão e a guerra das drogas no México). Em vez de ações militares de nação para nação ou de civilização para civilização, as maiores ameaças à paz e ao comércio no século XXI continuam sendo a agitação civil e o terrorismo. Para concluir, ressaltamos com certa esperança que os conflitos civis podem ser resolvidos por meio da negociação: considere como exemplo a história recente da dissolução relativamente pacífica da União Soviética, a separação das Repúblicas Tcheca e Eslovaca, a unificação da Alemanha Oriental e Ocidental, a transferência de controle de Hong Kong à China pelo Reino Unido, as recentes propostas comerciais entre China e Taiwan[38] e as discussões em andamento entre Reino Unido e Escócia.[39]

Ciberterrorismo e cibercrime

O potencial de crescimento do ciberterrorismo e do cibercrime está sempre no horizonte.[40] Embora ainda no princípio, a internet é um possível veículo para ataques terroristas e criminosos por parte de opositores estrangeiros e nacionais que desejam infligir danos a uma empresa com uma probabilidade mínima de serem pegos. O rastreamento de terroristas e criminosos

---

[37] Samuel P. Huntington, *The Clash of Civilizations and the Remaking of the World Order* (Nova York: Simon and Shuster, 1996); Fouad Ajami, "The Clash", *The New York Times*, 6 de janeiro de 2008.
[38] "Reunification by Trade?", *The Economist*, 8 de agosto de 2009, p. 37-38.
[39] "Straining at the Leash", *The Economist, The World in 2009*, 19 de novembro de 2009, p. 98.
[40] "Overseas Security Threats to U.S. Business Cited", *Los Angeles Times*, 28 de dezembro de 2007, p. C2.

do ciberespaço é um problema porque é difícil averiguar se um ataque foi lançado por um Estado fora da lei ou um terrorista ou se seria apenas uma brincadeira de um *hacker*. O *worm* "I Love You", que provocou um dano estimado em US$ 25 bilhões, provavelmente era apenas uma "peça" que fugiu ao controle. Entretanto, o vírus Melissa e os ataques de recusa de serviço (*denial of service* – DoS) que sobrecarregaram os *sites* da CNN, da ZDNet, do Yahoo! e da Amazon.com com uma avalanche de mensagens, deixando-os paralisados durante horas, foram considerados ataques propositais a alvos específicos. Há pouco tempo, o governo da China foi criticado por bloquear mensagens de texto em regiões acometidas por agitações políticas e interromper o funcionamento local do Google.[41]

A cada nova onda de vírus, o prejuízo torna-se maior. Os vírus disseminam-se tão rapidamente que danos consideráveis são provocados antes que se possa interrompê-los. Por exemplo, com o "Slammer", o serviço de internet ficou arrastando-se a passo de tartaruga. Durante o primeiro minuto do ataque, o vírus duplicava-se a cada 8,5 segundos, infectando mais de 75 mil servidores em 10 minutos.[42] Depois de infectar centenas de milhares de computadores na Europa e na América do Norte, o *worm* "Goner" viajou para a Austrália da noite para o dia e interrompeu os serviços de órgãos governamentais, de instituições financeiras, de instalações fabris e de pelo menos 25 empresas multinacionais. Independentemente de serem provocados por pessoas que desejam apenas pregar peças (*pranksters*) ou por *hackers* determinados a prejudicar, esses incidentes demonstram que os artefatos do terrorismo cibernético podem ser desenvolvidos para provocar danos consideráveis a uma empresa, a um setor ou à infraestrutura de país.

Como a preocupação quanto ao surto de ataques é cada vez maior, empresários e autoridades governamentais tomaram a palavra em uma conferência do Grupo dos Oito[43] com o objetivo de discutir o crime cibernético, expressando a urgente necessidade de cooperação entre governos, indústria e usuários para combater a crescente ameaça do crime no ciberespaço. Como a internet não para de crescer, "é apenas uma questão de tempo para que um terrorista, anarquista, ladrão ou pregador de peças com um computador e uma linha telefônica promova uma guerra virtual e inflija danos reais".[44]

Avaliação da vulnerabilidade política

OA6

Como avaliar e diminuir as consequências da vulnerabilidade política

Existem tantos motivos que justificam a vulnerabilidade política de uma empresa quanto existem filosofias políticas, mudanças econômicas e diferenças culturais. Algumas empresas parecem ser mais vulneráveis politicamente do que outras, visto que recebem atenção especial do governo. Dependendo do desejo da empresa, essa atenção especial pode gerar medidas positivas ou uma atenção negativa.

Infelizmente, o profissional de marketing não tem nenhuma orientação absoluta a seguir para averiguar se uma empresa e seus produtos receberão atenção política. É bem provável que os países que buscam investimentos em setores de alta prioridade isentem as empresas de impostos, direitos aduaneiros, cotas, controles cambiais e outros impedimentos aos investimentos. Em uma licitação para atrair investimentos estrangeiros e aumentar as exportações, a Índia anunciou uma nova política comercial que atenua as restrições e oferece incentivos fiscais para empresas que desenvolvem e mantêm sua infraestrutura. Em contraposição, as empresas que comercializam produtos que não são considerados de alta prioridade ou são preteridos por algum outro motivo muitas vezes enfrentam restrições governamentais imprevisíveis.

Um bom exemplo é a *joint venture* Continental Can Company, que fabrica latas para o mercado chinês. Essa empresa enfrentou uma barreira de restrições quando a economia chinesa enfraqueceu. A China decretou que as bebidas enlatadas eram um desperdício e deveriam ser proibidas em todos os banquetes e cerimônias governamentais. As tarifas sobre o alumínio e outras matérias-primas importadas para fabricar latas duplicaram, e um novo imposto foi aplicado ao consumo desse tipo de bebida. Para a Continental Can, um investimento que tinha um potencial de lucratividade se mostrou desvantajoso alguns anos depois em virtude de uma mudança na postura do governo chinês.

---

[41] Johanna Neuman, "Google's China Move Wakes Washington", *Los Angeles Times*, 15 de janeiro de 2010.
[42] Para obter mais informações, consulte http://www.silicondefense.com.
[43] O Grupo dos Oito (G8) era composto por representantes governamentais de Grã-Bretanha, Canadá, França, Alemanha, Itália, Japão, Rússia e Estados Unidos, que se reuniam periodicamente para examinar questões que afetavam o grupo. Há pouco tempo, esse grupo foi ampliado para o G20.
[44] Mark Mazzetti, "Senators Warned of Terror Attack by July", *The New York Times*, 3 de fevereiro de 2010, p. A6.

Produtos e problemas politicamente suscetíveis

Embora não haja fórmulas específicas para determinar a vulnerabilidade de um produto em um dado momento qualquer, algumas generalizações ajudam a identificar a tendência de um produto a suscetibilidades políticas. Os produtos que de fato exercem influência ou se supõe que exerçam influência sobre o ambiente, as taxas cambiais, a segurança nacional e econômica e o bem-estar da população (e particularmente das crianças – lembre-se da história da Barbie na Arábia Saudita, descrita no capítulo anterior) bem como os produtos que são publicamente visíveis, estão sujeitos a debates públicos ou estão associados com seu país de origem, são os mais propensos a suscetibilidades políticas.

Os restaurantes *fast-food*, que são projetados para ter visibilidade, não raro serviram de para-raios para grupos contrários às empresas estrangeiras. Autoridades fecharam um restaurante da KFC por motivos de saúde (foram encontradas duas moscas no frango) depois de meses de protestos que defendiam que o investimento estrangeiro deveria restringir-se à alta tecnologia. "A Índia não precisa de investimentos estrangeiros em comidas de baixo valor nutritivo e alto teor calórico", disse o líder de um grupo de agricultores manifestantes. Essa loja foi reaberta posteriormente por decisão judicial.

A saúde com frequência é um assunto de debate público, e os produtos que afetam ou são afetados por questões de saúde podem ser suscetíveis a preocupações políticas. Por mais de uma década a UE proibiu a entrada de carne bovina tratada com hormônios. Existe uma dúvida sobre se essa proibição é de fato uma questão de saúde ou apenas uma medida de proteção do setor de carne bovina europeu. A OMC concluiu em 1989 que essa proibição não tinha nenhuma base científica; contudo, a Europa ainda precisa revogar essa proibição. Essa relutância em corresponder às diretivas da OMC talvez tenha sido provocada pelo protesto contra alimentos geneticamente modificados (GM) que, para todos os efeitos, provocaram a proibição desse tipo de alimento na Europa. A opinião pública contra a Frankenfood foi tamanha que a Unilever anunciou que pararia de usar ingredientes GM em todos os seus produtos na Grã-Bretanha. Além disso, 11 cadeias de restaurantes importantes, como McDonald's, Pizza Hut, Wimpy e Burger King, deixaram de utilizar esses ingredientes. O problema nos Estados Unidos não chegou a provocar o mesmo nível de preocupação provocado na Europa; para evitar esse tipo de opinião pública adversa, muitas empresas americanas desaceleraram o lançamento de produtos GM. Temendo uma forte reação pública tal como a da Europa, a empresa McDonald's decidiu parar de usar batatas geneticamente modificadas em suas lojas americanas.

Previsão de riscos políticos

Além das medidas qualitativas sobre vulnerabilidade política, inúmeras empresas empregam métodos sistemáticos de avaliação de riscos políticos,[45] uma iniciativa para prever a instabilidade política e ajudar a administração a identificar e avaliar os acontecimentos políticos e sua influência sobre as decisões de negócios atuais e futuras. Talvez o maior risco para os profissionais de marketing internacional seja a possibilidade de um governo de fato entrar em colapso, provocando caos nas ruas e nos mercados. A revista *Foreign Policy* utiliza 12 critérios para classificar os países com relação ao "índice de risco de colapso".[46] A lista de critérios inclui pressões demográficas, evasão de pessoas, desenvolvimento irregular e outros. (Consulte a Figura 6.5.)

A avaliação de riscos é utilizada para estimar o nível de risco que uma empresa assume quando faz um investimento e para ajudar a determinar o grau de risco que está preparada para assumir. Na ex-União Soviética e na China, o risco pode ser muito alto para algumas empresas, mas as mais sólidas e mais bem financiadas podem fazer investimentos de longo prazo nesses países e serem lucrativas no futuro. Além disso, um estudo constatou que, em

Figura 6.5
As 20 principais nações em risco de colapso (classificadas em ordem de maior risco).

Fonte: De *Foreign Policy*, "Failed States Index", maio-junho de 2009 [*on-line*]. Copyright 2009 da Foreign Policy. Dados reproduzidos com permissão da *Foreign Policy*, por meio do Centro de Liberação de Direitos Autorais.

Somália	República Centro-Africana	Nigéria
Zimbábue	Guiné	Etiópia
Sudão	Paquistão	Coreia do Norte
Chade	Costa do Marfim	Iêmen
República Democrática do Congo	Haiti	Bangladesh
Iraque	Mianmar	Timor-Leste
Afeganistão	Quênia	

---

[45] Consulte http://www.prsgroup.com para obter inúmeras informações sobre avaliações de risco político.
[46] "The Failed States Index", *Foreign Policy*, julho-agosto de 2007, p. 54-65.

CRUZANDO FRONTEIRAS 6.3 — Quando as nações entram em colapso: fugindo das balas na ex-Iugoslávia

Um especialista afirmou que os países nos quais existem restaurantes McDonald's não atacam uns aos outros. Será que a Iugoslávia é a exceção que confirma a regra?

Durante a maior parte da guerra aérea de 78 dias contra a Iugoslávia em 1999, a empresa McDonald's continuou lançando hambúrgueres enquanto a Otan lançava bombas. Após uma noite de ataques aéreos, uma multidão de jovens, incitados ao fervor patriótico pelos ataques dos meios de comunicação de massa controlados pelo governo contra os "criminosos e agressores da Otan", atacou cinco lojas McDonald's, arrebentando vitrines e pichando insultos em portas e paredes. A McDonald's Corporation foi forçada a fechar temporariamente 15 restaurantes na Iugoslávia. Semanas depois, quando os gerentes locais escancararam novamente as portas, conseguiram ressurgir utilizando uma estratégia de marketing incomum: eles colocaram a cidadania americana da empresa McDonald's em fogo brando.

Uma semana após os ataques, eles lançaram uma campanha para associar o drama dos sérvios comuns com a rede. "O McDonald's compartilha do destino de todas as pessoas daqui", lia-se em uma placa em um dos restaurantes. Um aspecto importante da campanha era apresentar o McDonald's como uma empresa iugoslava. Os restaurantes promoveram o McCountry, um hambúrguer de carne de porco típico enfeitado com páprica, e abaixaram o preço. A carne de porco é a carne predileta dos sérvios.

A fim de despertar a identidade e o orgulho dos sérvios, o McDonald's produziu pôsteres e *buttons* mostrando seus arcos dourados com o tradicional gorro sérvio denominado *sajkaca* (pronuncia-se chaicatcha). O diretor geral afirmou que os sérvios precisavam enxergar o McDonald's como uma empresa doméstica. Ele arquitetou a campanha para "servificar" o McDonald's.

Foi com esse objetivo que ele e sua equipe decidiram redefinir o logotipo, posicionando o gorro sérvio em um ângulo altivo sobre um dos arcos. Com a ascensão do nacionalismo sérvio, os tradicionais emblemas nacionais, como o *sajkaca*, um símbolo sérvio poderoso e exclusivo, haviam ressurgido nos últimos anos. "Acrescentando esse símbolo de nossa herança cultural, esperamos denotar nosso orgulho de sermos uma empresa nacional".

Além disso, mais de 3 mil hambúrgueres foram distribuídos aos participantes da maratona de Belgrado, em que prevalecia um tema contrário à Otan. Ao mesmo tempo, a empresa anunciou que, para cada hambúrguer vendido, ela doaria um dínar (em torno de cinco centavos de dólar) à Cruz Vermelha da Iugoslávia para ajudar as vítimas dos ataques aéreos da Otan. A empresa também distribuiu sanduíches de hambúrguer com queijo gratuitos em comícios contra a Otan.

Quando a guerra acabou, a empresa conseguiu usufruir de seu sucesso. As caixas registradoras voltaram a soar como antes da guerra. Os restaurantes McDonald's ao redor do país ficavam abarrotados de sérvios famintos de Big Macs e batatas fritas. "E por que não devorar um hambúrguer?", pergunta Jovan Stojanovic, um jovem de 16 anos de idade. "Eu não associo o McDonald's com os Estados Unidos", diz ele. "O Mac é nosso." Essa afirmação soa como música aos ouvidos do McDonald's. "Conseguimos salvar nossa marca."

Em 2009, o McDonald's iniciou as negociações para abrir sua primeira loja na Bósnia e Herzegovina, anteriormente assolada pela guerra. É possível que a paz persista.

Fontes: Robert Block, "How Big Mac Kept from Becoming a Serb Archenemy", *The Wall Street Journal*, 3 de setembro de 1999; John Kozak, "McDonald's Can't Serve Up World Peace", *The Guardian*, 26 de abril de 2005, p. 27; "McDonald's Arrives in Sarajevo, Bosnia and Herzegovina", *Property Xpress*, 9 de outubro de 2009 [on-line].

---

comparação com diretores americanos e japoneses, as decisões dos diretores franceses de entrar em um mercado parecem mais influenciadas por preocupações com o risco político nos mercados externos.[47] O risco inicial é aceito em troca da permanência no país no momento em que a economia começar a crescer e o risco a diminuir.

Durante o caos subsequente às mudanças políticas e econômicas na União Soviética, as repúblicas recém-formadas estavam ávidas por negociar com investidores estrangeiros, embora os problemas e a incerteza tenham levado vários investidores a assumir uma atitude de cautela para ver como tudo ficaria. Entretanto, como mencionou um executivo, "Se as empresas americanas esperarem até que todos os problemas sejam resolvidos, alguém mais conseguirá o negócio". Certamente as várias empresas que investem na ex-União Soviética ou na China não esperam grandes retornos imediatamente; elas apostam no futuro. Para o profissional de marketing que negocia em outro país, a avaliação das prováveis consequências políticas de um plano de marketing é uma parte essencial de qualquer análise de mercado, visto que algumas atividades são mais suscetíveis a fatores políticos do que outras.

Diminuição da vulnerabilidade política

Embora uma empresa não consiga controlar diretamente ou alterar o ambiente político de um país em que atue, um empreendimento de negócios específico pode tomar medidas para diminuir seu grau de suscetibilidade a riscos politicamente induzidos.

Os investidores estrangeiros com frequência são acusados de explorar a riqueza de um país à custa da população nacional e unicamente em seu próprio benefício. Essa postura é

---

[47] Jennifer D. Chandler e John L. Graham, "Relationship-Oriented Cultures, Corruption, and International Marketing Success", *Journal of Business Studies*, 92, n. 2, 2010, p. 251-267.

mais bem sintetizada pela declaração de um recente presidente do Peru: "Durante décadas tivemos investimentos estrangeiros maciços, mas o Peru não conseguiu desenvolver-se. O capital estrangeiro agora terá de atender a objetivos governamentais e sociais". Essas acusações não são de todo incompatíveis com experiências passadas.

Caso essas impressões persistam, o clima político para os investidores estrangeiros continuará hostil. As empresas devem gerenciar os assuntos externos nos mercados estrangeiros para garantir que o governo anfitrião e o público estejam conscientes de suas contribuições para o desenvolvimento econômico, social e humano do país. As relações entre os governos e as empresas multinacionais geralmente são positivas quando o investimento (1) melhora o balanço de pagamentos, aumentando as exportações ou diminuindo as importações por meio da substituição de importações; (2) usa recursos produzidos nacionalmente; (3) transfere capital, tecnologia e/ou habilidades; (4) cria empregos; e/ou (5) faz contribuições fiscais.

Além das contribuições econômicas que a empresa faz, a filantropia corporativa também ajuda a criar uma imagem positiva entre a população em geral. Várias empresas multinacionais esforçam-se para beneficiar os países por meio de programas sociais, o que igualmente dá uma polida em sua imagem. Por exemplo, a Microsoft, reconhecendo que os países em desenvolvimento necessitam de uma complexa assistência técnica, prometeu mais de US$ 100 milhões em tecnologia e treinamento como parte de uma negociação para oferecer serviços governamentais *on-line* no México. A Cisco Systems, principal fabricante de *hardware* para internet, conta com organizações sem fins lucrativos para operar 10 mil cursos (*networking academies*)* que treinam alunos universitários e do Ensino Médio em 150 países para criar redes de computadores. Na China, a Procter & Gamble ajuda escolas e universidades locais a oferecer instrução e formar líderes. Já na Malásia, a Motorola e a Intel instituíram programas de treinamento para melhorar as habilidades dos trabalhadores do país.

A empresa farmacêutica Merck desenvolveu um comprimido para combater a cegueira do rio (oncocercose) na África e na América Latina. A cegueira do rio é uma doença parasítica transmitida para os seres humanos pela picada de borrachudo, mosquito comumente encontrado à margem dos rios em alguns países africanos. O parasita infiltra-se, multiplica-se e dissemina-se pelo corpo ao longo de 15 anos, provocando erupções cutâneas agudas, uma terrível coceira e às vezes desfiguramento ou cegueira. O comprimido é tomado apenas uma vez ao ano e demonstra que pode prevenir a doença. A Merck ofereceu milhões de doses como contribuição para combater a doença nos países em desenvolvimento.[48]

Embora as empresas lutem para se tornar boas cidadãs corporativas nos países anfitriões, os partidos políticos que procuram publicidade ou um bode expiatório para seus fracassos com frequência atendem a seus interesses chamando a atenção da opinião pública para os aspectos negativos das empresas multinacionais, sejam eles verdadeiros ou falsos. As empresas que criam profundas raízes locais e demonstram com exemplos, e não com demagogias, que suas estratégias estão alinhadas com os objetivos de longo prazo do país anfitrião são as que apresentam a maior probabilidade de superar uma imagem negativa. "Em tempos como estes", diz um executivo, "a cidadania global talvez seja mais importante do que nunca".[49] Uma proteção eficaz para as empresas multinacionais é colaborar ativamente para a melhoria de vida dos cidadãos locais.

Além das atividades corporativas direcionadas a objetivos sociais e econômicos do país anfitrião e da boa cidadania corporativa, as empresas multinacionais empregam estratégias para minimizar vulnerabilidades e riscos políticos.

Joint ventures

Normalmente menos suscetíveis a assédios políticos, as *joint ventures* podem ser empreendimentos realizados com empresas locais ou outras empresas multinacionais de um terceiro país; em ambos os casos, a exposição financeira de uma empresa é pequena. A *joint venture* com empresas locais ajuda a minimizar os sentimentos alimentados contra as multinacionais, e *joint venture* com outras multinacionais aumenta o poder de barganha de um terceiro país.

---

* N. de T.: Programa global que associa ensino *on-line* e atividades assistidas por instrutores para oferecer aos alunos conhecimentos tecnológicos da internet.
[48] David Shook, "Merck Is Treating the Third World", *BusinessWeek Online*, 10 de outubro de 2002.
[49] Susan E. Reed, "Business; Technology Companies Take Hope in Charity", *The New York Times*, 23 de março de 2003, p. 17.

Expansão da base de investimentos

Outra estratégia é incluir vários investidores e bancos para financiar um investimento no país anfitrião. A vantagem dessa abordagem é a possibilidade de recorrer ao poder dos bancos sempre que houver ameaça de qualquer tipo de assédio ou encampação por parte do governo. Essa estratégia é eficaz se os bancos tiverem feito empréstimos ao país anfitrião; se houver ameaça de expropriação ou de outro tipo de encampação, o banco de financiamento tem um poder significativo em relação ao governo.

Licenciamento

Para algumas empresas, a estratégia de licenciar tecnologia por um determinado valor pode eliminar quase todos os riscos. O licenciamento pode ser eficaz em situações em que a tecnologia é exclusiva e o risco é alto. Obviamente, mesmo assim, prevê-se algum risco, porque o licenciado pode recusar-se a pagar os valores exigidos e continuar empregando a tecnologia em questão.

Nacionalização planejada

Nos casos em que o país anfitrião exige participação local, a solução mais eficaz a longo prazo é a "desinternacionalização" progressiva, isto é, a nacionalização planejada. Esse método não é a prática de negócios preferida, mas é melhor do que deixar que o governo inicie esse processo, o que pode ser tão desastroso quanto o confisco. A nacionalização planejada é uma resposta sensata a uma possível ameaça de nacionalização, porque ela pode ser lucrativa e operacionalmente oportuna para o investidor estrangeiro. Em essência, a nacionalização planejada é um processo gradativo de participação de cidadãos nacionais em todas as fases operacionais da empresa.

Barganha política

Não há dúvida de que as empresas multinacionais participam de ações de *lobby* e de outros tipos de barganha política para evitar possíveis riscos políticos.[50] A Mattel divulgou um pedido de desculpas à China com relação ao *recall* de brinquedos fabricados pelos chineses, dizendo que os produtos estavam com defeito em virtude de falhas de projeto da Mattel, e não de erros de fabricação.[51] Ao tomar essa medida, a Mattel estava (1) protegendo a imensa e mais importante extremidade de sua cadeia de valor; (2) reconhecendo que seria mais fácil corrigir seu projeto e introduzir rotinas de inspeção do que interferir rapidamente nos processos de fabricação na China; e (3) admitindo sua culpa publicamente, o que é incomum para uma empresa americana. No outro lado do Pacífico, a Toyota uma vez pensou em elevar os preços de seus carros no mercado americano para "ajudar" seus concorrentes americanos que estavam em dificuldades.[52] Em tempos passados, quando as empresas de automóveis americanas se contorciam, o governo japonês estabeleceu cotas sobre a exportação de automóveis. E, diante das críticas americanas e europeias crescentes, a China concordou em fixar cotas sobre sua exportação de têxteis e provocar uma flutuação em sua moeda. Mas a questão que se mantém é quando? Em conclusão, uma postura cínica ao se considerar o motivo por trás da responsabilidade social corporativa de modo geral relacionada à sua utilização como poder de barganha com públicos e governos estrangeiros.[53]

Subornos políticos

Uma forma de lidar com a vulnerabilidade política é o suborno político – tentativa de diminuir os riscos políticos pagando as pessoas que estão no poder para que intervenham em nome da multinacional. Não recomendamos essa prática de forma alguma, mas seus concorrentes podem utilizá-la. Portanto, esteja atento. Os subornos políticos têm sido empregados para diminuir as consequências negativas de uma série de problemas. Oferecer dinheiro a chefes de Estado para evitar impostos confiscatórios ou expulsão, oferecer dinheiro a intermediários para assegurar a aceitação de contratos de vendas e oferecer estímulo monetário para pessoas cujos atos podem influir na eficácia dos programas de uma empresa são decisões que os executivos das multinacionais enfrentam com frequência.

O suborno pode ser um problema para o profissional de marketing tanto dentro quanto fora de seu país, porque os cidadãos americanos estão legalmente proibidos de pagar subornos, mesmo quando o suborno é um costume aceito no país anfitrião. Os subornos políticos podem

---

[50] Amy J. Hillman e William P. Wan, "The Determinants of MNE Subsidiaries' Political Strategies: Evidence of Institutional Duality", *Journal of International Business Studies*, 36, n. 3, 2005, p. 322-340.
[51] "Mattel Apologizes to China over Recall", *Associated Press*, 21 de setembro de 2007.
[52] "Toyota May Raise Prices to Avoid Backlash", *Associated Press*, 26 de abril de 2005.
[53] Daniel Franklin, "Just Good Business", *The Economist*, 18 de janeiro de 2008, p. 1-24.

AUXÍLIO POLÍTICO E ECONÔMICO NA PRÁTICA, SITUAÇÃO EM QUE TODOS GANHAM: O governo japonês patrocinou a construção de uma nova rodovia que liga importantes áreas de safári turístico na Tanzânia. O turismo estrangeiro torna-se mais eficiente, cômodo e lucrativo para a empresa tanzaniana (e outras) mostrada na foto – a Kibo é uma das melhores do país. Os projetistas, consultores e prestadores de serviços japoneses envolvidos lucram com esse trabalho, e a rodovia acaba pagando seus próprios custos pelo fato de suas despesas de concessão serem menores com a frota de Land Cruiser da Toyota, que regularmente transita pelo caminho entre as áreas de preservação animal de Makuyuni e Ngorongoro.

oferecer benefícios de curto prazo, mas a longo prazo os riscos são altos. Além disso, o suborno é uma opção indefensável. Esse problema é discutido mais detalhadamente nos Capítulos 5 e 7.

Estímulo governamental

OA7

Como e por que os governos estimulam o investimento no exterior

Os governos estimulam e também desestimulam os investimentos estrangeiros. Na verdade, em um mesmo país, algumas empresas estrangeiras podem tornar-se vítima de assédios induzidos por políticas governamentais, enquanto outras podem receber proteção e tratamento preferencial do governo. A diferença repousa na avaliação da contribuição de uma empresa para o interesse daquela nação.

O fator mais importante por trás dos estímulos aos investimentos estrangeiros é a aceleração do desenvolvimento de uma economia. Um número cada vez maior de países estimula os investimentos estrangeiros com diretrizes especificamente voltadas para objetivos econômicos. Com relação às corporações multinacionais, pode haver expectativas quanto à criação de empregos locais, à transferência de tecnologia, à geração de vendas de exportação, ao estímulo ao crescimento e desenvolvimento da indústria local, à manutenção de divisas estrangeiras ou ao atendimento de várias dessas expectativas como pré-requisito para a concessão de mercado. Investimentos recentes na China, na Índia e nas ex-repúblicas da União Soviética incluem dispositivos que estipulam contribuições específicas por parte dos investidores estrangeiros para o atendimento de objetivos econômicos do país.

O governo americano, por questões econômicas e também políticas, estimula as empresas americanas a buscar oportunidades nos países do mundo inteiro, inclusive naqueles que oferecem riscos políticos. Seu objetivo é criar um clima favorável para atividades comerciais no exterior, oferecendo um apoio que ajude a minimizar alguns dos riscos financeiros mais inoportunos, de cunho político, relacionados a esse tipo de negócios. O Departamento de Comércio (DOC), que pode ser acessado em www.doc.gov, é o principal órgão que apoia as empresas americanas no exterior. A Administração de Comércio Internacional (International Trade Administration – ITA), que pode ser acessada em www.ita.gov, um departamento do DOC, ajuda as empresas americanas a concorrer no mercado global. Outros órgãos que oferecem assistência às empresas americanas são:

- Banco de Exportação-Importação (Ex-Im Bank), que assegura as operações comerciais e de investimento para empresas americanas (www.exim.gov).
- Associação de Seguro de Crédito Externo (Foreign Credit Insurance Association – FCIA), subordinada ao Ex-Im Bank, que oferece seguro de crédito para minimizar o risco de não pagamento provocado por incertezas financeiras, econômicas ou políticas e também seguro contra confisco, sublevações civis e cancelamento ou restrição de licenças de exportação ou importação (www.fcia.com).
- Agência para o Desenvolvimento Internacional (Agency for International Development – AID), que oferece auxílio aos países subdesenvolvidos e recebe pouca proteção em suas atividades de apoio a projetos "essenciais" nos países aprovados e para produtos aprovados (www.usaid.gov).
- Corporação de Investimentos Privados no Exterior (Overseas Private Investment Corporation – Opic), que oferece seguro contra riscos a empresas que investem em países menos desenvolvidos (www.opic.gov).

RESUMO

Em qualquer avaliação de um mercado externo, é vital avaliar o ambiente político do país em que o profissional de marketing deseja atuar. O envolvimento do governo nas atividades comerciais no exterior, particularmente nas empresas controladas por estrangeiros, geralmente é bem maior do que se costuma ver nos Estados Unidos. A empresa estrangeira deve lutar para tornar suas atividades aceitáveis do ponto de vista político. De outro modo, ficará sujeita a uma série de importunações toleradas politicamente. Além dessas importunações, o profissional de marketing estrangeiro com frequência enfrenta o problema da incerteza quanto à continuidade das políticas governamentais.

Como os governos mudam de filosofia política, as atividades de comercialização de uma empresa aceitas em uma administração podem ser consideradas indesejáveis em outra. Um ambiente político estranho ou hostil pode não impossibilitar o sucesso do profissional de marketing estrangeiro, se a empresa tornar-se um ativo econômico local e reagir criativamente às questões levantadas por ativistas sociais e políticos. O governo americano pode ajudar uma empresa americana em suas operações no exterior, e, se uma empresa for considerada vital para atingir objetivos econômicos nacionais, o país anfitrião muitas vezes oferece um escudo de proteção não estendido a outras.

PALAVRAS-CHAVE

Soberania
Nacionalismo
Confisco

Expropriação
Nacionalização
Ativistas sociais e políticos (ASPs)

Organizações não governamentais (ONGs)

QUESTÕES

1. Defina as palavras-chave acima relacionadas.
2. Por que um país optaria pela nacionalização e não pela expropriação?
3. "Um fato decisivo ao conduzir negócios no exterior é que a permissão para isso é controlada pelo governo do país anfitrião." Comente essa afirmação.
4. Quais são os principais fatores a considerar na avaliação do clima político predominante em um país?
5. Discuta por que o conhecimento prático da filosofia de um partido político é tão importante na avaliação política de um mercado.
6. Em que sentido uma mudança no partido político que está no poder pode afetar um investidor? Discuta essa questão e dê exemplos.
7. Quais são as causas mais comuns de instabilidade nos governos? Discuta essa questão.
8. Discorra sobre como a instabilidade governamental pode afetar o marketing.
9. Quais são os riscos políticos encontrados com maior frequência em negócios no exterior? Discuta essa questão.
10. A expropriação é considerada um risco extremamente importante em negócios no exterior. Discorra sobre o que pode ser feito para minimizar esse tipo de risco específico, de certa forma em consequência das próprias atividades da empresa. Explique como esses riscos foram minimizados pelas atividades do governo dos Estados Unidos.
11. Em que sentido os controles cambiais impedem os negócios no exterior? Discuta essa questão.
12. De que maneira o governo de outros países estimula o investimento estrangeiro? Discuta essa questão.
13. De que modo o governo americano estimula o investimento estrangeiro?
14. Explique quais são os motivos por trás do estímulo do governo americano ao investimento estrangeiro.
15. Fale sobre as medidas que uma empresa pode tomar para diminuir a vulnerabilidade política.
16. Escolha um país e analise-o politicamente, na perspectiva do marketing.
17. O texto deste capítulo propõe que a violência é um risco com motivação política nos negócios internacionais. Comente essa afirmação.
18. Existem evidências de que a expropriação e o confisco são encontrados com menor frequência atualmente do que há alguns anos. Por quê? Quais outros tipos de risco político substituíram essas práticas em importância?
19. Você é executivo em uma grande empresa nacional que tem pouco interesse em atuar em mercados internacionais. Entretanto, os planos corporativos recomendam uma grande expansão global. Acesse a página principal do Control Risks Group (CRG), em www.crg.com. Depois que você se familiarizar totalmente com os serviços oferecidos pelo CRG, redija um breve relatório para a administração de sua empresa, descrevendo como os serviços do grupo poderiam ajudar a realizar essa expansão.
20. Acesse o *site* www.politicalresources.net/ e escolha "Political Site of the Week" (*Site* Político da Semana). Redija uma breve análise política, ressaltando áreas possivelmente problemáticas para uma empresa interessada em investir no país em questão.
21. Procure informações na Web sobre movimentos ativistas sociais e políticos e redija um texto breve a respeito da gestão internacional de possíveis problemas.
22. Discorra sobre como as empresas analisadas na seção "Perspectiva global" poderiam ter minimizado as perdas que elas sofreram com a guerra das bananas.
23. Discorra sobre qualquer questão ética e de responsabilidade social possivelmente implícita na seção "Perspectiva global".

Capítulo 7
Ambiente jurídico-legal internacional
agir de acordo com as regras

SUMÁRIO

- Perspectiva global
  A ilegalidade dos pijamas
- Base dos sistemas legais
  - Direito consuetudinário *versus* direito civil
  - Direito islâmico
  - Princípios marxista-socialistas
- Jurisdição nas disputas legais internacionais
- Resolução de disputas internacionais
  - Conciliação
  - Arbitragem
  - Processo judicial
- Proteção de direitos de propriedade intelectual: um problema especial
  - Falsificação e pirataria
  - Proteção inadequada
  - Uso prévio *versus* registro
  - Convenções internacionais
  - Outras abordagens gerenciais para proteger propriedades intelectuais
- Legislação do ciberespaço: questões sem solução
  - Nomes de domínio e grileiros do ciberespaço
  - Impostos
  - Jurisdição das disputas e validade dos contratos
- Lei comercial dentro dos países
  - Leis que regulamentam o marketing
  - Legislação sobre o marketing verde
  - Leis antitruste
- Leis americanas aplicadas nos países anfitriões
  - Lei contra a prática de corrupção no exterior
  - Leis antitruste americanas aplicáveis a mercados externos
  - Lei antiboicote americana
  - Extraterritorialidade das leis americanas
- Restrições às exportações
  - Leis de segurança nacional americanas
  - Determinação de exigências à exportação
  - Elain, Stela, Eric e Snap

OBJETIVOS DE APRENDIZAGEM

- **OA1** Quatro heranças dos sistemas legais atuais
- **OA2** Fatores fundamentais na jurisdição das disputas legais
- **OA3** Diversos métodos de resolver uma disputa
- **OA4** Problemas exclusivos da proteção internacional dos direitos de propriedade intelectual
- **OA5** Proteção contra a pirataria e a falsificação
- **OA6** Vários problemas para desenvolver uma legislação para o ciberespaço
- **OA7** Diferenças legais entre os países e como elas podem afetar os planos de marketing internacional
- **OA8** Diferentes maneiras pelas quais as leis americanas podem ser aplicadas a empresas americanas que atuam fora dos Estados Unidos
- **OA9** Passos necessários para mover mercadorias entre fronteiras

Ambiente cultural dos mercados globais — PARTE DOIS

Perspectiva global
A ILEGALIDADE DOS PIJAMAS

Seis manchetes exemplificam o emaranhado que pode ocorrer quando a legislação de um país colide com a legislação do país anfitrião e os interesses de uma empresa multinacional:

- "Pijamas do Walmart fabricados em Cuba desafiam o embargo."
- "Walmart coloca lenha na fogueira retirando pijamas cubanos das prateleiras no Canadá."
- "Canadá e Estados Unidos apostam em capital diplomático em um jogo de pijamas altamente arriscado."
- "Dilema: Walmart enfrenta grandes problemas por recolher pijamas cubanos das prateleiras."
- "Canadá investiga ação do Walmart contra pijamas cubanos."
- "Walmart volta a vender mercadorias cubanas."

A controvérsia dizia respeito ao embargo dos Estados Unidos que proíbe que empresas americanas comercializem com Cuba e sobre se esse embargo poderia ser aplicado no Canadá. O Walmart estava vendendo no Canadá pijamas fabricados em Cuba. Quando os executivos do Walmart nos Estados Unidos souberam da origem de fabricação, emitiram uma ordem para recolher todos os pijamas ofensivos porque se tratava de uma transgressão à lei americana (Lei Helms-Burton) que proíbe qualquer empresa americana inclusive suas subsidiárias no estrangeiro) de comercializar com Cuba. O Governo canadense ficou enfurecido com a imposição de uma lei americana aos cidadãos canadenses. Para os canadenses, eles deveriam ter a opção de comprar pijamas fabricados em Cuba.

O Walmart ficou em meio ao fogo cruzado entre as leis conflitantes do Canadá e dos Estados Unidos e uma rixa de política externa entre Canadá e Estados Unidos sobre a extraterritorialidade da lei americana. O Walmart do Canadá transgrediria a lei americana se continuasse a vender os pijamas e estaria sujeito a uma multa de vários milhões de dólares, além da possibilidade de seus executivos irem para a prisão. Entretanto, se a empresa recolhesse os pijamas das prateleiras das lojas do Canadá conforme a solicitação da matriz, estaria sujeita a uma multa de US$ 1,2 milhão de acordo com a lei canadense. Após uma conversa com as autoridades canadenses, o Walmart voltou a vender os pijamas. O Canadá ficou contrariado com os Estados Unidos por tentarem impor suas leis sobre empresas canadenses (o Walmart Canadá é uma subsidiária do Walmart Estados Unidos), ao passo que os Estados Unidos dizem que o Walmart estava violando as leis do país por não cumprir o boicote contra Cuba. Essa situação mostra a realidade do ambiente jurídico-legal e do marketing internacional – as empresas estão sujeitas tanto às leis do país de origem quanto às do país anfitrião quando negociam com o exterior. Em 2003, o governo dos Estados Unidos entrou em acordo com o Walmart, e a transgressão dos pijamas finalmente teve um desfecho. Contudo, como mencionado no capítulo anterior, os governos de Cuba e Estados Unidos ainda precisam entrar em acordo.

Fontes: *Boston Globe*, 3 de março de 1997; *St. Louis Post-Dispatch*, 9 de março de 1997; *Washington Post*, 14 de março de 1997, p. A6; *The Wall Street Journal*, 14 de março de 1997, p. B4; John W. Boscariol, "An Anatomy of a Cuban Pyjama Crisis", *Law and Policy in International Business*, primavera de 1999, p. 439; William Booth e Mary Beth Sheridan, "Cuba Detains U.S. Government Contractor", *Washington Post*, 13 de dezembro de 2009, p. A12.

Qual seria sua postura se entrasse em um jogo em que os riscos fossem altos, não houvesse nenhum conjunto de regras comuns a seguir, as regras mudassem sempre que um novo jogador entrasse no jogo e, quando houvesse uma disputa, o árbitro usasse as regras dos outros jogadores para interpretar quem está certo? Esse jogo retrata razoavelmente bem o ambiente jurídico-legal internacional. Como não existe nenhuma lei comercial internacional única e uniforme para regulamentar as transações comerciais no exterior, o profissional de marketing internacional deve prestar particular atenção às leis de cada país em que opera.[1] Uma empresa americana que negocia com um cliente francês deve responder a duas jurisdições (Estados Unidos e França), a dois sistemas fiscais, a dois sistemas legais e a outros conjuntos supranacionais de leis da União Europeia (UE) e de regulamentos da Organização Mundial do Comércio (OMC) que podem se sobrepor às leis comerciais dos países. Essa situação é semelhante esteja você negociando com o Japão, a Alemanha ou qualquer outro país. As leis que regulamentam as atividades de negócios dentro de países e entre eles são inerentes ao ambiente jurídico-legal dos negócios internacionais.

Os sistemas legais dos diferentes países são tão díspares e complexos que investigar individualmente as leis de cada um deles ultrapassa o escopo deste livro. Entretanto, existem questões comuns à maioria das transações de marketing internacionais que precisam receber especial atenção quando desenvolvidas no exterior. Assuntos como jurisdição, resolução de disputas, propriedade intelectual, extraterritorialidade das leis americanas e problemas afins são discutidos neste capítulo para oferecer uma ampla visão do ambiente jurídico-legal internacional. Embora o espaço e o foco deste livro impeçam uma apresentação aprofundada, o conteúdo oferecido provavelmente será suficiente para o leitor concluir que obter conselhos legais de especialistas é uma decisão sábia em negociações no exterior. O alicerce de um sistema jurídico-legal influi profundamente no modo como as leis são escritas, interpretadas e julgadas. O ponto de partida é discutir a respeito dos diferentes sistemas legais.

Base dos sistemas legais

OA1
Quatro heranças dos sistemas legais atuais

Quatro tradições formam a base da maioria dos sistemas legais do mundo: (1) direito consuetudinário, proveniente do direito inglês e praticado na Inglaterra, nos Estados Unidos, no Canadá[2] e em outros países que sofreram influência inglesa; (2) direito civil ou romano, proveniente do direito romano e praticado na Alemanha, no Japão, na França e em países não islâmicos e não marxistas; (3) direito islâmico, proveniente da interpretação do Alcorão e praticado no Paquistão, no Irã, na Arábia Saudita e em outros países islâmicos; e (4) um sistema jurídico comercial nas economias marxista-socialistas da Rússia e das repúblicas da ex-União Soviética, do Leste Europeu, da China e de outros países cujo sistema jurídico-legal está centrado em diretrizes econômicas, políticas e sociais do Estado. À medida que cada país avança para uma versão própria de sistema de livre-mercado e entra no mercado global, desenvolve-se também um sistema jurídico comercial com base nos princípios marxista-socialistas. A China anunciou que adotará um sistema jurídico socialista constitucional com características chinesas.

A importância das diferenças entre esses quatro sistemas é mais do que teórica porque o devido processo legal (Estado de direito) pode variar consideravelmente entre esses sistemas legais e em cada um deles. Embora as leis de um país possam se basear na doutrina de um desses quatro sistemas legais, a interpretação de cada uma poderia variar de maneira significativa – de uma interpretação fundamentalista do direito islâmico, como se pratica no Paquistão, a uma combinação de vários sistemas legais, tal como nos Estados Unidos, onde tanto o direito consuetudinário quanto o direito civil estão representados no sistema jurídico-legal.

Uma medida da importância do sistema jurídico-legal de cada país é o número de advogados *per capita* (consulte a Figura 7.1). Com base nesse indicador, conclui-se que nos Estados Unidos, em comparação com quase todos os países e em particular com a China, o sistema jurídico-legal é procurado bem mais frequentemente para a resolução de disputas comerciais. O sistema jurídico-legal da China na verdade tem apenas 30 anos de existência; na década de 1980, o país tinha 3 mil advogados, e hoje esse número aproxima-se de 150.000. A quantidade de escolas de direito aumentou vertiginosamente de 8, em 1976, para quase

---

[1] Ilan Greenberg, "American Snared in Kazakh Legal Dispute", *The New York Times*, 12 de abril de 2007, p. A11; Lorraine Woellert, "Made in China. Sued Here", *BusinessWeek*, 9 e 16 de julho de 2007, p. 9.

[2] Todas as províncias do Canadá têm um sistema de direito consuetudinário, com exceção de Québec, que é uma província de direito civil. Todos os estados dos Estados Unidos são de direito consuetudinário, menos a Louisiana, que é de direito civil.

Figura 7.1
Números de advogados para cada 100 mil pessoas em alguns países.

Fontes: Kana Inagaki, "Major Legal Reforms Expected to Bring Wave of New Lawyers in Japan", Associated Press, 22 de agosto de 2007; Randy Peerenboom, "Economic Development and the Development of the Legal Profession in China", palestra, Universidade de Oxford, 2006; Conselho das Ordens de Advogados da União Europeia, http://www.ccbe.edu, 2010; http://www.oab.org.br, 2010; http://www.abanet.org, 2010.

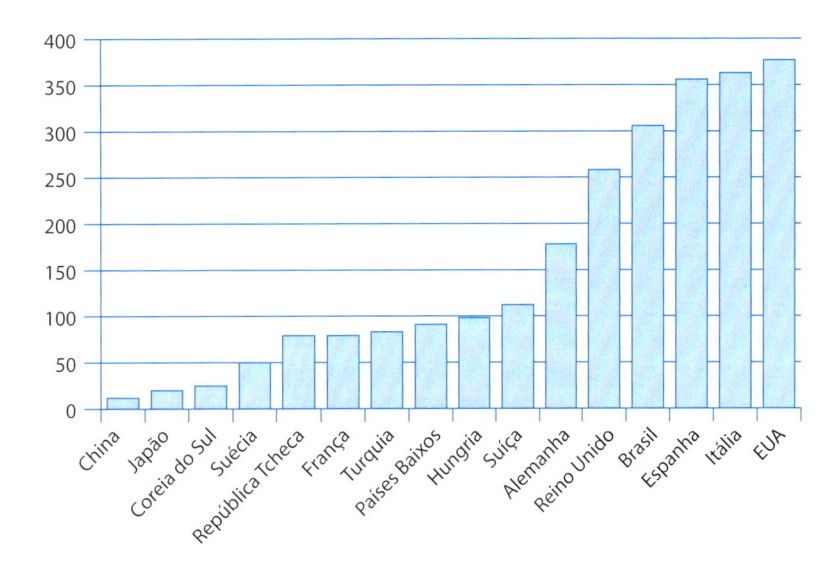

600, no presente.[3] Comparativamente, o sistema jurídico-legal do Japão é bem mais desenvolvido. Ainda assim, como a economia japonesa está cada vez mais integrada ao mercado global, a necessidade de advogados aumenta rapidamente. Hoje, existem em torno de 23 mil advogados no Japão, e o governo japonês pretende aumentar esse número para 50 mil até 2018.[4]

Direito consuetudinário *versus* direito civil

Os princípios do **direito consuetudinário**[5] são a tradição, os costumes tradicionais e os precedentes legais estabelecidos pelos tribunais por meio da interpretação de estatutos, da legislação jurídica e de decisões judiciais passadas. O direito consuetudinário busca a "interpretação com base em decisões anteriores dos tribunais superiores que interpretam os mesmos estatutos ou aplicam princípios estabelecidos e consuetudinários do direito a um conjunto semelhante de fatos". O **direito civil**,[6] em contraposição, baseia-se em um sistema completo de leis escritas (códigos). No direito civil, o sistema jurídico-legal geralmente é dividido em três códigos distintos: comercial, civil e penal.

O direito consuetudinário é reconhecidamente incompleto, ao passo que o direito civil é considerado completo em virtude das cláusulas genéricas encontradas na maioria dos sistemas de direito civil. Por exemplo, no código comercial de um país de direito civil, a lei que regulamenta os contratos torna-se completa com a declaração de que "a pessoa que firmar um contrato deve fazê-lo de boa-fé tal como determinado pelos costumes e pelas boas condutas morais". Embora o direito civil seja considerado completo, é evidente que, com base na declaração precedente, determinadas interpretações gerais são possíveis com o objetivo de incluir tudo no código existente.

Nos países de direito consuetudinário, algumas medidas são tomadas para sistematizar (codificar) a lei comercial, ainda que os princípios primários dessa lei sejam do direito consuetudinário, isto é, os precedentes são estabelecidos pelas decisões judiciais nos tribunais. Um exemplo dessa nova uniformidade é a aceitação do Código Comercial Uniforme pela maioria dos estados americanos. Embora a lei comercial americana até certo ponto tenha sido sistematizada no Código Comercial Uniforme, sua filosofia de interpretação ancora no direito consuetudinário.

Como será discutido posteriormente na seção sobre proteção de propriedade intelectual, as leis que regulamentam a propriedade intelectual evidenciam as diferenças mais marcantes entre os sistemas de direito consuetudinário e direito civil. No primeiro, a propriedade é estabelecida pelo uso; no segundo, ela é determinada pelo registro. Em alguns países de direito civil, talvez não seja possível impor o cumprimento de determinados contratos, a

---

[3] Randy Peerenboom, "Economic Development and the Development of the Legal Profession in China", palestra, Universidade de Oxford, 2006.
[4] Kana Inagaki, "Major Legal Reforms Expected to Bring Wave of New Lawyers in Japan", *Associated Press*, 22 de agosto de 2007.
[5] Também conhecido como direito inglês.
[6] Também conhecido como Código Napoleônico.

menos que reconhecidos em cartório ou registrados; em um país de direito consuetudinário, um contrato do mesmo tipo pode ser obrigatório desde que possa ser estabelecido como prova. Embora todo país tenha elementos de ambos os sistemas, as diferenças de interpretação entre os sistemas de direito consuetudinário e direito civil com relação a contratos, acordos de vendas e outras questões legais são suficientemente significativas para justificar que o profissional de marketing internacional que conheça apenas um sistema procure a ajuda de um advogado para tirar qualquer dúvida, mesmo que básica.

Outro exemplo que demonstra como diferenças fundamentais nos dois sistemas podem provocar dificuldades refere-se ao cumprimento de um contrato. Nos Estados Unidos, sob o direito consuetudinário, a impossibilidade de cumprimento não é necessariamente uma desculpa para a desobediência às respectivas cláusulas, a menos que seja por força maior, como por um fenômeno extraordinário da natureza não razoavelmente previsto por ambas as partes. Portanto, enchentes, raios, terremotos e fenômenos semelhantes em geral são considerados motivos de força maior. Sob o direito civil, os motivos de força maior não estão restritos apenas a fenômenos da natureza. Eles incluem também interferências "inevitáveis sobre o cumprimento, seja em consequência de forças da natureza ou de atos humanos imprevistos", como greves trabalhistas e revoltas.

Considere as situações a seguir. Foi firmado um contrato para a entrega de uma quantidade específica de tecidos. Na primeira situação, antes de o vendedor fazer a entrega, os tecidos foram destruídos por um terremoto, impossibilitando o cumprimento do contrato. Na segunda situação, as tubulações do sistema anti-incêndio do local em que os tecidos estavam armazenados congelaram e quebraram-se, encharcando e inutilizando os tecidos. Em ambos os casos, alegou-se perda de mercadorias, e a entrega não pôde ser cumprida. As partes envolvidas nessas situações foram eximidas de suas obrigações contratuais pela impossibilidade de entrega? A resposta depende do sistema de direito empregado.

Na primeira situação, o terremoto seria considerado um fenômeno da natureza tanto no direito consuetudinário quanto no civil, e a impossibilidade de cumprir o contrato justificaria a não anuência. Na segunda situação, os tribunais dos países de direito consuetudinário provavelmente decidiriam que a ruptura das tubulações de água não constitui um fenômeno da natureza ou um motivo de força maior se tiver ocorrido em um clima em que o congelamento pode ser previsto. Portanto, a impossibilidade de entrega não seria necessariamente uma desculpa para o não cumprimento das cláusulas. Já nos países de direito civil, em que o escopo da impossibilidade de cumprimento é ampliada de maneira considerável, é bem provável que a inutilização dos tecidos decorrente da ruptura das tubulações fosse considerada um motivo de força maior, justificando, desse modo, o não cumprimento do contrato.

Direito islâmico

O princípio da *Shari'ah* ou *sharia* (**direito islâmico**) é a interpretação do Alcorão, que abrange deveres e obrigações religiosas, bem como um aspecto secular do direito que regulamenta os atos humanos. Em linhas gerais, o direito islâmico define um sistema completo que prescreve padrões específicos de comportamento social e econômico para todos os indivíduos. Ele abrange questões como direitos de propriedade, tomada de decisões econômicas e tipos de liberdade econômica. O objetivo predominante do sistema islâmico é a justiça social.

Um dos aspectos exclusivos do direito islâmico é a proibição do pagamento de juros. O direito islâmico sobre os contratos estabelece que em qualquer negociação não deve haver *riba*, termo definido como uma vantagem ilícita em forma de excesso de diferimento, isto é, juros ou usura. A proibição do recebimento e do pagamento de juros é o núcleo do sistema islâmico. Entretanto, outros princípios da doutrina islâmica defendem o compartilhamento de riscos, os direitos e deveres dos indivíduos, os direitos de propriedade e a inviolabilidade dos contratos. O sistema islâmico enfatiza as dimensões ética, moral, social e religiosa para aumentar a igualdade e equidade pelo bem da sociedade. Outro princípio

As operações bancárias em Dubai, nos Emirados Árabes Unidos, exigem que se conheçam a lei e os costumes islâmicos. A proibição ao pagamento de juros e a proibição de investimentos em empresas de apostas e que comercializam bebidas alcoólicas são dois dos princípios do direito islâmico que afetam esse setor.

do sistema jurídico islâmico é a proibição de investimentos em atividades que violam a *sharia*. Por exemplo, qualquer investimento em negócios que envolvam bebidas alcoólicas, apostas e cassinos seria proibido.

A proibição ao pagamento de juros afeta seriamente as operações bancárias e as práticas de negócios.[7] Todavia, algumas práticas aceitáveis respeitam o direito islâmico e permitem transações comerciais. As hipotecas de bens imóveis são difíceis porque o pagamento de juros é proibido no direito islâmico. A pessoa que precisa comprar um imóvel dever recorrer a um financiador, que compra a propriedade e depois a vende para essa pessoa em troca do reembolso do capital. Em vez de cobrar juros, o financiador vende a propriedade a um preço mais alto ou então a vende pelo mesmo preço e cobra pagamentos adicionais para cobrir o que seria considerado juros. A título de exemplo, outras formas de transação financeira coerentes com o direito islâmico utilizadas com maior frequência são a negociação com margem de lucro ou a venda com custo adicional (*murabaha*) e o *leasing* (*ijara*). Em ambas as formas, *murabaha* e *ijara*, uma margem negociada pelas partes é acrescentada ao preço da venda ou do pagamento do *leasing*. Essas práticas atendem às exigências da *sharia*, possibilitando que os tomadores e concessores de empréstimo dividam de uma maneira equitativa as recompensas e também as possíveis perdas. Além disso, elas garantem que o processo de acumulação e distribuição de riquezas na economia seja justo e represente uma produtividade verdadeira. Os fundamentalistas ortodoxos muitas vezes desaprovam esse tipo de acordo, mas ele é empregado e é um exemplo de como o rigor do direito islâmico pode ser conciliado com as leis dos sistemas legais não islâmicos.

Como as leis do direito islâmico baseiam-se na interpretação do Alcorão, o profissional de marketing internacional deve conhecer os princípios religiosos e compreender de que forma a lei pode ser interpretada em cada região. Os tribunais regionais podem interpretar a lei islâmica do ponto de vista dos fundamentalistas (aqueles que adotam uma interpretação literal do Alcorão) ou podem utilizar a uma versão mais liberal. A empresa pode encontrar autoridades locais em uma determinada região dispostas a permitir o pagamento de juros sobre obrigações diferidas tal como estipulado em um contrato, ao passo que em outra região toda cobrança de juros deve ser excluída e substituída por "honorários de consultoria" comparáveis. Já em uma terceira região, é possível que as autoridades anulem um contrato e considerem ilegal todo e qualquer pagamento de juros. Os profissionais de marketing que conduzirem negócios em países de direito islâmico devem estar bem informados sobre esse importante sistema jurídico-legal.

Princípios marxista-socialistas

Como os países socialistas se envolvem mais diretamente no comércio com países não marxistas, foi e tem sido necessário desenvolver um sistema jurídico comercial que permita que eles se envolvam ativamente com o comércio internacional. O modelo a ser seguido varia de país para país porque cada um tem um histórico diferente e cada um se encontra em um estágio distinto de desenvolvimento de uma economia voltada para o mercado. Por exemplo, os países centro-europeus, como a República Tcheca e a Polônia, tinham um abrangente sistema jurídico codificado antes de o comunismo assumir o poder, e o código legal comercial de ambos os países antes da Segunda Guerra Mundial foi revisto e reinstituído. Consequentemente, em comparação a alguns outros países, para eles foi mais fácil passar a utilizar um modelo legal. A Rússia e a maioria das repúblicas da ex-União Soviética, bem como a China, tiveram de elaborar do zero todo um sistema legal comercial. Com a premissa de que a lei, de acordo com os **princípios marxista-socialistas**, está estritamente subordinada às condições econômicas prevalecentes, proposições fundamentais como propriedade privada, contratos, devido processo legal e outros mecanismos legais tiveram de ser desenvolvidas. Entretanto, a Rússia e a China diferem porque adotaram uma direção distinta com relação ao crescimento político-econômico. A Rússia toma o rumo de um sistema democrático. A China tenta ativar um setor privado dentro de uma economia de múltiplos componentes (ou mista) em uma estrutura jurídica socialista; isto é, o país tenta "desempenhar suas funções de acordo com a lei e contribuir para o desenvolvimento da democracia socialista e da civilização política na China".

Esses dois países aprovaram leis com assiduidade, embora o processo tenha sido lento e muitas vezes desarticulado. A China implantou centenas de novas leis e regulamentos sobre o comércio, mas o processo é dificultado por problemas de escrita ambígua, pela falta de

---

[7] Sugata Ghosh, "Government Asks RBI to Draw up Roadmap for Islamic Banking", *Economic Times*, 6 de julho de 2005.

mecanismos de implantação das novas leis e por uma estrutura ineficaz para a resolução de disputas e a aplicação das leis. Um bom exemplo é a tentativa da China de controlar o que ocorre no ciberespaço chinês aplicando a lei dos segredos de Estado à internet. A definição de segredo de Estado é tão ampla que pode abranger qualquer informação cuja divulgação não tenha sido autorizada pelas autoridades pertinentes.

A experiência da Rússia foi semelhante à da China porque as leis, escritas vagamente, foram aprovadas sem que houvesse mecanismos de implantação. A situação na Rússia não raro é descrita como caótica em virtude da falta de precisão das leis. Por exemplo, receber ou disseminar ilegalmente um segredo comercial tornou-se crime, mas a lei não oferece nenhuma definição exata de segredo comercial. As violações à lei de direitos autorais que provocam "grandes danos" são especificadas, mas sem uma definição clara do que constitui um "grande dano". Tanto a China quanto a Rússia estão prejudicadas por não terem herdado um código legal comercial para tomar como base, ao contrário de vários países europeus do bloco oriental.

O profissional de marketing internacional deve preocupar-se com as diferenças entre o direito consuetudinário, o direito civil, o direito islâmico e os sistemas legais socialistas quando estiver realizando negócios no exterior; os direitos dos outorgantes de um contrato ou de algum outro documento legal sob um determinado sistema de direito podem ser significativamente diferentes de seus direitos sob outro. Deve-se ter em mente que pode haver também diferenças entre dois países cujas leis baseiam-se no mesmo sistema jurídico-legal. Portanto, o problema do profissional de marketing é antever as diferentes leis que regulamentam os negócios, independentemente do sistema jurídico-legal vigente.

Jurisdição nas disputas legais internacionais

OA2

Fatores fundamentais na jurisdição das disputas legais

Determinar qual sistema jurídico tem jurisdição quando surge uma disputa comercial é outro problema do marketing internacional. Um erro frequente é supor que as disputas entre cidadãos de diferentes países são julgadas de acordo com algum sistema de direito supranacional. Infelizmente, não existe nenhum corpo judicial para lidar com problemas legais comerciais que surgem entre cidadãos de diferentes países. Essa confusão provavelmente provém da existência de tribunais internacionais, como o Tribunal Mundial de Haia e o Tribunal Internacional de Justiça, principal órgão judicial das Nações Unidas. Esses tribunais são eficazes em disputas internacionais entre nações soberanas, mas não entre cidadãos privados e/ou empresas.

As disputas legais podem surgir em três situações: entre governos, entre uma empresa e um governo e entre duas empresas. O Tribunal Mundial pode julgar disputas entre governos, ao passo que as outras duas situações devem ser tratadas nos tribunais do país de uma das partes envolvidas ou por meio de arbitragem. A menos que uma disputa comercial envolva um problema nacional entre estados-nações, o Tribunal Internacional de Justiça ou qualquer tribunal mundial semelhante não é adequado para julgá-la. Como não existe nenhuma "lei comercial internacional", o profissional de marketing internacional deve examinar o sistema jurídico-legal de cada país envolvido – as leis do país de origem, as leis dos países nos quais os negócios são conduzidos ou as leis de ambos.[8]

Quando é necessário solucionar disputas comerciais internacionais de acordo com as leis de um dos países envolvidos, a principal dúvida na disputa é: qual lei prevalece? A jurisdição em geral é determinada de uma destas três formas: (1) com base nas cláusulas jurisdicionais incluídas nos contratos, (2) com base no lugar em que o contrato foi firmado ou (3) com base no lugar em que os dispositivos do contrato foram cumpridos.

A decisão mais nítida pode ser tomada quando os contratos ou os documentos legais que apoiam uma transação comercial contêm uma cláusula jurisdicional. Uma cláusula similar à seguinte estabelece a jurisdição em caso de desacordos:

> Ambas as partes pelo presente atestam que o acordo é firmado no Oregon, EUA, e que quaisquer questões referentes a este contrato devem ser regidas pela lei do Estado do Oregon, EUA.

Essa cláusula estabelece que as leis do Oregon devem prevalecer se surgir alguma disputa. Se a queixa fosse feita no tribunal de outro país, é provável que as mesmas leis do Oregon

---

[8] Para uma discussão completa sobre a globalização da jurisdição, consulte Paul Schiff Berman, "The Globalization of Jurisdiction", *University of Pennsylvania Law Review*, dezembro de 2002, p. 311; Yadong Luo, "Transactional Characteristics, Institutional Environment, and Joint Venture Contracts", *Journal of International Business Studies*, 36, n. 2, 2005, p. 309-230.

determinariam a decisão. A cooperação e o nítido desejo de ser judicioso em relação a problemas legais no exterior abriram espaço para que os tribunais estrangeiros julguem as disputas com base na lei de outro país ou estado sempre que possível. Portanto, se a parte queixosa do Oregon abrisse um processo nos tribunais do México contra um mexicano quanto a um contrato que contém a cláusula precedente, não seria algo incomum os tribunais mexicanos decidirem a questão com base na lei do Oregon. Obviamente, essa tendência pressupõe que se reconheceu que a lei do Oregon deveria prevalecer na disputa, tanto em consequência do acordo anterior entre as partes ou de algum outro fundamento.

Resolução de disputas internacionais

OA3
Diversos métodos de resolver uma disputa

Quando as coisas dão errado em uma transação comercial (o comprador recusa-se a pagar, o produto é de qualidade inferior, a entrega chega com atraso ou qualquer um dos inúmeros problemas que podem surgir), a qual recurso o profissional de marketing internacional deve recorrer? O primeiro passo em qualquer disputa é tentar resolver a questão informalmente. Porém, se isso não der certo, esse profissional deve recorrer a uma medida mais resoluta, que pode ser uma possível conciliação, uma arbitragem ou, em último recurso, um processo judicial. A maioria dos executivos prefere um acordo por meio de arbitragem uma instauração de processo contra uma empresa estrangeira.

Conciliação

As disputas que surgem nas transações comerciais são resolvidas em sua maioria informalmente. Entretanto, quando não se prevê uma resolução, a conciliação pode ser uma primeira medida importante para resolver a disputa. A **conciliação** (também conhecida como *mediação*) é um acordo não obrigatório entre as partes para resolver uma disputa com o auxílio de uma terceira pessoa para mediar as diferenças. A função do mediador é ouvir com cuidado cada parte e investigar, esclarecer e discutir as várias opções e possibilidades de solução, com a intenção de que as partes concordem com uma solução. Diferentemente da arbitragem e do processo judicial, as sessões de conciliação são privativas, e todas as reuniões entre as partes e o mediador são confidenciais: as declarações feitas pelas partes não podem ser reveladas ou utilizadas como evidência em nenhum processo judicial ou arbitragem subsequente. O histórico do processo de conciliação é excelente. A maioria das disputas chegou a uma resolução e possibilitou a retomada das atividades de negócios entre os contestantes.

A conciliação é considerada especialmente eficaz para resolver disputas com parceiros de negócios chineses porque nela eles se sentem menos ameaçados do que com a arbitragem. Os chineses acreditam que, em uma situação de disputa, deve-se primeiro recorrer a uma negociação informal e amigável para solucionar o problema; se essa tentativa fracassar, deve-se tentar a conciliação. Na verdade, algumas empresas chinesas podem parar de negociar com empresas que recorrem primeiro à arbitragem. A conciliação pode ser formal ou informal. Quando os dois lados concordam em utilizar um mediador, pode-se estabelecer uma conciliação informal. A conciliação formal é conduzida sob os auspícios de algum tribunal, como o Centro de Conciliação de Pequim, que designa um ou dois conciliadores para mediar a sessão. Se houver um acordo, registra-se uma declaração de conciliação baseada no acordo assinado. Embora a conciliação possa ser o caminho amigável para resolver disputas na China, ela não é legalmente obrigatória; portanto, deve-se incluir uma cláusula de arbitragem em todos os acordos de conciliação. A experiência demonstra que, com a inclusão de uma cláusula de arbitragem no acordo de conciliação, fica mais fácil recorrer à arbitragem, se necessário.

Arbitragem

Caso a conciliação não seja utilizada ou não seja possível chegar a um acordo, o passo seguinte é a *arbitragem*. Se todas as demais opções fracassarem, a arbitragem, e não o processo judicial, é o método preferido para a resolução de disputas comerciais internacionais. No procedimento usual de **arbitragem**, as partes envolvidas escolhem uma ou mais pessoas desinteressadas e bem informadas como árbitro para averiguar os méritos do caso e dar um parecer com o qual ambas as partes concordem. Embora a arbitragem informal seja eficaz, a maioria das arbitragens é conduzida sob os auspícios de um dos grupos de arbitragem domésticos e internacionais formais organizados especificamente para facilitar a resolução de disputas comerciais. Esses grupos têm regras formais e árbitros experientes para assessorar o processo. Na maioria dos países, as decisões decorrentes de uma arbitragem formal são aplicáveis por lei.

A popularidade da arbitragem deu margem à proliferação dos centros arbitrais, estabelecidos por países, organizações e instituições. Todos adotaram regras e procedimentos padronizados para administrar os processos e todos têm pontos fortes e fracos. Alguns dos mais ativos são:

CRUZANDO FRONTEIRAS 7.1 — České Budějovice, privatização, marcas registradas e testes de degustação – O que tudo isso tem a ver com a Anheuser-Busch? Budweiser, é claro!

A Anheuser-Busch (AB) lançou um gigantesco programa de relações públicas na pequena cidade tcheca České Budějovice, onde a cervejaria local produz a "Budweiser Budvar". A AB plantou árvores ao longo das principais avenidas, abriu um novo centro cultural para oferecer cursos de inglês gratuitos aos cidadãos e conselhos sobre administração a empreendedores emergentes e veiculou anúncios no jornal apregoando as possibilidades de uma futura cooperação.

O objetivo da AB era obter apoio para uma participação minoritária na cervejaria tcheca de propriedade estatal, a Budějovicky Budvar N.P., quando o governo a privatizou. Mas por que a AB estava interessada em uma cervejaria cuja produção anual de 500 mil barris equivale a uma produção de dois dias de sua fábrica?

A copropriedade é fundamental para a AB por dois motivos. Ela busca novos mercados na Europa e deseja comercializar a marca Budweiser nesse continente. No entanto, ela não tem os direitos para utilizar a marca Budweiser na Europa porque esta pertence à Budějovicky Budvar. Seu programa de relações públicas não funcionou porque muitos checos consideram a Budvar a "prata da casa". Embora o primeiro-ministro checo tenha pedido publicamente aos investidores americanos para colocar dinheiro na República Tcheca, a Budweiser tcheca não estava na lista de privatização do governo. "Acredito na solidez dos investidores americanos, mas não acredito na qualidade de sua cerveja."

A AB estabeleceu o nome Budweiser nos Estados Unidos quando os imigrantes alemães fundaram a cervejaria caseira St. Louis iniciaram a venda de cervejas com a marca Budweiser em 1876, 19 anos antes de a cervejaria tcheca ser aberta. Os checos afirmam utilizar esse nome antes mesmo de Colombo descobrir o Novo Mundo. Budweiser refere-se a Budwis, nome original da cidade sede da Budvar, e costumava ser empregado em referência à cerveja fermentada nessa área centenas de anos antes de a AB iniciar a fabricação da cerveja Budweiser.

A Anheuser-Busch Company comercializa a cerveja da marca Budweiser na América do Norte. Contudo, na Europa, ela comercializa a cerveja da marca Busch, porque os checos detêm os direitos de uso do nome Budweiser. Como a diplomacia e o programa de relações públicas não funcionaram, o que mais poderia ser feito? Os interessados de ambos os lados se amarraram em uma disputa legal a respeito dos direitos ao nome Budweiser e às derivações desse nome, como Bud. Mais de 40 ações judiciais e 40 processos administrativos aguardam solução na Europa. Como a lei americana protege os direitos da AB em relação à marca Budweiser nos Estados Unidos, os checos vendem sua cerveja lá com o nome "Czechvar".

A cervejaria tcheca exporta para 37 países, principalmente na Europa, e a AB vende em mais de 70 países ao redor do mundo. A AB buscou uma decisão judicial para que os produtos da empresa tcheca fossem retirados do mercado em Hong Kong, ganhou uma decisão na Hungria e instaurou processos judiciais semelhantes no Reino Unido e nos Estados Unidos. A AB afirmou que a cervejaria tcheca havia importado e vendido cervejas nos Estados Unidos com a marca "Budweiser Budvar" no Estado de Maryland. Afirmou também que a cervejaria tcheca imita seu nome para confundir os consumidores de cerveja e beneficiar-se do sucesso da empresa nos Estados Unidos.

O governo tcheco emitiu uma petição à OMC para conceder às regiões cervejeiras o mesmo tipo de proteção de designação que concede às regiões vinícolas. Como os vinhos espumantes fabricados na região francesa de Champagne são os únicos que têm o direito legal de utilizarem a denominação *champagne*, isso significaria que apenas as cervejas fabricadas em České Budějovice poderiam se chamar Budweiser e apenas as cervejas produzidas em Pilzen, outra cidade tcheca, poderiam receber a denominação Pilsner. Parece improvável que essa solicitação obtenha aprovação, porque Pilsner tornou-se uma designação genérica de um estilo de cerveja. Além disso, diferentemente das uvas provenientes de Champagne, o malte e o lúpulo utilizados na fabricação das cervejas não provêm exclusivamente de České Budějovice.

Essa disputa legal pelo direito de uso exclusivo das marcas Bud e Budweiser disseminou-se pelo mundo afora. Até o momento, essa tática não funcionou tão bem. O Tribunal Superior da Grã-Bretanha permitiu que as duas empresas utilizem as marcas Bud e Budweiser, ao passo que o Supremo Tribunal da Suíça proibiu a AB de vender cervejas com o nome Bud.

Todos nós sabemos que a prova de quem é melhor está no sabor, não é mesmo? Essas duas *lagers** têm legiões de fãs. A versão americana está à altura de seu antigo *slogan* – "a rainha das cervejas" –, pelo menos com referência às vendas: é a cerveja mais vendida no mundo. A versão tcheca – apelidada de a "cerveja dos reis" porque provém de uma cidade que antigamente fabricava cervejas para a realeza – tem um grande grupo de adeptos na Alemanha e em outras partes da Europa. Por esse motivo, o *St. Louis Post-Dispatch* patrocinou um teste cego de degustação para determinar qual cerveja é melhor – a Budvar venceu. Além disso, há pouco tempo, os europeus venceram outra disputa: em 2009, a AB concordou em se fundir com a InBev, cuja matriz global agora é em Leuven, Bélgica.

Acesso o *site* da Budvar (www.budvar.cz) para conhecer a história da Budvar e fazer um *tour* pela fábrica.

Fontes: A1 Stamborski, "Battle of the Buds: Taste Testers Say That Budvar Is Better", *St. Louis Post-Dispatch*, 28 de novembro de 1999, p. E1; "Prime Minister Says Budvar Will Stay Czech", *Modern Brewery*, março de 2000; Gregory Cancelada, "Czech Brewery Retains Right to Use 'Budweiser' and 'Bud' Trademarks", *St. Louis Post-Dispatch*, 17 de fevereiro de 2003; http://www.AB-Inveb.com, 2010.

---

* N. de R.T.: Palavra de origem alemã que designa cervejas fermentadas e acondicionadas em baixas temperaturas.

- Comissão de Arbitragem Comercial Interamericana
- Comissão de Arbitragem Comercial Canadense-Americana (para disputas entre empresas canadenses e americanas)
- Tribunal de Arbitragem de Londres (as decisões são impostas pela lei inglesa e pelos tribunais ingleses)
- Associação Americana de Arbitragem (www.adr.org/)
- Câmara Internacional do Comércio [www.iccwbo.org/; selecione *Arbitration* (Arbitragem)]

Os procedimentos utilizados pelas organizações de arbitragem formal são semelhantes. A arbitragem que segue as regras da Câmara Internacional do Comércio (CIC) oferece um excelente exemplo de como a maioria das organizações funciona. Quando a CIC recebe uma solicitação inicial de arbitragem, ela tenta primeiro uma conciliação entre os contestantes. Se isso não for possível, ela inicia o processo de arbitragem. Tanto o querelante quanto o acusado podem escolher uma pessoa entre os árbitros aceitáveis para defender seu processo, e o Tribunal de Arbitragem da CIC designa um terceiro membro, geralmente escolhido de uma lista de advogados, juristas e professores eminentes.

O histórico de eficácia da CIC nos processos de arbitragem tem sido espetacular. Um exemplo de arbitragem conduzida pela CIC foi a do contrato entre uma empresa inglesa e um fabricante japonês. A empresa inglesa concordou em comprar 110.000 bonecas de plástico por 80 centavos de dólar cada. Valendo-se do contrato, essa empresa vendeu o lote inteiro, cobrando US$ 1,40 por boneca. Contudo, antes da entrega das bonecas, o fabricante japonês enfrentou uma greve. Com o acordo da greve, os custos aumentaram, e a empresa inglesa foi informada de que o preço de entrega das bonecas havia subido de 80 centavos para US$ 1,50 cada. A empresa inglesa sustentou que o fabricante japonês havia se comprometido a fazer a entrega por 80 centavos e deveria fazê-la a esse preço. Ambos os lados estavam convencidos de que estavam certos.

Para o fabricante japonês, acostumado com o direito civil, a greve estava além de seu controle (um motivo de força maior) e, portanto, justificava a não anuência às cláusulas originais do contrato. Já a empresa inglesa, acostumada com o direito consuetudinário, não aceitou os motivos apresentados pelo fabricante japonês para não respeitar o contrato porque considerava a greve parte do curso normal dos negócios, e não um motivo de força maior. A disputa só poderia ser resolvida por meio de arbitragem ou de um processo judicial, e eles escolheram a arbitragem. A CIC designou um árbitro que ouviu os dois lados e decidiu que ambos dividiriam proporcionalmente as perdas. Ambas as partes ficaram satisfeitas com a decisão da arbitragem, evitando um oneroso processo judicial. A maioria das arbitragens chega a um final feliz, mas o sucesso depende da disposição das duas partes em aceitar o parecer do árbitro.

Os contratos e outros documentos legais devem incluir cláusulas que especifiquem a utilização de arbitragem para resolver disputas. Se não for inserida uma cláusula desse tipo no contrato, seja qual for a disputa, a probabilidade de assegurar um acordo depois que a disputa vem à tona é menor. Uma cláusula de arbitragem comum tem a seguinte feição:

> Qualquer controvérsia ou reivindicação que surgir ou estiver relacionada a este contrato deve ser determinada por um árbitro, de acordo com as Regras de Arbitragem Internacional da Associação Americana de Arbitragem.

É também favorável incluir o número de árbitros, o local (cidade e/ou país) e o idioma da arbitragem nessa cláusula.[9]

Embora a cláusula de arbitragem de um contrato possa evitar problemas, às vezes a imposição de acordos de arbitragem pode ser difícil. Essa cláusula exige um acordo em duas questões: (1) em caso de disputa, as partes concordam com a arbitragem de acordo com as regras e os procedimentos de algum tribunal de arbitragem e (2) elas concordam em aceitar as sentenças decorrentes da arbitragem. A dificuldade surge quando as partes de um contrato deixam de honrar os acordos. As empresas podem se recusar a designar um árbitro, a arbitrar ou, após a sentença da arbitragem, a honrá-la. Na maioria dos países, as cláusulas de arbitragem são reconhecidas pelos tribunais e impostas pela lei desses países. Mais de 120 países ratificaram a Convenção sobre o Reconhecimento e a Execução de Sentenças Arbitrais Estrangeiras, também conhecida como Convenção de Nova York, que os une para apoiar as sentenças de arbitragem estrangeiras. De acordo com essa convenção, os tribunais dos países signatários automaticamente apoiam as sentenças arbitrais emitidas nos

---

[9] Associação Americana de Arbitragem, www.iccwbo.org (escolha Arbitration).

países-membros. Além da Convenção de Nova York, os Estados Unidos são signatários da Convenção Interamericana sobre Arbitragem Internacional, da qual vários países latino-americanos fazem parte. Os Estados Unidos também participam de inúmeros acordos bilaterais que contêm cláusulas de precaução para imposição de sentenças arbitrais. Quando todas essas alternativas não chegam a lugar algum, a última opção para solucionar uma disputa é o processo judicial.

Processo judicial

As ações judiciais em tribunais públicos são evitadas por vários motivos. A maioria das pessoas que acompanham as ações judiciais entre cidadãos de diferentes países acredita que quase todas as vitórias são espúrias porque o custo, os atrasos frustrantes e o maior aborrecimento que esses casos provocam são de longe mais opressivos que qualquer questão de dimensão comparável. Na Índia, por exemplo, existe um acúmulo de mais de três milhões de processos, e litigar a quebra de um contrato entre partes privadas pode levar uma década ou mais. O melhor conselho é sempre procurar um acordo, se possível, e não uma ação judicial. Outros fatores dissuasivos com relação ao **processo judicial** são os seguintes:

- Medo de criar uma imagem ruim e prejudicar as relações com o público.
- Medo de receber tratamento injusto em um tribunal estrangeiro. (Medo de que uma ação judicial resulte em tratamento injusto, talvez intencionalmente, se justificável, porque a decisão poderia ser tomada por um júri ou um juiz não muito versado em problemas comerciais e nas complexidades das transações de negócios internacionais.)
- Dificuldade em receber um parecer que de outro modo seria obtido de comum acordo por meio da arbitragem.
- Custo relativamente alto e demora dos processos legais. (A Rheem Manufacturing Company, fabricante bilionária de sistemas de aquecimento e condicionadores de ar, avalia que a utilização de arbitragem em lugar do processo judicial diminuiu pela metade o tempo e o custo da resolução das disputas comerciais.)
- Perda de confidencialidade. Diferentemente dos procedimentos de arbitragem e conciliação, que são confidenciais, a ação judicial é pública.

Na opinião de uma autoridade, o acordo de qualquer disputa deveria seguir quatro passos: primeiro, tentar apaziguar a parte prejudicada; se isso não funcionar, conciliar, arbitrar e, finalmente, mover uma ação judicial. O último passo em geral é dado somente quando todos os outros métodos fracassam. Além disso, em alguns casos, os métodos de resolução de problemas podem ser justificados mesmo no contexto das disputas pleiteadas em juízo.[10] Essa abordagem provavelmente é sensata tanto no caso de envolvimento em uma disputa internacional quanto no de uma disputa nacional.

Proteção de direitos de propriedade intelectual: um problema especial

OA4

Problemas exclusivos da proteção internacional dos direitos de propriedade intelectual

As empresas gastam milhões de dólares ao estabelecer nomes ou marcas registradas para simbolizar qualidade e desenvolver uma série de outras características de um produto destinadas a seduzir os clientes e a excluir todas as outras marcas. Milhões de dólares adicionais são gastos em pesquisas para desenvolver produtos, processos, projetos e fórmulas que ofereçam vantagens às empresas em relação a seus concorrentes. Essas propriedades intelectuais ou industriais estão entre os ativos mais valiosos que uma empresa pode possuir. Marcas como Kodak, Coca-Cola e Gucci, bem como processos como a xerografia e os programas de computador, são inestimáveis. Segundo estimativas de um grupo financeiro, as marcas Marlboro, Kellogg's, Microsoft e Levi's tinham um valor de US$ 33 bilhões, US$ 9 bilhões, US$ 9,8 bilhões e US$ 5 bilhões, respectivamente, e todas elas sofreram com a violação de seus direitos de propriedade intelectual. Em geral, os direitos de propriedade podem ser legalmente protegidos para evitar que outras empresas prejudiquem esses ativos. Entretanto, as empresas devem manter uma vigília constante contra a pirataria e a falsificação. Além disso, cada vez mais as empresas desenvolvem novas tecnologias para impedir a pirataria, mas os falsificadores são implacáveis em suas críticas e em seus ataques tecnológicos mesmo contra as medidas de segurança mais sofisticadas.[11]

---

[10] Chang Zhang, David A. Griffith e S. Tamer Cavusgil, "The Litigated Dissolution of International Distribution Relationships: A Process Framework and Propositions", *Journal of International Marketing*, 14, n. 2, 2006, p. 85-115.

[11] Eric Schine, "Faking out the Fakers", *BusinessWeek*, 4 de junho de 2007, p. 75-79; Ethan Smith, "Napster Format Shift Would Enable More Players", *The Wall Street Journal*, 7 de janeiro de 2008, p. B2.

Falsificação e pirataria

A falsificação e a pirataria estão presentes em inúmeros setores – roupas, produtos químicos agrícolas, produtos farmacêuticos, livros (sim, mesmo os livros de administração, como este que você estuda agora),[12] discos, filmes, programas de computador, celulares,[13] comidas para bebê, peças automotivas e até mesmo os próprios carros.[14] Existem estimativas de que mais de dez milhões de relógios suíços falsificados, ostentando marcas famosas como Cartier e Rolex, são vendidos ao ano, obtendo um lucro ilegal de pelo menos US$ 500 milhões. Embora seja difícil afirmar com precisão, as vendas perdidas em decorrência do uso não autorizado de patentes, marcas registradas e direitos autorais americanos correspondem a mais de US$ 300 bilhões anuais. Isso se traduz em mais de dois milhões de empregos perdidos. Programas de computador, músicas e filmes são alvos especialmente atraentes para os piratas porque seu custo de desenvolvimento é alto, mas seu custo de reprodução e distribuição pela internet é baixo. Estima-se que as vendas de CDs de música pirateados seja superior a US$ 5 bilhões anuais e que elas estejam crescendo 6% ao ano. Além disso, os programas de computador americanos não autorizados, vendidos por US$ 500 nos Estados Unidos, podem ser comprados por menos de US$ 10 no Extremo Oriente. Segundo estimativas do Business Software Alliance, um grupo comercial, as empresas de *software* perderam em 2009 mais de US$ 16,5 bilhões na região Ásia-Pacífico, US$ 16,4 bilhões na Europa e US$ 9,4 bilhões na América do Norte. A julgar pelo que a imprensa fala sobre o assunto, pode-se concluir que a China é o maior problema na questão de pirataria. Contudo, a China mudou de lugar rapidamente e saiu da lista dos 20 piores índices de pirataria, de acordo com a Figura 7.2. Atualmente, esse país se encontra no 27º lugar, e a pirataria caiu de 92 para 79% apenas alguns anos atrás. Além disso, a quantia perdida nos Estados Unidos em decorrência da pirataria de *software* é a maior do mundo – US$ 8,4 bilhões –, e a China vem em seguida, com uma perda de US$ 7,6 bilhões. O avanço da China nesse sentido deve-se principalmente aos programas educacionais, à execução das leis e ao acordo histórico da Microsoft com a Lenovo. Ressaltamos também que outras nações populosas fizeram progressos significativos entre 2004 e 2009 no que se refere à redução da pirataria de *software* (por exemplo, na Rússia houve uma queda de 11%, no Brasil, 10%, no Japão e no Vietnã, 7%, na Índia, 11%).[15]

Figura 7.2
Índices de pirataria de programas de computador – os 20 maiores e os 20 menores.

Fonte: De *2010 BSA and IDC Global Software Piracy Study*, Business Software Alliance. Dados reimpressos com permissão. *Seventh Annual BSA/IDC Global Software Piracy Study* (Washington, DC: Business Software Alliance, 2010, www.bsa.org/globalstudy. Esse estudo classificou 102 países e regiões.

Índices de pirataria mais altos		Índices de pirataria mais baixos	
Geórgia	95%	Estados Unidos	20%
Zimbábue	92	Japão	21
Bangladesh	91	Luxemburgo	21
Moldávia	91	Nova Zelândia	22
Armênia	90	Austrália	25
Iêmen	90	Áustria	25
Sri Lanka	89	Bélgica	25
Azerbaijão	88	Finlândia	25
Líbia	88	Suécia	25
Belarus	87	Suíça	25
Venezuela	87	Dinamarca	26
Indonésia	86	Reino Unido	27
Vietnã	85	Alemanha	28
Ucrânia	85	Países Baixos	28
Iraque	85	Canadá	29
Paquistão	84	Noruega	29
Argélia	84	Israel	33
Camarões	83	Irlanda	35
Nigéria	83	Cingapura	35
Paraguai	82	África do Sul	35

[12] Don Lee, "Ripping Off Good Reads in China", *Los Angeles Times*, 24 de abril de 2005, p. C1, C10.
[13] "Talk Is Cheap", *The Economist*, 21 de novembro de 2009, p. 68.
[14] Mark Landler, "Germans See Imitation in Chinese Cars", *The New York Times*, 12 de setembro de 2007, p. B3.
[15] *Sixth Annual BSA and IDC Global Software Piracy Study* (Washington, DC: Business Software Alliance, 2009), http://www.bsa.org/globalstudy; Howard W. French, "China Media Battle Hints at Shift on Intellectual Property", *The New York Times*, 6 de janeiro de 2007, p. A3; Bruce Einhorn e Steve Hamm, "A Big Windows Cleanup, China Is Discovering that It Pays to Sell PCs that Contain Legitimate Microsoft Software", *BusinessWeek*, 4 de junho de 2007, p. 80.

Pesquisas recentes levam a crer que, para empresas como a Microsoft, alguma porcentagem de pirataria na verdade pode ser útil para a empresa. Ela pode ser vista como um tipo de teste do produto que por fim acaba gerando comprometimento. Quando versões atualizadas dos produtos são disponibilizadas, na realidade isso pode incentivar a compra. Particularmente pelo fato de países como a China começarem a impor os estatutos da OMC sobre a pirataria, os clientes condicionados a utilizar produtos pirateados podem na verdade dispor-se a comprar novas versões.

Embora a falsificação de CDs, brinquedos e produtos similares custe bilhões de dólares às empresas em receitas perdidas e tenha o potencial de prejudicar a imagem de marca do produto, a falsificação de produtos farmacêuticos pode provocar sérios danos físicos. Na Colômbia, os investigadores desvendaram uma operação ilegal que fabricava mais de 20.000 comprimidos falsificados por dia do medicamento antigripal Dristan, de uma aspirina genérica conhecida como Dolex e do Ponstan 500, um analgésico popular da Pfizer. Os comprimidos falsificados continham ácido bórico, cimento, cera para pisos, talco e tinta amarela com alto teor de chumbo, elementos utilizados para que os comprimidos tivessem a aparência dos medicamentos originais.

Os medicamentos falsos englobam aqueles que têm a mesma eficácia do original, aqueles com poucos ou nenhum ingrediente ativo e aqueles que contêm substâncias nocivas. Segundo estimativas de uma associação de laboratórios farmacêuticos, 2% dos US$ 327 bilhões obtidos da venda de medicamentos correspondem a medicamentos falsos, isto é, cerca de US$ 6 bilhões. Em alguns países africanos e latino-americanos, esse número chega a 60%. A Organização Mundial da Saúde (OMS) acredita que 8% do volume de medicamentos importados para os Estados Unidos seja falso, não autorizado ou esteja abaixo do padrão.

Outro problema é o conluio entre o fabricante terceirizado e os vendedores ilegítimos. Na China, cópias exatas do tênis New Balance foram produzidas por fabricantes terceirizados que eram fornecedores da New Balance. Eles inundaram o mercado com tênis autênticos que chegavam a ser vendidos por US$ 20. A Unilever descobriu que um de seus fornecedores em Xangai havia fabricado caixas de sabão a mais, que eram então vendidas diretamente para os varejistas. Um dos fornecedores chineses da Procter & Gamble vendeu frascos de xampu da P&G vazios para outra empresa, que os abastecia com xampu falso. Que a falsificação e a pirataria de propriedade intelectual constituem roubo, não há dúvida, mas a possibilidade da perda legal de direitos à propriedade intelectual, em virtude da proteção inadequada aos direitos de propriedade e/ou da estrutura legal do país, é outro problema.

Para concluir, é necessário mencionar que alguns críticos defendem que as corporações multinacionais (CMNs) promoveram em demasia o atual regime de propriedade intelectual em favor sobretudo das empresas, particularmente com o mais recente acordo da OMC – Aspectos dos Direitos de Propriedade Intelectual Relacionados ao Comércio (Trade-Related Aspects of Intellectual Property Rights – TRIPs), que será discutido mais a fundo subsequentemente.[16] Os críticos defendem que a "rédea curta" que as empresas mantêm sobre a produção de propriedade intelectual na verdade serviu para restringir a criatividade e os benefícios associados às pessoas às quais as leis de propriedade intelectual (PI) pretendem servir. Essas discussões colocam as leis antitruste contra as leis de PI. E o debate continua.

Proteção inadequada

A falta de proteção adequada aos direitos de propriedade intelectual no mercado mundial pode provocar a perda de direitos em mercados potencialmente lucrativos. Visto que as patentes, os processos, as marcas registradas e os direitos autorais são valiosos em todos os países, algumas empresas constataram que seus ativos estavam sendo usurpados e explorados lucrativamente no exterior sem licença nem reembolso.[17] Além disso, elas com frequência ficam sabendo não apenas que outras empresas produzem e vendem seus produtos ou utilizam suas marcas registradas, mas que empresas estrangeiras são as proprietárias legítimas nos países em que operam.

Houve vários processos em que as empresas perderam legalmente os direitos a marcas registradas e tiveram de comprar esses direitos de volta ou pagar *royalties* (direitos de patentes ou autorais) para utilizá-las. Os problemas das medidas inadequadas de proteção tomadas pelos

---

[16] Susan Sell, *Power and Ideas, North–South Politics of Intellectual Property and Antitrust* (Albany: State University of New York Press, 1998); Susan Sell, *Intellectual Property Rights: A Critical History* (Boulder, CO: Lynne Rienners Publishers, 2006).

[17] John Hagedoorn, Danielle Cloodt e Hans van Kranenburg, "Intellectual Property Rights and the Governance of International R&D Partnerships", *Journal of International Business Studies*, 36, n. 2, 2005, p. 156-174.

proprietários de ativos de valor são provocados por uma série de motivos. Um dos erros mais frequentes é supor que, pelo fato de a empresa ter direitos estabelecidos nos Estados Unidos, esses direitos estarão protegidos ao redor do mundo ou que será possível comprovar propriedade legítima se houver necessidade. Exemplo disso foi o caso enfrentado pela empresa McDonald's no Japão, onde um empreendedor japonês registrou sua marca com arcos dourados. Somente depois de uma ação judicial demorada e onerosa, com uma passada pelo Supremo Tribunal do Japão, o McDonald's conseguiu reaver o direito exclusivo de usar sua marca registrada no Japão. Depois de ser obrigada a "comprá-la" por um valor não divulgado, a empresa mantém um programa bastante ativo para proteger suas marcas registradas.

De modo semelhante, uma empresa sul-coreana utilizou legalmente a marca Coach em bolsas femininas e mercadorias de couro. Essa empresa registrou a marca Coach primeiro e tem o direito legal de utilizá-la na Coreia. A questão é que uma pasta da marca Coach praticamente idêntica ao produto vendido nos Estados Unidos por US$ 320 pode ser comprada por US$ 135 na Coreia do Sul. Um advogado dos Estados Unidos que trabalha para uma firma sul-coreana salientou que testemunhou vários casos de empresas estrangeiras que foram à Coreia para ingenuamente negociar acordos de distribuição ou licença com uma empresa coreana que acabou registrando a marca em seu nome. Posteriormente, a empresa coreana utiliza esse registro como margem de manobra nas negociações ou, se as negociações não renderem frutos, vende a marca de volta para a empresa original. Muitas empresas não tomam as medidas adequadas para proteger legalmente sua propriedade intelectual. Elas não compreendem que alguns países não seguem o princípio do direito consuetudinário de que a propriedade é estabelecida pelo uso prévio nem percebem que o registro e a propriedade legal em um país não garantem necessariamente a propriedade em outro.

Uso prévio versus registro

Nos Estados Unidos, país de direito consuetudinário, a detenção de direitos de PI é estabelecida com base no **uso prévio** – qualquer indivíduo que conseguir comprovar que foi o primeiro a usar geralmente é considerado proprietário legítimo. Entretanto, em vários países de direito civil, a propriedade é estabelecida pelo registro, e não pelo uso prévio – o primeiro a registrar a marca ou outro direito de propriedade é considerado o proprietário legítimo. Por exemplo, na Jordânia, uma marca registrada pertence a quem a registra primeiro na Jordânia. Portanto, lá você pode encontrar restaurantes "McDonald's", *softwares* "Microsoft" e supermercados "Safeway" que pertencem legalmente a jordanianos. Depois de uma prolongada disputa judicial levada ao Supremo Tribunal da Espanha, a Nike perdeu seu direito de usar a marca "Nike" em roupas esportivas nesse país. A empresa espanhola Cidesport usava o nome Nike em roupas esportivas desde 1932 e moveu uma ação para impedir a venda de roupas esportivas da Nike dos Estados Unidos. Como a Cidesport não vende calçados, a Nike (Estados Unidos) poderá continuar vendendo sua marca de calçados esportivos na Espanha. A empresa que acredita que sempre conseguirá estabelecer propriedade em outro país provando que usou a marca registrada ou a marca comercial primeiro está errada e corre o risco de perder esses ativos.

Além da questão do primeiro a registrar, as empresas podem enfrentar outros problemas com registro. A China melhorou significativamente a proteção aos direitos de propriedade intelectual e em geral reconhece o "primeiro a inventar". Entretanto, uma empresa chinesa pode ganhar a patente de um produto inventado em outro lugar qualquer, bastando para isso fazer engenharia reversa ou reproduzir o produto de acordo com as especificações publicadas e registrá-lo na China antes do inventor original. A Letônia e a Lituânia permitem o duplo registro de marcas comerciais e nomes de produtos. Uma fabricante de cosméticos registrou as marcas Nivea e Niveja na ex-União Soviética em 1986 e novamente na Letônia em 1992, mas uma empresa da Lituânia tinha o registro e vendia um creme hidratante chamado Niveja desde 1964. Nem as autoridades soviéticas nem as letãs notificaram as empresas. Os requerentes são responsáveis por se informar a respeito de marcas comerciais semelhantes que tenham registro. Esse caso está sendo levado para o Supremo Tribunal da Letônia. É melhor proteger os direitos de PI por meio do registro. Várias convenções internacionais oferecem a possibilidade de registro simultâneo nos países-membros.

Convenções internacionais

Vários países participam de convenções internacionais que têm por objetivo oferecer proteção e reconhecimento mútuos a direitos de propriedade intelectual. Existem três grandes convenções internacionais:

1. A Convenção de Paris para a Proteção de Propriedade Industrial, comumente chamada de Convenção de Paris, que abrange os Estados Unidos e 100 outros países.

2. A Convenção Interamericana, que inclui a maioria dos países latino-americanos e os Estados Unidos.
3. O Acordo de Madri, que estabeleceu o Departamento de Registro Internacional de Marcas, inclui 26 países europeus.

Além disso, a Organização Mundial de Propriedade Intelectual (World Intellectual Property Organization – Wipo) dos Estados Unidos é responsável por promover a propriedade intelectual e administrar os diversos tratados multilaterais por meio da cooperação entre seus países-membros.[18] Dois outros acordos de patente envolvendo vários países aprimoraram os procedimentos de patente na Europa. O primeiro, o Tratado de Cooperação de Patentes (TCP), facilita o processo de solicitação de patentes entre os países-membros. A cobertura do TCP é abrangente, porque uma única solicitação nos Estados Unidos oferece à parte interessada um relatório de busca internacional sobre outras patentes para ajudar a avaliar se é ou não necessário procurar proteção em cada um dos países que participam do TCP. O segundo, a Convenção Europeia de Patentes (CEP), estabelece um sistema de patentes regional que possibilita que empresas de qualquer nacionalidade preencham um único pedido internacional para solicitar uma patente europeia. As empresas têm a opção de confiar nos sistemas nacionais quando querem proteger uma marca registrada ou patente em alguns poucos países-membros ou solicitar proteção em todos os 27 países-membros. A proteção a uma marca registrada é válida por dez anos e é renovável; no entanto, se a marca não for utilizada em cinco anos, perde-se a proteção. Assim que a patente ou marca registrada é aprovada, tem o mesmo efeito de uma patente ou marca registrada nacional em cada país designado na solicitação.

O TRIPs, um dispositivo importante da OMC, é o acordo multilateral mais abrangente até o momento sobre propriedade intelectual. Ele estabelece padrões de proteção para a gama completa de direitos de propriedade intelectual que são incorporados nos atuais acordos internacionais. Os três principais dispositivos do acordo TRIPs exigem que os participantes cumprissem padrões mínimos de proteção até 2006, estabelecessem procedimentos e medidas para a fiscalização e a aplicação dos direitos de PI e submetessem as disputas entre os membros da OMC com respeito às obrigações do TRIPs aos procedimentos de acerto de disputas da OMC.[19]

Assim que uma marca comercial, patente ou outro direito intelectual é registrado, a maioria dos países exige que os direitos sejam utilizados e adequadamente fiscalizados. Os Estados Unidos são um dos únicos países em que um indivíduo pode deter uma patente mesmo que o objeto patenteado não seja fabricado e vendido pelo período de duração da patente. Outros países acreditam que, em troca do monopólio oferecido por uma patente, o detentor da patente deva compartilhar o produto com os cidadãos do país. Por esse motivo, se as patentes não forem fabricadas durante um período específico, normalmente de um a cinco anos (a média é três anos), a patente passa a ser de domínio público.

Essa regra vale também para as marcas registradas; os produtos que levam a marca registrada devem ser vendidos no país, do contrário, a empresa pode perder seu direito a uma marca registrada específica. O McDonald's enfrentou esse problema na Venezuela. Embora a marca McDonald's estivesse devidamente registrada nesse país de direito civil, a empresa não a utilizou por mais de dois anos. De acordo com a lei venezuelana, a marca registrada deve ser utilizada no prazo de dois anos; do contrário, é perdida. Portanto, o restaurante que opera na Venezuela é o "Mr. McDonalds", que ostenta os tradicionais arcos dourados, mas é de um proprietário venezuelano. A McDonald's Corporation, dos Estados Unidos, terá de enfrentar uma disputa provavelmente cara se decidir contestar a empresa venezuelana.

Os países esperam que as empresas fiscalizem ativamente sua propriedade intelectual e levem os transgressores aos tribunais, mas a fiscalização pode ser difícil. O sucesso depende em grande medida da cooperação do país em que a violação ou pirataria ocorre. A falta de cooperação de alguns países pode decorrer de diferenças culturais com relação à maneira como a propriedade intelectual é vista. Nos Estados Unidos, o objetivo da proteção de PI é estimular a invenção e proteger e recompensar as empresas inovadoras. Na Coreia, o ponto de vista é de que as ideias de uma pessoa devem beneficiar todas as demais. No Japão, a intenção é compartilhar tecnologia, e não protegê-la; uma invenção deve atender a um objetivo

---

[18] Acesse http://www.wipo.org, página principal da Wipo, para obter informações detalhadas sobre as várias convenções e atividades dessa organização.

[19] Para uma discussão sobre o TRIPs, acesse http://www.wto.org e escolha Intellectual Property (Propriedade Intelectual).

As três faces da pirataria ou reforma, dependendo de como você as enxerga.
(1) Jovens americanos, particularmente universitários, protestam contra as atuais leis de propriedade intelectual e os respectivos mecanismos de imposição.
O aluno com tapa-olho assiste a um seminário sobre esse assunto, conduzido pelo procurador-geral Alberto González.[21]
(2) Além dos Estados Unidos, o maior problema de pirataria é a China. Aqui, Jackie Chan ajuda o governo chinês a tomar medidas graves, prevendo o provável caminho da pirataria de PI na China. Em outras palavras, nos Estados Unidos, no Japão e em Taiwan, os piratas transformaram-se historicamente em policiais, como a produção de propriedade intelectual decolou nesses três países.[22] O mesmo ocorrerá na China nas próximas décadas, porque os artistas, pesquisadores e empreendedores desse país produzem ideias novas que vale a pena proteger.
(3) A epidemia de HIV/aids é uma catástrofe econômica e para a saúde que muitas pessoas na África Subsaariana e em outros países em desenvolvimento[23] acreditam que tenha sido exacerbada por políticas de preço e proteção à propriedade intelectual das empresas farmacêuticas.[24] Aqui, os manifestantes marcham em direção à embaixada americana em Pretória, África do Sul.

nacional mais amplo, com a rápida disseminação da tecnologia entre os concorrentes, de uma forma que promova a cooperação. Em vista dessas posturas, é possível entender melhor a falta de entusiasmo para proteger a propriedade intelectual. Os Estados Unidos são um forte defensor da proteção, e, por sua insistência, vários países tornaram-se mais cooperativos quanto à fiscalização de casos de violação e pirataria. Após décadas de debate, os ministros da UE concordaram com um sistema comum para invenções patenteadas que abrange todo o continente. Em vez de serem forçados a enviar uma solicitação em todos os idiomas dos países da UE, os inventores podem enviá-la em apenas um – inglês, francês ou alemão. Em relação à China, como seu sistema jurídico-legal se expande, as autoridades chinesas começaram a fazer valer as patentes das empresas locais à custa das empresas estrangeiras.[20]

---

[20] "Battle of Ideas", *The Economist*, 25 de abril de 2009, p. 68.
[21] Lorenzo Munoz e Jon Healey, "Students Do Not Share Gonzales' View on Piracy", *Los Angeles Times*, 29 de abril de 2005, p. C1, C9.
[22] N. Mark Lam e John L. Graham, *China Now, Doing Business in the World's Most Dynamic Market* (Nova York: McGraw-Hill, 2007).
[23] Amelia Gentleman, "Battle Pits Patent Rights against Low-Cost Generic Drugs", *The New York Times*, 30 de janeiro de 2007, p. C5; "Clinton, Drug Companies Strike Deal to Lower AIDS Drug Prices", *The Wall Street Journal*, 8 de maio de 2007.
[24] John E. Cook e Roger Bate, "Pharmaceuticals and the Worldwide HIV Epicemic: Can a Stakeholder Model Work?", *Journal of Public Policy & Marketing*, 23, n. 2, 2004, p. 140-152.

Outras abordagens gerenciais para proteger propriedades intelectuais

OA5

Proteção contra a pirataria e a falsificação

As medidas tradicionais, mas relativamente insignificantes, para as empresas americanas atuarem em países como a China são várias: (1) prevenir, isto é, contratar um representante local e registrar atenciosamente a PI nos órgãos apropriados; (2) buscar negociações e resoluções alternativas para as disputas; (3) apresentar queixa às autoridades chinesas; e (4) apresentar queixa ao governo americano e à OMC. Além dessas estratégias tradicionais, hoje são conduzidas algumas pesquisas para compreender melhor as motivações dos consumidores com respeito às marcas falsificadas.[25] Além disso, pensadores criativos do empreendedorismo tiveram várias novas ideias, que descreveremos brevemente a seguir.[26]

Microsoft. A estratégia de negociação de Bill Gates com os piratas de *software* chineses demonstra sua perspicácia, presciência e paciência. Ele revelou acidentalmente sua estratégia em 1998 em uma entrevista na Universidade de Washington:

> Embora cerca de três milhões de computadores sejam vendidos todos os anos na China, as pessoas não pagam pelo *software*. Contudo, algum dia elas pagarão. E, já que elas roubam, então que elas roubem os nossos. Elas ficarão meio que viciadas e então de algum modo descobriremos de que forma podemos cobrar alguma coisa na década subsequente.

Bem, não foi necessária uma década para esse método de teste de comercialização/produto funcionar. Em 18 de abril de 2006, um dia antes da chegada do presidente chinês Hu Jintao a Redmond, Washington, para jantar na casa de Gates e reunir-se com o presidente George W. Bush, Gates assinou um acordo com a Lenovo de US$ 1,2 bilhão sobre os *softwares* a serem incluídos nos computadores das empresas chinesas.

Philips. Um dos criadores da "inovação aberta" é a Philips Research, dos Países Baixos. Trinta anos atrás, esse centro criou o conceito de parceria[27] para desenvolver e comercializar novas ideias. Para a Philips, a inovação aberta também significa que ela compra ideias de parceiros de P&D e vende ideias a parceiros de comercialização, em vez de desenvolver e comercializar somente suas ideias. Um projeto exemplifica sua abordagem inovadora de desenvolvimento e proteção de propriedade intelectual na China. A Iniciativa Phenix foi um projeto comercial, industrial e de P&D para desenvolver serviços digitais interativos móveis para a Olimpíada de 2008. Liderado pela France Telecom, o projeto envolvia financiamento e contribuições tecnológicas de corporações e organizações tanto europeias quanto chinesas.

Embora várias empresas americanas criaram centros de projeto e P&D na China, as restrições do governo americano à exportação de alta tecnologia e a ansiedade competitiva dos executivos americanos impedem que as empresas americanas na China realizem associações como a Iniciativa Phenix. Tais relações independentes e não amistosas dos Estados Unidos na China restringem tanto a quantidade de tecnologia que eles desenvolvem quanto o grau de proteção que oferecem em comparação com os concorrentes europeus e asiáticos. Além disso, os apelos americanos ao governo chinês para "proteger *sua* propriedade intelectual" soam como uma exploração tanto para as autoridades quanto para o povo desse país.

Warner Bros. Por fim, propomos uma excelente solução para as empresas ricas em PI terem lucro na China atualmente e no futuro próximo, empregando a estratégia de preço mais antiga de todas: *cobrar o que o mercado aguentar*. Mesmo com a ajuda relutante das autoridades chinesas para fazer valer o acordo TRIPs da OMC, os consumidores chineses vão continuar copiando criativamente propriedades intelectuais, até o momento em que lhes for cobrado um preço que eles considerem "razoável". Aliás, louvamos as recentes estratégias heroicas ainda que controversas da Warner Bros na China de diminuir quase pela metade o preço dos DVDs (para US$ 1,88) e distribuir os produtos dias depois de seu lançamento nos cinemas – mais cedo do que qualquer outra empresa no mundo.

O método do preço é bastante coerente com o que os Estados Unidos há muito defendem, isto é, ajustar os preços com base nos níveis de renda comparativos nos países em desenvolvimento. Ou seja, um preço justo (do ponto de vista chinês) levaria em conta os diferenciais de renda e de poder aquisitivo entre os consumidores nos Estados Unidos e na China. Por exemplo, em 2007, a proporção entre o produto interno bruto (PIB) *per capita* americano e

---

[25] Keith Wilcox, Hyeong Min Kim e Sankar Sen, "Why Do Consumers Buy Counterfeit Brands?", *Journal of Marketing Research*, 46, n. 2, 2009, p. 247-259.

[26] Consulte Lam e Graham, *China Now*, para obter mais informações.

[27] "What's Mine Is Yours", *The Economist*, 30 de maio de 2009, p. 80.

chinês com relação à paridade do poder de compra era de aproximadamente US$ 40.000 para US$ 6.500. Ajustando o preço americano atual de cerca de US$ 10 por um DVD no *site* Amazon.com, um preço "razoável" para a China seria mais ou menos US$ 1,50. Além disso, é particularmente interessante a nuança tática de acrescentar US$ 0,38 para alcançar o preço extremamente auspicioso que os empresários da Warner Bros cobram e recebem na China – US$ 1,88!

A Warner Bros tenta criar um mercado para locação de DVDs de alta qualidade em parceria com a Union Voole Technology, na China. Com sistemas baratos de vídeo por encomenda, o preço da locação de vídeos em 3D sai por menos de US$ 1, com distribuição pela internet.[28]

Legislação do ciberespaço: questões sem solução

OA6

Vários problemas para desenvolver uma legislação para o ciberespaço

Por natureza, a internet é um empreendimento global para o qual não existe nenhuma fronteira política ou nacional. Embora esse alcance global seja seu ponto forte, ele também cria problemas quando as leis existentes não abordam claramente as singularidades da internet e das atividades a ela relacionadas. A lei existente é vaga ou não cobre completamente questões como jogos, proteção de nomes de domínio, impostos, jurisdição em operações transnacionais, problemas contratuais, pirataria[29] (como discutido na última seção) e censura. A própria disputa pública entre a empresa Google e o governo da China ao longo de 2010 é um exemplo importante desta última questão.[30] A UE, os Estados Unidos e vários outros países elaboram projetos de lei para tratar um sem-número de questões legais ainda não abordadas esclarecidamente pela legislação atual. Contudo, enquanto essas leis não forem aplicadas mundialmente, as empresas terão de confiar nas leis específicas do país, as quais podem ou não oferecer proteção.[31] Quando associamos o dinamismo sem precedentes da indústria do ciberespaço ao sistema jurídico-legal recente e inexperiente da China, percebemos na verdade um ambiente regulamentar um tanto desregrado e desordenado. Atualmente, a China tenta monitorar e censurar as mensagens de texto.[32] No entanto, talvez o combate mais interessante que fermenta na burocracia chinesa seja decidir qual ministério regulamentará a versão *on-line* do *World of Warcraft*, o jogo mais popular dessa modalidade no país.[33] A Administração Geral de Imprensa e Publicação e o Ministério da Cultura são os dois combatentes nesse curioso esquema, mas não há dúvida de que a expectativa da Blizzard Entertainment seja de que eles não cheguem a um acordo para dividir o controle sobre as operações chinesas da empresa.

Nomes de domínio e grileiros do ciberespaço

Infelizmente, dada a facilidade com que os domínios Web podem ser registrados e o baixo custo do registro, hoje existem milhares de registros. Os **grileiros do ciberespaço**, ou cibergrileiros, compram e registram nomes descritivos, nomes geográficos, nomes de grupos étnicos e de substâncias farmacêuticas e outros descritores semelhantes e os mantêm até o momento em que eles possam ser vendidos por preços astronômicos. Por exemplo, um cibergrileiro vendeu o domínio "www.themortgage.com" por US$ 500.000, mas o preço recorde pago até o momento foi de US$ 7,5 milhões pelo nome de domínio "www.business.com". Se um cibergrileiro tiver registrado um nome de domínio genérico de interesse para uma empresa, o único recurso será comprá-lo.

Outra tática dos cibergrileiros é registrar nomes familiares e marcas comerciais conhecidas que desviam o tráfego dos destinos pretendidos ou vender produtos concorrentes. A empresa eBay, a maior casa de leilão *on-line* do mundo, envolveu-se em uma disputa com um empreendedor de Nova Escócia, Canadá, que registrou o nome "www.ebay.ca", forçando a empresa a utilizar "www.ca.ebay.com" no *site* canadense que havia recém-criado. Posteriormente, ela conseguiu reaver o nome "www.ebay.ca", e ambos os endereços agora levam o usuário para o mesmo *site*.

Os cibergrileiros registram uma marca comercial ou registrada famosa que desvia a pessoa para o *site* deles ou para o de uma empresa concorrente. Por exemplo, um *site* de

---

[28] Dawn C. Chmielewski, "Warner Takes New Tack against Piracy", *Los Angeles Times*, 4 de novembro de 2008, p. C1, C6.

[29] "The Spider and the Web", *The Economist*, 29 de agosto de 2009, p. 49.

[30] "Google and China, Flower for a Funeral", *The Economist*, 16 de janeiro de 2010, p. 41-42.

[31] Jefferson Graham, "File-Sharing Beat Goes On", *USA Today*, 29 de junho de 2005, p. 3B.

[32] Sharon LaFraniere, "China to Scan Text Messages to Spot 'Unhealthy Content'", *The New York Times*, 20 de janeiro de 2010, p. A5.

[33] Michael Wines, "Online Warfare Prompts an Offline Clash in China", *The New York Times*, 7 de novembro de 2009, p. A4.

Clientes potenciais visitam um estande da Microsoft em Pequim. Quando os "blogueiros" chineses utilizam o serviço da Microsoft para postar mensagens e digitam termos como "democracia", "capitalismo", "liberdade" ou "direitos humanos", eles recebem um aviso luminoso amarelo e uma advertência computadorizada: "Esta mensagem contém palavras proibidas. Exclua a expressão proibida". A Microsoft concordou com esse tipo de censura, explicando que está apenas seguindo as leis locais e que, além disso, presta um conveniente serviço as seus clientes chineses. Os críticos discordam. O debate continua.

entretenimento adulto registrou o nome "www.candyland.com". A Hasbro, fabricante de brinquedos, comercializa um jogo para crianças denominado "Candy Land". Preocupada com a possibilidade de os clientes acabarem sendo direcionados ao *site* de entretenimento adulto, o desejo da Hasbro era eliminá-lo. Ela tinha a opção de mover uma ação judicial para fazer isso ou comprar o nome de domínio. A empresa optou por mover uma ação. Embora esse *site* de entretenimento adulto não estivesse violando diretamente sua marca, os tribunais concluíram que isso prejudicava a reputação da Hasbro e do jogo que fornecia às crianças. O endereço agora leva o usuário diretamente para o *site* da Hasbro.

Outros abusos dos cibergrileiros que podem representar uma séria ameaça ao comércio são os *sites* de imitação, de protesto e de ódio. Um bom exemplo é o "www.walmartsucks.org", que dirige duras críticas ao Walmart. É difícil impedir esse tipo de *site* porque existe proteção para o direito de liberdade de expressão. A única defesa que o Walmart poderia usar seria contestar o direito desse *site* de utilizar um nome comercial para direcionar alguém para seu endereço.

É fácil imaginar várias situações em que os atos das empresas ou as informações postadas em um *site* possam dar lugar a processos judiciais quando o conteúdo é ilegal ou irregular em um país, mas não no país anfitrião. Por exemplo, um estúdio americano que faz um filme com cenas de nudez poderia ser processado em um país que proíbe a nudez nos filmes. Além do estúdio de cinema ser responsabilizado, o provedor de serviços de internet poderia ser responsabilizado pelo conteúdo postado em seu *site*. Os escritores e editores poderiam enfrentar processos por difamação nos países com leis que restringem a liberdade de expressão, nos quais a falta de proteção ou a proteção ineficiente da liberdade de expressão dá margem para intimidações e censuras.[34] Na internet, os editores ou os proprietários de *sites* individuais temem ser processados por difamação por qualquer jurisdição ou várias jurisdições, simplesmente porque seus artigos podem ser baixados em qualquer lugar do mundo. As ações judiciais por calúnia, difamação e garantia dos produtos levam as empresas a restringir voluntariamente seus *sites* a determinados países, para não ficarem sujeitas a processos judiciais. A internet não é um espaço livre para difamações.

Os tribunais da maioria dos países tendem a impor sua jurisdição sobre as atividades *on-line*, seja qual for sua origem, desde que se provoque algum dano em nível local e se perceba que a parte responsável sabia ou deveria saber que esse dano constituía uma provável consequência de seus atos. A maioria concorda, entretanto, com a necessidade de criar leis expressamente concebidas para serem aplicadas não apenas em um país, mas no mundo inteiro, para esclarecer as controvérsias legais.

Dos 100 empresários pesquisados pela Câmara Internacional do Comércio (CIC), mais de um terço afirmou que a incerteza quanto às leis que regulamentam as operações pela internet afeta "decisões de negócios fundamentais". O impacto mais imediato, de acordo com a CIC, é claro: vários negociantes ou comerciantes *on-line* recusam-se a vender fora de seu país de origem.

Impostos

Outro problema espinhoso no comércio eletrônico é relacionado ao recolhimento de impostos. Um sistema tributário típico depende de que se conheça o local de uma determinada atividade econômica. Entretanto, a internet possibilita que trabalhadores independentes atuem em vários países diferentes sem sair da mesa. Quando, onde e por quem devem ser coletados impostos são questões que exigem discussões por países do mundo inteiro. Antes, considerava-se que a empresa deveria pagar impostos no país em quem ela tivesse um estabelecimento permanente. Contudo, ainda não está claro se a existência de um servidor ou de um *site* qualifica tal presença. Uma proposta que tem o apoio entusiástico das autoridades fiscais é a iniciativa de designar os servidores como "estabelecimentos permanentes virtuais", para que se sujeitem aos impostos locais.

Localizar com precisão quando e onde ocorre uma venda no ciberespaço é difícil. A menos que seja possível identificar com precisão os contribuintes evasivos, será difícil coletar qualquer imposto. Nas vendas realizadas em lojas físicas, o varejista recolhe os impostos.

---

[34] Mark Magnier e Joseph Menn, "As China Censors the Internet, Money Talks", *Los Angeles Times*, 17 de junho de 2005, p. A1, A14.

Porém, quando o *site* encontra-se em um país e o cliente em outro, quem recolhe? Uma das propostas é que empresas de remessa como a FedEx ou as companhias de cartão de crédito recolham os impostos – com certeza, nenhuma delas acolhe essa proposta entusiasticamente.

A Comissão da UE anunciou o plano de conceber uma diretiva que force as empresas estrangeiras a cobrar impostos sobre valor agregado (*value-added tax* – VAT) dos clientes na UE com relação a serviços e vendas realizados pela internet, pela televisão ou pelo rádio. As empresas estrangeiras com vendas via internet superiores a € 100.000 (aproximadamente US$ 125.000) dentro da UE seriam obrigadas a ter registro em pelo menos um país da UE e recolher o VAT de acordo com a taxa desse país, algo entre 15 e 25%. A justificativa para o imposto é a nivelação do campo de jogo. Isto é, as empresas da UE devem cobrar o VAT de seus clientes na UE, ao passo que as empresas estrangeiras que oferecem os mesmos serviços aos mesmos clientes são isentas de taxas alfandegárias. No entanto, as empresas americanas protestam contra isso e chamam essa proposta de *e-protectionism* (protecionismo ao comércio eletrônico). Embora o plano da UE no momento seja apenas uma proposta, à medida que as operações pela internet aumentarem, o coletor de impostos mais cedo ou mais tarde obterá sua cota.[35] Talvez o exemplo mais chocante de tributação incomum na internet provenha da França. O ministro da Cultura de lá propôs um imposto sobre receitas de propaganda *on-line*, direcionado a empresas americanas como Google, Microsoft, AOL, Yahoo! e Facebook, para ser utilizado como novo subsídio aos setores fonográfico, cinematográfico e editorial franceses.[36]

Jurisdição das disputas e validade dos contratos

À proporção que os países percebem que as leis existentes sobre o comércio nem sempre enfocam claramente as singularidades da internet e as atividades a ela relacionadas, é criado gradativamente um corpo de leis para regulamentar o ciberespaço. Dentre as áreas mais problemáticas, duas se destacam: determinar quais leis devem prevalecer nas disputas legais entre partes que se encontram em diferentes países e estabelecer a validade contratual das comunicações eletrônicas. Com relação à criação de uma lei uniforme, a UE enfrenta a maior dificuldade para conciliar as vastas diferenças legislativas entre seus países-membros. Por exemplo, um projeto de regulamentação debatido em Bruxelas e em outras capitais europeias teria exigido que os fornecedores respeitassem 27 conjuntos de leis nacionais diferentes e algumas vezes estranhos sobre proteção ao consumidor – que vão desde dezenas de restrições a propagandas à exigência da França de que todos os contratos sejam celebrados em francês, independentemente de as empresas pretenderem vender mercadorias de exportação à França.

A Comissão da UE adotou uma diretiva de comércio eletrônico que permitirá que varejistas *on-line* comercializem de acordo com as regras de seu país de origem, a menos que o vendedor tenha instigado ou abordado o consumidor por meio de propagandas; neste caso, qualquer medida legal deve ter lugar no país de residência do consumidor. O fundamento lógico para isso é que, se uma empresa busca clientes ativamente em um determinado país, ela deveria estar disposta a agir de acordo com as leis de proteção ao consumidor desse país. Contudo, se essa diretiva será aceita por todos os 27 países-membros ainda é uma questão controversa.

A Comissão Europeia começou a rever todo o quadro regulamentar da infraestrutura tecnológica da sociedade da informação. Ela se debruça sobre diferentes aspectos da legislação que pretendem posicionar o comércio eletrônico em pé de igualdade com o comércio convencional. Uma das primeiras medidas foi criar uma rede de computadores abrangendo toda a UE, apelidada de EEJ net (European Extra-Judicial Network ou Rede Extrajudicial Europeia), que oferece um meio fácil para resolver pequenas disputas fora dos tribunais. Problemas de entrega, produtos com defeito ou produtos que não correspondam à sua descrição podem ser levados a um único local ou central de informações (centro do consumidor) em cada país-membro. O consumidor poderá encontrar informações e apoio para apresentar uma queixa ao sistema de resolução de disputas fora do tribunal, no país em que o fornecedor do produto está estabelecido.

---

[35] Para obter um relatório sobre a resolução de problemas tributários transnacionais proposta pela OCDE, consulte "OECD Launches Project on Improving the Resolution of Cross-Border Tax Disputes", http://www.oecd.org, e selecione "Taxation" (Tributação). A OCDE levantou uma variedade de questões relacionadas à internet, e todas elas podem ser encontradas nesse *site*.

[36] "France and Internet, Helicopters at the Ready", *The Economist*, 16 de janeiro de 2010, p. 63-64.

Além disso, o estabelecimento da validade da lei contratual do comércio eletrônico faz progressos significativos. Por exemplo, recentemente a Índia aprovou uma lei que institui o *e-mail* como uma forma de comunicação com valor legal, os contratos eletrônicos como um recurso com força legal e as assinaturas digitais como um compromisso vinculativo irrevogável. Vários países preparam, ou aprovaram, legislações semelhantes à do Reino Unido, que permite que as assinaturas digitais sejam utilizadas na criação de contratos *on-line* legalmente vinculativos como qualquer outro documento original em papel.

Lei comercial dentro dos países

OA7

Diferenças legais entre os países e como elas podem afetar os planos de marketing internacional

Leis que regulamentam o marketing

Ao realizar negócios em mais de um país, o profissional de marketing deve estar sempre atento aos diferentes sistemas legais. Esse problema é especialmente complexo para o profissional de marketing que formula um único plano de marketing a ser implantado em diversos países. Embora as diferenças de idioma e costumes possam ser ajustadas, as diferenças legais entre os países podem continuar sendo um problema para o programa de marketing.

Todos os países dispõem de leis que regulamentam as atividades de marketing nas áreas de promoção, desenvolvimento de produtos, rotulagem, precificação e canais de distribuição. Em geral, as discrepâncias entre os mercados geram problemas para os negociadores comerciais, particularmente para os gestores e suas respectivas empresas. Por exemplo, os Estados Unidos proíbem a compra ou venda de órgãos humanos[37] e restringem a utilização de células-tronco humanas em pesquisas médicas destinadas ao desenvolvimento de tratamentos para uma variedade de doenças,[38] mas outras nações têm leis diferentes.[39] A ética relativa a essas duas questões é bastante controversa; portanto, pensá-la em termos internacionais só complica as coisas ainda mais. No caso do atual comércio internacional de órgãos humanos, os europeus podem viajar legalmente a países estrangeiros para fazerem transplantes. Contudo, o Parlamento da UE avalia a possibilidade de considerar essa prática uma transgressão criminosa. Entretanto, o governo americano pensa em abrandar suas leis sobre pesquisas com células-tronco porque os cientistas de outros países, não tolhidos por restrições semelhantes, alcançaram avanços significativos nesse campo.

Em alguns países, pode haver poucas leis relacionadas ao marketing e uma certa dose de indulgência em relação à sua imposição; em outros, talvez seja necessário cumprir regulamentos detalhados e complexos que são impostos de maneira rigorosa. Por exemplo, em 1991, a Suécia proibiu todas as propagandas direcionadas às crianças. Grécia, Noruega, Dinamarca, Áustria e Países Baixos restringem todas as propagandas dirigidas ao público infantil. Recentemente, a Comissão Europeia ameaçou restringir todas as propagandas de refrigerantes e lanches dirigidas às crianças, e a PepsiCo, em resposta, voluntariamente se propôs a refrear suas propagandas dirigidas a esse público.[40] Ao mesmo tempo, o setor alimentício americano combate essas medidas nos Estados Unidos. É interessante observar que a Comissão Federal de Comércio dos Estados Unidos e os fabricantes de alimentos doces e de brinquedos trilharam um caminho semelhante para restringir propagandas dirigidas a crianças no final da década de 1970. Esse setor fez algumas concessões insignificantes na época, mas na década de 1980 começou a ignorar compromissos anteriores. Na medida em que a obesidade infantil continua sendo um problema de saúde pública importante em todos os países ricos, será interessante acompanhar e dar sequência a todos esses avanços.

Com frequência, existem enormes diferenças entre os países com leis que abrangem as mesmas atividades quanto à aplicação e interpretação dessas leis. As leis que regulamentam as promoções de vendas na UE apresentam bons exemplos dessa diversidade. Na Áustria, ofertas especiais, brindes ou cupons são considerados descontos para pagamento à vista e são proibidos. Na Finlândia, as ofertas especiais são amplamente autorizadas desde que a palavra *grátis/gratuito* não seja empregada e os consumidores não sejam compelidos a comprar os produtos. A França também regulamenta as ofertas especiais, que são ilegais no país porque vender abaixo do custo ou oferecer a um cliente um brinde ou bônus condicionado à compra de outro

---

[37] Nancy Scheper-Hughes, "Organs without Borders", *Foreign Policy*, janeiro-fevereiro de 2005, p. 26-27.
[38] Robert L. Paarlberg, "The Great Stem Cell Race", *Foreign Policy*, maio-junho de 2005, p. 44-51.
[39] Amelia Gentleman, "Transplant Scheme Preys on Poor Indians", *International Herald Tribune*, 30 de janeiro de 2008, p. 2.
[40] Andrew Ward e Jeremy Grant, "PepsiCo Says It Has Curbed Advertising to Children", *Financial Times*, 28 de fevereiro de 2005, http://www.FT.com.

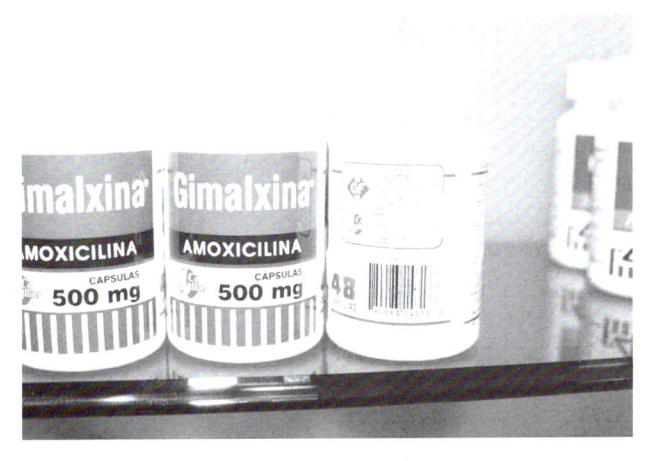

As leis que regulam as atividades de marketing em relação a questões de saúde diferem significativamente ao redor do mundo. No México, com frequência não se exigem receitas para medicamentos potentes. Nessa farmácia no aeroporto de Cancún, os turistas podem comprar o antibiótico retratado sem receita médica por um preço baixo. A qualidade é um problema, mas a disponibilidade não. Nas Filipinas e em outros países em desenvolvimento, você mesmo pode comprar um rim no mercado negro – o preço total é de mais ou menos US$ 2.000. Entretanto, as leis americanas proíbem a compra e a venda de órgãos humanos. Na Coreia do Sul, o governo apoia pesquisas com células-tronco, que nos Estados Unidos são restringidas por leis federais.

produto é ilegal. A legislação francesa permite liquidações duas vezes ao ano, em janeiro e agosto, que por lei podem durar de quatro a seis semanas. Essas liquidações são tão populares que são anunciadas em rádio e televisão, e é necessário convocar um policiamento especial para controlar as multidões. Uma pesquisa de opinião pública indicou que mais de 40% dos franceses reservam dinheiro ao longo do ano para as estações de liquidação e 56% gastarão menos dinheiro em gêneros de necessidade para comprar nas liquidações. A boa notícia aqui é que muitas dessas restrições às atividades de marketing estão sendo abrandadas. Há pouco tempo, as vendas durante feriados[41] e o horário de atendimento prolongado nas lojas[42] são autorizados nos países europeus. Já a China abrandou algumas de suas restrições ao marketing direto que afetavam particularmente empresas como a Mary Kay.[43]

As diversas leis que regulamentam a comparação entre produtos, um meio natural e eficaz de expressão, são outro obstáculo importante. Na Alemanha, as comparações feitas nas propagandas sempre estão sujeitas ao escrutínio do concorrente, que tem o direito de ir ao tribunal e pedir provas com relação a qualquer superioridade implícita ou declarada. No Canadá, as decisões judiciais são mais rigorosas: todas as pretensões e declarações devem ser examinadas para garantir que qualquer representação para o público não seja falsa nem enganosa. Essa representação não pode ser feita verbalmente na venda ou estar inserida em algum local que chame a atenção do público (como o rótulo do produto, encartes nos produtos ou qualquer outra forma de propaganda, incluindo malas diretas). O Legislativo canadense orientou seus tribunais a considerar a "impressão geral" transmitida pela representação e também seu significado literal ao determinar se uma representação é falsa ou enganosa.[44] Os tribunais devem utilizar o "critério da pessoa crédula", que significa que, na eventualidade de qualquer pessoa sensata interpretar mal uma representação, ela é considerada enganosa. Em essência, a propaganda espalhafatosa, uma prática aceita nos Estados Unidos, poderia ser interpretada no Canadá como uma propaganda falsa e enganosa. Portanto, uma afirmação do tipo "o eixo de transmissão mais resistente do Canadá" seria considerada enganosa, a menos que o anunciante tivesse uma prova absoluta de que seu eixo de transmissão é mais resistente do que qualquer outro à venda no Canadá.

A China experimenta uma variedade de leis para controlar a postura comercial das empresas estrangeiras, e alguns desses experimentos deram certo, mas outros não. Alguns regulamentos são abrandados, como aqueles que controlam as agências de propaganda estrangeiras. Mesmo assim, a censura à propaganda e ao conteúdo dos programas[45] são preocupações constantes. Os anúncios televisionados de produtos "ofensivos", como absorventes higiênicos femininos, medicamentos para hemorroida e até unguento para pé de atleta não são permitidas no horário das três principais refeições do dia.[46] As autoridades chinesas proibiram o anúncio televisivo da Nike com LeBron James porque ele "violava os regulamentos que estipulam que todas as propagandas na China deveriam defender a dignidade e o interesse nacional e respeitar a cultura da pátria".[47] Ao que tudo indica, a vitória de LeBron em seu duelo com um mestre do *kung fu* não é apropriada na terra de Confúcio. Além disso, as revistas foram solicitadas a utilizar uma tradução direta do nome quase sempre obscuro que aparece em suas licenças ou não utilizar nenhum nome em inglês. Portanto, *Cosmopolitan* passaria a ser "Trends Lady" ("Mulher da Moda"), *Woman's Day* passaria a ser "Friends of Health" ("Amigas da Saúde") e *Esquire* passaria a ser "Trends Man" ("Homem da Moda"). O filme *Avatar* também disputou as telas chinesas com um filme patrocinado pelo governo sobre a vida de Confúcio; pelo menos temporariamente, *Avatar* obteve autorização para ser exibido apenas nas telas em 3D, dando a Confúcio um tempo "apropriado" nas telas normais.[48] Um disco do Guns N'Roses foi proibido no país porque seu título era censurável – *The Chinese Democracy* (A Democracia Chinesa).[49] Essa diversidade de leis entre os países estende-se para as propagandas, a precificação, os acordos de vendas e outras atividades comerciais. Aliás, algumas pesquisas afirmam que as políticas governamentais afetam o sucesso do marketing de diver-

---

[41] Cecilie Rohwedder, "Achtung Christmas Shoppers!", *The Wall Street Journal*, 24 de dezembro de 2007, p. B1, 2.
[42] Marcus Walker, "Longer Store Hours in Germany", *The Wall Street Journal*, 8 de janeiro de 2007, p. A5.
[43] Katherine Yung, "Mary Kay Sales Plans Get Beijing Blessing", *Dallas Morning News*, 5 de dezembro de 2006, p. D1, D7.
[44] Richard W. Pollay, "Considering the Evidence, No Wonder the Court Endorses Canada's Restrictions on Cigarette Advertising", *Journal of Public Policy & Marketing*, 23, n. 1, 2004, p. 80-88.
[45] "Bond in Beijing", *The Wall Street Journal*, 31 de janeiro de 2007, p. A12; Don Lee e Jim Puzzanghera, "China Closing Curtains on U.S. Movies", *Los Angeles Times*, 12 de dezembro de 2007, p. C1, C4; Geofrrey A. Fowler, "Online-Video Firms Brace as China Tightens Rules", *The Wall Street Journal*, 4 de janeiro de 2008.
[46] Geoffrey A. Fowler, "China Cracks Down on Commercials", *The Wall Street Journal*, 19 de fevereiro de 2004, p. B7.
[47] "China Bans Nike's LeBron Commercial", *Associated Press*, 6 de dezembro de 2004.
[48] Ben Fritz e David Pierson, "Chinese Pull an 'Avatar' Switch", *Los Angeles Times*, 19 de janeiro de 2010, p. B6.
[49] James T. Areddy, "Guns N' Roses New Album Is Up Against a Chinese Wall", *The Wall Street Journal*, 22 de novembro de 2008 [*on-line*].
[50] Stefan Stremersch e Aurelie Lemmens, "Sales Growth of New Pharmaceuticals across the Globe: The Role of Regulatory Regimes", *Marketing Science*, 28, n. 4, 2009, p. 690-708.

sas maneiras,[50] inclusive evitando que algumas empresas adotem uma orientação para o marketing em suas atividades.[51]

Há uma certa esperança de que a UE em breve tenha um código comercial comum. Uma medida nessa direção é a proposta de conciliar o regulamento pan-europeu de promoções, baseado em leis conservadoras que abrangem as promoções na Alemanha, na Áustria e na Bélgica, mas essa proposta enfrenta a dura resistência de vários grupos por causa da complexidade de suas restrições.[52] Entretanto, outros exigem uma conciliação ainda maior da regulamentação do marketing envolvendo os Estados Unidos, as Nações Unidas e a OMC.

Embora a UE às vezes possa passar uma imagem positiva de cooperação econômica, lidar com 27 diferentes países, culturas e idiomas, bem como com 27 sistemas legais distintos, ainda é uma realidade. Conquanto algumas leis comerciais da Alemanha tenham sido revogadas em 2000, grupos como o Centro de Combate à Concorrência Desleal, uma organização financiada pela indústria, continuam trabalhando para manter o *status quo*. Depois que as leis alemãs foram revogadas, os advogados desse centro instauraram 1.000 processos judiciais ao ano, perseguindo, por exemplo, um supermercado que oferecesse cupons de desconto ou uma *delicatéssen* que oferecesse uma xícara de café a um cliente que tivesse consumido 10 cafés. Com certeza as iniciativas desse centro não pararão por aí.

Ainda que o objetivo de uma total integração e um código comercial comum não tenha sido completamente atingido na UE, as decisões do Tribunal da Europa continuam derrubando leis específicas dos países-membros que impedem a concorrência transnacional. Em uma decisão recente, o Tribunal da Europa determinou que uma empresa francesa de cosméticos poderia vender seus artigos pelo correio na Alemanha e anunciá-los a um preço mais baixo que seus preços originais, contrapondo-se diretamente à lei alemã. Quando a Lei do Mercado Único Europeu for implantada, muitas das diferenças legais e comerciais que existiram durante décadas desaparecerão. Surpreendentemente, as normas estabelecidas pela UE para alimentos, *softwares*, carros e outros artigos afetam também as normas dos produtos americanos. Em muitos casos, a conciliação de tantas diferenças entre as normas de proteção ao consumidor que existiram nos países europeus antes da UE gerou regulamentos mais rigorosos do que aqueles aplicáveis aos produtos americanos. Consequentemente, vários produtos americanos foram obrigados a passar por uma redefinição e reestruturação para atender aos padrões europeus. Por exemplo, os condicionadores de ar Carrier foram redefinidos para atender às normas europeias de reciclagem; a Microsoft alterou seus contratos com fabricantes de *software*; os provedores de serviços de internet oferecem aos consumidores uma variedade maior de opções de tecnologia; e o McDonald's parou de inserir brinquedos de plástico em seu Lanche Feliz e parou de utilizar batatas geneticamente modificadas em todos os seus restaurantes, no mundo inteiro. Todas essas mudanças devem-se à necessidade de conciliação das normas americanas com as normas da UE.

Uma manifestante do Greenpeace surge dentro de um recipiente de lixo de plástico quando os ativistas estavam pedindo ao governo para desenvolver um programa de reciclagem abrangente que, segundo eles, criará 2.000 novos empregos. Um estudo conduzido pelo Greenpeace constatou que apenas 148 de 18.200 recipientes de lixo em Hong Kong têm compartimentos de separação de lixo. O grupo pedia ao governo para remodelar seus atuais procedimentos de gestão de lixo a fim de viabilizar um sistema abrangente para diminuir, recuperar e reciclar.

Legislação sobre o marketing verde

As corporações multinacionais enfrentam igualmente uma variedade crescente de legislações concebidas para regulamentar os problemas do meio ambiente. A preocupação global com o meio ambiente não está relacionada apenas com a poluição, o descarte de resíduos perigosos e o desflorestamento desenfreado, mas também com problemas diretamente relacionados aos produtos de consumo. As leis concernentes ao marketing verde estão direcionadas aos produtos e às embalagens de produto que respeitam o meio ambiente e às respectivas consequências sobre a gestão de resíduos sólidos.

A Alemanha aprovou as leis mais rigorosas sobre marketing verde que regulamentam a gestão e a reciclagem dos resíduos de embalagem, introduzidas em três fases. A primeira exigiu que todas as embalagens de transporte, como engradados, tambores, paletes e caixas de isopor, fossem recebidas de volta pelos fabricantes e distribuidores para reciclagem. A segunda exigiu que os fabricantes, distribuidores e varejistas recebessem todas as embalagens secundárias retornáveis, como caixas onduladas, cartelas blíster, embalagens para evitar roubo, embalagens usadas em máquinas de vendas e embalagens para

---

[51] Rilian Qu e Christine T. Ennew, "Developing a Market Orientation in a Transitional Economy: The Role of Government Regulation and Ownership Structure", *Journal of Public Policy & Marketing*, 24, n. 1, 2005, p. 82-89.

[52] "EU Sets Cap on TV Ads and Product Placement", *International Herald Tribune*, 14 de novembro de 2006, p. 16.

finalidades promocionais. A terceira exige que todos os varejistas, distribuidores e fabricantes recebam de volta embalagens como latinhas, recipientes de plástico para laticínios, embalagens laminadas, embalagens de isopor e caixas de papelão dobrável como as usadas para cereais. A exigência de que os varejistas recebam de volta as embalagens dos produtos foi suspensa porque a adesão voluntária ao programa Green Dot ainda é um substituto viável. A logomarca do Green Dot em uma embalagem identifica os fabricantes que concordaram e responsabilizaram-se por coletar de forma regular o material das embalagens usadas diretamente na residência dos consumidores ou em pontos de coleta específicos.

Além das embalagens, a recuperação de recicláveis engloba também os automóveis. Desde 2006, os fabricantes estabelecidos nos países da UE devem receber de volta qualquer carro de sua fabricação que não tenha mais nenhum valor de revenda e pagar por seu descarte apropriado. De modo semelhante, 85% da matéria-prima dos carros inutilizados deve ser recuperada para uso futuro.

Além disso, vários países europeus elaboraram esquemas para identificar produtos que atendem a determinados critérios que os tornam mais ecológicos do que produtos similares. Os produtos que atendem a esses critérios recebem uma "etiqueta ecológica", que o fabricante pode exibir nas embalagens. A UE assume uma postura mais agressiva no lançamento de novas diretivas e na uniformização da atribuição de etiquetas ecológicas e de outras leis ambientais entre todos os países-membros. Essas iniciativas serão discutidas mais detalhadamente no Capítulo 13, sobre produtos de consumo.[53]

Leis antitruste

Com exceção dos Estados Unidos, as leis antitruste não existiam ou não eram impostas na maioria dos países do mundo durante grande parte do século XX. Entretanto, a UE,[54] o Japão e vários outros países começaram a impor sistematicamente suas leis antitruste, que se basearam nas leis americanas. Monopólio, discriminação de preços, restrições ao fornecimento e venda forçada de uma linha de produtos completa são fatores aos quais o Tribunal de Justiça Europeu (TJE) imputou graves penalidades. Por exemplo, antes de a Procter & Gamble ter recebido autorização para comprar a VP-Schickedanz AG, empresa alemã de produtos de higiene, ela teve de concordar em vender uma das divisões dessa empresa alemã que fabricava absorventes femininos da marca Camelia. Como a P&G comercializava uma marca de absorventes femininos na Europa, a comissão estava preocupada com a possibilidade de a autorização para que a P&G mantivesse o Camelia desse à empresa 60% de controle sobre o mercado alemão de produtos higiênicos e 81% sobre o da Espanha. Há pouco tempo, a UE multou a Intel em US$ 1,45 bilhão por abusos monopolizantes em suas atividades comerciais na Europa. Além disso, a empresa foi obrigada a ajustar suas práticas de comercialização e operações.[55]

Os Estados Unidos também intervêm quando empresas não americanas tentam adquirir empresas americanas. A proposta de US$ 2,8 bilhões da Nestlé para a aquisição da marca Grand Ice Cream da Dreyer topou com um obstáculo: as autoridades antitruste americanas opuseram-se à negociação com o argumento de que isso diminuiria a concorrência e elevaria os preços dos sorvetes do tipo *gourmet* nos Estados Unidos. Às vezes, as empresas estão sujeitas a acusações de truste em mais de um país. A Microsoft obteve vitória parcial nas acusações de truste que sofreu nos Estados Unidos, mas enfrentou acusações de práticas anticompetitivas semelhantes em relação ao seu sistema operacional Windows na UE. A base da investigação é a preocupação com possíveis benefícios competitivos aos *softwares* europeus em caso de imposição de restrições legais à Microsoft. As empresas americanas enfrentam violações antitruste desde os dias de caça ao truste do presidente Theodore Roosevelt, mas bem menos em outras partes do mundo. A fiscalização contra o truste na Europa era praticamente inexistente antes da fase inicial de implantação da legislação antitruste estabelecida pela UE. E agora a China entra no jogo. O Escritório Antimonopólio do

---

[53] Para obter informações sobre as diretivas ambientais da UE, bem como outras informações sobre a UE, acesse http://www.europa.eu.int. Esse endereço o levará à página inicial, na qual você pode procurar tópicos e visitar várias fontes de informação sobre a UE.

[54] Charles Forelle, "Microsoft Yields in EU Antitrust Battle", *The Wall Street Journal*, 23 de outubro de 2007; Charles Forelle, "EU Probes Pharmaceutical Industry on Dwindling New Patents, Drugs", *The Wall Street Journal*, 16 de janeiro de 2008.

[55] Charles Forelle e Don Clark, "Intel Fine Jolts Tech Firm", *The Wall Street Journal*, 14 de maio de 2009, p. A1, A14.

Ministério do Comércio considerou seu primeiro caso e acabou aprovando a fusão entre Anheuser-Busch e InBev.[56]

Leis americanas aplicadas nos países anfitriões

OA8

Diferentes maneiras pelas quais as leis americanas podem ser aplicadas a empresas americanas que atuam fora dos Estados Unidos

Todos os governos preocupam-se em proteger doméstica e internacionalmente seus interesses políticos e econômicos; toda atividade ou procedimento que ameace os interesses nacionais, onde quer que ocorra, está sujeita ao controle governamental. O fato de estar fora das fronteiras nacionais não exime uma empresa da conformidade com as leis do país de origem. Independentemente da nação em que estiver comercializando, o cidadão americano está sujeito a determinadas leis de seu país. O que é ilegal para uma empresa americana dentro dos Estados Unidos é também ilegal, do ponto de vista das leis americanas, para a empresa, para suas subsidiárias e para os licenciados de tecnologia de origem americana em jurisdições estrangeiras.

As leis que proíbem recebimento de suborno, operações comerciais com inimigos, participação em empreendimentos comerciais que afetam negativamente a economia americana, participação em boicotes não autorizados, como o boicote árabe, ou qualquer outra atividade considerada contrária aos mais altos interesses dos Estados Unidos aplicam-se a empresas americanas e respectivas subsidiárias e licenciadas independentemente do local em que elas atuam. Portanto, o cidadão americano que se encontra em um país estrangeiro sempre deve estar atento não apenas às leis do país anfitrião, mas também às leis de seu país.

A questão da jurisdição na legislação dos Estados Unidos com respeito a atos praticados fora de suas fronteiras territoriais foi solucionada pelos tribunais por meio da aplicação de um princípio de direito internacional há muito tempo estabelecido, a "teoria objetiva da jurisdição". Essa teoria estabelece que, mesmo que um ato seja praticado fora da jurisdição territorial dos tribunais americanos, esses tribunais podem ter jurisdição se o ato em questão gerar consequências ao país de origem. A única exceção possível pode ocorrer quando a transgressão resultar da imposição de conformidade com a legislação local.

Lei contra a prática de corrupção no exterior

Lembre-se de que no Capítulo 5 dissemos que a Lei contra a Prática de Corrupção no Exterior (Foreign Corrupt Practices Act – FCPA) considera ilegal o pagamento de suborno a funcionários públicos estrangeiros, candidatos ou partidos políticos por parte de empresas americanas. Penalidades rigorosas podem ser fixadas contra altos executivos, diretores e funcionários da empresa ou contra representantes considerados culpados por pagar suborno, participar conscientemente ou autorizar pagamentos de suborno. Entretanto, lembre-se também de que o suborno, que pode ser em forma de propina ou extorsão, é um costume comercial comum em vários países, ainda que seja ilegal.[57]

Como a FCPA original não era clara, as interpretações iniciais dessa lei eram extremamente tacanhas e confusas. Emendas subsequentes na Lei Geral de Comércio e Competitividade esclareceram duas das questões mais problemáticas. A responsabilidade dos executivos corporativos mudou de *ter motivo para saber* que foram feitos pagamentos ilegais para *saber* ou autorizar pagamentos ilegais. Além disso, se forem um costume cultural, pequenos pagamentos ("molhar a mão") feitos para estimular um funcionário público a concluir atividades governamentais rotineiras, como providenciar alguma documentação, oferecer visto e agendar inspeções, não são ilegais *per se*.

A controvérsia sobre se a FCPA coloca as empresas americanas em desvantagem ainda se mantém. Alguns defendem que as empresas americanas estão em desvantagem nas operações comerciais internacionais nos casos em que os pagamentos de suborno são habituais, ao passo que outros acreditam que ela tem pouco efeito e apenas ajuda as empresas a "dizerem não". A verdade provavelmente repousa em algum ponto intermediário. Existe o consenso de que a maioria das empresas americanas atuam dentro da lei, e vários estudos indicam que a FCPA não tem sido tão prejudicial para os interesses das CMNs quanto se temia a princípio, uma vez que as exportações para países desenvolvidos e em desenvolvimento continuam favoráveis.

Embora as empresas americanas pareçam competentes para concorrer e sobreviver sem recorrer à corrupção nas sociedades mais corruptas, isso não significa que não ocorram

---

[56] "InBev-Anheuser-Bush: China's First Public Merger Decision Under the AML", *Venulex Legal Summaries*, quarto trimestre, 2008, p. 1-3.

[57] Para uma discussão sobre a FCPA, atualizações e outras informações, acesse a página principal da FCPA em http://usdoj.gov/criminal/fraud/fcpa.html.

CRUZANDO FRONTEIRAS 7.2 — Tipo de correspondência que um profissional de marketing internacional não deseja ver

PARA DIVULGAÇÃO IMEDIATA
SEXTA-FEIRA, 20 DE MAIO DE 2005
WWW.USDOJ.GOV

DIVISÃO CRIMINAL
(202) 514-2008
TELEFONE PARA SURDOS:
(202) 514-1888

DPC (TIANJIN) LTDA. ACUSADA DE VIOLAR A LEI CONTRA A PRÁTICA DE CORRUPÇÃO NO EXTERIOR

WASHINGTON, DC – O subprocurador geral interino John C. Richter da Divisão Criminal anunciou hoje o registro de uma informação criminal de primeira acusação contra a DPC (Tianjin) Ltda. – subsidiária chinesa da Diagnostic Products Corporation (DPC), com sede em Los Angeles – de violar a Lei contra a Prática de Corrupção no Exterior de 1977 (FCPA) em relação ao pagamento de aproximadamente US$ 1,6 milhão em suborno, em forma de "comissões" ilegais, para médicos e funcionários laboratoriais empregados por hospitais estatais na República Popular da China.

A empresa, que fabrica e vende equipamentos de diagnóstico médico, concordou em reconhecer sua culpa, em adotar medidas de conformidade interna e em cooperar com as investigações civis da Comissão de Valores Mobiliários (Security Exchange Comission – SEC) e as investigações criminais em andamento. Será escolhido um especialista independente para auditar o programa de conformidade da empresa e monitorar a implantação de novas políticas e de novos procedimentos internos. A DPC Tianjin também concordou em pagar uma multa criminal de US$ 2 milhões.

Os subornos foram alegadamente pagos do final de 1991 ao final de 2002 com o objetivo de obter e manter operações comerciais com esses hospitais. De acordo com a informação criminal e um enunciado de fatos registrados no tribunal, a DPC Tianjin fez pagamentos em dinheiro a funcionários laboratoriais e médicos empregados em determinados hospitais da República Popular da China em troca de contratos em que os hospitais obteriam produtos e serviços da DPC Tianjin. Essa prática, autorizada pelo gerente geral da DCP Tianjin, envolveu funcionários que eram empregados por hospitais de propriedade de autoridades legais na República Popular da China e, portanto, "servidores públicos estrangeiros", tal como definido pela FCPA.

Na maioria dos casos, os subornos foram pagos em dinheiro e entregues em mãos por vendedores da DPC Tiajin à pessoa que controlava as decisões de compra do departamento hospitalar em questão. A DPC Tiajin registrou os pagamentos em seus livros e arquivos como "despesas de vendas". O gerente geral da DPC Tiajin preparou e submeteu regularmente à Diagnostic Products Corporation suas demonstrações financeiras, que continham as respectivas despesas de vendas. Além disso, o gerente geral incentivou a aprovação dos orçamentos de despesas de vendas da DPC Tiajin, incluindo as quantias que a DPC Tiajin pretendia pagar aos funcionários dos hospitais no trimestre ou no ano seguinte.

As "comissões", normalmente de 3 a 10% das vendas, equivalem a um total de US$ 1.623.326, do final de 1991 ao final de 2002 e possibilitaram que a DePu Biotechnological & Medical Products Inc. obtivesse um lucro de aproximadamente US$ 2 milhões com as vendas.

A empresa controladora da DPC Tiajin, Diagnostic Products Corporation, está sujeita ao processo judicial imposto pela FCPA, instaurado hoje pela SEC. A SEC ordenou que a empresa pare de violar a FCPA e devolva aproximadamente US$ 2,8 milhões em ganhos ilícitos, equivalentes ao seu lucro líquido na República Popular da China durante o período de má conduta e aos juros pré-julgamento [...].

---

transgressões e que as empresas não sejam penalizadas por elas. Por exemplo, descobriu-se que uma empresa de engenharia ambiental americana fez pagamentos corruptos para o governo egípcio para ajudá-la a ganhar um contrato. A empresa concordou em não violar a FCPA no futuro, a pagar uma multa civil de US$ 400.000 e a indenizar o Departamento de Justiça pelos custos de investigação. Além disso, a empresa concordou em estabelecer procedimentos de conformidade com a FCPA e a oferecer certificados de conformidade anualmente durante cinco anos. Outras empresas pagaram multas ainda mais altas, e o Departamento de Justiça concordou em não processar empresas com programas de treinamento "excelentes" em vigor.

Leis antitruste americanas aplicáveis a mercados externos

A imposição de leis antitruste pelos Estados Unidos tem dois objetivos no comércio internacional. O primeiro é proteger os consumidores americanos, garantindo que eles se beneficiem de produtos e ideias produzidos por concorrentes estrangeiros e também por concorrentes domésticos. A concorrência de fabricantes estrangeiros é importante quando as importações são ou têm a possibilidade de ser uma fonte fundamental para um determinado produto ou quando uma única empresa é predominante em um setor doméstico. Esse problema ganha relevância em várias *joint ventures*, particularmente na situação em que a empresa americana que realiza uma *joint venture* com um concorrente estrangeiro restringe a concorrência da empresa controladora no mercado americano.

O segundo objetivo da legislação antitruste americana é proteger as exportações e as oportunidades de investimento americanas contra qualquer restrição imposta pelo setor privado. O interesse é que todas as empresas com sede nos Estados Unidos envolvidas com a exportação de mercadorias, serviços ou capital possam concorrer por mérito e não precisem fechar as portas em decorrência de restrições impostas por concorrentes maiores ou menos íntegros.

Dúvidas concernentes à jurisdição e ao modo como as leis antitruste americanas aplicam-se não raro são levantadas, mas vagamente respondidas. O fundamento para a resolução em última análise repousa na interpretação das Seções I e II da Lei de Sherman. A Seção I estabelece que "todo acordo, conluio [...] ou conspiração que restrinja uma negociação ou o comércio entre vários países ou com outros países é pelo presente considerado ilegal". A Seção II considera transgressão "monopolizar, ou tentar monopolizar, ou combinar ou conspirar com qualquer outra pessoa ou pessoas, monopolizar qualquer parte da negociação ou do comércio entre vários países ou com outros países".

O Departamento de Justiça dos Estados Unidos reconhece que a aplicação das leis antitruste americanas a atividades no exterior apresenta algumas questões difíceis com relação à jurisdição. Reconhece também que a imposição da lei antitruste americana não deve interferir desnecessariamente no interesse soberano de outra nação. Entretanto, ao mesmo tempo, a Divisão Antitruste desse país está comprometida em controlar as operações estrangeiras em âmbito doméstico ou no exterior que tenham consequências significativas e previsíveis sobre o comércio americano. Quando essas práticas comerciais ocorrem, não há dúvida para a Divisão Antitruste do Departamento de Justiça dos Estados Unidos de que suas leis são aplicáveis.

Lei antiboicote americana

De acordo com a lei antiboicote,[58] as empresas americanas estão proibidas de participar de qualquer boicote estrangeiro não autorizado; além disso, elas são obrigadas a notificar qualquer solicitação para cooperar com algum boicote. A lei antiboicote foi uma resposta ao boicote da Liga Árabe contra empresas israelenses. O boicote da Liga Árabe contra Israel tem três níveis: o primeiro boicote proíbe o comércio direto de países árabes com Israel, o segundo proíbe os governos árabes de negociar com empresas que negociam com Israel, e o terceiro proíbe os governos árabes de negociar com empresas que negociam com empresas que negociam com Israel.[59]

Quando as empresas não respeitam as ordens de boicote, seu nome é inserido em uma lista negra e elas são excluídas do comércio com membros da Liga Árabe. Portanto, as empresas americanas ficam de mãos atadas: se elas comercializarem com Israel, a Liga Árabe não negociará com elas; contudo, se elas se recusarem a negociar com Israel para comercializar com um membro da Liga Árabe, violam a lei americana.[60] Uma empresa de suprimentos hospitalares que estava comercializando com Israel foi acusada de fechar uma fábrica nesse país para sair da lista negra da Liga Árabe. Após uma investigação, a empresa reconheceu-se culpada, recebeu uma multa de US$ 6,6 milhões e foi proibida de negociar com a Síria e a Arábia Saudita por dois anos. Uma multa menos onerosa de US$ 12 mil foi paga por uma empresa de agenciamento de carga que simplesmente certificou que as mercadorias expedidas por um terceiro não eram de origem israelense, não haviam sido expedidas de Israel e não continham nenhuma matéria-prima desse país.

Extraterritorialidade das leis americanas

O problema da extraterritorialidade das leis americanas é especialmente importante para as empresas multinacionais americanas, porque provoca ansiedade nos chefes de Estado. Os governos estrangeiros temem a influência da política do governo americano sobre sua economia por meio das multinacionais americanas.[61]

---

[58] A lei antiboicote aplica-se apenas aos boicotes não sancionados pelo governo dos Estados Unidos. Os boicotes sancionados, como aqueles contra o comércio com Cuba e Irã, são iniciados pelos Estados Unidos e devem ser honrados pelas empresas americanas.

[59] No caso das empresas não americanas que comercializam com a Liga Árabe e que respeitam o boicote, todas devem incluir uma declaração nas faturas de embarque. Em uma fatura de dez ônibus que seriam enviados do Brasil para o Kuwait, havia a seguinte declaração: "Certificamos que somos os fabricantes e fornecedores das mercadorias enviadas; não estamos na lista negra do Boicote Árabe a Israel e não somos filial nem subsidiária de nenhuma empresa boicotada. Nenhum capital israelense é investido nesta empresa, nenhum capital da empresa nem dos proprietários desta empresa é investido em empresas israelenses; nossos produtos não provêm de Israel e não contêm matéria-prima e mão-de-obra israelenses".

[60] Para obter uma lista de processos atuais contra empresas que violam a lei antiboicote, acesse http://www.bxa.doc.gov e selecione "Antiboycott Compliance" (Anuência à Lei Antiboicote) e, em seguida, "Antiboycott Case Histories" (Históricos de Caso Antiboicote).

[61] Anthony Ferner, Phil Almond e Trevor Colling, "Institutional Theory and the Cross-National Transfer of Employment Policy: The Case of 'Workforce Diversity' in U.S. Multinationals", *Journal of International Business Studies*, 36, n. 3, 2005, p. 304-321.

São especialmente problemáticos os casos em que a lei americana entra em conflito com os objetivos econômicos ou políticos do país anfitrião. O conflito surge quando o governo do país anfitrião exige que as *joint ventures* façam negócios dentro do país e o Departamento de Justiça americano restringe ou proíbe esses empreendimentos por seus efeitos anticompetitivos sobre os Estados Unidos. Os países anfitriões consideram essa influência uma evidência de interferência dos Estados Unidos. Quando subsidiárias de CMNs americanas são proibidas de realizar uma venda que viole a Lei de Comércio com o Inimigo, os governos anfitriões reagem com hostilidade à aplicação da extraterritorialidade da política externa americana. O quadro "Perspectiva global" deste capítulo oferece um bom exemplo da extraterritorialidade da legislação americana e mostra como ela afeta um vizinho amistoso e também uma empresa multinacional de grande importância.

Curiosamente, as CMNs são responsabilizadas por abusos praticados por governos estrangeiros contra os direitos humanos. Os tribunais americanos recebem processos judiciais contra CMNs americanas acusadas de comercializar com regimes opressores. A Unocal Corporation foi processada por negociar com o regime militar de Mianmar (antiga Burma), que forçou camponeses sob a mira de armas a ajudar a construir um oleoduto para a Unocal. A empresa negou as acusações. Esse caso foi instaurado com base na Lei de Reclamações por Ofensas contra Estrangeiros, cujo objetivo original era tranquilizar a Europa de que os Estados Unidos, então nascente, não abrigariam piratas nem assassinos. Essa lei permite que os estrangeiros entrem com ações nos tribunais americanos contra violações ao "direito das nações". Empresas como IBM, Citibank e Coca-Cola temem ser golpeadas com grandes indenizações fixadas por júri por delitos praticados por governos opressores. Os advogados trabalhistas advertem que as empresas multinacionais tendem a enfrentar mais processos judiciais do Terceiro Mundo.

Quando o objetivo de qualquer atividade no exterior for restringir o comércio, não há dúvida sobre a adequabilidade da aplicação de leis americanas. Entretanto, há uma questão quando a intenção for concluir uma negociação cabível. Se o governo americano estimula as empresas americanas a tornarem-se multinacionais, então precisa tomar providências quanto à resolução de diferenças quando surgem conflitos entre a legislação americana e as leis do país anfitrião.

Restrições às exportações

OA9
Passos necessários para mover mercadorias entre fronteiras

Embora os Estados Unidos não exija nenhuma licença formal ou especial para uma empresa dedicar-se as exportações como um negócio, talvez seja necessário obter permissão ou licença para exportar determinadas *commodities* para determinados destinos. Os controles de licença de exportação aplicam-se à exportação de *commodities* e dados técnicos dos Estados Unidos; a reexportação de *commodities* e dados técnicos de origem americana de um país para outro país estrangeiro; a peças e componentes de origem americana utilizados em outros países para fabricar produtos estrangeiros para exportação; e, em alguns casos, produtos estrangeiros fabricados com dados técnicos de origem americana. Os artigos que exigem permissão especial ou licença de exportação são em sua maioria controlados pela Agência de Indústria e Segurança (Bureau of Industry and Security – BIS)[62] do Departamento de Comércio.

O volume de exportações e a quantidade de empresas que exportam dos Estados Unidos aumentaram de maneira impressionante ao longo da última década. Em uma iniciativa para aliviar vários dos problemas e confusões da atividade de exportação e agilizar esse processo, o Departamento de Comércio publicou um conjunto revisto de regulamentos de exportação conhecido como Regulamentos de Administração de Exportação (*Export Administration Regulations* – EARs), cujo objetivo é agilizar o processo de concessão de licenças de exportação removendo grande número de produtos do controle de licença de exportação específica e concentrando a licença em uma lista específica de itens, a maioria dos quais referente à segurança nacional, à não proliferação nuclear, ao terrorismo ou a armas químicas e biológicas. Com essas mudanças, a responsabilidade do exportador aumenta de modo significativo, porque ele deve agora garantir que os EARs não seja violado.

O objetivo dos EARs é atender a interesses dos Estados Unidos de segurança nacional, política externa e não proliferação de armas nucleares e, em alguns casos, cumprir as obrigações internacionais desse país.[63] Os EARs abrangem também alguns controles de

---

[62] Antes conhecida como Agência de Administração de Exportação (Bureau of Export Administration – BXA).
[63] Para examinar uma cartilha sobre os controles de exportação do Departamento de Comércio, acesse "Introduction on Commerce Department Export Controls", http://www.bis.doc.gov e selecione "Export Control Basics" (Fundamentos dos Controles de Exportação).

exportação que visam proteger os Estados Unidos contra o impacto adverso da exportação irrestrita de *commodities* com pouco suprimento, como o cedro ocidental. As mercadorias que não requerem licença para um destino específico podem ser expedidas com a indicação de dispensa de licença "NLR" (*no license required*) na declaração de exportação do expedidor. Algumas restrições à exportação de produtos de alta tecnologia foram atenuadas recentemente. Esperamos que isso marque o início de uma nova tendência.[64]

Leis de segurança nacional americanas

As empresas americanas, suas subsidiárias no exterior ou as empresas estrangeiras que têm licença para empregar tecnologia americana não podem vender produtos a um país em que a venda seja considerada prejudicial à segurança nacional pelo governo americano. Além disso, a responsabilidade estende-se para o destino final do produto, independentemente do número de intermediários que possam estar envolvidos na transferência de mercadorias.

No século passado, foi criado um abrangente sistema de controle de exportação para arrefecer a disseminação de tecnologias confidenciais para a ex-União Soviética, a China e outros países comunistas que eram vistos como ameaças importantes à segurança dos Estados Unidos. O controle da venda de mercadorias que tinham valor estratégico e militar era extremamente rígido. Contudo, com o fim da Guerra Fria, os controles de exportação foram sistematicamente desmantelados até 1999, quando um comitê congressista revelou atividades de espionagem chinesas e a transferência irresponsável de tecnologias confidenciais por empresas aeroespaciais americanas. Depois disso, foi aprovada uma legislação que voltava a restringir a exportação de produtos ou tecnologias que pudessem ser utilizadas por outros países para finalidades de defesa nacional.

Os acontecimentos de 11 de setembro de 2001 deram origem a outro conjunto de restrições relacionadas a armas de destruição em massa (ADMs). Infelizmente, muitos dos produtos usados nas ADMs são difíceis de controlar porque têm dupla finalidade, isto é, têm aplicações legítimas e também são importantes na fabricação de ADMs. Por exemplo, o Iraque, que conseguiu importar equipamentos médicos a despeito de um embargo das Nações Unidas, comprou, usando benefícios médicos, seis aparelhos que destroem cálculos renais. O fabricante acreditou na alegação de Saddam Hussein de que ele estava preocupado com a incidência de cálculos renais na população iraquiana e começou a enviar esses aparelhos. Entretanto, os componentes integrais desses aparelhos são comutadores eletrônicos de alta precisão que também podem ser utilizados para acionar a reação em cadeia de armas termonucleares. Quando foram solicitados 20 comutadores adicionais como "peças sobressalentes", um sinal de perigo se evidenciou, e as remessas foram interrompidas.

Inúmeras tecnologias de dupla finalidade são exportadas dos Estados Unidos. O ponto controverso é justamente a intenção do comprador de produtos de exportação com dupla finalidade. A Silicon Graphics Inc. (SGI) vendeu equipamentos de computador para um laboratório nuclear russo que sustentou que eles não seriam utilizados para finalidades militares, o que teria sido uma operação legal. Entretanto, o Departamento de Justiça determinou que, como a venda foi feita para um estabelecimento administrado pelo governo envolvido com atividades tanto civis quanto não civis, a SGI deveria ter solicitado a devida licença de exportação. Por isso, a SGI pagou uma multa de US$ 1 milhão, mais uma multa de US$ 500.000 por cada exportação ilegal. As leis de segurança americanas proíbem empresas americanas, suas subsidiárias, *joint ventures* ou empresas licenciadas de vender produtos controlados sem permissão especial do governo. As consequências de uma violação da Lei de Comércio com o Inimigo podem ser graves: multas, sentenças de prisão e, no caso de empresas estrangeiras, sanções econômicas.

As exportações são controladas para proteger e promover os direitos humanos, como meio de impor políticas externas, por motivos de escassez em nível nacional, para controlar tecnologias[65] e por inúmeros outros motivos que o governo americano considera essenciais

---

[64] James Auger, "United States to Ease Technology-Export Restrictions", *Global Insight Daily Analysis*, 23 de janeiro de 2008. Ressaltamos que outros países também restringem as exportações por uma série de motivos. Por exemplo, consulte "Russian Government Mulls Additional Grain Export Restrictions", *Russia and CIS General Newswire, Interfax*, 15 de novembro de 2007.

[65] Deborah Zabarenko, "U.S. Policy Curbs Global Space Cooperation", *Reuters*, 23 de junho de 2005; "U.S. in Talks with Boeing over Sensor Sales to China", *Reuters*, 7 de julho de 2005; "Space Station, No Plan B for Outer Space", *The Economist*, 12 de março de 2005, p. 75-76.

CRUZANDO FRONTEIRAS 7.3 Misturar política e segurança traz consequências

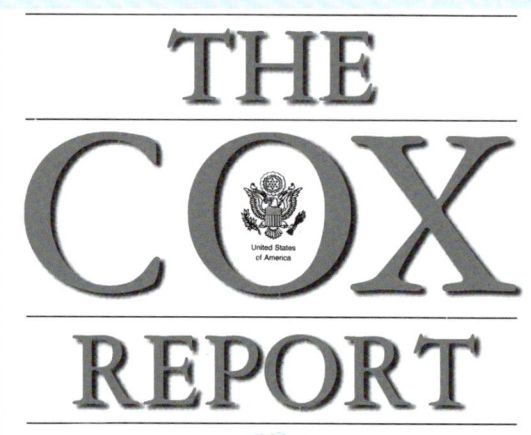

O Relatório Cox, publicado em 1999, fez denúncias chocantes sobre a agressividade militar da China contra os Estados Unidos. A eloquência na contracapa apresentava a essência da questão:

Alvo da China: Estados Unidos

"O Relatório Cox, unânime e bipartidário, é um dos documentos mais impressionantes produzidos pelo Congresso americano – um relato chocante sobre como a República Popular da China escolheu os Estados Unidos como alvo de subversão, roubo de alta tecnologia e ameaça nuclear.

Como a China comunista substituiu a ex-União Soviética pelos Estados Unidos para ser seu principal rival militar – e adquiriu os recursos para apontar mísseis nucleares para cidades americanas [...]."

À época, esse relatório recebeu amplas críticas contra sua motivação política e superficialidade. Além disso, os acontecimentos de 11 de setembro tornaram esse debate, na melhor das hipóteses, obsoleto. Contudo, os ataques políticos na China e as restrições então reformuladas à venda de produtos e de conhecimento de alta tecnologia produziram um efeito aterrorizador sobre as vendas americanas no mercado de mais rápido crescimento do mundo. Ao longo de 1999, a participação de mercado dos Estados Unidos na exportação de mercadorias para a China caiu de 10 para 8%, e a perda de competitividade manteve-se permanente.

Fontes: *The Cox Report* (Washington, DC: Regency, 1999); N. Mark Lam e John L. Graham, *China Now, Doing Business in the World's Most Dynamic Market* (Nova York: McGraw-Hill, 2007).

---

para proteger seus mais altos interesses. Em anos anteriores, o governo americano restringiu o comércio com a África do Sul (em defesa de direitos humanos) e a venda de trigo para a União Soviética em retaliação à invasão do Afeganistão (política externa). Atualmente, o governo restringe o comércio com o Irã (política externa), a venda de tecnologias de ponta (controle de tecnologia) e a exportação de pesticidas cuja utilização nos Estados Unidos não foi aprovada (para evitar o retorno de resíduos de pesticidas não autorizados em alimentos importados e proteger os consumidores americanos contra o assim chamado círculo de veneno). Em cada um desses casos, a legislação americana refreia as empresas americanas, independentemente do lugar em que operam.

Determinação de exigências à exportação

O primeiro passo para atuar segundo os regulamentos de licença de exportação é identificar a licença apropriada para o produto. Os produtos exportados dos Estados Unidos exigem uma licença geral ou aprovada, dependendo do produto, do lugar para o qual ele será enviado, de seu uso final e do usuário final. A *licença geral* autoriza a exportação de determinados produtos que não estão sujeitos ao controle dos EARs com nada mais que uma declaração sobre o tipo de produto, seu valor e seu destino. A *licença aprovada*, emitida apenas em requerimentos formais, é um documento específico de autorização de exportação com limitações específicas designadas de acordo com os EARs.

A responsabilidade de determinar se uma licença é obrigatória é do exportador. Essa é uma questão fundamental! Os passos necessários para identificar o tipo de licença exigido e/ou se um produto pode ser expedido são os seguintes:

- O exportador é responsável por selecionar o número de classificação apropriado, conhecido como *Número de Classificação de Controle de Exportação* (Export Control Classification Number – ECCN), para o produto a ser exportado. Com o ECCN chega-se a uma descrição na *Lista de Controle Comercial* (Commerce Control List – CCL), que indica as condições para exportação daquele produto.
- Com base na CCL, o exportador deve determinar se existe alguma restrição de uso final para o produto (por exemplo, armas nucleares, químicas ou biológicas). O exportador deve também determinar se os produtos têm dupla finalidade, isto é, se podem ser utilizados para aplicações tanto comerciais quanto restritas.
- O exportador é responsável por identificar o cliente final e os usos finais do produto, independentemente do comprador inicial. Esse passo exige um exame cuidadoso dos usuários e dos usos finais do produto para identificar se o destino final do produto será um usuário não autorizado ou uma aplicação não autorizada. A legislação americana exige que as empresas evitem exportar se souberem que os clientes utilizarão seus produtos para finalidades ilegais ou os revenderão para usuários finais não autorizados.

Em relação a todos os mecanismos de exportação que um exportador possa encontrar, os detalhes da exportação devem ser seguidos ao pé da letra. Registrar adequadamente as informações, bem como confirmar os passos executados para identificar o ECCN apropriado e avaliar as intenções dos usuários finais e dos usos finais, é importante caso surja algum desacordo entre o exportador e a Agência de Indústria e Segurança. As penalidades podem englobar a não concessão de privilégios de exportação, multas ou ambos. Por exemplo, foram negados privilégios de exportação a um residente de Pittsfield, Massachusetts, durante cinco anos, porque ele havia sido condenado por exportar ilegalmente 150 escudos antimotim para a Romênia sem a licença de exportação obrigatória. Na época em que eles foram embarcados, a exportação de escudos antimotim para qualquer país do mundo era controlada, por uma questão de política externa.

Funcionários da Força Aérea Chinesa são submetidos a uma sessão de treinamento com os instrumentos mais recentes do centro de comando em uma escola de treinamento em Pequim. A China fez o lançamento de teste de um novo tipo de míssil superfície-superfície de longo alcance dentro de seu território porque as tensões entre China e Taiwan intensificaram-se depois que o presidente de Taiwan declarou que as relações entre Taipé e Pequim deveriam ser consideradas "relações especiais entre Estados". Há pouco tempo, a China e os Estados Unidos desativaram seus satélites "errantes" com mísseis.[66] Grande parte da tecnologia eletrônica utilizada nos mísseis de longo alcance tem dupla finalidade; isto é, essa tecnologia pode ser utilizada para aplicações não militares e militares. É responsabilidade do exportador garantir que o usuário final de produtos controlados de dupla finalidade respeite as restrições de exportação.

[66] "China Confirms Anti-Satellite Test to US, Says Not a Threat", *AFX UK Focus*, 22 de janeiro de 2007; Yochi J. Dreazen, "U.S. Missile Hits Satellite-Military Strike Raised Hackles in China; Test Charges Denied", *The Wall Street Journal*, 22 de fevereiro de 2008, p. A9.

Elain, Stela, Eric e Snap

Embora o procedimento para obtenção de licença de exportação nos Estados Unidos possa ser fatigante na primeira leitura, quatro serviços eletrônicos agilizam a papelada e diminuem o tempo necessário para obter licenças de exportação.

- A Rede de Solicitação e Informações de Licença de Exportação (Export License Application and Information Network – **Elain**) permite que os exportadores autorizados enviem solicitações de licença pela internet para todas as mercadorias, exceto supercomputadores, e para todos os países democráticos. Quando as solicitações são aprovadas, a decisão de licenciamento é retransmitida aos exportadores pela internet.
- O Sistema de Rastreamento de Solicitações de Licença de Exportação (System for Tracking Export License Applications – **Stela**), um sistema automatizado de resposta de voz para rastreamento de solicitações, pode ser acessado por meio de telefone. Ele informa aos requerentes o *status* da licença e a classificação das solicitações e pode ser acessado 24 horas por dia, 7 dias por semana. Esse sistema pode autorizar a exportação de mercadorias cuja licença tenha sido autorizada sem condições específicas.
- A Solicitação Eletrônica de Classificação de Produtos (Electronic Request for Item Classification – **Eric**) permite que o exportador envie solicitações de classificação de produtos pela internet à Agência de Indústria e Segurança.
- O Processo de Solicitação Simplificado por Rede (Simplified Network Application Process – **Snap**) é uma alternativa a submissões de licença via modalidade física que possibilita que o exportador envie solicitações de exportação e reexportação, receba notificações de alto desempenho pelo computador e informe-se sobre as solicitações de classificação de produtos pela internet. A confirmação de envio será recebida no mesmo dia, e uma cópia eletrônica da licença de exportação e de outras confirmações pode ser obtida *on-line*. O Snap é uma das mudanças realizadas pelo Departamento de Comércio americano para transformá-lo em um departamento totalmente digitalizado e eliminar a burocracia do papel.

RESUMO

As empresas enfrentam uma profusão de problemas em suas iniciativas para desenvolver bons programas de marketing. Um desses problemas é a diversidade de sistemas legais no mundo e seu efeito sobre as operações de negócios. Assim como o clima político, as diferenças culturais, a geografia local, os diferentes costumes comerciais e o estágio de desenvolvimento econômico devem ser levados em conta, também o devem questões legais como jurisdição e recurso jurídico em disputas, proteção aos direitos de propriedade intelectual, ampliação da aplicação das leis americanas e imposição da legislação antitruste. Uma tarefa de marketing fundamental é desenvolver um plano que possa ser aprimorado, ou que pelo menos não seja afetado adversamente, por esses e outros elementos ambientais. Há um novo ator no cenário jurídico internacional, a internet, que, por sua natureza, cria um novo conjunto de complexidades legais, muitas das quais ainda aguardando uma abordagem apropriada. Uma coisa é certa: a liberdade que hoje existe na rede mundial em breve será apenas uma lembrança desfalecida. A miríade de problemas criados por leis diferentes e por sistemas legais diferentes indica que o caminho prudente a ser seguido em todos os estágios das atividades de marketing no exterior é aquele que busca o auxílio de um assessor jurídico competente e bem informado sobre as complexidades do ambiente jurídico-legal internacional.

PALAVRAS-CHAVE

Direito consuetudinário
Direito civil
Direito islâmico
Princípios marxista-socialistas

Conciliação
Arbitragem
Processo judicial
Uso prévio

Registro
Grileiros do ciberespaço

QUESTÕES

1. Defina as palavras-chave anteriormente relacionadas.
2. De que modo o profissional de marketing internacional identifica o sistema jurídico-legal que terá jurisdição sobre uma eventual disputa legal?
3. Discorra sobre a situação da lei comercial internacional.
4. Discorra sobre as limitações das cláusulas jurisdicionais nos contratos.
5. Qual é a "teoria objetiva de jurisdição"? Como ela se aplica a uma empresa que negocia em outro país?
6. Discorra sobre alguns dos motivos pelos quais a opção por um acordo fora do tribunal nas disputas legais comerciais internacionais provavelmente é melhor do que um processo judicial.
7. Exemplifique o procedimento geralmente adotado nas disputas comerciais internacionais quando elas são decididas por um tribunal de arbitragem formal.
8. O que são direitos de propriedade intelectual? Por que, na comercialização internacional, uma empresa deve tomar medidas especiais para protegê-los?
9. Em vários países de direto civil, é o registro, e não o uso prévio, que estabelece de quem são os direitos de propriedade intelectual. Comente essa afirmação.
10. Discorra sobre as vantagens da existência de várias convenções sobre marcas registradas, patentes e direitos autorais para o profissional de marketing internacional.
11. "O ambiente jurídico do profissional de marketing internacional adquire uma dimensão de maior importância porque não existe nenhuma lei comercial internacional uniforme que regulamente as operações comerciais no exterior." Comente essa afirmação.
12. Por que a conciliação é mais adequada que a arbitragem para resolver uma disputa comercial?
13. Diferencie conciliação e arbitragem.
14. Suponha que você seja o vice-presidente no comando de uma nova divisão de comércio eletrônico *business to business* de um importante e famoso fabricante internacional de peças automotivas. Um cibergrileiro registrou o nome da empresa com nome de domínio na Web. Quais são suas opções para proteger o nome de domínio de sua empresa? Fale sobre as medidas que você deve tomar para proteger o nome de domínio de sua empresa em nível mundial.
15. Discorra sobre os problemas que o proprietário de um *site* pode enfrentar por ser responsável pelas informações divulgadas nele.
16. Quais são as motivações de um cibergrileiro? Qual recurso uma empresa pode empregar para defender-se de um grileiro do ciberespaço?

Capítulo 8

Desenvolvimento da visão global por meio da pesquisa de marketing

SUMÁRIO

- Perspectiva global

    Japão: mercado-piloto mundial

- Amplitude e escopo da pesquisa de marketing internacional
- Processo de pesquisa
- Definição do problema e proposição dos objetivos de pesquisa
- Problemas de disponibilidade e utilização de dados secundários
    - Disponibilidade de dados
    - Confiabilidade dos dados
    - Comparabilidade dos dados
    - Validação de dados secundários
- Coleta de dados primários: pesquisa quantitativa e qualitativa
- Problemas na coleta de dados primários
    - Capacidade para transmitir opiniões
    - Disposição para responder
    - Amostragem em pesquisas de campo
    - Idioma e compreensão
- Pesquisa multicultural: problema especial
- Pesquisa na internet: oportunidade crescente
- Estimativa da demanda de mercado
    - Opinião de especialistas
    - Analogia
- Problemas na análise e interpretação das informações da pesquisa
- Responsabilidade pela condução da pesquisa de marketing
- Comunicação com os tomadores de decisões
- Apêndice: fontes de dados secundários

OBJETIVOS DE APRENDIZAGEM

OA1	Importância da definição do problema na pesquisa internacional
OA2	Problema de disponibilidade e utilização de dados secundários
OA3	Fontes de dados secundários
OA4	Métodos de pesquisa quantitativa e qualitativa
OA5	Amostragem multicultural e seus problemas nos países menos desenvolvidos
OA6	Utilização da pesquisa de marketing internacional

Avaliação das oportunidades do mercado global

PARTE TRÊS

Perspectiva global

JAPÃO: MERCADO-PILOTO MUNDIAL

Eram 22h31 em Tóquio. De repente, durante dois minutos, o Google sofreu um ataque repentino de buscas provenientes de telefones celulares japoneses. "Perguntávamos: teria sido um *spam* ou um erro de sistema?", afirma Ken Tokusei, diretor de produtos móveis do Google no Japão. Um rápido telefonema à operadora KDDI revelou que não era uma coisa nem outra. Na verdade, milhões de usuários de telefones celulares acessaram a caixa de busca do Google assim que um locutor de rádio ofereceu o *download* gratuito da trilha sonora *The Man Who Couldn't Marry*, um popular programa de televisão, para ser utilizada como toque de telefone celular. O motivo da busca foi ele ter passado muito rapidamente o endereço Web em que essa melodia estava disponível.

O pico no tráfego foi uma surpresa e tanto para Tokusei e sua equipe. Eles supunham que o local em que uma pessoa estava fosse o principal fator da maioria das buscas móveis na internet, imaginando que os usuários estivessem interessados principalmente em mapas da região da cidade em que por acaso estivessem, nos horários de trem para voltar para casa ou no endereço do restaurante de *yakitori* (frango grelhado) mais próximo. Os dados fornecidos pela KDDI indicaram que inúmeros japoneses eram igualmente propensos a utilizar as buscas móveis do Google tanto sentados em um sofá quanto parados em uma esquina do bairro Ginza.

Ao que parece, a enorme quantidade de portadores de telefones celulares do Japão tem muito a ensinar para o gigante da internet. O Japão tornou-se um vasto laboratório para a empresa Google em sua tentativa de refinar a tecnologia de busca móvel. É por isso que os 100 milhões de usuários de telefone celular do Japão representam o *pool* mais diverso – e exigente – de assinantes móveis do planeta. Embora o Google faça inúmeros testes em outros lugares, com frequência os japoneses são mais críticos porque são igualmente propensos a acessar a internet tanto com um telefone de alta tecnologia quanto com um computador pessoal e podem fazê-lo a uma velocidade equivalente à largura de banda de uma linha fixa. Além disso, pelo fato de as operadoras japonesas oferecerem esses serviços durante anos, inúmeros *sites* estão estruturados para celulares.

Em Tóquio, as tropas de compradores compulsivos obcecados pela moda há muito fizeram a cidade ocupar um lugar proeminente no mapa dos estilistas ocidentais. Sem dúvida, o terno e a gravata ainda são o uniforme do assim chamado *salaryman* ou executivo corporativo no Japão. Entretanto, em termos de originalidade, nada concorre com as *teenyboppers*, garotas adolescentes extremamente interessadas em música popular e em moda, que entram e saem dos modismos mais rápido do que uma estudante consegue tirar o uniforme e vestir uma roupa do estilo Gothic Lolita ou Goth-Loli (lolitas góticas), como costuma ser chamado (imagine Little Bo Peep conhecendo Sid Vicious)[*]. Para as marcas americanas e europeias, esses jovens são um manancial de ideias que podem ser recicladas para seus consumidores domésticos (consulte o quadro "Cruzando fronteiras 13.3").

Contudo, agora, em vez de apenas exportar o que é descolado em Tóquio, algumas empresas estrangeiras astutas começam a utilizar o Japão como um solo para testar novos conceitos, oferecendo produtos no Japão antes de os lançarem globalmente. Os varejistas ocidentais abrem novos pontos de venda em Tóquio para ficar de olho nas tendências. A Abercrombie & Fitch, de Ohio, e a H&M (Hennes & Mauritz), da Suécia, abriram lojas em Tóquio em 2008, e a Zara, da Espanha, espera dobrar o número de lojas para 50 nos próximos três anos. "Há 25 ou 30 anos, as principais marcas testavam seus novos produtos em Nova York", afirma Mitsuru Sakuraba, que passou 20 anos na *maison* francesa Charles Jourdan. "Agora, o Japão firmou sua presença como mercado-piloto."

Algumas empresas ocidentais também assinaram contratos com parceiros locais que conseguem interpretar melhor o mercado japonês. A Gola, uma marca inglesa de roupas e calçados esportivos, juntou forças com a EuroPacific (Japão) Ltda., varejista de calçados da moda estabelecido em Tóquio. A EuroPacific adapta os modelos da Gola para o mercado japonês e, há alguns anos, propôs a ideia de lançar botas de pugilismo de cano alto para mulheres. Elas fizeram um enorme sucesso entre as adolescentes e as mulheres de mais de 20 anos de idade japonesas, impelindo a Gola a oferecê-las em outros mercados. "Essas botas venderam como água na Europa", afirma Steve Sneddon, diretor da EuroPacific.

Fontes: Hiroko Tashiro, "Testing What's Hot in the Cradle of Cool", *BusinessWeek*, 7 de maio de 2007, p. 46; Kenji Hall, "Japan: Google's Real-Life Lab", *BusinessWeek*, 25 de fevereiro de 2008, p. 55-57.

---

[*] N. de R.T.: Little Bo Peep é um poema tradicional inglês muito comum entre as crianças e que versa sobre uma jovem pastora. Sid Vicious era o nome artístico de John Simon Ritchie-Beverly, músico inglês ícone da cultura punk e baixista da banda Sex Pistols.

É fundamental que os altos executivos saiam da mesa de trabalho e gastem algum tempo em contato com clientes. Embora os relatórios detalhados de pesquisa de marketing sejam importantes, as decisões no alto escalão das corporações ainda devem ser fundamentadas em uma percepção sobre o mercado e os respectivos clientes, que é obtida apenas por meio de um contato direto. Aqui, vemos Bill Gates (à esquerda) viajando de leste a oeste para conversar e aprender com seus clientes da maneira mais direta possível. À direita, Steven Jobs que, como Bill Gates, viveu uma pesada agenda de compromissos internacionais. Para ambos as reuniões presenciais com agências regulatórias, vendedores, parceiros e clientes estrangeiros são inevitáveis quando se deseja conhecer os respectivos mercados internacionais. Há pouco tempo, para marcar o vigésimo aniversário de entrada da Microsoft no México, Gates participou do jogo de futebol Xbox 360 e perdeu para o jogador mexicano nacional Rafael Marquez: será que ele o deixou ganhar?

Informação é o principal componente na elaboração de estratégias de marketing vitoriosas. Além disso, ajuda a evitar mancadas de marketing grosseiras e a promover sistemas de intercâmbio eficientes.[1] Essas informações devem variar desde dados gerais necessários para avaliar oportunidades de mercado a informações de marketing específicas para a tomada de decisões sobre produto, promoção, distribuição (praça) e preço. Às vezes, essas informações podem ser compradas de fornecedores de informações confiáveis ou então fornecidas por uma equipe interna de pesquisa de marketing. Entretanto, mesmo os mais altos executivos às vezes precisam "sujar os sapatos" colocando o pé na estrada, conversando com seus principais clientes e observando diretamente o mercado em movimento.[2] Quando uma empresa amplia o escopo de suas atividades para abranger mercados internacionais, a necessidade de informações atuais e precisas aumenta de maneira significativa. Aliás, alguns pesquisadores defendem que a entrada em um mercado estrangeiro de rápido crescimento e novo para a empresa é uma das decisões mais intimidantes e ambíguas que um executivo pode enfrentar. O profissional de marketing deve encontrar os dados mais precisos e confiáveis possíveis de acordo com as restrições de tempo, de custo e do estado da arte atual.

Além disso, define-se **pesquisa de marketing** como um processo sistemático de coleta, registro e análise de dados cujo objetivo é fornecer informações úteis para a tomada de decisões de marketing. Embora os processos e métodos de pesquisa sejam basicamente os mesmos, sejam eles aplicados em Columbus, Ohio, ou Colombo, no Sri Lanka, a **pesquisa de marketing internacional** apresenta duas complexidades adicionais. Em primeiro lugar, as informações devem ser transmitidas entre diferentes fronteiras culturais. Isto é, os executivos de Chicago devem estar aptos a "traduzir" suas perguntas de pesquisa de uma maneira que os consumidores de Guangzhou, na China, possam compreender. Além disso, as respostas chinesas devem ser traduzidas (isto é, colocadas em relatórios e resumos de dados) de uma maneira que os gestores americanos possam compreender. Felizmente, com frequência existem

---

[1] Sudita Basu, John Dickaut, Gary Hecht, Kristy Towry e Gregory Waymire, "Record Keeping Alters Economic History by Promoting Reciprocity", *PNAS*, 106, n. 4, 2009, p. 1.009-1.014.

[2] A erudição e o bom senso de Peter Drucker aumentam com a idade. Em seu artigo no *Wall Street Journal*, de 11 de maio de 1990 (p. A15), ele defende com eloquência que mesmo os executivos mais experientes devem observar diretamente o mercado. Nesse mesmo tom, a discussão mais sólida é de Gerald Zaltman, que descreve os fatores emocionais envolvidos na tomada de decisões gerenciais em "Rethinking Market Research: Putting People Back In", *Journal of Marketing Research*, 34, novembro de 1997, p. 424-437. Os executivos também obtêm uma "visão mais ampla" do ambiente de negócios internacional nos meios de comunicação de massa. Infelizmente, a coleta de notícias ao redor do mundo diminui rapidamente porque os jornais continuam reduzindo as equipes jornalísticas, particularmente em seus escritórios internacionais.

equipes internas e agências de pesquisa com bastante experiência nesse tipo de trabalho de comunicação transcultural.

Em segundo lugar, os ambientes em que os instrumentos de pesquisa são aplicados não raro são diferentes nos mercados estrangeiros. Em vez de adotar métodos de pesquisa novos e incomuns, o pesquisador de marketing internacional deve desenvolver a capacidade de aplicar de forma imaginativa e habilidosa técnicas experimentadas e testadas em ambientes algumas vezes totalmente estranhos. Os problemas relacionados ao mecanismo de implantação da pesquisa de marketing no exterior muitas vezes variam de país para país. Nos ambientes estrangeiros, a ênfase na maioria das vezes distinta sobre a informação necessária, a quantidade invariavelmente pequena de técnicas e instrumentos apropriados e a dificuldade de implantar um processo de pesquisa são desafios que a maioria dos pesquisadores de marketing internacional enfrenta.

Este capítulo aborda os problemas operacionais que os profissionais de marketing internacional enfrentam quanto à coleta de informações em países estrangeiros. A ênfase recai sobre os elementos relacionados à geração de dados que costumam ser especialmente problemáticos na condução de pesquisas em um ambiente fora dos Estados Unidos.

Amplitude e escopo da pesquisa de marketing internacional

A diferença básica entre a pesquisa de marketing doméstica e a estrangeira é que a pesquisa no estrangeiro exige um escopo mais amplo, necessário em virtude do alto grau de incerteza. Uma pesquisa pode ser dividida em três tipos, com base nas informações necessárias: (1) informações gerais sobre o país, região e/ou mercado; (2) informações essenciais para antever as necessidades de marketing no futuro prevendo as tendências sociais, econômicas, industriais e de consumo dentro de mercados específicos ou de um país; e (3) informações específicas sobre o mercado utilizadas na tomada de decisões sobre produto, promoção, distribuição e preço e para desenvolver planos de marketing. Nas atividades domésticas, enfatiza-se mais o terceiro tipo, coletar informações específicas sobre o mercado, porque os outros dados em geral podem ser encontrados em fontes secundárias.

A estabilidade política, os atributos culturais e as características geográficas de um país são alguns dos tipos de informação não comumente coletados pelos departamentos de pesquisa de marketing domésticos, mas essas informações são necessárias para uma avaliação judiciosa de um mercado estrangeiro. Esse escopo mais amplo de pesquisa de marketing internacional é demonstrado pelas etapas de planejamento da Unisys Corporation, que exigem a coleta e avaliação dos seguintes tipos de informação:

1. **Informações econômicas e demográficas.** Dados gerais sobre crescimento econômico, inflação, tendências de ciclos econômicos e outros; análise de lucratividade para os produtos da divisão; estudos econômicos de setores específicos; análise das economias externas; e principais indicadores econômicos para os Estados Unidos e outros países importantes, bem como tendências populacionais, como migração, imigração e envelhecimento.
2. **Informações culturais, sociológicas e sobre o clima político.** Análise não econômica geral sobre as condições que afetam os negócios da divisão. Além dos temas mais óbvios, essas informações abrangem ecologia, segurança e tempo de lazer e seus possíveis impactos sobre os negócios da divisão.
3. **Visão geral das condições de mercado.** Análise detalhada das condições de mercado que a divisão enfrenta por segmento de mercado, incluindo o internacional.
4. **Resumo sobre o ambiente tecnológico.** Resumo sobre as tecnologias mais avançadas relacionadas com as atividades da divisão, decomposto em segmentos de produto.
5. **Informações sobre a situação da concorrência.** Análise sobre receitas de vendas, métodos de segmentação de mercado, produtos e estratégias aparentes dos concorrentes em nível internacional.[3]

Para tomar decisões de marketing acertadas, essas informações detalhadas são essenciais. No caso do profissional de marketing nacional, a maioria dessas informações é adquirida

---

[3] Ao que parece, as empresas utilizam espionagem. Consulte Evan Ramstad, "Chip Executives Arrested in South Korea", *The Wall Street Journal*, 3 de fevereiro de 2010; John J. Fialka, "Hugger-Mugger in the Executive Suite", *The New York Times*, 2 de fevereiro de 2010, p. W10. Além disso, ao que tudo indica, os governos também entram no competitivo jogo do serviço de inteligência industrial. Associated Press, "China Denies U.S. Trade Espionage", *The Wall Street Journal*, 20 de julho de 2009.

após anos de experiência com um único mercado. Todavia, nos países estrangeiros, essas informações devem ser coletadas para cada novo mercado.

Existe uma diferença básica entre as informações idealmente necessárias e aquelas que são de fato coletadas e/ou utilizadas. Muitas empresas envolvidas com marketing no exterior não tomam decisões com o auxílio das informações citadas.[4] Custo, tempo e fatores humanos são variáveis fundamentais. Algumas empresas não reconhecem o valor das informações nem têm tempo ou dinheiro para implementar pesquisas. À medida que as empresas se comprometem mais com o marketing no exterior e o custo de possíveis fracassos aumenta, as pesquisas ganham maior ênfase.

Processo de pesquisa

Um estudo de pesquisa de marketing é sempre um compromisso ditado pelas restrições de tempo, de custo e do estado da arte atual. Ter um método sistemático e ordenado de coleta e análise de dados é um fator imprescindível para uma pesquisa favorável. Independentemente de um programa de pesquisa ser conduzido em Nova York ou Nova Deli, o **processo de pesquisa** deve conter as seguintes etapas:

1. Definição do problema de pesquisa e proposição dos objetivos de pesquisa.
2. Identificação das fontes de informação que atendem aos objetivos de pesquisa.
3. Avaliação dos custos e dos benefícios do empreendimento de pesquisa.
4. Coleta de dados relevantes em fontes secundárias ou primárias ou em ambas.
5. Análise, interpretação e sintetização dos resultados.
6. Transmissão eficaz dos resultados aos tomadores de decisões.

Embora as etapas de um programa de pesquisa sejam semelhantes para todos os países, podem ocorrer variações e problemas na implantação por conta de diferenças no desenvolvimento cultural e econômico. Embora os problemas de pesquisa na Inglaterra ou no Canadá possam ser similares aos dos Estados Unidos, as pesquisas na Alemanha, na África do Sul ou no México podem apresentar uma multiplicidade de distinções complexas. Essas distinções ficam aparentes na primeira etapa do processo de pesquisa – a formulação do problema. As seções subsequentes deste capítulo mostram algumas dificuldades que o pesquisador de marketing internacional encontra com frequência.

Definição do problema e proposição dos objetivos de pesquisa

OA1
Importância da definição do problema na pesquisa internacional

Depois de examinar as fontes de dados internos, o passo seguinte do processo de pesquisa deve ser a definição do problema de pesquisa e a proposição de objetivos de pesquisa específicos.[5] A maior dificuldade nesse sentido é converter uma série de problemas de negócios muitas vezes ambíguos em objetivos de pesquisa firmes e factíveis. Nesse estágio inicial, os pesquisadores quase sempre entram no processo de pesquisa apenas com uma vaga ideia do problema geral. Um bom exemplo de problema em que a definição é vaga é o da companhia aérea russa Aeroflot. Para melhorar sua antiga reputação de padrões de segurança ruins e serviços não confiáveis, a Aeroflot empreendeu um estudo sobre sua marca para fundamentar decisões de marketing. Esse objetivo é um desafio e tanto para o pesquisador de marketing internacional.

Essa primeira etapa, a mais crucial, é também a mais crítica nos mercados externos porque um ambiente desconhecido tende a ofuscar a formulação do problema. Ou os pesquisadores deixam de prever a influência da cultura local sobre o problema ou então deixam de identificar o critério de autorreferência (CAR), abordando a definição do problema como se ele pertencesse ao ambiente de residência do pesquisador. Ao avaliar algumas tentativas fracassadas por parte de empresas estrangeiras, percebe-se com clareza que a pesquisa foi conduzida, mas as perguntas levantadas eram mais apropriadas para o mercado americano do que para o mercado estrangeiro em questão. Por exemplo, todos os longos anos de pesquisa e experiência da Disney para manter as pessoas contentes em uma longa fila de espera não ajudaram essa empresa a prever o escopo dos problemas que atingiria a Disneylândia de Paris. A experiência mostrou que a clientela relativamente homogênea tanto nos parques

---

[4] Bent Petersen, Torben Pedersen e Marjorie A. Lyles, "Closing the Knowledge Gaps in Foreign Markets", *Journal of International Business Studies*, 39, n. 7, 2008, p. 1.097-1.113.

[5] Estudiosos da área também se esforçam para definir o problema. Consulte Mike W. Peng, "Identifying the Big Question in International Business Research", *Journal of International Business Studies*, 35, n. 2, 2004, p. 99-108; Susan B. Douglas e C. Samuel Craig, "On Improving the Conceptual Foundations of International Marketing Research", *Journal of International Marketing*, 14, n. 1, 2006, p. 1-22.

americanos quanto na Disneylândia de Tóquio era ordeira e tinha disposição para cooperar com relação às filas de espera. Na verdade, também o são os britânicos e os alemães – ao menos a maioria. Contudo, em outros países, como a Espanha e a Itália, as regras com relação a aguardar na fila são aparentemente bastante diferentes, e isso gera a possibilidade de se criar um novo tipo de "combate" dentro da Europa no que diz respeito às filas. Compreender e gerenciar esse problema multinacional de atendimento ao cliente exigiu novas formas de pensar. Questões como isolar o CAR e fazer as perguntas certas são cruciais no estágio de formulação do problema.

Outras dificuldades apresentadas pelas pesquisas no exterior provêm da incapacidade de estabelecer limites suficientemente amplos para abranger todas as variáveis relevantes. Dispor de informações sobre uma gama bem mais ampla de fatores é essencial para contrabalançar as informações culturais desconhecidas do mercado externo. Pense em uma proposta de pesquisa sobre os padrões de consumo e atitudes em relação a bebidas quentes à base de leite. Para os habitantes do Reino Unido, essas bebidas têm propriedades soníferas, tranquilizantes e relaxantes e são tradicionalmente consumidas antes de dormir. Entretanto, os tailandeses tomam essas mesmas bebidas quentes à base de leite enquanto viajam para o trabalho de manhã e as consideram do mesmo modo revigorantes, fortificantes e estimulantes. Se a experiência de uma pessoa limitar-se aos Estados Unidos, o quadro fica ainda mais nebuloso, porque as bebidas quentes à base de leite são com frequência associadas com o frio, tanto de manhã quanto à noite, e a diferentes motivos ao longo do dia. O pesquisador de mercado deve ter certeza de que a formulação do problema está suficientemente ampla para abranger toda a gama de possibilidades de resposta e não está obscurecida por seu critério de autorreferência.

Aliás, a Mattel Inc. teve um choque brusco com esse problema de obscurecimento ao conduzir um programa de pesquisa global coordenado utilizando grupo foco (*focus group*) compostos por crianças em vários países. Fundamentada nas constatações obtidas, a empresa diminuiu a customização e ignorou o conselho dos gestores locais ao passar a vender globalmente a Barbie com características inalteradas. O risco não se restringiu a ignorar o conselho dos gestores locais; foi também arriscado ignorar as opiniões dos pais a respeito de brinquedos. As crianças podem até gostar de uma Barbie loira, mas os pais talvez não. Infelizmente, nossas previsões acerca da Barbie em uma edição anterior deste livro provaram-se corretas: como mencionamos em capítulos precedentes, as vendas da Barbie loira diminuíram visivelmente em vários mercados externos após esse erro de pesquisa de marketing.

Depois de formular adequadamente o problema e de estabelecer os objetivos de pesquisa, o pesquisador deve averiguar a disponibilidade das informações necessárias. Se houver dados – isto é, se eles já tiverem sido coletados por alguma outra agência –, o pesquisador deve então consultar essas fontes de **dados secundários**.

Problemas de disponibilidade e utilização de dados secundários

Disponibilidade de dados

OA2
Problema de disponibilidade e utilização de dados secundários

O governo americano fornece estatísticas abrangentes relativas aos Estados Unidos; são conduzidos recenseamentos periódicos da população, habitação e das atividades comerciais e agrícolas dos Estados Unidos e, em alguns casos, eles cobrem um período de mais de 100 anos. As fontes comerciais, as associações comerciais, os grupos de gestão e os governos estaduais e locais são fontes adicionais para o pesquisador de informações detalhadas sobre o mercado americano. Não raro o problema enfrentado pelos pesquisadores de marketing americanos é saber selecionar dentre uma quantidade demasiado grande de dados!

Embora a quantidade e a qualidade dos dados relacionados ao marketing disponíveis nos Estados Unidos sejam incomparáveis com as de outros países, a situação tem melhorado.[6] Os dados disponíveis sobre e no Japão estão em segundo lugar, e vários países europeus fazem um bom trabalho de coleta e divulgação de dados. Aliás, em algumas dimensões, a qualidade dos dados coletados nesses países superam de fato a dos coletados nos Estados Unidos. Entretanto, em vários países, só recentemente uma coleta de dados considerada significativa teve início.[7] Por meio das iniciativas contínuas de organizações como as Nações Unidas e a Organização para a Cooperação e o Desenvolvimento Econômico (OCDE), melhorias acontecem no mundo inteiro.

---

[6] "The Government and the Geeks", *The Economist*, 6 de fevereiro de 2010, p. 65-66.
[7] Consulte as análises do Sistema de Informação Geográfica (Geographic Information System – GIS) com base no Censo de 2000 na China em http://www.geodemo.com, Demographic Consulting, Inc.

CRUZANDO FRONTEIRAS 8.1 — Dor de cabeça? Tome duas aspirinas e descanse

Esse conselho cai muito bem em países como a Alemanha, onde a Bayer inventou a aspirina há mais de 100 anos, e os Estados Unidos. Contudo, em vários lugares ao redor do mundo, as pessoas não compartilham dessa visão ocidental a respeito da medicina e da causa das doenças. Inúmeros asiáticos, incluindo chineses, filipinos, coreanos, japoneses e sul-asiáticos, acreditam que doenças como a dor de cabeça são provocadas pelo desequilíbrio entre o *yin* e o *yang*. O *yin* é o feminino, o princípio passivo que é caracterizado pela escuridão, pelo frio ou pela umidade. O *yang* é o masculino, o princípio ativo associado à luz, ao calor ou à seca. Todas as coisas resultam da associação entre ambos, e coisas ruins como dores de cabeça são provocadas pelo desequilíbrio entre o *yin* ou o *yang*. A acupuntura e a moxibustão (aplicação de calor com absinto ou outras ervas secas sobre a pele) são métodos de cura comuns. Muitos laosianos acreditam que a dor pode ser provocada pela perda de uma das 32 almas do corpo ou pelo feitiço de algum bruxo. A causa exata com frequência é determinada examinando-se a gema de um ovo recém-quebrado. Em outras partes do mundo, como México e Porto Rico, acredita-se que as doenças são provocadas pelo desequilíbrio em um dos quatros humores do corpo: "sangue – quente e molhado; bile amarela – quente e seca; fleuma – fria e molhada; e bile negra – fria e quente". Mesmo em um país de alta tecnologia como os Estados Unidos, muitas pessoas acreditam que a dor com frequência é um "lembrete de Deus" para nos comportarmos apropriadamente.

Agora, a Bayer comercializa a aspirina como medicamento preventivo para outras enfermidades, como câncer intestinal e ataque cardíaco. Contudo, em vários mercados estrangeiros para empresas como a Bayer, uma questão fundamental a ser respondida na pesquisa de marketing é como e até que ponto a aspirina pode ser comercializada como suplemento dos remédios tradicionais. Isto é, será que esse pequeno comprimido branco se dará bem com a fleuma e a bile negra?

Fontes: Larry A. Samovar, Richard E. Porter e Lisa A. Stefani, *Communication between Cultures*, 3. ed. (Belmont, CA: Wadsworth Publishing, 1998), p. 224- -225; citação direta extraída de N. Dresser, *Multicultural Manners: New Rules for Etiquette for a Changing Society* (Nova York: John Wiley & Sons, 1996), p. 236; consulte também, "Aspirin Truly Merits Consideration as One of the Wonders of World", *Star-Ledger*, 18 de setembro de 2007, p. 67.

Além disso, com a ascensão dos países da Europa Oriental como mercados viáveis, inúmeros grupos privados e públicos financiam a coleta de informações para contrabalançar a falta de dados abrangentes. Vários fabricantes japoneses de produtos de consumo coordenam pesquisas de mercado em nível corporativo e financiaram dezenas de centros de pesquisa em toda a Europa Oriental. Como as atividades de mercado prosseguem na Europa Oriental e em outros lugares, as informações de mercado melhorarão em quantidade e qualidade. Para criar um banco de dados sobre os consumidores russos, uma empresa de Denver, no Colorado, utilizou um novo método para conduzir um levantamento: ela veiculou um questionário no jornal *Komsomolskaya Pravda*, de Moscou, solicitando respostas. As 350 mil respostas recebidas (3 mil por correspondência registrada) confirmaram a disposição dos consumidores russos para responder a pesquisas de marketing. Os problemas de disponibilidade, confiabilidade e comparabilidade de dados e de corroboração de dados secundários são abordados nas seções subsequentes.

Outro problema de disponibilidade de dados está relacionado às habilidades dos pesquisadores. Por exemplo, ainda que existam dados abundantes com relação ao mercado japonês, saber ler em japonês é uma habilidade fundamental para acessá-los, tanto *on-line* quanto em papel. Esse problema pode parecer pequeno, mas apenas as pessoas que tentaram lidar com dados estrangeiros podem atestar o valor de ter um falante nativo do idioma em questão na equipe de pesquisa.

Confiabilidade dos dados

Por vários motivos, os dados disponíveis talvez não tenham o nível de confiabilidade necessário para uma decisão segura. As estatísticas oficiais às vezes são muito otimistas, pois refletem o orgulho nacional e não a realidade, enquanto as estruturas fiscais e o temor aos coletores de impostos não raro afetam negativamente os dados.

Embora isso não lhes seja exclusivo, os países menos desenvolvidos são particularmente propensos a ser exageradamente otimistas e inconfiáveis na divulgação de seus dados econômicos relevantes. O Gabinete Nacional de Auditoria Estatística da China confirmou recentemente que havia descoberto em torno de 60.000 casos de relatórios estatísticos falsos desde o momento em que começou a adotar medidas mais rígidas sobre esse assunto.[8] Há pouco tempo, o diretor do Departamento Nacional de Estatísticas da China foi demitido por

---

[8] Mark L. Clifford, "How Fast Is China Really Growing", *BusinessWeek*, 10 de março de 2003, p. 65; "The Art of the Chinese Message", *The Economist*, 23 de maio de 2009, p. 82.

seu envolvimento em um escândalo de corrupção então desvendado.[9] Para tirar vantagem ou ocultar falhas, funcionários públicos locais, gerentes de fábrica, empresas rurais e outros registram números falsos sobre tudo, desde índices de produção a taxas de natalidade. Por exemplo, uma fábrica petroquímica divulgou uma produção anual de US$ 20 milhões, 50% superior à sua produção real de US$ 13,4 milhões. Em suma, se você acredita em estatísticas, até 2000 os chineses de Hong Kong eram os maiores consumidores mundiais de laranja fresca – 1 libra (453,59 kg) por pessoa ao ano, duas vezes mais que os americanos. Entretanto, ao que parece, metade de todas as laranjas importadas para Hong Kong, avaliadas em aproximadamente US$ 30 milhões, na verdade estavam sendo levadas para outras regiões da China, onde as laranjas americanas eram ilegais.

Erros intencionais na divulgação de dados de marketing também não são incomuns na maioria dos países industrializados. Com frequência os números veiculados na mídia impressa são propositalmente superestimados, mesmo nos países da OCDE. As políticas fiscais da UE podem afetar igualmente a precisão dos dados divulgados. As estatísticas de produção são frequentemente imprecisas porque esses países coletam impostos sobre as vendas domésticas. Portanto, algumas empresas reduzem um pouco suas estatísticas de produção para que correspondam às vendas divulgadas às autoridades fiscais. As estatísticas comerciais estrangeiras, ao contrário, podem ser ligeiramente ampliadas porque todo país na UE concede algum tipo de subsídio à exportação. Ter conhecimento desse "ajuste na divulgação dos dados" é fundamental para o profissional de marketing que recorre a dados secundários para prever ou estimar a demanda de mercado.

Comparabilidade dos dados

OA3 Fontes de dados secundários

A comparabilidade dos dados disponíveis é a terceira deficiência enfrentada pelos profissionais de marketing estrangeiros. Nos Estados Unidos, fontes atuais de estimativas confiáveis e verídicas sobre fatores socioeconômicos e indicadores econômicos podem ser prontamente acessadas. Em outros países, especialmente os menos desenvolvidos, os dados podem estar desatualizados há vários anos e também terem sido coletados de maneira infrequente e imprevisível, sem seguir uma determinada programação. Obviamente, a rápida mudança nos fatores socioeconômicos experimentada em vários desses países torna o problema da moeda uma questão vital. Além disso, embora atualmente muitos países estejam coletando dados confiáveis, em geral não existe nenhuma série histórica de dados para comparar com as informações atuais. A comparabilidade dos dados pode inclusive ser um problema quando as melhores empresas de pesquisa coletam dados em vários países. Portanto, é muito aconselhável que os gestores consultem as empresas de informação a respeito desse problema.

Um problema análogo é o método de coleta e divulgação de dados. Com demasiada frequência, os dados são divulgados em diferentes categorias ou em categorias muito abrangentes para que tenham valor específico. O termo *supermercado*, por exemplo, tem vários significados ao redor do mundo. No Japão, os supermercados são bem diferentes de seus equivalentes nos Estados Unidos. Os supermercados japoneses normalmente ocupam estruturas de dois ou três andares; eles vendem gêneros alimentícios, produtos de necessidade diária e roupas em andares específicos. Alguns vendem até móveis, eletrodomésticos, material de escritório e produtos esportivos; outros têm restaurantes. As lojas de mercadorias em geral, os shopping centers e as lojas de departamentos no Japão são diferentes das lojas nos Estados Unidos, embora a denominação seja a mesma.

Validação de dados secundários

As deficiências abordadas aqui devem ser consideradas sempre que se utilizar qualquer fonte de informação. Em muitos países, os padrões de coleta e preparação de dados são tão altos quanto aqueles que em geral são encontrados nos Estados Unidos. Contudo, os dados secundários, independentemente da fonte, inclusive dos Estados Unidos, devem ser confirmados e interpretados com cuidado. Por uma questão prática, as seguintes perguntas devem ser levantadas para avaliar de maneira eficaz a confiabilidade das fontes de dados secundários:

1. Quem coletou os dados? Haveria algum motivo para alguém deturpá-los propositalmente?
2. Para qual(is) finalidade(s) os dados foram coletados?
3. Como (por meio de qual metodologia) os dados foram coletados?
4. Os dados têm coerência e lógica interna em comparação a fontes de dados ou a indicadores de mercados conhecidos?

[9] "Chinese Statistics Chief Fired in Scandal Inquiry", *International Herald Tribune*, 20 de outubro de 2006, p. 3.

Confirmar a coerência de um conjunto de dados secundários com outros dados cuja veracidade já foi confirmada é uma forma eficaz e comum de avaliar sua veracidade. Por exemplo, um pesquisador pode confirmar a venda de produtos para bebês comparando os dados com o número de mulheres em idade reprodutiva, e o mesmo pode ser feito entre as taxas de natalidade ou o número de leitos hospitalares e a venda de equipamentos hospitalares correspondentes. Essas correlações podem ser igualmente úteis em estimativas de demanda e previsões de venda. Do mesmo modo que vários conjuntos de dados, os estudos de Hofstede, há muito tempo utilizados e descritos nos Capítulos 4 e 5, demonstram-se válidos *vis-à-vis* a uma série de variáveis dependentes e continuam aplicados para comparar os indicadores de valores culturais com outros indicadores dessas mesmas variáveis.[10]

Em geral, a disponibilidade e a precisão dos dados secundários documentados aumentam de acordo com o desenvolvimento econômico, mas existem exceções. O nível de desenvolvimento da Índia é inferior ao de vários países, mas os dados coletados pelo governo indiano são precisos e relativamente completos. Esse interesse em melhorar a qualidade das estatísticas nacionais aumentou notadamente a disponibilidade de dados nos últimos 25 anos. Entretanto, quando não há nenhum dado disponível ou as fontes de dados secundários são inadequadas, é necessário implantar a coleta de dados primários.

O Apêndice deste capítulo fornece uma lista abrangente de fontes de dados secundários, inclusive *sites* sobre uma variedade de tópicos de marketing internacional. Aliás, quase todos os dados secundários disponíveis nos mercados internacionais hoje podem ser revelados ou obtidos pela internet. Por exemplo, as estatísticas mais abrangentes sobre finanças, demografia, consumo, exportação e importação internacionais podem ser obtidas em uma única fonte, o Departamento de Comércio dos Estados Unidos, em www.stat-usa.gov. Muitas outras fontes governamentais, institucionais e comerciais também podem ser utilizadas na internet.

Coleta de dados primários: pesquisa quantitativa e qualitativa

OA4
Métodos de pesquisa quantitativa e qualitativa

Se, mesmo depois de pesquisar em todas as fontes confiáveis de dados secundários, não for possível responder adequadamente às perguntas de pesquisa, o pesquisador de mercado deve coletar **dados primários** – isto é, dados coletados especificamente para o projeto de pesquisa em questão. O pesquisador pode interrogar representantes de venda, distribuidores, intermediários e/ou clientes da empresa para obter informações de mercado adequadas. Os métodos de pesquisa de marketing podem ser agrupados em dois tipos básicos: pesquisa quantitativa e pesquisa qualitativa. Em ambos, o empresário está interessado em obter conhecimentos sobre o mercado.

Na *pesquisa quantitativa*, em geral, as pessoas consultadas são solicitadas a responder oralmente ou por escrito a perguntas estruturadas de acordo com um formato de resposta específico (como sim/não) ou a escolher uma resposta dentre um conjunto de opções. O objetivo das perguntas é obter respostas específicas a fatores como comportamento, intenções, atitudes, motivações e características demográficas dos respondentes. A pesquisa quantitativa oferece ao profissional de marketing respostas que podem ser apresentadas com estimativas precisas e podem ser resumidas em porcentagens, médias ou outras estatísticas. Por exemplo, 76% dos respondentes preferem o produto A ao produto B, e assim por diante. Pesquisas de levantamento (pesquisas do tipo *survey*) geralmente são associadas a pesquisas quantitativas, e o instrumento comumente utilizado é o questionário, que é administrado por meio de entrevistas pessoais, correio, telefone e, mais recentemente, via internet.

Estudos científicos – como experimentos bem elaborados – são realizados com frequência por engenheiros e químicos em laboratório de teste de produtos ao redor do mundo. Nesses laboratórios, projetos de produto e fórmulas são desenvolvidos e testados de acordo com as situações em que o consumidor as utiliza. Um dos melhores exemplos desse tipo de pesquisa de marketing provém de Tóquio. Talvez você não saiba, mas os japoneses são campeões mundiais em tecnologias para banheiro e toalete. A maior empresa do Japão nesse

---
[10] Linhui Tang e Peter E. Koveos, "A Framework to Update Hofstede's Cultural Values Indices: Economic Dynamics and Institutional Stability", *Journal of International Business Studies*, 39, n. 6, 2009, p. 1.045-1064; Robbert Maseland e Andre van Hoorn, "Explaining the Negative Correlation between Values and Practices: A Note on the Hofstede-GLOBE Debate", *Journal of International Business Studies*, 40, n. 3, 2009, p. 527-532.

setor, a Toto, investiu milhões de dólares em desenvolvimento e teste de produtos de consumo. Milhares de pessoas coletaram dados (utilizando técnicas de levantamento) sobre as melhores características de um toalete, e, no "laboratório de engenharia humana" da empresa, os voluntários sentam-se em uma banheira Toto com eletrodos presos no crânio para medir as ondas cerebrais e "os efeitos do banho no corpo humano". Atualmente, a Toto lança um de seus produtos de alta tecnologia (na verdade, baixa tecnologia, em comparação à que oferece no Japão) no mercado americano. É um conjunto de US$ 600 que engloba assento, tampa e painel de controle e que pode ser acoplado a um vaso sanitário americano comum com recurso de aquecimento do assento e ventoinha desodorizante.

Na *pesquisa qualitativa*, se houver perguntas, as respostas, quase sempre abertas ou detalhadas e não estruturadas, refletem os pensamentos e sentimentos da pessoa sobre o assunto investigado. As primeiras impressões dos consumidores sobre um produto podem ser úteis. A observação direta dos consumidores nas situações em que eles escolhem ou usam um produto é outro método qualitativo importante de pesquisa de mercado. Um pesquisador passou dois meses observando práticas de parto em hospitais americanos e japoneses para obter ideias sobre exportação de serviços de saúde. A Nissan Motors enviou um pesquisador aos Estados Unidos para conviver com uma família americana (alugando um quarto na casa dessa família por seis semanas) e observar diretamente como os americanos utilizam o carro. Há pouco tempo, antes de entrar no campo de batalha dos supermercados americanos com o Walmart e outras marcas, a varejista britânica Tesco enviou equipes aos Estados Unidos para que elas convivessem com famílias americanas e observassem o seu comportamento de compra.[11] A Anderson Worldwide, a Nynex e o Banco Comercial do Texas empregaram antropólogos especializados em entrevistas observacionais e detalhadas em suas pesquisas de marketing. A pesquisa qualitativa procura interpretar de que forma são as pessoas de uma determinada amostra – sua mentalidade, seus sentimentos, a interação dinâmica entre seus sentimentos e ideias, suas atitudes e opiniões e os atos decorrentes de tudo isso. O formato mais comum de interrogatório qualitativo é a entrevista com grupo foco. No entanto, muitas vezes a entrevista detalhada individual pode ser tão eficaz quanto e consumir menos recursos.

A pesquisa qualitativa é utilizada nas pesquisas de marketing internacional para formular e definir um problema mais claramente e para identificar questões relevantes a serem examinadas em pesquisas subsequentes. Ela é empregada também para estimular ideias de mensagem para propagandas e nas situações em que o principal interesse é compreender o mecanismo de um mercado, e não quantificar aspectos relevantes. Por exemplo, um pequeno grupo de executivos importantes da Solar Turbines International, uma divisão da Caterpillar Tractor Company, visitou seus principais clientes ao redor do mundo. Eles discutiram em profundidade com gerentes financeiros e engenheiros de produção sobre possíveis aplicações e sobre a demanda de um novo tamanho de motor de turbina a gás que a empresa estava pensando em desenvolver. Os dados e as ideias obtidos durante essas entrevistas confirmaram, em grande medida, a veracidade das previsões positivas de demanda geradas internamente por meio de modelagem macroeconômica, e, então, o projeto multimilionário foi implantado. Durante as discussões, novas características do produto sugeridas pelos funcionários dos clientes provaram-se úteis nas atividades de desenvolvimento.

A pesquisa qualitativa é também favorável para revelar o impacto de fatores socioculturais sobre os padrões de comportamento e para desenvolver hipóteses de pesquisa que possam ser testadas em estudos subsequentes concebidos para quantificar conceitos e relações relevantes revelados na coleta de dados qualitativos. A Procter & Gamble foi uma das pioneiras desse tipo de pesquisa – a empresa reuniu sistematicamente o *feedback* dos consumidores ao longo de mais ou menos 70 anos. Ela foi a primeira empresa a conduzir uma pesquisa de consumidor minuciosa na China. Em meados da década de 1990, a P&G começou a trabalhar com o Ministério da Saúde da China para desenvolver programas de higiene dental que hoje atingem milhões de pessoas no país.

Muitas vezes, a associação de pesquisas qualitativas e quantitativas demonstra-se bastante útil tanto em mercados de consumo quanto em estruturas de marketing de *business to*

---

[11] Cecillie Rohwedder, "Tesco Studies Hard for U.S. Debut", *The Wall Street Journal*, 28 de junho de 2007, p. B1, B2.

business. Em um determinado estudo, constatou-se que o número de recomendações pessoais utilizadas na compra de serviços financeiros no Japão era bem maior do que nos Estados Unidos.[12] Os vários comentários feitos pelos executivos durante as entrevistas em ambos os países foram valiosos para a interpretação dos resultados quantitativos, revelando possíveis implicações para os gestores e fornecendo ideias para futuras pesquisas. De modo semelhante, os comentários dos gerentes de vendas em Tóquio durante as entrevistas detalhadas ajudaram os pesquisadores a compreender por que os incentivos financeiros individuais não funcionam para os representantes de venda japoneses.[13]

Como veremos ainda neste capítulo, a utilização desses dois métodos na pesquisa de mercado internacional está sujeita a inúmeras dificuldades provocadas pela multiplicidade de culturas e idiomas existentes.

Problemas na coleta de dados primários

Os problemas da coleta de dados primários são diferentes apenas em grau entre os Estados Unidos e os outros países. Supondo que o problema de pesquisa esteja bem definido e os objetivos estejam bem formulados, o sucesso da pesquisa primária dependerá da capacidade do pesquisador para obter informações corretas e confiáveis que atendam aos objetivos da pesquisa. A maioria dos problemas da coleta de dados primários na pesquisa de marketing internacional decorre das diferenças culturais entre os países e estende-se da incapacidade ou indisposição[14] dos respondentes para transmitir suas opiniões a inadequações na tradução do questionário.

Capacidade para transmitir opiniões

A capacidade para expressar atitudes e opiniões sobre um produto ou conceito depende da capacidade do respondente para reconhecer a utilidade e o valor desse produto ou conceito. É difícil uma pessoa expressar com precisão necessidades, atitudes e opiniões sobre produtos cuja aplicação talvez ainda não seja compreendida, que não são comumente usados na comunidade ou que nunca tenham sido oferecidos antes. Por exemplo, alguém que nunca tenha usufruído dos benefícios de um computador não conseguirá expressar sentimentos exatos ou oferecer uma informação razoável sobre suas intenções de compra, preferências ou aversões com relação a um novo pacote de programas de computador. Quanto maior a complexidade do problema, maior a dificuldade de estruturar uma pesquisa que ajude o respondente a transmitir opiniões e respostas significativas. Nessas circunstâncias, as habilidades criativas do pesquisador de mercado internacional são desafiadas.

Nenhuma empresa teve mais experiência na tentativa de compreender os consumidores com limitações de comunicação do que a Gerber. Os bebês podem até ser a área de domínio deles, mas em geral ainda não sabem falar, muito menos preencher um questionário. Ao longo dos anos, a Gerber descobriu que conversar com os bebês e as mães e observá-los é importante na pesquisa de marketing. Em um determinado estudo, essa empresa constatou que os bebês amamentados no peito adaptavam-se a comidas sólidas mais rapidamente do que aqueles amamentados por mamadeira porque o leite materno muda de sabor de acordo com o que a mãe come. Por exemplo, constatou-se que os bebês sugam por mais tempo e com maior intensidade se a mãe tiver ingerido alho recentemente. Em outro estudo, foram avaliados métodos de desaleitamento em vários lugares do mundo. Aos bebês indianos serviu-se lentilha utilizando o dedo. Algumas crianças nigerianas receberam papa de sorgo fermentado, dado pela avó com a mão, utilizada como funil. Em algumas partes da Ásia tropical, as mães passavam legumes e verduras mastigados para os bebês, boca a boca. Nos Estados Unidos, as mães hispânicas tendem a fazer o desaleitamento bem mais cedo do que as mães não hispânicas e continuam utilizando comidas para bebê além do primeiro ano de vida. Todas essas pesquisas ajudam a empresa a determinar quais produtos são apropriados para cada mercado. Por exemplo, os sabores de verdura e carne de coelho e sardinha seca e arroz, populares na Polônia e no Japão, respectivamente, provavelmente não seriam bem-aceitos nas prateleiras dos supermercados americanos.

---

[12] R. Bruce Money, "Word-of-Mouth Referral Sources for Buyers of International Corporate Financial Services", *Journal of World Business*, 35, n. 3, outono de 2000, p. 314-329.

[13] R. Bruce Money e John L. Graham, "Sales Person Performance, Pay, and Job Satisfaction: Tests of a Model Using Data Collected in the U.S. and Japan", *Journal of International Business Studies*, 30, n. 1, 1999, p. 149-172.

[14] Fang Wu, Rudolf R. Sinkovics, S. Tamer Cavusgil e Anthony S. Roath, "Overcoming Export Manufacturers' Dilemma in International Expansion", *Journal of International Business Studies*, 38, 2007, p. 283-302.

Disposição para responder

As diferenças culturais são o principal motivo da má vontade ou incapacidade de várias pessoas para responder a inquéritos estatísticos. O papel masculino, a adequação de determinadas pesquisas pessoais com base no gênero e outras questões relacionadas ao gênero podem influenciar na disposição das pessoas para responder.

Em alguns países, o marido não apenas provê o sustento, mas também dita exatamente como o dinheiro deve ser gasto. Como o marido controla os gastos, é ele, e não a mulher, quem deve ser indagado para identificar as preferências e a demanda por vários produtos de consumo. Em outros países, as mulheres jamais aceitariam ser entrevistadas por um homem ou um estranho. Uma mulher canadense-francesa não gosta de ser entrevistada e tende a ser reticente em suas respostas. Em algumas sociedades, um homem certamente consideraria indigno falar com alguém sobre seus hábitos de barbear ou suas marcas de roupa preferidas – quanto mais com uma entrevistadora.

Qualquer pessoa que faça perguntas sobre algum assunto com base no qual seja possível tirar conclusões sobre lançamentos fiscais imediatamente levanta suspeitas de que possa ser um agente fiscal. Em vários países, os cidadãos não sentem as mesmas obrigações legais e morais de pagar seus impostos. Portanto, a evasão fiscal é uma prática aceita por muitos e uma fonte de orgulho para os mais versados. Nos locais em que essa atitude prevalece, os impostos, ao que parece, com frequência são cobrados arbitrariamente pelo governo, e isso implica que grande parte das informações divulgadas seja incompleta e enganosa. Um dos problemas revelados pelo governo da Índia em um censo populacional recente foi a subdeclaração de inquilinos por parte de locadores para ocultar o número real de pessoas que viviam nos apartamentos e nas casas locadas. Os locadores estavam sublocando ilegalmente esses espaços e ocultando essa atividade do fisco.

Nos Estados Unidos, as empresas públicas são obrigadas pela Comissão de Valores Mobiliários (Securities and Exchange Commission – SEC) a divulgar periodicamente determinados números operacionais. Entretanto, em vários países europeus, essas informações são raras vezes divulgadas, e, quando o são, a relutância é grande. Por exemplo, na Alemanha, as tentativas de obter a cooperação dos comerciantes para instaurar um estudo dentro dos estabelecimentos sobre as informações de estoque e vendas encontraram grande resistência por motivo de suspeita e pela tradição do segredo competitivo. Essa resistência foi superada pela disposição do pesquisador de abordar o problema gradativamente. Assim que o lojista ganhava a confiança do pesquisador e percebia o valor da coleta daqueles dados, mais as informações solicitadas eram fornecidas. Além da relutância das empresas em responder a pesquisas, os políticos locais dos países subdesenvolvidos podem interferir nesses estudos acreditando que eles sejam subversivos e, portanto, devam ser interrompidos ou dificultados. Alguns breves diálogos com os políticos locais podem evitar dias de atraso.

Embora essas diferenças culturais possam dificultar a condução de uma pesquisa de levantamento, ainda assim isso é possível. Em algumas comunidades, pessoas proeminentes

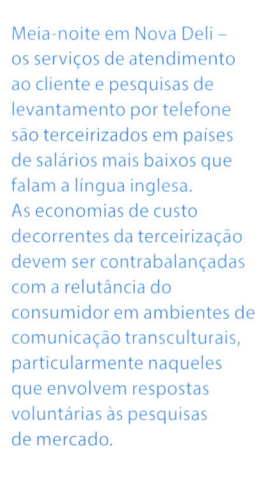

Meia-noite em Nova Deli – os serviços de atendimento ao cliente e pesquisas de levantamento por telefone são terceirizados em países de salários mais baixos que falam a língua inglesa. As economias de custo decorrentes da terceirização devem ser contrabalançadas com a relutância do consumidor em ambientes de comunicação transculturais, particularmente naqueles que envolvem respostas voluntárias às pesquisas de mercado.

do local, em vez de fechar, podem abrir portas; em outras situações, profissionais e estudantes locais foram utilizados como entrevistadores por conhecerem o mercado. Técnicas de mensuração menos diretas e métodos de análise de dados não tradicionais podem às vezes ser mais apropriados. Em um dado estudo, quando indagados diretamente, os responsáveis pelo setor de compras dos supermercados japoneses classificaram a nacionalidade das marcas (estrangeiras e domésticas) como relativamente irrelevantes nas decisões sobre estoque; entretanto, quando foi empregada uma técnica de entrevista indireta, de comparação emparelhada, a nacionalidade das marcas passou a ser o fator mais importante.[15]

Amostragem em pesquisas de campo

OA5 Amostragem multicultural e seus problemas nos países menos desenvolvidos

O maior problema com relação às amostragens decorre da falta de dados demográficos adequados e de listas das quais seja possível extrair amostras significativas. Se não houver listas atuais e confiáveis, a amostragem torna-se mais complexa e geralmente menos confiável. Em vários países, elementos como catálogos telefônicos, guias de rua com indexação cruzada, dados de recenseamento de regiões e bairros e características sociais e econômicas detalhadas da população nem sempre são atualizados, quando existem. O pesquisador precisa calcular de forma estimada as características e os parâmetros populacionais com poucos dados básicos para elaborar estimativas fiéis.

Para aumentar ainda mais a confusão, em algumas cidades sul-americanas, mexicanas e asiáticas não existem mapas de rua, e em algumas áreas metropolitanas asiáticas as ruas não têm placa de identificação e as casas não são numeradas. Em contraposição, um dos aspectos positivos das pesquisas no Japão e em Taiwan é a disponibilidade e precisão dos dados de recenseamento sobre indivíduos. Nesses países, quando uma família se muda, ela é obrigada a enviar informações atualizadas a um órgão governamental centralizado para que possa utilizar serviços comunitários como água, gás, eletricidade e escolas.

Nos levantamentos, a eficácia dos diversos métodos de comunicação (correio, telefone, entrevista pessoal e internet) é reduzida. Em vários países, pouquíssimas pessoas possuem telefone, o que torna levantamentos feitos por esse meio praticamente impossíveis, a menos que se queira abranger apenas os abastados. No Sri Lanka, menos de 19% dos habitantes possuem telefone fixo e menos de 7% têm acesso à internet – ou seja, apenas os ricos dispõem desses serviços.

A adequação das técnicas de amostragem é também afetada pela falta de informações sociais e econômicas adequadas. Sem uma decomposição etária da população total, por exemplo, o pesquisador nunca pode ter certeza sobre uma amostra representativa que requeira um critério etário, pois não existe nenhum parâmetro de comparação na amostra com relação à distribuição etária. Não obstante, a falta de informações detalhadas não impede que uma dada amostragem seja utilizada; isso apenas torna o processo mais difícil. Para substituir as técnicas de probabilidade, nessas circunstâncias muitos pesquisadores recorrem a amostras convenientes extraídas em centros comerciais e em outros locais de concentração pública.

A empresa McDonald's viu-se em apuros com relação a problemas de amostragem quando se envolveu em uma disputa quanto aos direitos sobre sua valiosa marca na África do Sul, um mercado em franco crescimento. Parte da reivindicação da empresa girava em torno da recordação do nome McDonald's entre os sul-africanos. Nos dois levantamentos que a empresa conduziu e forneceu como prova no processo judicial, a maioria das pessoas da amostra conhecia o nome da empresa e reconhecia o respectivo logotipo. Entretanto, o juiz do Supremo Tribunal que estava julgando o processo mostrou-se cético com relação às evidências porque os levantamentos haviam sido conduzidas em bairros "chiques e de população branca" afastados do grande centro, ao passo que 79% da população sul-africana é negra. Com base, em parte, nesses erros de amostragem, o juiz rejeitou o processo.

Listas de endereços inadequadas e serviços postais ruins podem ser um problema para o pesquisador de mercado que utiliza o correio para conduzir as pesquisas. Por exemplo, na Nicarágua, não é incomum ocorrer atrasos de mais de uma semana, e a expectativa de resposta é consideravelmente menor porque só é possível postar uma carta pelo correio. Além da possibilidade de os serviços postais do país serem ruins, o maior tempo necessário para o envio e o recebimento quando se utiliza o correio internacional dificulta ainda mais esse tipo de pesquisa. Embora o correio aéreo diminua esse problema, ele também aumenta os custos de maneira considerável.

---

[15] Frank Alpert, Michael Kamins, Tomoaki Sakano, Naoto Onzo e John L. Graham, "Retail Buyer Beliefs, Attitudes, and Behaviors toward Pioneer and Me-Too Follower Brands: A Comparative Study of Japan and the United States", *International Marketing Review*, 18, n. 2, 2001, p. 160-187.

CRUZANDO FRONTEIRAS 8.2 — O francês é especial

A palavra em pauta naquela manhã era *cloud computing* ("computação em nuvem").

Para traduzir essa expressão inglesa referente a recursos de computação que podem ser acessados em qualquer hora e lugar por meio da internet, um grupo de especialistas franceses levou 18 meses para propor a expressão *informatique en nuage*, que significa literalmente "computação em nuvem". A Comissão de Terminologia e Neologia da França – um grupo de 17 membros integrado por professores, linguistas, cientistas e um ex-embaixador – reuniu-se em um prédio com vista para o Louvre para aprovar a expressão.

Manter a pertinência da língua francesa não é fácil na era da internet. Durante anos os burocratas franceses trabalharam com afinco para manter o francês atualizado, criando diligentemente termos equivalentes às palavras inglesas. Embora a maioria dos franceses digam "*le weekend*" e "*un surfer*", as traduções corretas para esses termos são *fin de semaine* ("fim de semana") e *aquaplanchiste* (que, traduzido ao pé da letra para o inglês, seria "*water boarder*", e não *surfboarder* – o que nos leva a perguntar que termo eles empregam para esse tipo de tortura)*. A empresa *startup* (recém-criada) é chamada de *jeune pousse* ou jovens rebentos (o termo *pousse* refere-se ao crescimento de legumes e verduras), e a expressão World Wide Web é traduzida por *toile d'araignée mondiale* (literalmente, teia de aranha mundial).

No entanto, avanços tecnológicos significam que novos anglicismos se multiplicam pela internet a uma velocidade vertiginosa, e isso faz os franceses cravarem a unha na cabeça. Antes de expressões como "*cloud computing*" ou "*podcasting*" (*diffusion pour baladeur* ou, literalmente, difusão para passeantes ou pedestres) receberem equivalentes oficiais em francês, elas precisam ser aprovadas por três organizações e obter um carimbo de aprovação de um ministro do governo, de acordo com as regras especificadas pela Delegação Geral da Língua Francesa e das Línguas da França. Esse processo pode ser uma odisseia linguística e durar anos. "Não se pode comprometer o rigor", afirmou Xavier North, funcionário público de 57 anos de idade que está à frente da Delegação Geral.

Em seu *site*, a Delegação Geral da Língua Francesa lembra os cidadãos franceses de que os termos *volleyball* (vôlei de praia), *beach tennis* (tênis de praia) e *beach hockey* (hóquei de praia) não são corretos. Como esses esportes ganham popularidade, "eles são praticados com frequência [...] em estádios", declara a Delegação Geral. Desse modo, por não serem praticados necessariamente na praia, o termo *beach* (praia) deve ser substituído por "na areia" (*sur sable*). Por isso, as expressões hóquei *sur sable*, tênis *sur sable* e vôlei *sur sable* são recomendadas pela Comissão Geral de Terminologia e Neologia.

Os franceses tiveram algum êxito nessas iniciativas. Um estudo recente sobre as políticas de escolha de idioma dos membros da Comissão Eletrotécnica Internacional (International Electrotechnical Commission – IEC) informa o seguinte: "Os resultados demonstram que os idiomas inglês e francês são utilizados moderadamente em trabalhos técnicos, ao passo que o idioma inglês é totalmente empregado em comunicação". Obviamente, não temos certeza do significado real da frase citada. Portanto, não sabemos até que ponto podemos parabenizar com sinceridade as autoridades francesas!

Fontes: Max Colchester, "The French Get Lost in the Clouds over a New Term in the internet Age", *The Wall Street Journal*, 14 de outubro de 2009; Hans Teichmann, "Language Selection Policies in International Standardization: Perceptions of the IEC Member Countries", *International Journal of IT Standards & Standardization Research*, 7, n. 2, 2009, p. 23-42.

---

* N. de T.: *Waterboarding* refere-se a um tipo de tortura, o afogamento simulado.

Idioma e compreensão

O problema mais universal relacionado a pesquisas de levantamento no estrangeiro é a barreira idiomática. Em vista das diferenças idiomáticas e da dificuldade de obter uma tradução exata, obter as informações especificamente desejadas e interpretar as respostas dos respondentes torna-se difícil.[16] Alguns tipos de escala apropriados em algumas culturas, como as questões formuladas de forma inversa, são problemáticos em outras culturas.[17] Talvez não existam conceitos equivalentes em todos os idiomas. A família, por exemplo, tem diferentes conotações em diferentes países. Nos Estados Unidos, família geralmente significa apenas os pais e os filhos. Na Itália e em vários países latinos, pode englobar pais, filhos, avós, tios, tias, primos e outros. O significado dos nomes referentes aos membros da família também pode diferir muito, dependendo do contexto em que são empregados. Na cultura italiana, as palavras empregadas para tia e tio são distintas para os lados maternal e paternal da família. O conceito de afeição é universal, mas a maneira pela qual ela é expressa em cada cultura pode diferir. O beijo, uma expressão de afeto no Ocidente, é estranho para muitas culturas orientais, chegando a ser tabu em algumas.

Outro problema é a alfabetização. Em alguns países menos desenvolvidos com baixos índices de alfabetização, os questionários escritos são completamente inúteis. Além disso, o

---

[16] Shi Zhang e Bernd H. Schmitt, "Creating Local Brands in Multilingual International Markets", *Journal of Marketing Research*, 38, agosto de 2001, p. 313-325.

[17] Nancy Wong, Aric Rindfleisch e James E. Burroughs, "Do Reverse-Worded Items Confound Measures in Cross-Cultural Research? The Case of the Material Values Scale", *Journal of Consumer Research*, 30, n. 1, janeiro de 2003, p. 72-91.

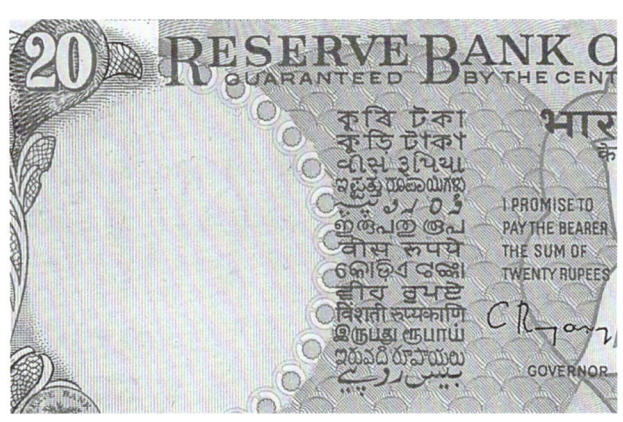

Pesquisadores de marketing na Índia têm de levar em conta os problemas da diversidade idiomática. Aqui, os 13 principais idiomas (além do inglês) são relacionados em uma nota de 20 rúpias.

problema de dialetos e idiomas diferentes pode impossibilitar totalmente a utilização de um único questionário de levantamento para toda uma nação. Na Índia, existem 14 idiomas oficiais e um número consideravelmente maior de idiomas não oficiais. Um pesquisador utilizou imagens de produtos como estímulo e imagens de rostos como critério de resposta em um estudo sobre as preferências de marca alemãs orientais, a fim de evitar algumas das dificuldades relacionadas com as diferenças idiomáticas e a alfabetização na pesquisa internacional. Outros pesquisadores empregaram diferentes tipos de técnica não verbal para obter respostas, como gravuras e colagens.[18]

Um pesquisador também não pode supor que a tradução para um idioma será suficiente em todas as regiões em que esse idioma é falado. Por exemplo, um pesquisador no México solicitou uma tradução para a palavra *outlet*, como em *retail outlet* (ponto de venda ou ponta de estoque), para ser utilizada na Venezuela. Ela foi interpretada pelos venezuelanos como tomada elétrica (*electrical outlet*), desembocadura de um rio no mar e passagem em um pátio. Obviamente, as respostas não serviram para nada, embora fossem curiosas. Portanto, sempre será necessário solicitar a um falante nativo do idioma do país almejado que faça uma "edição final" no conteúdo traduzido.

Em todos os países, todas as comunicações de marketing, inclusive os questionários de pesquisa, devem ser redigidas com *perfeição*. Do contrário, os consumidores e clientes não responderão com precisão, se responderem. A solução óbvia de ter questionários preparados ou revistos por um falante nativo do idioma do país com frequência é subestimada. Mesmo as empresas consideradas excelentes, como a American Airlines, geram erros na avaliação da satisfação de seus clientes por utilizar um mesmo questionário em espanhol nos levantamentos sobre passageiros nas rotas para a Espanha e o México. Por exemplo, uma pergunta sobre a preferência de refeições pode provocar confusão porque, para um espanhol, suco de laranja é *zumo de naranja*, ao passo que um mexicano pediria um *jugo de naranja*. Essas diferenças aparentemente sutis são importantes para os falantes de espanhol. Os profissionais de marketing utilizam três técnicas diferentes – retrotradução, tradução paralela e descentralização – para ajudar a corrigir os erros de tradução com antecedência.

Retrotradução. Na **retrotradução**, o questionário é traduzido de um idioma para outro e em seguida é traduzido de volta para o idioma original por outra pessoa. As duas versões no idioma original são então comparadas. Esse processo com frequência indica com precisão interpretações errôneas e mal-entendidos antes de o material ser divulgado ao público. Em um determinado estudo sobre temas de campanha, uma empresa de refrigerantes queria utilizar em Hong Kong um tema de campanha australiano de grande sucesso: "Baby, it's cold inside" ("Querido, está frio aqui dentro"). Esse tema foi traduzido do inglês para o cantonês por um tradutor e depois retraduzido por outro do cantonês para o inglês. A frase final em inglês revelou-se a seguinte: "Small mosquito, on the inside it is very cold" ("Mosquitinho, aqui dentro está muito frio"). Embora "*small mosquito*" seja a expressão coloquial para "*small child*" (criança pequena) em Hong Kong, o significado pretendido foi perdido na tradução.

Tradução paralela. As retrotraduções nem sempre garantem uma tradução precisa por causa das expressões idiomáticas comumente utilizadas em ambos os idiomas. A **tradução**

---

[18] Gerald Zaltman, "Rethinking Marketing Research: Putting the People Back In", Journal of Marketing Research, 34, novembro de 1997, p. 424-437.

Os alunos do segundo ano primário enfrentam as complexidades do idioma japonês em Quioto, onde escrevem alguns dos ideogramas do som *shou*, para o qual existem mais de 200. O idioma normalmente utiliza 15.000 ideogramas *kanji*, que foram tomados emprestados do chinês. As diferenças na estrutura da língua em relação a língua original tornam a tradução dos questionários uma tarefa um tanto árdua.

paralela é empregada para superar esse problema. Nesse processo, mais de dois tradutores são utilizados na retrotradução, e, então, os resultados são comparados, as diferenças são discutidas e a tradução mais apropriada é escolhida. Há pouco tempo, alguns pesquisadores propuseram que se ampliasse esse processo com a incorporação de etapas de pré-teste e adaptação interativa das traduções.[19]

Descentralização. Uma terceira opção, conhecida como **descentralização**, é um híbrido da retrotradução. É um processo sucessivo de tradução e retradução de um questionário por tradutores diferentes. Por exemplo, um texto em inglês é traduzido para o francês e depois retraduzido para o inglês por um tradutor diferente. Os dois textos em inglês são então comparados. Quando existem diferenças, altera-se o texto original em inglês e repete-se o processo. Se ainda assim houver diferenças entre os textos em inglês, o segundo texto original em inglês é alterado e reinicia-se o processo de tradução e retrotradução. A repetição do processo continua até o momento em que o texto em inglês puder ser traduzido para o francês e retraduzido para o mesmo texto original inglês por um tradutor diferente. Nesse processo, a redação do instrumento original passa por uma mudança, e o texto original e a respectiva tradução por fim utilizadas têm terminologias igualmente abrangentes e equivalentes em ambos os idiomas.

Independentemente do procedimento empregado, a tradução apropriada e a utilização *perfeita* do idioma local em um questionário são fundamentais para o êxito do projeto de pesquisa. Em virtude das diferenças culturais e nacionais, a confusão pode ser um problema tanto do pesquisador quanto do respondente. A pergunta em si talvez não seja expressa apropriadamente na língua original ou uma palavra abreviada ou um jargão talvez seja traduzido com um significado diferente ou ambíguo. Foi isso o que ocorreu, como mencionamos anteriormente, com a palavra *outlet*, em referência a *retail outlet* (ponto de venda). O problema não foi tanto a tradução, mas o termo empregado na pergunta a ser traduzida. Na formulação das perguntas, é fundamental empregar termos precisos no original a ser traduzido, e não coloquialismos nem gírias ou jargões. Um estudo da *Reader's Digest* sobre comportamento do consumidor na Europa Ocidental produziu um erro clássico de interpretação em que se dizia que a França e a Alemanha consumiam mais espaguete do que a Itália. Esse resultado um tanto quanto curioso e equivocado foi provocado por perguntas a respeito da compra de "espaguete de marca embalado". Os italianos compram espaguete a granel; os franceses e alemães compram espaguete de marca embalado. Em virtude dessa diferença básica, os resultados indicaram que os italianos compravam menos espaguete. Se o objetivo da pesquisa tivesse sido determinar o índice de compra de espaguete de marca embalado, os resultados estariam corretos. Entretanto, como o objetivo era conhecer o consumo total de espaguete, eles estavam incorretos. Os pesquisadores devem sempre confirmar se fazem a pergunta correta.

Alguns dos problemas da pesquisa de marketing transcultural podem ser resolvidos após a coleta de dados. Por exemplo, sabemos que em alguns países como Japão os consumidores tendem a responder a escalas de classificação de uma maneira mais moderada do que os americanos. Isto é, em uma escala de 1 a 7 em que os extremos são "completamente satisfeito" e "completamente insatisfeito", os japoneses tendem a dar respostas mais intermediárias (mais 3 e 5), ao passo que as respostas dos americanos tendem aos extremos (mais 1 e 7). Essa predisposição pode ser contornada por meio de procedimentos estatísticos de padronização para maximizar a comparabilidade.[20] Alguns problemas

---

[19] Susan P. Douglas e C. Samuel Craig, "Collaborative and Iterative Translation: An Alternative Approach to Back Translation", Journal of International Marketing, 15, n. 1, 2007, p. 30-43.

[20] Hans Baumgartner e Jan-Benedict E. M. Steenkamp, "Response Styles in Marketing Research: A Cross-National Investigation", *Journal of Marketing Research*, 38, maio de 2001, p. 143-156; Martijn G. de Jong, Jan-Benedict E. M. Steenkamp, Jean-Paul Fox e Hans Baumgartner, "Using Item Response Theory to Measure Extreme Response Style in Marketing Research: A Global Investigation", *Journal of Marketing Research*, 45, n. 1, 2008, p. 260-278.

de tradução também podem ser detectados e atenuados *post hoc* por meio de outros métodos estatísticos.[21]

Pesquisa multicultural: problema especial

À medida que as empresas tornam-se globais e procuram padronizar vários elementos do marketing *mix* em diversos países, os estudos multiculturais ganham uma importância cada vez maior. A empresa precisa verificar até que ponto a adaptação do marketing *mix* é apropriada.[22] Portanto, ela deve comparar as características de mercado de diversas culturas para identificar similaridades e diferenças antes de começar a padronizar qualquer aspecto de sua estratégia de marketing. As dificuldades de pesquisa examinadas até aqui estão relacionadas a pesquisas realizadas dentro de uma cultura. Nos estudos multiculturais, muitos desses mesmos problemas dificultam ainda mais as comparações transculturais.[23]

A pesquisa multicultural é aplicada a países de diferentes idiomas, economias, estruturas sociais, comportamentos e padrões de conduta. É indispensável levar em conta essas diferenças na elaboração de um estudo multicultural.[24] Um fator importante a ser lembrado no momento da elaboração de um projeto de pesquisa a ser aplicado em várias culturas é assegurar a comparabilidade e equivalência dos resultados. A confiabilidade de diferentes métodos pode variar de acordo com o país, e essas diferenças talvez indiquem a necessidade de aplicar métodos de pesquisa distintos em países específicos.

Em alguns casos, o projeto de pesquisa como um todo precisa ser diferente de um país para outro para maximizar a comparabilidade dos resultados. Por exemplo, nos países latino-americanos, pode ser difícil convencer os consumidores a participar de grupo foco ou de entrevistas em profundidade porque eles têm diferentes pontos de vista a respeito de pesquisas comerciais e da importância de seu tempo pessoal. Outro exemplo é o fato de os executivos japoneses costumarem não responder a levantamentos via correio. Este último problema foi abordado em dois estudos recentes utilizando diferentes métodos de distribuição e coleta de questionários no Japão. Em um deles, foram investigadas as atitudes dos compradores do setor varejista com relação a marcas pioneiras. No cenário americano, a amostra foi selecionada de uma lista de compradores de supermercado, e os questionários foram distribuídos e coletados pelo correio. No Japão, os questionários foram distribuídos pessoalmente em 16 grandes cadeias de supermercados e depois devolvidos diretamente pelo correio aos pesquisadores japoneses. O segundo estudo pretendia comparar a satisfação no trabalho de representantes de vendas americanos e japoneses. Nas empresas americanas, os questionários foram distribuídos e coletados pelo sistema postal da empresa de pesquisa; nas japonesas, os participantes de um programa de capacitação de vendas foram solicitados a preencher os questionários ao longo do programa. Embora os autores desses dois estudos indiquem que a utilização de métodos distintos de coleta de dados em estudos comparativos ameace a qualidade dos resultados, as abordagens adotadas foram os melhores (e únicos) métodos práticos para conduzir essas pesquisas.

As adaptações necessárias para concluir esses estudos transnacionais servem para exemplificar a engenhosidade necessária à pesquisa de marketing internacional. Contudo, elas também trazem à tona questões relacionadas à confiabilidade dos dados coletados nas pesquisas transnacionais. Evidências indicam que pouca atenção costuma ser dada não apenas aos erros de não amostragem e a outros problemas possíveis em estudos multiculturais

---

[21] S. Durvasula, R. G. Netemeyer, J. C. Andrews e S. Lysonski, "Examining the Cross-National Applicability of Multi-Item, Multi-Dimensional Measures Using Generalizability Theory", *Journal of International Business Studies*, 37, 2006, p. 469-483; Martijin G. de Jong, Jan-Benedict E. M. Steenkamp e Jean-Paul Fox, "Relaxing Measurement Invariance in Cross-National Consumer Research Using a Hierarchical IRT Model", *Journal of Consumer Research*, 34, 2007, p. 260-272; Yi He, Michael A. Merz e Dana L. Alden, "Diffusion of Measurement Invariance Assessment in Cross-National Empirical Marketing Research: Perspectives from the Literature and a Survey of Researchers", *Journal of International Marketing*, 16, n. 2, 2008, p. 64-83; Martijin G. de Jong, Jan-Benedict E. M. Steenkamp e Bernard P. Veldkamp, "A Model for the Construction of Country-Specific Yet Internationally Comparable Short-Form Marketing Scales", *Marketing Science*, 29, n. 4, 2009, p. 674-689.

[22] Amanda J. Broderick, Gordon E. Greenley e Rene Dentiste Mueller, "The Behavioral Homogeneity Evaluation Framework: Multi-Level Evaluations of Consumer Involvement in International Segmentation", *Journal of International Business Studies*, 38, 2007, p. 746-763.

[23] Masaski Kotabe, "Contemporary Research Trends in International Marketing", em Alan Rugman (ed.), *Oxford Handbook of International Business*, 2. ed. (Oxford: Oxford University Press, 2009), Capítulo 17.

[24] James Reardon, Chip Miller, Bram Foubert, Irena Vida e Liza Rybina, "Antismoking Messages for the International Teenage Segment: The Effectiveness of Message Valence and Intensity across Different Cultures", *Journal of International Marketing*, 14, n. 3, 2006, p. 114-136.

conduzidos inapropriadamente, mas também à adequabilidade dos instrumentos de medida das pesquisas que não foram testados em contextos multiculturais.

Pesquisa na internet: oportunidade crescente

Acompanhar o contínuo crescimento mundial da utilização da internet é realmente impossível. Neste exato momento, sabemos que ao todo existem mais de 1,8 bilhão de usuários em mais de 200 países. Cerca de um sexto dos usuários e mais da metade dos *sites* de hospedagem encontram-se nos Estados Unidos. Hoje, o mercado de mais rápido crescimento na internet é a China, com 375 milhões de usuários na última contagem.[25] A utilização internacional da internet cresce quase duas vezes mais rápido que a utilização americana. O crescimento em países como a Costa Rica foi consideravelmente incentivado pela decisão do governo do país de reclassificar os computadores como "instrumento educacional", eliminando, portanto, todas as tarifas de importação sobre os equipamentos de computador. Os dados demográficos dos usuários mundiais são os seguintes: 60% do sexo masculino e 40% do sexo feminino; idade média de 32 anos; aproximadamente 60% com formação superior; renda média anual de cerca de US$ 60.000; e tempo de utilização de 2,5 horas semanais principalmente em *e-mails* e busca de informações. A porcentagem de páginas principais por idioma é a seguinte: inglês, 80%; japonês, 4%; alemão, 3%; francês, 2%; espanhol, 1%; e os demais, menos de 1% cada.

Para muitas empresas, a internet é um veículo novo e cada vez mais importante para a condução de pesquisas de marketing internacionais. Aliás, um levantamento sobre profissionais de pesquisa de marketing indicou que as influências mais importantes sobre a indústria são a internet e a globalização. Novos conceitos de produto e matérias publicitárias podem ser testados na internet para obter *feedback* imediato. Painéis de consumo mundiais[26] foram criados para ajudar a testar programas de marketing junto a amostras internacionais. Foi sugerido que a internet tem pelo menos oito diferentes aplicações na pesquisa internacional:

1. **Levantamentos *on-line* e painéis de compradores.** Eles podem oferecer incentivos para participação e contam com recursos de desdobramento mais adequados (fazer perguntas diferentes com base em respostas anteriores) do que os levantamentos pelo correio e por telefone.
2. **Grupo foco *on-line*.** Os quadros de avisos podem ser utilizados para esse propósito.
3. **Rastreamento de visitantes na Web.** Os servidores rastreiam automaticamente e cronometram o tempo de navegação dos visitantes nos *sites*.
4. **Mensuração de propaganda.** Os servidores rastreiam os *links* para outros *sites*, sendo possível avaliar sua utilidade.
5. **Sistemas de identificação de clientes.** Várias empresas implantam procedimentos de registro que lhes possibilitam rastrear visitas e compras ao longo do tempo e criar uma espécie de "painel virtual".
6. **Marketing de mala direta por *e-mail*.** Os clientes podem ser solicitados a se inscrever em uma lista de mala direta para receber material de marketing direto pela internet.
7. **Pesquisa incorporada.** A internet continua automatizando as tradicionais funções econômicas dos clientes, como busca de informações sobre produtos e serviços, comparação entre opções de produto e preço, interação com provedores de serviços e manutenção do relacionamento cliente–marca. É cada vez maior o número de processos pela internet que são semelhantes aos próprios processos de pesquisa. Na maioria das vezes, esses métodos encontram-se diretamente incorporados na própria compra e nas circunstâncias de utilização e, portanto, estão mais intimamente ligados ao comportamento econômico real do que os métodos de pesquisa tradicionais. Algumas empresas chegam até a oferecer a opção para que o usuário monte um produto customizado *on-line* – o suprassumo da aplicação da pesquisa no desenvolvimento de produtos.
8. **Pesquisa observacional (também conhecida como netnografia).** As salas de bate-papo, os *blogs* e os *sites* pessoais podem ser monitorados sistematicamente para avaliar a opinião dos consumidores sobre produtos e serviços.

Sem dúvida, como a internet continua crescendo, outros tipos de pesquisa passarão a ser viáveis, e será bastante interessante examinar com atenção até que ponto os novos *softwares* de tradução terão um impacto sobre as comunicações de marketing e as pesquisas de mercado pela internet. Hoje, algumas empresas oferecem serviços de tradução de questionários,

---

[25] Euromonitor.com, 2010.
[26] Informações sobre painéis mundiais na internet podem ser encontradas em http://www.decisionanalyst.com.

incluindo frases comumente empregadas, como "classifique seu nível de satisfação".[27] É possível produzir levantamentos rapidamente em vários idiomas porque alguns provedores de serviços de aplicativo oferecem bibliotecas de tradução. Finalmente, como ocorre em tantos contextos de marketing internacional, a privacidade é e continuará a ser uma questão de preocupação pessoal e legal. Um dos maiores problemas que os profissionais dessa área enfrentarão diz respeito aos fatores transculturais relacionados à privacidade e ao recrutamento de consumidores e de grupos de clientes cooperativos.

A capacidade de conduzir pesquisas primárias é um dos aspectos mais estimulantes da internet. Entretanto, a possibilidade de viés em uma amostra extraída de um universo composto apenas de respondentes pela internet apresenta algumas limitações graves, e as empresas são substancialmente diferentes com relação à sua capacidade de transformar os dados coletados em vantagens competitivas.[28] Apesar disso, quanto mais a população dos países ganhar acesso à internet, mais poderoso e preciso esse instrumento será para realizar pesquisas primárias. Além disso, a internet pode ser utilizada como um dentre vários métodos de coleta de dados, oferecendo maior flexibilidade de um país para outro.

Hoje, o poder real da internet para a pesquisa de marketing internacional é a possibilidade de acesso fácil a uma grande quantidade de dados secundários. Há anos esses dados podem ser acessados em meios impressos, mas agora eles podem ser acessados bem mais facilmente e, em muitos casos, são mais atuais. Em vez de folhear alguns livros de referência para encontrar dados de dois ou três anos atrás, como ocorre na maioria das fontes impressas, você pode encontrar dados atualizados na internet. *Sites* como o www.stat-usa.gov fornecem quase todos os dados que são publicados pelo governo americano. Se você quiser saber que quantidade de um determinado produto é exportada para um país específico, qual é o imposto de importação sobre um produto e se é obrigatório solicitar alguma licença de exportação, pode encontrar tudo por meio de seu computador. Uma série de empresas privadas também oferece informações sobre marketing internacional *on-line*. Consulte o Apêndice deste capítulo para obter mais detalhes.

Estimativa da demanda de mercado

Os acontecimentos inéditos decorrentes do colapso do comércio mundial durante 2009 renderam inúmeras manchetes assustadoras confrontadas por previsores internacionais – "O que deu errado com a economia?", "Administrando em tempos de incerteza" e "Os planos estratégicos perdem popularidade", para citar apenas algumas.[29] Na avaliação da demanda atual de produtos e na previsão da demanda futura, é indispensável ter dados históricos confiáveis.[30] Como mencionado anteriormente, a qualidade e a disponibilidade de dados secundários muitas vezes são inadequadas; contudo, é necessário tentar projetar de maneira eficaz estimativas do tamanho do mercado. A despeito dessas limitações, alguns métodos de previsão de demanda podem ser empregados com uma quantidade mínima de informações. O sucesso desses métodos depende da capacidade do pesquisador para encontrar aproximações ou substitutos significativos para as relações econômicas, geográficas e demográficas necessárias.

Quando as estatísticas desejadas não existem, pode-se fazer uma estimativa aproximada utilizando as quantidades de produção local somadas a importações e ajustes nas exportações e no nível atual de estoque. Esses dados podem ser obtidos mais prontamente porque em geral são divulgados pelas Nações Unidas e por outros órgãos internacionais. Assim que se faz uma estimativa da tendência das vendas, é possível utilizar séries históricas de dados como base para as projeções de crescimento. Entretanto, em qualquer extrapolação direta, o avaliador supõe que as tendências do passado imediato continuarão no futuro, e essa suposição pode ser problemática quando o passado tiver incluído um acontecimento incomum importante, positivo ou negativo, como o colapso do comércio mundial em 2009.[31] Em uma economia de rápido crescimento, os números extrapolados talvez não indiquem um crescimento rápido e

---

[27] Consulte, por exemplo, http://www.markettools.com.
[28] Tho D. Nguyen e Nigel J. Barrett, "The Knowledge-Creating Role of the Internet in International Business: Evidence from Vietnam", *Journal of International Marketing*, 14, n. 2, 2006, p. 116-147.
[29] "What Went Wrong with Economics?", *The Economist*, 18 de julho de 2009, p. 11-12; "Managing in the Fog", *The Economist*, 28 de fevereiro de 2009, p. 67-68; Joann S. Lublin e Dona Mattioli, "Strategic Plans Lose Favor", *The New York Times*, 25 de janeiro de 2010, p. B7.
[30] Embora com mais de 20 anos de existência, o melhor resumo sobre os métodos de previsão e suas vantagens, desvantagens e aplicações apropriadas ainda é o de David M. Georgoff e Robert G. Murdick, "Manager's Guide to Forecasting", *Harvard Business Review*, janeiro-fevereiro de 1986, p. 110-120.
[31] Don E. Schultz, "Is This Death of Data", *Marketing News*, 15 de setembro de 2009, p. 19.

devam ser ajustados de acordo. Como as incertezas são maiores e os dados relacionados com os mercados estrangeiros são restritos, dois métodos de previsão de demanda são particularmente adequados para os profissionais de marketing internacional: opinião de especialistas e analogia.

Opinião de especialistas

No caso de vários problemas de estimativa no marketing, particularmente nos países que o profissional de marketing desconhece, é aconselhável buscar a opinião de especialistas. Nesse método, procura-se a opinião de um profissional especializado sobre o tamanho do mercado e os índices de crescimento. Esses profissionais podem ser os gerentes de vendas da própria empresa ou consultores externos e autoridades governamentais. O segredo na utilização de opiniões especializadas para ajudar a prever a demanda é a triangulação, isto é, comparar as estimativas geradas por diferentes fontes. Nesse caso, o fator complicador é saber de que forma é possível associar melhor as diferentes opiniões.

O desenvolvimento de cenários é útil nas situações de previsão mais ambíguas, como prever a demanda de serviços contábeis em mercados emergentes como a China e a Rússia ou tentar prever o impacto da síndrome respiratória aguda grave (SRAG) em Hong Kong. Além disso, as análises estatísticas de dados históricos são fundamentalmente inadequadas porque não conseguem identificar os possíveis impactos de acontecimentos extremos[32] como a SRAG. Especialistas de visão abrangente e longa experiência nos mercados terão maior capacidade de prever essas ameaças de peso à estabilidade e/ou ao crescimento da demanda de mercado.

Analogia

Outra técnica é a previsão por analogia. Nesse método, supõe-se que a demanda de um produto desenvolve-se de modo semelhante em todos os países, na medida em que houver um desenvolvimento econômico comparável em cada país.[33] Primeiro, deve-se estabelecer uma relação entre o elemento a ser avaliado e uma variável de medida[34] em um país que servirá de base para a analogia. Assim que se estabelecer uma relação conhecida, o avaliador tenta extrair uma analogia entre a situação conhecida e o país em questão. Por exemplo, suponha que uma empresa queira prever o potencial de crescimento de mercado de uma bebida em um país X, em que os dados de vendas são inadequados, mas os dados sobre essa bebida em um país Y vizinho são excelentes. No país Y, sabe-se que o consumo *per capita* aumenta de acordo com um índice previsível à proporção que o produto interno bruto (PIB) aumenta. Se a empresa souber qual é o PIB *per capita* do país X, o consumo *per capita* da bebida pode ser previsto por meio da relação estabelecida no país Y.

Contudo, deve-se ter cuidado para utilizar a analogia, pois nesse método assume-se que outros fatores além da variável empregada (no exemplo precedente foi o PIB) sejam semelhantes em ambos os países, como os mesmos impostos, preferências, preços, métodos de venda, disponibilidade de produtos, padrões de consumo[35] e outros. Por exemplo, como no Japão há 13 milhões de usuários de protocolo de acesso sem fio (*wireless access protocol* – WAP), o número de adeptos desse protocolo na Europa foi seriamente superestimado – a quantidade real de 2 milhões está bem abaixo dos 10 milhões previstos. A título de exemplo, considere também a importância do índice de adoção de computadores pessoais ou de celulares nos Estados Unidos, visto que eles ajudam a prever os índices de adoção nos outros quatros países relacionados na Figura 8.1. Como a Apple Computer poderia utilizar os dados americanos para ajudá-la a prever a demanda no Japão? A despeito das aparentes desvantagens da analogia, ela pode ser útil quando existem poucos dados.

---

[32] Pierpaolo Andriani e Bill McKelvey, "Beyond Gaussian Averages: Redirecting International Business and Management Research toward Extreme Events and Power Laws", *Journal of International Business Studies*, 38, 2007, p. 1.212-1230.

[33] Esse tipo de abordagem é empregado atualmente para prever o grau de declínio do mercado de habitação nos Estados Unidos e em outros mercados por meio de comparações com o ciclo de crescimento e queda experimentado pelo Japão nas décadas de 1980 e 1990. Consulte Robert J. Shiller, "Things that Go Boom", *The Wall Street Journal*, 8 de fevereiro de 2007, p. A15.

[34] Essas variáveis podem incluir população e demografia ou índices ou estimativas de uso e assim por diante. O uso de uma combinação dessas variáveis é também chamado de método de previsão de *coeficientes em cadeia*.

[35] Gerard J. Tellis, Stefan Stremersch e Eden Yin, "The International Takeoff of New Products: The Role of Economics, Culture, and Country Innovativeness", *Marketing Science*, 22, n. 2, 2003, p. 188-208; Sean Dwyer, Hani Mesak e Maxwell Hsu, "An Exploratory Examination of the Influence of National Culture on Cross-National Product Diffusion", *Journal of International Marketing*, 13, n. 2, 2005, p. 1-17; Roger J. Calantone, David A. Griffith e Goksel Yalcinkaya, "An Empirical Examination of a Technology Adoption Model for the Context of China", *Journal of International Marketing*, 14, n. 4, 2006, p. 1-27.

Figura 8.1
Índice de difusão de (a) computadores pessoais e (b) telefones celulares (por mil pessoas).

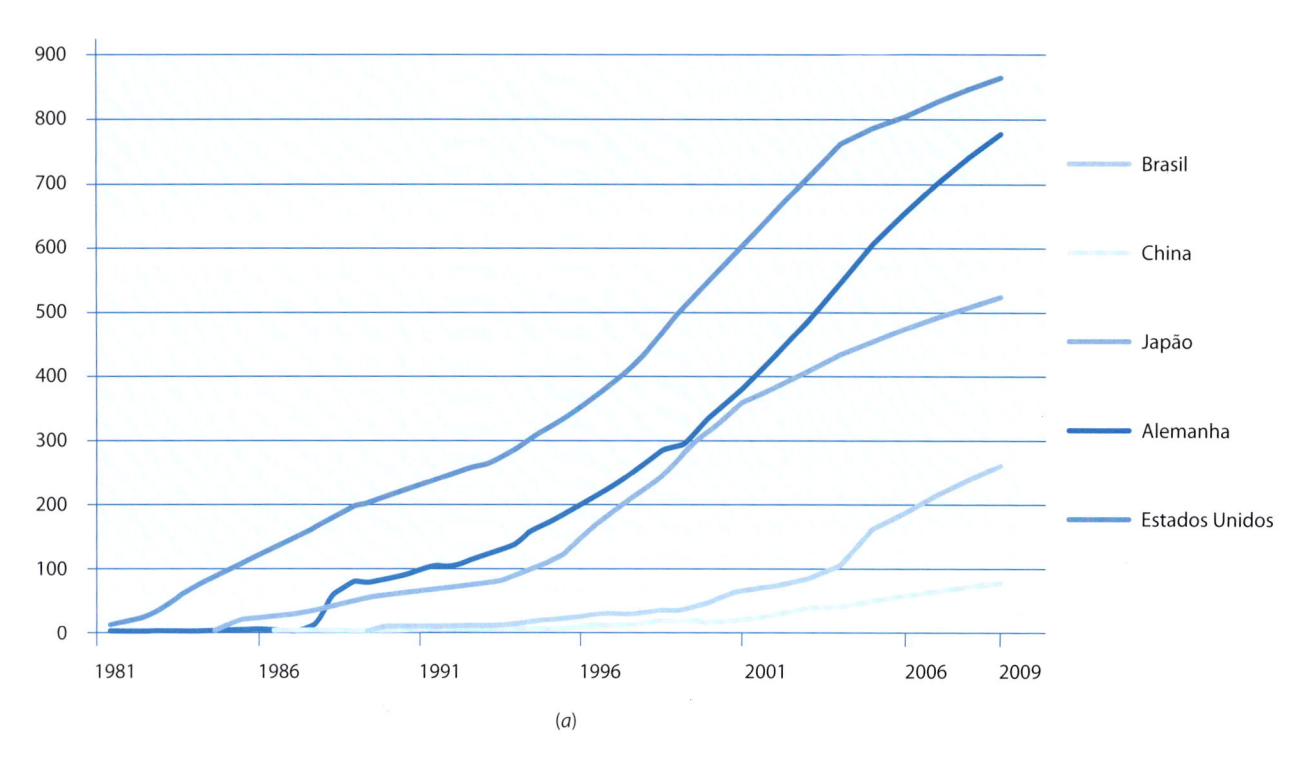

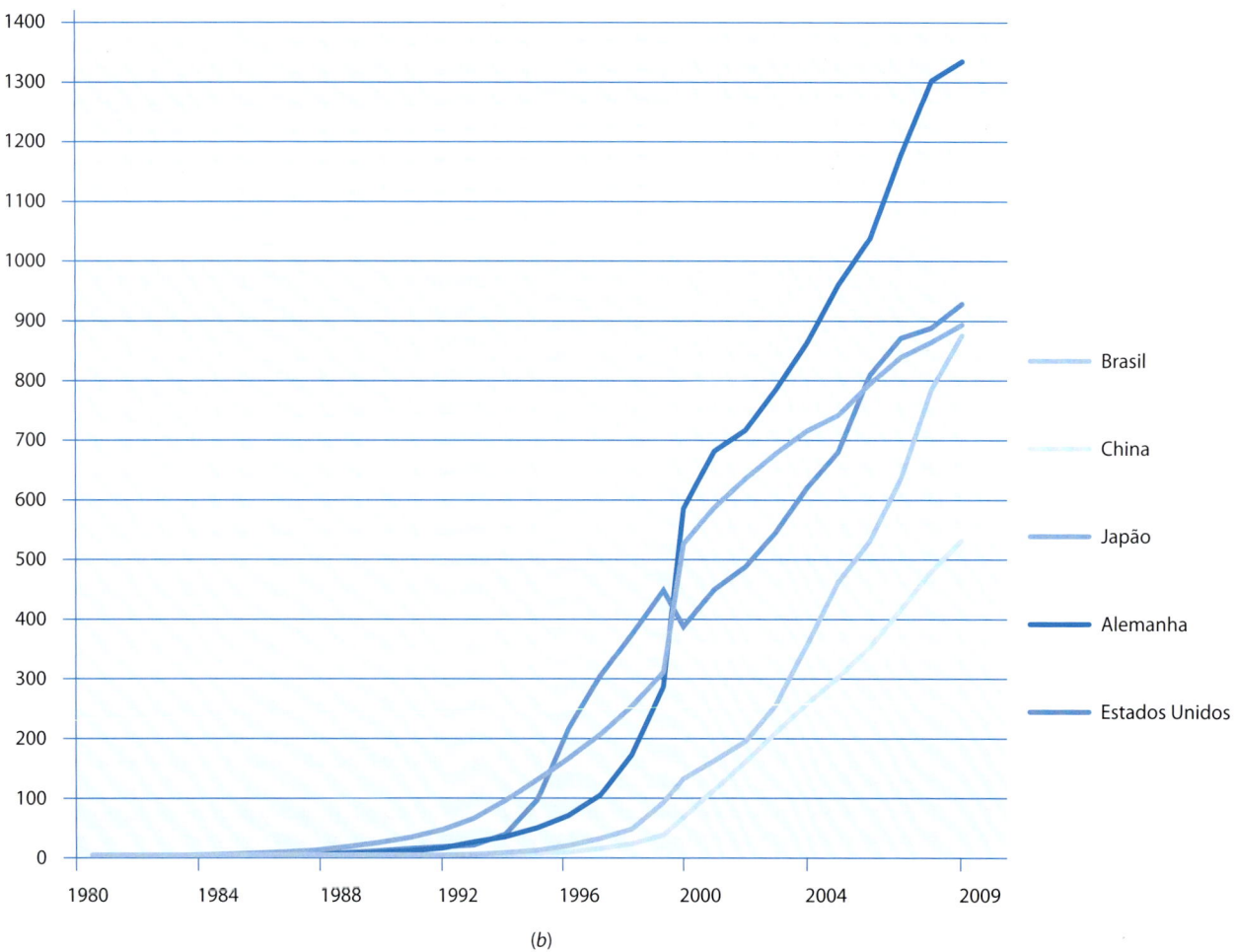

(a)

(b)

Fonte: Banco Mundial, *World Development Indicators 2010* (Washington, DC: Banco Mundial, 2010); Euromonitor.com, 2010.

CRUZANDO FRONTEIRAS 8.3 — Previsão do mercado de serviços de saúde global

Em 2000, o Hospital Johns Hopkins, em Baltimore, ofereceu tratamento a mais de 7.500 pacientes de outros países, um salto significativo em comparação a apenas 600 em 1994. E não houve nenhum aborrecimento com companhias de seguro e organizações de manutenção de saúde, conhecidas como HMOs (*health maintenance organizations*). Na verdade, muitos desses pacientes pagaram em dinheiro – até mesmo procedimentos cirúrgicos de US$ 30 mil! A Clínica Mayo, de Rochester, Minnesota, há décadas tem atendido pacientes estrangeiros. No caso dessa clínica, houve um salto de 15% no período de cinco anos, o que representa mais de 1.000 pacientes por ano. Crescimento semelhante ocorre em locais como o Hospital Monte Sinai, em Miami, o Centro de Câncer da Universidade do Texas e o Centro Médico da Universidade da Califórnia, em Los Angeles. A Clínica Mayo chegou até a providenciar uma sala de orações para os muçulmanos, para que os pacientes e suas famílias se sentissem mais confortáveis. Um rápido crescimento, sem dúvida – alguns diriam exponencial –, mas será que esse crescimento continuará? Prever essa demanda para que se possa tomar decisões sobre equipes de funcionários e número de leitos, na verdade, é um projeto intimidador.

No México e na América Latina, ao que tudo indica, a principal demanda é por tratamentos de doenças infecciosas e digestivas e de câncer. No Oriente Médio, a demanda parece ser por doenças genéticas, doenças cardíacas, câncer e asma. Em relação à Ásia, os pacientes procuram a Califórnia principalmente para o tratamento de câncer e doenças coronárias. Os europeus viajam aos Estados Unidos para o tratamento de doenças mentais, câncer, doenças cardíacas e aids. Como o Japão tem o índice mundial mais promissor para o tratamento de câncer de estômago, poder-se-ia prever que esse seria um setor de crescimento no futuro.

Contudo, talvez o mercado mais estranho a se prever seja o de prótese para feridos de guerra em nível global. O Hospital Johns Hopkins foi contratado para repor membros superiores e inferiores de soldados envolvidos em um conflito de fronteira entre o Equador e o Peru por US$ 35 mil por paciente. A descrição feita no artigo do *The Wall Street Journal* talvez tenha sido um pouco exaltada: "Há guerras no mundo inteiro e bombas para todos os lados. Os feridos de guerra são um nicho de mercado novo e enriquecedor". Prever a demanda de próteses de certa forma é fácil – os pesquisadores só precisam rastrear os dados sobre as guerras no mundo, tal como relacionado na Figura 6.4, no Capítulo 6. Felizmente, antes de 2010 essa demanda estava diminuindo. Entretanto, tendo em vista a triste realidade do terremoto haitiano, a estimativa de próteses necessárias para os sobreviventes da tragédia é de mais de 40 mil.

Fontes: "U.S. Hospitals Attracting Patients from Abroad", *USA Today*, 27 de julho de 1997, p. 1A; Ron Hammerle, "Healthcare Becoming a Lot Less Local", *Modern Healthcare*, 20 de março de 2000, p. 40; Tom Philips, "Haiti Earthquake Creating a Generation of Amputees, Doctors Warn", *Manchester Guardian*, 21 de janeiro de 2010.

Todos os métodos de previsão de demanda de mercado descritos nesta seção não substituem a pesquisa de mercado original quando ela é economicamente viável e existe tempo para isso. Aliás, o melhor método de previsão é quase sempre a *utilização conjunta* de bancos de dados macroeconômicos e entrevistas com clientes atuais e potenciais. A triangulação de métodos alternativos é sempre mais adequada, e a discussão sobre as discrepâncias entre as fontes e os métodos pode levantar perguntas importantes acerca das iniciativas de previsão atuais e futuras.[36] Quando houver fontes de dados adequadas, como provavelmente é o caso na maioria dos países economicamente desenvolvidos, outros métodos tecnicamente avançados, como a análise de regressão múltipla ou a análise de entrada/saída, poderão ser empregados.

Em suma, não é necessário dizer que a previsão de demanda é uma das atividades econômicas mais difíceis e importantes. Todos os planos de negócios dependem totalmente de previsões de um futuro que ninguém consegue enxergar, e até mesmo as melhores empresas cometem grandes equívocos.

Problemas na análise e interpretação das informações da pesquisa

Após a coleta dos dados, as etapas finais do processo de pesquisa são a análise e a interpretação dos resultados com base no problema de marketing formulado. Tanto os dados secundários quanto os dados primários coletados pelo pesquisador de mercado estão sujeitos às várias limitações já examinadas. Em qualquer análise final, o pesquisador deve considerar esses fatores e, apesar de suas limitações, produzir orientações significativas para as decisões da administração.

Aceitar as informações acriticamente nos mercados estrangeiros é uma postura imprudente. Os significados das palavras, a atitude dos consumidores quanto a um produto, a postura do entrevistador ou a circunstância das entrevistas podem distorcer os resultados de uma pesquisa. Do mesmo modo que a cultura e a tradição influenciam a predisposição das pessoas a fornecer informações, elas influenciam também as informações fornecidas.

---

[36] A. N. M. Waheeduzzaman, "Market Potential Estimation in International Markets: A Comparison of Methods", *Journal of Global Marketing*, 21, n. 4, 2008, p. 307-320.

Dados sobre circulação de jornais, pesquisas sobre públicos leitores e audiências e dados sobre pontos de venda e volume de venda podem ser distorcidos por práticas comerciais locais. Para lidar com as disparidades, o pesquisador responsável por uma pesquisa de mercado no exterior deve ter três aptidões para gerar informações de marketing significativas.

(1) Ele deve conhecer a fundo a cultura do mercado em que a pesquisa é conduzida. Para analisar os resultados de uma pesquisa, é necessário conhecer claramente os costumes sociais, a semântica, as atitudes atuais e os costumes de negócios de uma sociedade ou de um subsegmento de uma sociedade. Em algum momento, será absolutamente necessário contar com uma pessoa nativa do país em questão para a interpretação dos resultados de qualquer pesquisa conduzida em um mercado estrangeiro.

(2) É necessário ter talento criativo para adaptar os métodos de pesquisa. Em mercados estrangeiros, com frequência as circunstâncias com as quais o pesquisador se depara para produzir resultados são as mais difíceis, e os prazos são curtos. Criatividade e habilidade, disposição para utilizar métodos que coletem a maior quantidade de dados possível, paciência (e até mesmo senso de humor com relação ao trabalho) e disposição para ser direcionado pelos resultados originais da pesquisa mesmo quando eles conflitam com a opinião popular ou com suposições prévias são vantagens consideradas primordiais na pesquisa de marketing internacional.

(3) Adotar uma postura cética no processamento de dados tanto primários quanto secundários é providencial. Por exemplo, talvez seja necessário confirmar a tiragem de um jornal ao longo de um período para obter dados precisos sobre sua circulação ou reduzir ou aumentar em 25 a 50% a renda declarada por consumidores em algumas regiões, com base em características socioeconômicas observáveis. Aliás, quando houver dados suspeitos, a triangulação de vários métodos de pesquisa será indispensável.

Esses traços essenciais levam a crer que o pesquisador de marketing no exterior deve ser cidadão do país em que será conduzida a pesquisa ou deve ser aconselhado por um cidadão desse país que possa avaliar com precisão os dados coletados com base no ambiente local e, portanto, confirmar tanto os dados secundários quanto os primários. Além disso, independentemente do grau de sofisticação da técnica de pesquisa ou análise, não há nada que substitua a observação em campo pelos próprios tomadores de decisões.

Responsabilidade pela condução da pesquisa de marketing

Dependendo do tamanho e do grau de envolvimento com o marketing no exterior, a empresa que precisa conduzir uma pesquisa de mercado em outro país pode recorrer a uma agência externa no estrangeiro ou a uma empresa nacional que tenha uma filial no país em questão. Ela pode conduzir a pesquisa em instalações próprias ou utilizar sua própria equipe de pesquisa e a assessoria de uma agência externa.

A tendência em direção à descentralização da atividade de pesquisa é evidente. Com relação à eficiência, os analistas locais parecem competentes para fornecer informações mais rápida e precisamente do que um departamento de pesquisa interno. A vantagem óbvia da

Tanto a Ford quanto a Philips observam atentamente a tecnologia e os consumidores europeus e desenvolvem produtos para mercados globais em seu centro de pesquisa em Aachen, Alemanha. Algumas das melhores universidades técnicas ficam próximas da Bélgica, dos Países Baixos e da Alemanha.

descentralização da atividade de pesquisa é que o controle permanece nas mãos de quem está mais próximo do mercado. O pessoal de campo, os gerentes que residem no país e os clientes em geral conhecem melhor as sutilezas do mercado e sabem avaliar melhor a multiplicidade que caracteriza os mercados estrangeiros. Uma desvantagem da gestão de pesquisa descentralizada talvez seja a comunicação ineficaz com os executivos da matriz. Outra desvantagem é uma possível predominância não desejada de estudos a respeito de grandes mercados nas decisões sobre padronização global. Em outras palavras, os grandes mercados, particularmente os Estados Unidos, justificam o emprego de procedimentos de pesquisa mais sofisticados e de amostras mais amplas, e os resultados obtidos por meio de métodos mais simples, apropriados para países menores, com frequência são erroneamente depreciados.

Uma análise abrangente dos diferentes métodos empregados em pesquisas que envolvem vários países leva a crer que o método ideal é ter pesquisadores locais em cada país e uma atenta coordenação entre a empresa cliente e as empresas de pesquisa locais. Essa cooperação é fundamental em todos os estágios do projeto de pesquisa, da concepção e coleta de dados à análise final. Além disso, são necessárias duas etapas de análise. Quando a pesquisa é realizada em um país específico, todos os problemas pertinentes devem ser identificados; quando é feita em vários países, as informações devem ser condensadas em um formato que atenda aos objetivos do cliente. Essas recomendações fundamentam-se na ideia de que duas cabeças pensam melhor do que uma e de que é essencial obter informações multiculturais para compreender qualquer dado multicultural. Quando se emprega apenas uma pessoa na interpretação de dados multiculturais, existe o risco de ela utilizar seu critério de autorreferência para interpretar os dados com base em suas tendenciosidades culturais. A tendenciosidade do critério de autorreferência pode afetar o projeto de pesquisa, a estrutura do questionário e a interpretação dos dados.

Se uma empresa quiser utilizar uma empresa de pesquisa de marketing profissional, existem várias disponíveis. Grande parte das principais agências de propaganda e várias empresas de pesquisa possuem filiais no mundo inteiro. Além disso, o crescimento testemunhado por empresas de pesquisa e consultoria com sede em outros países foi significativo. Dentre as dez maiores empresas de pesquisa de marketing do mundo (com base em suas receitas), quatro encontram-se nos Estados Unidos, inclusive a maior delas; três no Reino Unido; uma na França; uma na Alemanha; e uma nos Países Baixos. De acordo com a última contagem de empresas de pesquisa de marketing na China, existem mais de 400, e esse número cresce rapidamente. No Japão, cuja cultura singular precisa ser conhecida, as empresas de pesquisa de marketing profissionais estão entre as de melhor qualidade. Um estudo recente demonstrou que os métodos de pesquisa empregados por empresas japonesas e americanas em geral são semelhantes, mas apresentam diferenças notáveis com relação à maior ênfase dada pelas japonesas às pesquisas de previsão, aos canais de distribuição e às vendas. Uma lista de empresas de pesquisa de mercado internacional é publicada anualmente pela revista *Marketing News*, no mês de abril, como suplemento publicitário.

Uma questão de importância cada vez maior relacionada à pesquisa de marketing internacional é a possibilidade crescente de aplicação de controles governamentais sobre essa atividade. Em vários países, os problemas referentes à privacidade dos consumidores são examinados mais de perto porque, com a expansão da internet, as empresas contam com recursos para coletar dados sobre o comportamento dos consumidores.

Comunicação com os tomadores de decisões

■ OA6

Utilização da pesquisa de marketing internacional

Grande parte das discussões apresentadas neste capítulo diz respeito à obtenção de informações de ou sobre consumidores, clientes e concorrentes. Entretanto, deve-se reconhecer claramente que a obtenção de informações é apenas metade do trabalho; é necessário também fornecer oportunamente aos tomadores decisões a análise e interpretação dessas informações.[37] Projetos de sistemas de informação internacional de alta qualidade serão uma ferramenta competitiva cada vez mais importante com o crescimento da globalização comercial, e será necessário investir recursos de maneira compatível.[38]

---

[37] Anne L. Souchon, Adamantios Diamantopoulos, Hartmut H. Holzmuller, Catherine N. Axxin, James M. Sinkula, Heike Simmet e Geoffrey R. Durden, "Export Information Use: Five-Country Investigation of Key Determinants", *Journal of International Marketing*, 11, n. 3, 2003, p. 106-127.

[38] Nicoli Juul Foss e Torben Pedersen, "Organizing Knowledge Processes in the Multinational Corporation: An Introduction", *Journal of International Business Studies*, 35, n. 5, 2004, p. 340-349; Ram Mudambi e Pietro Navarra, "Is Knowledge Power? Knowledge Flows, Subsidiary Power and Rent-Seeking within MNCs", *Journal of International Business Studies*, 35, n. 5, 2004, p. 385-406.

Os tomadores de decisões, em geral altos executivos, devem envolver-se diretamente não apenas com a definição do problema e a formulação da pergunta da pesquisa, mas também com o trabalho de campo, no sentido de observar o mercado e ouvir as opiniões dos clientes da forma mais direta possível quando a situação permitir (tal como nos novos mercados estrangeiros). Os altos executivos devem ter uma "percepção" sobre seus mercados que nem mesmo os melhores relatórios de marketing consigam oferecer.

Em suma, os profissionais de marketing internacional enfrentam outro obstáculo para obter as melhores informações sobre seus clientes. Em seu aspecto mais elementar, a pesquisa de marketing é predominantemente uma questão de interação com os clientes. Os tomadores de decisões de marketing têm dúvidas a respeito da melhor forma de atender aos clientes, e com frequência essas dúvidas são levantadas e respondidas por meio de questionários e de agências de pesquisa. Mesmo quando gerentes e clientes falam a mesma língua e pertencem à mesma cultura, a comunicação pode tornar-se confusa e distorcida em ambas as direções. Isto é, os clientes interpretam mal as perguntas e/ou os gerentes interpretam mal as respostas. Acrescentando-se a isso uma barreira idiomática/cultural, a probabilidade de mal-entendidos amplia-se consideravelmente.

Não existe nenhum exemplo melhor (ou pior) de problemas de comunicação desse tipo do que os problemas de acelerador enfrentados pela Toyota em 2010. Mesmo as empresas de grande porte podem cometer grandes erros. Por não corrigir oportunamente as falhas apresentadas por seus aceleradores nos Estados Unidos, a Toyota, a melhor montadora de automóveis do mundo, sofreu prejuízos de bilhões de dólares em seu desempenho anual e talvez tenha prejudicado o seu *brand equity* nesse país. O problema de comunicação básico dentro da Toyota foi identificado com precisão na época:

> Existe um elemento cultural nesse pendor para as crises de má administração. A vergonha e o constrangimento de admitir francamente os defeitos de um produto em um país obcecado por habilidade profissional e qualidade dificultam a transparência e a tomada de responsabilidade. E uma empresa de alto prestígio como a Toyota tem mais a perder, pois sua face corporativa corre risco. A vergonha de fabricar carros com defeito deveria ser um problema de outras empresas, não da Toyota, e esse presente desastre em suas relações públicas revela justamente como a empresa está despreparada para gerenciar crises e o quanto isso é embaraçoso. Além disso, a identidade dos funcionários está intimamente associada à imagem da empresa, e a lealdade à empresa sobrepõe-se à preocupação com os consumidores.
>
> Como existe também uma cultura de deferência dentro das corporações, os funcionários que se encontram em um patamar hierárquico inferior têm dificuldade para questionar seus superiores ou informá-los sobre problemas existentes. O foco sobre o consenso e o grupo é um ativo no desenvolvimento de um trabalho em equipe, mas também pode dificultar possíveis contestações contra o que foi decidido e projetado. Essas inclinações culturais não são incomuns em outros lugares do mundo, mas são extremamente influentes na cultura corporativa japonesa e são obstáculos significativos à prevenção e à reação em situações de crise.[39]

Acrescentaríamos a isso outra explicação cultural: a propensão dos japoneses a evitar notícias ruins. Aliás, os japoneses têm duas palavras para verdade: *tatemae* e *honne*. *Tatemae* é a verdade pública com a qual se procura salvar as aparências, ao passo que *honne* é a verdade factual, independentemente do prejuízo que ela possa provocar às relações sociais tão importantes para as empresas japonesas.[40] Esses problemas de comunicação interna também se evidenciaram em outras culturas hierárquicas e direcionadas ao relacionamento, como a Coreia do Sul e o Vietnã.[41] Alguns pesquisadores identificaram inúmeros fatores que estão associados com uma forma de comunicação mais adequada dentro dessas empresas multinacionais, como a frequência com que as pessoas se comunicam, as oportunidades de

---

[39] Consulte o excelente artigo de Jeff Kinston, "A Crisis Made in Japan", *The Wall Street Journal*, 6-7 de fevereiro de 2010, p. W1-2.
[40] James Day Hodgson, Yoshihiro Sano e John L. Graham, *Doing Business in the New Japan* (Boulder, CO: Rowman & Littlefield, 2008).
[41] Malcolm Gladwell, *Outliers* (Nova York: Little Brown, 2008); John U. Farley, Scott Hoenig, Donald R. Lehmann e Hoang Thuy Nguyen, "Marketing Metrics Use in a Transitional Economy: The Case of Vietnam", *Journal of Global Marketing*, 21, n. 3, 2008, p. 179-190.

Figura 8.2
Administrando a barreira cultural na pesquisa de marketing internacional.

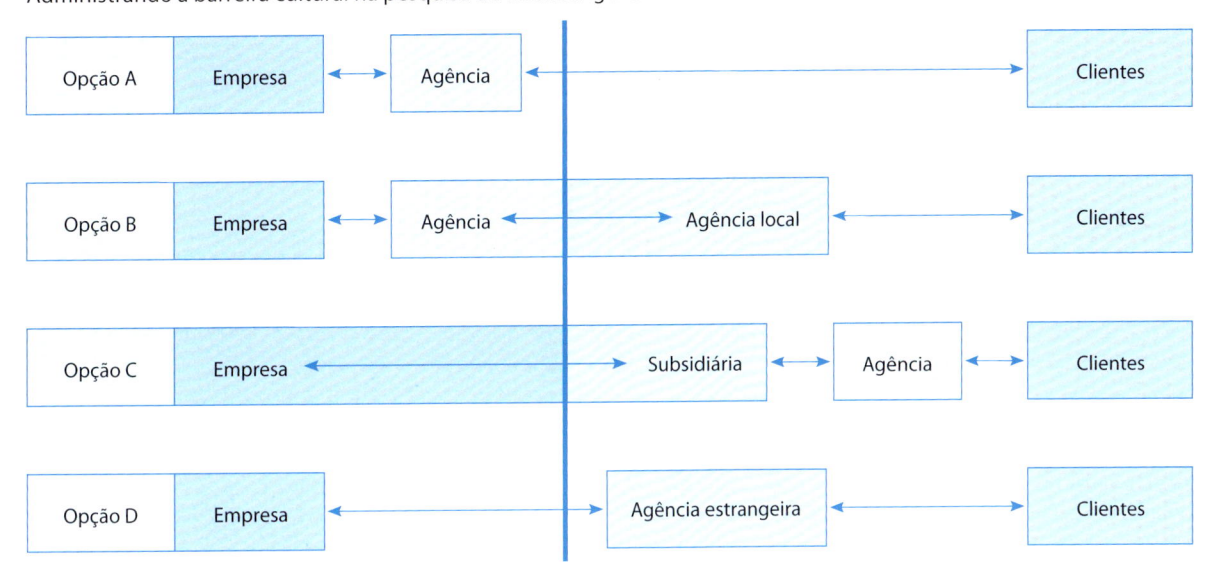

Opção A: Empresa ↔ Agência ←――――――→ Clientes

Opção B: Empresa ↔ Agência ← Agência local ← Clientes

Opção C: Empresa → Subsidiária ↔ Agência ↔ Clientes

Opção D: Empresa ← Agência estrangeira → Clientes

Barreira cultural

comunicação direta,[42] os incentivos aos funcionários para compartilhar informações[43] e as semelhanças culturais.[44] Outro estudo apontou que a "turbulência ambiental global"[45] é um fator que também inibe a comunicação, e certamente a Toyota estava enfrentando uma variante extrema desse problema: um abrupto declínio no comércio mundial e em suas próprias vendas paralelamente aos problemas de qualidade em seu produto.

Esses problemas podem se exacerbar quando há também o envolvimento de agências de pesquisa. Os quatro tipos possíveis de relação entre empresa–agência–cliente são apresentados na Figura 8.2. As opções B e C são mais adequadas para gerenciar barreiras culturais na cadeia de comunicação. Ou seja, em ambos os casos, a barreira cultural é transposta *dentro* da empresa em que as pessoas têm uma cultura corporativa comum e trabalham em conjunto todos os dias. Na opção B, a tradução ou interpretação (no sentido mais amplo do termo – isto é, de questionários e relatórios) é realizada pelos funcionários da agência de pesquisa de marketing internacional. Na opção C, a tradução é realizada dentro da própria empresa. Nos casos A e D, tanto as barreiras culturais quanto organizacionais são transpostas simultaneamente, maximizando, portanto, a probabilidade de erros de comunicação. Aliás, essas mesmas reflexões sobre empresa–agência–cliente são pertinentes para outros tipos de comunicação entre empresas e clientes, como propaganda e controle de canais de distribuição, e esse tópico internacional específico será abordado novamente em capítulos subsequentes.

---

[42] Niels Noorderhaven e Anne-Wil Harzing, "Knowledge-Sharing and Social Interaction within MNEs", *Journal of International Business Studies*, 40, n. 5, 2009, p. 719-741.
[43] Gary Oddou, Joyce S. Osland e Roger N. Blakeney, "Repatriating Knowledge: Variables Influencing the 'Transfer' Process", *Journal of International Business Studies*, 40, n. 2, 2009, p. 181-199.
[44] Martin S. Roth, Satish Jayachandran, Mourad Dakhli e Deborah A. Colton, "Subsidiary Use of Foreign Marketing Knowledge", *Journal of International Marketing*, 17, n. 1, 2009, p. 1-29.
[45] Ruby P. Lee, Qimei Chen, Daikwan Kim e Jean L. Johnson, "Knowledge Transfer between MNC's Headquarters and Their Subsidiaries: Influences on and Implications for New Product Outcomes", *Journal of International Marketing*, 16, n. 2, 2008, p. 1-31.

RESUMO

O objetivo básico da atividade de pesquisa de mercado é oferecer à administração informações mais precisas para a tomada de decisões. Esse objetivo é idêntico tanto no marketing doméstico quanto no internacional. Entretanto, na pesquisa de marketing internacional, a consecução desse objetivo apresenta alguns problemas não enfrentados em nível doméstico.

As atitudes dos clientes com relação a fornecer informações a um pesquisador são condicionadas por sua cultura. O levantamento de informações em um mercado externo deve ser elaborado com cuidado para trazer à tona os dados desejados e, ao mesmo tempo, não ofender o senso de privacidade dos respondentes. Além das restrições culturais e administrativas relacionadas à coleta de dados primários, a base de informações secundárias de vários mercados externos é inadequada ou não confiável.

Essas dificuldades evocam três fatores fundamentais para a condução bem-sucedida de uma pesquisa de marketing internacional: (1) a inclusão de pessoas nativas da cultura estrangeira em questão nas equipes de pesquisa; (2) a utilização de vários métodos e de triangulação; e (3) a participação de tomadores de decisões, mesmo de altos executivos, que de vez em quando devem conversar diretamente com os clientes ou observá-los nos mercados externos.

PALAVRAS-CHAVE

Pesquisa de marketing
Pesquisa de marketing internacional
Processo de pesquisa
Dados secundários
Dados primários
Retrotradução
Tradução paralela
Descentralização
Pesquisa multicultural
Opinião de especialistas
Triangulação
Analogia

QUESTÕES

1. Defina as palavras-chave acima relacionadas.
2. Fale sobre como a transição entre a decisão de "entrar em um mercado" e a decisão de "continuar as operações" geram a necessidade de diferentes tipos de informação e de dados.
3. Discorra sobre a amplitude e o escopo da pesquisa de marketing internacional. Por que a pesquisa de marketing internacional geralmente é mais ampla em escopo do que a pesquisa de marketing nacional?
4. O grau de competência de um pesquisador é medido por sua capacidade de utilizar os métodos e técnicas mais sofisticados e adequados disponíveis de acordo com as restrições de tempo, de custo e do atual estado da arte. Comente essa afirmação.
5. Qual é a função do pesquisador na pesquisa de marketing internacional? Até que ponto o ambiente externo dificulta essa função?
6. Fale sobre as etapas do processo de pesquisa com relação aos problemas enfrentados. Dê exemplos.
7. Por que a formulação do problema de pesquisa é difícil na pesquisa de mercado no exterior?
8. Fale sobre os problemas da coleta de dados secundários em mercados externos.
9. "Em várias culturas, as informações pessoais são privadas e invioláveis e não devem de forma alguma ser discutidas com estranhos." Discuta essa questão.
10. Cite alguns problemas criados pelo idioma e a capacidade das pessoas de compreender as perguntas na coleta de dados primários. Como o pesquisador pode superar essas dificuldades na pesquisa de mercado no exterior?
11. Fale sobre como a descentralização é empregada para obter uma tradução precisa de um questionário.
12. Em que situação a pesquisa qualitativa pode ser mais eficaz do que a pesquisa quantitativa?
13. A amostragem apresenta alguns problemas importantes na pesquisa de mercado. Discuta-os.
14. Escolha um país. Com base nas fontes secundárias encontradas na internet, compile as seguintes informações para um período de pelo menos cinco anos em relação ao presente:

    importações principais   exportações principais
    produto nacional bruto   chefe de Estado
    principais cidades e população   principal cultura agrícola

15. "Na pesquisa de mercado no exterior, o pesquisador deve ter três competências essenciais para gerar informações de marketing significativas." Quais são elas? Discuta-as.

Apêndice: fontes de dados secundários

Em quase todos os projetos de pesquisa de marketing, analisar informações secundárias disponíveis é um primeiro passo considerado útil e barato. Embora existam lacunas de informação, particularmente de informações de mercado detalhadas, a situação da disponibilidade e confiabilidade de dados tem melhorado. As principais agências que coletam e publicam informações de valia no comércio internacional são apresentadas a seguir, bem como algumas anotações relativas a determinadas publicações.

A. *Sites* relacionados ao marketing internacional

1. www.stat-usa.gov O STAT-USA/Internet é sem dúvida a fonte de dados mais importante na internet. Integrado à Administração de Economia e Estatística do Departamento de Comércio dos Estados Unidos, o STAT-USA é responsável pela criação e disponibilização, por uma taxa de assinatura simbólica, dos bancos de dados mais abrangentes do mundo patrocinados pelo governo na área de economia, comércio e negócios. São exemplos o Banco de Dados para o Comércio Nacional (National Trade Data Bank – NTDB), o Economic Bulletin Board e o Global Business Procurement Opportunities.

2. www.trade.gov/index.asp O *site* da Administração de Economia e Estatística do Departamento de Comércio dos Estados Unidos oferece assistência a exportações e informações sobre eventos comerciais, estatísticas comerciais, tarifas e impostos, pesquisa de marketing, etc.

3. www.usatradeonline.gov Esse *site* oferece informações de importação e exportação sobre mais de 18.000 mercadorias, mas exige assinatura.

4. www.census.gov/foreign-trade/www/ O Departamento do Censo dos Estados Unidos oferece uma variedade de estatísticas comerciais internacionais.

5. www.cia.gov/library/publications/the-world-factbook/ Nesse *site*, você encontrará o *World Factbook* da CIA, bem como outras informações comerciais pertinentes.

6. www.customs.ustreas.gov O Serviço Alfandegário dos Estados Unidos fornece informações sobre procedimentos e regulamentos alfandegários.

7. www.opic.gov A Corporação de Investimentos Privados no Exterior (Overseas Private Investment Corporation – Opic) fornece informações sobre seus serviços.

8. www.exim.gov O Banco de Exportação-Importação dos Estados Unidos (Ex-Im Bank) oferece informações sobre serviços comerciais financeiros fornecidos pelo governo americano.

9. www.imf.org O Fundo Monetário Internacional (FMI) fornece informações sobre suas atividades e sobre operações bancárias e financeiras internacionais.

10. www.wto.org A Organização Mundial do Comércio (OMC) fornece informações sobre suas atividades.

11. www.oecd.org A Organização para a Cooperação e o Desenvolvimento Econômico (OCDE) fornece informações sobre suas diretrizes e sobre dados relacionados a 29 países-membros.

12. www.jetro.go.jp A Organização de Comércio Exterior do Japão (Japan External Trade Organization – Jetro) é a melhor fonte de dados sobre o mercado japonês.

13. www.euromonitor.com A Euromonitor é uma empresa que fornece uma variedade de dados e relatórios sobre comércio e marketing internacional.

14. publications.worldbank.org O *World Development Indicators (WDI) Online* (Indicadores de Desenvolvimento Mundial) é um banco de dados abrangente do Banco Mundial sobre desenvolvimento que cobre mais de 600 indicadores, 208 economias e 18 grupos de renda regionais.

15. ***Sites* de universidades.** O melhor *site* desse gênero é o do Centro de Educação e Pesquisa de Comércio Internacional da Universidade Estadual de Michigan (http://globaledge.msu.edu/resourceDesk/).

16. www.worldchambers.com A Rede Mundial de Câmaras de Comércio e Indústria fornece dados e endereços de câmaras de comércio ao redor do mundo.

17. http://world.wtca.org A Associação de Centros de Comércio Mundial (World Trade Centers Association – WTCA) fornece informações sobre serviços oferecidos pelos Centros de Comércio Mundial nos Estados Unidos, bem como assistência a exportações, oportunidades comerciais, programas de capacitação e missões comerciais.

18. www.worldtrademag.com A revista *World Trade* fornece seu Guia de Recursos anual de produtos, mercadorias e serviços para o comércio internacional.

B. Fontes do governo americano

O governo dos Estados Unidos promove assiduamente a expansão de empresas americanas para o comércio internacional. No processo para manter as empresas americanas informadas sobre oportunidades no exterior, o governo americano gera uma quantidade considerável de dados gerais e específicos sobre os mercados que podem ser utilizados por analistas de mercado internacionais. A principal fonte de informações do governo dos Estados Unidos é o Departamento de Comércio, que disponibiliza seus serviços às empresas americanas de diversas maneiras. Primeiro, oferece informações e assistência por meio de consultas pessoais em Washington, DC, ou por meio de qualquer escritório regional do Serviço Comercial nos Estados Unidos e no Exterior (U.S. and Foreign Commercial Service – US&FCS) da Administração de Comércio Internacional do Departamento de Comércio, localizados nas principais cidades dos Estados Unidos. Segundo, o Departamento de Comércio trabalha intimamente com associações comerciais, câmaras de comércio e outras associações interessadas para fornecer informações, consultoria e assistência para o desenvolvimento do comércio internacional. Terceiro, o departamento publica uma ampla gama de informações que podem ser obtidas pelas pessoas interessadas por um custo simbólico.

1. **National Trade Data Bank (NTDB).** O Departamento de Comércio oferece várias das fontes de dados mencionadas anteriormente e outras fontes em seu sistema de informações computadorizadas, no NTDB. O NTDB é uma fonte completa de dados de promoção de atividades de exportação e comércio internacional, coletados por 17 órgãos governamentais americanos. Atualizado mensalmente e disponibilizado via internet, o NTDB permite que o leitor acesse mais de 100.000 documentos relacionados ao comércio. Esse banco contém os dados estatísticos mais recentes sobre as importações e exportações dos Estados Unidos por mercadoria e país; o *World Factbook* completo da Agência Central de Inteligência (Central Intelligence Agency – CIA); os relatórios atuais de pesquisa de mercado compilados pelo US&FCS; o *Foreign Traders Index* completo, que contém mais de 55.000 nomes e endereços de indivíduos e empresas no exterior que estão interessados em importar produtos americanos; os relatórios de países específicos do Departamento de Estado sobre políticas econômicas e práticas comerciais; as publicações *Export Yellow Pages*, *A Basic Guide to Exporting* e *The National Trade Estimates Report on Foreign Trade Barriers*; o *Export Promotion Calendar*; e várias outras compilações de dados. O NTDB pode ser obtido também nas mais de 900 bibliotecas depositárias federais em todo o território dos Estados Unidos.

    Além disso, o Departamento de Comércio fornece muitos outros serviços de informação, e vários outros órgãos americanos oferecem orientações e informações. Por exemplo, o Departamento de Estado, o Departamento do Censo e o Departamento de Agricultura dos Estados Unidos podem oferecer valiosa assistência em forma de serviços e informações a empresas americanas interessadas em atividades comerciais internacionais.

2. www.export.gov/tradeleads/index.asp   O banco de dados Export.gov Trade Leads Database, contém oportunidades comerciais previamente classificadas e urgentes e propostas governamentais coletadas pelos escritórios do Serviço Comercial dos Estados Unidos ao redor do mundo. Você pode pesquisar propostas e receber notificações quando forem postadas novas oportunidades.

3. buyusa.gov   Oferece informações detalhadas sobre os serviços oferecidos pelo Serviço Comercial dos Estados Unidos.

C. Outras fontes

1. Catálogos e anuários

    a. *Directory of American Firms Operating in Foreign Countries* (Catálogo de Empresas Americanas que Operam no Exterior). Nova York: World Trade Academy Press. Relaciona alfabeticamente as empresas americanas com subsidiárias e filiais no exterior que operam em mais de 125 países; relaciona também operações estrangeiras agrupadas por país.

    b. *Directory of United States Importers and United States Exporters* (Anuário de Importadores e Exportadores dos Estados Unidos). Nova York: *Journal of Commerce*. Anual. (Disponível também em CD-ROM.) Contém perfis confirmados de um total de 60.000 empresas mercantis ativas. Esses guias anuais contêm igualmente um índice de produtos com os respectivos números do Código de Mercadorias Harmonizado, informações alfandegárias, consulados estrangeiros, embaixadas e bancos internacionais.

    c. *Encyclopedia of Global Industries* (Enciclopédia de Setores Globais). Detroit: Gale. Cobre alfabeticamente 125 setores internacionais fundamentais e fornece informações detalhadas, como estatísticas, diagramas, tabelas, gráficos e participação de mercado.

    d. *Export Yellow Pages* (Catálogo de Exportadores). Washington, DC: Venture Publishing-América do Norte; produzido em cooperação com o Escritório de Negócios de Empresas Mercantis de Exportação e a Administração de Comércio Internacional. Anual. Fornece informações detalhadas sobre mais de 12.000 fornecedores de serviços de exportação e empresas mercantis, intermediários, distribuidores e empresas fora dos Estados Unidos; fornece também um índice de produtos/serviços e um índice alfabético.

    e. *World Directory of Trade and Business Associations* (Catálogo Mundial de Associações Comerciais e Empresariais). Londres: Euromonitor, 1995. (Disponível também em CD-ROM.) Contém verbetes para inúmeros setores, com informações detalhadas sobre as publicações produzidas, as intenções e os objetivos das associações e se elas oferecem assistência a pesquisas adicionais.

2. Guias de comércio
   a. *Exporters Encyclopaedia* (Enciclopédia de Exportadores). Wilton, CT: Dun & Bradstreet. Anual. Guia de comércio mundial dividido em cinco partes; a parte dois, "Export Markets", oferece informações de mercado fundamentais a respeito de 220 países (regulamentos de importação e exportação, serviços de remessa, dados sobre comunicação, informações postais, moeda, bancos e embaixadas); as outras partes contêm informações gerais sobre exportação. Existem também guias regionais da Ásia-Pacífico, Europa e América Latina e guias de exportação de países específicos.
   b. *U.S. Custom House Guide* (Guia da Alfândega dos Estados Unidos). Hightstown, NJ: K-III Directory Co. Anual. Guia abrangente sobre importação que contém sete seções principais: orientações sobre importação, portos, catálogo de serviços, provisões especiais e administrativas, regulamentos alfandegários e exemplos de documentos de importação.
3. Informações gerais sobre negócios internacionais e dados econômicos e relatórios customizados. Esses *sites* exemplares são geralmente acessíveis a corporações com necessidades de pesquisa e orçamentos consideráveis.
   a. **Unidade de Inteligência da *Economist*** (Economist Intelligence Unit – EIU) www.eiu.com A EIU se autoclassifica como uma unidade de pesquisa que oferece "um fluxo constante de análises e previsões sobre mais de 200 países e oito grandes setores" e ajuda "os executivos a tomarem decisões fundamentadas por meio de informações confiáveis oferecidas *on-line*, em meio impresso, em pesquisas personalizadas e também em conferências e intercâmbios entre pares". As análises produzidas pela EIU são de alto nível. Seus produtos podem ser comprados (e a assinatura anual está na casa dos quatro dígitos). A EIU simplifica a compilação inicial de informações e realiza análises preliminares. Em um nível intermediário, dentro dos setores que ela visa, consideramos a EIU extremamente útil.
   b. **Oxford Analytica** www.oxan.com A Oxford Analytica se autoclassifica como "uma empresa de consultoria internacional independente que recorre a uma rede de mais de 1.000 professores seniores da Oxford e de outras universidades importantes e a instituições de pesquisa ao redor do mundo". Se o *Factbook* da CIA pode ser considerado um recurso do nível de um Chevrolet e a EIU de um Cadillac, a Oxan é um Lamborghini. Os serviços da Oxan podem custar dez mil dólares ou mais, dependendo de seu pedido. Dentre as fontes de acesso público, a Oxford Analytica é uma das melhores. Sua reputação fundamenta-se em "sua capacidade de utilizar o conhecimento de especialistas acadêmicos proeminentes para oferecer a empresários e líderes governamentais análises oportunas e fidedignas sobre acontecimentos mundiais. Constitui uma ponte exclusiva entre o mundo das ideias e o mundo dos empreendimentos". Uma análise crítica de seus clientes indica claramente o nível de profissionalismo que essa empresa se esforça por ter e, ao que tudo indica, tem.

Capítulo 9
Desenvolvimento econômico nas Américas

SUMÁRIO

- Perspectiva global

    Dessincronose? É alguma coisa que George Clooney pegou em *Amor Sem Escalas*?

- Marketing e desenvolvimento econômico
    - Estágios do desenvolvimento econômico
    - Fatores do crescimento econômico
    - Tecnologia da informação, internet e desenvolvimento econômico
    - Objetivos dos países em desenvolvimento
    - Infraestrutura e desenvolvimento
    - Contribuições do marketing

- Marketing nos países em desenvolvimento
    - Nível de desenvolvimento do mercado
    - Demanda nos países em desenvolvimento

- Grandes mercados emergentes (GMEs)

- Américas
    - Acordo Norte-Americano de Livre-Comércio (Nafta)
    - Estados Unidos e Acordo de Livre-Comércio da América Central-República Dominicana (Alcac-RD)
    - Mercado Comum do Sul (Mercosul)
    - Desenvolvimento da América Latina
    - Cooperação econômica na América Latina
    - Nafta para a Alca ou Amercosul?

- Implicações estratégicas para o marketing

OBJETIVOS DE APRENDIZAGEM

OA1	Importância dos fusos horários para as relações comerciais e as atividades de marketing
OA2	Mudanças políticas e econômicas que afetam o marketing global
OA3	Conexão entre o nível econômico de um país e a tarefa do marketing
OA4	Variedade de estágios de desenvolvimento econômico entre as nações americanas
OA5	Fatores de crescimento e seu papel no desenvolvimento econômico
OA6	Contribuição do marketing para o crescimento e o desenvolvimento da economia de um país
OA7	Indicadores básicos de mercado das nações das Américas
OA8	Importância crescente das associações comerciais entre as nações das Américas

Avaliação das oportunidades do mercado global — PARTE TRÊS

Perspectiva global

DESSINCRONOSE? É ALGUMA COISA QUE GEORGE CLOONEY PEGOU EM *AMOR SEM ESCALAS*?

O termo médico parece mais sinistro do que *jet lag* (fadiga de viagem). Contudo, seja qual for o nome que se dê a isso, seus efeitos continuam fortes. Segundo a *Encyclopedia Britannica*:

> A dessincronização psicológica é provocada por viagens transmeridionais (Leste a Oeste) entre fusos horários diferentes. A gravidade e o grau da fadiga de viagem variam de acordo com a quantidade de fusos horários percorridos, bem como da direção da viagem – a maioria das pessoas acha difícil viajar para o Leste (isto é, adaptar um dia mais curto a um dia mais longo). Os sintomas incluem fadiga extrema, distúrbios do sono, perda de concentração, desorientação, mal-estar, letargia, transtornos gastrintestinais e perda de apetite.[1]

Entretanto, alguns executivos internacionais parecem lidar bem com isso.

Raj Subramaniam, vice-presidente sênior de marketing internacional na FedEx, passou no exterior quase o mesmo tempo que passou na sede da empresa, em Memphis, ao longo dos 18 anos em que trabalhou lá. É verdade, isso inclui duas longas permanências em Hong Kong e Toronto. Porém, mesmo depois que Subramaniam voltou para o Tennessee em 2006, ele tem viajado um número de milhas considerável, visitando os dispersos escritórios da empresa para supervisionar os planos de marketing global e o atendimento ao cliente. Ele se adapta bem a essa programação e aproveita a oportunidade para visitar antigos destinos de sua preferência e descobrir novas cidades. "A pior coisa que você pode fazer é ficar em um hotel, beber água de garrafa e ficar olhando através da janela", afirma esse viajante experiente, que revela alguns de seus segredos para quem quer viajar bem.

1. Número de dias na estrada? Diria que 125 ou mais, dos quais mais ou menos 100 fora dos Estados Unidos.
2. Companhias aéreas? Geralmente, voo com Cathay Pacific, a Emirates e a British Airways. Elas oferecem voos diretos, e o serviço é excelente. Meu interesse é ter uma refeição razoável e depois ler um livro e dormir. Essas companhias possibilitam que prazeres simples como esses ocorram.
3. Durante os voos? É o melhor momento para desligar a "coleira eletrônica" e ler. Neste exato momento, estou pondo em dia a leitura de alguns assuntos da revista *Foreign Affairs*.
4. Dica de viagem? Leve pouca bagagem e tênis de corrida. Viagem significa *jet lag*. Portanto, quando chego ao meu destino, tento ir para a academia de ginástica o mais rápido possível.
5. Hotel favorito? O Conrad, em Hong Kong. Normalmente, o voo de Los Angeles aterrissa em torno das 5h30. Chego ao hotel por volta das 6h30 e vou direto para a sala de ginástica. Mais ou menos às 7h30, tomo café no 59º andar, com vista para o Porto Vitória, e às 9h estou no escritório. Isso funciona perfeitamente bem.

Para algumas outras pessoas, isso é mais difícil. Benjamin Southan, correspondente da Businesstraveller.com, relata sua história:

> Em Sydney [...] acordei às 4 da madrugada sentindo uma extrema fadiga da viagem. Imaginei que poderia me livrar dela, mas havia feito a mala às pressas – nenhuma meia ou *shorts*. Bem, eu poderia correr sem meia, pensei. E eu tinha uma bermuda normal. Poderia correr com ela. Grande erro. As roupas folgadas que gosto de usar quando estou passeando não deram muito certo: sem meia, meus pés ficaram esfolados, particularmente no momento em que estava me aquecendo; e estava muito quente, mesmo às 5 da madrugada. Como seria uma corrida curta, não me preocupei em levar um mapa nem em planejar meu percurso. Tomei uma direção em relação ao porto e mais ou menos 15 minutos depois voltei, pegando o que pensei que poderia ser um atalho, porque meus pés estavam começando a doer. Segundo grande erro.
>
> Uma hora depois, exausto, ora correndo bem devagar, ora me arrastando, atravessei a Kings Cross, uma área menos salutar. Sem meia, com a camiseta encharcada de suor, segurando a bermuda com uma das mãos, fiquei pensando por que ninguém me olhava nos olhos para que eu pudesse perguntar como fazia para voltar para o porto [...]. Quando finalmente consegui encontrar meu caminho de volta ao hotel, o recepcionista parecia preocupado e ao mesmo tempo indignado. Na verdade, mais indignado que preocupado. Entrei no elevador no momento em que os primeiros executivos estavam descendo para o café da manhã. Ao chegar ao quarto, pressionei o botão "não perturbe" e aterrissei na cama. Daria a mim mesmo um dia para me

---

[1] http://www.Britannica.com, 2010.

Figura 9.1
Três áreas de comércio regional definidas em termos gerais pelos fusos horários.

Fonte: Banco Mundial, 2010.

Região	População	PIB
Américas	0,91 bilhão	US$ 19,1 trilhões
Europa, África, Oriente Médio	1,9 bilhão	US$ 19,6 trilhões
Ásia-Pacífico	3,5 bilhões	US$ 12,5 trilhões

aclimatar a Sydney antes de iniciar meus compromissos, e esse foi o último problema que tive com a fadiga dessa viagem. Dormi durante 20 horas, acordando apenas para esvaziar o frigobar de chocolates e refrigerantes. Chega de controlar o peso.

Fontes: Benjamin Southan, "Fit to Drop", *Business Traveller* (edição Reino Unido/Europa), outubro de 2009, p. 82; Eugenia Levenson, "Road Warrior", *Fortune*, 27 de abril de 2009, p. 24.

OA1

Importância dos fusos horários para as relações comerciais e as atividades de marketing

Os fusos horários fazem diferença. A fadiga de viagem (*jet lag*) é um problema sério. As reuniões virtuais entre pessoas em fusos horários diferentes não são apenas inconvenientes, mas podem interromper o sono e interferir na vida familiar. De acordo com os resultados de nossas pesquisas, dentre os três tipos de distância com os quais os profissionais de marketing internacional precisam lidar – de percurso, de fuso horário e cultural –, a diferença de fuso horário é a que mais influi no sucesso de suas iniciativas comerciais no exterior.[2] Além disso, a maioria dos países também mantém boas relações comerciais com países contíguos. Portanto, podemos ver igualmente um padrão associado de crescimento econômico e comércio global que prevalecerá durante grande parte do século XXI. Ele é constituído por três regiões de mercado multinacionais que abrangem blocos comerciais importantes: as Américas, a Europa e a Ásia. Além disso, os fusos horários comuns oferecem vantagens aos europeus tanto na África quanto no Oriente Médio. Em cada um desses blocos comerciais existem países totalmente industrializados. São exemplos os Estados Unidos, a Alemanha e o Japão; os países de rápida industrialização, como o Brasil, a Rússia e a China, que seguem de perto os totalmente industrializados; e outros países que conquistam o desenvolvimento econômico, mas em um ritmo mais modesto. Consulte a Figura 9.1 para examinar os índices mais notórios de cada bloco comercial.

Muitas empresas americanas organizaram suas atividades internacionais de acordo com essas restrições geográficas ou temporais, se assim você preferir chamá-las. Por exemplo, a Quicksilver administra suas atividades globais em três bases: em Huntington Beach, Califórnia, para suas operações nas Américas (e onde fica sua sede); em Saint-Jean-de-Luz, na França, para a Europa; e em Avalon, no Estado de Nova Gales do Sul, na Austrália, para a região da Ásia-Pacífico. De seus US$ 2 milhões em receitas globais em 2009, cerca de 47% provinham das Américas, 40% da Europa e 13% da Ásia-Pacífico.

Nossa explicação sobre os indicadores de mercado regionais está organizada de modo semelhante nos Capítulos 9, 10 e 11. Neste capítulo, examinamos em primeiro lugar o desenvolvimento econômico e o marketing e, em seguida, abordamos as características comerciais e as oportunidades de comércio nas Américas. Embora os Estados Unidos e o Canadá sejam países industrializados e ricos, uma classificação mais adequada para a maioria dos países da região das Américas seria "em desenvolvimento", e alguns, aliás, desenvolvem-se muito rapidamente. No Capítulo 10, nos concentramos na União Europeia (UE), visto que representa o *benchmark* de cooperação comercial e política regional, e em seguida passamos a analisar oportunidades mais amplas entre seus vizinhos de fuso horário – o restante da Europa, a África e o Oriente Médio. No Capítulo 11, falamos sobre as oportunidades na frenética região da Ásia-Pacífico, que abriga a maior parte da população do planeta.

Marketing e desenvolvimento econômico

Há não muito tempo, grande parte do mundo em desenvolvimento ainda era hostil aos investimentos estrangeiros e impunha rigorosas barreiras regulamentares ao comércio exterior.[3] Contudo, poucas nações estão contentes com o *status quo* econômico; hoje, mais do que nunca, elas procuram crescimento econômico, padrões de vida mais altos e

---

[2] Jennifer D. Chandler e John L. Graham, "Relationship-Oriented Cultures, Corruption, and International Marketing Success", *Journal of Business Ethics*, 92, n. 2, 2010, p. 251-267.
[3] James C. McKinley Jr., "For U.S. Exporters in Cuba, Business Trumps Politics", *New York Times*, 12 de novembro de 2007, p. A3.

OA2
Mudanças políticas e econômicas que afetam o marketing global

oportunidades para uma vida de qualidade, como parte do mundo de consumo global.[4] A América Latina e outros mercados emergentes ao redor do mundo responderão por 75% do crescimento total mundial nas duas próximas décadas e mais adiante, de acordo com as estimativas do Departamento de Comércio dos Estados Unidos. A transição da economia socialista para economias regidas pelo mercado, a liberalização do comércio e as políticas de investimento nos países em desenvolvimento, a transferência de empresas do setor público para o setor privado e o rápido desenvolvimento de alianças de mercado regionais estão mudando e mudarão o estilo de comercialização e de prosperidade dos países.

Argentina, Brasil, México, China, Coreia do Sul, Polônia, Turquia, Índia e Vietnã[5] são alguns dos países que passam por mudanças econômicas impressionantes e ascendendo como grandes mercados. Nesses e também em outros países, a demanda por produtos e serviços se expande e se transforma de maneira contínua. À medida que os países prosperam e a população é exposta a novas ideias e padrões de comportamento por meio de redes de comunicação globais, os estereótipos, as tradições e os hábitos antigos são abandonados ou amenizados, e novos padrões de comportamento de consumo então emergem. Carros de luxo na China,[6] cosméticos Avon na Coreia do Sul, lojas de desconto Walmart na Argentina, no Brasil, no México e na Tailândia, Big Macs sem carne bovina no McDonald's da Índia, máquinas de lavar e geladeiras Whirlpool na Europa Oriental, produtos alimentícios Sara Lee na Indonésia e produtos Amway na República Tcheca representam oportunidades nos mercados emergentes.

OA3
Conexão entre o nível econômico de um país e a tarefa do marketing

O nível econômico de um país é o elemento ambiental mais importante ao qual o profissional de marketing internacional deve adaptar a tarefa do marketing. O estágio de crescimento econômico interno de um país afeta as posturas com relação à atividade comercial no exterior,[7] a demanda por produtos, os sistemas de distribuição praticados no país e o processo de marketing como um todo.[8] Nas economias estáticas, os padrões de consumo tornam-se rígidos, e o marketing normalmente não passa de um esforço de distribuição. Em uma economia dinâmica, os padrões de consumo mudam rapidamente.[9] O marketing enfrenta constantemente o desafio de detectar e oferecer novos níveis de consumo, e as iniciativas de marketing devem ser compatibilizadas com necessidades e desejos de mercado em constante mudança. O nível atual de desenvolvimento econômico dita o tipo e o de potencial de mercado existente, e o profissional de marketing, conhecendo o dinamismo da economia, pode se preparar para as mudanças econômicas e os mercados que surgem.[10]

Em geral, o **desenvolvimento econômico** é concebido como um aumento na produção nacional decorrente de um aumento no produto interno bruto (PIB) *per capita* médio ou na renda nacional bruta (RNB) *per capita* média.[11] Além do crescimento na RNB ou no PIB *per capita* médio, a maioria das interpretações do conceito de desenvolvimento econômico também considera a ocorrência de uma expansão na distribuição dessa renda mais elevada. Do modo como é definido atualmente, o desenvolvimento econômico tende a denotar rápido crescimento econômico e aumento na demanda do consumidor – melhorias alcançadas ao longo de "décadas, e não de séculos".

---

[4] Stephen Kotkin, "First World, Third World (Maybe Not in That Order)", *The New York Times*, 6 de maio de 2007, p. 7.
[5] "WTO – Landmark of Vietnam's 20-Year Renewal Process", *Asia Pulse*, 2 de janeiro de 2008.
[6] Jason Leow e Gordon Fairclough, "Rich Chinese Fancy Luxury Cars", *The Wall Street Journal*, 12 de abril de 2007, p. B1, B6.
[7] Terrance H. Witkowski, "Antiglobal Challenges to Marketing in Developing Countries: Exploring the Ideological Divide", *Journal of Public Policy & Marketing*, 24, n. 1, 2005, p. 7-23.
[8] Ramarao Desiraju, Harikesh Nair e Pradeep Chintagunta, "Diffusion of New Pharmaceutical Drugs in Developing and Developed Nations", *International Journal of Research in Marketing*, 21, n. 4, 2004, p. 341-357.
[9] Seung Ho Park, Shaomin Li e David K. Tse, "Market Liberalization and Firm Performance During China's Economic Transition", *Journal of International Business Studies*, 37, 2006, p. 127-147.
[10] Kevin Zheng Zhou, David K. Tse e Julie Juan Li, "Organizational Changes in Emerging Economies: Drivers and Consequences", *Journal of International Business Studies*, 37, 2006, p. 248-263.
[11] O produto interno bruto (PIB) e a renda nacional bruta (RNB) são duas medidas da atividade econômica de um país. O PIB é uma medida do valor de mercado de todas as mercadorias e serviços produzidos dentro das fronteiras de uma nação, independentemente da propriedade de ativos. Diferentemente da RNB, o PIB exclui os recebimentos das operações comerciais desse país no estrangeiro, bem como a parcela de ganhos reinvestidos em filiais no estrangeiro de corporações domésticas. Na maioria dos casos e para a maior parte das aplicações, as diferenças entre os dois são insignificantes. Por exemplo, o Banco Mundial divulgou o PIB da China de 2008 como US$ 4,33 trilhões e o RNB como US$ 4,37 trilhões.

Figura 9.2
Padrões de vida nos oito países mais populosos das Américas.

País	População/ milhões	RNB per capita	Recursos médicos/mil pessoas		% de bens domésticos		
			Médicos	Leitos hospitalares	TV em cores	Geladeira	Chuveiro
Estados Unidos	307	US$ 46.662	2,4	3,1	99	100	99
Brasil	194	7.627	2,0	–	96	93	81
México	109	9.805	2,0	1,6	95	85	81
Colômbia	46	4.063	1,5	1,3	81	71	99
Argentina	41	7.492	3,2	2,0	96	92	96
Canadá	34	39.401	2,2	3,3	99	100	99
Peru	29	4.120	1,3	1,4	56	39	70
Venezuela	29	12.438	1,3	–	92	97	74

Fonte: Euromonitor International, 2010.

Estágios do desenvolvimento econômico

A Organização das Nações Unidas (ONU) classifica o estágio de desenvolvimento de um país com base em seu nível de industrialização e agrupa os países em três categorias:

- **Países mais desenvolvidos.** Países industrializados com alta renda *per capita*, como Canadá, Inglaterra, França, Alemanha, Japão e Estados Unidos. A Figura 9.2 exibe uma síntese dos dados sobre os padrões de vida nos países mais populosos das Américas que evidencia um espectro distinto de desenvolvimento, embora esses países tenham extensão semelhante. O leitor notará que os países que apresentam o menor nível de desenvolvimento muitas vezes não coletam nem divulgam dados adequados para fontes internacionais como a Euromonitor International ou o Banco Mundial.
- **Países menos desenvolvidos.** Países em desenvolvimento industrial entram no comércio mundial, muitos dos quais da Ásia e da América Latina, e apresentam rendas *per capita* relativamente baixas.
- **Países minimamente desenvolvidos.** Sociedades agrárias de subsistência e industrialmente subdesenvolvidas, com populações rurais, níveis de renda *per capita* extremamente baixos e pouco envolvimento com o comércio mundial. Esses países encontram-se na África Central e em determinadas regiões da Ásia. Com frequência esses países estão associados com altos índices de violência ou apresentam potencial de violência.

Essa classificação da ONU foi alvo de críticas porque parece não ter mais importância em um mundo em rápido processo de industrialização. Além disso, em vários países classificados como menos desenvolvidos, o ritmo de industrialização é acelerado, ao passo que em outros o ritmo de desenvolvimento econômico é mais convencional. É interessante notar na Figura 9.2 as diferenças de renda e de bens de consumo entre os oito países mais populosos das Américas.

Os países que experimentam uma rápida expansão econômica e uma rápida industrialização e que não se encaixam com precisão na classificação de país menos desenvolvido ou mais desenvolvido são de modo geral chamados de **países recém-industrializados (PRIs)**, que demonstraram um rápido ritmo de industrialização nos setores visados e apresentam rendas *per capita* superiores aos de outros países em desenvolvimento. Esses países deixaram de empregar práticas comerciais restritivas e instituíram reformas de livre-mercado significativas; por esse motivo, atraíram o comércio e investimentos estrangeiros diretos. Chile, Brasil, México, Coreia do Sul, Cingapura e Taiwan são alguns dos países que se encaixam nessa descrição. Esses PRIs tornaram-se temíveis exportadores de várias mercadorias, como aço, automóveis, máquinas operatrizes, roupas e eletrônicos, bem como grandes mercados para produtos importados.

OA4
Variedade de estágios de desenvolvimento econômico entre as nações americanas

O Brasil é um exemplo da importância crescente dos PRIs no comércio mundial, exportando desde o combustível de etanol ao aço-carbono. Produtos brasileiros como suco de laranja, carnes de ave, soja e armas (o Brasil é o sexto maior exportador de armas do mundo) concorrem com produtos americanos por mercados estrangeiros. A Embraer, fabricante brasileira de aeronaves, vendeu aviões para mais de 60 países e fornece uma parcela considerável das aeronaves utilizadas para voos regionais nos Estados Unidos e em outros lugares do mundo. Mesmo na fabricação de automóveis, o Brasil é um concorrente mundial. O país

A produção brasileira de café (acima, à esquerda) quase sempre determinou os preços mundiais da bebida.
Hoje, essa predominância comercial é desafiada de duas formas. Primeiro, a crescente produção cafeeira do Vietnã (acima, à direita) fez com que os preços mundiais do café despencassem nos últimos anos, de um máximo de US$ 1,85 por libra (453,59 gramas) em 1997 para cerca de U$S 0,50 em 2001.
E a Starbucks (à direita) muda o jogo mundial da venda de café no varejo – inclusive em sua loja no coração de São Paulo, o centro histórico da produção de café no Brasil e no mundo.

exporta anualmente mais de 200 mil carros, caminhões e ônibus para países do Terceiro Mundo. A Volkswagen produziu mais de 3 milhões de automóveis do modelo VW Beetle (Fusca) no Brasil e investiu mais de US$ 500 milhões em um projeto para produzir o Golf e o Passat. Além disso, recentemente a empresa anunciou um acordo avaliado em US$ 500 milhões relativo à venda de peças de automóveis para uma parceira chinesa. A General Motors investiu US$ 600 milhões para criar o que a empresa chama de "complexo industrial" – um conjunto de 17 fábricas utilizadas por fornecedores como Delphi, Lear e Goodyear para fornecer módulos pré-montados para os trabalhadores de linha de montagem da GM. Ao todo, os fabricantes de automóveis e de autopeças investem mais de US$ 2,8 bilhões, voltados para 200 milhões de pessoas no Mercosul – grupo de livre-comércio formado por Argentina, Brasil, Paraguai e Uruguai.[*]

Fatores do crescimento econômico

OA5

Fatores de crescimento e seu papel no desenvolvimento econômico

Por que alguns países cresceram tão rápida e favoravelmente enquanto outros com recursos semelhantes ou mais opulentos arrastaram-se? Alguns analistas atribuem o rápido crescimento de alguns países a valores culturais, outros à oferta de mão de obra barata, e outros a fatores como população instruída e letrada. Certamente, todos esses aspectos contribuíram para esse crescimento, mas alguns outros estão presentes em todas as economias de crescimento rápido, e aparentemente ausentes nas nações que não experimentaram um crescimento econômico comparável.

Os fatores até certo ponto presentes durante o crescimento econômico dos PRIs foram os seguintes:

[*] N. de R.T.: Argentina, Brasil, Paraguai e Uruguai constituem Estados do Mercosul. Outros países que também fazem parte do bloco econômico na condição de Estados associados são mencionados mais adiante.

- Estabilidade política nas diretivas que afetavam seu desenvolvimento.
- Reformas econômicas e legais. Contratos e direitos de propriedade maldefinidos e/ou com pouca força jurídica são fatores que os países mais pobres têm em comum.
- Empreendedorismo. Em todos esses países, a livre-iniciativa por parte dos autônomos foi a semente desse novo crescimento econômico.
- Planejamento. Um plano central, com objetivos de desenvolvimento observáveis e mensuráveis, associado a políticas específicas, estava em vigor.
- Direcionamento para o exterior. O foco era a produção para o mercado doméstico e os mercados de exportação, com ganhos de eficiência e diferenciação contínua dos produtos de exportação em relação à concorrência.
- Fatores de produção. Se houvesse deficiência nos fatores de produção – terra (matérias-primas), mão de obra, capital, gestão e tecnologia –, eles podiam vir facilmente do exterior e ser direcionados para os objetivos de desenvolvimento.
- Setores direcionados ao crescimento. Foram criadas políticas industriais e de comércio internacional direcionadas estrategicamente para identificar os setores em que havia oportunidades. Os setores principais foram incentivados a alcançar uma melhor posição nos mercados mundiais por meio do direcionamento de recursos a setores-alvo promissores.
- Incentivos para forçar uma alta taxa de poupança doméstica e dirigir o capital para a modernização de elementos como infraestrutura, transporte, habitação, educação e formação profissional.
- Privatização de empresas estatais (EEs) que haviam esgotado os orçamentos nacionais. A privatização liberou capital imediato para o investimento em áreas estratégicas e reduziu o dreno contínuo de futuros recursos nacionais. Na maioria das vezes, quando as empresas são privatizadas, os novos investidores as modernizam e, portanto, criam um novo crescimento econômico.

Os fatores definitivos que contribuíram para isso foram mercados grandes e acessíveis e de tarifas baixas. Ao longo da fase inicial de crescimento de vários países, o primeiro grande mercado aberto foram os Estados Unidos, seguidos pela Europa. Agora, como os princípios fundamentais da Organização Mundial do Comércio (OMC) são postos em prática, grande parte dos demais países do mundo segue esse caminho.

Embora seja habitual pensar que esses fatores de crescimento aplicam-se apenas ao desenvolvimento industrial, o exemplo do Chile demonstra que o motor do crescimento econômico pode ser o desenvolvimento agrícola. O índice médio de expansão da economia do Chile foi de 7,2% desde 1987, e esse país é considerado uma das economias latino-americanas menos arriscadas para investimentos estrangeiros. Entretanto, desde 1976, quando o Chile abriu o comércio, o tamanho relativo de seu setor fabril diminuiu de 27,3% do PIB em 1973 para menos da metade desse valor em 2010.[12] Em contraposição, o setor agrícola não diminuiu: seu principal desempenho foi a exportação de produtos agrícolas. O Chile, antes um pequeno concorrente no mercado global de frutas, que exportava somente maçãs na década de 1960, em 2000 passou a ser um dos maiores exportadores mundiais de frutas. Tecnologias de produção e métodos de gestão avançados foram aplicados à produção de uvas, vinhos, salmões de viveiro e uma variedade de outros produtos agrícolas processados e semiprocessados. A criação de salmão, iniciada no começo da década de 1980, transformou esse peixe em um dos principais produtos de exportação do Chile. São exportadas anualmente 40 mil toneladas de salmão para os Estados Unidos, enquanto a produção anual americana de salmão criado em viveiro é de 31 mil toneladas apenas. Além disso, o Chile é um dos maiores exportadores da farinha de peixe utilizada para alimentar salmões criados em viveiros.

A tecnologia de produção do Chile aumentou sua produtividade e seus níveis de renda. A experiência desse país indica que o setor fabril não é o único caminho para o crescimento econômico. A receita é a adaptação contínua a mudanças de preferências e paladares, o aprimoramento tecnológico constante e a identificação de novas formas de prosperar por meio de recursos naturais. Compare o Chile atual com as economias tradicionalmente agrícolas que hoje dependem de uma única cultura (por exemplo, banana) e continuarão a depender dessa mesma cultura daqui a 20 anos. Essa limitação econômica foi enfrentada pelo Chile algumas décadas atrás, quando o país dependia substancialmente do cobre. Para expandir sua economia e deixar de depender apenas do cobre, o Chile começou com o que

---

[12] Banco Mundial, "World Development Indicators", 2010.

fazia melhor – exportar maçãs. À medida que sua economia se desenvolveu, o país investiu no aprimoramento da educação e de sua infraestrutura e melhorou a tecnologia para oferecer um alicerce de crescimento para outros segmentos econômicos, como uva, vinho, salmão e massa de tomate.

Cooperação regional e mercados abertos são também indispensáveis para o crescimento econômico. Tal como examinaremos detalhadamente no Capítulo 10, ser membro de uma região de mercado multinacional é essencial quando o país deseja ter acesso preferencial a grupos comerciais regionais. Tomando uma medida nessa direção, em 2003 e em 2005, respectivamente, o Chile e alguns países da América Central (incluindo os produtores de banana) assinaram acordos de livre-comércio com os Estados Unidos.[13]

Tecnologia da informação, internet e desenvolvimento econômico

Além dos fatores de crescimento previamente examinados, o investimento de um país em tecnologia da informação (TI) é um fator fundamental para o crescimento econômico. O telefone celular,[14] a internet e outros avanços em TI abriram oportunidades para as economias emergentes alcançarem as mais ricas.[15] Agora, as tecnologias eletrônicas inovadoras podem ser o segredo de um futuro sustentável tanto para as nações desenvolvidas quanto para as nações em desenvolvimento.

Como a internet diminui os custos de transação e as economias de escala da integração vertical, algumas pessoas defendem que ela reduz o porte economicamente ideal das empresas. Esses menores custos de transação possibilitam que pequenas empresas na Ásia e na América Latina trabalhem em conjunto para desenvolver um alcance global. Nas economias emergentes, as empresas menores agora podem vender em um mercado global. Por exemplo, atualmente é mais fácil para um alfaiate de Hong Kong fazer um terno à mão para um executivo de Memphis. Uma das grandes vantagens que as economias abastadas têm é a proximidade com consumidores ricos, e essa vantagem desaparecerá à medida que os custos de transação diminuírem.

A internet acelera o processo de crescimento econômico ao agilizar a difusão de novas tecnologias para as economias emergentes. Diferentemente das várias décadas que muitos países em desenvolvimento precisaram para se beneficiar das ferrovias, dos telefones ou da eletricidade, a internet se propaga rapidamente por toda a América Latina e pelo resto do mundo. A tecnologia da informação pode pôr as economias nacionais em movimento e lhes permitir um salto de um alto nível de analfabetismo para o domínio da informática.

Os telefones móveis e outras tecnologias sem fio diminuem em grande medida a necessidade de construir uma onerosa infraestrutura de telecomunicações para oferecer serviços telefônicos para áreas ainda não atendidas.[16] Por exemplo, em Caracas, na Venezuela, onde metade dos 5 milhões de habitantes vive em favelas sem linhas telefônicas, os celulares com cartões pré-pagos ofereceram serviços de telefonia a vários habitantes pela primeira vez. A internet abre espaço para serviços inovadores a um custo relativamente baixo. Em muitos países em desenvolvimento, os telecentros oferecem serviços como telefone público, fax, computadores e internet, com os quais os estudantes podem ler livros *on-line* e os empreendedores locais podem procurar possíveis parceiros comerciais. Médicos especialistas da Bélgica ajudam a treinar médicos e cirurgiões locais no Senegal por meio de conexões de vídeo entre as salas de aula e os centros operacionais e lhes oferecem acesso a periódicos e bancos de dados médicos pela internet. Viajar até lá para ensinar seria proibitivamente caro; utilizando a tecnologia da internet, o custo é praticamente zero.

Objetivos dos países em desenvolvimento

Uma avaliação meticulosa do desenvolvimento econômico e o marketing deve partir de uma breve análise dos fatos e objetivos básicos desse desenvolvimento.

A industrialização é o objetivo fundamental da maioria dos países em desenvolvimento.[17] A maior parte deles vê o crescimento econômico como um meio para alcançar objetivos sociais e também econômicos. Educação de maior qualidade, governos melhores e mais

---

[13] "Chile and U.S. Sign Accord on Free Trade", *The New York Times*, 7 de junho de 2003, p. 3; David Armstrong, "CAFTA Signed into Law", *San Francisco Chronicle*, 3 de agosto de 2005, p. C1.
[14] Nandini Lakshman, "Nokia: Lessons Learned, Reward Reaped", *BusinessWeek*, 30 de julho de 2007, p. 32.
[15] Simon Cox, "High-Tech Hopefuls, A Special Report on Technology in India and China", *The Economist*, 10 de novembro de 2007, p. 1-25.
[16] Jack Ewing e Edel Rodriguez, "Upwardly Mobile in Africa", *BusinessWeek*, 4 de setembro de 2007, p. 64-71.
[17] "Chocolate, Thinking out of the Box", *The Economist*, 7 de abril de 2007, p. 65.

eficazes, eliminação de várias desigualdades sociais e maior consciência sobre responsabilidades éticas e morais são algumas das expectativas dos países em desenvolvimento. Por isso, o crescimento econômico é avaliado não apenas em termos de objetivos econômicos, mas também quanto a conquistas sociais. Com relação às conquistas sociais, considere por exemplo a tremenda iniciativa do Brasil para se preparar para a Olimpíada de 2016.

Como as empresas estrangeiras são o que são – estrangeiras –, não raro teme-se que elas tenham objetivos incompatíveis com os do país anfitrião. Consideradas exploradoras de recursos, muitas empresas multinacionais foram expropriadas nas décadas de 1950 e 1960; outras enfrentaram tarifas e cotas extremamente altas, e o investimento estrangeiro era proibido ou desestimulado. Hoje, os investidores estrangeiros são vistos como parceiros vitais para o desenvolvimento econômico. A experiência com as EEs provou-se frustrante para a maioria dos governos, pois em vez de funcionarem como motor para acelerar o crescimento econômico, elas, mal administradas e ineficientes, consumiam desnecessariamente os tesouros do Estado. Vários países desregulamentaram a indústria, abriram suas portas a investimentos estrangeiros, diminuíram as barreiras comerciais e começaram a privatizar as EEs. Atualmente, a tendência à privatização é um fenômeno econômico de peso tanto nos países industrializados quanto nos países em desenvolvimento.

Infraestrutura e desenvolvimento

Um dos indicadores do desenvolvimento econômico é a amplitude do capital de custo social ou infraestrutura, dentro da economia. A **infraestrutura** representa aqueles tipos de bem de capital que atendem às atividades de vários setores. Fazem parte da infraestrutura de um país estradas pavimentadas, ferrovias, portos marítimos, redes de comunicação, redes financeiras e fornecimento[18] e distribuição[19] de energia – todos essenciais para apoiar a produção e a comercialização. A qualidade dessa infraestrutura afeta diretamente o potencial de crescimento econômico do país e a capacidade de uma empresa para envolver-se de modo eficaz nos negócios. Consulte a Figura 9.3 para comparar a infraestrutura dos oito maiores países das Américas.

A infraestrutura é um componente crucial que se encontra entre as variáveis incontroláveis enfrentadas pelos profissionais de marketing. Por exemplo, se não houver meios de transporte adequados, os custos de distribuição podem aumentar consideravelmente, e a capacidade de atingir determinados segmentos do mercado fica prejudicada. A falta de recursos educacionais prontamente disponíveis dificulta não apenas a capacidade de comunicação com os habitantes (alfabetizados), mas também a capacidade das empresas de encontrar gerentes de marketing locais qualificados. Para o profissional de marketing, a principal questão é o impacto da infraestrutura de um país sobre a capacidade da empresa de comercializar de maneira eficaz. A eficiência de uma empresa é afetada pela presença ou falta de infraestrutura de

Figura 9.3
Infraestrutura dos países mais populosos das Américas.

País	Viagem de trem (passageiros-km per capita)	Carros de passeio/mil pessoas	Consumo de energia (toneladas equivalentes de petróleo per capita)	Computadores em uso/mil pessoas	Celulares em uso/mil pessoas	Taxa de alfabetização (%)	Estudantes universitários/mil
Estados Unidos	27	430	7,5	867	929	100	47
Brasil	93	105	1,2	260	876	92	29
México	–	147	1,6	163	767	93	23
Colômbia	0,2	42	0,7	111	1.005	94	25
Argentina	198	138	1,9	105	1.217	98	38
Canadá	43	555	9,9	1.085	673	100	34
Peru	5,3	24	0,6	154	809	93	22
Venezuela	–	78	2,9	130	1.053	95	40

Fonte: Euromonitor International, 2010.

---

[18] "Chavez Declares an 'Electricity Emergency' in Venezuela", *Reuters*, 9 de fevereiro de 2010 [*on-line*].
[19] Chris Kraul e Marcelo Soares, "Brazil's Frayed Wires Finally Short Out", *Los Angeles Times*, 12 de novembro de 2009, p. A22.

serviços financeiros e comerciais em um país – como agências de propaganda, instalações de armazenamento, estabelecimentos bancários e de crédito, agências de pesquisa de marketing e revendedores satisfatoriamente especializados. De modo geral, quanto menos desenvolvido um país for, menos adequada será sua infraestrutura para a condução de negócios. As empresas com certeza comercializam em países menos desenvolvidos, mas não raro elas são obrigadas a mudar os produtos que oferecem e a ampliar o nível de infraestrutura existente.

Os países começam a perder terreno no desenvolvimento econômico quando sua infraestrutura não consegue sustentar sua expansão populacional e econômica. Um país que consegue fabricar produtos de exportação talvez não consiga exportá-los por falta de uma infraestrutura adequada. Por exemplo, a economia do México foi estrangulada por seu arcaico sistema de transporte. As rodovias e os portos marítimos são inadequados, e o sistema ferroviário sofreu pouquíssimas modernizações desde a Revolução de 1910 (consulte a Figura 9.3 para observar alguns dos números relacionados a esse problema). Se não fosse o sistema rodoviário do México (embora também em estado precário), sua economia teria estagnado; as rodovias do México sistematicamente serviram mais ao transporte de cargas do que as ferrovias. As condições em outros países latino-americanos não são melhores. Portos rasos e equipamentos portuários inadequados em parte fazem com que o envio de um contêiner carregado de computadores de Miami para San Antonio no Chile (a cerca de 6.300 quilômetros de distância) seja US$ 1 mil mais caro do que se esse mesmo contêiner fosse enviado de Yokohama, no Japão, para Miami (a 14.300 quilômetros de distância).

Contribuições do marketing

OA6

Contribuição do marketing para o crescimento e o desenvolvimento da economia de um país

Até que ponto o marketing é importante para a concretização dos objetivos de uma nação? Infelizmente, o marketing (ou a distribuição) nem sempre é considerado significativo pelas pessoas responsáveis pelo planejamento, que com frequência são mais orientadas para a produção do que para o marketing e tendem a ignorar ou considerar a distribuição uma atividade econômica inferior. Assim, os planejadores econômicos em geral estão mais preocupados com os problemas de produção, de investimento e financeiros do que com os problemas de eficiência da distribuição.

O marketing é um mediador econômico entre a capacidade produtiva e a demanda dos consumidores. O processo de marketing é um fator crucial para a utilização eficaz da produção decorrente do crescimento econômico, pois pode criar um equilíbrio entre uma produção maior e um consumo maior. Um sistema eficaz de canais de distribuição e todas as relações concomitantes compatibilizam a capacidade de produção e os recursos com as necessidades, os desejos e o poder aquisitivo do consumidor.

Marketing nos países em desenvolvimento

O profissional de marketing não pode simplesmente lançar uma estratégia de marketing sofisticada em uma economia subdesenvolvida.[20] As iniciativas de marketing devem ser alinhadas com cada situação e adaptadas sob medida para cada conjunto de circunstâncias. Um programa promocional para uma população em que 50% das pessoas são analfabetas é muito diferente de um programa para uma população 90% alfabetizada. A determinação de preços em um mercado de subsistência apresenta problemas distintos em relação à determinação de preços em uma sociedade rica. Ao avaliar o potencial de um país em desenvolvimento, o empresário deve fazer uma avaliação do nível de desenvolvimento e receptividade do mercado desse país, bem como dos recursos e das circunstâncias específicas da empresa.[21]

Nível de desenvolvimento do mercado

O nível de desenvolvimento do mercado corresponde de maneira aproximada aos estágios de desenvolvimento econômico. A Figura 9.4 mostra vários estágios do processo de marketing à medida que ele evolui em uma economia em desenvolvimento. Essa tabela é um modelo fixo que representa um processo evolutivo considerado ideal. Tal como discutido antes, a cooperação e assistência econômica, as mudanças tecnológicas e os fatores políticos, sociais e culturais podem e de fato provocam desvios significativos nesse processo evolutivo. Entretanto, essa tabela enfatiza a lógica e a interdependência do desenvolvimento do marketing e

---

[20] Y. Luo, "Market-Seeking MNEs in an Emerging Market: How Parent–Subsidiary Links Shape Overseas Success", *Journal of International Business Studies*, 35, n. 4, 2003, p. 290-309.

[21] Donna L. Paul e Rossitza B. Wooster, "Strategic Investments by US Firms in Transition Economies", *Journal of International Business Studies*, 39, março de 2008, p. 249-266; "Indian Retailing, Getting Cheaper and Better", *The Economist*, 3 de fevereiro de 2007, p. 64-65.

Figura 9.4
Evolução do processo de marketing.

Etapa	Subetapa	Exemplo	Funções de marketing	Instituições ligadas ao marketing	Controle do canal de distribuição	Principal orientação	Recursos empregados	Comentários
Agrícola e matéria-prima	Autossuficiência	Tribos nômades ou caçadoras	Nenhuma	Nenhuma	Autoridade tradicional	Subsistência	Mão de obra Terras	Intensa utilização de mão de obra Nenhum mercado organizado
	Excedente de *commodities*	Economia agrícola, como a baseada na produção de café e bananas	Troca	Negociantes em pequena escala, comerciantes, feiras, exportações e importações	Autoridade tradicional	Empresarial Comercial	Mão de obra Terras	Intensa utilização de mão de obra e terras Especialização de produtos Mercados locais Voltado para importações
Industrialização	Pequena escala	Indústria caseira	Troca Distribuição física	Negociantes, atacadistas, exportações e importações	Intermediários	Empresarial Financeiro	Mão de obra Terras Tecnologia Transporte	Intensa utilização de mão de obra Padronização e categorização de produtos Mercados regionais e de exportação Voltado para importações
	Produção em massa	Economia dos Estados Unidos, 1885-1914	Criação de demanda Distribuição física	Negociantes, atacadistas, comerciantes e instituições especializadas	Produtor	Produção e financeiro	Mão de obra Terras Tecnologia Transporte Capital	Intensa utilização de capital Diferenciação de produtos Mercados nacionais, regionais e de exportação
Marketing	Transição comercial	Economia dos Estados Unidos, 1915-1929	Criação de demanda Distribuição física Informações de mercado	Varejistas em grande escala e em cadeia	Produtor	Empresarial Comercial	Mão de obra Terras Tecnologia Transporte Capital Comunicação	Intensa utilização de capital Mudanças na estrutura de distribuição Mercados nacionais, regionais e de exportação
	Distribuição em massa	Economia dos Estados Unidos, 1950 ao presente	Criação de demanda Distribuição física Informações de mercado Desenvolvimento de mercado e de planejamento de produto	Canais de distribuição integrados Maior número de intermediários especializados	Produtor Varejista	Marketing	Mão de obra Terras Tecnologia Transporte Capital Comunicação	Intensa utilização de capital e terras Rápida inovação de produtos Mercados nacionais, regionais e de exportação

CRUZANDO FRONTEIRAS 9.1 — Marketing no Terceiro Mundo: ensino, determinação de preços e uso pela comunidade

Grande parte do desafio do marketing no mundo em desenvolvimento, o qual não está acostumado com produtos de consumo, é levar os consumidores a utilizar um produto e oferecê-lo em tamanhos adequados. Por exemplo, como muito consumidores latino-americanos não têm poder aquisitivo para comprar um frasco de xampu de 200 mL, a Gillette vende xampus em frascos plásticos de 15 mL. No Brasil, a empresa vende o desodorante Right Guard em frascos de plástico comprimíveis, e não em frascos de alumínio.

Contudo, a tarefa mais difícil para a Gillette é convencer os homens do Terceiro Mundo a se barbear. Cinemas portáteis, chamados de unidades móveis de propaganda, são enviados aos povoados para exibir filmes e comerciais que apregoam o costume de fazer a barba diariamente. Nas versões sul-africanas e indonésias, um homem barbudo desnorteado entra em um vestiário em que seus amigos de barba feita o ensinam a fazer a barba. No filme mexicano, um xerife bonitão persegue alguns bandidos que haviam raptado uma mulher. Ele para no caminho, coloca uma lâmina dupla no barbeador e passa espuma no rosto para se barbear. No final, obviamente, o xerife barbeado fica com a mulher. Com a venda de lâminas avulsas para mostrar aos homens que não se barbeiam as vantagens de um rosto barbeado, a Gillette persegue uma estratégia de crescimento no mundo em desenvolvimento.

O que a Gillette faz com relação à barba, a Colgate-Palmolive faz com os produtos de higiene oral. As *vans* com vídeo envidas a áreas rurais da Índia exibem infocomerciais concebidos para mostrar os benefícios do creme dental e o método apropriado de escovar os dentes. "Se eles vissem um tubo de creme dental, não saberiam o que fazer com ele", afirma o gerente de marketing indiano da empresa. É necessário ensinar às pessoas por que é necessário usar creme dental e como elas devem usar o produto. O consumo de creme dental duplicou nas zonas rurais do Brasil ao longo de um período de seis anos.

Fontes: David Wessel, "Gillette Keys Sales to Third World Taste", *The Wall Street Journal*, 23 de janeiro de 1986, p. 30; "Selling to India", *The Economist*, 1º de maio de 2000; Raja Ramachandran, "Undersatanding the Market Environment of India", *Business Horizons*, janeiro-fevereiro de 2000, p. 44; Euromonitor International, 2010.

---

econômico. Quanto mais desenvolvida é uma economia, maior é a variedade de funções de marketing necessárias e mais sofisticadas e especializadas são as instituições que desempenham essas funções.

À medida que os países se desenvolvem, os sistemas de canais de distribuição também evoluem. No setor varejista, surgem lojas de especializadas, supermercados e hipermercados, e as pequenas lojas e marcas locais com frequência sucumbem a estabelecimentos maiores. Em resumo, o número de lojas varejistas diminui e o volume de vendas por loja aumenta. Além disso, desenvolve-se uma estrutura de canal definida do fabricante para o atacadista e deste para o varejista, substituindo a importante figura do intermediário que tradicionalmente assumia todas as funções entre a importação e a venda no varejo.

Agências de propaganda, estabelecimentos de pesquisa de marketing, serviços de manutenção,[22] instituições especializadas de financiamento ao consumidor[23] e depósitos e instalações de armazenamento são entidades facilitadoras criadas para atender às necessidades particulares de mercados e economias em expansão. Essas instituições não nascem automaticamente, e a estrutura de marketing necessária não surge do nada. Parte da missão do profissional de marketing na avaliação de uma economia é determinar o que existe de útil no ambiente estrangeiro e o grau de adaptação essencial para concretizar os objetivos estabelecidos. Em alguns países em desenvolvimento, talvez seja responsabilidade do profissional de marketing instituir as bases de um sistema de mercado moderno.

A limitação da Figura 9.4 quanto à avaliação do sistema de mercado de um determinado país é que o sistema é apresentado em um fluxo constante. Esperar uma progressão ordenada e precisa em cada estágio de crescimento consecutivo, como nas ciências geológicas, é o mesmo que simplificar em demasia a natureza dinâmica do desenvolvimento do marketing. Por esse motivo, alguns empreendimentos não obtêm sucesso, independentemente de quão bem sejam planejados. Na aceleração do desenvolvimento do mercado, um fator significativo é que determinados países ou regiões foram impulsionados a um salto do século XVIII ao XXI no espaço de duas décadas, com o auxílio de tecnologias emprestadas.

As estruturas de marketing de vários países em desenvolvimento estão simultaneamente em vários estágios. Não é incomum encontrar pequenos pontos de venda funcionando ao

---

[22] Ian Alum, "New Service Development Process: Emerging versus Developed Markets", *Journal of Global Marketing*, 20, n. 2/3, 2007, p. 43-56.
[23] Katrijn Gielens e Marnik G. Dekimpe, "The Entry Strategy of Retail Firms into Transition Economies", *Journal of Marketing*, 71, 2007, p. 196-212.

lado de mercados modernos e avançados. Essa situação é particularmente verdadeira no varejo de alimentos, em que a mesma economia comporta pequenas mercearias e supermercados modernos iguais a qualquer um encontrado nos Estados Unidos.

Demanda nos países em desenvolvimento

Os dados da Figura 9.5 indicam a multiplicidade de padrões de consumo entre diferentes tipos de país. Observe que a porcentagem de despesas com alimentos é alta nos países em desenvolvimento, ao passo que os custos de habitação são maiores nos países ricos. Observe também os altos custos dos produtos de saúde e serviços médicos associados ao sistema de saúde predominantemente privado dos Estados Unidos. Você deve se lembrar, com base no Capítulo 4, de que em vários outros países ricos os sistemas financiados pelo governo com o dinheiro do contribuinte oferecem um grau de longevidade igual ou melhor para seus cidadãos, particularmente no Japão. O maior poder aquisitivo também permite que a população gaste uma porcentagem maior em atividades de lazer, em comparação com o que ocorre nos países em desenvolvimento.

Estimar o potencial de mercado dos países menos desenvolvidos apresenta desafios ainda maiores. Grande parte dessa dificuldade deve-se à coexistência de três tipos distintos de mercado em cada país: (1) o tradicional setor rural/agrícola, (2) o moderno setor urbano de alta renda e (3) o setor de transição, na maioria das vezes, extremamente amplo e em geral representado por favelas urbanas de baixa renda. O setor moderno se concentra nas capitais e tem aeroportos para aviões a jato, hotéis internacionais, fábricas novas e uma classe média ocidentalizada em expansão. O setor rural tradicional tende a se concentrar nas zonas rurais, tal como ocorre há séculos. Diretamente justaposto ao setor moderno, o setor de transição engloba as pessoas que saem da zona rural em direção às grandes cidades. Os padrões de produção e consumo variam entre esses três setores. Atualmente, a América Latina tem uma população de cerca de 600 milhões, dos quais dois terços seriam classificados como classe média com base em uma única definição – isto é, estariam dentro da faixa de renda *per capita* de US$ 5 mil a US$ 20 mil, em paridade do poder de compra.[24] O setor moderno demanda produtos e serviços semelhantes aos disponíveis em qualquer país industrializado; entretanto, os 200 milhões remanescentes nos setores rural e de transição demandam produtos nacionais e básicos para a subsistência. Como mencionou um especialista em mercados em desenvolvimento, "Um consumidor rural pode levar uma vida sadia sem vários produtos. Creme dental, açúcar, café, sabão, sabonete e querosene são todos gêneros de necessidade básica na vida daqueles que vivem em áreas semiurbanas ou urbanas". Um dos maiores desafios do século XXI é gerenciar e comercializar no setor de transição dos países em desenvolvimento. As favelas existentes nas cidades grandes talvez apresentem os maiores problemas para um desenvolvimento econômico harmônico.

Iniciativas de pesquisa de marketing crescentes são direcionadas aos segmentos de mais baixa renda na América Latina. Por exemplo, o escritório do McCann Worldgroup (pertencente ao conglomerado de propaganda global Interpublic Group) em Bogotá, na Colômbia, criou uma nova divisão denominada "Barrio". A inauguração dessa nova divisão baseia-se em um projeto de pesquisa de dois anos, de US$ 2,5 milhões, no qual a agência McCann envia funcionários para a América Latina para viver durante uma semana com famílias que ganham entre US$ 350 a US$ 700 por mês. A agência reuniu 700 horas de gravações em vídeo e milhares de questionários para ter uma visão mais clara do comportamento dos consumidores nos bairros mais pobres da região. Um problema identificado para um de seus maiores clientes foi o erro de percepção de que o leite em pó Nido Rindes Diario, da Nestlé SA, era visto como um alimento

O paradoxo do lançamento do Monopoly pela Parker Brothers no Equador, em 2009, é um tanto divertido, tendo em vista o pronunciamento do presidente Rafael Correa sobre novas leis *antimonopólio* exatamente no ano anterior. Ele estava reagindo à aquisição das telecomunicações do Equador pela gigante mexicana Telmex, de Carlos Slim.

---

[24] A "classe média" pode ser definida de várias maneiras. Consulte "Who's in the Middle", *The Economist Special Report on the New Middle Class*, 14 de fevereiro de 2009, p. 4.

Figura 9.5
Padrões de consumo nos países mais populosos das Américas.

País	Ocupantes por domicílio	Despesas domésticas (US$ per capita)							
		Comida	Bebidas alcoólicas Tabaco	Roupas	Habitação	Produtos de saúde Serviços médicos	Transporte	Comunicações	Lazer	Educação
Estados Unidos	2,6	2.174	618	1.159	5.998	5.956	3.332	720	2.959	701
Brasil	3,6	1.257	96	168	758	224	226	279	173	365
México	3,9	1.277	130	154	726	260	939	95	136	212
Colômbia	3,8	871	150	130	447	376	318	109	161	154
Argentina	3,7	820	135	292	621	153	517	149	356	47
Canadá	2,6	2.082	890	937	5.064	1.343	3.287	500	2.173	372
Peru	4,1	809	55	159	274	170	255	85	66	207
Venezuela	4,5	2.206	228	310	913	363	719	383	293	475

Fonte: Euromonitor International, 2010.

apropriado apenas para bebês. Foi idealizado um novo posicionamento para o produto, com base na constatação de que, para as famílias mais pobres na América Latina, comida significa sobrevivência. Um executivo deu a seguinte explicação: "A pesquisa constatou que o significado de comida é energia e força para trabalhar, para chegar ao fim do dia, para não ficar doente". A fim de informar sobre a utilidade do produto para toda a família, foi criado um *jingle* de rádio com trompete e bongô que faz um trocadilho com a palavra espanhola *rinde*, conjugação do verbo *rendir*, que significa rende, tanto no sentido de durar quanto de produtividade. O *jingle* insinua que os consumidores do produto "rendem mais", assim como seu dinheiro.[25]

As empresas que no futuro poderão se beneficiar dos mercados emergentes na América Latina e em outros lugares são aquelas que investem em momentos difíceis e a princípio não lucrativos. Em alguns dos países menos desenvolvidos, o profissional de marketing estabelecerá os alicerces de um sistema de mercado moderno, ganhando, portanto, uma posição segura e um ponto de apoio em uma economia que em algum dia será altamente lucrativa. O preço pago para entrar no mercado nos primeiros estágios de desenvolvimento talvez represente um retorno inicial menor sobre o investimento, mas o preço que se paga para esperar até que o mercado se torne lucrativo pode significar um mercado obstruído sem nenhuma oportunidade de entrada.

Grandes mercados emergentes (GMEs)

Tal como mencionado anteriormente, o Departamento de Comércio dos Estados Unidos avalia que mais de 75% do crescimento esperado no comércio mundial ao longo das próximas duas décadas virá dos mais de 130 países em desenvolvimento: um pequeno núcleo desses países responderá por mais da metade desse crescimento.[26] Pesquisadores sobre o comércio também preveem que as importações para os países identificados como **grandes mercados emergentes (GMEs)**, que abrigam metade da população mundial e respondem hoje por 25% do PIB do mundo industrializado, equivaleriam a 50% das importações do mundo industrializado em 2010. Com um PIB total de mais de US$ 2 trilhões, os GMEs são responsáveis por uma parcela tão grande da produção mundial quanto a Alemanha e o Reino Unido juntos, e as exportações dos GMEs ultrapassaram o total de exportações para a Europa e o Japão.[27]

Os GMEs têm inúmeros traços em comum:
- São geograficamente extensos.
- Têm uma população significativa.
- Representam mercados relativamente grandes para uma ampla variedade de produtos.
- Têm sólidos índices de crescimento ou um potencial de crescimento significativo.
- Empreenderam programas importantes de reforma econômica.
- Têm grande importância política nas regiões em que se encontram.
- São "propulsores econômicos regionais".
- Produzirão uma expansão ainda maior nos mercados vizinhos à medida que crescerem.

Embora esses critérios sejam gerais e isoladamente os países não atendam a todos eles, Índia, China, Brasil, México, Polônia, Turquia e África do Sul são exemplos proeminentes dos países que o Departamento de Comércio dos Estados Unidos identificou como GMEs.[28] Outros países, como Egito, Venezuela e Colômbia, talvez mereçam ser incluídos nesse grupo em um futuro próximo. Essa lista é mutável, porque alguns países sairão dela e outros entrarão à medida que as condições econômicas mudarem. Os incentivos do governo americano para os empresários que desenvolvem negócios nos GMEs são empréstimos bancários de exportação e importação e seguros contra riscos políticos direcionados para essas áreas.

Os GMEs são diferentes de outros países em desenvolvimento porque importam mais do que os mercados menores e mais do que as economias de porte semelhante. À proporção que eles embarcam no desenvolvimento econômico, a demanda por bens de capital aumenta para que possam construir sua base fabril e desenvolver sua infraestrutura. Uma maior atividade econômica significa mais empregos e maior renda para gastar com produtos que não são

---

[25] Antonio Regalado, "McCann Offers Peek at Latin America's Poor", *The Wall Street Journal*, 8 de dezembro de 2008, p. B6.
[26] Debabrata Talukdar, Sumila Gulyani e Lawrence F. Salmen, "Customer-Orientation in the Context of Development Projects: Insights from the World Bank", *Journal of Public Policy & Marketing*, 24, n. 1, 2005, p. 100-111.
[27] C. K. Prahalad e Allen Hammond, "Serving the World's Poor, Profitably", *Harvard Business Review*, 80, n. 9, setembro de 2002, p. 24-32.
[28] William J. Holstein, "Emerging Markets, Emerging Giants", *The New York Times*, 22 de abril de 2007, p. 4.

produzidos localmente. Portanto, à medida que sua economia expande, a demanda por produtos e serviços, grande parte dos quais importados, aumenta de forma acelerada. Desse modo, prevê-se que as importações de produtos pelos GMEs serão em torno de US$ 1 trilhão superiores às de 1990; adicionando os serviços, esse valor será ainda maior.

Visto que muitos desses países não possuem uma infraestrutura moderna, prevê-se que uma parcela apreciável do crescimento ocorrerá em setores industriais, como tecnologia da informação, tecnologia ambiental, transporte, tecnologia energética, tecnologia de cuidados de saúde e serviços financeiros. O que ocorre nos GMEs é análogo à situação pós-Segunda Guerra Mundial, quando foi criada uma tremenda demanda durante a reconstrução da Europa. À medida que a Europa reconstruía sua infraestrutura e base industrial, a demanda por bens de capital explodiu; como foi injetada uma quantidade maior de dinheiro em suas economias, a demanda de consumo também aumentou rapidamente. Ao longo de mais de uma década, a Europa não conseguiu atender a uma demanda crescente por bens industriais e de consumo. Durante esse período, os Estados Unidos foram seu principal fornecedor, pois a maioria dos demais países do mundo estava se reconstruindo ou tinha uma economia subdesenvolvida. O atendimento a essa demanda provocou um dos maiores *booms* econômicos experimentados pelos Estados Unidos. Como veremos ainda neste capítulo, os mercados de consumo e os segmentos de mercado nos GMEs se desenvolvem velozmente. Entretanto, diferentemente da situação pós-Segunda Guerra Mundial, a concorrência será acirrada quando o Japão, a China, a Europa, os PRIs e os Estados Unidos disputarem esses grandes mercados emergentes.

Américas[29]

Nas Américas, os Estados Unidos, o Canadá, a América Central e a América do Sul têm sido parceiros comerciais naturais, ainda que algumas vezes contenciosos. Tal como na Europa, as Américas estão envolvidas em todos os tipos de acordo de cooperação. O Acordo Norte-Americano de Livre-Comércio (North American Free Trade Agreement – Nafta) é o mais significativo, e o Mercado Comum do Sul (Mercosul) e o Acordo de Livre-Comércio da América Central–República Dominicana (Alcac-RD) crescem em importância.

Acordo Norte-Americano de Livre-Comércio (Nafta)

Antes da criação do Nafta, os Estados Unidos e o Canadá mantinham o maior acordo comercial bilateral do mundo: um era o maior parceiro comercial do outro. A despeito dessa relação comercial peculiar, barreiras tarifárias e outras barreiras comerciais impediam a expansão de suas atividades comerciais. Para apoiar ainda mais suas atividades comerciais, os dois países estabeleceram o Acordo de Livre-Comércio Canadá-Estados Unidos (United States-Canada Free Trade Agreement – US-CFTA), com o objetivo de eliminar todas as barreiras comerciais entre ambos. O US-CFTA criou um único mercado comercial continental para todos os produtos e a maioria dos serviços. O acordo entre os Estados Unidos e o Canadá não foi uma união alfandegária, tal como a UE em sua origem; não houve nenhuma

A proximidade geográfica possibilita que os mexicanos de Baja California assistam aos jogos do time de beisebol Padres na vizinha San Diego. O time mantém essa bem-sucedida loja logo após a fronteira, no shopping center Plaza Rio, em Tijuana. Obviamente, voltando à história, padre Junípero Serra visitou ambos os lugares no final de 1700 enquanto estabelecia a cadeia de missões na antiga Califórnia espanhola. O Nafta também deu à Taco Bell uma segunda oportunidade de sucesso no México; a loja retratada é a de Monterrey. A incursão da empresa em 1992, antes do Nafta, fracassou.

[29] Para obter uma lista abrangente de acordos comerciais nas Américas, com *links* para documentos específicos, acesse http://www.sice.oas.org e selecione Trade Agreements (Acordos Comerciais).

CRUZANDO FRONTEIRAS 9.2 — Nova tentativa da Taco Bell

Esta é uma disputa rancorosa no *fast-food*: a Taco Bell disputou a terra natal de seu homônimo ao reiniciar pela primeira vez depois de 15 anos suas atividades no México. Os defensores da cultura mexicana consideram o relançamento dessa cadeia um imenso insulto a uma sociedade invadida por cadeias americanas. Starbucks, Subway e KFC são exemplos. "É como levar gelo ao Ártico", queixou-se o historiador de cultura popular Carlos Mosivais.

A empresa veiculou uma imagem de *fast-food* mais "americana" no México ao acrescentar batatas fritas – algumas cobertas com queijo, creme de leite, carne moída e tomates – ao cardápio de sua primeira loja, aberta no final de setembro de 2007 na cidade de Monterrey, no norte país. Além de batata frita e da venda de sorvetes *leves*, "nosso cardápio é praticamente o mesmo dos Estados Unidos", afirmou o diretor geral Steven Pepper.

Alguns dos nomes foram alterados para proteger o que é sagrado: os *tacos* de massa dura nos Estados Unidos foram rebatizados de *tacostadas*. Essa palavra inventada é uma brincadeira com *tostada*, que para os mexicanos é um disco de massa frita crocante de fubá sempre servido aberto com alguma cobertura. Embora os mexicanos comprem avidamente várias marcas americanas, o *taco* ocupa um lugar de honra na cozinha nacional. Os mexicanos comem *tacos* em qualquer lugar e a qualquer hora do dia. Eles compram *tacos* de manhã de vendedores ambulantes ou comem *tacos* besuntados de molho em *taquerias* amplamente iluminadas nos fins de noite na cidade.

A Taco Bell esforçou-se para advertir que não tenta se passar por um restaurante tradicional mexicano. "Uma única olhada é suficiente para dizer que a Taco Bell não é uma '*taqueria*'", afirmou a empresa em um anúncio de meia página no jornal. "É uma nova opção de *fast-food* que não pretende ser de comida mexicana." Mas essa mensagem continua ambígua para mexicanos como Marco Fragoso, empregado administrativo de 39 anos que almoça em uma *taqueria* tradicional na Cidade do México, pois a cadeia americana utiliza nomes mexicanos tradicionais para seus *burritos*, *gorditas* e *chalupas*. "Isso não é *taco*", disse Fragoso. "São *tostadas* enroladas. E são horríveis."

Em 1992, a Taco Bell fracassou em sua tentativa anterior e altamente anunciada na Cidade do México, quando abriu alguns pontos de venda ao lado de restaurantes KFC. Atualmente, Taco Bell, KFC e Pizza Hut pertencem à Yum! Brands. Porém, os mexicanos não estavam tão familiarizados com cadeias estrangeiras naquela época, a economia do país estava à beira de uma crise, e o Nafta ainda estava para ser assinado. Os restaurantes não duraram nem mesmo dois anos. Desde então, o livre-comércio e a migração crescente tornaram as marcas americanas onipresentes no México, influenciando praticamente tudo, das roupas que as pessoas vestem à maneira como elas falam.

Graham Allan, presidente da Yum! Brands, diz que dois anos de pesquisa de mercado o convenceram de que a tentativa desta vez terá êxito. A empresa estava construindo sua segunda loja em outro bairro afastado de Monterrey e planejava abrir de oito a dez outros pontos em seu primeiro ano para, com o tempo, atingir o marco de 300 lojas. As primeiras serão de propriedade da empresa, e oportunidades de franquia serão oferecidas posteriormente.

Fontes: Michael Arndt, "Tacos without Borders", *BusinessWeek*, 3 de setembro de 2007, p. 12; Mark Stevenson, "Another Run for the Border", *Los Angeles Times*, 15 de outubro de 2007, p. C4.

---

espécie de união econômica ou política. Esse acordo buscava apenas eliminar tarifas e outras barreiras comerciais.

Pouco tempo depois que os dois países ratificaram o US-CFTA, o México anunciou que estava interessado em formar uma área de livre-comércio com os Estados Unidos. Esse gesto de boa vontade foi acolhido positivamente pelos americanos, e assim começaram os diálogos sobre a área de livre-comércio entre esses dois países. Ambos foram sólidos parceiros comerciais durante décadas, mas o México nunca antes havia expressado oficialmente nenhum interesse em estabelecer um acordo de livre-comércio, até o momento em que o presidente do país, Carlos Salinas de Gortari, anunciou que buscaria esse acordo com os Estados Unidos e o Canadá.

Apesar da disparidade entre a economia do México e a economia dos outros dois países, havia motivos válidos para tal aliança. O Canadá é uma economia industrial avançada e rica em recursos, mas sua população e seu mercado doméstico são pequenos. O México precisa muito de investimentos, tecnologia, exportações e outros reforços econômicos para incentivar sua economia. A despeito da abundância de petróleo e da população de rápido crescimento, o número de novos trabalhadores no México aumenta mais rápido do que a capacidade de sua economia para criar novos empregos. Os Estados Unidos precisam de recursos (especialmente de petróleo) e, obviamente, de mercados. Os três países precisam um do outro para concorrer de maneira mais eficaz nos mercados mundiais e precisam de garantias mútuas de que suas posições comerciais dominantes nos outros mercados estejam seguras contra barreiras de proteção. Quando o Nafta foi ratificado e entrou em vigor em 1994, surgiu um único mercado de 360 milhões de pessoas com um produto nacional bruto (PNB) de US$ 6 trilhões.

O Nafta exigiu que os três países eliminassem todas as tarifas e barreiras ao comércio no espaço de 15 anos, e de 2008 em diante todas as barreiras tarifárias foram oficialmente extintas.[30] Alguns desacordos importunos ainda persistem, como permitir que caminhões e caminhoneiros mexicanos tenham livre acesso às rodovias americanas. Contudo, geralmente, o Nafta é um acordo comercial abrangente que compreende, e na maioria dos casos melhora, todos os aspectos envolvidos com a realização de negócios dentro da América do Norte. A Figura 9.6 apresenta algumas das previsões desse acordo comercial. A eliminação de barreiras comerciais e de investimentos entre Canadá, México e Estados Unidos cria um dos maiores e mais ricos mercados mundiais. A cooperação além-fronteiras parece atenuar

Figura 9.6
Principais dispositivos do Nafta.

Acesso ao mercado
No prazo de dez anos de implantação, serão eliminadas todas as tarifas sobre produtos industrializados norte-americanos comercializados entre Canadá, México e Estados Unidos. Todo comércio entre Canadá e Estados Unidos ainda não isento de impostos o será de acordo com o CFTA. O México eliminará imediatamente suas tarifas sobre quase 50% de todos os produtos industrializados importados dos Estados Unidos, e as tarifas remanescentes serão todas eliminadas progressivamente no prazo de 15 anos.

Barreiras não tarifárias
Além das tarifas, o México eliminará barreiras não tarifárias e outras restrições que distorcem o comércio. Os exportadores dos Estados Unidos vão se beneficiar imediatamente da remoção da maioria das licenças de importação que funcionaram como cotas e restringiram a importação de produtos para o mercado mexicano. O Nafta também eliminou uma série de outras barreiras mexicanas, como exigências de matéria-prima local, de produção local e de desempenho nas exportações, fatores que limitaram as exportações americanas.

Regras de origem
O Nafta reduz as tarifas somente para produtos fabricados na América do Norte. Regras de origem rigorosas determinarão se as mercadorias são qualificadas para receber tratamento tarifário preferencial de acordo com o Nafta. O objetivo das regras de origem é evitar que aproveitadores beneficiem-se de processamentos secundários ou transbordos de mercadorias não cobertas pelo Nafta. Por exemplo, o Japão não poderia montar automóveis no México e evitar tarifas e cotas americanas ou canadenses, a menos que os automóveis tivessem uma porcentagem específica de matéria-prima mexicana (isto é, norte-americana). Para que os produtos sejam comercializados com isenção de impostos, eles devem conter uma quantidade substancial (62,5%) de matéria-prima norte-americana. Como as regras de origem do Nafta foram reforçadas, esclarecidas e simplificadas em relação às regras do Acordo de Livre-Comércio Canadá-Estados Unidos, elas suplantam as regras desse acordo.

Administração alfandegária
De acordo com o Nafta, Canadá, México e Estados Unidos concordaram em implantar procedimentos e regulamentos alfandegários uniformes. Esses procedimentos uniformes garantem que os exportadores que comercializam seus produtos em mais de um país do Nafta não precisam se adaptar a vários procedimentos alfandegários. A maioria dos procedimentos que regulamentam a documentação sobre regras de origem, registro de informações e comprovação será o mesmo para todos os três países do Nafta. Além disso, os três divulgarão decisões antecipadas, sob solicitação, sobre se um produto qualifica-se ou não a ter preferência tarifária segundo as regras de origem do Nafta.

Investimentos
O Nafta eliminará exigências de investimento que restrinjam a exportação de mercadorias e serviços para o México. Dentre elas, estão as exigências de que os investidores estrangeiros exportem um determinado nível ou porcentagem de produtos ou serviços, utilizem produtos ou serviços internos, transfiram tecnologia para os concorrentes ou limitem as importações a uma porcentagem específica das exportações.

Serviços
O Nafta estabelece o primeiro conjunto abrangente de princípios para regulamentar a comercialização de serviços. As instituições financeiras americanas e canadenses têm permissão para abrir subsidiárias integrais no México, e todas as restrições aos serviços que elas oferecem serão eliminadas. O Nafta abre o mercado do México para o transporte internacional por caminhão, ônibus e trem e elimina a exigência de transferência de cargas para um veículo mexicano após entrada no México, poupando tempo e dinheiro para a indústria americana. Além disso, as empresas de caminhão e ônibus americanas terão o direito de utilizar seus próprios motoristas e equipamentos para a remessa de cargas além-fronteira e serviços de passageiro para o México.

Propriedade intelectual
O Nafta oferecerá os melhores padrões de proteção de propriedade intelectual disponíveis em qualquer acordo bilateral ou internacional. Esse acordo cobre patentes, marcas registradas, direitos autorais, segredos comerciais, circuitos integrados para semicondutores e direitos autorais para filmes, programas de computador e discos norte-americanos.

Compras governamentais
O Nafta garante às empresas uma concorrência justa e aberta para aquisições na América do Norte por meio de procedimentos de compra transparentes e previsíveis. No México, a Pemex (companhia de petróleo nacional), a CFE (companhia nacional de eletricidade) e outras empresas estatais serão abertas para fornecedores americanos e canadenses.

Normas
O Nafta proíbe a utilização de normas e regulamentos técnicos que funcionem como obstáculo ao comércio. Entretanto, as provisões do Nafta não exigem que os Estados Unidos ou o Canadá reduzam seus regulamentos sanitários, ambientais ou de segurança, nem que importem produtos caso as normas de saúde e segurança de cada país, relativas a esses produtos, não sejam atendidas internamente.

---

[30] Jenalia Moreno, "Trade Tariffs End, Marking a NAFTA Milestone: U.S., Mexico Tout New Growth, but Some Farmers Feel Squeezed Out", *Houston Chronicle*, 2 de janeiro de 2008.

CRUZANDO FRONTEIRAS 9.3 — Em Québec, a Pepsi tem a preferência

Até a década de 1980, a Coca-Cola reinava em Québec. Mas os diretores de propaganda locais da J. Walter Thompson resolveram assumir um risco. Até então, costumava-se simplesmente traduzir para o francês as campanhas americanas tanto da Coca-Cola quanto da Pepsi. Contudo, ocupar o segundo lugar no mercado exigia criatividade, e, com base em pesquisas qualitativas, os executivos de propaganda recomendaram um novo argumento de venda: a comédia.

Era arriscado porque, embora a Pepsi tivesse sido adotada de maneira reticente por alguns quebequenses, ela era também utilizada como crítica depreciativa pelos não falantes do francês em referência aos quebequenses. Se o plano de marketing fosse considerado ofensivo, a Pepsi poderia tornar-se um pária.

"Na década de 1980, os quebequenses jovens estavam coroando suas próprias celebridades e criando um estilo de vida próprio que ostentava o que era fabricado em Québec", escreveu a empresa J. Walter Thompson em um documento enviado ao Cassie, prêmio de propaganda canadense. "As pesquisas revelaram uma convicção interior entre os grupos-alvo de Québec [...]. Como Québec tinha uma cultural singular, havia desenvolvido um sistema de entretenimento próprio e completo com suas próprias estrelas", particularmente na arena da comédia. "Era um estilo de comédia que utilizava estereótipos quebequenses para redefinir a nova cultura 'de experiência urbana' então em ascensão entre os quebequenses jovens urbanos."

Claude Meunier, famoso por seu humor *nonsense* na sátira *Ding et Dong*, foi escolhido. O tema dos anúncios de Meunier frisava uma incontrolável *joie de vivre** e um eterno amor pela Pepsi. Seus anúncios breves de 30 segundos foram exibidos pela primeira vez em 1985 e apresentavam uma variedade de personagens e um humor que só os quebequenses poderiam apreciar; eles se tornaram um sucesso.

A Pepsi ficou quase páreo a páreo com a Coca-Cola naquele mesmo ano. Em 1986, Davi ultrapassou Golias e continuou a prosperar, ainda que a Coca-Cola tenha contra-atacado, gastando duas vezes mais do que a Pepsi em seis campanhas publicitárias entre 1985 e 1993.

"Na opinião dos quebequenses, uma corporação multinacional finalmente havia se dado ao trabalho de tentar e conseguir compreendê-los, usando a mesma linguagem, com o mesmo sotaque", disse Luc Dupont, professor de marketing canadense. Uma nação atracada em um mar de ingleses podia identificar-se com uma empresa que disputava as vendas em um oceano de Coca-Cola. "Subconscientemente, os quebequenses identificam-se com os produtos que se encontram em segundo lugar", afirmou Dupont. "Além do humor absurdo e da alegria de viver, eles gostam de dizer: 'Aqui, nós somos diferentes. Nós mudamos as coisas'."

A campanha durou 18 meses, impulsionada pelo fato de Meunier ter se tornado o astro de *La Petite Vie*, um seriado cômico de Québec exibido no início da década de 1990, assistido todas as noites de segunda por 4 milhões de pessoas, dentre um total de provavelmente 6 milhões de telespectadores. A campanha da Pepsi com Meunier ganhou o prêmio de propaganda Cassie de Melhor Espetáculo em 1993.

Hoje, a Coca-Cola domina o mercado global, detendo 51% do total das vendas, em comparação com 22% da Pepsi. Contudo, em Québec, a linha de refrigerantes da Pepsi detém 61% do mercado, e a da Coca-Cola, 20%. É uma vantagem que não se observa em nenhum outro lugar na América do Norte. "A campanha publicitária da Pepsi nos permitiu alimentar essa imagem de que somos diferentes", disse Dupont. "Mesmo que, na realidade, não sejamos tão diferentes." Agora, a campanha com Meunier é estudada nos livros acadêmicos, afirmou Dupont, como uma aula sobre como se adaptar ao mercado e transformar-se com o tempo.

O último comercial de televisão talvez seja ainda melhor: um turista com ares de escandinavo, com a despreocupação de Mr. Bean, entra em um *casse-croûte*** em algum fim de mundo de Québec e comete o erro de pedir uma Coca-Cola. A lanchonete toda fica em silêncio. Os animais ficam inertes na floresta. O trânsito fica parado no centro histórico de Québec. As pessoas colocam a cabeça para fora da janela. Quando o garçom finalmente abre uma lata azul e vermelha diante do turista, ele diz sugestivamente: *"Ah! Ici, c'est Pepsi."****

A Pepsi comemorou seu 75º aniversário em Québec em 2009, homenageando a abertura de sua fábrica em Montreal em 1934 (sua primeira fábrica fora dos Estados Unidos). A empresa veiculou seu novo logotipo e uma campanha publicitária. Além disso, planejava investir US$ 40 milhões em sua engarrafadora em Montreal, uma das várias fábricas na província que emprega 1.200 pessoas. Esse investimento e também uma grande quantia gasta no patrocínio de eventos esportivos e culturais (dentre os quais o estádio Colisée Pepsi na cidade de Québec e o Pepsi Forum em Montreal) são os principais fatores de seu sucesso.

Salientamos também que a bandeira da província de Québec é azul e branca, ao passo que a bandeira canadense é vermelha e branca. Como veremos no Capítulo 16, as cores muitas vezes fazem diferença.

Fontes: Konrad Yakabuski, "How Pepsi Won Quebec", *The Globe and Mail*, 28 de agosto de 2008, p. B1-2; Rene Bremmer, *The Gazette*, 11 de julho de 2009 [on-line].

* N. de R.T.: "alegria de viver".
** N. de R.T.: palavra francesa para lanchonete.
*** N. de R.T.: "Ah! Aqui é a Pepsi".

---

outras áreas de conflito antigas, como a imigração legal e ilegal. Além disso, o Nafta abriu caminho para que o Walmart entrasse no México e o supermercado mexicano Gigante, que de fato é gigantesco, entrasse nos Estados Unidos. Outros serviços além-fronteiras estão igualmente prosperando, inclusive os de entretenimento e de cuidados com a saúde.

Ademais, investidores americanos e estrangeiros que possuem fábricas de roupas e calçados na Ásia foram estimulados a deslocar suas atividades de produção para o México. Por exemplo, a cadeia de roupas íntimas femininas Victoria's Secret abriu uma nova instalação fabril perto da Cidade do México. Antes, a empresa havia utilizado fornecedores na Ásia para sua linha de *lingerie*. Mesmo que os salários no México sejam três vezes superiores aos do Sri Lanka, a empresa ainda assim sairá ganhando, pois transferir mercadorias da Cidade do México para os Estados Unidos é mais barato e mais rápido do que transferi-las de Colombo – o tempo necessário para confeccionar um modelo pode ser diminuído de semanas para dias. Os produtos mexicanos não têm tarifas, ao passo que os do Sri Lanka são tarifados em 19%.

O total de investimentos estrangeiros diretos no México normalmente tem sido de US$ 11 bilhões anuais desde 1995, visto que empresas de todos os lugares do mundo injetaram dinheiro em fábricas de automóveis e eletrônicos, em telecomunicações, no setor petroquímico e em várias outras áreas. Uma grande soma de investimentos será destinada às fábricas que utilizarem o México como plataforma de exportação para o restante da América do Norte e progressivamente para o restante da América Latina.

A perda de empregos não foi tão drástica quanto outrora se temia, em parte porque empresas como a Lucent Technologies estabeleceram fábricas *maquiladoras** com a expectativa de colher os benefícios do Nafta. Essas fábricas têm comprado mais componentes de fornecedores dos Estados Unidos, diminuindo a quantidade de fornecedores da Ásia. A Mile Press, fabricante de cartões de diretório avaliada em US$ 2 milhões, viu os pedidos da Lucent crescerem 20% em apenas alguns meses. A Berg Electronics, fabricante de componentes avaliada em US$ 700 milhões, esperava triplicar as vendas em 2011 para a fábrica da Lucent de Guadalajara. Esse efeito propagador também gerou empregos no setor de serviços dos Estados Unidos. A Fisher-Price transferiu de Hong Kong para Monterrey a produção de brinquedos para o mercado americano. A Celadon Trucking Services, que transferiu os produtos produzidos para a Fisher-Price do México para os Estados Unidos, acrescentou 800 novos motoristas americanos à folha de pagamentos.

Ao longo da prolongada recessão econômica que se seguiu ao declínio das ponto-com nos Estados Unidos, as fábricas *maquiladoras* foram fechadas de forma embaraçosa. A produção foi transferida para outros países de baixos salários como China, Guatemala e Vietnã. Há pouco tempo, na conjuntura de desemprego mais difícil em todos os três países, novas regras de imigração impediram que trabalhadores rurais mexicanos fossem para o norte.[31] Mesmo assim, as previsões sombrias dos críticos do Nafta[32] não se confirmaram. Com base na avaliação mais ampla dos benefícios ao consumidor, os níveis de renda *per capita* em paridade do poder de compra aumentaram gradualmente em todos os três países – de US$ 7.110 em 1994 para US$ 14.270 em 2008 no México, de US$ 21.050 para US$ 36.220 no Canadá e de US$ 26.230 para US$ 46.970 nos Estados Unidos – durante esse mesmo período.[33]

O Nafta é um trabalho em curso, e ainda é muito cedo para fazer julgamentos. Afinal de contas, a União Europeia (UE) existe há mais de 50 anos e teve seus altos e baixos. Dessa perspectiva, o Nafta é um mero bebê de colo. O que ocorre é que as relações econômicas entre esses três países se tornam intensas a cada dia, na maior parte do tempo de maneira serena e lucrativa. Em resumo, pelo menos 20 anos serão necessários que se possa fazer uma avaliação objetiva do Nafta.

Estados Unidos e Acordo de Livre-Comércio da América Central-República Dominicana (Alcac-RD)

Em agosto de 2005, o presidente George Bush promulgou um acordo de livre-comércio entre Costa Rica, República Dominicana, El Salvador, Guatemala, Honduras, Nicarágua e Estados Unidos.[34] Esse acordo cobre um amplo conjunto de reduções tarifárias com o objetivo de aumentar as atividades comerciais e o índice de emprego entre os sete signatários. Portanto, o Alcac-RD representa outro importante passo em direção ao objetivo último de um acordo de livre-comércio que englobe todas as Américas. Consulte a Figura 9.7 para examinar a lista de países que participam de associações comerciais. As estatísticas apresentadas nessa figura representam indicadores fundamentais da atratividade desses países para os profissionais de marketing internacional. Talvez mais úteis sejam os dados exibidos nas últimas quatro colunas: o tamanho do mercado de importação, a facilidade para fazer

---

* N. de T.: Fábricas de montagem no México, particularmente na fronteira entre Estados Unidos e México, que recebem matérias-primas e peças e fornecem produtos manufaturados para o mercado original.

[31] P. J. Huffstutter, "Hiring Foreign Farmworkers Gets Thougher under New Rule", *Los Angeles Times*, 12 de fevereiro de 2010, p. B2.

[32] Eduardo Porter, "NAFTA Is a Sweet Deal, So Why Are They So Sour?", *The New York Times*, 11 de fevereiro de 2008, p. A24.

[33] Banco Mundial, 2010.

[34] Além do Nafta e do Alcac-RD, os Estados Unidos têm acordo de livre-comércio aprovados em relação a dez outros países: Austrália, Bahrain, Chile, Israel, Jordânia, Marrocos, Omã, Peru e Cingapura. Os acordos com a Colômbia, a Coreia do Sul e o Panamá aguardam aprovação do Congresso.

Figura 9.7
Indicadores de mercado fundamentais das regiões de mercado nas Américas.

(entre parênteses) = taxa de crescimento média anual, 2004-2009, como porcentagem

Associação	País	População/ milhões	RNB/bilhões de US$	Exportação de mercadorias/ bilhões de US$	Importação de mercadorias/ bilhões de US$	Índice de facilidade para fazer negócios	RNB per capita/US$	Usuários de internet/ mil pessoas
Acordo Norte-Americano de Livre-Comércio (Nafta)								
	Estados Unidos	306,6 (0,9)	14.306,6 (4,0)	1.068,3 (5,6)	1.566,1 (1,3)	3	45.662 (3,1)	741 (2,3)
	México	108,6 (1,1)	1.068,8	299,3 (4,1)	233,9 (3,5)	55	9.805	230 (6,5)
	Canadá	33,7 (1,0)	1.325,9 (6,3)	313,3 (-0,4)	319,6 (3,1)	8	39.401 (5,2)	769 (3,1)
Acordo de Livre-Comércio da América Central-República Dominicana (Alcac-RD)								
	Guatemala	14,0 (2,5)	37,6 (9,7)	2,4 (-4,2)	10,7 (6,4)	117	2.678 (7,0)	184 (24,6)
	Costa Rica	4,6 (1,5)	28,3 (9,7)	8,7 (6,6)	11,3 (6,4)	120	6.172 (8,1)	398 (13,8)
	El Salvador	6,6 (0,4)	21,5 (7,0)	3,8 (3,6)	6,9 (1,7)	81	3.489 (6,6)	175 (12,5)
	Nicarágua	5,7 (1,3)	5,8 (6,3)	1,4 (13,6)	3,5 (9,4)	113	1.008 (4,9)	48 (15,7)
	Honduras	7,5 (2,0)	14,5 (11,6)	2,7 (10,2)	6,3 (8,5)	136	1.948 (9,4)	112 (27,7)
	República Dominicana	10,1 (1,4)	43,5 (17,1)	6,6 (2,2)	18,1 (15,9)	102	4.309 (15,4)	296 (27,3)
	Estados Unidos	ver acima						
Comunidade Caribenha e Mercado Comum (Caricom)								
	Antígua e Barbados	0,09 (1,2)	(7,4)	0,08 (7,4)	0,8 (2,1)	44	12.595 (6.1)	811 (27,2)
	Bahamas	0,34 (1,2)	7,4 (3,8)	0,54 (2,6)	2,3 (4,0)	59	21.503 (2,5)	462 (9,8)
	Barbados	0,26 (0,3)	2,9	0,3 (3,8)	1,5 (1,2)	–	11.154	801 (6,2)
	Belize	0,31 (2,1)	1,3 (6,1)	0,3 (9,0)	0,9 (11,0)	75	4.091 (3,9)	151 (21,2)
	Dominica	0,07 (-0,3)	0,4 (6,9)	0,04 (0,1)	0,2 (10,0)	76	5.254	829 (22,4)
	Grenada	0,10 (0,3)	0,6 (8,3)	0,06 (9,5)	0,4 (8,6)	88	5.926 (8,0)	240 (4,2)
	Guiana	0,76 (0,0)	1,1	0,8 (7,2)	1,4 (16,2)	98	1.447	293 (9,1)
	Haiti	10,0 (1,6)	7,0	0,6 (10,6)	1,7 (5,9)	154	700	112 (25,0)
	Jamaica	2,7 (0,5)	11,3 (3,3)	1,4 (-0,4)	4,5 (3,5)	67	4.143 (2,8)	663 (10,5)
	São Cristóvão e Nevis	0,5 (1,3)	0,5 (7,6)	0,04 (-3,2)	0,3 (9,7)	70	10.062 (6,2)	327 (5,7)
	Santa Lúcia	0,17 (1,0)	1,0 (5,5)	0,1 (11,8)	0,7 (9,7)	34	5.530 (4,5)	618 (23,6)
	São Vicente e Granadinas	0,11 (0,1)	0,6 (8,6)	0,05 (5,5)	0,4 (10,6)	62	5.423 (8,5)	663 (55,2)
	Suriname	0,52 (1,0)	2,7	1,9 (16,0)	1,4 (13,2)	148	5.192	112 (12,9)
	Trinidad e Tobago	1,3 (0,4)	20,6 (9,9)	18,1 (23,2)	7,7 (9,8)	78	15.404 (9,4)	183 (8,4)
Associação Latino-Americana de Integração (Aladi)								
	Argentina	40,3 (1,0)	302,2 (15,9)	55,7 (10,0)	38,9 (11,6)	112	7.492 (14,8)	811 (14,0)
	Bolívia	9,8 (1,8)	15,6 (13,2)	4,7 (17,2)	4,2 (18,2)	158	1.582 (11,2)	143 (26,3)
	Brasil	193,7 (1,1)	1.477 (18,1)	151,1 (9,3)	127,5 (15,2)	127	7.627 (16,9)	452 (18,8)
	Chile	17,0 (1,0)	138,0 (9,5)	51,9 (9,8)	41,1 (10,6)	40	8.129 (8,3)	342 (12,1)
	Colômbia	45,7 (1,5)	185,5 (14,6)	33,3 (15,4)	35,6 (16,3)	49	4.063 (12,9)	475 (39,1)
	Cuba	11,2 (0,0)	–	3,3 (9,1)	13,4 (22,8)	–	–	143 (11,2)
	Equador	13,6 (1,1)	38,5 (10,4)	13,3 (11,4)	14,7 (12,4)	133	2.842 (9,2)	109 (17,6)
	México	ver acima						
	Paraguai	6,3 (1,8)	16,3	3,4 (15,7)	8,7 (23,0)	122	2.587	112 (26,5)
	Peru	29,0 (1,4)	119,5	25,1 (14,4)	20,2 (11,4)	65	4.120	269 (17,7)
	Uruguai	3,4 (0,2)	30,5 (19,3)	5,8 (14,5)	7,4 (18,8)	109	9.079 (19,1)	448 (21,3)
	Venezuela	28,6 (1,7)	355,5 (26,7)	95,4 (22,9)	38,6 (18,3)	178	12.438 (24,5)	313 (30,0)

Fontes: Euromonitor International, 2010; Banco Mundial, 2010.

OA7
Indicadores básicos de mercado das nações das Américas

Mercado Comum do Sul (Mercosul)[36]

OA8
Importância crescente das associações comerciais entre as nações das Américas

negócios e os recursos disponíveis para os consumidores, incluindo tanto a infraestrutura de capital quanto a de comunicação. O índice de facilidade para fazer negócios[35] é uma classificação baseada na associação de dez diferentes indicadores, como facilidade de "iniciar um negócio", "registrar uma propriedade" e "fazer cumprir um contrato". Para mais detalhes, consulte www.doingbusiness.org.

O Mercosul (que abrange Argentina, Bolívia, Brasil, Chile, Paraguai e Uruguai) é o segundo maior acordo de mercado comum nas Américas, depois do Nafta. O Tratado de Assunção, que oferece base legal para o Mercosul, foi assinado em 1991 e instituído formalmente em 1995. Esse tratado prescreve um mercado comum que em algum momento permitiria a livre circulação de mercadorias, capital, mão de obra e serviços entre os países-membros, com uma tarifa externa uniforme. Como os membros do Mercosul estavam preocupados com a possibilidade de sacrificarem o controle soberano sobre impostos e outros problemas políticos, esse acordo não previu nenhuma instituição central semelhante às instituições da UE.

Desde a sua instauração, o Mercosul tem sido a área de livre-comércio mais influente e bem-sucedida na América do Sul. Com a entrada da Bolívia e do Chile em 1996, esse bloco econômico tornou-se um mercado de 220 milhões de pessoas com um PIB conjunto de aproximadamente US$ 1 trilhão e a terceira maior área comercial do mundo. Há pouco tempo, a Colômbia e o Equador tornaram-se membros, e logo em seguida a Venezuela; a situação do México é de país observador. Esse sucesso pode ser atribuído à disposição dos governos da região de enfrentar alguns problemas difíceis provocados por políticas econômicas heterogêneas relacionadas ao comércio de automóveis e produtos têxteis e mudar os procedimentos alfandegários nas fronteiras, que a princípio criaram um obstáculo para uma travessia de fronteira regular. A falta de infraestrutura de superfície e de transporte para facilitar o comércio e a comunicação é um problema persistente que recebem grande atenção.

O Mercosul tem procurado acordos de maneira agressiva com outros países e grupos comerciais. Por exemplo, estão em vigor negociações concretas para a criação de um programa de livre-comércio com o México, diálogos com o Canadá a respeito do acordo de livre-comércio e diálogos entre o Chile e o Mercosul em direção a uma liberalização comercial gradual e recíproca.

Além disso, desde 1999 têm ocorrido negociações sobre um acordo de livre-comércio entre a UE e o Mercosul, o primeiro acordo de livre-comércio entre regiões. Um acordo estrutural foi assinado em 1995, e o objetivo de longo prazo é obter convergência em todas as áreas – cooperação, comércio, acesso ao mercado, propriedade intelectual e diálogo político. Os dois blocos pretendem formar a maior área de livre-comércio do mundo. A vantagem desse acordo para o Mercosul virá predominantemente da eliminação de barreiras contra produtos agrícolas e agroindustriais, que respondem pela maior parte de suas exportações para a Europa, mas essa questão será um obstáculo importante se a UE não estiver disposta a abrir seu setor agrícola, que é altamente protegido, às importações do Brasil e da Argentina. No entanto, uma autoridade da UE revelou que ela estava reformando sua Política Agrícola Comum. Essas negociações não serão fáceis, mas é provável que o Mercosul e a UE cheguem a um acordo. Como veremos na seção seguinte, o Mercosul assumiu a liderança no estabelecimento da agenda para a criação de uma área de livre-comércio para as Américas ou, mais provavelmente, a Área de Livre-Comércio da América do Sul (Amercosul).

Desenvolvimento da América Latina

Uma revolução política e econômica tem ocorrido na América Latina nas últimas três décadas. A maioria dos países fez a transição da ditadura militar para um governo eleito democraticamente, e uma impetuosa liberalização econômica e comercial substitui o modelo econômico que a maior parte dos países latino-americanos seguiu durante décadas. Fazemos essa afirmação mesmo considerando o retrocesso de alguns poucos países na região, como a Venezuela. A privatização de EEs e outras reformas políticas, econômicas, monetárias e comerciais demonstram um amplo afastamento em relação a políticas introspectivas de substituição das importações (isto é, fabricar produtos internamente em vez de importá-los) e de protecionismo, tão predominantes no passado. A tendência à privatização das EEs

---

[35] Euromonitor International, 2010.
[36] Acesse http://www.mercosul.gov.br.

nas Américas seguiu-se a um período de domínio da vida econômica pelos governos durante a maior parte do século XX. A propriedade estatal foi outrora considerada o motor ideal de crescimento econômico. Entretanto, em vez do crescimento econômico, o que os governos acabaram conseguindo foi um setor público acentuadamente burocrático, ambientes reguladores complexos e imprevisíveis, exclusão completa de propriedade privada estrangeira e doméstica e empresas públicas ineficientes. Hoje, existe uma nova esperança por reformas comerciais e políticas em relação até mesmo a Cuba comunista.[37]

Neste momento, vários países latino-americanos estão aproximadamente no mesmo estágio de liberalização que deu partida no crescimento dinâmico experimentado pela Ásia durante as décadas de 1980 e 1990. Respondendo de forma positiva a essas reformas, os investidores injetaram bilhões de dólares em instalações fabris, companhias aéreas, bancos, obras de utilidade pública e sistemas de telecomunicações. Por seu tamanho e estrutura de recursos, a América Latina sempre foi considerada um mercado com grandes possibilidades econômicas e de mercado. Sua população de cerca de 600 milhões é quase duas vezes maior que a dos Estados Unidos e 100 milhões maior que a da UE.

A solidez dessas reformas foi testada durante as duas últimas décadas, um período turbulento econômica e politicamente para alguns países. Argentina, Brasil e México foram afetados pelo desastre econômico na Ásia em 1997 e pela prolongada crise financeira na Rússia. A desvalorização monetária e a inadimplência na Rússia provocaram uma rápida deterioração na situação financeira do Brasil; o capital começou a fugir do país, e o Brasil desvalorizou sua moeda. A recessão econômica no Brasil – associada à acentuada desvalorização do real – diminuiu as exportações argentinas, e o crescimento econômico da Argentina arrefeceu. O México foi capaz de resistir à inadimplência da Rússia em parte pela reestruturação da dívida e de outras mudanças após uma grande desvalorização e recessão no início da década de 1990. Entretanto, a concorrência com o setor de fabricação chinês produziu um crescimento mais lento do que o previsto na época da aprovação do Nafta. Outros países latino-americanos sofreram retrações econômicas que provocaram desvalorizações monetárias e, em alguns casos, instabilidade política. No entanto, a América Latina ainda trabalha em direção a reformas econômicas. Em conclusão, os dados da Figura 9.7 não mostram a surpreendente resiliência nos países em desenvolvimento, *vis-à-vis* aos Estados Unidos e ao Canadá, ao prolongado mal-estar econômico que se seguiu à recessão de 2008-2009.[38]

Cooperação econômica na América Latina

Além do Nafta e do Mercosul, mais conhecidos, outros blocos de mercado (Figura 9.7) tiveram variados graus de sucesso. Importunada por uma espantosa dívida externa, sistemas econômicos protecionistas, inflação de três dígitos, setores básicos de propriedade estatal e regulamentação excessiva da indústria, a maioria dos países latino-americanos encontrava-se em uma situação econômica caótica. Nessas circunstâncias, o comércio e a integração entre os países-membros estagnaram. Contudo, como discutido antes, estimulada pelo sucesso do Mercosul e do Nafta, a América Latina testemunhou uma onda de verdadeiro otimismo com relação ao milagre econômico a caminho, incitado por reformas políticas e econômicas do ponto mais alto da Argentina ao Rio Grande. Associado a essas reformas direcionadas ao mercado havia um desejo de melhorar o comércio entre os países vizinhos, restabelecendo antigos acordos ou criando novos. Vários dos blocos comerciais buscam vínculos com o Mercosul, a UE ou ambos.

Associação Latino-Americana de Integração. O objetivo de longo prazo dessa associação, mais conhecida pelo acrônimo em espanhol Aladi,[39] é o estabelecimento gradual e progressivo de um mercado comum latino-americano. Um dos aspectos mais importantes da Aladi que difere da Associação Latino-Americana de Livre Comércio (Alalc), sua predecessora, é o tratamento diferencial dos países-membros de acordo com seu nível de desenvolvimento econômico. Ao longo dos anos, as negociações entre os países-membros diminuíram os impostos sobre determinados produtos e atenuaram tensões comerciais sobre cotas, exigências de matéria-prima local, licenças de importação e outras barreiras ao comércio. Uma

---

[37] Katherine Yung, "When Cuba Opens Up...", *Dallas Morning News*, 11 de março de 2007, p. D1, D6.
[38] "Counting Their Blessings", *The Economist*, 2 de janeiro de 2010, p. 25-28; Jack Ewing, Vikas Bajaj e Keith Bradsher, "An Uneven World of Debt", *The New York Times*, 8 de fevereiro de 2010, p. B1, B3, B6.
[39] http://www.aladi.org, 2008.

Pessoas na fila de um ônibus de fabricação chinesa no centro de Havana. A China realiza grandes vendas e investe significativamente na infraestrutura do mundo em desenvolvimento, como em Cuba, país-membro da Aladi e também um camarada "comunista".

característica importante da Aladi é a provisão que permite que os países-membros estabeleçam acordos comerciais bilaterais entre si. Foi com base nessa condição que os acordos comerciais foram desenvolvidos entre os membros da Aladi.

Comunidade Caribenha e Mercado Comum (Caricom).[40] O sucesso da Associação de Livre-Comércio do Caribe levou à criação da Comunidade Caribenha e Mercado Comum (Caribbean Community and Commom Market – Caricom). Os países-membros da Caricom continuam se esforçando para conseguir uma verdadeira integração regional. Esse grupo trabalhou em direção a uma única economia de mercado e em 2000 estabeleceu o Mercado e Economia Únicos da Caricom (Caricom Single Market and Economy – CSME), com o objetivo de instituir uma única moeda para todos os membros. A adoção de uma estrutura tarifária externa comum foi um passo importante em direção a esse objetivo. A Caricom continua procurando estabelecer vínculos mais sólidos com outros grupos na América Latina e assinou um acordo com Cuba.

Nafta para a Alca ou Amercosul?

A princípio, o Nafta foi idealizado como um esquema de livre-comércio que se estendia do Alasca à Argentina. O primeiro novo país a entrar na comunidade do Nafta seria o Chile, e depois a afiliação se estenderia pelo sul até o momento em que se criasse a Área de Livre-Comércio das Américas (Alca) por volta de 2005. Agora, o problema é saber se haverá uma Alca ou se haverá um Nafta de três países no norte e uma Amercosul liderada pelo Brasil e os demais países-membros do Mercosul no sul. A resposta a essa pergunta depende em parte do problema de uma legislação de tramitação rápida e das políticas do presidente Obama.

Implicações estratégicas para o marketing

Nos mercados emergentes tanto nas Américas quanto ao redor do mundo encontra-se em ascensão uma vasta população de renda crescente que evolui para um patamar acima do nível de subsistência e tornando-se uma consumidora viável. À medida que os países evoluem, a renda muda, ocorre uma variação nas concentrações populacionais, as expectativas por um padrão de vida melhor ajustam-se a padrões superiores, desenvolve-se uma nova infraestrutura e realizam-se investimentos de capital social. O comportamento do mercado muda, e com o tempo surgem grupos de consumidores com preferências e necessidades comuns (isto é, segmentos de mercado).[41]

Com o aumento da renda, uma nova demanda é gerada em todos os níveis de renda para todos os tipos de produto, de sabões a automóveis. Além disso, famílias maiores podem

---

[40] http://www.caricom.org, 2008.
[41] Peter G. P. Walters e Saeed Samiee, "Marketing Strategy in Emerging Markets: The Case of China", *Journal of International Marketing*, 11, n. 1, 2003, p. 97-106.

significar maior renda disponível. Na América Latina e na Ásia, os trabalhadores jovens normalmente vivem com os pais até o casamento. Sem a necessidade de pagarem aluguel, sua renda discricionária aumenta e eles podem elevar o poder de compra da família. Os países com renda *per capita* inferior são mercados potenciais para uma grande variedade de mercadorias; os consumidores apresentam uma criatividade notável para encontrar um meio de comprar o que de fato é importante para eles. Nos Estados Unidos, as primeiras antenas parabólicas surgiram nas regiões mais pobres dos Apalaches. De modo semelhante, a quantidade de domicílios que possuem televisão em cores supera os domicílios com chuveiro no México.

À medida que a renda se eleva para a faixa da classe média, aumenta também a demanda por produtos mais caros, de fraldas descartáveis a automóveis. Nos mercados emergentes, as rendas da classe média são inferiores às dos Estados Unidos, mas os padrões de dispêndio são diferentes. Portanto, ao contrário do que níveis de renda comparáveis nos Estados Unidos poderiam indicar, a classe média desses mercados tem mais a gastar. Por exemplo, nos mercados emergentes, os membros da classe média não possuem dois automóveis, nem moram em bairros afastados dos grandes centros. Além disso, a habitação em alguns casos é subsidiada, para liberar a renda para a compra de geladeiras, TVs, rádios, roupas de maior qualidade e regalos especiais. A Figura 9.5 mostra a porcentagem de renda domiciliar gasta em diversas categorias de produtos e serviços. Nos mercados emergentes, uma quantia maior da renda familiar é gasta com comida, mas a categoria seguinte de maiores gastos nos países emergentes e também nos desenvolvidos é a de eletrodomésticos e outros bens duráveis. Já os gastos por parte dos novos-ricos são diferentes. Os novos-ricos querem exibir sua riqueza; eles querem exibir símbolos de *status*, como relógios Rolex, bolsas Louis Vuitton e automóveis Mercedes-Benz.

Segundo um analista, quando um país ultrapassa o nível de PNB de US$ 5 mil *per capita*, as pessoas têm maior consciência de marca e renunciam a marcas locais para procurar marcas estrangeiras que julgam importantes. Com uma renda de US$ 10 mil, elas entram para um grupo com renda semelhante que está exposto às mesmas fontes globais de informação, que inclui o "Clube de US$ 10 mil" consumidores com demandas homogêneas e um conhecimento comum sobre produtos e marcas. Essas pessoas se tornam consumidores globais. Se uma empresa deixar de avaliar as implicações estratégicas desse clube, perderá a oportunidade de participar do segmento de consumidores globais de mais rápido crescimento do mundo. Mais de 1 bilhão de pessoas no mundo atualmente têm uma renda de US$ 10 mil ou mais. As empresas que procurarem semelhanças nesse grupo de 1 bilhão de consumidores encontrarão mercados crescentes para marcas globais.

Os mercados mudam rapidamente, e segmentos de mercado identificáveis, com padrões de consumo similares, podem ser encontrados em vários países. Os mercados emergentes serão as áreas de crescimento do século XXI.

RESUMO

O envolvimento cada vez maior com o mundo comercial e a quantidade crescente de pessoas com necessidades e desejos variados colocarão à prova antigos padrões e alianças comerciais. O profissional de marketing global deve estar apto para reagir rapidamente às mudanças do mercado e para prever novas tendências em segmentos de mercado em constante evolução que talvez surjam de um ano para outro. Muitos dos fatos do mercado presente provavelmente serão mitos históricos no futuro.

Paralelamente a mudanças consideráveis nas políticas globais, o escopo e o nível crescentes de desenvolvimento técnico e econômico permitiram que várias nações melhorassem em questão de décadas padrões de vida com dois séculos de existência. À medida que os países desenvolvem sua capacidade produtiva, todos os segmentos de sua economia sentem-se pressionados a melhorar. O impacto dessas tendências políticas, sociais e econômicas continuará a ser sentido no mundo inteiro, provocando mudanças significativas nas práticas de marketing. Além disso, o impacto da tecnologia da informação acelerará o crescimento econômico em todos os países. Os profissionais de marketing devem procurar desenvolver planos de marketing designados a atender totalmente cada nível de desenvolvimento econômico.

O Brasil e o restante da América Latina continuam empreendendo rápidas mudanças políticas e econômicas que promoveram a abertura da maioria dos países na região a investimentos estrangeiros diretos e ao comércio internacional. Embora os mercados emergentes apresentem problemas especiais, eles são promissores, hoje e no futuro, para uma ampla variedade de produtos. Os mercados emergentes criam novas oportunidades de marketing para as corporações multinacionais (CMNs) à medida que novos segmentos de mercado aparecem. As vantagens econômicas da geografia e do comércio continuam a favorecer a integração de mercado e a cooperação entre os países em todo o continente americano.

PALAVRAS-CHAVE

Desenvolvimento econômico
Países recém-industrializados (PRIs)
Infraestrutura
Grandes mercados emergentes (GMEs)

QUESTÕES

1. Defina as palavras-chave acima relacionadas.
2. Existe a possibilidade de uma economia obter um crescimento econômico mensurado pelo PNB sem que haja uma elevação proporcional no padrão de vida? Discuta essa questão na íntegra.
3. Por que os programas de assistência técnica de países mais ricos normalmente ignoram o problema de distribuição ou o relegam a uma função inferior no planejamento de desenvolvimento? Explique sua resposta.
4. Discorra sobre cada um dos estágios de evolução do processo de marketing. Utilize um país específico para exemplificar cada estágio.
5. À medida que um país passa de um estágio econômico para outro, quais são em geral os efeitos do marketing?
6. Escolha um país que esteja no estágio de desenvolvimento econômico agrícola e de matéria-prima e discorra sobre as mudanças de marketing que podem ocorrer no momento em que ele passar para o estágio de industrialização.
7. Quais são as consequências de cada estágio de desenvolvimento de marketing sobre o potencial de produtos industriais dentro de um país? E sobre os produtos de consumo?
8. Discorra sobre o significado do desenvolvimento econômico para o marketing internacional. Por que o conhecimento sobre o desenvolvimento econômico é importante na avaliação do ambiente de marketing mundial? Discuta essa questão.
9. Discuta por que a internet acelera o processo de crescimento econômico.
10. Discorra sobre o impacto da revolução da tecnologia da informação sobre os países mais pobres.
11. Escolha um país em cada um dos três estágios de desenvolvimento econômico. Para cada país, delineie as instituições básicas existentes ligadas ao marketing e mostre como os respectivos estágios de desenvolvimento diferem. Explique o motivo.
12. Discuta por que o profissional de marketing internacional deve investigar o desenvolvimento econômico?
13. A infraestrutura é importante para o crescimento de uma economia. Comente sua resposta.
14. Quais são os objetivos dos países em desenvolvimento econômico? Em que sentido esses objetivos relacionam-se com o marketing?
15. Utilizando a lista de fatores de crescimento, avalie o México e o Brasil quanto às perspectivas de rápido crescimento. Quais fatores serão problemáticos para esses países?
16. Qual é o papel do marketing no desenvolvimento econômico? Discorra sobre as contribuições do marketing nessa esfera.
17. Discorra sobre a importância econômica e comercial dos grandes mercados emergentes.
18. Um dos desdobramentos dos mercados emergentes é a criação de uma classe média. Discuta essa afirmação.
19. Os desejos e necessidades de um mercado e a capacidade de satisfazê-los resultam da interação triangular entre economia, cultura e iniciativas de marketing das empresas. Comente essa afirmação.
20. Discorra sobre as implicações estratégicas da comercialização no México.
21. Discorra sobre as consequências decorrentes de os Estados Unidos não participarem da Amercosul.
22. Discorra sobre as implicações estratégicas de marketing do Nafta.
23. Acesse as páginas do Nafta e do Mercosul na Web e localize as regras de origem de cada um deles. Qual grupo apresenta as regras de origem mais liberais? Por que existe essa diferença?
24. O Nafta existe há vários anos – como ele tem se saído? Examine novamente a Figura 9.6, que analisa as provisões iniciais desse acordo, e, utilizando a internet, avalie até que ponto essas provisões foram atendidas.

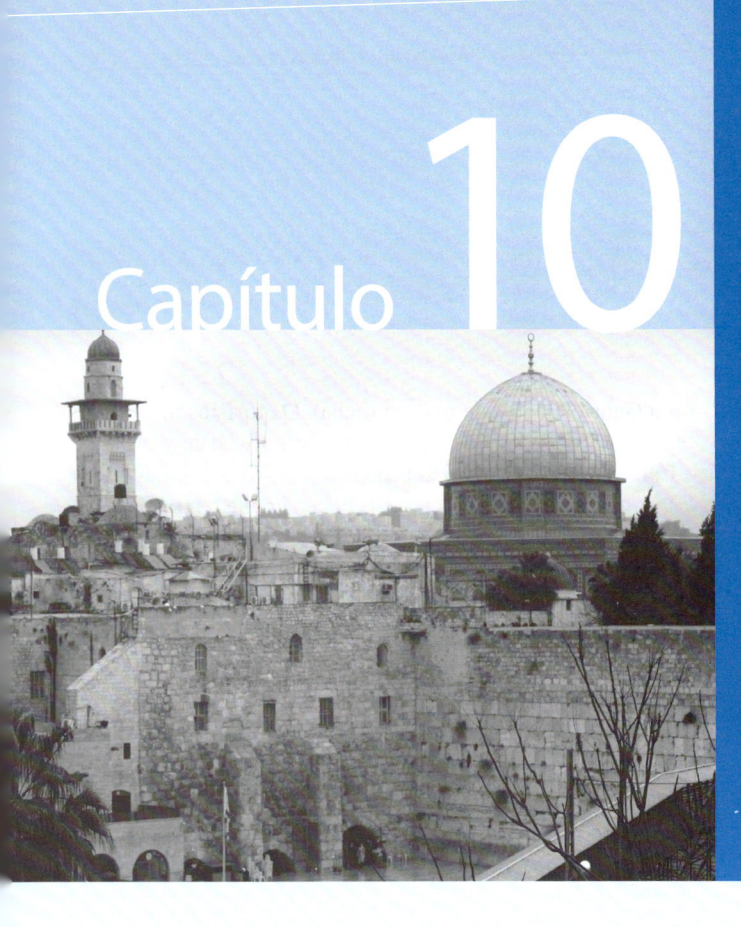

Capítulo 10
Europa, África e Oriente Médio

SUMÁRIO

- Perspectiva global

    Será que o livre-comércio consegue levar paz ao Oriente Médio?

- *La raison d'être*
    - Fatores econômicos
    - Fatores políticos
    - Proximidade geográfica e de fuso horário
    - Fatores culturais
- Padrões de cooperação multinacional
- Mercados globais e grupos de mercado multinacional
- Europa
    - Integração europeia
    - União Europeia
    - Europa Oriental e Países Bálticos
    - Comunidade dos Estados Independentes
- África
- Oriente Médio
- Implicações para a integração de mercado
    - Implicações estratégicas
- Indicadores de mercado
    - Implicações para o marketing *mix*

OBJETIVOS DE APRENDIZAGEM

- **OA1** Motivos por trás da união econômica
- **OA2** Padrões de cooperação internacional
- **OA3** Evolução da União Europeia
- **OA4** Padrões evolutivos do comércio à medida que a Europa Oriental e os ex-países soviéticos adotam os sistemas de livre-mercado
- **OA5** Implicações estratégicas para o marketing na região
- **OA6** Tamanho e natureza das oportunidades de marketing na região

Avaliação das oportunidades do mercado global

PARTE TRÊS

Perspectiva global
SERÁ QUE O LIVRE-COMÉRCIO CONSEGUE LEVAR PAZ AO ORIENTE MÉDIO?

A destruição quase completa das economias do continente europeu pela Segunda Guerra Mundial pôs em risco a estabilidade das instituições sociais e políticas da Europa. Os líderes europeus sabiam que, para reconstruir as ruínas, era essencial formar novos tipos de instituição internacional que garantissem a prosperidade, a estabilidade e a paz na região. A primeira dessas instituições foi a Comunidade Europeia do Carvão e do Aço, estabelecida em 1952 para integrar os setores de carvão e aço da França, da Alemanha Ocidental, da Itália, da Bélgica, da Holanda e de Luxemburgo. Cinquenta anos mais tarde, com base no sucesso desse primeiro experimento de interdependência econômica, vemos a União Europeia (UE) com 27 países-membros e três países candidatos a se associar em alguns anos. As economias se desenvolveram. Porém, mais importante do que isso, a paz persistiu.

Será que essa medida funcionaria no Oriente Médio devastado pela guerra? Consideremos as possibilidades e o potencial de uma União do Oriente Médio. O problema crucial é Jerusalém. A sagrada Cidade Antiga é uma questão de fé para muitos. Para os cristãos, ela é sagrada por seus vínculos com Cristo. Para os judeus, ela serviu de base para o seu povo – não apenas no sentido nacional, mas, mais fundamental do que isso, no sentido religioso. Para os muçulmanos, somente Meca e Medina são espaços espirituais importantes. E a disputa territorial representada por essas questões espirituais parece eterna.

Jerusalém talvez seja o principal componente da solução. Não obstante, precisamos dirigir os olhos para além dos mísseis e das bombas da atualidade. Devemos imaginar um lugar seguro, próspero e pacífico. Imagine um lugar sagrado internacional. Talvez a Cidade Antiga pudesse ser administrada por budistas ou noruegueses ou pelos Estados Unidos. Israel teria sua grande capital no oeste, na Cidade Nova, e os palestinos ficariam um pouco ao leste.

O turismo religioso alimentaria as economias em ambos os países, bem como nas áreas adjacentes. Imagine as possibilidades! Em 2000, antes da mais recente insanidade de violência, o turismo gerou US$ 3,2 bilhões em receitas para Israel. Compare com a Disneylândia em Orange County, na Califórnia. Os 10 milhões de visitantes anuais desse parque gastam em torno de US$ 100 cada em ingressos, comida e *souvenirs*. Acrescente a isso as receitas de transporte, hotéis e restaurantes usufruídas pela vizinhança, e esses fatores representam mais que alguns bilhões de dólares ao ano despejados nas cercanias de Anaheim.

A Igreja do Santo Sepulcro (construída sobre a tumba de Jesus) atrairia cristãos. O Muro das Lamentações seria o destino dos judeus. Os muçulmanos afluiriam para a Cúpula da Rocha (Maomé subiu aos céus acompanhado pelo anjo Gabriel depois de orar na rocha). Os turistas mais esclarecidos visitariam todos esses lugares. A Disney ofereceria informações sobre os problemas das filas. Manter as portas abertas durante 24 horas e 7 dias por semana amplia a capacidade ao permitir o acesso de peregrinos atordoados com a mudança de fuso horário aos lugares mais populares. Além disso, fora da Cidade Antiga encontram-se Belém, Hebron, Nazaré, Jericó, o Mar da Galileia, o Mar Morto e o Mar Vermelho, para citar apenas algumas atrações mais óbvias. Estamos falando de US$ 10 a US$ 20 bilhões em receitas anuais se tudo for realizado adequadamente, o que representa em torno de 10 a 15% do atual Produto Interno Bruto (PIB) de Israel.

Ao leste, a nova Hijaz Railway Corp. trabalha em uma linha de conexão entre Irã e Jordânia pela Síria e planeja também construir linhas de conexão entre Iraque, Turquia e Europa – tudo isso em prol do turismo religioso. Aliás, o objetivo original dessa linha de conexão era levar peregrinos a Medina, partindo de Damasco – isto é, antes de Lawrence da Arábia romper com isso para transportar armas e tropas durante a Primeira Guerra Mundial. Os atuais executivos dessa empresa avaliam que a viagem de dois dias de Teerã a Amã custará apenas US$ 100, e os muçulmanos xiitas do Irã afluirão para seus destinos sagrados na região. Por que não levar essa linha até o leste de Jerusalém?

E que tal Jerusalém ser o palco da Olimpíada de 2020? Seriam mais US$ 5 bilhões em receitas. Deixando de lado por um momento os valores monetários, pense nos sentimentos relacionados aos "Jogos de Jerusalém de 2020", justapostos ao desastre de Monique em 1972. Ignorando os valores monetários por mais um momento, imagine o esplendor espiritual para tantos milhões de pessoas ao visitar a fonte de sua fé, trilhando alguns dos caminhos originais de Davi, Jesus e Maomé.

Essa pequena fantasia pressupõe uma divisão política pacífica entre Israel e Palestina segundo os princípios reafirmados nos Acordos de Oslo. Pressupõe a eliminação de todos os boicotes comerciais na região. Pressupõe que os palestinos não terão de correr o risco de serem atingidos por uma bala enquanto "transpõem a cerca" para trabalhar em Israel. Pressupõe que empresas como a Nestlé poderão incorporar as atividades de suas fábricas complementares naquela região. Pressupõe que os Estados Unidos e outros países enviarão suas legiões de turistas para lá, e não navios carregados de armas. Pressupõe que a Cidade Antiga de Jerusalém será aberta, internacional e, mais importante, única. E pressupõe o livre-comércio e a livre circulação entre todas as nações na região e, portanto, a possibilidade de que todos prosperem de novas maneiras.

Na Cidade Antiga de Jerusalém, a uma curta distância a pé um do outro, encontram-se três dos locais sagrados mais importantes para os muçulmanos (a Cúpula da Rocha), os judeus (o Muro das Lamentações) e os cristãos (a Igreja do Santo Sepulcro).
A paz na região seria como uma mina de ouro para o turismo religioso.

Em conclusão, como ressalta Jared Diamond, vencedor do Pulitzer, o Oriente Médio, tradicionalmente chamado de Crescente Fértil, foi o berço da civilização. Isso foi possibilitado desde tempos remotos pelas inovações e pelo comércio na região. Não é possível pensar em outra coisa senão no que o livre-comércio nessa região produziria neste momento.

Fontes: John L. Graham, "Trade Brings Peace", artigo divulgado no Fórum Global de Ética e Religião; Clare Hall, conferência na Universidade de Cambridge, *War and Reconciliation: Perspectives of the World Religions*, 26 de maio de 2003, Cambridge, Inglaterra; Jared Diamond, *Collapse: How Societies Choose to Fail or Succeed* (Nova York: Viking, 2005).

Após o sucesso da Comunidade Europeia do Carvão e do Aço mencionado anteriormente, uma revolução econômica global teve início em 1958, quando a Comunidade Econômica Europeia (CEE) foi ratificada e a Europa tomou providências que por fim abririam caminho para a criação da atual UE. Até aquele momento, os céticos previam que essa experiência nunca funcionaria e essa aliança desintegrar-se-ia rapidamente. Somente quando o mercado único foi estabelecido, os Estados Unidos, o Japão e outros países pensaram seriamente na possibilidade de criar outras alianças. O estabelecimento de mercados comuns, aliado à tendência de mudança das economias planejadas para o sistema de livre-mercado na América Latina, na Ásia e depois na antiga União Soviética criou um solo fértil que desencadeou a tendência para a formação de alianças comerciais e de livres-mercados no mundo inteiro. Uma nação após a outra adotou o sistema de livre-mercado, implantando reformas em seus sistemas econômicos e políticos com o desejo de participar de uma região multinacional no mercado global em expansão. Tradições com séculos de existência são alteradas, problemas que não podem ser resolvidos por decreto são negociados na busca de soluções aceitáveis, sistemas governamentais e financeiros se reestruturam e empresas são remodeladas para atender a novos padrões comerciais e de concorrência.

A evolução e o crescimento de **regiões de mercado multinacional** – aqueles grupos de países que buscam benefícios econômicos mútuos por meio da diminuição inter-regional de barreiras comerciais e tarifárias – são as tendências globais mais importantes na atualidade. A forma organizacional varia amplamente entre as regiões de mercado, mas os objetivos universais dessa cooperação multinacional são os possíveis benefícios econômicos para os participantes e a paz decorrente entre[1] e dentro dos países.[2] O mundo é inundado por acordos

---

[1] De longe, a maior evidência da ideia de que o "comércio promove a paz" é aquela oferecida por Solomon W. Polachek, "Why Democracies Cooperate More and Fight Less: The Relationship between International Trade and Cooperation", *Review of International Economics*, 5, n. 3, 1997, p. 295-309; outra evidência é oferecida em http://www.cpbp.org: clique em Peace Monitor (Monitor da Paz) e, em seguida, em Countries (Países); Jonathan Schell, *The Unconquerable World* (Nova York: Metropolitan Books, 2003); Thomas Friedman, *The World Is Flat* (Nova York: Farrar, Straus, and Giroux, 2005).

[2] Estudos sobre as causas das guerras civis apoiam esse ponto de vista; consulte Paul Collier, "The Market for Civil War", *Foreign Policy*, maio-junho de 2003, p. 38-45.

de cooperação econômica porque os países procuram alianças econômicas para ampliar o acesso a livres-mercados. Aliás, parte dos empreendimentos dos 192 países-membros nas Nações Unidas contempla um mútuo desenvolvimento econômico, e a Organização Mundial do Comércio (OMC), com seus 153 membros e 30 observadores, está totalmente devotada à eficiência do comércio entre as nações.

Acordos de cooperação econômica regionais existem desde o fim da Segunda Guerra Mundial. O mais bem-sucedido é a UE, a maior região de mercado multinacional e o exemplo mais notável de cooperação econômica. Os grupos de mercado multinacional formam grandes mercados que oferecem oportunidades potencialmente significativas para os negócios internacionais. Quando se evidenciou, no final da década de 1980, que a UE concretizaria seu objetivo de longo prazo de estabelecer um mercado único europeu, um interesse renovado de cooperação econômica se seguiu, com a criação de várias novas alianças. O Acordo Norte-Americano de Livre-Comércio (North American Free Trade Agreement – Nafta) e a Associação Latino-Americana de Integração (Aladi) nas Américas e a Associação das Nações do Sudeste Asiático (Ansa) e a Cooperação Econômica da Ásia-Pacífico (Asia-Pacific Economic Cooperation – Apec) na Orla da Ásia-Pacífico são associações relativamente novas e revitalizadas que ganham força e importância como regiões de mercado multinacional.

Paralelamente à tendência crescente de cooperação econômica, há uma preocupação com as consequências dessa cooperação sobre a concorrência global. Governos e empresas temem que a UE, o Nafta e outros grupos de cooperação comercial tornem-se blocos de comércio regionais que não têm restrições comerciais internas, mas protegem suas fronteiras contra estrangeiros. Apesar disso, à medida que esses blocos comerciais criarem novos acordos com outros países e blocos, uma economia global interligada e o livre-comércio com certeza predominarão. Os benefícios são evidentes para os consumidores; entretanto, as empresas globais enfrentam ambientes competitivos mais ricos e mais intensos.

La raison d'être[*]

OA1

Motivos por trás da união econômica

Uma união econômica bem-sucedida depende de fatores econômicos, políticos, culturais e geográficos favoráveis. Falhas importantes em qualquer um desses fatores podem destruir essa união, a menos que outros fatores ofereçam força suficiente para superar os pontos fracos. Em geral, as vantagens da união econômica devem ser significativas e ter contornos claros, e os benefícios devem sobrepujar em grande medida as desvantagens antes que as nações renunciem a qualquer parte de sua soberania. Várias das associações formadas na África e na América Latina tiveram pouco impacto porque os benefícios vislumbrados não eram suficientes para compensar a perda parcial de soberania.

Fatores econômicos

Todo tipo de união econômica compartilha o objetivo comum de desenvolvimento e ampliação das oportunidades de mercado; normalmente, os mercados são ampliados por meio de tratamentos tarifários preferenciais aos membros, barreiras tarifárias comuns contra intrusos ou ambos. Os mercados ampliados e protegidos estimulam o desenvolvimento econômico interno por oferecer pontos de venda e tratamento preferencial para mercadorias produzidas dentro da união alfandegária, e os consumidores beneficiam-se de barreiras tarifárias internas menores entre os países-membros. Em muitos casos, mas não em todos, diminuem-se as barreiras externas e internas em virtude da maior segurança econômica que o mercado ampliado possibilita aos produtores domésticos.[3]

As nações com bases econômicas complementares estão menos propensas a enfrentar atritos no desenvolvimento e funcionamento de uma unidade de mercado comum. Entretanto, para que uma união econômica sobreviva, ela deve dispor de acordos e mecanismos em vigor para resolver disputas econômicas. Além disso, o benefício como um todo da integração econômica deve sobrepujar diferenças que com certeza surgirão à medida que os países-membros adaptarem-se às novas relações comerciais. A UE é integrada por países com economias diversas, sistemas monetários distintos, estruturas agrícolas desenvolvidas e recursos naturais diferentes. É significativo que a causa da maioria dos problemas encontrados pela UE esteja relacionada à política agrícola e monetária. Na origem da Comunidade

---

[*] N. de R.T.: Do francês "A razão de ser".
[3] Michele Fratianni e Chan Hoon Oh, "Expanding RTAs, Trade Flows, and the Multinational Enterprise", *Journal of International Business Studies*, 40, n. 7, 2009, p. 1206-1227.

Europeia (CE), hoje UE, disputas agrícolas eram comuns. Os britânicos tentaram impedir a entrada no mercado britânico de carnes aviárias provenientes da França, a França baniu o vinho italiano, e os irlandeses baniram carnes aviárias e ovos provenientes de outros países-membros. Em todos esses casos, os motivos alegados eram saúde e segurança, mas o motivo mais forte era a preservação de políticas milenares de proteção de mercado. Esses conflitos não são incomuns, mas de fato testam a solidez da união econômica. A Comissão Europeia foi a entidade utilizada para resolver disputas e responsabilizar os países que violavam os regulamentos da UE.

Fatores políticos

A afabilidade política entre os países é outro requisito básico para o desenvolvimento de um acordo de mercado supranacional. É indispensável que os países-membros tenham aspirações comparáveis e compatibilidade geral para que possam abrir mão de parte de sua soberania. A soberania de Estado é um dos bens mais queridos de qualquer nação e é renunciada somente por uma promessa de desenvolvimento significativo da posição nacional por meio da cooperação.

Os fatores econômicos são os principais catalisadores da formação de uma união alfandegária entre um grupo de países, mas os elementos políticos são igualmente fundamentais. A união dos países originais da UE foi em parte uma resposta à ameaça externa do grande poder político e econômico da União Soviética; os países da Europa Ocidental estavam dispostos a pôr um ponto final em suas "rixas familiares" para formar uma frente unificada contra o urso russo. A ameaça comunista não existe mais, mas a importância da unidade política para colher totalmente os benefícios da integração econômica impulsionou os países europeus a formar essa união.

Proximidade geográfica e de fuso horário

Embora a proximidade geográfica e de fuso horário não seja absolutamente fundamental para os membros cooperativos de uma união alfandegária, essa contiguidade de fato facilita o funcionamento de um mercado comum. Aliás, as pesquisas mais recentes demonstram que mais importantes do que a distância física são as diferenças de fuso horário.[4] Isto é, hoje, o comércio tende a propagar-se mais facilmente nas direções norte-sul, o que não ocorria em tempos remotos. Entretanto, as redes de transportes (básicas para qualquer sistema de marketing) tendem a se inter-relacionar e a se desenvolver de modo favorável quando os países são contíguos. Problemas de imigração, tanto legais quanto ilegais, também promovem uma integração econômica mais coesa entre os vizinhos mais próximos. Um dos principais pontos fortes da UE era sua rede de transportes; a abertura do túnel entre Inglaterra e França uniu ainda mais esse mercado comum. Os países mais geograficamente distantes têm barreiras mais importantes a superar em um empreendimento de fusão econômica. No entanto, com uma maior eficiência dos sistemas de comunicação e transporte, a importância desses fatores parece ser reduzida.

Fatores culturais

Tal como mencionado no capítulo anterior, os Estados Unidos têm acordos de livre-comércio bilaterais em andamento e aprovados com várias nações, além de acordos multilaterais como o Nafta e o Acordo de Livre-Comércio da América Central–República Dominicana (Alcac-RD). Contudo, a semelhança cultural geralmente suaviza o choque da cooperação econômica com outros países. Quanto mais similar a cultura, maior a probabilidade de êxito de um acordo, porque os membros conhecem a mentalidade e os pontos de vista de seus colegas. Embora seja grande a multiplicidade cultural na UE, os principais membros têm em comum uma herança cristã consolidada e geralmente têm consciência de que são europeus. Entretanto, até mesmo a questão da diversidade pode tornar-se irrelevante à medida que as negociações com a Turquia sobre sua afiliação à UE prosseguirem. O idioma, enquanto elemento cultural, não criou tantas barreiras para os países da UE quanto a princípio se esperava. Quase todos os europeus instruídos conseguem estabelecer relações comerciais em dois ou três idiomas. Desse modo, a diferença linguística entre vários idiomas importantes não impediu tanto o comércio.

---

[4] Compare *Guns, Germs, and Steel*, de Jared Diamond (Nova York: W. W. Norton, 1999), com o artigo "Relationship-Oriented Cultures, Corruption, and International Marketing Success", de John L. Graham (*Journal of Business Ethics*, 92, 2010, p. 251-267).

Padrões de cooperação multinacional

OA2
Padrões de cooperação internacional

Obviamente, tomada em seu nível mais amplo, a OMC representa o acordo comercial mais importante e abrangente da história. Neste exato momento, parece que a Rússia será convidada a integrar a OMC.[5*] Todavia, além da OMC, os blocos de mercado multinacional tomam outras formas, com variações significativas no grau de cooperação, dependência e inter-relacionamento entre os países-membros. Existem cinco agrupamentos fundamentais de integração econômica regional, que variam da cooperação regional para o desenvolvimento, que requer um mínimo de integração, à integração suprema em prol da união política.

Grupos ou blocos de cooperação regional. A forma de integração e cooperação econômica mais básica é a *cooperação regional para o desenvolvimento* (CRD). No sistema de CRD, os governos concordam em participar conjuntamente do desenvolvimento de setores básicos benéficos para cada uma das economias. Todo país compromete-se antecipadamente a participar do financiamento de uma nova *joint venture* e a comprar uma porcentagem específica da produção desse empreendimento. Um exemplo é o projeto entre Colômbia e Venezuela de construir uma usina hidrelétrica no Rio Orinoco. Ambos os países dividiram os custos de construção e dividem a eletricidade gerada.

Área de livre-comércio. Uma **área de livre-comércio (ALC)** requer maior cooperação e integração do que uma CRD. Trata-se de um acordo entre dois ou mais países que tem por objetivo reduzir ou eliminar direitos alfandegários e barreiras comerciais não tarifárias entre os países-membros e manter uma programação tarifária específica para países externos. Em essência, a ALC oferece aos membros um mercado de massa sem barreiras que impeçam o fluxo de produtos e serviços.[6]

União alfandegária. A **união alfandegária** representa o estágio subsequente de uma cooperação econômica. Nesse sistema, as tarifas internas de uma ALC são reduzidas ou eliminadas e uma tarifa externa comum é praticada sobre os produtos importados de países que não pertencem à união. A união alfandegária é um estágio inerente de cooperação na transição de uma ALC para um mercado comum. A UE era uma união alfandegária antes de se tornar um mercado comum. Existem uniões alfandegárias entre França e Mônaco, Itália e San Marino e Suíça e Liechtenstein, citando apenas alguns exemplos.

Mercado comum. O acordo de **mercado comum** elimina todas as tarifas e outras restrições ao comércio interno, adota um conjunto de tarifas externas comuns e suprime todas as restrições ao livre fluxo de capital e mão de obra entre os países-membros. Desse modo, o mercado comum é uma área comum para produtos e serviços (e também mão de obra) e capital. Trata-se de uma economia unificada à qual falta apenas uma unidade política para que se torne uma união política. O Tratado de Roma, que estabeleceu a CEE em 1957, preconizava tarifas externas comuns e a eliminação progressiva de tarifas, cotas e outras barreiras internas aos mercados. Esse tratado também preconizava a eliminação de restrições à circulação de serviços, mão de obra e capital; a proibição de cartéis; a coordenação de políticas monetárias e fiscais; a unificação de políticas agrícolas; a utilização de fundos de investimento comuns para o desenvolvimento industrial regional; e regras semelhantes de salário e pagamentos de previdência social. A CEE existiu até o momento em que o Tratado de Maastricht criou a UE, uma ampliação da CEE para que se tornasse uma união política.

União política. A **união política** é uma forma totalmente integrada de cooperação regional. Ela requer uma integração política e econômica total, tanto voluntária quanto imposta. A união política imposta mais notável foi o Conselho para Assistência Econômica Mútua (Council for Mutual Economic Assistance – Comecon), um grupo de países com administração central formado pela União Soviética. Com a dissolução da União Soviética e a independência do bloco do Leste Europeu, o Comecon foi extinto.

Uma *comunidade de nações* (*common wealth of nations*) é uma organização voluntária que assegura um relacionamento o mais flexível possível e pode ser classificada como integração econômica. A Comunidade Britânica abrange a Grã-Bretanha e outros países que

---

[5] Stephen Castle, "EU to Fast-Track Russia on WTO", *International Herald Tribune*, 26-27 de janeiro de 2008, p. 13.
[6] A Área de Livre-Comércio Europeia é um bom exemplo. Acesse http://www.efta.int/, 2010.
[*] N. de E.: Até o fechamento desta 15ª edição americana, o acordo não havia sido firmado entre a Rússia e a OMC. Atualmente, sabemos que após 18 anos de negociações, em 10 de novembro de 2011, ambas as partes chegaram a um consenso.

antes faziam parte do Império Britânico. Alguns de seus membros ainda reconhecem a monarquia britânica como chefe simbólico, embora a Grã-Bretanha não tenha autoridade política sobre nenhum país dessa comunidade. Seus estados-membros receberam tarifas preferenciais para comercializar com a Grã-Bretanha. Contudo, quando a Grã-Bretanha associou-se à CE, hoje UE, todas as tarifas preferenciais foram eliminadas. Na melhor de suas definições, uma comunidade de nações é a mais fraca das uniões políticas e fundamenta-se em uma história econômica e em um senso de tradição. Os chefes de Estado reúnem-se a cada três anos para discutir questões comerciais e políticas que enfrentam conjuntamente, e a concordância com qualquer decisão ou diretiva emitida é voluntária.

Duas novas uniões políticas foram criadas na década de 1990: a Comunidade dos Estados Independentes (CEI), formada pelas repúblicas da antiga União Soviética, e a UE. A UE foi criada quando as 12 nações da CE ratificaram o **Tratado de Maastricht**, pelo qual os membros comprometeram-se com a integração econômica e política. Esse tratado permite a livre circulação de produtos, pessoas, serviços e capital em toda a extensão dos países-membros; uma moeda comum; políticas externas e de segurança comuns, inclusive de defesa; um sistema judicial comum; e cooperação entre autoridades policiais e outras autoridades em questões relacionadas a crimes, terrorismo e imigração. Embora nem todas as provisões desse tratado tenham sido aceitas sem exceção, a cada ano os membros da UE tornam-se mais unidos tanto economicamente quanto politicamente. Agora que a União Econômica e Monetária (UEM) entrou em vigor e os países-membros possuem uma moeda comum, a UE também caminha em direção a uma união política.

Mercados globais e grupos de mercado multinacional

Tendo em vista a globalização dos mercados, a reestruturação do bloco do Leste Europeu em economias de mercado independentes, a dissolução da União Soviética em Estados independentes, a tendência mundial à cooperação econômica e a maior concorrência global, é fundamental considerar o potencial de mercado com base no contexto das regiões mundiais, e não de cada país.

Esta seção apresenta informações e dados essenciais sobre os mercados e os blocos de mercado na Europa, na África e no Oriente Médio e examina os acordos de cooperação econômica existentes em cada uma dessas regiões. O leitor deve reconhecer que o andamento dos acordos e das alianças de cooperação entre as nações foi extremamente fluente em algumas partes do mundo. Muitos são frágeis e deixam de existir ou podem ser reestruturados de uma forma totalmente diferente. Provavelmente serão necessárias várias décadas para que muitas dessas alianças comerciais que hoje são formadas estabilizem-se e tornem-se grupos semipermanentes.

Europa

Na Europa, existem todos os tipos de bloco de mercado multinacional. A UE, a Área Econômica Europeia (AEE) e a Área de Livre-Comércio Europeia (European Free Trade Area – EFTA) são os grupos cooperativos mais consolidados (consulte as Figuras 10.1 e 10.2). De importância cada vez maior são as economias capitalistas nascentes da Europa Oriental e os três países bálticos, que ganharam independência da União Soviética um pouco antes de sua dissolução. Os principais problemas giram em torno do desenvolvimento econômico e da aliança econômica desses países com a UE. Além disso, dentro da região europeia existe também a Comunidade dos Estados Independentes (CEI). Nova e ainda não experimentada, essa coalizão de 12 ex-repúblicas da URSS pode ou não sobreviver da forma como se encontra hoje para assumir seu lugar em outros blocos de mercado multinacional.

Integração europeia

OA3

Evolução da União Europeia

De todos os blocos de mercado multinacional, nenhum é mais seguro com relação à sua cooperação ou mais importante economicamente do que a UE (Figura 10.3). Desde o princípio, a UE conseguiu avançar em direção à concretização de seu objetivo de total integração econômica e, por fim, de união política. Entretanto, muitas pessoas, incluindo os europeus, tinham pouca esperança em relação ao sucesso da CEE ou do Mercado Comum Europeu, como se costuma chamá-lo, por causa dos problemas criados pela integração e do grau de soberania nacional que deveria ser cedido à comunidade. Afinal de contas, foi necessário superar mil anos de separatismo econômico, e o Mercado Comum Europeu é bastante heterogêneo. Existem diferenças idiomáticas e culturais, interesses nacionais individuais, diferenças políticas e restrições centenárias destinadas a proteger mercadores nacionais locais.

Figura 10.1
Indicadores de mercado fundamentais nas regiões de mercado europeias.

(entre parênteses) = taxa de crescimento média anual, 2004-2009, como porcentagem

Associação	País/ano de entrada	População/ milhões	RNB*/ bilhões de US$	Exportação de mercadorias/ bilhões de US$	Importação de mercadorias/ bilhões de US$	Índice de facilidade para fazer negócios	RNB per capita/US$	Usuários de internet/ mil pessoas
União Europeia								
	Bélgica (fundadora)[e]	10,6 (0,5)	469,8 (5,3)	381,5 (4,5)	356,9 (4,6)	20	44.068 (4,8)	735 (6,5)
	Dinamarca (1973)	5,5 (0,4)	319,5 (5,4)	93,3 (4,3)	84,1 (4,7)	5	57.968 (4,9)	868 (2,6)
	Alemanha (fundadora)[e]	82,0 (−0,1)	3.322,8 (3,7)	1.137,8 (4,6)	950,5 (5,8)	27	40.521 (3,8)	785 (5,2)
	Grécia (1981)[e]	11,3 (0,4)	326,4 (7,3)	20,2 (5,8)	60,0 (2,7)	100	29.010 (6,9)	359 (12,3)
	Espanha (1986)[e]	45,5 (1,5)	1.368,9 (6,9)	217,2 (3,8)	295,8 (2,8)	51	30.072 (5,4)	627 (9,3)
	França (fundadora)[e]	62,4 (1,6)	2.691,4 (5,3)	474,9 (2,4)	534,3 (4,6)	31	43.089 (4,6)	591 (8,5)
	Irlanda (1973)[e]	4,4 (2,0)	197,2 (4,5)	116,6 (2,1)	61,2 (−0,8)	7	44.327 (2,4)	703 (15,3)
	Itália (fundadora)[e]	60,1 (1,7)	2.085,4 (3,9)	408,2 (3,0)	415,7 (4,0)	74	34.726 (3,2)	518 (2,0)
	Luxemburgo (fundador)[e]	0,5 (1,2)	43,2 (7,7)	12,5 (0,5)	15,3 (−1,9)	53	99.970 (6,4)	844 (5,3)
	Holanda (fundadora)[e]	16,4 (0,2)	799,2 (5,0)	435,2 (6,5)	383,5 (6,2)	28	48.700 (4,8)	530 (4,5)
	Áustria (1995)[e]	8,4 (0,6)	374,6 (5,5)	132,2 (3,4)	138,8 (4,1)	26	44.682 (4,8)	633 (3,4)
	Portugal (1986)[e]	10,7 (0,4)	232,3	44,0 (5,9)	69,8 (7,2)	48	21.682	444 (8,9)
	Finlândia (1995)[e]	5,4 (0,4)	245,8 (5,2)	60,4 (−0,2)	61,3 (3,9)	14	46.167 (4,8)	847 (3,8)
	Suécia (1995)	9,2 (0,5)	413,5 (3,0)	131,6 (1,3)	148,6 (3,6)	17	44.939 (2,5)	839 (0,4)
	Reino Unido (1973)	6,16 (0,6)	2.231,3 (0,0)	358,0 (0,5)	485,6 (1,0)	6	36.215 (−0,7)	836 (5,9)
	República Tcheca (2004)	10,3 (0,2)	44,7 (11,5)	114,7 (11,3)	105,5 (9,1)	66	17.269 (11,2)	578 (12,5)
	Estônia (2004)	1,3 (−0,3)	17,7 (9,2)	9,0 (8,8)	10,2 (4,1)	22	13.317 (9,5)	724 (7,9)
	Chipre (2004)[e]	0,9 (1,1)	22,4	1,5 (6,0)	10,0 (12,2)	36	25.732 (7,0)	434 (6,3)
	Letônia (2004)	2,6 (−0,6)	25,2 (13,4)	7,2 (12,6)	9,1 (5,3)	29	11.194 (14,0)	641 (14,2)
	Lituânia (2004)	3,3 (−0,6)	35,4 (9,9)	16,5 (12,1)	18,4 (8,3)	25	10.582 (10,6)	569 (14,4)
	Hungria (2004)	10,0 (−0,2)	142,3	84,6 (9,0)	77,9 (5,5)	41	14.230	592 (16,1)
	Malta (2004)[e]	0,4 (0,4)	2,3 (6,2)	2,6 (−0,3)	4,2 (2,0)	–	5.741 (5,8)	530 (8,9)
	Polônia (2004)	38,0 (−0,1)	517,4	140,0 (1,13)	146,5 (10,9)	72	13.605	550 (13,4)
	Eslovênia (2004)[e]	2,0 (0,3)	45,8 (7,3)	22,9 (7,6)	23,7 (6,1)	57	22.635 (7,0)	524 (7,5)
	República Eslovaca (2004)	5,4 (0,1)	91,6	56,2 (8,9)	54,0 (6,8)	35	16.963	559 (15,7)
	Bulgária (2007)	7,5 (−0,7)	44,7 (12,4)	17,1 (21,3)	23,8 (10,5)	42	5.950 (13,1)	337 (16,1)
	Romênia (2007)	21,4 (−0,3)	192,0	41,2 (11,9)	54,6 (10,8)	45	8.971	312 (21,0)
Países candidatos à UE								
	Croácia	4,4 (−0,1)	66,9	9,7 (3,9)	21,3 (5,1)	110	15.636	557 (12,5)
	Macedônia (antiga República Iugoslava)	2,0 (0,1)	9,4	2,8 (11,1)	5,1 (11,6)	69	4.673	452 (16,4)
	Turquia	71,5 (1,3)	785,5	103,9 (10,5)	138,2 (7,2)	63	10.910	388 (22,7)
Área de Livre-Comércio Europeia (EFTA)								
	Islândia	0,3 (2,0)	11,4 (−2,1)	3,8 (5,8)	3,3 (−2,8)	11	35.386 (−4,1)	675 (3,2)
	Liechtenstein	0,04 (0,9)	–	–	–	–	–	662 (0,6)
	Noruega	4,8 (1,0)	382,5 (8,1)	120,6 (7,9)	69,8 (7,4)	10	79.709 (7,1)	869 (2,9)
	Suíça	7,6 (0,5)	533,5	169,1 (7,5)	148,6 (6,1)	19	64.015	796 (3,5)

* Renda nacional bruta.
[e] Eurozona.

Fontes: Euromonitor International, 2010; Banco Mundial, 2010.

Tradicionalmente, as normas foram utilizadas para limitar de maneira eficaz o acesso ao mercado. A Alemanha protegeu seu mercado cervejeiro contra o restante da Europa com uma lei de pureza que exigia que as cervejas vendidas na Alemanha fossem fermentadas apenas com água, lúpulo, malte e levedura. A Itália protegeu seu mercado de massas exigindo a fabricação somente de massas de trigo *durum*. Por esse motivo, o Tribunal de Justiça Europeu derrubou tanto as normas sobre cervejas quanto sobre massas, considerando-as uma violação comercial. Essas normas restritivas mantiveram produtos concorrentes de outros países europeus ou de outros lugares fora dos respectivos mercados. Os céticos, duvidando de que essas diferenças culturais, legais e sociais pudessem ser superadas, tinham pouca esperança em uma Europa unificada, mas esse ceticismo demonstrou-se equivocado. Hoje, muitos se surpreendem com o alcance obtido pela UE. Embora a integração completa ainda não tenha sido totalmente alcançada, uma análise da estrutura a UE, de sua autoridade sobre os países-membros, da Lei Única Europeia, da AEE, do Tratado de Maastricht e do Tratado de Amsterdã demonstrará por que o resultado final de uma integração econômica e política total hoje parece mais garantida.

Algumas pessoas de Varsóvia dizem que esta foto mostra dois ícones do imperialismo. O ditador soviético Iosif Stalin "deu" ao povo da Polônia sua versão de grande arquitetura da década de 1950. Agora os poloneses transformaram seu infame Palácio da Cultura e Ciência em cinema (Kinoteka) e salas de escritórios.
Outros veem a Coca-Cola e sua propaganda sempre presente e persuasiva como um novo tipo de controle.
A controvérsia acerca da globalização continua.

Figura 10.2
Área Econômica Europeia (AEE): UE, EFTA e associados.

CONTEÚDO *ON-LINE*
O mapa colorido está disponível no site do livro.

Figura 10.3
Da Comunidade Europeia do Carvão e do Aço à união monetária.

Fonte: "Chronology of the EU", http://www.europa.eu.int/ (escolha Abc). Dados reimpressos com permissão das Comunidades Europeias.

Ano	Evento	Descrição
1951	Tratado de Paris	Comunidade Europeia do Carvão e do Aço (Ceca) (os membros fundadores são Bélgica, França, Alemanha, Itália, Luxemburgo e Holanda).
1957	Tratado de Roma	Anteprojeto, Comunidade Econômica Europeia (CEE).
1958	Comunidade Econômica Europeia	Ratificada pelos membros fundadores da Ceca. É estabelecido um mercado comum.
1960	Associação Europeia de Livre-Comércio	Estabelecida por Áustria, Dinamarca, Noruega, Portugal, Suécia, Suíça e Reino Unido.
1973	Expansão	Dinamarca, Irlanda e Reino Unido associam-se à CEE.
1979	Sistema monetário europeu	A Unidade de Moeda Europeia (European Currency Unit – ECU) é criada. Todos os membros, exceto o Reino Unido, concordam em manter suas taxas de câmbio de acordo com limites específicos.
1981	Expansão	Grécia associa-se à CEE.
1985	Programa de Mercado Único de 1992	Livro branco de medidas introduzidas no Parlamento Europeu.
1986	Expansão	Espanha e Portugal associam-se à CEE.
1987	**Lei Única Europeia**	Ratificada, com implantação concluída em 1992.
1992	Tratado da União Europeia	Também conhecido como **Tratado de Maastricht**. Anteprojeto da União Econômica e Monetária (UEM).
1993	Europa 1992	Lei Única Europeia em vigor (1º de janeiro de 1992).
1993	União Europeia	Tratado da União Europeia (Tratado de Maastricht) em vigor e implantação da união monetária até 1999.
1994	Área Econômica Europeia (AEE)	A AEE foi formada com os membros da UE e a Noruega e a Islândia.
1995	Expansão	Áustria, Finlândia e Suécia associam-se à UE. Estabelecimento de procedimentos de expansão para a Europa Central e Oriental.
1997	**Tratado de Amsterdã**	
1999	União monetária	As taxas de conversão são fixas, e o euro é utilizado nas operações bancárias e no setor financeiro. Os preços ao consumidor são cotados na moeda local e em euro.
2002	Cédulas e moedas	A circulação de cédulas e moedas de euro inicia-se em 1º de janeiro de 2002, e a legalidade das cédulas e moedas nacionais é invalidada em 1º de julho de 2002.
2004	Expansão	Dez novos países associam-se à UE.
2007	Expansão	Bulgária e Romênia associam-se à UE.

Ainda que vários países-membros não estejam implantando totalmente todas as medidas, eles estão progredindo. A porcentagem de diretivas ainda não implantadas em todos os 27 países-membros diminuiu sensivelmente. A tributação tem sido uma das áreas em que a implantação está defasada e reformas continuam sendo essenciais. Os impostos sobre valor agregado (*value-added tax* – VAT) e sobre registro de automóveis, por exemplo, chegaram a variar de 15% em Luxemburgo a 218% na Dinamarca. Portanto, uma Mercedes de tamanho médio em Haderslev, na Dinamarca, custava US$ 90 mil, quase o triplo do valor que se pagaria em Flensburg, na Alemanha, a apenas 48 quilômetros ao sul. O Honda Civic custava ao consumidor britânico 89% mais que custava aos clientes no continente. O imposto sobre o uísque na Suécia era de US$ 18, nove vezes mais alto que o valor arrecadado na Itália. Os ministros financeiros da UE lidaram com esses problemas e conseguiram algum progresso, ainda que a possibilidade de elevar os impostos seja um poder sagrado do Estado-nação. A expectativa é de que a implantação integral da legislação dure vários anos. Embora nem todas as proposições tenham sido satisfeitas, o programa de unificação estabeleceu um ritmo que não é possível reverter.

A cada mês o Parlamento Europeu se reúne durante três semanas em Bruxelas (à direita), Bélgica, e depois por uma semana em Estrasburgo, França. A inconveniência da mudança na quarta semana foi uma concessão ao orgulho francês – ou será que o queijo de lá é melhor?

União Europeia[7]

Instituições da UE. As instituições da UE formam uma estrutura federal com poder executivo, legislativo e judiciário: a Comissão Europeia, o Conselho de Ministros, o Parlamento Europeu e o Tribunal de Justiça, respectivamente. Os processos decisórios dessas instituições têm força de lei e poderes ampliados nas áreas cobertas por políticas comuns. A UE utiliza três instrumentos legais: (1) regulamentos que vinculam os países-membros e têm a mesma força que as leis nacionais; (2) diretivas que também vinculam os países-membros, mas lhes permitem escolher os meios de cumprimento; e (3) decisões concernentes a um governo, empresa ou indivíduo que vinculam as referidas partes. Ao longo dos anos, a UE obteve grande autoridade sobre os países-membros.

A Comissão Europeia cria política e supervisiona sua observância pelos países-membros, além de propor e inspecionar o cumprimento de leis e políticas. Os membros da Comissão Europeia atuam apenas em benefício da UE, e a responsabilidade de todos é garantir que as regras e os princípios de mercado comum da UE sejam respeitados. Por exemplo, em medidas separadas, a Comissão Europeia aprovou recentemente a venda da Sun Microsystems à Oracle,[8] mas forçou o Google e outras empresas a diminuir o tempo durante o qual armazenam dados sobre os consumidores.[9]

O Conselho de Ministros é o organismo decisório da UE; é responsabilidade desse conselho debater e decidir quais propostas da **Lei Única Europeia** devem ser aceitas como vínculo entre os membros. O conselho pode transformar todas as propostas em lei por voto majoritário, exceto nas mudanças de alíquota de imposto sobre produtos e serviços, o que exige votação unânime. Por exemplo, o conselho delineou o Tratado de Maastricht, que foi então apresentado aos países-membros para ratificação.

Originalmente, o **Parlamento Europeu** tinha apenas a função consultiva de repassar a maior parte da legislação da UE. Hoje, ele pode introduzir emendas e adotar uma legislação, embora não tenha poder para criar leis. Além disso, o Parlamento Europeu tem amplos poderes orçamentários, que lhe permitem envolver-se com despesas importantes da UE.

O Tribunal de Justiça Europeu (TJE) é o Tribunal Superior da UE, responsável por contestar qualquer medida incompatível com o Tratado de Roma e por fazer julgamentos, a pedido de um tribunal nacional, sobre a interpretação ou veracidade de questões de direito da UE. As decisões do tribunal são supremas e inapeláveis em tribunais nacionais. Por exemplo, a Estée Lauder Companies recorreu ao TJE para invalidar a decisão de um tribunal alemão de

---

[7] http://europa.eu.int, 2008.
[8] Matthew Saltmarsh, "Sale of Sun Micro to Oracle Wins Approval of Europeans", *The New York Times*, 22 de janeiro de 2010, p. B2.
[9] Eric Pfanner, "In Europe, Challenges for Google", *The New York Times*, 2 de fevereiro de 2010, p. B1, B5.

CRUZANDO FRONTEIRAS 10.1 — Perda na tradução

Existem inúmeras coisas que os europeus não gostam em relação à UE – inclusive sua declaração. Professores perspicazes identificaram o que eles chamam de evidência de "tradução política" da Declaração de Berlim da UE. Especificamente as versões dinamarquesa e inglesa minimizam a importância da linguagem emocional do alemão original, afirmam eles. Em vez de afirmar que os países-membros da UE estão unidos em prol da "felicidade", a tradução enfatiza que eles se uniram "para o bem" ou "para o bem comum".

Um porta-voz da UE defende que o texto teve a aprovação de todos os governos nacionais. Na versão em alemão dessa declaração, lê-se: "Nós, cidadãs e cidadãos da União Europeia, estamos unidos *zu unserem Gluck*". A controvérsia está relacionada à frase final, que poderia ser traduzida para o inglês como "united in our fortune/happiness" ["unidos em prol de nossa prosperidade/felicidade"]. Em vez disso, a versão inglesa diz: "We, the citizens of the European Union, have united for the better" [Nós, cidadãs e cidadãos da União Europeia, estamos unidos para o nosso bem"].

Na versão dinamarquesa, a palavra *"Gluck"* foi substituída por *"vor faelles bedste"*, que significa "para o bem comum". O professor Henning Koch, da Universidade de Copenhague, afirmou ao jornal dinamarquês *Politiken* que a tradução sóbria não poderia ter sido coincidência. "Teria sido uma grande surpresa para mim se os tradutores não dominassem tão bem o alemão. Portanto, trata-se de uma tradução política", disse ele.

O que os dinamarqueses temiam eram termos efusivos e emocionais, acrescentou ele.

O professor Rudinger Gorner, chefe do departamento de alemão da Universidade de Londres, apresentou o mesmo argumento de Koch ao examinar a versão inglesa da declaração. Ele disse à BBC que a frase em alemão utilizada na declaração pretende dizer que "é de fato um evento feliz que tenha nos unido". Em vez disso, afirmou ele, "A tradução inglesa com certeza minimiza o significado. Não há dúvida de que, se houvesse a intenção de expressar o sentimento alemão, isso seria possível". Gorner também observou uma diferença sutil, visto que a versão inglesa "propõe algo que ocorrerá no futuro".

Mats Persson, do grupo de pesquisa eurocético Open Europe, cujo enfoque é a reforma da UE, reconhece o nítido esforço empreendido com relação à tradução da declaração: "É bastante comum que as pessoas utilizem ao máximo as possibilidades disponíveis para adequar as diferenças sutis de significado". "A versão sueca [...] é um tanto quanto canhestra. A Declaração de Berlim é produto de um compromisso político, e isso se reflete nas traduções."

Por fim, o porta-voz do Conselho da UE disse que todas as traduções da declaração eram "oficiais" e haviam sido aprovadas pela delegação nacional de cada um dos países-membros.

Fontes: "EU Effusion 'Lost in Translation'", *BBC News*, 27 de março de 2007; D. Cooper, "Berlin Declaration Bypasses EU's Citizens", *Financial Times*, 23 de junho de 2007, p. 8.

---

proibi-la de vender sua marca Clinique. O tribunal alemão determinou que esse nome poderia confundir os consumidores alemães por implicar tratamento médico. O TJE ressaltou que a marca Clinique é vendida em outros países-membros sem confundir o consumidor e decidiu a favor da Estée Lauder. Essa decisão foi um marco de referência em termos de processo judicial, pois vários países-membros tinham leis semelhantes que em essência eram barreiras comerciais não tarifárias destinadas a proteger os respectivos mercados. Se a decisão do tribunal alemão contra a Estée Lauder tivesse sido mantida, isso dificultaria de igual modo que outras empresas comercializassem seus produtos transnacionalmente. Esse processo é apenas um dos exemplos do poder do TJE na UE e de seu papel na eliminação de barreiras comerciais não tarifárias.

União Econômica e Monetária (UEM). A UEM, uma provisão do Tratado de Maastricht, estabeleceu parâmetros para a criação de uma moeda comum para a UE, o *euro*, e também um cronograma para a sua implantação. Em 2002, foi criado um banco central, as taxas de conversão foram fixadas, o processo de circulação de cédulas e moedas de euro foi concluído (consulte a Figura 10.4) e o *status* de moeda corrente das cédulas e moedas dos países-membros foi invalidado. Para participar, os membros devem satisfazer limitações rigorosas a vários critérios financeiros e econômicos, incluindo déficit nacional, dívida e inflação. Os 12 países-membros a utilizar o euro a partir de 1º de janeiro de 2001 foram Áustria, Bélgica, Finlândia, França, Alemanha, Grécia, Irlanda, Itália, Luxemburgo, Holanda, Portugal e Espanha. Em 2000, a Dinamarca optou por não se associar à união monetária, e a Grã-Bretanha e a Suécia permaneceram indecisas. A recusa do euro pela Dinamarca provocou um amplo debate acerca do futuro da UE. Aqueles que argumentavam contra o euro exploravam os temores de um "superestado europeu" e da interferência local de Bruxelas, em vez de se valerem de argumentos econômicos em sua pressão pela rejeição. Entretanto, a Eslovênia, em 2007, e Malta e Chipre, em 2008, passaram a adotar o

Figura 10.4
Euro.

Fonte: Euro, http://www.europa.eu.int/euro. Dados reimpressos com permissão das Comunidades Europeias.

Cédulas. Existem sete cédulas de euro em diferentes cores e tamanhos, denominadas em 500, 200, 100, 50, 20, 10 e 5 euros. As figuras simbolizam a patrimônio arquitetônico da Europa, com janelas e portas como símbolo do espírito de abertura e cooperação na UE. O lado oposto apresenta uma ponte de uma determinada época, uma metáfora à comunicação entre os povos da Europa e o restante do mundo.

Moedas. Existem oito moedas de euro, denominadas em 2 e 1 euros e em 50, 20, 10, 5, 2 e 1 centavos. Todas as moedas apresentam uma face europeia comum – um mapa da UE sobre um segundo plano com linhas transversais e as estrelas da bandeira europeia. No anverso, cada país-membro decora as moedas com seus próprios motivos. Por exemplo, o rei da Espanha ou algum herói nacional. Independentemente do motivo, toda moeda pode ser utilizada e terá o mesmo valor em todos os países-membros.

Símbolo. O símbolo gráfico do euro foi inspirado na letra grega *épsilon*, em referência ao berço da civilização europeia e à primeira letra da palavra *Europa*. Ele se parece com um *E* com duas linhas horizontais claramente traçadas sobre ele. O objetivo das linhas paralelas é simbolizar a estabilidade do euro. Sua abreviatura oficial é "EUR".

Alguma divulgação foi necessária para que os gregos adotassem o euro em lugar do dracma, com 2.500 anos de existência. O caminhão exibido na foto, na praça Sintagma, em Atenas, era equipado com projetores de vídeo e *stands* de informação sobre o euro e viajou por 40 cidades gregas para informar as pessoas sobre a nova moeda.

euro. Outros talvez optem por adotá-lo[10] ou não,[11] dependendo, ao que parece, da força relativa do euro em contraposição ao dólar americano.

As regras operacionais originais da CE, de 40 anos atrás, seriam inadequadas para lidar com os problemas que a UE enfrenta no presente. A ampliação de seus 27 membros atuais (consulte a Figura 10.1), a manobra para a adoção do euro e da UEM e a tentativa de falar uma única língua com relação à política externa que afeta diretamente o continente europeu são fatores que requerem maior concordância entre os países-membros e, portanto, maior responsabilidade e autoridade para as instituições da UE. O **Tratado de Amsterdã** eleva a autoridade das instituições da UE e pretende ajustar as mudanças desencadeadas pela união monetária e pela admissão de novos membros.

Ampliação da UE. O processo de ampliação tem sido o fator mais importante na agenda da UE. Dez novos países foram admitidos em 2004, alguns antes do programado. Bulgária e Romênia entraram em 2007, de acordo com a programação, e os diálogos com Turquia, Macedônia e Croácia continuam. As negociações com a Turquia tiveram altos e baixos, mas essa nação com maioria muçulmana beneficiou-se de sua recente abertura.[12] Uma das maiores preocupações com relação à UE é a possibilidade de imigrantes ilegais provenientes dos antigos países soviéticos afluírem às fronteiras deficientemente protegidas dos países recém-integrados e/ou candidatos e avançarem mais a oeste, em direção à UE. A UE exige que as fronteiras sejam fechadas, mas os países novos e os candidatos relutam em pôr em risco suas relações com as comunidades vizinhas. Além disso, a UE teme a afluência de mão de obra barata ainda que as fronteiras sejam fechadas, preferindo que haja um longo período de transição antes da livre circulação de mão de obra, ao passo que os candidatos alegam que seus cidadãos deverão ter permissão para trabalhar em qualquer parte da UE assim que eles se tornarem membros.

Em 2007, a UE comemorou suas bodas de ouro. A maioria concordaria que essa organização tem experimentado um tremendo sucesso, promovendo a paz e a prosperidade para centenas de milhões de pessoas que anteriormente conviviam com guerras frequentes e consequentes privações econômicas e sociais. Entretanto, a recessão global de 2008-2009

---

[10] "Cyprus, Malta Change to the Euro", *The Wall Street Journal*, 2 de janeiro de 2008 [*on-line*].
[11] Andrew E. Kramer, "Seeing Trouble in Greece, Baltic States Rethink Euro Plans", *The New York Times*, 12 de fevereiro de 2010, p. B1, B6.
[12] Stanley Reed, "Turkey Turns Outward", *BusinessWeek*, 12 de outubro de 2009, p. 40-41.

CRUZANDO FRONTEIRAS 10.2 — Morte do dracma

Assim que se associou oficialmente à UE, em 1º de janeiro de 2001, a Grécia removeu gradativamente o dracma, a moeda europeia mais antiga, que sobreviveu a 2.500 anos de guerra e tumultos econômicos. A seguir, são apresentados alguns destaques de sua célebre história. (MEGAN JOHNSTON.)

Fonte: *Money*, março de 2010. Dados utilizados com permissão da revista *Money*.

Cerca de 650 a.C.
Cunhada pela primeira vez no que hoje se tornou a Turquia ocidental. Literalmente uma "mão cheia", um dracma equivale a um punhado de setas ou flechas de ferro.

Cerca de 330 a.C.
As conquistas de Alexandre, o Grande (retratado no dracma à direita), transformam o dracma em moeda padrão em grande parte do mundo, que é então utilizado na Itália, em seu ponto mais extremo a oeste, e no Afeganistão, em seu ponto mais extremo ao leste.

1833
Depois de obter independência do Império Otomano, a monarquia da Grécia revive o dracma para evocar o espírito da Grécia clássica.

1922
Para combater a inflação, o governo ordena que todas as cédulas de dracma sejam cortadas ao meio. O lado esquerdo vale metade do valor de face; o direito equivale a um empréstimo forçado ao governo.

1940-1944
A hiperinflação durante a ocupação nazista acelera a necessidade de se ter uma cédula de dracma de 100 bilhões – suficiente para comprar um jornal. Novos dracmas criados após a liberação da ocupação valem cada um 50 bilhões de dracmas inflacionados.

2001
Instituições financeiras gregas começam a comercializar em euro; a remoção do dracma na condição de moeda corrente inicia-se. Algumas moedas e cédulas de euro representarão a Grécia antiga.

---

apresentou desafios de curto prazo intimidantes à integridade da UE. A recuperação[13] que se viu a princípio empacou no final de 2009,[14] e Irlanda, Portugal, Espanha e particularmente Grécia[15] enfrentam problemas contínuos. Os desafios de longo prazo que a UE enfrentará nos próximos 50 anos parecem encaixar-se em três categorias: (1) melhorar o desempenho econômico da união, (2) determinar de que forma os fatores políticos da união poderão ser restringidos e (3) tomar decisões a respeito de sua ampliação. Este último problema provavelmente desaparecerá porque acordos multilaterais e bilaterais continuam se multiplicando ao redor do mundo, e a OMC continua ganhando influência e impulso na redução de barreiras ao comércio.

Europa Oriental e Países Bálticos

OA4

Padrões evolutivos do comércio à medida que a Europa Oriental e os ex-países soviéticos adotam os sistemas de livre-mercado

A transição da Europa Oriental e dos países bálticos – nações satélites da antiga União Soviética – em direção ao estabelecimento de reformas de mercado pós-comunistas tem sido gradativa. Novas oportunidades de negócios surgem quase diariamente, e a região é descrita ou como um lugar caótico que apresenta grandes riscos, ou como um lugar empolgante com incontáveis oportunidades. Ambas as descrições são adequadas, uma vez que os países continuam se ajustando às realidades políticas, sociais e econômicas decorrentes da transição de um sistema marxista-socialista restritivo para uma versão de livre-mercado e capitalismo.

---

[13] Marcus Walker e David Gauthier-Villars, "Europe Recover as U.S. Lags", *The Wall Street Journal*, 14 de agosto de 2009, p. A1-2.

[14] Paul Hannon, "Euro-Zone Economy Stumbles", *The Wall Street Journal*, 12 de fevereiro de 2010 [on-line].

[15] Nicholas Kulish, "Germany, Forced to Buoy Greece, Rues Euro Shift", *The Wall Street Journal*, 11 de fevereiro de 2010, p. A1, A3.

Contudo, nem todos os países dessa região tiveram o mesmo desenvolvimento nem o mesmo êxito em relação à reforma econômica e ao crescimento.[16]

Europa Oriental. É perigoso extrapolar na generalização de algumas questões concernentes à Europa Oriental, porque cada país apresenta problemas econômicos exclusivos e encontra-se em um estágio diferente de evolução de uma economia socialista para uma economia de mercado. A maioria dos países da Europa Oriental privatiza empresas estatais, estabelecendo sistemas de preço de livre-mercado, flexibilizando os controles de importação e lutando contra a inflação. Os caminhos bastante distintos em direção a economias de mercado produziram diferentes níveis de desenvolvimento. Países como a República Tcheca,[17] que rapidamente introduziu mudanças significativas, parecem ter se saído melhor que países como Hungria, Polônia e Romênia, que refrearam a privatização até o momento em que o governo se reestruturasse internamente. As mudanças rápidas permitem que a transformação seja norteada principalmente pela espontaneidade de impulsionadores de mercado inovadores, e não por planejadores ou tecnocratas governamentais. Esses países que optaram por um ritmo mais lento possibilitaram que os burocratas dos tempos comunistas organizassem com eficácia o atraso e até mesmo o descarrilamento da transição para uma economia de mercado.

A Iugoslávia foi castigada por uma disputa interna acerca de divisões étnicas, e quatro de suas repúblicas (Croácia, Eslovênia, Macedônia e Bósnia e Herzegovina) separaram-se da federação, deixando a Sérvia e Montenegro na reduzida República Federal da Iugoslávia. Pouco tempo depois dessa separação, uma guerra étnica devastadora irrompeu na Croácia e na Bósnia e Herzegovina e dizimou suas economias. Hoje existe uma paz provisória mantida por pacificadores das Nações Unidas. Contudo, para todos os efeitos, as economias da Bósnia e da Croácia hoje estão piores do que antes. Há pouco tempo, a região de Kosovo também declarou sua independência da Sérvia, e tensões políticas ainda se mantêm.[18]

No entanto, a maioria dos países da Europa Oriental continua a apresentar avanços na criação de instituições de mercado e na adoção de uma legislação que esteja de acordo com a legislação das economias de mercado avançadas. República Tcheca, Hungria, República Eslovaca e Polônia tornaram-se membros da Organização para a Cooperação e o Desenvolvimento Econômico (OCDE).[19] A associação à OCDE significa que esses países aceitam as responsabilidades impostas por essa organização para manter políticas macroeconômicas sólidas e reformas estruturais direcionadas ao mercado. Eles também se tornaram membros da UE em 2004, assim como a Bulgária e a Romênia em 2007, e estão ávidos por estabilizar sua democracia em desenvolvimento e sua inclinação para o Ocidente no que tange a políticas externas e de segurança.

Países Bálticos. Os países bálticos – Estônia, Letônia e Lituânia – são um bom exemplo da diferença que uma política correta pode fazer. Todos esses três países puseram-se em marcha com uma herança quase idêntica – isto é, uma indústria ineficiente e economias com um estilo de comando soviético. A Estônia rapidamente assumiu a liderança ao abandonar o rublo,* privatizando empresas e propriedades, deixando os bancos em dificuldade falir e adotando o regime comercial mais irrestrito dentre os três países. Seu crescimento econômico ultrapassou facilmente o da Letônia e Lituânia. Desde o momento em que a Estônia ganhou independência em 1991, a política de reforma econômica do país abriu caminho para uma economia de mercado aberto liberalizada e praticamente sem tarifas.

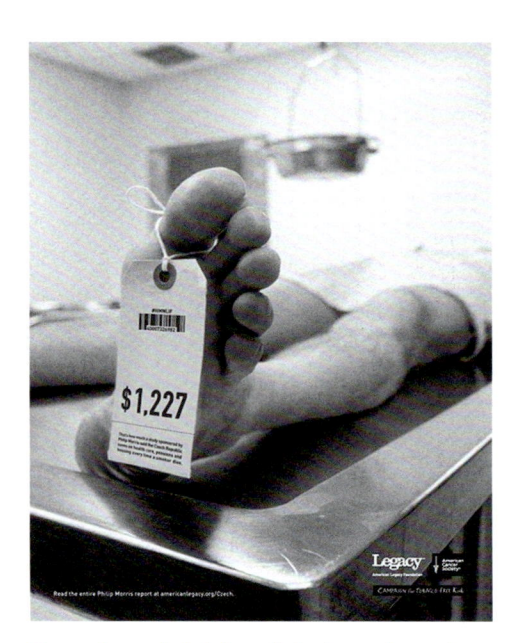

Como a demanda de tabaco diminui nos países mais desenvolvidos, as iniciativas de marketing dos fabricantes estão mais direcionadas às economias emergentes. Aliás, recentemente a Philip Morris publicou um relatório estimando uma economia de custo de US$ 1.227 para o governo tcheco toda vez que um fumante morre. Ao que parece, a empresa não refletiu sobre as implicações desse horrendo fragmento de pesquisa para as suas relações públicas.

---

[16] Clifford J. Schultz II, Timothy J. Burkink, Bruno Grbac e Natasa Renko, "When Policies and Marketing Systems Explode: An Assessment of Food Marketing in the War-Ravaged Balkans and Implications for Recovery, Sustainable Peace, and Prosperity", *Journal of Public Policy & Marketing*, 24, n. 1, 2005, p. 24-37.

[17] Judy Dempsey, "In a Car, a Lesson in Russian-European Trade", *The New York Times*, 1º de janeiro de 2008.

[18] Tracy Wilkinson, "Kosovo Takes a Big Leap of Faith", *Los Angeles Times*, 18 de fevereiro de 2008, p. A1, A6.

[19] http://www.oecd.org.

* N. de R.T.: Unidade monetária adotada por diversos países sob a influência da antiga URSS.

Embora a Letônia e a Lituânia tenham conseguido avanços graduais, a burocracia governamental, a corrupção e o crime organizado – problemas comuns nos países da extinta União Soviética – continuam. Essas questões representam os obstáculos mais significativos ao comércio e investimento dos Estados Unidos. O governo e todos os principais partidos políticos apoiam um sistema de livre-mercado, embora traços da metodologia e das tradições regulamentares soviéticas nos níveis mais baixos da burocracia permaneçam visíveis. Todos os três países bálticos são membros da OMC e, desde 2004, da UE.

Comunidade dos Estados Independentes

Na Europa (e na Ásia) existe outro bloco comercial que surgiu e manteve-se firme desde a dissolução da União Soviética: a Comunidade dos Estados Independentes (CEI).[20] A sequência de acontecimentos após o golpe abortado contra Mikhail Gorbachev levou à completa dissolução da URSS. As primeiras repúblicas soviéticas a declarar independência foram os países bálticos, que rapidamente foram reconhecidos pelas nações ocidentais. As 12 repúblicas remanescentes da antiga URSS, conhecidas coletivamente como Estados recém-independentes (ERIs), reorganizaram-se para formar a CEI (consulte a Figura 10.5).

A CEI é uma aliança econômica e política flexível com fronteiras abertas e nenhum governo central. As principais provisões do acordo dessa comunidade são: anular todas as leis soviéticas e assumir os poderes dos antigos regimes; iniciar reformas econômicas radicais, inclusive a liberalização da maioria dos preços; manter o rublo, mas permitir novas moedas; estabelecer associações de livre-comércio do estilo da UE; criar um controle conjunto de armas nucleares; e cumprir todos os tratados soviéticos e obrigações de dívida.

Os 12 membros da CEI têm em comum um histórico de planejamento central, e sua estreita cooperação poderia tornar a mudança para uma economia de mercado menos

Figura 10.5
Indicadores de mercado fundamentais da Comunidade dos Estados Independentes (CEI).

(entre parênteses) = taxa de crescimento média anual, 2004-2009, como porcentagem

País	População/ milhões	RNB*/ bilhões de US$	Exportação de mercadorias/ bilhões de US$	Importação de mercadorias/ bilhões de US$	Índice de facilidade para fazer negócios	RNB per capita/US$	Usuários de internet/ mil pessoas
Rússia	141,9 (–0,3)	1.557,2	300,8 (11,9)	190,3 (14,3)	118	10.966	285 (17.3)
Ucrânia	45,9 (–0,7)	116,1 (12,6)	40,3 (4,3)	44,7 (9,1)	145	2.527 (13,3)	232 (17,1)
Belarus	9,7 (–0,4)	50,0 (16,7)	21,5 (9,3)	27,1 (10,5)	82	5.169 (17,1)	317 (4,8)
Armênia	3,0 (0,1)	12,4	0,6 (–3,3)	3,2 (18,5)	50	3.873	81 (10,5)
Moldávia	3,6 (–1,2)	5,4 (12,6)	1,3 (5,3)	3,1 (11,9)	108	1.485 (13,9)	391 (29,8)
Azerbaijão	8,7 (1,1)	41,0	27,3 (48,8)	5,3 (8,6)	38	5.330	132 (21,7)
Uzbequistão	27,5 (1,1)	27,9	10,6 (29,8)	8,3 (18,8)	146	1.022	108 (33,1)
Turcomenistão (membro associado – deixou de ser membro permanente em 2005)	5,1 (1,4)	17,1	9,0 (20,7)	4,8 (12,4)	–	3.633	20 (21,2)
Tadjiquistão	7,0 (1,5)	5,0	1,3 (6,9)	2,9 (19,8)	164	751	97 (62,7)
Cazaquistão	15,8 (1,1)	83,2 (15,6)	43,5 (16,7)	29,4 (18,2)	64	5.276 (14,4)	23 (46,2)
Quirguistão	5,5 (1,2)	4,6 (16,6)	1,1 (9,2)	3,0 (25,9)	80	832 (15,3)	181 (28,9)
Geórgia (fora do pacto de defesa – deixou de ser membro permanente em 2006)	4,4 (0,3)	12,6	1,2 (13,0)	4,5 (19,3)	16	2.931	95 (18,6)

* Renda nacional bruta.

Fontes: Euromonitor International, 2010; Banco Mundial, 2010.

[20] http://www.cisstat.com, 2008.

CRUZANDO FRONTEIRAS 10.3 — Recusando-se a passar o gás adiante

A Rússia e a Ucrânia intensificaram suas disputas a respeito do fornecimento de gás natural, criando uma possível ameaça ao fornecimento de combustível russo para a Europa se essas tensões perdurarem. Tentando forçar Kiev a assinar novos contratos e a pagar uma suposta dívida de US$ 600 milhões, a gigante russa de gás natural OAO Gazprom cortou duas vezes em dois dias o fornecimento de gás para a Ucrânia e advertiu que uma redução ainda maior poderia ocorrer subsequentemente. A empresa estatal ucraniana de energia NAK Naftogaz, por sua vez, ameaçou desviar combustível do gasoduto de trânsito de gás natural russo para clientes europeus, a fim de compensar os cortes. Ao menos a princípio esse fornecimento não foi afetado.

Andris Piebalgs, comissário de Energia europeu, e Andrej Vizjak, ministro da Economia da Eslovênia, país que então presidia a UE, sustentaram que o fornecimento de gás para a UE não deve ser interrompido. Apesar dos cortes de fornecimento da Gazprom, a Naftogaz afirmou que o tempo quente e o amplo estoque de gás natural evitaram a necessidade de cortar o fornecimento para os consumidores na Ucrânia ou de exportar e os fluxos de exportação – por enquanto. Todavia, o ultimato levantou temores de que se repetisse a crise de janeiro de 2006, quando o fornecimento para a Europa foi interrompido porque a Gazprom cortou as remessas para a Ucrânia em uma disputa de preços. A Gazprom rapidamente restabeleceu o bombeamento, mas esse episódio deu margem a preocupações em toda a Europa quanto à confiabilidade da companhia como fornecedora. A Europa obtém em torno de um quarto de seu gás da Rússia, e a maior parte dele é transportada por um gasoduto que atravessa a Ucrânia.

Autoridades russas sustentam que as atuais tensões são puramente econômicas e culpam Kiev por não cumprir o acordo firmado sobre as tais dívidas. Alguns críticos condenaram o Kremlin por usar o fornecimento de gás como arma política, ressaltando que as ameaças da Gazprom ajudaram a aumentar a tensão política em Kiev. Contudo, os dirigentes dos dois países, Vladimir Putin e Viktor Yuschenko, afirmaram que essas disputas foram resolvidas.

Fontes: Gregory L. White, "Gas-Supply Battle Escalates between Russia, Ukraine", *The Wall Street Journal*, 4 de março de 2008 [*on-line*]; "Heading into 2010: Key Risks to Watch", *Emerging Europe Monitor: Russian and CIS*, janeiro de 2010, p. 4-5.

O martelo e a foice da bandeira da antiga URSS deram lugar a símbolos da livre-iniciativa na Rússia. Aqui, no principal centro comercial de São Petersburgo, a Nike Sport e os guarda-sóis da Coca-Cola são proeminentes.

penosa, mas diferenças relativas à política econômica, à reforma monetária e ao controle das forças armadas podem desintegrá-los. Como a CEI será organizada e que importância ela terá no final ninguém ainda sabe ao certo.

As repúblicas eslavas da Rússia, Ucrânia e Belarus, têm interesses e uma história em comum, tal como as cinco repúblicas da Ásia Central. Contudo, os laços entre esses dois grupos da CEI são frágeis, principalmente pelo fato de terem sido membros da extinta União Soviética. Neste exato momento,* a Rússia e a Ucrânia estão envolvidas em uma sórdida disputa pelo preço e pelos pagamentos do gás fornecido pela Rússia à Ucrânia.[21] A CEI de modo algum está se desintegrando, embora não se tenha solidificado a ponto de ter uma afiliação e um propósito estáveis.[22] No governo de Vladimir Putin, a Rússia demonstrou um renovado interesse pela CEI. Além disso, uma zona de livre--comércio, que a Rússia bloqueou desde o momento em que a CEI foi criada, talvez se torne uma realidade.

De todas as ex-repúblicas, o Azerbaijão, a Geórgia e a Armênia têm sido as mais bem--sucedidas economicamente desde o momento em que abandonaram a extinta URSS. Após o colapso da URSS, a economia de todos os países a ela pertencentes implodiu, chegando a menos da metade de seu tamanho máximo nos tempos soviéticos. Hoje, entretanto, eles demonstram sinais constantes de renovação comercial – e ícones multinacionais como a Intel fizeram investimentos na região. Embora a princípio a Rússia tenha experimentado sérios problemas econômicos, hoje o país voltou a ter um crescimento mais robusto, em

---

[21] Andrew Osborne, "Ukraine Natural-Gas Dispute Intensifies", *The Wall Street Journal*, 4 de março de 2008 [*on-line*].
[22] Unidade de Inteligência da *Economist*, "Kazakhstan: Transport and Communications", *Views Wire*, 1º de setembro de 2005, p. 15.
* N. de E.: Considerar o ano de 2011 em que esta edição foi publicada nos Estados Unidos.

grande parte pela comercialização bem-sucedida de seus vastos recursos energéticos.[23] Até mesmo o Disney Channel estava para entrar no país em um futuro próximo.[24] Todos os membros da CEI apresentaram crescimento econômico, e a inflação tem se mantido em um máximo de 5,9% no Tadjiquistão e em um mínimo de 0,2 no Cazaquistão.

África

Embora o volume de atividades de desenvolvimento do mercado multinacional da África seja grande, tem havido pouco progresso. Todos os países do continente (com exceção de Marrocos) associaram-se à vagamente definida União Africana[25] e estão listados na Figura 10.6. Contando com os acordos bilaterais,[26] estima-se que existam 200 outros acordos econômicos entre os países africanos. A despeito do grande número e da variedade de organizações com existência apenas no papel, tem havido pouca integração econômica real em virtude da instabilidade política[27] que caracterizou a África nas últimas décadas e da estrutura econômica instável sobre a qual esse continente foi obrigado a se firmar. A Comissão Econômica para a África (CEA), das Nações Unidas, realizou inúmeras conferências, mas foi obstruída por inexperiência governamental, recursos rudimentares, problemas de mão de obra e escassez crônica de produtos.

A Comunidade Econômica dos Estados Africanos Ocidentais (Economic Community of West African States – Ecowas), a Comunidade de Desenvolvimento da África do Sul (Southern African Development Community – SADC) e a Comunidade da África Oriental (East African Community – EAC)[28] são os três grupos cooperativos regionais mais ativos. Composto por 15 nações, o Ecowas tem um produto nacional bruto (PNB) conjunto de mais de US$ 60 bilhões e se esforça para conseguir uma integração econômica total. A 20ª cúpula da Ecowas em 1997 aprovou um plano para acelerar a integração e o desenvolvimento sub-regionais, com ênfase sobre o total comprometimento com a integração monetária regional e a futura adoção de uma moeda única na África Ocidental. Infelizmente, a Ecowas continua infestada de problemas financeiros, conflitos com o grupo e inatividade por parte de alguns membros. Após 30 anos, o tratado da Ecowas e seus vários objetivos estabelecidos, bem como a forma como eles devem ser concretizados em um período de 15 anos em três etapas, arrastam-se; nada foi conseguido, e o livre-comércio continua sendo um sonho para o futuro.

O serviço de telefone celular é oferecido até mesmo nos países africanos cuja renda *per capita* encontra-se entre as menores do mundo.

A SADC é a organização regional mais avançada e viável da África. Seus 14 membros abrangem uma massa de terra de 6,6 milhões de quilômetros quadrados que contém recursos naturais em abundância e uma população acima de 200 milhões de habitantes. A África do Sul, economia dominante da região, tem um PIB de mais de US$ 160 bilhões e é responsável por 76,8% da participação de mercado da SADC. Após vários anos de negociação, 11 membros da SADC aprovaram um acordo de livre-comércio destinado a eliminar gradualmente no mínimo 85% das tarifas em oito anos e todas as tarifas até o final de 2012.

O crescimento econômico da África do Sul aumentou de maneira significativa depois que o *apartheid* foi oficialmente extinto e a Organização das Nações Unidas revogou o embargo que isolava a nação de grande parte do mundo industrializado. Diferentemente do Vietnã, a África do Sul conta com uma estrutura industrial que ajudará o país a estimular um rápido crescimento econômico, com a possibilidade de dobrar seu PNB em somente dez anos. O mercado sul-africano também conta com uma infraestrutura desenvolvida – aeroportos, ferrovias, rodovias, telecomunicações – que o torna uma base fundamental para atender aos mercados africanos vizinhos, os quais são muito pequenos para serem considerados individualmente, mas são viáveis quando associados à África do Sul.

[23] "Gazprom Eyes 10% of French Gas Market in 4-5 Years", *Dow Jones International News*, 3 de janeiro de 2008.
[24] Dawn Chmielewski, "Russia Next Frontier for Disney Channel", *Los Angeles Times*, 17 de dezembro de 2008, p. C3.
[25] "Get Still More Serious", *The Economist*, 6 de fevereiro de 2010, p. 14.
[26] Isaya Muriwo Sithole, "Zimbabwe, SA in Perspective", *All Africa*, 2 de setembro de 2005, p. 16.
[27] Adam Nossiter, "Nigeria Fills Void with Acting Leader", *The New York Times*, 10 de fevereiro de 2010, p. A4.
[28] "It May Really Happen", *The Economist*, 2 de janeiro de 2010, p. 36.

Figura 10.6
Indicadores de mercado fundamentais dos países da União Africana e de outros blocos de mercado.

(entre parênteses) = taxa de crescimento média anual, 2004-2009, como porcentagem

País	População/ milhões	RNB*/ bilhões de US$	Exportação de mercadorias/ bilhões de US$	Importação de mercadorias/ bilhões de US$	Índice de facilidade para fazer negócios	RNB per capita/US$	Usuários de internet/ mil pessoas
África do Sul[3]	50,1 (1,1)	270,4 (5,0)	62,6 (6,3)	66,6 (6,9)	32	5.396 (3,9)	88 (3,4)
Angola[3]	18,5 (2,8)	71,0	40,8 (25,8)	15,9 (19,1)	170	4.627	39 (52,8)
Arábia Saudita	25,7 (2,2)	379,0 (8,5)	271,4 (16,6)	94,3 (16,1)	15	14.735 (6,1)	321 (25,7)
Argélia	34,9 (1,5)	171,9	67,1 (15,8)	34,5 (14,0)	134	5.060	110 (19,0)
Benim[2]	8,9 (3,3)	6,7	0,6 (15,8)	11,2 (17,9)	172	771	21 (12,2)
Botsuana[3]	1,9 (1,4)	12,7	3,8 (1,4)	4,3 (6,0)	39	6.808	46 (6,9)
Burkina Faso[2]	15,8 (3,5)	7,9 (9,9)	0,6 (3,7)	1,7 (6,2)	155	500	11 (2,3)
Burundi[4]	8,3 (3,0)	1,3 (15,2)	0,06 (4,9)	0,4 (18,7)	177	158 (11,8)	9 (21,4)
Cabo Verde[2]	0,5 (1,5)	1,7	0,03 (16,5)	0,8 (14,0)	147	3.468	291 (40,5)
Camarões	19,5 (2,3)	23,1	4,4 (12,0)	4,3 (12,4)	167	1.238	49 (37,9)
Chade	11,2 (2,9)	6,7	2,8 (20,4)	0,7 (11,4)	176	755	16 (34,3)
Comoros	0,7 (2,3)	0,5	0,01 (−5,3)	0,2 (17,8)	153	824	42 (26,0)
Congo	3,7 (2,0)	7,7 (18,5)	7,3 (16,6)	2,4 (21,2)	179	2.084 (16,2)	62 (42,1)
Congo, República Democrática do[3]	66,0 (2,9)	10,2 (10,4)	3,5 (13,8)	4,0 (14,9)	182	154 (7,3)	7 (29,0)
Costa do Marfim[2]	21,1 (2,3)	22,4	9,4 (6,2)	6,7 (9,2)	163	1.137	44 (39,0)
Djibouti	0,9 (1,8)	1,0	0,08 (14,6)	0,7 (21,7)	157	1.032	22 (13,9)
Egito	76,7 (1,9)	164,2	22,2 (23,6)	45,1 (28,5)	116	2.133	190 (27,7)
Emirados Árabes Unidos	4,6 (3,2)	103,9	205,3 (17,7)	139,5 (14,1)	47	38.463	888 (24,2)
Eritreia	5,1 (3,3)	1,6	–	–	175	331	39 (27,2)
Etiópia	82,8 (2,6)	26,5	1,7 (20,9)	9,3 (24,8)	111	320	6 (30,0)
Gabão	1,5 (1,9)	6,0	6,3 (11,6)	1,9 (9,5)	151	4.490	76 (20,6)
Gâmbia[2]	1,7 (2,9)	0,7	0,01 (−5,2)	0,3 (4,7)	135	471	88 (21,6)
Gana[2]	23,8 (11,2)	15,9	5,1 (15,6)	9,5 (18,4)	87	690	53 (25,4)
Guiné Bissau[2]	1,6 (2,3)	0,4	0,1 (1,9)	0,2 (9,7)	181	273	25 (6,9)
Guiné Equatorial	0,7 (2,7)	11,9	11,0 (19,2)	1,8 (3,1)	169	11.668	21 (19,4)
Guiné[2]	10,1 (2,2)	4,2	1,3 (11,8)	1,6 (18,9)	171	434	11 (16,6)
Iêmen	23,6 (2,9)	26,2 (14,9)	8,6 (13,0)	9,3 (18,4)	103	1.110 (11,6)	20 (1,6)
Irã	74,2 (1,2)	336,9 (16,0)	113,5 (22,2)	52,7 (10,5)	142	4.540 (14,7)	360 (18,9)
Iraque	30,7 (2,2)	–	64,8 (32,1)	20,1 (14,6)	158	–	9 (48,2)
Israel	7,4 (1,7)	187,5 (8,9)	41,6 (4,2)	46,8 (3,0)	30	25.322 (7,0)	306 (6,8)
Jordânia	6,3 (3,2)	22,9 (14,6)	6,0 (8,8)	15,3 (13,4	104	3.627 (11,1)	289 (20,0)
Kuwait	2,4 (2,6)	112,5 (11,7)	62,4 (16,9)	17,1 (6,2)	52	46.033 (8,9)	442 (9,6)
Lesoto[3]	2,1 (0,9)	2,0	0,9 (5,1)	2,0 (6,6)	128	946	40 (12,7)
Libéria[2]	4,0 (4,2)	0,7	0,7 (−5,2)	12,4 (20,5)	159	229	11 (104,0)
Líbia	6,4 (2,0)	101,4	41,6 (15,3)	7,7 (4,1)	–	15.920	57 (9,9)
Madagascar[3]	19,6 (2,8)	8,8	1,2 (4,6)	4,0 (19,1)	144	469	18 (27,5)
Malavi[3]	15,3 (2,8)	2,9 (9,3)	0,9 (14,0)	1,9 (15,4)	131	190 (6,3)	23 (45,6)
Mali[2]	13,0 (2,4)	8,5	1,6 (10,5)	2,5 (13,2)	162	688	12 (23,3)
Marrocos[1]	32,0 (1,2)	91,4 (8,5)	15,4 (9,2)	34,4 (14,0)	130	2.858 (7,2)	388 (27,3)
Maurício[3]	1,3 (0,7)	8,9 (6,9)	2,4 (3,8)	4,9 (12,0)	24	6.869 (6,1)	315 (10,3)
Mauritânia	3,3 (2,5)	2,8	2,1 (23,3)	1,7 (11,4)	161	893	26 (39,6)

(continua)

Figura 10.6 *Continuação.*

Moçambique[3]	22,9 (2,4)	8,7	24 (10,6)	3,6 (1,4)	140	447	18 (21,6)
Namíbia[3]	2,2 (2,0)	8,1 (7,0)	3,1 (10,9)	4,9 (15,0)	54	3.742 (5,0)	59 (9,0)
Níger[2]	15,3 (3,9)	5,3	0,8 (30,0)	1,4 (14,3)	174	365	7 (29,2)
Nigéria[2]	154,7 (2,4)	197,3	68,6 (17,1)	35,6 (20,2)	174	1.273	89 (47,2)
Omã	2,8 (2,1)	51,1 (16,1)	24,7 (13,1)	18,3 (15,7)	37	17.970 (13,7)	113 (45,4)
Quênia[4]	39,8 (2,7)	31,4 (14,3)	5,0 (13,1)	11,6 (20,6)	104	790 (11,3)	95 (25,6)
República Centro-Africana	4,4 (1,9)	2,0 (9,2)	0,2 (6,6)	0,3 (15,2)	183	250 (7,2)	52 (18,3)
Ruanda[4]	10,0 (2,5)	4,4	0,3 (24,7)	1,3 (35,0)	143	458	13 (25,2)
São Tomé e Príncipe	0,2 (1,6)	(0,2)	0,01 (13,8)	0,1 (22,1)	180	1.085	160 (3,8)
Senegal[2]	12,5 (2,7)	8,4	2,1 (7,1)	5,3 (13,2)	152	768	100 (17,9)
Serra Leoa[2]	5,7 (2,9)	1,9	0,2 (8,3)	0,6 (15,0)	156	351	3 (5,2)
Seychelles	0,09 (0,6)	0,8	0,3 (2,4)	0,8 (11,2)	105	9.649	384 (10,3)
Síria	21,9 (3,4)	54,1	13,3 (12,5)	17,1 (15,2)	138	2.601	197 (35,4)
Somália	9,1 (2,3)	0,6	–	–	–	–	13 (3,4)
Suazilândia[3]	1,2 (1,2)	2,7	1,7 (–2,5)	2,2 (2,2)	114	224	45 (7,0)
Sudão	42,3 (2,2)	52,4	12,1 (26,2)	7,9 (14,1)	149	1.413	97 (65,1)
Tanzânia[3,4]	43,7 (2,9)	19,9	2,5 (11,1)	6,1 (17,5)	126	321	14 (9,2)
Togo[2]	6,6 (2,5)	2,8	0,7 (42)	1,5 (10,4)	166	437	56 (8,1)
Tunísia	10,3 (1,0)	37,6 (6,8)	13,7 (7,3)	17,9 (6,9)	73	3.659 (5,8)	389 (31,8)
Uganda[4]	32,7 (3,3)	14,2	1,9 (24,4)	5,1 (24,0)	106	459	100 (69,2)
Zâmbia[3]	12,9 (2,4)	13,0	4,2 (21,9)	4,2 (15,9)	99	893 (15,0)	64 (25,9)
Zimbábue[3]	12,5 (0,0)	3,2	1,7 (–1,9)	2,2 (0,4)	160	274	130 (14,7)

* Renda nacional bruta.
[1] Marrocos saiu da predecessora da União Africana em 1984.
[2] Membro da Comunidade Econômica dos Estados Africanos Ocidentais (Ecowas).
[3] Membro da Comunidade de Desenvolvimento da África do Sul (SADC).
[4] Membro da Comunidade da África Oriental (EAC).

Fontes: Euromonitor International, 2010; Banco Mundial, 2010.

Previsões econômicas otimistas, um ambiente sociopolítico estável e o vigor reforçado do governo sul-africano para lidar com os problemas de privatização e desregulamentação, mantendo, ao mesmo tempo, o objetivo de longo prazo de tornar o país mais favorável aos investimentos, são um bom presságio para as empresas que buscam oportunidades comerciais, de investimento e de *joint venture* na África do Sul. O país tem um mercado doméstico considerável de cerca de US$ 300 bilhões e um significativo potencial de crescimento, além de estar cada vez mais direcionado ao livre-mercado. Entretanto, a África do Sul ainda precisa desenvolver seu pleno potencial, considerando seus vários anos de isolamento, de políticas internas comerciais e de investimento, de um baixo índice de poupança e de uma força de trabalho um tanto inexperiente e, portanto, de baixa produtividade.

A África do Sul tem potencial para se tornar o mais novo dentre os grandes mercados emergentes (GMEs), mas seu desenvolvimento dependerá de medidas governamentais e de investimento externo por parte de outros governos e empresas multinacionais. Em graus variados, os investidores estrangeiros abrem e mostram o caminho ao fazer investimentos relativamente grandes.

Um dos paradoxos da África é que a maior parte de sua população é extremamente pobre, embora suas terras sejam extraordinariamente ricas.[29] A Ásia Oriental é o oposto: é uma região predominantemente pobre em recursos que nas últimas décadas experimentou um enorme *boom* econômico. Na década de 1950, quando vários países africanos (por exemplo, Congo e o ex-Zaire) tinham o mesmo nível de renda que vários países da Ásia Oriental (por

---

[29] "Kenya, Going Up or Down", *The Economist*, 9 de junho de 2007, p. 49-50.

exemplo, Coreia do Sul) e eram afortunados por terem bem mais recursos naturais, talvez tenha parecido lógico que os países africanos devessem prosperar mais que seus pares asiáticos. Embora não haja dúvida de que a Ásia Oriental tenha usufruído de vantagens culturais e históricas significativas, seu *boom* econômico dependeu de outros fatores que foram reproduzidos em outros lugares e não existiam na África. A fórmula do sucesso na Ásia Oriental foi uma política econômica de mercado direcionada para o exterior, aliada a uma ênfase sobre o ensino e os cuidados com a saúde. A maioria dos países recém-industrializados seguiu esse modelo de uma forma ou de outra.

Além disso, a internet facilitou o ensino e foi um apoio fundamental para o desenvolvimento econômico. A Universidade Virtual Africana, que interliga 24 *campi* carentes de recursos e mal equipados a salas de aula e bibliotecas do mundo inteiro, oferece formação superior em ciência da computação, engenharia da computação e engenharia elétrica. O programa School Net da África do Sul interliga 1.035 escolas à internet, e o programa governamental Distance Education leva o ensino multimídia para as escolas rurais. O Google[30] e outras empresas também estão investindo no país para gerar conteúdo em suaíli, por exemplo.

Oriente Médio

O Oriente Médio foi menos agressivo na formação de blocos de mercado multinacional operacionalmente bem-sucedidos. O Mercado Comum Árabe estabeleceu objetivos para o livre-comércio interno, mas não se saiu bem. A intenção é integrar a economia de 22 países árabes. Contudo, para que isso se torne viável, uma longa história de disputas territoriais e diferenças ideológicas persistentes precisará ser superada. Mas a ideia ainda permanece viva e é um assunto em pauta sempre que os ministros árabes de Relações Exteriores se encontram. Os países do Golfo Árabe, o Egito e Marrocos elaboraram um acordo sobre uma Área de Livre-Comércio Árabe, algumas vezes chamada de Área de Livre-Comércio Árabe Ampliada (Greater Arab Free Trade Area – Gafta). Esse acordo de 2005 ainda se encontra em seus primeiros estágios de implantação, e seu sucesso, portanto, é incerto.

Irã, Paquistão e Turquia, antes a Cooperação Regional para o Desenvolvimento (RCD), mudaram o nome desse grupo regional para Organização para Cooperação Econômica (Economic Cooperation Organization – ECO). Assim que ela foi reorganizada, o Afeganistão e seis dos estados recém-independentes foram aceitos na ECO. Passos impressionantes foram dados no desenvolvimento da produção industrial básica quando a RCD foi organizada pela primeira vez, mas a revolução no Irã pôs fim a qualquer tipo de atividade econômica. O principal objetivo da ECO é desenvolver sua infraestrutura para pavimentar o caminho para a cooperação regional. Infelizmente, o volume de comércio entre os países da ECO representa apenas 7% de seu comércio total. No entanto, um pronunciamento recente da ECO indicou que houve um acordo para diminuir barreiras tarifárias e não tarifárias e, desse modo, incrementar o comércio.

O antigo encontra-se com o novo nos grandes mercados emergentes. O Grand Bazaar é o mercado coberto mais antigo e amplo do mundo e remonta ao século XV. Na moderna Istambul, esse mercado disputa clientes com o onipresente McDonald's. A Mesquita Azul, construída em 1616, encontra-se esmaecida ao fundo. Obviamente, as pirâmides de Gizé, perto do Cairo, são bem mais antigas. Contudo, novos métodos de construção e urbanização disputam a linha do horizonte por lá também.

---

[30] Noam Cohen, "Hungry for Content, Google Tries to Grow Its Own in Africa", *The New York Times*, 25 de janeiro de 2010, p. B3.

CRUZANDO FRONTEIRAS 10.4 — Dos Estados Unidos a Dubai e depois ao Irã, ilegalmente

O capitão do navio me pergunta se estou querendo contrabandear alguma coisa. Estamos parados ao lado de um movimentado trecho do Porto Saeed, no Riacho de Dubai, que na verdade não é um riacho, mas um canal de água de tom verde-escuro, imunda, oleosa e coberta de lixo, que se estende mais ou menos por 13 quilômetros, margeado por um emaranhado de brilhantes arranha-céus, até desembocar no Golfo Persa. Estamos no mês de março. O Sol está a pino; o ar recende a óleo diesel. O nome do capitão é Khaled, e ele vai para Bandar Abbas, no Irã – cerca de 160 quilômetros ao norte, nove horas pelo mar. "Partiremos em uma semana", diz ele.

A pergunta sobre contrabando não é tão absurda. É uma pergunta que ouço com frequência enquanto ando por ali e converso com os marinheiros. Há rumores de capitães que transportam armas, cigarros, drogas e até equipamentos nucleares. Khaled, ex-taxista iraniano, de nariz amassado e dentes manchados de nicotina, aponta para o seu *dhow* de 18 metros de cumprimento. Ele tem o fundo achatado e a proa arqueada. A casa do leme é envidraçada, e o casco arrebentado dá-lhe um ar de que foi à guerra. Dezenas de outros estão atracados a mais ou menos 1,5 metro de profundidade, a maioria com destino ao Irã. O cenário é caótico. Guindastes giratórios, caminhões de carga que entram e saem rapidamente e centenas de estivadores movimentando montanhas de caixas e utensílios domésticos.

Khaled aproxima-se e em seguida confessa: "Estou transportando inúmeros produtos americanos na minha embarcação". Das dezenas de caixas empilhadas que se elevam acima da amurada, calcula ele, quase metade contém produtos americanos – e todas destinam-se ao Irã, embora o vigoroso embargo comercial americano pretendesse atrapalhar a vida do país, considerado potencialmente perigoso.

Algumas cargas de Khaled, entretanto, não têm identificação. Em outras, vê-se apenas a indicação "u.a.e." (Emirados Árabes Unidos). Seu chefe mandou reacondicionar as mercadorias americanas quando eles chegaram aos terminais de embarcação Jebel Ali e Porto Rashid de Dubai "para não dar na vista". Outros capitães são menos discretos. Vejo caixas de unidades de ar-condicionado Carrier e caixas de creme dental Crest, e bem abaixo da fileira encontram-se caixas com o rótulo da Black & Decker e da Coca-Cola, bem como pilhas de pneus Goodyear. Vejo também ao longe um palete de impressoras Hewlett-Packard multifuncionais, provavelmente 200, e outro palete de copiadoras Xerox. Quando pergunto a outro capitão iraniano por que todos aqueles produtos estavam indo para um inimigo dos Estados Unidos, ele responde: "Negócios são negócios, mas não conte ao seu presidente, por favor".

A despeito das sanções destinadas a impedir a venda de produtos americanos para o Irã, esse país continua recebendo essas mercadorias. As sanções dos Estados Unidos contra o Irã foram decretadas pela primeira vez em 1979, durante a crise dos reféns. O embargo atual data de 1987, embora desde essa época tenha sido endurecido, e então a Organização das Nações Unidas também impôs suas sanções. As empresas americanas estão proibidas de vender mercadorias ao Irã ou de fornecê-las intencionalmente a uma empresa que as venderá para o Irã. Existem algumas exceções, como suprimentos médicos. As regras são impostas pelo Departamento do Tesouro e pelo Departamento de Comércio dos Estados Unidos, e as transgressões sofrem penalidades civis e também criminais. Embora as empresas americanas não possam enviar mercadorias diretamente para o Irã, os Emirados Árabes Unidos não impõem as mesmas restrições aos distribuidores locais. Com o passar do tempo, essa brecha gerou, tal como muitos concordam, um comércio obscuro que ocorre aos olhos do público. Estima-se que esse comércio valha bilhões de dólares anuais, e grande parte deles escoa diretamente para a linha de lucro das empresas americanas. A cada ano, os Estados Unidos enviam mais produtos para Dubai, e Dubai, por sua vez, envia mais produtos para o Irã...

Fonte: Christopher S. Stewart, "Axis of Commerce", *Conde Nast Portfolio*, setembro de 2008, p. 112-119.

Outra atividade na região, liderada pelo Irã, é a criação da Organização da Conferência Islâmica (OCI), um mercado comum composto por países islâmicos. Um sistema tarifário preferencial entre os membros da OCI e a ampliação de serviços comerciais de seguro, transporte e remessas em trânsito estão entre os assuntos a serem debatidos na próxima conferência entre os países islâmicos. A OCI representa 60 países e mais de 650 milhões de muçulmanos no mundo inteiro. A vasta reserva de recursos naturais, a enorme soma de dinheiro e a força de trabalho barata dos países-membros são considerados os pontos fortes da OCI.

Obviamente, o tumulto contínuo no Irã e as guerras no Iraque e no Afeganistão ainda são influências preocupantes sobre as relações políticas e econômicas na região. Tal como a China, o governo do Irã interrompeu as comunicações pela internet para impedir manifestações políticas.[31] Apesar do embargo dos Estados Unidos ao Irã e da punição decorrente de empresas e executivos envolvidos,[32] produtos americanos ainda são contrabandeados para o país. Os 185 quilômetros por mar do Porto Saeed de Dubai a Bandar Abbas no sul do Irã parecem uma rota de contrabando popular.[33] Mesmo Dubai, uma das cidades dos Emirados

---

[31] Nazila Fathi, "Iran Disrupts Internet Communications", *The New York Times*, 11 de fevereiro de 2010, p. A6.
[32] Mark Landler, "U.S. Penalizes Companies Tied to Iran Corps", *The New York Times*, 11 de fevereiro de 2010, p. A6.
[33] Christopher S. Stewart, "Axis of Commerce", *Conde Nast Portfolio*, setembro de 2008, p. 112-119.

Você talvez considere Dubai um lugar ímpar – uma cidade dos Emirados Árabes Unidos ostentosa e arquitetonicamente espetacular que esteve à beira do colapso imobiliário. Portanto, talvez seja necessária uma mudança de perspectiva – digamos, do espaço cósmico. A foto mostra o litoral de Dubai visto da Estação Espacial Internacional. À esquerda encontra-se a ilha artificial Palmeira Jumeirah. À direita, um conjunto de 300 ilhas artificiais privadas que se assemelham ao mapa do mundo.

Árabes Unidos (EAU), tem sido um centro proeminente de investimentos internacionais no Oriente Médio.[34] Entretanto, esse país sofreu consideravelmente quando suas agressivas atividades imobiliárias comerciais desmoronaram durante a retração econômica global de 2008-2009. Há sinais de esperança de que o comércio possa promover a paz na região, como a intenção de um grupo de executivos iranianos de construir uma moderna escola de negócios no país.[35]

Implicações para a integração de mercado

O grau de diferença entre as regiões no que tange à integração econômica é visível. A UE continua sendo uma precursora global e, portanto, é o melhor modelo para compreender e prever os processos de mudança nas outras regiões descritas anteriormente. Podemos conjecturar que as lições aprendidas antes sejam úteis para os profissionais de marketing internacional avaliarem a possibilidade de entrar e atuar em outras regiões nos primeiros estágios de integração.

Implicações estratégicas

OA5
Implicações estratégicas para o marketing na região

A complexidade do mercado mundial foi transformada de maneira significativa pela aliança entre nações para formar blocos de mercado multinacional. Para as empresas de negócios internacionais, esses blocos ressaltam oportunidades de acesso a mercados ampliados em que as barreiras e restrições tarifárias de um país para outro foram reduzidas ou abolidas. A produção, o financiamento, a mão de obra e as decisões de marketing são afetados pelo novo mapeamento do mundo em blocos de mercado.[36]

A concorrência mundial continuará a se intensificar à medida que as empresas tornarem-se mais sólidas e mais experientes para lidar com grandes blocos de mercado. Por exemplo, na Europa integrada, as multinacionais americanas tiveram uma vantagem inicial em relação a empresas europeias ampliadas porque as empresas americanas eram mais experientes para comercializar em mercados grandes e diversos e estão acostumadas a enxergar a Europa como um mercado único. Essas empresas americanas não carregavam a pesada bagagem de lidar com múltiplas organizações nacionais que negociavam em várias moedas, por meio de sistemas de determinação de preços e de administração diferenciados, com as quais a maioria das empresas da UE precisava lutar. Entretanto, essa vantagem foi apenas temporária, uma vez que as fusões, aquisições e *joint ventures* consolidaram as operações das empresas europeias na expectativa de colher os benefícios de um mercado único europeu. Mercados nacionais individuais ainda apresentam aos dirigentes internacionais os mesmos problemas idiomáticos, alfandegários e de instabilidade, ainda que estejam sob a proteção de um mercado comum. Todavia, à proporção que as barreiras forem eliminadas e os

---

[34] Stanley Reed, "Why Dubai Matters", *Bloomberg BusinessWeek*, 14 de dezembro de 2009, p. 34-40.
[35] Stanley Reed, "Reading Keynes in Tehran", *Bloomberg BusinessWeek*, 15 de fevereiro de 2010, p. 31.
[36] Fratinanni e Oh, "Expanding RTAs".

mercados que reúnem vários países forem tratados como um mercado comum, o mercado global será um marco mais próximo da realidade.

A regulamentação das atividades de negócios foi intensificada em todos os blocos de mercado multinacional; hoje, cada bloco conta com órgãos administrativos e de controle especificamente direcionados ao comércio. No processo de estruturação dos mercados, as regras e regulamentações comuns aos blocos com frequência são mais esclarecidas que as dos países em si.[37] Apesar dos problemas e das complexidades para lidar com os novos mercados, a mensagem predominante para os profissionais de marketing internacional astutos continua sendo oportunidade e potencial de lucro.

Oportunidades. A integração econômica cria grandes mercados de massa. Vários mercados nacionais, demasiadamente pequenos para ser motivo de preocupação se considerados de forma individual, assumem novas dimensões e significados quando associados com mercados de países que pertencem a algum bloco de cooperação. Os grandes mercados são particularmente importantes para as empresas acostumadas com produção e distribuição em massa em virtude das economias de escala e das eficiências de marketing que podem ser obtidas. Em mercados altamente competitivos, os benefícios provenientes dessa maior eficiência não raro são passados adiante na forma de preços mais baixos, elevando o poder aquisitivo.

Em seus empreendimentos cooperativos, a maioria dos blocos multinacionais tem programas coordenados para fomentar o crescimento. Esses programas funcionam em favor dos profissionais de marketing porque aumentam o poder aquisitivo, melhoram a infraestrutura regional e estimulam o desenvolvimento econômico. A despeito dos problemas que sem dúvida são provocados pela integração, os benefícios econômicos do livre-comércio podem ser enormes.

Uma economia importante poderá ser obtida nos bilhões de dólares hoje gastos no desenvolvimento de versões diferentes de produtos para atender a uma miscelânea de padrões nacionais.[38] A Philips e outras empresas europeias investiram ao todo US$ 20 bilhões para desenvolver um sistema de comutação comum para as várias e diferentes redes telefônicas da Europa. Esse valor é comparável aos US$ 3 bilhões gastos nos Estados Unidos para desenvolver um sistema comum e aos US$ 1,5 bilhão gastos no Japão para um único sistema.

Barreiras de mercado. O propósito inicial de um mercado multinacional é proteger as empresas que atuam nacionalmente. Um objetivo evidente é oferecer uma vantagem às empresas pertencentes a um mercado em suas negociações com outros países de um bloco de mercado. Uma análise dos padrões comerciais inter-regionais e internacionais dos blocos de mercado indica que esses objetivos foram atingidos.

As empresas dispostas a investir em instalações de produção nos mercados multinacionais podem beneficiar-se de medidas protecionistas porque passam a fazer parte do mercado. Entretanto, os exportadores encontram-se em uma posição consideravelmente mais frágil. Vários exportadores americanos que provavelmente serão obrigados a investir na Europa para proteger seus mercados de exportação na UE correm esse risco. O principal problema para as pequenas empresas talvez seja adaptar-se às normas da UE. Uma empresa que comercializa em um ou dois países da UE e que tenha de cumprir determinadas normas da região talvez precise mudar algumas normas ou mesmo encerrar suas atividades quando for adotada uma norma que abranja toda a UE.

Um fabricante de mangueiras usadas para ligar fritadeiras e outros utensílios a gás a saídas de gás enfrentou esse problema quando um de seus maiores clientes soube por que o McDonald's não poderia mais utilizar suas mangueiras em seus restaurantes na Grã-Bretanha. O mesmo ocorreu com a EuroDisney. Infelizmente, quando as normas comuns foram redigidas, apenas grandes multinacionais e empresas europeias participaram. Portanto, elas tinham a vantagem de estabelecer normas em seu benefício. Esse pequeno fabricante tinha apenas duas opções: mudar ou ir embora. Nesse caso específico, parece que os concorrentes estavam batalhando para mantê-lo fora do mercado. Contudo, existem tantas dúvidas a respeito de encaixes rosqueados e compatibilidade que essa empresa foi obrigada a fazer ajustes para países específicos a fim de entrar em seus mercados – do mesmo modo que havia feito quando ainda não existia um mercado único.

---

[37] Kevin J. O'Brien, "EU Considers a Telecommunications 'Superregulator'", *International Herald Tribune*, 13 de agosto de 2007, p. 10.
[38] John W. Miller, "EU Food-Safety Agency Backs Products from Cloned Animals", *The Wall Street Journal*, 12 de janeiro de 2008 [*on-line*].

Figura 10.7
Padrão de vida nos oito países mais populosos da região da Europa, da África e do Oriente Médio.

País	População/ em milhões	RNB* per capita	Recursos médicos/mil pessoas		% de bens domésticos		
			Médicos	Leis hospitalares	TV em cores	Geladeira	Chuveiro
Nigéria	155	US$ 1.273	0,4	–	34	23	63
Rússia	142	10.966	4,4	9,6	97	97	63
Etiópia	83	320	–	–	–	–	–
Alemanha	82	40.521	3,6	8,2	98	99	99
Egito	77	2.133	0,6	2,4	87	93	78
Irã	74	4.540	0,9	–	–	–	–
Turquia	72	10.910	1,6	2,9	93	98	80
República Democrática do Congo	66	154	–	–	–	–	–

* Renda nacional bruta.

Fonte: Euromonitor International, 2010.

Indicadores de mercado

OA6
Tamanho e natureza das oportunidades de marketing na região

Nesta seção, apresentamos três tabelas com indicadores fundamentais que mostram o tamanho do mercado e suas respectivas características nos oito países mais populosos nas três regiões agrupadas. Ao examinar essas tabelas, vemos que a maior disparidade refere-se ao padrão de vida, à infraestrutura e ao poder de compra dos consumidores. Tal como nas Américas, a disparidade parece estar correlacionada à latitude, caso em que um maior desenvolvimento econômico estaria associado à distância em relação à linha do equador. Percebemos também a falta de dados sobre os países minimamente desenvolvidos na África e no Oriente Médio. Além disso, não incluímos nesses dados indicadores diretos da instabilidade políticas e de outros riscos – os quais poderão ser encontrados em outros capítulos, como os Capítulos 5 e 17.

A Figura 10.7 apresenta o indicador de padrão de vida de oito países. A variação no indicador renda nacional bruta (RNB) é surpreendente. (a Alemanha com mais de US$ 40 mil e a República Democrática do Congo com menos de US$ 200). Rússia, Turquia e Irã (na melhor das hipóteses) sobem na escala de desenvolvimento de maneira relativamente rápida.

A Figura 10.8 compara as infraestruturas dos países. Novamente, percebemos grandes disparidades de norte a sul. Talvez o dado mais interessante seja a força relativa do Irã, particularmente com relação ao número de estudantes universitários. São esses estudantes que catalisaram os protestos políticos nesse país nos últimos tempos. Todavia, com respeito às oportunidades de desenvolvimento e à contratação de bons profissionais de marketing no futuro, esse número oferece alguma esperança.

Figura 10.8
Infraestrutura nos oito países mais populosos da região da Europa, da África e do Oriente Médio.

País	Viagem de trem/ passageiros-km per capita	Carros de passeio/mil pessoas	Consumo de energia/toneladas equivalentes de petróleo per capita	Computadores em uso/mil	Celulares em uso/ mil	Taxa de alfabetização (%)	Estudantes universitários/ mil
Nigéria	1	12	–	16	500	74%	5
Rússia	1.262	194	4,9	166	1.434	100	56
Etiópia	0,4	1	–	9	50	41	3
Alemanha	944	491	3,8	779	1.336	100	28
Egito	768	30	1,0	60	649	73	34
Irã	200	24	2,7	111	753	87	27
Turquia	75	93	1,5	76	983	90	26
República Democrática do Congo	–	2	–	–	184	79	1

Fonte: Euromonitor International, 2010.

Figura 10.9
Padrões de consumo nos oito países mais populosos da região da Europa, da África e do Oriente Médio.

País	Ocupantes/ domicílio	Despesas domésticas (US$ per capita)								
		Comida	Bebidas alcoólicas Tabaco	Roupas	Habitação	Produtos de saúde e serviços médicos	Transporte	Comunicações	Lazer	Educação
Nigéria	4,9	1.779	15	43	113	28	45	13	13	24
Rússia	2,7	1.068	87	431	489	142	999	161	327	75
Etiópia	5,3	–	–	–	–	–	–	–	–	–
Alemanha	2,8	2.628	819	1.153	5.757	1.117	3.074	703	2.165	159
Egito	4,1	716	42	120	391	85	62	43	47	72
Irã	3,8	656	13	125	761	180	129	88	106	44
Turquia	3,9	1.466	242	347	1.630	130	838	262	129	116
República Democrática do Congo	3,6	–	–	–	–	–	–	–	–	–

Fonte: Euromonitor International, 2010.

A Figura 10.9 relaciona brevemente os padrões de consumo de oito países. Com relação à Etiópia e à República Democrática do Congo, só podemos fazer suposições. Além disso, é difícil imaginar a possibilidade de realizar pesquisas de consumo primárias sistemáticas nesses dois países. O dinheiro gasto com educação na Turquia é um fator promissor. Obviamente, as estatísticas alemãs em todas as colunas saltam aos olhos. Aliás, talvez o dado mais chocante neste livro seja o gasto *per capita* alemão com bebidas alcoólicas e tabaco, de cerca de US$ 819/ano, mais do que o dobro da renda *per capita* anual total da Etiópia e quatro vezes maior que a da República Democrática do Congo! Obviamente, não estamos culpando os alemães, e sabemos que os canadenses gastam ainda mais em substâncias psicoativas (consulte a Figura 9.5, no capítulo anterior). Essas diferenças de padrão de vida entre os seres humanos são simplesmente incompreensíveis.

Implicações para o marketing *mix*

As empresas ajustam suas estratégias de marketing *mix* para que reflitam as mudanças previstas no mercado único europeu. No passado, as empresas muitas vezes cobravam preços distintos em diferentes mercados europeus. Barreiras não tarifárias entre os países-membros sustentavam os diferenciais de preço e impediam que produtos de preço mais baixo entrassem nos mercados em que os preços eram mais altos. Por exemplo, a Colgate-Palmolive Company adaptou o creme dental Colgate utilizando uma única fórmula para que fosse vendido em toda a Europa por um único preço. Antes de mudar suas metodologias de determinação de preço, a Colgate vendia seu creme dental por preços distintos em mercados distintos.

O Baddedas Shower Gel tem um preço de mercado médio na Alemanha e um preço alto no Reino Unido. Esses esquemas de diferença de preço funcionavam no tempo em que os produtos dos mercados com preços mais baixos não podiam entrar nos mercados de preço mais alto. Hoje, entretanto, de acordo com as regras da UE, as empresas não podem impedir a livre circulação de mercadorias, e importações paralelas dos mercados de preço mais baixo para os de preço mais altos são mais prováveis. A padronização de preços entre os mercados de cada país será uma das mudanças necessárias para evitar o problema das importações paralelas. Com a adoção do euro, é bem mais fácil distinguir diferenciais de preço, e o consumidor também pode procurar mais facilmente as melhores ofertas de preço em relação a produtos de marca. Além disso, o euro transforma o comércio pela internet em uma operação bem mais simples para as empresas europeias. No cômputo geral, essa moeda única tornará a concorrência na Europa bem mais acirrada e bem mais difícil.

Além de criar políticas de preço uniformes, as empresas diminuem o número de marcas produzidas para se concentrar em atividades de propaganda e promoção. Por exemplo, na UE, as várias marcas de iogurte da Nestlé foram transformadas em uma única marca. A Unilever reduziu suas 1.600 marcas para se concentrar em 400 marcas principais e planeja desenvolver marcas mestras em determinados mercados, como a UE, e comercializar outras globalmente. Um dos maiores benefícios da integração da Europa é a concorrência no varejo, pois o continente não possui um sistema de distribuição integrado e competitivo que possa favorecer pontos de venda pequenos e médios. A eliminação de fronteiras poderia aumentar a concorrência entre os varejistas e incentivar a criação de canais de distribuição que abrangessem toda a Europa.

Em suma, todos os profissionais de marketing internacional devem ver a integração de mercado ao redor do mundo de uma maneira positiva. O comércio entre vizinhos contíguos sempre será importante – a distância de fato faz diferença. Contudo, geralmente a integração local acaba contribuindo para a globalização e harmonização do sistema comercial mundial e, portanto, diminui os custos das atividades de negócios e oferece mais opções aos consumidores e mais oportunidades aos profissionais de marketing.

RESUMO

As experiências dos blocos de mercado multinacional desenvolvidos desde a Segunda Guerra Mundial apontam tanto os sucessos quanto os perigos que esses grupos enfrentaram. As várias tentativas de cooperação econômica demonstram diversos graus de sucesso e fracasso. Contudo, sem levar em conta o respectivo grau de sucesso, os blocos econômicos de mercado criaram grande entusiasmo entre os profissionais de marketing. Em breve, esses blocos regionais continuarão a formar vínculos por meio de acordos com outras nações e regiões, pavimentando o caminho para mercados de fato globais predominantemente de consumidores.

Para as empresas, os benefícios econômicos possíveis por meio da cooperação estão relacionados a um processo de marketing e produção mais eficientes. A eficiência no marketing é obtida por meio do desenvolvimento de mercados de massa, do estímulo à concorrência, da elevação da renda pessoal e de diversos fatores psicológicos do mercado. A eficiência na produção provém da especialização, da produção em massa para mercados de massa e da livre circulação dos fatores de produção. A integração econômica tende também a promover a harmonia política entre os países envolvidos; essa harmonia leva à estabilidade e à paz, que são benéficas para o profissional de marketing e igualmente para os cidadãos desses países.

As implicações de marketing para os blocos de mercado multinacional podem ser examinadas do ponto de vista das empresas locais ou das empresas no exterior, as quais desejam vender para os mercados. Para cada ponto de vista, os problemas e as oportunidades são até certo ponto diferentes; entretanto, independentemente do local em que o profissional de marketing se encontre, os grupos de mercado multinacional oferecem grande oportunidade para aqueles que desejam ampliar o volume de vendas. Os blocos de mercado tornam economicamente viáveis a entrada em novos mercados e a utilização de novas estratégias de marketing que não poderiam ser empregadas nos mercados menores representados por cada país. Ao mesmo tempo, os blocos de mercado intensificam a concorrência por meio do protecionismo entre seus membros, mas podem promover um protecionismo ainda maior entre mercados regionais. O Mercosul e a Ansa + 3 (que será examinada no capítulo seguinte), por exemplo, demonstram a importância crescente da cooperação e da integração econômica. Esses avanços continuarão a confrontar o profissional de marketing internacional ao apresentar crescentes oportunidades e desafios de mercado.

Em suma, as regiões europeia, africana e médio-oriental abarcam talvez a maior diversidade possível nos níveis de renda e de cultura, apresentando desafios intimidadores aos gestores de marketing internacional que trabalham nessas regiões.

PALAVRAS-CHAVE

Regiões de mercado multinacional
Área de Livre-Comércio (ALC)
União alfandegária

Mercado comum
União política
Tratado de Maastricht

Lei Única Europeia
Parlamento Europeu
Tratado de Amsterdã

QUESTÕES

1. Defina as palavras-chave acima relacionadas.
2. Explique mais detalhadamente os problemas e os benefícios que os blocos de mercado multinacional representam para os profissionais de marketing internacional.
3. Explique o papel político dos blocos de mercado multinacional.
4. Identifique os fatores com base nos quais é possível avaliar o potencial de sucesso ou fracasso de um bloco de mercado multinacional.

5. Explique as implicações para o marketing dos fatores que contribuem para o desenvolvimento favorável de um bloco de mercado multinacional.

6. Imagine que os Estados Unidos fossem compostos por vários países com barreiras comerciais específicas. Que consequências para o marketing poderiam ser visualizadas?

7. Discorra sobre os tipos de acordo possíveis para a integração econômica regional.

8. Qual a diferença entre uma área de livre-comércio e um mercado comum? Discorra sobre as implicações dessas diferenças para o marketing.

9. Parece óbvio que os fundadores da UE pretendiam tornar-se um verdadeiro mercado comum, tanto que a integração econômica foi complementada pela integração política para que esses objetivos sejam concretizados. Discuta essa questão.

10. A Comissão Europeia, o Conselho de Ministros e o Tribunal de Justiça da UE ganharam poder na última década. Comente essa afirmação.

11. Escolha três países quaisquer que talvez tenham alguma estrutura lógica para estabelecer uma organização de mercado multinacional e dê exemplos da capacidade desses países como um bloco de comércio regional. Identifique os diversos problemas que seriam enfrentados na formação de blocos de mercado multinacional com esses países.

12. Alguns especialistas preveem que as exportações americanas para a UE diminuirão no futuro. Que ações de marketing uma empresa poderia tomar para neutralizar essas mudanças?

13. "Pelo fato de serem dinâmicos e terem grandes possibilidades de crescimento, os mercados multinacionais tendem a ser especialmente uma briga de foice para uma empresa do exterior." Discuta essa afirmação.

14. Qual a diferença entre união alfandegária e união política?

15. Por que as nações africanas tiveram tanta dificuldade para formar uniões econômicas eficazes?

16. Discorra sobre as implicações da decisão da UE de admitir nações da Europa Oriental no grupo.

Capítulo 11
Região da Ásia-Pacífico

SUMÁRIO

- Perspectiva global

    Walmart, Tide e vinho com três cobras

- Crescimento dinâmico na região da Ásia-Pacífico
    - Grande China
    - Japão
    - Índia
    - Quatro "Tigres Asiáticos"
    - Vietnã
- Mercados da base da pirâmide (MBPs)
- Indicadores de mercado
- Associações comerciais da região da Ásia-Pacífico
    - Associação das Nações do Sudeste Asiático (Ansa) e Ansa + 3
    - Cooperação Econômica da Ásia-Pacífico (Apec)
- Enfoque sobre a diversidade na China
    - Nordeste da China: área industrial central de longa data
    - Pequim-Tianjin
    - Xangai e Delta do Rio Yang-Tsé
    - Delta do Rio das Pérolas
    - O outro bilhão
    - Diferenças no estilo de negociação comercial na Grande China
    - Oportunidades de marketing na Grande China

OBJETIVOS DE APRENDIZAGEM

- **OA1** Crescimento dinâmico na região
- **OA2** Importância e crescimento lento do Japão
- **OA3** Importância dos mercados da base da pirâmide
- **OA4** Diversidade de uma ponta a outra da região
- **OA5** Inter-relações entre os países na região
- **OA6** Diversidade na China

Avaliação das oportunidades do mercado global　PARTE TRÊS

Perspectiva global
WALMART, TIDE E VINHO COM TRÊS COBRAS

Os mercados em desenvolvimento experimentam um rápido processo de industrialização, com mercados industriais e de consumo crescentes e novas oportunidades para investimentos estrangeiros. Considere o exemplo a seguir: na China, a apenas alguns dias do Ano-Novo Lunar, os corredores de um Walmart Supercenter estão congestionados pelo vaivém de pechincheiros com seus carrinhos carregados de alimentos, utensílios de cozinha e roupas. Seria como um dia de compras antes do feriado de fim de ano em qualquer Walmart de classe média, mas os clientes nesse caso são os novos-ricos chineses. As superlojas tornaram-se populares entre esses consumidores, que destinam grande parte de seus gastos a alimentos e gêneros de necessidade diária. O Walmart conseguiu explorar a percepção de *status* social dos chineses, oferecendo cartões de afiliação, que, além de habilitá-los a obter descontos especiais, lhes conferem *status* social.

Ao lado das sopas Campbell e das toalhas de papel Bounty, há uma gôndola de peixe seco e ameixas em conserva. Uma das prateleiras está bem abastecida de várias marcas de *congee*, um prato servido no café da manhã que é popular no sul da China, e outra tem amendoim *nam yue* e pacotes de broto de bambu. Na seção de bebidas destiladas, no fundo da loja, está o vinho de arroz com três cobras, no qual o corpo das serpentes mortas mistura-se ao líquido potente. Cerca de 95% do que o Walmart vende na China é produzido dentro do país. Os tempos em que se tentava vender escadas com extensão e estoques de molho de soja para o ano inteiro aos consumidores que vivem em apartamentos minúsculos se foram.

Atualmente, o Walmart tem mais de 8 mil lojas em 15 países ao todo, incluindo as quase 150 lojas existentes na China. As receitas e os lucros de suas atividades internacionais aumentam satisfatoriamente, e sua expansão para o exterior tem sido mantida especialmente na China, desde o momento em que o país associou-se à Organização Mundial do Comércio (OMC). Como comentou um executivo, "É assustador imaginar o quanto de xampu seria possível vender [na China] se todas as pessoas lavassem a cabeça todos os dias".

O mercado chinês é difícil de explorar e talvez não seja lucrativo durante vários anos para inúmeras empresas. A maioria dos varejistas estrangeiros ainda aprende sobre os estilos e gostos dos asiáticos. Por exemplo, a Pricesmart, a fim de receber as grandes entregas necessárias para manter as prateleiras bem abastecidas, projetou sua loja de Pequim com duas imensas plataformas de carregamento para comportar um caminhão a diesel. O que a empresa veio a constatar foram distribuidores chineses chegando com mercadorias no porta-malas dos carros, em veículos de três rodas ou amarradas na garupa das bicicletas.

A Procter & Gamble fornecia o detergente em pó Tide em grandes quantidades. Porém, a intensa umidade do verão chinês fazia o sabão empelotar e dificultava o manuseio. Estocar grandes quantidades de toalhas de papel e fraldas descartáveis também não funcionava muito bem – a maioria dos clientes não sabia o que era toalha de papel, e as fraldas descartáveis eram um luxo muito caro para a maior parte deles. Do mesmo modo, o tamanho das embalagens era um problema – os pequenos apartamentos chineses não teriam espaço para acomodar as embalagens americanas de tamanho grande.

Fontes: Keith B. Richburg, "Attention Shenzen Shoppers! U.S. Retail Giants Are Moving into China, and Finding the Learning Curve Formidable", *Washington Post*, 12 de fevereiro de 1997; David Barboza, "The Bold Struggle for China's Belly", *The New York Times*, 6 de março de 2003, p. C1; httt://walmartstores.com, 2010.

OA1
Crescimento dinâmico na região

À medida que o século XXI se desdobra, o mesmo ocorre com o dinamismo na região da Ásia-Pacífico. Embora os índices de crescimento econômico nas Américas, na Europa e na África ainda sejam inferiores a 10%, índices de crescimento anuais de dois dígitos são comuns na região da Ásia-Pacífico. O milagre econômico desencadeado pelo Japão na década de 1970 e levado adiante pelos Quatro Tigres Asiáticos na década de 1980 hoje é uma realidade na Grande China e na região como um todo. Aliás, os profissionais de marketing que se encontram nessa região desenvolvem marcas asiáticas inovadoras e sólidas,[1] bem como reagem e criam "um mundo asiático transnacional figurado", fundamentado em uma "experiência comum de globalização hiperurbana e multicultural". Tal como evidenciado no Capítulo 3, a região da Ásia-Pacífico ficou defasada nos últimos 500 anos. Agora, contudo, as oportunidades são abundantes, graças ao rápido crescimento econômico em uma região que abriga metade da população mundial.

Crescimento dinâmico na região da Ásia-Pacífico

A Ásia foi a região de mais rápido crescimento no mundo nas três últimas décadas, e as perspectivas de longo prazo de crescimento econômico contínuo são excelentes. Em 1996, as principais economias da Ásia (Japão, Hong Kong, Coreia do Sul, Cingapura e Taiwan) enfrentaram uma grave crise financeira que culminou na queda da bolsa de valores asiática. Uma política monetária rigorosa, a valorização do dólar e a desaceleração das exportações contribuíram para essa retração econômica. A despeito desse ajuste econômico, as estimativas de 1993 do Fundo Monetário Internacional (FMI) de que as economias asiáticas teriam 29% da produção global por volta de 2000 estavam certas. Tanto como fontes de novos produtos e novas tecnologias quanto como imensos mercados de consumo, os países da Ásia – particularmente aqueles ao longo da Orla do Pacífico – estão apenas começando a caminhar a passos largos.

Grande China

A expressão "**Grande China**" refere-se tanto à República Popular da China (RPC) quanto à República da China (RC) ou Taiwan. Essas duas unidades políticas dividiram-se em 1949, e ambos os governos alegam que uma é território da outra. Essa disputa persiste até o momento. Embora a RC tenha sido um dos membros fundadores da Organização das Nações Unidas (ONU) em 1945, o governo da RPC foi reconhecido oficialmente, recebendo um assento no Conselho de Segurança da ONU em 1971. Ao longo dos anos, a relação entre os disputantes tem sido difícil do ponto de vista político e perigosa do ponto de vista militar. Contudo, no século XXI, o comércio direto entre os vizinhos antes hostis aumentou consideravelmente, aliviando grande parte da tensão na Ásia Oriental como um todo.

República Popular da China (RPC).
Além dos Estados Unidos e do Japão, não existe nenhum mercado único nacional mais importante do que a RPC.[2] As mudanças econômicas e sociais que ocorrem na China desde o momento em que o país começou a procurar vínculos econômicos com o mundo industrializado têm sido radicais. O sistema econômico dual ou misto da China, que adota o socialismo e também vários princípios do capitalismo, desencadeou um *boom* econômico e aumentou as oportunidades para os investimentos estrangeiros, provocando um crescimento de cerca de 10% no produto nacional bruto (PNB) desde 1970. Segundo a maioria dos analistas, é possível esperar uma média de crescimento de 8 a 10% nos próximos 10 a 15 anos. A esse ritmo, o PNB da China deve igualar-se ao dos Estados Unidos por volta de 2015. Todo esse crescimento depende da capacidade da China de desregulamentar sua indústria, importar tecnologias modernas, privatizar empresas estatais (EEs) ineficientes com excesso de funcionários e continuar a atrair investimentos estrangeiros. Pelo menos na primeira década do século XXI, o sucesso da China tem sido impressionante: em 2009, ela tornou-se o maior exportador mundial, ultrapassando a Alemanha.[3] Seu marketing agressivo, realizado por meio do desenvolvimento de uma infraestrutura, particularmente nos países em desenvolvimento ao redor do mundo,[4] também impressiona.

---

[1] Julien Cayla e Giana M. Eckhardt, "Asian Brands and the Shaping of a Transnational Imagined Community", *Journal of Consumer Research*, 35, 2008, p. 216-230.

[2] "How China Runs the World Economy", *The Economist*, 30 de julho de 2005, p. 11, 61-63; Keith Bardsher, "China's Trade Surplus Near Record Last Month", *The New York Times*, 13 de março de 2007, p. C3.

[3] Judy Dempsey, "China Passes Germany as World's Top Exporter", *The New York Times*, 10 de fevereiro de 2010, p. B9.

[4] Vikas Bajaj, "China Builds, India Frets", *The New York Times*, 16 de fevereiro de 2010, p. B1, B2; Stanley Reed e Dexter Roberts, "Red Star Over Iraq", *Bloomberg BusinessWeek*, 1º e 8 de fevereiro de 2010, p. 44-47.

Dois acontecimentos importantes ocorridos em 2000 afetaram de modo considerável a economia da China: sua entrada na OMC e a aprovação, por parte dos Estados Unidos, de relações comerciais permanentemente normalizadas (*permanently normalized trade relations* – PNTR). Esses dois fatores diminuíram as barreiras às importações antes impostas sobre produtos e serviços americanos. Os Estados Unidos são obrigados a manter as políticas de acesso ao mercado que aplicam à China há mais de 30 anos e a tornar o *status* de relação comercial normal permanente. Depois de anos de protelação, a China começou a cumprir as provisões da OMC e firmou um compromisso sincero e irrevogável de criar uma economia de mercado vinculada ao mundo como um todo.

Uma questão que preocupa várias pessoas é se a China seguirá as regras da OMC, visto que o país precisa diminuir barreiras descomunais contra produtos importados. A imposição do cumprimento desse acordo simplesmente não ocorrerá. A experiência com vários acordos passados demonstra que o cumprimento de determinados fatores é às vezes quase impossível. Algumas das concessões da China são reprises de acordos não cumpridos que remontam a 1979. Os Estados Unidos aprenderam de sua experiência com o Japão que o trabalho mais árduo ainda está por vir. A promessa da China de abrir seus mercados para as exportações provenientes dos Estados Unidos talvez seja o início de um longo esforço para garantir seu cumprimento.

Por causa do tamanho, da diversidade[5] e da organização política da China, é mais conveniente imaginá-la como um grupo de regiões, e não como um único país. Não existe nenhuma estratégia de crescimento única para toda a China. Cada região encontra-se em um estágio econômico diferente e mantém vínculos exclusivos com outras regiões, bem como com outras partes do mundo. Todas têm padrões de investimento próprios, um sistema fiscal distinto e significativa autonomia com relação à forma como são governadas. Entretanto, embora cada região esteja suficientemente separada para ser considerada em termos individuais, no topo todas estão ligadas ao governo central de Pequim. Analisamos a diversidade existente na China no final deste capítulo.

A China precisará dar dois passos importantes para que sua trajetória de crescimento econômico seja tranquila: melhorar os direitos humanos e reformar seu sistema jurídico-legal. O problema de direitos humanos tem sido um ponto de controvérsia com os Estados Unidos em virtude da falta de liberdade religiosa, do massacre da Praça da Paz Celestial em 1989, da prisão de dissidentes e do tratamento que a China dá ao Tibete. A decisão do governo americano de aprovar uma relação comercial permanentemente normalizada reflete, em parte, a importância crescente da China no mercado global e a percepção de que o comércio com a China era muito valioso para ser posto em risco por causa de uma única questão. Entretanto, esse problema continua delicado tanto nos Estados Unidos quanto entre esse país e a China.

A despeito de algumas mudanças positivas, a embaixada americana na China registrou um sensível aumento nas reclamações por parte de empresas americanas insatisfeitas e aborrecidas com a falta de proteção sob o sistema jurídico-legal da China. Fora das principais áreas urbanas de Pequim, Xangai e Guangzhou, as empresas descobrem que o protecionismo e o compadrio locais dificultam os negócios mesmo quando elas têm parceiros locais. Para muitas delas, seus parceiros chineses com influência política local podem roubar seus parceiros estrangeiros, e, quando as denúncias são levadas aos tribunais, os tribunais influentes decidem em favor dos primeiros.

Na verdade, existem duas Chinas – uma que é um poço frenético, inesgotável e burocrático de dinheiro e outra que é um enorme mercado emergente. Existe a China antiga, onde reminiscências do aparato de planejamento do Partido Comunista sobrecarregam as corporações multinacionais de exigências, em especial em setores politicamente importantes como o de automóveis, de substâncias químicas e de equipamentos de telecomunicação. As empresas são extorquidas por autoridades locais, açoitadas de todos os lados por oscilações políticas e coagidas a formar parcerias ruins, além de sofrerem pressões tecnológicas. Todavia, uma China nova e direcionada ao mercado ascende rapidamente. Segmentos de consumo, de *fast-food* a xampus, estão totalmente abertos. Mesmo em setores rigorosamente

---

[5] A diversidade de uma ponta à outra da região oferece outras dimensões adequadas para a segmentação de mercado. Consulte Kineta H. Hung, Flora Fang Gu e Chi Kin (Bennett) Yim, "A Social Institutional Approach to Identifying Generation Cohorts in China with a Comparison with American Consumers", *Journal of International Business Studies*, 38, 2007, p. 836-853.

protegidos, as barreiras à entrada desgastam porque autoridades provinciais, ministérios rivais e até mesmo as forças armadas desafiam o poder dos tecnocratas de Pequim.

Nenhum setor exemplifica melhor a constante transformação das regras do que o de tecnologia da informação (TI). Os planejadores chineses outrora restringiram a importação de computadores pessoais (PCs) e de programas de computador para promover os setores autóctones, mas os chineses preferiram as importações contrabandeadas aos fabricantes locais. Com o tempo, Pequim afrouxou essas restrições, e hoje o sistema operacional para PC predominante é o da Microsoft. O plano de modernização do mercado prevê a importação de equipamentos e de tecnologia no valor de mais de US$ 100 bilhões ao ano em um futuro próximo. Aliás, no momento a China é o segundo maior mercado para PCs, depois apenas dos Estados Unidos.

Após quase uma década de tentativas frustradas de efetivamente comercializar e oferecer serviços para seus produtos na China, a IBM deu um passo ousado[6] e formou um empreendimento com o Ministério Ferroviário que lhe possibilitou criar centros de serviço IBM apelidados de "Blue Express". Esse acordo criou uma rede nacional de centros de serviço nas estações ferroviárias, permitindo que a IBM enviasse peças de computador por via férrea a todos os cantos do país em um prazo de 24 horas; os concorrentes precisam agendar espaço de carga com semanas de antecedência. Além disso, a equipe do ministério, com mais de 300 engenheiros de computação, oferecem serviços de atendimento ao cliente para produtos da IBM.

Essa mentalidade inovadora da IBM e de outras empresas não raro acelera o desenvolvimento de um sistema de mercado mais eficiente.[7] Os centros de serviço da IBM são um exemplo de atendimento eficaz pré e pós-venda – atividades de marketing essenciais. A formação em administração para os milhares de funcionários de franquias como Pizza Hut, McDonald's e KFC disseminou conhecimentos em todo o sistema de marketing, pois os estagiários passam a ocupar cargos mais altos ou a trabalhar em outras empresas. Outros mercados importantes na China encontram-se no setor de cuidados com a saúde[8] e no setor ambiental.[9]

A longo prazo, a solidez econômica da China não será como a de uma máquina exportadora, mas como a de um imenso mercado,[10] particularmente se os consumidores do país conseguirem superar obstáculos culturais como a frugalidade[11] e a xenofobia.[12] A solidez econômica dos Estados Unidos provém de seus recursos, de sua produtividade e do vasto mercado interno que impulsiona sua economia. É mais adequado comparar o potencial futuro da China com o da economia dos Estados Unidos, que é impulsionada pela demanda interna, do que com a do Japão, impulsionada pelas exportações. A China não é um paraíso econômico nem um solo econômico estéril, mas uma nação relativamente pobre que passa por uma transformação difícil e penosa de um sistema de mercado socialista para um sistema híbrido – socialista e de livre-mercado – ainda não amadurecido e no qual as regras do jogo precisam ser escritas. Obviamente, a maior ameaça à China é a instabilidade econômica que parece acompanhar o crescimento rápido[13], mas esperamos que o governo consiga contornar bem esse problema.

Hong Kong. Após 155 anos sob o domínio britânico, Hong Kong voltou a ser território da China em 1997, tornando-se uma Região Administrativa Especial (RAE) da República Popular da China. A Lei Básica da RAE de Hong Kong constitui o fundamento legal do acordo

---

[6] As corporações multinacionais (CMNs) adotam abordagens mais criativas em termos de investimento e atividades nos países em desenvolvimento. Consulte Ravi Ramamurti, "Developing Countries and MNEs: Extending and Enriching the Research Agenda", *Journal of International Business Studies*, 35, n. 4, 2004, p. 277-283.

[7] Klaus E. Meyer, "Perspectives on Multinational Enterprises in Emerging Economies", *Journal of International Business Studies*, 35, n. 4, 2004, p. 259-276.

[8] David Pierson, "Waiting for Care in China", *Los Angeles Times*, 11 de fevereiro de 2010, p. A1, A10.

[9] Jonathan Ansfield e Keith Bradsher, "China Gives Fuller View of Pollution in Its Waters", *The New York Times*, 10 de fevereiro de 2010, p. A9; Keith Bradsher, "China Leading Race to Make Clean Energy", *The New York Times*, 31 de janeiro de 2010, p. 1, 8.

[10] Patricia Jiayi Ho e J. R. Ho, "GM's China Sales Surge", *The Wall Street Journal*, 4 de janeiro de 2010 [*on-line*]; Todd Woody, "Pasadena Firm Lands, Solar Deal in China", *Los Angeles Times*, 10 de janeiro de 2010, p. B1, B4.

[11] David Pierson e Barbara Demick, "Thrifty Chinese Resist Enticements to Spend", *Los Angeles Times*, 13 de fevereiro de 2010, p. B1, B5.

[12] Ian Buruma, "Battling the Information Barbarians", *The Wall Street Journal*, 30-31 de janeiro de 2010, p. W1, W2.

[13] Michael Forsythe e Kevin Hamlin, "The Building Bubble in China", *Bloomberg BusinessWeek*, 1º de março de 2010, p. 18-19.

de "um único país, dois sistemas" da China, que garante a Hong Kong um alto grau de autonomia. Os sistemas social e econômico, o estilo de vida e os direitos e liberdades usufruídos pelo povo de Hong Kong antes dessa reviravolta deveriam ser preservados por pelo menos 50 anos. O governo de Hong Kong negocia acordos bilaterais (que são então "ratificados" por Pequim) e toma decisões econômicas importantes por conta própria. O governo central de Pequim é responsável apenas pelas relações exteriores e pela defesa da RAE.

O dólar de Hong Kong continua a ser convertido livremente, e o câmbio internacional, o ouro e os mercados de valores mobiliários continuam funcionando como antes. Hong Kong é uma sociedade livre com direitos legais protegidos. O governo da RAE de Hong Kong continua procurando adotar uma postura geralmente não intervencionista com respeito à política econômica e enfatiza a função predominante do setor privado. O primeiro teste ocorreu quando os mercados financeiros de Hong Kong sofreram uma queda em 1997, que reverberou ao mundo financeiro e ameaçou diretamente os interesses do continente. As autoridades de Pequim ficaram em silêncio; quando disseram algo, manifestaram sua confiança na capacidade das autoridades de Hong Kong para solucionar seus próprios problemas.

A decisão de deixar que Hong Kong lidasse com a crise à sua maneira é considerada uma prova concreta de que essa relação funciona em prol de ambos os lados, tendo em vista a grande dependência da China em relação a Hong Kong. Dentre outras coisas, Hong Kong é o maior investidor no continente, tendo investido mais de US$ 100 bilhões nos últimos anos em fábricas e infraestrutura. O mercado de ações de Hong Kong é a principal fonte de capital para algumas das maiores empresas estatais da China. A China Telecom, por exemplo, arrecadou US$ 4 bilhões em uma oferta pública inicial no país.

A maioria dos problemas que surgiram nos negócios provêm de conceitos básicos, como regras claras e negociações transparentes, que não são compreendidos da mesma maneira no continente e em Hong Kong. Muitos imaginaram que o estilo *laissez-faire*, o capitalismo exuberante e o espírito entusiasmado do território seriam intoleráveis para os líderes comunistas autoritários de Pequim. Contudo, exceto pelas mudanças de tom e de ênfase, mesmo os oponentes do governo comunista admitem que Pequim honra o acordo de "um único país, dois sistemas".

Taiwan, a República da China (RC). As relações econômicas entre o continente e Taiwan continuam melhorando desde que ambos associaram-se à OMC. Com a implantação de provisões da OMC por ambas as partes, várias restrições são abandonadas, e no momento o comércio direto é implantado, o que não significa que não houvesse relação comercial entre os dois. As empresas taiwanesas investiram mais de US$ 50 bilhões na China, e em torno de 250 mil fábricas dirigidas por taiwaneses são responsáveis por cerca de 12% das exportações

Dois pandas gigantes, um macho de 4 anos de idade chamado Le Le e uma fêmea de 2 anos chamada Ya Ye, são embarcados no Panda Express, um avião da FedEx que os transportará da China para um zoológico em Memphis, no Tennessee, para uma visita de dez anos. Sejam pandas, entregas confidenciais ou soluções econômicas, a FedEx oferece serviços de entregas valiosas de porta em porta para 210 países. Além disso, observe a seta branca incorporada no logotipo da FedEx (entre o E e o x), que denota movimento. A China não utiliza os pandas apenas como retribuição às operações comerciais; ela os utiliza também como sedução. Aliás, a China empregou a "diplomacia panda" por cerca de 1.400 anos! Dois pandas foram oferecidos a Taiwan em 2006, mas foram recusados sendo na época chamados de "pandas troianos" pelas pessoas favoráveis à recusa. Um novo governo na ilha de Taiwan aceitou o casal em 2008, e hoje eles moram no zoológico Taipei.

da China. As estimativas de comércio real são ainda mais altas se forem levadas em conta as atividades conduzidas por meio de empresas de fachada de Hong Kong.

É melhor focar os futuros diálogos do debate sobre uma China Única em um pacote de assuntos mais concretos, como o estabelecimento dos "três vínculos diretos" – transporte, comércio e sistema de comunicação. Esses três vínculos diretos devem ser enfrentados porque ambos associaram-se à OMC, e as regras impõem que os membros comuniquem-se a respeito de disputas comerciais e de outras questões. O comércio adapta-se bem às necessidades de ambos os países. As empresas taiwanesas enfrentam custos crescentes no âmbito doméstico; a China oferece uma reserva praticamente ilimitada de mão de obra barata e talento técnico. As centrais elétricas de Taiwan também almejam entrar no mercado da China.

Para Pequim, as empresas taiwanesas oferecem uma profusão de empregos em um momento em que as empresas estatais demitem milhões. Além disso, elas levam os mais recentes sistemas tecnológicos e administrativos, dos quais a China precisa enquanto membro da OMC. De qualquer forma, Taiwan continua de cabeça erguida na economia da Ásia oriental.[14]

Japão

OA2

Importância e crescimento lento do Japão

O rápido crescimento do Japão nas décadas de 1970 e de 1980 deixou o mundo perplexo, e a economia do Japão produziu uma surpresa estontante no início da década de 1990. Quase que abruptamente, o país arrefeceu e estagnou, e a estagnação perdurou obstinadamente. Quatro temas explanatórios surgiram, todos baseados em fatos observáveis: (1) as políticas econômicas falhas do Japão, (2) o aparato político inepto do país, (3) as desvantagens decorrentes de circunstâncias globais e (4) suas inibições culturais.

Todos eles têm um proponente e uma base lógica específica. Portanto, examinemos cada um separadamente.

Políticas econômicas falhas. Inúmeros fatos demonstram o sofrimento econômico do Japão na década de 1990, mas nenhum deles com tamanha intensidade quanto a do colapso do mercado de ações. No início da década de 1990, o índice Nikkei caiu de mais de 35 mil para menos de 13 mil. Atualmente, ele gira em torno de 10 mil. Os valores imobiliários lamentavelmente acentuados do Japão entraram em colapso. O fluxo de investimentos para o país, antes imenso (e, para alguns americanos, alarmante), simplesmente secou. Com uma economia antes acostumada a taxas de crescimento anuais de quase dois dígitos, o Japão pelo menos conseguiu manter-se em um nível de não crescimento, mas em 1998 descambou para um nível de "crescimento negativo", isto é, para uma recessão.

As recessões econômicas, obviamente, não são um fato novo. Contudo, a característica peculiar da recessão do Japão na década de 1990 foi o fato de ela ter persistido por dez anos. Como seria de se esperar, a maioria dos economistas explicou que as políticas econômicas falhas, além de terem desencadeado os problemas do Japão, fizeram com que eles persistissem. Sua explicação tinha uma concisão louvável: "A explosão da bolha". Mas qual o motivo dessa bolha e por que ela explodiu? A resposta mais comum foi a de que décadas de sucesso em um processo galopante de recuperação econômica haviam gerado uma exagerada e soberba confiança nacional. Seguiu-se a isso uma disposição crescente para assumir riscos também exagerados. Empréstimos pesados em pouco tempo elevaram o nível de investimento marginal. Com o tempo, as instituições de empréstimo começaram a afastar-se devagar da confiança em direção à cautela. Quando essa cautela ficou evidente, a estrutura inflada desmoronou. Essa cautela também vazou para os consumidores, cujos hábitos de consumo foram tolhidos. Com a queda da demanda por produtos, a indústria foi forçada a cortar tanto a produção quanto as contratações. O desemprego decolou, atingindo índices sem precedentes na nação. Entretanto, a pior perda foi a deterioração disseminada da confiança nacional.

Nenhum setor foi acometido tão duramente quanto as instituições de empréstimo do Japão, em especial os excelentes e gigantescos bancos do país. Com o colapso, as carteiras de empréstimo dos bancos ficaram manchadas de vermelho. Foi necessário restringir o empréstimo, uma prática que secou as fontes de capital necessário para financiar a recuperação econômica. E assim se seguiu um desestímulo após outro ao desenvolvimento, até o momento em que se viu uma evidente crise nacional.

---

[14] Alex Frangos, "Thailand, Taiwan Post Strong GDP Growth", *The Wall Street Journal*, 22 de fevereiro de 2010 [*on-line*].

Figura 11.1
Renda nacional bruta (RNB) *per capita* do Japão (US$ internacional atual).

Fonte: Banco Mundial, 2010.

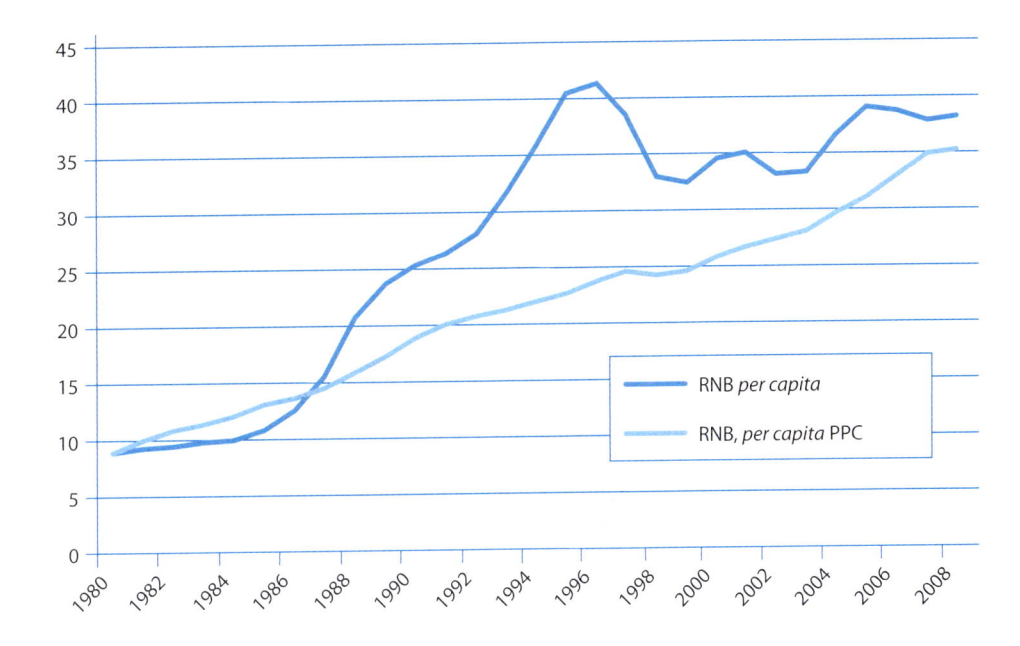

Assistindo a tudo isso, autoridades e economistas americanos não conseguiram resistir à tentação de oferecer soluções. "São necessárias medidas draconianas", entoavam eles do outro lado do Pacífico. Um conselho compreensível vindo de cima, sem dúvida, mas que refletia uma ignorância acerca do preconceito cultural da sociedade japonesa contra qualquer medida que possa exigir mudanças ousadas ou rápidas. Lembre-se de que a estabilidade está acima de qualquer coisa para os japoneses. Parte do problema é que a maioria dos economistas concentrou-se no desempenho econômico como um todo e na expressiva desaceleração do crescimento e das receitas fiscais e, bem como no possível desastre de uma deflação no Japão. Por isso, a maioria dos economistas deixou de ver o milagre real da destreza econômica desse país (consulte a Figura 11.1).

Se considerarmos a **paridade do poder de compra (PPC)** nos cálculos do produto interno bruto (PIB) *per capita*, o crescimento japonês apenas oscilou na década de 1990. Isto é, o cálculo do PPC leva em conta a deflação e reflete melhor o bem-estar médio do povo japonês. A renda *per capita* caiu, mas os preços também. Você pode observar que o Japão até certo ponto evitou a crise financeira asiática que provocou o abrupto declínio econômico em sua vizinha Coreia do Sul. Aliás, utilizando esse indicador, a estabilidade da economia japonesa é fenomenal, particularmente se considerarmos os problemas que seus vizinhos mais próximos enfrentaram em 1997 e as dimensões do declínio tanto de seu mercado de ações quanto de seu mercado imobiliário no início da década de 1990. É difícil imaginar como o desempenho econômico dos Estados Unidos poderia responder a quedas simultâneas de 60% na Bolsa de Valores de Nova York (New York Stock Exchange – NYSE) e no mercado imobiliário.

Explicação política. Não foram apenas os economistas que manifestaram suas opiniões sobre a crise do Japão. Alguns especialistas políticos também assumiram esse desafio, identificando dois grandes vilões: (1) o Partido Liberal Democrata há muito tempo arraigado no país, e (2) a burocracia japonesa obstinadamente tacanha e conservadora.

Na década de 1970, um exímio conhecedor de assuntos relacionados ao Japão, Frank Gibney, escreveu um livro influente sobre esse país, intitulado *Japan: The Fragile Superpower* [Japão: Uma Frágil Superpotência]. Sua visão sobre o provável futuro da economia então oscilante do Japão foi confirmada pela crise ocorrida na década de 1990. O termo "frágil" demonstrou-se um rótulo adequado.

Em uma nova avaliação, Gibney escreveu que o Japão tornou-se vítima da "doença do totalitarismo", uma enfermidade provocada por um endurecimento de 40 anos das artérias políticas. Entretanto, muitos analistas acreditavam que os políticos deveriam dividir a culpa com a poderosa burocracia do Japão. Muitos analistas, tanto dentro quanto fora do Japão, desde então passaram a acreditar que essa burocracia na verdade controlava os políticos eleitos do país. Obviamente, em uma sociedade consensual, não é fácil afirmar em que ponto o poder de uma instituição termina e o de outra se instaura, particularmente para os observadores externos. De qualquer forma, para aqueles que encabeçaram uma explicação política sobre os infortúnios do Japão, essas duas instituições nacionais eram corresponsáveis. Contudo, outros observadores, principalmente os internos, estavam insatisfeitos com as explicações econômicas e políticas que estavam ouvindo e se sentiram compelidos a procurar causas mais arraigadas.

Circunstâncias globais deixaram feridas.
A terceira explicação para os problemas econômicos do fim de século no Japão relacionava-se a três circunstâncias que estavam além do controle do país.

Em primeiro lugar, a população japonesa, tal como a população da Europa Ocidental, encolhe mais rápido do que a americana. Enquanto em 2005 os *baby boomers* americanos estavam em seu pico de produtividade, tanto os japoneses quanto os europeus estavam em torno de dez anos à frente na adaptação de seus sistemas econômicos, políticos e culturais à diminuição e ao envelhecimento da população. E essa adaptação é onerosa – basta esperarmos até 2015 para vermos quão custosa ela será para os Estados Unidos.

Em segundo lugar, o Japão sofre uma séria desvantagem na era da informação: a complexidade de seu idioma. Não foram apenas os seus três alfabetos que retardaram inovações de *software* apropriadas para os mercados mundiais. A subjetividade básica do sistema linguístico japonês também retardou o fluxo de informações eletrônicas de forma geral. Por isso, o Japão demorou a participar da explosão da tecnologia da informação que impulsionou a economia americana para um auge instável no final da década de 1990. Pode-se dizer que os Estados Unidos são os primeiros a defender que no momento o Japão recupera o terreno, particularmente porque os avanços nos *softwares* tornaram a estrutura do idioma japonês um obstáculo menor na era digital. Além disso, os ataques de 11 de setembro provocaram um arrefecimento nas viagens internacionais, incentivando os executivos japoneses a utilizarem mais o *e-mail* e outros meios de comunicação eletrônicos.

Em terceiro lugar, com o auge de consumo por parte das famílias *baby boomer* americanas e o preço real do petróleo em níveis historicamente baixos, os veículos utilitários esportivos (*sports utility vehicles* – SUVs) tornaram-se uma coqueluche nos Estados Unidos no período de 1990 a 2007. As empresas automobilísticas japonesas, responsáveis pelo *boom* da década de 1980 do Japão, entraram bem tarde no mercado americano de SUVs. A Honda foi a última a entrar, o que a curto prazo representou uma imensa desvantagem econômica nacional para o Japão. Contudo, a relutância em apostar tanto nos modelos de carros grandes na verdade acabou sendo uma vantagem para os fabricantes de automóveis japoneses. Pode-se defender com certa segurança que eles levam o Japão em direção a um novo renascimento; isto é, supondo que a Toyota consiga reaver seu antigo talento.

Explicação cultural.
Em meados da década de 1990, tomamos conhecimento do que viria a ser chamado de "teoria da causalidade cultural". Essa teoria seguia mais ou menos o seguinte raciocínio: imediatamente após a Segunda Guerra Mundial, uma nação japonesa em ruínas estabeleceu consensualmente o objetivo de recuperar o país. Esse objetivo consensual foi o incentivo por trás de seu progresso espetacular, década após década. Entretanto, no final da década de 1980, o povo japonês deu um passo para trás e olhou ao redor a fim de admirar suas manifestas conquistas. Não foi difícil concluir que eles haviam atingido o objetivo desejado. Portanto, a questão para eles passou a ser "Muito bem, o que fazemos agora?".

Talvez mais do que qualquer outra sociedade, os japoneses têm um talento para os empreendimentos conjuntos. Eles parecem inspirados pela luta por um objetivo em comum, e a falta desse estímulo pode representar um problema.

Aqueles que defenderam uma explicação cultural para os infortúnios do Japão na década de 1990 não restringiram seu raciocínio à falta de um objetivo nacional. Durante a maior parte do século XX, a criação de uma sólida estrutura empresarial foi a solução para o sucesso contínuo. Todavia, com o advento da concorrência globalizada, essa estrutura inflexível tornou-se um obstáculo. A agilidade, e não a estrutura, passou a ser uma necessidade de primeira ordem. Como mencionado anteriormente, as corporações (sociedades anônimas) americanas conseguiram satisfazer essa necessidade por meio de uma reestruturação maciça e de uma enorme quantidade de fusões, aquisições e consolidações. Práticas japonesas convencionais, como o sistema vitalício de emprego, as promoções baseadas no tempo de serviço e não no mérito, a lealdade recíproca entre contratantes/subcontratantes e dezenas de outras práticas, inibiram a tomada de medidas corporativas de adaptação. Em poucas palavras, o meio empresarial dos Estados Unidos adaptou-se melhor à nova era econômica do que os japoneses.

De acordo com as expectativas, a economia do Japão continuará crescendo a passos lentos ao longo da segunda década do século XXI. Mesmo que as grandes empresas tenham novos planos ambiciosos de crescimento,[15] as contracorrentes econômicas continuam provocando turbulências em virtude do desemprego,[16] e os problemas de qualidade da Toyota em 2010 abalaram as contribuições fundamentais dessa empresa para a economia. Apesar disso, economistas e governos do mundo inteiro utilizam o Japão como modelo na elaboração de políticas, na medida em que o Japão foi o primeiro a manobrar uma grande recessão e o rápido envelhecimento de sua população aumentando estrategicamente sua dívida governamental.[17]

Índia

A onda de mudanças que tem eliminado barreiras comerciais, economias controladas, mercados fechados e a hostilidade contra investimentos estrangeiros na maioria dos países em desenvolvimento finalmente chegou à Índia. Desde sua independência, em 1950, a maior democracia mundial deu um péssimo exemplo como modelo de crescimento econômico para outros países em desenvolvimento e foi uma das últimas nações em desenvolvimento economicamente importantes a se desfazer de políticas tradicionais limitadas. Por isso, o crescimento da Índia foi restringido e moldado por políticas de substituição de importação e por uma aversão aos livres-mercados. Enquanto outros países asiáticos cortejam o capital estrangeiro, a Índia estava fazendo o possível para afastá-lo. As multinacionais, vistas como pioneiras de um novo tipo de colonialismo, foram marginalizadas. Afora os têxteis, os produtos industriais indianos encontraram novos mercados no exterior além da ex-União Soviética e do Leste Europeu.

Hoje, entretanto, os tempos mudaram, e a Índia embarcou em sua mais profunda transformação desde o momento em que ganhou independência política da Grã-Bretanha. Foi então anunciada uma nova agenda com cinco questões básicas, como melhoria da conjuntura de investimento; desenvolvimento de uma estratégia abrangente com relação à OMC; reforma da agricultura, do processamento de alimentos e da indústria de pequena escala; eliminação de burocracias; e instituição de uma governança corporativa mais adequada. Dentre as medidas tomadas, encontram-se as seguintes:

- Privatização de empresas estatais, em contraposição à venda pura e simples de ações. No momento, o governo está disposto a reduzir sua receita para menos de 51% e conceder o controle administrativo aos assim chamados investidores estratégicos.
- Remodelamento da administração regulamentar do setor de telecomunicações e anulação do monopólio das estatais.
- Assinatura de um acordo comercial com os Estados Unidos para a eliminação de todas as restrições quantitativas às importações.
- Sustentação do ímpeto da reforma do setor petrolífero.
- Planejamento da abertura dos serviços de telefonia de longa distância e dos setores habitacional, imobiliário e varejista do país a investimentos estrangeiros diretos.

Os líderes distanciaram-se silenciosamente das campanhas retóricas que defendiam "*chips* de computador em vez de batatas *chips*" com respeito aos investimentos estrangeiros e uma economia *swadeshi* (em defesa dos produtos fabricados na Índia). Esse novo direcionamento promete adaptar a filosofia da autossuficiência que foi levada ao extremo e abrir a Índia para os mercados mundiais. Agora a Índia assume os ares de que se tornará uma nova China ou América Latina.

Contudo, os investidores estrangeiros[18] e os reformistas indianos ainda enfrentam problemas. Embora a Índia tenha derrubado as restrições impostas por governos anteriores, as reformas enfrentam a resistência de burocratas, sindicalistas e agricultores e também de alguns industriais que viveram confortavelmente sob

A despeito de seus excelentes cientistas, o setor farmacêutico indiano (com suas restrições de propriedade, controles de preço e restrições ineficazes de propriedade intelectual) não se beneficia das inovações e dos investimentos internacionais em comparação com economias emergentes mais abertas como a China.

---

[15] Mariko Sanchanta, "High-Speed Rail Approaches Station", *The Wall Street Journal*, 26 de janeiro de 2010 [*on-line*].
[16] David McNeill, "In Bleak Economy, Japanese Students Grow Frustrated with Endless Job Hunt", *Chronicle of Higher Education*, 7 de fevereiro de 2010 [*on-line*].
[17] Tomoyuki Tachikawa, "Exports Boost Japan's GDP Growth", *The Wall Street Journal*, 15 de fevereiro de 2010 [*on-line*].
[18] Matthew Dolan e Eric Bellman, "Ford Makes Push to Boost Asian Presence", *The Wall Street Journal*, 23 de setembro de 2009, p. A1-A2.

CRUZANDO FRONTEIRAS 11.1 — Infraestrutura: Índia

Na Índia, os animais fornecem 30 mil megawatts (MW) de energia, mais que os 29 mil MW fornecidos pela eletricidade.

Por causa da proibição religiosa contra a matança de gado em quase todos os estados do país, a Índia tem a maior população bovina do mundo – talvez em torno de 360 milhões de cabeças. O boi é utilizado para arar a terra, girar rodas d'água, conduzir trituradores e debulhadores e, acima de tudo, para o transporte. A quantidade de carros de boi dobrou para 15 milhões desde a independência da Índia, em 1947. Os bois transportam mais toneladas do que todo o sistema ferroviário (embora a uma distância bem menor); em várias partes da Índia rural, eles são os únicos meios práticos de transportar coisas de um lado para outro.

Se isso não bastasse, o gado indiano produz uma enorme quantidade de estrume, que é utilizado como fertilizante e, quando seco e prensado em barras, como combustível doméstico. Cada animal produz uma média de 3 quilos de estrume por dia. Alguns estudos indicam que essa forma de energia acrescentam outros 10 mil MW à energia produzida pelos animais.

Embora os agricultores indianos prefiram máquinas ao arado e aos carros de boi, a demanda por bois e por outros animais de carga ainda persiste. Como levará um bom tempo para que os agricultores substituam esses animais de carga por máquinas e como existe a preocupação de que raças melhores talvez degenerem ou se tornem extintas, o governo desenvolveu um programa de inseminação artificial para preservar as raças.

Fontes: "Bullock Manure", *The Economist*, 17 de outubro de 1981, p. 88; S. Rajendran, "India: Scheme to Preserve Local Cattle Breed on Anvil", *The Hindu*, 9 de agosto de 1997; "Not Enough Bulls to Till the Land", *Times of India*, 9 de maio de 2000; Randeep Ramesh, "India's Drivers Feel the Need for Speed", *The Guardian*, 6 de dezembro de 2007, p. 29.

---

a proteção de barreiras tarifárias que excluíam a concorrência. O socialismo não está morto na mente de várias pessoas na Índia, e ardores religiosos, étnicos e outras paixões políticas irrompem facilmente.

Por inúmeros motivos, a Índia ainda apresenta um ambiente empresarial difícil.[19] As tarifas estão bem acima daquelas praticadas no mundo em desenvolvimento, embora tenham sido reduzidas drasticamente de 400% a um máximo de 65%. A proteção inadequada dos direitos de propriedade intelectual continua sendo uma séria preocupação. As posturas antinegócios da burocracia federal e estatal indiana ainda atrapalham os investidores potenciais e assolam suas atividades diárias. Os formuladores de políticas foram morosos na venda de estatais que perdiam dinheiro, na flexibilização das leis trabalhistas e na desregulamentação das operações bancárias.

Além disso, a corrupção disseminada e um sistema profundamente arraigado de suborno tornam qualquer operação complexa e cara. Uma autoridade proeminente da Índia declarou que as práticas corruptas não são o costume pitoresco do *baksheesh* (gorjeta), mas um sistema de corrupção generalizado, sistemático, estruturado e infame que opera do nível mais baixo ao mais alto da organização política. Apesar disso, uma pesquisa junto a fabricantes dos Estados Unidos mostra que 95% dos respondentes com atividades na Índia planejam expandir, e nenhum deles afirma que planeja deixar o país. Eles estão de olho na mão de obra barata e qualificada e no potencial oferecido por esse mercado gigantesco.

Hoje com uma população de mais de 1 bilhão, a Índia é a segunda em tamanho depois da China, e ambas têm um enorme banco de mão de obra de baixo custo. A classe média da Índia abrange 250 milhões de pessoas, quase a população dos Estados Unidos. Em sua classe média há grande número de universitários, 40% dos quais com formação em ciência e engenharia. A Índia tem uma estrutura industrial diversa e tornou-se um centro para programas de computador. Atualmente, o país passa por um *boom* no setor de tecnologia da informação (TI). Depois de estabelecer uma reputação entre as corporações estrangeiras depurando redes de computadores a tempo para o *bug* do milênio, as empresas indianas agora fornecem de tudo, de trabalhos de animação para navegadores utilizados na nova geração de telefones sem fio a *sites* de comércio eletrônico. Como discutido anteriormente, a Índia foi uma exportadora de talentos técnicos para o Vale do Silício americano,[20] e hoje muitos desses indivíduos voltam para seu país para criar suas próprias empresas de TI. Existe uma vantagem competitiva em estar do outro lado do mundo: falantes de inglês bem

---

[19] Mehul Srivastava, "What's Holding India Back", *BusinessWeek*, 19 de outubro de 2009, p. 38-44.
[20] William M. Bulkeley, "IBM to Cut U.S. Jobs, Expand in India", *The Wall Street Journal*, 26 de março de 2009, p. B1.

acordados estão disponíveis para prestar serviços 24 horas por dia e 7 dias por semana para os Estados Unidos, enquanto seus congêneres americanos dormem.

A Índia não está apenas firmemente posicionada no centro de várias histórias de sucesso no Vale do Silício da Califórnia (os engenheiros indianos oferecem cerca de 30% da mão de obra do vale), mas enxerga o entusiasmo da internet chegar ao delírio em suas próprias terras. Os empreendedores indianos criam com seu próprio capital um Vale do Silício indiano, apelidado de "Cyberabad", em Bangalore. As exportações do país crescem 50% anualmente, e cada trabalhador agrega US$ 27 mil ao ano a esse valor, um número extraordinário em um país com um PIB de cerca de US$ 1 mil. Após um pouco mais de uma década de crescimento, a indústria indiana possui um número estimado de 280 mil engenheiros de *software* em aproximadamente mil empresas. Além disso, as grandes empresas indianas ampliam suas atividades para o exterior.[21]

Quatro "Tigres Asiáticos"

As economias de mais rápido crescimento nessa região durante as décadas de 1980 e 1990 formam o grupo algumas vezes chamado de **Quatro Tigres Asiáticos** (ou Quatro Dragões): Hong Kong, Coreia do Sul, Cingapura e Taiwan. Não raro descritos como o "milagre da Ásia Oriental", esses foram os primeiros países da Ásia, depois do Japão, a mudar da posição de país em desenvolvimento para país recém-industrializado. Além disso, todos influem de maneira significativa sobre o comércio e o desenvolvimento econômico de outros países dentro de sua esfera de influência. O rápido crescimento econômico e a influência regional dos países-membros da Associação das Nações do Sudeste Asiático (Ansa) ao longo da última década levaram o representante do Comércio dos Estados Unidos a procurar acordos de livre-comércio – Cingapura assinou um acordo. Esses países têm um vasto mercado para produtos industriais e, como ainda analisaremos, mercados de consumo emergentes.

Os Quatro Tigres passam por um processo de rápida industrialização e ampliando suas atividades comerciais para outras regiões da Ásia. Antes, o Japão foi o principal investidor na região e foi um protagonista no desenvolvimento da China, de Taiwan, de Hong Kong, da Coreia do Sul e de outros países da região. Contudo, como a economia de outros países asiáticos ganha força e passa por um processo de industrialização, esses países se tornam mais importantes como líderes econômicos. Por exemplo, a Coreia do Sul é o centro de conexões comerciais com o norte da China e as repúblicas asiáticas da antiga União Soviética. A esfera de influência e de comércio da Coreia do Sul estende-se para Guangdong e Fujian, duas das Zonas Econômicas Especiais Chinesas mais produtivas, e também se torna mais importante em termos de investimento inter-regional.

A Coreia do Sul exporta produtos de alta tecnologia como petroquímicos, eletrônicos, máquinas e aço, e todos eles concorrem diretamente com mercadorias japonesas e americanas. No setor de produtos de consumo, Hyundai, Kia, Samsung e Lucky-Goldstar (LG) estão entre as marcas coreanas mais conhecidas de automóveis, micro-ondas e televisores vendidas nos Estados Unidos. Além disso, a Coreia faz investimentos consideráveis no exterior. Uma empresa coreana comprou 58% da Zenith, a última fabricante de televisores remanescente nos Estados Unidos. Ao mesmo tempo, a Coreia depende do Japão e dos Estados Unidos em grande parte dos bens de capital e dos componentes necessários para operar suas fábricas.

Vietnã

A economia e a infraestrutura do Vietnã ficaram em ruínas após 20 anos de socialismo e guerra, mas esse país de mais de 88 milhões de habitantes está pronto para um crescimento significativo. O acordo comercial bilateral entre Estados Unidos e Vietnã normalizou as relações comerciais deste último com o primeiro e diminuirá as tarifas sobre as exportações vietnamitas para os Estados Unidos de uma média de 40% para menos de 3%. Por exemplo, o café vietnamita hoje é encontrado em praticamente todas as despensas nos Estados Unidos, e essa nova competitividade provocou um declínio acentuado nos preços no mercado mundial. Se o Vietnã seguir o mesmo padrão de desenvolvimento de outros países do Sudeste Asiático, ele se tornará outro "tigre". O país possui vários dos ingredientes que contribuem para isso: sua população é instruída e altamente motivada, e o governo está comprometido com o crescimento econômico. Entretanto, alguns fatores atrasam seu desenvolvimento,

---

[21] Mehul Srivastava e Moira Herbst, "The Return of the Outsourced Job", *Bloomberg BusinessWeek*, 11 de janeiro de 2010, p. 16-17.

CRUZANDO FRONTEIRAS 11.2 — Benefícios da tecnologia da informação para a vida dos aldeões

O escritório doméstico de Delora Begum é uma choupana de chapa ondulada, palha e assoalho de barro em Bangladesh, sem toalete e sem água corrente. Apesar desse modesto ambiente, ela se sobressai como a "mulher do telefone", uma empreendedora de sucesso e uma pessoa de prestígio em sua comunidade. Tudo isso por causa de um reluzente celular Nokia adquirido em 1999. Sua "cabine telefônica" é móvel: ao longo do dia, é a cabine da principal estrada de terra batida do povoado; à noite, os usuários visitam a choupana de sua família para usar o celular.

Assim que esse canal de comunicação por telefone foi disponibilizado, a renda e a qualidade de vida de muitos aldeões melhoraram quase imediatamente. Até onde ele se lembra, o gerente de uma olaria levava duas horas e meia de ônibus até Dhaka para fazer um pedido de óleo combustível e carvão para a olaria. Agora, ele poupa suas viagens quinzenais: "É só ligar quando preciso de alguma coisa ou enfrento algum problema". O marceneiro local utiliza o celular para verificar o preço de mercado atual da madeira. Desse modo, ele pode aumentar o lucro dos móveis que ele mesmo fabrica.

Essa única unidade de conexão pública por telecomunicação com o mundo permite que os aldeões se informem sobre o valor justo do arroz e das verduras e hortaliças que produzem, eliminando os intermediários que costumavam explorá-los. Eles podem também providenciar transferências bancárias ou agendar consultas médicas em cidades distantes. Em uma nação em que apenas 45% da população sabe ler e escrever, o celular possibilita que as pessoas dispensem os serviços de um escriba para escrever uma carta. Além disso, esse serviço gera em torno de US$ 1.100 ao ano para a proprietária do celular – duas vezes a renda *per capita* anual em Bangladesh.

Quando as integrantes da cooperativa Operadoras de Pesca da Grande-Costa (Grand Coast Fishing Operators) salgam e defumam a pesca do dia para prepará-la para o mercado, essa atividade parece estar a anos-luz de distância do ciberespaço. Contudo, para essas mulheres, a internet é uma bênção. A cooperativa criou um *site* que possibilita que seus 7.350 membros promovam seus produtos, monitorem os mercados de exportação e negociem preços com compradores estrangeiros antes de os produtos chegarem aos mercados no Senegal. Portanto, a tecnologia da informação melhorou a posição econômica dos membros dessa cooperativa.

Fontes: Miriam Jordan, "It Takes a Cell Phone", *The Wall Street Journal*, 25 de junho de 1999, p. B1, 7; Banco Mundial, "World Development Indicators", 2010.

O Vietnã praticamente não tem carros; as motocicletas entregam quase tudo, inclusive os tradicionais bolos de lua, em Hanói.

como a péssima infraestrutura, as restrições governamentais frequentemente onerosas, a estrutura industrial mínima, a disputa por recursos com a China[22] e a falta de capital e tecnologia, que provêm principalmente de fora do país. A maior parte desse capital e tecnologia é fornecida por três dos Tigres Asiáticos – Taiwan, Hong Kong e Coreia do Sul. Empresas americanas como a Intel também começaram a fazer grandes investimentos depois que o embargo foi revogado.

---

[22] Edward Wong, "Vietnam Enlists Allies to Stave Off China's Reach", *The New York Times*, 5 de fevereiro de 2010, p. A9.

Mercados da base da pirâmide (MBPs)

OA3

Importância dos mercados da base da pirâmide

C. K. Prahalad e seus colaboradores introduziram um novo conceito no debate sobre os países e mercados em desenvolvimento – os **mercados da base da pirâmide (MBPs)**[23] –, compostos por 4 bilhões de pessoas do mundo inteiro com renda anual inferior a US$ 1.200. Esses mercados não são necessariamente definidos por suas fronteiras nacionais, mas pelos bolsões de pobreza espalhados pelos países. Obviamente, esses 4 bilhões de consumidores se concentram nos países menos desenvolvidos e nos países minimamente desenvolvidos, de acordo com o esquema de classificação da ONU antes mencionado, particularmente no sul da Ásia e na África Subsaariana.

A ideia básica de Prahalad é que esses consumidores foram relativamente ignorados pelos profissionais de marketing internacional em virtude dos falsos juízos sobre sua falta de recursos (tanto financeiros quanto tecnológicos) e a falta de adequabilidade dos produtos e serviços geralmente desenvolvidos para consumidores mais abastados. Três casos demonstram a viabilidade comercial desses mercados e seu potencial de longo prazo. A Cemex, empresa de cimento mexicana com atividades globais, foi precursora de um programa[24] lucrativo para construção de casas mais adequadas para esses consumidores que abrange projetos inovadores, financiamento e sistema de distribuição. De modo semelhante, a Aravind Eye Care System, na Índia, utilizou como ponto de partida o problema de cegueira entre a população pobre e desenvolveu uma organização inovadora de fluxo de trabalho – da identificação do paciente aos cuidados pós-operatórios – que melhorou a visão das pessoas e aumentou os lucros da instituição. Por último, em seu extraordinário livro a respeito da economia global, Petra Rivoli[25] conta uma história sobre como pequenos empreendedores vestem a África Oriental com camisetas americanas usadas. Todas essas três atividades associam produtos, serviços, pesquisa e promoções apropriados para as comunidades de mais baixa renda ao redor do mundo.

Um estudo abrangente sobre o desenvolvimento do setor de processamento de couro na África Ocidental apresenta um novo modelo para criar setores e mercados nos MBPs.[26] Os autores descrevem como os *clusters* setoriais evoluem e podem ser apoiados por investimentos externos com interesses comerciais e governamentais. A Figura 11.2 mostra os ingredientes e os processos necessários para estabelecer um *cluster* setorial viável em um país minimamente desenvolvido. Os artesãos devem participar de uma rede e colaborar entre si, com fornecedores, clientes e a família[27] para conseguir eficiência na produção, na distribuição doméstica e internacional[28] e em outras atividades de marketing. Uma série de características de *cluster*, insumos externos e fatores macroambientais são essenciais para a

Aqui, vemos o início do desenvolvimento econômico. Embora as condições nessa escola rural em Lahtora, na Índia, sejam rudimentares, elas são ainda mais difíceis na Tanzânia. Contudo, em ambos os lugares, os alunos têm muito interesse em aprender.

[23] C. K. Prahalad, *The Fortune at the Bottom of the Pyramid* (Filadélfia: Wharton School Publishing, 2005).
[24] Geri Smith, "Hard Times Ease for a Cement King", *BusinessWeek*, 9 de novembro de 2009, p. 28.
[25] Pietra Rivoli, *The Travels of a T-Shirt in the Global Economy* (Nova York: Wiley, 2005).
[26] Eric Arnould e Jakki J. Mohr, "Dynamic Transformation for Base-of-the-Pyramid Market Clusters", *Journal of the Academy of Marketing Science*, 33, n. 3, julho de 2005, p. 254-274.
[27] Madhu Viswanathan, "Exchanges in Marketing Systems: The Cases of Subsistence Consumer-Merchants in Chennai, India", *Journal of Marketing*, 2010 [*on-line*].
[28] Jagdish Bhagwati, *In Defense of Globalization* (Oxford: Oxford University Press, 2004).

Figura 11.2
Transformação dinâmica dos *clusters* nos MBPs.

Aglomeração de entidades artesãs e de marketing

Insumos externos:
- Investimento Direto no Exterior (IDE)
- Recursos de parceiros externos
- Comunicação com/acesso a mercados externos

Características do *cluster*:
- Eficiência em abastecimento, distribuição e transporte
- Especialização da mão de obra
- Eficiência na capacitação
- Vínculos permanentes com mercados locais, fornecedores e insumos
- Manutenção da autenticidade/singularidade dos produtos nativos
- Liderança eficaz na transposição de fronteiras
- Mobilização eficaz de laços enraizados
- Governança normativa compartilhada

***Cluster* setorial dinâmico:**
- Aumento da produção
- Maior variedade de produtos
- Produtos de qualidade superior
- Aprimoramento do processo de produção

Macroambiente:
- Preços globais para *commodities*
- Corrupção
- Ambiente regulamentar

Nota: MBPs = mercados da base da pirâmide.

Fonte: Eric Arnould e Jakki J. Mohr, "Dynamic Transformation for Base-of-the-Pyramid Market Clusters", *Journal of the Academy of Marketing Science*, 33, n. 3, julho de 2005. Dados reimpressos com permissão da Springer.

vitalidade de um *cluster* setorial. O esquema apresentado pode servir como um *check-list* para estimular o desenvolvimento econômico por meio do marketing nos MBPs. As atividades empresariais que estão interligadas talvez sejam a melhor maneira de incentivar o desenvolvimento e o crescimento econômico nos países em desenvolvimento. O marketing, portanto, é fundamental.

O Banco Grameen, empresa comercial privada em Bangladesh, desenvolveu um programa para fornecer telefones para 300 lugarejos. Existem apenas oito linhas telefônicas para cada mil pessoas em Bangladesh, um dos índices de penetração de telefone mais baixos do mundo. A nova rede abrange o país inteiro, um empreendimento que pretende colocar todos os aldeões a 2 quilômetros de distância de um telefone celular. A penetração da telefonia celular explodiu, aumentando de 4 para 63,5 por mil ao longo dos quatro últimos anos.[29]

Indicadores de mercado

OA4

Diversidade de uma ponta a outra da região

As Figuras 11.3 a 11.5 exibem indicadores de mercado fundamentais para os oito países mais populosos da região da Ásia-Pacífico. Observe a grande diversidade em relação ao estilo de vida das pessoas nesses países; uma vez mais a disparidade norte-sul fica evidente. A renda dos japoneses é predominante no primeiro quadro, bem como a falta de dados para Bangladesh. É possível observar a excelência geral do sistema de saúde japonês, responsável pela maior expectativa de vida no mundo; a ênfase que o comunismo dá à saúde fica também evidenciada na China e no Vietnã.

A Figura 11.4 compara a infraestrutura dos países. O sistema ferroviário japonês é o melhor do mundo, enquanto nas Filipinas as pessoas viajam de barco e de ônibus. Os vietnamitas possuem poucos carros, portanto, a maioria das viagens é feita por motocicleta. É

---

[29] Banco Mundial, "World Development Indicators", 2008.

Figura 11.3
Padrão de vida nos oito países mais populosos da região da Ásia-Pacífico.

País	População/ milhões	RNB* per capita/US$	Recursos médicos/mil pessoas		% de bens domésticos		
			Médicos	Leitos hospitalares	TV em cores	Geladeira	Chuveiro
China	1.328	3.324	1,5	2,9	97	60	45
Índia	1.169	1.016	0,6	–	34	18	46
Indonésia	230	2.197	0,2	–	87	25	52
Paquistão	181	925	0,8	0,6	37	39	74
Bangladesh	162	576	0,3	–	–	–	–
Japão	128	41.500	2,2	13,8	99	99	100
Filipinas	92	1.919	0,01	1,0	90	48	87
Vietnã	88	1.056	0,7	2,6	86	30	40

* Renda nacional bruta.

Fonte: Euromonitor International, 2009.

Figura 11.4
Infraestrutura nos oito países mais populosos da região da Ásia-Pacífico.

País	Viagem de trem/ passageiros/km per capita	Carros de passeio/mil pessoas	Consumo de energia/toneladas equivalentes de petróleo per capita	Computadores em uso/mil	Celulares em uso/mil	Taxa de alfabetização/%	Estudantes universitários/ mil
China	525	20	1,6	77	532	95%	17
Índia	613	15	0,4	41	386	67	12
Indonésia	98	17	0,6	34	788	92	14
Paquistão	163	6	0,4	6	588	58	2
Bangladesh	25	1	0,1	37	352	55	6
Japão	3.115	446	3,9	524	894	100	23
Filipinas	1	8	0,3	121	831	94	29
Vietnã	48	2	–	157	1.020	92	27

Fonte: Euromonitor International, 2009.

Vendo o desordenado zigue-zague no trânsito nas ruas da antiga Deli, na Índia, provavelmente você entenderá por que é necessário construir vias expressas elevadas. O lançamento da Tata Motor de seu novo carro de US$ 2.500, o Nano, só vai piorar ainda mais o congestionamento. O país acabou de aumentar o limite de velocidade nacional de 80 km/h para 100 km/h, instigado por uma revolução nas estradas do país, cujo destaque é a estrada Quadrilátero de Ouro, de aproximadamente 6 mil quilômetros, que liga Deli, Mumbai (Bombaim), Chennai (Madras) e Kolkata (Calcutá), o projeto de obras públicas mais caro na história da nação. Entretanto, ficamos a perguntar: como a polícia rodoviária conseguirá manter as vacas fora das vias de acesso às autoestradas?

Figura 11.5
Padrões de consumo nos oito países mais populosos da região da Ásia-Pacífico.

País	Ocupantes/domicílio	Despesas domésticas/US$ per capita								
		Comida	Bebidas alcoólicas Tabaco	Roupas	Habitação	Produtos de saúde e serviços médicos	Transporte	Comunicações	Lazer	Educação
China	3,4	430	34	112	157	114	46	147	37	82
Índia	5,3	212	18	25	73	24	90	20	12	16
Indonésia	3,4	588	75	52	230	34	48	23	28	91
Paquistão	7,2	291	16	35	133	47	32	4	1	18
Bangladesh	6,0	–	–	–	–	–	–	–	–	–
Japão	2,5	3.303	743	658	5.916	1.034	2.423	910	2.694	507
Filipinas	4,8	456	19	29	270	42	103	8	6	58
Vietnã	4,4	285	19	29	30	54	103	10	10	51

Fonte: Euromonitor International, 2009.

surpreendente ver famílias com cinco membros viajarem em uma única motocicleta nas ruas agitadas da cidade de Ho Chi Minh (Saigon). Já a ênfase sobre a formação universitária tanto nas Filipinas quanto no Vietnã é um bom sinal para o crescimento futuro de ambos.

A Figura 11.5 relaciona brevemente os padrões de consumo da região Ásia-Pacífico. Obviamente, o Japão se sobressai. Além disso, observe a diferença entre a ênfase chinesa e a indiana sobre a educação.

Associações comerciais da região da Ásia-Pacífico

OA5

Inter-relações entre os países na região

Após décadas de dependência tecnológica e de mercado em relação aos Estados Unidos e à Europa, os países da região da Ásia-Pacífico se preparam para um novo salto econômico impulsionado pelo comércio, por investimentos e pela tecnologia e apoiado por outros países da região. Embora sejam poucos, os acordos comerciais entre alguns dos países asiáticos recém-industrializados são vistos como um movimento em direção a uma área comercial interna à Ásia que abrangerá toda a região, estando o Japão e a China[30] no centro dessa atividade.

No passado, o maior parceiro comercial do Japão eram os Estados Unidos. Hoje, entretanto, a importância dos mercados da China e do Sudeste Asiático é cada vez maior para a estratégia corporativa japonesa de comércio e investimento direto. Outrora uma fonte de mão de obra barata para produtos exportados para o Japão ou outros mercados, esses países hoje são vistos como mercados viáveis. Além disso, o investimento japonês em inúmeros setores fabris destina-se a atender clientes locais e a criar redes locais aprimoradas de produção e de fornecedores.

Os acordos comerciais atuais abrangem um bloco comercial multinacional, a Associação das Nações do Sudeste Asiático (Ansa ou Asean, de Association of Southeast Asian Nations), que se transforma na Área de Livre-Comércio da Ansa (Asean Free Trade Area – Afta); na Ansa + 3, um fórum para os ministros da Ansa e também para os ministros da China, do Japão e da Coreia do Sul; e na Cooperação Econômica da Ásia-Pacífico (Apec), um fórum que se reúne anualmente para discutir sobre cooperação e desenvolvimento econômico regional.

Associação das Nações do Sudeste Asiático (Ansa) e Ansa + 3

O principal bloco comercial multinacional na Ásia é a Ansa.[31] Assim como todos os blocos de mercado multinacionais, este enfrentou problemas e partidas falsas no esforço de unificar a economia de seus países-membros. Semelhanças em relação às categorias de produtos que eles tinham de exportar, aos seus recursos naturais e a outros ativos nacionais dificultaram as tentativas iniciais de comércio dentro da Ansa. As medidas tomadas pelos países para expandir e diversificar sua estrutura industrial e, desse modo, fomentar o comércio inter-regional quando a Ansa foi criada resultaram nas economias de mais rápido crescimento na região e na intensificação do comércio entre os membros (consulte a Figura 11.6).

---

[30] Carlos H. Conde, "China and ASEAN in Services Pact", *The New York Times*, 15 de janeiro de 2007, p. C2.
[31] Acesse http://www.aseansec.org; "Ajar for Business", *The Economist*, 9 de janeiro de 2010, p. 44.

Figura 11.6
Indicadores de mercado fundamentais do bloco de mercado da Ásia-Pacífico.

(entre parênteses) = taxa de crescimento média anual, 2004-2009, como porcentagem

Associação	País/ano de entrada	População/ milhões	RNB*/ bilhões de US$	Exportação de mercadorias/ bilhões de US$	Importação de mercadorias/ bilhões de US$	Índice de facilidade para fazer negócios	RNB per capita/US$	Usuários de internet/mil pessoas
Área de Livre-Comércio da Ansa								
	Brunei	0,4 (2,0)	11,5	10,2 (17,7)	2,6 (9,6)	94	30.032	755 (15,4)
	Camboja	14,8 (1,6)	9,2	3,9 (7,0)	6,3 (14,6)	139	651	7 (17,3)
	Cingapura	4,7 (2,1)	166,6 (10,1)	269,2 (8,4)	244,3 (8,3)	1	34.402 (7,8)	701 (2,3)
	Indonésia	230,0 (1,2)	505,2 (15,5)	118,0 (10,8)	92,7 (11,0)	129	2.197 (14,1)	154 (42,6)
	Filipinas	92,1 (2,0)	176,8 (13,5)	38,6 (–0,5)	49,6 (3,2)	141	1.919 (11,3)	73 (6,6)
	Laos	6,1 (1,8)	5,0	1,2 (26,7)	1,6 (17,3)	165	837	26 (47,9)
	Malásia	28,1 (1,9)	195,6 (10,6)	152,6 (3,9)	120,2 (2,7)	21	6.960 (8,5)	646 (9,2)
	Mianmar	50,0 (0,8)	29,7 (23,0)	4,3 (12,4)	9,2 (33,2)	–	594 (22,0)	1 (33,2)
	Tailândia	64,7 (0,7)	246,1 (9,2)	147,8 (9,0)	126,7 (6,1)	12	3.801 (8,4)	254 (17,9)
	Vietnã	87,6 (1,3)	92,5 (15,7)	55,8 (16,0)	68,2 (14,5)	91	1.056 (14,2)	286 (29,9)
Ansa + 3								
	China	13.280,5 (0,5)	4.414,8 (18,0)	1.185,8 (14,9)	986,8 (11,9)	86	3.324 (17,4)	283 (31,2)
	Coreia do Sul	48,7 (0,3)	821,7 (2,6)	372,5 (7,6)	314,3 (7,4)	23	16.857 (2,3)	783 (2,4)
	Japão	127,6 (0,0)	5.295,2 (2,4)	577,4 (0,4)	548,9 (3,8)	13	41.500 (2,5)	724 (3,1)

* Renda nacional bruta.

Fontes: Euromonitor International, 2010; Banco Mundial, 2010.

Quatro acontecimentos principais são responsáveis pelo vigoroso crescimento econômico dos países da Ansa e por sua transformação de paraíso da mão de obra barata em nações industrializadas: (1) o compromisso dos governos da Ansa de desregulamentar, liberalizar e privatizar sua economia; (2) a decisão de mudar a economia de cada país de um sistema de *commodities* para um sistema fabril; (3) a decisão dos países de especializar-se em componentes manufaturados em que tenham vantagem comparativa (o que gerou uma maior variedade na produção industrial desses países e aumentou as oportunidades de comércio); e (4) a ascensão do Japão como o principal fornecedor da tecnologia e do capital necessários para aprimorar a capacidade fabril e desenvolver novos setores.[32]

Embora nunca houve uma tentativa de reproduzir o governo supranacional da União Europeia (UE), a cada ano a inter-relação desse grupo torna-se mais intensa. A Visão Ansa 2020 (Asean Vision 2020) é o maior compromisso com os objetivos regionais aceito pelo grupo com uma visão voltada para o exterior. Entre as metas que aumentarão essa integração está o compromisso de implantar totalmente e o mais rápido possível a Área de Livre-Comércio da Ansa (Afta). Com esse propósito, as nações da Ansa assinaram acordos comerciais formais com a China, a Austrália e a Nova Zelândia.

Tal como na UE, as empresas esboçam planos para atuar em uma área de livre-comércio. A capacidade de vender em toda uma região sem barreiras tarifárias e não tarifárias diferenciadas é uma das mudanças fundamentais que afetarão várias partes do marketing *mix*. A distribuição pode ser centralizada no ponto mais eficiente em relação ao custo, e não em pontos de distribuição impostos por restrições tarifárias. Alguma padronização na atribuição de marcas será necessária, pois inúmeros clientes comprarão em âmbito regional, e não aos poucos no

> No caso dos produtos que utilizam componentes de alto valor e urgentes, como os que são fabricados em Kuala Lumpur, Malásia, os serviços expressos aéreos, como os fornecidos por este Boeing 737 da DHL Worldwide Express, são vitais.

[32] Shisei Kaku, "Japan Walks the Path of Peace", *The Age*, 6 de setembro de 2005, p. 13.

âmbito de cada país. A determinação de preços poderá ser mais uniforme, o que ajudará a reduzir o contrabando e as importações paralelas que ocorrem quando diferentes programações tarifárias criam diferenciais de preço importantes entre os países. Em essência, a administração de marketing pode tornar-se mais regional e central.

Uma das consequências da crise financeira asiática de 1997 a 1998 foi a criação da **Ansa + 3** (Ansa mais China, Japão e Coreia do Sul) para lidar com problemas comerciais e monetários enfrentados pela Ásia. A maior parte da Ásia Oriental acreditava que havia sido abandonada e explorada pela Ásia Ocidental e que esse afastamento no meio de uma crise havia sido responsável por grande parte do problema. As principais potências financeiras aparentemente se recusaram a tomar parte das operações de resgate, como os Estados Unidos fizeram na Tailândia, ou propuseram soluções inalcançáveis. O resultado foi a criação da Ansa + 3, composta pelos ministros das Relações Exteriores e da Fazenda de cada país, que se reúnem anualmente após os encontros da Ansa. O primeiro encontro dedicou-se à idealização de um sistema por meio do qual os países-membros compartilhariam reservas cambiais para defender sua moeda contra futuros ataques. Embora fosse apenas uma experiência, os membros da Ansa + 3 também discutiram a possibilidade de criar um mercado comum e até uma única moeda ou, talvez, uma nova entidade asiática que englobasse o Nordeste e o Sudeste Asiático. Elos mais estreitos entre o Sudeste e o Nordeste Asiático são vistos como um passo em direção ao fortalecimento do papel da Ásia na economia global e à criação de três blocos globais.

Cooperação Econômica da Ásia-Pacífico (Apec)

Outro bloco importante que engloba a região da Ásia-Pacífico é a Cooperação Econômica da Ásia-Pacífico (Asia-Pacific Economic Cooperation – Apec).[33] Formada em 1989, a **Apec** oferece uma estrutura formal para os principais governos da região, inclusive para os Estados Unidos e o Canadá, para que possam discutir interesses mútuos com respeito à abertura do comércio e à colaboração econômica. A Apec é um fórum exclusivo que se tornou o principal veículo regional de promoção da liberalização do comércio e da cooperação econômica e abrange todas as principais economias ao redor da Orla do Pacífico, da Rússia ao Chile e à Austrália, as economias mais dinâmicas e de mais rápido crescimento no mundo. O objetivo comum da Apec é o compromisso em abrir o comércio, intensificar a colaboração econômica, apoiar o crescimento e o desenvolvimento regional, fortalecer o sistema comercial multilateral e reduzir as barreiras ao investimento e ao comércio sem prejudicar outras economias.

Os representantes dos países-membros da Apec reúnem-se anualmente para discutir problemas que o grupo esteja enfrentando, propor soluções aos problemas decorrentes da crescente interdependência entre a economia dos países-membros e dar continuidade à busca de soluções para reduzir barreiras ao comércio. Embora a Apec ainda esteja longe de ser uma área de livre-comércio, cada encontro parece levá-la um passo adiante nessa direção, apesar das objeções apresentadas por alguns membros.

Enfoque sobre a diversidade na China

OA6

Diversidade na China

Fechamos este capítulo com uma seção breve sobre a diversidade existente *dentro* da China. Certamente deveríamos incluir uma seção semelhante sobre a Índia, pois ambas têm o dobro da população da UE e três vezes a dos Estados Unidos. Deveríamos também considerar as diferenças culturais e econômicas em outros países grandes como o Japão[34] ou o Vietnã ou entre as ilhas da Indonésia. Contudo, em vista do pouco espaço que temos aqui e da rápida ascensão e ampla diversidade da economia chinesa, optamos por nos concentrar na Grande China.[35]

A China hoje está dividida em "Estados em guerra" (como disseram alguns) competitivos e economicamente complementares, do mesmo modo que há 220 anos, antes de ser unificada sob a dinastia Qin. Entre esses "Estados em guerra", quatro economias regionais destacam-se em relação ao norte e ao sul do país, ao longo da costa do Pacífico:

- A tradicional área industrial central no nordeste da China, com a cidade costeira de Dalian e seu eixo entre três províncias – Liaoning, Jilin e Heilongjiang.

---

[33] Acesse http://www.apec.org.
[34] Shinobu Kitayama, Keiko Ishii, Toshie Imada, Kosuke Takemura e Jenny Ramaswamy, "Voluntary Settlement and the Spirit of Independence: Evidence from Japan's 'Nothern Frontier'", *Journal of Personality and Social Psychology*, 91, n. 3, 2006, p. 369-384.
[35] O conceito de Grande China une a República Popular da China e Taiwan. Politicamente, essa união ainda é um tema de constante debate, mas nós a adotamos para aumentar o escopo de nossa análise.

- O corredor de tecnologia da informação (TI) Pequim–Tianjin, no norte da China.
- O Delta do Rio Yang-Tsé, conhecido como área da Grande Xangai, com o emergente centro industrial de TI de Suzhou.
- O Delta do Rio das Pérolas, que engloba Hong Kong, Macau, Guangzhou e Shenzhen e constitui a estrutura industrial mundial para o setor de TI.

Hoje, essas quatro regiões abrangem um quarto da população do continente (isto é, mais de 300 milhões), mas são responsáveis por cerca da metade do PIB do país. A renda *per capita* dessas províncias é superior a US$ 6 mil (US$ 12 mil em paridade do poder de compra), aproximadamente duas vezes a média nacional. Na Figura 11.7, relacionamos as diferenças econômicas entre as regiões, as províncias e os municípios. Os habitantes do município de Xangai têm uma renda oito vezes maior que a dos habitantes de Ghizhou, no interior sul do

Figura 11.7
Divisões administrativas chinesas.

Principais regiões econômicas	Províncias e outras divisões	População/milhões	PIB/bilhões de US$	PIB *per capita*/US$
Nordeste da China	Liaoning	43,2	204,1	4.716
	Jilin	27,4	97,3	3.551
	Heilongjiang	38,3	112,2	2.930
Corredor de TI Pequim–Tianjin	Pequim[2]	17,6	160,8	9.283
	Tianjin[2]	12,3	101,4	8.432
Delta do Rio Yang-Tsé	Xangai[2]	18,9	201,4	10.654
	Jiangsu	77,2	460,8	5.971
Delta do Rio das Pérolas	Guangdong	96,4	528,3	5.477
	Hong Kong[4]	7,0	2.156	30.755
	Macau[4]	0,5	14,2	40.390
Outras	Henan	94,9	262,2	2.757
	Shandong	94,7	456,8	4.811
	Sichuan	81,9	191,9	2.341
	Hebei	70,4	229,7	3.283
	Hunan	64,1	174,3	2.729
	Anhui	61,3	136,4	2.230
	Hubei	57,1	163,3	2.857
	Zhejiang	51,8	308,1	5.954
	Guangxi[1]	48,6	104,1	2.140
	Yunnan	45,4	83,4	1.844
	Jiangxi	44,3	102,7	2.341
	Guizhou	37,9	52,6	1.333
	Shaanxi	37,7	110,6	2.934
	Fujian	36,3	160,8	4.436
	Shanxi	34,3	99,5	2.905
	Chongquig[2]	28,6	88,2	3.084
	Gansu	26,4	45,7	1.731
	Mongólia Interior[1]	24,2	131,5	5.445
	Taiwan[3]	23,0	383,3	16.987
	Xinjiang[1]	21,6	57,7	2.671
	Hainan	8,6	22,3	2.593
	Ningxia[1]	6,8	18,1	2.662
	Qinghai	5,6	14,6	2.607
	Tibete[1]	2,9	6,0	2.068

[1] Região autônoma.
[2] Município.
[3] Província da República da China.
[4] Região administrativa especial.

Fonte: All China Data Center (http://www.chinadataonline.org), referente ao ano 2009 [acesso em 2010].

Figura 11.8
Mapa da Grande China.

Fonte: Reimpressa com a cortesia da Oriental Travel – oferece informações turísticas e serviços de reserva para viajantes do mundo inteiro na região da Grande China. http://www.orientaltravel.com.

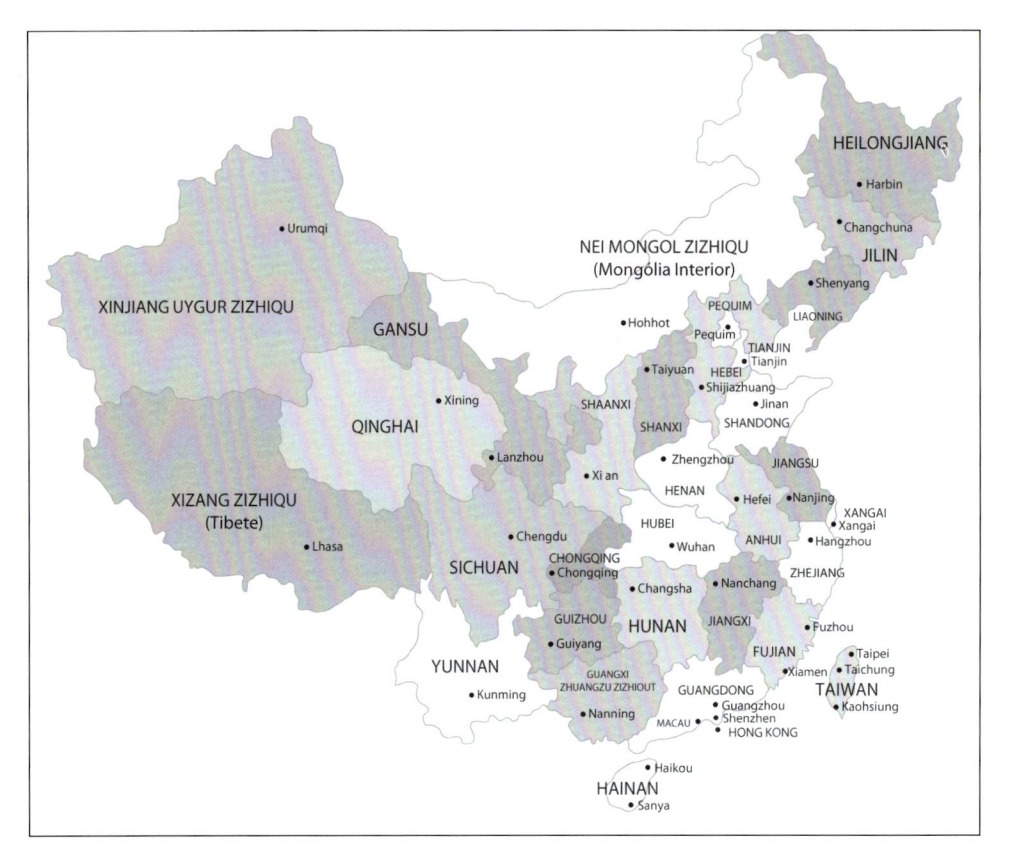

CONTEÚDO ON-LINE
O mapa colorido está disponível no site do livro.

país. A renda *per capita* nas áreas anteriormente separadas de Hong Kong, Macau e Taiwan é a mais alta.

Além da diversidade econômica, os habitantes da China (ver Figura 11.8) exibem diferenças étnicas e linguísticas importantes. Os chineses *han* representam mais de 90% do povo, com grupos minoritários de tamanho considerável que incluem *zhuang*, *manchu*, *hui*, *miao*, *uyghur*, *tujia*, *yi*, *monglo*, *tibetano*, *buyi*, *dong*, *yao*, *coreano* e outros. A língua nacional é o mandarim, mas mais de 56 dialetos e outros idiomas são falados no país. Obviamente, o chinês escrito pode ser lido por quase todos, mas diferentes dialetos são quase sempre mutuamente indecifráveis. Essa falta de um idioma comum causa alguns problemas interessantes para os anunciantes de rádio e televisão, os quais normalmente a mídia impressa consegue evitar. Por exemplo, as mais de 3 mil emissoras de televisão ao redor da República Popular da China são obrigadas pela Administração Estatal de Rádio, Filme e Televisão a apresentar sua programação e anúncios em mandarim. Entretanto, essas diretrizes em geral são ignoradas em favor dos idiomas e dialetos locais que conseguem comunicar melhor para os consumidores tanto as mensagens dos programas quanto dos comerciais. Principalmente na província de Guangdong, a ênfase sobre o "idioma" cantonês local predomina. A programação televisiva nessa região é predominantemente veiculada em cantonês, mas as mensagens dos comerciais são em sua maioria em mandarim. Já a programação e os comerciais de rádio tendem a ser apresentados em cantonês. Além disso, vários habitantes da província de Guangdong prestam mais atenção à mídia via satélite de Hong Kong em cantonês. Consulte o quadro "Cruzando fronteiras 11.3" para examinar alguns outros detalhes interessantes.

Nordeste da China: área industrial central de longa data

O nordeste da China era o centro industrial e tecnológico do país nas décadas de 1970 e 1980. Na época, inúmeras empresas estatais dos setores petroquímico, de aço e de indústrias pesadas dominavam a produção na antiga economia planejada. Embora ainda de extrema importância, o crescimento nas outras três regiões principais tem superado o do nordeste da China à medida que o país muda do comunismo para uma direção mais de livre-iniciativa.

As três províncias contíguas no nordeste da China – Liaoning (43,2 milhões de habitantes), Jilin (27,4 milhões) e Heilongjiang (38,3 milhões) – há muito tempo denotam uma união coesa com relação à cultura e à economia política. Aliás, a solidez dessa inter-relação regional pode

CRUZANDO FRONTEIRAS 11.3 — Lidando com os dialetos na China: alguns comentários

A Administração Estatal de Rádio, Filme e Televisão (AERFT) concluiu que precisa pôr um fim na evolução lenta e gradual dos dialetos.

Em uma breve notícia postada no site da AERFT, Zhu Hong, seu porta-voz, reiterou os regulamentos que exigem que os diálogos dos programas televisivos utilizem o mandarim padrão. Segundo Zhu Hong, a quantidade de programas televisivos que faz uso extensivo de dialetos aumenta, e alguns dos programas utilizaram dialetos de maneira assídua e prolongada, contradizendo o espírito da intensa promoção do mandarim padrão e violando regulamentos nacionais. Além disso, o uso de dialetos exerce uma influência no público em termos estéticos.

Zhu Hong disse também que os departamentos administrativos de rádio, filme e televisão de cada província e os respectivos produtores precisavam seguir estritamente os regulamentos explicitados no documento 560 da AERFT (de 2005) – Aviso Concernente à Maior Reiteração do Uso do Mandarim Padrão nos Programas de TV – e inspecionar mais rigorosamente os programas concluídos. Em circunstâncias normais, o uso do mandarim padrão deve predominar nos programas que são produzidos, salientou ele.

Ela ressaltou ainda que o idioma usado em programas televisivos, exceto em musicais regionais, deveria ser predominantemente o mandarim padrão. Normalmente, não devem ser empregados dialetos ou o mandarim não oficial. Programas televisivos com temas revolucionários e históricos, séries infantis e programas que promovam conteúdos educativos devem usar o mandarim. As pessoas que ocupam cargos de liderança também devem usar o mandarim quando aparecem em programas televisivos.

Os dialetos locais podem tornar próximos os diálogos que usam principalmente o mandarim, mas personalidades importantes devem saber falar o idioma padrão. Essa exigência traz dificuldades para a representação precisa e natural de vários líderes fundadores da China, como Mao Tsé-tung (de Hunan) e Deng Xiaoping (de Sichuan).

Em circunstâncias mais triviais, uma empresa de transporte de cargas conhecida na China e em Taiwan uma vez veiculou um comercial que mostrava um de seus concorrentes tentando dizer a uma senhora idosa que havia uma encomenda para ela. Ela não compreendeu o que ele disse em mandarim, por isso, o desafortunado entregador foi obrigado a ficar ali parado repetindo dezenas de vezes a mesma coisa. Um entregador da empresa que fez esse comercial obviamente entra em cena e usa o dialeto certo para essa senhora.

Fontes: Joel Martinsen, "Too Much Dialect on the Small Screen", Danwei.org, 17 de julho de 2009; "Chinese Dialects and Accents", tvtroes.org [acesso em 2010].

---

ser nitidamente vista na maneira como elas são descritas em outras partes do Império do Centro: as três são chamadas de *dongbei*, que significa nordeste, ou *dong sansheng*, que significa as três províncias do nordeste, em vez de serem identificadas individualmente. Assim, talvez a vantagem mais importante da região seja sua justaposição com os vizinhos industriais mais importantes da China. Durante séculos, produtos e ideias transpuseram essas fronteiras e continuam transpondo, agora com uma intensidade nunca vista. Liaoning mantém vínculos mais estreitos com o Japão; Jilin, com a Coreia do Sul; e Hilongjiang, com a Rússia.

Em virtude da oportunidade econômica e da proximidade geográfica, os estudantes, em lugar do inglês, tomam aulas de japonês e russo nas escolas de idioma. O coreano é também um idioma amplamente falado – uma minoria de aproximadamente 2 milhões de coreanos reside nessa área. O dialeto chinês falado nessa região é semelhante ao mandarim, mas com um ligeiro sotaque *dongbei*.

A influência japonesa sobre a região data da década de 1930, quando os japoneses controlavam grande parte do norte da China pelas mãos do imperador títere de Manchukuo (Estado da Manchúria). Cinquenta anos depois, a relação comercial entre japoneses e chineses foi retomada e se desenvolveu com a ascensão da China. O investimento japonês flui para essa área desde a década de 1980, e hoje a China é o parceiro comercial mais importante do Japão, mais até do que os Estados Unidos.

Dalian, localizada na extremidade sul da Península de Liaodong, é o centro de relações binacionais. Essa cidade, que possui uma das maiores e mais modernas instalações portuárias do mundo (administradas por uma empresa cingapurense), está apenas a quatro horas de avião do Japão, e sua força de trabalho de alta qualidade e seus imóveis baratos atraem investimentos japoneses de alta tecnologia. Empresas como Toshiba, Canon e Matsushita empregam dezenas de milhares de trabalhadores chineses nessa cidade, e milhares de gerentes e engenheiros japoneses residem lá. Toda essa interação é facilitada porque cerca de 70 mil chineses falam japonês fluentemente. Em conclusão, Dalian conseguiu reverter grande parte dos danos ambientais de décadas atrás decorrentes de irregularidades industriais e hoje se tornou uma anfitriã arborizada para empresas de alta tecnologia e *software* do mundo inteiro.

Tanto a província de Liaoning quanto a de Jilin têm fronteira com a Coreia do Sul, e ambas acolhem um número considerável de minorias coreanas. Dos 2 milhões de coreanos étnicos no país, cerca de 60% vivem em Jilin. A Coreia do Sul aproveitou essa ponte cultural e dirigiu seus investimentos para essa província, particularmente a partir de 2002.

A maior fronteira da China é a com a Rússia, que tem cerca de 7.400 quilômetros. Do ponto de vista comercial, a área mais importante da fronteira é a que fica perto de Heilongjiang. A antiga influência da Rússia sobre Harbin, capital da província – alguns a chamam de "Pequena Moscou" –, é visível em sua arquitetura, nos padrões de consumo (a vodca e o sorvete são populares por lá) e na habilidade valiosa de seus habitantes para falar o russo. Embora as tensões quase sempre tenham ultrapassado em muito a fronteira, hoje os dois países começam a cooperar mais na comercialização de recursos energéticos. Particularmente o petróleo da Rússia escoa depressa para suprir o aquecido crescimento de *dongbei*.

Pequim-Tianjin

O planejamento central transformou essa região de 29,9 milhões não apenas em um centro político do país, mas também em um centro de P&D. O Distrito Comercial Central, Zhongguancun (conhecido como o Vale do Silício da China), e mais recentemente a Vila Olímpica são algumas das consequências do histórico político e cultural exclusivo de Pequim, capital da China. O corredor de 121 quilômetros entre Pequim e sua parente costeira Tianjin acolhe em torno de 5 mil empresas chinesas de alta tecnologia, dentre elas a Lenovo, e mais de mil empresas internacionais de TI. Talvez o segredo dessa região seja a qualidade da educação superior que ela oferece. A Universidade de Pequim e a Universidade de Tsinghua são as mais proeminentes entre as 70 universidades da região. O desenvolvimento do Distrito Comercial Central de Pequim continua com o ambicioso objetivo de competir com Manhattan, Paris e Japão.

Tianjin é a terceira maior cidade industrial da China depois de Xangai e Pequim, mas é também a de mais rápido crescimento. Os setores principais são o de automóveis, eletrônicos, metais e petroquímico. Uma nova ênfase é dada às áreas de desenvolvimento da tecnologia da informação, biotecnologia, medicina e energias limpas. Os enormes investimentos da Motorola na Zona de Desenvolvimento Econômico e Tecnológico de Tianjin deram lugar ao que supostamente se considera a maior atividade industrial de telefones móveis do mundo.

Funcionários da Força Aérea Chinesa são submetidos a uma sessão de treinamento com os instrumentos mais modernos do centro de comando em uma escola de treinamento em Pequim. A China conseguiu fazer o lançamento de teste de um novo tipo de míssil superfície-superfície de longo alcance dentro de seu território porque a tensão entre China e Taiwan intensificou-se depois que o presidente de Taiwan declarou que as relações entre Taipé e Pequim deveriam ser consideradas "relações especiais entre Estados". Há pouco tempo, a China e os Estados Unidos desativaram seus satélites "errantes" com mísseis.[36] Grande parte da tecnologia eletrônica utilizada nos mísseis de longo alcance tem dupla finalidade; isto é, essa tecnologia pode ser utilizada para aplicações não militares e militares. É responsabilidade do exportador garantir que o usuário final de produtos de dupla finalidade controlados respeite as restrições de exportação.

---

[36] "China Confirms Anti-Satellite Test to US, Says Not a Threat", *AFX UK Focus*, 22 de janeiro de 2007; Yochi J. Dreazen, "U.S. Missile Hits Satellite-Military Strike Raised Hackles in China; Test Charges Denied", *The Wall Street Journal*, 22 de fevereiro de 2008, p. A9.

Xangai e Delta do Rio Yang-Tsé

Antes da Segunda Guerra Mundial, Xangai talvez tenha sido o centro mais importante para o comércio e as atividades financeiras da Ásia-Pacífico. Entretanto, no século XXI, essa cidade disputa prestígio entre várias rivais, como Hong Kong, Cingapura, Tóquio e Los Angeles. Xangai passou por um processo de renascimento industrial de peso ao longo das duas últimas décadas. A tradicional participação da produção de baixo valor agregado na indústria têxtil e nos setores industriais de equipamentos pesados diminuiu porque várias indústrias seguem para o Oeste. Os setores de valor agregado médio hoje são responsáveis pela ampla maioria dos empregos industriais de Xangai. Contudo, uma nova ênfase tem sido dada ao desenvolvimento do setor de montagem de automóveis e de outros setores de alta tecnologia, como produção de computadores, de equipamentos de telecomunicações e de circuitos integrados.

O crescimento econômico constante da China e sua associação à OMC contribuíram para o *status* de Xangai de centro regional comercial e financeiro. Metade do PIB da cidade provém dos setores de serviços financeiros, como operações bancárias, varejo, financiamento, comércio, seguro e empreendimentos imobiliários. Ao que parece, a Bolsa de Valores de Xangai tem potencial para ultrapassar a de Hong Kong e Shenzhen. Xangai tem uma base de indústrias bem mais ampla, recursos econômicos complementares do Delta do Rio Yang-Tsé e toda a área do Vale do Rio Yang-Tsé, que se estende bem adentro da China continental, além de um vigoroso apoio de Pequim. Aliás, segundo o Departamento de Comércio, o crescimento mais rápido das exportações dos Estados Unidos entre as cidades afastadas da costa tem se dado em Ningbo, Chengdu e Wuhan, todas no curso acima do Rio Yang-Tsé em relação a Xangai.

Pudong, com uma área de 522 quilômetros quadrados e uma população de mais de 2 milhões, localiza-se na margem leste do Rio Huangpu, do outro lado do centro urbano de Xangai. O novo aeroporto e o rápido crescimento da Nova Região de Pudong, que foi construída do zero, representam bem a modernização da grande Xangai e da ascensão da China como potência econômica do novo milênio.

Suzhou, a uma hora de carro a oeste de Xangai, desponta como um dos grandes centros industriais da China, tomando o lugar da capital provincial Nanjing, a duas horas de distância pela via expressa Xangai-Nanjing, para se tornar a principal economia e centro comercial estrangeiro da província de Jiangsu. Nos últimos dez anos, investidores estrangeiros, particularmente dezenas de milhares de empresas taiwanesas, construíram instalações fabris para tudo, de bens de consumo a produtos de alta tecnologia. Mais de 250 mil gerentes e engenheiros de Taiwan também residem nessa área. Hoje, Suzhou está entre as dez maiores cidades chinesas em relação ao poder competitivo.

Delta do Rio das Pérolas

A área do Grande Rio das Pérolas abrange três cidades de mais de 5 milhões de habitantes (Hong Kong, Guangzhou e Shenzhen); cinco cidades com mais de 1 milhão de habitantes (Zhuhai, Huizhou, Foshan, Zhongshan e Dongguan); e inúmeras cidades com aproximadamente 500 mil habitantes cada, como Macau.

Shenzhen, uma próspera cidade na fronteira com Hong Kong que há 20 anos era apenas um povoado pesqueiro, tomou o lugar da capital provincial Guangzhou na liderança da economia local. Em 1980, Shenzhen foi designada como a primeira Zona Econômica Especial da China. A população permanente de Shenzhen, de apenas 300 mil habitantes em 1980, atingiu 7 milhões, refletindo o significado e a atratividade da cidade como base industrial e de transporte. Sua proximidade com Hong Kong, um centro de serviços internacional, é uma das vantagens de Shenzhen. Sendo ela base para uma ampla variedade de indústrias, pode utilizar Hong Kong como uma plataforma comercial para expandir o mercado global. Além disso, as empresas estrangeiras podem fornecer produtos industriais para Shenzhen por meio de Hong Kong. Como as empresas de Hong Kong são investidores estrangeiros importantes em Shenzhen, elas podem formar parcerias estratégicas com empresas multinacionais. Tendo em vista sua experiência no continente, sua exposição internacional e sua perspicácia nos negócios, as empresas de Hong Kong e seus respectivos recursos humanos têm capacidade para ajudar as empresas estrangeiras a diminuir os riscos administrativos e de investimento em Shenzhen.

Um fornecedor entrega uma árvore de Natal em Pequim. Desde as reformas implantadas na China e a atenuação dos controles sobre a religião no final da década de 1970, o número de cristãos aumentou de 2 milhões para 50 milhões. Embora as restrições à liberdade religiosa continuem, a liberdade econômica aumenta, do mesmo modo que as liberdades políticas.

CRUZANDO FRONTEIRAS 11.4 — Mudanças culturais e difusão das celebrações provenientes do sul

Philip Cheng, analista financeiro de 26 anos, nos últimos quatro anos passou o Dia dos Namorados com sua namorada, Molly Lam. No ano passado, eles foram de avião para Xangai, tiraram fotos de arranha-céus famosos da cidade e curtiram um clima romântico em um aconchegante restaurante italiano.

Este ano, entretanto, os planos desse jovem casal para o Dia dos Namorados correm o risco de não se concretizar por causa da mãe de Cheng, de 50 anos. Pela primeira vez, depois de décadas, o Dia dos Namorados deste ano cai no primeiro dia do Ano-Novo Lunar, o maior feriado no calendário chinês. Para a maioria das famílias chinesas, o Ano-Novo Lunar é uma celebração importante em que se recebe a visita de familiares e são preparadas grandes refeições. A mãe de Cheng traçou seus planos. O filho precisará escolher: a namorada ou a mãe.

O Ano-Novo Lunar chinês muda todos os anos de acordo com o ciclo lunar. Essa sobreposição ao Dia dos Namorados, que não ocorria desde 1953 e não ocorrerá até 2048, força essas tradições chinesas e ocidentais consagradas pelo tempo a disputar espaço em Hong Kong, onde esses dois eventos são comemorados. Logo no início da semana, Cheng e suas duas irmãs receberam uma mensagem da mãe, implorando para que não faltassem ao jantar da família no Ano-Novo Lunar. "Ainda que sejamos uma família, estamos tão ocupados com nossos afazeres que dificilmente nos vemos. Em uma ocasião como essa, acho que é importante compartilharmos esse jantar em família", diz a mãe.

"Quando vi essa mensagem em meu telefone, não consegui acreditar", relata Cheng, dando um suspiro. "Eu estava planejando passar o dia com minha namorada." Na China continental, um jornal contrapôs essa sobreposição de datas como "o ideal ocidental de um paraíso a dois e o ideal do Ano-Novo chinês de família reunida".

A coincidência de datas frustra os proprietários de restaurante e os floristas que aguardam o grande dia do Cupido e o Ano-Novo chinês como a maior oportunidade anual de ganhar dinheiro. "Trata-se de um golpe e tanto para o comércio", afirma Elizabeth Tse, presidente da Associação de Floriculturas de Hong Kong. Como o Dia dos Namorados cai no domingo, maridos e namorados não precisarão enviar flores para o escritório da mulher ou da namorada, o que é um verdadeiro sinal de *status*, diz ela. Tse supõe que, em virtude do Ano-Novo, muitas pessoas visitarão os parentes e provavelmente algum templo e, se saírem para um jantar romântico, dirão "Esqueça as flores, vamos apenas jantar".

Na China continental, a celebração do Dia dos Namorados é recente, mas 5% dos respondentes de uma pesquisa de opinião disseram que abandonariam o feriado lunar para ficar com o namorado ou namorada e outros 5% afirmaram que estavam indecisos. Elsa Ma, diretora de marketing de telecomunicações de 34 anos, da cidade Wuhan, no interior do continente, viajará para a cidade natal de seu noivo nesse feriado prolongado para encontrar pela primeira vez seus futuros sogros depois de oito meses de namoro e para celebrar o Ano-Novo chinês. Mas ela não abre mão do Dia dos Namorados, que "é importante para nós dois", diz ela. "Com certeza, verei os pais dele pela manhã, mas passaremos o resto do dia sozinhos."

Em Hong Kong, onde o Dia dos Namorados tem sido comemorado há bem mais tempo, alguns restaurantes se preparam para oferecer as opções românticas usuais. No restaurante francês Gaddi's, no Peninsula Hotel, o cardápio de *prix fixe* (preço fixo) do Dia dos Namorados sai por US$ 370 por pessoa.

"Eles fazem as regras em Pequim, e nós as interpretamos aqui", diz o ditado no Delta do Rio das Pérolas. Portanto, na China, as mudanças sempre fluíram do sul para o norte, visto que o sul tem maior contato com ideias estrangeiras, e isso ocorre pelo menos há três séculos. O Natal e o Dia dos Namorados ganham popularidade no norte; contudo, acreditamos que ainda demorará algum tempo para que os jantares de US$ 370 por pessoa tornem-se populares na província de Guizhou, onde esse valor representa em torno de 25% da renda *per capita* anual.

Fontes: N. Mark Lam e John L. Graham, *China Now, Doing Business in the World's Most Dynamic Market* (Nova York: McGraw-Hill, 2007); Jonathan Cheng, "In Hong Kong, Love's at War with Tradition", *The Wall Street Journal*, 13 de fevereiro de 2010 [*on-line*].

O outro bilhão

Até o momento, falamos sobre um quarto da população da China – a população costeira em fase de industrialização e relativamente rica. Contudo, a China rural que poucos ocidentais enxergam é a parte do país que ainda não participa da economia global. O governo central dedica-lhe alguma atenção, mas não muita. Esse um bilhão geralmente recebe em torno de 10% do orçamento do governo central, o que representa menos de US$ 100 *per capita* para estradas, água, abastecimento de energia, escolas e hospitais na zona rural.

O desenvolvimento na região concentra-se em grandes municípios e cidades como Chongqing (28,6 milhões), na província de Sichuan (que abriga outros 81,9 milhões de pessoas). Chongqing, capital da China na Segunda Guerra Mundial, é uma cidade em desenvolvimento a 2.400 quilômetros de Xangai, no curso superior do Rio Yang-Tsé. A renda média de um habitante de Chongqing era de US$ 3 mil em 2009, enquanto a de seus vizinhos rurais era de US$ 250. Entretanto, o governo não gasta muito nessa área. Na verdade, observa-se que o desenvolvimento é financiado por empresas multinacionais. Por exemplo, a BP construiu uma fábrica química de US$ 200 milhões naquela área, a Volvo começou a produzir o modelo S40 de carros pequenos por lá, e a Yamaha possuiu uma fábrica de motocicletas na região. Uma quantidade bem maior de trabalho ainda precisa ser feita. Contudo, como os salários aumentam paralelamente à recente escassez de mão de obra ao longo da costa leste, o "mercado" puxará o desenvolvimento para o oeste. "Em que ritmo?" é a pergunta em pauta. O conceito de marketing na base da pirâmide aplica-se aqui.

A Yum! Brands tem planos de se expandir rapidamente na China. Em 2900, abriu 500 novos restaurantes KFC, Pizza Hut e Taco Bell, alcançando um total de 2.870 restaurantes em mais de 650 cidades. O concorrente de *fast-food* McDonald's também pretende se expandir a um ritmo semelhante, ainda que com uma estrutura menor. As decisões sobre localização são tomadas com base principalmente na renda local, em especial na China central. As decisões sobre localização da KFC nessa área são instrutivas: na última contagem, das dez lojas na província de Gansu, nove estão na capital; 28 dos 39 restaurantes em Hubei estão em Wuhan, a capital; e 17 dos 25 restaurantes em Sichuan encontram-se em Chengdu.

O desassossego na zona rural também se precipita à medida que as diferenças econômicas se ampliam, e agora as tecnologias de comunicação exibem essa disparidade. Os problemas de desenvolvimento para esses três quartos da população são enormes, e a dimensão de possíveis atritos sociais é verdadeiramente alarmante. As oportunidades para empresas americanas nessa área são bem distintas daquelas oferecidas pela frenética costa leste.

Embora seja difícil concorrer com os baixos custos de produção da China, imagine comercializar em um país que tem produção, mas pouca renda disponível, nenhum local de armazenamento, transportes restritos que levam a mercados errados e nenhum intermediário ou representante facilitador para ativar o fluxo de mercadorias do fabricante ao consumidor. Quando existem circunstâncias como essas nos mercados em desenvolvimento, tanto o progresso mercadológico quanto o econômico sofrem um atraso. Até certo ponto, esse problema é enfrentado pela China e também por várias das repúblicas da antiga União Soviética. Na China, por exemplo, dentre 1,3 bilhão de consumidores potenciais, a maioria não é acessível porque a rede de distribuição ou não existe ou é ruim. Aliás, o verdadeiro mercado de consumo na China provavelmente está restrito a não mais que 25% das pessoas que residem em cidades mais ricas. Não existe nenhum sistema de distribuição e de canal para distribuir de maneira eficaz os produtos. Portanto, as empresas precisam ter astúcia para compensar essa ineficiente infraestrutura.

Diferenças no estilo de negociação comercial na Grande China

No Capítulo 19, examinamos de maneira relativamente detalhada as diferenças no estilo de negociação das várias culturas nacionais, bem como o perigo dos estereótipos. Aqui, abordamos brevemente as diferenças de postura em seis regiões da Grande China, e esperamos que tenha ficado óbvio que as pessoas das várias regiões citadas não se encaixarão exatamente nas caracterizações étnicas resumidas a seguir.[37] Nossa intenção é simplesmente demonstrar a curiosa amplitude comportamental da cultura de negócios chinesa.

Negociadores no nordeste. Franqueza é estereótipo dos executivos no nordeste da China, nutrido predominantemente por seus vizinhos ao sul. Os negociadores das três províncias no nordeste acima do Yang-Tsé com certeza são esforçados e competentes. Geralmente são honestos e francos. Além disso, eles não têm fama de ter propensão ao risco e à criatividade.

Região de Pequim. Os negociadores da região de Pequim são conhecidos por sua indolência burocrática incomum (em relação à China) e por sua perspectiva imperialista, fatores que geram uma relativa falta de criatividade, isto é, de pensar de uma maneira não convencional. Como não raro são eles mesmos que criam as convenções, não estão acostumados a imaginar formas de evitá-las. Uma pequena advertência sobre essa generalização é particularmente necessária mesmo com relação ao crescente cosmopolitismo dos administradores que trabalham na capital do país ou ao seu redor.

Região de Xangai. Os negociadores da região de Xangai são conhecidos na China por sua perspicácia. Eles são expansivos, falantes e gastadores e tentam impressionar de uma maneira

---

[37] Consulte N. Mark Lam e John L. Graham, *China Now, Doing Business in the World's Most Dynamic Market* (Nova York: McGraw-Hill, 2007).

e em um grau que não se vê em nenhum outro lugar da China. Para eles, tudo é possível – eles pensam de uma forma bastante criativa. Todavia, mais do que qualquer outra coisa, eles são bem-sucedidos e sem dúvida o grupo comercial predominante no continente.

Delta do Rio das Pérolas. Os chineses do sul sempre estiveram mais próximos das influências estrangeiras, e esse é o motivo do estilo especial de empreendedorismo e espontaneidade que os caracterizam. Os negociadores dessa região têm fama de ser relativamente honestos e diretos. Eles são menos calculistas do que os habitantes de Xangai; entretanto, são excelentes negociantes e particularmente interessados em conseguir ganhos de curto prazo.

Hong Kong. A cultura de negócios em Hong Kong é diferente das caracterizações gerais em aspectos importantes. Quase todos os chineses com os quais você for negociar em Hong Kong serão bilíngues e falarão pelo menos o inglês fluentemente. Aliás, o inglês deles pode ser melhor do que o dos americanos ou ingleses. Como os executivos de Hong Kong aprenderam inglês, eles também absorveram a cultura britânica. Contudo, para a maioria, sua língua materna é o cantonês. Entre os falantes de chinês ao redor do mundo, o cantonês é o dialeto mais rudimentar e quase sempre passa a impressão de que os interlocutores discutem. Entretanto, se você perder a cabeça ou se irritar, ambos os lados da mesa perdem o prestígio, e normalmente a negociação é encerrada. Portanto, a humildade e as vias indiretas são mais enfatizadas no sudeste do que no nordeste.

Taiwan. Tanto o comportamento quanto o idioma dos taiwaneses são considerados, por outros chineses, os mais conservadores. Isto é, nem a influência de Confúcio nem o mandarim falado mitigaram o domínio e as filosofias comunistas. Consequentemente, idade, posição social e família são os fatores mais influentes. As empresas tendem a ser administradas diretamente pelo alto escalão, e o estilo de tomada de decisões é autocrático. Os diretores são ao mesmo tempo realistas e práticos e, ocasionalmente, ousados.

Oportunidades de marketing na Grande China

Todo o mundo sabe que o mercado chinês é imenso e cresce a passos largos. Percebemos também que, de uma ponta a outra desse vasto território de oportunidades, existem diferenças marcantes com relação ao bem-estar econômico, às culturas e às estruturas políticas. Municípios ricos como Pequim e Xangai são em grande medida comparáveis a Paris, Nova York ou Tóquio com respeito à disponibilidade de produtos de luxo. Quanto aos estágios de desenvolvimento econômico, eles são suficientemente grandes e ricos para serem considerados "países mais desenvolvidos". Tal como nos Estados Unidos, os carros de luxo vendem mais na região costeira, e os caminhões vendem mais nas regiões rurais a oeste. Algumas das regiões rurais ainda podem ser rotuladas como "menos desenvolvidas". Entretanto, diferentemente dos Estados Unidos, na China não é possível vender as mesmas linhas de cosméticos ou xampus em todos os cantos do país.

O Departamento de Comércio dos Estados Unidos relaciona os setores comerciais a seguir como particularmente convidativos para os exportadores americanos: componentes automotivos, carvão "limpo", equipamentos de construção, serviços educacionais e de capacitação, máquinas operatrizes, indústria naval, serviços de saúde, tratamento e reutilização de água, equipamentos ferroviários, energia renovável e construção ecológica. A comercialização da maioria desses produtos industriais na China envolve pequenas nuanças culturais, exceto, talvez, na mesa de negociações. Contudo, a venda de produtos ao consumidor exigirá adaptações linguísticas e valorativas nas estratégias e táticas de comunicação integrada de marketing.

Em suma, a influência das políticas governamentais nacionais e das regulamentações ao marketing com frequência será menor se comparada com as de seus pares em nível local/regional. Os próprios regulamentos talvez sejam diferentes de uma província para outra, e certamente sua interpretação e imposição dependerão dos valores locais e de cada administrador provincial e municipal. Para ter êxito, é essencial dedicar algum tempo para conhecer as diferenças locais e construir relacionamentos pessoais com parceiros de distribuição e autoridades governamentais. Esse conselho vale para todos os mercados ao redor do mundo, mas a diversidade do mercado chinês desafiará especialmente a paciência e a persistência dos profissionais de marketing internacional nas próximas décadas.

RESUMO

A região da Ásia-Pacífico é a mais dinâmica das três regiões cobertas nos Capítulos 9, 10 e 11. Além de abranger mais da metade da população do planeta, suas economias, por uma série de motivos, crescem rapidamente. Particularmente a China e a Índia apresentaram um crescimento de dois dígitos ao longo dos últimos cinco anos e, *até o momento*, saíram-se melhor do que os Estados Unidos ou a Europa com relação à recessão global de 2008-2009. Entretanto, o crescimento econômico na Coreia do Sul, em Cingapura, em Taiwan e principalmente no Japão manteve-se morno. Apesar disso, o Japão continua sendo o segundo mercado nacional mais importante, atrás apenas dos Estados Unidos.

A mistura de estágios de desenvolvimento econômico apresenta uma variedade de oportunidades para os profissionais de marketing internacional: infraestrutura de desenvolvimento, novos mercados industriais e imensos mercados de consumo. O Japão e os consumidores de alta renda de vários países também representam mercados de luxo importantes. Novos conceitos, como o marketing na base da pirâmide, são também mais aplicáveis no sul da Ásia. Os países da região da Ásia-Pacífico mantêm relações de cooperação em duas associações comerciais importantes, a Ansa e a Ansa + 3. Para concluir, analisamos a diversidade existente nos mercados, nos setores e nas culturas dentro da China.

PALAVRAS-CHAVE

"Grande China"
Paridade do poder de compra (PPC)
Quatro Tigres Asiáticos
Mercados da base da pirâmide (MBPs)
Ansa
Ansa + 3
Apec

QUESTÕES

1. Defina as palavras-chave acima relacionadas.
2. Explique por que a economia da China arrastou-se nos últimos 500 anos e se desenvolveu nos últimos 20.
3. Por que a economia do Japão desacelerou?
4. O que explica o rápido crescimento dos Quatro Tigres Asiáticos?
5. Compare o crescimento positivo e o potencial de crescimento da Índia e da China. Liste as vantagens e desvantagens de cada país.
6. Discorra sobre os problemas que um profissional de marketing pode encontrar ao considerar os países marxista-socialistas como mercados.
7. Quais são as oportunidades e as dificuldades dos mercados na Grande China?
8. Quais são os problemas políticos que circundam a sólida relação comercial entre Estados Unidos e República Popular da China?
9. Descreva brevemente três estratégias utilizadas por CMNs na China e na Índia.
10. Os Estados Unidos devem temer a ascensão da China? Por quê?
11. Você acha que a China e a Índia seguirão o trajeto de crescimento do Japão e da Coreia do Sul? Quais fatores são semelhantes em relação a esses países e quais são exclusivos de cada um?
12. Fale sobre as oportunidades e ameaças ao entrar no mercado de Bangladesh.
13. Discorra sobre a interação econômica entre a China e seus vizinhos do norte.
14. Em que sentido as estratégias de marketing da China no exterior são semelhantes e diferentes das estratégias das empresas americanas?
15. O que os Estados Unidos, a Europa e a China podem aprender com a experiência do Japão ao longo dos últimos 20 anos?

Capítulo 12

Gestão de marketing global
planejamento e organização

SUMÁRIO

- Perspectiva global
  Os britânicos vendem outra preciosidade
- Gestão de marketing global
  - Estilo Nestlé: evolução, não revolução
  - Benefícios do marketing global
- Planejamento para mercados globais
  - Objetivos e recursos da empresa
  - Comprometimento internacional
  - Processo de planejamento
- Opções de estratégia de entrada no mercado
  - Exportação
  - Acordos contratuais
  - Alianças estratégicas internacionais
  - Investimento direto no exterior
- Organização da concorrência global
  - Centro de decisões
  - Organizações centralizadas *versus* descentralizadas

OBJETIVOS DE APRENDIZAGEM

- **OA1** Em que sentido a gestão de marketing global difere da gestão de marketing internacional
- **OA2** Necessidade de planejar para alcançar os objetivos da empresa
- **OA3** Fatores fundamentais para cada opção de estratégia de entrada no mercado
- **OA4** Importância crescente das alianças estratégicas internacionais

Desenvolvimento de estratégias de marketing globais

PARTE QUATRO

Perspectiva global
OS BRITÂNICOS VENDEM OUTRA PRECIOSIDADE

A dança de acasalamento foi excepcionalmente longa, e a negociação também. Primeiro, a Kraft propôs-se a compra da instituição britânica Cadbury por quase US$ 17 bilhões no início de setembro de 2009. Depois, tinha até 9 de novembro para fazer uma oferta oficial. Do contrário, teria de abandonar a disputa. Esse namoro desencadeou um bombardeio de trocadilhos (por exemplo, "Cadbury engasga com a oferta da Kraft"). Além disso, incitou um medo atávico em toda a Grã-Bretanha de que um conglomerado americano sem rosto arruinaria uma instituição britânica e forçaria os bretões a abrirem mão do chocolate Dairy Milk e do Creme Eggs em favor do Cheez Whiz e do Jell-O.

Uma série de estudos demonstrou que três quartos das fusões e aquisições não conseguem gerar nenhum benefício para os acionistas, e mais da metade na verdade destrói seu valor (por exemplo, Quaker e Snapple, Daimler-Benz e Chrysler, Time Warner e AOL). O perigo é particularmente notório nas ofertas hostis que cruzam fronteiras e envolvem marcas extremamente tradicionais.

A negociação entre a Kraft e a Cadbury parecia fadada ao fracasso. Todd Stitzer, CEO da Cadbury, defende que sua empresa é a corporificação de um estilo distintivo de "capitalismo íntegro", que foi inspirado pelos fundadores da Quaker há mais ou menos dois séculos e entranhou-se em seu tecido desde então. Destruir essa tradição significa "correr o risco de destruir o que torna a Cadbury uma empresa notável".

Além disso, as fábricas de chocolate são uma estirpe que desenvolve uma relação íntima com seus clientes, em parte porque o chocolate é o protagonista de muitos rituais infantis, românticos e festivos e em parte porque as pessoas definem suas preferências por chocolate na barra da saia da mãe. A maioria dos bretões preferiria comer escorpiões a comer chocolates da Hershey's. Os gigantes do mercado de chocolates há décadas dominam as regiões em que nasceram. Os bretões se empanturram de chocolate Dairy Milk, Creme Eggs e Crunchies desde 1905, 1923 e 1929, respectivamente.

A fusão entre a Kraft e a Cadbury também criaria uma gigante de dentes rotos com US$ 50 bilhões de vendas anuais, uma presença significativa em todos os mercados dignos do nome e uma oportunidade real de ganhar um terreno perdido na China. A Kraft ocupa uma sólida posição no continente europeu e opera em 150 países. A Cadbury é adorada em todos os territórios que foram dominados pelo Império Britânico (a empresa comanda 70% do mercado de chocolate na Índia, por exemplo) e também em vários outros lugares (principalmente no Brasil e no México). Seu sistema de distribuição é igualmente incomparável entre as pequenas lojas na Índia e em algumas regiões da África. Os céticos estão certos em ressaltar que as fusões imponentes, em vez de fortalecerem, na maior parte das vezes destroem as marcas, particularmente quando essas marcas são produtos delicados, como as barras de chocolate e os ovos açucarados. Entretanto, poucas fusões oferecem oportunidade para o estabelecimento de um império global de sabor.

Essa dança de acasalamento foi por fim consumada em janeiro de 2010, por algo em torno de US$ 19 bilhões em dinheiro e ações. Obviamente, uma aquisição dessa magnitude passou pelo escrutínio das autoridades antitruste do Atlântico antes de sua aprovação final. Uma das pessoas que não gostaram muito desse acordo nupcial foi o Warren Buffett, dono do grupo Berkshire Hathaway, que possui 9,4% da Kraft. Se pudesse, teria votado contra o dote de US$ 19 bilhões pago pela Kraft, por julgá-lo um exagero.

Fontes: "Food Fight", *The Economist*, 7 de novembro de 2009, p. 63; Graeme Wearden, "Warren Buffett Blasts Kraft's Takeover of Cadbury", guardian.co.uk, 20 de janeiro de 2010.

Confrontadas com uma disputa global crescente por mercados em ascensão,[1] as empresas multinacionais mudam suas estratégias de marketing[2] e transformando suas estruturas organizacionais. O objetivo dessas empresas é aumentar sua competitividade e garantir um posicionamento apropriado para aproveitar oportunidades no mercado global. Decisões abrangentes precisam ser tomadas com relação a opções estratégicas fundamentais, como padronização *versus* adaptação, concentração *versus* dispersão e integração *versus* independência.[3] Principalmente porque as fronteiras nacionais perdem importância, estamos assistindo ao surgimento de redes internacionais de colaboração corporativa mais abrangentes e, por conseguinte, de novas formas de pensar a respeito de conceitos tradicionais de concorrência e organização.[4]

Um estudo recente sobre corporações norte-americanas e europeias demonstrou que quase 75% das empresas remodelam seus processos empresariais, que a maioria formalizou programas de planejamento estratégico e que a necessidade de manter custos competitivos foi considerada o fator externo de influência mais importante sobre suas estratégias de marketing. Essas mudanças não ocorrem apenas nas gigantes multinacionais, mas também em empresas de pequeno e médio porte.

Na verdade, a flexibilidade das empresas menores lhes permite atender à demanda dos mercados globais e redefinir seus programas mais rapidamente do que as multinacionais maiores. Adquirir uma perspectiva global é fácil, mas sua implantação requer planejamento, organização e disposição para experimentar novos enfoques – do envolvimento em relações colaborativas à redefinição do escopo das operações da empresa.

Este capítulo analisa a gestão de marketing global, a concorrência no mercado global, o planejamento estratégico e as opções de estratégia de entrada no mercado. Além disso, identifica os elementos que contribuem para uma organização internacional ou global eficaz.

Gestão de marketing global

OA1

Em que sentido a gestão de marketing global difere da gestão de marketing internacional

Na década de 1970, o argumento sobre a segmentação de mercado estava ancorado na ideia de "padronização *versus* adaptação". Já nas décadas de 1980 e 1990, esse argumento baseava-se no conceito de "globalização *versus* localização" e "integração global *versus* responsividade local", respectivamente. A questão fundamental era saber se a homogeneização global das preferências dos consumidores possibilitaria uma padronização global do marketing *mix*. A revolução da internet na década de 1990, em vista de seu inédito alcance global, deu uma nova guinada nesse antigo debate.

Ainda hoje, o curso de ação global é o preferido por algumas empresas. Por exemplo, os executivos responsáveis pelos biscoitos de chocolate Twix utilizaram uma nova agência de propaganda global, a Grey Worldwide, para pôr à prova sua primeira campanha global. Pensando bem, talvez uma campanha global de fato faça sentido para o Twix. Contudo, observe as empresas que vão em outra direção. Os jeans da Levi's desbotaram em âmbito global nos últimos anos. A Ford optou por manter apenas uma das marcas adquiridas, a Mazda, mas continuará a vender o Fiesta no mundo inteiro.[5] E talvez a empresa mais global dentre todas as demais, a Coca-Cola, esteja mascarando duas marcas na Índia – Coca e Thums Up. "A Coca-Cola foi obrigada a confrontar uma realidade conflitante. Em várias partes do mundo,

---

[1] Yadong Luo e Rosalie Tung, "International Expansion of Emerging Market Enterprises: A Springboard Perspective, *Journal of International Business Studies*, 38, 2007, p. 481-498; Peter J. Buckley, L. Jeremy Clegg, Adam R. Cross, Xiin Liu, Hinrich Voss e Ping Zheng, "The Determinants of Chinese Outward Foreign Direct Investment", *Journal of International Business Studies*, 38, 2007, p. 499-518; Daphne W. Yiu, ChingMing Lau e Garry D. Bruton, "International Venturing by Emerging Economy Firms: The Effects of Firm Capabilities, Home Country Networks, and Corporate Entrepreneurship", *Journal of International Business Studies*, 38, 2007, p. 519-540; Igor Filatotchev, Roger Strange, Jennifer Piesse e Yung-Chih Lien, "FDI by Firms from Newly Industrialized Economies in Emerging Markets: Corporate Governance, Entry Mode, and Location", *Journal of International Business Studies*, 38, 2007, p. 556-572.

[2] Thomas Hutzschenreuter e Florian Grone, "Product and Geographic Scope Changes of Multinational Enterprises in Response to International Competition", *Journal of International Business Studies*, 40, n. 7, 2009, p. 1.149-1.172; Yaron Timmor, Samuel Rabino e Jehiel Zif, "Defending a Domestic Position against Global Entries", *Journal of Global Marketing*, 22, n. 4, 2009, p. 251-266.

[3] Lewis K. S. Lim, Frank Acito e Alexander Rusetski, "Development of Archetypes of International Marketing Strategy", *Journal of International Business Studies*, 37, 2006, p. 499-524.

[4] B. Elango e Chinmay Pattnaik, "Building Capabilities for International Operations through Networks: A Study of Indian Firms", *Journal of International Business Studies*, 38, 2007, p. 541-555; Victor K. Fung, William K. Fung e Yoram (Jerry) Wind, *Competing in a Flat World* (Upper Saddle River, NJ: Wharton School Publishing, 2008).

[5] David Kiley, "One Ford for the Whole Wide World", *BusinessWeek*, 15 de junho de 2009, p. 58-60.

A concorrência entre as engarrafadoras de refrigerantes é acirrada na Índia. Aqui, a Coca-Cola e a Pepsi se juntam para prejudicar a vista do Taj Mahal. Agora, a Coca-Cola comprou a Thums Up, uma marca local proeminente – trata-se de uma estratégia que a empresa emprega ao redor do mundo. Porém, quanto aos termos "monção (*monsoon*)/trovão (*thunder*)" dos *slogans*, não sabemos ao certo quem tomou emprestado de quem.

os consumidores ficaram mais exigentes, mais preocupados com diferenças insignificantes de preço ou um pouco mais nacionalistas e gastam mais em refrigerantes locais cujos sabores não fazem parte da linha da Coca-Cola", explicou o CEO da empresa.

Parte dessa tendência de voltar à localização é provocada pela eficiência da customização possibilitada pela internet e por processos de fabricação cada vez mais flexíveis. Aliás, um bom exemplo de "customização em massa" é a Dell Computer Corporation, que não mantém nenhum estoque e fabrica todos os seus computadores por encomenda. Foi também decisiva a aparente rejeição da lógica da globalização por parte de sindicalistas, ambientalistas e consumidores, tão bem evidenciada em Seattle durante os encontros da Organização Mundial do Comércio (OMC) em 2000. Embora um corpo crescente de pesquisas empíricas demonstre os riscos e as dificuldades da padronização global,[6] constatações contrárias também se evidenciam nas publicações.[7] Um exemplo notável de estratégia de padronização entre as empresas foi a tentativa malsucedida da Mattel de globalizar a Barbie loira. Tal como previmos corretamente em uma edição anterior deste livro, o enfoque mais adequado foi o da Disney, cuja linha mais diversificada, a "Princesas da Disney", incluía as bonecas Mulan (chinesas) e Jasmine (árabes). Mesmo com a vitória da Bratz e das Princesas da Disney nessa guerra entre as novas "infantarias de brinquedo", a disputa

---

[6] Carl Arthur Solberg, "The Perennial Issue of Adaptation or Standardization of International Marketing Communication: Organizational Contingencies and Performance", *Journal of International Marketing*, 10, n. 3, 2002, p. 1-21; Marios Theodosiou e Leonidas C. Leonidou, "Standardization versus Adaptation of International Marketing Strategy: An Integrative Assessment of the Empirial Research", *International Business Review*, 12, 2003, p. 141-171; Joan Enric Ricart, Michael J. Enright, Panjak Ghemawat, Stuart L. Hart e Tarun Khanna, "New Frontiers in International Strategy", *Journal of International Business Studies*, 35, n. 3, 2004, p. 175-200.

[7] Oliver Schilke, Martin Reimann e Jacquelyn S. Thomas, "When Does International Marketing Standardization Matter to Firm Performance?", *Journal of International Marketing*, 17, n. 4, 2009, p. 24-46.

Peças da coleção Princesas da Disney são exibidas na exposição Licensing International no Centro de Convenções Javits, de Nova York. Será interessante observar a reação competitiva da Barbie (da Mattel) à amplitude étnica da linha da Disney.

ainda não está totalmente resolvida. Com relação a isso, a Mattel recentemente ganhou um processo judicial contra a MGA, fabricante da Bratz, por violar seus direitos autorais. Apesar disso, um tribunal federal da Califórnia permitiu que as bonecas Bratz fossem vendidas durante o processo de apelação.[8]

Aliás, o debate sobre padronização *versus* adaptação é em si um exemplo formidável de etnocentrismo por parte de diretores e acadêmicos americanos. Isto é, do ponto de vista europeu ou mesmo japonês, os mercados são por definição internacionais, e as necessidades especiais do imenso mercado americano devem ser consideradas desde o início. Apenas nos Estados Unidos as necessidades do mercado internacional podem ser uma reflexão tardia.

Além disso, como a explosão da informação permite que os profissionais de marketing segmentem cada vez mais distintivamente os mercados, somente os gerentes de produção e/ou os gerentes financeiros das empresas defendem a padronização em prol das economias de escala. Do ponto de vista de marketing, a customização é sempre a melhor opção.[9] O tamanho ideal de segmento de mercado, se o objetivo for a satisfação dos clientes, é o *tamanho único*. De acordo com um especialista, "As empresas prospectivas e proativas são capazes e têm disposição [...] para concretizar ambos os desafios [padronização e localização] simultaneamente".[10]

Acreditamos que na verdade as coisas são mais simples. À medida que os mercados se homogeneizarem e diversificarem simultaneamente, as empresas mais competentes evitarão a armadilha de se concentrarem no *país* como principal variável de segmentação. Outras variáveis não raro são mais importantes – por exemplo, clima, idioma, hábitos de mídia, faixa etária[11] ou renda, tal como exemplificado em nossa discussão no Capítulo 11 sobre a diversidade existente na China. Os fabricantes do Twix, ao que parece, acham que os hábitos de mídia (isto é, dos espectadores da MTV) suplantam o país, de acordo com sua última abordagem de segmentação. Pelo menos um CEO de uma indústria concordou com a questão relacionada à segmentação baseada na mídia: "como a mídia se fragmenta em comunidades de interesse cada vez menores, a importância de atingir esses públicos onde quer [em

---

[8] Ann Zimmerman, "Maker of Bratz Dolls Wins a Legal Reprieve", *The Wall Street Journal*, 11 de dezembro de 2009, p. B10.

[9] Peggy A. Cloninger e Ziad Swaidan, "Standardization, Customization and Revenue from Foreign Markets", *Journal of Global Marketing*, 20, 2007, p. 57-70.

[10] Masaaki Kotabe, "Contemporary Research Trends in International Marketing: The 1960's", Capítulo 17, em Alan Rugman (ed.), *Oxford Handbook of International Business*, 2. ed. (Oxford: Oxford University Press, 2008). São também coerentes as constatações de Shouming Zou e S. Tamer Cavusgil, "The GMS: A Broad Conceptualization of Global Marketing Strategy and Its Effects on Firm Performance", *Journal of Marketing*, 66, n. 4, outubro de 2002, p. 40-57.

[11] Daniel Kjeldgaard e Soren Askegaard, "The Globalization of Youth Culture: The Global Youth Segment as Structures of Common Difference", *Journal of Consumer Research*, 33, 2006, p. 21-27.

qualquer país] que eles estejam é crescente. Hoje, os meios de comunicação oferecem cada vez mais conteúdos em uma variedade de plataformas – tele e radiodifusão e transmissão a cabo, mídia *on-line* e impressa, telões e a mais nova mídia digital portátil com 3D. E os anunciantes estão utilizando essa mesma variedade de plataformas para atingir seu público".

Em suma, talvez algumas poucas marcas italianas famosas ofereçam os melhores exemplos: os sapatos Salvatore Ferragamo, os artigos de couro Gucci e os carros Ferrari são vendidos globalmente para os segmentos de mais alta renda. Aliás, no caso de todas essas empresas, as vendas nos Estados Unidos são maiores do que as vendas na Itália.

No século XXI, padronização *versus* adaptação simplesmente não é a pergunta certa a fazer.[12] Na realidade, a dúvida básica dos profissionais de marketing internacional é saber quais são as formas mais eficazes de segmentar os mercados.[13] A segmentação por país tem sido a variável mais óbvia, particularmente para os americanos. Entretanto, como as fronteiras nacionais são dissolvidas por sistemas de comunicação mais adequados, outras dimensões de mercado global ganham importância.

Estilo Nestlé: evolução, não revolução

A Nestlé certamente não se incomodou com o debate sobre padronização *versus* adaptação. Praticamente desde a sua fundação, em 1866, a Nestlé é uma empresa internacional fabricante de comida para bebê. Por volta de 1920, a empresa possuía fábricas no Brasil, na Austrália e nos Estados Unidos e exportava para Hong Kong. Hoje, com 486 fábricas ao todo, em 193 países, ela vende mais de 8.500 produtos. A Nestlé é a maior empresa do mundo de comida para bebê, leite em pó, café instantâneo, chocolate, sopas e água mineral. É a segunda maior fabricante de sorvetes e, no segmento de cereais, empata com a Ralston Purina e está atrás somente da Kellogg Company. Seus produtos são vendidos tanto nos supermercados mais sofisticados de Beverly Hills, na Califórnia, quanto em choupanas da Nigéria, onde as mulheres vendem cubos de caldo de carne Nestlé e também tomates e cebolas de cultivo próprio. Embora a empresa não tenha representantes de venda na Coreia do Norte, de alguma forma seus produtos encontram seu lugar também nesse país.

O "estilo Nestlé" é dominar seus mercados. Sua estratégia geral pode ser resumida a quatro fatores: (1) pensar e planejar a longo prazo, (2) descentralizar, (3) apegar-se ao que conhece e (4) adaptar seus produtos às preferências locais. Para ver como a Nestlé atua, observe como ela aborda a Polônia, um dos maiores mercados do antigo bloco soviético. Desde o princípio, os executivos da empresa concluíram que levaria muito tempo para construir fábricas e criar uma consciência de marca nesse país. Por isso, a empresa procurou aquisições e adotou uma estratégia de "evolução, e não de revolução". Ela comprou a Goplana, fabricante polonesa de chocolates em segundo lugar no *ranking* de vendas (a empresa fez uma oferta para a campeã em vendas, mas perdeu), e no período de dois anos adaptou cuidadosamente o produto final fazendo pequenas mudanças a cada dois meses, até o momento em que o produto alcançasse os padrões Nestlé e se tornasse uma marca Nestlé reconhecível. Esses esforços, paralelamente a uma iniciativa de marketing irrestrita, colocaram a empresa a uma distância extraordinária da líder do mercado, a Wedel. Além disso, a Nestlé comprou uma unidade de operação de leite e, tal como fez no México, na Índia e em outros lugares, enviou técnicos a campo para ajudar os criadores poloneses a melhorar a qualidade e a quantidade de leite que a empresa compra por meio de aprimoramentos na forragem e nas condições sanitárias.

As iniciativas da Nestlé no Oriente Médio são mais de longo prazo. Hoje, essa região representa apenas 2% das vendas mundiais da empresa, e os mercados são relativamente pequenos, se vistos isoladamente. Além disso, os conflitos regionais impedem a maior parte das atividades comerciais entre países. Apesar disso, a Nestlé prevê que essa hostilidade em algum momento diminuirá, e, quando isso ocorrer, a empresa estará preparada para vender em toda a região. A Nestlé instalou uma rede de fábricas em cinco países que no futuro conseguirá fornecer diferentes produtos a toda a região. A empresa fabrica sorvetes em Dubai e sopas e cereais na Arábia Saudita. Sua fábrica no Egito produz iogurte e caldo de carne, e a da Turquia, chocolate. Uma fábrica na Síria fabrica *ketchup*, um energético de chocolate

---

[12] Aviv Shoham, Maja Makovec Brencic, Vesna Virant e Ayalla Ruvio, "International Standardization of Channel Management and Its Behavioral and Performance Outcomes", *Journal of International Marketing*, 16, n. 2, 2008, p. 120-151.

[13] Amanda J. Broderick, Gordon E. Greenley e Rene Dentiste Mueller, "The Behavioral Homogeneity Evaluation Framework: Multi-Level Evaluations of Consumer Involvement in International Segmentation", *Journal of International Business Studies*, 38, 2007, p. 746-763.

maltado, macarrão instantâneo e outros produtos. Se os obstáculos entre os países forem eliminados, a Nestlé terá uma rede de fábricas pronta para fornecer uma linha completa para o mercado em todos os países. Por enquanto, as fábricas produzem e vendem principalmente nos países em que se localizam.

Para várias empresas, essa estratégia de longo prazo não seria lucrativa, mas para a Nestlé ela funciona porque a empresa conta com ingredientes locais e comercializa produtos com os quais os consumidores podem arcar. Os tomates e o trigo usados pela fábrica da Síria, por exemplo, são os principais produtos agrícolas locais. Mesmo se as restrições da Síria ao comércio se mantiverem, existem 14 milhões de pessoas para comprar *ketchup*, macarrão instantâneo e outros produtos que a empresa produz nesse país. Em todos esses cinco países, o nome Nestlé e o ninho de passarinho que caracteriza sua marca aparecem em todos os produtos.

A Nestlé considera-se "a única empresa verdadeiramente dedicada a fornecer uma linha completa de produtos alimentícios para atender às necessidades e preferências de pessoas do mundo inteiro, em todas as horas do dia e ao longo de toda a sua vida".

Benefícios do marketing global

Poucas empresas possuem operações verdadeiramente globais nos principais mercados regionais. Entretanto, quando é possível identificar grandes segmentos de mercado internacionais, as economias de escala na produção podem tornar-se vantagens competitivas importantes para as empresas multinacionais.[14] Um bom exemplo é a Black & Decker Manufacturing Company – fabricante de utensílios elétricos manuais, eletrodomésticos e outros produtos de consumo –, que conseguiu gerar economias de custo de produção significativas quando adotou uma estratégia pan-europeia. Além de conseguir diminuir de 260 para 8 a quantidade de tamanhos dos motores no mercado europeu, a empresa diminuiu os modelos de 15 para 8. De modo semelhante, a Ford estima que, uniformizando as atividades de desenvolvimento de produtos, compra e fornecimento em vários países, consiga economizar mais de US$ 3 bilhões ao ano. Por fim, embora as empresas japonesas a princípio tenham dominado o segmento de telefones móveis em seu mercado doméstico, hoje os concorrentes internacionais apresentam desafios crescentes por meio de tecnologias melhores, cujo desenvolvimento é possibilitado por uma maior penetração global.

A transferência de experiência e *know-how* entre os países, decorrente de uma maior coordenação e integração das atividades de marketing, também é citada como um benefício das operações globais.[15] A diversidade global no que tange ao talento de marketing faz surgir novas mentalidades e condutas nos mercados.[16] A Unilever teve sucesso ao lançar duas marcas globais desenvolvidas originalmente por duas subsidiárias. Sua subsidiária sul--africana desenvolveu o desodorante corporal Impulse, e a europeia desenvolveu um detergente eficaz para ser utilizado com a água da Europa, cuja concentração de sais e cálcio é alta. O parceiro de *joint venture* da Aluminum Company of America (Alcoa) no Japão produziu folhas de alumínio tão perfeitas que os trabalhadores americanos acusaram a empresa de escolher a dedo algumas amostras para lhes apresentarem como referência. Os trabalhadores da linha de montagem foram enviados à fábrica do Japão para aprender as técnicas, que foram então transferidas para as operações americanas. Em virtude dos benefícios dessa transferência de conhecimentos, a Alcoa mudou seu método de enviar gerentes ao exterior para "supervisionar os trabalhos" e em vez disso passou a enviar trabalhadores de linha de montagem e gerentes para buscarem novas técnicas e processos.

A comercialização global também possibilita que os profissionais de marketing tenham acesso aos clientes mais exigentes. Por exemplo, com relação a várias categorias de produtos

---

[14] Natalia Vila e Ines Kuster, "Success and Internationalization: Analysis of the Textile Sector", *Journal of Global Marketing*, 21, n. 2, 2008, p. 109-126; Amar Gande, Christopher Schenzler e Lemma W. Senbet, "Valuation Effects of Global Diversification", *Journal of International Business Studies*, 40, n. 9, 2009, p. 1.515-1.532.

[15] Nigel Driffield, James H. Love e Stefan Menghinello, "The Multinational Enterprise as a Source of International Knowledge Flows: Direct Evidence from Italy", *Journal of International Business Studies*, 41, n. 2, 2010, p. 350-359.

[16] Janet Y. Murray e Mike C. H. Chao, "A Cross-Team Framework on International Knowledge Acquisition on New Product Development Capabilities and New Product Market Performance", *Journal International Marketing*, 13, 2005, p. 54-78; John Cantwell, "Location and the Multinational Enterprise", *Journal of International Business Studies*, 40, n. 1, 2009, p. 35-41; Peter J. Buckley e Niron Hashai, "Formalizing Internationalization in the Eclectic Paradigm", *Journal of International Business Studies*, 40, n. 1, 2009, p. 58-70.

CRUZANDO FRONTEIRAS 12.1 — Móveis suecos "para levar"

Há mais de 50 anos, nas florestas do sul da Suécia, ocorreu uma pequena revolução que mudaria o conceito de varejo e criaria um mercado de massa em uma categoria que ninguém ainda havia explorado. O catalisador dessa mudança foi e ainda é a IKEA, varejista e distribuidora de móveis suecos que praticamente inventou a ideia de autosserviço em matéria de móveis. Você mesmo escolhe, faz as combinações e leva os móveis para casa. A IKEA vende móveis e objetos de decoração de preço razoável e com design inovador para o mercado global.

O nome IKEA foi registrado em 1943 em Agunnaryd, na Suécia, por Ingvar Kamprad – o IK do nome da empresa. Ele entrou no mercado de móveis em 1950, e o primeiro catálogo foi publicado em 1951. A primeira loja só foi aberta em 1958 em Almhult. Ela se tornou tão inacreditavelmente popular que um ano depois foi necessário abrir um restaurante na loja para as pessoas que viajavam longas distâncias para visitá-la.

A IKEA entrou nos Estados Unidos em 1985. Embora a empresa seja global, a maioria de suas atividades concentra-se na Europa, responsável por aproximadamente 85% dos US$ 7 bilhões em vendas. Quase um quarto desse valor provém das lojas da empresa na Alemanha. Isso se compara a apenas US$ 1 bilhão nos países do Nafta.

Um dos motivos desse crescimento relativamente lento nos Estados Unidos é que as lojas são franqueadas pelo Inter IKEA Systems, com base nos Países Baixos, que analisa cuidadosamente os potenciais franqueados – indivíduos ou empresas – para averiguar se possuem um sólido apoio financeiro e experiência comprovada no varejo. O Grupo IKEA, com sede na Dinamarca, é formado por empresas privadas de propriedade de uma fundação beneficente dos Países Baixos que opera mais de 100 lojas. Além disso, o grupo desenvolve, compra, distribui e vende produtos IKEA, que são comercializados apenas nas lojas da empresa. Os produtos são comprados de mais de 2.400 fornecedores de 65 países e expedidos por 14 centros de distribuição. O objetivo de adquirir 30% da madeira da China e da Rússia ainda não foi atingido, mas os esforços continuam.

O baixo preço faz parte das linhas da empresa. Até mesmo em relação aos preços de catálogo existe a garantia de que eles não subirão no prazo de um ano. A motivação para vender produtos a preços acessíveis inadvertidamente colocou a IKEA no primeiro plano do movimento ambiental algumas décadas atrás. Além da redução de custos, a minimização de matérias-primas e embalagens procurou enfocar problemas relacionados a recursos naturais. O ambientalismo continua sendo uma questão operacional essencial na IKEA. Até os catálogos da empresa são completamente recicláveis e produzidos digitalmente, em lugar de se utilizar filme.

No dia em que a primeira loja da IKEA foi aberta na Rússia, em 2000, havia espera de uma hora para entrar e quilômetros de congestionamento na rodovia. Mais de 40 mil pessoas apinhavam-se na loja, esvaziando as seções do estabelecimento. Essa loja ainda atrai mais de 10 mil clientes por semana. A IKEA tem grandes planos para a Rússia. Os funcionários da empresa sonham em colocar as prateleiras básicas e os móveis de cozinha, banheiro e quarto da IKEA em milhões de apartamentos da Rússia que não são redecorados desde os tempos soviéticos. Atualmente, a IKEA abriu cinco novas lojas nas maiores cidades da China.

Fontes: Colin McMahon, "Russians Flock to IKEA as Store Battles Moscow", *Chicago Tribune*, 17 de maio de 2000; "IKEA to March into China's Second-tier Cities [Next]", *SinoCast China Business Daily News*, 6 de agosto de 2007, p. 1; "IKEA Struggles to Source Sustainable Timber", *Environmental Data Services*, julho de 2009, p. 22.

---

e serviços, o consumidor japonês tem sido o mais difícil de satisfazer, e é por causa desses clientes exigentes que não raro os produtos e serviços de maior qualidade provêm desse país. Disputar clientes japoneses oferece às empresas o melhor campo de provas para produtos e serviços de alta qualidade.

A diversidade dos mercados atendidos oferece também outros benefícios financeiros.[17] Ampliar a carteira de mercados atendidos melhora significativamente a estabilidade das receitas e das operações para várias empresas globais.[18] As empresas com operações de marketing global sofreram menos durante a recessão econômica no mercado asiático no final da década de 1990 do que as empresas especializadas nessa região. Aquelas que comercializam globalmente conseguem tirar proveito de circunstâncias financeiras instáveis também de outras maneiras. Por exemplo, com o fluxo e refluxo das alíquotas de impostos e tarifas ao redor do mundo, as empresas mais globais são capazes de utilizar as dificuldades correspondentes em seu favor.

---

[17] N. Capar e M. Kotabe ressaltaram que, para as empresas de serviços, a relação entre a diversificação internacional e o desempenho da empresa pode ser curvilínea (isto é, ambos são insuficientes e em grande medida ruins); consulte "The Relationship between International Diversification and Performance in Service Firms", *Journal of International Business Studies*, 34, n. 4, 2003, p. 345-355; Protiti Dastidar, "International Corporate Diversification an Performance: Does Firm Self-Selection Matter?", *Journal of International Business Studies*, 40, n. 1, 2009, p. 71-85.

[18] Lee Li, Gongming Qian e Zhengming Qian, "Product Diversification, Multinationality, and Country Involvement: What Is the Optimal Combination?", *Journal of Global Marketing*, 20, 2007, p. 5-25; Tess Stynes e Paul Ziobro, "McDonald's Sales Rise Despite U.S. Weakness", *The Wall Street Journal*, 9 de fevereiro de 2010 [*on-line*].

CRUZANDO FRONTEIRAS 12.2 — Apple busca parcerias ao redor do mundo

A Apple transformou-se rapidamente desde o lançamento do iPhone, fechando acordos de distribuição com operadoras americanas e europeias. Desde então, Steve Jobs passou a ficar de olho no Leste e tinha planos de entrar no Japão, um dos maiores e mais sofisticados mercados de telefones móveis do mundo.

Pessoas que estavam a par da situação disseram que Jobs encontrou-se com o presidente da NTT DoCoMo Inc., Masao Nakamura, a fim de discutir um acordo para oferecer o iPhone no Japão por meio da principal operadora de telefones móveis do país. Segundo esses mesmos informantes, a Apple também travava diálogos com a terceira operadora do *ranking*, a Softbank Corp., e os executivos das duas empresas fizeram várias viagens à sede da Apple em Cupertino, na Califórnia. Para a Apple, encontrar logo uma parceria de telefones móveis no Japão é um passo importante para o objetivo muitas vezes declarado pela empresa de ganhar 1% de participação no mercado global de telefones celulares, enviando cerca de 10 milhões de iPhones entre o lançamento do produto no final de junho de 2007 e o fim de 2008.

A segunda maior economia mundial, depois dos Estados Unidos, é um mercado atraente não apenas porque tem uma base sólida de fãs do iPod, mas porque quase 100 milhões de usuários de telefones móveis compram novos aparelhos a cada dois anos em média. Além disso, os consumidores japoneses estão acostumados a desembolsar centenas de dólares por caros telefones com recursos avançados, como televisão digital, câmeras e música.

Entretanto, o Japão poderia ser um mercado difícil para a Apple, pois mais de 10 fabricantes de telefones móveis domésticos trabalham intimamente com as três maiores operadoras, a fim de desenvolver telefones fabricados sob medida para atender às preferências dos consumidores japoneses. No passado, os fabricantes estrangeiros de telefones móveis não estavam muito dispostos a chegar a lugares tão longínquos e tiveram pouco sucesso com a venda de seus telefones, em especial quando esses aparelhos não continham recursos japoneses essenciais, como a tecnologia de internet móvel exclusiva da operadora ou o *software* de *e-mail* que os consumidores japoneses estão acostumados a usar.

Até o momento, o iPhone foi bem-sucedido nos países em que foi lançado: a Apple havia vendido um total de 1,4 milhão de iPhones até o final de setembro de 2007. E, embora as vendas desse produto não tenham correspondido completamente a algumas das previsões mais altas de Wall Street, o iPhone está entre os telefones inteligentes mais vendidos nos Estados Unidos, onde é comercializado apenas por meio da AT&T Inc., a maior empresa de telefonia por assinatura do país.

Por fim, a Apple formou uma parceria com a Softbank no Japão e com a China Unicom e prevê que esse ímpeto se manterá ainda por muito tempo.

Fontes: John Markoff, "A Personal Computer to Carry in a Pocket", *The New York Times*, 8 de janeiro de 2007, p. C1, C3; Yukari Iwatani e Nick Wingfield, "Apple Meets with DoCoMo, Softbank on Launching iPhone in Japan", *The Wall Street Journal*, 18 de dezembro de 2007 [*on-line*]; Philip Michaels, "Apple: What Recession?", *Macworld*, janeiro de 2010, p. 16.

Planejamento para mercados globais

O planejamento é uma forma sistematizada de se relacionar com o futuro. É uma tentativa de administrar os efeitos decorrentes de variáveis externas incontroláveis sobre os pontos fortes, os pontos fracos, os objetivos e as metas da empresa. Além disso, é um investimento de recursos no mercado de um país para atingir metas específicas. Em outras palavras, planejamento é o trabalho de realizar coisas que de outra forma não seriam concretizadas.

O planejamento possibilita que a atividade internacional cresça rapidamente, mudando os mercados, a concorrência crescente e os turbulentos desafios dos diferentes mercados nacionais. O plano deve associar os parâmetros cambiantes do ambiente de outros países com os objetivos e recursos corporativos, para que se possa desenvolver um programa de marketing sólido e factível.[19] O plano estratégico aloca recursos corporativos a produtos e mercados para aumentar a competitividade e lucratividade.

O planejamento está relacionado à formulação de objetivos e a métodos para concretizá--los. Portanto, ele é ao mesmo tempo um processo e uma filosofia. Estruturalmente, o planejamento pode ser corporativo, estratégico ou tático. Basicamente, o **planejamento corporativo** internacional é a formulação dos objetivos gerais de longo prazo da empresa como um todo. O **planejamento estratégico** é conduzido pelo mais alto escalão da administração e está relacionado com os produtos, o capital, as atividades de pesquisa e os objetivos de curto e longo prazos da empresa. O **planejamento tático** ou planejamento de mercado diz respeito a medidas específicas e à alocação de recursos utilizados para implantar os objetivos do planejamento estratégico em mercados específicos. Os planos táticos são elaborados em nível local e lidam com questões de marketing e comunicação.

---

[19] Wade M. Danis, Dan S. Chiaburu e Majorie A. Lyles, "The Impact of Managerial Networking Intensity and Market-Based Strategies on Firm Growth during Institutional Upheaval: A Study of Small and Medium-Sized Enterprises in a Transition Economy", *Journal of International Business Studies*, 41, n. 2, 2010, p. 287-307.

Uma das grandes vantagens do planejamento para uma corporação multinacional (CMN) é a disciplina imposta pelo processo. O profissional de marketing internacional que leva a cabo um processo de planejamento tem uma estrutura para analisar problemas e oportunidades de marketing e uma base para coordenar informações de diferentes mercados internacionais. O processo de planejamento talvez seja tão importante quanto o plano em si, porque ele força os tomadores de decisões a examinar todos os fatores que afetam o êxito de um programa de marketing e envolve os responsáveis por sua implantação. Outro fator fundamental para o sucesso do planejamento é a avaliação dos objetivos da empresa, como o compromisso da administração e o direcionamento filosófico em relação aos negócios internacionais. Em suma, o processo de planejamento é um meio básico de aprendizagem organizacional.

Objetivos e recursos da empresa

A definição dos objetivos da empresa evidencia o direcionamento das divisões domésticas e internacionais, permitindo o estabelecimento de políticas coerentes. A falta de objetivos bem definidos faz com que as empresas corram para mercados externos promissores e acabem identificando posteriormente atividades que conflitam com os principais objetivos da empresa ou os depreciam.

As oportunidades existentes em um mercado externo nem sempre correspondem aos objetivos corporativos; talvez seja necessário mudar os objetivos, alterar a dimensão dos planos internacionais ou então abandoná-los. Um mercado pode oferecer lucros imediatos e ao mesmo tempo uma perspectiva de longo prazo inadequada, enquanto outro pode oferecer o contrário. Somente quanto os objetivos corporativos estão bem definidos essas diferenças podem ser conciliadas de maneira eficaz.

Comprometimento internacional

O método de planejamento adotado por uma empresa internacional afeta o grau de internacionalização com o qual a administração está comprometida filosoficamente. Esse compromisso influi em estratégias e decisões internacionais específicas da empresa. Assim que os objetivos da empresa são identificados, a administração deve examinar se está preparada para assumir o compromisso essencial para operar com sucesso em âmbito internacional – compromisso em termos de recursos financeiros a serem investidos, pessoal para administrar o empreendimento internacional e determinação para permanecer no mercado tempo suficiente para obter um retorno sobre os investimentos.[20]

A empresa que não tem certeza sobre suas perspectivas está propensa a entrar timidamente em um mercado, utilizando métodos de marketing, canais de distribuição e formas organizacionais ineficientes. Isso é o mesmo que preparar o terreno para o insucesso de um empreendimento que poderia ter êxito se houvesse total comprometimento e apoio da empresa controladora. Qualquer plano de marketing de longo prazo deve contar com o apoio total da alta administração e estabelecer metas cronológicas realistas para as vendas. De vez em quando, uma empresa pode até ter sucesso ao entrar casualmente em um mercado. Entretanto, na maioria dos casos, esse sucesso depende de um compromisso de longo prazo.[21]

Em suma, estudos recentes têm demonstrado uma grande preferência regional pelas empresas multinacionais à medida que elas expandem suas atividades.[22] Parte dessa preferência deve-se aos desafios associados com a distância cultural[23] e parte com a distância física,[24] particularmente aquela relacionada com as dificuldades de realizar negócios em

---

[20] Orly Levy, Schon Beechler, Sully Taylor e Nakiey A. Boyacigiller, "What We Talk about When We Talk about 'Global Mindset': Managerial Cognition in Multinational Corporations", *Journal of International Business Studies*, 38, 2007, p. 231-258.

[21] Thomas Hutzschenreuter, Torben Pedersen e Henk W. Voldberda, "The Role of Path Dependency and Managerial Intentionality: A Perspective on International Business Research", *Journal of International Business Studies*, 38, 2007, p. 1.055-1.068.

[22] Luis Felipe Lages, Sandy D. Jap e David A. Griffith, "The Role of Past Performance in Export Ventures: A Short-Term Reactive Approach", *Journal of International Business Studies*, 39, 2008, p. 304-325.

[23] John H. Dunning, Masataka Fujita e Nevena Yakova, "Some Macro-Data on the Regionalization/Globalization Debate: A Comment on the Rugman/Verbeke Analysis", *Journal of International Business Studies*, 38, 2007, p. 177-199; Ricardo G. Flores e Ruth V. Aguilera, "Globalization and Location Choice: An Analysis of U.S. Multinational Firms in 1980 and 2000", *Journal of International Business Studies*, 38, 2007, p. 1.187-1.210; Simon Collinson e Alan M. Rugman, "The Regional Nature of Japanese Multinational Business", *Journal of International Business Studies*, 39, 2008, p. 215-230.

[24] Jody Evans, Felix T. Mavondo e Kerrie Bridson, "Psychic Distance: Antecedents, Retail Strategy Implications, and Performance Outcomes", *Journal of International Marketing*, 16, n. 2, 2008, p. 32-63.

países com fusos horários distintos.[25] Como mencionamos anteriormente, a maioria dos países e empresas comercializa com países vizinhos. Outros estudos afirmam que as empresas também ganham vantagens competitivas agrupando determinas operações em regiões específicas.[26] Embora até certo ponto discordantes,[27] os pesquisadores questionam a existência de estratégias globais, sustentando que somente nove empresas listadas na *Fortune* 500 merecem o termo "global" com respeito à sua abrangência operacional no planeta.[28] Podemos até concordar que as opções estratégicas atualmente favorecem o foco regional, mas a tendência segue em direção à globalização constante e crescente dos acordos comerciais e, como mencionamos no capítulo anterior, das estratégias das empresas. A concorrência e a recente facilidade das comunicações globais forçam gestores do mundo inteiro a firmar compromissos mais abrangentes com o marketing global.

Processo de planejamento

OA2

Necessidade de planejar para alcançar os objetivos da empresa

Independentemente de uma empresa estar atuando em vários países ou entrando em um mercado externo pela primeira vez, o planejamento é essencial para um empreendimento bem-sucedido. O profissional de marketing internacional iniciante precisa decidir logo de início que produtos deve desenvolver, em quais mercados e com que nível de comprometimento de recursos. No caso de uma empresa que se comprometeu com o mercado externo, as principais decisões dizem respeito à alocação de iniciativas e recursos entre países e produto(s) e à identificação dos produtos que devem ser desenvolvidos ou abandonados. É necessário ter diretrizes e procedimentos sistemáticos para avaliar oportunidades e riscos internacionais e desenvolver planos estratégicos para aproveitar essas oportunidades.[29] O processo exemplificado na Figura 12.1 oferece uma orientação sistemática sobre o processo de planejamento para uma empresa multinacional com operações em vários países.

Fase 1: análise e triagem preliminar – comparando as necessidades da empresa/país.

Independentemente de uma empresa estar ingressando no marketing internacional ou estar extremamente envolvida nele, o primeiro passo do processo de planejamento é a avaliação de mercados potenciais. No processo de planejamento internacional, é essencial decidir em que mercado externo a empresa investirá. Os pontos fortes e fracos, os produtos, as filosofias, as formas de operação[30] e os objetivos da empresa devem ser analisados em relação a fatores restritivos e ao potencial de mercado de um país.[31] Na primeira fase do processo de planejamento, os países são analisados e triados para eliminar aqueles cujo potencial é insuficiente para uma avaliação mais aprofundada. Os mercados emergentes apresentam um problema especial porque vários possuem infraestrutura de marketing inadequada, canais de distribuição incipientes e níveis de renda e distribuição variáveis.

O passo seguinte é o estabelecimento de critérios de triagem que possam fundamentar a análise prospectiva dos países. Esses critérios são apurados por uma análise dos objetivos, dos recursos e de outras habilidades e limitações corporativas. É fundamental determinar os motivos para entrar em um mercado externo e os retornos esperados em relação a esse

---

[25] Lazlo Tihanyi, David A. Griffith e Craig J. Russell, "The Effect of Cultural Distance on Entry Mode Choice, International Diversification, and MNE Performance: A Meta-Analysis", *Journal of International Business Studies*, 36, 2005, p. 270-283; Thomas Hutzschenreuter e Johannes C. Voll, "Performance Effects of 'Added Cultural Distance' in the Path of International Expansion: The Case of German Multinational Enterprises", *Journal of International Business Studies*, 39, 2008, p. 53-70.

[26] Joseph Johnson e Gerard J. Tellis, "Drivers of Success for Market Entry into China and India", *Journal of Marketing*, 72, n. 3, 2008, p. 1-13; Jennifer D. Chandler e John L. Graham, "Relationship-Oriented Cultures, Corruption, and International Marketing Success", *Journal of Business Ethics*, 92, n. 2, 2010, p. 251-267.

[27] Elizabeth Maitland, Elizabeth L. Rose e Stephen Nicholas, "How Firms Grow: Clustering as a Dynamic Model of Internationalization", *Journal of International Business Studies*, 36, 2005, p. 435-451; Gongming Qian, Lee Li, Ji Li e Zhengming Qian, "Regional Diversification and Firm Performance", *Journal of International Business Studies*, 39, 2008, p. 197-214; Stephanie A. Fernhaber, Brett Anitra Gilbert e Patricia P. McDougall, "International Entrepreneurship and Geographic Location: An Empirical Examination of New Venture Internationalization", *Journal of International Business Studies*, 39, 2008, p. 267-290.

[28] Thomas Osegowitsch e Andre Sammartino, "Reassessing (Home-) Regionalization", *Journal of International Business Studies*, 39, 2008, p. 184-196.

[29] Alan M. Rugman e Alain Verbeke, "The Theory and Practice of Regional Strategy: A Response to Osegowitsch and Sammartino", *Journal of International Business Studies*, 39, 2008, p. 326-332.

[30] Gabriel G. R. Benito, Bent Petersen e Lawrence S. Welch, "Towards More Realistic Conceptualizations of Foreign Operation Modes", *Journal of International Business Studies*, 40, n. 9, 2009, p. 1.455-1.470.

[31] Namrata Malhotra e C. R. (Bob) Corredoira, "An Organizational Model for Understanding Internationalization Processes", *Journal of International Business Studies*, 41, n. 2, 2010, p. 330-349.

Figura 12.1
Processo de planejamento internacional.

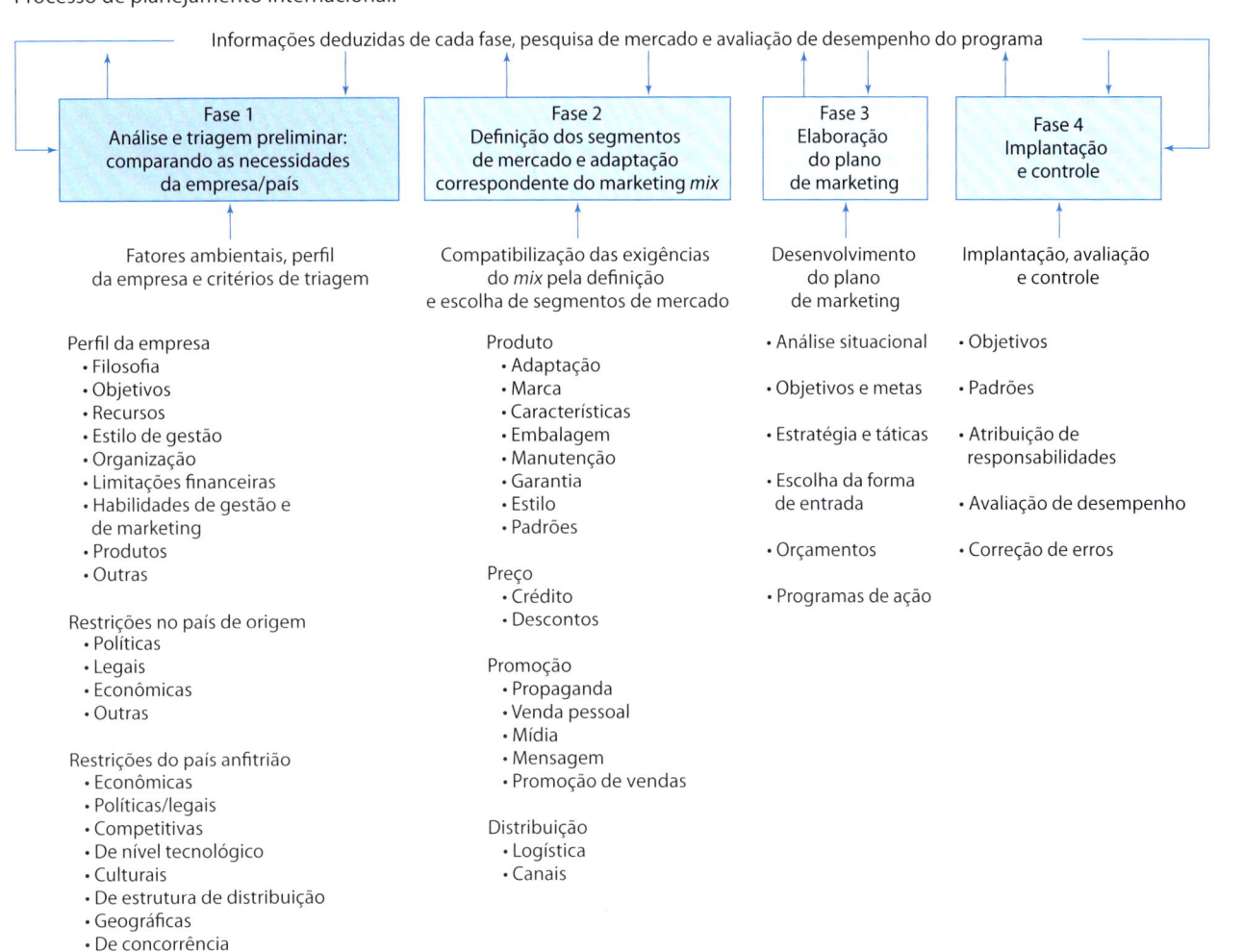

Informações deduzidas de cada fase, pesquisa de mercado e avaliação de desempenho do programa

Fase 1
Análise e triagem preliminar: comparando as necessidades da empresa/país

Fatores ambientais, perfil da empresa e critérios de triagem

Perfil da empresa
- Filosofia
- Objetivos
- Recursos
- Estilo de gestão
- Organização
- Limitações financeiras
- Habilidades de gestão e de marketing
- Produtos
- Outras

Restrições no país de origem
- Políticas
- Legais
- Econômicas
- Outras

Restrições do país anfitrião
- Econômicas
- Políticas/legais
- Competitivas
- De nível tecnológico
- Culturais
- De estrutura de distribuição
- Geográficas
- De concorrência

Fase 2
Definição dos segmentos de mercado e adaptação correspondente do marketing *mix*

Compatibilização das exigências do *mix* pela definição e escolha de segmentos de mercado

Produto
- Adaptação
- Marca
- Características
- Embalagem
- Manutenção
- Garantia
- Estilo
- Padrões

Preço
- Crédito
- Descontos

Promoção
- Propaganda
- Venda pessoal
- Mídia
- Mensagem
- Promoção de vendas

Distribuição
- Logística
- Canais

Fase 3
Elaboração do plano de marketing

Desenvolvimento do plano de marketing

- Análise situacional
- Objetivos e metas
- Estratégia e táticas
- Escolha da forma de entrada
- Orçamentos
- Programas de ação

Fase 4
Implantação e controle

Implantação, avaliação e controle

- Objetivos
- Padrões
- Atribuição de responsabilidades
- Avaliação de desempenho
- Correção de erros

---

investimento. O compromisso de uma empresa com os negócios internacionais e com seus objetivos de internacionalização são importantes para o estabelecimento de critérios de avaliação. Potencial mínimo de mercado, lucratividade mínima, retorno sobre o investimento, níveis competitivos aceitáveis, padrões de estabilidade política, exigências legais aceitáveis e outros indicadores apropriados aos produtos da empresa são exemplos de critérios de avaliação que devem ser estabelecidos.[32]

Assim que os critérios de avaliação são estabelecidos, realiza-se uma análise completa do ambiente em que a empresa pretende atuar. O ambiente abrange as variáveis incontroláveis discutidas anteriormente e também as restrições do país de origem e do país anfitrião, os objetivos de marketing e quaisquer outras limitações ou pontos fortes da empresa existentes no início de cada período de planejamento. Embora a identificação das variáveis ambientais incontroláveis seja importante no planejamento de mercado doméstico, essa tarefa é mais complexa no marketing exterior, porque cada país que é considerado apresenta ao profissional de marketing internacional um conjunto diferente de restrições ambientais incomuns. Essa fase do processo de planejamento, mais do que qualquer outra coisa, distingue o planejamento de marketing internacional do doméstico.

As constatações da fase 1 oferecem ao profissional de marketing as informações básicas necessárias para avaliar o potencial do mercado externo em questão, identificar os problemas que excluiriam esse país de uma avaliação mais aprofundada, identificar os elementos ambientais que precisam de uma análise mais detalhada, determinar qual parte do marketing

---

[32] Kevin Zheng Zhou, James R. Brown, Chekitan S. Dev e Sanjeev Agarwal, "The Effects of Customer and Competitor Orientations on Performance in Global Markets: A Contingency Analysis", *Journal of International Business Studies*, 38, 2007, p. 303-319.

mix pode ser padronizada e qual parte pode ser adaptada para atender às necessidades de mercado locais e desenvolver e implantar o plano de ação do planejamento de marketing.

As informações geradas na fase 1 ajudam as empresas a evitar os erros que assolaram a Radio Shack Corporation, uma das principais revendedoras de equipamentos eletrônicos de consumo nos Estados Unidos, quando a empresa entrou pela primeira vez no mercado internacional. As primeiras tentativas de internacionalização da Radio Shack na Europa Ocidental geraram uma série de erros caros que poderiam ter sido evitados se ela tivesse analisado apropriadamente as variáveis incontroláveis dos países em que pretendia atuar. A empresa organizou sua primeira promoção de Natal antes de 25 de dezembro nos Países Baixos, alheia à informação de que os holandeses comemoram o Dia de São Nicolau e dão presentes no dia 6 de dezembro. Além disso, em vários países houve interferência de problemas legais em alguns planos da empresa. Os tribunais alemães interromperam imediatamente uma promoção de lanternas gratuitas nas lojas alemãs porque os brindes violavam as leis de venda do país. Na Bélgica, a empresa negligenciou a lei que exige um selo de comprovação de pagamento de imposto governamental em todas as vitrinas, e a escolha inadequada da localização provocou o fechamento de várias lojas novas logo após sua abertura.

Completada a análise da fase 1, o tomador de decisões passa para uma atribuição mais específica, que é escolher os mercados e os segmentos-alvo no exterior, identificar problemas e oportunidades nesses mercados e iniciar o processo de elaboração de programas de marketing.

Fase 2: definição dos mercados-alvo e adaptação correspondente do marketing *mix*.

Na fase 2, o objetivo é examinar mais detalhadamente os componentes do marketing *mix*. Após a seleção dos mercados-alvo, o marketing *mix* deve ser avaliado com base nos dados gerados na fase 1. Decisões incorretas a essa altura são responsáveis pela escolha de produtos inapropriados para o mercado pretendido ou por erros caros de determinação de preços, propaganda e promoção. Na fase 2, o objetivo principal é elaborar um marketing *mix* adaptado às restrições culturais impostas pelas variáveis incontroláveis do ambiente que de modo eficaz viabilize a concretização dos objetivos e metas corporativos.[33]

O processo empregado pela Nestlé exemplifica a análise que se realiza na fase 2. Cada gerente de produto tem um histórico sobre o país que contém grande parte das informações propostas na fase 1 e analisa em detalhe uma variedade de questões relacionadas à cultura. Na Alemanha, o gerente de produto de café precisa fornecer respostas para inúmeras perguntas. Como os alemães classificam o café na hierarquia de produtos de consumo? A Alemanha é um mercado de alto ou baixo consumo *per capita*? (Esses dados podem gerar enormes consequências. Na Suécia, o consumo anual *per capita* de café corresponde a 12,6 quilogramas; nos Estados Unidos, a 4,4; no Japão, a apenas 3,6.)[34] Como se utiliza o café – em grão, moído ou em pó? Se for moído, como ele é preparado? Qual café é preferido – o café brasileiro exportado de Santos misturado com o colombiano ou o café *robusta* da Costa do Marfim? O café é torrado? As pessoas preferem café torrado escuro ou marrom? (A cor do café instantâneo da Nestlé deve ser o máximo possível semelhante à cor do café consumido no país.)

Com base nas respostas a essas e a outras perguntas, a Nestlé fabrica 200 tipos de café instantâneo, do expresso escuro, de bebida forte, preferido nos países latino-americanos, às bebidas mais fracas, populares nos Estados Unidos. Quase US$ 50 milhões por ano são gastos em quatro laboratórios de pesquisa ao redor do mundo para experimentar novas variações de cor, aroma e sabor. Os alemães tomam café após o almoço ou no café da manhã? Eles tomam café preto ou misturam creme ou leite? Eles tomam café ao anoitecer? Eles adoçam o café? (Na França, as respostas são claras: de manhã, café com leite; ao meio-dia, café preto – ou seja, duas bebidas completamente diferentes.) Com que idade as pessoas começam a tomar café? O café é uma bebida tradicional como na França? É uma forma de contestação entre os jovens, tal como na Inglaterra, onde o hábito de tomar café foi adotado para contestar os pais que tomam chá? Ou é um tipo de presente, como no Japão? Há um crescimento súbito no consumo de café no Japão, um país conhecido pelo chá. No Japão, o

---

[33] Thomas L. Powers e Jeffrey J. Loyka, "Adaptation of Marketing Mix Elements in International Markets", *Journal of Global Marketing*, 23, n. 1, 2010, p. 65-79.
[34] Organização Internacional do Café, http://www.ico.org, 2008.

Como eles mesmos dizem, quando uma porta se fecha, outra se abre – aliás, às vezes duas se abrem! Dada a quantidade de chá existente na China, é particularmente espantoso que há quase oito anos fosse possível comprar café Frappuccino na Cidade Proibida de Pequim. O telhado amarelo simboliza propriedades imperiais, mas não acreditamos que o imperador tenha pensado em uma casa de café quando construiu esse espaço nos anos de 1400. A associação da China à OMC cerca de seis séculos depois abriu o mercado de várias formas inusitadas para franqueadores do mundo inteiro. Entretanto, diferentemente das outras 240 Starbucks na China, a loja retratada despertou intensos protestos por parte da mídia local e acabou sendo fechada no verão de 2007. Mais ou menos um mês depois que a loja da Cidade Proibida foi proibida na China, a primeira loja russa da empresa foi aberta em Moscou. Lá, nas tardes frias, russos e turistas têm a opção de sorver um *cappuccino* na Starbucks ou no McDonald's McCafé. Ambos estão a apenas dois quarteirões de distância entre si na rua de compras mais famosa e tradicional de Moscou, a Arbat. Dessa vez, essas empresas americanas foram inteligentes o bastante para não tentar se estabelecer na Praça Vermelha.

Nescafé é considerado um presente de luxo. Em vez de chocolates e flores, o Nescafé é levado em recipientes especiais para jantares e festas de aniversário. Com informações detalhadas como essas, o gerente de produto pode avaliar o marketing *mix* em relação às informações presentes no histórico sobre o país.

A fase 2 também possibilita que o profissional de marketing determine se há alguma possibilidade de aplicar táticas de marketing aos mercados nacionais. A busca de segmentos semelhantes entre os países com frequência pode revelar oportunidades de economia de escala nos programas de marketing. Foi o que ocorreu quando as pesquisas da Nestlé revelaram que os jovens que tomam café na Inglaterra e no Japão tinham motivações idênticas. Por isso, hoje a Nestlé utiliza essencialmente a mesma mensagem em ambos os mercados.

Muitas vezes, quando as constatações da análise da fase 2 indicam que o marketing *mix* exigirá uma adaptação extremamente drástica, a decisão que se toma é não entrar em um determinado mercado. Por exemplo, talvez seja necessário diminuir o tamanho de um produto para atender às necessidades do mercado, mas o custo de produção adicional de fabricar um produto de tamanho menor pode ser muito alto e não justificar uma possível entrada no mercado. Além disso, o preço que é necessário cobrar para obter lucro talvez esteja bem acima do valor com o qual a maioria do mercado pode arcar. Se não houver nenhuma forma de diminuir o preço, o potencial de vendas a um preço superior pode ser muito pequeno para justificar a entrada nesse mercado.

As respostas a três perguntas fundamentais são geradas na fase 2:

1. Existem segmentos de mercado identificáveis que permitam a utilização de táticas de marketing *mix* comuns entre os países?
2. Quais adaptações culturais/ambientais são necessárias à boa aceitação do marketing *mix*?
3. Os custos de adaptação possibilitam uma entrada lucrativa no mercado?

Com base nas constatações obtidas na fase 2, deve-se realizar uma segunda triagem dos países, caso em que alguns serão eliminados da análise posterior. A fase seguinte no processo de planejamento é a elaboração do plano de marketing.

Fase 3: elaboração do plano de marketing. Nesse estágio do processo de planejamento, desenvolve-se um plano de marketing para o mercado-alvo – seja esse mercado um único país ou um cenário de mercado global. O plano de marketing inicia-se com uma análise da situação e culmina na escolha de uma forma de entrada e um programa de ação específico para o mercado. O plano específico estabelece o que deve ser feito, por quem, como e quando. Ele também inclui orçamentos e expectativas de venda e lucro. Tal como na fase 2, talvez a empresa tome a decisão de não entrar em um mercado específico, caso conclua que não é possível concretizar seus objetivos e metas de marketing.

Fase 4: implantação e controle. Embora apresentemos este modelo como uma série de fases sequenciais, o processo de planejamento é dinâmico, é um conjunto contínuo de variáveis interativas que gera novas informações entre as fases. As fases delineiam um caminho crucial a ser seguido para se obter um planejamento sistemático e eficaz.

Na fase 3, a decisão de "entrar no mercado" determina a implantação de planos específicos e a expectativa de êxito com relação ao plano de marketing. Entretanto, o processo de planejamento não termina nessa fase. Todos os planos de marketing exigem coordenação e controle durante o período de implantação.[35] Muitas empresas não controlam os planos de marketing com o critério que deveriam, mesmo sabendo que a monitoração e o controle contínuos[36] podem aumentar a probabilidade de sucesso. O sistema de avaliação e controle exige uma adequação entre desempenho e objetivo, isto é, que se coloque o plano de volta nos trilhos caso os padrões de desempenho estejam aquém das expectativas. Além disso, esse sistema presume que é possível alcançar indicadores de desempenho razoáveis. Um direcionamento global facilita as tarefas administrativas difíceis, porém extremamente importantes, de coordenação e controle das complexidades do marketing internacional.

A utilização de um processo e de um sistema de planejamento incentiva o tomador de decisões a considerar todas as variáveis que interferem no sucesso do plano de uma empresa. Além disso, oferece uma base para visualizar todos os mercados de um ou mais países e suas inter-relações como uma unidade global integrada. Acompanhando as diretrizes apresentadas na Parte 6 deste livro, "Agenda do país: Um guia para desenvolver um plano de marketing", o profissional de marketing internacional pode pôr o processo de planejamento estratégico em operação.

Com as informações geradas no processo de planejamento e a escolha de um mercado externo, pode-se definir a forma de entrada. A escolha da forma de entrada é uma das decisões mais críticas para a empresa, pois definirá as operações e afetará todas as decisões subsequentes a respeito desse mercado.

Opções de estratégia de entrada no mercado

Uma empresa tem quatro diferentes opções para entrar em um mercado externo: exportação, acordos contratuais, alianças estratégicas e investimento direto no exterior. Essas diferentes formas de entrada podem ser subdivididas de acordo com as exigências financeiras ou não financeiras. A quantidade de recursos financeiros que a empresa precisa empregar para utilizar diferentes formas de entrada afeta o risco, o retorno e a supervisão de cada forma. Por exemplo, a exportação indireta não exige nenhum investimento de capital, portanto, o risco é pequeno, a taxa de retorno é baixa e o nível de supervisão é baixo. Entretanto, dentre as quatro formas de entrada, o investimento direto no exterior é a que exige mais capital e apresenta o maior risco, embora o nível de supervisão e o potencial de retorno sejam os mais altos.

Na maior parte das vezes, as empresas começam com uma exportação modesta. À medida que as receitas de venda aumentam, elas costumam seguir o conjunto de passos relacionados na Figura 12.2.[37] As pequenas empresas, quando bem-sucedidas, geralmente são adeptas de redes de relações pessoais e comerciais para diminuir os riscos financeiros da entrada inicial. Além disso, a experiência[38] com uma quantidade maior de mercados externos pode aumentar o número de estratégias de entrada utilizadas. Na verdade, a empresa que atua em vários mercados externos pode utilizar uma variedade de formas de entrada, porque cada mercado externo apresenta um conjunto diferente de condições.[39] Por exemplo,

---

[35] Luis Filipe Lages, Carmen Lages e Cristiana Raquel Lages, "Bringing Export Performance Metrics into Annual Reports: The APEV Scale and the PERFEX Scorecard", *Journal of International Marketing*, 13, 2005, p. 79-104; David Smith, "A Cross-Cultural Classification of Service Export Performance Using Artificial Neural Networks: Japan, Germany, United States", *Journal of Global Marketing*, 20, 2006, p. 5-20; Rosane K. Gertner, David Gertner e Dennis Guthery, "The Implications of Export Performance Measurement for the Significance of the Determinants of Export Performance: An Empirical Investigation of Brazilian Firms", *Journal of Global Marketing*, 20, 2006, p. 21-38; Adamantios Diamantopoulos e Nikolaos Kakkos, "Managerial Assessments of Export Performance: Conceptual Framework and Empirical Illustration", *Journal of International Marketing*, 15, 2007, p. 1-31.

[36] Christian Homburg, Joseph P. Cannon, Harley Krohmer e Ingo Kiedaisch, "Governance of International Business Relationships: A Cross-Cultural Study on Alternative Governance Methods", *Journal of International Marketing*, 17, n. 3, 2009, p. 1-20.

[37] Harry G. Barkema e Rian Drogendijk, "Internationalizing in Small, Incremental or Large Steps?", *Journal of International Business Studies*, 39, 2008, p. 1.132-1.148.

[38] Susan Freeman, Ron Edwards e Bill Schroder, "How Smaller Born-Global Firms Use Networks and Alliances to Overcome Constraints to Rapid Internationalization", *Journal of International Marketing*, 14, 2006, p. 33-63; Nicole E. Coveillo, "The Network Dynamics of International New Ventures", *Journal of International Business Studies*, 37, 2006, p. 713-731.

[39] Taewon Suh, Mueun Bae e Sumit K. Kundu, "Smaller Firms' Perceived Cost and Attractiveness in International Markets", *Journal of Global Marketing*, 21, 2007, p. 5-18; Anna Nadolska e Harry G. Barkema,

Figura 12.2
Opções de estratégias de entrada no mercado.

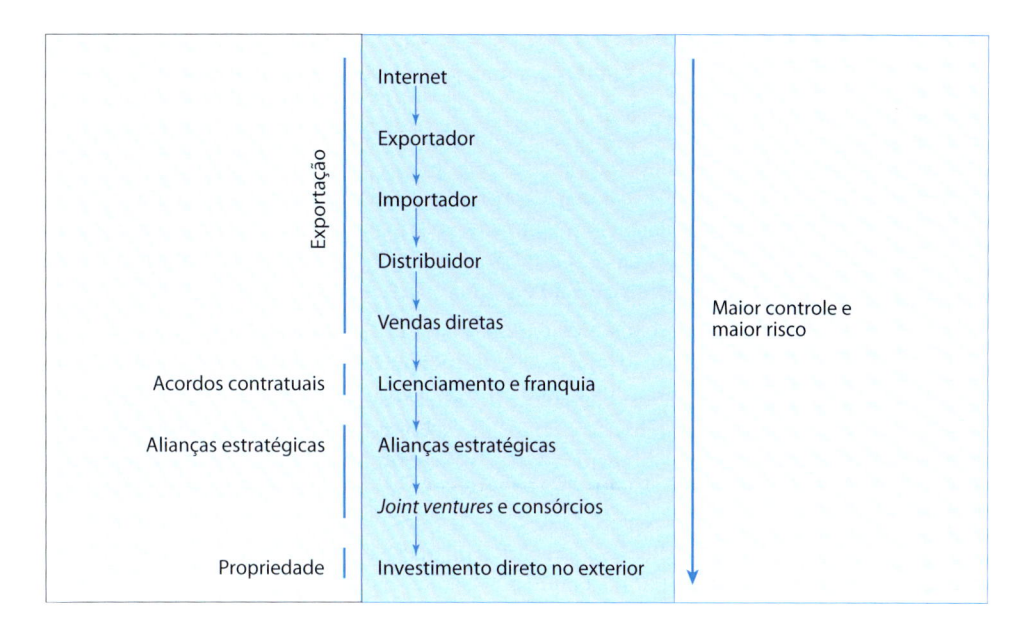

	Internet	
Exportação	↓	
	Exportador	
	↓	
	Importador	
	↓	
	Distribuidor	
	↓	
	Vendas diretas	Maior controle e maior risco
Acordos contratuais	Licenciamento e franquia	
Alianças estratégicas	Alianças estratégicas	
	Joint ventures e consórcios	
Propriedade	Investimento direto no exterior	↓

a JLG Industries, localizada na Pensilvânia, fabrica plataformas de trabalho aéreo autopropulsionadas e as vende para o mundo inteiro. Na realidade, essa empresa fabricava na Escócia e na Austrália no início da década de 1970, mas foi forçada a fechar suas fábricas na década de 1990. Apesar disso, as vendas internacionais da empresa cresciam novamente. Seu desenvolvimento no mercado europeu possibilitou a simplificação dos canais de distribuição ao eliminar os intermediários, e foram compradas agências de revenda na Alemanha, na Noruega, na Suécia e no Reino Unido. A JLG estabeleceu *joint ventures* de revenda na Tailândia e no Brasil, e suas vendas crescem rapidamente, a despeito dos problemas de instabilidade nesses países. Além disso, partindo do zero, a empresa criou empresas de vendas e serviços na Escócia, na Itália e na África do Sul.

Exportação

■ **OA3**

Fatores fundamentais para cada opção de estratégia de entrada no mercado

As exportações são responsáveis por cerca de 10% das atividades econômicas globais[40] e podem ser diretas ou indiretas. Na exportação direta, a empresa vende para um cliente em outro país. Esse é o método mais comum empregado por empresas que dão seu primeiro passo internacional, pois os riscos de perda financeira podem ser minimizados. Em contraposição, a exportação indireta normalmente implica a venda para um comprador (importador ou distribuidor) no país de origem, que, por sua vez, exporta o produto. Esses clientes podem ser grandes varejistas, como o Walmart ou a Sears, distribuidoras por atacado, *trading companies* ou outras empresas que compram produtos para atender a clientes no exterior.

A princípio, as exportações servem para tirar a gordura do mercado ou ganhar mercado para absorver despesas indiretas. Pesquisas indicam que métodos mais focados[41] e fundamentados na aprendizagem[42] são mais adequados para os novos exportadores em alguns mercados. O envolvimento inicial pode ser também oportunista e ocorrer por meio da consulta de um cliente estrangeiro ou de iniciativas de um importador no mercado externo. Foi isso que ocorreu com a reverenciada cerveja tcheca Pilsner Urquell, que durante muitos anos foi vendida nos Estados Unidos pela Guinness Bass Import Corporation (GBIC). Contudo, a empresa tcheca cortou relações com a importadora porque não estava obtendo a mesma atenção que as outras cervejas importadas no portfólio da GBIC. A Pilsner Urquell estabeleceu uma equipe de vendas própria de 24 integrantes para atender a cinco áreas metropolitanas

---

"Learning to Internationalize: The Pace and Success of Foreign Acquisitions", *Journal of International Business Studies*, 38, 2007, p. 1.170-1.186.

[40] Nicholas C. Williamson, Nir Kshetri, Tim Heijwegen e Andrea Fortuna Schiopu, "An Exploratory Study of the Functional Forms of Export Market Identification Variables", *Journal of International Marketing*, 14, 2006, p. 71-97.

[41] Lance Eliot Brouthers, George Nakos, John Hadarcou e Keith D. Brouthers, "Key Factors for Successful Export Performance for Small Firms", *Journal of International Marketing*, 17, n. 3, 2009, p. 21-38.

[42] Joseph Johnson, Eden Yin e Hueiting Tsai, "Persistence and Learning: Success Factors of Taiwanese Firms in International Markets", *Journal of International Marketing*, 17, n. 3, 2009, p. 39-54.

importantes nos Estados Unidos, diminuiu os preços e desenvolveu um planejamento de mídia global com uma agência de propaganda britânica. Além disso, a empresa pode importar outras marcas de sua controladora tcheca.

A exportação é também um método comum para empresas internacionais maduras e com sólidos recursos de marketing e de relacionamento.[43] Para algumas das maiores empresas americanas, a exportação é o principal método empregado para entrar em um mercado. A Boeing é o melhor exemplo disso, por ser a maior exportadora dos Estados Unidos. A dinâmica das exportações e os diferentes intermediários disponíveis para facilitar o processo de exportação são discutidos detalhadamente no Capítulo 15.

Internet. A importância da internet como método de entrada em mercados externos é cada vez maior. A princípio, a comercialização pela internet concentrava-se em vendas domésticas, mas um número surpreendentemente grande de empresas começou a receber pedidos de clientes de outros países, dando origem ao conceito de marketing internacional pela internet (MII). A PicturePhone Direct, revendedora por catálogo de equipamentos de videoconferência, postou seu catálogo na internet com a expectativa de concentrar-se no nordeste dos Estados Unidos. Para a surpresa da empresa, sua equipe de vendas recebeu pedidos de Israel, Portugal e Alemanha.

Outras empresas tiveram experiências semelhantes e rapidamente elaboram catálogos de internet direcionados a países específicos com *sites* multilíngues. A Dell Computer Corporation ampliou sua estratégia de venda de computadores pela internet criando *sites* estrangeiros. A empresa começou a vender computadores para a Malásia, Austrália, Hong Kong, Nova Zelândia, Cingapura, Taiwan e outros países asiáticos por meio de uma loja virtual na internet. Esse mesmo método de vendas foi introduzido na Europa.

O *Amazon.com* entrou no jogo do MII com os dois pés. Contratou um alto executivo da Apple Computer para administrar suas atividades internacionais rápidas e crescentes. Apenas 15 meses depois de criar seus *sites* de varejo eletrônico de livros e CDs na Alemanha e no Reino Unido, seus novos *sites* no exterior cresceram de forma súbita, tornando-se os pontos comerciais de mais alto tráfego em ambos os mercados. As lojas de varejo eletrônico mais lucrativas pertencem a ex-empresas de venda por catálogo como a Lands' End e L. L. Bean. Curiosamente, o sucesso da Lands' End em mercados estrangeiros foi manchado por problemas inesperados na Alemanha. A lei alemã proíbe "truques de propaganda" – e foi assim que as agências regulatórias de lá classificaram a "garantia vitalícia incondicional" da Lands' End. Aliás, a empresa levou essa disputa até o Supremo Tribunal da Alemanha e perdeu. Além disso, a incerteza em relação ao método da União Europeia (UE) de tributar as vendas pela internet é um motivo contínuo de grande preocupação.

Como discutido no Capítulo 2, o impacto total da internet sobre o marketing internacional ainda está para ser avaliado. Entretanto, o MII não deve ser ignorado por empresas grandes ou pequenas como uma opção de estratégia de entrada no mercado externo. Com a abrangência internacional de empresas de cartão de crédito como MasterCard e Visa e serviços de entrega internacional como UPS e Federal Express, as entregas em outros países podem ser relativamente fáceis.

Vendas diretas. Particularmente em relação a produtos industriais de alta tecnologia e extremamente caros, talvez seja necessário formar uma equipe de vendas diretas no exterior. Isso provavelmente exigirá que a empresa abra um escritório com gerentes locais e/ou transferidos e demais funcionários, dependendo, obviamente, do tamanho do mercado e do potencial de receita de vendas. A gestão de vendas internacionais é um dos assuntos discutidos em detalhes no Capítulo 17.

Acordos contratuais

Os *acordos contratuais* são associações não financeiras de longo prazo entre uma empresa e outra no mercado estrangeiro. Geralmente, esses acordos exigem a transferência de tecnologia, processos, marcas registradas e/ou habilidades humanas. Em resumo, eles servem para transferir conhecimentos, e não capital.

Licenciamento. O **licenciamento** é uma forma de estabelecer uma posição segura nos mercados externos sem desembolsar grandes somas de capital. Nos acordos de licenciamento

---

[43] Chris Styles, Paul G. Patterson e Farid Ahmed, "A Relational Model of Export Performance", *Journal of International Business Studies*, 39, n. 5, 2008, p. 880-900.

estrangeiros, são concedidos direitos sobre patentes e sobre marcas registradas e direitos sobre utilização de processos tecnológicos. Essa é a estratégia favorita de pequenas e médias empresas, embora de forma alguma seja restrita a elas. Exemplos comuns de setores que utilizam acordos de licenciamento em mercados estrangeiros são programas de televisão e produtos farmacêuticos. Não é grande o número de empresas que limitam suas operações no exterior apenas aos acordos de licenciamento, que geralmente são vistos como um complemento à exportação e fabricação, e não como a única forma de entrada nos mercados estrangeiros. As vantagens do licenciamento são mais nítidas quando o capital é escasso, as restrições à importação proíbem outros meios de entrada, o país é sensível a propriedades estrangeiras ou as patentes e marcas registradas precisam ser protegidas contra o cancelamento por falta de utilização. Os riscos dos acordos de licenciamento incluem escolha de uma parceria errada, problemas de qualidade e outros problemas de produção, problemas de pagamento, execução contratual e perda de controle de marketing.

Embora o licenciamento possa ser o meio menos lucrativo para entrar em um mercado, os riscos e as dores de cabeça são menores do que os dos investimentos diretos. O licenciamento é um meio legítimo de tirar proveito de propriedades intelectuais em um mercado estrangeiro, e esse tipo de acordo pode também beneficiar a economia dos países-alvo. Os acordos de licenciamento podem assumir várias formas. É possível conceder licenças para processos de produção, de utilização de uma marca comercial ou de distribuição de produtos importados. As licenças podem ser supervisionadas de perto ou ter autonomia. Além disso, elas podem ser ampliadas sem a necessidade de muito capital ou alocação de pessoal se tiverem os recursos essenciais. Nem todas as experiências com acordos de licenciamento são bem-sucedidas porque é difícil encontrar, supervisionar e inspirar os licenciados. A duração dos acordos de licenciamento depende em grande medida de incertezas quanto à tecnologia e ao mercado: quanto maior é a incerteza, menos duradouros são os contratos.[44]

Franquia. A franquia é uma forma de licenciamento que cresce rapidamente, na qual o franqueador oferece um pacote padrão de produtos, sistemas e serviços de gestão e o franqueado oferece conhecimento sobre o mercado, capital e participação pessoal na administração. Com essa união de habilidades, existe flexibilidade para lidar com as condições do mercado, e a empresa controladora continua tendo um grau razoável de controle. O franqueador pode comercializar os produtos até o ponto da venda final, e esse é um meio importante de integração vertical de mercado. Existe a possibilidade de o sistema de franquia oferecer uma combinação eficaz de centralização de habilidades e descentralização operacional, o que tornou a franquia uma forma de marketing internacional de importância crescente. Em alguns casos, as franquias têm exercido um profundo impacto sobre as empresas tradicionais. Na Inglaterra, por exemplo, estima-se que as vendas franqueadas anuais de *fast-food* sejam de aproximadamente US$ 2 bilhões, o que representa 30% de todas as refeições feitas fora de casa. Os principais fatores que influenciam o sucesso dos métodos de franquia são a monitoração dos custos (que se baseiam na distância física e cultural), a experiência internacional do franqueador e o *brand equity* da marca no novo mercado.

Talvez os colaboradores do escritório Century21, em Istambul, Turquia, possam ajudá-lo a encontrar uma casa com vista para o Mar Negro. Temos certeza de que franqueadores ficarão felizes por lhe vender um pedaço de frango do Colonel's em Eilat, Israel, exatamente do outro lado de Aqaba, Jordânia, no Mar Vermelho.

---

[44] Marshall S. Jiang, Preet S. Aulakh e Yigang Pan, "Licensing Duration in Foreign Markets: A Real Options Perspective", *Journal of International Business Studies*, 40, n. 4, 2009, p. 559-577.

CRUZANDO FRONTEIRAS 12.3 — Os homens que seriam os reis da pizza

Sob vários aspectos, as pizzarias se multiplicam na Índia. Em lugares como Surat, Kochi e Bhubaneshwar, foi-se o tempo em que os amantes de pizza não tinham opção. A Domino's, especialista em entrega de pizzas em domicílio, possui atualmente 180 lojas na Índia, e a Pizza Hut, pertencente à Yum! Brands, aumentou o número de suas lojas para 163. A Pizza Corner, que se estabeleceu no sul do país, na cidade de Chennai, agora ousou se aventurar no norte – abriu três lojas em Deli e pretende aumentar para oito.

Embora a Domino's tente entregar pizzas para todos os grupos étnicos, a Pizza Hut tenta apresentar aos indianos a prima chinesa da pizza. Ela inventou a "Oriental", coberta com molho chinês, cebolinhas e semente de gergelim. Essa ideia foi inspirada na predileção dos indianos por comida chinesa. Isso não quer dizer que a Pizza Hut não presta atenção à versão indiana encharcada de condimentos. Além da Oriental, esta também oferece a pizza picante *paneer tikka*. Há também *milk shakes* no cardápio. Recentemente, uma empresa de laticínios indiana ganhou participação de mercado no setor de pizzas e sorvetes. Os negócios estão interessantes por lá, e crescem a passos largos. A despeito da profecia de Kipling de que o Oriente é o Oriente e o Ocidente é o Ocidente e jamais os dois haverão de se encontrar, agora a "indianização" da pizza é uma realidade.

Fontes: Smita Tripathi, "Butter Chicken Pizza in Ludhiana", *Business Standard*, 17 de junho de 2000, p. 2; Rahul Chandawarkar, "Collegians Mix Money with Study Material", *Times of India*, 22 de junho de 2000; Thomas L. Friedman, *The World Is Flat* (Nova York: Farrar, Straus, and Giroux, 2005); "Dominos Pizza India Plans 500 Stores in Country", *India Business Insight*, 14 de fevereiro de 2008, p. 20; Julie Jargon e Arlene Chang, "Yum Brands Bets on India's Young for Growth", *The Wall Street Journal*, 12 de dezembro de 2009, p. B1.

Antes de 1970, a franquia internacional não era uma atividade importante. Uma pesquisa realizada pela Associação Internacional de Franquia (International Franchise Association – IFA) revelou que apenas 14% das empresas associadas têm franquia fora dos Estados Unidos, e a maioria destas encontra-se no Canadá. Hoje, centenas de milhares de franquias de empresas americanas estão localizadas em países de todas as partes do mundo. Refrigerantes, hotéis de beira de estrada (que incluem a participação de "organizações" como a Best Western International), lojas de varejo, restaurantes *fast-food*, locação de carros, serviços automotivos, serviços recreativos e uma variedade de outros serviços como gráficas e empresas de sinalização são exemplos de franquia. O Canadá é o mercado dominante para os franqueadores americanos. O Japão e o Reino Unido ocupam o segundo e terceiro lugar em importância. A Orla da Ásia-Pacífico testemunhou um rápido crescimento porque as empresas estão de olho na Ásia para uma futura expansão.

A despeito dos reveses temporários durante a recessão econômica global logo após a virada do milênio, é provável que a franquia seja a estratégia de entrada em mercado estrangeiro de mais rápido crescimento. As franquias normalmente foram o primeiro tipo de atividade varejista estrangeira a serem abertas nas economias de mercado emergentes da Europa Oriental, nas ex-repúblicas da Rússia e na China. Existe McDonald's em Moscou (a primeira loja tinha capacidade para 700 pessoas e 27 caixas registradoras) e KFC na China (a KFC de Pequim tem o maior volume de vendas de todas as lojas do mundo dessa cadeia). Os mesmos fatores que incitaram o crescimento das franquias na economia doméstica americana foram responsáveis pelo seu crescimento nos mercados estrangeiros. A franquia é uma forma atraente de organização corporativa para empresas que desejam expandir-se rapidamente com pouco investimento de capital. O sistema de franquia associa o conhecimento do franqueador com o conhecimento local e o espírito empreendedor do franqueado. As leis e regulamentos estrangeiros são favoráveis à franquia porque ela tende a promover a propriedade, as operações e os empregos locais.

A Lil'Orbits,[45] empresa de Mineápolis que vende equipamentos e ingredientes para a fabricação de *donuts*, é um exemplo de como uma pequena empresa pode utilizar os acordos de licenciamento e franquia para entrar em mercados estrangeiros. A Lil'Orbits vende uma máquina de *donut* que produz *donuts* de 4 centímetros enquanto o cliente espera. Um comprador típico nos Estados Unidos compra equipamentos e mistura diretamente da empresa, sem precisar pagar *royalties* nem taxas de franquia, e possui uma pequena loja ou quiosque em que vende *donuts* às dúzias para viagem ou separadamente com alguma bebida.

Bem-sucedida nos Estados Unidos, a Lil'Orbits veicula um anúncio na *Commercial News USA*, uma revista-catálogo que apresenta produtos e serviços em outros países, que atraiu 400 consultas. Satisfeita com a resposta, a empresa abriu uma operação de franquia

---

[45] Ikechi Ekeledo e K. Sivakumar, "The Impact of E-Commerce on Entry-Mode Strategies of Services Firms: A Conceptual Framework and Research Propositions", *Journal of International Marketing*, 12, n. 4, 2004, p. 46-70.

internacional que cobra *royalties* e taxas de franquia. Agora, uma rede de distribuidores franqueados internacionais vende máquinas e ingredientes para fornecedores potenciais. Os distribuidores pagam à Lil'Orbits uma taxa de franquia e compram máquinas e ingredientes diretamente da empresa ou de um dos fornecedores mundiais licenciados, dos quais a Lil'Orbits recebe *royalties*. Essa estratégia possibilitou que a empresa entrasse em mercados estrangeiros com um investimento mínimo de capital fora do país de origem. A empresa tem mais de 20.000 revendedores franqueados em 85 países, e cerca de 60% de suas atividades são internacionais.

Embora a franquia possibilite que uma empresa expanda-se rapidamente com um investimento mínimo de capital, existem custos associados ao atendimento dos franqueados. Por exemplo, para atender a diferentes gostos ao redor do mundo, a Lil'Orbits foi obrigada a desenvolver uma mistura mais parecida com massa folhada e menos doce do que a utilizada nos Estados Unidos. Também foi necessário satisfazer outras diferenças culturais. Por exemplo, na França e na Bélgica, os clientes não conseguiam pronunciar o nome Lil'Orbits, o que levou a empresa a usar Orbie. Foi também necessário adaptar as coberturas para atender a diferentes paladares. O açúcar com canela é a cobertura mais largamente aceita. Contudo, na China, a canela é utilizada como remédio. Portanto, nesse caso, usa-se apenas açúcar. Na região mediterrânea, os gregos gostam de mel, e a calda de chocolate é popular na Espanha. O açúcar fino é mais popular que o granulado na França, onde os *donuts* são comidos em taças em forma de cone, e não em pratos.

Alianças estratégicas internacionais

OA4

Importância crescente das alianças estratégicas internacionais

Aliança estratégica internacional (AEI) é uma relação de negócios estabelecida por duas ou mais empresas para cooperar em necessidades mútuas e dividir os riscos na concretização de um objetivo comum. As alianças estratégicas ganharam importância nas últimas décadas como estratégia competitiva na gestão de marketing global. As AEIs são procuradas para amparar os pontos fracos e aumentar os pontos fortes competitivos – ou seja, a complementaridade é um fator fundamental.[46] As empresas formam AEIs por vários motivos: oportunidade de rápida expansão em novos mercados, acesso a novas tecnologias,[47] produção e inovação mais eficientes, custos de marketing mais baixos, movimento de estratégia competitiva e acesso a outras fontes de produtos[48] e capital. Em suma, evidências levam a crer que as AEIs em geral são uma fonte satisfatória de lucratividade.[49]

Talvez as AEIs mais visíveis estejam atualmente no setor aéreo. American Airlines, Cathay Pacific, British Airways, Japan Airlines, Finnair, Mexicana, Malev, Iberia, LAN, Royal Jordanian e Quantas são parceiras na Oneworld Alliance, que integra programações de voo e programas de milhagem. As concorrentes da Oneworld são a Star Alliance (dirigida pelas companhias United, Continental e Lufthansa) e SkyTeam (dirigida por Air France, Delta e KLM). Esse tipo de aliança estratégica internacional implica que existe um objetivo comum; que o ponto fraco de um parceiro é compensado pelo ponto forte de outro; que atingir o objetivo sozinho seria muito dispendioso, levaria muito tempo ou seria muito arriscado; e que em conjunto os pontos fortes de todos possibilitam o que de outra maneira seria inalcançável. Por exemplo, durante o recente distúrbio no setor aéreo global, a Star Alliance começou perseguir o objetivo de comprar aeronaves, uma inovação estratégica. As relações parecem particularmente sólidas em tempos difíceis – a Japan Airlines tende em grande medida para o lado da American Airlines (ambas pertencem à Oneworld), e não para o lado da "forasteira" Delta, em seus atuais diálogos de fusão/aquisição/investimentos.[50]

---

[46] Eric Fang e Shaoming Zou, "Antecedents and Consequences of Marketing Dynamic Capabilities in International Joint Ventures", *Journal of International Business Studies*, 39, n. 1, 2008, p. 1-27.

[47] http://www.lilorbits.com, 2005.

[48] John Hagedoorn, Danielle Cloodt e Hans van Kraneburg, "Intellectual Property Rights and the Governance of International R&D Partnerships, *Journal of International Business Studies*, 36, 2005, p. 175-186; Marjorie A. Lyles e Jane E. Salk, "Knowledge Acquisition from Foreign Parents in International Ventures: An Empirical Examination of the Hungarian Context", *Journal of International Business Studies*, 38, 2007, p. 3-18; Massaki Kotabe, Denise Dunlap-Hinkler, Ronaldo Parente e Harsh A. Mishra, "Determination of Cross-National Knowledge Transfer and Its Effect on Innovation", *Journal of International Business Studies*, 38, 2007, p. 259-282.

[49] Janet Y. Murray, Masaaki Kotabe e Joe Nan Zhou, "Strategic Alliance-Based Sourcing and Market Performance: Evidence from Foreign Firms Operating in China", *Journal of International Business Studies*, 36, n. 2, 2005, p. 187-208.

[50] Mariko Sanchanta e Mike Esterl, "JAL Stays in AMR Alliance, Delta Out", *The Wall Street Journal*, 7 de fevereiro de 2010 [*on-line*].

Na aliança estratégica SkyTeam, a empresa americana Northwest Airlines e a holandesa KLM dividiram vários aspectos de suas atividades, como compra de passagens e reservas, refeições a bordo, carga e alocação de faixas de horários nos aeroportos. Como o setor de aviação global continua se consolidando, outras parcerias estratégicas são formadas e desaparecendo. Aliás, a Delta Airlines agora adquiriu a Northwest e em breve os jatos da Delta vão dividir a pista de decolagem e aterrissagem com a KLM no aeroporto Schiphol, em Amsterdã.

Uma AEI que tem vários objetivos em vista é a que integra C-Itoh (Japão), Tyson Foods (Estados Unidos) e Provemex (México). Essa aliança processa o *yakitori* à moda japonesa (pedaços de frango marinados e grelhados em palitos de bambu) para exportação para o Japão e outros países asiáticos. As três empresas tinham um objetivo específico e contribuíram para a aliança. O objetivo da C-Itoh era encontrar um fornecedor de *yakitori* de custo menor; como é uma atividade que requer muita mão de obra, o processamento do produto no Japão estava se tornando muito caro e não competitivo. A contribuição da C-Itoh foi o acesso ao seu sistema de distribuição e aos seus mercados em todas as partes do Japão e da Ásia. O objetivo da Tyson era conseguir novos mercados para a carne de frango escura (que inclui também os miúdos), um subproduto da demanda da maioria das carnes brancas no mercado americano. A Tyson exportava parte do excedente da carne escura para a Ásia e sabia que a C-Itoh queria expandir sua base de fornecedores. Entretanto, a Tyson enfrentava os mesmos custos altos de mão de obra que a C-Itoh. O objetivo da Provemex, o elo que fez tudo isso funcionar, era expandir suas atividades de criação e abatimento de frangos para oferecer produtos com maior valor agregado aos mercados internacionais. A contribuição da Provemex foi fornecer mão de obra com um custo altamente competitivo.

Por meio dessa aliança, as três empresas se beneficiaram. A Provemex adquiriu *know-how* para desossar a carne escura usada no *yakitori* e conseguiu integrar verticalmente suas operações e assegurar uma posição segura em um mercado de exportação lucrativo. A Tyson ganhou mais com a venda do excedente de coxas de frango do que antes era possível e uma maior participação no mercado asiático. A C-Itoh conseguiu um suprimento contínuo de *yakitori* de preço competitivo para a sua ampla rede de distribuição e de marketing. Desse modo, três empresas com pontos fortes específicos criaram uma aliança bem-sucedida em que todas contribuem e todas se beneficiam.

Além disso, muitas empresas formam AEIs para conseguir uma posição estratégica e competitiva e beneficiar-se do crescimento previsto no mercado único europeu. Um bom exemplo é a General Mills, que queria uma fatia do mercado de cereais para café da manhã no mercado da Europa, cujo crescimento tem sido rápido, e juntou-se à Nestlé para criar a Cereal Partners Worldwide. A previsão era de que o mercado de cereais europeu valeria centenas de milhões de dólares porque os europeus, preocupados com a saúde, haviam mudado sua dieta no café da manhã de ovos e *bacon* para cereais secos. O principal concorrente da General Mills nos Estados Unidos, a Kellogg's, estava na Europa desde 1920 e controla cerca da metade do mercado.

Para a General Mills, entrar no mercado partindo do zero seria extremamente oneroso. Embora o setor de cereais utilize produtos baratos como matéria-prima, é um setor que envolve muito capital e mão de obra, e o volume de vendas precisa ser alto para gerar lucro. Só recentemente a Kellogg obteve uma lucratividade significativa na Europa. Para a General Mills atingir seu objetivo sozinha, isso teria exigido uma base de produção e uma equipe de vendas gigantesca. Além disso, teria sido difícil para uma empresa desconhecida romper o domínio da Kellogg nos supermercados. A solução foi formar uma *joint venture* com a Nestlé, que tinha tudo o que faltava à General Mills – uma marca bem conhecida, uma rede de fábricas e um poderoso sistema de distribuição –, exceto o que a General Mills poderia fornecer: sólidas marcas de cereais.

Esse acordo foi mutuamente benéfico. A General Mills forneceu conhecimento tecnológico na fabricação de cereais, inclusive alguns equipamentos de produção exclusivos, sua linha de marcas comprovadas e seu dom para promover e vender seus produtos aos consumidores. A Nestlé incluiu seu nome nas embalagens e ofereceu acesso ao varejo e uma capacidade de produção que pôde ser transformada para fabricar os cereais da General Mills. No devido tempo, a Cereal Partners Worldwide pretende expandir seus esforços de marketing para além da Europa. Na Ásia, na África e na América Latina, a Cereal Partners Worldwide terá uma importante vantagem sobre a concorrência, pois a Nestlé é uma das principais fabricantes de alimentos.

À medida que as alianças estratégias internacionais ganham importância, maior ênfase é dada a uma abordagem sistemática para formá-las. A maioria dos especialistas nessa área concorda que os passos delineados na Figura 12.3 podem gerar alianças estratégicas bem-sucedidas e de alto desempenho. Observamos particularmente a ampla concordância com

Figura 12.3
Formando alianças estratégicas.

Principal atividade de relacionamento	Procedimentos, interações e atividades comuns	Principal habilidade de relacionamento
Namoro	Alavancagem de redes sociais por parte dos altos executivos Busca de formas de resposta às averiguações Busca de formas de perseguir oportunidades	Bom radar, bom relacionamento, autoconsciência
Visualização	Visão da realidade nas possibilidades Desenvolvimento de uma visão compartilhada com base em uma relação conjunta Envolvimento de diretores seniores confiáveis	Desenvolvimento de uma relação de intimidade
Início	Atuação dos principais executivos Construção de uma relação de confiança por meio de interações face a face	Construção de confiança
Interação	Desenvolvimento facilitado de relações pessoais em vários níveis Visita às instalações dos sócios e envolvimento em conversas sobre questões técnicas Associação entre tempo social e profissional	Formação de parcerias
Comprometimento	Demonstração de que os diretores estão totalmente comprometidos com a aliança e uns com os outros Gestão de conflitos inerentes à tomada de decisões difíceis Aceitação da realidade da aliança e de suas relações	Compromisso
Ajuste fino	Confiança em relações maduras e consolidadas Interações e relacionamentos facilitados com futuros sucessores	Crescimento recíproco

Fonte: Adaptada de Robert E. Spekman, Lynn A. Isabella, com Thomas C. MacAvoy, *Alliance Competence* (Nova York: Willey, 2000), p. 81. Dados reimpressos com permissão da John Wiley & Sons, Inc.

respeito à importância de construir relações interpessoais e institucionais de confiança como pré-requisito para o sucesso.[51] É óbvio que nos negócios internacionais não existem garantias; a interface entre diferentes sistemas éticos e jurídico-legais normalmente tornam as questões mais difíceis.[52] Além disso, uma atividade fundamental em todas as etapas descritas na figura é a negociação internacional, tema do Capítulo 19.[53]

Joint ventures internacionais. Como forma de entrada nos mercados estrangeiros, as *joint ventures* internacionais (JVIs) cresceram acentuadamente nos últimos 30 anos. Além de um meio de diminuir riscos políticos e econômicos de acordo com a parcela de contribuição do sócio para o empreendimento, as JVIs são uma forma menos arriscada de entrar em mercados que apresentam barreiras legais e culturais em comparação com a aquisição de uma empresa existente.

O sistema de *joint venture* é diferente de outros tipos de aliança estratégica ou de relação de cooperação porque é uma sociedade entre duas ou mais empresas que juntam forças para criar uma entidade jurídica distinta. As *joint ventures* são diferentes das participações minoritárias de uma empresa multinacional em uma empresa local.

Quatro características podem definir uma *joint venture*: (1) é uma entidade jurídica estabelecida e distinta; (2) reconhece a intenção dos sócios de compartilhar a administração do empreendimento conjunto; (3) é uma sociedade entre entidades incorporadas legalmente, como empresas, organizações patrocinadas (*chartered organizations*) ou governos, e não entre indivíduos; e (4) todos os sócios têm a mesma participação no capital social.

Entretanto, as JVIs podem ser difíceis de administrar. A escolha dos sócios e a qualidade do relacionamento entre os executivos são fatores fundamentais para o sucesso das JVIs. Vários outros fatores também contribuem para o seu sucesso ou insucesso: forma como o

---
[51] Robert E. Spekman, Lynn A. Isabella, com Thomas C. MacAvoy, *Alliance Competence* (Nova York: Wiley, 2000).
[52] Alaka N. Rao, Jone L. Pearce e Katherine Xin, "Governments, Reciprocal Exchange and Trust among Business Associates", *Journal of International Business Studies*, 36, 2005, p. 104-118; David A. Griffith, Matthew B. Myers e Michael G. Harvey, "An Investigation of National Culture's Influence on Relationship and Knowledge Resources in Interorganizational Relationship between Japan and the United States", *Journal of International Marketing*, 14, 2006, p. 1-36; Srilata Zaheer e Akbar Zaheer, "Trust across Borders", *Journal of International Business Studies*, 37, 2006, p. 21-29.
[53] Kam-hon Lee, Gong-ming Qian, Julie H. Yu e Ying Ho, "Trading Favors for Marketing Advantage: Evidence from Hong Kong, China, and the United States", *Journal of International Marketing*, 13, 2005, p. 1-35.

controle é compartilhado,[54] relação com as empresas controladoras,[55] ambientes institucionais (legais),[56] recursos de marketing,[57] experiência[58] e grau de compartilhamento de conhecimentos entre os sócios.[59] A despeito dessa complexidade, praticamente todas as empresas ativas no mundo comercial participam de pelo menos uma *joint venture* internacional em algum lugar, e várias empresas possuem dezenas de *joint ventures*. Um estudo recente da Conference Board demonstrou que 40% das empresas da *Fortune* 500 estavam envolvidas em uma ou mais JVIs. Particularmente no mercado de telecomunicações e internet, as *joint ventures* são cada vez mais favorecidas.

Ao redor da Orla da Ásia-Pacífico, onde as empresas americanas enfrentam barreiras legais e culturais incomuns, as *joint ventures* são preferidas à compra de empresas existentes. Os sócios locais normalmente podem mostrar o caminho nos labirintos legais e ajudar o estrangeiro a compreender as nuanças culturais. O sistema de *joint venture* pode ser atraente para o profissional de marketing internacional quando possibilita que uma empresa utilize habilidades especializadas do sócio local, permite que o profissional de marketing tenha acesso ao sistema de distribuição local do sócio, oferece acesso a mercados protegidos por tarifas ou cotas, e quando uma empresa procura entrar em um mercado em que as atividades de propriedade integral são proibidas e quando a empresa não tem capital ou recursos humanos para expandir suas atividades internacionais.

Na China, um país que costuma ser classificado como um dos mais difíceis da Ásia,[60] foram estabelecidas mais de 60 mil *joint ventures* em 30 anos, desde o momento em que o governo começou a autorizar JVIs no país. Um dos vários motivos pelos quais as JVIs são tão populares é que elas oferecem uma forma de evitar as altas tarifas chinesas, permitindo que a empresa ganhe vantagem competitiva de preço sobre as importações. Fabricar localmente com um sócio chinês, em vez de importar, oferece economias adicionais em virtude do baixo custo da mão de obra chinesa. Muitas marcas ocidentais são fabricadas e comercializadas na China a preços que não seriam praticáveis se os produtos fossem importados.

Consórcios. Os consórcios são semelhantes às *joint ventures* e só não podem ser classificados como tais por duas características específicas: (1) eles normalmente exigem grande número de participantes e (2) com frequência funcionam em um país ou mercado em que nenhum dos participantes atua ativamente naquele momento. Os consórcios são desenvolvidos para reunir recursos financeiros e administrativos e para diminuir os riscos. Normalmente, em projetos de construção gigantescos, forma-se um acordo de consórcio em que os principais empreiteiros com especialidades distintas criam uma empresa especificamente para representar e construir uma obra. Geralmente, uma empresa atua como empresa principal, mas a empresa recém-criada pode existir independentemente de seus criadores.

Sem dúvida, o consórcio internacional mais proeminente é o da Airbus, concorrente europeia da Boeing no mercado global de aeronaves comerciais. A Airbus Industrie foi formada originalmente quando quatro grandes empresas aeroespaciais europeias concordaram em trabalhar juntas para fabricar aviões de passageiros comerciais. Em 2000, as quatro

---

[54] Chris Styles e Lis Hersh, "Relationship Formation in International Joint Ventures: Insights from Australian-Malaysian International Joint Ventures", *Journal of International Marketing*, 13, 2005, p. 105-134.

[55] Jeffrey Q. Bardon, H. Kevin Steensma e Marjorie A. Lyles, "The Influence of Parent Control Structure on Parent Conflict in Vietnamese IJVs: An Organizational Justice-Based Contingency Approach", *Journal of International Business Studies*, 36, n. 2, 2005, p. 156-174.

[56] Bardon, Steensma e Lyles, "The Influence of Parent Control Structure on Parent Conflict"; Yaping Gong, Oded Shenkar, Yadong Luo e Mee-Kau Nyaw, "Human Resources and International Joint Venture Performance: A System Perspective", *Journal of International Business Studies*, 36, 2005, p. 505-518; Rene Belderbos e Jianglei Zou, "On the Growth of Foreign Affiliates: Multinational Plant Networks, Joint Ventures, and Flexibility", *Journal of International Business Studies*, 38, 2007, p. 1.095-1.112.

[57] Eric (Er) Fang e Shaoming Zou, "Antecedents and Consequences of Marketing Dynamic Capabilities in International Joint Ventures", *Journal of International Business Studies*, 40, n. 5, 2009, p. 742-761.

[58] Sengun Yeniyurt, Janell D. Townsend, S. Tamer Cavusgil e Pervez Ghauri, "Mimetic and Experiential Effects in International Marketing Alliance Formations of U.S. Pharmaceuticals Firms: An Event History Analysis", *Journal of International Business Studies*, 40, n. 2, 2009, p. 301-320.

[59] Yadong Luo, "Transactional Characteristics, Institutional Environment, and Joint Venture Contracts", *Journal of International Business Studies*, 36, n. 2, 2005, p. 209-230; Changhui Zhou e Jing Li, "Product Innovation in Emerging Market-Based International Joint Ventures: An Organizational Ecology Perspective", *Journal of International Business Studies*, 39, n. 7, 2008, p. 1.114-1.132; Jean-Paul Roy e Christine Oliver, "International Joint Venture Partner Selection: The Role of the Host-Country Legal Environment", *Journal of International Business Studies*, 40, n. 5, 2009, p. 779-802.

[60] Timothy J. Wilkinson, Andrew R. Thomas e Jon M. Hawes, "Managing Relationships with Chinese Joint Venture Partners", *Journal of Global Marketing*, 22, n. 2, 2009, p. 109-120.

concordaram em transformar o consórcio em uma empresa global para obter eficiências operacionais que melhorariam sua concorrência com a Boeing. Já a Boeing uniu-se ao seu próprio consórcio para desenvolver a nova aeronave 787 Dreamliner.[61]

A Sematech, outra candidata entre os consórcios mais proeminentes e a princípio uma operação exclusivamente americana, é um consórcio de P&D formado em Austin, no Texas, durante a década de 1980, para tomar do Japão a liderança americana em desenvolvimento e venda de semicondutores. Esse consórcio abrangia empresas como IBM, Intel, Texas Instruments, Motorola e Hewlett-Packard. Entretanto, na virada do milênio, até mesmo a Sematech tornou-se internacional. Várias das empresas fundadas nos Estados Unidos deixaram o consórcio e foram substituídas por empresas do Taiwan, da Coreia, da Alemanha e dos Países Baixos (e novamente nenhuma do Japão). Além disso, a Sematech amplia seu próprio portfólio de investimentos para abranger uma variedade maior de empresas internacionais.

Todas as alianças estratégicas internacionais são passíveis de problemas de coordenação. Por exemplo, para alguns analistas, a culpa pelos onerosos custos de fabricação da nova aeronave 787 Dreamliner devia-se à amplitude internacional desse consórcio da Boeing. Além disso, as circunstâncias e/ou os sócios podem mudar de tal maneira que os acordos se tornam insustentáveis, e muitas vezes essas relações corporativas duram pouco. Em 1992, a Ford e a Nissan lançaram uma *minivan* por meio de uma *joint venture* denominada Mercury Villager/Nissan Quest. Esse carro obteve um sucesso moderado no mercado dos Estados Unidos, mas em 2002 essa *joint venture* parou de produzir os carros – dois anos antes do prazo previsto pelo contrato original. Agora que a Nissan é controlada pela fabricante de automóveis francesa Renault, em 2003 a empresa começou a produzir uma *minivan* própria para ser vendida nos Estados Unidos. Quando a General Motors formou uma *joint venture* com a Daewoo, seu objetivo era galgar uma posição significativa no mercado de automóveis asiático. Em vez disso, a Daewoo utilizou a aliança para melhorar sua tecnologia automobilística. No momento em que a parceria foi interrompida, a GM havia criado um novo concorrente global para si mesma.

A Nestlé envolveu-se em uma disputa de dissolução particularmente desagradável com a Dabur India. A empresa suíça possuía 60% de uma *joint venture* de bolacha, a Excelsia Foods e a empresa indiana, 40%. Depois de meses de ressentimento, a Dabur entrou com uma petição junto ao governo indiano acusando a Nestlé de oprimir a acionista minoritária e administrar mal a *joint venture*. A Dabur alegou particularmente que a Nestlé estava levando a Excelsia à falência de propósito para que pudesse escapar de suas "obrigações de não concorrência e conquistar o mercado de bolachas da Índia utilizando outra marca". A Nestlé defendeu que o problema estava relacionado com a incapacidade dos sócios de concordar com um plano de negócios mutuamente aceitável. Por fim, essa disputa foi resolvida amigavelmente com a compra pela Nestlé da participação de 40% da Dabur e pouco tempo depois, em vez de reestruturada, a Excelsia foi fechada.

Investimento direto no exterior

Uma quarta forma de desenvolvimento e entrada em mercados estrangeiros é o *investimento direto no exterior*, isto é, o investimento dentro de outro país. As empresas podem investir localmente para aproveitar o baixo custo de mão de obra, evitar taxas de importação altas, diminuir os altos custos de transporte para o mercado em questão, ter acesso a matérias-primas e tecnologias ou então ganhar entrada no mercado.[62] Elas podem investir ou comprar empresas locais ou criar novas instalações operacionais. Além dos próprios investimentos, as empresas locais podem obter benefícios importantes, como transferências substanciais de tecnologia[63] e capacidade para exportar para uma base de clientes mais diversificada.[64] Do mesmo modo que nas outras formas de entrada, foram identificados vários fatores de influência sobre a estrutura e o desempenho dos investimentos diretos: (1) a escolha do momento – os primeiros a investir têm

---

[61] Yan Zhang, Haiyang Li, Michael A. Hitt e Geng Cui, "R&D Intensity and International Joint Venture Performance in an Emerging Market: Moderating Effects of Market Focus and Ownership Structure", *Journal of International Business Studies*, 38, 2007, p. 944-960.

[62] Sunil Venaik, David F. Midgley e Timothy M. Devinney, "Dual Paths to Performance: The Impact of Global Pressures on MNC Subsidiary Conduct and Performance", *Journal of International Business Studies*, 36, 2005, p. 655-675; Tony S. Frost e Changhui Zhou, "R&D Co-Practice and 'Reserve' Knowledge Integration in Multinational Firms", *Journal of International Business Studies*, 36, 2005, p. 676-687.

[63] Donna L. Paul e Rossitza B. Wooster, "Strategic Investments by US Firms in Transition Economies", *Journal of International Business Studies*, 39, 2008, p. 249-266.

[64] Jasjit Singh, "Asymmetry of Knowledge Spillovers between MNCs and Host Country Firms", *Journal of International Business Studies*, 38, 2007, p. 764-786.

vantagens, mas correm maior risco; (2) a complexidade crescente e as contingências dos contratos; (3) as estruturas de custo de transação; (4) a transferência de tecnologia e conhecimentos,[65] (5) o grau de diferenciação dos produtos, (6) as experiências anteriores e a diversidade cultural das empresas adquiridas[66] e (7) as barreiras contra propagandas e reputação. Essa mistura de fatores e riscos dificulta progressivamente as decisões sobre essa forma de investimento externo. Contudo, como determinadas restrições legais incômodas[67] continuam sendo flexibilizadas com a OMC e outros acordos internacionais, um número cada vez maior de empresas opta por entrar no mercado externo por meio de investimentos diretos.

O crescimento das áreas de livre-comércio que isentam os países-membros de tarifas e têm uma tarifa comum para os não participantes criam uma oportunidade que pode ser aproveitada pelos investimentos diretos. De modo semelhante aos seus concorrentes japoneses, a Samsung da Coreia investiu em torno de US$ 500 milhões para construir fábricas de tubos de televisão em Tijuana, no México, para suprir o imenso setor de televisores para o Nafta, centrado naquele país. A Kyocera Corporation, empresa de alta tecnologia japonesa, comprou a operação de telefones sem fio de consumo da Qualcomm para entrar rapidamente no mercado americano. O Yahoo! pagou US$ 1 bilhão por 40% de participação na concorrente chinesa Alibaba, e a Nestlé constrói uma nova fábrica na Tailândia para atender à Área de Livre-Comércio da Ansa (Afta).

Hoje, uma das particularidades das empresas globais é o estabelecimento de operações fabris no mundo inteiro.[68] Essa tendência aumentará quando as barreiras ao livre-comércio forem eliminadas e as empresas puderem abrir instalações fabris onde quer que seja mais econômico. A escolha da forma de entrada e dos sócios e parceiros é uma decisão fundamental, uma vez que a natureza das operações de uma empresa no mercado estrangeiro é influenciada pelas decisões que são tomadas e depende delas. A forma de entrada afeta as decisões futuras porque cada uma delas envolve um grau de comprometimento correspondente, e mudar de uma forma para outra sem perder tempo e dinheiro é difícil.

Organização da concorrência global

O plano de marketing internacional deve otimizar os recursos alocados para atender aos objetivos da empresa. O plano organizacional compreende os esquemas organizacionais e o processo de gestão a serem utilizados, bem como o escopo e as posições de responsabilidade. Como as organizações precisam apresentar uma ampla variedade de características específicas – tamanho, nível de decisão política, extensão da cadeia de comando, apoio administrativo, fontes de recursos naturais, humanos e de fornecedores,[69] grau de controle, diferenças culturais nos estilos de tomada de decisões,[70] centralização e tipo ou nível de envolvimento

---

[65] Hongxin Zhao, Yadong Luo e Taewon Suh, "Transaction Cost Determinants and Ownership-Based Entry Mode Choice: A Meta-Analytic Review", *Journal of International Business Studies*, 35, n. 6, 2004, p. 524-544; Henrik Bresman, Julian Birkinshaw e Robert Nobel, "Knowledge Transfer in International Acquisitions", *Journal of International Business Studies*, 41, n. 1, 2010, p. 5-20; Julian Birkinshaw, Henrik Bressman e Robert Nobel, "Knowledge Transfer Acquisitions: A Retrospective", *Journal of International Business Studies*, 41, n. 1, 2010, p. 21-26.

[66] Lilach Nachum e Cliff Wymbs, "Product Differentiation, External Economies, and MNE Location Choices: M&A Global Cities", *Journal of International Business Studies*, 36, 2005, p. 415-434; Rajesh Chakrabarti, Swasti Gupta-Mukherjee, e Narayanan Jayaraman, "Mars-Venus Marriages: Culture and Cross-Border M&A", *Journal of International Business Studies*, 40, n. 2, 2009, p. 216-236; Jonas F. Puck, Dirk Holtbrugge e Alexander T. Mohr, "Beyond Entry Mode Choice: Explaining the Conversion of Joint Ventures into Wholly Owned Subsidiaries in the People's Republic of China", *Journal of International Business Studies*, 40, n. 3, 2009, p. 388-404; Mary Yoko Brannen e Mark F. Peterson, "Merging without Alienating: Interventions Promoting Cross-Cultural Organizational Integration and Their Limitations", *Journal of International Business Studies*, 40, n. 3, 2009, p. 468-489; Taco H. Reus e Bruce T. Lamont, "The Double-Edged Sword of Cultural Distance in International Acquisitions", *Journal of International Business Studies*, 40, n. 8, 2009, p. 128-136; Bulent Aybar e Aysun Ficici, "Cross-Border Acquisitions and Firm Value: An Analysis of Emerging-Market Multinationals", *Journal of International Business Studies*, 40, n. 8, 2009, p. 1.317-1.338; Udo Zander e Lena Zander, "Opening the Grey Box: Social Communities, Knowledge, and Culture in Acquisitions", *Journal of International Business Studies*, 41, n. 1, 2010, p. 27-37.

[67] Desislava Dikova, Padma Roa Sahib e Arjen van Witteloostuijn, "Cross-Border Acquisition Abandonment and Completion: The Effect of Institutional Differences and Organizational Learning in the International Business Service Industry, 1981-2001", *Journal of International Business Studies*, 41, n. 2, 2010, p. 223-245.

[68] Jason Dean e Jonathan Cheng, "Meet Jack Ma, Who Will Guide Yahoo in China", *The Wall Street Journal*, 12 de agosto de 2005, p. B1, B3.

[69] Zuohao Chun Zhang e Flora F. Gu, "Intra- and Interfirm Coordination of Export Manufacturers: A Cluster Analysis of Indigenous Chinese Exporters", *Journal of International Marketing*, 16, n. 3, 2008, p. 108-135.

[70] Shichun Xu, S. Tamer Cavusgil e J. Chris White, "The Impact of Strategic Fit among Strategy, Structure, and Processes on Multinational Corporation Performance: A Multi-Method Assessment", *Journal of International Marketing*, 14, 2006, p. 1-31.

com marketing –, idealizar uma estrutura organizacional padrão é difícil.[71] Vários planos multinacionais ambiciosos não são tão bem-sucedidos por causa de linhas de autoridade confusas, comunicação inadequada e falta de cooperação entre a matriz e as subsidiárias.[72]

Uma única estrutura organizacional que integre de modo eficaz as atividades de marketing domésticas e internacionais ainda está para ser idealizada.[73] As empresas enfrentam a necessidade de maximizar o potencial internacional de seus produtos e serviços sem diluir seus empreendimentos de marketing domésticos. Normalmente, elas estão estruturadas em torno de três alternativas: (1) divisões de produtos globais responsáveis pela venda dos produtos em nível mundial, (2) divisões geográficas responsáveis por todos os produtos e funções em uma determinada região geográfica ou (3) uma organização matricial que integra os dois esquemas anteriores, em que as vendas e o marketing são centralizados e administrados por uma equipe funcional centralizada, ou associa as áreas operacionais e a gestão de produtos global.

As empresas que adotam a estrutura de divisão de produtos globais em geral experimentam um rápido crescimento e possuem linhas de produtos amplas e diversas. A General Electric é um bom exemplo. A empresa reorganizou suas operações globais em seis divisões de produtos – infraestrutura, industrial, serviços financeiros comerciais, NBC Universal, cuidados de saúde e financiamento ao consumidor.[74] As divisões geográficas funcionam melhor quando se tem necessidade de estabelecer uma íntima relação com governos nacionais e locais.

A forma matricial – a mais extensa dentre as três estruturas organizacionais – é popular entre as empresas quando elas se reorganizam para entrar em uma concorrência global. Esse tipo de estrutura permite que a administração responda a conflitos que surgem entre atividades funcionais, produtos e áreas geográficas. Seu objetivo é estimular o compartilhamento de experiências, recursos, conhecimentos especializados, tecnologias e informações entre as unidades de negócios globais. A essência dessa estrutura é o aprimoramento da tomada de decisões, uma vez que os vários pontos de vista que afetam as atividades funcionais, os produtos e as áreas geográficas são examinados e compartilhados. A organização matricial também pode acomodar melhor os clientes que têm operações globais e exigências globais exclusivas.

Uma empresa pode ser organizada por linhas de produtos e ter subdivisões geográficas subordinadas às categorias de produto, e ambas podem ser complementadas pelo suporte de uma equipe funcional. A Figura 12.4 mostra essa combinação. A maioria das grandes empresas que atuam internacionalmente utiliza esse esquema básico com algumas alterações.

Contudo, a turbulência dos mercados globais exige estruturas organizacionais flexíveis. Um estudo sobre 43 grandes empresas americanas indicou que elas tinham em vista um total de 137 mudanças organizacionais em suas operações internacionais em um período de cinco anos. Dentre as mudanças estavam a centralização da tomada de decisões internacionais, a criação de divisões globais, a formação de centros de excelência e o estabelecimento de unidades de negócios internacionais. A Bausch & Lomb, uma das empresas desse estudo, remodelou sua estrutura organizacional internacional decompondo sua divisão internacional em um sistema mundial que abrange três regiões e estabelecendo comitês de gestão empresarial para supervisionar as estratégias de marketing e produção globais de quatro grandes linhas de produtos. O objetivo da Bausch & Lomb era coordenar melhor as atividades centrais sem perder contato em nível local.

Na medida em que existe uma tendência, dois fatores parecem ser almejados, independentemente da estrutura organizacional: um único ponto central de direcionamento e o controle e a criação de uma linha organizacional simples, fundamentada em uma rede mais descentralizada de empresas locais.

---

[71] Gerald Albaum, Joel Herche, Julie Yu, Felicitas Evangelista, Brian Murphy e Patrick Poon, "Differences in Marketing Manager's Decision Making Styles within the Asia-Pacific Region: Implications for Strategic Alliances", *Journal of Global Marketing*, 21, 2007, p. 63-72; Alain Verbke e Thomas P. Kenworthy, "Multidivisional vs. Metanational Governance of the Multinational Enterprise", *Journal of International Business Studies*, 39, n. 6, 2008, p. 940-956; Beibei Dong, Shaoming Zou e Charles R. Taylor, "Factors That Influence Multinational Corporations' Control of Their Operations in Foreign Markets: An Empirical Investigation", *Journal of International Marketing*, 16, n. 1, 2008, p. 98-119.

[72] Ingmar Bjorkman, Carl F. Fey e Hyeon Jeong Park, "Institutional Theory and MNC Subsidiary HRM Practices: Evidence from a Three-Country Study", *Journal of International Business Studies*, 38, 2007, p. 430-446.

[73] Claude Obadia e Irena Vida, "Endogenous Opportunism in Small and Medium-Sized Enterprises' Foreign Subsidiaries: Classification and Research Propositions", *Journal of International Marketing*, 14, 2006, p. 57-86.

[74] Kelly Hewett e William O. Bearden, "Dependence, Trust, and Relational Behavior on the Part of Foreign Subsidiary Marketing Operations: Implications for Managing Global Marketing Operations", *Journal of Marketing*, 65, n. 4, outubro de 2001, p. 51-66.

Figura 12.4
Plano esquemático de organização de marketing de uma empresa do mercado de automóveis que associa produtos, áreas geográficas e abordagens funcionais.

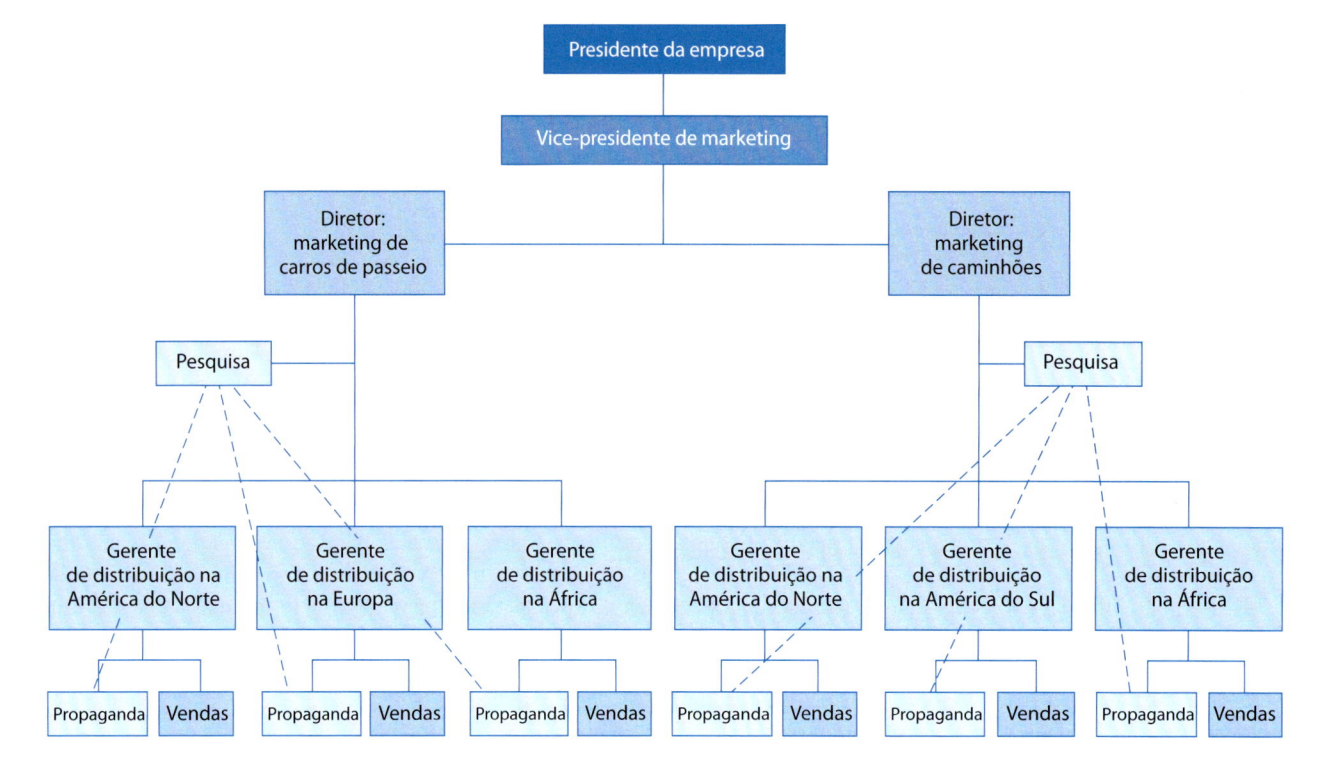

```
                          Presidente da empresa
                                   │
                         Vice-presidente de marketing
                                   │
              ┌────────────────────┴────────────────────┐
         Diretor:                                   Diretor:
         marketing de                               marketing
         carros de passeio                          de caminhões
              │                                         │
          Pesquisa                                  Pesquisa
              │                                         │
   ┌──────────┼──────────┐                 ┌────────────┼────────────┐
 Gerente   Gerente    Gerente           Gerente      Gerente      Gerente
 de distri-de distri- de distri-        de distri-   de distri-   de distri-
 buição na buição     buição            buição na    buição na    buição
 América   na Europa  na África         América      América      na África
 do Norte                                do Norte    do Sul
   │          │          │                 │            │            │
 Prop.|Vendas Prop.|Vendas Prop.|Vendas  Prop.|Vendas Prop.|Vendas Prop.|Vendas
```

Centro de decisões

Considerações sobre o lugar em que as decisões serão tomadas, quem as tomará e por meio de qual método isso será feito constituem um elemento fundamental da estratégia organizacional. A política administrativa deve ser explícita sobre as decisões que devem ser tomadas na alta administração, nas unidades internacionais, nos níveis regionais e nos níveis nacionais e mesmo locais. A maioria das empresas também limita o dinheiro a ser gasto em cada nível. É necessário estabelecer os níveis de tomada de decisões para determinar decisões políticas, estratégicas e táticas. Normalmente, as decisões táticas devem ser tomadas no nível mais baixo possível, sem duplicação de país para país. Essa diretriz exige que os gestores das matrizes americanas confiem no conhecimento de seus gestores locais.

Organizações centralizadas *versus* descentralizadas

Existem inúmeros padrões organizacionais para as atividades da matriz de empresas multinacionais, mas a maioria enquadra-se em uma dessas três categorias: organizações centralizadas,[75] regionalizadas[76] ou descentralizadas. O fato de todos esses sistemas serem utilizados indica que todos têm vantagens e desvantagens específicas. As principais vantagens da centralização são a disponibilidade de especialistas em cada local, a possibilidade de ter um alto grau de controle tanto sobre as fases de planejamento quanto sobre as de implantação e a centralização de todos os registros e informações.

Algumas empresas utilizam um alto nível de descentralização, escolhendo gestores locais competentes e concedendo-lhes total responsabilidade pelas operações nacionais ou regionais. Esses executivos têm contato direto e diário com o mercado, mas não têm uma visão ampla da empresa, o que pode resultar em uma perda parcial de controle por parte da empresa controladora.

Em muitos casos, independentemente de a estrutura organizacional formal da empresa ser centralizada ou descentralizada, a organizacional informal reflete alguns aspectos de todos os sistemas organizacionais. Isso é especialmente verdadeiro com relação ao centro

---

[75] Rajdeep Grewal, Murali Chandrashekaran e Robert F. Dwyer, "Navigating Local Environments with Global Strategies: A Contingency Model of Multinational Subsidiary Performance", *Marketing Science*, 27, n. 5, 2008, p. 886-902.

[76] Jean-Luc Arregle, Paul W. Beamish e Louis Hebert, "The Regional Dimension of MNE's Foreign Subsidiary Localization", *Journal of International Business Studies*, 40, n. 1, 2009, p. 86-107.

de tomada de decisões. Estudos demonstram que, embora as decisões sobre produto possam ser altamente centralizadas, as subsidiárias podem ter um grau significativo de influência local sobre as decisões de preço, propaganda e distribuição. No caso de um produto suscetível à cultura, é mais provável que as decisões sejam descentralizadas.

RESUMO

A expansão dos mercados ao redor do mundo acirrou a concorrência em todos os níveis do marketing internacional. Para ficar à altura da concorrência e manter uma posição viável em mercados cada vez mais competitivos, é essencial ter uma perspectiva global. Além disso, a concorrência global exige produtos de qualidade, desenvolvidos para atender às necessidades sempre variáveis dos clientes e acompanhar o rápido avanço tecnológico do mundo moderno. Contenção de custos, satisfação do cliente e um número maior de concorrentes são fatores que indicam que cada oportunidade de aprimorar as práticas dos negócios internacionais deve ser examinada com base nos objetivos e metas da empresa. Relações de colaboração, alianças estratégicas internacionais, planejamento estratégico e opções de estratégia de entrada no mercado são importantes vias de acesso ao marketing global que devem ser implementadas no planejamento e na organização da gestão de marketing global.

PALAVRAS-CHAVE

Planejamento corporativo
Planejamento estratégico
Planejamento tático
Exportação direta
Exportação indireta
Licenciamento
Franquia
Aliança estratégica internacional (AEI)
Joint venture

QUESTÕES

1. Defina as palavras-chave acima relacionadas.
2. Defina planejamento estratégico. Em que sentido o planejamento estratégico do marketing internacional difere do marketing doméstico?
3. Discorra sobre os benefícios que uma CMN pode obter se adotar o conceito de mercado global. Explique os três pontos que definem uma abordagem global de marketing internacional.
4. Discorra sobre as consequências de um ciclo de vida do produto mais curto sobre o processo de planejamento de uma empresa.
5. Qual a importância das relações de colaboração para a concorrência?
6. Nas fases 1 e 2 do processo de planejamento internacional, os países podem ser eliminados de uma análise posterior como mercados potenciais. Fale sobre algumas das circunstâncias possíveis em um país que levariam um profissional de marketing a excluí-lo em cada uma dessas fases.
7. Suponha que você seja o diretor de marketing internacional de uma empresa de refrigeradores. Escolha um país da América Latina e um da Europa e crie critérios de triagem para a avaliação desses dois países. Faça qualquer outra suposição necessária a respeito de sua empresa.
8. "A dicotomia que normalmente se estabelece entre o marketing de exportação e o marketing no exterior é parcialmente uma ficção; do ponto de vista do marketing, eles são métodos alternativos para aproveitar as oportunidades de mercado no exterior." Discuta essa afirmação.
9. Em que sentido a entrada em um mercado estrangeiro desenvolvido difere da entrada em um mercado relativamente inexplorado?
10. Por que as empresas mudam sua estrutura organizacional quando passam da condição de internacionais para empresas globais?
11. Formule uma regra geral para determinar o nível em que as decisões de negócios internacionais devem ser tomadas.
12. Fale sobre o motivo da popularidade das *joint ventures*.
13. Compare as implicações organizacionais das *joint ventures* com as dos acordos de licenciamento.
14. Visite o *site* da General Motors e o da Ford, ambas fabricantes de automóveis nos Estados Unidos. Analise esses *sites* e teça comparações sobre o envolvimento internacional dessas empresas. Como você classificaria cada uma – exportadora, internacional ou global?
15. Utilizando as fontes da questão anterior, relacione as diferentes formas de entrada que cada empresa emprega.
16. Visite o *site* da Nestlé Corporation (www.nestle.com/) e o da Unilever (www.unilever.com/). Compare as estratégias de ambas em relação aos mercados internacionais. Em que sentido o marketing internacional delas é diferente (sem considerar as categorias de produto)?

Capítulo 13
Produtos e serviços de consumo

SUMÁRIO

- Perspectiva global

    Disney tenta a sorte novamente

- Qualidade
    - Definição de qualidade
    - Manutenção da qualidade
    - Exigências físicas ou legais e adaptação
    - Marketing verde e desenvolvimento de produtos

- Produtos e cultura
    - Produtos inovadores e adaptação
    - Difusão de inovações
    - Produção de inovações

- Análise dos componentes do produto para adaptação
    - Componente essencial
    - Componente de embalagem
    - Componente de serviços de suporte

- Marketing global de serviços de consumo
    - Oportunidades de serviços nos mercados globais
    - Barreiras à entrada de serviços de consumo em mercados globais

- Marcas nos mercados internacionais
    - Marcas globais
    - Marcas nacionais
    - Efeito do país de origem e marcas globais
    - Marcas próprias

OBJETIVOS DE APRENDIZAGEM

OA1 Importância de oferecer produtos adequados para o mercado pretendido

OA2 Importância da qualidade e como ela é definida

OA3 Exigências físicas, legais e culturais de adaptação dos produtos

OA4 Necessidade de visualizar todos os atributos de um produto para superar a resistência à aceitação

OA5 Efeitos do país de origem sobre a imagem de um produto

Desenvolvimento de estratégias de marketing globais — PARTE QUATRO

Perspectiva global
DISNEY TENTA A SORTE NOVAMENTE

Com a abertura da Disney em Anaheim, em 1955, nasceu o conceito de moderno parque temático. A combinação de passeios, de diversas outras atrações e de personagens da Disney tornou-se irresistível. A Disneylândia de Tóquio também se revelou um sucesso, gerando um lucro modesto para a Disney por meio do licenciamento e lucros significativos para seus parceiros japoneses. Três quartos dos visitantes do parque de Tóquio são frequentadores assíduos da melhor categoria.

Em seguida, veio a EuroDisney. Por causa da insatisfação da Disney com os acordos de participação acionária no parque de Tóquio, a negociação da EuroDisney foi estruturada de uma maneira bem diferente. A empresa negociou uma participação bem maior nesse parque e incluiu a instalação de hotéis e restaurantes adjacentes. Com esse maior controle acionário e maior potencial de lucros, o grau de risco também era maior.

Mesmo antes da cerimônia de inauguração, em 1992, manifestantes censuravam a "investida" da Disney contra a cultura francesa. A localização foi igualmente um erro – o clima mediterrâneo de Barcelona parecia bem mais atraente do que os dias friíssimos da França. Conseguir uma força de trabalho e uma clientela multicultural também se provou uma tarefa desafiadora. Por exemplo, qual idioma seria mais apropriado para a atração Piratas do Caribe: francês ou inglês? Durante os primeiros anos, não foi possível atingir nem a meta de frequentadores nem a meta de compras por parte dos consumidores. Ambas ficaram entre 10%. No verão de 1994, a EuroDisney havia perdido em torno de US$ 900 milhões. Muita atenção se deu à possibilidade de fechar o parque.

Um príncipe saudita injetou uma quantia fundamental no empreendimento, possibilitando uma reestruturação financeira temporária e uma reorganização geral do parque, com um novo CEO francês e um novo nome, Disneylândia de Paris. Assim, o parque de Paris voltou a ter lucro, e o número de frequentadores aumentou. Contudo, a temporada de *royalties*, taxas administrativas e locações expirou, e os lucros diminuem novamente. A reação da Disney foi ampliar, abrindo um segundo parque temático, o "Disney Studios", e um complexo de lojas e escritórios adjacente à Disneylândia de Paris. Em 2005, uma vez mais o príncipe saudita injetou dinheiro (mais US$ 33 milhões) no parque.

Em 2006, a Disneylândia de Hong Kong foi aberta para investimentos, sendo que o governo dessa região forneceu a maior parte deles (quase 80% dos US$ 3 bilhões necessários). Tal como na Europa, a clientela é culturalmente diversa, embora principalmente chinesa. As atrações utilizam o cantonês (dialeto local), o mandarim (o idioma nacional) e o inglês. O parque atraiu 5,2 milhões de visitantes em 2006, mas esse número caiu acentuadamente para 4 milhões em 2007. A Disney teve de renegociar sua estrutura financeira e sua programação em consequência disso. No lado positivo do livro contábil, a empresa e o governo de Hong Kong ainda conversam sobre a possibilidade de ampliar o parque, e a Disney assinou um novo contrato de *joint venture* para fornecimento *on-line* de serviços de entretenimento a clientes na China. Em 2009, o governo chinês aprovou um novo parque em Xangai, a ser administrado por grupos de Hong Kong por um valor de US$ 4 bilhões. Aliás, ainda é bastante interessante acompanhar as aventuras internacionais do Mickey; pode-se dizer que tem sido uma montanha-russa.

Fontes: http://www.disney.go.com; "Disney to Build Hong Kong Theme Park; Euro Disney's Profit Slumped", *Dow Jones New Service*, 1º de novembro de 1999; Richard Verrier, "Saudi Prince Helps Out EuroDisney", *Los Angeles Times*, 12 de janeiro de 2005, p. C2; Hong Kong Disney Crowds Disappoint for Second Year", *Reuters News*, 12 de dezembro de 2007; Ethan Smith e James T. Areddy, "China Backs Disney Shanghai", *The Wall Street Journal*, 11 de novembro de 2009 [*on-line*].

As oportunidades e os desafios para os profissionais de marketing internacional de bens e serviços de consumo nunca foram tão grandes ou tão diversos. Novos consumidores surgem nos mercados emergentes da Europa Oriental, da Comunidade dos Estados Independentes (CEI), da China e de outros países asiáticos, da Índia e da América Latina – em suma, no mundo inteiro. Embora alguns desses mercados emergentes tenham hoje baixo poder aquisitivo, eles prometem ser imensos no futuro. Nos mercados mais maduros do mundo industrializado, oportunidades e desafios também existem aos montes, visto que as preferências dos consumidores estão mais sofisticadas e complexas, e elevações no poder aquisitivo lhes permitiram satisfazer novas necessidades.

Tal como descrito no quadro "Perspectiva global", a Disney é o exportador arquetípico americano para mercados de consumo globais. A distinção entre produtos e serviços para essas empresas tem pouco significado. Os DVDs são *produtos*, enquanto as atuações cinematográficas dos filmes gravados nesses DVDs são *serviços*. Os consumidores dos parques temáticos (incluindo os turistas estrangeiros nas instalações domésticas) pagam em torno de US$ 100 para entrar, mas eles também gastam cerca do mesmo valor em bonés, camisetas e refeições enquanto passeiam. E os filmes, obviamente, ajudam a vender os ingressos do parque e os brinquedos e roupas correspondentes. Aliás, essa falta de distinção entre produtos e serviços levou à invenção de novos termos que englobam tanto produtos quanto serviços, como *market offering*[1] (lançamento de produtos ou serviços) e marketing *business to consumer* ou *B2C* (da empresa para o consumidor). Entretanto, os órgãos governamentais que observam atentamente o comércio internacional continuam fazendo distinção entre produto e serviço, e nós, do mesmo modo, mantemos essa diferença neste capítulo e no seguinte.[2] O leitor deve também observar que, em referência aos produtos e serviços de exportação dos Estados Unidos direcionados a consumidores, os totais são divididos uniformemente entre as três principais categorias de bens duráveis (como carros e computadores), bens não duráveis (principalmente alimentos, medicamentos e brinquedos) e serviços (por exemplo, turismo e telecomunicações).

Há uma tendência de as empresas maiores tornarem-se globais do ponto de vista de direcionamento e estratégia. Todavia, a adaptação de produtos é uma tarefa de marketing tão importante para as empresas menores quanto para as globais. À medida que a disputa por mercados mundiais intensifica-se e as preferências do mercado tornam-se globais, vender o que é produzido para o mercado de um país do mesmo modo como é vendido no país de origem é cada vez menos eficaz. Alguns produtos não podem ser vendidos em todos os mercados externos sem algumas alterações; outros talvez possam até ser vendidos tais como são, mas sua aceitação aumenta de forma considerável quando são adaptados especificamente para as necessidades do mercado. Em uma disputa competitiva, a meta de qualquer empresa de comercialização deve ser produzir produtos e serviços de qualidade que atendam às necessidades e aos desejos dos consumidores a um preço acessível.

Qualidade

OA1
Importância de oferecer produtos adequados para o mercado pretendido

Com a concorrência global, alguns princípios de negociação básicos têm sido enfatizados, como diminuir o ciclo de vida dos produtos e enfocar a importância da qualidade, de preços competitivos e de produtos inovadores. O poder sai das mãos dos vendedores e passa para as mãos dos consumidores, e estes últimos tem mais opções porque mais empresas disputam sua atenção. Quanto maior a concorrência e a quantidade de opções, maior o poder nas mãos do cliente, o que obviamente determina a necessidade de qualidade. Foram-se os dias em que os clientes conheciam apenas um ou, na melhor das hipóteses, alguns produtos diferentes. Hoje, eles sabem o que é melhor, mais barato e de mais alta qualidade, em grande medida por causa da internet. É o cliente que define a qualidade em relação às suas necessidades e aos seus recursos. Por exemplo, os celulares sem *roam* não são vendidos no Japão por preço algum. Porém, na China, eles são até bem-aceitos – basta perguntar ao pessoal da UTStarcom, uma empresa californiana que vende celulares de baixo custo e sem *roaming* para Índia, Vietnã e também para a China.

---

[1] Por exemplo, consulte Philip Kotler e Kevin Lane Keller, *Marketing Management*, 13. ed. (Upper Saddle River, NJ: Prentice Hall, 2008).

[2] Esperamos que tenha ficado óbvio que várias das questões que defendemos sobre o desenvolvimento de produtos de consumo são pertinentes também aos serviços de consumo e vice-versa. Naturalmente, algumas distinções ainda assim são significativas. Essas questões são enfatizadas ainda neste capítulo, na seção intitulada "Marketing global de serviços de consumo".

Os produtos americanos sempre estiveram entre os melhores do mundo, mas a concorrência desafia os Estados Unidos a fabricarem produtos ainda melhores. Na maioria dos mercados globais, o custo e a qualidade de um produto são alguns dos critérios de compra mais importantes. Com respeito aos produtos industriais e de consumo, um dos motivos mais citados para justificar a preferência por uma marca é melhor qualidade a um preço competitivo. A qualidade, como ferramenta competitiva, não é algo novo para o mundo dos negócios, mas é um fator decisivo nos mercados mundiais. Entretanto, devemos ser claros com relação ao que pretendemos dizer com qualidade.

Definição de qualidade

■ **OA2**

Importância da qualidade e como ela é definida

É possível definir **qualidade** em duas dimensões: a qualidade percebida pelo mercado e a qualidade do desempenho. Ambas são fundamentais, mas as percepções que o consumidor tem sobre a qualidade de um produto não raro estão mais relacionadas com a qualidade percebida pelo mercado do que com a qualidade do desempenho. A relação entre conformidade, qualidade (concernente ao preço, naturalmente) e satisfação do cliente é análoga à qualidade oferecida por uma companhia aérea. Se vista pela perspectiva da empresa (qualidade do desempenho), a conformidade com a qualidade é obtida com um voo e uma aterrissagem seguros. Todavia, como para o consumidor a qualidade do desempenho é um fator inerente, para ele a qualidade é mais do que conformidade (voo e aterrissagem seguros). Na verdade, aspectos como custo, pontualidade, frequência de voos, assentos confortáveis e desempenho dos funcionários desde o *check-in* ao recebimento das bagagens são todos parte da experiência do cliente e de sua percepção da qualidade. Em vista do número de milhas aéreas percorridas por dia, o setor aéreo consegue um índice zero de defeito em relação à conformidade com a qualidade, mas quem diria que a satisfação do cliente está próxima da perfeição? Esses atributos da qualidade percebida pelo mercado estão embutidos no produto como um todo, isto é, o produto físico ou essencial e todas as características adicionais que o consumidor espera.

Em um ambiente competitivo em que o mercado oferece opções, a maioria dos consumidores considera a qualidade do desempenho um fator óbvio. Naturalmente, se o desempenho do produto não estiver à altura de seus padrões, ele será rejeitado. Por exemplo, façamos uma comparação entre sistemas híbridos de gás/eletricidade: os da Toyota foram desenvolvidos para economizar combustível dentro da cidade, já os da General Motors têm melhor desempenho na estrada, em viagens longas. A determinação do sistema de propulsão que oferece maior qualidade depende das necessidades do consumidor. Os consumidores japoneses enfrentam congestionamentos urbanos com maior frequência, ao passo que os americanos tendem a fazer atividades que exigem o uso do carro na estrada.[3] Quando existem produtos alternativos e todos atendem aos padrões de qualidade do desempenho, o produto escolhido é aquele que tem os atributos de qualidade percebida pelo mercado. Curiosamente, o principal fabricante de refrigeradores da China reconheceu a importância dos atributos da qualidade percebida pelo mercado quando adotou uma tecnologia que permitia que os consumidores escolhessem entre 20 cores e texturas diferentes de puxadores e frisos. Por exemplo, um consumidor pode escolher um refrigerador branco com puxador e frisos de mármore verde. Por que isso é importante? Porque possibilita que os clientes "renovem a sala de estar", onde fica a maioria dos refrigeradores chineses. O motivo da empresa foi simples: ela posicionou seu produto para uma disputa com marcas multinacionais oferecendo ao consumidor outra expressão de qualidade.

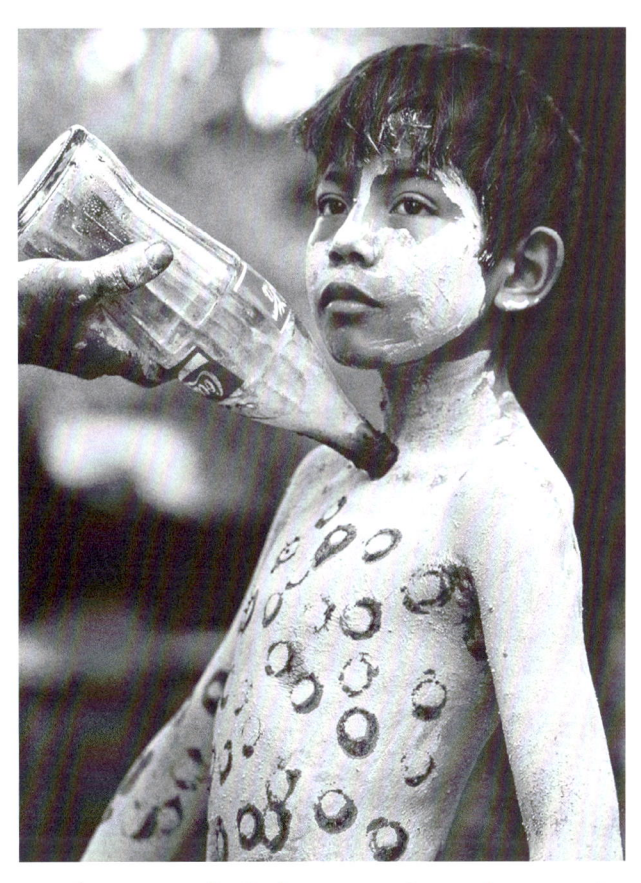

Os produtos não são utilizados da mesma maneira em todos os mercados. Aqui, um garoto de um povoado no leste do México é preparado para a "dança do jaguar", para trazer chuva. Argila, cinzas e a onipresente garrafa da Coca-Cola ajudam a configurar melhor a fantasia felina. Talvez nosso exemplo favorito provenha da Índia: na região de Punjab, as barras de *lassi*, uma popular bebida refrescante de iogurte, com frequência são preparadas em grandes máquinas de lavar roupa.

[3] Joseph B. White, "One System, Two Visions", *The Wall Street Journal*, 7 de maio de 2007 [*on-line*].

CRUZANDO FRONTEIRAS 13.1 — Qualidade da comida é questão de gosto

As preferências por comida variam não apenas de um país para outro, mas também dentro de um próprio país. Por exemplo, vários vietnamitas ainda são obrigados a comer o que estiver ao alcance de suas mãos. Aves e cachorros de estimação são mantidos dentro de casa para que não sejam levados para a panela. Em 1998, o governo tentou diminuir o consumo de cobras e gatos, proibindo a venda desses animais, porque uma enorme população de ratos estava destruindo as plantações. Os camponeses simplesmente começaram a comer ratos também. A quantidade minguante de ratos, por sua vez, aumentou significativamente a quantidade de outra guloseima apetitosa: lesmas.

Entretanto, em uma cidade próxima, Ho Chi Minh, capital comercial do país, uma pesquisa recente constatou que 13,5% das crianças eram obesas – e esse número está crescendo. Os restaurantes locais concorrem entre si em custo e luxo. Hoang Khai, um empresário local, lembra que sua família sempre fazia as comemorações em casa quando ele era jovem porque não havia nenhum lugar para ir. Ele decidiu mudar isso, reinvestindo os lucros de sua empresa têxtil em um restaurante luxuoso o suficiente para atender à elite empresarial da cidade.

O resultado é o *Au Manoir de Khai*, um casarão colonial coberto de seda e de objetos dourados em que uma refeição com vinho importado pode custar mais do que a maioria dos vietnamitas ganha em um ano.

Os sorvetes da Fugetsudo, uma pequena fábrica de confeitos no norte do Japão, fariam sucesso em qualquer região do Vietnã. Você pode encontrar sorvetes com sabor de peixe, molusco, carne de baleia, tartaruga ou cedro. Já a concorrente da Fugetsudo vende os sabores de orquídea em conserva, asa de frango, camarão, enguia e marisco. Hummm! A Baskin Robbins concorre com 31 sabores no Japão, mas o Vietnã não está entre os 31 países que a empresa atende ao redor do mundo. Um americano consome mais de 12 litros de sorvete por ano, e um japonês, menos da metade desse número. Os vietnamitas? Apenas meio litro.

Fontes: "Eating Out in Vietnam", *The Economist*, 21 de dezembro de 2002, p. 49-50; Phred Dvorak, "Something Fishy Is Going On in Japan in the Ice-Cream Biz", *The Wall Street Journal*, 4 de setembro de 2002, p. 1; Eric Johnston, "Savour the Whale", *The Guardian*, 4 de julho de 2005, p. 6; Euromonitor International, 2010; http://baskinrobbins.com, 2010.

A qualidade é também medida em vários setores por terceiros com objetivos específicos. Nos Estados Unidos, a J. D. Power and Associates ampliou sua classificação de qualidade de automóveis, fundamentada em pesquisas com o consumidor, para outras áreas, como computadores. Os índices de satisfação do cliente desenvolvidos primeiramente na Suécia hoje são utilizados para avaliar a satisfação do cliente com relação a uma ampla variedade de produtos e serviços de consumo.[4] O Departamento de Comércio dos Estados Unidos reconhece anualmente as empresas americanas pela qualidade dos produtos e serviços que oferecem internacionalmente – a cadeia de hotéis Ritz Carlton ganhou duas vezes esse prestigiado prêmio.

Manutenção da qualidade

A manutenção da qualidade do desempenho é crucial.[5] No entanto, não é incomum um produto sair da fábrica com qualidade de desempenho e sofrer avarias no canal de distribuição. Essas avarias são um problema especial para várias marcas globais cujas instalações de produção estão distantes do mercado e/ou cujo controle sobre o produto é perdido por causa do sistema de distribuição. Quando o produto Snickers da Mars Company e outros confeitos ocidentais foram introduzidos na Rússia, eles fizeram grande sucesso. Marcas estrangeiras como Mars, Toblerone, Waldbaur e Cadbury eram as maiores – aliás, apenas uma marca russa estava entre as dez mais. Contudo, no prazo de cinco anos, as marcas russas tomaram oito dos dez primeiros lugares, e somente uma marca americana, a Dove da Mars, permaneceu nessa lista.

O que aconteceu? Uma combinação de fatores provocou esse declínio. A fábrica de chocolates russa Red October reorganizou-se, modernizou a embalagem, a mistura do produto e os equipamentos e preparou-se para ganhar participação de mercado. Quando a Rússia se abriu para o comércio externo, as empresas estrangeiras, ávidas por entrar no mercado, despejaram um excedente de produtos obsoletos e de péssima qualidade. Em outros casos, os chocolates eram contrabandeados e vendidos nas esquinas, muitas vezes

---

[4] Claes Fornell, Michael D. Johnson, Eugene W. Anderson, Jaesung Cha e Barbara Everitt Bryant, "The American Consumer Satisfaction Index: Nature, Purpose, and Findings", *Journal of Marketing*, 60, n. 4, outubro de 1996, p. 35-46; http://www.cfigroup.com, 2008.

[5] Duncan I. Simester, John R. Hauser, Birger Wernerfelt e Roland T. Rust, "Implementing Quality Improvement Programs Designed to Enhance Customer Satisfaction: Quasi-Experiments in the United States and Spain", *Journal of Marketing Research*, 37, fevereiro de 2000, p. 102-112; Mark Landler, "Missteps Haunt Smart Car", *International Herald Tribune*, 2-3 de abril de 2005, p. 1, 4.

A marca de chocolate Red October (à esquerda) ainda concorre satisfatoriamente com as rivais estrangeiras Nestlé e Mars nas prateleiras das lojas de Moscou. Um diretor de propaganda de Moscou revela que os russos adotam uma nova postura nacionalista com relação à preferência por produtos, visto que sua economia continua em rápida ascensão, assim como o preço do petróleo. Não temos a mínima ideia do significado do apelo "for Men" na embalagem da Nestlé (à direita) mas parece que isso funciona em Moscou.

mal manuseados. Na época em que essas empresas faziam isso, os chocolates tendiam a ser disformes e desbotados – uma péssima qualidade comparada à do chocolate Red October da Rússia.

Outro problema era a qualidade percebida pelo mercado. O chocolate russo tem um sabor diferente por causa de sua fórmula – que usa mais cacau e licor de chocolate do que as marcas ocidentais, o que o torna mais arenoso. Portanto, a marca Red October é mais atraente para as preferências dos russos, ainda que seu preço geralmente seja superior ao das marcas ocidentais. Como esse exemplo evidencia, a qualidade não é apenas desejável, mas essencial para o sucesso no mercado global competitivo do mundo moderno, e a decisão de padronizar ou adaptar um produto é fundamental para oferecer qualidade.

A Toyota há muito tempo é conhecida pela alta qualidade de seus automóveis. Porém, em 2009, no auge de seu predomínio no setor global (a GM abdicou de seu título de participação no mercado global naquele ano, durante sua falência), ela enfrentou um *tsunami* para manter a qualidade. O pedal do acelerador enroscava e acelerava inesperadamente os carros Toyota vendidos nos Estados Unidos. Em audiências realizadas no Congresso americano, em que se ouviu o depoimento de Akio Toyoda, CEO japonês da Toyota Motor Company, esse problema de qualidade foi associado pelos interrogadores a 34 mortes ocorridas nos Estados Unidos desde 2000. Fatos como erro do motorista *versus* problemas mecânicos são difíceis de investigar com perfeição. Aliás, a Ford recebeu mais reclamações sobre esse problema de aceleração inesperada do que a Toyota entre 2004 e 2009, de acordo com os números da Administração Nacional de Segurança no Tráfego Rodoviário. Contudo, um dos temas mais discutidos nas audiências do Congresso estava relacionado ao modo como a Toyota lidou com as reclamações do consumidor e às comunicações internas entre a subsidiária de vendas americana e os tomadores de decisões no Japão. O problema central era o tempo entre as reclamações do consumidor e o *recall* de seis milhões de carros. Em seu pedido de desculpa à moda japonesa (consulte o Capítulo 5) ao povo americano durante as audiências, Toyoda afirmou: "Eu e igualmente a Toyota não somos perfeitos. Nunca fugimos de nossos problemas nem fingimos que não os notamos". Porém, "não os perceber" foi a principal reclamação expressa pelos críticos da empresa. É interessante observar o impacto do pedido de desculpa sobre os jurados para os processos judiciais em torno desse problema. Obviamente, o impacto do problema de qualidade e do *recall* "tardio" será determinado pela opinião pública e pelos clientes que eram leais à marca.[6]

Exigências físicas ou legais e adaptação

■ OA3

Exigências físicas, legais e culturais de adaptação dos produtos

Em certos casos, é necessário alterar de várias formas um determinado produto para atender às exigências físicas ou legais de um novo mercado, desde mudanças simples na embalagem à total redefinição do produto físico básico. Em vários países, emprega-se o termo **homologação de produto** em referência a mudanças estipuladas pelas normas que regulamentam os produtos e serviços locais. Um estudo recente confirmou outra vez a constatação de que as adaptações obrigatórias eram mais frequentes do que as adaptações realizadas por motivos culturais.

Algumas mudanças essenciais são óbvias e exigem uma análise relativamente breve; uma análise superficial sobre um país revelará a necessidade de remontar os produtos elétricos para que tenham um sistema de voltagem diferente, simplificar um produto quando o nível tecnológico local não é alto ou imprimir rótulos em vários idiomas quando exigido por lei. Por exemplo, nos países asiáticos em que a energia elétrica é cara ou escassa, a Electrolux fornece uma máquina de lavar roupa com programação apenas para água fria. Outras mudanças essenciais talvez surjam somente depois de um estudo criterioso sobre o mercado pretendido.

As exigências legais, econômicas, políticas, tecnológicas e climáticas do mercado local com frequência determinam a adaptação do produto. Na época em que o governo indiano posicionava-se em grande medida contra investimentos estrangeiros, a PepsiCo mudou o nome de seu produto para Lehar-Pepsi (em hindi, *lehar* significa "onda"), para obter o máximo possível de apoio local. O nome voltou a Pepsi-Cola depois que o clima político tornou-se favorável. As leis, que variam de país para país, normalmente estabelecem normas sobre

---

[6] Há vários artigos sobre esse assunto, como o de Joseph B. White e Peter Landers, "Toyoda is Wary Star of Kabuki at Capitol", *The Wall Street Journal*, 25 de fevereiro de 2010, p. A1, A7.

o tamanho das embalagens e os padrões de segurança e qualidade. A Organização Mundial da Saúde (OMS) está apenas começando a regulamentar o marketing de cigarros altamente carcinógenos. Já o conteúdo dos videogames é regulamentado ao redor do mundo de acordo com o nível de violência e conteúdo sexual.

Geralmente, quanto menor o nível de desenvolvimento econômico de um mercado, maior o grau de mudança necessário para que o produto seja aceito. Um estudo constatou que apenas um em dez produtos poderia ser comercializado nos países em desenvolvimento sem algum tipo de modificação. Para tornar a compra mais acessível nos países de baixa renda, talvez seja necessário reduzir o número de unidades por pacote normalmente oferecido nos países de alta renda. Aparelhos de barbear, cigarros, gomas de mascar e outros produtos vendidos em embalagens com várias unidades muitas vezes são vendidos avulsos ou em pacotes com duas unidades, e não nas embalagens habituais de 10 ou 20. O Cheetos, produto da PepsiCo's Frito-Lay, é embalado em caixas de 15 gramas na China para que possa ser vendido por 1 iuane ou cerca de 12 centavos de dólar. A esse preço, mesmo as crianças com pouco dinheiro para gastar podem comprar Cheetos.

Talvez também seja necessário adaptar um produto para compensar diferenças climáticas.[7] Por exemplo, a General Motors do Canadá enfrentou problemas importantes com milhares de automóveis Chevrolet enviados para um país do Oriente Médio quando descobriu que eles eram inadequados para o clima quente e poeirento do país. Foi necessário instalar filtros de ar complementares e embreagens diferentes. De modo semelhante, é necessário acondicionar os biscoitos crocantes em lata, e não em caixas de papelão, nas áreas úmidas.

Talvez nosso exemplo favorito de homologação de produto venha da China. Os biscoitos Oreo foram lançados pela primeira vez na China em 1996, mas a empresa só os adaptou às preferências chinesas nove anos mais tarde. Agora, eles são os biscoitos mais vendidos no país, depois que uma pesquisa de mercado indicou a possibilidade de diminuir o teor de açúcar, bem como o tamanho das embalagens e o preço. Obviamente, a campanha de comunicações de marketing integrado também ajudou[8] – oferecemos informações detalhadas sobre isso no Capítulo 16. Como os produtos vendidos no exterior por empresas internacionais na maior parte das vezes são criados nos mercados domésticos e exigem algum tipo de alteração, as empresas precisam de um processo sistemático para identificar os produtos que necessitam de adaptação.[9]

Marketing verde e desenvolvimento de produtos

Um problema relativo à qualidade de importância crescente no mundo inteiro, especialmente na Europa e nos Estados Unidos, é o marketing verde. A Europa tem estado na vanguarda do "movimento ecológico", consolidando a opinião pública e a legislação específica a favor de produtos e marketing que respeitem o meio ambiente. **Marketing verde** é uma expressão utilizada em referência à preocupação com as consequências ambientais de uma série de atividades de marketing. A Comissão Europeia aprovou uma legislação com o objetivo de controlar todos os tipos de resíduos de embalagens na União Europeia (UE). Dois problemas cruciais que afetam o desenvolvimento de produtos são o controle sobre os resíduos sólidos do componente da embalagem e a demanda do consumidor por produtos ecológicos.

Nos Estados Unidos, os fabricantes de automóveis japoneses prevaleceram sobre seus primos americanos beberrões de gasolina porque os consumidores estão mais preocupados com as consequências ambientais de utilitários esportivos como o Hummer, da General Motors. Aliás, mesmo nos Estados Unidos, a morte do Hummer foi em grande medida oportuna. A gasolina a 4 dólares e a falência da General Motors em 2009 "mataram o animal", e nem mesmo um socorro financeiro chinês conseguiu salvar esse mamute.[10]

A Comissão Europeia publicou diretrizes sobre rotulagem ecológica que entraram em vigor em 1992. De acordo com essa diretiva, são avaliados todos os efeitos ambientais significativos de um produto ao longo de seu ciclo de vida, isto é, da fabricação ao descarte, do berço ao túmulo. Um detergente desenvolvido para ser biodegradável e não poluente seria considerado mais ecológico do que um detergente cuja fórmula fosse prejudicial quando descartada. Os propelentes aerossóis que não destroem a camada de ozônio são outro exemplo de produto

---

[7] Philip M. Parker e Nader T. Tavossoli, "Homeostasis and Consumer Behavior across Cultures", *International Journal of Research in Marketing*, 17, n. 1, março de 2000, p. 33-53.
[8] Julie Jargon, "Kraft Reformulates Oreo, Scores in China", *The Wall Street Journal*, 1º de maio de 2008, p. B1, B7.
[9] Magnus Hultman, Matthew J. Robson e Constantine S. Katsikeas, "Export Product Strategy Fit and Performance: An Empirical Investigation", *Journal of International Marketing*, 17, n. 4, 2009, p. 1-23.
[10] Nick Bunkley, "G.M. Deal for Hummer Falls Apart", *The New York Times*, 25 de fevereiro de 2010, p. B1, B4.

CRUZANDO FRONTEIRAS 13.2 — Na Alemanha, os videogames com nu frontal são liberados, mas as cenas de sangue são *verboten**

A heroína do videogame Lara Croft é uma viciada em adrenalina e não tem medo de se machucar. Contudo, na Alemanha, a rechonchuda estrelinha da série "Tomb Raider" não se fere – mesmo quando espancada.

Embora o setor de videogames, avaliado em US$ 25 bilhões, seja global, os jogos não são. Eles refletem as culturas e tradições distintas de diferentes mercados, e as editoras de jogos adaptam cuidadosamente os títulos e outros detalhes para eliminar conteúdos ofensivos. E o termo "ofensivo" varia de país para país.

O sangue vermelho de um jogo vendido nos Estados Unidos torna-se verde na Austrália. Uma personagem com seios à mostra em um título europeu usa top de biquíni nos Estados Unidos. Inimigos humanos em um jogo americano transformam-se em robôs na Alemanha. Cenas violentas de sexo em um jogo japonês desaparecem nas versões americanas.

De todos os países, a Alemanha é um dos mais complicados de lidar, dizem as editoras de jogos. O país levou cinco décadas para desenvolver uma das normas de decência mais rigorosas do mundo para praticamente todas as mídias, de livros e quadrinhos a músicas e jogos.

Se um jogo exibir respingos de sangue, decapitações e gemidos de morte, correrá o risco de ser inserido em uma lista do governo conhecida como "índice". Ser indexado significa não poder ser vendido para nenhuma pessoa com menos de 18 anos, não ser exposto em lojas e não ser divulgado na televisão, nem em jornais ou revistas. Os jogos que contêm pornografia ou glorificações da guerra, do nazismo e de ódio racial enfrentam o mesmo destino. Recentemente, o governo anunciou planos de proibir a venda de jogos desse tipo para menores.

Ressaltamos, por fim, que os alemães adotam uma nova tática contra os jogos – um estudo realizado no país demonstrou que atribuição de mais deveres de casa diminui o tempo gasto com jogos!

Fontes: A. Phan e S. Sandell, "In Germany, Video Games Showing Frontal Nudity Are OK, but Blood Is *Verboten*", *Los Angeles Times*, 9 de junho de 2003, p. C1; "Germany Plans Crackdown on Violent Video Games, Films", *Deutsche Welle*, 12 de outubro de 2007; Karen Moltenbrey, "Video Game Violence: How Much Is Too Much?", *Computer Graphics World*, novembro de 2009, p. 4; Jiri Zuzanek, "Students' Study Time and Their 'Homework Problem'", *Social Indicators Research*, 93, n. 1, 2009, p. 111-115.

* N. de R.T.: do alemão, proibido.

---

ecológico. Entretanto, nenhuma legislação nacional exige que os produtos tenham rótulo ecológico para que possam ser vendidos. A designação de que um produto é "ecológico" é voluntária, e a proteção do meio ambiente nesse caso depende da opção do consumidor.

Desde a introdução da ideia de rotulagem ecológica, as máquinas de lavar Hoover foram as únicas a obter aprovação para utilizar esse tipo de rótulo. Curiosamente, tendo em vista as vantagens oferecidas pelo símbolo, a Hoover triplicou sua participação de mercado na Alemanha e duplicou sua participação no setor nobre do mercado de máquinas de lavar do Reino Unido. O processo de aprovação parece estar intimidando vários fabricantes europeus, e muitos deles utilizam símbolos próprios e não oficiais. Segundo o Conselho Nacional do Consumidor, um grupo de vigilância, muitos consumidores estão tão confusos e céticos quanto à miríade de símbolos existentes que desistem completamente de comparar as credenciais ecológicas de produtos semelhantes.

As leis que exigem sistemas de controle de resíduos sólidos, embora em certo sentido tenham caráter voluntário, envolvem penalidades. A lei da UE exige que o material da embalagem, em todos os níveis de distribuição, do fabricante ao consumidor, seja reciclado ou reutilizado. Atualmente, de 50 a 65% do peso da embalagem deve ser recuperado e entre 25 e 45% do peso de todas as matérias-primas da embalagem contidas nos resíduos será reciclado.

Cada nível da cadeia de distribuição é responsável pela devolução de todas as embalagens e outros refugos produzidos. O maior problema são as embalagens que o cliente mantém em casa; por lei, o varejista deve recolher todas as embalagens entregues ao cliente caso não haja nenhuma instalação central de reciclagem. Para que o produto do fabricante participe da coleta direta e não precise voltar para o varejista para ser reciclado, o fabricante deve oferecer apoio financeiro à coleta domiciliar ou central de todos os refugos. A crescente pressão pública e política quanto ao controle de resíduos sólidos é um grande incentivo para o cumprimento dessa norma.

Embora os regulamentos sobre embalagem e resíduos sólidos sejam um fardo, houve casos bem-sucedidos não apenas de atendimento de normas e padrões locais, mas de transferência dessa mentalidade para outros mercados. As operações internacionais da Procter & Gamble incorporaram fatores ambientais globais em resposta a exigências crescentes na Alemanha. A empresa lançou o Lenor, um amaciante de roupas com uma fórmula superconcentrada, e o vende em um refil plástico que diminui 85% das embalagens. Essa iniciativa aumentou em 12% as vendas da marca e ajudou a estabelecer um tom positivo com as agências regulatórias governamentais e os ativistas. O sucesso do Lenor foi transferido para os Estados Unidos, onde a P&G enfrentou pressões ambientais semelhantes. O Downy superconcentrado, marca de amaciante dos Estados Unidos, foi colocado em embalagens refil que diminuíam em 75% seu tamanho, custando menos para os consumidores e na verdade aumentando a participação de mercado do Downy. O profissional de marketing global não deve ver o marketing verde como um problema estritamente europeu; a preocupação com o meio ambiente é mundial, e legislações semelhantes certamente serão criadas em outros lugares. Essa discussão é outro exemplo da necessidade de adaptar produtos para o marketing global.

Produtos e cultura

Para avaliar a complexidade da padronização *versus* adaptação dos produtos, é necessário compreender como as influências culturais estão entrelaçadas com o valor percebido e a importância que um mercado atribui a um produto.[11] Um produto não é apenas um artigo físico: é um conjunto de satisfações (ou *utilidades*) que o comprador recebe. Essas utilidades abrangem aspectos como forma, gosto, cor, odor e textura; modo como o produto funciona na prática; a embalagem; o rótulo; a garantia; o atendimento oferecido pelo fabricante ou varejista; a confiança ou prestígio da marca; a reputação do fabricante; o país de origem e várias outras utilidades simbólicas proporcionadas pela posse ou utilização dos produtos. Em resumo, o mercado está relacionado a vários outros fatores do produto, e não apenas à sua forma física e função básica.[12] Os valores e costumes em uma cultura são responsáveis por grande parte desses outros benefícios. Em outras palavras, um produto é a soma das satisfações físicas e psicológicas que ele oferece ao usuário ou consumidor.

Os atributos físicos de um produto geralmente são essenciais para criar sua função básica. A função básica de um automóvel, por exemplo, é transportar passageiros de um ponto A a um ponto B. Para cumprir seu objetivo básico, o carro precisa de motor, de transmissão e de outros atributos físicos. Os recursos físicos ou a função básica de um automóvel em geral são exigidos em todas as culturas em que os consumidores desejem se locomover de um ponto a outro utilizando outros meios além dos pés e da tração animal. Poucas alterações nas características físicas desse produto serão necessárias ao passar de uma cultura para outra. Entretanto, os automóveis têm várias características psicológicas que são tão importantes quanto seus atributos físicos para satisfazer o consumidor. Em uma cultura específica, essas outras características (cor, tamanho, modelo, marca, preço) pouco têm a ver com sua função básica; elas estão relacionadas ao valor agregado à satisfação recebida.

O significado e o valor imputados aos atributos psicológicos de um produto podem variar de uma cultura para outra e são considerados negativos ou positivos. Para maximizar o conjunto de satisfações recebidas e criar atributos positivos em vez de negativos, talvez seja necessário adaptar as características não físicas de um produto. A Coca-Cola, muitas vezes alardeada como um produto global, constatou que deveria mudar o nome Diet Coke para Coke Light quando foi lançada no Japão. As mulheres japonesas não gostam de admitir que fazem dieta porque a ideia de dieta implica doença ou remédio. Portanto, em vez de enfatizar a perda de peso, é reforçada a ideia de "manutenção de peso". O antiamericanismo gera problemas entre a Coca-Cola e consumidores muçulmanos. Pelo menos quatro novos concorrentes surgiram recentemente – Mecca Cola, Muslim Up, Arab Cola e Cola Turka. O McDonald's reage a esses problemas com seu novo sanduíche, McArábia.

A adaptação pode exigir mudanças de um ou de todos os aspectos psicológicos de um produto. Um estudo minucioso sobre o significado de um produto demonstra até que ponto a cultura determina a percepção sobre o que ele é e a satisfação que ele oferece.

A adoção de alguns produtos pelos consumidores pode ser influenciada pelo grau de conformidade do conceito do produto tanto em relação a normas, valores e padrões de comportamento quanto a seus atributos físicos ou mecânicos. Por exemplo, só recentemente os consumidores japoneses demonstraram interesse por máquinas de lavar louça – eles simplesmente não têm espaço na cozinha. Entretanto, modelos bem compactos da Mitsubishi, da Toto (empresa japonesa de produtos para banheiro) e de outras empresas ganham espaço nas

A Cola Turka detém uma surpreendente porcentagem de espaço de prateleira em comparação com a Coca-Cola e a Pepsi nesse supermercado de Istambul. A garrafa de 2 litros é vendida por 2,00 liras turcas, um pouco abaixo da Coca-Cola, que custa 2,05 liras. Os comerciais de televisão da Cola Turka, que a princípio apresentavam o ator americano Chevy Chase falando turco, parecem ter funcionado bem.

---

[11] Julien Dayla e Giana M. Eckhardt, "Asian Brands and the Shaping of a Transnational Imagined Community", *Journal of Consumer Research*, 35, 2008, p. 216-230.
[12] C. K. Prahalad, *The Fortune at the Bottom of the Pyramid* (Filadélfia: Wharton School Publishing, 2005).

CRUZANDO FRONTEIRAS 13.3 — Sementes para a moda: movimentos de contracultura orientais *versus* ocidentais e breve análise sobre as lolitas góticas de Harajuku, Japão

De onde vêm as novas ideias? Desde sua origem, a subcultura lolita gótica de Harajuku fascina pessoas ao redor do mundo. Esse grupo é apenas um exemplo dos movimentos de contracultura da moda que surgiram no bairro de Harajuku, no Japão, em que cada grupo é identificado por um visual específico que transmite uma mensagem visual. A moda lolita gótica mistura roupas da era vitoriana com elementos do gótico e *animes* (desenhos animados japoneses) para criar um estilo único de vestir. Os adeptos seguem a *Gothic & Lolita Bible* (revista trimestral com uma circulação estimada de 100 mil exemplares) e apoiam-se em sua aparência distintiva para proclamar sua identidade subcultural. Tal como em outros movimentos de contracultura, as fantasias jovens de liberação, revolta e revolução impregnaram o estilo cultural de uma nação em transformação.

Examinando a moda de Harajuku, podemos compreender mais a fundo a afiliação a grupos e a construção do *self* nos movimentos de contracultura. Definitivamente contracultural, o comportamento e a moda dentro da panelinha do lolita gótica inspiram oposição e ostentam uma rebelião simbólica contra a cultura japonesa predominante. Essas atitudes podem ser vistas nos estilos que buscam quebrar normas e regras e chamar atenção.

No passado, as subculturas jovens em geral surgiam da sociedade ocidental e difundiam-se globalmente. No entanto, a subcultura de Harajuku começou no Oriente e se moveu para o Ocidente, marcando uma mudança na corrente cultural. Essa subcultura é também um exemplo da diferença entre os movimentos de contracultura do Oriente e do Ocidente. Embora a maturidade nas culturas ocidentais esteja associada com autoridade e individualidade, no Japão confuciano maturidade significa capacidade de cooperar com um grupo, aceitar compromissos e cumprir obrigações em uma sociedade. Portanto, para a cultura jovem japonesa, rebelião significa igualmente rebelião contra a idade adulta. Em vez de adotar comportamentos sexualmente provocativos ou agressivos para enfatizar sua maturidade e independência, como ocorre entre os rebeldes ocidentais, as lolitas góticas japonesas exibem um estilo pueril e vulnerável para enfatizar sua imaturidade e incapacidade de cumprir as responsabilidades e obrigações sociais da vida adulta.

Provavelmente em virtude dessa recusa em cooperar com as expectativas sociais, a cultura japonesa predominante considera essa subcultura egoísta, particularmente por seus comportamentos de consumo indulgentes. Diferentemente das culturas jovens ocidentais contemporâneas, como o *punk* e o *grunge*, a subcultura lolita gótica não condena o materialismo nem outros aspectos da cultura de consumo moderna. Na verdade, um traje (como o mostrado na foto) pode custar de US$ 300 a US$ 1 mil! Uma vez que o consumo pessoal é visto como antissocial e imoral na sociedade japonesa, essa subcultura opõe-se a valores sociais normativos, permitindo-se um consumo ostensivo.

A maioria das adeptas (entre 13 e 30 anos) ainda estuda ou tem empregos que exigem o uso de uniforme todos os dias. Aos domingos, elas sentem que chegou o dia em que podem ser verdadeiramente o que são. Como esse estilo de vida é desaprovado, é bastante comum ver adolescentes carregando uma bolsa com seu "traje *harajuku*" no trem e mudando de roupa no parque para que seus pais não as vejam vestidas assim. Outras adotam esse estilo de roupa no dia a dia, mas a maioria reserva isso para os domingos, quando o grupo se reúne na Ponte Jingu e no Parque Yoyogi para exibir seus modelitos, passar o tempo e encontrar pessoas que seguem o mesmo estilo. Algumas vão apenas para posar para fotógrafos da revista dessa subcultura, que procuram novas tendências, ou para turistas.

Fonte: Kristen San Jose, monografia, Escola de Negócios Paul Merage, Universidade da Califórnia, Irvine, 2010.

Mulheres japonesas em um anúncio dos modelos da Angelic Pretty que aparecem na revista Gothic & Lolita Bible.

---

cozinhas japonesas. Qualquer novidade sempre se defronta com um padrão cultural em grande medida arraigado, e esse conflito é principalmente o que determina se, quando, como e de que forma ela será adotada. Foi difícil introduzir alguns serviços financeiros em países muçulmanos porque, segundo seus devotos, esses serviços promovem a usura e a jogatina, ambas explicitamente proibidas no Alcorão. Os japoneses sempre consideraram repugnante o uso de joias no corpo. Os escoceses são decididamente resistentes à carne de porco e todos os produtos derivados, ao que parece há muito tempo, desde quando esses tabus apareciam em interpretações fundamentalistas da Bíblia. Os cigarros de filtro fracassaram em pelo menos um país asiático porque, diante de uma baixíssima expectativa de vida, dificilmente as pessoas querem fazer parte do grupo de faixa etária mais propenso a temer o câncer de pulmão. Todos esses problemas exigem adaptações no produto oferecido pelas empresas internacionais.

Ao analisar um produto para um segundo mercado, o grau de adaptação necessário dependerá das diferenças culturais existentes em relação ao uso e à percepção do produto no país original e no novo mercado. Quanto maiores as diferenças entre os dois mercados, maior o grau de adaptação possivelmente necessário.

Quando foram lançadas misturas instantâneas para bolo no Japão, a resposta dos consumidores não foi tão entusiástica. Além de os japoneses reservarem os bolos para ocasiões especiais, eles preferem comprar bolos bem embalados em confeitarias. A aceitação de misturas instantâneas foi prejudicada por outra diferença cultural: muitos domicílios japoneses não possuem forno. E um paralelo interessante com esse exemplo é a tentativa da empresa de corrigir esse problema desenvolvendo uma mistura para bolo que pudesse ser cozida em uma panela de arroz, que todos os lares japoneses possuem. O problema com essa ideia era que, na cozinha japonesa, o arroz e a forma de cozinhá-lo têm fortes conotações culturais, e usar a panela de arroz para cozinhar algo que não seja arroz é um verdadeiro tabu. É claro que as misturas para bolo não foram aceitas prontamente nos Estados Unidos quando foram lançadas em 1949. As donas de casa não sentiam que estavam assando bolo se precisassem apenas acrescentar água. A mudança da fórmula para que fosse necessário acrescentar ovos fez com que o processo ficasse mais significativo, e as donas de casa foram então persuadidas.

Os exemplos que normalmente oferecemos aqui dizem respeito a culturas diferentes da americana, mas a necessidade de adaptação cultural também ocorre com frequência quando uma empresa estrangeira comercializa um produto nos Estados Unidos. A Shiseido, uma importante empresa de cosméticos, tentou entrar no mercado dos Estados Unidos com os mesmos produtos vendidos no Japão. Depois de introduzi-los em mais de 800 lojas do país, a empresa percebeu que o gosto americano por cosméticos é bastante diferente dos gostos japoneses. O problema era que a maquilagem da Shiseido exigia uma série de etapas demoradas, uma questão que não incomoda as mulheres japonesas. A empresa só obteve êxito depois que desenvolveu uma nova linha de cosméticos tão fáceis de usar quanto os produtos americanos.

Os problemas relacionados à adaptação de um produto para ser vendido no exterior são semelhantes aos associados ao lançamento de um novo produto no mercado doméstico. Os produtos não são avaliados com base apenas em suas especificações físicas; a essência do novo produto é o que ele faz para e pelo cliente – hábitos, gostos e padrões de vida. Os problemas descritos no exemplo da mistura para bolo estão pouco relacionados com o produto físico ou a capacidade do usuário de usar efetivamente o produto e mais relacionados ao fato de que a aceitação e o uso das misturas para bolo exigiriam a subversão de padrões comportamentais considerados corretos ou ideais.

Em conclusão, existem algumas surpresas interessantes na área de adaptação. Um exemplo curioso diz respeito ao último livro de aventuras de Harry Potter. Em torno de 20% dos livros vendidos no Japão correspondiam à edição em inglês. Os consumidores japoneses estavam procurando maneiras de treinar o inglês, e os livros e as mídias de áudio correspondentes atendiam muito bem a essa necessidade específica. Para eles, Potter não é apenas entretenimento; é educação.

Produtos inovadores e adaptação

Um primeiro passo importante na adaptação de um produto para um mercado estrangeiro é a determinação do grau de inovação de acordo com a percepção do mercado pretendido.[13] É indispensável compreender de que forma as pessoas reagem à inovação e até que ponto um novo produto é uma novidade para um mercado. Ao avaliar o grau de inovação de um produto, o profissional de marketing internacional deve ter consciência de que vários produtos bem-sucedidos nos Estados Unidos, em sua fase de maturidade ou mesmo no estágio de declínio de seu ciclo de vida, podem ser percebidos como novos em outro país ou cultura e, portanto, devem ser tratados como inovações. Do ponto de vista sociológico, qualquer ideia considerada nova por um grupo de pessoas é **inovação**.

Saber se um grupo aceitará ou não uma inovação e o tempo necessário para isso depende das características do produto.[14] Os produtos que são novos para um sistema social são considerados inovações. Para elaborar uma boa estratégia para um produto, é útil ter conhecimentos sobre o processo de **difusão** (isto é, o processo pelo qual a inovação se propaga). As estratégias de marketing da Sony para o lançamento do PlayStation 2 nos Estados Unidos foram fundamentadas para o fantástico sucesso obtido no lançamento do produto no Japão seis meses antes. As estratégias de marketing podem orientar e controlar de maneira considerável o ritmo e o grau de difusão de um novo produto, uma vez que uma boa difusão depende da capacidade de transmitir informações relevantes sobre o produto e seus novos atributos.

---

[13] Junfeng Zhang, C. Anthony Di Benedetto e Scott Hoenig, "Product Development Strategy, Product Innovation Performance, and the Mediating Role of Knowledge Utilization: Evidence from Subsidiaries in China", *Journal of International Marketing*, 17, n. 2, 2009, p. 42-58.

[14] Changhui Zhou e Jing Li, "Product Innovation in Emerging Market-Based International Joint Ventures: An Organizational Ecology Perspective", *Journal of International Business Studies*, 39, n. 7, 2008, p. 1.114-1.132.

Uma empresa americana de misturas para bolo entrou no mercado britânico, mas eliminou cuidadosamente grande parte da novidade do produto. Em vez de lançar as misturas para bolo americanas mais populares, a empresa pediu a 500 donas de casa para que fizessem seu bolo favorito. Visto que a maioria fez um pão de ló seco simples e bastante popular, a empresa introduziu no mercado uma mistura fácil semelhante. A mistura para pão de ló representava gostos e hábitos familiares que poderiam ser traduzidos em um produto de conveniência e não violar os aspectos emocionais embutidos na preparação de um produto ornamental para ocasiões especiais. Consequentemente, após um breve período, o segundo produto da empresa ganhou 30 a 35% do mercado britânico de misturas para bolo. Assim que a ideia de mistura para pão de ló pareceu aceitável, o lançamento de outros sabores tornou-se mais fácil.

O objetivo de um profissional de marketing internacional é que seu produto seja aceito pelo maior número de consumidores no mercado, no menor espaço de tempo possível. Entretanto, de acordo com o que foi discutido no Capítulo 4 e tal como demonstraram os vários exemplos citados, uma cultura nem sempre aceita imediatamente um novo produto; aliás, os novos produtos com frequência enfrentam resistência. Embora com o tempo eles possam vir a ser aceitos, o tempo necessário para assimilar novos estilos, para aprender a aceitar um novo produto, é crucialmente importante para o profissional de marketing porque o planejamento indica o período de investimentos e lucratividade. Se o profissional de marketing investir com a expectativa de que o empreendimento atingirá o ponto de equilíbrio no prazo de três anos e forem necessários sete anos para ganhar um volume rentável, talvez seja preciso abandoná-lo prematuramente. A questão é saber se o índice de aceitação pode ser previsto antes do comprometimento de recursos e, mais fundamental do que isso, caso o índice provável de aceitação seja muito lento, se é possível acelerá-lo. Em ambos os casos, a resposta é um adequado sim. As respostas a essas perguntas provêm do trabalho de pesquisa sobre difusão – pesquisas sobre o processo por meio do qual as inovações se propagam aos membros de um sistema social.

Difusão de inovações

Everett Rogers salientou que os "elementos cruciais na difusão de uma nova ideia são (1) a novidade, (2) os canais por meio dos quais ela é transmitida, (3) o espaço de tempo durante o qual ela é transmitida e (4) os membros do sistema social dentre os quais ela é difundida".[15] Rogers prossegue dizendo que é o tempo que diferencia a difusão de outros tipos de pesquisas sobre comunicação. O objetivo do pesquisador de difusão e do profissional de marketing é encurtar o intervalo entre a introdução de uma nova ideia ou produto e a disseminação de sua adoção.

Rogers e outros pesquisadores[16] oferecem várias evidências para o fato de que as inovações apresentam diversos índices de aceitação. Algumas se difundem ao uso disseminado em apenas alguns anos da introdução; outras levam décadas. Os padrões de difusão também variam de maneira considerável, e o crescimento constante é a exceção – os produtos de alta tecnologia em muitos casos demonstram períodos de crescimento lento entremeados de saltos de desempenho[17] ou declínios iniciais seguidos de saltos mais amplos. Tal como mencionado no Capítulo 8, diferenças culturais e outras diferenças nacionais afetam a decolagem de novos produtos.[18] Além disso, os efeitos de transbordamento por parte de consumidores adotantes em países vizinhos podem influenciar os índices de difusão. Análises sobre ambos os fatores indicam que há países ideais para a introdução de um novo produto. Um estudo revela que Hong Kong e Estados Unidos são candidatos para esse tipo de classificação.[19]

Os padrões de consumo de bebidas alcoólicas convergem na Europa somente quando se considera um espaço de tempo de 50 anos. Os fornos de micro-ondas, a princípio introduzidos

---

[15] Everett M. Rogers, *Diffusion of Innovations*, 15. ed. (Nova York: The Free Press, 2003). Esse livro deve ser lido por qualquer pessoa responsável por desenvolvimento de produtos e gestão de marcas, tanto em nível nacional quanto internacional.

[16] Marnik G. Dekimpe, Philip M. Parker e Miklos Sarvary, "Global Diffusion and Technological Innovations: A Couple-Hazard Approach", *Journal of Marketing Research*, 38, fevereiro de 2000, p. 47-59; Gerald J. Tellis, Stefan Stremersch e Eden Yin, "The International Takeoff of New Products: The Role of Economics, Culture, and Country Innovativeness", *Marketing Science*, 22, n. 2, 2003, p. 188-208; Sean Dwyer, Hani Mesak e Maxwell Hsu, "An Exploratory Examination of the Influence of National Culture on Cross-National Product Diffusion", *Journal of International Marketing*, 13, n. 2, 2005, p. 1-27.

[17] Ashish Sood e Gerard J. Tellis, "Technological Evolution and Radical Innovation", *Journal of Marketing*, 69, 2005, p. 152-168.

[18] Deepa Chandrasekaran e Gerard J. Tellis, "Global Takeoff of New Products: Culture, Wealth, or Vanishing Differences", *Marketing Science*, 27, n. 5, 2008, p. 844-860.

[19] Yvonne van Everdingen, Dennis Fok e Stefan Stremersch, "Modeling Global Spillover of New Product Takeoff", *Journal of Marketing Research*, 46, 2009, p. 637-652.

Os japoneses e holandeses são os campeões mundiais em inovação de vasos sanitários. A longa história de excedente populacional no Japão levou essa cultura a se preocupar com limpeza, banhos frequentes e banheiros de alta tecnologia. Por isso, os vasos sanitários da Matsushita leem seu peso corporal, temperatura e pressão arterial. Em breve você poderá também obter uma leitura da taxa de glicose e proteína na urina! Os holandeses são igualmente preocupados com as instalações sanitárias – grande parte do país está abaixo do nível do mar. A Sphinx, de Maastricht, fabrica um mictório para mulheres e uma mosca incrustada na porcelana no mictório para homens. Esse último diminui os custos de manutenção, porque, de acordo com pesquisas da empresa, os homens miram a mosca, que está estrategicamente posicionada pra diminuir os respingos. Essas duas inovações holandesas podem ser vistas no Aeroporto Schiphol, fora de Amsterdã.

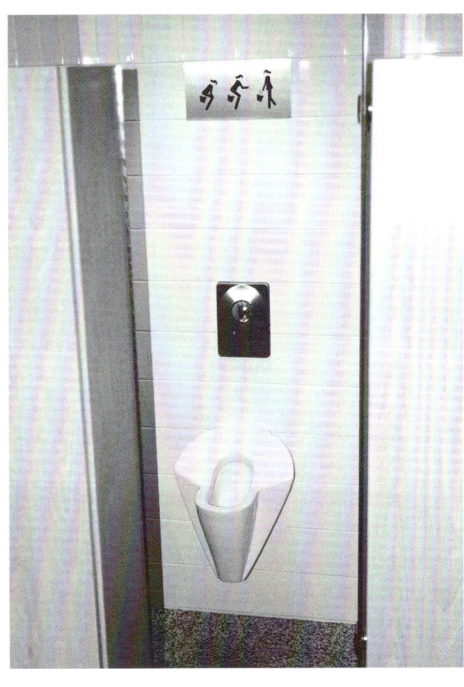

nos Estados Unidos na década de 1950, levaram 20 anos para se disseminar; a pílula contraceptiva foi introduzida no mesmo período e ganhou aceitação em apenas alguns anos. No campo da educação, a matemática moderna levou apenas cinco anos para se difundir nas escolas americanas, ao passo que o conceito de jardim de infância levou quase 50 anos para ganhar total aceitação. Evidências crescentes indicam que conhecimentos sobre a teoria da difusão podem apontar soluções para acelerar o processo de difusão. O conhecimento sobre esse processo também pode oferecer ao profissional de marketing internacional um meio para avaliar o tempo que um produto leva para se difundir – antes de ser preciso comprometer recursos financeiros. Além disso, com esse conhecimento, o profissional de marketing dirige sua atenção para as características do produto que provocam resistência, sendo possível minimizá-la e acelerar a aceitação.

Pelo menos três variáveis extrínsecas afetam o índice de difusão de um objeto: o grau de novidade percebido, os atributos percebidos na inovação e o método empregado para transmitir essa ideia.[20] Quanto mais inovador um produto é considerado, mais dificuldade ele terá

---

[20] Anita Elberse e Jehoshua Eliashberg, "Demand and Supply Dynamics for Sequentially Released Products in International Markets: The Case of Motion Pictures", *Marketing Science*, 22, n. 3, 2003, p. 329-354.

CRUZANDO FRONTEIRAS 13.4 — Vendendo café no Japão, um país em que se toma chá

Minha primeira reunião com executivos da Nestlé e sua agência de propaganda japonesa foi bastante instrutiva. Sua estratégia, que hoje parece absurdamente errada, embora isso não fosse tão óbvio na década de 1970, era convencer os consumidores japoneses a trocar o chá pelo café. Como havia passado algum tempo no Japão, tinha consciência do quanto o chá significava para essa cultura, mas não tinha nenhuma noção sobre as emoções dessa cultura em relação ao café. Resolvi reunir vários grupos de pessoas para descobrir suas impressões sobre essa bebida. Acreditava que havia alguma informação que abriria as portas para a Nestlé.

Organizei uma sessão de três horas com cada um dos grupos. Na primeira hora, assumi o personagem de um visitante de outro planeta, alguém que nunca havia visto café antes e não tinha nenhuma ideia de como "usá-lo". Pedi ajuda para entender do que se tratava aquele produto, acreditando que a descrição que o grupo oferecesse me daria uma ideia do que os integrantes imaginavam.

Na hora seguinte, eles se sentaram no chão como crianças da escola primária e usaram tesouras e uma pilha de revistas para fazer uma colagem de palavras a respeito do café. O objetivo era fazê-los contar histórias com essas palavras e me oferecer outras pistas.

Na terceira hora, os participantes deitaram-se no chão, usando almofadas para recostar a cabeça. Houve certa hesitação entre os membros de todos os grupos, mas eu os convenci de que não estava totalmente louco. Coloquei uma música reconfortante e pedi para que relaxassem. O que estava tentando fazer era acalmar as ondas cerebrais ativas e tranquilizá-los até o ponto em que estivessem quase dormindo. Quando eles chegaram a esse estado, eu os conduzi para uma jornada anterior à vida adulta, anterior à adolescência, para um tempo em que eles eram crianças. Em seguida, pedi para que pensassem novamente a respeito do café e trouxessem à tona sua memória mais remota sobre ele, a primeira vez em que o experimentaram conscientemente e a memória que lhes fosse mais significativa (se essa memória fosse diferente das outras).

Estruturei esse processo para levar os participantes de volta à primeira impressão sobre o café e à emoção que estava associada a isso. Na maioria dos casos, contudo, essa regressão não os levou a lugar nenhum. O significado disso para a Nestlé era bastante claro. Embora os japoneses tivessem uma forte conexão emocional com o chá (o que constatei na primeira hora das sessões, sem precisar perguntar), eles tinham, quando muito, uma impressão extremamente superficial a respeito do café. A maioria, na verdade, não tinha nenhuma impressão.

Nessas circunstâncias, a estratégia da Nestlé de fazer esses consumidores mudarem do chá para o café só poderia fracassar. O café não poderia competir com o chá na cultura japonesa, já que tinha essa ressonância emocional tão insignificante. Em vez disso, se a Nestlé quisesse ter algum sucesso no mercado, era necessário começar do zero. A empresa precisava oferecer o significado desse produto para essa cultura. Ela precisava criar uma impressão sobre o café nos japoneses.

Munida dessa informação, a Nestlé optou por outra estratégia. Em vez de vender café instantâneo em um país devotado ao chá, criou sobremesas com sabor de café para crianças, mas sem cafeína. A geração mais jovem adotou essas sobremesas. Sua primeira impressão sobre o café foi bastante positiva, uma impressão que ela levaria para toda a vida. Por meio dessa estratégia, a Nestlé ganhou uma posição segura e significativa no mercado japonês.

O consumo de café a princípio aumentou, e a Starbucks deveria agradecer à Nestlé por essa ajuda! Contudo, desde 2005, o consumo *per capita* de café estancou tanto no Japão quanto nos Estados Unidos, enquanto o de chá aumentou aos poucos. Aliás, poderíamos até dizer que a demanda por bebidas quentes é "fluida".

Fontes: Clotaire Rapaille, *The Culture Code* (Nova York: Broadway Books, 2006); Euromonitor International, 2010.

---

para ganhar aceitação. Ou seja, basicamente, as inovações muitas vezes precisam quebrar paradigmas.[21] Pense nos carros que usam combustível alternativo. Embora eles sejam populares entre os consumidores, as revendedoras não apreciam sua pouca necessidade de manutenção, que diminui as receitas dos serviços pós-venda. Além disso, o desenvolvimento de uma infraestrutura de apoio para os carros movidos por célula de combustível de hidrogênio é cara. Portanto, alguns propõem que a tecnologia é inapropriada para os Estados Unidos, enquanto a China, sem uma infraestrutura consolidada, poderia substituir as opções mais antigas de carros a gasolina.[22] Além disso, em muitos casos é possível mudar a percepção de inovação se o profissional de marketing conhecer a estrutura perceptiva do consumidor, como seguramente ficou demonstrado com a rápida difusão global do uso da internet, do empreendimento de comércio eletrônico e dos produtos e serviços relacionados à saúde e beleza.

A análise das cinco características de uma inovação pode ajudar a determinar o índice de aceitação ou resistência do mercado em relação a um produto. A (1) *vantagem relativa* (o valor marginal percebido do novo produto em comparação com o antigo), a (2) *compatibilidade* (sua compatibilidade com comportamentos, normas e valores aceitáveis, dentre outros fatores), a (3) *complexidade* (o grau de complexidade relacionado ao uso do produto), a (4)

---

[21] Jare Diamond, *Collapse* (Nova York: Viking, 2005).
[22] Jane Lanhee Lee, "The Leapfrog Strategy: Fuel-Cell Advocates Say China Is Uniquely Positioned to Jump Past Petroleum", *The Wall Street Journal*, 25 de julho de 2005, p. R6.

experimentabilidade (o grau de risco econômico e/ou social associado ao uso do produto) e a (5) *observabilidade* (a facilidade com que os benefícios do produto podem ser divulgados) de um produto podem afetar seu grau de aceitação ou resistência. Em geral, pode-se postular que o índice de difusão está relacionado positivamente com a vantagem, a compatibilidade, a experimentabilidade e a observabilidade relativas e negativamente com a complexidade.

O avaliador deve lembrar que é a percepção das características do produto por parte do provável adotante, e não do profissional de marketing, que é crucial para a avaliação. O critério de autorreferência (CAR) do analista de mercado pode provocar tendenciosidades perceptivas no momento da interpretação das características do produto. Assim, em vez de avaliar essas características com base na estrutura de referência do usuário estrangeiro, o profissional de marketing pode analisá-las com base em sua estrutura de referência, provocando interpretações errôneas sobre a importância cultural do produto.

Ao finalizar a análise, parte da novidade percebida ou dos motivos de resistência pode ser minimizada por meio de uma postura de marketing habilidosa e astuta. Quanto maior a congruência entre as percepções sobre o produto e os valores culturais, menor será a resistência e mais rápida será a difusão ou a aceitação. Em suma, devemos ressaltar que a novidade do produto ou da marca lançada pode ser uma vantagem competitiva importante; a vantagem da marca pioneira com frequência oferece vantagens competitivas duradouras no mercado doméstico e no estrangeiro.[23]

Produção de inovações

Algumas considerações devem ser feitas sobre a inventividade das empresas[24] e dos países.[25] Por exemplo, não é nenhuma surpresa que a maioria das novas ideias relacionadas com a internet provenha dos Estados Unidos.[26] Os 227 milhões de usuários de internet americanos superam em muito os 92 milhões de usuários japoneses.[27] De modo semelhante, no *ranking* de gastos com P&D, os Estados Unidos estão na frente. Esses gastos são quase idênticos nos países-membros da Organização para a Cooperação e o Desenvolvimento Econômico (OCDE), que representam em torno de 2 a 3% do produto interno bruto (PIB). Desse modo, por exemplo, a grande economia americana contribui duas vezes mais para os gastos de P&D do que o Japão. Esses gastos são responsáveis pela concessão de três vezes mais patentes americanas a empresas americanas do que a empresas japonesas. Uma pesquisa indica que a cultura nacional influencia a inovação (o individualismo aumenta a criatividade[28]), mas outros estudos defendem que o fator-chave é a cultura corporativa, e não a cultura nacional.[29] O governo japonês diagnosticou esse problema como falta de formação voltada para os negócios. Os engenheiros japoneses não são conhecedores de marketing e empreendedorismo. Por isso, para preencher essa lacuna, são criados a um ritmo recorde programas educacionais que seguem o estilo americano. Contudo, de fato percebemos uma tendência inoportuna: o crescimento dos gastos americanos com P&D está mais lento do que o de outros países competitivos. Rússia, Índia e China experimentam um crescimento de dois dígitos em comparação com o crescimento anual de 4% dos Estados Unidos nos últimos cinco anos.[30] Além disso, em 2009, pela primeira vez na história, mais patentes foram registradas por residentes estrangeiros nos Estados Unidos do que por residentes americanos.[31]

Muitas empresas japonesas também aproveitam a inventividade americana para estabelecer centros de desenvolvimento de projetos nos Estados Unidos – os mais notáveis são os inúmeros centros estrangeiros de desenvolvimento de projetos automobilísticos no sul da

---

[23] Gerald Young Gao, Yigang Pan, David K. Tse e Chi Kin (Bennett) Yim, "Market Share Performance of Foreign and Domestic Brands in China", *Journal of International Marketing*, 14, 2006, p. 32-51.

[24] Rohit Deshpandé e John U. Farley, "Organizational Culture, Innovativeness, and Market Orientation in Hong Kong Five Years after Handover: What Has Changed?", *Journal of Global Marketing*, 17, n. 4, 2004, p. 53-75.

[25] Quem tiver interesse por um livro extraordinário a respeito desse assunto deve ler o ganhador do prêmio Pulitzer *Guns, Germs, and Steel: The Fates of Human Societies*, de Jared Diamond (Nova York: Norton, 1999); consulte também Subin Im, Cheryl Nakata, Heungsooa Park e Young-Won Ha, "Determinants of Korean and Japanese New Product Performance: An Interrelational and Process View", *Journal of International Marketing*, 11, n. 4, 2003, p. 81-113. Além disso, há uma visão exemplar sobre inovação em Dexter Roberts, "Did Spark Spark a Copycat?", *BusinessWeek*, 7 de fevereiro de 2005, p. 64.

[26] Thomas L. Friedman, *The World Is Flat* (Nova York: Farrar, Straus, and Giroux, 2005).

[27] Euromonitor International, 2010.

[28] Jack A. Goncalo e Barry M. Staw, "Individualism – Collectivism and Group Creativity", *Organizational Behavior and Human Decision Process*, 100, 2006, p. 96-109.

[29] Gerard J. Tellis, Jaideep C. Prabhu e Rajesh K. Chandy, "Radical Innovation across Nations: The Preeminence of Corporate Culture", *Journal of Marketing*, 73, n. 1, 2009, p. 3-23.

[30] Euromonitor International, 2010.

[31] Michael Arndt, "Ben Franklin, Where Are You?", *Bloomberg BusinessWeek*, 4 de janeiro de 2010, p. 29.

Califórnia. Ao mesmo tempo, as empresas automobilísticas americanas criaram centros de desenvolvimento de projetos na Europa. Estudos recentes demonstraram que o poder de inovação varia de cultura para cultura, e as empresas abrem esses centros no mundo inteiro. Aliás, o Taurus, modelo que salvou a Ford na década de 1980, é uma criação europeia.

Atualmente, as pesquisas se concentram no problema de "capacidade de conversão", isto é, no êxito das empresas quando elas introduzem invenções no mercado. Três fatores básicos parecem favorecer a conversão, pelo menos no setor farmacêutico global: paciência (nove anos parece ser o tempo ideal para obter aprovação para um medicamento recém-patenteado), foco em algumas inovações importantes e experiência.[32] Outra pesquisa demonstra que o fortalecimento da proteção de patentes tende a favorecer as empresas nos países desenvolvidos de uma maneira notadamente maior do as empresas nos países em desenvolvimento.[33] Se mais evidências forem obtidas nesse sentido, os formuladores de políticas terão de reconsiderar a atuação aplicação global de um sistema único e indiferenciado de propriedade intelectual.

Análise dos componentes do produto para adaptação

OA4
Necessidade de visualizar todos os atributos de um produto para superar a resistência à aceitação

Os produtos são multidimensionais, e a soma de todas as suas características determina o conjunto de satisfações (utilidades) percebidas pelo consumidor. Para identificar todas as formas possíveis de adaptar um produto para um novo mercado, é favorável separar suas várias dimensões em três componentes distintos, como demonstra o **modelo de componentes do produto** na Figura 13.1. Por meio desse modelo, o impacto dos fatores culturais, físicos e legais (discutidos anteriormente) que influem na aceitação de um produto no mercado pode ser focado no componente essencial, no componente de embalagem e no componente de serviços de suporte. Esses componentes abrangem todos os elementos tangíveis e intangíveis de um produto e apresentam o conjunto de utilidades que o mercado recebe com a utilização do produto.

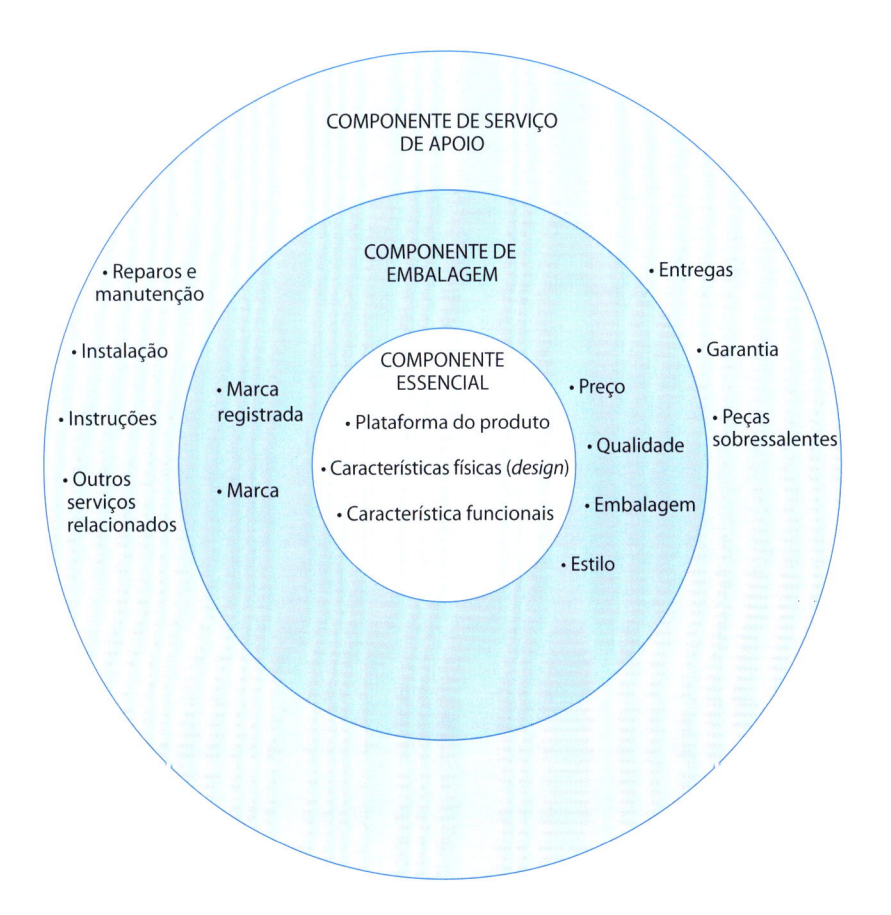

Figura 13.1
Modelo de componentes do produto.

COMPONENTE DE SERVIÇO DE APOIO
- Reparos e manutenção
- Instalação
- Instruções
- Outros serviços relacionados
- Entregas
- Garantia
- Peças sobressalentes

COMPONENTE DE EMBALAGEM
- Marca registrada
- Marca
- Preço
- Qualidade
- Embalagem
- Estilo

COMPONENTE ESSENCIAL
- Plataforma do produto
- Características físicas (*design*)
- Característica funcionais

---

[32] Rajesh Chandy, Brigitee Hpostaken, Om Narasimhan e Jaideep Prabhu, "From Inventions to Innovation: Conversion Ability in Product Development", *Journal of Marketing Research*, 43, 2006, p. 494-508.
[33] Brent B. Allred e Walter G. Park, "Patent Rights and Innovative Activity: Evidence from National and Firm-Level Data", *Journal of International Business Studies*, 38, 2007, p. 878-900.

Componente essencial

O *componente essencial* é composto pelo produto físico – a plataforma que contém a tecnologia essencial – e por todas as suas características físicas e funcionais. É na plataforma do produto que é possível acrescentar e excluir variações para atender a diferenças locais. Ajustes importantes na plataforma do componente essencial podem ser caros, porque qualquer mudança pode afetar os processos de fabricação do produto e, portanto, exigir maior investimento de capital. Entretanto, alterações físicas (de *design*, de características funcionais, de sabor, de cor) e de outros aspectos podem ser feitas para adaptar o produto a diferenças culturais. No Japão, a Nestlé originalmente vendia o mesmo tipo de cereal de milho que ela vende nos Estados Unidos, mas as crianças japonesas os comiam mais como petisco do que no café da manhã. Para inserir o produto no mercado de café da manhã, que é mais amplo, a Nestlé reformulou seus cereais para que se adequassem mais ao gosto japonês. Como os japoneses costumam comer peixe e arroz no café da manhã, a Nestlé desenvolveu cereais com sabores semelhantes – alga marinha, cenoura e abobrinha e coco e mamão. Com isso, conseguiu 12% de participação nesse crescente mercado.

No mercado brasileiro, onde o suco de laranja natural é abundante, a General Foods mudou o sabor do suco de laranja em pó pré-adoçado, o Tang, do sabor tradicional de laranja para maracujá e outros sabores. Muitas vezes, é necessário mudar o sabor e a fragrância para ajustar o produto às expectativas de uma determinada cultura. Os produtos de limpeza domésticos com fragrância de pinho e odores de amônia ou cloro, populares nos mercados americanos, não tiveram êxito quando introduzidos no Japão. Muitos japoneses dormem em *futons*, com a cabeça próxima ao chão. Por isso, uma fragrância cítrica é mais agradável. A Rubbermaid poderia ter evitado seus passos em falso quando introduziu sua linha de móveis para bebê na Europa fazendo mudanças modestas no componente essencial. As cores não foram adaptadas para atender às preferências europeias. Entretanto, o pior de tudo foi que o tamanho da cama de bebê da empresa não era adequado para os colchões fabricados na Europa!

Quanto às características funcionais, elas podem ser acrescentadas ou eliminadas, dependendo do mercado. Nos mercados em que as residências não costumam ter água quente, as máquinas de lavar têm aquecedor, que é uma característica funcional. Em outros mercados, é possível eliminar os dispensadores de sabão e de água sanitária para cortar custos ou minimizar os problemas de manutenção. Outras mudanças podem ser necessárias para atender a normas elétricas e de segurança e a outras exigências legais (homologação). O produto físico e todas as suas características funcionais devem ser examinados como possíveis candidatos a adaptações.

Componente de embalagem

O *componente de embalagem* abrange as características de estilo, embalagem, rótulo, marca registrada, nome do produto, qualidade, preço e todos os aspectos presentes na embalagem. A Apple Computer constatou a duras penas o quanto esse componente pode ser importante quando entrou pela primeira vez no mercado japonês. Alguns dos computadores Macintosh foram devolvidos sem uso depois que os clientes viram que o invólucro do manual de instruções estava rasgado! Tal como no componente essencial, a importância de cada um dos elementos, aos olhos do consumidor, depende da necessidade que o produto foi concebido para satisfazer.

Normalmente, os componentes da embalagem requerem mudanças opcionais e obrigatórias. Por exemplo, alguns países exigem que os rótulos sejam impressos em mais de um idioma, ao passo que outros proíbem a utilização de idiomas estrangeiros. Entretanto, um estudo constatou que nos Estados Unidos os consumidores reagem negativamente a embalagens bilíngues.[34] Na Disneylândia de Hong Kong, a apresentação da atração Jungle Cruise (Cruzeiro pela Selva) é feita em cantonês, mandarim e inglês. Vários países no momento exigem rótulos com a indicação do país de origem para produtos alimentícios. No componente de embalagem, os elementos podem incorporar símbolos que passam um significado não premeditado e, portanto, devem ser alterados. A marca de uma empresa que ostentava um círculo vermelho, por exemplo, era popular em alguns países, mas foi rejeitada em algumas regiões da Ásia, onde trazia à lembrança imagens da bandeira japonesa. Uma marca de outra empresa que usava flores amarelas foi rejeitada no México, onde as flores amarelas simbolizam morte ou desrespeito.

Uma empresa de renome que introduziu potes pequenos de comida para bebê na África, cujo rótulo exibia a imagem de um bebê, enfrentou um clássico exemplo de como os símbolos

---

[34] Mahesh Gopinath e Myron Glassman, "The Effect of Multiple Language Product Descriptions on Product Evaluations", *Psychology & Marketing*, 25, n. 3, 2008, p. 233-261.

CRUZANDO FRONTEIRAS 13.5 — D'oh! Ou apenas *dough* em Dubai?

Quando a rede árabe de televisão por satélite MBC, com sede em Dubai, decidiu introduzir o programa *Os Simpsons*, da Fox, no Oriente Médio, ela sabia que a família Simpson precisaria fazer algumas mudanças fundamentais de estilo de vida.

"Omar Shamshoon", como é chamado no programa, parece o mesmo Homer Simpson, mas largou a cerveja e o *bacon*, ambos proibidos pelo islamismo, e não fica matando o tempo em "bares sujos com vagabundos e bandidos". Na Arábia, a cerveja de Homer virou refrigerante, seu cachorro-quente virou linguiça de carne bovina egípcia grelhada. E as guloseimas em forma de anel que ele devora transformaram-se tradicionais biscoitos árabes chamados de *kahk*.

O programa *Os Simpsons* arabizado – chamado de *Al Shamshoon* – estreou no mundo árabe a tempo do ramadã, um período em que a audiência televisiva é alta. O programa utiliza a animação original dos Simpsons, mas as vozes são dubladas em árabe, e os roteiros foram adaptados para tornar o programa mais acessível e aceitável para os públicos árabes.

A família ainda se mantém, como os produtores costumam descrevê-la, "disfuncional". Eles ainda vivem em Springfield, e "Omar" continua indolente e trabalhando na usina de energia nuclear local. Bart (agora chamado de "Badr") é sempre insolente com seus pais e professores e está sempre em apuros. A voz dos personagens é dublada por vários atores egípcios populares, como Mohamed Heneidy, considerado o Robert De Niro do Oriente Médio.

Al Shamshoon agora é transmitido diariamente em horário nobre no início da noite, que começa com a primeira temporada do programa. Se tiver sucesso, a MBC pretende arabizar as outras 16 temporadas. Entretanto, não há nenhuma garantia de sucesso. Muitos *blogs* árabes e sessões de bate-papo na internet ficaram perplexos com a falta de graça de Al Shamshoon: "Eles acabaram com o programa". Ah, sim, eles conseguiram isso, *fdps* [...]. Por quê? Por quê, por quê, por quê?", escreveu um blogueiro, "Noors", de Omã.

Poucos programas têm fãs mais obcecados do que *Os Simpsons*, e a vasta comunidade *on-line* preocupa-se com a possibilidade ou não de o diálogo clássico desse programa ser traduzido. Segundo um blogueiro: "'Hi-diddly-ho, neighbors!' Como eles vão traduzir isso? Ou então este excelente trecho do Sr. Burns: 'Ah, então a Mãe-Natureza precisa de um favor?! Bem, talvez ela devesse ter pensado nisso quando estava nos acossando com secas e enchentes e macacos venenosos! Foi a natureza que iniciou a briga pela sobrevivência, e agora ela quer renunciar porque está perdendo. Azar o dela, é o que posso dizer'".

Um blogueiro que usa o nome Nibaq escreveu o seguinte: "Tenho certeza de que o empenho das pessoas que fizeram esse programa e o traduziu para o árabe poderia ter dado origem a um ótimo programa sobre uma família egípcia vivendo no Egito, lidando com a religião, a vida e o trabalho e tentando manter a família unida. Dessa forma, poderiam dizer que o programa foi feito no Egito, em vez de feito nos Estados Unidos e montado no Egito".

O filme *The Simpsons* quebrou recordes no mundo inteiro em 2007. E a loja espanhola Bershka agora vende camisetas Simpson sofisticadas na América Latina, na Europa e no Oriente Médio. Aliás, será interessante observar a expressão "D'oh!"* transformar-se em *dough* em Dubai.

Fontes: Yasmine El-Rashidi, "D'oh! Arabized Simpsons Aren't Getting Many Laughs", *The Wall Street Journal*, 14 de outubro de 2005, p. B1, B2; "Microsoft Launches New Arabized Solutions and Localized Windows XP Theme Packs at Gitex 2005", *AME Info/Middle East Company News*, 27 de setembro de 2005; Frank Segers, "Simpsons Movie' Reigns at Overseas Boxoffice", *Hollywood Reporter*, 6 de agosto de 2007; "Twentieth Century Fox L&M Launches The Simpsons with Bershka", *License Magazine*, março de 2009, p. 15.

* N. de T.: D'oh! é a expressão de frustração usada por Homer Simpson quando ele percebe que fez alguma coisa estúpida ou que algo não deu certo. Essa frase de efeito ganhou grande popularidade na língua inglesa e foi dicionarizada. O termo *dough* pode significar massa de pão ou "grana" (gíria). Neste último caso, o termo é bastante oportuno para Dubai, onde circula muito dinheiro.

---

podem ser mal interpretados: a empresa ficou horrorizada ao descobrir que os consumidores pensavam que os potes continham bebês moídos. Na China, embora não tenha sido um problema de alfabetização propriamente dito, o Brugel, uma marca de cereal infantil alemã que exibe na embalagem desenhos de cães, gatos, pássaros, macacos e outros animais, foi colocado na seção de comida para animais em um supermercado. O rótulo não tinha nenhuma instrução em chinês, e o pessoal da loja não conhecia o produto. É fácil esquecer que nos países com baixo índice de alfabetização as imagens e os símbolos são considerados literalmente como instruções e informações.

É necessário cuidado para garantir que as marcas registradas corporativas e outros elementos da embalagem não contenham significados simbólicos inaceitáveis. Particular atenção deve ser dada à tradução do nome das marcas e às cores utilizadas na embalagem. Quando a Ford tentou vender o automóvel Pinto no Brasil, descobriu rapidamente que o nome desse modelo poderia ser traduzido para o português brasileiro como "pênis". O branco, que nos países ocidentais simbolizam pureza, é a cor do luto em outros. Na China, a P&G vendia fraldas em embalagens cor-de-rosa. Os consumidores marginalizavam a embalagem cor-de-rosa porque essa cor simboliza o sexo feminino. Além disso, em um país em que existe a regra de um filho por família e os meninos são preferidos, os consumidores não querem que ninguém pense que eles têm uma menina, mesmo que tenham.

Inúmeros são os motivos que obrigam uma empresa a adaptar a embalagem de um produto. Em alguns países, existem leis para regulamentar o tamanho e as unidades de medidas

das garrafas, das latas e de outras embalagens. Quando um país utiliza um sistema métrico, provavelmente exige que os pesos e medidas estejam de acordo com esse sistema métrico. Adjetivos como "gigante" ou "jumbo" na embalagem ou no rótulo podem ser ilegais. Um alto índice de umidade ou a necessidade de um longo prazo de validade em virtude da extensão dos sistemas de distribuição podem exigir uma embalagem complementar para alguns produtos. Para os japoneses, a embalagem do produto é um fator que pesa na qualidade. Um produto mal embalado passa uma impressão de qualidade ruim para eles. É também fundamental determinar se a embalagem tem outras aplicações no mercado. A Lever Brothers vende o sabonete Lux em caixas elegantes no Japão porque mais da metade de todos os sabonetes é comprada durante as duas temporadas de troca de presentes. No Japão, o tamanho da embalagem é também um fator que pode fazer diferença para o sucesso do produto. Os refrigerantes são vendidos em latas menores do que nos Estados Unidos para se adequar ao tamanho da mão dos japoneses. No Japão, os alimentos costumam ser frescos ou então são vendidos em embalagens claras, enquanto as latas são consideradas sujas. Por isso, quando a Campbell lançou suas sopas no mercado japonês, decidiu usar um abridor *pop top* mais limpo e mais caro.

As leis sobre rotulagem variam de um país para outro e não parecem seguir um padrão previsível. Na Arábia Saudita, por exemplo, o nome dos produtos deve ser alterado. "Hot Chili" (pimenta vermelha) não é adequado; deve ser "Spiced Hot Chili" (pimenta vermelha picante). Na Venezuela, os preços devem obrigatoriamente ser impressos nos rótulos; já no Chile, incluir nos rótulos ou de qualquer outra forma o preço de varejo é ilegal. A Coca-Cola enfrentou um problema jurídico no Brasil com a Diet Coke. Para a legislação brasileira, o termo *diet* encerra qualidades medicinais. De acordo com a lei, os fabricantes devem indicar na bula de todos os medicamentos o consumo diário recomendado do produto. A Coca-Cola foi obrigada a obter uma autorização especial para contornar essa restrição. Na China, só recentemente os produtos ocidentais receberam autorização para serem rotulados em idioma estrangeiro com uma pequena etiqueta temporária em chinês afixada em algum lugar da embalagem. Entretanto, de acordo com a nova legislação chinesa, os produtos alimentícios devem agora apresentar claramente o nome, o conteúdo e outras peculiaridades em chinês impressos diretamente na embalagem – não é permitida nenhuma etiqueta temporária.

As leis sobre rotulagem criam um problema especial e pequenas exigências iniciais para as empresas que vendem produtos em vários mercados com legislação distinta. Na China, por exemplo, existe uma exigência para petiscos e refeições leves do estilo americano e europeu, ainda que a demanda por esses produtos no país não esteja bem desenvolvida no momento. As despesas de rotulagem específica dos produtos para atender à legislação chinesa com frequência tornam a entrada no mercado proibitiva com relação aos custos. Fabricantes inovadores e proativos com ampla distribuição na Ásia adotam modelos de embalagem comparáveis aos exigidos na UE, que contêm as informações padrão em vários idiomas. Cria-se um modelo com espaço no rótulo para indicar o conteúdo exigido no local, que pode então ser preenchido de acordo com o destino de um determinado lote de produção.

Componente de serviços de suporte

O *componente de serviços de suporte* abrange reparos e manutenção, instruções, instalação, garantias, entregas e a disponibilidade de peças sobressalentes. Muitos programas de marketing que de outra forma seriam bem-sucedidos acabaram fracassando porque pouca atenção foi dada a esse componente. Os serviços de reparo e manutenção são particularmente difíceis nos países em desenvolvimento. Nos Estados Unidos, o consumidor tem a opção de obter serviços diretamente da empresa ou de inúmeras lojas de assistência técnica preparadas para oferecer serviços de reparo e manutenção de automóveis a cortadores de grama. Existem também peças de reposição da própria empresa e de lojas autorizadas ou de lojas de *hardware* locais. Nos países em desenvolvimento e em vários países desenvolvidos, os consumidores talvez não tenham nenhuma dessas possibilidades de reparo e manutenção disponíveis, caso em que se utilizam prestadores de serviços independentes para elevar a qualidade da marca e do produto.[35]

Em alguns países, o conceito de manutenção habitual ou preventiva não faz parte da cultura. Consequentemente, os produtos podem precisar de adaptações para que não exijam manutenções frequentes, e especial atenção deve ser dada a recursos que talvez sejam considerados corriqueiros nos Estados Unidos.

---

[35] Ikechi Ekeledo e Nadeem M. Firoz, "Independent Service Providers as a Competitive Advantage in Developing Economies", *Journal of Global Marketing*, 20, 2007, p. 39-54.

CRUZANDO FRONTEIRAS 13.6 — Então, seu computador não funciona?

A maioria das pessoas tem duas opções quando o computador começa a apresentar problemas: ligar para a central de atendimento e assistência ou ler o manual. Ambas as opções se transformam em atividades transculturais. Cada vez mais, as centrais de atendimento contratam pessoas nas Filipinas, na Índia, no Caribe e em outros países em desenvolvimento em que o inglês é um idioma comum. Fazendo isso, uma empresa pode economizar em torno de 90%. Contudo, para os consumidores, é bastante difícil preencher a lacuna entre conhecimento técnico e leiguice. Agora, uma interface transcultural é acrescentada nessa interação.

Vários fabricantes estão mais aptos para adaptar seus manuais. Em alguns países, os manuais são apreciados por seu valor de entretenimento. Mike Adams, da empresa de tradução e marketing Arial Global Reach, explica: "O povo japonês de fato gosta de ler manuais, mas isso ocorre porque os manuais japoneses são agradáveis de ler". Em geral eles são animados com cartuns, e até as interfaces dos programas são animadas. O difamado assistente Clippy (o clipe de papel) da Microsoft foi substituído no Japão por um golfinho animado. "E até mesmo os engenheiros japoneses mais técnicos não consideram essas animações nem um pouco infantis quando veem ou interagem com elas."

No entanto, utilizar esses personagens simpáticos nos manuais de outros países pode levar o cliente a duvidar da seriedade da empresa. Mark Katib, gerente geral da Middle East Translation Services, diz que os clientes nessa parte do mundo, do mesmo modo que os americanos, preferem explicações despojadas e não técnicas. Ele passa a maior parte do tempo examinando se as informações estão apresentadas de uma maneira aceitável, sem colidir com a opinião das pessoas.

Ao que parece, não se deve dar uma instrução a um italiano do tipo "nunca faça isso". As consequências de linguagens como essa serão ligações telefônicas de italianos que provocaram um defeito no computador por fazerem exatamente "isso". Desse modo, os manuais italianos devem utilizar uma linguagem menos incisiva, como "seria melhor...".

Os alemães rejeitarão os manuais que apresentarem humor. Já os húngaros gostam de consertar coisas. Portanto, na Hungria, os manuais são mais parecidos com os de oficina. Para concluir, um fabricante de *software* que desenvolvia redes de longa distância (*wide-area network* – WAN) utilizou o texto "WAN WAN WAN WAN" na embalagem. Para os japoneses, esse é o som do latido dos cães, e no Japão ninguém compraria um produto que se autodivulgasse como um cão que ladra.

A principal questão aqui é que o "tecnologuês" é difícil de traduzir em qualquer idioma.

Fontes: Michelle Delio, "Read the F***ing Story, then RTFM", *Wired News*, http://www.wired.com, 4 de junho de 2002; Pete Engardio, Aaron Bernstein e Manjeet Kripalani, "Is Your Job Next?", *BusinessWeek*, 3 de fevereiro de 2003, p. 50-60; Alli McConnon, "India's Competition in the Caribbean", *BusinessWeek*, 24 de dezembro de 2007, p. 75; Rudy Hirschheim, "Offshoring and the New World Order", *Communications of the ACM*, 12, n. 11, 2009, p. 132-135.

Os índices de alfabetização e os níveis de formação educacional de um país podem exigir que uma empresa mude as instruções de um produto, pois um termo simples em um país pode ser incompreensível em outro. Na África rural, por exemplo, os consumidores tiveram dificuldade para compreender que a loção Vaseline Intensive Care é absorvida pela pele. Em vez de dizer que a loção é *absorvida*, utilizou-se o termo *penetrar* ou *infiltrar*, e a confusão foi solucionada. Os brasileiros conseguiram superar o baixo índice de alfabetização e de habilidade técnica dos usuários dos avançados carros de combate vendidos para países do Terceiro Mundo. Os fabricantes oferecem videocassete e fitas de vídeo com instruções detalhadas de manutenção e reparo no pacote de instruções padrão. Além disso, para minimizar os problemas relacionados com as peças sobressalentes, eles utilizam peças padronizadas e produzidas em série que podem ser encontradas em qualquer lugar do mundo. Obviamente, outros tipos de preferências culturais entram em jogo até mesmo nos manuais de manutenção.

É cada vez mais necessário considerar a possibilidade de oferecer produtos complementares no desenvolvimento das atividades de marketing de uma variedade de produtos de alta tecnologia. Talvez o melhor exemplo seja o do Xbox da Microsoft e seus concorrentes. As vendas do Xbox ficaram atrás das vendas dos consoles da Sony e da Nintendo no Japão. Segundo o diagnóstico da Microsoft, o problema foi a falta de jogos que atraem particularmente os jogadores japoneses. Por isso, a empresa desenvolveu uma série de jogos para preencher essa lacuna. Um dos primeiros produtos, um jogo de interpretação de papéis denominado *Lost Odissey*, foi desenvolvido por uma equipe composta exclusivamente por japoneses.[36]

O modelo de componentes do produto pode ser utilizado como guia para examinar a necessidade de adaptação dos produtos destinados a mercados estrangeiros. É essencial avaliar cuidadosamente cada um dos componentes do produto para identificar quaisquer mudanças obrigatórias ou opcionais.

---

[36] Yukari Iwatani Kane, "Microsoft Makes Big Push to Woo Japanese with New Xbox Games", *The Wall Street Journal*, 12 de setembro de 2007 [*on-line*].

Marketing global de serviços de consumo

Tal como mencionado no início deste capítulo, grande parte das recomendações sobre a adaptação de produtos para mercados de consumo internacionais também se aplica à adaptação de serviços. Além disso, alguns serviços estão intimamente relacionados com os produtos. Bons exemplos são os serviços de suporte recém-citados ou os serviços de atendimento correspondentes à venda de um Big Mac para um consumidor em Moscou. Contudo, quatro características exclusivas distinguem os serviços – intangibilidade, inseparabilidade, heterogeneidade e perecibilidade – e por isso exigem uma análise especial.

Normalmente, os produtos são classificados como tangíveis, ao passo que os serviços são *intangíveis*. Automóveis, computadores e móveis são exemplos de produtos que têm presença física; são coisas ou objetos que podem ser armazenados e processados, e seu valor intrínseco está embutido em sua presença física. Em contraposição, seguros, lavagens a seco, acomodações hoteleiras e serviços aéreos de passageiro ou carga são intangíveis, e seu valor intrínseco resulta de um processo, de uma ação ou de um evento que existe apenas por um período.

Essa intangibilidade dos serviços determina as características que lhes são exclusivas: eles são *inseparáveis* porque sua criação não pode ser separada de seu consumo;[37] eles são *heterogêneos* porque são produzidos individualmente e, portanto, são únicos; e são *perecíveis* porque, uma vez criados, não podem ser armazenados, mas consumidos simultaneamente à sua criação. Compare essas características com a de um produto tangível que pode ser produzido em um local e consumido em outro, que pode ser padronizado, cuja garantia de qualidade pode ser determinada e mantida ao longo do tempo e que pode ser produzido e armazenado antes de possíveis flutuações na demanda.

Tal como ocorre com vários produtos tangíveis, um serviço pode ser comercializado como um serviço industrial (*business to business* ou de empresa para empresa) ou como um serviço de consumo, dependendo do motivo do comprador e do uso que ele faz. Por exemplo, os agentes de viagem e as companhias aéreas vendem serviços industriais ou de negócios para um viajante de negócios e um serviço de consumo para turistas. Serviços financeiros, hotéis, seguros, serviços jurídicos e outros podem ser classificados individualmente como serviços de negócios ou serviços de consumo. Como seria de esperar, as características exclusivas dos serviços são responsáveis pelas diferenças entre as atividades de marketing para serviços e para bens de consumo.

Oportunidades de serviços nos mercados globais

O turismo internacional é de longe o maior exportador de serviços dos Estados Unidos, atrás apenas dos bens de capital e dos suprimentos industriais, quando se leva em conta todas as exportações. As despesas de turistas estrangeiros que visitam cidades americanas como Orlando ou Anaheim representam quase o dobro dos gastos de companhias aéreas estrangeiras em jatos comerciais da Boeing. No mundo todo, os turistas gastaram em torno de US$ 3,5 trilhões em 2010, e uma agência da Organização das Nações Unidas (ONU) prevê que esse número aumentará quatro vezes até 2020. Esse setor emprega cerca de 200 milhões de pessoas ao redor do mundo. Além disso, essa mesma agência prevê que no próximo século a China ficará à frente dos Estados Unidos, da França, da Espanha, de Hong Kong, da Itália, da Grã-Bretanha, do México, da Rússia e da República Tcheca como os destinos mais populares do mundo. Atualmente, França, Espanha, Estados Unidos, Itália e China ocupam os primeiros cinco lugares, respectivamente. Do mesmo modo que hoje, os turistas serão em sua maioria alemães, japoneses e americanos; os chineses serão o quarto maior grupo. Os australianos, belgas, austríacos, japoneses e os cidadãos de Hong Kong são os que apresentam maior gasto *per capita* (nesta ordem) em pacotes de férias.[38] Atualmente, os turistas japoneses são os que mais contribuem para a receita de turismo dos Estados Unidos – um total de mais de US$ 15 bilhões anuais. No todo, o setor de turismo diminuiu mais de 10% durante a recessão de 2008-2009, e, de acordo com a economia de modo geral, nenhuma recuperação rápida está prevista. A boa notícia é que em breve será possível sair do planeta e retornar na nave espacial para passageiros comerciais de Richard Branson – uma breve visita ao espaço custará apenas US$ 280 mil.[39] Esse valor é bem inferior aos US$ 20 milhões necessários para uma viagem mais longa em um foguete russo e uma curta estada na Estação Espacial Internacional.

---

[37] Bruce D. Keillor, G. Tomas M. Hult e Destan Kandemir, "A Study of the Service Encounter in Eight Countries", *Journal of International Marketing*, 12, n. 1, 2004, p. 9-35.

[38] Euromonitor International, 2010.

[39] John Johnson Jr., "A Giant Step for Space Tourism", *Los Angeles Times*, 8 de dezembro de 2009, p. A22.

Duas das melhores vistas no mundo são as do Taiti (à esquerda), tanto acima da água (a silhueta de Bora Bora aparece no fundo) quanto abaixo (os recifes de coral de Belize). Turistas do mundo inteiro afluem para esses dois locais. As empresas de serviços vão atrás dos turistas, como a Associação Profissional de Instrutores de Mergulho (Professional Association of Diving Instructors – Padi, à direita), que forma mergulhadores e instrutores certificados em sua sede em Costa Mesa, na Califórnia.

O crescimento excepcional do turismo, particularmente antes da recessão, motivou empresas e instituições americanas a desenvolver novos serviços de viagem para atrair clientes domésticos e estrangeiros. Por exemplo, o Four Seasons Hotel, na Filadélfia, criou um pacote de dois dias que inclui shows locais e visitas a museus. Além das atrações infantis, Orlando (Flórida) tem uma companhia de ópera que apresenta cantores de nível internacional. As cidades de Phoenix, Las Vegas e San Diego formaram um consórcio e um orçamento de marketing de US$ 500 mil especificamente dirigidos a turistas estrangeiros para que visitem os três destinos em uma única viagem. Mesmo os hotéis menores encontram uma clientela global na internet.

Outros grandes exportadores de serviços de consumo são os setores de transporte, serviços financeiros, educação, telecomunicações, entretenimento e informação e saúde, nesta ordem. Examine a seguir exemplos de cada um deles:

- As companhias aéreas americanas estão ávidas por obter maior participação no crescente mercado de viagens latino-americano por meio de investimentos em empresas de aviação locais.
- A venda de seguros cresce na América Latina, e *joint ventures* entre empresas locais e globais são as que mais têm progredido.
- Na China, o setor de serviços financeiros passa por uma revolução, e novos serviços são oferecidos em ritmo acelerado – novas fontes de informações para os investidores e novos caixas eletrônicos da National Cash Register pipocam por todos os lugares. A Polônia começa a se familiarizar com os caixas eletrônicos.
- A Merrill Lynch está no encalço das atividades fiduciárias que decolaram após a recente abertura do Japão, permitindo que corretores e banqueiros entrassem pela primeira vez nesse setor.
- Mais de 670 mil estudantes estrangeiros (103 mil da Índia e 98 mil da China) gastaram em torno de US$ 18 bilhões com instrução em universidades e faculdades americanas em 2009-2010.[40] A formação de executivos é igualmente um serviço de exportação viável para as empresas americanas.[41]
- Atualmente, as tarifas telefônicas em mercados como Alemanha, Itália e Espanha são tão altas que as empresas americanas não conseguem manter linhas diretas de informação gratuitas nem utilizar o sistema de vendas por catálogo pelo telefone. Outros mercados de telecomunicações são desregulamentados e abrindo oportunidades para empresas estrangeiras. As comunicações sem fio são onipresentes no Japão e na Europa.
- As vendas de TV a cabo explodem na América Latina.

---

[40] Karin Fischer, "Number of Foreign Students in U.S. Hit New High Last Year", *Chronicle of Higher Education*, 16 de novembro de 2009 [*on-line*].
[41] David M. Montgomery, "Asian Management Education: Some 21st Century Issues", *Journal of Public Policy & Marketing*, 24, n. 1, 2005, p. 150-154.

CRUZANDO FRONTEIRAS 13.7 — Só para estudar

Kofi Annan, ex-secretário geral da ONU, fez isso. Vicente Fox, do México, Jacques Chirac, da França, e o rei Abdullah, da Jordânia, também. Todos eles fizeram faculdade nos Estados Unidos (o presidente francês ampliou sua experiência trabalhando em uma sorveteria). Além disso, um terço dos vencedores americanos do Prêmio Nobel nasceu no exterior. Entretanto, como a disputa por talentos deu lugar à guerra contra o terrorismo, a acolhida dos Estados Unidos a estrangeiros em seus *campi* fica mais cautelosa.

No ano passado, mais de 670 mil estudantes estrangeiros matricularam-se em universidades e faculdades americanas. De acordo com o Instituto de Educação Internacional (Institute of International Education – IIE), cerca de 60% vieram da Ásia, principalmente da China e da Índia. Menos de 4% vieram do Oriente Médio. Esses estudantes respondem por nem 2% de todos os vistos de não imigrantes (embora tenham o direito de permanecer por um tempo mais longo do que os turistas). Eles gastam US$ 18 bilhões anuais com instrução e despesas de moradia, contribuindo para que a educação superior torne-se a quinta maior exportação em serviços dos Estados Unidos. E, como qualquer visita a uma *startup* no Vale do Silício revela, eles levam para a economia americana um imenso talento.

Até 11 de setembro de 2011, a principal reclamação era de que os americanos não exploravam totalmente esse capital humano. Do mesmo modo que outros países, os Estados Unidos restringem o tempo que os estudantes estrangeiros podem trabalhar no país após a formatura.

O IIE queixa-se de que a parcela dos Estados Unidos com relação ao mercado de estudantes estrangeiros caiu de 40 para menos de 30% na última década. O instituto culpa não apenas o preço mais alto das taxas universitárias e a maior concorrência da Europa e Austrália, mas também o incômodo sistema de visto americano.

No caso de estudantes universitários provenientes da Malásia muçulmana, a obtenção do visto de estudante costumava levar cerca de duas semanas, mas recentemente 20 calouros malaios precisaram esperar seis meses. Eles perderam o semestre do outono. Os candidatos estrangeiros a cursos de pós-graduação diminuem no país inteiro. John H. Marburger III, consultor em Ciência da Casa Branca, defendeu que esses atrasos não refletem políticas de exclusão. Entretanto, o deputado Dana Rohrabacher (do Partido Republicano da Califórnia) disse que o objetivo adequado é "diminuir a necessidade de atrair essa alta porcentagem de estudantes estrangeiros". A despeito da xenofobia desse congressista, a realidade da acentuada diminuição do auxílio às universidades estaduais ao redor do país torna os estudantes estrangeiros particularmente atraentes.

Fontes: "Student Visas: Chillier on Campus", *The Economist*, 24 de novembro de 2001, p. 31-32; Catherine Arnst, "How the War on Terror Is Damaging the Brain Pool", *BusinessWeek*, 19 de maio de 2003, p. 72-73; James Boone, "Visa Crackdown Cost U.S. Cream of Foreign Students", *The Times* (Londres), 29 de novembro de 2004, p. 33; http://www.iie.org, 2010; "Bin Laden's Legacy", *Economist*, 14 de janeiro de 2010 [on-line].

- Quanto aos eventos esportivos, eles são vendidos no mundo inteiro – futebol americano (*football*) do México em Los Angeles, futebol americano (*football*) dos Estados Unidos na Escócia e na Turquia, beisebol americano no México e futebol (*soccer*) na China.
- Em suma, além do número crescente de estrangeiros que vão aos Estados Unidos à procura de serviços médicos, empresas norte-americanas constroem hospitais no exterior. Recentemente, dois bebês, um da Suécia e outro do Japão, receberam transplante de coração no Loma Linda Hospital, na Califórnia – a legislação desses dois países proíbe esse tipo de cirurgia para salvamento de vida. O Hospital Internacional Pequim–Toronto em breve abrirá as portas para cerca de 250 pacientes chineses; os serviços abrangem conexão por satélite durante 24 horas para consultas com médicos de Toronto. Concorrentes asiáticos e mexicanos disputam esse mercado global. A cirurgia de substituição de válvula cardíaca por ponte de safena custa em torno de US$ 75 mil nos Estados Unidos, US$ 22 mil em Cingapura e US$ 9.500 na Índia.[42] Obviamente, o lado negativo dessa tendência é o crescente comércio global ilegal de órgãos para transplante.[43]

Barreiras à entrada de serviços de consumo em mercados globais

Os outros serviços – locação de automóveis, serviços aéreos, entretenimento, hotéis e turismo, para citar apenas alguns – são em sua maioria inseparáveis e exigem que produção e consumo ocorram quase simultaneamente; portanto, nesse caso, a exportação não é um método de entrada viável. A vasta maioria desses serviços (em torno de 85%) entra nos mercados estrangeiros por meio de acordos de licenciamento, franquia ou investimentos diretos. Os profissionais de marketing de serviços de consumo enfrentam quatro tipos de barreira nesse

---

[42] Waleca Konrad, "Going Abroad to Find Affordable Health Care", *The New York Times*, 20 de março de 2009 [on-line].
[43] Nancy Scheper-Hughes, "Organs without Borders", *Foreign Policy*, janeiro-fevereiro de 2005, p. 26-27.

crescente setor do mercado global: protecionismo, controles sobre o fluxo de dados transnacional, proteção à propriedade intelectual e exigências culturais de adaptação.

Protecionismo. A UE dá alguns passos modestos em direção ao estabelecimento de um mercado único de serviços. Entretanto, a maneira exata como os prestadores de serviços estrangeiros serão tratados com essa unificação ainda não está clara. Reciprocidade e harmonização, conceitos fundamentais na Lei Única Europeia, possivelmente serão utilizados para restringir a entrada de alguns segmentos de serviços na Europa. A indústria de cinema e entretenimento americana parece um setor particularmente difícil, embora a compra da Universal Studios pela empresa francesa Vivendi torne as coisas um pouco mais interessantes. Uma diretiva sobre teledifusão transnacional criou uma cota para os programas europeus, exigindo que os países-membros da UE garantam que pelo menos 50% do tempo de utilização para entretenimento seja dedicado a "obras europeias". A UE defende que essa reserva para programações domésticas é essencial para preservar sua identidade cultural. As consequências para a indústria de cinema americana são significativas, uma vez que mais de 40% dos lucros desse setor provêm de receitas estrangeiras.

Restrições ao fluxo de dados transnacional. Há uma grande preocupação quanto à forma de lidar com o "problema" relativamente novo das transferências de dados transnacionais. A Comissão Europeia está preocupada com a coleta, a manipulação e a transferência de dados sobre indivíduos (por exemplo, renda, preferências de gastos, histórico de liquidação de dívidas, estado clínico, emprego) entre empresas com pouca consideração com a privacidade de seus clientes. Uma proposta de diretiva da Comissão Europeia exigiria o consentimento do indivíduo para a coleta ou processamento desses dados. Uma ampla variedade de empresas de serviços americanas seria afetada por essa diretiva – subscritores de seguros, bancos, empresas de relatório de crédito, empresas de marketing direto e agências de turismo –, porque isso impediria a transferência eletrônica de informações pessoais sobre consumidores europeus aos Estados Unidos para processamento computacional. Em todas as leis e diretivas estão ocultos os motivos não declarados da maioria dos países: um desejo de inibir as atividades das multinacionais e proteger a indústria local. Como a atividade de transmissão de dados global continua explodindo neste novo século, a atenção das agências regulatórias nessa direção será crescente.

Proteção de propriedade intelectual. Uma forma importante de concorrência que é difícil de combater provém da pirataria de marcas registradas, processos, direitos autorais e patentes. Você provavelmente se lembra de que esse assunto foi coberto em detalhes no Capítulo 7. Portanto, nós o mencionamos aqui apenas para constar.

Barreiras culturais e adaptação. Como o comércio de serviços normalmente envolve contato entre pessoas ou entre povos, a cultura exerce um papel bem maior no comércio de serviços do que no comércio de mercadorias.[44] São vários os exemplos: os europeus orientais ficam perplexos com o desejo dos europeus ocidentais de que trabalhadores insatisfeitos exibam um "sorriso" durante o atendimento. O McDonald's exige que seus funcionários poloneses sorriam sempre que interagem com os clientes. Essa exigência dá a impressão a muitos funcionários de que são falsos e insinceros. A empresa aprendeu a incentivar seus gerentes na Polônia a sondar possíveis problemas com os funcionários e a escalar os menos simpáticos para que fiquem na cozinha, e não no balcão. Os japoneses que fazem compras pela internet com frequência preferem pagar em dinheiro e pessoalmente a confiar nas transações financeiras eletrônicas ou no pagamento de valores altos com cartões de crédito.

Citando outro exemplo, as interações em sala de aula variam significativamente ao redor do mundo. No Japão, os alunos prestam atenção à aula, tomam notas e fazem perguntas somente após seu término, quando fazem. Nesse país, a ideia de atribuir nota à participação em sala de aula é um contrassenso. Contrariamente, como os espanhóis estão acostumados com turmas

---

[44] Torsten Ringberg, Gaby Odekerken-Schroder e Glenn L. Christensen, "A Cultural Models Approach to Service Recovery", *Journal of Marketing*, 71, 2007, p. 184-214; Samart Powpaka, "Empowering Chinese Service Employees: A Reexamination and Extension", *Journal of Global Marketing*, 21, n. 4, 2008, p. 271-293; Haksin Chan e Lisa C. Wan, "Consumer Responses to Service Failures: A Resource Preference Model of Cultural Influences", *Journal of International Marketing*, 16, n. 1, 2008, p. 72-97; Hean Tat Keh e Jin Sun, "The Complexities of Perceived Risk in Cross-Cultural Services Marketing", *Journal of International Marketing*, 16, n. 1, 2008, p. 120-146; Edwin J. Nijssen e Hester van Herk, "Conjoining International Marketing and Relationship Marketing: Exploring Consumers' Cross-Border Relationships", *Journal of International Marketing*, 17, n. 1, 2009, p. 91-115.

enormes nas salas de aulas universitárias (de centenas, e não de dezenas), eles tendem a conversar com os colegas mesmo enquanto o professor fala. De modo semelhante, as interações nos sistemas de saúde e entre médico e paciente refletem diferenças culturais. Os americanos fazem perguntas e buscam uma segunda opinião. Na área de serviços de saúde, as inovações são realizadas com base em amplas pesquisas de mercado. Entretanto, no Japão, a hierarquia social reflete-se nitidamente na deferência dos pacientes com os médicos. Embora a complacência dos japoneses seja excelente e a longevidade a melhor do mundo, o sistema de saúde do país é relativamente indiferente às preocupações expressas pelos consumidores.

Além disso, os japoneses tendem a tirar férias longas apenas algumas vezes – sete a dez dias é a norma. Portanto, os pacotes de férias concebidos para eles são cheios de atividades. Phoenix, Las Vegas e San Diego ou Roma, Genebra, Paris e Londres em dez dias são roteiros normais para eles. A cadeia de hotéis Four Seasons oferece aos hóspedes japoneses travesseiros especiais, quimonos, chinelos e chá. A Virgin Atlantic Airways e outras companhias aéreas de longa distância oferecem telas interativas a todos os passageiros, que podem assistir a filmes e a programações do Japão (ou dos Estados Unidos, da França etc.).

Gerenciar uma mão de obra global na área de serviços certamente não é uma tarefa simples. Basta perguntar ao pessoal da UPS, empresa americana do setor de transporte. A UPS se deparou com algumas surpresas, como a indignação dos motoristas franceses quando avisados de que não poderiam tomar vinho no almoço, os protestos dos motoristas britânicos quando proibidos de transportar seus cães de estimação nos caminhões de entrega, o espanto dos espanhóis quando viram que os caminhões marrons da UPS lembravam os carros funerários locais e o choque na Alemanha quando, pela primeira vez depois de 1945, foi exigido o uso de camisas marrons (que são associadas com o domínio nazista durante a Segunda Guerra Mundial).

Embora as gorjetas de 10 a 20% sejam um componente importante dos incentivos oferecidos à mão de obra de serviços nos Estados Unidos, isso não ocorre na Alemanha, onde as gorjetas são arredondadas para o euro mais próximo em relação ao valor do que se paga. Portanto, é necessário gerenciar de perto o pessoal de serviços nesses países para manter um alto nível de satisfação dos clientes.

Obviamente, as oportunidades de marketing para serviços de consumo não vão parar de crescer no século XXI. Os profissionais de marketing internacional precisarão ser bastante criativos para atender às exigências legais e culturais no fornecimento de serviços de alta qualidade em mercados estrangeiros e a clientes estrangeiros em localidades domésticas.

Marcas nos mercados internacionais

As marcas globais andam de mãos dadas com os produtos e serviços globais. Define-se *marca global* como o uso mundial de um nome, termo, letreiro, símbolo (visual e/ou auditivo), *design* ou de uma combinação desses elementos para identificar produtos ou serviços de um vendedor e diferenciá-los dos produtos e serviços dos concorrentes. Assim como em relação aos produtos globais, não se tem uma resposta simples para a dúvida sobre a necessidade ou não de estabelecer marcas globais. Entretanto, a importância do nome, mesmo em setores sem fins lucrativos, é inquestionável.[45] Aliás, a Figura 13.2 relaciona o valor estimado das 20 maiores marcas globais. Além disso, como foi mencionado em capítulos anteriores, a proteção das marcas registradas é igualmente uma questão complexa.

Uma marca bem-sucedida é o recurso mais valioso que uma empresa possui. O nome da marca[46] encerra anos e anos de propaganda, reputação, avaliações de qualidade, experiência e outros atributos favoráveis que o mercado associa com o produto. A imagem de uma marca é precisamente a essência da identidade e da estratégia da empresa. Os pesquisadores ocidentais personificaram as marcas, imbuindo-as de personalidade e imagem. Em certo sentido, a interação entre consumidor e marca é em grande medida semelhante às interações interpessoais, nas quais as diferenças culturais têm uma enorme predominância. Essa comparação também leva a crer que mesmo as marcas globais devem ser posicionadas localmente, visto que um consumidor japonês, por exemplo, verá e interagirá com a marca Coca-Cola de modo diferente de um consumidor francês. Pesquisas demonstram que a importância e o impacto das marcas variam de acordo com os valores culturais existentes ao redor do mundo. Por isso, os consumidores, sejam lá de que parte for, reagem a

---

[45] John A. Quelch e Nathalie Laidler-Kylander, *The New Global Brands* (Mason, OH: Southwestern, 2006).
[46] Yih Hwai Lee e Kim Soon Ang, "Brand Name Suggestiveness: A Chinese Language Perspective", *International Journal of Research in Marketing*, 20, n. 4, 2003, p. 323-335.

Figura 13.2
As 20 maiores marcas.

Classificação 2009/2008	Valor da marca em 2009/ milhões	Valor da marca em 2008/ milhões	Diferença percentual	País proprietário	Descrição
1/1 Coca-Cola	US$ 68.734	US$ 66.667	3%	EUA	Em um ano difícil para os fabricantes de refrigerantes, a Coca--Cola ganhou um novo brilho, graças ao enorme sucesso da Coca-Cola Zero, refrigerante sem caloria que passa uma imagem mais masculina do que a Diet Coke.
2/3 IBM	60.211	59.031	2	EUA	A IBM batalhou para ampliar sua importância ao se concentrar na limpeza do ar e das águas, em cuidados de saúde mais eficientes e em sistemas de transporte em massa.
3/2 Microsoft	56.647	59.007	–4	EUA	Pela primeira vez, as vendas da Microsoft escorregaram. Mesmo assim, a empresa começou a confrontar vigorosamente seus concorrentes, lançando o mecanismo de pesquisa Bing e fazendo amplas propagandas contra a Apple.
4/4 GE	47.777	53.086	–10	EUA	A GE pintou-se de verde com a cruzada "Ecoimaginação". Agora, a empresa pretende pintar-se de saudável promovendo soluções para a área de saúde em um mercado mal atendido.
5/5 Nokia	34.864	35.942	–3	Finlândia	A Nokia continua atrás no segmento de telefones inteligentes, mas sua reputação em relação a fatores como projetos robustos, facilidade de uso e estilo sóbrio ajudou a empresa a dominar o mercado de massa de aparelhos de telefone.
6/8 McDonald's	32.275	31.049	4	EUA	A retração econômica aumentou o interesse pelo cardápio de preços baixos do Mickey D (apelido da rede nos Estados Unidos) particularmente na Grã-Bretanha e na França, ao passo que novas bebidas de café do McCafe recuperaram o entusiasmo das vendas.
7/10 Google	31.980	25.590	25	EUA	Os novos serviços gratuitos tornam o Google muito mais que um mecanismo de busca. Contudo, com a ronda dos defensores e executores de leis antitrustes, a empresa Google enfrenta um desafio para manter uma imagem de marca atraente.
8/6 Toyota	31.330	34.050	–8	Japão	A Toyota perdeu dinheiro em 2008 e provavelmente em 2009. Entretanto, tendo em vista seus imensos recursos financeiros e a mudança de foco da administração, esse titã certamente reviverá quando a economia reaquecer.
9/7 Intel	30.636	31.261	–2	EUA	A Intel pagou uma multa antitruste de US$ 1,45 bilhão na Europa, mas isso não diminuiu o ímpeto dessa fabricante de *chips* de entrar em novos mercados, inclusive no de telefones inteligentes e eletrodomésticos.
10/9 Disney	28.447	29.251	–3	EUA	A diminuição do número de frequentadores em seus parques e a queda da venda de DVDs prejudicam a empresa. No entanto, a Casa do Mickey Mouse continua investindo em seu futuro, como a compra da Marvel por US$ 4 bilhões.
11/12 Hewlett--Packard	24.096	23.509	2	EUA	A HP ampliou sua liderança sobre a Dell e resistiu melhor à recessão econômica do que a maioria das empresas de tecnologia, graças à aquisição da provedora de serviços EDS.
12/11 Mercedes--Benz	23.867	25.577	–7	Alemanha	Embora as vendas tenham despencado, esse ícone da engenharia manteve sua imagem nobre com novos modelos eficientes em energia. A empresa precisa acrescentar carros menores em sua linha.
13/14 Gillette	22.841	22.069	4	EUA	A rápida saída dos aparelhos de barbear destinados ao segmento superior impulsionou as vendas. Contudo, para atingir mais consumidores, a Gillette inovará também no segmento inferior do mercado.
14/17 Cisco	22.030	21.306	3	EUA	A luta para reformular sua marca e ser reconhecida não apenas como fabricante de "tubulação digital" para a internet continua. Com a aquisição da videocâmera Flip, a Cisco pretende direcionar-se mais ao cliente.

(continua)

Figura 13.2 *(continuação)*

15/13 BMW	21.671	23.298	–7	Alemanha	A empresa demonstrou que os compradores pagarão um preço elevado por um compacto esportivo elegante. A BMW também se beneficia de um investimento precoce em motores mais eficientes.
16/16 Louis Vuitton	21.120	21.602	–2	França	A marca de luxo mais proeminente do mundo conseguiu expandir suas vendas na Europa em 2009 e continua explorando novas riquezas na Ásia e no Oriente Médio.
17/18 Marlboro	19.010	21.300	–11	EUA	Como no âmbito doméstico as restrições de marketing enriqueceram, a gigante dos cigarros intensifica seus esforços nos mercados emergentes da Ásia à Rússia e conquista milhões de fumantes.
18/20 Honda	17.803	19.079	–7	Japão	Apesar de uma queda brusca das vendas globais, a linha de motos que consomem pouco combustível e a lucrativa atividade da Honda no setor de motocicletas ajudaram a fabricante de automóveis a atravessar a recessão.
19/21 Samsung	16.796	17.518	–1	Coreia do Sul	A Samsung superou a Sony como a principal marca de TV e emergiu como a única concorrente confiável para a Nokia em telefones móveis. Para ampliar seu apelo, a empresa abre uma loja de aplicativos.
20/24 Apple	15.443	13.724	12	EUA	As vendas de Macintosh caíram, mas a Apple prospera graças ao iPhone e a uma loja de aplicativos (*app store*) que os concorrentes estão ansiosos por copiar.

Fonte: De Burt Helm, "100 Best Global Brands", *BusinessWeek*, 28 de setembro de 2009, p. 44-61. Dados reimpressos com permissão.

imagens,[47] mitos e metáforas que os ajudam a definir sua identidade pessoal e nacional em um contexto global, em relação à cultura mundial e aos benefícios do produto.[48]

As marcas globais desempenham um papel fundamental nesse processo. O valor de marcas como Sony, Coca-Cola, McDonald's, Toyota e Marlboro é incontestável. Segundo uma estimativa, a Coca-Cola, a marca mais valiosa do mundo, vale mais de US$ 65 bilhões. Na verdade, um especialista avalia que as marcas são tão valiosas que as empresas em breve acrescentarão um adendo de "declaração de valor" em seu balanço patrimonial para incluir intangíveis como o valor da marca (consulte a Figura 13.2 para obter detalhes). Um pesquisador salientou que, a curto prazo, os *brand equities* mantêm-se relativamente estáveis, mas não a longo prazo.[49] Isso é certamente verdade quando o longo prazo inclui uma recessão como a de 2008-2009. O *brand equity* da empresa Google aumentou 25% no período, enquanto o da GE diminuiu 10%. Todavia, a maior mudança foi o exagerado declínio da Citi, que perdeu quase metade (49%) do seu *brand equity* em apenas um ano, saindo da 19ª para 36ª posição. Ai, que dor!

---

[47] Tulin Erdem, Joffre Swait e Ana Valenzuela, "Brands as Signals: A Cross-Country Validation Study", *Marketing Science*, 26, 2006, p. 679-697; Aysegul Ozsomer e Selin Altaras, "Global Brand Purchase Likelihood: A Critical Synthesis and an Integrated Conceptual Framework", *Journal of International Marketing*, 16, n. 4, 2008, p. 1-28; Donald R. Lehman, Kevin A. Keller e John U. Farley, "The Structure of Survey-Based Brand Metrics", *Journal of International Marketing*, 16, n. 4, 2008, p. 29-56; Julien Cayla e Eric J. Arnould, "A Cultural Approach to Branding in the Global Marketplace", *Journal of International Marketing*, 16, n. 4, 2008, p. 86-112; Xuehua Wang, Zhilin Yang e Ning Rong Liu, "The Impacts of Brand Personality and Congruity on Purchase Intention: Evidence from the Chinese Mainland's Automobile Market", *Journal of Global Marketing*, 22, 2009, p. 199-215; Francisco Guzman e Audhesh K. Paswan, "Cultural Brands from Emerging Markets: Brand Image Across Host and Home Countries", *Journal of International Marketing*, 17, n. 3, 2009, p. 71-86; Ralf van der Lans e 12 coautores, "Cross-National Logo Evaluation Analysis: An Individual-Level Approach", *Marketing Science*, 28, n. 5, 2009, p. 968-985; Yinlong Zhang e Adwait Khare, "The Impact of Acessible Identities on the Evaluation of Global vs. Local Products", *Journal of Consumer Research*, 36, 2009, p. 525-537.

[48] Douglas B. Holt, "What Becomes an Icon Most?", *Harvard Business Review*, março de 2003, p. 43-49; Yuliya Strizhakova, Robin L. Coulter e Lind A. Price, "Branded Products as a Passport to Global Citizenship: Perspectives from Developed and Developing Countries", *Journal of International Marketing*, 16, n. 4, 2008, p. 57-85; Lily Dong e Kelly Tian, "The Use of Western Brands in Asserting Chinese National Identity", *Journal of Consumer Research*, 36, 2009, p. 504-522.

[49] A. Coskun Samli e Merici Fevrier, "Achieving and Managing Global Brand Equity: A Critical Analysis", *Journal of Global Marketing*, 21, n. 3, 2008, p. 207-215.

A imitação é a máxima expressão de lisonja? Não tanto no segmento de automóveis. O novo modelo QQ da empresa chinesa Chery (à esquerda) é parecido com o Matiz ou Spark da Daewoo da GM (à direita) – talvez uma semelhança um tanto quanto exagerada.

Marcas globais

Obviamente, as empresas que possuem marcas sólidas lutam para utilizá-las globalmente.[50] Na verdade, até mesmo uma impressão de que a marca é global pode aumentar as vendas.[51] A internet e outras tecnologias aceleram o ritmo da globalização das marcas. Mesmo no caso dos produtos que precisam ser adaptados às condições do mercado local, é possível utilizar com êxito uma marca global se forem tomados os devidos cuidados.[52] A Heinz produz uma leva de produtos que são vendidos sob a marca Heinz em todos os lugares do mundo. Muitos são também adaptados a preferências locais. No Reino Unido, por exemplo, a Heinz Baked Beans Pizza (disponível com queijo ou linguiça) teve um sucesso desenfreado, com um total de 2,5 milhões de pizzas vendidas nos primeiros seis meses de seu lançamento. No mercado britânico, o feijão com molho de tomate da Heinz é um dos produtos mais populares. O consumidor britânico come em média 16 latas anualmente, um total anual de US$ 1,5 bilhão em vendas. A empresa está ciente de que em outros países não é provável que os consumidores corram às lojas à procura de pizzas de feijão, mas essa ideia poderia servir de base para a criação de produtos mais adequados a outros mercados e culturas.

Teoricamente, uma **marca global** oferece à empresa associações invariavelmente positivas no mundo inteiro que aumentam a eficiência e as economias de custo quando da introdução de outros produtos da mesma marca. Entretanto, nem todas as empresas acreditam que a utilização de uma única marca seja a melhor abordagem. Aliás, sabemos que a mesma marca não mantém necessariamente os mesmos significados em diferentes países. Além de empresas como Apple,[53] Kellogg's, Coca-Cola, Caterpillar e Levi's, que utilizam a mesma marca no mundo inteiro, outras multinacionais, como Nestlé, Mars, Procter & Gamble[54] e Gillette, têm algumas marcas que são promovidas em nível mundial e outras específicas a um determinado país. Entre as empresas que enfrentaram a dúvida sobre a globalização ou não de todas as suas marcas, nem todas seguiram o mesmo caminho.[55]

As empresas que possuem marcas bem-sucedidas específicas a cada país precisam contrabalançar os benefícios de uma marca global com o risco de perder os benefícios de uma

---

[50] Isabelle Schuiling e Jean-Noel Kapferer, "Real Differences between Local and International Brands: Strategic Implications for International Marketers", *Journal of International Marketing*, 12, n. 4, 2004, p. 97-113.
[51] Jan-Benedict E. M. Steenkamp, Rajeev Batra e Dana L. Alden, "How Perceived Brand Globalness Creates Brand Value", *Journal of International Marketing*, 34, 2003, p. 53-65; Claudiu V. Dimofte, Johny K. Johansson e Ilkka A. Ronkainen, "Cognitive and Affective Reactions of U.S. Consumers to Global Brands", *Journal of International Marketing*, 16, n. 4, 2008, p. 113-135; Vertica Bhardwaj, Archana Kumar e Youn-Kyun Kim, "Brand Analyses of U.S. Global and Local Brands in India: The Case of Levi's", *Journal of Global Marketing*, 23, 2010, p. 90-94.
[52] Shi Zhang e Bernd H. Schmitt, "Creating Local Brands in Multilingual International Markets", *Journal of Marketing Research*, 38, agosto de 2001, p. 313-325.
[53] Deborah L. Vence, "Not Taking Care of Business", *Marketing News*, 15 de março de 2005, p. 19-21.
[54] "The Rise of Superbrands", *The Economist*, 5 de fevereiro de 2005, p. 63-65.
[55] Dentre os que combatem as marcas globais destacam-se David A. Aaker e Erich Joachimsthaler, "The Lure of Global Branding", *Harvard Business Review*, novembro-dezembro de 1999. Para examinar um ponto de vista interessante sobre os argumentos contra e a favor da globalização das marcas, consulte Anand P. Raman, "The Global Face Off", *Harvard Business Review*, junho de 2003, p. 35-46.

marca consolidada. E algumas marcas simplesmente não são traduzidas.[56] O custo para conseguir para a marca global o mesmo nível de preferência e de participação de mercado da marca local deve ser contrabalançado com as economias de custo e os benefícios de longo prazo de ter uma única marca no mundo inteiro. Nos mercados em que a marca global é desconhecida, muitas empresas compram marcas locais de produtos que os consumidores desejam e os remodelam, reembalam e finalmente relançam com uma nova imagem. A Unilever comprou uma marca local de sabão em pó, Biopan, que tinha 9% de participação de mercado na Hungria; depois de relançada, a participação subiu para cerca de 25%.

Quando a Mars, empresa americana de doces e de comida para animais de estimação, adotou uma estratégia global, utilizou uma marca global para todos os seus produtos, mesmo para aqueles que tinham um nome consolidado em nível local. Na Grã-Bretanha, o maior mercado de doces na Europa, o M&M antes era vendido como Treets, e o Snicker era vendido com o nome Marathon, para que não fosse associado com *knickers*, que significa calcinha para os britânicos. Para inserir esses dois produtos na mesma linha global, a Mars voltou a utilizar seus nomes originais. A divisão de comida para animais adotou como marcas globais Whiskas e Sheba para gatos e Pedigree para cães, substituindo o nome KalKan. Para apoiar essa divisão global, responsável por mais de US$ 4 bilhões anuais, a Mars desenvolveu também um *site* para suas marcas de comida para animais, que funciona como uma "infraestrutura global" que pode ser personalizada localmente por qualquer filial da empresa no mundo. Por exemplo, no caso da Pedigree, os escritórios podem traduzir informações sobre assuntos como encontros entre veterinários e donos de gato para o idioma do país.

Em conclusão, os pesquisadores abordam o problema algumas vezes difícil das extensões de marca em mercados globais. Nas culturas "orientais", os consumidores talvez sejam mais propensos a compreender e valorizar as extensões de marca porque têm uma mentalidade mais "holística" do que os consumidores das culturas "ocidentais", cujo padrão de pensamento é mais analítico. Obviamente, é necessário aprofundar as pesquisas

Como se canta *"bop to the top"* em hindi? Rich Ross, presidente da Disney Channels Worldwide, afirma o seguinte: "A localização é sem dúvida importante. Estamos adentrando mais em diversos países. Com relação ao primeiro filme [*High School Musical*], não fizemos nada especial nos Países Baixos. Desta vez [*High School Musical* 2], sim. Para a Índia, 'bop to the top' tornou-se 'Pa Pa Pa Paye Yeh Dil', que poderia ser traduzido aproximadamente para o inglês como 'the heart is full of happiness' ['um coração repleto de felicidade']". Além disso, na Índia, um dos mercados mais importantes da Disney, a música-tema "All for One" foi chamada de "Aaja Nachle", que pode ser traduzida como "venha dançar comigo".[57]

---

[56] June Francis, Janet P. Y. Lam e Jan Walls, "The Impact of Linguistic Differences on International Brand Name Standardization: A Comparison of English and Chinese Brand Names of *Fortune* 500 Companies", *Journal of International Marketing*, 10, n. 1, 2002, p. 98-116; Clement S. F. Chow, Esther P. Y. Tang e Isabel S. F. Fu, "Global Marketers' Dilemma: Whether to Translated the Brand Name into Local Language", *Journal of Global Marketing*, 20, 2007, p. 25-38.

[57] Alokparna Basu Monga e Deborah Roedder John, "Cultural Differences in Brand Extension Evaluation: The Influence of Analytic versus Holistic Thinking", *Journal of Consumer Research*, 33, 2007, p. 529-536; Guoqun Fu, John Saunders e Riliang Qu, "Brand Extensions in Emerging Markets: Theory Development and Testing in China", *Journal of Global Marketing*, 22, 2009, p. 217-228; Sharon Ng, "Cultural Orientation and Brand Dilution: Impact Level and Extension Typicality", *Journal of Marketing Research*, 47, n. 1, 2010, p. 186-198.

nessa área. Contudo, diferenças importantes entre uma cultura e outra são prontamente distinguíveis com relação à aceitação das extensões de marca.[58]

Marcas nacionais

Uma estratégia diferente é adotada pela Nestlé Company, que tem um grupo de marcas globais e de marcas nacionais específicas em sua linha de produtos. O nome Nestlé é promovido globalmente, mas sua estratégia de expansão de marca global é dupla. Em alguns mercados, a empresa adquire marcas nacionais bem consolidadas quando é possível e explora seus pontos positivos – existem 7 mil marcas locais em sua família de marcas. Nos mercados em que não existem marcas sólidas para aquisição, ela utiliza marcas globais. Segundo consta, a empresa prefere marcas locais, habitantes regionais e tecnologia global. No entanto, a Nestlé possui algumas das maiores marcas globais do mundo; Nescafé é apenas uma delas.

A Unilever é outra empresa que adota uma estratégia que combina marcas nacionais e globais. Na Polônia, a Unilever introduziu a marca de sabão Omo (vendida em vários outros países), mas também comprou uma marca local, o Pollena 2000. Apesar da sólida introdução de duas marcas concorrentes – o sabão Omo pela Unilever e o Ariel pela Procter & Gamble –, o Pollena 2000 remodelado obteve a maior participação de mercado um ano depois. De acordo com a explicação da Unilever, os consumidores da Europa oriental desconfiam de marcas novas; eles querem marcas com preço acessível e adequadas aos seus valores e preferências. O Pollena 2000 é bem-aceito não apenas porque é mais barato, mas porque é compatível com os valores locais.

As multinacionais devem considerar também intensificações no orgulho nacionalista em alguns países e seu impacto sobre as marcas.[59] Com relação à Índia, por exemplo, a Unilever pondera que é fundamental que suas marcas, como o detergente em pó Surf e os sabonetes Lux e Lifebuoy, sejam consideradas marcas indianas. Tal como no caso dos produtos, a resposta à dúvida sobre o momento de tornar uma marca global é "depende – o mercado é que determina". Utilize marcas globais onde for possível e marcas nacionais quando for necessário. Em suma, existe um corpo crescente de evidências de que a aceitação de marcas nacionais varia significativamente entre as regiões de um mesmo país. Isso indica que, com relação às estratégias de atribuição de marca, mesmo uma segmentação de mercado mais tênue pode ser eficiente.[60]

Efeito do país de origem e marcas globais

OA5
Efeitos do país de origem sobre a imagem de um produto

Tal como discutido anteriormente, as marcas são utilizadas como indicações de gosto, desempenho, qualidade, valor, prestígio e assim por diante. Em outras palavras, o consumidor associa o valor do produto com a marca. A marca pode transmitir mensagens positivas ou negativas sobre o produto ao consumidor e é afetada por propagandas e promoções anteriores, pela reputação e avaliação de qualidade do produto e pela experiência com o produto.[61] Ou seja, muitos fatores influem na imagem da marca. Um dos fatores que mais preocupam as empresas multinacionais com operações fabris no mundo inteiro é o efeito do país de origem na percepção do mercado sobre o produto.

Define-se *efeito do país de origem* como qualquer influência do país de fabricação, montagem ou desenvolvimento de um produto sobre a percepção positiva ou negativa dos consumidores sobre esse produto. Hoje, competir em mercados globais significa fabricar produtos no mundo inteiro; quando o cliente toma consciência do país de origem, o lugar de fabricação pode afetar a imagem do produto ou da marca.[62]

O país, o tipo de produto e a imagem da empresa e de suas marcas são fatores que determinam se o país de origem produzirá uma reação positiva ou negativa. É possível fazer uma

---

[58] Brooks Barnes, "Bopping in 17 Languages as Disney Milks Its Hits", *International Herald Tribune*, 29 de janeiro de 2008, p. 13.
[59] Tsang-Sing Chan, Geng Cui e Nan Zhou, "Competition between Foreign and Domestic Brands: A Study of Consumer Purchases in China", *Journal of Global Marketing*, 22, 2009, p. 181-197.
[60] Bart J. Bronnenberg, Sanjay K. Dhar e Jean-Pierre Dube, "Consumer Package Goods in the United States: National Brands, Local Branding", *Journal of Marketing Research*, 44, 2007, p. 4-13; M. Berk Ataman, Carl F. Mela e Harald J. van Heerde, "Consumer Package Goods in France: National Brands, Regions Chains and Local Branding", *Journal of Marketing Research*, 44, 2007, p. 14-20.
[61] Jean-Claude Usunier e Ghislaine Cestre, "Product Ethnicity: Revisiting the Match between Products and Countries", *Journal of Marketing Research*, 15, 2007, p. 32-72; Ravi Pappu, Pascale G. Quester e Ray W. Cooksey, "Country Image and Consumer-Based Brand Equity: Relationship and Implications for International Marketing", *Journal of International Business Studies*, 38, 2007, p. 726-745.
[62] Jill Gabrielle Klein, "Us Versus Them, or Us Versus Everyone? Delineating Consumer Aversion to Foreign Goods", *Journal of International Business Studies*, 33, n. 2, 2002, p. 345-363.

série de generalizações a respeito dos efeitos do país de origem sobre produtos e marcas.⁶³ Os consumidores tendem a alimentar estereótipos sobre produtos e países, formados por experiência, rumores, mitos e falta de informação.⁶⁴ A seguir, apresentaremos algumas das generalizações mais frequentemente citadas.

Os consumidores alimentam estereótipos gerais, mas até certo ponto vagos sobre países específicos e tipos específicos de produto que na opinião deles são "os melhores": chá inglês, perfume francês, seda chinesa, couro italiano, eletrônicos japoneses, rum jamaicano, etc. Estereótipos dessa natureza normalmente são específicos a um produto e talvez não se estendam a outras categorias de produtos desses países.

A importância desses tipos de estereótipo foi enfatizada recentemente em virtude de uma mudança na legislação americana que exige que qualquer tecido "significativamente alterado" (confeccionado, por exemplo) em outro país identifique esse país na etiqueta. Etiquetas de estilistas como Ferragamo, Gucci e Versace são afetadas, visto que agora elas devem indicar "Made in China" (fabricado na China) porque a seda provém desse país. O chamariz para pagar US$ 195 ou mais por lenços de seda Ferragamo "Made in Italy" perde parte de seu apelo quando a etiqueta indica "Made in China". De acordo com o comentário de um consumidor, "Eu não me importo se os lenços são fabricados na China, desde que isso não esteja escrito na etiqueta". O paradoxo é que 95% da seda provém da China, país que tem a reputação de ter a seda mais fina e também de fabricar lenços baratos. O "melhor" lenço é fabricado na França ou na Itália por um dos estilistas da alta-costura.

O etnocentrismo também pode produzir efeitos do país de origem; sentimentos de orgulho nacional – o efeito "compre produtos nacionais" – podem influenciar atitudes em relação a produtos estrangeiros.⁶⁵ A Honda, que fabrica um de seus modelos quase que inteiramente nos Estados Unidos, reconhece esse fenômeno e ressalta em algumas de suas propagandas o número de peças componentes fabricadas nos Estados Unidos. Em contraposição, outras propagandas alimentam o estereótipo de que o Japão produz os "melhores automóveis", pelo menos até 2010. Um estudo concluído antes do infortúnio da Toyota com problemas de qualidade constatou que a imagem dos fabricantes de automóveis americanos também pode "manchar" independentemente de fabricarem produtos de fato superiores.

Além disso, os países são estereotipados com base em atributos como industrializados, em processo de industrialização ou em desenvolvimento. Esses estereótipos são menos específicos aos produtos e estão mais relacionados com uma percepção da qualidade de produtos e serviços geralmente produzidos em um determinado país.⁶⁶ Os países industrializados passam a imagem de que sua qualidade é a mais alta, e os produtos dos países em desenvolvimento em geral sofrem preconceito.

Na Rússia, por exemplo, o mundo é dividido em dois tipos de produto: "os nossos" e "os importados". Os russos preferem alimentos frescos e nacionais, mas preferem roupas e produtos manufaturados importados. As empresas que esperavam obter lealdade fabricando na Rússia infelizmente se surpreenderam. Os consumidores continuam indiferentes quanto às câmeras Polaroid e aos ferros Philips produzidos dentro do país. Contudo, computadores produzidos do outro lado da fronteira, na Finlândia, são considerados de alta qualidade.

---

⁶³ Peeter W. J. Verlegh, Jan-Benedict E. M. Steenkamp e Matthew T. G. Meulenberg, "Country-of-Origin Effects in Consumer Processing of Advertising Claims", *International Journal of Research in Marketing*, 22, n. 2, 2005, p. 127-139.

⁶⁴ Saeed Samiee, Terence A. Shimp e Subhash Sharma, "Brand Origin Recognition Accuracy: Its Antecedents and Consumers' Cognitive Limitations", *Journal of International Business Studies*, 36, 2005, p. 379-397; George Balabanis e Adamantios Diamantopoulos, "Brand Origin Identification by Consumers: A Classification Perspective", *Journal of International Marketing*, 16, n. 1, 2008, p. 39-71; Alfred Rosenbloom e James E. Haefner, "Country-of-Origin Effects and Global Brand Trust: A First Look", *Journal of Global Marketing*, 22, n. 4, 2009, p. 267-279.

⁶⁵ Aviv Shoham, Moshe Davidow, Jill G. Klein e Ayalla Ruvio, "Animosity on the Home Front: The Intifada in Israel and Its Impact on Consumer Behavior", *Journal of International Marketing*, 14, 2006, p. 92-114; Peeter W. J. Verlegh, "Home Country Bias in Product Evaluation: The Complementary Roles of Economic and Socio--Psychological Motives", *Journal of International Business Studies*, 38, 2007, p. 361-373; Raymond A. Hopkins e Thomas L. Powers, "'Buy National' and Altruistic Market Segments", *Journal of Global Marketing*, 20, 2007, p. 73-90; Taewon Suh e Karen H. Smith, "Attitude toward Globalization and Country-of-Origin Evaluations: Toward a Dynamic Theory", *Journal of Global Marketing*, 21, n. 2, 2008, p. 127-140; Siew Meng Leong, Joseph A. Cote, Swee Hoon Ang, Soo Jiuan Tan, Kwon Jung, Ah Keng Kau e Chanthika Pornpitakpan, "Understanding Consumer Animosity in an International Crisis: Nature, Antecedents, and Consequences", *Journal of International Business Studies*, 39, n. 6, 2008, p. 996-1.009; Rohit Varman e Russell W. Belk, "Nationalism and Ideology in an Anticonsumption Movement", *Journal of Consumer Research*, 36, 2009, p. 686-700.

⁶⁶ Jan-Benedict E. M. Steenkamp e Inge Geyskens, "How Country Characteristics Affect the Perceived Value of Web Sites", *Journal of Marketing*, 70, 2006, p. 136-150.

Para os russos, o país de origem é mais importante do que o nome da marca como indicador de qualidade. Os fabricantes de eletrônicos sul-coreanos têm dificuldade de convencer os russos de que seus produtos são tão bons quanto os produtos japoneses. Mercadorias produzidas na Malásia, em Hong Kong ou na Tailândia são ainda mais suspeitas. A Europa Ocidental é considerada adequada para roupas, mas inadequada para alimentos ou bens duráveis. A Turquia e a China estão na base na pirâmide.

Pode-se generalizar que, quanto mais técnico o produto, menos positiva é a percepção sobre algo fabricado em um país menos desenvolvido ou recém-industrializado. Existe também uma tendência nos países menos desenvolvidos de favorecimento dos produtos fabricados no exterior em relação aos produzidos internamente. Os produtos estrangeiros não se saem tão bem nos países em desenvolvimento porque os consumidores alimentam estereótipos sobre a qualidade dos produtos fabricados no exterior, mesmo que em um país industrializado. Na República Tcheca, uma pesquisa junto aos consumidores constatou que 72% dos produtos japoneses eram considerados os de mais alta qualidade; os produtos alemães vieram em seguida, com 51%; os suíços, com 48%; os checos, com 32%; e, por último, os dos Estados Unidos, com 29%.

Uma última generalização acerca do efeito do país de origem está relacionada com os modismos que não raro circundam os produtos de determinados países ou regiões do mundo. Esses modismos na maioria das vezes são específicos a um produto e geralmente estão relacionados a mercadorias que são por natureza de moda passageira. A afeição dos consumidores europeus por produtos americanos é bastante instável. A afinidade da década de 1990 pelo Cherokee, da Jeep, pela cerveja Budweiser e pelos sistemas de som Bose desbotou, em virtude de uma sincera animosidade contra marcas americanas, em protesto a posturas políticas americanas. Essa postura ressoa a reação adversa das décadas de 1970 e 1980 contra tudo o que fosse americano, mas na década de 1990 os produtos americanos predominavam. Na China, qualquer coisa ocidental parece novidade. Se for ocidental, tem demanda, mesmo a preços três ou quatro vezes mais altos que os dos produtos domésticos. Na maioria dos casos, esses modismos desvanecem em alguns anos, assim que um novo modismo decola.

Existem exceções nas generalizações apresentadas aqui, mas é fundamental reconhecer que o país de origem pode influir significativamente na imagem de um produto ou marca. Além disso, nem todos os consumidores são suscetíveis ao país de origem de um produto.[67] Uma constatação obtida por um estudo recente leva a crer que consumidores mais instruídos são mais suscetíveis ao efeito do país de origem do que os menos instruídos. Outro estudo revela que efeito do país de origem varia entre grupos de consumidores: os consumidores japoneses foram considerados mais suscetíveis do que os americanos.[68] As empresas multinacionais precisam considerar esses fatores no desenvolvimento de produtos e na estratégia de marketing, uma vez que um estereótipo negativo sobre o país pode ser prejudicial para o sucesso do produto, a menos que seja superado por meio de uma estratégia de marketing eficaz.

Assim que o mercado ganha experiência com um produto, os estereótipos negativos podem ser superados. Nada seria menos plausível do que vender no Japão *hashis* fabricados no Chile, mas isso ocorre. Levou anos para que uma empresa chilena superasse a hesitação quanto à qualidade de seu produto. Contudo, a persistência, os convites para que os japoneses visitassem as florestas de choupos do Chile que forneciam a madeira para a confecção dos *hashis* e um produto de alta qualidade por fim acabaram com essa hesitação. Agora, a empresa não consegue atender à demanda por seus *hashis*.

Os estereótipos sobre os países – que alguns chamam de "valor do país" ou "imagem do país de origem"[69] – também podem ser superados com um bom marketing.[70] A imagem dos eletrônicos e dos automóveis coreanos melhorou significativamente nos Estados Unidos assim que o mercado teve uma experiência positiva com determinadas marcas coreanas. Recentemente, nos Estados Unidos, a qualidade e a segurança de produtos de fabricação

---

[67] Isso parece não ser tanto o caso quando compradores profissionais tomam decisões. Consulte John G. Knight, David K. Holdsworth e Damien W. Mather, "Country-of-Origin and Choice of Food Impacts: An In-Depth Study of European Distribution Chanel Gatekeepers", *Journal of International Business Studies*, 38, 2007, p. 107-125.

[68] Zeynep Gurhan-Canli e Durairaj Maheswaran, "Cultural Variations in Country of Origin Effects", *Journal of Marketing Research*, 37, agosto de 2000, p. 309-317.

[69] Durairaj Maheswaran, "Nation Equity: Incidental Emotions in Country-of-Origin Effects", *Journal of Consumer Research*, 33, 2006, p. 370-376.

[70] Lys S. Amine, Mike C. H. Chao e Mark J. Arnold, "Exploring the Practical Effects of Origin, Animosity, and Price-Quality Issues: Two Case Studies of Taiwan and Acer in China", *Journal of International Marketing*, 13, n. 2, 2005, p. 114-150.

chinesa foram uma fonte de problemas para brinquedos, alimentos e produtos farmacêuticos de marca americana. Será interessante observar como as novas marcas chinesas propriamente ditas, como os computadores Lenovo e os aparelhos Haier, atuarão para evitar a atual "imagem negativa do país de origem" com a qual elas são associadas. Tudo isso ressalta a importância de construir marcas globais sólidas como Sony, General Electric e Levi's. As marcas que são divulgadas de maneira eficaz e os produtos que são posicionados adequadamente podem ajudar a atenuar estereótipos absolutamente negativos sobre os países.

Marcas próprias

As marcas próprias, de propriedade de redes varejistas, ganham força na concorrência com marcas de fabricantes, sejam elas globais ou específicas a um país. As marcas de loja são particularmente importantes na Europa, em comparação com os Estados Unidos.[71] No setor de varejo de alimentos, na Grã-Bretanha e em vários países europeus, as marcas de propriedade de varejistas nacionais confrontam cada vez mais as marcas dos fabricantes. De geleias de amora-preta a sacos de aspirador, de salmões defumados a tomates secos ao sol, os produtos de marca própria dominam as mercearias e supermercados da Grã-Bretanha e vários hipermercados da Europa. As marcas próprias abocanharam 30% do mercado britânico e suíço e mais de 20% do mercado francês e alemão. Em alguns mercados europeus, a participação de mercado das marcas próprias duplicou nos últimos cinco anos.

A Sainsbury, um das maiores varejistas de gêneros alimentícios da Grã-Bretanha, com 420 lojas, reserva o melhor espaço de prateleira para suas marcas próprias. Uma loja Sainsbury típica tem em torno de 16 mil produtos, dos quais 8 mil têm rótulos da Sainsbury. Esses 8 mil são responsáveis por dois terços das vendas da loja. A empresa desenvolve avidamente novos produtos, lançando por ano de 1.400 a 1.500 novos artigos de marca própria e eliminando centenas de outros que perderam a popularidade. Ela lançou sua própria marca de detergente de lavar roupa, o Novon. No primeiro ano, as vendas ultrapassaram as das melhores marcas da Procter & Gamble e da Unilever, transformando-o no detergente mais vendido nas lojas Sainsbury e no segundo mais vendido em nível nacional, com 30% de participação de mercado. A margem de 15% das marcas próprias alegada por cadeias como a Sainsbury ajuda a explicar por que suas margens de lucro operacionais chegam a 8%, ou oito vezes as margens de lucro de cadeias equivalentes nos Estados Unidos.

As marcas próprias são concorrentes temíveis, particularmente quando os mercados-alvo passam por dificuldades econômicas. Os compradores preferem comprar marcas próprias menos caras e "mais locais" nos períodos de recessão.[72] Essa estratégia permite também que os varejistas terceirizem a produção e continuem usufruindo das vantagens de uma marca local.[73] As marcas próprias oferecem margens de lucro altas para os varejistas. Além disso, recebem um espaço de prateleira especial e intensas promoções dentro da loja e, talvez o mais importante para os consumidores, são produtos de qualidade e baixo preço. Compare essas características com as marcas de fábrica, que normalmente têm um preço elevado e oferecem ao varejista uma margem menor do que a que ele obtém com as marcas próprias.

Como dizem, "é melhor duas marcas do que uma só!". E que tal quatro? As quatro bandeiras que você observa no mastro do radar do navio Endeavor, no mar de Galápagos, representam o Equador (abaixo), o registro das Bahamas do navio de cruzeiro, com capacidade para 85 pessoas (à direita), a National Geographic Society (Sociedade Geográfica Nacional) e a Lindblad Expeditions. Estas duas últimas são excelentes exemplos de *co-branding*. A aliança estratégica multifacetada da Lindblad Expeditions com a National Geographic Society "permite que os viajantes participem do mundo da história natural e cultural como expedicionários empenhados e ativos que se preocupam com o planeta". Essa é uma aliança entre dois pioneiros expedicionários em um programa inovador para chegar a destinos remotos e inexplorados ao redor do planeta. Essa aliança representa um tipo de turismo sustentável e educativo.

---

[71] Tulin Erdem, Ying Zhao e An Valenzuela, "Performance of Store Brands: A Cross-Country Analysis of Consumer Store-Brand Preferences, Perceptions, and Risk", *Journal of Marketing Research*, 41, n. 1, 2004, p. 59-72.

[72] Lien Lamey, Barbara Deleersnyder, Marnik G. Dekimpe e Jan-Benedict E. M. Steenkamp, "How Business Cycles Contribute to Private-Label Success: Evidence from the United States and Europe", *Journal of Marketing*, 76, 2007, p. 1-15.

[73] Shih-Fen Chen, "A Transaction Cost Rationale for Private Branding and Its Implications for the Choice of Domestic vs. Offshore Outsourcing", *Journal of International Business Studies*, 40, n. 1, 2009, p. 156-175.

Para manter a participação de mercado, as marcas globais precisarão oferecer um preço competitivo e um valor real para o consumidor. Os profissionais de marketing global devem avaliar a adequação de suas estratégias de marca com base nessa concorrência. Essa iniciativa pode tornar as vantagens de custo e eficiência das marcas globais ainda mais atraentes.

RESUMO

A globalização crescente dos mercados, responsável pela padronização, deve ser contrabalançada com a necessidade contínua de avaliar todos os mercados com respeito às diferenças que podem exigir adaptação, para que o produto ou serviço tenha uma boa aceitação. A premissa de que as comunicações globais e outros fatores determinantes da socialização mundial promoveram a homogeneização de gostos, necessidades e valores em um setor significativo da população em todas as culturas é difícil de negar. Entretanto, mais de um especialista ressaltou que, a despeito dos fatores de homogeneização, os consumidores também veem o mundo através das lentes de sua cultura e do respectivo estágio de desenvolvimento e sofisticação de mercado. Cada produto deve ser visto com base na forma como ele é percebido por cada cultura para a qual ele é apresentado. O que é aceitável e cômodo em um grupo pode ser radicalmente novo e repelido em outros, dependendo de suas experiências e percepções. Compreender que um produto consolidado em uma cultura pode ser considerado uma inovação em outra é essencial no planejamento e desenvolvimento de produtos de consumo para mercados estrangeiros. Analisar os produtos como uma inovação e utilizar o modelo de componentes do produto pode oferecer ao profissional de marketing importantes dicas de adaptação.

PALAVRAS-CHAVE

Qualidade
Homologação de produto
Marketing verde

Inovação
Difusão
Modelo de componentes do produto

Marca global

QUESTÕES

1. Defina as palavras-chave acima relacionadas.
2. Discuta o problema enfrentado pelo profissional de marketing internacional com respeito a produtos globais *versus* adaptados.
3. Defina o que é efeito do país de origem e ofereça exemplos.
4. Este capítulo fala sobre estereótipos, etnocentrismo, nível de desenvolvimento econômico e modismos como princípios fundamentais para generalizações acerca do efeito do país de origem na percepção sobre os produtos. Explique cada um desses princípios e dê exemplo.
5. Discorra sobre as alternativas de produto e as três estratégias de marketing: expansão do mercado doméstico, mercado internacional e mercado global.
6. Discorra sobre as diferentes estratégias promocionais e de produto disponíveis para o profissional de marketing internacional.
7. Suponha que você pretenda se tornar "internacional". Delineie os passos que você daria para ajudá-lo a decidir sobre uma linha de produtos.
8. Explique como os produtos podem ser adaptados física e culturalmente para os mercados estrangeiros.
9. Quais são os três principais componentes de um produto? Fale sobre a importância desses componentes para a adaptação de um produto.
10. Em que sentido o conhecimento sobre difusão das inovações pode ajudar um gerente de produto a planejar investimentos internacionais?
11. Produtos antigos em seu país de origem podem ser inovações para um mercado estrangeiro. Discuta essa questão de forma detalhada.
12. "Se um produto vende em Dallas, venderá em Tóquio ou Berlim." Comente essa afirmação.
13. Em que sentido um país com um produto nacional bruto (PNB) *per capita* de US$ 100 pode ser um mercado potencial para bens de consumo? Quais produtos provavelmente teriam demanda? Discuta essa questão.
14. Discorra sobre as características de uma inovação que podem ser responsáveis por diferentes índices de difusão.
15. Dê um exemplo sobre como um profissional de marketing internacional pode utilizar informações sobre as características das inovações para tomar decisões sobre a adaptação de um produto.
16. Discorra sobre produtos ecológicos e desenvolvimento de produtos.

Capítulo 14
Produtos e serviços empresariais

SUMÁRIO

- Perspectiva global

    Intel, o *boom* e o inescapável fracasso

- Demanda nos mercados globais de *business to business*
    - Instabilidade da demanda industrial
    - Estágios de desenvolvimento econômico
    - Tecnologia e demanda de mercado
- Qualidade e normas globais
    - Qualidade é definida pelo comprador
    - Certificação ISO 9000: norma de qualidade internacional
- Serviços empresariais
    - Serviços pós-venda
    - Outros serviços empresariais
- Feiras comerciais: parte crucial do marketing *business to business*
- Marketing de relacionamento nos contextos de *business to business*

OBJETIVOS DE APRENDIZAGEM

OA1 Importância da demanda derivada nos mercados industriais

OA2 Como a demanda é afetada pelo nível tecnológico

OA3 Características de um produto industrial

OA4 Importância da certificação ISO 9000

OA5 Crescimento dos serviços empresariais e as nuanças do seu marketing

OA6 Importância das feiras comerciais na promoção de produtos industriais

OA7 Importância do marketing de relacionamento para os produtos e serviços industriais

Desenvolvimento de estratégias de marketing globais — PARTE QUATRO

Perspectiva global

INTEL, O *BOOM* E O INESCAPÁVEL FRACASSO

Isto foi o que escrevemos na edição de 1999 deste livro:

A matéria de capa da *Fortune*, "Intel, Andy Grove's Amazing Profit Machine – and His Plans for Five More Years of Explosive Growth" ("Intel, a maravilhosa máquina de fazer dinheiro de Andy Grove e seus planos para mais cinco anos de crescimento explosivo"), é superada apenas pela matéria Homem do Ano da *Time*, "Intel's Andy Grove, His Microchips Have Changed the World – and Its Economy" ("Andy Grove, da Intel, e seus microchips transformaram o mundo e sua economia"). O ano de 1997 foi o oitavo ano consecutivo de recorde de receitas (US$ 25,1 bilhões) e rendimentos (US$ 6,5 bilhões) para a empresa que Grove fundou. Porém, no início de 1998, a verdadeira dúvida era: será que o mundo mudará a Intel? Com base nas próprias previsões da Intel de que teria um primeiro trimestre monótono em 1998, Grove, presidente do conselho, e seus sócios estavam preocupados com a possibilidade de o desastre financeiro nos mercados asiáticos afetar os planos da Intel para "mais cinco anos de crescimento explosivo". Cerca de 30% das receitas recordes da empresa em 1997 vieram dos mercados asiáticos. Aliás, um especialista havia previsto: "Não vejo nenhuma ameaça clara. A maior ameaça a longo prazo é a diminuição do ritmo de crescimento do mercado". Outros advertiram que havia algo errado lá fora: capacidade excessiva no setor de computadores.

Na verdade, havia uma lista bem mais extensa de ameaças para a Intel, e todas elas desmentiam a previsão que a empresa então divulgara: "Outros fatores que poderiam levar os resultados reais a diferirem substancialmente eram os seguintes: condições da empresa e conjuntura econômica, bem como crescimento no setor de computadores em diversas áreas geográficas; mudanças no padrão de pedido dos clientes, assim como no nível de estoque dos clientes e dos canais, e padrões sazonais de compra de computadores pessoais; mudanças na composição de microprocessadores e velocidades, placas-mãe, componentes comprados e outros produtos; fatores competitivos, como arquiteturas de *chip* e tecnologias de fabricação concorrentes, microprocessadores concorrentes com *software* compatível e aceitação de novos produtos em segmentos de mercado específicos; pressões de preço; mudanças nas preferências dos usuários finais; risco de obsolescência dos estoques e de variações na avaliação dos estoques; momento oportuno do lançamento de produtos no setor de *software*; sucesso contínuo dos avanços tecnológicos, como desenvolvimento, implantação e produção inicial de novos produtos e processos estratégicos com boa relação de custo-benefício; operações de rampa de fabricação; excesso de reserva de capacidade de fabricação; capacidade para integrar favoravelmente qualquer empresa adquirida, entrar em novos segmentos de mercado e controlar o crescimento dessas empresas; custos imprevistos ou outros efeitos adversos associados com processadores e outros produtos contendo errata; riscos associados com operações estrangeiras; processos judiciais relacionados com problemas de propriedade intelectual e do consumidor; e outros fatores de risco listados de tempos em tempos nos relatórios da empresa na Comissão de Valores Mobiliários (SEC)".

O Homem do Ano, da *Time*, tinha muito com o que se preocupar – sobretudo com o fato de os *booms* no mercado industrial sempre serem acompanhados de reveses. Será que essa ascensão realmente duraria mais cinco anos?

Como foi que o sr. Grove não viu esse inescapável fracasso surgir? Ele não estava desde o início nesse ramo cíclico de negócios? O *boom* de Grove durou mais três anos e meio depois de sua previsão em 1997, e não cinco. E a queda foi feia. As receitas de venda apresentaram um declínio de 20% durante 2001, o preço das ações despencou de US$ 75 por ação para menos de US$ 20 – diminuindo em 80% o valor da empresa ao longo do processo –, e 11 mil demissões temporárias foram anunciadas. Ai, que dor! A lição aqui é simples: nos mercados industriais, inclusive nos globais, o que sobe, mais cedo ou mais tarde, precisa descer!

Você provavelmente se lembra de que o Capítulo 13 (Figura 13.2) mostrou que a Intel enfrentou outros problemas em 2009 – uma multa antitruste de US$ 1,45 bilhão da União Europeia (UE) – e novamente viu o valor de sua marca despencar. Entretanto, devemos de fato aplaudir os passos estratégicos da empresa no segmento de telefones inteligentes e computadores. Se tiver sucesso, essa diversificação ampliará o portfólio de produtos e mercados da Intel e dará maior estabilidade às suas receitas.

Fontes: David Kirkpatrick, "Intel Andy Grove's Amazing Profit Machine – And His Plan For Five Years of Explosive Growth", *Fortune*, 17 de fevereiro de 1997, p. 60-75; "Man of the Year", *Time*, 5 de janeiro de 1998, p. 46-99; Peter Burrow, Gary McWilliams, Paul C. Judge e Roger O. Crockett, "There's Something Wrong Out There", *BusinessWeek*, 29 de dezembro de 1997, p. 38-49; Stephanie Clifford, "A Tech Company's Campaign to Burnish Its Brand", *The New York Times*, 5 de maio de 2009 [on-line].

Embora provavelmente todos conheçam a maioria das marcas de consumo descritas no Capítulo 13, as vendas desses produtos e serviços não constituem a maior parte das vendas de exportação dos países industrializados. Tome como exemplo os Estados Unidos. Como é possível ver na Figura 14.1, o principal produto que o país vende para o consumo internacional é *tecnologia*. Essa predominância reflete-se em categorias como bens de capital e suprimentos industriais, os quais, em conjunto, respondem por cerca de 44% de todos os produtos e serviços exportados por esse país.[1] As tecnologias exportadas são representadas tanto por produtos maiores quanto menores – por exemplo, semicondutores e aeronaves comerciais. Este último caso inclui predominantemente os campeões americanos em exportação, os 747 da Boeing. Das três empresas mais valiosas do mundo neste exato momento – Microsoft e General Electric –, duas vendem produtos industriais de alta tecnologia.

A importância dos problemas de padronização *versus* adaptação discutidos no Capítulo 13 é menor para o marketing de bens industriais, em comparação com os bens de consumo, porque existem mais semelhanças do que diferenças na venda de produtos e serviços para empresas nos mercados estrangeiros. A natureza intrínseca dos bens industriais e a similaridade em relação aos motivos e comportamentos das empresas na condição de consumidoras criam um mercado em que a padronização do produto e do marketing *mix* é lugar-comum. As fotocopiadoras são vendidas em Belarus pelos mesmos motivos que na Bélgica: para fazer fotocópias. Algumas alterações menores podem ser necessárias para atender a diferentes fontes de alimentação de energia elétrica ou tamanhos de papel. Contudo, basicamente, as fotocopiadoras são padronizadas de um mercado para outro, do mesmo modo que a grande maioria dos bens industriais. No caso dos produtos industriais que são fabricados basicamente sob encomenda (aço especial, máquinas operatrizes personalizadas etc.), a adaptação ocorre tanto nos mercados domésticos quanto estrangeiros.

Figura 14.1
Principais categorias de exportação dos Estados Unidos.

Fonte: Departamento de Comércio dos Estados Unidos, http://www.doc.gov, 2010.

Categoria	Porcentagem
Total de serviços	32,6%
Viagens (hotéis etc.)	5,1
Tarifas de transporte de passageiros	1,7
Outros transportes (serviços de frete e portuários)	5,0
Royalties e licenças	5,3
Serviços privados*	14,8
• Serviços comerciais, profissionais e técnicos (legais, contábeis, de propaganda, de construção e de engenharia) • Serviços de saúde • Serviços financeiros (operações bancárias e seguro) • Serviços educacionais e de capacitação (a maioria taxas pagas por estudantes estrangeiros) • Entretenimento (filmes, livros e discos) • Telecomunicações	
Total de mercadorias	67,4
Alimentos, comida para animais e bebidas (trigo, frutas, carne)	6,1
Suprimentos industriais (petróleo bruto, plásticos, substâncias químicas, metais)	19,1
Bens de capital (equipamentos de construção, aeronaves, computadores, telecomunicações)	25,1
Automóveis, motores e peças	5,3
Bens de consumo (farmacêuticos, tabaco, brinquedos, roupas)	9,7
Outras categorias	2,9

Nota: Os Estados Unidos exportam aproximadamente US$ 1,5 trilhão em serviços e produtos ao ano. As exportações de serviços são as mais subdeclaradas. Portanto, essas porcentagens são apenas aproximações razoáveis que indicam a importância de cada categoria relacionada. Cada categoria do Departamento de Comércio dos Estados Unidos abrange vários tipos de produtos e serviços, como aqueles listados entre parênteses, mas não apenas esses.
* O Departamento de Comércio não decompõe mais as estatísticas por categoria de serviços privados. Eles são relacionados dessa forma aqui para apresentar suas porcentagens históricas, sendo o primeiro o mais alto.

---

[1] O jargão da internet parece estar transformando o léxico dos gestores em direção às distinções entre B2B e B2C (isto é, *business to business* ou de empresa para empresa e *business to consumer*, de empresa para o consumidor), em lugar das tradicionais distinções entre bens industriais e bens de consumo. As estatísticas, as categorias e os descritores do comércio internacional não acompanharam essas mudanças. Por esse motivo, utilizamos o adjetivo *industrial* e *business to business* intercambiavelmente neste livro.

CRUZANDO FRONTEIRAS 14.1 — Estatísticas comerciais não contam toda a história

Um dos motivos que levam os fabricantes americanos a não fazer alarde sobre seu sucesso nas exportações é que as grandes empresas não fazem mais uma distinção minuciosa entre as vendas para o Texas e as vendas para a Tailândia. A soma total poderia ser detalhada, mas para que se dar a esse trabalho? Afinal de contas, é um mundo só. Além disso, em alguns casos é inacreditavelmente complicado determinar a contribuição líquida de um fabricante para a balança comercial dos Estados Unidos. O Microelectronics Group, da Lucent Technologies, que exporta metade do que fabrica para clientes na Europa e na Ásia, é um exemplo extremo. As placas de circuito integrado da Lucent normalmente são projetadas em seus laboratórios na Inglaterra ou na China; produzidas em suas fábricas na Pensilvânia, na Flórida ou na Irlanda; e então enviadas para Bancoc para serem testadas, cortadas e embaladas. Depois disso, os *chips* finalizados são levados para a Alemanha para serem usados pela Siemens em equipamentos de telecomunicações, que, por sua vez, são enviados para a Bell-South e instalados em Charlotte, na Carolina do Norte.

Fontes: Philip Siekman, "Industrial Management & Technology/Export Winners", *Fortune*, 10 de janeiro de 2000, p. 154-163; "Lucent CEO Sees China as Important Growth Area for Global Business", *Xinhua News Agency*, 19 de agosto de 2005; John Collins, "Buying in Ideas Gives Irish Firms License to Stay Ahead", *Irish Times*, 9 de setembro de 2005, p. 6.

Dois fatores básicos justificam a existência de mais semelhanças de mercado entre clientes de bens industriais do que entre clientes de bens de consumo. O primeiro é a natureza intrínseca do produto: os produtos e serviços industriais são utilizados no processo de criação de outras mercadorias e serviços; os bens de consumo são oferecidos em um formato definitivo e são consumidos por indivíduos. O segundo é o motivo ou objetivo distinto dos usuários: os consumidores industriais buscam lucratividade, ao passo que os consumidores finais, satisfação. Esses fatores podem ser vistos em padrões de compra e características de demanda específicos e na ênfase especial no marketing de relacionamento como ferramenta competitiva. Independentemente de a empresa estar comercializando dentro ou fora do país, as diferenças entre os mercados *business to business* e de consumo merecem uma atenção especial.

No caso dos bens industriais, os serviços empresariais são um mercado de crescimento altamente competitivo que busca qualidade e valor. Os produtos manufaturados são os que em geral vêm à mente quando pensamos em comércio internacional. Contudo, hoje, o setor de mais rápido crescimento do comércio internacional dos Estados Unidos é composto por serviços empresariais – serviços contábeis, jurídicos, bancários, de propaganda, de consultoria, de construção, de hotelaria, de seguros e de viagem vendidos por empresas americanas nos mercados globais. A intangibilidade dos serviços cria um conjunto de problemas exclusivos que o fornecedor deve solucionar. Outra complexidade é a falta de uniformidade nas leis que regulamentam a entrada no mercado. O protecionismo, embora preponderante nos bens industriais, pode ser bem mais pronunciado para o fornecedor de serviços.

Este capítulo analisa os problemas especiais do marketing internacional de produtos e serviços para empresas, a maior concorrência e demanda por qualidade nesses produtos e serviços e as implicações disso para o profissional de marketing global.

Demanda nos mercados globais de *business to business*

A avaliação da demanda nos mercados industriais pode exigir algumas apostas desmedidas. A linha de trem-bala de 30 quilômetros de Xangai, avaliada em US$ 1,2 bilhão, é um exemplo. Esse produto de uma *joint venture* sino-alemã foi na verdade um protótipo para agilizar as coisas na China, tão dependente de transportes em massa. Aliás, agora a China possui o serviço ferroviário de alta velocidade mais longo (2.155 quilômetros) e mais rápido (430 kph) do mundo, graças aos subsídios alemães de US$ 58 bilhões. Outra grande aposta que não vingou foi a Iridium LLC: seu sistema de comunicações de 72 satélites, avaliado em US$ 5 bilhões, não conseguiu vender os telefones correspondentes. A Iridium calculou muito mal a demanda por esse método de telecomunicações globais e, à beira da falência, foi vendida por US$ 25 milhões. Esse sistema continua operacional no Departamento de Defesa dos Estados Unidos, seu principal cliente. Há pouco tempo, a Iridium de certa forma conseguiu virar o jogo. A empresa levantou US$ 200 milhões em uma oferta pública inicial no final de 2009 para ajudar a ampliar seu sucesso entre os assinantes comerciais de serviços de máquina para máquina (M2M) que precisam de cobertura em 90% das regiões do planeta em que não existe serviço de telefonia móvel.[2]

---

[2] Arik Hesseldahl, "The Second Coming of Iridium", *BusinessWeek*, 29 de outubro de 2009, p. 29.

396 Parte 4 Desenvolvimento de estratégias de marketing globais

OA1

Importância da demanda derivada nos mercados industriais

Três fatores parecem afetar diferentemente a demanda nos mercados industriais internacionais, em comparação com os mercados de consumo. Primeiramente, a demanda nos mercados industriais é, por natureza, mais instável. Em segundo lugar, os estágios de desenvolvimento industrial e econômico influem na demanda por produtos industriais. O terceiro fator é o nível tecnológico dos produtos e serviços, que torna sua venda mais apropriada para alguns países do que para outros.

Instabilidade da demanda industrial

As empresas de produtos de consumo têm inúmeros motivos para comercializar internacionalmente – atingir mais clientes, não ficar atrás da concorrência, ampliar os ciclos de vida dos produtos e aumentar as vendas e a lucratividade, dentre outros tantos. As empresas que produzem produtos e serviços para mercados industriais têm outro motivo fundamental para se aventurar no exterior: refrear a instabilidade natural dos mercados industriais. Aliás, talvez a diferença mais importante entre o marketing de bens de consumo e o industrial são as imensas oscilações cíclicas na demanda inerentes ao marketing industrial. É verdade que

Os servidores são vendidos para empresas; portanto, a demanda por esses produtos é mais volátil do que a demanda por computadores pessoais vendidos a consumidores individuais. Aqui, a Microsoft reconhece o fracasso tecnológico de 2000 em seus anúncios de servidores tanto nos Estados Unidos quanto no Japão. Nesses dois países, a pressão recaiu sobre os diretores de informação (CIOs), para que "fizessem mais com menos". Os executivos estavam se defrontando com "projetos maiores" e "orçamentos minguantes". No primeiro anúncio, o executivo americano trabalha até mais tarde; os demais foram embora. No segundo, o foco no executivo japonês pode parecer estranho para gestores mais velhos e coletivistas. Entretanto, a Microsoft percebeu que as coisas estavam mudando no Japão – as decisões sobre tecnologia da informação estavam mais direcionadas e menos dependentes de consenso. Os japoneses mais jovens gostarão da independência indicada na imagem. Finalmente, você acha que é uma coincidência ambos os executivos estarem de pé diante da janela?

Uma campanha global mais recente dos produtos B2B da Microsoft não menciona nada sobre o fracasso da tecnologia da informação e utiliza o *slogan* "Your potential. Our passion." ["Seu potencial. Nossa paixão."], veiculado para o mercado mexicano e para o alemão da mesma forma que nos Estados Unidos.

a demanda por bens duráveis de consumo, como carros, mobílias ou computadores domésticos, pode ser em grande medida instável. Entretanto, dois outros fatores concorrem para exacerbar os altos e baixos na demanda: os compradores profissionais tendem a agir de comum acordo, e a demanda derivada acelera as mudanças nos mercados.[3]

Nas grandes fabricantes de computadores pessoais, como IBM, Apple, Acer, Samsung e Toshiba, os representantes de compra são responsáveis por obter as peças componentes pelo preço mais baixo possível e em tempo hábil. Eles monitoram a demanda por computadores pessoais e o preço de componentes como microprocessadores ou discos rígidos, e as mudanças nos mercados de consumo ou nos preços dos fornecedores influem diretamente em seus pedidos. Quedas na demanda ou nos preços dos fornecedores podem levar esses profissionais a refrear as compras; no último caso, eles aguardam cortes mais sensíveis. Além disso, como todos os representantes de compra em todas as empresas de computadores pessoais, monitoram esses mesmos dados, todos pisam no freio (ou no acelerador) simultaneamente. Foi exatamente isso o que ocorreu em 2008 no mercado global de alga marinha, avaliado em US$ 14 bilhões. Determinados tipos de alga marinha são usados em pastas dentais, cosméticos e empanados de frango, e a instabilidade na demanda industrial elevou o preço de US$ 0,50/quilo para US$ 1,80/quilo e depois o baixou para US$ 1,00/quilo, tudo isso no período de três meses.[4] Os consumidores também monitoram os mercados, mas nem de longe nesse mesmo grau. As compras de refrigerantes, roupas e carros tendem a ser mais estáveis.

No caso dos gerentes de empresas que vendem bens de capital e serviços industriais muito caros, entender o conceito de demanda derivada é absolutamente fundamental para seu sucesso. Pode-se definir **demanda derivada** como a demanda que depende de outra fonte. Portanto, a demanda por aeronaves 747 da Boeing é derivada da demanda mundial dos consumidores por serviços de viagens aéreas, e a demanda por serviços globais de construção e engenharia da Fluor Corp, para projetar e construir refinarias de petróleo na China,

---

[3] Ilan Brat, "Crane Migration Hinders Builders", *The Wall Street Journal*, 18 de junho de 2007, p. B1, B2.
[4] Patrick Barta, "Indonesia Got Soaked When the Seaweed Bubble Burst", *The Wall Street Journal*, 21 de outubro de 2008 [*on-line*].

Figura 14.2
Exemplo de demanda derivada.

Período	Demanda do consumidor por boxes de banheiro de fibra de vidro pré-moldada			Demanda por máquinas em uso para produzir boxes de banheiro			Demanda por máquinas		
Ano	Ano anterior	Ano atual	Diferença líquida	Ano anterior	Ano atual	Diferença líquida	Reposição	Novas	Total
1	100.000	100.000	–	500	500	–	50	–	50
2	100.000	110.000	+10.000	500	550	+50	50	50	100
3	110.000	115.000	+5.000	550	575	+25	50	25	75
4	115.000	118.000	+3.000	575	590	+15	50	15	65
5	118.000	100.000	–18.000	590	500	–90	–	–40	–40
6	100.000	100.000	–	500	500	–	10	–	10

Fonte: Dados adaptados de R. L. Vaile, E. T. Grether e R. Cox, *Marketing in the American Economy* (Nova York: Ronald Press, 1952), p. 16. São reproduzidos também em Robert W. Haas, *Business Marketing*, 6. ed. (Cincinati, OH: Southwestern, 1995), p. 115.

é derivada da demanda dos consumidores chineses por gasolina. Mudanças insignificantes na demanda do consumidor podem provocar mudanças importantes na demanda industrial correspondente. No exemplo da Figura 14.2, um aumento de 10% na demanda do consumidor por boxes de banheiro no ano 2 equivale a um aumento de 100% na demanda por máquinas para fabricar esses boxes. Já a queda de 15% na demanda do consumidor no ano 5 bloqueia totalmente a demanda por essas máquinas. Para a Boeing, os ataques terroristas do 11 de setembro, a ameaça contínua de outros ataques e os conflitos armados subsequentes no Oriente Médio reduziram consideravelmente as viagens aéreas (tanto de férias quanto comerciais) no mundo inteiro, o que, por sua vez, provocou o cancelamento de pedidos de novas aeronaves. Afora isso, além de as companhias aéreas cancelarem seus pedidos, desativaram parte de suas frotas atuais. Em agosto de 2003, havia 310 jatos comerciais em uma instalação no Deserto de Mojave à espera da retomada da demanda. O setor de aeronaves comerciais sempre foi e será um dos mais instáveis de todos os setores.

As empresas industriais podem tomar várias providências para controlar essa instabilidade intrínseca,[5] como manter amplas linhas de produtos[5] e ampla cobertura de mercado,[6] aumentar os preços rapidamente e diminuir as despesas de propaganda em períodos de crescimento súbito, desconsiderar a participação de mercado como objetivo estratégico, evitar demissões temporárias[7] e concentrar-se em sua estabilidade. No caso da maioria das empresas americanas, em que a cultura corporativa enfatiza a superação da concorrência, essas medidas de estabilização normalmente são anunciadas apenas da boca para fora. Em contraposição, as empresas alemãs e japonesas valorizam muito mais os funcionários e a estabilidade e em geral são mais competentes para controlar a instabilidade dos mercados.[8]

Algumas empresas americanas, como a Microsoft e particularmente a General Electric,[9] foram bastante competentes para ampliar o portfólio de mercados atendidos. O declínio nos mercados asiáticos no final da década de 1990 foi de certa forma compensado por mercados americanos consolidados, do mesmo modo que elevações na demanda japonesa compensaram declínios nos Estados Unidos no final da década de 1980. Aliás, uma das desvantagens incomuns de ver a privatização das economias antes dominantes é a sua integração no mercado global. Ou seja, antes da dissolução da URSS, os soviéticos compravam

---

[5] Nelson D. Schwartz, "Is G.E. Too Big for Its Own Good?", *The New York Times*, 22 de julho de 2007, p. 3-1, 3-8.
[6] Ilan Brat e Bryan Gruley, "Global Trade Galvanizes Caterpillar", *The Wall Street Journal*, 26 de fevereiro de 2007, p. B1, B7.
[7] A Southwest Airlines, diferentemente de quase todos os concorrentes, evitou dispensas temporárias durante a recente quebra do setor industrial. A recusa em fazer dispensas temporárias é um princípio básico da empresa. "Southwest Airlines December Traffic Rose 4%", *Dow Jones News Service*, 4 de janeiro de 2008.
[8] Cathy Anterasian, John L. Grahm e R. Bruce Money, "Are American Managers Superstitious about Market Share?", *Sloan Management Review*, verão de 1996, p. 667-677; John L. Graham, "Culture and Human Resources Management", Capítulo 18, em Alan Rugman e Thomas L. Brewer (eds.), *The Oxford Handbook of International Business*, 2. ed. (Oxford: Oxford University Press, 2008); Rajiv Srinivasan, Arvind Rangaswamy e Gary L. Lilien, "Turning Adversity into Advantage: Does Proactive Marketing During a Recession Pay Off?", *International Journal of Research in Marketing*, 22, n. 2, 2005, p. 109-125.
[9] Claudia H. Deutsch, "[G.E.] At Home in the World", *The New York Times*, 14 de fevereiro de 2008, p. C1, C4.

produtos industriais de acordo com um plano nacional de cinco anos que não raro estava pouco relacionado com mercados fora do bloco comunista. Seus pedidos fora desse ciclo tendiam a refrear a instabilidade da demanda para empresas aptas a vender nessa região. Agora, as empresas russas de capital fechado observam e reagem aos mercados mundiais do mesmo modo que empresas congêneres ao redor do globo. A crescente globalização tenderá a aumentar a instabilidade dos mercados industriais porque representantes de venda do mundo inteiro agem com uma simultaneidade cada vez maior. O controle dessa instabilidade inerente afetará, necessariamente, todos os aspectos do marketing *mix*, inclusive o desenvolvimento de produtos e serviços.

Estágios de desenvolvimento econômico

Talvez o fator ambiental mais significativo que afeta o mercado internacional dos produtos e serviços industriais seja o nível de industrialização. Embora a generalização seja uma postura quase sempre imprudente, o nível de desenvolvimento econômico pode ser empregado como um indicador aproximado do mercado industrial de um país. Desse modo, a demanda por produtos e serviços industriais pode ser classificada de acordo com o modelo de cinco estágios de desenvolvimento econômico de Rostow.[10]

Estágio 1 (*a sociedade tradicional*). A demanda industrial mais importante será associada à extração de recursos naturais – pense em regiões da África e do Oriente Médio.

Estágio 2 (*condições prévias para a decolagem*). O processo de industrialização inicia. As necessidades primárias estarão relacionadas com o desenvolvimento de uma infraestrutura[11] – por exemplo, telecomunicações, construção e equipamentos e *know-how* de geração de energia. O Vietnã poderia se encaixar nessa categoria.

Estágio 3 (*decolagem*). A fabricação de produtos de consumo semiduráveis e não duráveis se iniciou. A demanda de produtos se relaciona com equipamentos e suprimentos de apoio à fabricação. Os países russos e da Europa Oriental entram nessa categoria.

Estágio 4 (*impulso para a maturidade*). São economias industrializadas como a Coreia e a República Tcheca. Seu foco está voltado para a fabricação de baixo custo de uma variedade de produtos de consumo e de alguns produtos industriais. Elas compram todas as categorias de produtos e serviços industriais.

Estágio 5 (*era do consumo em massa*). São países em que atividades de projeto estão em andamento e técnicas de fabricação são desenvolvidas. Eles são em sua maioria economias de serviço. Japão e Alemanha são exemplos óbvios de países que compram produtos e serviços de mais alta tecnologia, principalmente de outros fornecedores no estágio 5, e produtos de consumo de países dos estágios 3 e 4.

Tecnologia e demanda de mercado

OA2
Como a demanda é afetada pelo nível tecnológico

Outro método importante para agrupar os países é utilizar como base sua capacidade de se beneficiar e utilizar tecnologia, particularmente agora que eles usam a tecnologia como alavanca para saltar vários estágios de desenvolvimento econômico em curtíssimos espaços de tempo.[12] Talvez o melhor indicador dessa dimensão de desenvolvimento seja a qualidade do sistema educacional. Apesar dos níveis de produto interno bruto (PIB) *per capita* relativamente baixos, muitos países (por exemplo, China, República Tcheca e Rússia) enfatizam em grande medida a educação, o que lhes oferece potencial para alavancar a tecnologia que é transferida.

A tecnologia não é fundamental apenas para o crescimento econômico. Para vários produtos, ela é também uma vantagem competitiva nos mercados globais modernos. Como os sistemas de controle robóticos e digitais dominam o chão de fábrica, a produção se torna mais científica, e o acesso à mão de obra e a matérias-primas baratas perde importância. A capacidade para desenvolver a mais avançada tecnologia da informação e se beneficiar de sua aplicação é um fator crucial para a competitividade internacional de gerentes, países e empresas. Três tendências inter-relacionadas incentivam a demanda por produtos tecnologicamente avançados: (1) a expansão do crescimento econômico e industrial na Ásia, particularmente na China e na Índia; (2) a desintegração do império soviético; e (3) a privatização de indústrias estatais no mundo inteiro.

---

[10] Walt W. Rostow, *The Stages of Economic Growth*, 2. ed. (Londres: Cambridge University Press), 1971.
[11] Anita Chang, "China: Three Gorges Dam Impact Not That Bad", *Associated Press Newswires*, 22 de novembro de 2007.
[12] Bruce Einhorn, "The Tech Dragon Stumbles", *BusinessWeek*, 14 de maio de 2007, p. 44-45.

CRUZANDO FRONTEIRAS 14.2 — Complexo militar de consumo? Sony vende para as forças armadas

Os computadores mais antigos foram utilizados para decifrar códigos e simular explosões nucleares. A internet nasceu de um projeto de pesquisa militar. Os sistemas de navegação internos dos carros dependem de satélites que foram colocados em órbita para guiar navios, tropas e mísseis. O Boeing 747, cuja cabine é elevada, foi projetado como um transportador militar. Nesses casos, a tecnologia criada para uso militar acabou sendo amplamente utilizada por civis. O fato de isso ocorrer com tanta frequência não é nenhuma surpresa: as forças armadas são, afinal de contas, um cliente endinheirado e preparado para financiar o desenvolvimento de tecnologias novas e caras. Como os equipamentos e dispositivos eletrônicos estão cada vez menores e mais baratos – eles conseguem se disseminar do soldado no campo de batalha a uma pessoa na rua.

Contudo, nos últimos tempos, alguns tipos de tecnologia se moveram também para outra direção. A Força Aérea dos Estados Unidos acabou de fazer um pedido de 2.200 consoles do videogame PlayStation 3, da Sony, os quais serão utilizados como componentes de um supercomputador. No Iraque e no Afeganistão, os soldados utilizam iPods e iPhones da Apple para rodar *softwares* de tradução e calcular a trajetória dos mísseis. Os controladores de videogame Xbox foram modificados para controlar robôs de reconhecimento e aeronaves não tripuladas. *Chips* gráficos de placas de vídeo de PC são utilizados por empresas bélicas para simulações.

O que provocou essa mudança? As despesas globais com defesa, de aproximadamente US$ 1,5 trilhão, superam em muito as vendas de eletrônicos de consumo, de cerca de US$ 700 bilhões ao ano. Entretanto, apenas uma pequena fração dos gastos com defesa é destinada ao desenvolvimento de eletrônicos. O setor de eletrônicos de consumo pode, portanto, gastar mais que as forças armadas em pesquisa e desenvolvimento e distribuir esses custos entre um mercado bem mais amplo: por exemplo, mais de 1 bilhão de telefones móveis são vendidos ao ano. As empresas de eletrônicos também se movimentam bem mais rapidamente do que a rotina laboriosa, lenta e plurianual dos programas de aquisição das forças armadas, em que poucos produtos permanecem no mercado por mais de um ano e são então substituídos por algo melhor ou mais barato. Além disso, o surgimento de padrões abertos e de *softwares* de código aberto facilita a adaptação de tecnologias de prateleira ou sua combinação de novas maneiras. (Todos os consoles de PlayStation 3 terão uma versão personalizada do Linux, um sistema operacional de código aberto, e serão interligados por uma Gigabit Ethernet, tecnologia de rede comumente utilizada nos escritórios.)

Tudo isso merece aplauso. Onde quer que a tecnologia de consumo possa ser utilizada, é bem mais barato e mais rápido empregá-la. O novo supercomputador da Força Aérea custará em torno de um décimo de um supercomputador convencional com potência equivalente. Utilizar um iPod para rodar um *software* de tradução no Iraque faz mais sentido do que criar e fabricar um dispositivo especial para isso. As forças armadas americanas usam tecnologias ecológicas comerciais para diminuir o consumo de combustível. Obviamente, existem limites para esse método de utilizar produtos prontos: não há como adquirir tanques, helicópteros e sistemas de míssil. Contudo, a utilização seleta de tecnologias existentes possibilita que os projetistas militares concentrem seus gastos no desenvolvimento de novas tecnologias, e não na reinvenção da roda. O setor de eletrônicos de consumo há anos tem aproveitado as inovações militares. Parece apropriado que agora deva devolver o favor.

Fonte: "The Military-Consumer Complex", *The Economist*, 12 de dezembro de 2009, p. 16.

A começar pelo Japão, muitos países asiáticos têm passado por uma fase de rápido crescimento econômico nos últimos 30 anos. Embora o ritmo desse crescimento tenha diminuído recentemente, as perspectivas de longo prazo para esses países continuam excelentes. O Japão tornou-se o país industrializado mais avançado na região, enquanto Coreia do Sul, Hong Kong, Cingapura e Taiwan[13] (os "Quatro Tigres") conseguiram passar da classificação de fontes de mão de obra barata para a de nações industrializadas. Hoje, a China e os países do Sudeste Asiático, como Malásia, Tailândia, Indonésia e Filipinas, são exportadores de produtos manufaturados para o Japão e os Estados Unidos. Além disso, desde o momento em que superaram seus problemas financeiros na década de 1990, continuam aumentando a marcha para uma maior industrialização. Os países de cada um dos primeiros três níveis de desenvolvimento industrial demandam produtos tecnologicamente avançados para intensificar sua industrialização, o que lhes permitirá concorrer nos mercados globais.

À medida que a economia se desenvolver na Comunidade dos Estados Independentes (CEI, ex-repúblicas da URSS) e em outros países do Leste Europeu, as novas empresas de capital fechado criarão uma demanda por tecnologias de última geração para ampliar sua base industrial e construir infraestruturas modernas.

Simultaneamente à queda do comunismo, que estimulou o movimento pela privatização no Leste Europeu, os países latino-americanos começaram a desmantelar as indústrias estatais na esperança de restaurar sua economia. México, Argentina e Brasil encabeçam o restante da América Latina na privatização de empresas estatais. Esse passo para a privatização cria uma

---

[13] Bruce Einhorn, "A Juggernaut in Electronics", *BusinessWeek*, 18 de junho de 2007, p. 46.

enorme demanda por produtos industriais porque os novos proprietários investem pesadamente em tecnologias de última geração. A Telmex, *joint venture* de US$ 4 bilhões entre Southwestern Bell, France Telecom e Teléfonos de Mexico, investiu centenas de milhões de dólares para utilizar o que há de mais avançado no sistema telefônico mexicano. A Telmex é apenas uma dentre as novas empresas privatizadas, da Polônia ao Paraguai, que criaram um mercado de massa para tecnologias de última geração.

O rápido crescimento econômico na Ásia, a criação de economias de mercado na Europa Oriental e nas repúblicas da antiga União Soviética e a privatização de empresas estatais na América Latina e em outros lugares criarão uma demanda crescente, particularmente por produtos industriais e serviços comerciais, ao longo do século XXI. A concorrência para atender a essa demanda global será acirrada; as empresas que terão vantagem competitiva serão aquelas que oferecerem produtos tecnologicamente avançados e da mais alta qualidade e também excelentes serviços.

Qualidade e normas globais

Tal como analisado no Capítulo 13, o conceito de qualidade engloba vários fatores, e a percepção de qualidade depende unicamente do cliente. O nível tecnológico refletido no produto, a conformidade com padrões e normas que atendem às necessidades dos clientes, os serviços de atendimento e pós-venda e o preço relativo a produtos concorrentes são fatores que pesam na avaliação e percepção de qualidade do cliente. Como mencionado, essas exigências são diferentes entre consumidores finais e consumidores industriais em virtude da aplicação ou do uso final. Esses fatores diferem também entre os clientes de produtos industriais, pois suas necessidades são distintas. Em suma, estudos recentes revelaram que a percepção de qualidade dos produtos industriais varia igualmente entre um grupo cultural e outro mesmo nos países mais tecnologicamente desenvolvidos.[14]

Nos mercados de *business to business*, os profissionais de marketing muitas vezes interpretam mal o conceito de qualidade. A boa qualidade tal como é interpretada nos mercados altamente industrializados não é a mesma interpretada segundo os padrões de uma nação menos industrializada. Por exemplo, o governo de um país africano estava comprando pulverizadores manuais para os agricultores aplicarem pesticida nas lavouras de algodão. O pulverizador fornecido era um delicado dispositivo usinado que exigia apenas lubrificação e bons cuidados. Contudo, o fato de ser mais fácil de usar do que qualquer outro no mercado era relativamente irrelevante para os agricultores. Além disso, a necessidade de lubrificação e cuidados simplesmente significava que, se o dispositivo fosse usado de maneira inadequada por um curto período, entupiria e quebraria. O resultado? O governo local voltou a comprar um antigo pulverizador francês, que, embora pesado, mais difícil de manusear e não tão eficaz para pulverizar, durava mais tempo porque exigia menor cuidado e lubrificação. Nessa situação, o pulverizador francês tinha características de qualidade mais relevantes e, portanto, em termos de marketing, maior qualidade.

De modo semelhante, quando o avião a jato comercial foi criado, havia uma diferença significativa entre o projeto europeu e o americano. Por exemplo, os fabricantes americanos posicionam os motores abaixo das asas, ao passo que os concorrentes britânicos os posicionavam dentro das asas. O projeto americano facilitava o acesso e tinha menor custo de serviço e manutenção, mas o britânico diminuía a resistência aerodinâmica e economizava combustível. Os dois projetos eram considerados de "alta qualidade" nos respectivos mercados. Na época, a mão de obra era relativamente cara nos Estados Unidos, e o combustível, relativamente caro no Reino Unido.

Qualidade é definida pelo comprador

■ OA3

Características de um produto industrial

Uma dimensão importante da qualidade é o nível segundo o qual o produto atende a necessidades específicas do comprador ou do consumidor. Quando um produto apresenta um desempenho abaixo das expectativas, percebe-se prontamente que sua qualidade é ruim. Entretanto, é menos aparente, embora verdade, que a qualidade de um produto que supera as expectativas de desempenho também pode ser ruim. Um produto cujo projeto supera as necessidades de uso do consumidor geralmente é mais caro ou mais complexo, em vista de sua capacidade complementar. A qualidade de vários produtos é avaliada com relação ao atendimento de expectativas específicas – nem mais nem menos. Portanto, um produto que

---

[14] Christian Homburg, Sabine Kuester, Nikolas Beutin e Ajay Menon, "Determinants of Customer Benefits in Business-to-Business Markets: A Cross-Cultural Comparison", *Journal of International Marketing*, 13, 2005, p. 1-31.

fabrica 20 mil unidades por hora quando o comprador precisa de um que fabrique apenas 5 mil unidades não é um produto de qualidade, visto que a capacidade complementar é desnecessária para atender às expectativas de uso do comprador. Aliás, esse é um dos principais problemas que os fabricantes de computadores pessoais enfrentam. Muitos compradores comerciais fazem a seguinte pergunta: "De fato todos os funcionários precisam ter um computador de última geração no valor de US$ 1 mil cada?". E cada vez mais a resposta é não. Então, os computadores de US$ 500 são mais do que suficientes.

A **relação preço-qualidade** é um fator importante para a comercialização nas economias em desenvolvimento, particularmente naquelas que se encontram nos primeiros três estágios de desenvolvimento econômico descritos antes. As exigências de padrão de qualidade com relação a produtos industriais vendidos no mercado americano que requerem preços proporcionalmente mais altos talvez sejam totalmente inadequadas às necessidades dos mercados mundiais menos desenvolvidos. As características que economizam mão de obra têm pouca importância quando o tempo tem pouco valor e existe mão de obra em abundância. Outro exemplo de característica de menor importância é a capacidade de um aparelho de atender a especificações rígidas em locais onde as pessoas não se preocupam com controle de qualidade, onde não existe produção em larga escala e onde o salário de trabalhadores qualificados justifica adequações específicas no trabalho de montagem e manutenção. As características que o consumidor não deseja ou efetivamente não pode usar de modo eficaz não elevam a classificação de qualidade do produto.

Essa distinção não significa que a qualidade é irrelevante ou que tecnologias mais avançadas não são procuradas nos mercados em desenvolvimento. Na verdade, significa que esses mercados exigem produtos concebidos para atender às suas necessidades específicas, e não produtos concebidos para usos e expectativas diferentes, especialmente se os recursos adicionais elevarem os preços. Essa postura foi comprovada por um estudo sobre comportamento de compra junto a gerentes de importação chineses, que deram uma pontuação maior à qualidade do produto e depois ao preço. A pontualidade da entrega veio em terceiro lugar, e estilo/recursos do produto, em 11º lugar nas 17 variáveis avaliadas. Por esse motivo, o produto cujo projeto atende às necessidades e expectativas do consumidor – nem mais nem menos – é um produto de qualidade.

O projeto de um produto deve ser considerado com base em todos os aspectos de sua utilização. Variações climáticas extremas podem ser um problema para um equipamento que é utilizado no mundo inteiro. Produtos que funcionam de maneira eficaz na Europa Ocidental talvez exijam mudanças de projeto importantes para que funcionem tão bem quanto na região quente e seca do Saara ou nas florestas úmidas e tropicais da América Latina. Os caminhões concebidos para trafegar nas autoestradas e vias expressas dos Estados Unidos provavelmente enfrentarão dificuldades nas regiões montanhosas da América Latina, em estradas que não raro se parecem com trilhas para Jeep. Os fabricantes devem levar em conta inúmeras variantes para fabricar produtos que sejam funcionais em mercados amplamente dispersos.

Em vista da atual concorrência, a empresa deve avaliar as características de seu mercado e a adequação do projeto de seus produtos. Para concorrer com eficácia nos mercados globais, os produtos exageradamente robustos ou complexos e com preço demasiadamente elevado precisam dar lugar a produtos que atendam às especificações do cliente e tenham preços competitivos. O sucesso depende do fornecimento de produtos adequados às necessidades do cliente – tecnologicamente avançados para alguns e menos sofisticados para outros, mas todos de alta qualidade. Para ser competitivo nos mercados globais nos dias de hoje, o conceito de gestão da qualidade total (*total quality management* – TQM) deve fazer parte da estratégia administrativa de todas as empresas multinacionais, e essa gestão começa com uma boa conversa com os clientes. Aliás, é cada vez mais frequente os clientes industriais, inclusive os estrangeiros, envolverem-se diretamente em todos os aspectos do processo de desenvolvimento dos produtos, da geração de novas ideias aos testes de protótipo.

A falta de padrões universais é outro problema na venda de produtos industriais. Nesse aspecto, os Estados Unidos têm duas áreas de interesse com relação ao exportador de produtos industriais: a falta de padrões comuns na fabricação de equipamentos altamente especializados, como máquinas operatrizes e computadores, e o uso de polegada-libra ou do sistema métrico inglês. Padrões conflitantes são encontrados nos métodos de teste de materiais e equipamentos, nos sistemas de controle de qualidade e nas especificações dos aparelhos. No setor de telecomunicações, as grandes diferenças de padrão entre um país e outro criam problemas enormes para a expansão desse setor.

Iniciativas são empreendidas por meio de organizações internacionais para criar padrões internacionais. Por exemplo, a Comissão Eletrotécnica Internacional (International Electrotechnical Commission – IEC) está preocupada com a especificação de padrões para os materiais elétricos usados em máquinas operatrizes. Soluções para estabelecer uma cobertura

CRUZANDO FRONTEIRAS 14.3 — Sim, as opiniões sobre o sistema métrico de fato diferem

No Canadá, os ânimos com relação ao sistema métrico estão exaltados, como demonstra a seguinte coluna de um jornal:

Ainda não passou uma geração desde que o sistema tradicional de pesos e medidas do Canadá foi suprimido por um decreto burocrático, agredindo diretamente a vontade popular. Milhões e milhões foram gastos desde então – a maioria imputada em custos para o setor industrial, mas muitos outros milhões foram tributados para alimentar a máquina de política e propaganda de Ottawa. E, anos depois da mais audaciosa campanha de lavagem cerebral experimentada nas crianças de nossa nação, esse sistema alienígena tem apresentado algum progresso. Eu disse "alienígena" não porque o sistema métrico é francês, mas porque é inumano.

O sistema métrico foi originalmente imposto à França pelos agentes sanguinolentos do Terrorismo Revolucionário. Depois, foi arrastado para a Europa pelas tropas de Napoleão, encontrando resistência popular onde quer que aparecesse, e em todos os lugares essa resistência foi subjugada pela força.

Ainda hoje na França, alguns trabalhadores ainda calculam em *pieds* (pés) e em *pouces* (polegadas), em *livres* (libras) e em *onces* (onças) – silenciosamente, longe dos olhos da política do sistema métrico e de seus informantes. São pedreiros, carpinteiros e afins. Seus olhares são melancólicos, e eles riem de si mesmos.

Dez é o número mágico da tirania. Ele só pode ser dividido igualmente por dois e nunca em terços iguais. Ele passa a ideia enganosa de que é fácil calcular em casas decimais, de modo que, quando estamos corretos, acertamos apenas aproximadamente um navio, mas, quando errados, aterrissamos em outro oceano.

Nos Estados Unidos, os defensores do sistema métrico sustentam que a mudança ocorre, porém de maneira discreta. Mais de 2 mil empresas americanas utilizam o sistema métrico em pesquisa, desenvolvimento e comercialização, de acordo com a Associação Métrica dos Estados Unidos, um grupo lobista da Califórnia. O desenvolvimento de produtos da Eastman Kodak é feito de acordo com o sistema métrico; o antisséptico bucal Scope da Procter & Gamble é vendido em frascos de mililitros. O motivo é financeiro: negociar em libras não é fácil quando se negocia com alguém que adota a medida grama.

A Grã-Bretanha no devido tempo adotou o sistema métrico, vendendo a gasolina em litros e, mais recentemente, os produtos de supermercado em quilogramas. Contudo, os pequenos lojistas não precisaram utilizá-lo até 1º de janeiro de 2000. Só então as novas regulamentações do governo entraram em vigor, exigindo que todos os produtos a granel ou avulsos – como frutas, legumes, tapetes, persianas, doces avulsos e carne – começassem a ser vendidos em unidades métricas.

O objetivo, naturalmente, era promover uma conciliação com o restante da UE, uma ideia preciosa para o governo do então primeiro-ministro Tony Blair. Entretanto, uma boa porcentagem dos 96 mil pequenos lojistas não se sente tão disposta a se conciliar, particularmente com os alemães e os franceses.

Fontes: David Warren, "Ten: The Magical Number of Tyranny", *National Post* (Montreal), 8 de julho de 2000, p. A14; Cassell Bryan-Low, "Pound for Pound, A Veggie Peddler Takes on the EU-East London's Ms. Devers Snubs the Metric System; Selling by the Bowl Is Alleged", *The Wall Street Journal*, 22 de janeiro de 2008, p. A1.

---

de *roaming* para as comunicações sem fio são procuradas. O Departamento de Comércio dos Estados Unidos participa de programas para promover os padrões americanos e é ativo no desenvolvimento da International Electrotechnical Comission, uma iniciativa internacional que busca harmonizar os padrões utilizados em vários setores industriais. O representante do Comércio dos Estados Unidos também participa de negociações para harmonizar esses padrões. Há pouco tempo, foi assinado um acordo importante com a UE para o reconhecimento mútuo de padrões em seis setores. Esses acordos eliminarão a necessidade de testes duplos (um em cada lado do Atlântico) e abrangerão inspeção ou certificação em telecomunicações, dispositivos médicos, compatibilidade eletromagnética, segurança elétrica, embarcações de recreação e produtos farmacêuticos. Os acordos oferecem uma cobertura de aproximadamente US$ 50 bilhões ao comércio bidirecional, e espera-se obter uma queda de 2 a 3% nas tarifas.

Além do estabelecimento de padrões e normas por parte de organizações industriais e internacionais, os países muitas vezes estabelecem padrões para os produtos que entram em seus mercados. A Arábia Saudita tem procurado definir padrões para tudo, de lâmpadas incandescentes a sucos de limão, e pediu ajuda aos seus parceiros comerciais. Esses padrões, os primeiros em árabe, provavelmente serão adotados por todas as regiões do mundo árabe. A maioria dos países envia representantes para participar da definição de padrões e normas. Por exemplo, a Nova Zelândia enviou representantes à Arábia Saudita para ajudar a redigir normas para estipulação da validade da carne de cordeiro. Infelizmente, os Estados Unidos só enviaram representantes muito tempo depois que as discussões haviam começado. Portanto, dentre os inúmeros padrões estipulados, vários favorecem produtos japoneses e europeus. Além disso, a Arábia Saudita adotou o novo padrão europeu para equipamentos de utilidade. O custo das vendas perdidas para duas cidades sauditas por apenas uma empresa americana, a Westinghouse, foi de US$ 15 a US$ 20 milhões para transformadores de distribuição que seguem o padrão americano. Cada vez mais, as empresas americanas acordam para a necessidade de participar dessas discussões sobre normas e padrões antecipadamente.

Nos Estados Unidos, a conversão do sistema métrico e a aceitação de padrões internacionais têm sido lentas. O Congresso e o setor industrial fazem corpo mole por temer que essa conversão torne-se cara. Contudo, o custo virá da *não* adoção do sistema métrico; uma remessa de produtos elétricos da General Electric Company foi devolvida de um porto saudita porque os fios de conexão tinham 6 pés de comprimento, e não os 2 metros exigidos pela norma padrão.

Como os clientes estrangeiros que seguem o sistema métrico respondem por uma quantidade crescente das vendas industriais americanas, o custo desse atraso na normalização é cada vez maior. Os produtos suscetíveis a um sistema de medição respondem por 50 a 33% das exportações americanas, e, se a UE barrar importações que não seguem o sistema métrico, tal como se prevê, muitos produtos americanos perderão acesso a esse mercado, exatamente agora que a UE está à beira de uma grande expansão econômica. Em torno de 50% das exportações americanas são cobertas pelo novo programa de normas e padrões da UE.

Para incitar o setor industrial americano a agir, o Departamento de Comércio sinalizou que a aceitação do sistema métrico não será obrigatória, a menos que se queira vender algo para o governo americano; todas as compras do governo americano devem ser conduzidas exclusivamente segundo o sistema métrico. Agora, todos os prédios federais são projetados com especificações métricas, e a construção de autoestradas financiadas por Washington utiliza unidades métricas. Como o governo americano é o maior cliente da nação, essa diretriz talvez consiga levar as empresas americanas a empregar o sistema métrico. Além disso, o Departamento de Defesa atualmente exige especificações métricas para todos os novos sistemas de armamento.

Apesar dos editais de Washington, a Administração Nacional da Aeronáutica e do Espaço (National Aeronautics and Space Administration – Nasa), que comanda parte da tecnologia mais avançada do mundo, resistiu à mudança para o sistema métrico. A estação espacial de mais de US$ 100 bilhões[15] contém algumas peças que seguem o sistema métrico, mas a maior parte dos componentes principais é fabricada nos Estados Unidos e segue o sistema de polegadas e libras. A justificativa apresentada pela Nasa foi a de que não havia mais tempo para mudar porque o projeto e a produção estavam muito avançados. Infelizmente, a estação espacial deveria ser uma iniciativa internacional, sendo a Rússia um dos países parceiros, e essa decisão criou grandes problemas para a integração dos sistemas. Pior ainda, a causa da falha de 1999 do Orbitador Climático de Marte, de US$ 125 milhões, foi uma confusão entre os sistemas de medida métrico e inglês. A Nasa concordou que utilizará o sistema métrico em sua próxima missão à Lua, em 2020.[16] Vamos ver se ela mantém a promessa. É difícil acreditar que os dois únicos países que não seguem oficialmente o sistema métrico sejam Mianmar e Estados Unidos. Está se tornando cada vez mais evidente que, se isso não mudar, os Estados Unidos ficarão para trás.

Certificação ISO 9000: norma de qualidade internacional

OA4

Importância da certificação ISO 9000

Como a qualidade se transformou na pedra angular da concorrência global, as empresas exigem dos fornecedores garantias de conformidade com os padrões estabelecidos, do mesmo modo que seus clientes exigem o mesmo delas. Além disso, tal como se constata, a certificação ISO 9000[17] também influi no desempenho e no preço das ações das empresas.

A **ISO 9000**, uma série de cinco normas industriais internacionais (ISO 9000-9004) concebida originalmente pela Organização Internacional de Normalização (International Organization for Standardization – ISO), em Genebra, para atender à necessidade de garantia de qualidade dos produtos nos acordos de compra, está se tornando um programa de certificação de qualidade com ramificações competitivas e legais para as operações comerciais na UE e em outros lugares. O sistema ISO 9000 original foi promulgado em 1994, tendo sido aperfeiçoado em 2000 e 2006. A ISO 9000 está relacionada com o registro e a certificação do sistema de qualidade de um fabricante. É uma certificação de que a empresa utiliza um sistema de controle de qualidade para garantir que pode atender às normas de qualidade publicadas. As normas ISO 9000 não se aplicam a produtos específicos; estão relacionadas a normas de um sistema genérico que possibilitam que uma empresa, por meio de auditorias internas e externas, forneça uma garantia de que tem um

---

[15] A estimativa de custo original era de US$ 16 bilhões. "International Space Marks Its 10th Anniversary", *RIA Novosti*, 29 de janeiro de 2008.
[16] David B. Williams, "Metric Mission", *Science World*, 2 de abril de 2007, p. 6.
[17] A ISO 14001, uma norma de gestão ambiental paralela, não teve a mesma difusão que a ISO 9000. Consulte Magali Delmas e Ivan Montiel, "The Diffusion of Voluntary International Management Standards: Responsible Care, ISO 9000, and ISO 14001 in the Chemical Industry?", *Policy Studies Journal*, 36, 2008, p. 65-82.

A fabricante japonesa está bastante orgulhosa da certificação de qualidade ISO 9000 recebida por sua fábrica de San Jose, Costa Rica.

sistema de controle de qualidade. É apenas uma certificação do processo de produção, e não garante que um fabricante produz um produto ou serviço de "qualidade". Essa série de normas descreve três modelos de sistema de qualidade, define conceitos de qualidade e oferece orientações sobre a utilização de padrões e normas internacionais nos sistemas de qualidade.

Para receber a certificação ISO 9000, a empresa solicita a um organismo de certificação (uma terceira entidade autorizada a fornecer uma auditoria ISO 9000) que conduza uma avaliação de registro – isto é, uma auditoria sobre os principais processos da empresa. O avaliador fará perguntas sobre tudo, de anteprojetos e chamadas de vendas a arquivamento. "O fornecedor cumpre as datas de entrega prometidas?" e "Há alguma evidência de satisfação do cliente?" são dois exemplos de pergunta e dos problemas que são analisados. O objetivo é desenvolver um plano abrangente para garantir que detalhes importantes não sejam negligenciados. O avaliador ajuda a administração a criar um manual de qualidade, que é disponibilizado aos clientes que desejam comprovar a confiabilidade da empresa. Quando a empresa é reconhecida oficialmente, recebe a certificação. A cada quatro anos é feita uma avaliação completa para uma nova certificação, com avaliações intermediárias ao longo desse período.

Embora a ISO 9000 geralmente seja voluntária, exceto para determinados produtos regulamentados, a Diretiva de Responsabilidade do Produto da UE pressiona todas as empresas a buscar certificação. Essa diretiva prevê que o fabricante, inclusive o exportador, será considerado responsável, independentemente de falha ou negligência, se uma pessoa for prejudicada por um produto que deixa de funcionar em virtude de componentes defeituosos. Portanto, na UE, os clientes precisam da garantia de que os componentes de seus produtos não contêm defeitos nem imperfeições. O fabricante que possui um sistema de qualidade bem documentado estará mais apto a provar que seus produtos não contêm defeitos e, portanto, minimizará as imputações de responsabilidade.

O grande interesse que tem sido demonstrado pela ISO 9000 é impulsionado mais pelas exigências do mercado do que por regulamentos governamentais, e hoje esse sistema é uma ferramenta competitiva importante para o desenvolvimento das atividades de marketing na Europa e ao redor do mundo.[18] Como o mercado exige qualidade e mais e mais empresas adotam alguma forma de TQM, os fabricantes cada vez mais solicitam que seus fornecedores tenham registro ISO 9000. As empresas que fabricam peças e componentes na China mais do que depressa constatam que a certificação ISO 9000 é uma necessidade essencial, e o setor de construção japonês agora exige a certificação ISO 9000 no processo de aquisições do governo. Um número cada vez maior de compradores, particularmente na Europa, recusa-se a comprar de fabricantes que não têm comprovação de qualidade de uma entidade externa reconhecida internacionalmente. A ISO 9000 pode ser utilizada também como recurso de diferenciação de "classes" de fornecedores, especialmente nas áreas de alta tecnologia, em que o alto grau de confiabilidade do produto é crucial. Em outras palavras, se dois fornecedores disputarem o mesmo contrato, aquele que tiver o registro ISO 9000 terá vantagem competitiva.

Embora mais e mais países (hoje, mais de 100) e empresas continuem adotando as normas ISO 9000, muitos têm reclamações sobre o sistema e sua disseminação. Por exemplo, 39 empresas de eletrônicos combateram o estabelecimento de critérios especiais de *software* japoneses para a ISO 9000, bem como o estabelecimento de uma nova Norma de Saúde e Segurança ISO. Outras exigem normais internacionais mais abrangentes, ao estilo do Prêmio Malcolm Baldrige dos Estados Unidos, que leva em conta sete critérios – liderança, planejamento estratégico, foco no cliente e no mercado, informações e análise, desenvolvimento de recursos humanos, gestão e resultados comerciais. Recentemente, o setor de telecomunicações divulgou um programa de certificação TL 9000 específico ao setor, que associa aspectos da ISO 9000 e várias outras normas e padrões de qualidade internacionais.

Talvez o tipo de norma de qualidade mais pertinente no momento seja o desenvolvido pela University of Michigan Business School e a American Society for Quality Control.[19] Por meio de métodos de levantamento, o índice de satisfação do consumidor americano

---

[18] "China to Establish Industrial Garden in Nigeria", *Xinhua News Agency*, 22 de agosto de 2005.
[19] Claes Fornell, Michael D. Johnson, Eugene W. Anderson, Jaesung Cha e Barbara Everitt Bryant, "The American Consumer Index: Nature, Purpose, and Findings", *Journal of Marketing*, 60, n. 4, outubro de 1996, p. 35-46; http://www.asq.org; http://www.cfigroup.com, 2008.

(American Customer Satisfaction Index – ACSI) mede a satisfação e as percepções dos consumidores sobre a qualidade de uma amostra representativa de produtos e serviços dos Estados Unidos. Esse método na verdade foi desenvolvido na Suécia e hoje é empregado em outros países da Europa e da Ásia. O atrativo do ACSI é sua ênfase sobre os resultados, isto é, a qualidade percebida pelos usuários dos produtos e serviços. Até agora, esse índice foi aplicado apenas em contextos de produtos e serviços de consumo; entretanto, a noção fundamental de que os clientes são os melhores avaliadores de qualidade certamente é aplicável também ao contexto *business to business* de comercialização internacional. Algumas empresas de marketing industrial procuram soluções mais adequadas para implantar programas de melhoria da qualidade, incluindo a utilização de técnicas semelhantes às empregadas pelo ACSI.

Serviços empresariais

Com respeito a vários produtos industriais, as receitas provenientes de serviços associados superam as receitas dos produtos em si. Talvez o exemplo mais óbvio seja o dos telefones celulares, em que o produto físico é praticamente oferecido de graça para obter a contratação de serviços. Ou então o das impressoras baratas depois que os custos operacionais (isto é, os cartuchos) são incluídos. Aliás, para muitos fabricantes de bens de capital, as margens de lucro dos serviços pós-venda (isto é, contratos de manutenção, revisão, reparos e peças sobressalentes) são bem mais altas do que as margens dos equipamentos em si. Além disso, quando as empresas alugam bens de capital para os clientes, a distinção entre produtos e serviços desaparece completamente. Quando um cliente comercial faz um contrato de *leasing* para um caminhão, trata-se de uma compra ou de um serviço de transporte?

As empresas também compram uma variedade de serviços que não estão relacionados com os produtos. Nossos exemplos favoritos são os serviços de lançamento de satélites pelo mar hoje oferecidos pela Boeing[20] e a marinha russa, esta última por submarino.[21] Gostamos também do exemplo da empresa de frete ucraniana que cobra US$ 24 mil por hora para alugar espaço em suas imensas aeronaves a jato. Outros serviços profissionais são comprados por agências jurídicas e de propaganda, empresas de transporte e de seguro, serviços de campo petrolífero, bancos e corretores de investimento[22] e fornecedores de serviços de saúde, dentre muitos outros. Ambas as categorias de serviços empresariais são discutidas nesta seção.

Serviços pós-venda

Para concorrer de maneira eficaz no exterior, é necessário ter não apenas um projeto de produto apropriado, mas serviços eficientes, entregas pontuais e capacidade para fornecer peças sobressalentes ou de reposição sem atrasos. Por exemplo, a GE Medical Systems fornece uma ampla variedade de serviços pós-venda para hospitais que compram aparelhos de imagem por ressonância magnética e outros equipamentos – treinamento, tecnologias da informação, serviços de saúde relacionados e peças e acessórios.[23] Na UE, tendo em vista a acirrada concorrência, é imperativo oferecer o mesmo tipo de serviço que uma empresa nacional ou uma empresa da UE está apta a oferecer.

Com respeito a vários produtos técnicos, a disposição do vendedor de fornecer instalação e treinamento pode ser um fator decisivo para os compradores optarem pelo produto de uma empresa e não pelo de outra. Executivos sul-coreanos e de outras áreas da Ásia são sinceros ao admitir que preferem comprar de empresas americanas, mas que as empresas japonesas muitas vezes ganham a disputa em virtude de seus excelentes serviços pós-venda. As histórias ouvidas frequentemente sobre conflitos entre empresas americanas e estrangeiras com relação à assistência que se espera do vendedor é um sinal dos problemas relacionados aos serviços pós-venda e de suporte. A experiência de um executivo sul-coreano com um engenheiro americano e alguns engenheiros japoneses exemplifica essa situação: uma empresa de eletrônicos coreana comprou um equipamento de fabricação de *chips* semicondutores para ampliar uma fábrica. O engenheiro americano estava demorando para concluir a instalação; ele parava de trabalhar às 17h e não trabalhava nos fins de semana. Os japoneses, que estavam instalando outros equipamentos, entenderam a urgência de colocar a fábrica em funcionamento e, sem serem solicitados, trabalharam dia e noite até concluírem o trabalho.

---

[20] W. J. Hennigan, "Venture May Lose Boeing as Owner", *Los Angeles Times*, 12 de novembro de 2009, p. B1, 6.
[21] "Sail of the Century", *The Economist*, 18 de junho de 2005, p. 77-78.
[22] John U. Farley, Andrew F. Hayes e Praveen K. Kopalle, "Choosing and Upgrading Financial Services Dealers in the U.S. and U.K.", *International Journal of Research in Marketing*, 21, n. 4, 2004, p. 359-375.
[23] Consulte http://www.gehealthcare.com, 2010.

Infelizmente, esse exemplo não é um caso isolado. Outro exemplo é o da Hyundai Motor Company, que comprou duas máquinas de impressão de vários milhões de dólares para estampar partes dos automóveis. As máquinas de impressão chegaram com atraso, um tempo ainda maior foi necessário para configurá-las, e a Hyundai foi obrigada a pagar um valor complementar aos americanos para que elas funcionassem corretamente. Esses problemas significam perda de negócios para as empresas americanas. A Samsung Electronics Company, a maior fabricante de *chips* da Coreia, utilizava equipamentos americanos em 75% de sua primeira fábrica de *chips* de memória; quando a empresa equipou sua fábrica de *chips* mais recente, comprou 75% dos equipamentos do Japão. Obviamente, nem todas as empresas americanas têm esses problemas. Aliás, na Índia, a Intel abriu há pouco tempo um centro de processamento de dados composto por uma "fazenda" de centenas de servidores de internet. Clientes de vários países conectam e armazenam seus servidores nesses centros e utilizam os serviços de manutenção da Intel.

O treinamento de clientes se torna rapidamente um serviço pós-venda importante para produtos técnicos em países que solicitam tecnologias de última geração, mas nem sempre dispõem de pessoal treinado. A China é o país que solicita os equipamentos técnicos mais avançados, embora com frequência os entregue a pessoas não treinadas para lidar com eles. Muita ênfase deve ser dada a programas de treinamento e conteúdos autodidáticos nos pacotes de serviços pós-venda de grande parte do mundo em desenvolvimento, para ajudar a superar a falta comum de habilidades para operar equipamentos técnicos. Embora talvez a Universidade do Hambúrguer, do McDonald's, seja o centro internacional de treinamento de clientes mais famoso, em breve os vendedores industriais provavelmente a alcançarão. A Cisco Systems, em uma iniciativa de colaboração com o governo e uma universidade de Cingapura,[24] criou o primeiro Centro Acadêmico de Treinamento Cisco para atender a essa região do mundo, e a Intel criou Centros de Soluções de Comércio Eletrônico em cinco países europeus.

Um estudo recente sobre usuários internacionais de equipamentos de construção pesados revelou que, logo após a reputação do fabricante, a rápida entrega de peças de reposição era o item mais importante na compra de equipamentos de construção. Além disso, 70% dos indagados disseram que eles haviam comprado peças não originais do equipamento pela dificuldade de obtenção de peças originais. Importadores menores reclamam que as empresas de exportação americanas não respondem aos pedidos ou respondem somente depois de muito tempo. Parece que a importância da disponibilização imediata de peças sobressalentes para manter um mercado é negligenciada por alguns exportadores americanos que estão acostumados a entregas rápidas no mercado doméstico. Contudo, quando as empresas são ágeis para responder, as recompensas são significativas. Os fabricantes americanos de equipamentos de produção química dominam as vendas no México porque, de acordo com a Administração de Comércio Internacional, eles entregam rapidamente. A disponibilidade imediata de peças e serviços fornecidos por empresários americanos pode dar a eles vantagem competitiva.

Alguns empresários internacionais também podem estar abrindo mão da oportunidade de participar de um mercado paralelo (*aftermarket*) lucrativo. Determinados tipos de máquina operatriz chegam a necessitar de até cinco vezes seu valor original em peças de reposição durante um tempo de vida útil médio e, portanto, representam um mercado ainda maior. Uma empresa internacional de máquinas operatrizes aproveitou a necessidade de atendimento direto e de fornecimento de peças mudando o sistema de distribuição caracterizado como "normal" para um sistema de atendimento rápido e de pronta entrega de peças. Em vez de vender por meio de distribuidores independentes, como a maioria dos fabricantes de máquinas operatrizes nos mercados externos faz, essa empresa abriu uma série de lojas e centros de serviço próprios, semelhantes aos encontrados nos Estados Unidos. A empresa pode fornecer serviços por meio de seu sistema de lojas locais, enquanto a maioria dos concorrentes precisa despachar técnicos de manutenção de sua fábrica para o país de origem. Para atender rapidamente às chamadas de assistência, a empresa disponibiliza diversos técnicos de manutenção em cada uma de suas redes de lojas locais, e toda loja mantém um amplo estoque de peças padrão para entrega imediata. O resultado líquido desse rápido atendimento industrial posiciona a empresa entre os melhores fornecedores em venda de máquinas operatrizes no exterior.

Os serviços aéreos internacionais de entrega expressa porta a porta de pequenos volumes e o serviço telefônico internacional de chamada gratuita ajudam a agilizar a entrega de peças e

---

[24] "SMEs Set to Boost IT Services in Asia", *Business Times Singapore*, 22 de agosto de 2005.

transformaram o atendimento técnico pós-venda em quase instantâneo. A Amdahl, uma gigante na fabricação de computadores *mainframe*, utiliza quase exclusivamente as remessas aéreas para diminuir os custos de estoque e garantir um excelente atendimento ao cliente, que é crucial para concorrer com os rivais mais importantes. Com uma frequência cada vez maior, a remessa aérea de eletrônicos, de peças de automóveis e de peças de maquinário se torna uma arma formidável para cortar custos e incrementar a competitividade. A assistência técnica pode ser oferecida por meio de chamadas gratuitas, e as peças são enviadas imediatamente ao cliente por via aérea expressa. Esse método, além de melhorar os padrões de atendimento, normalmente é mais econômico do que manter um escritório em um determinado país, mesmo que seja necessário contratar falantes do idioma estrangeiro para atender às chamadas.

Os serviços pós-venda não são cruciais apenas para solidificar a lealdade do cliente e desenvolver uma boa reputação, tão indispensável para abrir novas oportunidades de venda a outras empresas. Além disso, eles são quase sempre mais lucrativos do que a venda em si de uma máquina ou de um produto.

Outros serviços empresariais

OA5

Crescimento dos serviços empresariais e as nuanças do seu marketing

O comércio gera demanda por serviços internacionais.[25] A maioria das empresas de serviços empresariais entra nos mercados internacionais para atender a clientes domésticos que estão no exterior.[26] As empresas de contabilidade, propaganda e advocacia[27] foram umas das primeiras a abrir filiais ou a adquirir sucursais locais no exterior para atender a seus clientes multinacionais americanos. Os hotéis e as empresas de locação de automóveis seguiram os viajantes de negócios no exterior. Há pouco tempo, os fornecedores de serviços médicos começaram a buscar empresas no exterior – atualmente, a Blue Cross oferece serviços de Organização de Manutenção de Saúde (*health maintenance organization* – HMO) a empresas americanas que operam no México. Uma vez estabelecidos, muitos desses **seguidores de clientes**, tal como um pesquisador se refere a eles, amplia sua base de clientes para abranger igualmente empresas locais. Como os mercados globais crescem e criam maior demanda por serviços empresariais, as empresas de serviços buscam o mercado internacional.

Como mencionado no Capítulo 13, a maioria das empresas de serviços de consumo entra nos mercados por meio de acordos de licenciamento, franquias, alianças estratégicas ou diretamente.[28] Essa tendência existe por causa da inseparabilidade entre a criação e o consumo dos serviços. Entretanto, como alguns serviços comerciais têm um valor intrínseco que pode ser corporificado de alguma forma tangível (como uma planta ou um projeto arquitetônico), eles podem ser produzidos em um país e exportados para outro. Os serviços de processamento e análise de dados são bons exemplos. A análise ou o processamento é concluído em um computador localizado nos Estados Unidos, e o resultado (o serviço) é transmitido via internet a um cliente distante. Os serviços de consultoria em arquitetura, integração de sistemas[29] e engenharia são exportáveis quando o consultor viaja até o local do cliente e depois volta para redigir e enviar um relatório ou um projeto.

As empresas de serviços empresariais enfrentam a maioria das mesmas restrições e problemas enfrentados pelos comerciantes de produtos. O protecionismo é a ameaça mais séria para a expansão contínua do comércio internacional de serviços. O crescimento dos serviços internacionais foi tão rápido na última década que atraiu a atenção de empresas, governos e pesquisadores locais. Por isso, foram impostas barreiras comerciais diretas e indiretas para restringir a entrada de empresas estrangeiras nos mercados domésticos. Diversos motivos, desde a proteção das indústrias nascentes até a segurança nacional, foram alegados para justificar algumas práticas restritivas. Uma lista de mais de 2 mil exemplos de barreira ao livre fluxo de serviços entre as nações foi compilada recentemente pelo governo americano. Em resposta à ameaça de restrições crescentes, os Estados Unidos conseguiram entrar em negociação para

---

[25] Talvez um dos melhores exemplos de comércio que lidera a demanda por serviços seja o das *trading companies* japonesas, cuja importância é fundamental para o país. Consulte Anthony Goerzen e Shige Makino, "Multinational Corporation Internationalization in the Service Sector: A Study of Japanese Trading Companies, *Journal of International Business Studies*, 38, 2007, p. 1.149-1.169.

[26] Lihong Qian e Andrew Delios, "Internationalization and Experience: Japanese Banks' International Expansion, 1980-1998", *Journal of International Business Studies*, 39, 2008, p. 231-248.

[27] John Tagliabue, "Law Firms from U.S. Invade Paris", *The New York Times*, 25 de julho de 2007, p. C1, C4.

[28] Uma empresa de advocacia de Chicago formou uma aliança estratégica com uma empresa de advocacia chinesa. Consulte Nathan Koppel e Andrew Batson, "A U.S. Law Firm Takes a New Route into China", *The Wall Street Journal*, 30 de janeiro de 2007, p. B1, B2.

[29] Janet Y. Murray, Masaki Kotabe e Stanford A. Westjohn, "Global Sourcing Strategy and Performance of Knowledge-Intensive Business Services: A Two-Stage Strategic Fit Model", *Journal of International Marketing*, 17, n. 4, 2009, p. 90-105.

abrir os mercados de serviços empresariais por meio do Acordo Norte-Americano de Livre-Comércio (North American Free Trade Agreement – Nafta) e do Acordo Geral sobre Tarifas e Comércio (General Agreement on Tariffs and Trade – Gatt).

Antes dos acordos do Gatt e do Nafta, poucas regras internacionais sobre lisura ou concorrência leal regulamentavam o comércio em serviços. As empresas de serviços enfrentavam um conjunto complexo de regulamentações nacionais que impediam a circulação de pessoas e de tecnologias entre um país e outro. Pelo menos um estudo demonstrou que problemas de pessoal e de propriedade intelectual são determinantes fundamentais do sucesso ou fracasso, particularmente em serviços de conhecimento intensivo, como consultoria, engenharia, educação e tecnologia da informação.[30] Os Estados Unidos e outros países industrializados querem que seus bancos, seguradoras, empresas de construção e outros fornecedores de serviços empresariais possam movimentar livremente pessoas, capital e tecnologia ao redor do mundo. As restrições concebidas para proteger mercados locais variam desde a proibição à entrada de empresas em um determinado país a exigências de que todos os profissionais estrangeiros passem em exames de certificação no idioma local para receber permissão para trabalhar. Na Argentina, por exemplo, os contadores devem ter algo equivalente à educação de Ensino Médio em geografia e história nacional para ter permissão para auditar livros contábeis da filial de uma empresa multinacional em Buenos Aires.

As restrições ao fluxo transnacional de dados são provavelmente mais prejudiciais para o setor de comunicações e outras corporações multinacionais (CMNs) que dependem da transferência de dados entre fronteiras para conduzir suas atividades. Alguns países impõem tarifas sobre a transmissão de dados, e muitos outros aprovam leis que forçam as empresas a abrir os arquivos dos computadores para serem inspecionados por órgãos governamentais ou aplicam controles rígidos à transmissão de dados em nível doméstico. A maioria dos países tem uma série de leis para regulamentar o processamento e a transmissão eletrônica de dados entre fronteiras. Em muitos casos, a preocupação provém da falta de entendimento sobre a melhor forma de tributar o fluxo transnacional de dados.

Como mencionado anteriormente, a concorrência em todos os setores da indústria de serviços aumenta porque os mercados nacionais são invadidos por inúmeras empresas estrangeiras. A prática de buscar clientes nos mercados externos e depois ampliar as atividades nos mercados internacionais não se restringe às empresas americanas. Empresas de serviços da Alemanha, da Grã-Bretanha, do Japão e de outros países buscam seus clientes nos mercados externos e depois se ampliam para abranger também os negócios locais. Os serviços americanos de telecomunicações, publicidade e propaganda e construção são os que enfrentam a maior concorrência, não apenas de empresas europeias e japonesas, mas também do Brasil, da Índia e de outros países do mundo.

Não há dúvida de que as oportunidades de comercialização de serviços empresariais continuarão a crescer ao longo do século XXI. Os profissionais de marketing internacional terão de ser bastante criativos para reagir aos desafios legais e culturais impostos pelo fornecimento de serviços empresariais de alta qualidade para mercados externos e para clientes estrangeiros. O sucesso das empresas de serviços empresariais internacionais dependerá, evidentemente, do recrutamento de funcionários altamente qualificados (com habilidades técnicas e interpessoais e grande direcionamento para o cliente)[31] para construir e manter relacionamentos pessoais fundamentais, em particular quando estiverem atuando comercialmente em várias culturas diferentes. Vamos discutir mais amplamente esse assunto nos Capítulos 17 e 19.

Feiras comerciais: parte crucial do marketing *business to business*

Os problemas promocionais encontrados pelos profissionais de marketing do setor industrial no exterior são um pouco diferentes dos problemas enfrentados pelos profissionais de marketing domésticos. Até recentemente, havia pouquíssimas mídias especializadas para propaganda em vários países.[32] Entretanto, na última década, foram desenvolvidas mídias especializadas para o setor industrial que oferecem ao profissional de marketing alguns meios de comunicação com os clientes potenciais, em especial na Europa Ocidental e até certo ponto na Europa Oriental, na Comunidade dos Estados Independentes (CEI) e na Ásia.

---

[30] Chris Styles, Paul G. Patterson e Vinh Q. La, "Exporting Services to Southeast Asia: Lessons from Australian Knowledge-Based Service Exporters", *Journal of International Marketing*, 13, 2005, p. 104-128.

[31] Vinh La, Paul Patterson e Chris Styles, "Client-Perceived Performance and Value in Professional B-2-B Services: An International Perspective", *Journal of International Business Studies*, 40, n. 2, 2009, p. 274-300.

[32] Obviamente, é necessário ressaltar que algumas empresas industriais ainda utilizam mídias não especializadas e, portanto, desenvolvem a consciência de marca em todos os níveis. Talvez o melhor exemplo seja o patrocínio da Intel ao *site* oficial do Torneio da França em 2002.

OA6

Importância das feiras comerciais na promoção de produtos industriais

Além da propaganda em mídia impressa e da utilização de catálogos, *sites*[33] e mala direta para atingir clientes industriais, as feiras comerciais se tornaram o principal veículo para a realização de negócios em vários países estrangeiros. Como parte de suas atividades de promoção internacionais, o Departamento de Comércio dos Estados Unidos patrocina feiras em inúmeras cidades ao redor do mundo. Além disso, na maioria dos países, os governos locais patrocinam feiras comerciais anuais. Os países da África, por exemplo, realizam mais de 70 feiras comerciais específicas a determinados setores.

As feiras comerciais são o veículo mais importante para vender produtos, atingir clientes potenciais, contatar e avaliar possíveis representantes e distribuidores e comercializar na maioria dos países. As empresas que conseguiram integrar de maneira favorável o público das feiras comerciais e as equipes de venda pessoais demonstram sistematicamente uma lucratividade maior.[34] Embora fundamentais nos Estados Unidos,[35] as feiras comerciais cumprem um papel bem mais importante em outros países. Durante séculos elas estiveram no centro do comércio da Europa, além de ser o local em que se encontra a maioria dos clientes potenciais. As feiras comerciais europeias atraem tomadores de decisões de alto nível que estão ali não apenas ver os produtos mais recentes, mas também para comprar. Na Europa, normalmente são desenvolvidas outras atividades promocionais anteriores às feiras, a fim de firmar compromissos formais. A importância dessas feiras para os europeus é demonstrada pela porcentagem do orçamento de mídia alocada à participação em eventos comerciais e pela forma como eles gastam esse dinheiro. Em média, os europeus gastam 22% do total do orçamento de mídia anual em eventos comerciais, ao passo que empresas americanas comparáveis normalmente gastam menos de 5%. Os europeus não tendem a investir em promoções espalhafatosas, truques de propaganda e coisas parecidas; em vez disso, eles se preocupam em oferecer um ambiente para negociações aprofundadas. Mais de 2 mil feiras comerciais importantes são realizadas anualmente no mundo inteiro. A Feira Industrial de Hanover (Alemanha), a maior feira comercial do mundo, tem aproximadamente 6 mil expositores, que apresentam põem uma ampla variedade de produtos para mais de 600 mil visitantes.

As feiras comerciais permitem ao fabricante expor e demonstrar seus produtos a usuários potenciais e observar os produtos dos concorrentes. Elas são uma oportunidade para gerar vendas e firmar relacionamentos com representantes, distribuidores, franqueados e fornecedores que podem abrir espaço para canais de distribuição mais permanentes nos mercados estrangeiros. Na verdade, as feiras comerciais podem ser a única forma de atingir determinados clientes. De acordo com alguns especialistas em feiras comerciais, de 80 a 85% das pessoas que frequentam esse tipo de feira nunca receberam uma chamada telefônica de um vendedor. Atualmente, vários *sites* se especializaram em feiras comerciais virtuais e oferecem multimídia e estandes elaborados para exposição de produtos que podem ser visitados virtualmente. Algumas dessas feiras virtuais duram apenas alguns dias simultaneamente à feira real correspondente.

Você deseja comprar um Airbus 380? Que tal testar um na Feira Aeroespacial de Paris, a maior feira aeroespacial do mundo?

O número e a variedade de feiras comerciais são tão grandes que praticamente qualquer mercado-alvo em qualquer país pode ser encontrado por meio desse veículo. A mais notável foi a Exposição Médica em Havana em 2000 – a primeira feira comercial autorizada pelos governos americanos e cubanos depois de quatro décadas. Mais de 8 mil médicos, enfermeiros, técnicos e administradores de hospitais cubanos a visitaram. Depois desse primeiro evento, foi realizada nessa mesma cidade, em 2002, uma feira comercial de produtos alimentícios importantes. Na Europa Oriental, as feiras e exposições oferecem às

---

[33] Para obter exemplos explicativos da quantidade crescente de informações disponíveis para os clientes industriais em *sites,* acesse http://www.caterpillar.com, http://www.fluor.com, http://www.hewlett-packard.com e http://www.qualcom.com.

[34] Timothy Smith, Srinath Gopalakrishnan e Paul M. Smith, "The Complementary Effect of Trade Shows on Personal Selling", *International Journal of Research in Marketing*, 21, n. 1, 2004, p. 61-76.

[35] David Pogue, "Fixated on TVs, and What's on Them", *The New York Times*, 10 de janeiro de 2998, p. C1, C7.

CRUZANDO FRONTEIRAS 14.4 — Chega de dores nos pés, mas e o tanque russo de 15 toneladas?

Ao longo do mês de abril de 2000, a primeira feira comercial virtual independente foi realizada pela ISP Virtual Show, direcionada a um público apropriado – os provedores de serviços de internet (*Internet Service Providers* – ISPs). O endereço era ISPVirtualShow.com (esse *site* está inativo no momento, mas você ainda pode pesquisar no Google). A tecnologia da feira foi fornecida pelo iTradeFair.com, um *site* que vale a pena visitar.

De acordo com os promotores do evento, "as vantagens de uma feira comercial virtual superam em muito o modelo físico. Expositores (o preço mínimo de um estande é US$ 1.995) e frequentadores (ingressos a US$ 99) do mundo inteiro agora podem expor e frequentar as feiras sem sair da mesa. São inúmeros os benefícios das feiras virtuais, como a redução substancial dos custos tanto em termos de exposição quanto de mão de obra e as economias obtidas em relação ao espaço e à estrutura dos estandes, à hospedagem, aos voos e às despesas gerais, às inevitáveis bebidas e ao tempo gasto fora do escritório".

A feira comercial virtual oferece uma alternativa original ao modelo tradicional. Por meio de tecnologias avançadas, qualquer pessoa em qualquer lugar do mundo pode visitar esse tipo de feira e acessar informações em seu próprio idioma – o que transforma as barreiras idiomáticas em uma coisa do passado. Além disso, se os visitantes e expositores quiserem continuar uma discussão *off-line*, os relógios, que exibem o horário do mundo inteiro, facilitam a programação. Em suma, os executivos fatigados que frequentam diversas feiras comerciais não precisarão mais sofrer de dores nos pés, ficar em salas quentes sem ar-condicionado nem comer comidas caras, insossas e artificiais.

Embora esse argumento pareça excelente, acreditamos que um aspecto das feiras comerciais reais que as virtuais não têm é o contato direto e a oportunidade de desenvolver as indispensáveis relações interpessoais enquanto se toma alguma bebida ou durante essas refeições sem sabor. E não existe nenhuma solução virtual para obter o mesmo efeito conseguido por um desenvolvedor de *software* russo ao exibir recentemente um tanque russo de 15 toneladas em seu estande na Feira Comercial Comtek em Moscou ou pelo fornecedor russo de motores a jato que usou dançarinas seminuas para atrair pessoas para seu estande na Feira Aeroespacial de Farnborough em 2008. Vale notar que os organizadores da feira interditaram a apresentação das dançarinas, mas isso só criou um alvoroço ainda maior. Ah, o marketing! De qualquer forma, devemos aguardar e ver como as feiras comerciais virtuais se desdobram como um novo veículo promocional.

Fontes: "ISP Virtual Show: World's First Virtual Trade Show", *M2 Presswire*, 26 de outubro de 1999; Jeanette Borzo, "Moscow's Comtek Trade Show Confronts Internet Challenge", *Dow Jones News Service*, 19 de abril de 2000; "ICUEE Is the Demo Expo", *Transmission & Distribution*, 1º de agosto de 2005, p. 74; "Russian Firm Banned from Using Scantily Clad Women to Lure Customers to Its Stand at Farnborough Air Show", *Daily Mail* (Reino Unido), 19 de julho de 2008 [*on-line*]; www.iTradeFair.com, 2010.

---

empresas a oportunidade de encontrar novos clientes, como comerciantes privados, jovens empreendedores e representantes de organizações não estatais. As exposições em países como Rússia e Polônia são uma forma econômica de atingir diversos clientes que, de outra maneira, seriam difíceis de alcançar por meio de visitas de vendas individuais. Feiras especializadas em determinados setores, como computadores, automóveis, moda e decoração residencial, são realizadas regularmente.

Em circunstâncias econômicas e/ou políticas difíceis, as feiras comerciais *on-line* são favoráveis, mas obviamente não são um substituto adequado. Um bom exemplo dos serviços desenvolvidos pode ser visto no quadro "Cruzando fronteiras 14.4". Durante o enfraquecimento da economia global na virada do século, os orçamentos de viagem mais magros e o medo do surto de síndrome respiratória aguda grave (SRAG) diminuíram consideravelmente a quantidade de frequentadores e chegaram a forçar alguns cancelamentos de feiras comerciais internacionais consagradas. Conflitos políticos entre a UE e os Estados Unidos com relação a políticas do Oriente Médio levaram o Departamento de Defesa americano a desaconselhar a visita à Feira Aeroespacial de Paris de 2003. Altos executivos americanos da Boeing, da Lockheed e de outras empresas respeitosamente não compareceram. O espaço da exposição diminuiu em torno de 5%, e os pedidos anunciados caíram de US$ 45 bilhões, em 2001, para US$ 32 bilhões. É difícil estimar quais são os custos em termos de pedidos internacionais para empresas como a Boeing quando seus altos executivos não podem chegar a clientes potenciais em um evento tão crucial quanto esse. Sabemos que a Airbus emitiu pedidos para dezenas de clientes de aeronaves comerciais de Qatar e dos Emirados Árabes. Nem mesmo a melhor feira comercial *on-line* imaginável pode compensar esse aparente retrocesso no comércio e na cooperação internacionais.[36]

---

[36] Você pode encontrar informações sobre feiras comerciais nas seguintes fontes: *Export Promotion Calendar*, do Centro de Informações Comerciais dos Estados Unidos, que relaciona a data e o local de feiras comerciais do mundo inteiro; *Europe Trade Fairs*, que relaciona as feiras europeias, inclusive as patrocinadas pelo Departamento de Comércio dos Estados Unidos; *Trade Shows Worldwide* (publicada pela Gale Research), uma lista abrangente de mais de 6 mil feiras comerciais no mundo inteiro; e *International Trade Fairs and Conferences* (publicada pela Co-Mar Management Services), que lista 5 mil feiras comerciais ao redor do mundo.

Marketing de relacionamento nos contextos *business to business*

OA7

Importância do marketing de relacionamento para os produtos e serviços industriais

As características responsáveis pela singularidade dos produtos e serviços industriais levam naturalmente ao **marketing de relacionamento**.[37] As relações duradouras com os clientes, as quais definem o marketing de relacionamento, são apropriadas às características intrínsecas dos produtos industriais e são uma estratégia viável para o marketing *business to business*. A característica mais importante dos mercados de produtos industriais é o motivo do comprador: obter lucro. Os produtos industriais enquadram-se no fornecimento de serviços ou no processo de fabricação, e suas contribuições serão avaliadas com base em seu grau de contribuição para esse processo. Para atender às necessidade de um determinado cliente, o profissional de marketing industrial deve compreender quais são essas necessidades, o modo como elas se apresentam no momento e em que sentido elas mudarão à medida que o comprador tentar concorrer em mercados globais que exigem relacionamentos duradouros. As principais funções dos gerentes de conta globais estão relacionadas à coleta de informações confidenciais, à coordenação das atividades com a equipe do cliente e à reconfiguração (isto é, adaptação de métodos e processos para atender às constantes mudanças no cenário competitivo).[38]

As necessidades do cliente industrial nos mercados globais mudam constantemente, e os produtos e serviços oferecidos pelos fornecedores devem acompanhar essas mudanças. A necessidade de ter a tecnologia mais recente significa que essa não é uma questão apenas de vender o produto certo no primeiro instante, mas mudar o produto de forma contínua para mantê-lo adequado ao longo do tempo. O objetivo do marketing de relacionamento é transformar o relacionamento em um atributo importante da negociação,[39] diferenciando a empresa de seus concorrentes. A recompensa é a lealdade do cliente, que se traduz em lucros de longo prazo substanciais.

A meta de desenvolver um relacionamento duradouro será particularmente importante na maioria dos mercados internacionais em que a cultura exige a formação de elos mais sólidos entre pessoas e empresas. Principalmente nos países com cultura coletivista e de alto contexto, como os da América Latina ou da Ásia, a confiança será um fator crucial dos relacionamentos comerciais. A comunicação íntima e constante com os clientes será a fonte mais importante de informações com relação ao desenvolvimento de novos produtos e serviços. Aliás, em uma pesquisa recente junto a compradores japoneses profissionais, um dos principais critérios de escolha de fornecedores citados foi um traço que eles chamam de "zelo" (aqueles que aceitam as solicitações sem discussão e reconhecem que, em troca, os compradores considerarão os interesses de longo prazo dos vendedores). Os relacionamentos mais duradouros e que cultivam mais o processo de comunicação são essenciais para o sucesso nos mercados industriais internacionais.

Tal como em todas as áreas do comércio internacional, a internet viabiliza novas formas de desenvolvimento e manutenção de relacionamentos. Um estudo revelou fatores primordiais para gerenciar esse aspecto do marketing industrial internacional, como estrutura e aparência do *site*, acesso multilíngue, fatores culturais e um marketing eficaz do próprio *site*.[40] A Cisco Systems é uma das pioneiras nessa área. Ela não apenas fornece o *hardware* que possibilita que o comércio *business to business* funcione; seus métodos e processos de gestão de relacionamentos também servem de modelo para o setor. Os clientes internacionais da Cisco podem acessar o *site* para examinar as especificações dos produtos e fazer pedidos. Essas informações são então encaminhadas por meio da Cisco aos seus fornecedores via internet. Um total de 65% dos pedidos vão diretamente do fornecedor para o cliente – a Cisco nem chega a tocá-los. Os produtos são fabricados somente depois do pedido; portanto, poucos produtos são mantidos em estoque (quando há um). Em vista do sucesso da Cisco, empresas do mundo inteiro se reorganizam da mesma forma.[41]

---

[37] Jagdish Sheth e Atul Parvatiyar, "Evolving Relationship Marketing into a Discipline", *Journal of Relationship Marketing*, 1, n. 1, 2002; p. 3-16; Linda Hui Shi, J. Chris White, Shaoming Zou e S. Tamer Cavusgil, "Global Account Management Strategies: Drivers and Outcomes", *Journal of International Business Studies*, 2010 [on-line].

[38] Linda H. Shi, Shaoming Zou, J. Chris White, Regina C. McNally e S. Tamer Carvusgil, "Global Account Management Capability: Insights from Leading Suppliers", *Journal of International Marketing*, 13, 2005, p. 93-114.

[39] Atul Sharma, Louise Young e Ian Wilkinson, "The Commitment Mix: Dimensions of Commitment in International Trading Relationships in India", *Journal of International Marketing*, 14, 2006, p. 64-91.

[40] Riyand Eid, Ibrahim Elbeltagi e Mohammed Zairi, "Making Business-to-Business International Internet Marketing Effective: A Study of Critical Factors Using a Case-Study Approach", *Journal of International Marketing*, 14, 2006, p. 87-109.

[41] Jeff Borden, "Cisco Humanizes Technology and Connects the World", *Marketing News*, 1º de setembro de 2008, p. 14-18.

SOLAR TURBINES INC.
Empresa industrial global

Com mais de 80% de suas vendas fora dos Estados Unidos, a Solar Turbines Inc. é a subsidiária mais global de uma das empresas americanas mais globais. Mais de 50% das vendas da Caterpillar em 2009, que ultrapassam US$ 32 milhões, foram para clientes fora dos Estados Unidos, transformando a empresa controladora em um dos principais exportadores do país. A foto ao lado mostra a obra de uma rodovia que leva ao aeroporto, no Parque Nacional Serengeti, na Tanzânia.

As turbinas a gás industriais da Solar são utilizadas por clientes de 86 países do mundo inteiro, nos setores de petróleo e gás, na geração de energia elétrica e em propulsão marítima. A Solar promove seus produtos pela internet (acesse www.solarturbines.com) e por meio de prospectos e de mídia impressa ao redor do mundo, como mostrado a seguir.

Anúncio em uma publicação comercial francesa que enfatiza os atributos de economia de energia e baixo índice de poluição dos produtos. Observe o logotipo da Caterpillar e o número de telefone dos escritórios subsidiários europeus.

O tamanho compacto torna as turbinas a gás da Solar adequadas para plataformas petrolíferas em alto-mar em lugares como Mar do Norte, Golfo do México e em plataformas na Malásia e na América Latina.

Um prospecto em russo. O setor russo de petróleo e gás, antes representado pela antiga União Soviética, é um cliente importante da Solar há mais de 40 anos.

Cortesia da Solar Turbines Inc.

EQUIPE DE PROJETOS

O cliente é envolvido como um membro vital da equipe de projetos, do início da consulta à aprovação final. Ele atua com a equipe e apresenta as especificações do projeto para o nosso...

Engenheiro de vendas, que faz o contato inicial com o cliente, solicita uma análise de suas necessidades, envia-lhe uma proposta abrangente, monitora a execução do pedido e envia o pedido ao...

Engenheiro de aplicações designado, que é responsável por determinar o produto mais adequado às necessidades do cliente e por recomendar métodos alternativos, se apropriado.
O engenheiro de aplicações trabalha intimamente com o...

Sistema de engenharia e controle, no qual as turbinas e os compressores a gás e controles são desenvolvidos, e pacotes de turbinas a gás são adaptados ao cliente, com base em projetos comprovados.

A Solar Turbines vende seus produtos e serviços por meio de equipes de projetos que incluem tanto a equipe do cliente quanto vendedores. A Solar busca clientes no mundo inteiro, fornecendo equipamentos e serviços para seus empreendimentos globais. Obviamente, a empresa também vende diretamente para uma grande variedade de empresas estrangeiras.

A venda pessoal é o fator mais importante do *mix* de promoções para empresas industriais como a Solar. Além de visitar os clientes diretamente, os engenheiros de vendas participam de feiras comerciais importantes ao redor do mundo, como esta em Amsterdã.

O **gerente de projetos** lida com todos os aspectos do pedido, mantém contato com o cliente, controla a documentação, providencia auditorias de qualidade e é responsável por providenciar entregas pontuais e programar a preparação de equipamentos no local do cliente.

Os **técnicos de produção** produzem, montam e testam as turbinas industriais a gás e os pacotes de turbomáquinas desenvolvidos para atender às necessidades do cliente. O departamento de produção também providencia a entrega dos equipamentos no local do cliente.

O departamento de **atendimento ao cliente** faz a instalação e a ativação das turbomáquinas, treina o pessoal e oferece uma grande variedade de serviços vitais para atender às necessidades do cliente e a outros requisitos operacionais.

Os **fornecedores** são um fator essencial para todas as equipes de projetos; eles fornecem os materiais e os componentes que devem atender aos padrões de qualidade exigidos pela Solar.

A plataforma de petróleo e gás venezuelana em alto-mar aqui retratada é um projeto da Solar de aproximadamente US$ 40 milhões; são quatro conjuntos de turbomáquinas. É necessária uma coordenação estreita entre o cliente, os subempreiteiros e a Solar, desde os projetos iniciais até o momento da ativação dos equipamentos nas instalações.

As equipes de venda e serviços da Solar não param depois de ativar as máquinas. Os serviços pós-venda (contratos de manutenção, inspeção e peças sobressalentes) com frequência respondem por um terço das receitas de um fabricante industrial, e a Solar não é uma exceção a essa regra. A foto mostra as operações de inspeção realizadas pela empresa na Indonésia.

Cortesia da Solar Turbines Inc.

PARCEIROS DE COMERCIALIZAÇÃO DA SOLAR

A Solar vende e distribui seus produtos por meio de uma variedade de parceiros ao redor do mundo. A maioria das empresas prefere levar os negócios de uma maneira simples – venda direta no mundo inteiro. Entretanto, a Solar aprendeu a ser flexível e toma decisões de distribuição com base no nível do negócio e em regulamentações locais.

A Solar fechou acordos com três empresas japonesas: Mitsui Zosen, Niigata e Yanmar. A Yanmar, retratada ao lado, compra motores de turbina da Solar e depois os instala em geradores que atendem a especificações e regulamentos japoneses.

A Delcom é uma distribuidora da Solar na Malásia. Praticamente toda a produção é realizada nos Estados Unidos, e a principal função da Delcom é comercializar os equipamentos no Sudeste Asiático. A foto mostra o estande da Delcom em uma feira comercial malaia.

A Solar mantém uma variedade de operações de venda e produção no México, como a fábrica *maquiladora* de Tijuana, seus escritórios na Cidade do México e um acordo de compartilhamento de tecnologia com a Turbinas Solar. A sede desta última empresa, exibida na foto, encontra-se em Veracruz.

A Solar assinou também acordos de aliança de longo prazo com alguns de seus principais clientes, como a Shell Oil. Esta foto mostra os executivos da Solar e da Shell que se envolveram no acordo e depois o assinaram na sede da Solar, em San Diego.

Cortesia da Solar Turbines Inc.

RESUMO

O marketing industrial (*business to business*) exige uma análise atenta a respeito das necessidades exatas dos clientes. As diferenças básicas entre os diversos mercados são menos numerosas do que aquelas dos produtos de consumo, mas os motivos por trás da compra são suficientemente distintos para justificar uma abordagem especial. A concorrência global elevou-se a tal ponto que, atualmente, profissionais de marketing de produtos industriais são obrigados a examinar com cuidado o nível de desenvolvimento econômico e tecnológico de cada mercado para determinar a avaliação de qualidade do comprador. As empresas que adaptam seus produtos a essas necessidades provavelmente são as mais eficazes no mercado.

A demanda por produtos e serviços nos mercados de *business to business* é, por natureza, mais inconstante do que na maioria dos mercados de consumo. Além disso, essa demanda varia de acordo com o nível de desenvolvimento econômico e a qualidade dos sistemas educacionais dos países. Em última análise, a qualidade dos produtos e serviços é definida pelos clientes, mas são desenvolvidos normas e padrões de qualidade globais, como a ISO 9000, que fornecem informações sobre o grau de preocupação das empresas com questões relacionadas à qualidade. Os serviços pós-venda são um fator importantíssimo para as vendas industriais, e a demanda por outros tipos de serviços empresariais (por exemplo, operações bancárias, serviços jurídicos e propaganda) multiplica-se ao redor do mundo. As feiras comerciais são um veículo promocional especialmente importante no marketing *business to business*.

PALAVRAS-CHAVE

Demanda derivada
Relação preço-qualidade

ISO 9000
Seguidores de clientes

Marketing de relacionamento

QUESTÕES

1. Defina as palavras-chave acima relacionadas.
2. Quais são as diferenças existentes entre produtos de consumo e produtos industriais e quais são as implicações disso para o marketing internacional?
3. Discorra sobre como os vários estágios de desenvolvimento econômico influenciam a demanda por produtos industriais.
4. "A industrialização normalmente é uma questão nacional, e os produtos industriais são a forragem para o crescimento industrial." Comente essa afirmação.
5. "A adequação de um produto deve ser avaliada em relação ao ambiente geral no qual ele será comercializado, e não apenas com respeito à sua eficiência técnica." Discorra sobre as implicações dessa afirmação.
6. Por que os Estados Unidos não foram mais prestimosos no estabelecimento de padrões universais para equipamentos industriais? Você acha que o argumento apresentado é sensato do ponto de vista econômico? Discuta essa questão.
7. Quais papéis os serviços, as peças de reposição e os padrões e normas desempenham na concorrência no marketing no exterior? Dê exemplos.
8. Discorra sobre o papel desempenhado pelas feiras comerciais industriais no marketing internacional de produtos industriais.
9. Descreva os motivos que levam uma CMN a tentar obter a certificação ISO 9000.
10. Que exigências legais da ISO 9000 são impostas aos produtos vendidos na UE? Discuta essa questão.
11. Discorra sobre as consequências competitivas relacionadas com a obtenção da certificação ISO 9000.
12. Em que sentido as características responsáveis pela singularidade dos produtos industriais levam naturalmente ao marketing de relacionamento? Cite alguns exemplos.
13. Fale sobre alguns dos problemas mais pertinentes relativos à determinação de preço dos produtos industriais.
14. Em que consiste a relação entre preço e qualidade? Em que sentido essa relação influi na posição comparativa, por exemplo, de uma empresa americana, nos mercados mundiais?
15. Escolha vários países, cada um em um estágio de desenvolvimento econômico diferente, e mostre como esse estágio influencia a demanda por produtos industriais.
16. A Inglaterra praticamente encerrou o processo de mudança do sistema de polegada-libra para o sistema métrico. Em sua opinião, que consequência isso terá sobre a relutância tradicional dos Estados Unidos em realizar esse processo? Discorra sobre as implicações econômicas dessa mudança.
17. Fale sobre a importância dos serviços empresariais internacionais para o comércio de exportação americano como um todo. Como a maioria das empresas de serviços americanas torna-se internacional?
18. Fale sobre o ambiente do mercado internacional para os serviços empresariais.

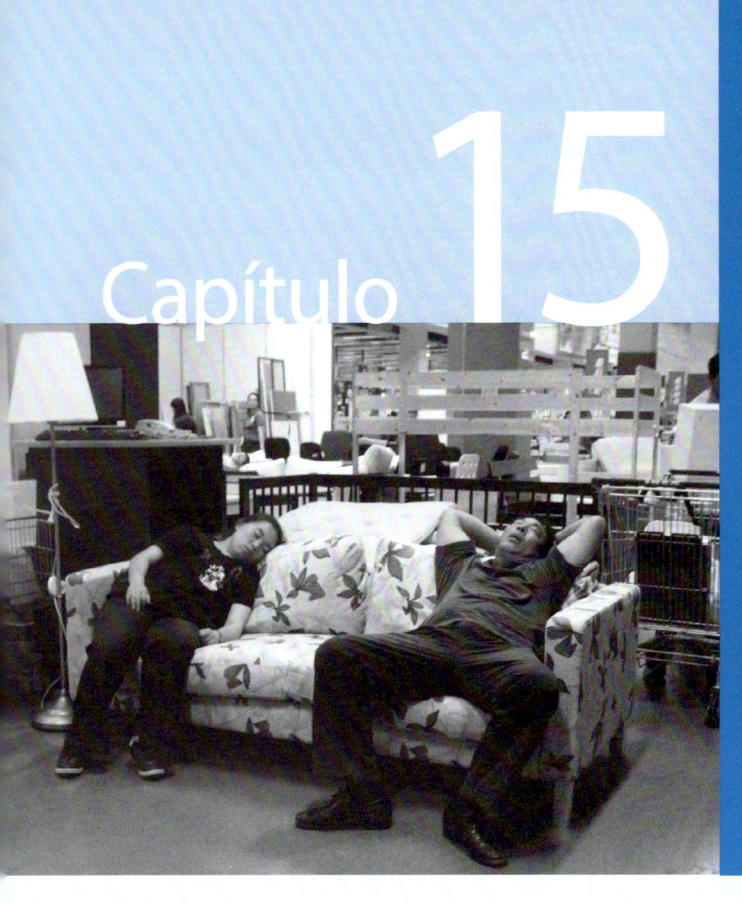

Capítulo 15
Canais de marketing internacional

SUMÁRIO

- Perspectiva global

    Central Perk em Pequim

- Estruturas do canal de distribuição
    - Estrutura de distribuição direcionada às importações
    - Estrutura de distribuição japonesa
    - Tendências: das estruturas de canal tradicionais às modernas
- Padrões de distribuição
    - Padrões de varejo
- Opções de intermediário
    - Intermediários do país de origem
    - Intermediários estrangeiros
    - Intermediários afiliados ao governo
- Fatores que afetam a escolha dos canais
    - Custo
    - Capital (necessidade de fundos próprios)
    - Controle
    - Cobertura
    - Característica
    - Continuidade
- Gestão de canais
    - Localizar intermediários
    - Selecionar intermediários
    - Motivar os intermediários
    - Rescindir um contrato com um intermediário
    - Controlar os intermediários
- Internet
- Logística

OBJETIVOS DE APRENDIZAGEM

OA1 Variedade de canais de distribuição e a forma como afetam custo e eficiência no marketing

OA2 Estrutura de distribuição japonesa e o que isso significa para clientes japoneses e importadores de mercadorias concorrentes

OA3 Como os padrões de distribuição afetam os vários aspectos do marketing internacional

OA4 Funções, vantagens e desvantagens dos vários tipos de intermediário

OA5 Importância de escolher e manter intermediários

OA6 Importância crescente do comércio eletrônico como alternativa de distribuição

OA7 Interdependência das atividades de distribuição física

Desenvolvimento de estratégias de marketing globais

PARTE QUATRO

Perspectiva global

CENTRAL PERK EM PEQUIM

Todos os 4Ps de marketing – produto, preço, promoção e ponto de venda – são fundamentais para os varejistas, particularmente o último. Nenhum outro lucrou mais do que a Starbucks ao criar um "terceiro lugar" para os consumidores. Tal como na série de televisão *Friends*, os amigos têm um sofá para se sentar, conversar e, de acordo com a expectativa dos varejistas, consumir. Contudo, em Pequim, isso nem sempre é favorável para o varejista.

"O que mais gosto é daquele sofá confortável. Acho que quando vi pela primeira vez uma Starbucks fui logo entrando e sentando no sofá. Mas o funcionário veio até mim e me disse que se não consumisse café não poderia ficar ali. Então saí, porque na época achei que para um estudante como eu o preço do café era um pouco alto", disse uma pessoa que visitara a Starbucks pela primeira vez.

Outro visitante disse que não conhecia as regras do jogo: "Lembro-me de que quando entrei pela primeira vez na Starbucks queria café gelado [...]. Mas, ao terminar meu café, o açúcar ficou no fundo da xícara. Não sei por que existem tantos tipos de açúcar [...]. Não sei que tipo é mais adequado para mim, para o meu café. Então, no futuro, gostaria [...] de obter alguma informação sobre o tipo de açúcar que é acrescentado em cada tipo de café".

Em Pequim, a IKEA tem uma loja maior e também um problema bem maior desse tipo:

> Sem saber o que fazer em um dia de sábado, Zhang Xin pediu à mulher, ao filho e à sua mãe para que vestissem alguma roupa bacana para dar uma volta no sedã da família. Ele poderia tê-los levado à Cidade Proibida ou à Grande Muralha, mas decidiu visitar um novo destino – a IKEA.

Ao subirem a escada rolante, viram um homem deitado com um livro aberto sobre a barriga em uma cama exposta. A família perambulou pela loja, apertando-se entre a multidão de visitantes que enchiam o *showroom* e acotovelavam e atropelavam-se com seus carrinhos de compra amarelos. Zhang disse que a família precisava desanuviar um pouco e almoçar em algum lugar de confiança. "Viemos aqui apenas para nos divertir", disse o gerente de 34 anos de idade. "Poderíamos ter ido a algum outro lugar, mas não teria sido uma experiência tão perfeita."

Bem-vindo à IKEA de Pequim, onde a atmosfera é mais parecida com a de um parque temático do que com a de uma loja. Quando essa gigante de móveis sueca foi aberta em Pequim em 1999, ela esperava que os habitantes da cidade adotassem sua marca europeia minimalista. Uma década depois, os pequineses fizeram exatamente isso. Talvez até demais.

Todos os fins de semana, milhares de curiosos visitam ao *showroom* apenas para olhar e usar os móveis em exposição. Alguns se deitam em uma cama, enfiam-se embaixo da colcha e tiram uma soneca; outros levam suas câmeras para serem fotografados junto à decoração. As famílias passam a tarde na loja somente para desfrutar do ar-condicionado. Os visitantes não conseguem resistir à tentação de ver as últimas novidades que para a maioria dos americanos é coisa normal, como refis de refrigerante de graça e muitos lugares para sentar. Eles também gostam dos funcionários descontraídos que não se importam quando uma criança pula no sofá.

Comprar algo na *Yi Jia*, nome pelo qual a IKEA é chamada em Pequim, é algo que não está nos primeiros planos. "É a única loja grande em Pequim onde os seguranças não o proíbem de tirar fotos", disse Jing Bo, de 30 anos, que procurava um pano de fundo bacana para tirar uma foto da namorada.

O sucesso da IKEA pode ser em parte justificado pelo seu profundo enraizamento no *zeitgeist* da capital. Em uma época em que a casa própria está mais ao alcance das pessoas e os salários aumentam, a IKEA oferece móveis modernos a preços acessíveis para uma classe média em ascensão que clama por se tornar *bai ling*, isto é, colarinho-branco[*]. Não há mal nenhum também no fato de esse estilo discreto desviar-se satisfatoriamente, por exemplo, dos falsos *designs* imperiais franceses dos quais os novos-ricos mais antigos e os hotéis espalhafatosos tanto gostam.

"Nossos valores estão mudando", afirmou Lizzy Hou, universitária formada da província vizinha de Hebei que em maio se mudou para Pequim para começar a lecionar. "Queremos ser modernos. Acho que a IKEA representa um estilo de vida. As pessoas não desejam necessariamente comprar, mas no mínimo experimentar."

Imaginar as possibilidades é um dos motivos que levam Bai Yalin a dirigir durante uma hora e meia de seu apartamento para passar um dia na loja com seu filho de 7 anos de idade e suas duas sobrinhas adolescentes. Existem poucos outros recintos fechados, disse ela, onde as crianças podem se divertir gratuitamente em uma tarde de sábado de sol a pino. Bai planejou um passeio de cinco horas. Primeiro, eles comeram cachorro-quente e tomaram sorvete em casquinha ao meio-dia. Depois, passaram um bom tempo deitados em uma cama para descansar. Bai, dona de casa de 36 anos de idade, tirou as sandálias e reconfortou-se em uma cama beliche Tromso e até respondeu algumas perguntas a outros visitantes sobre a qualidade dos colchões. "É macio e uma ótima compra por esse preço", disse ela a uma jovem, apontando para a etiqueta de preço dependurada. Bai e sua família tiraram fotos juntos. Às

---

[*] N. de E.: Para nós brasileiros, nova classe média.

Dois visitantes da IKEA de Pequim tiram uma soneca no sofá.

17h, horário para outra refeição, eles foram para o restaurante da loja e comeram cogumelos refogados com arroz.

Bai e seu marido, funcionário de uma empresa de calefação, compraram pratos e copos na IKEA, mas o que eles de fato gostariam é de um dia se livrarem da mobília chinesa antiga e desajeitada e levar para casa as madeiras compensadas do tipo faça você mesmo. "Hoje, não planejamos comprar nada. Apenas comer e descansar, afirmou Bai."

Embora frustrados, os executivos da IKEA esperam que visitantes como Luo, que só vão para dar uma olhada, com o tempo se tornem de fato clientes. É por isso que eles não afugentam ninguém que esteja ali dormindo. É a promissora classe média da China que levou a loja a investir no país. A IKEA, empresa de capital fechado, opera sete lojas na China, apesar das indicações de que a lucratividade ainda é uma ilusão.

"A consciência de marca é grande, mas a questão é saber como fazer as pessoas abrirem a carteira e gastarem", disse Linda Xu, porta-voz da empresa, desviando o olhar quando viu um trio de clientes tirando uma soneca. Quando o Walmart e a cadeia de supermercados francesa Carrefour entraram na China na década de 1990, inúmeras pessoas visitavam as novas lojas apenas para ver e tocar. Agora, milhões de chineses compram todos os dias nessas lojas.

A IKEA enfrenta outro desafio: os imitadores. A IKEA sabe que alguns clientes atrevidos entram na loja acompanhados de um marceneiro munido com sua trena para fazer uma réplica. Zhang, o gerente que estava visitando a loja com a família, disse ter comprado em outro lugar uma mesa de televisão e um sofá exatamente iguais às mobílias da IKEA. "Por que gastar tanto dinheiro quando podemos obter a mesma coisa por um preço menor?", afirmou ele.

Fontes: Meera Venkatraman e Teresa Nelson, "From Servicescape to Comsumptionscape: A Photo-Eliciation Study of Starbucks in the New China", *Journal of International Business Studies*, 39, n. 6, 2008, p. 1.010-1026; David Pierson, "Beijing Loves IKEA – But Not for Shopping", *Los Angeles Times*, 25 de agosto de 2009 [*on-line*]. Para obter mais informações sobre esse tópico, consulte também Edwin J. Nijssen e Susan P. Douglas, "Consumer World-Mindedness, Social-Mindedness, and Store Image", *Journal of International Marketing*, 16, n. 3, 2008, p. 84-107.

Para atingir os objetivos de marketing, é necessário disponibilizar o produto ao mercado-alvo por um preço acessível. Contudo, fazer isso pode ser um processo dispendioso se houver inadequações na estrutura de distribuição e não for possível superá-las. Formar um canal de distribuição agressivo e confiável talvez seja a tarefa mais crítica e desafiadora enfrentada pelo profissional de marketing internacional. Além disso, há quem defenda que vencer esse desafio constitui um catalisador fundamental para o desenvolvimento econômico.

Cada mercado possui uma rede de distribuição com várias opções de canal cuja estrutura é única e, a curto prazo, estável. Em alguns mercados, a estrutura de distribuição é complexa, multidimensional, ineficaz, até mesmo estranha, e muitas vezes de difícil entrada para os novos profissionais de marketing; em outros, existem poucos intermediários especializados, exceto nas principais áreas urbanas; e em alguns outros existe uma mistura dinâmica de sistemas tradicionais e de sistemas novos e em expansão, disponíveis em escala global. Independentemente da estrutura de distribuição predominante, a vantagem competitiva estará nas mãos do profissional de marketing mais apto a formar os canais mais eficazes com base nas alternativas disponíveis. Como o comércio global continua crescendo e as infraestruturas de distribuição físicas estão defasadas, os desafios serão ainda maiores no século XXI.

Este capítulo analisa os pontos básicos relacionados à escolha de canais: estruturas de canal, padrões de distribuição, opções de intermediário disponíveis, fatores que afetam a escolha de canais e localização, seleção, motivação e rescisão de contrato com intermediários.

Estruturas do canal de distribuição

Em qualquer país ou mercado, urbano ou rural, rico ou pobre, todos os produtos industriais e de consumo em algum momento passam por um processo de distribuição. O **processo de distribuição** abrange o processamento físico e a distribuição física dos produtos, a transferência de propriedade (de direito de posse) e – o mais importante do ponto de vista de estratégia de marketing – as negociações de compra e venda entre os produtores e os intermediários e entre os intermediários e os clientes ou consumidores.

O gerente de marketing internacional enfrenta inúmeras questões políticas e estratégicas de escolha de canal. Esses problemas em si não são tão diferentes daqueles encontrados na distribuição doméstica, mas sua resolução é distinta por causa das diversas alternativas de canal e dos diferentes padrões de mercado.

Cada mercado externo tem uma **estrutura de distribuição** específica para transferir as mercadorias do produtor ao usuário. Nessa estrutura, existe uma variedade de intermediários cujas funções, atividades e serviços habituais refletem a concorrência existente, as características do mercado, a tradição e o desenvolvimento econômico.

Em resumo, o comportamento dos membros dos canais é uma consequência das interações entre o ambiente cultural e o processo de marketing. As estruturas de canal variam desde aquelas que possuem uma infraestrutura de marketing pouco desenvolvida, como as que se encontram em vários mercados emergentes, às que têm sistemas de distribuição altamente complexos e multidimensionais, como no Japão.

Estrutura de distribuição direcionada às importações

OA1
Variedade de canais de distribuição e a forma como afetam custo e eficiência no marketing

Nos países em desenvolvimento, os canais tradicionais evoluíram de uma economia com forte dependência de produtos manufaturados. Em uma *estrutura de distribuição tradicional* ou *direcionada às importações*, o importador controla um abastecimento fixo de produtos, e o sistema de marketing desenvolve-se em torno da filosofia de venda de uma pequena quantidade de produtos a um preço alto para um pequeno número de clientes ricos. No mercado resultante do vendedor, a penetração de mercado e a distribuição em massa não são necessárias porque a demanda supera a oferta e, na maioria dos casos, o cliente procura a oferta junto a um pequeno número de intermediários.

Essa configuração afeta o desenvolvimento de intermediários e de suas funções. O escopo dos sistemas de distribuição é local, e não nacional, e a relação entre o importador e qualquer tipo de intermediário no mercado é consideravelmente diferente daquela que se vê em um sistema de comercialização em massa. A ideia de um canal como uma cadeia de intermediários que executam atividades específicas e em que cada um vende para uma unidade menor abaixo dele, até alcançar o consumidor final, não é comum em um sistema direcionado às importações.

Como o importador-atacadista normalmente executa a maioria das atividades de marketing, as entidades independentes que fornecem propaganda, pesquisa de mercado, armazenamento, transporte, financiamento e outros serviços facilitadores encontrados em uma infraestrutura desenvolvida e madura inexistem ou são incipientes. Portanto, desenvolvem-se poucas entidades independentes para apoiar um sistema de distribuição totalmente integrado.

Compare essa situação com a filosofia de distribuição do consumo de massa, prevalecente nos Estados Unidos e em outras nações industrializadas. Nesses mercados, a oferta não está nas mãos de um único fornecedor, e pode aumentar ou diminuir dentro de um intervalo específico. Além disso, a maximização da lucratividade ocorre de acordo com a capacidade de produção ou próximo dela. Geralmente, existe o mercado do comprador e o produtor tenta penetrar esse mercado e fazer seus produtos chegarem ao consumidor, o que resulta em uma estrutura de canal altamente desenvolvida que abrange uma variedade de intermediários, muitos dos quais desconhecidos nos mercados em desenvolvimento.

Eles estão na China, mas não são patos de Pequim. Essas aves estão à venda no livre-mercado de Guangzhou, o primeiro mercado de criadores a ser aberto na China após a Revolução Cultural. Esse mercado foi o lugar de renascimento da livre-iniciativa. Todos os tipos de comida são vendidos aqui – de patos a cachorros, de escorpiões a lagartixas secas no palito.

Como a China se desenvolve economicamente, seu sistema de mercado também evolui.[1] Como analisado anteriormente, o desenvolvimento econômico é irregular, e várias partes de uma economia podem estar em diferentes estágios de desenvolvimento. As estruturas de canal nos países que tradicionalmente evoluíram de uma estrutura orientada às importações em geral guardam vestígios de suas origens, que se refletem em um sistema nem um pouco integrado. No outro extremo encontra-se o sistema de distribuição japonês, com seus vários níveis de intermediários especializados.

---

[1] Lutz Kaufman e Andreas Jentzsch, "Internationalization Processes: The Case of Automotive Suppliers in China", *Journal of International Marketing*, 14, 2006, p. 52-84.

Estrutura de distribuição japonesa

OA2

Estrutura de distribuição japonesa e o que isso significa para clientes japoneses e importadores de mercadorias concorrentes

No Japão, a distribuição há muito tempo é considerada uma barreira não tarifária eficaz para o mercado japonês.[2] O mercado torna-se mais aberto porque vários modos de operação tradicionais estão desgastados em virtude da concorrência dos mercados estrangeiros e porque os consumidores japoneses buscam preços mais baixos. Contudo, a distribuição japonesa ainda é um excelente estudo de caso sobre a influência penetrante exercida pela cultura em instituições econômicas como os sistemas de distribuição nacionais. Considerando que a estrutura de distribuição japonesa é suficientemente diferente da estrutura dos Estados Unidos ou da Europa, ela deve ser examinada com cuidado por qualquer pessoa que pretenda entrar nesse mercado. O sistema japonês tem quatro características distintivas: (1) estrutura dominada por inúmeros pequenos intermediários que lidam com vários pequenos varejistas, (2) canal controlado pelos fabricantes, (3) filosofia de negócios moldada por uma cultura ímpar[3] e (4) leis que protegem a base desse sistema – os pequenos varejistas.

A densidade de intermediários, varejistas e atacadistas no mercado japonês não encontra paralelo em nenhum país ocidental industrializado. A estrutura tradicional japonesa atende a consumidores que fazem compras pequenas e frequentes em lojas pequenas e convenientemente localizadas. Uma densidade equiparável de atacadistas sustenta a alta densidade de lojas pequenas cujo estoque é pequeno. Não é incomum os produtos de consumo passarem por três ou quatro intermediários antes de chegarem ao consumidor – do produtor para o atacadista primário, secundário, regional e local e, finalmente, do varejista para o consumidor. A Figura 15.1 mostra o contraste entre canais americanos menores (com lojas maiores) e os extensos canais japoneses.

Embora outros países tenham um grande número de pequenas lojas de varejo, a principal diferença entre as pequenas lojas (com nove funcionários ou menos) no Japão e nos Estados Unidos é a porcentagem do total de vendas no varejo relativa aos pequenos varejistas. No Japão, as lojas pequenas respondem por 59,1% da venda de alimentos no varejo; nos Estados Unidos, essas lojas geram 35,7% da venda de alimentos. Uma porcentagem desproporcional de produtos não alimentícios também é vendida nas pequenas lojas japonesas. Essas diferenças podem ser igualmente observadas na Figura 15.1. Observe a ênfase dos japoneses nas áreas "especialistas em alimentos/bebidas/tabaco", "varejistas de vestuário e calçados" e "outras lojas" em ambas as categorias. Já o sistema de distribuição americano enfatiza em grande medida hipermercados como Walmart e Target.

Figura 15.1
Estrutura varejista em três países.

Fonte: Euromonitor International, 2009.

	Pontos de venda varejistas/milhares		
	Alemanha	Japão	Estados Unidos
Lojas de alimentos			
Supermercados e lojas de descontos	13,7	17,0	23,5
Hipermercados	1,7	0,006	3,8
Pequenas mercearias	37,0	92,5	179,6
Especialistas em alimentos/bebidas/tabaco	36,2	147,5	78,8
Outras lojas de secos e molhados	4,3	76,4	7,7
Lojas de produtos não alimentícios			
Varejistas variados	3,0	11,6	40,5
Varejistas de produtos de saúde e beleza	47,3	80,8	88,5
Varejistas de vestuário e calçados	32,2	141,5	113,7
Especialistas em decoração e paisagismo	23,4	48,1	151,4
Eletrônicos e utensílios	23,6	45,6	37,4
Lazer e produtos de uso pessoal	53,8	49,3	152,8
Outros varejistas não alimentícios	9,0	139,0	41,0

---

[2] Para examinar um estudo detalhado sobre esse assunto, consulte Frank Alpert, Michael Kamins, Tokoaki Sakano, Naoto Onzo e John L. Graham, "Retail Buyer Decision Making in Japan: What U.S. Sellers Need to Know", *International Business Review*, 6, n. 2, 1997, p. 91-104; Yoshinobu Sato, "Some Reasons Why Foreign Retailers Have Difficulties in Succeeding in the Japanese Market", *Journal of Global Marketing*, 18, n. 1/2, 2004, p. 21-44.

[3] Keysuk Kim e Changho Oh, "On Distributor Commitment in Marketing Channels for Industrial Products: Contrast between the United States and Japan", *Journal of International Marketing*, 10, n. 1, 2002, p. 72-97.

Como veremos em uma seção subsequente, no Japão ocorrem mudanças profundas no setor varejista. Embora ainda se possa dizer justificadamente que o mercado japonês apresenta alta densidade de intermediários, o número de lojas pequenas diminui à medida que elas são substituídas por lojas de descontos e lojas especializadas maiores. O número de lojas de varejo apresentou uma queda de mais de 13% entre 2004 e 2009, e a quantidade de lojas com quatro funcionários ou menos diminuiu mais de 15%. Essas lojas pequenas cumprem um papel importante para os consumidores japoneses. A alta densidade populacional, a tradição de ir com frequência às lojas, a ênfase sobre atendimento, produtos frescos e qualidade e o oferecimento de apoio financeiro, de entregas frequentes de pequenos lotes e de outros benefícios por parte dos atacadistas são fatores que contribuem para esse grande número de lojas pequenas.

Os fabricantes dependem dos atacadistas para uma série de serviços prestados a outros membros da rede de distribuição. Financiamento, distribuição física, armazenamento, estocagem, promoção e cobrança de pagamentos são serviços oferecidos pelos atacadistas a outros membros do canal. O sistema funciona porque os atacadistas e todos os outros intermediários que estão abaixo estão amarrados aos fabricantes por um conjunto de práticas e incentivos concebidos para apoiar fortemente a comercialização de seus produtos e excluir os concorrentes desse canal. Os atacadistas normalmente funcionam como intermediários e ampliam o controle do fabricante ao longo do canal, até o nível de varejo.

Além da dependência e dos laços econômicos estreitos criados pelas práticas comerciais e da extensa estrutura dos canais de distribuição japoneses, existe uma filosofia de negócios direcionada ao relacionamento que enfatiza a lealdade, a harmonia e o coleguismo. Esse sistema de valores sustenta relações duradouras entre revendedor e fornecedor que são difíceis de mudar enquanto todas as partes perceberem que existe vantagem econômica. O parceiro tradicional, íntimo, geralmente é o que leva vantagem.

A falta generalizada de concorrência de preço, o oferecimento de serviços onerosos e outras ineficiências tornam os produtos de consumo japoneses uns dos mais altos do mundo. Aliás, basta comparar os contracheques, de acordo com as taxas de câmbio atuais [isto é, o produto interno bruto (PIB) *per capita*], para ver que os japoneses ganham US$ 38.443, e os americanos, US$ 46.716. Todavia, se levarmos em conta o que esses contracheques compram [isto é, o PIB *per capita* em paridade do poder de compra (PPC)], a vantagem dos americanos aumenta porque os produtos são mais caros no Japão e o poder aquisitivo dos japoneses equivale a apenas US$ 34.009.[4] Esses preços criam um clima perfeito para o desconto, que começa a se tornar um fator preponderante. O consumidor japonês contribui para a continuidade dessa característica tradicional do sistema de distribuição em virtude de seu hábito de ir com frequência às lojas, de fazer compras pequenas e de favorecer o atendimento pessoal em detrimento do preço e de sua propensão a ser leal a marcas que, segundo sua percepção, são de alta qualidade. Além disso, a legislação japonesa concede aos pequenos varejistas uma enorme vantagem sobre a criação de lojas maiores e de uma concorrência mais acirrada. Todos esses fatores contribuíram para que as lojas pequenas continuassem viáveis e a manutenção desse sistema fosse consolidado, embora mudanças de atitude entre vários consumidores japoneses comecem a enfraquecer o domínio do varejo tradicional sobre o mercado.

A concorrência por parte das grandes lojas tem sido controlada quase totalmente pela *Daitenho* – **Lei de Varejo de Larga Escala** (e suas corporificações mais recentes). Destinada a proteger pequenos varejistas contra a intrusão de grandes concorrentes em seus mercados, essa lei exigia que todas as lojas varejistas com mais de 500 metros quadrados obtivessem a aprovação do governo provincial para serem "construídas, ampliadas, manterem-se abertas até tarde da noite ou mudarem os dias do mês em que eram obrigadas a ficar fechadas". Todas as propostas para abertura de novas lojas consideradas "grandes" eram primeiramente avaliadas pelo Ministério do Comércio e Indústria Internacional (MCII). Em seguida, se todos os varejistas locais concordassem *unanimemente* com o plano, ele era aprovado. Contudo, se não houvesse aprovação do governo provincial, o plano era devolvido para obter esclarecimentos e alterações, processo em que a aprovação podia demorar vários anos (dez anos não era um prazo incomum).

A Iniciativa de Impedimentos Estruturais (Structural Impediments Initiative – SII) do governo americano, a desregulamentação e, mais recentemente, o Walmart provocam mudanças nos métodos de distribuição japoneses. Entretanto, no final das contas, apenas os comerciantes locais que desafiam as formas tradicionais de oferecer ao consumidor produtos de qualidade a

---

[4] Dólares internacionais constantes de 2000; Indicadores de Desenvolvimento Mundiais; Banco Mundial, 2008.

CRUZANDO FRONTEIRAS 15.1 — Lojas grandes e com aparência idêntica nem sempre funcionam

Em vista do sucesso de suas estratégias operacionais nos Estados Unidos, Walmart, JCPenney, Office Depot e Starbucks tornaram-se globais. Contudo, como a adaptação continua sendo um fator importante, muitas tiveram de adaptar sua estratégia operacional para acomodar diferenças culturais e comerciais. As estratégias de crescimento devem se apoiar em três pilares: (1) o varejista deve oferecer um sortimento de produtos competitivamente superior de acordo com a definição dos clientes locais, (2) o varejista deve ter capacidade para gerar economias ao longo da cadeia de valor que leva o produto ao consumidor local e (3) os varejistas globais devem ter potencial de desempenho no ambiente local.

Considere, por exemplo, alguns problemas que os varejistas americanos enfrentaram ao elaborar estratégias globais com base nesses três pilares.

- Nos mercados de moda e vestuário, o gosto pessoal é fundamental na decisão de compra. Diferenças na cultura, no clima e mesmo na fisiologia exigem que os produtos sejam personalizados para esse mercado. Saias justas, blusas e qualquer outro artigo que delineie a silhueta feminina com certeza têm muita saída no sul da Europa, mas não vendem no norte. As mulheres holandesas vão de bicicleta para o trabalho, por isso, as saias justas não são adequadas. Os homens franceses exigem que as calças permitam que se faça a bainha; já os homens alemães não gostam de se incomodar com a bainha. É impossível vender o raiom e outros tecidos artificiais na Alemanha. Porém, na vizinha Holanda, os tecidos artificiais são populares porque são mais baratos.
- As linhas infantis que mais vendem no norte da Europa não têm um número significativo de adeptos na França; os franceses vestem os filhos como se fossem adultos, e não como criança. Uma das linhas que mais vendem é uma versão de tamanho menor para garotas, baseada em uma linha de roupas para mulheres adultas.
- Os custos operacionais também variam. Nos Estados Unidos, onde o salário mínimo por hora é US$ 7,75, os custos são consideravelmente diferentes dos da França, onde o salário mínimo por hora é superior a US$ 10, incluindo os encargos sociais do empregador. Por esse motivo, a Toys "R" Us foi obrigada a adaptar sua estrutura operacional na França, onde utiliza um terço a menos de funcionários por loja, em relação à quantidade que emprega nos Estados Unidos.
- A imagem do perdigueiro inglês de Sam Walton nas embalagens de sua marca própria de comida para cachorro, Ol'Roy, foi substituída por um *terrier* depois que os executivos alemães do Walmart explicaram que os *terriers* são populares na Alemanha, ao passo que os perdigueiros não são conhecidos.
- No Japão, a Office Depot fechou suas lojas grandes e de aparência idêntica, ao estilo americano, e as reabriu com um terço do tamanho. Os clientes ficavam desencorajados com o tamanho das lojas, mais parecidas com um depósito, e confusos com a sinalização em inglês. As novas lojas são sinalizadas em japonês e oferecem materiais de escritório mais familiares para os japoneses, como o fichário de dois anéis, e não o típico fichário de três anéis vendido nos Estados Unidos.
- Os dois maiores varejistas do mundo retiraram-se recentemente de mercados não lucrativos – o Walmart saiu da Alemanha e da Coreia do Sul, e a rede Carrefour fechou suas operações no sul da Itália.

Fontes: Ernest Beck e Emily Nelson, "As Wal-Mart Invades Europe, Rivals Rush to Match Its Formula", *The Wall Street Journal*, 6 de outubro de 1999; Amy Chozick, "Foof Revives Starbucks Japan", *The Wall Street Journal Asia*, 24 de outubro de 2006, p. 19; Miguel Bustillo, "New Chief at Wal-Mart Looks abroad for Growth", *The Wall Street Journal*, 2 de fevereiro de 2009 [on-line].

---

preços competitivos e justos são capazes de provocar o fim do sistema de distribuição tradicional. Lojas de descontos especializadas surgem em todos os cantos. Além disso, para reduzir drasticamente os preços, os empreendedores compram diretamente e evitando o sistema de distribuição. Por exemplo, a Kojima, loja de descontos de eletrônicos de consumo, utiliza um método que ela chama de "compra global" e compra produtos em qualquer lugar do mundo pelo preço mais baixo possível. O laço entre a Kojima e a General Electric permite que ela ofereça um refrigerador GE de 410 litros por US$ 640, valor bem inferior ao preço normal de US$ 1.925, e diminua o valor do modelo de 550 litros de US$ 3.462 para US$ 1.585.

Tendências: das estruturas de canal tradicionais às modernas

Hoje, poucos países estão suficientemente isolados para não serem afetados pelas mudanças econômicas e políticas globais. Esses fluxos de mudança alteram todos os níveis do tecido econômico, inclusive a estrutura de distribuição.[5] As estruturas de canal tradicionais dão lugar a novos métodos, novas alianças e novos processos – alguns mais lentos do que outros, mas todos estão mudando.[6] As pressões por mudança em um país são internas e externas.

---

[5] Katrijn Gielens, Linda M. van de Gucht, Jan-Benedict E. M. Steenkamp e Marnik G. Dekimpe, "Dancing with Giant: The Effect of Wal-Mart's Entry into the United Kingdom on the Performance of European Retailers", *Journal of Marketing Research*, 45, n. 5, 2008, p. 519-534; Michael Etgar e Dalia Rachman-Moore, "Geographical Expansion by International Retailers: A Study of Proximate Markets and Global Expansion Strategies", *Journal of Global Marketing*, 23, 2010, p. 5-15.

[6] Suk-Ching Ho, "Evolution versus Tradition in Marketing Systems: The Hong Kong Food Retailing Experience", *Journal of Public Policy & Marketing*, 24, n. 1, 2005, p. 90-99; Ellyn Byron, "P&G's Global Target: Shelves of Tiny Stores", *The Wall Street Journal*, 16 de julho de 2007, p. A1, A10; Bruce Einhorn e Wing-Gar Cheng, "China: Where Retail Dinosaurs Are Thriving", *Bloomberg BusinessWeek*, 1º e 8 de fevereiro de 2010, p. 64.

Os profissionais de marketing de multinacionais procuram soluções para explorar lucrativamente segmentos de mercado que hoje são atendidos por sistemas de distribuição tradicionais e onerosos. Na Índia, a familiar aglomeração dos varejistas tradicionais dá vazão rapidamente aos amplos corredores dos novos supermercados locais e estrangeiros. No Reino Unido, a Tesco começa a oferecer serviços de banco de varejo em suas lojas[7], e a Anthropologie experimenta novas águas por lá também.[8] Como os lucros da rede Carrefour diminuíram na Europa, a empresa está importando novos conceitos de seus hipermercados no Brasil, como o menor número de unidades em estoque.[9] Marketing direto, venda de porta em porta, hipermercados, lojas de descontos, shopping centers, venda por catálogo, internet e outros métodos de distribuição são introduzidos em busca da oferta de canais de distribuição eficientes. Os importadores e varejistas participam mais da atividade de desenvolvimento de novos produtos.[10] Um exemplo disso é o Grupo Elektra, gigante de eletrodomésticos e eletrônicos do México, que formou uma aliança com o Beijing Automobile Works Group para desenvolver e fabricar automóveis de baixo custo para o México e os mercados de exportação.

Algumas tendências importantes no sistema de distribuição com o tempo aumentarão as semelhanças e diminuirão as disparidades entre os intermediários de diferentes países. O Walmart, por exemplo, expande-se no mundo inteiro – do México ao Brasil e da Europa à Ásia.[11] O único contratempo importante para o potente Walmart foi a falta de escala e de lucratividade na Coreia do Sul; em 2006, a empresa vendeu as cinco lojas que mantinha no país.[12] A Avon se expandiu na Europa Oriental; a Mary Kay Cosmetics e a Amway, na China; e a L. L. Bean e a Lands' End entraram no mercado japonês e obtiveram êxito. O efeito de todas essas intrusões nos sistemas de distribuição tradicionais é a mudança que transformará as lojas de descontos, o autosserviço, os supermercados, a revenda em massa e o comércio eletrônico em conceitos comuns no mundo inteiro, elevando o clima competitivo para um nível nunca visto.

Como os varejistas americanos invadiram a Europa, alguns varejistas europeus conscienciosos se fundem com ex-concorrentes e empresas de outros países para criar empreendimentos que abranjam toda a Europa.[13] A empresa global francesa Carrefour fundiu-se com a Promodes, um de seus concorrentes mais ferozes, para criar, nas palavras de seu CEO, um "líder varejista mundial". A Sainsbury, gigante dos supermercados do Reino Unido, formou uma aliança com a Esselunga (supermercados), da Itália, a Docks (hipermercados, supermercados e lojas de descontos), da França, e a Delhaize (supermercados), da Bélgica. Essa aliança oferece às quatro empresas a oportunidade de reunir suas experiências e seu poder aquisitivo para enfrentar melhor a concorrência crescente e a oportunidade proporcionada pelo mercado único europeu e pelo euro.

Embora os varejistas europeus considerem a unificação da Europa uma oportunidade para uma expansão pan-europeia, os varejistas estrangeiros são atraídos por margens de lucro e preços altos. A Costco, atacadista-varejista com sede nos Estados Unidos, viu a alta porcentagem de margem bruta obtida pelos supermercados britânicos (7 a 8% em comparação com 2,5 a 3% nos Estados Unidos) como uma oportunidade. Os preços da Costco a princípio serão de 10 a 20% inferiores aos dos concorrentes varejistas locais.

A expansão para fora do país de origem e novos tipos de varejo são uma realidade em toda a Europa. A El Corte Inglés, maior rede de lojas de departamento da Espanha, além de estar entrando em Portugal e em outros países europeus, foi uma das primeiras varejistas a oferecer a opção de loja virtual na internet (www.elcorteingles.es) e a patrocinar dois canais de compras em domicílio 24 horas na Espanha. É cada vez maior a quantidade de varejistas

---

[7] Kerry Capell, "Eggs, Bread, Milk – and a Mortgage", *Bloomberg BusinessWeek*, 1º de março de 2010, p. 20.
[8] Michael Arndt, "Urban Outfitters' Grow-Slow Strategy", *Bloomberg BusinessWeek*, 1º de março de 2010, p. 56.
[9] Christina Passariello, "Carrefour Net Drops Amid Overhaul Effort", *The Wall Street Journal*, 19 de fevereiro de 2010 [*on-line*].
[10] Goksel Yalcinkaya, Roger J. Calantone e David A. Griffith, "An Examination of Exploration Capabilities: Implications for Product Innovation and Market Performance", *Journal of International Marketing*, 15, 2007, p. 63-93.
[11] Anand Giridharadas, "Megastores Gaze Longingly at India", *International Herald Tribune*, 2-3 de abril de 2005, p. 13, 15.
[12] "Wal-Mart Exits Korean Market", *Los Angeles Times*, 23 de maio de 2006, p. C3.
[13] John Dawson, "New Cultures, New Strategies, New Formats, and New Relationships in European Retailing: Some Implications for Asia", *Journal of Global Marketing*, 18, n. 1/2, 2004, p. 73-98.

menores que se expandem no exterior.[14] Outra varejista espanhola, a Mango, abriu uma loja em Nova York e, como outros concorrentes europeus, estava aproveitando os custos baixos de operação nos Estados Unidos em decorrência da baixa do dólar.[15]

Um dos pontos fortes do Walmart é seu sistema interno de internet, que torna suas transações com os fornecedores extremamente eficientes e diminui os custos operacionais. Aliás, a empresa compra lojas de varejo com problemas ao redor do mundo com o objetivo de "salvá-las" por meio de suas tecnologias de distribuição. Esse mesmo tipo de sistema está disponível na internet tanto para transações *business to business* quanto *business to consumer*. Por exemplo, a General Motors, a Ford Motor Company e a DaimlerChrysler criaram o *site* Covisint (www.covisint.com) para a compra de peças automotivas diretamente dos fornecedores, o que gerará uma economia de milhões de dólares. Um pedido de compra comum custa US$ 150 para a Ford, enquanto um pedido em tempo real por meio do Covisint custará em torno de US$ 15. A Sears Roebuck e a francesa Carrefour criaram o GlobalNetXchange (www.gnx.com), um centro de intercâmbio que permite que os varejistas e seus fornecedores conduzam transações *on-line*. Por meio de um navegador Web, qualquer empresa pode acessar o intercâmbio para comprar, vender, negociar ou leiloar produtos e serviços. Considerado "uma das mudanças mais sensacionais da década na distribuição de produtos para o consumidor", a expectativa é de que esse centro de intercâmbio diminua os custos tanto para o comprador quanto para o fornecedor. Com a criação de outros centros de intercâmbio, pode-se presumir o impacto que isso terá sobre os intermediários de canal tradicionais.

Nos últimos anos, tivemos oportunidade de observar o impacto provocado no varejo tradicional por varejistas do comércio eletrônico como Amazon.com, Dell Computer, eBay e outros – todos com expansão global. A maioria das lojas de varejo físicas cria ou dispõe de *sites* totalmente desenvolvidos. Alguns deles são simplesmente uma extensão das lojas físicas, o que permite a elas a amplificação de seu alcance global. L. L. Bean, Eddie Bauer e Lands' End são exemplos disso.

Um dos fatores mais desafiadores da venda pela internet é a entrega dos produtos. Um dos recursos inovadores do programa 7dream das lojas 7-Eleven no Japão é a utilização das lojas de conveniência como pontos de entrega de pedidos feitos via Web. Esse programa funcionou tão bem no Japão que a Ito-Yokado Corporation, proprietária da 7-Eleven do Japão e de 72% da cadeia nos Estados Unidos, exportou a ideia para as lojas americanas. Na área de Dallas-Fort Worth, 250 lojas instalaram máquinas semelhantes a um caixa eletrônico, integradas a um sistema de entrega e pagamento que promete transformar as lojas 7-Eleven em um depósito para o comércio eletrônico. A FedEx, a UPS e outros serviços de remessa que funcionaram como a espinha dorsal do sistema de entrega do comércio eletrônico nos Estados Unidos oferecem serviços similares para clientes estrangeiros de empresas de comércio eletrônico

Agora que os russos podem ter casa própria, eles gastam a um ritmo acelerado em lojas de materiais de construção e decoração, como esta em São Petersburgo. O nome dessa loja poderia ser traduzido por "supermercado da casa".

---

[14] Karise Hutchinson, Nicholas Alexander, Barry Quinn e Anne Marie Doherty, "Internationalization Motives and Facilitating Factors: Qualitative Evidence from Smaller Specialists Retailers", *Journal of International Marketing*, 15, 2007, p. 96-122.

[15] J. Alex Tarquinio, "Foreign Shops Invade New York", *International Herald Tribune*, 30 de janeiro de 2008, p. 9-10.

nos Estados Unidos, bem como para empresas do exterior. Quando os produtos cruzam as fronteiras, a UPS e outras empresas oferecem remessas ininterruptas que incluem serviços alfandegários e de corretagem. Essas empresas de serviços estão sediadas em sua maioria na Europa e no Japão e formam redes na América Latina e na China.

O impacto dessas e de outras tendências mudará os sistemas de distribuição e comercialização tradicionais. Embora essa recente revolução no varejo ainda seja instável, novos sistemas serão criados, e as empresas estabelecidas os experimentarão ao procurar soluções para manter sua vantagem competitiva. Além disso, torna-se mais arriscado pensar nos concorrentes em termos de empresa individual – nos negócios internacionais em geral e nos sistemas de distribuição em particular, é cada vez mais essencial ter uma perspectiva de rede. Isto é, as empresas devem ser vistas no contexto das redes comerciais das quais fazem parte.[16] Essas mudanças repercutirão em toda a cadeia de distribuição antes do estabelecimento de novos conceitos e da estabilização desse sistema. Só depois da reviravolta ocorrida na distribuição americana após a Segunda Guerra Mundial, que no final das contas abriu espaço para o sistema de varejo das lojas de grande porte, é que essa transformação nos sistemas de distribuição foi possibilitada. Entretanto, desta vez, a mudança não estará restrita aos Estados Unidos – ela ocorrerá no mundo inteiro.

Padrões de distribuição

■ OA3

Como os padrões de distribuição afetam os vários aspectos do marketing internacional

Embora os padrões de distribuição ainda estejam em fase de transformação e os padrões novos estejam em fase de desenvolvimento, os profissionais de marketing internacional precisam conhecer de maneira geral a estrutura de distribuição tradicional. O sistema "tradicional" não mudará da noite para o dia, e seus vestígios ainda se manterão no futuro. Quase todas as empresas internacionais são forçadas pela estrutura do mercado a utilizar pelo menos algum tipo de intermediário em seu esquema de distribuição. É muito fácil concluir que, em virtude de os esquemas estruturais de distribuição estrangeira e doméstica parecerem similares, os canais sejam idênticos ou semelhantes aos canais domésticos que recebem o mesmo nome. Somente quando as diversas dificuldades dos padrões de distribuição reais forem compreendidas será possível avaliar a complexidade da distribuição. A descrição apresentada a seguir sobre as diferenças existentes no varejo talvez mostre um pouco da variedade de padrões de distribuição, inclusive de atacadistas.

A Pemex (Petróleos Mexicanos), companhia estatal de petróleo mexicana, não permitirá que empresas estrangeiras distribuam no país. Entretanto, na Malásia, o posto de combustível Mobil fica exatamente do outro lado da avenida, em frente a um posto Petronas (Petroliam Nasional), de propriedade estatal.

[16] Mats Forsgren, Ulf Holm e Jan Johanson, *Managing the Embedded Multinational: A Business Network View* (Northampton, MA: Edward Elgar, 2005); consulte também uma resenha sobre esse livro, de Charles Dhanarah, *Journal of International Business Studies*, 38, 2007, p. 1.231-1.233.

Padrões de varejo

O varejo apresenta uma diversidade ainda maior em sua estrutura do que a venda por atacado. Na Itália e no Marrocos, o varejo é composto predominantemente por casas especializadas que mantêm linhas restritas de produtos, ao passo que na Finlândia a maioria dos varejistas vende uma linha mais geral de mercadorias. O tamanho das lojas é representado, em um dos extremos, pela gigante loja de departamentos japonesa Mitsukoshi, que, segundo consta, tem uma base de mais de 100 mil clientes todos os dias. No outro extremo, está o mercado de Ibadã, na Nigéria, onde cerca de 3 mil estandes de uma ou duas pessoas atendem a um número de clientes não muito superior ao da Mitsukoshi. Alguns fabricantes vendem diretamente para os consumidores por meio de lojas próprias, como a Cartier e a Disney, e outros por meio de seis níveis de intermediários.

Padrões de tamanho.

No varejo, os padrões de tamanho extremos são semelhantes aos padrões predominantes no setor atacadista. A Figura 15.2 mostra nitidamente algumas diferenças relativas ao tamanho e à quantidade de lojas por pessoa em determinados países. A estrutura do varejo e os problemas que lhe são inerentes dificultam de fato a venda de produtos de consumo por parte das empresas que praticam o marketing internacional. É possível vender diretamente para os principais varejistas de grande porte, mas não existe nenhuma maneira adequada de alcançar os pequenos varejistas, que no total processam grande volume de vendas.[17] Na Itália, os números oficiais indicam que existem 931 mil lojas de varejo, ou uma loja para cada 63 italianos. Das 269 mil lojas de produtos alimentícios, menos de 10 mil podem ser classificadas como grandes. Portanto, nesse país, os varejistas são um fator crucial para uma distribuição adequada.

Os países subdesenvolvidos apresentam problemas semelhantes. Na África do Sul, nas grandes cadeias de supermercados, observa-se uma concentração considerável. Dentre as 31 mil lojas existentes no país, mil controlam 60% da venda total de gêneros alimentícios. Os 40% restantes distribuem-se entre as demais 30 mil lojas. Atingir 40% do mercado atendido por essas 30 mil lojas pode ser difícil. Principalmente nas comunidades negras, o varejo é de pequena escala – a venda de cigarros em geral é avulsa, e o estoque total de frutas pode ser uma cesta com quatro maçãs.

Em nível mundial, há vários anos o varejo tem apresentado um estado de efervescência. O grau de mudança parece estar diretamente relacionado ao estágio e ao ritmo de desenvolvimento econômico, e mesmo os países minimamente desenvolvidos passam por mudanças consideráveis. Supermercados de todos os gêneros crescem tanto em países desenvolvidos quanto em subdesenvolvidos. As lojas de descontos que vendem de tudo, de leite em pó a *chili* enlatado e de televisores a aparelhos de DVD coreanos, prosperam e expande no mundo inteiro.

Marketing direto.

A venda direta ao consumidor, pelo correio, por telefone ou de porta em porta, muitas vezes é o método de preferência nos mercados em que os sistemas de distribuição são insuficientes ou incipientes. É claro que esse método funciona bem igualmente nos mercados ricos. A Amway, presente em 42 países, expandiu-se na América

Figura 15.2
Estrutura de varejo de determinados países.

Fonte: Euromonitor International, 2009.

País	Todos os varejistas/milhares	Número de pessoas atendidas por varejista	Usuários de internet/mil
Estados Unidos	921	333	741
Canadá	161	208	769
Argentina	429	94	309
Alemanha	300	270	785
Rússia	470	303	285
Israel	48	154	306
África do Sul	117	417	88
China	4.817	278	283
Japão	849	149	724
Austrália	84	256	734

---

[17] Tomasz Lenartowicz e Sridhar Balasubramanian, "Practices and Performance of Small Retail Store in Developing Economies", *Journal of International Marketing*, 17, 2009, p. 59-90.

CRUZANDO FRONTEIRAS 15.2 — Tudo depende do significado de "insatisfeito"

De acordo com a política da Amway, todo cliente insatisfeito pode pegar seu dinheiro de volta a qualquer momento, sem precisar dar explicações – mesmo que os frascos devolvidos estejam vazios. Essa política de devolução é uma cortesia para os clientes e uma prova de que a empresa garante seus produtos, e isso se aplica a qualquer lugar do mundo. Contudo, esses conceitos capitalistas são um tanto incomuns na China.

Durante meses, a melhor pedida entre a classe de empreendedores em ascensão de Xangai era o investimento de US$ 84 em uma caixa de sabonetes e cosméticos que eles podiam vender como distribuidores da Amway. A notícia sobre essa proposta de devolução do dinheiro disseminou-se rapidamente. Algumas pessoas desembrulhavam o sabonete, vendiam-no e levavam as embalagens vazias para receber seu dinheiro de volta. Outras dispensavam a venda e esquadrinhavam as latas de lixo, aparecendo nos escritórios da Amway em Xangai com sacolas cheias de frascos para receber o reembolso.

Um vendedor recebeu em torno de US$ 10 mil por oito sacolas cheias de todos os tipos de recipiente Amway vazios. E pelo menos uma barbearia começou a usar xampus Amway de graça e devolver os fracos vazios para obter o reembolso na íntegra. Em poucas semanas, os reembolsos totalizavam mais de US$ 100 mil por dia. "Acho que fomos muito indulgentes", afirmou o diretor da Amway de Xangai. A Amway mudou sua política, e centenas de distribuidores furiosos foram logo parar nos escritórios da empresa para reclamar que haviam sido enganados. A Amway foi obrigada a dar uma entrevista coletiva para explicar que a empresa não estava mudando sua política de reembolso, mas apenas enrijecendo o critério com respeito ao que era considerado insatisfação. Se alguém devolvia um frasco pela metade, tudo bem, mas no caso dos frascos vazios a Amway anunciou que verificaria os registros para analisar se a pessoa apresentava alguma frequência de devolução.

Contudo, a empresa não se deu conta da extraordinária percepção de direito adquirido que ela havia gerado na China. A política de satisfação garantida não explicitava o significado de insatisfeito, algo que no mundo ocidental as pessoas entendem. "Achamos que esse significado seria compreendido aqui também." A mudança nessa política deixou algumas pessoas insatisfeitas. "Não abra uma empresa se você não pode arcar com prejuízos", protestou um distribuidor. A despeito desses problemas iniciais, ao que parece, a Amway ganha conhecimento sobre o mercado – em 2009, a empresa dobrou suas vendas na China para US$ 2 bilhões. E outros empresários com venda direta encontram sucesso semelhante por lá.

Fontes: Craig S. Smith, "Distribution Remains the Key Problem for Market Makers", *Business China*, 13 de maio de 1996, p. 4; "In China, Some Distributors Have Really Cleaned Up with Amway", *The Wall Street Journal*, 4 de agosto de 1997, p. B1; "Avon Forays into Healthcare Sector via Direct Sales", *SinoCast China Business Daily News*, 14 de janeiro de 2008, p. 1; David Barboza, "Direct Selling Flourishes in China, Providing Jobs and Igniting Criticism", *The New York Times*, 26 de dezembro de 2009, p. B1, B5.

Latina e na Ásia utilizando seu método de marketing direto. As empresas que recrutam indivíduos para vender seus produtos ganham popularidade particularmente na Europa Oriental e em outros países em que inúmeros indivíduos procuram soluções para se tornarem empreendedores. Na República Tcheca, por exemplo, a Amway Corporation contratou 25 mil checos como distribuidores e vendeu 40 mil *kits* para iniciantes a US$ 83 cada nas duas primeiras semanas de atuação. A Avon é outra empresa americana que se expande consideravelmente no exterior.

As vendas diretas por catálogo, pelo que se vê, são uma forma promissora de entrar nos mercados estrangeiros. No Japão, tem sido uma maneira fundamental para quebrar as barreiras comerciais impostas pelo sistema de distribuição japonês. Por exemplo, uma empresa de venda pelo correio, a Shop America, juntou-se à 7-Eleven do Japão para distribuir catálogos em suas 4 mil lojas. A Shop America vende artigos como CDs, câmeras Canon e relógios Rolex por um preço de 30 a 50% inferior ao das lojas de Tóquio; a câmera Canon Autoboy é vendida por US$ 260 em Tóquio e por US$ 180 no catálogo da Shop America.

Muitas empresas de catálogo constatam que precisam abrir centros de atendimento telefônicos em um determinado país para solucionar as dúvidas e os problemas apresentados pelos clientes. A Hanna Anderson (fabricante de roupas infantis), por exemplo, recebeu reclamações sobre a grande dificuldade de solucionar dúvidas e fazer pedidos por telefone. Por isso, a empresa abriu um centro de atendimento com 24 telefonistas para atender aos clientes, o qual gera vendas anuais de mais de US$ 5 milhões. Várias empresas de catálogo também mantêm *sites* ativos que aumentam as vendas por catálogo.

Resistência à mudança. As iniciativas para melhorar a eficiência do sistema de distribuição, os novos tipos de intermediário e outras tentativas para mudar métodos tradicionais geralmente são vistos como ameaça e, portanto, sofrem resistência. Um exemplo clássico é a reestruturação do setor de distribuição de filmes provocada pelas rápidas mudanças tecnológicas da digitalização e pela pirataria. Existe uma profusão de leis para proteger as empresas com posição consolidada. Na Itália, os novos pontos de venda são obrigados a obter uma licença de uma junta municipal composta por comerciantes locais. No período de dois anos, foram feitas cerca de 200 solicitações, mas apenas 10 foram concedidas. Em toda parte existe resistência à inovação no varejo, ainda que, mesmo diante de todos os obstáculos e restrições, o autosserviço, a comercialização com desconto, a liberalização do tempo de funcionamento das lojas e a comercialização em larga escala continuem crescendo e oferecendo ao consumidor conveniência e uma ampla variedade de marcas de produtos de qualidade, a preços vantajosos. No final das contas, quem ganha de fato é o consumidor.

Opções de intermediário

OA4

Funções, vantagens e desvantagens dos vários tipos de intermediário

Dentre as opções disponíveis, o profissional de marketing pode assumir toda a atividade de distribuição (estabelecendo subsidiárias e vendendo diretamente para o usuário ou consumidor final) ou depender de intermediários para distribuir seus produtos. A escolha do canal deve ser pensada com muito cuidado porque, se for posta em prática e demonstrar-se inapropriada, isso pode afetar o futuro ganho de participação de mercado.

O processo do canal de distribuição inclui todas as atividades, começando pelo fabricante e terminando no consumidor final. Isso significa que o vendedor deve exercer influência sobre dois tipos de canal: um no país de origem e outro no mercado do país pretendido. A Figura 15.3 mostra algumas das opções possíveis de canal de distribuição. As setas indicam as entidades para as quais o fabricante e cada um dos intermediários devem vender. O vendedor precisa ter uma organização (em geral a divisão de comercialização internacional da empresa) no país de origem para lidar com os membros do canal necessários para mover as mercadorias entre os países. No mercado externo, o vendedor precisa supervisionar os canais que fornecem o produto ao usuário ou consumidor final. Em teoria, a empresa quer controlar ou se envolver de maneira direta com o processo por meio dos vários membros do canal que a levam até o consumidor final. Se fizer menos que isso, a empresa provavelmente terá uma distribuição insatisfatória e não conseguirá concretizar seus objetivos de marketing. Entretanto, na prática, esse envolvimento em todo o processo do canal de distribuição nem sempre é possível ou compensador em termos de custo. Por esse motivo, a escolha dos membros do canal e a utilização de formas eficazes de controle são fatores prioritários no estabelecimento do processo de distribuição.

Assim que o profissional de marketing determina com clareza os objetivos e as políticas da empresa, o passo seguinte é escolher os intermediários especificamente necessários para desenvolver o canal. Os intermediários externos são diferenciados de acordo o fato de assumirem ou não o direito de propriedade sobre as mercadorias: os **intermediários representantes (corretores e agentes)** trabalham por comissão e lidam com vendas no mercado externo, mas não têm direito de propriedade sobre a mercadoria. Por meio desses representantes, o fabricante assume riscos comerciais, mas mantém o direito de estabelecer diretrizes e preços e de exigir que seus representantes apresentem os registros de venda e forneçam informações sobre os clientes. Os **intermediários comerciais (atacadistas comerciais e varejistas)** assumem de fato o direito de propriedade sobre os produtos e também os riscos

Figura 15.3
Opções de canal de distribuição em âmbito internacional.

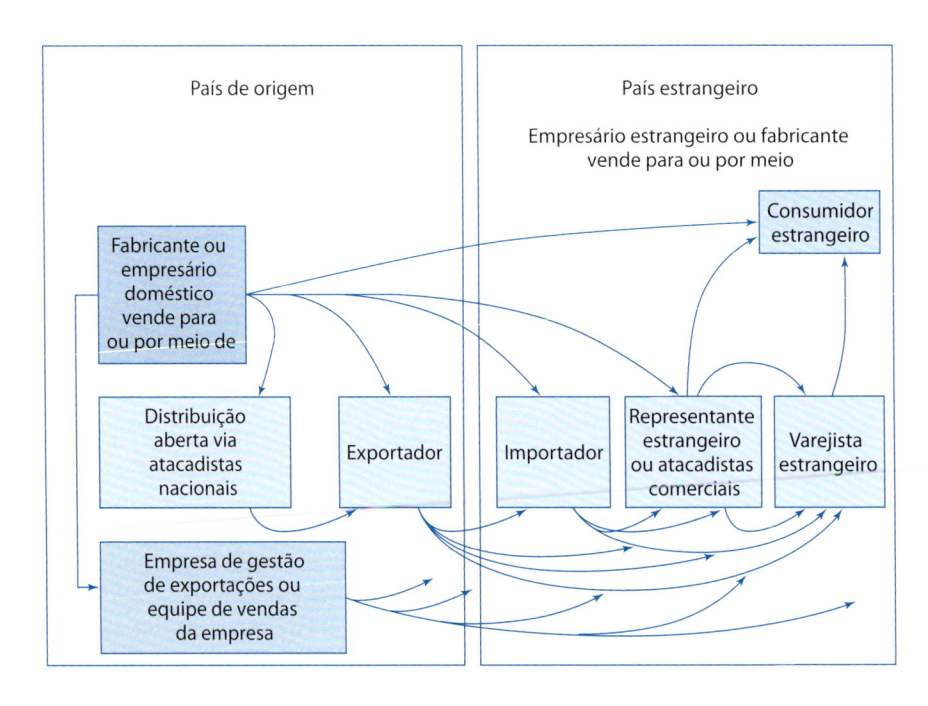

comerciais. Portanto, eles tendem a ser menos controláveis do que os intermediários representantes. Os intermediários comerciantes cumprem uma variedade de funções atacadistas de importação e exportação nas compras feitas por conta própria e na venda dos produtos em outros países. Como os intermediários comerciais estão principalmente preocupados com a venda e a margem de lucro bruta de suas mercadorias, muitas vezes são criticados por não buscar o que é melhor para o fabricante. A menos que sejam uma franquia ou uma marca sólida e lucrativa, os intermediários comerciantes procuram mercadorias de qualquer fonte e tendem a ser pouco leais à marca. A facilidade de contato, os riscos de crédito minimizados e a eliminação de todo processamento de mercadorias fora dos Estados Unidos são algumas das vantagens da utilização de intermediários comerciais.

Os intermediários não são entidades bem delimitadas, precisas e fáceis de definir, sendo raro encontrar uma empresa que represente um dos tipos absolutos aqui identificados. Desse modo, conhecer a fundo a função dos intermediários é especialmente importante na atividade internacional, pois determinadas denominações enganosas podem confundir o profissional de marketing que não observar o que está por trás do mero nome de uma função. Quais são as funções de um intermediário britânico denominado estoquista ou varejista ou de um intermediário chamado de exportador ou importador? Na verdade, o exportador pode ser um intermediário representante, ao passo que o importador é um intermediário comercial. Muitos intermediários internacionais, se não todos, cumprem várias funções e, por isso, apenas podem ser claramente identificados no contexto de sua relação com uma empresa específica.

Somente quando se analisa a simplicidade estrutural das funções dos intermediários é possível determinar a natureza dos canais. A seguir, serão apresentadas três alternativas: intermediários localizados fisicamente no país de origem do fabricante, intermediários localizados em outros países, e intermediários afiliados ao governo.

Intermediários do país de origem

Os **intermediários do país de origem** ou *intermediários domésticos*, localizados no país do fabricante, oferecem serviços de comercialização e de marketing por meio de uma estrutura doméstica. Quando as empresas optam por utilizar intermediários do país de origem nos processos de distribuição, elas relegam a distribuição nos mercados externos a outros. Esse tipo de intermediário oferece várias vantagens a empresas que processam um pequeno volume de vendas internacionais, que não têm experiência nos mercados externos, não desejam se envolver de imediato com as complexidades do marketing internacional ou desejam vender no exterior com um mínimo de envolvimento financeiro e administrativo. Um dilema importante da utilização de intermediários do país de origem é o pouco controle que se tem sobre o processo como um todo. A principal tendência é utilizar os intermediários do país de origem quando o profissional de marketing não tem certeza ou deseja minimizar seus investimentos financeiros e administrativos. A seguir, é apresentada uma breve discussão sobre os tipos de intermediário domésticos empregados com maior frequência.

Lojas do fabricante. Canal de distribuição importante para diversos fabricantes são as lojas próprias ou franqueadas. A Disney, a Benetton e muitos outros fabricantes de produtos de luxo típicos da Itália adotam esse sistema.

Varejistas globais. À medida que varejistas globais como IKEA, Costco, Sears Roebuck, Toys "R" Us e Walmart expandem sua cobertura global, elas se tornam os principais intermediários domésticos nos mercados internacionais. O Walmart, com mais de 8 mil lojas em 14 mercados externos, é um ponto de acesso atraente para os fornecedores americanos aos mercados internacionais. Essa empresa oferece uma forma eficaz de entrar nos mercados internacionais com um mínimo de experiência. Por exemplo, a Pacific Connections, fabricante californiana de bolsas femininas que tem um volume de vendas no valor US$ 70 milhões, arriscou-se a entrar em mercados estrangeiros na Argentina, no Brasil, no Canadá e no México valendo-se dos laços que mantém com o Walmart. Além disso, como as restrições comerciais são facilitadas por alianças como o Acordo Norte-Americano de Livre-Comércio (North American Free Trade Agreement – Nafta), novos varejistas globais são criados – a Gigante do México é um bom exemplo dessa tendência.

Lembre-se por um momento da cena no filme *Monstros S.A.*, da Pixar – milhões de portas transportadas por esteiras rolantes. Essa cena nos trás à memória o centro de distribuição europeu da Nike em Laakdal, na Bélgica. Os calçados provêm de uma variedade de fabricantes asiáticos de baixo custo e chegam ao centro por Roterdã ou Antuérpia e o canal adjacente. Cerca de 1.200 pessoas trabalham nesse centro altamente automatizado, no qual oito milhões de pares de calçados são classificados e enviados por caminhão a clientes de todo o continente. Mesmo que as vendas aumentem, a Nike não precisará ampliar esse centro, porque a tendência é que as fábricas enviem diretamente os calçados aos principais varejistas europeus, inclusive à Nike Sport, de São Petersburgo, mostrada no Capítulo 10.

Figura 15.4
Como uma empresa de gestão de exportações funciona?

Fonte: "The Export Management Company", Departamento de Comércio dos Estados Unidos, Washington, DC.

A maioria das empresas de gestão de exportações oferece uma ampla variedade de serviços de assistência, como os seguintes:

– Pesquisa de mercados estrangeiros para os produtos de um cliente. Viagens ao exterior para identificar o melhor método para distribuir um produto. Indicação de distribuidores ou representantes comissionados (se necessário) em determinados mercados externos, com frequência dentro de uma rede existente no exterior, criada para produtos semelhantes. Exposição de produtos do cliente em feiras comerciais internacionais.
– Processamento dos detalhes habituais relacionados à transferência de um produto para um cliente estrangeiro – declarações de exportação, documentações aduaneiras e de embarque, seguro, operações bancárias e instruções sobre embalagem e rotulação de produtos de exportação especiais.
– Concessão das condições de financiamento habituais ao comércio exterior e garantia de pagamento ao fabricante do produto.
– Preparação de conteúdos de propaganda e vendas com a ajuda do fabricante e adaptação desse material de acordo com as exigências no exterior para uso em contatos pessoais com compradores estrangeiros.
– Troca de correspondências nos idiomas estrangeiros que forem necessários.
– Garantia de que os produtos a serem enviados estão adequados às condições locais e atendem a normas legais e comerciais externas, como rótulo, embalagem, pureza e características elétricas. Aconselhamento sobre exigências de proteção de patentes e marcas comerciais no exterior.

Empresas de gestão de exportações. Empresas de gestão de exportações (EGEs) são intermediários importantes para empresas que têm um volume internacional relativamente pequeno ou que não estão dispostas a utilizar sua equipe em suas operações internacionais. Quanto ao número de funcionários, as EAEs variam de 1 a 100 pessoas e processam em torno de 10% dos produtos manufaturados exportados. Um exemplo de EAE é uma empresa de Washington, DC, que mantém acordos exclusivos com dez fabricantes de equipamentos ortopédicos dos Estados Unidos e comercializa esses produtos em nível mundial.

Normalmente, a EAE torna-se parte das operações de marketing das empresas-clientes. Atuando em nome dos fabricantes, ela funciona como um departamento de comercialização e de marketing independente e de baixo custo que responde diretamente à empresa controladora. A relação de trabalho é tão íntima que os clientes muitas vezes não percebem que não se relacionam diretamente com o departamento de exportação da empresa (consulte a Figura 15.4).

A empresa de gestão de exportações pode assumir responsabilidade total ou parcial pela promoção dos produtos, pelos acordos de crédito, pelo processamento físico dos produtos, pela pesquisa de mercado e pelas informações sobre questões relativas a financiamento, patentes e licenciamento. A especialização das EGEs em uma determinada área normalmente permite que elas ofereçam um nível de atendimento que não poderia ser obtido pelo fabricante sem o empreendimento de vários anos de trabalhos preparatórios. Tradicionalmente, a EGE funciona por comissão, embora um número crescente esteja comprando produtos por conta própria.

Duas das principais vantagens das EGEs são o investimento mínimo por parte da empresa para entrar nos mercados internacionais e a não alocação de pessoal interno ou de investimentos importantes em iniciativas administrativas. O resultado é a ampliação do mercado da empresa com pouco investimento financeiro ou de recursos humanos.

A principal desvantagem é que as EGEs raramente têm condições para realizar o tipo de investimento no mercado necessário para estabelecer um sistema de distribuição intenso dos produtos porque elas precisam do pagamento imediato das vendas para sobreviver. Essa situação não oferece as vantagens de mercado obtidas por uma empresa que pode utilizar funcionários internos. As EGEs que forem escolhidas a dedo poderão fazer um excelente trabalho, mas o fabricante deve se lembrar de que seu pagamento depende do volume de vendas e provavelmente não promoverão a linha de produtos do fabricante se a distribuição for muito tênue, houver um pequeno volume de vendas de um determinado produto importante ou não for possível operar lucrativamente a curto prazo. Nesses casos, a EGE restringe-se a cumprir ordens e não substitui o departamento de marketing internacional, tal como desejado pelo fabricante.

Trading companies.* As *trading companies* têm um longo e respeitável histórico como intermediários essenciais para o desenvolvimento do comércio entre nações. Elas estocam, transportam e distribuem produtos de vários países. O conceito de *trading companies* sofreu poucas mudanças ao longo de centenas de anos.

A empresa britânica Gray MacKenzie and Company é um exemplo típico de empresas que operam no Oriente Médio. Ela tem cerca de 70 vendedores e movimenta uma variedade de produtos, de artigos de toalete a motores de popa e uísques escoceses. A principal vantagem desse tipo de *trading company* é que ele cobre todo o Oriente Médio.

As empresas grandes e estabelecidas geralmente estão localizadas nos países desenvolvidos; elas vendem mercadorias para os países em desenvolvimento e compram matéria-prima e produtos não processados. As *trading companies* japonesas (*sogo shosha*) datam do início dos anos de 1700 e funcionam como importadoras e exportadoras. Cerca de 300 estão envolvidas com atividades comerciais externas e domésticas por meio de 2 mil sucursais fora do Japão e movimentam anualmente mais de US$ 1 trilhão em volume de transações. As *trading companies* japonesas respondem por 61% de todas as importações japonesas e por 39% de todas as exportações, ou cerca de um quinto do PIB total do Japão.

No caso das empresas que procuram entrar no complicado sistema de distribuição do Japão, as *trading companies* japonesas constituem uma das rotas mais fáceis para o sucesso. Essas empresas onipresentes praticamente controlam a distribuição em todos os níveis de canal no Japão. Como elas podem controlar vários distribuidores e mantêm amplos canais de distribuição, são a melhor forma de cobrir profundamente o mercado.

Trading companies de exportação americanas.
Lei sobre *Trading Companies* de Exportação (Export Trading Company Act – ETCA) permite que os fabricantes de produtos semelhantes formem *trading companies* de exportação. Um dos principais objetivos da ETCA foi aumentar as exportações americanas por meio de incentivos ao fornecimento de serviços comerciais de exportação mais eficientes a fabricantes e fornecedores para melhorar a disponibilidade de financiamento comercial e remover os estímulos ao truste nas atividades de exportação. Oferecendo às empresas americanas a oportunidade de obter pré-desembaraço antitruste para atividades de exportação específicas, a ETCA criou um ambiente mais favorável para a formação de empreendimentos de exportação conjuntos. Por meio dessas *joint ventures* de exportação, as empresas americanas podem aproveitar economias de escala, distribuir os riscos e compartilhar conhecimentos específicos. Além disso, por meio de acordos de venda conjunta, os concorrentes domésticos podem evitar a concorrência entre empresas nos mercados estrangeiros. Antes da aprovação da ETCA, as empresas concorrentes não podiam participar de iniciativas conjuntas de exportação sem possivelmente violar as provisões antitruste. Outra importante provisão da ETCA permite que as *holdings* bancárias possuam *trading companies* de exportação.

Imediatamente depois da aprovação da ETCA, várias empresas importantes (General Electric, Sears Roebuck, Kmart e outras) anunciaram a formação de *trading companies* de exportação. Na maioria dos casos, essas empresas de exportação não exigiram a proteção da ETCA, visto que a princípio operavam independentemente de outras empresas. Elas ofereciam algumas vendas internacionais para empresas americanas e operavam principalmente como *trading companies* para seus próprios produtos. Até o momento, muitas dessas empresas estabelecidas após a aprovação da ETCA (particularmente aquelas que pertenciam a bancos) fecharam as portas ou enfraqueceram muito.

Comerciantes complementares.
Empresas com escritórios de comercialização ou contatos em diferentes países com excesso de capacidade de distribuição ou que desejam ampliar sua linha de produtos algumas vezes assumem linhas adicionais para distribuí-las internacionalmente; embora o nome formal dessa atividade seja **marketing complementar**, ela é comumente conhecida como *piggybacking*. A General Electric Company há vários anos distribui produtos de outros fornecedores. Ela aceita produtos que, embora não sejam competitivos, são complementares e ajudam a fortalecer a distribuição básica da própria empresa. Um exemplo clássico é o da Gillette, que distribuía pilhas nos países menos desenvolvidos anos antes de comprar a Duracell.

---

* N. de R.T.: No Brasil, o Ministério do Desenvolvimento, Indústria e Comércio Exterior utiliza o termo "empresa comercial exportadora" para designar uma *trading company* e enfatiza a atividade de exportação. Neste livro, os autores também consideram a importação como uma das atividades de uma *trading company*.

Os acordos de *piggybacking* são empreendidos em sua maioria quando uma empresa deseja completar sua linha de produtos ou manter seus canais de distribuição sazonais ao longo do ano. As empresas podem trabalhar como representantes (agentes ou corretores) ou como empresas mercantis (atacadistas e varejistas), mas o maior volume de atividades de *piggybacking* é processado por meio de acordos de propriedade (como atacadistas comerciais) de compra e revenda. A escolha do processo de distribuição de novos produtos por meio do método de *piggybacking* leva em conta se (1) o produto está relacionado com a linha de produtos e contribui para essa linha, (2) o produto é adequado ao canal de vendas e distribuição empregado no momento, (3) a margem é apropriada a ponto de tornar o empreendimento compensador e (4) o produto encontrará aceitação no mercado e gerará um volume de vendas lucrativo. Se essas exigências forem atendidas, o *piggybacking* pode ser uma forma sensata para aumentar o volume e a lucratividade tanto para o carregador quanto para o praticante de *piggybacking*.

Representante de exportação do fabricante.

O *representante de exportação do fabricante* (REF) é um intermediário individual ou uma empresa intermediária que oferece serviços de venda para os fabricantes. Diferentemente das empresas de gestão de exportações, o REF não funciona como o departamento de exportação do fabricante, mas oferece uma relação de curto prazo, cobre apenas um ou dois mercados e opera unicamente por comissão. Outra diferença importante é que os REFs comercializam em seu próprio nome, e não em nome do cliente. Se considerados em um âmbito puramente operacional, os REFs oferecem serviços semelhantes aos das empresas de gestão de exportações.

Lembre-se de que os japoneses são os maiores consumidores mundiais de peixe – aproximadamente 40 quilos por pessoa ao ano (consulte a Figura 4.2). Por esse motivo, do mesmo modo que os preços mundiais de flores de corte são fixados no Leilão de Flores de Aalsmeer, nos Países Baixos, os preços mundiais de peixe são estabelecidos no mercado de peixes Tsukigi, em Tóquio. Um atum-rabilho grande e fresco, pescado no Atlântico, congelado e enviado por avião para Tóquio, pode chegar a custar US$ 220 mil[18] em um leilão e depois ser enviado por via aérea a Boston, para os consumidores de *sushi*. Talvez esse mercado seja "demasiadamente eficiente", visto que no momento o mundo enfrenta uma escassez desse tipo de atum.

Associações de exportação Webb-Pomerene.

As *associações de exportação Webb-Pomerene* (*Webb-Pomerene export associations* – WPEAs) são outra forma importante de exportação em grupo. A Lei Webb-Pomerene, de 1918, permitia que as empresas comerciais americanas unissem forças nas atividades de exportação sem precisar se sujeitar à Lei Antitruste de Sherman. Por isso, as WPEAs não podem participar de cartéis ou de outros acordos internacionais que diminuam a concorrência nos Estados Unidos, mas elas podem oferecer quatro benefícios principais: (1) redução dos custos de exportação, (2) ampliação da demanda por meio de promoções, (3) diminuição de barreiras comerciais e (4) melhoria das condições comerciais por meio de um acordo bilateral. Além disso, as WPEAs estabelecem preços, padronizam produtos e tomam providências para distribuir produtos excedentes. Embora elas respondam por menos de 5% das exportações americanas, as WPEAs incluem algumas das empresas mais bem-sucedidas e lucrativas dos Estados Unidos dos setores de produtos agrícolas, produtos químicos e matéria-prima, produtos florestais, celulose e papel, têxteis, produtos de borracha, cinema e televisão.

Corporações de vendas no exterior.

Uma *corporação de vendas no exterior* (*foreign sales corporation* – FSC) é uma corporação criada em outro país ou em território americano que pode obter isenção de impostos corporativos em uma parte dos ganhos gerados pela venda ou pelo arrendamento de uma propriedade de exportação. Os fabricantes e os grupos de exportação podem formar FSCs, as quais funcionam como uma entidade principal, comprando e vendendo por conta própria, ou como representantes comissionadas, e podem estar relacionadas a uma empresa controladora ou ser comerciantes ou corretores independentes. Em 2003, a Organização Mundial do Comércio (OMC) determinou que as FSCs estavam violando alguns regulamentos comerciais internacionais, dando início a uma disputa comercial importante com a União Europeia (UE), que ainda hoje é cozida em fogo brando e ocasionalmente esbraveja.

Intermediários estrangeiros

A variedade de intermediários representantes e comerciantes na maioria dos países é semelhante à que existe nos Estados Unidos. Os profissionais de marketing internacional que procuram obter um maior controle sobre o processo de distribuição podem optar por um

---

[18] "Giant Tuna Fetches US$ 177,000 at Japanese Auction", *Associated Press*, 5 de janeiro de 2010 [*on-line*].

relacionamento direto com intermediários localizados em outro país. Com isso, eles se beneficiam de canais mais curtos e lidam com intermediários que estão em constante contato com o mercado.

A utilização de intermediários estrangeiros aproxima mais o fabricante de seu mercado e permite que a empresa se envolva mais de perto com problemas idiomáticos, de distribuição física, de comunicação e de financiamento. Os intermediários estrangeiros podem ser representantes ou comerciantes, podem estar associados em diversos níveis com a empresa controladora ou podem ser contratados temporariamente para finalidades específicas. Alguns dos intermediários estrangeiros mais importantes são os representantes do fabricante e os distribuidores estrangeiros.

Intermediários afiliados ao governo

Os profissionais de marketing precisarão lidar com o governo independentemente do país em que estiverem. Os departamentos de compra governamentais, em nível federal, regional e local, sempre adquirem produtos, serviços e *commodities* para uso do governo. Nos Países Baixos, o departamento de compra federal lida com mais de 10 mil fornecedores em 20 países ao todo, e cerca de um terço dos produtos comprados por esse departamento são fabricados fora dos Países Baixos. Com relação à eficiência do setor público em comparação com o setor privado, uma lição importante foi aprendida durante o desastre do furacão Katrina, em 2005: o Walmart foi mais eficaz do que a Agência Federal de Gestão de Emergências (Federal Emergency Management Agency – Fema) dos Estados Unidos para se programar e oferecer socorro às vítimas.

Fatores que afetam a escolha dos canais

O profissional de marketing internacional precisa conhecer claramente as características do mercado e estabelecer estratégias operacionais antes de começar a escolher os intermediários de canal. Os seguintes passos devem ser executados antes do processo de seleção:

1. Identificar mercados-alvo específicos dentro de um país e entre países no exterior.
2. Especificar objetivos de marketing com relação a requisitos como volume, participação de mercado e margem de lucro.
3. Especificar as necessidades financeiras e de recursos humanos para o desenvolvimento de um sistema de distribuição internacional.
4. Identificar o controle e a extensão dos canais, as condições de venda e a propriedade dos canais de distribuição.

Assim que esses passos forem executados, é possível começar a escolher, dentre as opções disponíveis, o tipo de intermediário mais adequado para formar o canal. Os profissionais de marketing devem levar seus produtos aos consumidores e escolher entre processar toda a distribuição ou transferir parte ou todo o processo para diversos intermediários. Os canais de distribuição variam de acordo com o tamanho do mercado-alvo, a concorrência e os intermediários de distribuição disponíveis.

Nas decisões sobre distribuição, os principais elementos são as funções desempenhadas pelos intermediários (e a eficácia desse desempenho), o custo dos serviços, sua disponibilidade e o nível de controle que o fabricante tem sobre as atividades desses intermediários.

Embora a estratégia de marketing geral da empresa deva incorporar suas metas de lucro a curto e longo prazos, considera-se que a estratégia de canal em si tem seis objetivos estratégicos específicos, que podem ser caracterizados como os seis Cs da estratégia de canal: custo, capital, controle, cobertura, característica e continuidade. Ao moldar a estratégia de canal de distribuição geral, cada um dos seis Cs deve ser considerado na formação de uma organização de distribuição econômica e eficaz, de acordo com as diretrizes de canal de longo prazo da empresa. É necessário também ressaltar que muitas empresas utilizam múltiplos canais ou canais híbridos por causa dos prós e dos contras associados com qualquer uma das opções. Aliás, a venda de computadores da Dell em quiosques dentro dos supermercados Jusco no Japão e a venda de brinquedos da Toys "R" Us em lojas de gêneros alimentícios são bons exemplos disso.

Custo

Os dois tipos de custo de canal são (1) o custo de capital ou de investimento do desenvolvimento do canal e (2) o custo contínuo para mantê-lo. Este último pode corresponder à despesa direta de manutenção da equipe de vendas da empresa ou margens, à remarcação ou às comissões dos vários intermediários que lidam com os produtos. Os custos de marketing (uma parte substancial é o custo de canal) devem ser considerados como a diferença global entre o preço de fábrica dos produtos e o preço final pago pelo cliente. Os custos dos intermediários incluem transporte e armazenamento dos produtos, quebra dos lotes em produtos individuais, provisão de crédito, propaganda local, representação de vendas e negociações.

Apesar do antigo clichê de que é possível eliminar os intermediários, mas não suas funções ou custos, atividades de marketing criativas e eficazes possibilitam economias de custo de canal em várias circunstâncias. Alguns profissionais de marketing na verdade constataram que é possível diminuir o custo eliminando intermediários ineficazes e, portanto, reduzindo a extensão do canal. O maior fabricante mexicano de aparelhos de rádio e televisão conseguiu gerar um volume de vendas anual de US$ 36 milhões por sua capacidade de vender os produtos a preços baixos, mas para isso teve que eliminar os intermediários, criar uma rede de atacadistas e manter uma margem de lucro baixa. Em contraposição, várias empresas que estão acostumadas a usar suas próprias equipes de vendas em mercados domésticos com amplo volume de vendas constataram que é necessário estender os canais de distribuição para manter os custos em sincronia com os mercados estrangeiros.

Capital (necessidade de fundos próprios)

Os desdobramentos financeiros de uma política de distribuição com frequência são negligenciados. São elementos fundamentais a necessidade de fundos próprios e os padrões de fluxo de caixa relacionados com a utilização de um determinado tipo de intermediário. Normalmente, quando a empresa estabelece canais internos próprios, isto é, sua própria equipe de vendas, o nível de investimento é máximo. A utilização de distribuidores ou revendedores pode diminuir o investimento de capital, mas os fabricantes muitas vezes precisam oferecer os estoques iniciais por meio de consignação, empréstimo, financiamento de estoque de distribuidor (*floor plan*) ou outros acordos. A princípio, os investimentos da Coca-Cola na China contaram com a participação dos sócios majoritários para atender à maior parte das necessidades de capital. Entretanto, em pouco tempo a Coca-Cola constatou que não poderia depender dos sócios majoritários locais para utilizar uma estratégia de distribuição agressiva de seus produtos em um setor altamente competitivo e motivado pela participação de mercado como o de bebidas gasosas. Para obter maior controle da distribuição, foi preciso assumir o controle administrativo, e isso implicava um investimento de capital mais alto. Um dos maiores custos de fazer negócios na China corresponde ao capital necessário para manter um canal de distribuição eficaz.

Controle

Quanto maior o envolvimento de uma empresa com o processo de distribuição, maior o seu controle. A equipe de vendas da própria empresa é o elemento que oferece maior controle, mas seu custo muitas vezes é impraticável. Diferentes tipos de estrutura de canal oferecem diferentes níveis de controle; quanto maior a extensão do canal, menor a capacidade de controlar preço,[19] volume, promoção e tipos de ponto de venda. Se a empresa não puder vender diretamente para o consumidor ou varejista final, um critério importante para a escolha de intermediários deve ser o nível de controle que o profissional de marketing pode manter. Obviamente, também existem riscos nos relacionamentos de distribuição em nível internacional – dois deles são o oportunismo e a exploração. Um dos exemplos mais alarmantes de falta de controle dos canais de distribuição está relacionado à atual escassez de peixe. Nos países ricos, os varejistas e distribuidores alimentam a demanda de seus clientes vorazes e, nesse processo, acabam com as reservas de peixe.[20]

Cobertura

Outro objetivo é a cobertura total do mercado para alcançar o volume ideal de vendas em cada mercado, assegurar uma participação de mercado razoável e conseguir uma penetração de mercado satisfatória. A cobertura pode ser avaliada com base nos segmentos geográficos, nos segmentos de mercado ou em ambos. Uma cobertura de mercado adequada talvez exija mudanças nos sistemas de distribuição de um país para outro ou de tempos em tempos. É difícil ampliar a cobertura tanto em áreas altamente desenvolvidas quanto em mercados esparsos – no primeiro caso, isso se deve a uma forte concorrência e, no segundo, a canais inadequados.

Muitas empresas não buscam uma cobertura completa do mercado, mas procuram um nível significativo de penetração nos principais centros populacionais. Em alguns países, duas ou três cidades respondem pela maior parte do poder aquisitivo nacional. Por exemplo,

---

[19] Ting-Jui Chou e Fu-Tang Chen, "Retail Pricing Strategies in Recession Economies: The Case of Taiwan", *Journal of International Marketing*, 12, n. 1, 2004, p. 82-102.

[20] "Japan's Tuna Crisis", *The New York Times*, 27 de junho de 2007, p. A22; Elisabeth Rosenthal, "In Europe, the Catch of the Day Is Often Illegal", *The New York Times*, 15 de janeiro de 2008, p. A1, A6.

60% da população japonesa vive na área de mercado de Tóquio-Nagoya-Osaka, que representa, basicamente, uma cidade com uma enorme concentração populacional.

No outro extremo estão vários países em desenvolvimento nos quais há escassez de intermediários especializados, exceto nos grandes centros urbanos. Aqueles que de fato existem não raro são pequenos e costumam aplicar margens de lucro altas. Na China, por exemplo, o mercado que muitos acreditam ser composto por bilhões de pessoas na realidade se restringe a menos de 25 a 30% da população das cidades mais ricas. Ainda que a renda pessoal aumente na China, as inadequações nos canais de distribuição impedem que os profissionais de marketing alcancem todos aqueles cuja renda é adequada. Em ambos os extremos, a dificuldade de desenvolver um canal eficaz com os intermediários existentes, somado ao custo de distribuição, pode invalidar as eficiências obtidas em outras partes do marketing *mix*.

Para obter cobertura, a empresa talvez precise utilizar vários canais diferentes – sua equipe de vendas em um determinado país, representantes do fabricante em outro e atacadistas comerciais em um terceiro.

Característica

O sistema de canal de distribuição escolhido deve ser adequado às características da empresa e aos mercados nos quais ela atua. Algumas exigências óbvias em relação aos produtos, com frequência as primeiras a serem examinadas, dizem respeito à perecibilidade ou ao volume do produto, à complexidade das vendas, aos serviços de venda necessários e ao valor do produto.

Os donos dos canais de distribuição precisam perceber que os padrões de canal mudam; eles não podem presumir que não é necessário fazer mais nada assim que se desenvolve um canal adequado às características da empresa e do mercado. A Grã-Bretanha, por exemplo, condensou a distribuição por meio de intermediários, distribuidores, atacadistas e varejistas especializados. Na verdade, todos os intermediários atuavam tradicionalmente em áreas

Você pode comprar praticamente qualquer coisa na loja de departamentos Stockmann, em Helsinque – moda masculina e feminina, *hardware* e *software*, ferramentas, produtos panificados, material para jardinagem, filés de rena, móveis, televisores – sim, tudo, de Audi A3 a abobrinha. A loja oferece até mesmo serviços de armazenamento de casacos de pele em geladeira. Mas a Stockmann não estoca celulares Samsung; a empresa coreana ainda não entrou no mercado doméstico da Nokia. Obviamente, na Cartier, em Paris, a linha de produtos é pequena, mas fina. E você pode encontrar produtos Samsung no Grand Bazaar (Kapali Carsi) em Istambul, anunciado como o maior e mais antigo mercado coberto do mundo. Esse shopping do século XV disputa clientes com seu primo do século XX, o Akmerkez Etiler, em um bairro de alta renda a 16 quilômetros de distância. E, por fim, a Louis Vuitton marca sua presença ao lado de Lenin na Praça Vermelha, em Moscou. Agora, os russos procuram marcas de luxo na antiga loja de departamentos do governo (que ainda mantém seu nome pouco atraente – GUM), recentemente transformada em um sofisticado shopping center de 74.300 metros quadrados de área interna. Você pode ver a Catedral de São Basílico ao fundo e, a apenas 200 metros, do outro lado da praça, o frio mausoléu em que se encontra sepultado o corpo embalsamado do camarada Vladimir Lenin. O antigo comunista não deve estar contente com a iniciativa privada que atrapalha sua visão, mas certamente está satisfeito com a retomada em 2008 do desfile militar do Dia do Trabalho na Praça Vermelha, após 17 anos de interrupção.

restritas de produtos especializados. Entretanto, nos últimos anos, tem havido uma tendência em direção a linhas de produtos mais amplas, conglomerados de vendas e marketing de massa. A empresa que negligencia o crescimento do autosserviço, a mistura de uma ampla oferta de produtos e serviços não necessariamente relacionados (*scrambled merchandising*) e os descontos pode perder grandes segmentos de seu mercado, pois seus canais deixam de refletir as características do mercado.

Continuidade

Os canais de distribuição muitas vezes apresentam problemas de longevidade. A maioria das empresas de intermediários representantes tende a ser pequena. Quando um indivíduo aposenta-se ou muda de ramo de negócio, a empresa pode perder sua distribuição naquela área. Os atacadistas e os varejistas especializados também não têm a fama de ter continuidade nos negócios. A maioria dos intermediários são pouco leais a seus fornecedores. Eles comercializam determinadas marcas em tempos bons, quando a linha de produtos gera dinheiro, mas rejeitam rapidamente esses produtos depois de um período se eles não gerarem lucro. Os distribuidores e revendedores provavelmente são os intermediários mais leais. Entretanto, mesmo nesse caso, os fabricantes devem tentar desenvolver lealdade à marca nos níveis subsequentes do canal, a fim de evitar que os intermediários tornem-se leais a outras empresas ou a outros favorecimentos.

Gestão de canais

O processo real de desenvolvimento de canais para distribuição internacional raras vezes é fácil, e muitas empresas pararam de tentar desenvolver mercados internacionais porque não conseguem construir um sistema de canais satisfatório.

Para formar uma rede de intermediários, é necessário procurar intermediários potenciais, escolher aqueles que atendem às necessidades da empresa e estabelecer relações de trabalho com eles. No marketing internacional, a formação de canais dificilmente é um processo corriqueiro. Quanto mais a empresa desejar atingir o cliente com seu contato em um determinado canal, maior deverá ser a equipe de vendas. Se a empresa estiver satisfeita por ter encontrado um importador exclusivo ou um atacadista para um país específico, talvez não seja tão difícil desenvolver um canal; contudo, se ela utilizar mais de um nível de atacadista (subatacadistas) ou varejistas, terá um trabalho extraordinário e precisará de uma equipe interna capaz de apoiar esse empreendimento.

Localizar intermediários

O recrutamento de intermediários potenciais deve ser iniciado com um estudo sobre o mercado e a determinação de critérios de avaliação de intermediários que atendem a esse mercado. A lista de critérios difere de acordo com o tipo de intermediário que é usado e a característica de sua relação com a empresa. Basicamente, essas listas são elaboradas em torno de quatro áreas temáticas: produtividade ou volume, solidez financeira, estabilidade e capacidade administrativa e natureza e reputação da empresa. Em geral a ênfase recai sobre a produtividade real ou potencial do intermediário.

As principais dificuldades são a localização de informações que contribuam para a seleção e escolha de intermediários específicos e a descoberta de intermediários disponíveis para comercializar um determinado produto. As empresas que estiverem procurando uma representação no exterior devem compilar uma lista de intermediários com base nas seguintes fontes: Departamento de Comércio dos Estados Unidos; catálogos publicados comercialmente; consulados estrangeiros; grupos de câmara de comércio no exterior; outros fabricantes que produzem mercadorias semelhantes, mas não competitivas; associações de intermediários; publicações comerciais; consultores de administração; transportadoras – particularmente aéreas; e serviços de internet, como a Unibex, provedor de serviços de tecnologia global. A Unibex oferece uma plataforma para empresas de pequeno e médio portes e maiores para colaboração no comércio *business to business*.

Selecionar intermediários

OA5

Importância de escolher e manter intermediários

Localizar intermediários potenciais não é tão difícil quanto determinar qual deles pode apresentar um desempenho satisfatório. Um volume ou potencial de volume baixo tolhe a maioria desses intermediários. Muitos deles são subfinanciados, e alguns simplesmente não são confiáveis. Em vários casos, quando um fabricante não é bem conhecido no exterior, a reputação do intermediário passa a ser a reputação do fabricante. Portanto, nesse quesito, uma má escolha pode ser devastadora.

Triagem. O processo de triagem e seleção deve incluir as seguintes providências: envio de uma carta ou um *e-mail* de coleta de informações a todos os intermediários potenciais em seu idioma materno, que inclua dados sobre o produto e as exigências em relação ao distribuidor; acompanhamento dos melhores respondentes para obtenção de informações específicas sobre as linhas de produto com as quais eles trabalham, o território coberto, o tamanho da empresa, o número de vendedores e outras informações preliminares; verificação de crédito e referências de outros clientes e compradores; e visita física às empresas mais promissoras, se possível. A obtenção de informações financeiras sobre intermediários potenciais foi facilitada por empresas de internet como a Unibex, que oferece acesso à Dun & Bradstreet e a outros recursos de informação sobre clientes.

Exportadores experientes indicam que a única forma de selecionar um intermediário é ir pessoalmente ao país e conversar com os usuários finais de seu produto, a fim de descobrir quem eles consideram os melhores distribuidores. Visite cada possível intermediário antes de escolher um para representá-lo; procure uma pessoa-chave capaz de apreciar seu novo produto, transformá-lo em um objetivo pessoal e tornar a sua venda um sucesso. Além disso, os exportadores aconselham que, se não for possível contratar um dos distribuidores recomendados pelos clientes, é melhor não ter nenhum distribuidor nesse país, pois um distribuidor sem valor pode lhe custar tempo e dinheiro e ainda tirá-lo do mercado quando por fim encontrar um que de fato valha a pena.

Contrato. Após a localização e a avaliação de um intermediário potencial, inicia-se o detalhamento de acordos com esse intermediário. Até esse momento, a empresa encontrava-se em uma posição de compra; agora, ela deve mudar para uma posição de venda e negociação, para convencer o intermediário a comercializar os produtos e aceitar um acordo de distribuição praticável para a empresa. Esses contratos devem explicitar as responsabilidades específicas do fabricante e do intermediário, incluindo uma quantidade mínima de vendas por ano. Essa quantidade mínima serve de base para avaliar o distribuidor; o não cumprimento desse mínimo pode dar ao fabricante o direito de rescisão.

Alguns exportadores experientes recomendam que o contrato inicial cubra um período de apenas um ano. Se o desempenho do primeiro ano for satisfatório, ele deve ser revisto e renovado por um período mais extenso. Essa duração máxima facilita a rescisão e, mais importante, em geral, é possível conseguir um acordo mais adequado após um ano de trabalho conjunto no mercado.

Motivar os intermediários

O nível de distribuição e a importância de um intermediário específico para a empresa determinam as atividades a serem empreendidas para mantê-lo motivado. Em todos os níveis, sua motivação está nitidamente correlacionada ao volume de vendas. As técnicas motivacionais que podem ser empregadas para manter o interesse e o apoio do intermediário em relação ao produto podem ser agrupadas em cinco categorias: recompensas financeiras, recompensas psicológicas, comunicação, apoio da empresa e afinidade corporativa.

Obviamente, as recompensas financeiras devem ser adequadas para qualquer intermediário que comercialize e promova os produtos de uma empresa. Devem ser estabelecidas margens ou comissões que atendam às suas necessidades, variando de acordo com o volume de vendas e o nível de serviço oferecido. Se não houver uma combinação adequada de margem e volume, o intermediário não conseguirá dar muita atenção a um determinado produto.

Como os intermediários e seus vendedores são humanos, eles reagem a recompensas psicológicas e ao reconhecimento por seus esforços. Uma viagem ou à cidade da empresa controladora ou a um escritório regional é um ótimo reconhecimento. Divulgação nos meios de comunicação da empresa e publicidade em jornais locais também elevam a autoestima e o envolvimento entre intermediários estrangeiros.

Em todos os casos, mas particularmente quando as distâncias culturais são grandes,[21] a empresa deve manter um fluxo contínuo de comunicação com seus intermediários por meio de cartas, boletins e periódicos. Quanto mais pessoal, melhor a comunicação. Um estudo sobre exportadores demonstrou que, quanto mais intenso era o contato entre o fabricante e

---

[21] Carl Arthur Solberg, "Product Complexity and Cultural Distance Effects on Managing International Distributor Relationships: A Contingency Approach", *Journal of International Business Marketing*, 16, n. 3, 2008, p. 57, 83; Chenting Su, Zhilin Yang, Guijun Zhuang, Nan Zhou e Wenyu Dou, "Interpersonal Influence as an Alternative Channel Communication Behavior in Emerging Markets: The Case of China", *Journal of International Business Studies*, 40, n. 4, 2009, p. 668-689.

CRUZANDO FRONTEIRAS 15.3 — Contornar as corcovas no mercado de camelos

BIRQASH, EGITO – O sol está alto em um dia de pouco movimento, e não há muito o que um negociante de camelos possa fazer senão espalhar forragem e folhagem e ouvir os quadrúpedes ruminarem. É semelhante ao som de caminhar sobre cascalhos.

Essam Ammar tira um celular de sua túnica. "Alô, Ahmed. Não, não vou abaixar o preço." Os olhos reviram. Ammar tira o telefone da orelha e olha para ele; as palavras de Ahmed estrepitam no ar. Desliga. Ainda não é nem meio-dia. O dia parece estar andando para trás.

"Eu faço isso há 29 anos", afirma Ammar, usando turbante branco e uma veste listrada mais branca que a neve, uma opção arriscada em meio à poeira e à fuligem de queimada. "Você precisa conhecer os camelos e fixar o preço de acordo com a idade. Os melhores vêm do Sudão. Os que vêm da Somália não se adaptam muito bem. Eu consigo dizer se um camelo vai me morder ou simplesmente fugir. É essencial conhecer esse tipo de coisa." Os negociantes ao seu redor, alguns com manchas de sangue na túnica, concordam que sim, meneando a cabeça.

O mercado de camelos de Birqash, em torno de 32 quilômetros a noroeste do centro de Cairo, não é um bom lugar para ir se você tem quatro pernas e um longo pescoço. Atualmente, as coisas não andam muito boas também para os negociantes de camelos. No Sudão e na Somália, os pastores aumentam os preços, mas os negociantes – os intermediários – muitas vezes não conseguem repassar os aumentos para os açougueiros desafortunados do Cairo e do Delta do Nilo. A inflação do Egito impede que muitas famílias comprem camelo, a carne que normalmente eles comem quando a carne bovina ou de carneiro fica muito cara. É o cruel efeito propagador da economia global que alcança até mesmo comunidades pequenas e exauridas de lugares como Birqash.

"Estou ganhando em torno de US$ 915 a menos a cada ano, pois o preço dos camelos sobe, e os açougueiros não têm condições de comprá-los, e as pessoas não podem arcar com o preço da carne", afirma o negociante Ali Hamed, que há meses não via a mulher. "Sou casado e tenho dois filhos. Eu costumava enviar US$ 65 por semana para a minha família, mas agora só consigo US$ 28. Minha mulher faz o melhor que pode. Gostaria de ir mais vezes para casa, mas com o valor da passagem de trem, eu consigo comprar dois sacos de trigo para alimentar minha família."

Hamed vive no sul do Egito. Seu pai comercializava camelos, e ele, que nunca foi à escola, imaginou que isso era o que os garotos do vilarejo deveriam fazer quando crescessem. Em vez de uma mochila de livros, arranjou uma vara de pastoreio e começou a aprender a respeito de camelos viajando para o norte do Sudão até o Nilo ou pegando um cargueiro da Somália até o porto de Suez. Eles podem ser brancos, bege, cor-de-areia e cinza. Um camelo pode estar saudável em um determinado dia e morrer no dia seguinte; esse é o mistério do negócio.

Os garotos, de lata e pincel nas mãos, marcam os camelos à venda com letras roxas e verdes. Eles se movem rapidamente ao redor das pernas, embaixo do rabo, com cuidado para não receberem um coice, e alguns herdam um estábulo no mercado quando se tornam homens. Os negociantes não aparecem por aqui ao acaso; eles são atraídos por histórias de tios e primos que removiam esterco e tomavam conta de camelos feridos e amaldiçoados por alguma doença muito antes de eles nascerem.

"Este mercado é controlado por 10 a 15 famílias", afirma Abdel Wahab Wagih, o historiador do mercado, que fica de olho no que entra e no que sai pelo portão. "Os negociantes herdam o negócio dos pais e avós. As gerações mais jovens estudam, e muitos têm grau universitário, mas mesmo assim vêm para cá para tocar o negócio da família."

O preço da carne de camelo também tem aumentado. No ano passado, subiu de US$ 1,80 a libra (0,453 kg) para US$ 2,90 a libra, ainda mais barata do que a carne bovina e de carneiro, mas cara o suficiente para vários egípcios a cortarem de sua lista de compras.

Mas antes era mais fácil... Os impostos agora são mais altos, e o governo egípcio criou novos regulamentos e inspeções mais rigorosas para a entrada de camelos no país. Alguns esperam dias e semanas nas fronteiras, onde os camelos saudáveis entram em contato com os doentes. Um negociante perdeu 30 camelos antes mesmo de chegarem ao mercado. Tudo isso significa dinheiro. Dinheiro perdido.

É estranho. O Egito é um país pobre, mas ainda existem muitas pessoas ricas, e elas não param de enriquecer", afirma Ammar. "Talvez seja assim que as coisas devam ser."

Seu telefone celular toca. "Alô, Ahmed." Ammar olha para as unhas das mãos e boceja. "Não, não estou abaixando o preço." Desliga.

Fonte: Jefrey Fleishman, "Camel Trade Runs into Sand", *Los Angeles Times*, 23 de outubro de 2009, p. A1, A29. Copyright © 2009. Reimpresso com permissão.

---

o distribuidor, melhor era o desempenho do distribuidor. Contatos mais frequentes e mais adequados naturalmente diminuem os conflitos e facilitam as relações de trabalho, e esse relacionamento é fundamental, principalmente em culturas direcionadas ao relacionamento nos mercados emergentes.[22]

Em suma, considerável atenção deve ser dada ao desenvolvimento de uma íntima afinidade entre a empresa e seus intermediários. Além dos métodos mencionados, a empresa deve garantir que possíveis conflitos sejam tratados hábil e diplomaticamente. Tenha em mente que no mundo inteiro os negócios são uma questão pessoal e vital para as pessoas envolvidas.

---

[22] Gerald A. McDermott e Rafael A. Corredoira, "Network Composition, Collaborative Ties, and Upgrading in Emerging Market Firms: Lessons from the Argentine Autoparts Sector", *Journal of International Business Studies*, 41, n. 2, 2010, p. 308-329.

Rescindir um contrato com um intermediário

Se os intermediários não apresentarem um desempenho à altura dos padrões ou se a conjuntura do mercado mudar, exigindo que a empresa reestruture sua distribuição, talvez seja necessário encerrar esse relacionamento. Nos Estados Unidos, essa rescisão em geral é simples, independentemente do tipo de intermediário; eles simplesmente são descartados. Entretanto, em outras partes do mundo, o intermediário com frequência tem alguma proteção legal que dificulta essa rescisão. Na Colômbia, por exemplo, se você rescindir um contrato com um representante, será obrigado a pagar como indenização 10% da remuneração média anual do representante multiplicado pelo número de anos trabalhados.

Ao firmar contratos de distribuição com intermediários, é vital contar com uma assessoria jurídica competente. Contudo, como muitos profissionais de marketing internacional sabem, a melhor regra é evitar a necessidade de encerrar o relacionamento com um distribuidor. Para isso, é necessário triar cuidadosamente todos os intermediários potenciais. A escolha equivocada de um distribuidor em um país pode não apenas frustrar o cumprimento das expectativas, mas também afetar adversamente futuros negócios e clientes nesse país.

Controlar os intermediários

A exagerada extensão dos canais que costuma ser utilizada na distribuição internacional torna o controle sobre os intermediários especialmente importante. Os objetivos de marketing devem ser o máximo possível explicitados tanto internamente quanto para os intermediários. Os padrões de desempenho devem incluir o volume de vendas pretendido, o índice de rotatividade dos estoques, o número de contas por área, a meta de crescimento, a meta de estabilidade dos preços e a qualidade da propaganda. As diferenças culturais devem ser contempladas por todas essas áreas de administração.[23]

Nos negócios internacionais, o controle sobre o sistema e sobre os intermediários é essencial. O primeiro diz respeito ao controle sobre a rede de distribuição, o que exige a utilização de controles gerais sobre todo o sistema para garantir que o produto esteja circulando e atingindo todos os intermediários desejados. Alguns fabricantes perderam o controle sobre o "atacado secundário" ou as importações paralelas.[24] Os produtos de uma empresa destinados a um determinado país às vezes são desviados pelos distribuidores para outro país, onde eles concorrem com os varejistas ou atacadistas existentes.

O segundo tipo de controle ocorre junto aos intermediários. Quando possível, a empresa controladora deve conhecer (e até certo ponto controlar) as atividades dos intermediários com respeito a fatores como volume de vendas, cobertura do mercado, serviços oferecidos, preços, propaganda, pagamento de contas e até mesmo lucro. As cotas, os relatórios e as visitas pessoais dos representantes da empresa podem ser eficazes para gerenciar as atividades dos intermediários em qualquer nível do canal.

Internet

OA6

Importância crescente do comércio eletrônico como alternativa de distribuição

Internet é um canal de distribuição importante para as empresas multinacionais e uma fonte de produtos para empresas e consumidores.[25] Aliás, pode-se argumentar com razão que a internet finalmente concedeu ao consumidor o controle sobre o marketing e a distribuição em nível global.[26] As empresas de *hardware* e *software* de computador e os varejistas de livros e música foram os primeiros comerciantes eletrônicos a utilizar esse método de distribuição e marketing.[27] Mais recentemente, houve uma expansão de outros tipos de serviço de varejo e *business to business* no comércio eletrônico.[28] Tecnicamente, o comércio eletrônico é uma forma de venda direta; entretanto, por ser uma novidade e por causa das características exclusivas relacionadas a essa forma de distribuição, é importante diferenciá-lo de outros tipos de marketing direto.

O *comércio eletrônico* (*e-commerce*) é utilizado para comercializar serviços de *business to business*, serviços de consumo e produtos industriais e de consumo por meio da Web. Ele

---

[23] Jody Evans e Felix T. Mavondo, "Psychic Distance and Organizational Performance: An Empirical Examination of International Retailing Operations", *Journal of International Business Studies*, 33, n. 3, 2002, p. 515-532; David A. Griffith e Matthews B. Myers, "The Performance Implications of Strategic Fit of Relational Norm Governance Strategies in Global Supply Chain Relationships", *Journal of International Business Studies*, 36, n. 3, 2005, p. 254-269.
[24] Consulte a discussão sobre importações paralelas no Capítulo 18.
[25] Vinh Nhat Lu e Craig C. Julian, "The Internet, Strategy and Performance: A Study of Australian Export Market Ventures", *Journal of Global Marketing*, 21, n. 3, 2008, p. 231-240.
[26] "Crowned at Last, A Survey of Consumer Power", *The Economist*, 2 de abril de 2005, suplemento p. 1-16.
[27] "A Giant Sucking Sound", *The Economist*, 7 de novembro de 2009, p. 62.
[28] Carlyle Farrell, "The Role of the Internet in the Delivery of Export Promotion Services: A Web Site Content Analysis", *Journal of Global Marketing*, 21, n. 4, 2008, p. 259-270.

permite que fabricantes, varejistas, prestadores de serviços ou algum outro tipo de intermediário comercializem diretamente com o consumidor/usuário final. Alguns exemplos de comerciantes eletrônicos com presença internacional são a Dell Computer Corporation[29] (www.dell.com.br), que gera em torno de 50% do total de suas vendas em seu canal *on-line*, uma média de aproximadamente US$ 69 milhões por dia; e a Cisco Systems (www.cisco.com.br), que gera mais de US 1 bilhão em vendas anuais. O *site* da Cisco abrange 14 idiomas e divulga conteúdos específicos para 49 nações. A Gateway tem *sites* globais no Japão, na França, nos Países Baixos, na Alemanha, na Suécia, na Austrália, no Reino Unido e nos Estados Unidos, dentre outros (www.gateway.com). A Sun Microsystems e sua empresa de pós-venda, a SunExpress, fornecem informações no idioma local sobre mais de 3.500 produtos de reposição (pós-venda). A SunPlaza possibilita que os visitantes na América do Norte, na Europa e no Japão obtenham informações *on-line* sobre produtos e serviços e façam pedidos diretamente em seu idioma materno.

Além de empresas de produtos de consumo como Lands' End, Levi's e Nike, muitas empresas menores[30] e menos conhecidas firmaram uma presença na internet que ultrapassa seus mercados tradicionais. Pela internet, um cliente dos Países Baixos pode comprar na Price Point, na Califórnia, um par de alavancas de freio para a sua *mountain-bike*. Ele paga US$ 130, e não os US$ 190 que pagaria por esse mesmo produto se fosse comprá-lo em uma loja de bicicletas local.

Para um consumidor espanhol de Pamplona, comprar partituras significava viajar 400 quilômetros até Madri. Agora, ele atravessa o Atlântico para comprá-las – mas essa viagem é mais rápida do que ir até uma loja na esquina. Pela internet, ele pode comprar diretamente de lojas especializadas e de grandes lojas de descontos em Nova York, Londres ou em praticamente qualquer outro lugar.

O comércio eletrônico está mais desenvolvido nos Estados Unidos do que no restante do mundo, em parte por causa do grande número de pessoas que possuem computador pessoal e em parte por causa do custo de acesso à internet, que é bem mais baixo do que o de outros lugares. Além das diferenças idiomáticas, legais e culturais, o custo das chamadas telefônicas locais (que são cobradas por minuto na maioria dos países europeus) a princípio desestimulou o uso sistemático da internet e foi um dos fatores que diminuiu sua velocidade de adoção na Europa.

Os serviços, terceiro motor de crescimento, teoricamente são adequados às vendas internacionais via internet. Todos os tipos de serviço – bancários, educacionais, de consultoria, varejistas, de jogos – podem ser comercializados em um *site* e ser acessados globalmente. Uma vez que a terceirização de algumas atribuições internas tradicionais como gestão de estoque, controle de qualidade e serviços jurídicos e de contabilidade, secretariado e tradução tornou-se mais popular entre as empresas, o número de prestadores desses tipos de serviço pela internet cresceu tanto nos Estados Unidos quanto internacionalmente.

Além disso, o *business to business on-line* possibilita que as empresas cortem custos de três formas. Primeiro, ele reduz os custos de aquisição, porque fica mais fácil encontrar o fornecedor mais barato, e corta os custos de processamento das transações. Estimativas indicam que a economia que uma empresa pode obter fazendo compras pela internet varia de 2% no setor de carvão a 40% no setor de componentes eletrônicos. A British Telecom afirma que a aquisição de produtos e serviços *on-line* diminuirá em 90% o custo médio de processamento de uma transação e em 11% os custos diretos dos produtos e serviços comprados pela empresa. A rede de intercâmbio formada pelas empresas Ford, GM e DaimlerChrysler para comprar componentes diretamente dos fornecedores conseguiu diminuir em 14% o custo de fabricação de um carro.

Segundo, o *business to business on-line* pode melhorar a gestão da cadeia de suprimentos (*supply-chain management*). Por exemplo, hoje, mais de 75% de todos os pedidos à Cisco são feitos de forma *on-line*, um aumento de 4% em relação a 1996. Essa conexão com a cadeia de abastecimento permitiu que a Cisco diminuísse o tempo de processamento dos pedidos de seis a oito semanas para uma a três semanas e também elevasse a satisfação do cliente.

Terceiro, ele possibilita um controle mais rígido do estoque. No caso do Walmart, com a conexão direta pela internet entre seu sistema de controle de estoque e seus fornecedores, cada venda aciona automaticamente um pedido de reposição. A diminuição das situações de falta de estoque, a capacidade de fazer ajustes rápidos no estoque e a redução de custo de pedido e processamento transformaram o Walmart em uma das empresas mais eficientes do seu setor.

---

[29] Evan Ramstad e Gary McWilliams, "For Dell, Success in China Tells a Tale of Maturing Market", *The Wall Street Journal*, 5 de julho de 2005, p. A1, A8.

[30] Oystein Moen, Iver Endresen e Morten Gavlen, "Use of the Internet in International Marketing: A Case Study of Small Computer Software Firms", *Journal of International Marketing*, 11, n. 4, 2003, p. 129-149.

CRUZANDO FRONTEIRAS 15.4 — Um dos vários lados sombrios da internet: defasagem crescente da oferta de órgãos cria oportunidades para intermediário *on-line*

A demanda crescente por transplantes de órgão no mundo inteiro resulta em novo poder aos intermediários *on-line* que cobram dos doentes uma fortuna para conseguir um órgão compatível nesse escasso mercado.

Esses intermediários entraram para preencher uma lacuna criada pela pronunciada defasagem da oferta. Nas nações ricas, as pessoas vivem mais, ao mesmo tempo em que a queda no número de mortes decorrentes de acidentes automobilísticos diminuiu uma fonte importante de doação de órgãos. Pelo fato de a compra e a venda de órgãos serem ilegais praticamente em todos os lugares, os intermediários dizem que atendem aos pacientes em perspectiva com fontes externas ao sistema de saúde de seu país. A *Forbes* identificou ofertas *on-line* de transplantes a um preço 60 a 400% superior aos custos normais. Um intermediário da Califórnia providencia transplantes de rim por US$ 140 mil e de coração, fígado e pulmão por US$ 290 mil. A maioria desses transplantes é realizada nos hospitais dos países em desenvolvimento, onde as normas médicas e éticas "não estão à altura dos padrões ocidentais".

O mais alarmante é que os *sites* que utilizam ofertas de transplante como chamariz podem na verdade estar camuflando um negócio ainda mais abominável: o comércio clandestino de órgãos. "Turistas de transplante" desesperados, na maioria das vezes, não conseguem saber se um órgão foi colhido legalmente ou se o rim foi vendido por um nepalês ou brasileiro, na maioria dos casos por US$ 800. Há dois anos, autoridades chinesas confessaram que colhiam órgãos de prisioneiros executados. Recentemente, Pequim concordou em não utilizar mais essa prática polêmica.

Fontes: "Growing Organ-Supply Shortfall", *The Wall Street Journal*, 12 de janeiro de 2007, p. B4 (da *Forbes*, 29 de janeiro); "Challenge Now Is to Find Other Sources of Organs", *South China Morning Post*, 2 de outubro de 2007, p. 15.

O potencial mundial para empresas que operam pela internet é extraordinário, mas apenas se elas se posicionarem apropriadamente[31] e forem bem apoiadas pela administração.[32] A Web, na condição de mercado, passa rapidamente por um estágio em que a novidade de comprar por esse meio dá lugar a um cliente mais sofisticado que pode escolher entre um número maior de *sites* cada vez melhores. Em suma, os comerciantes eletrônicos enfrentam uma concorrência maior, e os clientes eletrônicos têm mais opções. Essa situação significa que, se uma empresa quiser ter sucesso nessa nova era do marketing, não pode negligenciar os princípios básicos do bom marketing. Por exemplo, a Forrester Research constatou que quase 50% dos pedidos internacionais recebidos por empresas americanas não são atendidos, ainda que uma empresa americana típica possa supor que 30% de seu tráfego na Web provenha de outros países e 10% de seus pedidos provenham do exterior.

Por sua própria natureza, o comércio eletrônico tem alguns aspectos exclusivos que precisam ser abordados se os fornecedores eletrônicos domésticos quiserem se tornar concorrentes viáveis no mercado cibernético internacional. Discutimos no Capítulo 7 a respeito dos problemas jurídico-legais internacionais. Particularmente o ambicioso e promissor Google tem sido alvo de ataques de censura e de outros tipos de controle[33] tanto na China[34] quanto na Itália.[35] Muitos outros problemas são provocados pelo fato de o intermediário do país anfitrião, que em situações normais participaria do marketing internacional, ser eliminado. Uma vantagem importante da venda direta é que os custos totais podem ser reduzidos. Desse modo, o preço final no exterior é consideravelmente mais baixo do que seria se a empresa utilizasse um intermediário local em outro país. Entretanto, essas atividades, como traduzir consultas e pedidos de clientes prospectivos e responder em seu idioma, tradicionalmente executadas por um distribuidor local, devem ser realizadas por alguém. Quando se eliminam os intermediários, alguém, seja o vendedor ou o comprador, deve assumir as funções que eles desempenhavam. Por esse motivo, o fornecedor eletrônico deve se preocupar com as questões apresentadas a seguir.

1. **Cultura.** Os capítulos precedentes sobre cultura não devem ser desconsiderados pelas empresas que comercializam pela Web. O *site* e o produto devem ser culturalmente neutros ou adaptados para se adequarem às exclusividades de um determinado

---

[31] Byeong-Joon Moon e Subash C. Jain, "Determinants of Outcomes of Internet Marketing Activities of Exporting Firms", *Journal of Global Marketing*, 20, 2007, p. 55-72.
[32] Gary Gregory, Munib Karavdic e Shoaming Zou, "The Effects of E-Commerce on Export Marketing Strategy", *Journal of International Marketing*, 15, 2007, p. 30-57.
[33] "Google Offers Free Web Music in China", *Los Angeles Times*, 31 de março de 2009, p. B3.
[34] Juliet Ye, "Chinese Video Takes Aim at Online Censorship", *The Wall Street Journal*, 11 de fevereiro de 2010 [*on-line*].
[35] Adam Liptak, "When Free Worlds Collide", *The New York Times*, 28 de fevereiro de 2010, p. 1 (página de opinião)

MARKETING GLOBAL NA WEB PELA MARRIOTT

A internet é a mídia mais global dentre todas as outras inventadas até o momento e ultrapassou a televisão e o rádio – que em algum dia também se tornarão globais, mas estão longe disso. A internet é o único meio que se aproxima de um alcance verdadeiramente global.

O poder da internet provém de seus vários atributos exclusivos, tais como:

- Englobar texto, áudio e vídeo em uma única plataforma.
- Oferecer um processo de comunicação bidirecional, e não apenas unidirecional.
- Funcionar simultaneamente como um meio de comunicação de massa e uma mídia personalizada.
- Construir "comunidades" globais, não restritas a fronteiras nacionais.

Esses atributos transformam a internet no meio de comunicação mais potente do planeta, e sua capacidade de comunicação é incomparável, especialmente para um mundo global. Ela é o sonho do profissional de marketing internacional.

Entretanto, para aproveitar essas características de uma maneira eficaz, é indispensável lidar com vários problemas importantes:

- Existem diferenças marcantes nos índices de adoção da internet no mundo todo, que variam de 70% ou mais na América do Norte a menos de 2% no continente africano. Essa diferença influencia em grande medida o papel da Web como elemento do marketing *mix* nos mercados internacionais. Mesmo no caso das economias avançadas da UE, a variabilidade da adoção é grande, estendendo-se de 88% nos Países Baixos a 49% na Bélgica. Já a média do continente africano como um todo é 1% (consulte www.internetworldstats.com).
- Problemas específicos provocados pela tecnologia, como banda larga e banda estreita, determinam quais produtos e serviços podem ser comercializados e como devem ser. Nos locais onde predomina a banda estreita, os *sites* que utilizam vídeo e muitos elementos gráficos não são viáveis. Um exemplo são os elaborados *tours* fotográficos dos hotéis Marriott no *site* www.Marriott.com, cujo *download* é rápido nas conexões de banda larga, mas excessivamente longo em banda estreita. Portanto, um *site* concebido para um mercado pode ser ineficaz para outro.

Renaissance é uma marca de hotel da Marriott que utiliza vários meios de comunicação para conduzir os clientes aos seus *sites* de extrema importância, como mídia impressa, televisão, internet e *outdoor*. Três anúncios impressos de duas páginas são direcionados aos clientes do Reino Unido, do Oriente Médio e da China, e todos indicam os endereços dos *sites* – os dois primeiros citam www.renaissancehotels.co.uk, e o último www.renaissancehotels.com.cn. Embora no final das contas o mesmo *site* atenda aos clientes do Reino Unido e do Oriente Médio, a apresentação do anúncio é adaptada, utilizando um vestido mais conservador, apropriado à cultura da região. Por fim, você pode ver como a campanha é empregada também nas ruas de Xangai. Pergunte aos seus colegas de classe o que a frase "Fique na moda" significa nos dois últimos anúncios.

- Os custos de globalização podem enormes se for necessário construir *sites* em vários idiomas. Por exemplo, a tradução do *site* Marriott.com, de 110 mil páginas, é um empreendimento extremamente oneroso, tanto se for realizado uma única vez quanto de forma contínua. Se acrescentarmos os custos de tradução dos sistemas *back-end*, os custos aumentam exponencialmente. No caso dos *sites* com conteúdos que mudam constantemente e dependem em grande medida de sistemas *back-end*, sua manutenção em outros idiomas pode ser proibitivamente caro.
- Em virtude dos custos diferenciados de mão de obra, isso pode afetar o retorno sobre o investimento. Por exemplo, nos Estados Unidos, o custo de uma reserva *on-line* no Marriott é menos da metade do custo de uma reserva por telefone. Essa diferença talvez não seja aplicável a vários países do Terceiro Mundo, onde os custos de mão de obra com frequência são bastante baixos. Por isso, nesse caso, o investimento em um *site* torna-se quase injustificável.
- Diferentes abordagens de privacidade, acesso e investimento em infraestrutura também exigem mudanças de estratégia de acordo com o mercado.
- Quanto à privacidade, as leis da UE são bem mais rígidas do que as leis americanas, por exemplo. Por esse motivo, a estratégia de *e-mail* de marketing na UE é bem mais cautelosa do que nos Estados Unidos.
- Quanto ao acesso à internet, em alguns países, ele é regulamentado. Por exemplo, a China permite que apenas os *sites* autorizados sejam acessados, ao passo que nos Estados Unidos não há esse tipo de restrição.
- Com relação ao investimento em infraestrutura, em alguns países, o desenvolvimento dos sistemas tecnológicos de telecomunicações necessários para habilitar o acesso à internet é estimulado por investimentos privados (por exemplo, os Estados Unidos), enquanto em outros países essa é uma responsabilidade das empresas de telefonia estatais. Em geral, os mercados que dependem de investimento estatal estão atrasados no universo da internet.

Além de todos esses problemas, um dos desafios mais importantes para as empresas que pretendem ter uma presença global na internet é decidir se devem construir "*sites* específicos para os mercados estrangeiros" ou "*sites* em outros idiomas". Em um mundo ideal, com recursos infindáveis, a resposta poderia ser construir ambos. Entretanto, essa opção raramente é possível em vista das restrições de recurso. Esse desafio tem sido um problema importante para a Marriott International, que reagiu de diferentes formas, dependendo da situação do mercado. Em alguns casos, essa empresa hoteleira experimentou uma abordagem antes de passar para outra. Na verdade, a experiência da Marriott nessa área exemplifica muito bem esse problema, que pode ser esclarecido a partir da seguinte dúvida que a empresa teve:

Devemos ter um *site* global em francês que agrade a TODOS os clientes que falam francês, independentemente do país em que vivem,

OU

devemos ter um *site* em francês que atenda às necessidades do mercado francês LOCAL?

Ter um site em francês para um mercado global de falantes do francês apresentava vantagens significativas, porque existe uma população considerável de falantes desse idioma no mundo, que abrange partes importantes da África do Norte e Central e as ilhas do Caribe. Contudo, nesse caso, a Marriott decidiu em favor de um *site* local para a França. Em resumo, a empresa constatou que

- As necessidades dos clientes franceses que vivem na França eram bem diferentes das necessidades dos clientes do Haiti e das regiões da África em que se fala o francês. Os franceses preferem destinos diferentes em relação àqueles que vivem em outras áreas que falam o francês, como o Caribe.
- As abordagens promocionais também eram diferentes para a França e outros países que falam o francês. Utilizando um exemplo dos Estados Unidos para ilustrar, as apostas em corridas de cavalos são bem mais populares e bem mais aceitas nos Estados Unidos do que na Europa.
- O mercado francês superava grandemente todos os outros mercados de falantes do francês tomados em conjunto. Portanto, no caso de poder manter um único *site* em francês, o mais econômico para a Marriott era direcionar-se para o maior mercado em francês, ou seja, a França.

Em 2009 e 2010, a Marriott International enfrentou uma pressão das autoridades da província de Québec porque seu *site* em francês não atendia às necessidades da população local e, portanto, não era compatível com as leis locais. Em face das multas e de outros processos comerciais por parte das autoridades de Québec, a Marriott International reviu sua estratégia e decidiu mudar para ficar em conformidade com as leis locais do Canadá. Ao mesmo tempo, continuou atendendo à grande área em que se fala o francês – França, Bélgica, Suíça, os países do Mediterrâneo oriental e o Magreb. Em 2010, a empresa trabalhava para transformar o *site* da França em um portal no idioma francês, programado para entrar no ar no verão daquele ano, subsequentemente à sua bem-sucedida estratégia no mercado da América Latina. Esse portal, direcionado para toda a região, poderá atender a inúmeros clientes nos diferentes mercados francófonos do mundo em que a empresa opera.

A segunda série de anúncios em *banner* corre pela tela dos computadores na China; o último painel solicita que os visitantes cliquem para ir ao *site* chinês da Marriott nesse país. A Marriott mantém 11 *sites* para atrair sua clientela global aos seus 2.800 hotéis ao redor do mundo. Os *sites* dirigem-se a consumidores nos seguintes países: Estados Unidos, Reino Unido, Irlanda, Austrália, Nova Zelândia, França, Alemanha, China, Japão, Coreia do Sul, América Latina (espanhol) e Brasil.

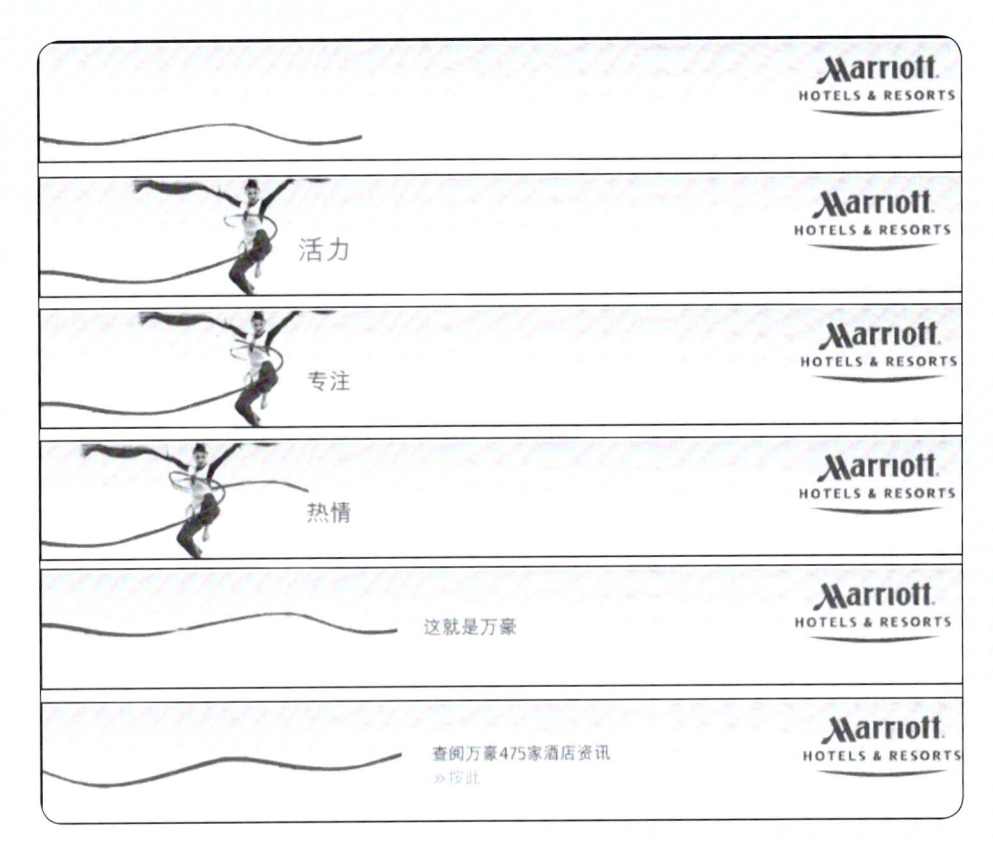

Desse modo, à proporção que o programa de globalização da Marriott evolui, vemos uma mistura de abordagens de mercado e idioma, implantados de variadas formas em mercados diversos, do modo que mais faça sentido às suas necessidades de negócios locais.

Paradoxalmente, quando a Marriott enfrentou a mesma dúvida a respeito do espanhol – um *site* em espanhol ou um *site* para a Espanha/países individuais falantes do espanhol –, optou pelo *site* em espanhol por vários motivos importantes:

- Nenhum dos mercados falantes do espanhol era muito grande para a Marriott. Embora a Espanha seja a maior economia no mundo em que se fala o espanhol, neste momento, a empresa não possui hotéis suficientes no país ou um tráfego suficiente proveniente da Espanha para construir um *site* exclusivo para esse país de uma forma rentável. Isso se aplica a todos os outros países falantes do espanhol.
- Dentre os vários países falantes do espanhol – em especial, nos países da América Latina –, havia uma semelhança maior em relação aos destinos do que nos países francófonos. Por exemplo, os Estados Unidos são um destino igualmente popular para quase todos os países latino-americanos.

A princípio, a Marriott utilizou uma abordagem oposta com respeito a essa dúvida, que resultou na criação de oito *sites* em espanhol para vários países latino-americanos. Entretanto, mais do que depressa a empresa constatou que era impraticável construir, gerenciar e manter tantos *sites* e obter o retorno sobre o investimento que ela desejava. Embora essa situação possa e deva mudar à medida que cada um dos mercados amadurecer e ganhar massa crítica, parece que isso ainda levará alguns anos. Até lá, a Marriott manterá um único *site* em espanhol.

Em suma, o mercado *on-line* internacional é altamente complexo e continua evoluindo. Não existe nenhuma abordagem única adequada para todas as situações; mesmo quando parece ser o caso, pode não durar por muito tempo, como evidencia a experiência descrita. Dessa maneira, a empresa deve se concentrar primordialmente em tomar boas decisões sobre questões que envolvam dilemas e em manter estratégias flexíveis.

Fonte: Shafiq Khan, vice-presidente sênior de comércio eletrônico, e Luis Babicek, Marriott International, 2010. (Fotos: cortesia da Marriott®.)

mercado, porque a cultura é sem dúvida importante.[36] Com respeito ao Japão, a meticulosidade dos consumidores japoneses para escolher o que eles compram e sua relutância em comprar de comerciantes distantes devem ser consideradas pelas empresas que atuam pela Web. Mesmo os *sites* que utilizam o idioma japonês podem ofender determinadas sensibilidades japonesas. Tal como um consultor de comércio eletrônico adverte, na descrição sobre um produto, não se deve dizer "Não vire a maçaneta para a esquerda", porque seria muito direto. Em vez disso, devemos dizer algo do tipo: "Seria bem melhor virar a maçaneta para a direita". Para inúmeros europeus, os *sites* americanos parecem ter uma quantidade demasiadamente grande de adereços em comparação com os europeus, que são mais direcionados ao consumidor. As diferentes reações culturais às cores podem se tornar um problema importante para os *sites* criados para mercados globais. Embora o vermelho possa ser altamente valorizado na China ou associado ao amor nos Estados Unidos, na Espanha essa cor relaciona-se ao socialismo. A questão é que, ao criar um *site*, não se deve negligenciar a cultura.

2. **Adaptação.** O ideal seria traduzir um *site* para os idiomas dos mercados-alvos.[37] Essa tradução talvez não seja financeiramente viável para algumas empresas, mas pelo menos as páginas mais importantes deveriam ser traduzidas. Entretanto, a tradução pura e simples das páginas importantes é apenas uma medida tapa-buraco. Se as empresas pretendem firmar compromissos de longo prazo para comercializar em outro país, elas devem criar páginas Web para esse mercado (em todos os sentidos do termo – cores, características, recursos de uso etc.). Segundo um pesquisador, se a página de uma empresa não oferecer pelo menos a opção de vários idiomas, isso significa que ela perderá vendas. É responsabilidade da empresa preencher essa lacuna idiomática e cultural; o cliente não perderá tempo – ele procurará um *site* disponível em seu idioma. Como foi analisado, a cultura é importante, e, com a concorrência cada vez maior, a construção de um *site* específico ao país pode fazer a diferença entre sucesso e fracasso.[38]

3. **Contato local.** As empresas totalmente comprometidas com os mercados estrangeiros criam escritórios virtuais no exterior; elas compram um espaço de servidor e criam *sites*-espelho, por meio dos quais mantêm um ponto de contato por correio de voz ou fax nos principais mercados. Os clientes estrangeiros são mais propensos a visitar os *sites* de seu próprio país e no idioma local. No Japão, onde os consumidores parecem particularmente preocupados com a facilidade de devolução de produtos, as empresas podem ter pontos de venda em que o produto possa ser devolvido e recolhido. Os modelos conhecidos como "clique e cimento", um misto de estrutura virtual e física, ganharam grande adesão.

4. **Pagamento.** Deve-se possibilitar que o consumidor utilize um cartão de crédito – por *e-mail* (em uma página segura e protegida), fax ou telefone. Embora essa acessibilidade tenha sido um problema importante para o desenvolvimento de mercados como a China, agora os clientes e os sistemas bancários do país começam a perceber isso rapidamente.[39]

5. **Entrega.** No caso de empresas que operam nos Estados Unidos, a entrega pelo correio comum de pequenas encomendas é a mais econômica, mas a que demora mais tempo. Para entregas mais rápidas e mais caras, a FedEx, a UPS e outros serviços de entrega privados cobrem o mundo inteiro. Por exemplo, o envio por via expressa do *best-seller Executive Orders* [*Ordens do Executivo*], de Tom Clancy, da sede da Amazon.com, em Seattle, para Paris, custaria ao leitor US$ 55,52. O envio do mesmo livro pelo correio normal, no prazo de quatro a dez semanas, custa US$ 25,52, uma economia considerável em relação ao seu custo em uma livraria de Paris, onde ele é vendido por US$ 35,38.

6. **Promoção.** Embora a Web seja um meio promocional, a empresa que utiliza o comércio eletrônico precisa também anunciar sua presença e os produtos ou serviços que oferece. O antigo ditado "Invente uma ratoeira melhor e o mundo baterá à sua porta"

---

[36] Kai H. Lim, Kwok Leung, Choon Ling Sia e Matthew K. Lee, "Is eCommerce Boundary-less? Effects of Individualism-Collectivism and Uncertainty Avoidance on Internet Shopping", *Journal of International Business Studies*, 35, n. 6, 2004, p. 545-559; Jan-Benedict E. M. Steenkamp e Inge Geyskens, "How Country Characteristics Affect the Perceived Value of Web Sites", *Journal of Marketing*, 70, 2006, p. 136-150.

[37] Barbar De Lollis, "Travel Firms Aim to Speak Customers' Language", *USA Today*, 12 de fevereiro de 2007, p. B1.

[38] Patrick Y. K. Chau, Melissa Cole, Anne P. Massey, Mitzi Montoya-Weiss e Robert O'Keefe, "Cultural Differences in the On-Line Behavior of Consumers", *Communications of the ACM*, 45, n. 10, 2002, p. 138-143.

[39] Bruce Einhorn e Chi-Chu Tschang, "China's E-Tail Awakening", *BusinessWeek*, 19 de novembro de 2007, p. 44.

não se aplica ao comércio eletrônico, do mesmo modo que não se aplica a outros produtos, a menos que você diga ao seu mercado-alvo que essa "ratoeira melhor" existe. Como você atrai visitantes de outros países para o seu *site*? Do mesmo modo que faria em seu país – exceto com relação ao idioma local. Registro em mecanismos de busca, *press releases*, grupos de discussão e fóruns locais, *links* mútuos e anúncios em *banner* são os métodos tradicionais. O *site* deve ser visto como uma loja física, com a única diferença de que o cliente chega pela internet, e não a pé.

Na avaliação sobre a internet e os canais de distribuição internacionais, é necessário considerar de que forma estes serão transformados por aquela. Agora mesmo, a comparação de preços e produtos *on-line* na Europa Ocidental muda radicalmente padrões comerciais formados aos trancos e barrancos ao longo de séculos. Antes da internet, os europeus raramente compravam no exterior, e as empresas automobilísticas, isentas das leis antitruste da UE sobre distribuição, ofereciam carros com uma diferença de preço de até 40%. A internet demoliu esse sistema e agora permite que o consumidor europeu procure facilmente o melhor preço.

Mudarão não apenas os canais tradicionais, mas também a internet, que evoluiu constantemente. Muito do que hoje se considera uma prática padrão provavelmente será obsoleto no futuro, visto que novos meios de transmissão de dados são criados, os custos de acesso à Web diminuem e novos modelos de comércio eletrônico são inventados. A Web cresce rapidamente – e muda à medida que cresce.

Logística

OA7
Interdependência das atividades de distribuição física

Quando uma empresa exporta primordialmente de um único país para um único mercado, costuma movimentar fisicamente suas mercadorias por um meio que garanta que os produtos chegarão com segurança dentro de um período razoável e por um custo de transporte também razoável. Quando a empresa torna-se global, essa solução para a movimentação dos produtos pode se tornar onerosa e altamente ineficaz para o vendedor e para o comprador. Como alguns profissionais de marketing globais afirmam, a parte mais difícil não é vender, mas entregar a quantidade correta de produtos aos clientes no tempo exigido e a um custo que deixe uma margem suficiente para a obtenção de lucro.[40]

Em algum momento do processo de crescimento e expansão de uma empresa internacional, outros custos além do transporte são tais que não é possível obter uma solução ideal para a movimentação física dos produtos sem pensar nesse processo como um sistema integrado. Quando um profissional de marketing internacional começa a produzir e vender em mais de um país e torna-se global, deve considerar o conceito de *gestão logística*, uma abordagem completa da gestão do processo de distribuição que abrange todas as atividades envolvidas na movimentação física de matéria-prima, no estoque em processo e no estoque de produtos acabados do ponto de origem para o ponto de uso ou consumo.[41]

Um *sistema de distribuição física* envolve mais do que a movimentação física dos produtos. Ele abrange a localização das fábricas e do armazenamento (estocagem), a forma de transporte, a quantidade de estoque e a embalagem. O conceito de distribuição física leva em conta a interdependência dos custos de cada atividade; a decisão sobre uma atividade influi no custo e na eficiência de uma ou de todas as demais. Na verdade, em virtude dessa interdependência, a soma dos custos das diferentes atividades envolve um número infinito de "custos totais". (Define-se *custo total* do sistema como a soma dos custos de todas as atividades.)

A ideia de interdependência pode ser elucidada pelo exemplo clássico do frete aéreo. Uma empresa comparou os custos de remessa de 44 mil placas periféricas, no valor de US$ 7,7 milhões, de uma fábrica em Cingapura para a costa oeste dos Estados Unidos, com relação a duas formas de transporte – frete marítimo e frete aéreo, este último aparentemente mais caro. Ao considerar apenas a taxa de transporte e os custos de estoque em trânsito, a empresa constatou que o custo do transporte aéreo era aproximadamente US$ 57 mil mais alto do que o do transporte marítimo. Entretanto, ao calcular os custos totais, que incluíam armazenamento, seguro e despesas de estoque, o frete aéreo na verdade era mais barato do que o marítimo, por causa dos outros custos envolvidos no sistema total de distribuição física.

Para compensar a maior lentidão do frete marítimo e a possibilidade de atrasos imprevistos e para garantir a pontualidade das programações de entrega ao cliente, a empresa foi obrigada a manter continuamente 30 dias de estoque em Cingapura e mais um estoque de

---

[40] "Network Effects", *The Economist*, 18 de outubro de 2008, p. 76.
[41] Uma excelente fonte de informações sobre esse assunto é Donald F. Wood *et al.*, *International Logistics*, 2. ed. (Nova York: Amacom, 2002).

30 dias nos centros de distribuição da empresa. Os custos do financiamento de 60 dias e do armazenamento adicional em ambos os pontos – isto é, os custos de distribuição física – fariam o custo do frete marítimo superar o aéreo em mais de US$ 75 mil. E o frete marítimo pode até envolver custos adicionais, como uma taxa maior de avaria, um valor de seguro mais alto e custos de embalagem mais altos.

Economias consideráveis podem ser obtidas com um exame sistemático dos custos de logística e o cálculo dos custos de distribuição física. Uma grande empresa multinacional, com fábricas e clientes no mundo inteiro, enviava peças de uma fábrica do centro-oeste dos Estados Unidos para o porto mais próximo na costa leste, que então seguiam por via aquática até o Cabo da Boa Esperança (África) e finalmente até suas fábricas na Ásia, o que levava ao todo 14 semanas. Uma quantidade considerável de estoque era mantida na Ásia como medida preventiva contra a incerteza das entregas por via fluvial. O custo da transportadora era o menor disponível. Contudo, atrasos na entrega e serviços não confiáveis obrigavam a empresa a fazer remessas aéreas de emergência para manter as linhas de produção em atividade. Consequentemente, as remessas aéreas passaram a compor 70% dos custos totais de transporte. Uma análise sobre esse problema no sistema de distribuição física demonstrou que o transporte das peças por caminhão para os portos da costa oeste, utilizando transportadoras rodoviárias mais caras, e depois por via marítima para a Ásia poderia diminuir os custos. O tempo de trânsito diminuiu, a confiabilidade da entrega aumentou, as quantidades de estoque na Ásia diminuíram e as remessas aéreas de emergência foram eliminadas. O novo sistema de distribuição gerou uma economia anual de US$ 60 mil.

Embora nem sempre se consiga uma diferença de custo, esses exemplos mostram a interdependência das várias atividades no *mix* de distribuição física e no custo total. Uma mudança na forma de transporte pode provocar uma mudança na embalagem e no manuseio, nos custos de estoque, no tempo e no custo de armazenamento e nas despesas de entrega.

A ideia subjacente à distribuição física é a obtenção de um custo de sistema ideal (o menor) de uma maneira coerente com os objetivos da empresa com relação ao atendimento ao cliente. Se as atividades do sistema de distribuição física forem vistas separadamente, sem levar em conta sua interdependência, o custo final da distribuição pode ser superior ao menor custo possível (custo ideal), e a qualidade do atendimento pode ser afetada negativamente. Outros custos e variáveis que são interdependentes e devem ser contemplados na decisão sobre a distribuição física total aumentam os problemas de distribuição enfrentados pelo profissional de marketing internacional. Quando a empresa amplia o escopo de suas operações, esses custos e variáveis adicionais tornam-se cruciais em virtude de seu efeito sobre a eficiência do sistema de distribuição.

Um dos principais benefícios da unificação da UE é a eliminação das barreiras de transporte entre os países-membros. Em vez de abordar a Europa país por país, pode-se desenvolver uma rede de logística centralizada. A tendência na Europa é a criação de centros de distribuição pan-europeus. Estudos indicam que as empresas que operam na Europa talvez possam diminuir os locais de armazenamento de 20 para 3 e manter o mesmo nível de atendimento ao cliente. Um fabricante alemão de eletrodomésticos de linha branca conseguiu reduzir seus depósitos de 39 para 10, bem como melhorar sua distribuição e o atendimento ao cliente. Ao diminuir o número de depósitos, a empresa reduziu os custos totais de distribuição e armazenamento, o número de funcionários e a quantidade de produtos em estoque, bem como ampliou o acesso aos mercados regionais, utilizou mais adequadamente as redes de transporte e aprimorou o atendimento aos clientes. Tudo isso com uma redução de 21% dos custos totais de logística.

RESUMO

O profissional de marketing internacional tem uma variedade de alternativas para desenvolver um sistema de distribuição internacional econômico, eficiente e de larga escala. Entretanto, no caso dos profissionais de marketing inexperientes, essa variedade pode ser sufocante. Uma análise criteriosa das funções desempenhadas indica mais semelhanças do que diferenças entre os sistemas de distribuição internacional e doméstico; em ambos os casos, as três principais alternativas são os intermediários representantes, intermediários comerciantes ou intermediários afiliados ao governo.

Em várias circunstâncias, todos os três tipos de intermediário são empregados no cenário internacional, e a estrutura de canal pode variar de país para país ou de continente para continente.

Uma empresa ainda novata em marketing internacional pode se fortalecer com as informações e orientações disponíveis sobre estruturação de sistemas de distribuição internacionais e empresas intermediárias bem desenvolvidas e competentes de distribuição internacional de produtos. Embora na última década o número de intermediários internacionais tenha aumentado e eles tenham se tornado mais confiáveis e mais sofisticados, os canais tradicionais são desafiados pela internet, que se transforma rapidamente em uma opção importante para vários segmentos de mercado. Esse crescimento e desenvolvimento oferecem uma gama ainda maior de possibilidades para entrar em mercados estrangeiros.

PALAVRAS-CHAVE

Processo de distribuição
Estrutura de distribuição
Lei de Varejo de Larga Escala
Intermediários representantes (agentes e corretores)
Intermediários comerciantes (atacadistas comerciais e varejistas)
Intermediários do país de origem
Empresa de gestão de exportações (EGE)
Trading companies
Trading company de exportação (ETC)
Marketing complementar (*piggybacking*)

QUESTÕES

1. Defina as palavras-chave acima relacionadas.
2. Discorra sobre as características distintivas do sistema de distribuição japonês.
3. Discorra sobre os meios empregados pelos fabricantes japoneses para controlar o processo de distribuição do fabricante ao varejista.
4. Defina a Lei de Varejo de Larga Escala e analise como a Iniciativa de Impedimentos Estruturais (SII) transforma o setor varejista japonês.
5. "O varejo japonês talvez esteja passando por uma mudança semelhante à que ocorreu nos Estados Unidos após a Segunda Guerra Mundial." Discuta essa afirmação e dê exemplos.
6. Discuta sobre como a globalização dos mercados, especialmente na Europa pós-1992, afeta a distribuição no varejo.
7. Até que ponto e de que forma as funções dos intermediários domésticos diferem das funções dos intermediários estrangeiros?
8. Por que a empresa de gestão de exportações (EGE) às vezes é chamada de departamento de exportação?
9. Em que sentido a distribuição física está relacionada com a política de canal? Como elas afetam uma a outra?
10. Explique como e por que os canais de distribuição são afetados quando o estágio de desenvolvimento de uma economia melhora.
11. Em quais circunstâncias é sensato utilizar uma EGE?
12. Em quais circunstâncias as *trading companies* tendem a ser utilizadas?
13. Como a estrutura de canal de distribuição é afetada por uma ênfase maior sobre o governo como cliente e pela existência de órgãos de comercialização estatais?
14. Recapitule as principais variáveis que afetam a escolha do profissional de marketing para os canais de distribuição.
15. Explique quais diferenças podem ser encontradas nos padrões de canal em um país altamente desenvolvido e em um país subdesenvolvido.
16. Um dos primeiros fatores que as empresas identificam com relação aos padrões de canal de distribuição é que, na maioria dos países, é quase impossível conseguir uma cobertura de mercado adequada por meio de um plano simples de canal de distribuição. Discuta essa questão.
17. Discorra sobre os vários métodos existentes para superar canais de distribuição obstruídos.
18. Qual estratégia poderia ser empregada para distribuir de maneira eficaz as mercadorias, tendo em vista o dicotômico padrão de intermediários pequenos/grandes característico dos intermediários comerciais na maioria dos países?
19. Discorra sobre as implicações econômicas da fixação de multas de rescisão ou da restrição à rescisão de contratos com intermediários.
20. Por que os canais de distribuição japoneses podem ser um exemplo típico de canal obstruído?
21. Quais são as duas provisões mais importantes da Lei sobre *Trading Companies* de Exportação?
22. Você é o gerente de vendas de uma pequena empresa que vende nos Estados Unidos. Cerca de 30% de suas vendas são realizadas via correio, e o restante por meio de suas duas lojas físicas. Recentemente, você criou uma loja eletrônica na Web e poucos dias depois recebeu um pedido de uma cliente potencial de uma cidade francesa próxima de Paris. As despesas de remessa relacionadas na Web referem-se apenas a localidades dentro dos Estados Unidos. Você não quer perder esse pedido de US$ 350 e sabe que pode utilizar o serviço postal, mas a cliente indicou que desejava receber o produto em uma semana. Enviá-lo por via expressa aérea parece lógico, mas quanto isso custará? Consulte a página da FedEx (www.fedex.com) e da UPS (www.ups.com) para obter algumas estimativas sobre custos de remessa. Aqui, apresentamos alguns detalhes essenciais: valor US$ 350; peso total do pacote, 1,35 quilograma (2,5 libras); dimensões do pacote, 10,15 cm de altura (4 polegadas) por 15,25 cm de largura (6 polegadas); código postal dos Estados Unidos, 97035; código postal francês, 91400. (Observação: não vale ligar para a UPS nem para a FedEx – utilize a internet.)
23. Com base nas informações coletadas na pergunta 22, até que ponto seria conveniente estimar as vendas no exterior? Seus pedidos variam de US$ 250 a US$ 800. Todos os preços são cotados e depois somados aos custos de remessa e manuseio. Você vende uma linha razoavelmente exclusiva de joias do sudoeste da Índia que custam de 15 a 20% mais na Europa do que nos Estados Unidos. Os produtos são leves e têm um alto valor.

Capítulo 16
Comunicação integrada de marketing e propaganda internacional

SUMÁRIO

- Perspectiva global

    Barbie *versus* Mulan
- Promoção de vendas em mercados internacionais
- Relações públicas internacionais
- Propaganda internacional
- Estratégias e objetivos da propaganda
    - Atributo do produto e segmentação por benefícios
    - Segmentação regional
- Mensagem: desafios à criatividade
    - Propaganda global e o processo de comunicação
    - Restrições legais
    - Limitações linguísticas
    - Diversidade cultural
    - Limitações de mídia
    - Limitações de produção e custo
- Planejamento e análise de mídia
    - Fatores táticos
- Realização de campanhas e agências de propaganda
- Controle internacional sobre a propaganda: questões abrangentes

OBJETIVOS DE APRENDIZAGEM

- **OA1** Características do mercado local que afetam a propaganda e a promoção dos produtos
- **OA2** Pontos fortes e fracos da promoção de vendas e das relações públicas no marketing global
- **OA3** Quando a propaganda global é mais eficaz; quando é necessário mudar uma propaganda
- **OA4** Processo de comunicação e erros de alvo na propaganda
- **OA5** Consequências de um mercado único europeu sobre a propaganda
- **OA6** Impacto das limitações de mídia, do excesso de mídia e dos regulamentos governamentais sobre o orçamento de propaganda e promoção

Desenvolvimento de estratégias de marketing globais

Perspectiva global

BARBIE *VERSUS* MULAN

Durante anos as bonecas Barbie foram vendidas no Japão com uma aparência diferente de suas congêneres americanas. Elas tinham traços faciais asiáticos, cabelo preto e usavam figurinos inspirados em modelos japoneses. Entretanto, ao conduzir uma pesquisa com consumidores ao redor do mundo, a Mattel Inc. constatou algo surpreendente: a Barbie original, de cabelo loiro e olhos azuis, tinha em Hong Kong a mesma aceitação que em Hollywood. As garotas não se importavam se a Barbie não se parecesse com elas. "Tudo não passa de fantasia e cabelo", disse Peter Broegger, gestor de operações da Mattel na Ásia. "Na Ásia, as bonecas Barbie loiras simplesmente vendem tão bem quanto nos Estados Unidos."

Os principais fabricantes de brinquedos reveem um dos princípios básicos desse setor global avaliado em US$ 55 bilhões – de que as crianças de diferentes países querem brinquedos diferentes. Antigamente, gigantes como a Mattel, a Hasbro Inc. e a Lego Co. fabricavam brinquedos e acessórios em uma variedade de estilos. Mas agora, essas empresas criam e comercializam, cada vez mais, uma única versão distribuída no mundo inteiro. Essa mudança deu lugar a uma série de intensas guerras-relâmpago, em que a um só tempo as empresas inundam meninos e meninas do planeta com bonecas, carros e engenhocas idênticos.

Por exemplo, a Barbie Rapunzel da Mattel, com cabelo loiro até o tornozelo e vestido de baile cor-de-rosa, foi lançada no mesmo dia em 59 países, inclusive nos Estados Unidos – o produto mais importante que a empresa lançou. No primeiro ano, a Barbie Rapunzel e produtos relacionados geraram US$ 200 milhões em vendas globais; quase metade delas fora dos Estados Unidos. A Mattel não fabrica mais bonecas Barbie com traços asiáticos.

Dois acontecimentos recentes mudaram os gostos das crianças. Um é a rápida expansão mundial dos canais de TV a cabo e por satélite, que, em conjunto com os filmes e a internet, expõe milhões de crianças aos mesmos ícones populares. Por exemplo, atualmente a Walt Disney Co. opera 24 canais de TV a cabo e por satélite da marca Disney em 67 países além dos Estados Unidos – um crescimento do zero em apenas alguns anos. Outro acontecimento é o maior alcance internacional de gigantes varejistas como Walmart Stores Inc., Toys "R" Us Inc. e Carrefour S.A., que abriram milhares de lojas fora de seus mercados domésticos. Cada vez mais os varejistas de massa formam acordos exclusivos com empresas de brinquedos e produtos de consumo, o que lhes permite veicular imensas campanhas promocionais coordenadas.

Por exemplo, quando a Barbie Rapunzel foi lançada, as lojas Walmart da Coreia do Sul e da China contrataram mulheres para se vestirem como a boneca e receberem as crianças na entrada das lojas. Ao mesmo tempo, a campanha de propaganda da Mattel na TV foi veiculada no mundo todo em comerciais de 15, 20 e 30 segundos – em 35 idiomas diferentes. O *site* da Mattel exclusivo para a Barbie, que oferece oito opções de idioma, apresentava histórias e jogos da Rapunzel. Um filme animado por computador, intitulado *Barbie como Rapunzel*, foi veiculado na TV e lançado em vídeo e DVD no mundo inteiro e também exibido em alguns cinemas no exterior.

Em Madri, o lançamento foi acompanhado por uma *première* do filme e promoções especiais de estojos de penteado e outros acessórios nas lojas Carrefour da Espanha. Após a *première*, as crianças podiam comprar bonecas, e foi exatamente isso o que elas fizeram. Para alguns pais, isso significava ir à sempre abarrotada Toys "R" Us de Madri na véspera do Natal para comprar dragões de pelúcia do filme ou *notebooks* Barbie, conjuntos de cozinha Barbie, *vans* Barbie e um monte de outros artefatos e acessórios.

Poucas empresas americanas vendem brinquedos no mundo islâmico. A Mattel, maior empresa de brinquedos do mundo, pretende fazer isso. É provável que a Jasmine, da Disney, também seja vendida por lá, embora na verdade ela se vista inapropriadamente para muitos seguidores da fé islâmica. A Jasmine é apenas uma das bonecas da coleção "Princesas", concebidas para desafiar diretamente a predominância da Barbie na categoria de bonecas. Branca de Neve, Pocahontas, Mulan e, mais recentemente, Princesa Tiana também integram o grupo. A diversidade entre elas pode ampliar sua atratividade. A Disney utiliza cor-de-rosa na embalagem e está atenta à opinião dos críticos de moda bem-informados da Barbie. A Princesa da Disney tem mais a ver com tiaras e varinhas mágicas do que com bolsas e salto alto. Com relação às características em que a Barbie funciona como um ídolo ou um exemplo a ser seguido, a Disney enfatiza a fantasia. É muito triste que ninguém enfatize a educação.

Aliás, é muito triste para a Mattel que, apesar da abrangência do plano de comunicações de marketing integrado, as vendas da Barbie mantenham instáveis. Algumas vezes, linhas de produtos concorrentes com características étnicas mais diferenciadas vendem mais, como as bonecas Mulan, Bratz e Fulla descritas no Capítulo 5. Depois de ganhar um recente processo judicial de marca registrada de um importante concorrente (Bratz), em 2009 as receitas de venda da Barbie cresceram 12%. Esse aumento reflete duas mudanças estratégicas fundamentais para a Barbie: (1) a aquisição de licença para produzir as Princesas da Disney e (2) o lançamento de uma linha de bonecas com características étnicas diversas – apregoa-se que as bonecas Barbie da linha So in Style têm uma "aparência mais autêntica, do cabelo à variação dos tons de pele".

Fontes: Lisa Bannon e Carlta Vitshum, "One-Toy-Fits-All: How Industry Learned to Love the Global Kid", *The Wall Street Journal*, 29 de abril de 2003, p. A1; Christopher Palmeri, "Hair-Pulling in the Dollhouse", *Business-Week*, 2 de maio de 2005, p. 76-77; Charisse Jones, "Disney Adds African-American Princess Tiana to Royal Family", *USAToday*, 16 de fevereiro de 2009 [*on-line*]; Mary Ellen Lloyd, "Mattel Net Rises 86% as Barbie Sales Jump", *The Wall Street Journal*, 30 de janeiro de 2010 [*on-line*].

OA1

Características do mercado local que afetam a propaganda e a promoção dos produtos

Comunicação integrada de marketing (CIM) é composta por propaganda, promoção de vendas, feiras comerciais, venda pessoal, venda direta e relações públicas – quase todas incluídas na a campanha da Barbie descrita no quadro "Perspectiva global". Aliás, mesmo a matéria original publicada no *The Wall Street Journal* provavelmente foi instigada por um *press release* da empresa. O objetivo comum de todos esses elementos mutuamente reforçadores do *mix* promocional é a venda bem-sucedida de produtos ou serviços. Em vários mercados, a disponibilidade de canais de comunicação com os clientes pode ser um fator determinante nas decisões sobre a forma de entrada. Por exemplo, a maioria dos fabricantes de brinquedos concordaria que não é possível comercializar brinquedos lucrativamente em países em que não há comerciais de televisão direcionados a crianças. Portanto, a área de desenvolvimento de produtos e serviços deve se informar por meio de pesquisas sobre a disponibilidade de canais de comunicação. Quando se desenvolve um produto ou serviço para atender às necessidades de um mercado-alvo, os clientes-alvo devem ser informados sobre a importância e a disponibilidade dessas ofertas. Com frequência, informações diferentes são apropriadas para canais de comunicação diferentes, e vice-versa.

Para a maioria das empresas, a propaganda e a venda pessoal são os principais componentes do *mix* de comunicações de marketing. Neste capítulo, primeiro analisamos brevemente os demais elementos da CIM. O objetivo da maioria das empresas, pequenas e grandes,[1] é obter as sinergias possíveis quando se utilizam conjuntamente promoções de vendas, iniciativas de relações públicas e propaganda. Entretanto, o principal foco deste capítulo é a propaganda internacional. O capítulo seguinte aborda a gestão de vendas global.

Promoção de vendas em mercados internacionais

OA2

Pontos fortes e fracos da promoção de vendas e das relações públicas no marketing global

Promoção de vendas é uma atividade de marketing que estimula as compras do consumidor e melhora a eficácia e cooperação dos varejistas ou intermediários. Pequenos descontos, demonstrações em lojas, amostras, cupons, brindes, vendas casadas, concursos, sorteios, patrocínio de eventos especiais como shows e Jogos Olímpicos, feiras e *displays* no ponto de venda são alguns dos recursos de promoção de vendas concebidos para complementar a propaganda e a venda pessoal no *mix* promocional. A *première* do filme da Barbie Rapunzel é um exemplo disso.

As promoções de vendas são iniciativas de curto prazo direcionadas ao consumidor ou ao varejista para atingir objetivos específicos, como levar o consumidor a experimentar o produto ou a comprá-lo imediatamente, apresentar a loja ou a marca ao consumidor, expor o produto no ponto de venda, estimular as lojas a estocar o produto e apoiar e intensificar as iniciativas de propaganda e venda pessoal. Por exemplo, o lançamento do sabão Ariel da Procter & Gamble no Egito contou com o "Espetáculo Itinerante Ariel", uma apresentação de marionetes (não a Pequena Sereia!) nos mercados locais dos vilarejos, onde vive mais da metade de todos os egípcios. Esse espetáculo atraía multidões, divertia as pessoas, falava sobre a qualidade superior do Ariel sem a utilização de aditivos e vendia a marca em *vans* de distribuição por um preço simbólico. Além de criar consciência de marca sobre o Ariel, o espetáculo itinerante ajudou a superar a relutância dos varejistas locais vem vender esse produto de preço elevado. Talvez o melhor exemplo de todos os tempos nesse gênero seja o festival internacional dos Simpsons, patrocinado pela Fox em Hollywood. O campeão do teste de conhecimentos gerais Simpson da Espanha venceu 11 adversários globais nas "Finais Mundiais de Boliche do Bart". Por fim, embora todas as empresas de *software* condenem a pirataria nos mercados estrangeiros por ser um crime que lhes sai caro, a maioria reconhece que de certa maneira essa é uma forma de testar o produto.

Nos mercados em que é difícil atingir o consumidor por haver limitações nos meios de comunicação, é necessário aumentar a porcentagem do orçamento promocional destinada às promoções de vendas. Em alguns países menos desenvolvidos, as promoções de vendas

---

[1] Ho Yin Wong e Bill Merrilees, "Determinants of SME International Marketing Communications", *Journal of Global Marketing*, 1, n. 4, 2008, p. 293-306.

compõem a maior porcentagem das iniciativas promocionais nas áreas rurais menos acessíveis do mercado. Em determinadas regiões da América Latina, uma porcentagem do orçamento de propaganda e promoção tanto da Pepsi-Cola quanto da Coca-Cola é gasta em trios elétricos, que fazem viagens frequentes a vilarejos afastados para promover seus produtos. Quando um trio elétrico para em um determinado vilarejo, pode exibir um filme ou oferecer outro tipo de entretenimento; o preço de entrada é uma garrafa fechada do produto, comprada em uma loja local, que é então trocada por uma garrafa gelada e mais um cupom que dá direito a outra garrafa. Essa iniciativa promocional tende a estimular as vendas e os varejistas locais, que são avisados com antecedência sobre a chegada do trio elétrico para que estoquem o produto. Com esse tipo de promoção, obtém-se uma cobertura de quase 100% dos varejistas dos vilarejos. Em outras situações, esses mesmos varejistas podem distribuir amostras grátis, ganhar a pintura da fachada das lojas ou receber relógios de parede com a marca da empresa para ajudar a promover as vendas.

Quando o conceito do produto é novo ou a participação de mercado é muito pequena, oferecer amostras é uma ferramenta promocional eficaz. A divisão de comidas para bebê da Nestlé enfrentou esse tipo de problema na França quando tentou ganhar participação de mercado concorrendo com a Gerber, líder nesse setor. A empresa utilizou a oferta de amostras com um novo programa de promoção de vendas para obter reconhecimento de marca e firmar sua reputação. Como os franceses costumam tirar longas férias de verão, amontoando toda a família no carro e acampando em áreas bem conservadas, a Nestlé ofereceu uma estrutura de parada para descanso ao longo das rodovias, em que os pais podiam alimentar e trocar o bebê. Existem instalações *Le Relais Bebés* impecavelmente limpas nos principais roteiros de viagem. Nessas paradas para descanso, 64 atendentes recepcionam cerca de 120 mil visitas de famílias com bebê e distribuem 600 mil amostras de comida para bebê todos os anos. Elas oferecem fraldas descartáveis gratuitas, mesas para trocar fraldas e cadeiras altas para dar comida aos bebês.

Na China, a Kraft iniciou uma campanha de base para educar os consumidores a respeito da tradição americana de comer biscoitos com leite e para isso desenvolveu um programa de CIM. A empresa criou um programa de aprendiz Oreo em 30 universidades chinesas que atraiu 6 mil candidatos. Trezentos deles foram treinados para se tornarem embaixadores do Oreo. Alguns visitavam as principais cidades chinesas em bicicletas, equipadas com aros semelhantes aos biscoitos Oreo, e distribuíam amostras a mais de 300 mil consumidores. Outros promoviam jogos de basquete com o tema Oreo para reforçar a ideia de *mergulhar* os biscoitos no leite, como em uma "enterrada". Os comerciais de televisão mostravam crianças desmembrando as fatias do biscoito, lambendo o creme do centro e molhando as fatias em um copo de leite. Depois de se arrastar durante anos na China, agora a Oreo é a marca de biscoitos que mais vende no país.

Uma de nossas promoções de vendas favoritas é a colaboração entre Microsoft/Burger King no Japão. Para conseguir publicidade para o lançamento do Windows 7, as duas empresas inventaram um lanche com sete hambúrgueres e 2.120 calorias, o "Windows 7 Whopper", por 777 ienes (você pode calcular o preço na sua moeda). Os primeiros 30 hambúrgueres do dia em cada uma das 15 lojas da Burger King eram vendidos a esse preço. No restante do dia, o preço dobrava. Na primeira semana, foram vendidos mais de 15 mil hambúrgueres, e alguns vídeos YouTube exibem clientes tentando morder esse lanche gigante. Essa publicidade foi uma mudança bem-vinda para a Burger King desde sua reentrada no país em 2007. A empresa havia sido afugentada durante uma guerra de preços em 2001 com a poderosa rede McDonald's, de 3.200 lojas. O retorno da Burger King no Japão faz parte de uma estratégia global mais ampla que envolve sua expansão para o Egito, Hong Kong e Polônia.[2]

Tal como ocorre com a propaganda, o sucesso de uma promoção pode depender de adaptações locais. Além disso, pesquisas demonstram que as respostas às promoções podem variar de acordo com o tipo de promoção e as variadas culturas. As principais restrições provêm de leis locais, que podem proibir o oferecimento de prêmios e brindes. Alguns países possuem leis que controlam a porcentagem de desconto oferecida no varejo, outros exigem autorização para todas as promoções de vendas, e em pelo menos um país nenhum concorrente tem permissão para gastar mais em uma promoção de vendas do que outra empresa que venda o produto. Quando a promoção é eficaz, ela pode intensificar as iniciativas de propaganda e venda pessoal e, em alguns casos, pode ser um substituto conveniente quando existem restrições do ambiente de marketing que impedem a plena utilização de propagandas.

---

[2] Kenji Hall, "The (Hard to Install) Windows 7 Whopper", *BusinessWeek*, 16 de novembro de 2009, p. 28.

Relações públicas internacionais

A função das **relações públicas (RP)** é criar um bom relacionamento com a imprensa popular e outras mídias e ajudar as empresas a transmitir informações para seu público – clientes, público em geral e agências regulatórias governamentais. Além das atividades que buscam estimular a imprensa a publicar matérias sobre as empresas (como na reportagem sobre a Barbie), essa função engloba atividades que procuram controlar boatos, matérias e acontecimentos desfavoráveis. Com relação a este último fator, a distinção entre propaganda e relações públicas hoje é uma questão considerada pelo Supremo Tribunal dos Estados Unidos. A Nike foi criticada por utilizar *sweatshops* (estabelecimentos escravizantes e com péssimas condições de trabalho) na Ásia e respondeu às críticas com propaganda paga. O Supremo Tribunal determinou que os problemas de liberdade de expressão não se aplicavam aos anúncios, e o processo civil correspondente contra a empresa por propaganda enganosa pôde então ser levado adiante. Aliás, do ponto de vista de relações públicas, a Nike parece ter aumentado o problema ao deixar que o processo chegasse ao Supremo Tribunal.

No marketing internacional, a importância das relações públicas talvez possa ser mais bem exemplificada por dois acontecimentos ocorridos em 2010: (1) a disputa política Google-China quanto à censura e invasão e (2) o problema do pedal do acelerador da Toyota mencionado no Capítulo 13. A cena mais notável de todas foi a de Akio Toyoda, CEO da Toyota e neto do fundador, que se curvou e se desculpou copiosamente em uma audiência no Congresso, em Washington, e alguns dias depois novamente se curvou arrependido em Pequim. Esse espetáculo foi reivindicado por defensores (existem muitos no Congresso) e críticos entre o público e o governo de ambos os países.[3] Do centenário hábito da "reverência e desculpa" à postura adotada no século XXI, notamos que a Toyota utiliza também a mídia social para lidar com esse problema. Para disseminar informações e monitorar a instabilidade da opinião pública, a Toyota lançou um canal de marca Tweetmeme com a ajuda da Federated Media. Chamado de Toyota Conversations, esse canal divulga novas reportagens, vídeos e outras informações e compartilha *tweets* da conta Twitter da Toyota e seus AdTweets, como "Cinco motivos para comprar um Toyota". Os canais Tweetmeme podem ser programados para selecionar apenas notícias escolhidas. Portanto, em contraposição ao tom sóbrio das matérias do *Los Angeles Times* e de outros veículos, o tom é otimista e leve.[4]

O problema de relações públicas da Toyota é visivelmente semelhante ao do infortúnio do *recall* de segurança dos pneus Bridgestone/Firestone em 2000. A empresa japonesa na época foi considerada culpada por mais de 100 mortes nos Estados Unidos, provocadas por pneus defeituosos. Como manda o figurino em desastres corporativos desse tipo, o CEO japonês da subsidiária americana "admitiu ser total e pessoalmente responsável" pelas mortes em uma audiência no Senado dos Estados Unidos. No Japão, essa é uma boa postura de relações públicas. Entretanto, em Washington, os senadores não estavam interessados em ouvir pedidos de desculpa. Além disso, a empresa também culpou sua cliente, a Ford Motor Company, pelos problemas, acusando-a de orientar os clientes a utilizar uma calibragem mais baixa em superfícies mais uniformes. O problema espalhou-se para outros mercados – a Arábia Saudita proibiu a importação de veículos equipados com pneus Firestone. Inacreditavelmente, a resposta da empresa à medida tomada pela Arábia Saudita foi denunciá-la como violação aos acordos da Organização Mundial do Comércio (OMC). Talvez tivesse sido melhor para a empresa promover sua certificação ISO 9000 – você se lembra da foto do Capítulo 14, na página 405? A esta altura, o problema da Bridgestone foi esquecido por quase todos os americanos; gostaríamos de saber quanto tempo levará para o público americano esquecer-se do problema da Toyota.

No âmbito internacional, durante alguns anos o faturamento das empresas de relações públicas atingiu a casa de dois dígitos. Lidar com problemas internacionais de relações públicas, como padrões globais de ambiente de trabalho e *recalls* de segurança, tornou-se um ótimo negócio para empresas que atendem a clientes corporativos como a Mattel Toys,[5] o McDonald's e, obviamente, a Nike. Esse rápido crescimento é estimulado pela expansão do setor de comunicações internacionais. As novas empresas precisam de consultoria de relações públicas para "ter visibilidade internacional", tal como explicou o gerente de marketing da VDSL Systems ao contratar a proeminente empresa britânica MCC. Também tem havido

---

[3] David Pierson, "Toyota's President's Whirlwind Apology Tour Lands in China", *Los Angeles Times*, 2 de março de 2010, p. B1, B6.
[4] Jessica Guynn, "Toyota Taps Twitter for Positive Spin", *Los Angeles Times*, 4 de março de 2010, p. B3.
[5] "Mattel Apologizes to China over Recall", *Associated Press*, 21 de setembro de 2007.

CRUZANDO FRONTEIRAS 16.1 — RP na RPC

Em 1999, quando o ministro do Trabalho e da Segurança Social reconheceu as relações públicas como profissão, um novo setor nasceu na China. Esses excertos do *China Daily* mostram como as instituições evoluem nas economias emergentes:

Mais leis são necessárias para regulamentar a nascente profissão de relações públicas na China, disse ontem em Pequim uma proeminente profissional do setor. "Para aproveitar as promissoras oportunidades de negócios com a iminente entrada da China na Organização Mundial do Comércio, precisamos de leis específicas para regulamentar o mercado, inibir as negligências profissionais e promover a competência das empresas de RP", afirmou Li Yue, vice-diretora da Associação Internacional de Relações Públicas da China. Esses comentários foram feitos durante um simpósio de relações públicas, área também conhecida como RP. Segundo os representantes do simpósio, eles estão preocupados com a desordem no setor de RP e com as frequentes mudanças de pessoal nas empresas dessa área.

Eles recomendam com insistência que é necessário aprovar outras leis para pôr fim a uma situação que muitos consideram caótica. Para os especialistas, os principais problemas do setor são seu pequeno banco de talentos, as guerras de preço cruéis e o baixo padrão profissional.

Na década de 1980, quando se falava em relações públicas, a maior parte da população chinesa costumava pensar em recepcionistas, em luxuosos banquetes e na utilização de pessoas bem relacionadas. Hoje, as empresas de relações públicas são vistas como aquelas que ajudam os clientes a construir a reputação de sua empresa, lidando também com a imagem corporativa.

Fontes: "China: More Regulation of PR Sought", *China Daily*, 20 de janeiro de 2000, p. 3; "PRW: The Top European PR Consultancies 2000", *PR Week*, 23 de junho de 2000, p. 7; "PR Firms Gaining Experience by Working with Multinational Firms", *Industry Updates*, 20 de junho de 2005; "Ogilvy Public Relations Worldwide/China and JL McGregor Announce Strategic Alliance", *PR Newswire*, 13 de junho de 2007.

---

um crescimento surpreendente em mercados emergentes como a Rússia. O próprio setor experimenta uma onda de fusões e aquisições, como a associação entre as maiores agências de propaganda internacionais e as empresas de relações públicas mais bem estabelecidas.

Os patrocínios corporativos deveriam ser classificados como uma faceta das promoções de vendas ou relações públicas, embora seus vínculos com a propaganda também sejam evidentes. As empresas de tabaco foram particularmente criativas ao utilizar o patrocínio de eventos esportivos para contornar regulamentos de propaganda de determinados países relacionados a mídias mais tradicionais. Outros exemplos notórios são o patrocínio de partidas de futebol pela Coca-Cola e o patrocínio do Torneio Aberto de Tênis da Austrália pela Kia Motors. O McDonald's realizou imensas campanhas de CIM internacionais em torno de seu patrocínio aos Jogos Olímpicos de Sydney em 2000, as quais abrangeram promoções de alimentos com temas olímpicos, indicações nas embalagens e dentro das lojas, anúncios impressos e na televisão e bate-papos na Web com astros e estrelas do esporte, como o jogador de basquete americano Grant Hill. Além das várias promoções direcionadas aos 43 milhões de clientes diários de seus 27 mil restaurantes ao redor do mundo, a empresa estabeleceu como alvo os próprios atletas. Na condição de restaurante afiliado oficial, o McDonald's conseguiu operar sete restaurantes em Sydney, incluindo os dois que atendiam à Vila Olímpica. Durante as três semanas dos jogos, foram servidos aproximadamente 1,5 milhão de hambúrgueres a atletas, autoridades, técnicos, profissionais da imprensa e espectadores. O McDonald's voltou a utilizar esse tipo de apoio corporativo oficial em Atenas (2004) e em Pequim (2008). Por fim, um dos acordos de patrocínio mais inovadores foi o da Intel com o Torneio da França, em apoio ao *site* do torneio (www.letour.com). Obviamente, todos esses aspectos das atividades de CIM funcionam melhor quando coordenados e reforçados por uma campanha de propaganda consistente, que é o tópico do restante deste capítulo.

Propaganda internacional

Desde a virada do século, o aumento dos gastos com propagandas globais ficou mais lento, particularmente durante a recessão global de 2008-2009. Neste exato momento, os dados relativos a 2009 ainda não foram disponibilizados, mas a maioria das estimativas indica uma queda de 10% nas despesas mundiais. Ao longo de 2008, os gastos gerais com propaganda entre os 100 maiores anunciantes globais tiveram um aumento de 3,1% (isto é, subiram para US$ 117,9 bilhões), apesar do declínio de 3,7% nos Estados Unidos. Em meio a esse ambiente econômico global de lento crescimento e à rápida agitação tecnológica, o setor de propaganda continua sofrendo reestruturações consideráveis. Está também relacionado a essa revolução tecnológica nos meios de comunicação um enigma geral com relação aos números. Isto é, acompanhar de perto os 100 maiores anunciantes e suas agências é uma questão relativamente simples de registro e divulgação de informações. Contudo, como a

COMUNICAÇÃO INTEGRADA DE MARKETING (CIM) NA QUIKSILVER

Na comercialização de produtos de marca de alta qualidade com foco no estilo de vida, a imagem é tudo. A Quiksilver é uma das empresas mais inovadoras com respeito à criação de novas formas de divulgar a imagem de "montanha e onda" ao redor do mundo.

Com receitas globais acima de US$ 2 bilhões nos últimos anos, a Quiksilver cresceu a passos largos desde sua criação em 1969 em Torquay, Austrália. Lá, Alan Green começou a trabalhar com protótipos para um novo tipo de bermuda, utilizando determinadas características tecnológicas das roupas de mergulho, como os fechos de velcro. O novo modelo demonstrou-se mais apropriado às quedas em ondas muito altas. O logotipo de "montanha e onda" foi criado em 1970.

Agora, a Quiksilver está estabelecida em Huntington Beach, Califórnia (também conhecida como Surf City, a cidade do surfe), e é uma das principais empresas do "Velcro Valley" – a capital do mundo de roupas esportivas em Orange County. A família da Quiksilver é composta por 15 marcas, liderada pela Quiksilver, Roxy, DC e Rossignol. A empresa atua em mercados dos seis continentes mundiais, que englobam mais de 90 países e um público de 236 milhões de jovens. A maior parte de suas vendas provém do exterior: 45% nas Américas, 44% na Europa e 11% na Ásia-Pacífico. A Quiksilver distribui seus produtos ao redor do mundo por meio de uma rede de 406 lojas da própria empresa, 245 lojas licenciadas e 56 lojas em formatos de licenciamento e de *joint venture*. O *mix* de vendas da Quiksilver está assim dividido: 58% de vestuário, 15% de calçados, 14% de equipamentos esportivos de inverno e 13% de acessórios.

As fotos apresentadas aqui representam apenas em parte a amplitude da comunicação integrada de marketing da Quiksilver.

Outdoor e fachada de uma loja em Moscou, Rússia.

Patrocínio da Roxy à australiana Torah Bright, medalha de ouro dos Jogos Olímpicos de 2010 na modalidade de *snowboard*.

Patrocínio da Roxy à Sofia Mulanovich, primeira campeã de surfe da América do Sul.

Em sua sede, em Orange County, a empresa apoia o Instituto Oceânico financeiramente e com uma visita de seu barco Indies Trade, que viaja pelo mundo para promover ambientes de águas limpas e, obviamente, a imagem da empresa.

Em 2005, a Quiksilver patrocinou o primeiro salto sobre a Grande Muralha da China, de Danny Way, esqueitista do sul da Califórnia.

A empresa utiliza também o mais amplo conjunto de mídias para propaganda – de painéis em Istambul a um *site* repleto de atividades de entretenimento.

Greg Macias, vice-presidente de marketing, explica como são tomadas as decisões sobre CIM:

Em nível global, a Quiksilver tem três centros principais de administração: nos Estados Unidos (Huntington Beach, Califórnia), na Europa (Biarritz, França) e na Ásia-Pacífico (Torquay, Austrália). Existem outros escritórios administrativos na China, na Indonésia, na Coreia, no Brasil, na Argentina, na África do Sul, no Canadá e no Japão.

Os gerentes de marketing de cada uma dessas três principais regiões encontram-se formalmente três vezes ao ano para discutir metas, estratégias e melhores práticas. Isso também ocorre nas áreas de administração geral e de varejo.

As decisões sobre meios de comunicação são tomadas em nível regional. Não são feitas "compras globais".

Nós temos um gerente de marca global. Ele supervisiona o orçamento que apoia nossas atividades globais, isto é, iniciativas que podem ter um efeito global significativo e podem ser utilizadas em cada região. Os melhores exemplos disso são os atletas e a transmissão pela Web de eventos importantes.

Nosso acordo é compartilhar uma mesma promessa de marca, metas globais, um único logo e uma paleta de cores anual. Cada região cria um conjunto próprio de atividades de comunicação, mas muitos recursos são compartilhados para que as propagandas pareçam razoavelmente consistentes.

Tal como a maioria das empresas, estamos constantemente mudando e tentando melhorar nosso processo de comunicação, nossos produtos, nossos relacionamentos e nossas práticas comerciais. Na minha humilde opinião, nosso bem mais valioso é a capacidade de evoluir e não ficar arraigado à tradição.

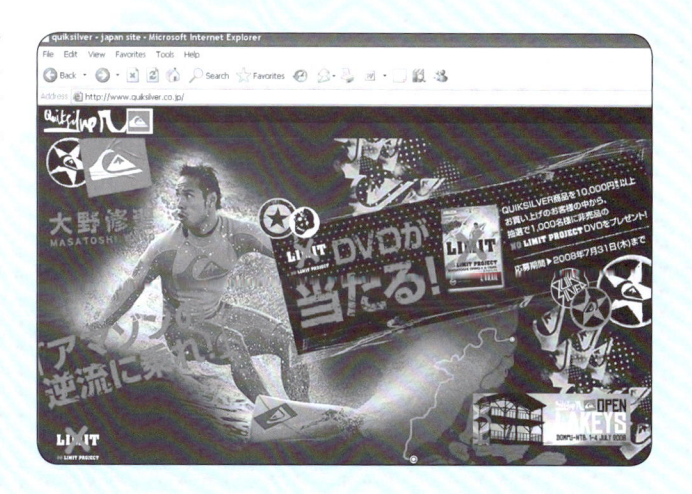

Figura 16.1
Os 20 maiores anunciantes (em milhões de dólares)*.

2008	2007	Anunciante	Matriz	2008	Mudança percentual
1	1	Procter & Gamble Co.	Cincinnati	US$ 9.731	0,0%
2	2	Unilever	Londres/Roterdã	5.717	1,8
3	3	L'Oreal	Clichy, França	4.040	10,8
4	4	General Motors	Detroit	3.674	5,4
5	5	Toyota Motor Corp.	Cidade de Toyota, Japão	3.203	−3,2
6	8	Coca-Cola Co.	Atlanta, Geórgia	2.673	13,5
7	7	Johnson & Johnson	New Brunswick, Nova Jersey	2.601	4,5
8	6	Ford Motor Co.	Detroit	2.448	−14,0
9	11	Reckitt Benckiser	Slough, Berkshire, Reino Unido	2.369	13,0
10	9	Nestlé	Vevey, Suíça	2.314	1,0
11	12	Volkswagen	Wolfsburg, Alemanha	2.309	15,4
12	10	Honda Motor Co.	Tóquio	2.220	4,6
13	15	Mars Inc.	McLean, Virgínia	1.998	5,0
14	19	McDonald's Corp.	Oakbrook, Illinois	1.968	6,9
15	14	Sony Corp.	Tóquio	1.851	−3,3
16	17	GlaxoSmithKline	Brentford, Middlesex, Reino Unido	1.831	−3,2
17	20	Deutsche Telekom.	Bonn, Alemanh	1.812	7,7
18	18	Kraft Foods	Northfield, Illinois	1.792	−2,7
19	16	Nissan Motor Co.	Tóquio	1.716	−9,7
20	21	Walt Disney Co.	Burbank, Califórnia	1.586	−2,0

* Os números representam milhões de dólares americanos e são estimativas da *Advertising Age*.

Fonte: *Avertising Age*, 2010. Copyright © 2010 Crain Communications. Dados reimpressos com permissão.

natureza, a utilização e o monitoramento dos meios de comunicação são dinâmicos, fica mais difícil definir referências comparativas que apoiem análises proveitosas.

A propaganda em meios de comunicação de massa globais é uma ferramenta de grande eficácia para mudanças culturais[6] e, como tal, é alvo de contínuo escrutínio por parte de uma grande variedade de instituições. Um estudo importante demonstrou que as despesas com propaganda em geral são cíclicas, embora com menor intensidade em países orientados ao relacionamento, em que os gestores e reguladores preferem a estabilidade e o desempenho de longo prazo.[7] A maioria dos estudiosos concorda que estamos apenas começando a compreender algumas das principais questões relacionadas à propaganda internacional, e esse conhecimento continuará extremamente transitório em face dessa contínua revolução.

As Figuras 16.1 e 16.2 mostram as maiores empresas e categorias de produtos com relação à propaganda internacional. Embora as empresas de automóveis dominem a lista, a Procter & Gamble foi a campeã global em gastos. Além disso, observe a falta de crescimento entre as várias categorias e empresas. Nas Figuras 16.3 a e b, observamos também que o padrão de gastos é quebrado em dois mercados emergentes. Como se vê, existe uma diferença marcante nos estágios de desenvolvimento entre a China e a Rússia. Embora haja uma predominância de empresas estrangeiras na China (oito dentre dez), o país está criando marcas nacionais (cinco). A julgar pelo progresso relativo desses dois países nesse critério específico, a China parece estar bem acima na escala de desenvolvimento econômico.

De todos os elementos do marketing *mix*, as decisões sobre propaganda são as mais frequentemente afetadas pelas diferenças culturais entre os mercados estrangeiros. Os consumidores reagem com base em sua cultura, sentimentos, sistemas de valores, atitudes, crenças e percepções. Como a função da propaganda é interpretar ou traduzir as características dos

---

[6] Xin Zhao e Russell W. Belk, "Politicizing Consumer Culture: Advertising's Appropriation of Political Ideology in China's Social Transition", *Journal of Consumer Research*, 35, n. 2, 2008, p. 231-244.

[7] Barbara Deleersnyder, Marnik G. Dekimpe, Jan-Benedict E. M. Steenkamp e Peter S. H. Leeflang, "The Role of National Culture in Advertising's Sensitivity to Business Cycles: An Investigation across Continents", *Journal of Marketing Research*, 46, n. 5, 2009, p. 623-636.

Figura 16.2
Gastos globais dos 100 maiores anunciantes por categoria (em milhões de dólares).

Fonte: Advertising Age, 2010. Copyright © 2010 Crain Communications. Dados reimpressos com permissão.

Categoria	2008	Mudança percentual em relação a 2007	Classificação do anunciante
Automóveis	US$ 25.613	0,1%	18
Cuidados pessoais	25.480	3,4	11
Alimentos	11.914	4,9	9
Medicamentos	10.323	1,8	11
Entretenimento e mídia	9.608	–1,8	7
Varejo	5.968	17,8	8
Restaurantes	4.289	9,6	4
Refrigerantes	4.064	5,3	2
Telefone	3.974	2,7	4
Produtos de limpeza	3.829	10,7	3
Cerveja, vinho e bebidas destiladas	2.681	2,1	5
Finanças	2.595	–9,0	6
Eletrônicos e geração de imagens	2.100	8,9	3
Tecnologia	2.035	–11,5	4
Eletrônicos	1.846	20,7	2
Brinquedos	1.607	12,8	3

Figura 16.3a
Os dez maiores anunciantes na Rússia (em milhões de dólares).

Fonte: Dados extraídos de Matéria Especial sobre Marketing Global, Advertising Age, 19 de novembro de 2007. Copyright © 2010 Crain Communication. Dados reimpressos com permissão.

Anunciante	2008	Mudança percentual em relação a 2007
Procter & Gamble Co.	US$ 127,7	–32,7%
L'Oreal	72,9	–21,3
Mars Inc.	71,0	–30,1
Unilever	59,5	–29,8
Henkel	52,9	–24,8
Grupo Danone	40,8	–38,7
VimpelCom	40,6	–28,5
Coca-Cola Co.	40,6	–28,5
Sistema (finanças)	39,3	–18,3
Reckitt Benckiser	39,0	–19,1

Figura 16.3b
Os dez maiores anunciantes na China (em milhões de dólares).

Fonte: Dados extraídos de Matéria Especial sobre Marketing Global, Advertising Age, 19 de novembro de 2007. Copyright © 2010 Crain Communication. Dados reimpressos com permissão.

Anunciante	2008	Mudança percentual em relação a 2007
Procter & Gamble Co.	US$ 1.079,1	–2,3%
Unilever	487,0	9,5
Harbin Pharma Group	435,8	0,2
L'Oreal	333,3	73,6
Yum! Brands	289,5	43,6
Shanghai Goldenpartner Biology Technology	270,8	18,6
Zhongdian Communicate Technology	245,7	847,7*
Hayao Group Sanchine Pharmacy	204,0	–4,1
Chine Mobile	199,7	3,1
Coca-Cola Co.	174,7	28,1

* Este dado está, apesar de surpreendente, correto.

produtos e serviços com relação às necessidades, às vontades, aos desejos e às aspirações do consumidor, os apelos emocionais, os símbolos, as abordagens persuasivas e outros atributos de uma propaganda devem coincidir com as normas culturais para que o anúncio seja eficaz.

A conciliação de uma campanha de propaganda internacional com a singularidade cultural dos mercados é um desafio enfrentado pelo profissional de marketing internacional ou global. A estrutura e os conceitos básicos da propaganda internacional são essencialmente os mesmos onde quer que sejam empregados, sendo necessários os seguintes sete passos:

1. Realizar pesquisas de mercado.
2. Especificar as metas de comunicação.
3. Desenvolver a mensagem mais eficaz para os segmentos de mercado escolhidos.
4. Escolher meios de comunicação eficazes.
5. Elaborar e assegurar um orçamento com base no que é necessário para atingir os objetivos.
6. Realizar a campanha.
7. Avaliar a campanha em relação aos objetivos especificados.

Dentre esses sete passos, o desenvolvimento das mensagens quase sempre representa a tarefa mais árdua para os gerentes de marketing internacional. Por isso, este capítulo enfatiza tal tema e analisa as nuanças dos meios de comunicação internacionais. As agências de propaganda normalmente se envolvem em todos esses sete passos e são objeto de análise em uma seção exclusiva. Por fim, este capítulo é encerrado com uma discussão sobre os problemas mais abrangentes dos controles governamentais sobre a propaganda.

Estratégias e objetivos da propaganda

OA3

Quando a propaganda global é mais eficaz; quando é necessário mudar uma propaganda

Os objetivos da propaganda variam consideravelmente ao redor do mundo. Por exemplo, os fabricantes chineses estabelecem novas marcas com a expansão da economia do país; a Unilever está introduzindo uma nova extensão em sua linha de produtos, o xampu Dove, nos mercados do Extremo Oriente; a companhia aérea russa Aeroflot se empenha em melhorar sua imagem em termos de qualidade. Todos esses problemas de marketing exigem uma cuidadosa pesquisa de marketing e campanhas de propaganda criteriosas e criativas em mercados nacionais, regionais e globais.

A intensa concorrência nos mercados mundiais e a crescente sofisticação dos consumidores estrangeiros exigem estratégias de propaganda mais aprimoradas. Custos mais altos, problemas para coordenar os programas de propaganda em vários países e o desejo de ampliar a imagem da empresa ou do produto levaram as empresas multinacionais a procurar maior controle e eficiência sem sacrificar sua responsividade local. Nessa busca por programas promocionais mais eficazes e responsivos, as políticas que envolvem a administração centralizada e descentralizada, a utilização de uma ou de várias agências estrangeiras ou domésticas, a apropriação e alocação de procedimentos, os textos publicitários e as pesquisas são examinadas. É possível ver um número cada vez maior de empresas multinacionais à procura de um equilíbrio entre a padronização e a customização dos temas de propaganda.[8] Recentemente, tal como analisado no Capítulo 13, mais empresas preferem a customização.

Um exemplo claro é a Gillette Company, que vende 800 produtos em mais de 200 países. A Gillette tem uma imagem mundial consistente de empresa masculina e direcionada aos esportes, mas seus produtos não têm uma imagem tão consistente. Os barbeadores, as lâminas, os artigos de toalete e os cosméticos da empresa são conhecidos por vários nomes. As lâminas de barbear Trac II vendidas nos Estados Unidos são mais conhecidas no mundo inteiro como G-II, e as lâminas Atra são chamadas de Contour na Europa e na Ásia.

Estes anúncios em ônibus e táxis são uma mídia para propaganda eficaz mesmo quando a neblina está densa em Londres. Como os táxis londrinos são em sua maioria pretos, o anúncio da Snickers atrai a atenção imediatamente.

---

[8] Ali Kanzo e Richard Alan Nelson, "Advertising Localization Overshadows Standardization", *Journal of Advertising Research*, 42, n. 1, janeiro-fevereiro de 2002, p. 79-89; Charles R. Taylor, "Who Standardizes Advertising More Frequently, and Why Do They Do So? A Comparison of U.S. and Japanese Subsidiaries' Advertising Practices in the European Union", *Journal of International Marketing*, 14, 2006, p. 98-120; Kineta H. Hung, Stella Yiyan Li e Russell W. Belk, "Global Understandings: Female Readers' Perceptions of the New Woman in Chinese Advertising", *Journal of International Business Studies*, 38, 2007, p. 1.034-1.051.

O condicionador de cabelo Silkience é conhecido como Soyance na França, Sientel na Itália e Silkience na Alemanha. Se a Gillette deveria ou não ter escolhido nomes de marca globais para seus vários produtos, é uma questão discutível. Entretanto, a atual filosofia corporativa de globalização da Gillette admite uma afirmação abrangente – "Gillette, o melhor que um homem pode alcançar" – em todos os anúncios de produtos de toalete masculinos, a fim de oferecer alguma imagem comum.

Existe uma situação semelhante na Unilever, que vende um produto de limpeza chamado Vif na Suíça, Viss na Alemanha, Jif na Grã-Bretanha e na Grécia e Cif na França. Isso ocorre porque a Unilever tem uma estratégia de comercialização diferente para cada um desses países. A esta altura, seria difícil a Gillette ou a Unilever padronizar o nome de suas marcas, porque todas elas estão estabelecidas em seus mercados e, portanto, têm valor. A Nortel Networks utilizou uma abordagem de "herói nacional" em sua propaganda internacional. Ela escolhe celebridades locais para veicular mensagens padronizadas nos mercados nacionais sobre seus serviços de telecomunicações.

Em muitos casos, os produtos padronizados podem ser comercializados globalmente. Contudo, em vista das diferenças culturais, eles exigem um apelo de propaganda diferente em diferentes mercados. Por exemplo, a propaganda dos modelos da Ford varia de país para país por causa do idioma e de nuanças sociais. A Ford chama a atenção para o preço acessível de seu Escort nos Estados Unidos, onde o carro é visto como um produto de baixo custo. Entretanto, na Índia, a Ford lançou o Escort como um carro especial. "Lá, não é incomum ver um Escort com chofer", disse um executivo da Ford.

Em suma, muitas empresas utilizam estratégias de segmentação de mercado que ignoram as fronteiras nacionais – por exemplo, as propagandas com frequência estão direcionadas a clientes comerciais ou a consumidores de alta renda do mundo inteiro. Outras buscam segmentos de mercado globais mais novos, definidos pela "cultura do consumidor" em relação a um conjunto compartilhado de símbolos relacionados ao consumo – conveniência, juventude, nacionalismo, internacionalismo e humanitarismo são exemplos. Outros segmentos mais tradicionais estão relacionados ao produto e à região, os quais são discutidos a seguir.

Atributo do produto e segmentação por benefícios

Tal como discutido nos capítulos sobre desenvolvimento de produtos e serviços (Capítulos 13 e 14), os produtos e serviços lançados no mercado são na verdade o conjunto de satisfações que o consumidor ou comprador recebe. Esse pacote de satisfações ou utilidades abrange a principal função do produto ou serviço e vários outros benefícios imputados pelos valores e costumes de uma cultura. Culturas diferentes muitas vezes procuram o mesmo valor ou benefício com respeito à função básica de um produto – por exemplo, a capacidade de um automóvel para ir de um ponto A a um ponto B, de uma câmera para tirar uma fotografia ou de um relógio de pulso para indicar a hora. Contudo, embora normalmente os consumidores tenham a mesma opinião sobre o benefício da função básica de um produto, outras características e outros atributos psicológicos podem ser percebidos de maneira distinta.

Pense nas diferentes necessidades percebidas pelo mercado no caso de uma câmera. Nos Estados Unidos, a maior parte dos consumidores deseja uma máquina fácil e segura de operar que produza fotos de excelente de qualidade; na Alemanha e no Japão, a câmera dever tirar fotos excelentes, mas também ter *design* avançado. Na África, embora as câmeras tenham uma penetração domiciliar inferior a 20%, é necessário vender o costume de tirar fotos. Nesses três mercados, os consumidores desejam fotografias de excelente qualidade (isto é, exige-se a função básica ou principal de uma câmera), mas a utilidade ou satisfação complementar oferecida por uma câmera difere entre as culturas. Muitos produtos geram expectativas que ultrapassam o benefício procurado por todos.

O iogurte Danone é promovido como a marca que compreende a relação entre saúde e alimento, mas essa ideia é passada de forma diferente dependendo do mercado. Nos Estados Unidos, onde o iogurte Dannon (tal como é conhecido em inglês) é considerado um alimento saudável e fortificante, a marca proclama seu lado favorável. Entretanto, na França, o iogurte Danone estava muito associado ao prazer. Por esse motivo, a Danone criou o Instituto de Saúde, um verdadeiro centro de pesquisa dedicado à alimentação e ao ensino. No final, a mensagem é a mesma, mas transmitida distintamente – um equilíbrio cuidadoso entre saúde e prazer.

A propaganda de amêndoas da Associação de Produtores Blue Diamond é excelente para demonstrar que alguns produtos são mais bem anunciados apenas em nível local. A campanha da Blue Diamond nos Estados Unidos foi extremamente bem-sucedida. Ela mostrava produtores de amêndoas ajoelhados sobre elas, implorando para o público: "A can a week,

COMUNICAÇÃO INTEGRADA DE MARKETING NA MICROSOFT

A missão da Microsoft é "permitir que pessoas e empresas do mundo inteiro alcancem seu pleno potencial [...] por meio da criação de tecnologias que transformem a maneira como as pessoas trabalham, divertem-se e comunicam-se". De seus US$ 58 bilhões em receitas mundiais, a Microsoft gastou mais de US$ 1 bilhão em comunicação integrada de marketing (CIM) em 2009. Embora as vendas globais da empresa tenham apresentado uma queda de 3,5% nesse ano difícil, as vendas internacionais passaram a compor 43% de suas receitas, em comparação a 41% em 2008. Nas páginas a seguir são mostradas as campanhas internacionais de CIM de dois produtos-chave da Microsoft – Windows 7 e *Halo3: ODST*.

A Microsoft possui cinco divisões:

1. Com uma receita de mais de US$ 14 bilhões em 2009, a divisão "Cliente" abrange os sistemas operacionais Windows. O mais recente é o Windows 7. Os principais concorrentes dessa divisão são a Unix, a Apple, a Canonical e a Red Hat.
2. A divisão "Servidores e Ferramentas" abrange o sistema operacional Windows Server e produtos e serviços associados. Em 2009, as vendas também foram superiores a US$ 14 bilhões, e seus principais concorrentes são a Linux, a IBM e a Sun Microsystems.
3. A divisão "Serviços *On-line*" incluem o Bing, o Microsoft adCenter/adExpert e outros produtos e serviços de propaganda *on-line*, com uma receita de US$ 3 bilhões. Seus concorrentes são a AOL, o Google e o Yahoo!, dentre outros.
4. A "Divisão de Negócios Microsoft" oferece *softwares* e serviços *on-line*, como o Microsoft Office e o Microsoft Dynamics CRM. Seus principais concorrentes são Adobe, Apple e Google, dentre outros.
5. A "Divisão de Entretenimento e Dispositivos" oferece os consoles e jogos Xbox 360, o Xbox Live, o Zune e vários outros produtos e serviços, como o *Halo3:ODST*, videogame de maior sucesso no mercado. Em 2009, suas receitas foram de aproximadamente US$ 8 bilhões, com um rol de concorrentes que inclui a Nintendo e a Sony.

WINDOWS 7

O Windows 7 é vendido principalmente para fabricantes de equipamentos originais (*original equipment manufacturers* – OEMs) e em segundo lugar para consumidores do mundo inteiro. Os clientes OEM incluem Hewlett-Packard, Dell, Toshiba (Japão), Lenovo (China) e até mesmo a Apple. Os anúncios exibidos aqui foram desenvolvidos para a Microsoft por uma nova agência de propaganda, a Crispin Porter + Bogusky. Você pode ver que essas mesmas imagens são utilizadas em todos os países, mas o tema do texto publicitário – "I'm a PC, and Windows 7 was my idea" ("Eu sou um PC e o Windows 7 foi ideia minha") – foi traduzido e adaptado para os mercados alemão e francês. A versão francesa diz: "Eu disse que queria um PC mais intuitivo! Aí está, um PC mais intuitivo. Ninguém me recusa nada". E a alemã diz: "Eu disse, 'Melhore a segurança', e eles melhoraram. Fui eu quem fiz isso. Será que fui eu mesmo?". "Eu sou um PC" não faz muito sentido fora dos Estados Unidos.

Como ao redor do mundo os usuários potenciais do Windows 7 em muitos casos compartilham características demográficas e padrões de uso importantes, os anúncios só precisaram de uma pequena adaptação. Essa campanha foi veiculada na televisão, na mídia impressa, na mídia *on-line* e em *outdoors* e ofereceu desconto a estudantes de vários países. O Windows 7 foi um sucesso importante para a Microsoft (particularmente em relação ao Vista). Mais de 90 milhões de licenças foram vendidas no mundo inteiro no primeiro ano.

HALO3: ODST

Os videogames vendidos pela Microsoft aumentam diretamente as receitas e, ao mesmo tempo, estimulam as vendas do Xbox. O *Halo3: ODST* 9 [Orbital Drop Shock Trooper ("Tropa de Choque de Desembarque Orbital")] é um videogame de atirador em primeira pessoa desenvolvido pela Bungie e lançado pela Microsoft. Logo após seu lançamento, no outono de 2009, rapidamente se tornou o jogo Xbox 360 mais vendido. Foram mais de três milhões de cópias vendidas no mundo inteiro, ao preço de US$ 60 o conjunto de dois discos. Aproximadamente 40% dessas vendas foram internacionais.

A divulgação começou com alusões nos meios de comunicação em 2008. Depois, em outubro de 2008, foi exibido um *trailer* completo do jogo na Feira de Jogos de Tóquio. Antes do lançamento, por 107 dias ele ocupou o primeiro lugar na lista de pedidos antecipados da Amazon.com. A campanha de propaganda contou com inúmeros materiais promocionais, que foram divulgados por meio de anúncios no Xbox Live, em pontos de venda *on-line*, na mídia impressa e na televisão. A Marvel Comics também publicou uma série em quadrinhos com edição limitada apresentando os principais personagens do ODST. A Bungie e a Microsoft patrocinaram um evento de lançamento oficial no Experience Music Project and Science Fiction Museum and Hall of Fame, de Seattle, que incluiu painéis de discussão e exibições prévias. A GameStop realizou mais 3.500 eventos de lançamento nos Estados Unidos.

Embora o jogo propriamente dito seja oferecido apenas em inglês, o texto do anúncio foi traduzido para dezenas de idiomas. Veja acima três *banners* de exemplo. A aparência do anúncio (de do próprio jogo) sofreu pequenas adaptações para os mercados internacionais – as características demográficas e os padrões de uso dos jogadores são relativamente homogêneos ao redor do mundo. Você perceberá no texto de advertência que o Japão utilizou o mesmo texto dos Estados Unidos, ao passo que, nos mercados de falantes do espanhol, por serem mais diversos, indica-se apenas que o jogo é apropriado para "maiores de 16 anos" ("16+"). Como mencionado antes, a Alemanha tem restrições especiais em relação a videogames violentos, e o gênero de atirador em primeira pessoa é menos popular lá do que em outras culturas.

PROJETO NATAL OU O ASSIM CHAMADO "KINECT"

Em 2010, a propaganda e as comunicações de marketing internacionais ficaram bem mais interessantes para a Divisão de Entretenimento e Dispositivos da Microsoft. Às vésperas do Natal de 2010, o Natal (que passou a ser chamado de Kinect), um jogo que não precisa de controlador e visa ao entretenimento, estava programado para ser lançado globalmente. A empresa espera que esse produto revolucionário dê origem (*natal* refere-se a nascimento em inglês e também em português e, convenientemente, a "Natal", em português) a uma variedade de novos produtos e serviços relacionados da Microsoft, de uma maneira semelhante ao iPhone, da Apple. O Project Natal foi anunciado em 1º de junho de 2009, na Feira Comercial E3 2009, e mais de mil *kits* de desenvolvimento foram enviados a desenvolvedores de jogos nesse mesmo dia.

Como a variedade de jogos e interatividade é muito grande e, portanto, atrai uma ampla faixa de consumidores ao redor do mundo, as atividades de marketing internacional para o Kinect exigirão novos graus de adaptação cultural dos produtos, serviços e comunicações ao consumidor da Microsoft.

Cortesia da Microsoft Corporation.

that's all we ask" ("Uma lata por semana, é tudo o que pedimos"). O objetivo da campanha era passar a ideia de que as amêndoas são um aperitivo para o dia a dia, e não apenas para ocasiões especiais. A campanha foi um sucesso. Além de ajudar a mudar a percepção de que as amêndoas são um aperitivo para ocasiões especiais, ela atraiu para a Blue Diamond milhões de dólares em publicidade na imprensa regional e nacional. Esse mesmo anúncio foi testado no Canadá para analisar a possibilidade de ser utilizado fora dos Estados Unidos. A reação dos canadenses foi imensamente diferente; para eles, a ideia como um todo era muito tola. Além do mais, os canadenses preferem comprar produtos dos produtores canadenses, e não dos americanos. Essa reação levou à decisão de analisar de perto cada mercado e elaborar uma propaganda para o mercado de cada país. A única semelhança entre os comerciais veiculados nos mercados de Nova York, Tóquio, Moscou, Toronto e Estocolmo é o logotipo da Blue Diamond.

Segmentação regional

O surgimento dos meios de comunicação pan-europeus incentiva muitas empresas a privilegiar mais as iniciativas promocionais padronizadas. À medida que o alcance dos meios de comunicação em toda a Europa se ampliar, os mercados ficarão mais expostos a várias mensagens e marcas de um mesmo produto, e isso se tornará comum. Para evitar a confusão gerada quando um mercado é exposto a vários nomes de produtos e a várias mensagens de propaganda, e também por motivo de eficácia, as empresas se esforçam para conciliar os nomes dos produtos, a propaganda e as promoções na Europa como um todo.

Além de mudanças nos padrões comportamentais, determinadas restrições legais são eliminadas e surgem lentamente segmentos de mercado viáveis nos mercados nacionais. Embora a Europa não vá se tornar um mercado único homogêneo para todos os produtos, isso não significa que as empresas devam evitar a ideia de desenvolver programas promocionais para todo esse continente. Para empregar uma estratégia promocional pan-europeia, seria necessário identificar um segmento de mercado em todos os países europeus e criar um conceito promocional que recorra às semelhanças desse segmento.

Mensagem: desafios à criatividade

Propaganda global e o processo de comunicação

■ **OA4**

Processo de comunicação e erros de alvo na propaganda

Vários são os motivos que podem provocar o insucesso das comunicações internacionais: a mensagem talvez não chegue ao destinatário em virtude de inadequações nos meios de comunicação; a mensagem pode ser recebida pelo público-alvo, mas não ser compreendida por causa de diferentes interpretações culturais; ou a mensagem pode atingir o público-alvo e ser compreendida, mas não ter nenhum efeito porque o profissional de marketing não avaliou corretamente as necessidades e os desejos ou mesmo os processos de pensamento[9] do mercado-alvo.

No processo de comunicação internacional, todas as sete etapas identificáveis podem afetar a precisão do processo. Como mostrado na Figura 16.4, esse processo é composto dos seguintes elementos:

1. **Fonte de informações.** Um executivo de marketing internacional que tem uma mensagem sobre o produto para transmitir.
2. **Codificação.** A mensagem da fonte traduzida em símbolos eficazes para ser transmitida ao receptor.
3. **Canal de mensagem.** A equipe de vendas e/ou as mídias para propaganda que transmitem a mensagem codificada ao receptor-alvo.
4. **Decodificação.** A interpretação por parte do receptor do simbolismo transmitido pela fonte de informações.
5. **Receptor.** Atitude dos consumidores que recebem a mensagem e são o alvo da ideia transmitida.
6. *Feedback.* Informações sobre a eficácia da mensagem que retornam do receptor (o alvo) para a fonte de informações, para avaliação da eficiência do processo.
7. **Ruído.** Influências incontroláveis e imprevisíveis, como atividades concorrentes e confusões, que prejudicam o processo e afetam alguma ou todas as seis etapas anteriores.

Infelizmente, o processo não é tão simples quanto enviar uma mensagem por um meio qualquer a um receptor com a certeza de que a mensagem pretendida é corretamente percebida pelo receptor. Na Figura 16.4, as etapas do processo de comunicação estão inseridas no Contexto cultural A e no Contexto cultural B para mostrar as influências que dificultam esse processo quando a mensagem é codificada em uma cultura e decodificada em outra. Se não

---

[9] Jennifer Aaker, "Acessibility or Diagnosticity? Disentangling the Influence of Culture on Persuasion Processes and Attitudes", *Journal of Consumer Research*, 26, n. 4, março de 2000, p. 340-357.

Figura 16.4
Processo de comunicação internacional.

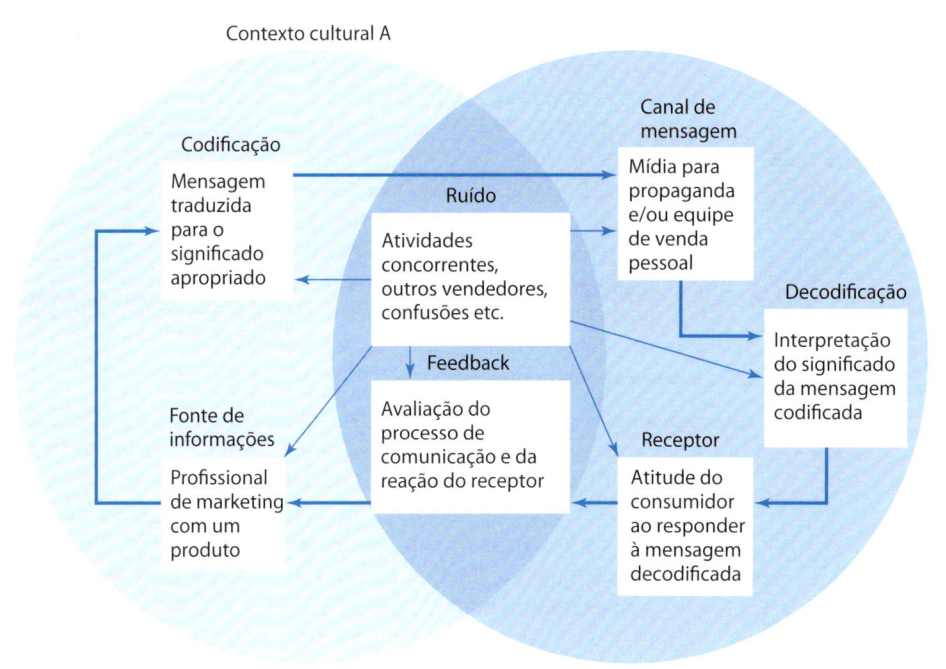

Contexto cultural A

Codificação
Mensagem traduzida para o significado apropriado

Canal de mensagem
Mídia para propaganda e/ou equipe de venda pessoal

Ruído
Atividades concorrentes, outros vendedores, confusões etc.

Decodificação
Interpretação do significado da mensagem codificada

Feedback
Avaliação do processo de comunicação e da reação do receptor

Fonte de informações
Profissional de marketing com um produto

Receptor
Atitude do consumidor ao responder à mensagem decodificada

Contexto cultural B

forem avaliados apropriadamente, os diferentes contextos culturais podem aumentar a probabilidade de mal-entendidos. Pesquisas nessa área demonstram que a eficácia da comunicação depende da existência de uma "sobreposição psicológica" entre o emissor e o receptor; do contrário, a mensagem que destoa do campo perceptivo do receptor pode transmitir um significado não pretendido. É nessa área que mesmo as empresas mais experientes cometem erros.

No marketing internacional, os erros de alvo ou outros equívocos podem ser atribuídos, em sua maioria, a uma ou a várias etapas que não espelham adequadamente as influências culturais ou à falta generalizada de conhecimento sobre o mercado-alvo. Em relação à Figura 16.4, a fonte de informações é representada pelo profissional de marketing que tem um produto para vender para um determinado mercado-alvo. A mensagem a ser transmitida sobre o produto deve refletir as necessidades e os desejos do mercado-alvo; entretanto, com frequência as necessidades reais do mercado e a percepção do executivo de marketing sobre elas não coincidem. Essa desconexão ocorre especialmente quando o profissional de marketing baseia-se mais em seu critério de autorreferência (CAR) do que em pesquisas eficazes. Não se deve nunca pressupor que, "se um produto vende em um determinado país, venderá em outro". Por exemplo, as bicicletas desenvolvidas e vendidas nos Estados Unidos para consumidores que desejam satisfazer necessidades de exercícios recreativos não são vendidas de maneira tão eficaz pelo mesmo motivo em um mercado em que a bicicleta é utilizada basicamente como meio de transporte. A pasta dental com fluoreto para diminuir a cárie vende bem nos Estados Unidos, onde a saúde dental é considerada fundamental, mas tem pouco apelo em mercados como a Grã-Bretanha e as regiões francesas do Canadá, onde se compra pasta dental para controlar o hálito. Desde o início do processo de comunicação, se as necessidades básicas forem definidas incorretamente, a comunicação não terá o efeito pretendido porque uma mensagem incorreta ou inexpressiva será recebida, ainda que as etapas remanescentes sejam executadas de maneira apropriada.

A etapa de codificação gera problemas mesmo quando a mensagem é "apropriada". Nessa etapa, fatores como cor,[10] momento certo, valores, crenças, humor, gostos e adequabilidade dos porta-vozes[11] podem levar o executivo de marketing a simbolizar a mensagem incorretamente. Por exemplo, ele deseja que o produto passe a ideia de frescor e então utiliza o verde. Entretanto, nos trópicos, as pessoas podem decodificar o verde como algo perigoso ou associá-lo com doença. Outro exemplo de falha de alvo no processo de decodificação refere-se a um perfume que foi apresentado em frente a um pano de fundo de chuva, que, para os europeus, simbolizava

---

[10] Elizabeth G. Miller, "Shades of Meaning: The Effect of Color and Flavor Names on Consumer Choice", *Journal of Consumer Research*, 32, 2005, p. 86-92.

[11] Drew Martin e Arch G. Woodside, "Dochakuka: Melding Global Inside Local: Foreign-Domestic Advertising Assimilation in Japan", *Journal of Global Marketing*, 21, 2007, p. 19-32.

O vermelho funciona! Desde a primeira vez em que escrevemos a respeito do poder dessa cor, há mais ou menos dez anos, muita coisa aconteceu.[12] Observe na prática a vantagem da Coca-Cola – o vermelho contrasta com o ambiente externo, ao passo que o azul-piscina da Cristal funde-se mais com o céu azul e as árvores. A Cristal é uma marca popular de água engarrafada pertencente à Coca-Cola e vendida na Península Iucatã, no México. Os anúncios da Coca-Cola decoram um café na praça central de Canas, na Costa Rica. Outra opção é utilizar o vermelho como o faz Beckham – além dos patrocinadores Vodafone e Nike na camisa oficial do Manchester United (vermelha), o jogador também representava as empresas Pepsi, Adidas, Castrol, Upper Deck, Marks & Spencer, Police, Meiji, Tokyo Beauty Center etc., etc., etc. O poderoso time espanhol Real Madrid gastou US$ 40 milhões para comprar o contrato de Beckham do time inglês, mas em seguida o Los Angeles Galaxy o levou para lá. Uma das desvantagens de ter mudado para o Sul foi que o branco da camisa do time espanhol e do time americano não atrai a atenção tanto quanto o vermelho do Manchester United. Há pouco tempo, Beckham contribuiu para a campanha Red (Vermelho), assim como Oprah e Bono, para promover produtos das empresas que doaram dinheiro ao Fundo Global de Combate à aids. Outras empresas envolvidas nesse projeto incluem Dell, Microsoft, American Express, Armani, Converse, Hallmark, Apple e The Gap.[13] Observamos também que o atleta mais famoso do mundo não é Beckham, nem Tiger Woods, que vestia uma camiseta vermelha em seu último dia. Na verdade, o melhor é o piloto de corrida de Fórmula 1 Michael Schumacher. Esse alemão ganhou mais dinheiro do que qualquer outra personalidade do esporte, porque domina o esporte mais assistido na televisão globalmente. E o vermelho exuberante do macacão e de sua Ferrari contribuiu para isso. As outras marcas que utilizam o vermelho – Marlboro e Vodafone – o adoram também. Infelizmente, hoje Schumacher, tal como Beckham, envelheceu e abandonou sua Ferrari vermelha por uma Mercedes branca, e seu desempenho caiu. Será que foi por causa da cor? Por fim, observamos como o logotipo predominantemente vermelho da SFR (empresa francesa de telefones celulares com mais de 20 milhões de clientes que patrocinou o evento esportivo europeu X Games de 2010) sobressai ao preto do macacão Roxy de Torah Bright na capa deste livro.

algo limpo, sereno e refrescante, mas para os africanos era símbolo de fertilidade. Esse anúncio levou muitos espectadores a pensar que o perfume era eficaz contra infertilidade.

Problemas de alfabetização, de disponibilidade de meios de comunicação e do tipo de mídia utilizado dificultam o processo de comunicação na etapa de codificação. É necessário escolher cuidadosamente os canais de mensagem para que a mensagem atinja o consumidor.

---

[12] Elisabeth A. Sullivan, "Color Me Profitable", *Marketing News*, 15 de outubro de 2008, p. 8; Andrew J. Ellion e Daniela Niesta, "Romantic Red: Red Enhances Men's Attraction to Women", *Journal of Personality and Social Psychology*, 95, n. 5, 2008, p. 1.150-1064; Ravi Mehta e Rui (Juliet) Zhu, "Blue or Red? Exploring the Effect of Color on Cognitive Task Performances", *Science*, 323, 2009, p. 1.226-1.229.

[13] Ron Nixon, "Little Green for (Red)", *The New York Times*, 6 de fevereiro de 2008, p. C1, C5.

O que levaria tanto a Coca-Cola quanto o McDonald's a abrir mão do logotipo vermelho chamativo pelo preto e branco? Você pode ver as respostas ao final da página 493, no final deste capítulo. O estádio mostrado na foto, em Buenos Aires, é popularmente conhecido como *La Bombonera*, mas seu nome oficial é *Albierto Armano*. Esse é o estádio do time *Boca Juniors*, que foi também o time do jogador de futebol mais famoso da Argentina, Maradona. O McDonald's (sim, os arcos normalmente são dourados, mas o nome da marca é vermelho) fica perto do centro comercial em Cuzco, capital do antigo império inca, no Peru.

Por fim, até mesmo a PepsiCo enrubesce diante da predominância da Coca-Cola e lança uma latinha toda vermelha na China.[14] Se a Pepsi se der bem lá, talvez suas cores coincidam com as cores da bandeira também de outros países – vermelho, branco e azul funcionam não apenas nos Estados Unidos, mas igualmente na Rússia e na França.

Erros como utilizar a internet quando apenas uma pequena porcentagem do mercado pretendido tem acesso a esse meio ou utilizar a mídia impressa como canal de comunicação quando a maioria dos usuários pretendidos não sabe ler ou não lê no idioma empregado são exemplos de escolha inadequada de canal no processo de comunicação.

Os problemas de decodificação geralmente são provocados por uma codificação inadequada. Foi isso o que ocorreu quando o *slogan* "Come alive" ("Desperte para a vida") da Pepsi foi decodificado como "Ressuscite dos mortos". A marca da Chevrolet para o modelo Nova (que significa estrela nova) foi decodificado no espanhol como *No va!*, isto é, "Não vá". Em outro passo em falso, uma tradução que se pressupunha que seria decodificada como "carneiro hidráulico" na realidade foi decodificada como "ovelha molhada". Em um anúncio nigeriano em que se apresentava uma loira platinada sentada ao lado do motorista em um Renault, o objetivo era realçar a imagem do automóvel. Contudo, a modelo foi considerada não respeitável, e isso gerou um sentimento de humilhação. Um anúncio da pilha Energizer Eveready que apresentava o coelho Energizer foi encarado pelos consumidores húngaros como se estivesse tentando vender um coelho de brinquedo, e não pilhas.

Erros de decodificação também podem ocorrer acidentalmente, como no caso da escolha da Colgate-Palmolive do nome Cue para um creme dental. Não se pretendia transmitir nenhum simbolismo com esse nome; no entanto, ele foi decodificado pelos franceses como uma palavra pornográfica. Em alguns casos, o simbolismo pretendido não tem nenhum significado para o decodificador. O anúncio americano no qual o ator durão Tom Selleck aparece no alto de uma montanha com uma caneca fumegante de chá Lipton não surtiu efeito entre os leste-europeus.

Os erros que ocorrem na outra ponta do processo de comunicação – os receptores – normalmente são provocados por uma combinação de fatores: mensagem inapropriada decorrente de um conhecimento incorreto sobre os padrões de uso, codificação equivocada que produz uma mensagem inexpressiva, escolha errada de um meio de comunicação que não transmite a mensagem ao receptor ou decodificação imprecisa que leva o receptor a distorcer a mensagem ou a deduzir uma mensagem incorreta. A falta de sorte também entra em jogo. Lembre-se de que a mostarda French's foi boicotada (bem como os vinhos franceses e as batatas fritas – *french fries*) pelos americanos quando o governo de Paris não apoiou o ataque ao Iraque em 2003 – embora a marca não tenha nenhuma relação com a França e seja americana.

Por fim, a etapa do *feedback* do processo de comunicação é fundamental para confirmar a eficácia das outras etapas. As empresas que não avaliam suas atividades de comunicação estão propensas a permitir que erros na fonte, na codificação, na escolha do meio, na decodificação ou na recepção mantenham-se por um tempo além do necessário. Na verdade, um sistema de *feedback* apropriado (avaliação da eficácia do anúncio) possibilita que a empresa corrija os erros antes da ocorrência de grandes prejuízos.

Além dos problemas inerentes às etapas descritas, a eficácia do processo de comunicação internacional pode ser prejudicada pelo ruído. O **ruído** engloba todas as outras influências externas, como propaganda concorrente, outras equipes de venda e confusões por parte do

---

[14] Loretta Chao e Betsy McKay, "Pepsi Steps into Coke Realm: Red China", *The Wall Street Journal*, 12 de setembro de 2007 [*on-line*].

As ruas da cidade de Cingapura ficam animadas com as propagandas. As academias California Fitness Centers, no Sudeste Asiático, pertencem à americana Fitness Centers, que fica aberta 24 horas. Obviamente, a imagem da "terra do culto ao corpo" do sul da Califórnia é bastante persuasiva ao redor do mundo. Entretanto, há um paradoxo interessante no nome dessa marca para os clientes muçulmanos. O nome *Califórnia* aparece no poema épico do século XI *A Canção de Rolando*; nesse poema, o significado literal dessa palavra é "domínio do califa" – o califa de Bagdá estabeleceu o império islâmico na época. Os espanhóis responsáveis pela denominação da Califórnia no início dos anos de 1500 pensaram que estivessem na Ásia! Além disso, o significado mais profundo do nome dessa marca se perde mesmo no islamismo moderno, que abrange 15% da população atual de Cingapura!

receptor, que podem diminuir a eficácia final da comunicação. O ruído é uma força disruptiva que interfere em qualquer etapa do processo e com frequência está além do controle do emissor ou do receptor. Como mostra a Figura 16.4, com a sobreposição dos contextos culturais, o ruído pode proceder de uma atividade em ambas as culturas ou ser provocado pelas influências dessa sobreposição.

O significado desse modelo é que uma ou todas as etapas do processo, os fatores culturais ou o CAR do profissional de marketing podem afetar a eficácia final da comunicação. Por exemplo, a mensagem, a codificação, os meios de comunicação e o receptor-alvo podem ser delineados perfeitamente, mas a inaptidão do receptor na decodificação pode fazer a mensagem perder seu efeito. Na criação de mensagens publicitárias, o executivo de marketing internacional pode utilizar de maneira eficaz esse modelo como orientação, a fim de garantir que todos os problemas e restrições possíveis sejam considerados e a comunicação e atitude final correspondam ao objetivo da fonte.

A intensa e crescente concorrência internacional, unida à complexidade do marketing internacional, exige do anunciante internacional o mais alto grau de criatividade. Outros tipos de barreira – legal, linguística, cultural, midiática, de produção e de custo – tornam a atividade criativa ainda mais intimidante.

Restrições legais

OA5

Consequências de um mercado único europeu sobre a propaganda

As leis que regulamentam a propaganda comparativa variam de país para país na Europa. Na Alemanha, é ilegal utilizar qualquer terminologia comparativa; se fizer isso, você pode ser processado por um concorrente. Na Bélgica e em Luxemburgo, a propaganda comparativa também é explicitamente proibida, embora ela seja manifestamente autorizada no Reino Unido, na Irlanda, na Espanha e em Portugal. A diretiva que cobre a propaganda comparativa permite comparações implícitas que não mencionem o nome dos concorrentes, mas proíbe comparações entre produtos que façam referência ao nome. A Comissão Europeia publicou várias diretivas para conciliar as leis que regulamentam a propaganda. Entretanto, os países-membros obtêm grande margem de manobra para abordar os problemas sob sua jurisdição. Muitos temem que, na eventualidade de essas leis não serem conciliadas, os países-membros possam barrar suas fronteiras à propaganda que não respeite as normas nacionais.

A propaganda comparativa é também extremamente regulamentada em outras partes do mundo. Na Ásia, um anúncio que mostrava chimpanzés escolhendo uma Pepsi em vez de uma Coca-Cola foi proibido na maioria das redes de televisão por satélite; a frase "o principal refrigerante de cola" foi aceito apenas nas Filipinas. Um tribunal indiano determinou que a Lever parasse de afirmar que sua pasta de dente New Pepsodent era "102% melhor" do que a marca líder. A Colgate, marca líder, nunca foi mencionada no anúncio, embora um ator tenha sido mostrado assoprando a palavra "Colgate" som do "tilintar" reconhecido em todos os anúncios da marca como o anel de confiança. A proibição de comparações explícitas eliminará uma abordagem de propaganda muito empregada por empresas americanas nos Estados Unidos e em outros países em que ela é permitida. Em suma, mesmo se as

CRUZANDO FRONTEIRAS 16.2 — Canadense critica severamente os Estados Unidos

Com o olhar determinado diante de uma tela com imagens intermitentes de alguns símbolos canadenses – castores, a Torre da Paz em Ottawa, a bandeira do Mapple Leaf –, um canadense comum, vestido com camisa xadrez, critica com violência os erros de interpretação dos americanos a respeito de seu país.

"Eu tenho um primeiro-ministro, e não um presidente. Eu falo inglês ou francês, e não o inglês americano", afirma ele, com a voz cheia de emoção. "E eu pronuncio 'about', e não 'aboot'."

"Acredito na preservação da paz, e não em policiamento; na diversidade, e não na assimilação." E assim ele continua ao longo de um comercial de televisão de 60 segundos enquanto alguns ícones nacionais aparecem indistintamente acima de seus ombros. "E o castor é um animal imponente e nobre."

Curiosamente, em um país conhecido por sua aversão ao jingoísmo entusiástico, característico de seu vizinho no sul, da noite para o dia esse longo discurso nacionalista tornou-se uma sensação: foi gravado e exibido nos bares, estampado nas telas gigantes dos jogos de hóquei e apresentado ao vivo nos cinemas.

Estranha também foi a agitada reação pública suscitada por esse anúncio em um país notoriamente reticente: aplausos arrebatados, sapateadas, acenos de bandeira entusiásticos e punhos em riste. E talvez o mais estranho de tudo tenha sido o fato de o comercial não ser uma propaganda astuciosa de algum grupo conspirador de patriotas ferrenhos, mas um anúncio da cerveja canadense Molson.

Ironicamente, o diretor do comercial, Kevin Donovan, é americano. Talvez eles o transformem em cidadão canadense honorário!

Por fim, a última causa a ser celebrada pelos canadenses é a medalha de ouro de hóquei na Olimpíada de Vancouver. Como os Estados Unidos perderam complacentemente, agora os europeus são o motivo central da fúria dos canadenses, de acordo com o comentário de um canadense fanático sobre o hóquei americano: "Eles jogam hóquei ao estilo norte-americano, o hóquei que nós, canadenses, jogamos nos lagos congelados, nos campos inundados e nos ringues ao ar livre daqui, e não ao estilo europeu molengão, lamuriante e reclamão, que na verdade não merece ser jogado nos ringues norte-americanos".

Fontes: Colin Nickerson, "Antiu.S. Beer Ad Is So Canada", *Orange County Register*, 15 de abril de 2000, p. 29, 42; Paula Lyon Andruss, "Understanding Canada", *Marketing News*, 15 de março de 2001, p. 1, 11; Sam Bufalini, "Cheap Thrills South of the Border", *Globe and Mail*, 13 de junho de 2007, p. T3; *The Wall Street Journal*, 15 de março de 2008; Michael Devolin (Tweed, Ontário), *The New York Times*, 2 de março de 2010, p. 15.

---

restrições à propaganda comparativa forem suspensas, os profissionais de marketing internacional precisarão considerar cuidadosamente as respostas dos consumidores a novas campanhas de propaganda desse gênero.[15]

Ao redor do mundo, existe uma variedade de restrições à propaganda de produtos específicos. A propaganda de produtos farmacêuticos é regulamentada em vários países. Por exemplo, alguns críticos canadenses reclamam que as leis do país não são revistas há 50 anos e ficaram obsoletas com o advento da televisão e, mais recentemente, da internet. A propaganda de brinquedos, cigarro e bebidas alcoólicas é controlada em inúmeros países. Há pouco tempo, o governo francês proibiu anúncios televisivos varejistas, editoriais, cinematográficos e da imprensa.

A propaganda televisiva é controlada rigorosamente em vários países. A China está afrouxando alguns regulamentos e reforçando outros. Por exemplo, recentemente o governo começou a exigir provas concretas para afirmações publicitárias e proibiu a utilização de porcos em propaganda – este último caso em respeito às minorias muçulmanas.[16] Embora o governo chinês não esteja fazendo quase nada para regulamentar a atividade de propaganda por meio do *product placement*,[17]* a União Europeia (UE) restringe essa prática em programações estrangeiras, mas não em conteúdos produzidos na UE. No Kuwait, a rede de televisão controlada pelo governo autoriza apenas 32 minutos de propaganda por dia, em horário noturno. Os comerciais são controlados para excluir adjetivos exagerados, palavras, roupas ou danças indecentes, imagens assustadoras ou chocantes, disputas, imagens de ódio ou vingança, ridicularização de etnias e ofensas entre concorrentes. A lei russa proíbe a propaganda subliminar, mas ela ainda predomina no país em virtude da falta de recursos para a aplicação da lei.

---

[15] Carolyn White Nye, Martin S. Roth e Terence A. Shimp, "Comparative Advertising in Markets Where Brands and Comparative Advertising Are Novel", *Journal of International Business Studies*, 39, n. 5, 2008, p. 851-863.

[16] Gordon Fairclough e Geoffrey A. Fowler, "Pigs Get the Ax in China TV Ads in Nod to Muslims", *The Wall Street Journal*, 25 de janeiro de 2007, p. A1, A16.

[17] Geoffrey A. Fowler, "Is It a TV Show or an Ad? Line Is Blurring in China", *The Wall Street Journal*, 11 de julho de 2007, p. B1, B3.

* N. de R.T.: O *product placement* é uma das ferramentas do *mix* de promoção e consiste, basicamente, na utilização de produtos (bens e serviços) durante filmes ou programas de televisão. As marcas e os produtos são enaltecidos e os atores podem fazer comentários a seu respeito. Muitas vezes, o produto simplesmente aparece sem nem mesmo ser utilizado. No Brasil, tornou-se comum chamar esta atividade de *merchandising*, o que é uma utilização incorreta do termo.

Ao que parece, as leis de alguns países contra a acessibilidade a mídias de rádio e teledifusão estão sendo abrandadas. A Austrália eliminou uma proibição contra comerciais em televisão a cabo, e a Malásia considera a possibilidade de mudar seus regulamentos para permitir a veiculação de comerciais estrangeiros em sinais de satélite recém-legalizados. Contudo, com raras exceções, todos os comerciais veiculados na televisão malaia ainda precisam ser feitos na Malásia.

As empresas que utilizam infocomerciais e canais de compra na televisão sofrem restrições quanto à duração e ao número de comerciais televisivos permitidos quando seus programas são classificados como anúncio. Os níveis de restrição na UE variam amplamente, de nenhuma propaganda na BBC, no Reino Unido, a um limite máximo de propaganda de 15% da programação diária em outros países-membros. A diretiva Televisão sem Fronteiras admite a aplicação de regulamentos mais rígidos ou mais detalhados para difusores sob a jurisdição de cada país-membro. Na Alemanha, por exemplo, deve haver um espaço de no mínimo 20 minutos entre os comerciais e o tempo total dos anúncios não deve ultrapassar 12 minutos por hora. No Reino Unido, as emissoras comerciais, estão restritas a 7 minutos por hora.

Os serviços de internet são especialmente vulneráveis, visto que os países-membros da UE determinam qual área da regulamentação deve ser aplicada a esses serviços. Barreiras a serviços pan-europeus surgirão se alguns países-membros optarem por aplicar regulamentos da teledifusão à internet e outros países optarem por aplicar regulamentos sobre propaganda na mídia impressa. A boa notícia é que a UE aborda o problema da regulamentação de atividades na internet. Embora se preveja que a maior parte da atenção estará concentrada nos nomes de domínio e endereços de internet, a Comissão Europeia reconhece que as atividades *on-line* serão seriamente obstruídas se ficarem sujeitas a uma regulamentação fragmentada.

Alguns países impõem impostos especiais à propaganda, os quais podem restringir a liberdade criativa na escolha dos meios de comunicação. A estrutura fiscal da Áustria é o melhor exemplo de como os impostos sobre a propaganda podem distorcer a escolha de meios de comunicação, mudando o coeficiente de custo das várias mídias: os estados da federação, com exceção de Bergenland e Tirol, aplicam uma alíquota de 10% às inserções de anúncio; já os estados e municípios aplicam uma alíquota de 10 a 30% aos pôsteres. A propaganda em rádio é tributada em 10%, exceto em Tirol, cujo imposto é de 20%. Salzburg, Steiermark, Karnten e Voralbert não aplicam impostos. Existe um imposto uniforme de 10% em todo o país sobre anúncios televisivos. A propaganda em cinema é tributada em 10% em Viena, 20% em Bergenland e 30% em Steiermark. Nos outros estados federais, não existe nenhum imposto sobre anúncios em cinema.

Limitações linguísticas

A língua é uma das principais barreiras a uma comunicação eficaz por meio da propaganda. Essa questão envolve os diferentes idiomas dos diferentes países, os diferentes idiomas[18] ou dialetos dentro de um mesmo país e os problemas mais sutis da linguística, do estilo de argumentação,[19] do linguajar e até mesmo do sotaque. Aliás, recentemente um sotaque irlandês foi votado como "sexualmente atraente" na Grã-Bretanha e na Irlanda, superando a concorrência dos escoceses, galeses, *georgies* (de Newcastle), *brummies* (de Birmingham), dos habitantes do sudoeste da Inglaterra e dos falantes do "inglês elegante".[20] Para muitos países, o idioma é motivo de orgulho e preservação cultural – a França, obviamente, é o melhor exemplo.

O descuido no tratamento do idioma criou problemas em todos os países,[21] mas alguns exemplos bastam. A Chrysler Corporation foi praticamente ridicularizada na Espanha ao traduzir seu *slogan* americano "Dart is power" ("Dart é poder"). Para os espanhóis, essa frase passava a ideia de que os compradores desse carro precisavam de vigor sexual. A Bacardi Company criou uma bebida amarga de frutas (*bitter*) com um nome inventado, Pavane, sugestivo do chique francês (*pavaner*, altivo). A Bacardi queria vender essa bebida na Alemanha, mas Pavane é arriscadamente muito próximo de *pavian*, que significa "babuíno". Uma empresa que comercializa massa de tomate no Oriente Médio descobriu que a frase "*tomato*

---

[18] David Luna e Laura A. Peracchio, "Advertising to Bilingual Consumers: The Impact of Code-Switching on Persuasion", *Journal of Consumer Research*, 31, n. 2, 2005, p. 57-73; David Luna, Dawn Lerman e Laura A. Peracchio, "Structural Constraints in Code-Switched Advertising", *Journal of Consumer Research*, 32, 2005, p. 416-423.

[19] Lefa Teng e Michel Laroche, "Interactive Effects of Appeals, Arguments, and Competition across North American and Chinese Cultures", *Journal of International Marketing*, 14, 2006, p. 110-128; Sharon Begley, "What's in a Word", *Newsweek*, 8 de janeiro de 2010, p. 31.

[20] Nicola Anderson, "Sexy Accent Makes Us Talk of the Town", *Irish Independent*, 27 de março de 2004, p. 7.

[21] Acesse http://www.engrish.com para examinar uma série de problemas de tradução engraçados (a maioria) relacionados com a utilização do inglês em produtos, letreiros e avisos japoneses.

Na Jamaica, "true ting" é um refrigerante de toranja. Obviamente, o nome da marca é uma imitação da propaganda da Coca-Cola "the real thing" (a coisa real) de algumas décadas atrás. *Ting*, evidentemente, é uma versão crioula de *"thing"* para os jamaicanos. Talvez os melhores *outdoors* de todos os tempos sejam o do touro gigantesco nas encostas das áreas rurais espanholas, cujo objetivo original era anunciar o conhaque Osborne, mas que acabou se tornando símbolo nacional. Nem mesmo a Coca-Cola consegue um apelo tão grande quanto esse. Por último, a GE uniu-se ao governo japonês para promover uma Olimpíada ecológica em 2008. Paradoxalmente, muitas pessoas ao redor do mundo consideram os próprios *outdoors* um tipo de poluição!

paste" (massa de tomate) é traduzida por "cola de tomate". Nos países de língua espanhola, é necessário ter cuidado com palavras que têm significados distintos nos diferentes países. A palavra *ball* é traduzida por *bola* em espanhol, mas pode significar bola, revolução, mentira ou invencionice e obesidade, dependendo do país. Há pouco tempo, o produto iPad lançou dúvidas ao redor do mundo. Mesmo nos Estados Unidos, as mulheres associam automaticamente o termo *pad* a produtos de higiene. Na Irlanda, os consumidores reclamam que os nomes iPod e iPad têm exatamente o mesmo som, e os japoneses não têm um som para a letra "a" em iPad. Para pior ainda mais as coisas, mas em um sentido jurídico, outras empresas nos Estados Unidos, na Suíça e no Japão criaram marcas registradas com esse nome.[22]

A marca de suco de laranja Tropicana foi anunciada como *jugo de China* em Porto Rico, mas, quando levada para a comunidade cubana em Miami, foi um fracasso. Para os porto-riquenhos, *China* significa *laranja*, mas para os cubano-americanos referia-se ao país China, e os cubano-americanos não estavam muito interessados em comprar um suco "comunista". A frase "A whole new range of products" ("Uma linha totalmente nova de produtos") em um anúncio alemão foi interpretado como "A whole new stove of products" ("Um fogão* totalmente novo de produtos").

---

[22] Brad Stone, "What's in a Name?" For Apple, iPad Said More than Intended", *The New York Times*, 10 de janeiro de 2010, p. A1, A3.

* N. de T.: A palavra *range* significa, dentre outras coisas, fogão (*kitchen range*).

A língua apresenta inumeráveis barreiras que interferem na eficácia da tradução de uma expressão idiomática e, por isso, dificultam a comunicação. Essa barreira é particularmente visível nos conteúdos publicitários e na internet.[23] Abstração, texto sucinto e economia de palavras, as ferramentas mais eficazes do anunciante, representam problemas para os tradutores. A comunicação é obstruída pela grande diversidade de heranças culturais e níveis educacionais existente nos países e que provoca interpretações variadas até mesmo de frases isoladas e de ideias simples. Algumas empresas tentaram solucionar o problema de tradução contratando tradutores estrangeiros que vivem em seu país. Contudo, essa opção em muitos casos não é satisfatória, pois tanto a língua quanto o tradutor passam por mudanças, e, depois de alguns anos, os estrangeiros podem perder o contato e a sintonia com o idioma. Palavras de uso diário têm diferentes significados em diferentes culturas. Até mesmo a pronúncia gera problemas: a Wrigley teve dificuldade para vender a goma de mascar Spearmint na Alemanha e foi obrigada a mudar a grafia para Speermint.

Além dos desafios da tradução, o baixo índice de alfabetização em vários países dificulta seriamente a comunicação e exige maior criatividade e utilização de mídias de comunicação oral. A existência de vários idiomas em um mesmo país ou em uma área de alcance da propaganda representa outro problema para o anunciante. Mesmo um país minúsculo como a Suíça tem quatro idiomas distintos. A grande miscigenação da população israelense é responsável por cerca de 50 idiomas. Um comentarista de Jerusalém diz que, embora o hebraico "tenha se tornado um instrumento negociável do discurso diário, ainda precisa ser adaptado para a linguagem da propaganda". Além disso, estamos apenas começando a conhecer a complexidade dos fatores relacionados à propaganda direcionada a bilíngues.[24] A comunicação da propaganda deve ser perfeita, e diferenças linguísticas de todos os níveis geram problemas. A única maneira de evitar esses problemas é testar o grupo-alvo de consumidores no próprio país.

Diversidade cultural

Os problemas relacionados à comunicação com pessoas de culturas diversas são um dos grandes desafios criativos na propaganda. Um executivo de propaganda refere-se a isso sem meias-palavras: "A propaganda internacional é quase sempre apavorante principalmente porque as pessoas não conhecem nem o idioma nem a cultura". A comunicação é mais difícil porque os fatores culturais determinam em grande medida o modo como os vários fenômenos são percebidos.[25] Se a estrutura perceptiva for diferente, a percepção da mensagem em si será diferente.[26]

As percepções baseadas na tradição muitas vezes tornam as campanhas de propaganda ineficazes ou inadequadas. Por exemplo, pesquisadores de marketing em Hong Kong constataram que o queijo está associado a *Yeung-Yen* (estrangeiros) e, portanto, é rejeitado por alguns chineses. A Toyota lançou o utilitário esportivo Prado na China e só depois constatou que o nome é semelhante à palavra chinesa referente a "dominar pela força". O nome Prado fez alguns chineses se lembrarem da invasão pelo Japão em 1937 – uma memória nem um pouco agradável. A eficácia dos apelos sexuais,[27] da música[28] e das celebridades[29] também varia entre as culturas.

O anúncio inicial da Procter & Gamble das fraldas Pampers foi malsucedido em virtude de diferenças culturais entre os Estados Unidos e o Japão. O comercial americano que mostrava uma cegonha animada entregando fraldas Pampers nas residências foi dublado em japonês,

---

[23] Clyde A. Warden, Mengkuan Lai e Wann-Yih Wu, "How Worldwide Is Marketing Communication on the World Wide Web", *Journal of Advertising Research*, 42, n. 5, setembro-outubro de 2002, p. 72-84.

[24] Aradhna Krishna e Rohini Ahluwalia, "Language Choice in Advertising to Bilinguals: Asymmetric Effects for Multinationals versus Local Firms", *Journal of Consumer Research*, 35, n. 4, 2008, p. 692-705; Jaime Noriega e Edward Blair, "Advertising to Bilinguals: Does the Language of Advertising Influence the Nature of Thoughts?", *Journal of Marketing*, 72, n. 5, 2008, p. 69-83.

[25] Nader T. Tavassoli e Yih Hwai Lee, "The Differential Interaction of Auditory and Visual Advertising Elements with Chinese and English", *Journal of Marketing Research*, 40, n. 4, 2003, p. 468-480.

[26] Um dos trabalhos mais importantes realizados na área de cultura e propaganda é o de Jennifer Aaker e Patti Williams, "Empathy and Pride: The Influence of Emotional Appeals across Cultures", *Journal of Consumer Research*, 25, dezembro de 1998, p. 241-261; Ulrich R. Orth e Denisa Holancova, "Men's and Women's Responses to Sex Portrayals in Advertisements", *International Journal of Research in Marketing*, 21, n. 1, 2004, p. 77-78.

[27] Geng Cui e Xiaoyan Yang, "Responses of Chinese Consumers to Sex Appeals in International Advertising: A Test of Congruency Theory", *Journal of Global Marketing*, 22, n. 3, 2009, p. 229-245.

[28] Ashok K. Lalwani, May. Lwin e Pee Beng Ling, "Does Audiovisual Congruency in Advertisements Increase Persuasion? The Role of Cultural Music and Products", *Journal of Global Marketing*, 22, 2009, p. 139-153.

[29] Somdutta Biswas, Mahmood Hussain e Kathleen O'Donnell, "Celebrity Endorsements in Advertisements and Consumer Perception: A Cross-Cultural Study", *Journal of Global Marketing*, 22, 2008, p. 121-137.

CRUZANDO FRONTEIRAS 16.3 — Objeções ao anúncio indiano são levadas a sério

Um pai pobre reclama de seu destino – "*Kaash agar mera beta hota*" ("Se eu pelo menos tivesse um filho") –, enquanto sua filha, de pele escura e aparência comum, fica olhando, impotente e desmoralizada, porque não pode arcar com a responsabilidade financeira por sua família. A imagem avança rapidamente, mostrando então a filha sem atrativos transformada em uma linda mulher de pele clara depois de ter usado um "creme de beleza". Vestida agora em uma minissaia, a bem-sucedida comissária de bordo leva seu pai para jantar em um hotel cinco estrelas. Ela está feliz, e seu pai também.

Tudo fica bem quando acaba bem – mas não foi bem assim para a Hindustan Lever Ltd. (HLL). A empresa, subsidiária da Unilever, lançou essa campanha na televisão para promover seu creme de beleza "Fair & Lovely" na Índia. Dois meses depois, a empresa retirou a campanha do ar em meio a críticas severas por ter retratado as mulheres daquela forma. Esse incidente realça a constante transformação dos hábitos sociais na Índia e ressalta as tensões entre governo, grupos de defesa ao consumidor e agências regulatórias do setor.

Embora o bronzeamento esteja na última moda nos países ocidentais, os tratamentos de clareamento de pele são tradicionalmente populares na Ásia. Estima-se que o mercado japonês para esses produtos corresponda a aproximadamente US$ 6 bilhões, e o da Índia, a US$ 150 milhões.

De acordo com a Associação Democrática de Mulheres de Toda a Índia, isso pode ser bom para a pele, mas não para a sociedade. Para o grupo, havia nessa campanha três fatores censuráveis. A campanha era racista, favorecia a preferência por filhos homens e ofendia as mulheres que trabalham fora. Segundo a opinião de um ministro do governo, os anúncios violavam a Lei do Cabo e da Televisão, de 1995, que em parte proíbe anúncios que "ridicularizem qualquer raça, casta, cor, credo e nacionalidade". As agências regulatórias do setor concordaram e pressionaram a empresa a retirar o anúncio do ar. A empresa não admitiu a transgressão, mas foi condescendente.

Fontes: Arundhati Parmar, "Objections to Indian Ad Not Taken Lightly", *Marketing News*, 9 de junho de 2003, p. 4-5; Heather Timmons, "Telling India's Modern Women They Have Power, Even over Their Skin Tone", *The New York Times*, 30 de maio de 2007, p. C5.

---

e o pacote de fraldas americano foi substituído pelo pacote japonês. Em seguida, o comercial foi levado ao ar. Para tristeza da P&G, o anúncio fracassou por não ter conquistado o mercado. Algumas pesquisas de mercado atrasadas revelaram que os consumidores não sabiam por que aquela ave estava distribuindo fraldas descartáveis. De acordo com o folclore japonês, são os pessegueiros gigantes que flutuam no rio que trazem bebês para os pais merecedores, e não as cegonhas.

Além das preocupações com as diferenças entre as nações, os anunciantes acreditam que as subculturas existentes em um país exigem atenção.[30] A população de Hong Kong tem dez costumes de alimentação diferentes no café da manhã. Os jovens de um país quase sempre fazem parte de uma cultura de consumo distinta da cultura dos mais velhos, e os habitantes urbanos diferem significativamente dos habitantes rurais. Além dessas diferenças, existe o problema da mudança de tradições. Em todos os países, pessoas de todas as idades, urbanas ou rurais, até certo ponto se apegam à sua herança, mas estão dispostas a mudar algumas características comportamentais. Aliás, graças aos esforços iniciais da Nestlé e a mais recente expansão da Starbucks no Japão, um país em que se toma chá, o café tornou-se uma bebida badalada entre os mais jovens e aqueles que gostam de se considerar cosmopolitas e sofisticados.

Limitações de mídia

Os meios de comunicação são analisados mais a fundo posteriormente. Portanto, aqui observamos apenas que as limitações à estratégia criativa impostas pelas restrições ao uso de determinadas mídias podem diminuir o papel da propaganda no programa promocional e forçar os profissionais de marketing a enfatizar outros elementos do *mix* promocional. A criatividade do profissional de marketing com certeza é desafiada quando um comercial de televisão só pode ser veiculado dez vezes ao ano e não pode ser exibido duas vezes no espaço de dez dias, como no caso da Itália. Em alguns locais, anunciantes criativos chegaram a desenvolver uma mídia própria para superar essas limitações. Em alguns países africanos, por exemplo, os anunciantes utilizam barcos que percorrem os rios de cima abaixo reproduzindo músicas e difundindo comerciais nas áreas rurais pelas quais eles passam.

Limitações de produção e custo

A criatividade é particularmente importante quando o orçamento é pequeno ou quando existem restrições de produção, como péssima qualidade de impressão e falta de papel de alta gramatura. Por exemplo, a péssima qualidade das revistas de alta circulação impressas

---

[30] Victoria Jones, "It's Not Black and White: Advertising and Race in Cultural Context", *Journal of Global Marketing*, 23, n. 1, 2010, p. 45-64.

em papel brilhante e de outras publicações de qualidade na Europa Oriental levou a Colgate-Palmolive a utilizar outra mídia, e não a mídia impressa que a empresa costuma usar com grande frequência no Ocidente. A qualidade do papel de jornal é tão baixa na China que um anúncio em cores utilizado pela Kodak no Ocidente não é uma opção viável. A solução da Kodak foi imprimir um encarte em cores de uma única folha como suplemento de jornal.

A necessidade de reproduções de baixo custo nos mercados pequenos é outro problema para vários países. Por exemplo, é necessário utilizar *outdoors* pintados à mão em vez de impressos, pois a pequena quantidade não justifica a produção de folhas impressas. No Egito, a estática dos televisores e a péssima qualidade dos *outdoors* levaram empresas como a Coca-Cola e a Nestlé a veicular seus anúncios nas velas dos faluchos, barcos que navegam ao longo do Nilo. Os faluchos, cujas velas são triangulares, são utilizados para transportar mercadorias desde os tempos dos faraós e são uma alternativa eficaz para atrair a atenção para o nome e o logotipo das empresas.

Planejamento e análise de mídia

OA6

Impacto das limitações de mídia, do excesso de mídia e dos regulamentos governamentais sobre o orçamento de propaganda e promoção

Poucos duvidam de que a comunicação esteja passando por uma revolução. Fazemos essa observação porque as mudanças mais importantes ocorridas nos últimos anos são as que se referem à mídia. Sim, os acontecimentos políticos e os desastres naturais podem afetar consideravelmente vários milhões de pessoas da noite para o dia, mas os efeitos ou externalidades de rede do desenvolvimento da mídia para a comunicação eletrônica – com os PCs, a internet e os telefones móveis – influenciam não apenas os acontecimentos políticos e as reações a catástrofes nacionais, mas também a vida diária de todas as pessoas do planeta, dos mercados de camelos no Egito às estações espaciais internacionais! Talvez a descrição mais eloquente da revolução na comunicação provenha do novo livro de Bob Garfield, *The Chaos Scenario* (Situação de Caos):

> [...] deixe-me apenas falar sobre os comentários feitos em 2007 por *Sir* Martin Sorrell, presidente do conselho do WPP Group, a maior *holding* de propaganda do mundo:
> "Lentamente, as novas mídias deixarão de ser consideradas novas mídias; elas serão simplesmente outros canais de comunicação. E como todas as mídias que um dia foram novas, mas hoje são não mais que isso, elas ganharão um lugar bem-merecido no repertório de mídias, talvez por meio de aquisições inversas – *mas é quase certo que não substituirão nenhuma outra*."
> Os grifos são meus. O absurdo é de *Sir* Martin. Ele não vê que a internet não é apenas uma mídia moderna – como a TV que tirou o lugar do rádio? Não, a internet é um avanço revolucionário, ao estilo do fogo, da agricultura, da roda, da prensa tipográfica, da pólvora, da eletricidade, do rádio, do voo tripulado, dos antibióticos, da energia atômica [...].
> A revolução digital produz efeitos de longo alcance sobre todos os aspectos de nossas vidas, da socialização à comunicação, da informação ao entretenimento e à democracia, e esses efeitos de um Admirável Mundo Novo só serão ampliados quando o Covarde Mundo Velho ruir aos nossos olhos. Isso não quer dizer que isso *ocorrerá*.
> Isso *está* ocorrendo. Neste exato momento.[31]

Essas palavras são fortes, mas concordamos com a ideia básica de Garfield. No século XXI, as mudanças nos meios de comunicação ocorrem a uma velocidade ofuscante. A seguir, tentamos capturá-las com o devido respeito ao mundo desfeito de *Sir* Sorrell.

Fatores táticos

Embora quase todos os países relativamente grandes tenham em essência os mesmos tipos de mídia, inúmeros fatores, diferenças e problemas específicos são identificados de uma nação para outra. Na propaganda internacional, o anunciante deve levar em conta a disponibilidade, o custo, a área de alcance e a adequabilidade dos meios de comunicação. Além disso, a agitação competitiva constante entre esses meios tende a gerar um cenário ardiloso e dinâmico para a tomada de decisões. Por exemplo, os anúncios veiculados em *outdoors* não podem conter parágrafos. Uma pesquisa recente demonstrou que a eficácia dos meios de comunicação varia de cultura para cultura e entre tipos de produto; por exemplo, os consumidores chineses, tanto em Taiwan quanto na China, veem os anúncios impressos mais

---

[31] Bob Garfield, *The Chaos Scenario* (Nashville, TN: Stielstra Publishing, 2009), p. 11.

positivamente do que os americanos.[32] As variações locais e a falta de dados sobre os mercados exigem atenção redobrada. Multinacionais importantes começam a reconhecer a importância do planejamento dos canais de comunicação, visto que as empresas de mídia mostram-se cada vez mais eficientes e mais desenvolvidas. Aliás, gigantes desse setor, como a Disney e a Time Warner, englobam um espectro crescente de mídias eletrônicas, o que obriga as multinacionais a reavaliarem suas relações com as empresas de serviços de mídia.

Imagine a criatividade que os anunciantes que enfrentam essas situações precisam ter:
- No Brasil, os comerciais de televisão são agrupados em uma sequência de 10 a 50 comerciais nos intervalos de programação de uma emissora.
- Em vários países, para obter abrangência nacional, é necessário utilizar de 40 a 50 mídias diferentes.
- As mídias especializadas atingem apenas os segmentos pequenos do mercado. Na Holanda, existem emissoras de transmissão católicas, protestantes, socialistas, neutras e outras especializadas.
- Na Alemanha, a programação de TV para todo o ano deve ser providenciada por volta de 30 de agosto do ano precedente. Não há nenhuma garantia de que os comerciais pretendidos para o verão não serão veiculados na metade da estação de inverno.
- No Vietnã, a propaganda em jornais e revistas está restrita a 10% do espaço, e no rádio e na TV, a 5% do tempo (três minutos por hora).

Disponibilidade. Na propaganda internacional, uma das diferenças mais marcantes é que alguns países têm poucas mídias para propaganda e outros têm várias. Em certas nações, determinadas mídias são proibidas por decreto governamental de veicular alguns conteúdos publicitários. Essas restrições prevalecem mais no setor de rádio e teledifusão. Em muitos países, existem pouquíssimas revistas e jornais para veicular todas as propagandas que lhes são oferecidas. Em contraposição, algumas nações segmentam o mercado com tantos jornais que o anunciante não consegue obter uma cobertura a um custo razoável. O diretor de uma agência de propaganda italiana fez o seguinte comentário sobre seu país: "A regra básica é a seguinte: você não consegue comprar o que deseja".

Na China, a única emissora de TV nacional, a CCTV, possui um único canal, cujo conteúdo deve ser levado ao ar pelas 27 emissoras provinciais/municipais do país. Recentemente, a CCTV leiloou o espaço mais popular entre o início do noticiário noturno e as previsões de tempo; um ano garantido de anúncios diários de cinco segundos nesse intervalo custava US$ 38,5 milhões. Por esse preço, os anunciantes têm garantia de uma boa cobertura – mais de 70% dos domicílios têm televisor. Outra opção para os anunciantes são as 2.828 emissoras de TV que oferecem apenas cobertura local.

Custo. Os preços dos espaços na mídia são suscetíveis a negociações na maioria dos países. Os descontos de espaço oferecidos às agências muitas vezes são divididos com o cliente para diminuir o seu custo. O anunciante pode chegar à conclusão de que o custo para atingir um consumidor potencial depende da capacidade de negociação do agente. O valor por contrato varia amplamente de país para país. Um estudo demonstrou que o custo para atingir mil leitores em 11 países europeus variava de US$ 1,58 na Bélgica a US$ 5,91 na Itália; já nas revistas femininas, o custo da página para uma tiragem de mil exemplares variava de US$ 2,51 na Dinamarca a US$ 10,87 na Alemanha. A falta de espaço de propaganda na televisão comercial em alguns mercados elevou significativamente os preços. Na Grã-Bretanha, os valores sobem de acordo com um sistema de licitação. Eles não têm uma tabela de preço fixa; na verdade, existe um sistema de compra antecipada em que os anunciantes dispostos a pagar um preço mais alto podem mudar o horário de comerciais programados.

Cobertura. O problema de cobertura é muito semelhante ao dos custos. Duas questões são particularmente importantes: uma se refere à dificuldade de atingir determinados setores da população com a propaganda, e a outra se refere à falta de informações sobre a área de alcance das mídias. Em muitos mercados do mundo, é necessário utilizar uma ampla variedade de mídias para atingir a maioria dos mercados. Em alguns países, a existência de um grande número de mídias distintas acabou provocando a divisão dos mercados em segmentos de propaganda não econômicos. Com algumas exceções, não é possível atingir a maior parte da

---

[32] Carrie La Ferle, Steven M. Edwards e Wei-Na Lee, "Culture, Attitudes, and Media Patterns in China, Taiwan, and the U.S.: Balancing Standardization and Localization Decisions", *Journal of Global Marketing*, 21, n. 3, 2008, p. 191-206.

população dos países menos desenvolvidos por intermédio dos tradicionais meios de comunicação de massa. Na Índia, para atingir a população rural do país, utilizam-se *vans* para exibir infocomerciais de 30 minutos e exaltar as qualidades do produto. As empresas de produtos de consumo elaboram programações anuais para as *vans*, exceto na estação de monção. A Colgate contrata 85 *vans* por vez para percorrer os vilarejos que, segundo pesquisas, são promissores.

Pela falta de cobertura adequada dos meios de comunicação em geral nos países do Leste Europeu, as empresas são obrigadas a recorrer a vários tipos de mídia. Na República Tcheca, por exemplo, o preço da propaganda televisiva é alto, e a falta de espaço em horário nobre forçou as empresas a utilizar anúncios em *outdoors*. Na Eslovênia, a disponibilidade de mídias adequadas é um problema tão grande que as empresas utilizam alguns métodos incomuns para levar suas mensagens até o público. Por exemplo, no verão, nas grandes cidades, elas utilizam o *laser* para projetar imagens nas nuvens. As betoneiras também estão entre os veículos utilizados e foram uma opção para a Kodak veicular seus anúncios. Entretanto, olhando para o lado positivo, o índice de crimes nesse país é tão baixo que os produtos podem ser expostos em armários de vidro independentes nas calçadas, método utilizado pela Bosch Siemens (Alemanha) e pela Kodak.

Falta de dados sobre o mercado. É difícil confirmar os dados numéricos sobre circulação e cobertura. Embora muitos países tenham órgãos semelhantes à Agência de Auditoria de Circulação nos Estados Unidos, não há garantia de que os dados sobre circulação e audiência são precisos. Por exemplo, segundo uma acusação do presidente da Associação Nacional de Anunciantes do México, os números referentes à circulação de jornais são demasiadamente exagerados. Ele propõe que, por precaução, as agências dividam esses números por dois e considerem o resultado com certo cuidado. Na China, a situação não é nem um pouco melhor; existem pesquisas sobre hábitos e penetração de mercado apenas para cidades como Pequim, Xangai e Guangzhou. As audiências de rádio e televisão são sempre difíceis de mensurar. Contudo, pelo menos na maioria dos países, é possível conhecer a cobertura geográfica. Os dados de pesquisa ficaram mais confiáveis na medida em que anunciantes e agências exigiram dados de maior qualidade.

Mesmo quando é possível medir a cobertura com certa precisão, existem dúvidas sobre a composição do mercado alcançado. A falta de dados parece ser uma característica da maioria dos mercados internacionais; os anunciantes precisam de informações sobre renda, faixa etária e distribuição geográfica, mas esses dados básicos parecem sistematicamente enganosos, exceto nos mercados maiores. Até mesmo a atratividade da televisão global (transmissões por satélite) de certo modo é menor por causa da falta de pesquisas a respeito dos meios de comunicação.

A avaliação de características específicas de cada meio está além do escopo desta discussão. Além disso, em muito pouco tempo essas informações ficariam desatualizadas em virtude das rápidas mudanças que ocorrem nas mídias utilizadas pela propaganda internacional. Entretanto, talvez seja interessante examinar algumas das características internacionais exclusivas de várias mídias para propaganda. Na maioria dos casos, é possível distinguir nos dados apresentados a seguir as principais implicações de cada variação.

Jornais. Em alguns países, o setor de jornais padece da falta de concorrência e, em outros, há estrangulamento em virtude da concorrência. A maioria das cidades americanas tem apenas um ou dois jornais diários importantes. No entanto, em vários países, existem tantos jornais que o anunciante tem dificuldade para obter ao menos uma cobertura parcial. O Uruguai, com 3 milhões de habitantes, tem 21 jornais diários, com uma circulação total de 553 mil exemplares. A Turquia tem 380 jornais, e o anunciante precisa avaliar a posição política de cada um para não prejudicar a reputação do produto por meio da afiliação com posições não populares. O Japão tem apenas cinco jornais diários nacionais, e a complexidade para produzir um jornal no idioma japonês é tal que cada um deles tem apenas de 16 a 20 páginas. Contudo, os números referentes à circulação normalmente são grandes (consulte a Figura 16.5). É necessário estabelecer contatos para comprar espaço de propaganda; segundo consta, o *Asahi*, o maior jornal do Japão, rejeitou mais de um milhão de dólares por mês em receitas de propaganda. E mesmo os gigantes japoneses enfrentam o problema do envelhecimento populacional, em que os mais jovens cada vez mais escolhem as mídias eletrônicas. Por causa disso, os índices de circulação têm diminuído gradualmente no Japão.[33]

---

[33] "The Teetering Giants", *The Economist*, 10 de fevereiro de 2010, p. 72-73.

CRUZANDO FRONTEIRAS 16.4 — Temas de propaganda que funcionam no Japão, incluindo um pato domesticado

Respeito pela tradição: os anúncios da Mercedes ressaltam que a empresa foi a primeira a fabricar carros de passeio.

Dependência mútua: os anúncios da Shiseido enfatizam a parceria (com consultores de beleza) nos tratamentos de beleza.

Harmonia com a natureza: os carros da Toyota são exibidos em frente ao Monte Fuji.

Uso de estações: os comerciais normalmente são veiculados e os produtos com frequência são utilizados apenas em estações específicas.

Inovação e evolução: os produtos são exibidos como uma lenta evolução do ambiente atual.

Uso distintivo de celebridades, inclusive de gaijin (estrangeiros): um estudo recente demonstrou que 63% de todos os comerciais japoneses apresentavam celebridades pagas.

Envelhecimento da sociedade: os idosos são exibidos com frequência.

Mudanças na família: o papel cambiante dos pais – mais tempo em casa – é um tema comum.

Conflitos de geração e individualismo: os personagens mais jovens são mostrados como mais individualistas.

Humor discreto: uma latinha de Pepsi amassada foi utilizada em um anúncio para demonstrar sua deferência à Coca-Cola, mais popular.

Patos domesticados: o pato da Aflac foi para o Japão, mas com um grasnido mais brando. No lugar do grasnido áspero da versão americana, o ator japonês utiliza um tom tranquilizador para representar o pato. "A cultura japonesa não gosta de gritos", afirma um porta-voz da Aflac. Cerca de 70% das receitas internacionais da empresa provêm do Japão – aproximadamente US$ 8 bilhões. Embora essa campanha tenha sido a primeira a ser gravada especificamente para o Japão, os japoneses haviam sido apresentados ao pato. A empresa, atualmente a maior seguradora do Japão com relação a apólices individuais, também utilizou vozes dubladas nos anúncios americanos, inclusive para o grasnido estridente. A última versão do anúncio do pato teve tanta aceitação que o *jingle* utilizado foi o toque de celular mais baixado no Japão!

Fontes: George Fields, Hotaka Katahira e Jerry Wind, *Leveraging Japan, Marketing to the New Asia* (San Francisco: Jossey-Bass, 2000); "AFLAC Tames Its Ducks for Japanese Market", *Los Angeles Times*, 13 de maio de 2003, p. C7; Lavonne Kuykendall, "Aflac CEO: The Duck Helps Drive Sales in Japan", *Dow Jones Newswire*, 24 de fevereiro de 2010 [on-line].

Em muitos países, existe um atraso muito grande na veiculação de anúncios nos jornais. Na Índia e na Indonésia, a escassez de papel chega a provocar um atraso de seis meses na publicação dos anúncios. Além disso, por haver limitações nos equipamentos, a maioria dos jornais não pode ser ampliada para atender à crescente demanda de propaganda.

Nos jornais, a separação entre o conteúdo editorial e o de propaganda oferece outra base de comparação no cenário internacional. Em alguns países, é possível comprar espaço editorial para propaganda e finalidades promocionais; as colunas de notícia podem ser compradas por qualquer pessoa que tenha dinheiro suficiente. Como não há nenhuma indicação de que o espaço é pago, é impossível dizer exatamente o quanto de propaganda aparece em um determinado jornal.

Revistas. A utilização de revistas estrangeiras para consumidores nacionais por parte de anunciantes internacionais tem sido notadamente pequena por vários motivos. Poucas revistas

Figura 16.5
Penetração dos meios de comunicação em determinados países (% de domicílios).

País	TV em cores	TV a cabo	TV via satélite	Linhas telefônicas	Usuários de internet*	Jornais diários*
Estados Unidos	99,0	55,1	30,8	93,5	741	161
Canadá	98,9	64,3	25,7	99,1	769	172
Argentina	99,2	57,7	13,9	73,3	309	37
Alemanha	98,1	51,5	41,8	90,9	785	240
Rússia	96,8	41,7	7,4	59,6	285	–
Israel	95,3	83,9	40,1	83,1	306	182
África do Sul	67,7	0,0	6,3	17,2	88	37
China	96,5	49,3	0,0	81,2	283	83
Japão	99,0	62,4	39,9	95,2	724	518
Austrália	99,2	24,3	13,9	97,0	734	129

* Por mil pessoas, e não a porcentagem de domicílios.

Fonte: Euromonitor International, 2009.

têm grande circulação ou apresentam índices de circulação confiáveis. As revistas técnicas são empregadas principalmente para promover produtos de exportação. Contudo, tal como no caso dos jornais, a escassez de papel acarreta problemas de inserção. Não é incomum os planejadores de mídia enfrentarem situações em que as revistas de maior porte aceitam um número duas vezes maior de anúncios do que o espaço de que dispõem para veiculá-los – diante disso, antes de irem para a gráfica, as revistas decidem por sorteio quais anúncios entrarão ou não na edição.

Essas práticas locais talvez sejam os principais fatores que favorecem o crescimento das chamadas mídias internacionais que procuram atender a várias nações. É cada vez maior o número de publicações americanas que lançam edições no exterior. A *Reader's Digest International* acrescentou uma nova edição em russo à sua coleção, composta de mais de 20 edições em outros idiomas. Outras revistas impressas americanas oferecem edições internacionais, como *Playboy*, *Scientific American* e até mesmo a *National Enquirer*, lançada recentemente no Reino Unido. Os anunciantes têm três novas revistas para atingir as mulheres chinesas: a Hachette Filipachi Presse, editora francesa, que ampliou as edições em língua chinesa da *Elle*, revista de moda; da *Woman's Day*, direcionada à mulher "moderna atarefada" chinesa; e da revista esportiva *L'Evénement Sportif*. Essas revistas constituem alternativas tanto para multinacionais quanto para anunciantes locais.

Rádio e televisão.

Talvez por sua importância inerente como entretenimento, o rádio e a televisão tenham se transformado nos principais meios de comunicação de quase todos os países. Agora, a televisão de alta definição (*high-definition television* – HDTV) parece começar a decolar ao redor do mundo. Na China, praticamente todos os domicílios das cidades mais importantes têm um televisor, e a maioria dos adultos assiste à televisão e ouve rádio diariamente. Nos países em que as instalações de televisão são avançadas, o rádio foi relegado a uma posição inferior na disputa entre as mídias. Contudo, em vários países, o rádio é uma mídia utilizada para propagandas particularmente importantes e vitais, pois é o único que atinge grandes segmentos da população.

A disponibilidade para a propaganda em rádio e televisão varia de um país para outro. Alguns países não permitem nenhum tipo de comercial em rádio ou televisão, mas vários dos tradicionais países não comerciais mudaram sua política nos últimos anos porque a produção para televisão é muito cara. Até há pouco tempo, a França restringia os comerciais a um total diário de 18 minutos, mas agora ampliou o limite de tempo para 12 minutos por hora por canal de TV. A Coreia do Sul tem duas emissoras de televisão, ambas estatais, que vão ao ar apenas algumas horas ao dia. Elas ficam fora do ar da meia-noite às 6h e normalmente não podem ir ao ar entre 10h e 17h30 nos fins de semana. Os comerciais estão restritos a 8% do tempo de transmissão e são veiculados em grupo no início e no fim dos programas. "Somos forçados a comprar o que não queremos apenas para não ficarmos de fora", ressaltou um anunciante.

Televisão por satélite e a cabo.

Um fator de importância crescente para a propaganda televisiva é o crescimento e o desenvolvimento da transmissão da televisão por satélite. O Canal Sky, uma emissora comercial de televisão por satélite com sede no Reino Unido, transmite seus programas e propagandas na maior parte da Europa para assinantes de televisão a cabo. A tecnologia que permite que os domicílios recebam a transmissão diretamente do satélite, por meio de uma antena parabólica do tamanho de um prato raso, ao custo de US$ 350, ampliou significativamente a cobertura e a possibilidade de atingir toda a Europa com uma única mensagem. A expansão da cobertura da televisão desafiará a criatividade dos anunciantes e acentuará em grande medida as mensagens globais padronizadas. Para comparar os índices de penetração da televisão a cabo, dos computadores e da internet em vários países, consulte a Figura 16.5.

Tantos os anunciantes quanto os governos encontram-se preocupados com o impacto da televisão por satélite. Os governos temem perder ainda mais o controle sobre as ondas aéreas e a difusão do "imperialismo cultural americano". Observe que a China não permite a utilização desse meio. A programação televisiva europeia inclui séries como *Laguna Beach: The Real Orange County*. *Roda da Fortuna* é o programa estrangeiro mais popular no Reino Unido e na França, onde são exibidas tanto a versão americana quanto a francesa. Os programas americanos importados são tão populares na França e na Alemanha que as autoridades temem que concursos, novelas e seriados cômicos americanos sem pretensões intelectuais destruam os produtores domésticos. Essa disputa alcançou o plano político com relação aos diferentes pontos de vista apresentados nas notícias. O governo da França investiu no desenvolvimento de uma "CNN" no idioma francês – o que não é de surpreender – chamada *France 24*, mas parou de subsidiar uma versão em inglês.[34] A *Al-Jazeera*, a princípio subsidiada por empréstimos do governo de Catar, atualmente luta para equilibrar suas finanças. Apesar disso, hoje é amplamente reconhecida como a "CNN" árabe e é proporcionalmente influente no Oriente Médio.

Partes da Ásia e da América Latina recebem transmissões de redes de televisão por satélite. A Univision e Televisa são duas redes de televisão por satélite latino-americanas que são transmitidas à maior parte do mundo de língua espanhola, bem como aos Estados Unidos, por uma série de emissoras afiliadas em cada país. *Sabado Gigante*, um popular programa em espanhol transmitido pela Univision, é assistido por dezenas de milhões de telespectadores em 16 países. A Star TV, uma nova rede de televisão por satélite pan-asiática, tem um potencial de audiência de 2,7 bilhões de pessoas em 38 países, do Egito à Índia e ao Japão e da Rússia à Indonésia. A Star TV foi a primeira a transmitir na Ásia, mas rapidamente foi acompanhada pela ESPN e pela CNN. Esse primeiro canal asiático totalmente esportivo, transmitido durante 24 horas, foi seguido pela MTV Ásia e por um canal em mandarim-chinês que transmite obras dramáticas, comédias, filmes e notícias financeiras aos milhões de chineses que vivem em outros países asiáticos. Os programas são transmitidos por redes a cabo, mas podem ser recebidos por meio de antenas parabólicas privadas.

Uma das desvantagens dos satélites constitui também seu ponto forte, isto é, a possibilidade de abarcar uma ampla região geográfica que cobre vários mercados nacionais diferentes. Isso significa que uma única mensagem é transmitida em uma ampla área. Essa amplitude talvez não seja desejável para alguns produtos, pois, em vista das diferenças culturais em termos de idioma, preferências etc., uma única mensagem pode não ser eficaz. A Princeton Video Imaging (PVI)* é uma empresa inovadora que tornará a propaganda regional em culturas diversas mais fácil do que é atualmente. Ela permite que a ESPN, que oferece esse serviço, preencha espaços de visualização ocupados por bens imóveis – paredes brancas, ruas, arredores dos estádios – com imagens geradas por computador que parecem pertencer à cena. Por exemplo, ao assistir a uma corrida de "luge de rua" durante os X Games da ESPN, o espectador verá que os corredores parecem passar por um anúncio de um tênis Adidas que na realidade não existe. Esse anúncio pode dizer uma coisa na Holanda e uma totalmente diferente em Camarões. Além

Como os anúncios da Guinness em Dublin são onipresentes, não é de surpreender que o fígado dos irlandeses precise de seguro. A Irlanda está atrás apenas da República Tcheca em matéria de consumo *per capita* de cerveja. Na verdade, a Royal Liver Assurance é uma empresa britânica de fundos de pensão/seguros com escritório em Dublin (ela foi criada na década de 1850 como Liverpool Liver Burial Society). O *hurling* é uma forma bastante violenta de hóquei em campo popular na Irlanda. O governo irlandês reconhece as consequências da propaganda no consumo – os anúncios de cerveja são proibidos no rádio ou na TV antes de programas esportivos e não devem ser veiculados mais de uma vez por noite em qualquer canal. Acesse http://www.eurocare.org para obter mais informações sobre o consumo de bebidas alcoólicas na Irlanda e em outros países europeus.

---

[34] "Sarkozy to Scrap English-Language France 24 Television-AFP", *Dow Jones International News*, 9 de janeiro de 2008.

* N. de R.T.: Para mais informações a respeito dessa inovação, acesse: http://www.pvi.tv.

disso, aqueles que estiverem assistindo à mesma corrida em Portland, Oregon, onde a Adidas pode não anunciar, verão a cena como ela é de fato – sem anúncio. Esses comerciais podem ser veiculados em diferentes idiomas, em diferentes países e até mesmo com nomes diferentes.

A maior parte das tecnologias por satélite está sujeita a alguma regulamentação governamental. Cingapura, Taiwan e Malásia proíbem a venda de antenas parabólicas, e o governo japonês impede que as empresas de televisão a cabo domésticas retransmitam de satélites estrangeiros. Entretanto, essas restrições quase nunca perduram. Na Tailândia, estima-se que haja 1,5 milhão de antenas parabólicas em uso, e inúmeras operadoras a cabo ilícitas estão no mercado. Por meio de uma ou outra tecnologia, os domicílios asiáticos estarão abertos para o mesmo tipo de programação com o qual os americanos se acostumaram, bem como para a propaganda que o acompanha.

Mala direta. A mala direta é um meio viável em um número crescente de países. Ela é particularmente importante quando não existem outros tipos de mídia. Como sempre é o caso no marketing internacional, mesmo um meio tão básico quanto esse está sujeito a algumas peculiaridades curiosas e novas. Por exemplo, no Chile, a mala direta pode ser praticamente eliminada como um meio de comunicação eficaz porque o remetente paga apenas parte da despesa postal; o carteiro deve cobrar uma tarifa adicional de todos os itens entregues. Obviamente, os anunciantes não podem se indispor com os clientes obrigando-os a pagar por anúncio não solicitado. A despeito de algumas limitações da mala direta, muitas empresas descobriram que ela é um meio importante para atingir seus mercados. A Associação Reader's Digest utilizou propaganda por mala direta no México para ter êxito na divulgação de suas revistas.

Nos mercados do Sudeste Asiático, onde os meios impressos são escassos, a mala direta é considerada uma das formas mais eficazes para atingir as pessoas responsáveis pela compra de produtos industriais, ainda que a precisão das listas de endereço seja um problema na Ásia e também em outras partes do mundo. Na verdade, algumas empresas criam bancos de dados próprios de mala direta. Os anunciantes industriais utilizam assiduamente o correio e recorrem a catálogos e prospectos de venda para gerar um grande volume de negócios internacionais. Mesmo no Japão, onde a disponibilidade de meios de comunicação não é um problema, a mala direta é utilizada com sucesso por empresas como a Nestlé Japão e a Dell Computer. Para promover o macarrão de massa fresca Buitoni, a Nestlé usa em sua mala direta um pequeno livro de 12 páginas em cores com receitas, incluindo versões à moda japonesa de pratos italianos favoritos.

Na Rússia, o volume de mala direta subiu de um pouco mais de 150 mil cartas por mês para mais de 500 mil por mês em um único ano. O índice de resposta às malas diretas é de 10 a 20% nesse país, em comparação com apenas 3 a 4% ou menos nos Estados Unidos. Um palpite sobre o motivo pelo qual a mala direta funciona tão bem na Rússia é que os russos ficam lisonjeados com a atenção – obviamente, é provável que isso mude à medida que a utilização desse meio aumente.

Internet. Embora ainda esteja em evolução, a internet surgiu como um meio viável para veiculação de propagandas e deve ser incluída no *mix* de mídias possíveis da empresa. A utilização da internet nas comunicações e promoções *business to business* por meio de catálogos e descrições de produtos ganha popularidade rapidamente. Como inúmeras empresas têm acesso à internet, esse meio pode alcançar uma grande parcela do mercado de *business to business*.

Embora a penetração domiciliar da internet como mídia utilizada pela propaganda em nível global seja pequena, ela é utilizada por uma quantidade crescente de empresas para anunciar produtos de consumo. Muitas dessas empresas possuem lojas eletrônicas, e outras usam a internet como mídia para propaganda, a fim de estimular as vendas de suas lojas físicas. A Waterford Crystal, da Irlanda, estruturou seu *site* especificamente para impulsionar o tráfego das lojas. O objetivo é promover seus produtos e atrair pessoas para as lojas que vendem os cristais da Waterford. Os *sites* relacionam e exibem praticamente todo o catálogo da coleção da Waterford, ao passo que as lojas que vendem seus produtos, como a Beoomingdale's, apoiam as iniciativas promocionais com anúncios em seus próprios *sites*.

Com relação aos produtos de consumo, a principal limitação da internet é a cobertura (consulte a Figura 16.5). Nos Estados Unidos, o número de domicílios que possuem computador é crescente, mas em outros países esse número é menor. Contudo, o número crescente de domicílios que podem ser atingidos pela internet fora dos Estados Unidos geralmente

Figura 16.6
Os dez maiores *sites* em três países (visitantes por mês).

Classificação	26,1 milhões de visitantes na França		32,6 milhões de visitantes na Alemanha		53,8 milhões de visitantes no Japão	
1	*Sites* do Google	18,2	*Sites* do Google	23,0	*Sites* do Yahoo!	40,7
2	*Sites* da Microsoft	16,4	*Sites* da Microsoft	17,7	*Sites* do Google	32,0
3	France Telecom	14,0	eBay	17,4	*Sites* da Microsoft	30,0
4	Illiad/Free.fr	12,9	*Sites* da United internet	16,2	Rakuten Inc.	28,5
5	Groupe Pages Jaunes	11,4	Time Warner Network	14,6	NTT Group	24,6
6	eBay	11,4	*Sites* da Wikipedia	12,6	FC2 Inc.	24,1
7	*Sites* do Yahoo!	10,9	*Sites* da T-Online	12,1	Nifty Corp.	22,0
8	Skyrock Network	9,5	*Sites* do Yahoo!	11,2	*Sites* da Wikipedia	20,6
9	Groupe PPR	8,9	Otto Grupe	11,1	Livedoor	19,7
10	*Sites* da Wikipedia	8,5	Karstadt-Quelle	10,1	*Sites* da Amazon	18,4

Fonte: comScore Media Metrix, 2010 [*on-line*].

representa um segmento de mercado de pessoas mais jovens e mais instruídas e com renda acima da média. Para muitas empresas, esse grupo é um nicho de mercado fundamental. Além disso, essa limitação é apenas temporária, visto que novas tecnologias possibilitam o acesso à internet por meio da televisão, e o preço mais baixo dos computadores pessoais amplia o alcance desse meio. A Figura 16.6 dá alguma ideia da distribuição dos visitantes dos *sites* em três mercados importantes. Observe as marcas incluídas nessa lista – 5 na França, 6 na Alemanha e 5 no Japão – e a predominância do Google e da Microsoft. A grande maioria dos visitantes acessa as versões locais dos *sites* – isto é, .fr, .de e .jp. Os *sites* mais visitados nos Estados Unidos durante o mesmo período foram Yahoo!, Time Warner, Microsoft, Google, eBay, MySpace, Ask Network, Amazon, *New York Times* e Weather Channel, nesta ordem. No caso da China, os três mais foram Baidu.com, QQ.com e Google (China).

À medida que a internet evoluir e os países começarem a impor controles sobre esse meio que hoje está sujeito a poucas restrições, cada vez mais limitações aparecerão. Além do controle de informações indesejáveis, problemas como *pay-per-view*, impostos, concorrência desleal, taxas sobre importações e privacidade são abordados no mundo inteiro. Na Austrália, os varejistas locais estão pedindo mudanças nas leis por estarem perdendo negócios para a internet; sob a lei atual, as compras pela internet não estão sujeitas aos impostos regulares sobre importação. O setor de internet faz *lobby* em prol de um entendimento global sobre a regulamentação desse meio, para evitar que se teça uma colcha de retalhos com regras confusas e contraditórias.

Outra limitação que precisa ser abordada em breve é a disputa pelos usuários de internet. Em vista da grande proliferação de *sites*, é cada vez mais difícil o usuário chegar a uma determinada página. Hoje, os mecanismos de pesquisa são fundamentais para direcionar a atenção dos usuários de internet. Além disso, os anunciantes de internet ou os comerciantes eletrônicos precisarão ser mais eficazes na divulgação de seus *sites* por meio de outras mídias. Algumas empresas conjugam os comerciais de televisão tradicionais com um *site*; a IBM, a fabricante de relógios Swatch, a AT&T e a fabricante de eletrônicos Samsung são algumas das empresas que tentam matar dois coelhos com uma cajadada só: com sua presença na televisão e *on-line*. Os comerciais televisivos aumentam a consciência de marca de um produto em nível regional e promovem o *site* da empresa. Além disso, a empresa pode comprar anúncios em *banner* na Web que conduzirão os consumidores mais interessados à sua página, o que também serve para promover o produto.

Mídia social.[35] A propaganda boca a boca e as recomendações de terceiros sempre foram os principais fatores de influência sobre o consumidor na escolha de uma marca, e o poder da internet mudou o ritmo e o alcance da propaganda boca a boca. A mídia social (por exemplo, redes sociais *on-line*, *blogs*, mundos virtuais e compartilhamento de vídeo) pode ser

---

[35] Para obter uma excelente síntese sobre a influência explosiva das mídias sociais em 2010, consulte "A World of Connections", Matéria Especial, *The Economist*, 30 de janeiro de 2010, p. 1-12.

Figura 16.7
Rede social *on-line* torna-se móvel (% de respondentes).

Fonte: Ipsos Insight, novembro de 2007.

	Usuários americanos	Usuários internacionais
Textos SMS enviados/recebidos	60%	25%
E-mails enviados/recebidos	59	42
Navegação na Web para pesquisa de notícias/informações	59	39
Fotos digitais enviadas/recebidas	54	29
Videogames jogados	42	17

uma ferramenta de marketing altamente eficaz, mas os profissionais de marketing começam a perder o controle e a deixar os consumidores interagir por conta própria com as marcas. O conteúdo gerado pelos consumidores produz um efeito sobre as marcas (tanto positivo quanto negativo), e as novas mídias são um assunto importante para todos os profissionais de marketing, independentemente do produto e de sua respectiva faixa etária. Os consumidores criarão conteúdos sobre as marcas, quer os donos gostem ou não. Portanto, é vital que os profissionais de marketing acompanhem e participem das conversas que os consumidores mantêm *on-line*.

A internet não está restrita a fronteiras nacionais, embora tenhamos observado que a propaganda boca a boca parece funcionar melhor em culturas mais orientadas à informação.[36] De qualquer modo, consumidores de vários países e culturas diferentes podem e na realidade interagem *on-line*. Estamos apenas começando a vislumbrar as possibilidades de uso desse meio, suas possíveis armadilhas e as características de seus usuários. Um estudo recente[37] compara como as redes sociais são utilizadas nos Estados Unidos e no exterior (em um grupo de 11 países: Brasil, Canadá, China, França, Alemanha, Índia, Japão, México, Rússia, Coreia do Sul e Reino Unido). De acordo com esse estudo, os usuários eram consumidores que haviam acessado pelo menos um *site* de rede social, como MySpace, Cyworld, Mixi e/ou Facebook. A propósito, com mais de 400 milhões de usuários por mês, o Facebook recebe um número quase três vezes superior ao número de visitantes exclusivos de seu maior concorrente, o Windows Live. O Facebook possui mais de 350 milhões de usuários, dos quais apenas 100 milhões estão nos Estados Unidos.

Na amostragem, mais da metade dos americanos havia assistido a programas de televisão ou a transmissões de vídeo *on-line*. Além disso, os americanos eram significativamente mais propensos a baixar programas de televisão, a gravar algum filme ou programa de TV e a baixar filmes de longa-metragem. Eles também possuíam muito mais tecnologia do que seus pares internacionais, e ambas as amostras possuíam mais tecnologia do que aqueles que nunca haviam visitado um *site* de rede social. Mais da metade dos americanos haviam utilizado dispositivos móveis para enviar ou receber mensagens de texto (*short message service* – SMS) e *e-mails*, procurar notícias e informações na internet e receber imagens digitais (consulte a Figura 16.7). Embora os usuários internacionais tenham demonstrado comportamentos semelhantes, eles utilizavam dispositivos móveis mais ricos em recursos. Por exemplo, os usuários internacionais são bem mais propensos a ter MP3 em seus dispositivos móveis do que dos usuários nos Estados Unidos. Além disso, a Figura 16.8 mostra que os australianos passam mais tempo em *sites* de relacionamento do que qualquer usuário de outro país.

Aplicativos para telefones móveis. Como o número de telefones móveis continua aumentando vertiginosamente ao redor do mundo, o número de aplicativos disponíveis aos usuários acompanha esse ritmo. De acordo com um especialista, que se referiu a isso de uma maneira muito bem articulada, "Existe uma grande mudança entre manter o telefone ao ouvido e mantê-lo à mão. Isso abre as portas para os serviços de informação. Não é a Web, mas uma rede de serviços que podem ser oferecidos nos dispositivos móveis. Isso permite que os consumidores façam perguntas e os profissionais de marketing ofereçam respostas de maneiras novas. No mundo inteiro, pessoas criativas encontram soluções para utilizar os telefones móveis de novas maneiras".[38]

---

[36] Desmond Lam, Alvin Lee e Richard Mizerski, "The Effects of Cultural Values in Word-of-Mouth Communication", *Journal of International Marketing*, 17, n. 3, 2009, p. 55-70.

[37] "Social Networks Are Also Heavy Technology Users", *Research Brief from the Center for Media Research*, 14 de novembro de 2007, http://www.centerformediaresearch.com.

[38] Rajeesh Veeraraghavan, Naga Yasodhar e Kentaro Toyama, "Warana Unwired: Replacing PCs with Mobile Phones in a Rural Sugar Cane Cooperative", *Information Technology & International Development*, 5, n. 1, 2009, p. 81-95.

EXPERIMENTOS DA PROCTER & GAMBLE COM MÍDIAS SOCIAIS

A P&G foi uma das primeiras empresas a ter sua sede mundial virtual em uma ilha do Second Life, mundo virtual na Web em que os usuários interagem por meio de avatares. Sergio dos Santos, gerente de marketing digital da Global Hair Care, e Gerry Tseng, diretor de inovação em marketing digital, participaram das iniciativas de marketing da P&G no Second Life e fizeram o seguinte relato:

A equipe corporativa patrocinou uma competição para encontrar uma marca adequada que estivesse interessada em trabalhar na cocriação de um experimento no Second Life. A P&G realizou um evento aberto de duas horas, do tipo "Universidade Second Life", com o objetivo de obter informações sobre os recursos e o potencial desse meio, seguido de um chamado para que as marcas interessadas participassem de um concurso de copatrocínio. O evento recebeu 71 visitantes e 10 inscrições para o concurso, e o vencedor – a marca europeia Wella Shockwaves – foi escolhido entre quatro finalistas com classificação semelhante.

A Shockwaves, cujo *slogan* é "Style, Attract, Play", dirige seus vários produtos para cabelo, como gel, laquê, *mousse* e pomada, a homens e mulheres jovens. A empresa testou sua hipótese de que a funcionalidade da marca, que deu vida ao seu valor "*play*", seria bem recebida e utilizada pelos avatares. Para ampliar sua campanha na televisão, a marca criou um utilitário de guerra de água virtual que possibilitava que os avatares lançassem balões de água entre si. Como incentivo, foi realizado um concurso "três ondas" para dar oportunidade aos fãs de se juntar e concorrer por L$ 1 milhão (dólares Linden, a moeda do Second Life) em cada rodada. A cada onda, os avatares precisavam ganhar pontos no lançamento dos balões de água e acumular medalhas de caça ao tesouro, e a Shockwaves tinha tempo para obter informações e fazer os ajustes necessários para a onda seguinte.

Embora na época os produtos Shockwaves fossem vendidos apenas na Europa Ocidental e Oriental, a P&G constatou que pessoas dos Estados Unidos e de outros lugares queriam participar com seus avatares da "Guerra de Água da Shockwaves". A princípio, a P&G pensou em excluir os não europeus, mas acabou optando por permitir que todos os avatares participassem. Ainda que esses consumidores não pudessem comprar produtos Shockwaves, a marca decidiu avaliar a natureza e os comportamentos globais do Second Life.

Esta imagem foi divulgada no mundo Second Life para obter inscrições para o concurso "Guerra de Água". Ela não foi divulgada em outros *sites* nem utilizada para anunciar o concurso para pessoas externas ao Second Life.

A P&G obteve as seguintes informações com esse experimento no Second Life (SL):

- O Second Life não é um mecanismo de alcance: ele é um lago pequeno perto dos tradicionais canais de internet do momento; é mais adequado para experimentações, pesquisa e *press releases* nas áreas de comunidade e socialização. Se o objetivo da marca é apenas atingir o máximo possível de visitantes, talvez um *site* com *flash* e conteúdos estimulantes e provocantes na internet seja mais adequado, pois o alcance no SL é mais difícil. Em virtude da atual curva de aprendizagem de usuários médios do Second Life, é possível supor que seus avatares geralmente são mais criativos e competitivos, característica provavelmente ideal para uma marca à procura de colaboradores e parceiros criativos. O SL demonstrou que é um mundo próspero para um segmento de consumidores específico, os "críticos" e os "criadores", que são os próprios produtores. Em suma, você deve compatibilizar suas necessidades com o foco/ponto positivo de cada plataforma. Talvez o uso de uma marca mais reconhecida em nível mundial, com consumidores mais conscientes, também tivesse impulsionado a adoção/experimentação nesse experimento.
- Os fatores diversão, simplicidade e socialização são mais importantes: embora se tenha utilizado um concurso para incentivar a adoção/experimentação, nossa hipótese atual é de que, para os avatares do SL, a diversão, a simplicidade e a socialização são mais importantes do que prêmios e complexidade. Além disso, o *status* de celebridade de seus avatares também pode ser mais importante do que o ganho monetário. Isso é confirmado por outras informações obtidas até o momento em experimentos realizados pelo departamento de desenvolvimento do SL. Aprendemos que, tornando o jogo mais complexo, corremos o risco de diminuir a adoção/experimentação, visto que os avatares podem se sentir intimidados pelo processo (isto é, pelas regras e pela distribuição do prêmio em dinheiro entre os países e avatares das equipes vencedoras e pela interpretação das orientações legais tradicionais exigidas para os concursos no mundo virtual).

- Os gerentes de comunidade e o apoio da mídia são fatores fundamentais: o experimento não recebeu o apoio da mídia; entretanto, utilizamos um gerente de comunidade do departamento de desenvolvimento que deu vida ao concurso por meio de comunicações contínuas e atividades internas ao mundo em todas as três ondas. A propaganda boca a boca foi o principal impulsionador utilizado para promover o concurso, que se evidenciaria com o apoio da mídia se tivesse ido além das expectativas experimentais. Esse tipo de propaganda funciona no SL, mas não tão bem quando os mecanismos de internet tradicionais. Se fosse necessário utilizar o Second Life em uma futura execução de marca em virtude de seus pontos positivos exclusivos, o uso apropriado do apoio da mídia poderia compensar e aumentar a experimentação.
- É preciso manter baixo o orçamento do experimento: manter os custos baixos por meio de execuções básicas permite testes contínuos em novos canais digitais com menos riscos para o retorno sobre o investimento e mais oportunidades de aprendizagem. Constatamos que a maior parte dos custos de nosso experimento estava relacionada ao desenvolvimento dos elementos complexos do jogo e que talvez pudessem ser economizados se criássemos uma configuração simples e divertida para os avatares jogarem entre si. Nesse experimento específico, o retorno sobre o investimento foi mais justificável do que a aprendizagem porque seus custos são semelhantes aos de outras ferramentas digitais, como a propaganda e amostragem *on-line*.
- É necessário manter diretrizes e princípios adequados: supor que os consumidores encontrarão brechas e preparar-se para reconhecê-las/ajustá-las. Como as regras do jogo de nosso experimento em cada um dos concursos eram complexas, isso deu margem a acusações imprevistas de fraude nas ondas 2 e 3. Foi interessante observar como a concorrência na onda 3 ficou acirrada quando nos desculpamos pela descoberta de uma brecha na onda 2, com base no princípio de que agiríamos de acordo com as regras predefinidas, e estimulou a concorrência entre os jogadores pela onda 3. Essa brecha poderia ter sido evitada com a utilização de especialistas em regras e regulamentos tradicionais para concursos. Entretanto, para essa finalidade, a marca Shockwaves concordou em não utilizar especialistas porque precisávamos experimentar e aprender a aplicar as regras tradicionais nos mundos virtuais. A eliminação do componente do concurso também teria evitado essa situação.
- Fora do SL, os consumidores aficionados talvez não sejam tão francos: embora tenhamos recebido várias mensagens dentro do mundo, nem todos quiseram se manifestar publicamente em nossos *blogs* externos (não pertencentes ao SL), ainda que os tenhamos incentivado. É provável que isso tenha ocorrido em virtude da possibilidade de agirmos de acordo em execuções futuras se eles saíssem do SL para fazer algo em outro lugar.
- As conversas *on-line* contribuíram para a experimentação: o experimento gerou mais de 400 postagens de *blog* no mundo inteiro. A maioria dessas postagens apresentava *links* ou estimulava o tráfego do *site* da Shockwaves no Second Life, que representava mais de 104 mil visitantes exclusivos durante o período do experimento (setembro a novembro de 2007), sem nenhuma propaganda *on-line* complementar. Essa "popularidade" colocou nosso *site* em primeiro lugar na página de resultados do Google quando se pesquisa a expressão *"shockwages water fight"* (guerra de água da shockwaves).

Os produtos Shockwaves são vendidos em 15 países da Europa: Áustria, Bélgica, Dinamarca, Finlândia, Alemanha, Grécia, Hungria, Holanda, Noruega, Polônia, Portugal, Romênia, Espanha, Suécia e Reino Unido. Acesse www.shockwaves.com para obter informações mais detalhadas.

Fonte: Gerry Tseng, diretor de inovação em marketing digital da P&G, e Sergio dos Santos, gerente de marketing digital da Global Hair Care.

Figura 16.8

Usuários de mídias sociais: média de tempo gasto em *sites* de rede social, outubro de 2009 (horas por usuário).

Fonte: Nielsen.

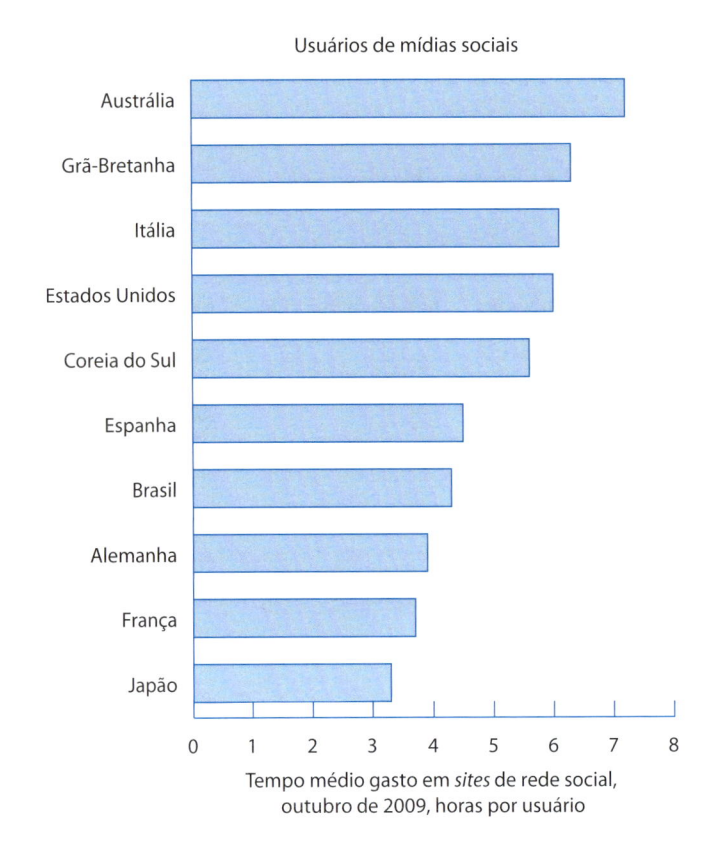

Usuários de mídias sociais

País	Tempo (horas)
Austrália	~7,2
Grã-Bretanha	~6,3
Itália	~6,1
Estados Unidos	~6,0
Coreia do Sul	~5,5
Espanha	~4,5
Brasil	~4,3
Alemanha	~3,8
França	~3,7
Japão	~3,3

Tempo médio gasto em *sites* de rede social, outubro de 2009, horas por usuário

Em Uganda, os produtores de arroz que enfrentavam problemas com pulgões escreveram para a Farmer's Friend pedindo conselhos e receberam uma mensagem que os ensinava a fazer um pesticida com sabão e parafina. Um produtor de tomates cuja plantação estava sendo atacada por ferrugem aprendeu a pulverizar as plantas com uma mistura à base de leite. A Farmer's Friend, criada em 2009 pelas empresas MTN, Google e "Application Laboratory" (App Lab da Fundação Grameen), é um dos vários serviços telefônicos oferecidos.[39]

O Google Trader é outro sistema de comunicação por texto entre compradores e vendedores de produtos e *commodities* agrícolas. Os vendedores enviam uma mensagem para dizer onde estão e o que têm a oferecer, a qual ficará disponível para possíveis compradores a 30 quilômetros de distância durante sete dias. O usuário paga em torno de 10 centavos de dólar por postagem. Em suas cinco primeiras semanas de operação, esse serviço recebeu um milhão de consultas.

Talvez a melhor medida da importância desse meio criativo tenha sido a resposta ao terremoto no Haiti em 2010. Bastava enviar a palavra "Haiti" pelo número 90999 para doar automaticamente US$ 10 para a Cruz Vermelha, que recebeu mais de US$ 2 milhões no período de 24 horas após o terremoto. O Twitter também foi essencial como meio de comunicação nas iniciativas de socorro e como meio para solicitar e aceitar doações.[40]

Outras mídias. Restrições às mídias tradicionais ou à sua disponibilidade levam os anunciantes a recorrer a meios mais inferiores para sanar determinados problemas específicos ao país. O cinema é um meio importante em vários países, do mesmo modo que os *outdoors* e outras formas de propaganda ao ar livre. Os *outdoors* são particularmente úteis em países com alto índice de analfabetismo. Hong Kong é sem dúvida a capital mundial do neon. Disputam o segundo lugar a área comercial Ginza, de Tóquio, e a Times Square, de Nova York. Aliás, talvez o *outdoor* mais interessante tenha sido aquele em que o logotipo da Pizza Hut aparece no foguete russo Proton, lançado para transportar partes da estação espacial internacional em órbita. Será que os extraterrestres conseguem ler? Será que gostam de pizza?

---

[39] Para obter uma quantidade bem maior de informações sobre esse assunto, consulte "Mobile Marvels", Relatório Especial, *The Economist*, 26 de setembro de 2009, p. 1-19.

[40] Jenna Wortham, "$2 Million in Donations for Haiti, via Text Message", *The New York Times*, 13 de janeiro de 2010 [*on-line*].

Duas novas mídias são mostradas aqui: (1) os russos não vendem apenas espaço para turistas em seus foguetes; eles vendem também espaço para propagandas!; (2) a empresa japonesa de bebidas Suntory promove seus produtos com o "Monitor Man" durante as partidas de futebol americano no Estádio Nacional. O "Monitor Man" transporta um monitor de LCD para transmitir anúncios da Pepsi e de outros produtos e fica circulando pelo estádio. Esse trabalho requer força, porque o equipamento pesa em torno de 7 quilos. O objetivo de todo esse esforço talvez seja trazer à lembrança o "Duff Man" dos Simpsons. Ohhh yaaaa!

No Haiti, as camionetes de som equipadas com potentes alto-falantes são uma mídia para propaganda eficaz e comum. Fornecedores privados oferecem os equipamentos e vendem espaço para propaganda, do mesmo modo que uma emissora de rádio faria. Esse meio supera os problemas do analfabetismo, da pouca penetração domiciliar dos aparelhos de rádio e televisão e da pequena circulação dos meios impressos. Na Ucrânia, onde o correio não é confiável, as empresas constataram que a forma mais eficaz de propaganda *business to business* é a mala direta por fax.

Na Espanha, um novo meio são os carros particulares pintados com anúncio dos produtos, que servem como *outdoors* ambulantes. Esse sistema, chamado de *Publicoche* (termo formado pelas palavras *publicidad*, que significa publicidade, e *coche*, que significa carro), tem 75 carros em Madri. Os proprietários recebem US$ 230 por mês e devem informar seus padrões de condução semanais tanto profissionais quanto "normais". Os anunciantes arcam com um custo básico mensal de US$ 29 mil por carro e podem escolher o tipo e a cor do carro que desejam e quais proprietários são mais adequados para a campanha, com base nesses padrões.

Realização de campanhas e agências de propaganda

A elaboração e a realização de campanhas de propaganda são gerenciadas por agências de propaganda. Do mesmo modo que as empresas de fabricação tornaram-se internacionais, agências americanas, japonesas e europeias ampliaram suas operações internacionalmente para oferecer uma assessoria sofisticada ao redor do mundo. As agências locais também se expandiram, porque a demanda por serviços de propaganda por parte das multinacionais aumentou. Por isso, o profissional de marketing internacional tem uma variedade de alternativas à sua disposição. Nos países mais importantes do ponto de vista comercial, o anunciante pode empregar uma agência doméstica, sua própria agência ou uma das agências de propaganda internacionais que possuam filiais no país. Todas essas opções apresentam vantagens e desvantagens. A discussão sobre as relações entre empresa e agência no Capítulo 8, nas páginas 241 a 243, e a Figura 8.2 são muito pertinentes aqui. Além disso, essas relações podem ficar mais complexas e frágeis no contexto internacional – por exemplo, a Ford e a Disneylândia Paris recentemente mudaram de agência.

Uma agência doméstica local pode oferecer à empresa a melhor interpretação cultural quando se pretende modificar um produto ou serviço em nível local,[41] mas o nível de sofisticação

---

[41] Morris Kalliny e Salma Ghanem, "The Role of the Advertising Agency in the Cultural Message Content of Advertisements: A Comparison of the Middle East and the United States", *Journal of Global Marketing*, 22, n. 4, 2009, p. 313-328.

Figura 16.9
As dez maiores agências de publicidade e propaganda do mundo.

2008	Agência (matriz)	Sede	Receitas globais/ milhões de dólares/2008	Mudança percentual em relação a 2007
1	BBDO Worldwide (Omnicom)	Nova York	635,8	1,2
2	McCann Erickson Worldwide (Interpublic)	Nova York	530,0	8,2
3	DraftFCB (Interpublic)	Chicago/Nova York	510,0	5,2
4	Epsilon/Purple@Epsilon (Alliance Data Systems)	Irving, Texas	460,5	4,7
5	Digitas (Publicis)	Boston	377,0	9,3
6	Rapp (Omnicom)	Nova York	364,5	12,2
7	Euro RSCG Worldwide (Havas)	Nova York	342,7	5,5
8	Y&R (WPP)	Nova York	340,0	10,7
9	JWT (WPP)	Nova York	331,6	9,8
10	Razorfish (Microsoft)	Seattle	317	6,0

Fonte: Dados extraídos da Matéria Especial sobre Marketing Global, *Advertising Age*, 19 de novembro de 2007. Copyright © 2010 Crain Communication. Dados reimpressos com permissão.

pode ser pequeno. Além disso, a comunicação transcultural entre o cliente estrangeiro e a agência local pode ser problemática. Todavia, a agência local pode ter a melhor percepção sobre o mercado, particularmente se a agência multinacional tiver pouca experiência. A Europa Oriental tem sido um problema para as agências multinacionais que não estão totalmente sintonizadas com o mercado. Na Hungria, um anúncio de sabonete para uma empresa americana de produtos de cuidados para bebês que mostrava uma mulher com seu bebê parecia pouco arriscado. Entretanto, onde os ocidentais viam apenas uma mãe jovem, os húngaros, escandalizados, viam uma mãe solteira. A modelo do comercial estava usando um anel na mão esquerda; os húngaros usam aliança na mão direita. Para os espectadores, era óbvio que essa mulher que usava uma aliança na mão esquerda estava dizendo a todos os habitantes do país que ela não era casada. Uma agência local não teria cometido esse erro. Por fim, em alguns mercados emergentes, como o Vietnã, as leis locais exigem parceria com uma agência de propaganda local.

A melhor solução é uma agência multinacional com filiais locais, porque tem a sofisticação de uma grande agência e representação no país. Além disso, a agência multinacional com filiais locais é mais competente para oferecer uma campanha de propaganda mundial coordenada.[42] Essa capacidade tornou-se especialmente importante para empresas que atuam na Europa. Em vista do interesse por propagandas globais ou padronizadas, muitas agências se expandiram para oferecer representação no mundo inteiro. Várias empresas que pretendem se tornar globais empregam uma ou talvez duas agências para representá-las ao redor do mundo.

No mundo inteiro, os acordos de pagamento das agências de propaganda baseiam-se no sistema americano de comissão de 15%. Entretanto, esses padrões de comissão não são tão consistentes ao redor do mundo quanto nos Estados Unidos; em alguns países, as comissões variam de um meio de comunicação para outro. As empresas substituem esse sistema de comissão por um sistema de remuneração com base nos resultados, que detalha as condições de remuneração logo no início. Se as vendas subirem, a agência deve ser remunerada de acordo. Esse método de compartilhar os ganhos e as perdas gerados pela propaganda tem grande aceitação e pode tornar-se o padrão. Os serviços fornecidos pelas agências de propaganda também variam enormemente, mas poucas agências oferecem todos os serviços fornecidos pelas agências americanas (consulte a Figura 16.9 para observar quais são as maiores).

---

[42] Entre as agências de publicidade e propaganda multinacionais parece haver uma vantagem para aquelas que entram primeiro nos novos mercados. Consulte Peter Manusson, Stanford A. Westjohn e David J. Boggs, "Order-of-Entry Effects for Service Firms in Developing Markets: An Examination of Multinational Advertising Agencies", *Journal of International Marketing*, 17, n. 2, 2009, p. 23-41.

Controle internacional sobre a propaganda: questões abrangentes

Em uma seção anterior, falamos a respeito das restrições legais específicas à propaganda. Aqui, avaliamos algumas questões mais abrangentes relacionadas ao passado, ao presente e ao futuro das regulamentações internacionais aplicadas à propaganda.

As críticas do consumidor a respeito das propagandas não são um fenômeno exclusivo do mercado americano. A preocupação do consumidor com os padrões e a credibilidade da propaganda talvez tenha se espalhado pelo mundo de uma maneira mais rápida do que muitas técnicas de marketing. Um estudo sobre uma amostra representativa de consumidores europeus indicou que apenas metade deles acreditava que os anúncios ofereciam aos consumidores alguma informação útil. Dentre dez, seis acreditavam que propaganda significava preços mais elevados (se um produto é anunciado com demasiada frequência, em geral vende mais do que as marcas anunciadas raramente ou que nunca são anunciadas); dentre dez, aproximadamente oito acreditavam que a propaganda muitas vezes os levava a comprar coisas que de fato não precisavam e que em muitos casos os anúncios eram enganosos em relação à qualidade do produto. Em Hong Kong, na Colômbia e no Brasil, a propaganda saiu-se bem melhor do que na Europa. Os não europeus enalteceram a propaganda como um meio valioso de obter informações sobre os produtos; a maioria dos brasileiros considera os anúncios divertidos e agradáveis.

Como a transmissão a cabo e por satélite está em expansão, as autoridades da Comissão Europeia criam diretivas para oferecer controles sobre a propaganda. O engano, na propaganda, é um problema espinhoso, porque a maior parte dos países-membros tem interpretações distintas sobre o que constitui um anúncio enganoso. As exigências de regulamentação da propaganda direcionada ao público infantil é uma tendência presente tanto nos países industrializados quanto nos em desenvolvimento.

A decência e o uso descarado do sexo nos anúncios recebem atenção pública especial. Um dos problemas para controlar esses dois fatores nos anúncios são as diferenças culturais existentes ao redor do mundo. Um anúncio perfeitamente aceitável para um ocidental pode ser bastante ofensivo para uma pessoa do Oriente Médio ou, do mesmo modo, para outro ocidental. Os padrões de comportamento adequado com base no que é representado nos anúncios variam de uma cultura para outra. Independentemente dessas diferenças, a preocupação com a decência, o sexo e os anúncios que depreciam mulheres e homens é cada vez maior. As associações internacionais de propaganda procuram evitar as leis por meio de uma autorregulamentação, mas talvez seja tarde demais; alguns países já aprovaram leis que definirão padrões aceitáveis em seus territórios.

A dificuldade das empresas com relação à autorregulamentação e a leis restritivas é que o sexo pode ser extremamente eficaz em alguns tipos de anúncio. As propagandas europeias da Häagen-Dazs, uma sofisticada fabricante de sorvetes americana, e da LapPower, empresa sueca de *notebooks*, foram criticadas por utilizar demasiadamente a sedução. O anúncio da Häagen-Dazs mostrava várias cenas de um casal se despindo e depois, com os braços entrecruzados, dando sorvete um ao outro. Alguns editorialistas britânicos e comentaristas de rádio ficaram indignados. Referindo-se ao anúncio, um deles comentou que "se tratava do uso mais descarado e inapropriado do sexo como recurso para apoiar as vendas". O anúncio de computadores pessoais da LapPower, condenado pelo Conselho Empresarial de Estocolmo, apresentava a coproprietária da empresa com "um sorriso convidativo e uma atitude provocativa". (Usando um vestido decotado, ela se curvava sobre um computador LapPower.) O resultado final para ambas as empresas foi o crescimento das vendas. Na Grã-Bretanha, a venda de sorvetes disparou após a veiculação dos anúncios "Dedicated to Pleasure" ("Devotado ao Prazer") e, na Suécia, segundo a coproprietária, as vendas estavam aumentando diariamente. Independentemente de se aprovarem leis ou de haver autorregulamentação, a propaganda e seus efeitos sobre o comportamento das pessoas são motivo de preocupação internacional.

Essas regulamentações não se restringem à Europa; nos países em desenvolvimento, há também uma maior conscientização sobre a expansão dos meios de comunicação de massa e a necessidade de controlar mais de perto as propagandas. A Malásia regulamenta sistematicamente a propaganda televisiva para controlar a influência do "excesso de costumes ocidentais". O governo está tão preocupado que não permitirá a exibição de "imagens culturais ocidentais" nos comerciais de televisão. Não é permitido exibir ombros e axilas descobertos, nem toques e beijos, nem roupas sensuais e jeans. Essas são algumas das proibições expressas em um código de propaganda de 41 páginas que o governo malaio vem compilando há mais de dez anos.

A investida contra a propaganda e a promoção de produtos do tabaco é crescente. Nos Estados Unidos, as empresas de tabaco concordaram em restringir essa promoção em virtude de processos judiciais de ação coletiva apoiados pelo governo. O Parlamento da UE aprovou o uso de advertências mais drásticas nos maços de cigarro. Mais importante do que isso, a Organização Mundial da Saúde (OMS) lançou uma campanha global contra a indústria de tabaco.[43] "O tabagismo é uma doença contagiosa – transmissível pela propaganda e pelo marketing, que o fazem parecer admirável e atraente", explicou a Dra. Gro Harlem Brundland, diretora geral da OMS. A proibição mundial da propaganda de cigarros é apenas uma das metas fixadas pelo novo plano de ação da OMS.

O *product placement* de produtos na programação televisiva é outra área da propaganda que tem recebido atenção das agências regulatórias. Nos Estados Unidos, houve reclamações contra a exibição de fumantes em filmes e na televisão. O *product placement* tenta evitar algumas regulamentações em mercados como a China, onde a duração do anúncio é pequena. Como essas práticas são novas nesse país, o índice de utilização a princípio foi expressivo. Seria interessante acompanhar como a inserção de produtos será regulamentada à medida que essa prática proliferar.

O setor de propaganda está tão preocupado com as atitudes negativas e o ceticismo dos consumidores e dos governos, bem como com a postura equivocada de alguns anunciantes, que a Associação Internacional de Propaganda e outros grupos nacionais e internacionais desse setor desenvolveram uma série de códigos autorregulamentadores. Para os patrocinadores desses códigos, se os próprios anunciantes não criarem uma estrutura eficaz de controle, os governos intervirão. Essa ameaça de intervenção do governo estimulou determinados grupos de interesse na Europa a desenvolver códigos que garantam que a maioria dos anúncios obedeça ao conjunto de normas em prol da "honestidade, verdade e decência". Nos países em que a credibilidade da propaganda é questionada e naqueles em que existe um movimento de proteção ao consumidor, a criatividade do anunciante é desafiada. Entretanto, o controle mais chocante talvez seja o de Mianmar (ex-Burma), onde todos os meios têm um conselho de censura que julga toda propaganda antes mesmo de ela ser submetida à aprovação do ministro da Informação. Existe um conselho de censura até mesmo para calendários. As restrições ao conteúdo giram em torno de qualquer referência ao governo ou às forças armadas, de outras questões políticas, de temas religiosos ou de imagens que degradem a cultura tradicional. Em muitos países, existe um sentimento de que a propaganda, especialmente a televisiva, é extremamente influente e leva os consumidores a comprar o que eles não precisam, um problema que vem sendo debatido nos Estados Unidos há vários anos.

---

[43] "Russian Government Approves Accession to WHO Tobacco Control Convention", *Interfax*, 10 de janeiro de 2008.

RESUMO

O programa de comunicação integrada de marketing (CIM) abrange a coordenação das atividades de propaganda, gestão de vendas, relações públicas, promoção de vendas e marketing direto. Os profissionais de marketing global enfrentam restrições legais, idiomáticas, de mídia e de produção exclusivas em todos os mercados, e esses fatores devem ser considerados no momento da elaboração do programa de CIM. No final da década de 1990, muitas empresas de grande porte começaram a adotar uma estratégia de propaganda padronizada. Entretanto, mais recentemente, até mesmo as empresas multinacionais passaram a enfatizar estratégias direcionadas a segmentos de mercado nacionais, subculturais, demográficos etc.

O principal problema enfrentado pelos anunciantes internacionais está relacionado à criação da melhor mensagem para cada mercado atendido. A possibilidade de mal-entendidos entre uma cultura e outra é grande tanto nas atividades de relações públicas quanto nas várias mídias utilizadas pela propaganda. A disponibilidade e a qualidade das mídias também variam significativamente ao redor do mundo. Os profissionais de marketing podem enfrentar dificuldades para entrar lucrativamente nos mercados em virtude da falta de mídias adequadas para propaganda – por exemplo, alguns produtos exigem a disponibilidade de espaço na televisão.

Os avanços nas tecnologias de comunicação (particularmente da internet) provocam mudanças consideráveis na estrutura dos setores de propaganda e comunicações internacionais. Além disso, novos problemas se apresentam para as agências regulatórias governamentais. A despeito dessas dificuldades, o setor experimenta um crescimento expressivo, visto que novas mídias são criadas e novos mercados se abrem para a propaganda comercial.

PALAVRAS-CHAVE

Comunicação integrada de marketing (CIM)

Promoção de vendas
Relações públicas (RP)

Ruído

QUESTÕES

1. Defina as palavras-chave acima relacionadas.
2. "Talvez a propaganda seja o elemento do marketing internacional que apresenta as maiores semelhanças de um país para outro, no mundo inteiro. Paradoxalmente, a despeito dessas várias similaridades, deve-se também reconhecer que no marketing internacional a propaganda é a área que apresenta a maior quantidade de problemas exclusivos." Discuta essa afirmação.
3. Há quem diga que a propaganda é o maior produto de exportação dos Estados Unidos. Discuta essa questão.
4. Dada a capacidade da televisão por satélite de atingir vários países, discuta como uma empresa pode utilizar esse meio e lidar de maneira eficaz com diferentes idiomas, culturas e sistemas jurídicos.
5. Discorra sobre alguns dos problemas enfrentados pelo anunciante internacional.
6. Defenda ambos os lados da proposição de que a propaganda pode ser padronizada para todos os países.
7. Reveja as áreas básicas da regulamentação da propaganda. Essas regulamentações são um fenômeno puramente estrangeiro?
8. Como os anunciantes podem superar os problemas do baixo índice de alfabetização em determinados mercados?
9. Em relação às mídias, quais são os problemas específicos enfrentados pelo anunciante internacional?
10. Depois de ler a seção sobre mala direta deste capítulo, elabore algumas diretrizes para serem utilizadas por uma empresa na criação de um programa de mala direta.
11. A possibilidade de veicular anúncios nos canais de televisão por satélite aumentará ou diminuirá a necessidade de padronizar os anúncios? Que problemas estão associados à transmissão por satélite? Comente sua resposta.
12. Em vários mercados do mundo, é necessário utilizar uma ampla variedade de mídias para atingir a maior parte do mercado. Explique essa afirmação.
13. A propaganda no cinema é irrelevante nos Estados Unidos, mas um meio fundamental em países como a Áustria. Por quê?
14. "Obviamente, os jornais estrangeiros não podem ser considerados entidades de propaganda homogêneas." Explique essa afirmação.
15. Escolha uma revista estrangeira na biblioteca e compare a propaganda estrangeira com a propaganda de uma revista de seu país.
16. O que é promoção de vendas e como ela é empregada no marketing internacional?
17. Mostre como o processo de comunicação pode ajudar um profissional de marketing internacional a evitar problemas na propaganda internacional.
18. Retome cada passo do processo de comunicação e dê um exemplo sobre como as diferenças culturais podem afetar a mensagem final recebida.
19. Discorra sobre os problemas criados quando o processo de comunicação inicia-se em um contexto cultural e termina em outro.
20. Qual a importância do *feedback* no processo de comunicação? E do ruído?

---

1. (Da página 470) Por que a Coca-Cola e o McDonald's abriram mão do vermelho em seu logotipo?

Para Maradona e seu time Boca Juniors, cujo uniforme é azul e amarelo, o vermelho e branco da Coca-Cola são também as cores odiadas de seu maior concorrente no futebol em Buenos Aires, o River Plate. As negociações entre a Coca-Cola e os executivos do clube Boca Juniors devem ter sido sedutoras, porque havia milhões de dólares em jogo, mas havia vários milhares de fãs estridentes envolvidos e um público provavelmente desordeiro. Por isso, o logo da Coca-Cola em preto e branco foi uma solução criativa. Observamos que a Sinteplast, uma grande empresa de tintas e patrocinadora local, conseguiu usar seu logotipo vermelho, branco e azul no estádio – as cores da paixão!

O vermelho e dourado do McDonald's foram trocados pelo preto em Cuzco porque a região é oficialmente um Patrimônio Mundial da Unesco, e o capital que apoia essa designação impõe regras que impedem a utilização de propagandas "invasivas".

Capítulo 17
Venda pessoal e gestão de vendas

SUMÁRIO

- Perspectiva global

  As atribuições internacionais são fascinantes, você não acha?

- Criação da equipe de vendas
- Recrutamento do pessoal de marketing e de vendas
  - Expatriados
  - Expatriados virtuais
  - Cidadãos locais
  - Cidadãos de um terceiro país
  - Restrições do país anfitrião
- Seleção do pessoal de marketing e de vendas
- Capacitação em marketing internacional
- Motivar a equipe de vendas
- Desenvolver sistemas de remuneração
  - Para expatriados
  - Para uma equipe de vendas global
- Avaliação e supervisão dos representantes de vendas
- Preparação de uma equipe americana para atribuições no exterior
  - Superação da relutância em aceitar uma atribuição no exterior
  - Diminuição da taxa de retornos prematuros
  - Repatriação bem-sucedida de expatriados
- Desenvolver uma consciência cultural
- Perfil mutável do gerente global
- Habilidade para falar outros idiomas

OBJETIVOS DE APRENDIZAGEM

- **OA1** Função da venda interpessoal no marketing internacional
- **OA2** Fatores que devem ser considerados na criação de uma equipe de vendas internacional
- **OA3** Passos para recrutar três tipos de vendedores internacionais
- **OA4** Critérios de seleção para cargos de venda e marketing internacionais
- **OA5** Necessidades especiais de capacitação da equipe internacional
- **OA6** Técnicas de motivação para representantes de vendas internacionais
- **OA7** Como desenvolver sistemas de remuneração para uma equipe de vendas internacional
- **OA8** Como preparar cidadãos americanos para atribuições no exterior
- **OA9** Perfil mutável do gerente global de vendas e marketing

Desenvolvimento de estratégias de marketing globais

Perspectiva global
AS ATRIBUIÇÕES INTERNACIONAIS SÃO FASCINANTES, VOCÊ NÃO ACHA?

"Fascinante" não é o adjetivo que provavelmente os executivos a seguir empregariam:

> Da forma como vejo, o problema do discurso da empresa com relação aos gerentes internacionais é que ele é só da boca para fora. Quando me candidatei a um cargo na Malásia, eles me apresentaram um monte de argumentos, dizendo que essa atribuição seria um passo excelente para a minha carreira e uma experiência internacional valiosa e assim por diante. E não me leve a mal, eu e minha família de fato gostamos da experiência. Adoramos as pessoas, a cultura e o estilo de vida. Porém, no momento de voltar para casa, não fiquei tão entusiasmado [...]. O problema foi que, durante o tempo em que estive fora, a empresa passou por uma completa reestruturação [...]. Isso significa que, quando voltei, meu cargo foi efetivamente eliminado.

> Estamos nos Estados Unidos há 11 meses, e calculo que ainda levará mais 6 a 12 meses para que minha mulher e meus filhos de fato se acomodem aqui. E todos os dias eu ainda aprendo coisas novas no trabalho. Levou muito tempo para me acostumar ao estilo dos americanos de fazer as coisas [...]. Acho que, se a empresa me dissesse "Queremos que você se mude para a África do Sul no prazo de um ano", eu de fato não arredaria os pés, porque a princípio, quando minha esposa veio para cá, foi muito difícil para ela.

E também não é o adjetivo que provavelmente estaria na ponta da língua dos cônjuges:

> Acho que não me adaptei aos horários da Espanha. Para mim, é sempre um problema, porque o intervalo da sesta entre 14h e 17h é muito inconveniente. Sempre precisei me lembrar de que das 14h às 17h tinha um período ocioso em que não podia fazer nada [...]. Começamos a nos adaptar aos horários das refeições. Gostemos ou não, comemos bem mais tarde.

> Tivemos muita sorte por não precisarmos usar os serviços de saúde daqui [...]. Só de pensar em ter que procurar um médico, é assustador, porque precisaria ser alguém que falasse inglês. Do contrário, eu não me sentiria à vontade.

Em vista desses problemas, o cargo de vendas internacional oferecido para você é de fato tão atraente quanto parece? Será que realmente ele melhorará sua carreira?

Fontes: Nick Forster, "The Myth of the 'International Manager'", *International Journal of Resource Management*, 11, n. 1, fevereiro de 2000, p. 126-142; Mary C. Gilly, Lisa Peñaloza e Kenneth M. Kambarra, "The Role of Consumption in Expatriate Adjustment and Satisfaction", monografia, Escola de Negócios Paul Merage, Universidade da Califórnia, Irvine, 2010.

OA1

Função da venda interpessoal no marketing internacional

A equipe de vendas é o vínculo mais direto de uma empresa com o cliente; aos olhos da maioria dos clientes, a equipe de vendas é a própria empresa. O representante de vendas, que apresenta os produtos e serviços da empresa e coleta as informações oferecidas pelo cliente, é o elo final na cadeia de atividades de marketing e vendas.

A crescente concorrência global, associada à dinâmica e complexa natureza do comércio internacional, aumenta a necessidade e os recursos para estabelecer laços mais estreitos tanto com clientes quanto com fornecedores. Principalmente em culturas orientadas ao relacionamento, como a China, o marketing de relacionamento, fundamentado em um processo de comunicação eficaz entre vendedor e comprador, procura essencialmente formar alianças duradouras, em vez de tratar cada venda como um acontecimento isolado.[1] Com os avanços da tecnologia da informação, agora é possível ter um grau de coordenação cada vez maior entre as atividades de propaganda, pesquisa de mercado e venda pessoal. Isso, por sua vez, produz novos papéis e funções na gestão de relacionamento com o cliente (*customer relationship management* – CRM).[2] De modo semelhante, esses avanços mudam a natureza da venda pessoal e da gestão de vendas, o que leva algumas pessoas a prever uma redução significativa nas atividades de venda em campo.

No ambiente de negócios internacionais, cujas mudanças são contínuas, criar, desenvolver, treinar, motivar e recompensar um grupo de vendas internacional gera problemas exclusivos em todos os estágios de gestão e desenvolvimento. Este capítulo analisa as alternativas e os problemas relacionados à gestão do pessoal de vendas e de marketing no exterior. Aliás, essas questões são alguns dos problemas mais difíceis enfrentados pelos profissionais de marketing internacional. Em uma pesquisa junto a CEOs e outros executivos do alto escalão, os respondentes ressaltaram duas grandes dificuldades nas operações internacionais: "criação de redes de vendas e distribuição" e "diferenças culturais".

Criação da equipe de vendas

OA2

Fatores que devem ser considerados na criação de uma equipe de vendas internacional

O primeiro passo da gestão da equipe de vendas é a sua criação. Com base em uma análise sobre os clientes atuais e potenciais, o ambiente de vendas, a concorrência e os recursos e aptidões da empresa, é necessário tomar decisões a respeito da quantidade, das características e das atribuições do pessoal de vendas. Nessa etapa, todas essas decisões são dificultadas pela ampla variedade de condições e circunstâncias pertinentes aos mercados internacionais. Além disso, a globalização dos mercados e dos clientes, tal como exemplificado pela IBM – a história da Ford no quadro "Cruzando fronteiras 17.1" –, torna o trabalho do gerente de vendas internacional um tanto quanto interessante.

Como foi dito em capítulos precedentes, as estratégias de distribuição com frequência variam de país para país. Alguns mercados podem exigir uma equipe de vendas direta, ao passo que outros talvez não. O modo como os clientes são abordados também pode diferir. Uma venda agressiva que talvez funcione em determinados países pode ser inapropriada em outros. No Japão, os automóveis foram vendidos de porta em porta durante anos, e, na Europa, só recentemente se passou a vender ações pela internet. Dentre os seis milhões de habitantes de Cingapura, mais de cem mil estão de alguma maneira envolvidos com a venda domiciliar de produtos e com outras formas de marketing multinível, também conhecido como marketing de rede. Com certeza, o tamanho das contas também faz diferença – observe no quadro "Cruzando fronteiras 17.1" que um representante de vendas da IBM trabalha dentro da Ford. A venda de produtos de alta tecnologia pode levar em conta a possibilidade de usar um número maior de expatriados americanos, ao passo que a venda de serviços de consultoria tenderá a exigir maior participação de representantes de vendas nativos. Além disso, em culturas orientadas à informação, como é o caso da Alemanha, talvez seja possível usar uma quantidade maior de expatriados. Entretanto, os países orientados ao

---

[1] Xueming Luo, David A. Griffith, Sandra S. Liu e Yi-Zheng Shi, "The Effects of Customer Relationships and Social Capital on Firm Performance: A Chinese Business Approach", *Journal of International Marketing*, 12, n. 4, 2004, p. 25-47; Roy Y. J. Chua, Michael W. Norris e Paul Ingram, "*Guanxi* vs. Networking: Distinctive Configurations of Affect- and Cognition-Based Trust in the Networks of Chinese and American Managers", *Journal of International Business Studies*, 40, n. 3, 2009, p. 490-508; Nikala Lane e Nigel Peircy, "Strategizing the Sales Organization", *Journal of Strategic Marketing*, 17, n. 3-4, 2009, p. 307-322; Luis Filipe Lages, Garcia Silva e Chris Styles, "Relationship Capabilities Quality, and Innovation as Determinants of Export Performance", *Journal of International Marketing*, 17, n. 4, 2009, p. 47-70.

[2] Linda H. Shi, Shaoming Zou, J. Chris White, Regina C. McNally e S. Tamer Cavusgil, "Global Account Management Capability: Insights from Leading Suppliers", *Journal of International Marketing*, 13, n. 2, 2005, p. 93-113.

CRUZANDO FRONTEIRAS 17.1 — Gestão da equipe de vendas e clientes globais

A IBM de fato precisa de uma reestruturação importante em seu plano de remuneração de vendas? Para ter certeza, pergunte a Kevin Tucker. Tucker, gerente de contas globais da IBM, que se dedica exclusivamente à Ford Motor Company, fechou uma venda de US$ 7 milhões com as operações europeias dessa gigante dos automóveis. A Ford queria que Tucker e a equipe de representantes da IBM implantassem sistemas de rede em suas instalações de engenharia. Esses sistemas executariam os aplicativos utilizados para projetar os automóveis da empresa.

A instalação desses sistemas para a Ford precisou do apoio de um executivo de vendas da IBM na Alemanha, sede do projeto. Tucker, cujo escritório fica na matriz da Ford, em Dearborn, Michigan, enviou um *e-mail* para solicitar a assistência desse executivo. E foi aí que as coisas ficaram feias. Embora o representante na Alemanha não tenha virado as costas para o projeto, sua reação inicial não foi nem um pouco entusiástica. A Ford queria que os sistemas fossem instalados em toda a Europa, embora o plano de remuneração dos representantes da IBM na Alemanha recompensasse apenas os sistemas que fossem instalados nesse país. Com 80% do trabalho programado para ser executado fora da Alemanha, o executivo ficou se perguntando se isso valeria a pena. Tucker e outros gerentes de incentivo de vendas da IBM passaram três semanas discutindo soluções para maximizar o incentivo desse representante. A energia que poderia ser depositada no cliente foi gasta no plano de remuneração. "A Ford estava centrada no mundo, e nós, no país", diz Tucker. "A equipe da Alemanha queria saber como eu poderia inseri-los no conjunto."

Eles não eram os únicos vendedores a fazer essa pergunta na IBM. A situação de Tucker é apenas um exemplo dos vários problemas enraizados no plano de incentivo de vendas de "US$ 72 bilhões" da IBM — um plano que obviamente havia sido posto em fogo brando enquanto essa gigante reformulava sua visão.

"Havia uma postura de que, se a venda estivesse fora do meu território e do meu sistema de avaliação de desempenho, eu não receberia por ela e então eu não me envolveria. O que está em meu plano de remuneração define o que eu faço", afirma Bob Wylie, gerente de estratégias de incentivo da IBM do Canadá. Essa não é a melhor configuração para uma empresa que atua em 165 países.

Aparentemente, a IBM solucionou vários desses problemas. A Ford assinou contratos de mais de US$ 300 milhões com a IBM para criar quase todos os *softwares* usados pela empresa para projetar seus automóveis, inclusive os aplicativos de internet e de comércio eletrônico na Europa e na América do Norte. Os pormenores sobre o programa global de remuneração de vendas da IBM são apresentados ainda neste capítulo. E a impressionante área de alcance da equipe de vendas da IBM continua se ampliando para fomentar novos mercados como a Índia, onde no momento a empresa emprega mais de 50 mil profissionais, os quais geram quase US$ 1 bilhão em receitas.

Fontes: Michele Marchetti, "Gamble: IBM Replaced Its Outdated Compensation Plan with a Worldwide Framework. Is It Paying Off?", *Sales & Marketing Management*, julho de 1996, p. 65-69; "Ford Motor and IBM", *The Wall Street Journal Europe*, 13 de janeiro de 1999, p. UK5A; "IBM Aims at $1-b India Revenue by Year-End", *Business Line (The Hindu)*, 9 de dezembro de 2007.

---

relacionamento, como o Japão, exigirão o mais completo conhecimento local que só os nativos detêm. Ao escrever sobre o Japão, dois especialistas em marketing internacional apresentam uma opinião comum: "Normalmente, a venda pessoal deve ser localizada, mesmo para as corporações e os setores mais globais".[3]

Assim que há uma decisão sobre a quantidade de expatriados, de cidadãos locais ou de cidadãos de um terceiro país exigida por um determinado mercado, é possível analisar os aspectos mais complexos do processo de criação da equipe, como alocação de território e planos de visita aos clientes. Grande parte das mais avançadas ferramentas de pesquisa de operações desenvolvidas nos Estados Unidos pode ser aplicada nos mercados estrangeiros. Obviamente, nesse caso, é necessário adaptar de maneira apropriada as informações coletadas.[4] Por exemplo, uma empresa forneceu ferramentas para ajudar as empresas internacionais a criar territórios equilibrados e encontrar uma localização ideal para seus escritórios no Canadá, no México e na Austrália.[5] Contudo, a utilização dessas ferramentas de alta tecnologia para a alocação de recursos exige conhecimentos complexos não apenas sobre peculiaridades geográficas, mas também sobre práticas apropriadas de visita. Muitos aspectos podem diferir de uma cultura para outra, tais como a extensão dos ciclos de venda, o tipo de relacionamento com o cliente e o tipo de interação com o cliente. Aliás, mais de um estudo identificou diferenças significativas no grau de importância das referências na venda de serviços industriais no Japão comparado aos Estados Unidos.[6] Isso significa que no Japão

---

[3] John K. Johansson e Ikujiro Nonaka, *Relentless: The Japanese Way of Marketing* (Nova York: Harper Business, 1997), p. 97.
[4] Laia Ferrer, Rafael Pastor e Alberto Garcia-Villoria, "Designing Salespeople's Routes with Multiple Visits of Customers: A Case Study", *International Journal of Production Economics*, 19, n. 1, 2009, p. 46-54.
[5] Acesse o *site* do Grupo TerrAlign, http://www.terralign.com para obter mais informações detalhadas.
[6] R. Bruce Money, Mary C. Gilly e John L. Graham, "National Culture and Referral Behavior in the Purchase of Industrial Services in the United States and Japan", *Journal of Marketing*, 62, n. 4, outubro de 1998, p. 76-87.

é necessário visitar não apenas os clientes, mas também as pessoas mais importantes – por exemplo, os banqueiros – nas indispensáveis redes de referências.

Recrutamento do pessoal de marketing e de vendas

OA3 Passos para recrutar três tipos de vendedores internacionais

O número de pessoas de gestão de marketing designadas para trabalhar em outros países varia de acordo com a amplitude da operação, a disponibilidade de profissionais locais qualificados e de outras características da empresa.[7] O número de cidadãos americanos (expatriados) designados para cargos no exterior tem diminuído porque a quantidade de cidadãos locais treinados e experientes tem aumentado.

Para a maioria das empresas, o maior quadro de pessoal necessário para trabalhar no exterior é a equipe de vendas, que é recrutada em três fontes: expatriados, cidadãos locais e cidadãos de um terceiro país. A estrutura de alocação de pessoal pode abranger esses três tipos de recurso em qualquer operação no exterior, dependendo das qualificações, da disponibilidade e das necessidades da empresa. Os executivos de vendas e de marketing podem ser recrutados por meio de mídias tradicionais utilizadas pela propaganda (como jornais, revistas, feiras de empregos e internet), agências de emprego ou empresas de recrutamento de executivos[8], bem como por meio da tão importante referência pessoal.

Expatriados

O número de empresas que dependem de expatriados diminui à medida que o volume de comércio mundial aumenta e mais empresas utilizam cidadãos locais para ocupar cargos de marketing. Entretanto, quando os produtos são extremamente técnicos ou quando a venda exige uma ampla base de informações e aplicações, a melhor opção continua sendo uma equipe de vendas integrada por expatriados. O vendedor expatriado talvez ofereça vantagens, como maior treinamento técnico, melhor conhecimento da empresa e de sua linha de produtos e confiabilidade comprovada. Pelo fato de não serem cidadãos locais, os expatriados dão prestígio à linha de produtos aos olhos dos clientes estrangeiros. Talvez ainda mais importante seja o fato de os expatriados normalmente conseguirem se comunicar de maneira eficaz com o pessoal da matriz e influenciá-lo.

As principais desvantagens de uma equipe de vendas de expatriados são o alto custo e as barreiras culturais e legais,[9] bem como o pequeno número de profissionais de alto escalão disposto a viver no exterior por um longo período. Os funcionários resistem a morar no exterior por vários motivos: para alguns, é difícil apartar-se da família para uma atribuição de dois ou três anos. Tendo em vista o número crescente de casais com carreiras distintas, é necessário encontrar emprego adequado para um dos cônjuges; além disso, e vários executivos acreditam que essas atribuições impedem que eles sejam promovidos subsequentemente em seu país de origem. Lembre-se dos comentários dos executivos no quadro "Perspectiva global". A perda de visibilidade na matriz e a crença de que estar longe da vista significa cair no esquecimento são os principais motivos da relutância em aceitar uma atribuição no exterior. As empresas que contam com programas de desenvolvimento de carreira bem delineados são as que menos encontram dificuldade nesse aspecto. Aliás, as melhores empresas internacionais evidenciam que o ingresso para a alta administração é viabilizado por meio de uma atribuição no exterior. A Korn/Ferry International relata em uma pesquisa junto a 75 altos executivos do mundo inteiro que a "experiência internacional" é o segundo atributo mais importante identificado pelos CEOs – experiência em marketing e experiência em finanças foram o primeiro e o terceiro, respectivamente.[10]

A duração das atribuições assumidas pelos expatriados no exterior é variável. Elas podem durar semanas, meses ou a vida toda. Alguns expatriados assumem uma única atribuição (que pode durar vários anos) e depois retornam à empresa controladora; outros são essencialmente expatriados profissionais, que saem de um país e vão para outro sucessivamente. Existe também outro tipo de designação, quando o expatriado assume uma atribuição em

---

[7] Rene A. Belderbos e Marielle G. Heijltjes, "The Determinants of Expatriate Staffing by Japanese Multinationals in Asia: Control, Learning, and Vertical Business Groups", *Journal of International Business Studies*, 36, n. 3, 2005, p. 341-354.

[8] A maior empresa internacional de recrutamento e seleção de executivos é a Korn/Ferry International (http://www.kornferry.com).

[9] Mesmo que se obtenha uma permissão de trabalho, outros problemas legais também podem surgir. Consulte James T. Areddy, "China Charges Rio Tinto Employees", *The Wall Street Journal*, 10 de fevereiro de 2010 [*on-line*].

[10] Consulte "Marketing Is Fastest Route to the Executive Suite", Korn/Ferry International (http://www.kornferry.com).

um determinado país ou região que pode durar toda uma carreira; nesse caso, o expatriado pode assimilar a cultura estrangeira a ponto de ficar mais parecido com um cidadão local do que com um expatriado. Pelo fato de o pessoal de marketing do país de origem ser significativamente mais caro do que o pessoal local, a empresa deve estar segura de sua eficácia.

Mais e mais empresas americanas recorrem a funcionários americanos que são fluentes em outros idiomas. Por exemplo, a língua materna de inúmeros cidadãos americanos é o espanhol. A grande quantidade de porto-riquenhos que trabalham para multinacionais americanas em lugares como a Cidade do México é um fato bem documentado. Outro bem valioso para as empresas que desejam entrar nesses mercados são os imigrantes recentes e seus respectivos filhos, que aprendem o idioma dos pais e sua cultura nativa. Não há dúvida de que os sino-americanos e os vietnamita-americanos são grupos étnicos que estão servindo de ponte cultural para o comércio com essas nações. Aliás, ao longo da história, os padrões de comércio sempre seguiram os caminhos da imigração.

Expatriados virtuais

A internet e outros avanços nas tecnologias de comunicação, bem como a crescente relutância dos executivos em morar no exterior, estão criando uma nova estirpe de expatriados: a virtual. De acordo com uma pesquisa da PricewaterhouseCoopers junto a 270 organizações, nos últimos anos as atribuições mais breves (em que o executivo vai e volta rapidamente) e as atribuições virtuais aumentaram significativamente. Os expatriados virtuais gerenciam as operações em outros países sem se mudarem de seu país natal.[11] Eles ficam em um hotel, fazem longas visitas e mantêm sua família em casa. Alguns passam 75% do tempo de trabalho viajando, sempre com o *notebook* e o celular a tiracolo.

Obviamente, um contato estreito com subordinados e clientes é mais difícil para os expatriados virtuais. Além disso, as viagens podem ser arriscadas, pois no exterior os micróbios com frequência são mais patogênicos e mais fáceis de contrair em longos voos internacionais (aliás, um médico chamou os aviões de "câmara de micróbios"), o crime contra expatriados e viajantes em cidades estrangeiras é um risco real, o tráfego e os voos de curta duração nos países menos desenvolvidos são perigosos[12], e as estadas nos hotéis são solitárias. Todavia, a família dos expatriados virtuais não fica desamparada, e os executivos podem ficar mais próximos do escritório central. Em suma, do ponto de vista da empresa, a atribuição virtual talvez seja a única opção e muitas vezes pode ser uma boa maneira de evitar as despesas decorrentes de uma mudança de fato do executivo para outro país.

Os contratempos sofridos pelo setor de viagens em 2009, provocados pelos estágios iniciais do vírus H1N1, foram semelhantes ao surto de síndrome respiratória aguda grave (SRAG) em 2003. Um funcionário higieniza um avião da American Airlines detido no Aeroporto Internacional de San Jose, na Califórnia, após um voo sem escalas de Tóquio, no qual vários passageiros queixaram-se de sintomas semelhantes ao da SRAG. As autoridades não viram nenhum perigo após o isolamento dos passageiros e da tripulação durante duas horas. Podemos esperar mais problemas de enfermidade desse tipo porque pessoas do mundo inteiro estão cada vez mais próximas. As viagens internacionais podem dar um trabalho e tanto!

---

[11] Nanette Byrnes, "Home Is Where the Airport Is", *BusinessWeek*, 20-27 de agosto de 2007, p. 89-92.
[12] Daniel Michaels, "In Africa, Aviation Woes Defeat a Zealous Watchdog", *The Wall Street Journal*, 24 de dezembro de 2007, p. A1, A8.

Figura 17.1
As 20 cidades mais caras do mundo (em ordem).

Fonte: Mercer.com, 2010.

Tóquio	Nova York	Caracas
Osaka	Pequim	Londres
Moscou	Cingapura	Tel Aviv
Genebra	Milão	Roma
Hong Kong	Xangai	Helsinki
Zurique	Paris	Dubai
Copenhague	Oslo	

As cidades estão relacionadas em ordem; Tóquio é a mais cara, e Dubai é a mais barata da lista.

Cidadãos locais

A tradicional preferência por gerentes expatriados e vendedores do gás de origem expatriados cede lugar para uma preferência por **cidadãos locais**.[13] No que diz respeito às vendas, sem dúvida a tendência é favorecer os cidadãos locais porque eles transcendem barreiras tanto culturais[14] quanto legais. Por conhecerem melhor a estrutura e os sistemas[15] de negócios de seu país, os vendedores locais são mais aptos a conduzir a empresa pelo labirinto dos sistemas de distribuição e das redes de referências não familiares. Além disso, em determinados locais é mais barato manter um grupo de recursos humanos estrangeiro e qualificado do que uma equipe de expatriados.

Na Europa e na Ásia, existem inúmeros cidadãos locais que realizaram MBA nos Estados Unidos. Portanto, nesse caso, além de oferecerem à empresa conhecimentos sobre sua cultura, eles conhecem os sistemas de gestão de negócios dos Estados Unidos. Embora o salário dos expatriados possa não ser mais alto do que o dos cidadãos locais, o custo total para manter grupos comparáveis de expatriados em um país pode ser consideravelmente mais alto (com frequência, três vezes mais) por causa dos benefícios especiais de custo de vida, das despesas de mudança, dos impostos e de outros custos necessários para manter um expatriado no exterior. Como pode ser visto na Figura 17.1, dentre as cidades mais caras do mundo, apenas uma se encontra nos Estados Unidos.

A principal desvantagem da contratação de cidadãos locais é a tendência do pessoal da matriz em ignorar seus conselhos. Ainda que a maioria desses cidadãos tenha cuidado para manter um relacionamento amistoso com a matriz, em muitos casos sua influência é enfraquecida pelo fato de terem pouca habilidade para se comunicar em inglês e por não saberem de que forma as políticas da matriz influenciam a tomada de decisões. Outra desvantagem importante pode ser a falta de disponibilidade. Um CEO de uma empresa de consultoria especializado no recrutamento de gerentes na China relata que há dez vagas para cada candidato qualificado. Além disso, embora nos Estados Unidos seja comum contratar vendedores experientes de concorrentes, fornecedores ou prestadores de serviços, essa mesma abordagem em outros países pode não funcionar. Em lugares como o Japão, os funcionários são bem mais leais à empresa e, por esse motivo, é difícil persuadi-los a sair, mesmo que por muito dinheiro. É também difícil contratar universitários recém-formados no Japão, pois os mais inteligentes são assiduamente recrutados pelas empresas japonesas de maior porte. Nesse país, as oportunidades de emprego oferecidas por empresas menores e por empresas estrangeiras são consideradas mais arriscadas. Contudo, observamos que nos últimos anos o crescimento econômico do Japão definhou, o que deu às empresas estrangeiras uma posição segura em relação ao recrutamento.[16]

---

[13] Kenneth S. Law, Lynda Jiwen Song, Chi-Sum Wong e Donghua Chen, "The Antecedents and Consequences of Successful Localization", *Journal of International Business Studies*, 40, n. 8, 2009, p. 1.359-1.373.

[14] Dominique Rouzies e Anne Macquin, "An Exploratory Investigation of the Impact of Culture on Sales Force Management Control Systems in Europe", *Journal of Personal Selling & Sales Management*, 23, n. 3, 2002, p. 61-72.

[15] Syeda Nazli Wasti e Syeda Arzu Wasti, "Trust in Buyer-Supplier Relations: The Case of the Turkish Automotive Industry", *Journal of International Business Studies*, 39, 2008, p. 118-131.

[16] David McNeill, "In Bleak Economy, Japanese Students Grow Frustrated with Endless Job Hunt", *Chronicle of Higher Education*, 7 de fevereiro de 2010 [on-line].

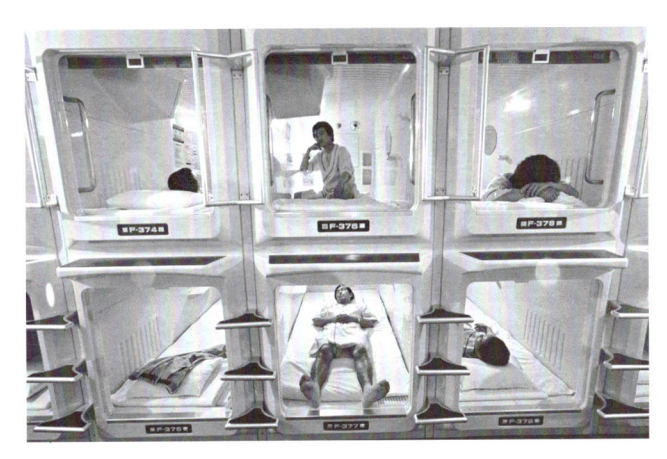

Cidadãos locais pegam a estrada. Os vendedores japoneses cortam despesas hospedando-se nesse "hotel-cápsula" em Osaka. Ao passo que a "moça da Avon" visita uma cliente na zona rural brasileira.

Em vários países, existe outro fator que dificulta o recrutamento de cidadãos locais para ocupar o cargo de representante de vendas. Todos nós sabemos da aversão dos americanos pela profissão de vendedor. A venda pessoal é uma carreira muitas vezes ridicularizada e descrita negativamente nos meios de comunicação americanos – a peça *Death of a Salesman* (A Morte de um Vendedor), de Arthur Miller, é sem dúvida o melhor exemplo. Entretanto, a despeito dessa publicidade negativa, o cargo de vendedor é o mais comum nos Estados Unidos, nação esta que já foi descrita como o "país dos vendedores".[17] Contudo, embora a profissão de vendedor seja vista de uma maneira muito negativa nos Estados Unidos, em muitos outros países ela é vista de uma maneira ainda pior. Particularmente nas culturas mais orientadas ao relacionamento, como a França, o México e o Japão, os representantes de vendas tendem a estar no degrau mais baixo da hierarquia social. Por isso, nas operações estrangeiras, recrutar as pessoas mais talentosas para preencher cargos de venda pode ser de fato extremamente difícil.

Cidadãos de um terceiro país

A internacionalização dos negócios criou um novo grupo, o de **cidadãos de um terceiro país (CTPs)**, que são expatriados que trabalham para uma empresa estrangeira em um terceiro país. Os CTPs são um grupo cuja nacionalidade está pouco relacionada com a empresa em que trabalham e sua localização. Por exemplo, podemos citar o caso de um alemão que trabalha na Argentina para uma empresa americana. Antigamente, poucos expatriados e CTPs passavam a maior parte de sua carreira no exterior, mas hoje começou a surgir um "executivo verdadeiramente global". O presidente recém-designado para uma das divisões de uma empresa holandesa de renome é um norueguês que obteve esse cargo depois de exercer atividades nos Estados Unidos, onde foi presidente de uma subsidiária americana, e no Brasil, onde foi gerente geral. Ao mesmo tempo, a subsidiária italiana da Burroughs Corporation era dirigida por um cidadão francês, a subsidiária suíça por um dinamarquês, a subsidiária alemã por um inglês, a subsidiária francesa por um suíço, a subsidiária venezuelana por um argentino e a subsidiária dinamarquesa por um holandês.

As empresas americanas muitas vezes procuram CTPs de outros países em que se fala inglês para evitar os custos de dupla tributação de seus gerentes americanos. Os americanos que trabalham na Espanha, por exemplo, são obrigados a pagar imposto de renda espanhol e americano, e a maior parte dos pacotes de remuneração de expatriados das empresas americanas é ajustada de acordo. Portanto, com a mesma remuneração e os mesmos benefícios, é mais barato para uma empresa americana designar um executivo britânico para um posto na Espanha do que um americano.

De modo geral, o aparecimento de executivos de um terceiro país não é apenas um reflexo da crescente internacionalização dos negócios, mas também um reconhecimento de que as habilidades e motivações pessoais não são propriedade exclusiva de uma nação. Esses CTPs são procurados com frequência porque falam vários idiomas e conhecem bem um setor ou país. Mais e mais empresas acreditam que os talentos devem procurar as oportunidades, independentemente de seu país de origem.

---

[17] Consulte *A Nation of Salesmen* (Nova York: Norton, 1994), de Earl Shorris, um livro excelente e ainda relevante.

CRUZANDO FRONTEIRAS 17.2 — É a Avon ou não que está chamando?

Em uma pequena cidade de extração de ouro, próxima a um afluente do Amazonas, Maria de Fátima Nascimento caminha a passos lentos entre as choupanas de barro para vender em domicílio dois produtos de beleza da Avon – o Honesty e o Care Deeply*. Ela faz parte do exército dos vários milhares de membros Avon que viajam a pé, de caiaque, de barco e em pequenos aviões pela baía do Amazonas. A América Latina responde por 35% do total de vendas da Avon. O Brasil é o segundo maior mercado da empresa, depois dos Estados Unidos; esse sucesso pode ser atribuído à disposição da Avon em se adaptar às condições locais. Não é preciso pagar em dinheiro; muitos clientes brasileiros oferecem frutas, ovos, farinha ou madeira em troca dos produtos. Duas dúzias de ovos compram um desodorante *roll-on* Bart Simpson, e os mineiros pagam de 1 a 4 gramas de ouro em pó ou em pepita por perfumes como o Sweet Crystal Splash. As "mulheres da noite", que consideram os cosméticos um custo da profissão, são algumas das melhores clientes de Maria de Fátima. Mas os mineiros não ficam atrás. "Vale a pena pagar 1,5 grama de ouro para ficar cheiroso", comenta um deles.

A despeito do sucesso do desodorante Bart Simpson em algumas partes do mundo, em outras regiões a Avon não se sai tão bem com seu método à moda antiga. Em 1998, pelo menos dez pessoas foram assassinadas durante protestos contra o governo em várias cidades da China. Entre os manifestantes, havia várias mulheres que integram o grupo de 200 mil revendedoras Avon do país. O governo chinês proibiu a venda direta, queixando-se em uma ordem oficial de que esses métodos criavam "cultos estranhos, tríades, grupos supersticiosos e vandalismo". Pior do que isso, as autoridades censuraram os encontros entre vendedores diretos, nos quais os participantes cantavam e faziam discursos inspiradores. O *People's Daily* chegou a reclamar que a venda direta estimulava "abraços em excesso"!

A última ameaça, talvez a mais séria, aos 2,6 milhões de revendedoras Avon que trabalham ao redor do mundo em 135 países é a internet. Muitas se queixam de que a Avon.com possa substituir o "Ding-dong, é a Avon". Contudo, aconteça o que acontecer, as vendas internacionais da Avon continuam de vento em popa. Prova disso é a construção de um centro de distribuição de US$ 225 milhões em São Paulo.

Fontes: "Avon Calling Near the Amazon", *U.S. News & World Report*, 25 de outubro de 1994, p. 16-17; Andrew Higgins, "Avon Calling? Not in China", *The Guardian*, 1º de maio de 1998, p. 18; Kate Quill, "Ding Dong, Gone ... Farewell Avon Lady?", *Times* (Londres), 7 de fevereiro de 2000, p. 7; "Avon Plans Brazil Distribution Center", *Soap, Perfume, and Cosmetics*, outubro de 2008, p. 11.

---

* N. de E.: Os produtos mencionados podem ter nomes diferentes no Brasil.

Restrições do país anfitrião

As posturas do governo do país anfitrião quanto a trabalhadores estrangeiros muitas vezes impedem que se dê preferência a cidadãos expatriados em vez de a cidadãos locais. Preocupações com o domínio corporativo estrangeiro, o desemprego local e outros problemas levam alguns governos a restringir o número de estrangeiros que podem trabalhar no país. A maioria dos países tem regras específicas que restringem as permissões de trabalho para estrangeiros apenas a cargos que não podem ser ocupados por um cidadão local. Além disso, em muitos casos a lei limita essas permissões a períodos que sejam suficientes para treinar um cidadão local para o cargo específico. Isso significa que as multinacionais têm menos oportunidade de enviar pessoas do país de origem para ocupar cargos administrativos no exterior.

Anos atrás, os funcionários ganhavam experiência no exteriorem ao exercerem cargos administrativos inferiores, a fim de obter o treinamento necessário para assumir atribuições de alto nível no futuro. No entanto, a maioria dos países, incluindo os Estados Unidos, controla a quantidade de estrangeiros que podem trabalhar ou ser treinados dentro de sua fronteira. Desde o 11 de setembro de 2011, as autoridades de imigração americanas impuseram restrições ainda maiores à emissão de todos os tipos de visto de trabalho.

Seleção do pessoal de marketing e de vendas

OA4
Critérios de seleção para cargos de venda e marketing internacionais

Para selecionar recursos humanos de maneira eficaz para determinados cargos de marketing internacional, a administração deve definir de maneira precisa o que espera dessas pessoas. Uma descrição de cargo formal pode ajudar a administração a expressar suas necessidades atuais e de longo prazo. Além da descrição de cada cargo de marketing, os critérios devem abranger as exigências especiais inerentes a vários países.

As pessoas que trabalham no país de origem precisam apenas dos atributos relacionados à sua profissão. Contudo, um cargo administrativo transnacional pode exigir habilidades e atitudes que seriam difíceis até para um diplomata. As exigências e preferência por recursos humanos internacionais variam consideravelmente, mas, é necessário considerar alguns requisitos básicos que determinam o bom desempenho, uma vez que os executivos e vendedores eficientes, independentemente do país em que trabalhem, compartilham algumas características, habilidades e tendências pessoais.

Maturidade é um requisito primordial para expatriados e recursos humanos de um terceiro país. Os gerentes e as equipes de vendas que trabalham no exterior normalmente precisam ter maior independência do que seus pares no país de origem. A empresa deve confiar na habilidade desses funcionários para tomar decisões éticas[18] e assumir compromissos sem recorrer constantemente à matriz. Do contrário, eles não conseguirão ter eficácia individualmente.

Os funcionários que trabalham no exterior precisam ter certa *estabilidade emocional*, o que não é exigido para os cargos de venda domésticos.[19] Independentemente do local em que trabalhem, essas pessoas experimentam culturas diferentes da sua; até certo ponto, elas são sempre alvo de escrutínio e estão sempre cientes de seu papel como representantes oficiais da empresa no exterior. Elas precisam ter sensibilidade para as mudanças comportamentais em diferentes países, mas não podem ser tão sensíveis a ponto de achar que são afetadas negativamente.

Os gerentes ou os vendedores que trabalham em outros países precisam ter *conhecimento abrangente* sobre vários assuntos, tanto dentro quanto fora do trabalho. A habilidade para falar um ou mais idiomas além do materno é sempre a mais desejável.

O profissional de marketing que deseja ser eficaz no mercado internacional precisa ter uma *mentalidade otimista* com relação às atribuições internacionais. As pessoas que não gostam do que fazem e do lugar em que trabalham têm poucas chances de sucesso, particularmente no exterior. Os fracassos normalmente decorrem da sobrevalorização de uma determinada atribuição, em que se mostra apenas o lado bom da situação e não se chama a atenção para o lado ruim, ou simplesmente difícil.

O vendedor internacional deve ser extremamente *flexível*, seja no exterior ou em seu país. Os expatriados que trabalham no exterior devem ser particularmente sensíveis aos hábitos do mercado; as pessoas que trabalham em seu país para uma empresa estrangeira devem adaptar-se às exigências e ao estilo da empresa controladora.

Uma boa adaptação às atribuições internacionais depende de um misto de atitude e esforço. Deve-se estudar cuidadosamente os costumes do mercado de um país antes de adentrá-lo e dar continuidade a esse estudo se as facetas culturais ainda não estiverem claras. Um método conveniente é ouvir a opinião dos empresários nacionais e estrangeiros que atuam nesse país. A *empatia cultural* sem dúvida faz parte da orientação básica, porque é improvável que qualquer pessoa hostil ao ambiente ou que não consegue compreendê-lo seja eficaz.[20] Valores culturais semelhantes também são valiosos nessa questão.[21]

Por fim, os funcionários de marketing e de vendas internacionais precisam ter *vigor físico* e *gostar de viajar*. Muitos representantes de vendas internacionais passam em torno de dois terços de suas noites em quartos de hotel em diferentes lugares do mundo. Enfrentar filas imensas na alfândega e na imigração depois um voo de 15 horas exige um determinado grau de resistência física que nem sempre se tem. Alguns afirmam que voos longos frequentes prejudicam a saúde. Mesmo as luzes sedutoras da noite de Paris desvanecem após a quinta viagem de negócios a essa cidade.

A maioria desses requisitos pode ser avaliada nas entrevistas e talvez ao longo de exercícios de interpretação de papéis. Os testes de aptidão escritos, as informações biográficas e a confirmação de referências têm importância secundária. Aliás, como mencionamos, em vários países a referência será a melhor solução para recrutar gerentes e representantes de vendas, e isso torna a confirmação irrelevante no processo de avaliação e seleção.

Há também evidências de que alguns traços que contribuem para o sucesso dos representantes de vendas em um determinado país talvez não sejam importantes em outros países. Um estudo fez uma análise comparativa entre os representantes de vendas do setor de eletrônicos do Japão e dos Estados Unidos. Na opinião dos representantes americanos, salário e instrução estavam relacionados positivamente com desempenho e satisfação no trabalho.

---

[18] Kan-hon Lee, Gong-ming Qian, Julie H. Yu e Ying Ho, "Trading Favors for Marketing Advantage: Evidence from Hong Kong, China, and the United States", *Journal of International Marketing*, 13, n. 1, 2005, p. 1-35; Sergio Roman e Salvador Ruiz, "Relationship Outcomes of Perceived Ethical Sales Behavior: The Customer's Perspective", *Journal of Business Research*, 58, n. 4, 2005, p. 439-452.

[19] Willem Verbeke e Richard P. Bagozzi, "Exploring the Role of Self- and Customer-Provoked Embarrassment in Personal Selling", *International Journal of Research in Marketing*, 20, n. 3, 2003, p. 233-258.

[20] Don Y. Lee e Philip L. Dawes, "Gaunxi, Trust, and Long-Term Orientation in Chinese Business Markets", *Journal of International Marketing*, 13, n. 2, 2005, p. 28-56.

[21] Kimmy Wa Chan, Chi Kin (Bennett) Yim e Simon S. K. Lam, "Is Customer Participation in Value Creation a Double-Edged Sword? Evidence from Professional Financial Services across Cultures", *Journal of Marketing*, 2010 [*on-line*].

Trabalhar com vendas internacionais é árduo. Uma semana normal para esse executivo canadense transcorre mais ou menos assim: ele sai de Cingapura com gripe, e ao chegar em casa, em Toronto, descobre que uma tubulação havia estourado devido ao congelamento. Logo em seguida, pega um avião para Chicago, onde fica dois dias, e depois volta para Toronto. No dia seguinte, vai a Detroit, resistindo à fadiga de viagem e à gripe; para voltar a Toronto, corre pelo aeroporto de Detroit "como O. J. no comercial da Hertz" para tentar pegar um avião que está prestes a decolar. Faz uma pausa em sua casa alagada antes de pegar outro avião, agora para a China; de repente acorda no avião e se vê perguntando ao companheiro de poltrona onde eles estavam aterrissando. Dezessete voos em duas semanas o deixaram um tanto quanto confuso!

No Japão, não. Ou seja, os americanos que se preocupavam mais com dinheiro e eram mais instruídos tendiam a ter um desempenho melhor e a estar mais satisfeitos com seu emprego em vendas. Em contraposição, os representantes de vendas japoneses tendiam a estar mais satisfeitos com seu trabalho quando seus valores eram coerentes com os da empresa.[22] Os poucos estudos sistemáticos desse gênero indicam que os critérios de seleção devem ser identificados, e os métodos de administração locais devem ser adaptados aos mercados estrangeiros.

Os erros de seleção são caros. Quando a atribuição de um expatriado não é bem-sucedida, centenas de milhares de dólares são gastos em despesas e em tempo perdido. Ter a pessoa certa para assumir a função é importante na seleção de cidadãos locais para trabalhar em empresas estrangeiras em seu próprio país. A maioria dos países em desenvolvimento e muitos países europeus possuem leis rigorosas para proteger os direitos dos trabalhadores, as quais são específicas quanto a multas por demissão de funcionários. Talvez a legislação mais rigorosa a respeito de demissão seja a da Venezuela: caso permaneça mais de três meses em uma mesma empresa, o trabalhador demitido ganhará uma indenização equivalente a um salário mensal em aviso prévio, além de um pagamento de 15 dias para cada mês de serviço acima de oito meses e um pagamento adicional de 15 dias para cada ano de emprego. Além disso, depois que um funcionário é demitido, a lei exige que ele seja substituído no prazo de 30 dias pelo mesmo salário. A Colômbia e o Brasil têm leis semelhantes que transformam a demissão de funcionários em uma proposição extremamente cara.

Evidências indicam que a cultura do gerente influi nas decisões sobre recursos humanos. Um determinado estudo revela que "os gerentes, diante de um problema idêntico [seleção de pessoal], não tomam decisões semelhantes nem valorizam de maneira idêntica os critérios empregados com frequência nas decisões sobre recrutamento e promoção. Por exemplo, constatou-se que os gerentes austríacos e alemães são mais propensos a contratar compatriotas do que os gerentes italianos".[23] Em suma, estamos apenas começando a lidar com uma série de problemas na área de pesquisa de gestão de vendas internacionais.

---

[22] R. Bruce Money e John L. Graham, "Salesperson Performance, Pay, and Job Satisfaction: Tests of a Model Using Data Collected in the U.S. and Japan", *Journal of International Business Studies*, 30, n. 1, 1999, p. 149-172.

[23] Dominique Rouzies, Michael Segalla e Barton A. Weitz, "Cultural Impact on European Staffing Decisions in Sales Management", *International Journal of Research in Marketing*, 20, n. 1, 2003, p. 425-436.

Capacitação em marketing internacional

OA5

Necessidades especiais de capacitação da equipe internacional

A característica de um programa de treinamento depende em grande medida da cultura de origem do vendedor[24] e da cultura do sistema de negócios do mercado estrangeiro (consulte a Figura 17.2).[25] É também importante identificar se o expatriado ou a equipe local representará a empresa. O treinamento de expatriados gira em torno dos costumes e dos problemas de venda específicos que podem ser encontrados no exterior, ao passo que o treinamento da equipe local exige maior ênfase sobre a empresa e seus produtos, as informações técnicas e os métodos de venda. O treinamento desses dois tipos de funcionário apresenta muitos problemas provenientes de comportamentos e atitudes enraizados. O pessoal local, por exemplo, apega-se a hábitos que são reforçados continuamente pela cultura local. Em nenhum lugar esse problema é mais evidente do que na China e na Rússia, onde a herança da tradição comunista ainda persiste. Se você quiser que o treinamento tenha algum efeito, precisará mudar sua postura com relação a oferecer as mesmas recompensas independentemente do afinco do profissional. Os expatriados também são muito influenciados por seus próprios hábitos e padrões. Para que o treinamento seja eficaz, primeiramente é preciso estabelecer posturas abertas e imparciais.

O treinamento contínuo talvez seja mais importante nos mercados estrangeiros do que nos domésticos, por causa da falta de contato diário com a empresa controladora e a equipe de marketing. Além disso, o treinamento de funcionários estrangeiros deve ser adaptado ao estilo

Figura 17.2
Dicas de venda pessoal, de Bruxelas a Bancoc.

Os melhores programas de treinamento não se resumem a uma mera lista de dicas. Contudo, uma passada de olhos nas informações a seguir é suficiente para vislumbrar as diferenças culturais enfrentadas pelos representantes de vendas ao redor do planeta.

Bélgica. Você precisa identificar quem toma as decisões. Nos Flandres (uma região em que se fala holandês), é comum tomar decisões em grupo; já na Valônia (região em que se fala francês), a decisão final é dos executivos do mais alto escalão.

China. As negociações continuam mesmo depois que se assina um acordo. Para os chineses, assinar um contrato é apenas o início do relacionamento empresarial; portanto, eles esperam que ambos os lados continuem trabalhando juntos para corrigir os problemas que surgirem.

Colômbia. Os negociadores querem conhecê-lo pessoalmente e desenvolver um sólido relacionamento com você. Tome cuidado para não mudar os representantes no meio do caminho, porque muitas vezes uma mudança como essa pode pôr fim às negociações.

Alemanha. Esteja munido de dados e de evidências empíricas que respaldem sua proposição de venda. Os empresários alemães não se impressionam com propagandas espalhafatosas e prospectos. Por isso, esse material deve ser sério e detalhado, mas não deve exagerar nas informações.

Índia. Sua programação deve ser flexível. Os indianos são mais descontraídos com relação a horários e à pontualidade. Como na Índia a hierarquia é rígida, as decisões são tomadas apenas por aqueles que estão no nível mais alto.

México. Ao agendar uma reunião, dê preferência para o horário do café da manhã e do almoço. Dedique algum tempo para desenvolver relacionamentos com os contatos empresariais. Essas relações geralmente são consideradas mais importantes do que a experiência profissional.

Peru. Os peruanos relacionam-se com indivíduos, e não com entidades corporativas. Desenvolva relacionamentos pessoais e não mude seu representante no meio das negociações.

Rússia. A primeira reunião será apenas uma formalidade. Os negociadores russos usarão esse tempo para avaliar sua credibilidade. Por isso, é melhor ser cordial e amistoso.

Escócia. Os escoceses tendem a ser reservados e a falar de maneira suave. Leva-se algum tempo para desenvolver um relacionamento, mas os negociadores tornam-se mais amistosos após o estabelecimento de algum vínculo. (A propósito, *scotch* refere-se a uísque, e não à nacionalidade – o correto é *Scottish*, escocês.)

Coreia do Sul. O *status* é importante. Lembre-se de que seu cartão de visita deve indicar seu cargo. Não envie um representante para se encontrar com um executivo coreano de *status* mais alto – isso poderia ser considerado desrespeitoso.

Tailândia. A cultura tailandesa enfatiza o não enfrentamento. Portanto, não faça exigências diretas em seus argumentos de venda.

Fonte: De www.salesandmarketing.com. Dados reimpressos com permissão.

---

[24] Richard P. Bagozzi, Willem Verbeke e Jacinto C. Gavino Jr., "Culture Moderates the Self-Regulation of Shame and Its Effects on Performance: The Case of Salespersons in the Netherlands and the Philippines", *Journal of Applied Psychology*, 88, n. 2, 2003, p. 219-233.

[25] Sergio Roman e Salvador Ruiz, "A Comparative Analysis of Sales Training in Europe: Implications for International Sales Negotiations", *International Marketing Review*, 20, n. 3, 2003, p. 304-326; Guijun Zhuang e Alex Tsang, "A Study on Ethically Problematic Selling Methods in China with a Broader Concept of Gray Marketing", *Journal of Business Ethics*, 79, n. 1-2, 2008, p. 85-101.

de aprendizagem e comunicação dos receptores. Por exemplo, os personagens das tirinhas *Dilbert*, que tiveram um ótimo resultado nos cursos de treinamento sobre ética ministrados para os funcionários americanos de uma determinada empresa, não foram bem-interpretados em vários de seus escritórios no exterior.

Um aspecto do treinamento geralmente negligenciado é o fato de que os funcionários da matriz que lidam com operações de marketing internacional precisam ser receptivos às necessidades das operações no exterior. As empresas mais bem preparadas oferecem ao pessoal da matriz um treinamento transcultural e os enviam ao exterior periodicamente, para que percebam mais claramente os problemas das operações.

Hoje, a internet possibilita que determinados tipos de treinamento em vendas sejam bem mais eficazes. Os usuários podem estudar por meio do computador e participar de testes de avaliação interativos. De acordo com a avaliação da Sun Microsystems, o uso que a empresa faz da internet pode diminuir os ciclos de treinamento em 75%. Nos países em que as instalações de telecomunicações são mais limitadas, os métodos que utilizam CD-ROM demonstraram-se bastante promissores. A Lockheed Martin utilizou um sistema interativo em CD-ROM para oferecer cursos de treinamento a seus funcionários ao redor do mundo a respeito das nuanças da Lei contra a Prática de Corrupção no Exterior, bem como sobre políticas e princípios éticos corporativos.

Motivar a equipe de vendas

OA6

Técnicas de motivação para representantes de vendas internacionais

A motivação da equipe de vendas é particularmente complexa quando a empresa está lidando com culturas diferentes, fontes diferentes e filosofias diferentes. O marketing é uma atividade empresarial que exige grande motivação, independentemente do local em que o profissional se encontra. Os gerentes de marketing e os gerentes de vendas normalmente trabalham com afinco, viajam muito e enfrentam dificuldades diárias. Vender é um trabalho árduo e competitivo onde quer que seja empreendido. Por isso, é necessário ter um fluxo constante de inspiração para manter o desempenho da equipe em um nível ideal. Deve-se sempre levar em conta as diferenças nacionais para motivar a equipe de marketing.[26] Em um determinado estudo com representantes de departamentos de vendas japoneses e americanos comparáveis, todos os participantes foram solicitados a utilizar uma escala de 100 pontos para classificar um conjunto de possíveis recompensas do trabalho.[27] Como mostra a Figura 17.3, os resultados foram surpreendentemente semelhantes. A única diferença real entre os dois grupos foi o reconhecimento social, ao qual, previsivelmente, os japoneses atribuíram uma pontuação mais alta. Entretanto, os autores desse estudo concluíram que, embora os valores individuais com respeito às recompensas sejam similares, os contextos sociais e competitivos continuam exigindo sistemas motivacionais distintos.

Visto que as diferenças culturais examinadas neste capítulo e em capítulos anteriores influem nos padrões motivacionais de uma equipe de vendas, o gerente deve ser extremamente sensível ao padrão comportamental pessoal dos funcionários. Os incentivos

Figura 17.3
Classificação dos vendedores em uma escala de 100 pontos sobre a importância das recompensas.

Fonte: R. Bruce Money and John L. Graham, "Salesperson Performance, Pay, and Job Satisfaction: Tests of a Model Using Data Collected in the U.S. and Japan", *Journal of International Business Studies*, 30, n. 1, 1999, p. 149-172. Dados reimpressos com permissão da Palgrave Macmillan.

Recompensas	Importância relativa (significado)	
	Japoneses	Americanos
Segurança no emprego	18,5	17,6
Promoção	13,7	14,9
Maior remuneração por mérito	24,7	26,2
Sensação de que o trabalho vale a pena	18,5	18,2
Reconhecimento social (prêmios de associações de vendas)	8,1	5,2
Crescimento e desenvolvimento pessoal	16,6	17,8

---

[26] Thomas E. DeCarlo, Raymond C. Rody e James E. DeCarlo, "A Cross National Example of Supervisory Management Practices in the Sales Force, *Journal of Personal Selling & Sales Management*, 19, 1999, p. 1-14; Ping Ping Fu, Jeff Kennedy, Jasmine Tata, Gary Yukl, Michael Harris Bond, Tai-Kuang Peng, Ekkirala S. Srinivas, John P. Howell, Leonel Prieto, Paul Koopman, Jaap J. Boonstra, Selda Pasa, Marie-Françoise Lacassagne, Hiro Higashide e Adith Cheosakul, "The Impact of Societal Cultural Values and Individual Social Beliefs on the Perceived Effectiveness of Managerial Influence Strategies: A Meso Approach", *Journal of International Business Studies*, 35, 2004, p. 284-305.

[27] Money e Graham, "Salesperson Performance, Pay, and Job Satisfaction".

CRUZANDO FRONTEIRAS 17.3 — Até que ponto essas reuniões são importantes?

No Japão, elas são verdadeiramente importantes. Um ex-gerente de vendas americano é quem conta essa história:

Eu trabalhava como gerente geral da subsidiária japonesa de uma empresa americana de equipamentos médicos. Nosso escritório ficava no centro de Tóquio, o que exigia da maioria de nossos vendedores duas horas de percurso. Em vez de eles irem até o escritório antes de iniciar as visitas do dia, eu os instruí a ir diretamente de casa para seus compromissos e a visitar o escritório apenas para a reunião semanal de vendas. Embora essa prática fosse comum para as equipes de vendas nos Estados Unidos, foi um desastre no Japão. As vendas caíram, e também o moral dos vendedores. Mudei rapidamente minha política e pedi para que todos comparecessem ao escritório todos os dias. As vendas aumentaram imediatamente, pois os vendedores reforçaram sua identidade de grupo.

Agora, compare essa situação com a forma como os representantes de vendas são gerenciados na Hewlett-Packard nos Estados Unidos, tal como descrito por um de seus executivos de vendas: "Nós estamos de fato pensando nessa questão de equilíbrio entre trabalho e família. A pessoa que quiser trabalhar em casa pode fazer isso. Nós equipamos o escritório dela em casa e assumimos as despesas relacionadas à sua função, desde que ela tenha um bom motivo para querer trabalhar em casa. Se você deseja impulsionar a produtividade, é fundamental deixar as pessoas encontrarem o equilíbrio entre a vida no trabalho e a vida no lar".

Sam Palmisano, novo CEO da IBM, refere-se a isso de uma maneira ainda mais vigorosa: "Para ganhar, nossos jogadores precisam estar em campo. Não podemos ganhar o jogo no vestiário [...]. Queremos que eles estejam em campo diante dos clientes, não na sala de reunião conversando com gerentes ou outros supervisores". Na IBM, uma nova política corporativa restringe as reuniões de venda a uma vez por semana.

Fontes: Clyde V. Prestowitz, *Trading Places – How We Are Giving Away Our Future to Japan and How to Reclaim It* (Nova York: Basic Books, 1989); Geoffrey Brewer et al., "The Top (25 Best Sales Forces in the U.S.)", *Sales & Marketing Management*, 1º de novembro de 1996, p. 38; Erin Strout, "Blue Skies Ahead?", *Sales & Marketing Management*, 1º de março de 2003, p. 24-26; http://ibm.com, 2010.

---

individuais que funcionam nos Estados Unidos podem ser completamente inadequados em outras culturas. Por exemplo, como o Japão enfatiza o paternalismo e o coletivismo, e também seu sistema de emprego vitalício e de tempo de serviço, a motivação que utiliza incentivos individuais não é eficaz porque os funcionários japoneses parecem ficar mais satisfeitos quando se sentem confortáveis em um determinado grupo. Por isso, uma recompensa financeira individual por uma iniciativa individual exemplar poderia ser recusada pelo funcionário, que poderia optar por não parecer diferente de seus pares e possivelmente provocar ressentimentos. Os sistemas de gratificação japoneses baseiam-se, portanto, no esforço do grupo, e os sistemas de comissão individual são raros. Os representantes de vendas japoneses sentem-se mais motivados pela pressão social de seus pares do que pela possibilidade de ganhar mais dinheiro por um esforço individual. De modo semelhante, nos países do Leste Europeu, os pacotes de remuneração normalmente enfatizam muito mais o salário-base do que nos Estados Unidos, e os incentivos baseados no desempenho são considerados menos eficazes. Embora se afirme que os métodos motivacionais estão mudando até mesmo no Japão, esses padrões não mudam tão rapidamente ou sem iniciativas importantes.

A comunicação é fundamental para manter um alto nível de motivação; os gerentes estrangeiros precisam ter certeza de que a matriz tem interesse pelo que eles fazem e, por isso, querem saber o que ocorre no país de origem da empresa. Todos trabalham melhor quando são bem-informados. Entretanto, as diferenças idiomáticas, culturais e de estilo de comunicação podem dificultar o entendimento mútuo entre os gerentes e os representantes de vendas.

Como a promoção e a oportunidade de melhorar o *status* são motivadores importantes, é necessário evidenciar quais são as oportunidades de crescimento na empresa. Em empresas verdadeiramente globais, os cidadãos estrangeiros podem aspirar ao mais alto cargo. De modo semelhante, um dos maiores temores dos gerentes expatriados, que pode ser facilmente atenuado, é o de ser esquecido pela matriz. Associar os objetivos de venda da empresa e os objetivos pessoais dos representantes de vendas e de outros funcionários é uma tarefa digna de mérito dos gerentes mais qualificados. O gerente americano deve sempre ter consciência de que várias das técnicas empregadas para motivar os funcionários americanos e sua reação a essas técnicas baseiam-se nas sete premissas culturais

Parte da cultura corporativa (alguns chamam de pressão de colegas) que motiva os representantes de venda japoneses são os exercícios físicos matutinos.

básicas analisadas no Capítulo 5. Por isso, todos os métodos utilizados para motivar um estrangeiro devem ser examinados para confirmar se são culturalmente compatíveis.

Desenvolver sistemas de remuneração

Para expatriados

OA7

Como desenvolver sistemas de remuneração para uma equipe de vendas internacional

Conceber um plano de remuneração equitativo e funcional que tenha estabilidade, motivação compatível e flexibilidade é extremamente difícil nas operações internacionais. Essa dificuldade é particularmente grande quando a empresa opera em inúmeros países, tem funcionários que trabalham em inúmeros países ou tem uma equipe de vendas composta de expatriados e funcionários locais. Os benefícios complementares desempenham um papel fundamental em vários países. Os funcionários que trabalham em países em que os impostos são altos preferem contas de despesa generosas e benefícios complementares não tributáveis (por exemplo, carro da empresa), em vez de salários diretos sujeitos a impostos muito altos. O custo dos benefícios complementares é alto na Europa, variando de 35 a 60% do salário.

A remuneração pode ser um fator significativo quando se deseja evitar a repatriação de um determinado funcionário. Em muitos casos, os repatriados acabam concluindo que eles conseguiram ganhar muito mais dinheiro com um custo de vida mais baixo no exterior; voltar para o país de origem significa perder parte do salário e diminuir o padrão de vida. Em vários países, os expatriados têm condições de pagar uma empregada doméstica em tempo integral, o que pode ser impraticável em seu país.

As operações heterogêneas que abrangem funcionários locais e estrangeiros são as que mais dificultam o planejamento de remuneração. Os expatriados tendem a comparar sua remuneração com o que poderiam ter recebido na matriz durante o mesmo período, e os funcionários locais e expatriados são propensos a comparar impressões ou opiniões sobre os salários. Embora qualquer diferença de remuneração possa ser fácil e logicamente explicada, o grupo que recebe o valor menor quase sempre se sente maltratado e ressentido.

As atribuições de curto prazo dos expatriados complicam ainda mais a questão da remuneração, particularmente quando duram além do previsto. Geralmente, as atribuições de curto prazo incluem prêmios por mobilidade ou atividades no exterior (às vezes chamados de **subsídios de separação**, se a família não acompanha o funcionário) e todas as despesas extras, além da restituição de quaisquer diferenças fiscais. As atribuições mais longas podem incluir benefícios para deixar o país ou subsídios de viagem para o cônjuge. Os programas de remuneração internacionais também oferecem subsídios complementares para situações adversas e de privação e incentivos especiais para funcionários que relutam em aceitar um emprego no exterior e manter-se no cargo.

Para uma equipe de vendas global

Os planos de remuneração das empresas americanas variam significativamente ao redor do mundo, refletindo as diferenças econômicas, legais e culturais[28] dos diversos mercados atendidos. A Ásia e a Europa Ocidental exigem mais adaptações, ao passo que os métodos empregados nos mercados emergentes são mais flexíveis. Por exemplo, um determinado estudo revela que os gerentes europeus tendem a utilizar amplos componentes de incentivo nos países em que o imposto de renda de pessoa física é alto, visto que impostos mais altos anulam o incentivo ao desempenho.[29] Observamos que os índices de imposto de renda de pessoa física são relativamente baixos nos Estados Unidos e no Japão (menos de 30%) e relativamente altos na Europa Ocidental (acima de 35%), onde o estudo foi conduzido. Além disso, na Europa, os **conselhos trabalhistas** (isto é, os comitês sindicais internos) participam ativamente do estabelecimento de regras sobre remuneração para a empresa como um todo, incluindo as equipes de vendas. Na Áustria e na Alemanha, por exemplo, os conselhos trabalhistas não apenas codeterminam os planos de remuneração como também devem aprová-los antes de sua implantação. Entretanto, no Japão, as diferenças culturais desempenham um papel importante. Um estudo revelou que "O clima de equipe, que é relacionado às recompensas da equipe, e não a conquistas individuais, e um ciclo de vendas amplamente

---

[28] Marta M. Elvira e Anabella Davila, *Managing Human Resources in Latin America* (Londres: Routledge, 2005).
[29] Dominique Rouzies, Anne T. Coughlan, Erin Anderson e Dawn Iacobucci, "Determinants of Pay Levels and Structures in Sales Organizations", *Journal of Marketing*, 73, n. 3, 2009, p. 92-104.

Figura 17.4
Semelhança global com os planos de remuneração americanos.

Países/regiões		Grau de semelhança com os planos dos Estados Unidos					
		Elegibilidade	Medidas de desempenho	Ponderação	Mecânica do plano	*Mix*/ alavancagem	Frequência de pagamento
Europa	Reino Unido						
	Escandinávia					Diferente	
	França		Varia	Varia	Varia	Varia	
	Alemanha						
	Espanha/Itália		Varia	Varia	Varia	Varia	
Sudeste Asiático	Hong Kong						
	Coreia					Diferente	
	Taiwan					Varia	
	Malásia					Varia	
	Indonésia					Varia	
	(Cingapura)						
	Austrália						
Japão		Diferente	Diferente	Diferente	Diferente	Diferente	Diferente
Canadá							
América do Sul				Varia			

☐ Similar ☐ Varia ■ Diferente

Os dados representam vários projetos de clientes realizados pela empresa Alexander Group Inc., principalmente para organizações de venda do setor de alta tecnologia.

Fonte: David G. Schick e David J. Cichelli, "Developing Incentive Compensation Strategies in a Global Sales Environment", *ACA Journal*, outono de 1996; atualização baseada em uma entrevista com David J. Cichelli, vice-presidente da Alexander Group, março de 2010.

influenciado pelo desenvolvimento de relacionamentos geralmente implicam uma dependência maior em relação ao salário-base".[30]

Como é possível ver na Figura 17.4, alguns especialistas acham que os planos de remuneração no Japão e no sul da Europa diferenciam-se mais do método americano. Esses mesmos especialistas acreditam que, de um modo geral, os esquemas de remuneração ao redor do mundo estão mais parecidos com o sistema americano, por enfatizarem as comissões que se baseiam no desempenho individual.[31] Contudo, os dados da Figura 17.4 também evidenciam os lugares em que essas diferenças são maiores.[32]

Dentre as empresas multinacionais, cerca de 50% consideram seus planos de remuneração inerentemente globais, e os demais 50% os consideram locais. Os resultados de uma pesquisa[33] junto a 85 dessas empresas oferecem alguns detalhes com respeito aos componentes do programa de remuneração das equipes de vendas. As empresas participantes pertenciam a uma ampla variedade de setores industriais, do setor de alta tecnologia ao de serviços de consumo, e várias são listadas na *Fortune* 500, predominantemente dos Estados Unidos, do Japão e da Europa. Como é possível ver na Figura 17.5, a maioria das empresas estabelece sistemas de remuneração para as equipes de vendas em nível local (tanto em nível nacional quanto regional). Os únicos componentes determinados com maior frequência em nível global foram Princípios da estrutura do programa (53,9%) e Aprovação do programa (52,3%).

---

[30] David J. Cichelli (ed.), *Sales Compensation Trends Survey Results* (Scottsdale, AZ: The Alexander Group, Inc., 2010).
[31] David J. Cichelli, *Global Sales Compensation Practices Survey* (Scottsdale, AZ: The Alexander Group, Inc., 2006).
[32] Entrevista pessoal com David J. Cichelli, vice-presidente, Alexander Group, março de 2010.
[33] David J. Cichelli, 2010, como a nota anterior.

Figura 17.5
Métodos de remuneração globais *versus* locais.

Componente do programa	Porcentagem do total				
	Global	País	Região mundial	Combinação	Líquido aplicável
Mais global ↑ Princípios da estrutura do programa	53,93	21,35	13,48	2,25	8,99
Aprovação do programa	52,33	19,77	16,28	3,49	8,14
Mecânica de remuneração (fórmula)	42,05	27,27	17,05	4,55	9,09
Filosofia de competitividade na remuneração	41,11	41,11	14,44	3,33	10,00
Medidas de desempenho	37,65	25,88	20,00	5,88	10,59
Categoria de trabalho	36,05	25,58	17,44	3,49	17,44
Suporte à automação técnica	32,56	25,58	17,44	5,81	18,60
Método de estabelecimento de cotas	24,71	31,75	21,18	11,76	10,59
Mix de remuneração	22,99	33,33	25,29	9,20	9,20
Cálculos administrativos de pagamento	26,74	37,21	20,93	6,98	8,14
Pesquisa sobre empresas *benchmark*	21,35	39,33	20,22	6,74	12,36
↓ **Mais local** Cotas – equipe de vendas	12,94	43,53	15,29	15,29	12,94

Fonte: David J. Cichelli (ed.), *Sales Compensation Trends Survey Results* (Scottsdale, AZ: The Alexander Group, Inc., 2010).

Uma empresa que se esforçou ao máximo para uniformizar seu esquema de remuneração mundial foi a IBM. No início da década de 1990, a empresa implantou um sistema de remuneração para sua equipe de vendas internacional que talvez seja o mais global de todos.[34] As principais características desse plano, que se aplica a 140 mil executivos de vendas em 165 países, são apresentadas na Figura 17.6. Ele foi desenvolvido em resposta a reclamações "globais" dos representantes de vendas de que o antigo plano era confuso e não reconhecia o trabalho realizado fora do território dos representantes (tal como na situação descrita em "Cruzando fronteiras 17.1") e, por isso, não promovia o trabalho em equipe no âmbito internacional. Os gerentes de incentivo de vendas da IBM na América do Norte, na América Latina, na região da Ásia-Pacífico e na Europa trabalharam durante mais ou menos nove meses com consultores na elaboração da estrutura do programa. À primeira vista pode parecer que a IBM comete o erro fundamental de tentar impor um plano desenvolvido centralmente sobre escritórios de vendas espalhados pelo mundo em culturas diversas; ainda assim, esse plano de remuneração oferece grande liberdade de ação e margem de manobra para os gerentes locais. Os gerentes de remuneração de cada país determinam a frequência dos pagamentos de incentivo e a divisão entre salário-base e pagamento de incentivos, seguindo ao mesmo tempo um esquema global de medidas de desempenho. Desse modo, o sistema permite que a empresa utilize um componente de grande incentivo em países como os Estados Unidos e componentes com alto salário-base em países como o Japão.

Talvez a informação mais valiosa obtida durante o processo de renovação do esquema de remuneração da equipe de vendas da IBM tenha sido a lista sobre o que se deve e não se deve fazer em relação à remuneração global, apresentada a seguir.[35]

1. Promova o envolvimento entre os representantes dos principais países.
2. Permita que os gerentes locais determinem o *mix* entre o salário-base e o pagamento de incentivos.
3. Utilize medidas de desempenho consistentes (resultados recompensados) e enfatize cada medida.
4. Permita que os países tenham flexibilidade na implantação do plano.
5. Utilize temas de comunicação e treinamento congruentes ao redor do mundo.
6. Não elabore o plano centralmente e não o imponha aos escritórios locais.

---
[34] Michele Marchetti, "Gamble: IBM Replaces Its Outdated Compensation Plan with a World Wide Framework. Will It Pay Off?", *Sales & Marketing Management*, julho de 1996, p. 65-69. A IBM continua globalizando seus métodos de gestão de vendas – consulte Erin Strout, "Blue Skies Ahead? IBM Is Transforming the Way Its Sales Force Does Business", *Sales & Marketing Management*, 1º de março de 2003, p. 24-27.
[35] *Ibid.*

Figura 17.6

Esquema de remuneração: como a IBM paga seus 140 mil executivos de vendas ao redor do mundo.

Remuneração total	Componentes do plano	Frequência de pagamento	Medições de pagamento	Número de medições utilizadas no cálculo
Benefícios				
Pagamento variável	Objetivos corporativos	Anualmente	Pagamento de bonificação (baseado em) • Lucro • Satisfação do cliente	2
Remuneração de incentivo	Trabalho em equipe	Mensalmente	20% da remuneração de incentivo • Desempenho do trabalho em equipe • Desempenho do setor	2
	Contribuição pessoal	Trimestralmente	60% da remuneração de incentivo • Crescimento • Soluções • Canais/parcerias • Contribuição para a lucratividade	1–2
	Desafios/ torneios	Quando ganhos	20% da remuneração de incentivo • Nacional • Local	1–4
Reconhecimento				
Salário-base				

Fonte: Dados adaptados de Michele Marchetti, "Gamble: IBM Replaces Its Outdated Compensation Plan with a World Wide Framework. Will It Pay Off?", *Sales & Marketing Management*, julho de 1996, p. 65-69.

7. Não crie uma estrutura semelhante para cargos com responsabilidades distintas.
8. Não exija coerência em todas as medidas de desempenho no plano de incentivos.
9. Não pressuponha que as diferenças culturais poderão ser manobradas com o plano de incentivos.
10. Não prossiga sem o apoio dos altos executivos de vendas.

Avaliação e supervisão dos representantes de vendas

A avaliação e supervisão dos representantes de vendas nos Estados Unidos são uma atribuição relativamente simples. Em vários cargos de vendas, enfatiza-se o desempenho individual, que pode ser avaliado pelas receitas de vendas geradas (com frequência comparadas com o desempenho anterior, previsões ou cotas). Em resumo, um bom representante de vendas produz um grande volume de vendas. Entretanto, em muitos países, o problema de avaliação é mais complexo, particularmente nas culturas orientadas ao relacionamento, em que o trabalho em equipe é favorecido em lugar da iniciativa individual e espera-se uma supervisão mais minuciosa, que pode até ser valorizada.[36] As medidas de desempenho exigem uma observação mais atenta e podem abranger a opinião de clientes, colegas e supervisores. Obviamente, os gerentes das equipes de vendas que atuam em culturas orientadas ao relacionamento podem considerar as medidas de desempenho individual relativamente irrelevantes.

Um estudo comparativo sobre o desempenho de representantes de vendas americanos e japoneses mostra essas diferenças.[37] Em ambos os países, foram utilizadas junto aos supervisores desses representantes classificações com escalas idênticas de desempenho. A classificação dos japoneses foi estatisticamente normal – poucos com alto e com baixo desempenho e a maioria com desempenho médio. A classificação dos americanos foi diferente – poucos com alto, a maioria com médio e nenhum com baixo desempenho. Nos Estados Unidos, os representantes com baixo desempenho ou pedem demissão (porque não ganham dinheiro) ou são demitidos. No Japão, eles ficam na empresa e raramente são demitidos. Por isso, nesse país, os gerentes de vendas enfrentam um problema que os gerentes americanos não enfrentam: saber motivar os representantes com baixo desempenho. Aliás, nos Estados Unidos, os livros sobre gestão de vendas normalmente apresentam conteúdos que ensinam os gerentes a

---

[36] William A. Weeks, Terry W. Loe, Lawrence B. Chonko, Carlos Ruy Martinez e Kirk Wakefield, "Cognitive Moral Development and the Impact of Perceived Organizational Ethical Climate on the Search for Sales Force Excellence: A Cross-Cultural Study", *Journal of Personal Selling & Sales Management*, 26, 2006, p. 205-217.
[37] Money e Graham, "Salesperson Performance, Pay, and Job Satisfaction".

lidar com vendedores "desinteressados", mas há poucas informações sobre os vendedores com baixo desempenho, porque eles não são um problema.

A principal ferramenta de supervisão utilizada pelos gerentes de vendas americanos é o sistema de incentivo. Com a possibilidade de utilizar a internet e aparelhos de fax, mais e mais representantes trabalham em casa e raramente se encontram com os supervisores. Nos últimos anos, as organizações se tornaram bastante niveladas, e as esferas de controle estão cada vez mais amplas. Entretanto, em vários outros países, as esferas de controle são muito estreitas para os padrões americanos – até mesmo na Austrália e particularmente no Japão. Neste último país, os supervisores gastam um tempo bem maior com um número menor de subordinados. Os meios empregados por culturas orientadas ao relacionamento como o Japão para motivar e supervisionar seus representantes de vendas são a cultura corporativa e as interações frequentes com colegas e supervisores.

Preparação de uma equipe americana para atribuições no exterior*

OA8
Como preparar cidadãos americanos para atribuições no exterior*

As estimativas do custo anual para enviar e manter um gerente e sua família no exterior giram em torno de 150 a 400% do salário-base. Os custos monetários (algumas estimativas estão na faixa de US$ 300 mil a US$ 600 mil) e de moral aumentam significativamente se o expatriado exigir sua repatriação depois de completar o período normal de atribuição (o tempo de permanência usual é de dois a quatro anos). Além disso, se a repatriação para as operações domésticas não for bem-sucedida e o funcionário deixar a empresa, o custo será indeterminadamente alto, porque o moral ficará baixo e a empresa perderá um profissional experiente. Para diminuir esses problemas, a gestão de recursos humanos internacionais ampliou o planejamento de mudança para o exterior, permanência no exterior e retorno dos expatriados ao país de origem.[38] O processo de planejamento deve iniciar antes da seleção do pessoal a ser enviado ao exterior e estender-se às suas atribuições específicas após seu retorno ao país de origem. As políticas de seleção, treinamento, remuneração e desenvolvimento de carreira (inclusive de repatriação) devem contemplar os problemas exclusivos da gestão de expatriados.

Além dos critérios de trabalho para um cargo específico,[39] o candidato típico para uma atribuição internacional é casado, tem dois filhos em idade escolar, deve permanecer no exterior por um período de três anos e pode ser promovido para um cargo administrativo superior. Essas características são a raiz da maioria das dificuldades relacionadas com o recrutamento de recursos humanos mais qualificados para trabalhar no exterior, com sua permanência e com sua reintegração no momento em que retornam.

Superação da relutância em aceitar uma atribuição no exterior

A despeito da sólida evidência de que a longo prazo o trabalho no exterior ajuda tantos os funcionários quanto a empresa, muitos candidatos excelentes preferem evitar essas atribuições.[40] Preocupações com a carreira e a família são os motivos mais frequentemente alegados pelos gerentes que recusam uma atribuição no exterior. A ressalva mais importante relacionada à carreira é o medo de que um período de ausência de dois ou três anos afete negativamente as oportunidades de promoção.[41] Esse temor de que estar longe da vista significa cair no esquecimento (tal como exemplificado no quadro de abertura "Perspectiva global" deste capítulo) está intimamente associado aos problemas de repatriação. Se não houver evidência de um plano prévio que proteja o desenvolvimento de carreira, recursos humanos mais qualificados e ambiciosos podem recusar ofertas de trabalho no exterior. Contudo, se os candidatos a atribuições no exterior forem escolhidos com atenção, voltarem para o escritório central no momento certo e forem recompensados por seu bom desempenho com promoções subsequentes em seu país, as empresas verão que o recrutamento de executivos para atribuições internacionais ficará mais fácil.

Embora o problema do desenvolvimento de carreira possa ser resolvido adequadamente com um plano apropriado, a preocupação com a família interfere muito na aceitação de

---

[38] Jeffrey P. Shay e Sally A. Baack, "Expatriate Assignment, Adjustment and Effectiveness: An Empirical Examination of the Big Picture", *Journal of International Business Studies*, 35, n. 3, 2004, p. 216-232.

[39] Shung J. Shin, Frederick P. Morgeson e Michael A. Campion, "What You Do Depends on Where You Are: Understanding How Domestic and Expatriate Work Requirements Depend upon the Cultural Context", *Journal of International Business Studies*, 38, 2007, p. 64-83.

[40] William W. Maddux e Adam D. Galinsky, "Cultural Borders and Mental Barriers: The Relationship between Living Abroad and Creativity", *Journal of Personality and Social Psychology*, 96, n. 5, 2009, p. 1.047-1.061.

[41] Mark C. Bolino, "Expatriate Assignments and Intra-Organizational Career Success: Implications for Individuals and Organizations", *Journal of International Business Studies*, 38, 2007, p. 819-835.

* N. de E.: Mantivemos esta seção específica sobre a equipe americana, pois julgamos ser interssante para o estudante brasileiro.

atribuições no exterior. A princípio, os candidatos mais prováveis ficam preocupados com a possibilidade de perder o vínculo com a família e estabelecer-se em um ambiente estranho. Problemas relacionados à educação dos filhos (especialmente daqueles com necessidades específicas), ao distanciamento da família e dos amigos, a um plano de assistência médica apropriado e, em alguns países, à possibilidade de violência são alguns dos medos enfrentados pela família em sua mudança para outro país.[42] A criação de pacotes de remuneração especiais tem sido o método empregado para lidar com esse problema. Os pacotes de remuneração concebidos para superar possíveis problemas familiares decorrentes de atribuições no exterior incluem subsídios para situações adversas e de privação, subsídios para cobrir necessidades educacionais especiais – que em geral incluem escolas particulares –, subsídios de moradia e pagamento de férias prolongadas com todas as despesas incluídas. Paradoxalmente, a solução para esse problema cria um problema subsequente quando a família retorna para os Estados Unidos e precisa abdicar desses benefícios de remuneração complementares utilizados para persuadir o funcionário e sua família a aceitar o cargo.

Diminuição da taxa de retornos prematuros

Quando o funcionário e a família aceitam uma atribuição no exterior, o problema seguinte é mantê-los durante o período especificado. O índice de rotatividade entre os selecionados para cargos no exterior pode ser bastante alto, embora alguns estudos tenham indicado que no cômputo geral ele esteja diminuindo. Uma empresa responsável por um contrato de gestão hospitalar apresentou um índice de insucesso anual de 20% – não tão alto quando comparado ao de um empreiteiro que começou um projeto com 155 americanos na Arábia Saudita e depois de dois meses tinha apenas 65 funcionários.

Inúmeros métodos de desenvolvimento de executivos em geral procuram mantê-los motivados,[43] conquanto a distância cultural seja um fator fundamental.[44] Muitas empresas incluem a avaliação da família do funcionário em seus critérios de seleção, principalmente em decorrência do alto custo relacionado à expatriação do funcionário e das evidências crescentes de que a falta de adaptação da família[45] é o principal fator que o leva a pedir para retornar ao seu país de origem. Um estudo feito com diretores de recursos humanos de mais de 300 empresas internacionais constatou que a incapacidade do cônjuge de adaptar-se a um ambiente físico ou cultural diferente era a principal causa de insucesso do expatriado em uma atribuição no exterior. Segundo um pesquisador, em torno de 75% das famílias que acompanham funcionários no exterior enfrentam problemas de adaptação dos filhos ou problemas conjugais. Um executivo afirma que a pressão sobre a família é tão grande que, se houver algum problema no casamento e você desejar salvá-lo, pensará duas vezes antes de aceitar um cargo no exterior.

A insatisfação é provocada pelo estresse e pelo trauma da adaptação a culturas novas e muitas vezes desconhecidas. O funcionário enfrenta menos problemas para se ajustar do que os membros da família, pois frequenta um ambiente familiar mesmo no exterior e com frequência fica afastado das diferenças culturais que criam problemas para o restante da família. Aproximadamente 50% dos funcionários expatriados americanos recebem treinamento intercultural antes da viagem – bem mais frequentemente do que seus familiares.[46] Os membros da família mantêm um contato diário bem maior com a nova cultura, mas em geral não recebem assistência para se adaptar. Eles precisam assimilar novos

---

[42] Alan Paul, It's China, or the Job", *The Wall Street Journal*, 9 de abril de 2009 [*on-line*].

[43] David M. Brock, Oded Shenkar, Amir Shoham Ilene C. Siscovick, "Nature Culture and Expatriate Deployment", *Journal of International Business Studies*, 39, n. 8, 2008, p. 1.239-1.309; Shawn M. Carraher, Sherry E. Sullivan e Madeline M. Crocitto, "Mentoring across Global Boundaries: An Empirical Examination of Home and Host-County Mentors on Expatriate Career Outcomes", *Journal of International Business Studies*, 39, n. 8, 2008, p. 1.310-1.326; Christopher Mabey, "Management Development and Firm Performance in Germany, Norway, Spain, and the UK", *Journal of International Business Studies*, n. 39, n. 8, 2008, p. 1.327-1.342.

[44] Carl P. Maertz Jr., Ahmad Hassan e Peter Magnusson, "When Learning Is Not Enough: A Process Model of Expatriate Adjustment as Cultural Cognitive Dissonance Reduction", *Organizational Behavior and Human Decision Process*, 108, 2009, p. 66-78.

[45] Riki Takeuchi, David P. Lepak, Sophia V. Marinova e Seokhwa Yun, "Nonlinear Influences of Stressors on General Adjustment: The Case of Japanese Expatriates and Their Spouses", *Journal of International Business Studies*, 38, 2007, p. 928-943.

[46] Acesse http://www.natwestoffshore.com para ter uma visão geral dos tipos de serviços oferecidos por empresas de preparação de expatriados.

padrões de consumo, da compra em supermercados à procura de serviços de saúde.[47] Os membros da família não conseguem arrumar emprego e, em várias culturas, as mulheres enfrentam restrições sociais severas. Na Arábia Saudita, por exemplo, o papel da mulher é imposto rigorosamente. Por exemplo, uma autoridade religiosa, sentindo-se ofendida por uma mulher que usava saia curta, borrifou tinta preta em suas pernas em sinal de protesto. Em suma, os maiores problemas de choque cultural acometem na verdade a família. Não há dúvida de que qualquer procedimento de recrutamento e seleção deve incluir uma avaliação sobre a capacidade de adaptação desse núcleo.

As famílias com potencial para se adaptar a um ambiente diferente ainda assim podem ficar insatisfeitas com sua experiência no exterior se não forem preparadas de maneira apropriada para essa nova atribuição. Mais e mais empresas constatam a necessidade de oferecer treinamento intercultural às famílias para prepará-las para viver em um novo lar. Um ou dois dias de instruções em programas intensivos de duas a três semanas para todos os membros da família são oferecidos para ajudá-los a assimilar novas culturas. Aprendizagem de outros idiomas, filmes, discussões e palestras sobre diferenças culturais, problemas potenciais e áreas estressantes na adaptação a um novo estilo de vida são oferecidos para minimizar a frustração provocada pelo choque cultural inicial. Esse treinamento cultural ajuda a família a prever problemas e facilita sua adaptação. Quando a família chega ao país, algumas empresas designam até mesmo um *ombudsman* local (alguém que conheça bem o país) para prestar assistência imediata. Embora o custo de preparação de uma família para uma atribuição no exterior possa parecer alto, deve ser comparado com a previsão de que o custo visível para repatriar prematuramente uma família poderia cobrir o treinamento intercultural de 300 a 500 famílias. Além disso, reconhecemos também que os solteiros podem deparar-se com valores e rituais completamente diferentes com relação a encontros amorosos, namoros e assim por diante. As empresas que não preparam os funcionários e sua família para esses choques culturais são as que apresentam a maior incidência de retorno prematuro para seu país de origem.

Expatriados americanos recorrem a lojas como esta, em Varsóvia. Lá, você encontra não apenas livros em inglês, mas também *macaroni and cheese* (macarrão com queijo) da marca Kraft, Bisquick e outros alimentos de primeira necessidade da dieta americana que são difíceis de encontrar na Europa.

Repatriação bem-sucedida de expatriados

Um estudo da Conference Board revelou que várias empresas têm planos sofisticados para os executivos que vão trabalhar no exterior, mas poucas têm programas abrangentes para lidar com seu retorno. Muitas delas ressaltaram que os funcionários repatriados são negligenciados ou desperdiçados com muita frequência por administrações inexperientes nos Estados Unidos.

A autoestima baixa e a quantidade crescente de pedidos de demissão entre os expatriados que retornam têm várias causas. Alguns problemas e reclamações estão relacionados com a família, ao passo que outros estão associados à carreira. No primeiro caso, geralmente dizem respeito a readaptações financeiras e de estilo de vida. Na opinião de alguns expatriados, mesmo com uma remuneração mais alta, seu patrimônio líquido não aumentou. Além disso, a inflação entre os anos de saída e retorno impossibilita a compra de uma casa comparável àquela que eles venderam quando deixaram o país. Os programas de remuneração para situações adversas e de privação, utilizados para persuadir os executivos a morar no exterior, também criam problemas de readaptação quando do retorno para o país de origem. Esses benefícios salariais muitas vezes permitem que a família tenha um padrão de vida mais alto no exterior do que em seu país (com jardineiro, chofer, empregada doméstica etc.). Como quase todos os benefícios salariais são eliminados quando os funcionários retornam ao país de origem, seu padrão de vida cai, e eles precisam se readaptar. Infelizmente, quase nada é possível fazer para atenuar esses problemas, exceto transferir os gerentes para outras localidades estrangeiras. Atualmente, há quem acredite que é possível abrandar o problema da insatisfação com a remuneração e os benefícios da repatriação diminuindo os benefícios oferecidos no exterior. Em vez de oferecer subsídios para situações de privação à família que se encontra no exterior, algumas empresas diminuíram esses pagamentos e outros benefícios[48] com base na premissa de que as atribuições no exterior são um pré-requisito para o crescimento, o desenvolvimento e a promoção dentro da empresa.

---

[47] Mary C. Gilly, Liza Peñaloza e Kenneth M. Kambara, "The Role of Consumption in Expatriate Adjustment and Satisfaction", monografia, Escola de Negócios Paul Merage, Universidade da Califórnia, Irvive, 2010.
[48] Katherine Rosman, "Expat Life Gets Less Cushly", *The Wall Street Journal*, 26 de outubro de 2007, p. W1, W10.

A insatisfação da família, que provoca estresse no seio familiar no momento do retorno, não é um problema tão grave quanto as reclamações relacionadas à carreira. A insatisfação com o futuro normalmente é o motivo que leva muitos repatriados a se demitirem do cargo quando retornam aos Estados Unidos. Esse problema não é exclusivo dos cidadãos americanos; as empresas japonesas enfrentam dificuldades semelhantes com seus funcionários. A reclamação que mais se ouve diz respeito à falta de um plano de carreira detalhado para o expatriado no momento em que ele retorna. As novas atribuições no país de origem não raro são rotineiras e não fazem jus à experiência ganha ou às dificuldades enfrentadas durante a atribuição no exterior. Em decorrência do tempo que passaram longe das principais atividades corporativas, alguns se consideram tecnicamente obsoletos e, portanto, ineficazes para concorrer com os demais logo após seu retorno. Em suma, quando o executivo retorna ao seu país, ele perde parte de seu prestígio, e isso exige que ele adapte seu ego de acordo.

As empresas com o menor número de pedidos de demissão por repatriados diferem daquelas com a maior quantidade de demissões por um motivo significativo: planejamento de carreira pessoal para expatriados. Esse planejamento começa com a decisão de enviar recursos humanos para o exterior. A transferência inicial para o exterior deve ser realizada de acordo com o contexto de um plano de carreira de longo prazo da empresa. Sob essas circunstâncias, o indivíduo é informado não apenas sobre a importância de uma determinada atribuição no exterior, mas também sobre quando deverá retornar e em que nível. Próximo ao final da atribuição no exterior, o processo de repatriação inicia-se. O fundamental com relação ao retorno ao país de origem é manter o executivo completamente informado acerca de questões como período de retorno proposto, indicação sobre se a atribuição será permanente ou temporária, nova atribuição, novas responsabilidades e perspectivas futuras. Em resumo, os repatriados devem saber para onde vão e o que farão no mês seguinte e nos anos subsequentes.

Um artigo a respeito do que as empresas multinacionais estão fazendo para melhorar o processo de repatriação propõe cinco providências:

1. Comprometer-se em renomear os expatriados para cargos significativos.
2. Criar um programa de aconselhamento.[49] Normalmente, os mentores são altos executivos que acompanham as atividades da empresa, mantêm o expatriado informado sobre elas e atua como um ponto de contato entre o expatriado e os vários departamentos da matriz.
3. Oferecer a uma garantia de trabalho por escrito, declarando o que a empresa é obrigada a fazer quando o expatriado retornar.
4. Manter o expatriado em contato com a matriz por meio de instruções e visitas periódicas.
5. Preparar o expatriado e sua família para o processo de repatriação assim que se estabelecer uma data de retorno.[50]

Algumas pessoas acreditam que a preparação do funcionário e de sua família para o choque cultural do retorno deve ser equivalente à preparação para enviá-los ao exterior.

Desenvolver uma consciência cultural

Muitas empresas preocupam-se com as habilidades funcionais fundamentais do marketing internacional, negligenciando a importância da inteligência cultural.[51] A ideia de que "um produto que vende bem em Dallas venderá bem em Hong Kong" é tão temerária quanto a ideia de que "um gerente que se destaca em Dallas se destacará em Hong Kong". A maioria dos insucessos dos expatriados não é provocada pela falta de habilidades técnicas ou de

---

[49] John M. Mezias e Terri A. Scandura, "A Needs-Driven Approach to Expatriate Adjustment and Career Development: A Multiple Mentoring Perspective", *Journal of International Business Studies*, 36, 2005, p. 519-538.

[50] Mila B. Lazarova e Jean-Luc Cerdin, "Revisiting Repatriation Concerns: Organizational Support versus Career and Contextual Influences", *Journal of International Business Studies*, 38, 2007, p. 404-429.

[51] Esse é um assunto de grande debate; consulte P. Christopher Earley e Elaine Mosakowski, "Cultural Intelligence", *Harvard Business Review*, outubro de 2004, p. 139-146; James P. Johnson, Tomasz Lenartowicz e Salvador Apud, "Cross-Cultural Competence in International Business: Toward a Definition and Model", *Journal of International Business Studies*, 37, 2006, p. 231-258; Orly Levy, Schon Beechler, Sully Taylor e Nakiye A. Boyacigiller, "What We Talk about When We Talk about 'Global Mindset': Managerial Cognition in Multinational Corporations", *Journal of International Business Studies*, 38, 2007, p. 231-258; William Neburry, Liuba Y. Belkin e Paradis Ansari, "Perceived Career Opportunities from Globalization: Globalization Capabilities and Attitudes toward Women in Iran and the U.S.", *Journal of International Business Studies*, 39, 2008, p. 814-832; Gary Knight e Daekwan Kim, International Business Competence and the Contemporary Firm", *Journal of International Business Studies*, 40, n. 2, 2009, p. 255-273.

gestão, mas pela falta de conhecimento das diferenças culturais e de sua influência sobre as habilidades de gestão. Como o mundo está cada vez mais interdependente e as empresas dependem mais de receitas do exterior, a necessidade de as empresas promoverem uma consciência cultural entre os funcionários enviados ao exterior é crescente.

Do mesmo modo que podemos dizer que alguém conseguiu aprender boas habilidades sociais (isto é, a capacidade de manter-se equilibrado e controlado em todas as situações sociais), podemos dizer igualmente que conseguirá desenvolver boas habilidades culturais.[52] Essas habilidades cumprem um papel semelhante em diversas situações culturais; com elas, o indivíduo consegue relacionar-se com uma cultura diferente mesmo quando não conhece as particularidades dessa cultura. É possível aprender habilidades culturais do mesmo modo que habilidades sociais. As pessoas com habilidades culturais conseguem:

- Transmitir respeito e demonstrar verbal e não verbalmente uma atenção positiva e um sincero interesse pelas pessoas e por sua cultura.
- Tolerar a ambiguidade e lidar com as diferenças culturais e com a frustração que frequentemente vem à tona quando as coisas são diferentes e as circunstâncias mudam.
- Demonstrar empatia, entendendo as necessidades das outras pessoas e as diferenças de pontos de vista em relação aos seus.
- Não condenar o comportamento alheio, particularmente em relação aos seus padrões valorativos.
- Reconhecer e controlar seu critério autorreferência (CAR), isto é, reconhecer que sua cultura e seus valores influenciam suas percepções, avaliações e julgamentos de uma determinada situação.
- Encarar as situações com menos seriedade – ter senso de humor ajuda quando o grau de frustração aumenta e as coisas não funcionam conforme o planejado.

Perfil mutável do gerente global

OA9

Perfil mutável do gerente global de vendas e marketing

Até há pouco tempo, o caminho para a ascensão era bem demarcado. Pesquisas realizadas junto a diretores executivos revelaram de maneira sistemática que mais de três quartos tinham formação em finanças, produção ou marketing. Entretanto, do mesmo modo que o período pós-Segunda Guerra Mundial de mercados crescentes e concorrência apenas em nível nacional esmoreceu, o diretor executivo que costumava estar restrito a uma única empresa e a um único setor também desapareceu. Neste novo milênio, a crescente concorrência internacional, a globalização das empresas, a tecnologia, as mudanças demográficas e a velocidade das mudanças globais determinarão quem serão os dirigentes das empresas. No futuro, o indivíduo especializado em uma única área terá dificuldade para chegar ao topo.

O executivo recém-escolhido para dirigir as operações da Procter & Gamble nos Estados Unidos é um bom exemplo da atual influência da globalização sobre as empresas e da importância da experiência, seja no Japão, na Europa ou em outro lugar. O diretor de todas as operações da P&G nos Estados Unidos nasceu na Holanda, fez o MBA[53] na Universidade Erasmo de Roterdã e então galgou a hierarquia de marketing da P&G na Holanda, nos Estados Unidos e na Áustria. Depois de demonstrar sua determinação e ímpeto no Japão, ele se mudou para a matriz da P&G em Cincinnati, Ohio, para dirigir sua arrancada para o Extremo Oriente e em seguida assumiu um novo cargo. Há especulações de que, se ele for tão bem-sucedido nos Estados Unidos quanto foi no Japão, será um candidato importante para assumir o cargo mais alto da P&G.

Hoje, poucas empresas se restringem a procurar altos executivos talentosos apenas em seu país de origem. O ex-CEO da Coca-Cola, cuja ascensão ao topo iniciou-se em Cuba, seu país natal, e o antigo vice-presidente da IBM, cidadão suíço cuja ascensão hierárquica ocorreu na Europa, são dois exemplos proeminentes de indivíduos que chegaram ao cargo mais alto das empresas fora de seu país de origem. Aliás, um determinado estudo demonstrou que 14 das 100 empresas listadas na *Fortune* eram dirigidas por CEOs imigrantes. Entretanto, a diversidade[54] própria do estilo americano não é compartilhada por empresas em países competitivos da Ásia, por exemplo.[55]

---

[52] Jon M. Shapiro, Julie L. Ozanne e Bige Saatcioglu, "An Interpretive Examination of the Development of Cultural Sensitivity in International Business", *Journal of International Business Studies*, 39, 2008, p. 71-87.
[53] Laurie Goering, "Foreign Business Schools Fill a Huge Gap", *Los Angeles Times*, 14 de janeiro de 2008, p. C4.
[54] David Wassel, "U.S. Keeps Foreign PhDs", *The Wall Street Journal*, 26 de janeiro de 2010 [*on-line*].
[55] Joel Kotkin, "The Kids Will Be Alright", *The Wall Street Journal*, 23-24 de janeiro de 2010, p. W9.

CRUZANDO FRONTEIRAS 17.4

Um olhar em direção ao futuro: líderes internacionais do amanhã? Educação para o século XXI

Uma escola subsidiada pela União Europeia (UE) ensina bretões, franceses, alemães, holandeses e estudantes de outros países a serem futuros cidadãos europeus. A Escola Europeia, localizada em um bairro afastado de Bruxelas, tem alunos de 12 países, que a procuram para se educar para a vida e o trabalho não como rebentos de uma determinada pátria, mas como europeus. A UE tem dez escolas desse tipo na Europa Ocidental, com 17 mil alunos matriculados, do jardim de infância ao último ano do Ensino Médio. Os diplomados saem dali com uma educação exemplar, em geral trilíngues, e extremamente europeus.

As escolas são uma miscelânea de idiomas e culturas. Os falantes nativos de 36 idiomas diferentes são representados em uma única escola. A cada ano, os alunos assistem a um número menor de aulas em sua língua materna. Logo no princípio, em geral no primeiro ano do Ensino Fundamental, eles começam a aprender um segundo idioma, conhecido como "língua de trabalho", que deve ser inglês, francês ou alemão. Um terceiro idioma é introduzido no sétimo ano, e um quarto pode ser iniciado no nono.

No momento em que os alunos chegam ao 11º ano, eles têm aulas de história, geografia, economia, matemática avançada, música, arte e educação física na língua de trabalho. Quando conversam em grupo, mudam constantemente de idioma, utilizando "o que quer que funcione".

Além de línguas, os alunos aprendem história, política, literatura e música do ponto de vista de todos os países europeus – em resumo, culturas europeias. O programa do curso foi concebido para ensinar franceses, alemães, bretões e cidadãos de outras nacionalidades a serem futuros europeus.

Esse mesmo método é adotado também no nível de MBA. A Escola Europeia de Administração (EEA), altamente respeitada, tem *campi* em várias cidades – Berlim, Paris, Oxford e Madri. Os alunos passam parte do tempo em cada um dos *campi*. Os programas de MBA americanos começam a imitar os da EEA. A Escola de Negócios da Universidade de Chicago agora tem *campi* em Barcelona e Cingapura. A Escola Fuqua, na Duke, oferece um programa exclusivo de MBA que requer que os alunos viajem a vários países e em que uma porcentagem considerável das aulas é ministrada interativamente pela internet. Este último programa atrai alunos do mundo inteiro que estão dispostos a pagar um valor de seis dígitos por seus estudos.

Fontes: Glynn Mapes, "Polyglot Students Are Weaned Early Off Mother Tongue", *The Wall Street Journal*, 6 de março de 1990, p. A1. Reimpresso com permissão do *The Wall Street Journal*, ©1990 Dow Jones & Company, Inc. Todos os direitos reservados no mundo inteiro. Consulte também Kevin Cape, "Tips on Choosing the Right One, International Schools", *International Herald Tribune*, 25 de janeiro de 2003, p. 7; http://fuqua.duke.edu/mba/executive/global/, 2010.

Algumas empresas, como a Colgate-Palmolive, acreditam que é fundamental assumir atribuições internacionais logo no início da carreira, e o treinamento internacional faz parte de seus programas de desenvolvimento para iniciantes. A Colgate recruta seus futuros gerentes nas melhores faculdades e escolas de negócios do mundo. A admissão é altamente concorrida, e os candidatos aprovados têm bacharelado ou MBA e habilidades de liderança comprovadas, fluência em pelo menos um idioma além do inglês e alguma experiência de vida no exterior. Um candidato típico provavelmente é um cidadão americano que passou um ano estudando em outro país ou um cidadão de outro país que tenha estudado nos Estados Unidos.[56]

Trainees iniciam sua carreira em um programa básico de dois anos de imersão total que abrange atividades em diversos departamentos da Colgate. Normalmente, esse rodízio inclui um período no departamento financeiro, no departamento de produção e no departamento de marketing e um profundo contato com o sistema de marketing da empresa. Durante essa fase, os *trainees* passam pela agência de propaganda da empresa e pelos departamentos de pesquisa de marketing e gestão de produtos e em seguida trabalham sete meses como vendedores externos. Pelo menos uma vez a cada dois anos os *trainees* acompanham seus mentores em suas viagens de negócios a uma subsidiária no exterior. O objetivo da empresa é que eles desenvolvam as habilidades necessárias para se tornarem gestores de marketing competentes, tanto em nível nacional quanto global.

Ao final do programa, os *trainees* podem contar com um cargo no exterior, imediatamente após a formatura ou logo depois que assumem alguma atribuição nos Estados Unidos. Os primeiros cargos não são em Londres nem em Paris, como muitos podem supor, mas em países em desenvolvimento como o Brasil, as Filipinas ou talvez a Zâmbia. Como as vendas internacionais são muito importantes para a Colgate (60% de suas receitas totais são geradas no exterior), depois de sua primeira atribuição no exterior é provável que o gerente talvez não volte para os Estados Unidos, mas mude de um país para outro, desenvolvendo uma carreira internacionalista, que poderá conduzi-lo ao cargo de CEO.

---

[56] Mary Beth Marklein, "Record Number of U.S. Students Study Abroad", *USA Today*, 17 de novembro de 2008 [*on-line*].

As empresas cujas receitas estrangeiras compõem uma parcela substancial de seus ganhos e que parecem globais, e não as empresas domésticas que operam em mercados estrangeiros, são as mais dinâmicas no sentido de transformar a experiência no exterior em um componente essencial de uma carreira corporativa bem-sucedida. A propósito, para muitas empresas, um limiar importante parece ser quando as receitas externas ultrapassam as receitas domésticas, porque os melhores funcionários da empresa querem trabalhar com contas internacionais. Esse direcionamento global então começa a permear toda a organização – das políticas de recursos humanos às estratégias comerciais e de marketing. Essa foi a mudança que ocorreu com a Gillette, que na década de 1990 tomou uma decisão significativa sobre recrutamento e desenvolvimento de executivos quando resolveu desenvolver gerentes internamente. O departamento internacional de recursos humanos da Gillette implantou seu programa para *trainees* internacionais, concebido para oferecer um fluxo constante de talentos na área de gestão provenientes de sua própria hierarquia. Os *trainees* são recrutados no mundo inteiro. Quando o treinamento chega ao fim, eles retornam ao seu país de origem para integrar a equipe de gestão global da Gillette.

Habilidade para falar outros idiomas

As opiniões a respeito da importância de um segundo idioma para a carreira de comércio internacional variam. Existem aqueles cuja postura em relação a outro idioma pode ser resumida à afirmação de que "o idioma dos negócios internacionais é o inglês". Aliás, um jornalista disse, espirituosamente: "O inglês moderno equivale ao Walmart no plano das línguas: é conveniente, gigantesco, difícil de evitar e aparentemente afável. Além disso, devora todos os concorrentes em sua ânsia por se ampliar".[57]

Aqueles que defendem o desenvolvimento de habilidades idiomáticas afirmam que a aprendizagem de um idioma melhora o conhecimento cultural e as relações de negócios.[58] Outros ressaltam que, para ser levado a sério na comunidade empresarial, o expatriado deve ao menos saber falar o idioma coloquial do país anfitrião. "As pessoas esperam comprar de vendedores com os quais possam se relacionar e que entendam sua língua e cultura. Muitas vezes elas são frias com os americanos que tentam lhes vender algum produto", afirma um especialista holandês em treinamento de vendas.

Alguns recrutadores procuram candidatos que falem pelo menos um idioma estrangeiro, mesmo que esse idioma não seja necessário para uma determinada função. Aprender um segundo idioma é um ótimo sinal para o recrutador de que o candidato está disposto a conhecer a cultura de outra pessoa.

Embora a maioria das empresas ofereça cursos de idioma breves e intensivos aos gerentes que serão enviados ao exterior, muitas fazem de tudo para recrutar pessoas bilíngues ou multilíngues. De acordo com um diretor de recursos humanos da Coca-Cola, quando seu departamento busca pessoas em seu banco de dados para ocupar cargos no exterior, a primeira opção com frequência é alguém que fala mais de um idioma. Observamos que agora o chinês tornou-se um idioma popular nas escolas americanas,[59] e o inglês, nas escolas chinesas. A propósito, a Disney abriu escolas de inglês na China e adotou o Mickey em seu corpo docente![60]

Nós, autores, acreditamos piamente que as habilidades idiomáticas têm grande importância; se você deseja marcar sua presença nos negócios internacionais no futuro, aprenda a falar outros idiomas. Do contrário, talvez isso não seja possível – seus concorrentes serão os estudantes europeus descritos na seção "Cruzando fronteiras 17.4". Uma piada que os estrangeiros contam a respeito de habilidades linguísticas é mais ou menos assim: "Como você chama uma pessoa que fala três ou mais idiomas? Poliglota. Como você chama uma pessoa que fala dois idiomas? Bilíngue. Como você chama uma pessoa que fala apenas uma língua? Americano!". Talvez o restante do mundo saiba alguma coisa que os americanos não sabem.

---

[57] Mark Abley, jornalista.
[58] Ellen Gamerman, "Just One Word: (That's Chinese for 'Plastics')", *The Wall Street Journal*, 17-18 de março de 2007, p. P1, P5.
[59] Sam Dillon, "Foreign Languages Fade in Class – Except Chinese", *The New York Times*, 10 de janeiro de 2010 [*on-line*].
[60] James T. Areddy e Peter Sanders, "Chinese Learn English the Disney Way", *The Wall Street Journal*, 20 de abril de 2009, p. B1, B5.

RESUMO

Dispor de uma equipe de vendas internacional eficaz é uma das maiores preocupações do profissional de marketing internacional. A equipe de vendas é a principal opção para organizar as atividades de distribuição de uma empresa no exterior e, como tal, está na linha de frente do departamento de marketing.

O papel dos profissionais de marketing tanto no mercado doméstico quanto no exterior muda rapidamente, bem como a composição das equipes gerenciais e de vendas internacionais. Essas equipes precisam atender a vários requisitos exclusivos, os quais têm sido preenchidos por expatriados, cidadãos locais, cidadãos de um terceiro país ou uma combinação dos três. Nos últimos anos, com relação ao padrão de desenvolvimento dessas equipes, uma ênfase maior tem sido dada aos funcionários locais que trabalham em seu próprio país. Essa ênfase, por sua vez, evidenciou a importância da adaptação das técnicas americanas às necessidades locais.

O desenvolvimento de um departamento de marketing eficaz exige um processo cuidadoso de recrutamento, seleção, treinamento, motivação e remuneração dos funcionários expatriados e de suas famílias, a fim de garantir a maximização do retorno da empresa sobre suas despesas com recursos humanos. O método mais prático para manter a eficiência de uma equipe de vendas e de marketing internacional é ter um planejamento cuidadoso e orquestrado em todos os estágios do desenvolvimento de carreira.

PALAVRAS-CHAVE

Expatriado
Cidadãos locais
Cidadãos de um terceiro país (CTPs)
Subsídios de separação
Conselhos trabalhistas
Repatriação

QUESTÕES

1. Defina as palavras-chave acima relacionadas.
2. Por que a adoção de critérios de cargo pode ser difícil na seleção de recursos humanos estrangeiros? Quais medidas podem ser necessárias com relação à remuneração?
3. Por que uma equipe de vendas global gera problemas específicos de remuneração? Proponha algumas soluções possíveis.
4. Em que circunstância é necessário utilizar vendedores expatriados?
5. Discorra sobre os problemas que podem ser encontrados na designação de um gerente de vendas expatriado para supervisionar vendedores estrangeiros.
6. "Até certo ponto, as necessidades circunstanciais de recursos humanos ditarão a postura que se deve tomar com relação à organização de vendas no exterior." Discuta essa afirmação.
7. Em que sentido os fatores legais influem na gestão de vendas internacionais?
8. Como a equipe de vendas se relaciona com a estrutura organizacional da empresa? E com os canais de distribuição?
9. "Manter uma equipe de vendas internacional é caro." Comente essa afirmação.
10. Adaptabilidade e maturidade são traços fundamentais para todos os vendedores. Por que tais traços devem ser considerados especialmente importantes para os vendedores internacionais?
11. Uma pessoa pode desenvolver boas habilidades culturais? Discuta essa questão.
12. Descreva os atributos de uma pessoa que tem boas habilidades culturais.
13. Entreviste uma empresa local com operações de vendas no exterior. Elabore um organograma para a função de vendas e explique por que essa estrutura específica deve ser utilizada por essa empresa.
14. Avalie as três principais fontes de recursos humanos multinacionais.
15. Quais fatores dificultam o processo de motivação da equipe de vendas internacional?
16. Por que as empresas incluem uma avaliação da família do funcionário entre os critérios de seleção de expatriados para atribuições no exterior?
17. "Preocupações com a carreira e a família são os motivos mais frequentemente alegados pelos gerentes quando recusam uma atribuição no exterior." Por que isso ocorre?
18. Discuta e dê exemplos do motivo da frequente insatisfação dos repatriados americanos. Como esses problemas podem ser superados?
19. Se "o idioma dos negócios internacionais é o inglês", por que é importante saber falar outro idioma? Discuta essa questão.
20. O gerente global de 2020 terá de enfrentar várias dificuldades incomuns. Elabore um modelo de currículo para alguém que poderia ser cogitado para um cargo executivo de alto nível em uma empresa global.

Capítulo 18
Determinação de preços para os mercados internacionais

SUMÁRIO

- Perspectiva global

    Guerra de preços

- Política de determinação de preços
    - Objetivos da determinação de preços
    - Importações paralelas
- Métodos de determinação de preços internacionais
    - Determinação de preço de custo total *versus* determinação de preço de custo variável
    - Determinação de preço de desnatamento *versus* determinação de preço de penetração de mercado
- Escalada de preços
    - Custos de exportação
    - Impostos, tarifas e custos administrativos
    - Inflação
    - Deflação
    - Flutuações da taxa de câmbio
    - Discrepância entre moedas
    - Custos com intermediários e transporte
- Exemplos do efeito da escalada de preços
- Métodos para diminuir a escalada de preços
    - Redução do custo das mercadorias
    - Redução das tarifas
    - Redução dos custos de distribuição
    - Utilização de zonas de comércio exterior para diminuir a escalada de preços
    - Venda a preços inferiores aos normais ou ao custo (*dumping*)
- *Leasing* nos mercados internacionais
- Contracomércio como instrumento de determinação de preços
    - Problemas do contracomércio
    - Internet e contracomércio
- Cotações de preço
- Determinação de preços administrados
    - Cartéis
    - Determinação de preços influenciada pelo governo
- Recebimento de pagamentos: transações comerciais no estrangeiro
    - Cartas de crédito
    - Letras de câmbio
    - Pagamento antecipado
    - Contas em aberto
    - *Forfaiting*

OBJETIVOS DE APRENDIZAGEM

OA1	Componentes da determinação de preços como instrumentos competitivos no marketing internacional
OA2	Como controlar a determinação de preços nas importações paralelas ou nos mercados cinza
OA3	Escalada de preços e formas de minimizar suas consequências
OA4	Contracomércio e seu lugar nas práticas de marketing internacional
OA5	Mecânica das cotações de preço
OA6	Mecânica de recebimento

Desenvolvimento de estratégias de marketing globais

Perspectiva global

GUERRA DE PREÇOS

A guerra entre a Procter & Gamble e a Kimberly-Clark levou a Pampers e a Huggies, respectivamente, a lugares em que jamais estiveram, provocando uma queda mundial nos preços das fraldas descartáveis e ampliando o mercado global desse produto. A disputa entre essas duas gigantes no Brasil oferece uma perspectiva interessante sobre os mercados globais do futuro. As fraldas descartáveis ainda são consideradas um produto de luxo pela vasta maioria da população brasileira, cuja renda média anual é inferior a US$ 8 mil. Antes de a P&G e a Kimberly entrarem no país, ricos e pobres, em geral, se viravam com as fraldas de pano ou, então, com absolutamente nada. As fraldas descartáveis disponíveis no mercado eram caras, grandes e vazavam.

No momento em que menos de 5% do mercado de massa brasileiro utilizava fraldas descartáveis, a P&G lançou a Pampers Uni, um tipo de fralda simples para ambos os sexos. Antes dela, era mais caro comprar fraldas descartáveis do que pagar uma lavadeira para que lavasse as de pano. O lançamento da Uni, relativamente barata e de alta qualidade, mudou os aspectos econômicos do mercado de fraldas para a maioria dos brasileiros de classe média.

O plano era colocar pela primeira vez as fraldas descartáveis, um produto não essencial, ao alcance de milhões de brasileiros. Nessa época, a economia do país estava em ascensão – a inflação havia acalmado e, da noite para o dia, o poder aquisitivo da população de baixa renda aumentou em 20%. Os produtos de preço baixo vendiam como água. A P&G precisava transportar as fraldas por caminhão da Argentina e tentava abrir novas linhas de produção.

Mas os bons tempos não duraram. A Kimberly-Clark entrou no mercado e começou a importar suas fraldas Huggies da Argentina. Com a ajuda de uma unidade da Unilever como distribuidora brasileira, a Kimberly-Clark obteve distribuição imediata ao redor do país e rapidamente fez grandes progressos no mercado. A Unilever concordou em trabalhar com a Kimberly-Clark porque sua arquirrival no segmento de sabonetes era a P&G, que, por sua vez, era a arquirrival da Kimberly no segmento de fraldas. As duas empresas anteriormente firmaram uma aliança global para encontrar situações de ganho mútuo quando fosse vantajoso para ambas associa-se e ajudarem uma a outra, de um ponto de vista competitivo, contra o domínio da P&G. O mercado brasileiro era uma situação perfeita para essa cooperação.

Com a ajuda da Unilever, as promotoras de vendas da Kimberly-Clark invadiam o mercado para demonstrar o poder de absorção das fraldas. As vendas aumentaram rapidamente e começaram a exceder a produção. Para aumentar sua participação de mercado, a Kimberly-Clark formou uma aliança com a Kenko do Brasil, a maior concorrente nacional da P&G, e criou a marca "Mônica". A história em quadrinhos *Turma da Mônica*, semelhante à *Peanuts*, dos Estados Unidos, vende amplamente no Brasil. Os shoppings de São Paulo ficavam abarrotados de milhares de crianças à espera de uma foto de Páscoa tirada com os atores vestidos de Mônica, uma honra em troca da compra de três pacotes de fraldas. As fraldas Mônica fizeram grande sucesso, e a Kimberly-Clark tornou-se líder no mercado brasileiro.

Para a P&G, foi um golpe e tanto. A empresa dedicou uma página inteira de seu relatório anual para demonstrar que a Pampers Uni triplicara sua participação de mercado, ajudando a P&G a "manter sua posição de liderança em um mercado cujo crescimento quintuplicou". De repente, a empresa se viu na defensiva. Primeiro, a P&G cortou os preços, uma medida que abominava. "O corte de preços é como a violência: ninguém sai ganhando", disse o principal gestor da operação da P&G no Brasil. Em seguida, ampliou sua linha de produtos, lançando uma marca de fraldas para o segmento superior do mercado, denominada Super-Seca, 25% mais cara do que a Pampers Uni. Posteriormente, em um movimento de flanco, a empresa lançou também a Confort-Seca, uma fralda semelhante a um biquíni, originalmente desenvolvida para a Tailândia e com um preço de 10 a 15% inferior ao da Uni, que já era barata.

A Kimberly-Clark contra-atacou, cortando o preço de maneira equivalente e lançando em seguida uma versão mais barata da fralda da Mônica denominada Tippy Basic. Quatro semanas depois, a P&G fez um corte de mais 10% no preço da Super-Seca e da Confort-Seca. A despeito desses cortes, as duas marcas ainda assim eram relativamente caras. Então, uma onda de fraldas realmente baratas apontou. A rede de varejo francesa Carrefour, hoje a maior cadeia de supermercados do Brasil, vende a Bye-Bye Pipi, fralda de fabricação grosseira proveniente do México. Embora de qualidade inferior, as importações baratas baixaram e muito os preços das fraldas.

A verdadeira guerra começou quando os preços mais baixos tornaram-se tão atraentes que os consumidores que de outra forma não podiam comprar fraldas passaram a integrar o mercado. À medida que os preços baixavam, o mercado crescia; isso atraiu mais fabricantes, em sua maioria pequenas empresas brasileiras que ofereciam fraldas ainda mais baratas e competitivas. Uma delas, a Mili, viu sua participação de mercado crescer de 4,8%

para 16,2% em um período de três anos. O que é responsável pelo crescimento dessas empresas menores? Um analista propõe que as multinacionais são muito sofisticadas e, por isso, muito caras para o mercado brasileiro: "As empresas menores fornecem justamente o que os consumidores precisam e por um preço com o qual podem arcar". Entretanto, pode-se também afirmar que, à medida que os preços caem, os produtos tornam-se mais atraentes para um segmento maior do mercado como um todo.

Fontes: Raju Narisetti e Jonathan Friedland, "Disposable Income: Diaper Wars of P&G and Kimberly-Clark Now Heat Up in Brazil", *The Wall Street Journal*, 4 de junho de 1997, p. A1; "Brazil: Procter & Gamble Increased Market Share", *SABI* (South American Business Information), 31 de maio de 2000; Jonathan Birchall, "New Tactics in the Battle for Babies' Bottoms", *Financial Times*, http://www.FT.com, 24 de agosto de 2006. Para obter mais informações, acesse o *site* da Kimberly-Clark em http://www.kimberly-clark.com.br e o da Procter & Gamble em http://www.pg.com.br; consulte também Matthew Bird e Rosabeth Moss Kanter, "Procter & Gamble Brazil (A): 2 ½ Turnaround", *Harvard Business Review*, 1º de janeiro de 2008, para obter informações detalhadas sobre os métodos de tomada de decisões das empresas.

Estabelecer e mudar preços são decisões de marketing estratégicas e fundamentais. Além de estabelecer valores, os preços transmitem ideias nos mercados internacionais.[1] Por exemplo, o número inicial de frequentadores da Disneylândia de Hong Kong ficou abaixo do esperado, em parte porque alguns consideraram o preço de dia de abertura insustentável: US$ 32 o ingresso.[2] O preço estabelecido para um produto ou serviço pode determinar seu sucesso ou fracasso. Mesmo quando o profissional de marketing internacional fabrica o produto certo, o promove corretamente e o introduz em um canal de distribuição apropriado, essas iniciativas serão inadequadas se o produto não tiver o preço certo. Embora a qualidade dos produtos americanos seja amplamente reconhecida nos mercados globais, os consumidores estrangeiros, tal como os nacionais, contrabalançam qualidade e preço em suas decisões de compra. O preço do produto ou serviço deve refletir a qualidade e o valor que o consumidor percebe nele. Dentre todas as incumbências do profissional de marketing internacional, determinar o preço a ser cobrado é uma das mais difíceis. Isso fica ainda mais complexo quando a empresa vende seus produtos a clientes de vários mercados no exterior.

OA1

Componentes da determinação de preços como instrumentos competitivos no marketing internacional

Quanto maior a globalização, mais intensa a concorrência entre empresas multinacionais e domésticas. Todas elas procuram uma sólida posição competitiva para que possam prosperar à medida que os mercados atingem seu pleno potencial. A disputa no mercado de fraldas entre a Kimberly-Clark, a P&G e empresas menores mostra o quanto o preço é cada vez mais importante como ferramenta competitiva e o quanto a concorrência entre preços muda a estrutura de um mercado. Seja exportando ou gerenciando operações no exterior, é responsabilidade do gerente estabelecer e controlar o preço dos produtos nos vários mercados, os quais apresentam conjuntos diferentes de variáveis: diferentes tarifas, custos, atitudes, concorrentes, flutuações monetárias e métodos de cotação de preço.

Este capítulo enfatiza as dúvidas básicas sobre a política de determinação de preços que surgem dos fatores especiais de custo, mercado e concorrência encontrados nos mercados estrangeiros. A discussão sobre a escalada de preços e seu controle e sobre fatores associados ao estabelecimento de preços e *leasing* é acompanhada de uma discussão sobre a utilização do contracomércio como ferramenta de determinação de preços e de uma avaliação dos mecanismos da cotação de preço internacional. Fechamos este capítulo com uma breve discussão sobre os mecanismos utilizados para receber os valores cobrados, tais como cartas de crédito.

Política de determinação de preços

A dinâmica atividade de marketing em vários países aumenta o número de problemas de determinação de preços e as variáveis relacionadas às políticas de preço. A menos que uma empresa tenha uma política de preço nitidamente bem planejada e explicitamente definida, o oportunismo é que estabelecerá o preço, e não a intenção. O país em que a empresa conduz negócios, o tipo de produto, as diferenças nas condições competitivas e outros fatores estratégicos influem na atividade de determinação de preços. Os preços e as condições de venda não podem se basear apenas em critérios domésticos.

---

[1] Lorraine Eden e Peter Rodriguez, "How Weak Are the Signals? International Price Indices and Multinational Enterprises", *Journal of International Business Studies*, 36, n. 1, 2004, p. 61-74.
[2] Don Lee, "Disneyland's Cost a Hurdle for Chinese", *Los Angeles Times*, 10 de setembro de 2005, p. C1, C3.

CRUZANDO FRONTEIRAS 18.1 — Recônditos do mercado cinza do iPhone

Era possível comprar um (aliás, mais de um) em Pequim, embora eles ainda não tivessem sido enviados pela Apple nem pela AT&T. O mercado cinza de iPhones na China estava alvoroçado. Ao que tudo indica, de 800 mil a 1 milhão de telefones, ou em torno de um quarto do total vendido, eram "desbloqueados" – isto é, foram alterados para que pudessem ser utilizados em outras redes que não fossem parceiras exclusivas da Apple.

Esse mercado secundário de iPhone não demorou muito para se desenvolver. Na época em que o produto foi posto à venda, em 29 de junho de 2007, *hackers* e empresas de *software* especializados em desbloqueio de telefones celulares começaram a procurar soluções para fazer o iPhone funcionar em redes não autorizadas. No prazo de algumas semanas, os fóruns *on-line* ficaram agitados por causa de uma solução proveniente de uma minúscula empresa de Praga, na República Tcheca.

Pavel Zaboj, ex-estudante de matemática então com 36 anos de idade, com a ajuda de amigos, desenvolveu um dispositivo eletrônico chamado Turbo SIM, concebido para transformar os celulares em sistemas de pagamento móvel. A questão é que o Turbo SIM também conseguia simular que o iPhone operava na rede da AT&T. Em meados de agosto, a empresa de dez funcionários de Zaboj, a Bladox, ficou inundada de pedidos, particularmente do Canadá e do México, onde os viciados na Apple não precisam se aventurar muito para obter um iPhone. A Bladox estava totalmente despreparada e não podia atender a todos os pedidos que chegavam. "Ficamos ali parados, boquiabertos", afirma Zaboj.

A Bladox vendeu esse dispositivo para desbloquear telefones em aproximadamente 100 países, como Polinésia Francesa, Afeganistão, Brasil, Canadá, República Dominicana, Indonésia, Israel, Nigéria, Peru, Polônia, Rússia e Emirados Árabes Unidos.

Esse *boom* foi incentivado não apenas pela reduzida oferta de um produto sensacional, mas também pela falta de evidência de interferência da Apple e de seus parceiros. Os parceiros autorizados da Apple – AT&T, O2, Orange e T-Mobile, da Deutsche Telekom – perderam centenas de dólares em tarifas mensais por assinante quando se esquivaram de um contrato de dois anos a favor do desbloqueio. Porém, a maior parte dos desbloqueios parece ter ocorrido em lugares em que os clientes, de qualquer forma, não tinham nenhuma opção de operadora autorizada.

A Apple recebia centenas de dólares a cada iPhone vendido quando os clientes ativavam o serviço oferecido por um de seus parceiros. Entretanto, a maioria dos analistas afirma que essa onda do desbloqueio também ajuda a disseminar a consciência de marca da Apple.

O mercado cinza recebeu outro incentivo das taxas de câmbio. Com a queda do dólar, os consumidores da Europa e de outros lugares podiam obter um preço melhor por um iPhone em suas viagens aos Estados Unidos do que em seu país. Os empresários desse mercado paralelo enxergaram a mesma oportunidade e começaram a recrutar uma série de pessoas para obter aparelhos iPhone.

Às vezes, basta pedir a amigos e familiares para que utilizem sua cota de iPhone: cinco telefones na Apple e três na AT&T. Um revendedor revela que pediu a um amigo para imprimir cartões de visita e fingir que era dono de uma pequena empresa para induzir um gerente de uma loja Apple a deixá-lo comprar 100 aparelhos iPhone para seus "funcionários". Varejistas chineses também admitiram ter "recrutado comissários de bordo para levar aparelhos iPhone" para o país.

Alguns desses aparelhos do mercado cinza talvez vazaram de lugares próximos à sua fonte: as grandes fábricas chinesas nas quais eles são montados.

Há pouco tempo, a Apple passou a vender aparelhos iPhone por meio de um novo parceiro, a Unicom (Hong Kong), mas ainda enfrenta uma dura concorrência com outros telefones inteligentes.

Fontes: Peter Burrows, "Inside the iPhone Gray Market", *BusinessWeek*, 12 de fevereiro de 2008; John Markoff, "Friends and Smugglers Meet Demand for iPhones", *The New York Times*, 18 de fevereiro de 2008, p. A1, A8; "Lukewarm Reception", *Business China*, 4 de janeiro de 2010, p. 5.

Objetivos da determinação de preços

Geralmente, as decisões sobre preço são vistas de duas formas: como instrumento dinâmico para concretizar objetivos mercadológicos ou como um elemento estático em uma decisão de negócios. Se os preços são vistos como um instrumento dinâmico, a empresa *estabelece* preços (em vez de *acompanhar* os preços do mercado)[3] para concretizar objetivos específicos,[4] sejam metas de retorno sobre o lucro, metas de volume de vendas ou alguma outra meta específica.[5] A empresa que adota o segundo método, a determinação de preços como elemento estático, provavelmente exporta apenas estoque excedente, atribui uma baixa prioridade ao comércio exterior e considera suas vendas de exportação contribuições passivas para o volume de vendas. Quando determinadas empresas americanas e canadenses internacionais foram solicitadas a classificar, em uma escala de 1 a 5, vários fatores importantes na determinação de preços, o fator lucros totais recebeu uma classificação média de 4,70,

---

[3] Carl Arthur Solberg, Barbara Stottinger e Attila Yaprak, "A Taxonomy of the Pricing Practices of Exporting Firms: Evidence from Austria, Norway, and the United States", *Journal of International Marketing*, 14, 2006, p. 23-48.
[4] Andrew LaVallee, "Unilever to Test Mobile Coupons", *The Wall Street Journal*, 29 de maio de 2009, p. B8.
[5] S. Tamer Cavusgil, Kwog Chan e Chun Zhang, "Strategic Orientations in Export Pricing: A Clustering Approach to Create Firm Taxonomies", *Journal of International Marketing*, 11, n. 1, 2003, p. 47; Christopher K. Hsee, Jean-Pierre Dube e Yan Zhang, "The Prominence Effect in Shanghai Apartment Prices", *Journal of Marketing Research*, 45, n. 2, 2008, p. 133-144.

seguido de retorno sobre o investimento (4,41), participação de mercado (4,13) e volume total de vendas (4,06). O fator liquidez recebeu a menor classificação (2,19).

Quanto maior o controle da empresa sobre o preço de venda final de um produto, maior sua capacidade para concretizar suas metas de marketing. Entretanto, controlar os preços finais nem sempre é possível. Quanto mais ampla a linha de produtos e quanto maior o número de países envolvidos, maior a complexidade do controle de preços ao consumidor ou usuário final.

Importações paralelas

OA2

Como controlar a determinação de preços nas importações paralelas ou nos mercados cinza

Além de precisar estar à altura da concorrência de preços de um país para outro e de um produto para outro, as empresas precisam defender-se contra a concorrência dentro de suas próprias subsidiárias ou sucursais. Por causa dos diferentes preços possíveis nos diferentes mercados externos, um produto vendido em um determinado país pode ser exportado para outro e abaixar os preços cobrados nesse país. Por exemplo, para corresponder às condições econômicas e à concorrência local, uma empresa farmacêutica americana poderia vender seus medicamentos em um país em desenvolvimento a um preço baixo e depois constatar que esses medicamentos vendidos com desconto são exportados para um terceiro país, onde, por constituírem importações paralelas, concorrem diretamente com os mesmos produtos vendidos a preços mais altos por essa mesma empresa. Essa prática é lucrativa quando as margens entre os preços pagos pelos mesmos produtos são altas em diferentes países. Uma variedade de condições pode criar oportunidades lucrativas para os mercados paralelos.

As restrições decorrentes de cotas de importação e tarifas altas também podem dar margem a importações paralelas e tornar as importações ilegais um negócio atraente. A Índia tem uma estrutura tarifária de três níveis sobre a importação de peças de computador, que varia de 50 a 80%. Por esse motivo, estimativas indicam que o mercado cinza responde por 35% das vendas domésticas de *hardwares*.

O **mercado paralelo** é possível sempre que as diferenças de preço são superiores ao custo de transporte entre dois mercados. Na Europa, por haver diferentes impostos e estruturas de preço competitivas, os preços de um mesmo produto variam de um país para outro. Nessa situação, não é incomum as empresas competirem com seus próprios produtos em um determinado mercado, os quais foram importados de outro país europeu a preços mais baixos. As empresas farmacêuticas enfrentam esse problema na Itália, na Grécia e na Espanha por causa do preço-teto imposto sobre os medicamentos controlados nesses países. Por exemplo, o medicamento contra úlcera Losec é vendido por apenas US$ 18 na Espanha, mas por US$ 39 na Alemanha. O medicamento cardíaco Plavix custa US$ 55 na França e é vendido por US$ 79 em Londres. Supostamente, esses diferenciais de preço deixariam de existir se todas as restrições ao comércio fossem eliminadas na União Europeia (UE), e na maioria dos casos isso se comprova. Entretanto, a UE não impede que os países controlem os preços dos medicamentos em seus planos de saúde nacionais.

O setor farmacêutico tentou combater o comércio paralelo na Europa, mas foi impedido pelas autoridades europeias. Hoje, esse setor experimenta uma abordagem diferente, restringindo a oferta para atender apenas à demanda local de acordo com fórmulas baseadas na demanda anterior e no crescimento previsto. A ideia é que o país receba uma quantidade de medicamentos suficiente para seus cidadãos. Os atacadistas que costumam solicitar uma quantidade maior com a intenção de enviar os medicamentos para mercados que praticam preços mais altos não terão o bastante para isso. Inúmeras empresas farmacêuticas importantes impuseram restrições semelhantes. As empresas afirmam que o objetivo dessas medidas é racionalizar a distribuição, ajudar a impedir a escassez de remédios e diminuir o excesso de estoque, ao passo que os distribuidores reclamam que a intenção dessa estratégia é frustrar o comércio de medicamentos entre fronteiras. O fato é que "na Grã-Bretanha, metade de toda a demanda com relação a vários produtos é atendida por importações de países com preço baixo", e as empresas tentam impedir as importações paralelas.

Estima-se que os produtos farmacêuticos do **mercado cinza** exportados do Canadá para os Estados Unidos representem cerca de US$ 427 milhões anuais – uma quantia não tão alta quando comparada aos US$ 135 bilhões do mercado de medicamentos nos Estados Unidos, mas considerável para medicamentos específicos como o Paxil, o Zyban e o Viagra. Embora a importação de medicamentos controlados de outros países, incluindo o Canadá, seja proibida pela lei americana, uma pessoa pode viajar ao Canadá ou ao México para fazer compras ou comprar pela internet. Tecnicamente, é ilegal comprar remédios pela internet e recebê-los pelo correio nos Estados Unidos. Entretanto, o governo adotou uma postura relativamente flexível em relação a esse tipo de compra, desde que o período de fornecimento não ultrapasse 90 dias.

Obviamente, as empresas farmacêuticas que têm enfrentado a situação mais crítica querem acabar com o tráfego. A Glaxo SmithKline, fabricante de remédios controlados, pediu a todas as farmácias e atacadistas canadenses "para se certificarem" de que não estejam exportando seus medicamentos para fora do Canadá. Além disso, a empresa conscientiza os clientes americanos a respeito de medicamentos importados em uma nova campanha publicitária.[6] Para aqueles que não respeitarem essa orientação, a Glaxo cortará o fornecimento – "Os produtos da Glaxo têm autorização do Departamento de Saúde Pública do Canadá para serem vendidos apenas no Canadá". Alguns acham que essa medida não solucionará o problema, mesmo que a Glaxo consiga impedir as vendas canadenses, porque os americanos poderão encontrar remédios mais baratos em outros mercados, como Austrália e Irlanda. Será difícil interromper o comércio pela internet enquanto houver diferenças de preço significativas entre os mercados. Além do mais, os legisladores dos Estados Unidos aprovam leis que autorizam esse tipo de importação de medicamentos.[7]

A **distribuição exclusiva**, prática frequentemente empregada pelas empresas para manter margens altas no varejo e estimular os varejistas a oferecer serviços extras aos clientes, estocar grandes quantidades de produtos ou manter a imagem de qualidade exclusiva de um produto, pode criar uma condição favorável para as importações paralelas. As marcas de perfume e de estilistas, como Gucci e Cartier, são especialmente propensas a entrar no mercado cinza. Para manter a imagem de qualidade e exclusividade, os preços desses produtos normalmente incluem uma alta margem de lucro em cada nível da distribuição; tipicamente, existem preços diferenciais entre os mercados e quantidades limitadas do produto, e a distribuição restringe-se aos varejistas de prestígio. Os preços de atacado de marcas exclusivas de perfumes com frequência são 25% mais altos nos Estados Unidos do que em outros países. Essas condições são ideais para a criação de um mercado cinza lucrativo de revendedores não autorizados em outros países, que compram mais do que precisam por preços de atacado inferiores aos preços pagos pelos atacadistas dos Estados Unidos. Eles então vendem o excedente mediante lucro para varejistas não autorizados nos Estados Unidos, mas a um preço inferior ao que o varejista teria de pagar para um distribuidor autorizado nesse país.

O setor de roupas esportivas caras criadas por estilistas também é vulnerável a essas práticas. A Nike, a Adidas e a Calvin Klein ficaram furiosas quando descobriram que seus produtos estavam sendo vendidos em uma das principais cadeias de supermercados da Grã-Bretanha, a Tesco. O Air Max Metallic, da Nike, vendido por 120 libras (US$ 196) em lojas esportivas, podia ser comprado na Tesco por 50 libras (US$ 80). A Tesco havia comprado 8 milhões de libras em roupas esportivas da Nike de atacadistas com excedente de estoque nos Estados Unidos (Figura 18.1). Para impedir a criação de mercados paralelos quando essas estratégias de comercialização e determinação de preços são utilizadas, as empresas devem manter um rígido controle sobre a distribuição e os preços.

As empresas que de fato agem para restringir o mercado cinza devem estabelecer e monitorar controles que realmente policiem os canais de distribuição. Em alguns países, elas podem recorrer à ajuda dos tribunais. Duas empresas que estavam comprando Coca-Cola nos Estados Unidos e remetendo o produto para Taiwan foram acusadas por um tribunal de Taiwan de violar os direitos de marca registrada tanto da Coca-Cola quanto de sua única licenciada em Taiwan. As empresas transgressoras foram proibidas de importar, expor ou vender produtos da marca Coca-Cola. Em outros países, os tribunais nem sempre ficam do lado do proprietário da marca registrada. O argumento é o de que, uma vez que um produto de marca registrada é vendido, o proprietário perde o direito de controlá-lo. Em uma situação semelhante, no Canadá, os tribunais não tomaram partido da empresa no caso de um exportador canadense que estava comprando 50 mil caixas de Coca-Cola por semana e enviando o produto para Hong Kong e Japão. O exportador pagava US$ 4,25 por caixa, mais um valor de remessa de US$ 1,00 por caixa, e as vendia por US$ 6,00 cada, um lucro atraente de 75 centavos de dólar por caixa. A Coca-Cola o processou, mas o tribunal determinou que o produto havia sido comprado e vendido legalmente.

As importações paralelas podem provocar prejuízos a longo prazo no mercado de produtos de marca registrada.[8] Os clientes que compram inadvertidamente produtos importados

---

[6] Barrie McKenna, "New Shot Fired in Net Drug Battle", *Toronto Globe and Mail*, 2 de junho de 2005, p. B3.

[7] "Senate Passes Bill to Keep Drug Import Bans Out of Trade Deals", *FDA Week*, 11, n. 37, 16 de setembro de 2005.

[8] Para examinar um ponto de vista interessante sobre como as tentativas de fiscalização funcionam, consulte Kersi D. Anita, Mark E. Bergen, Shantanu Dutta e Robert J. Fisher, "How Does Enforcement Deter Gray Market Incidence?", *Journal of Marketing*, 70, 2006, p. 92-106.

Figura 18.1
Como os produtos do mercado cinza chegaram às lojas dos Estados Unidos.

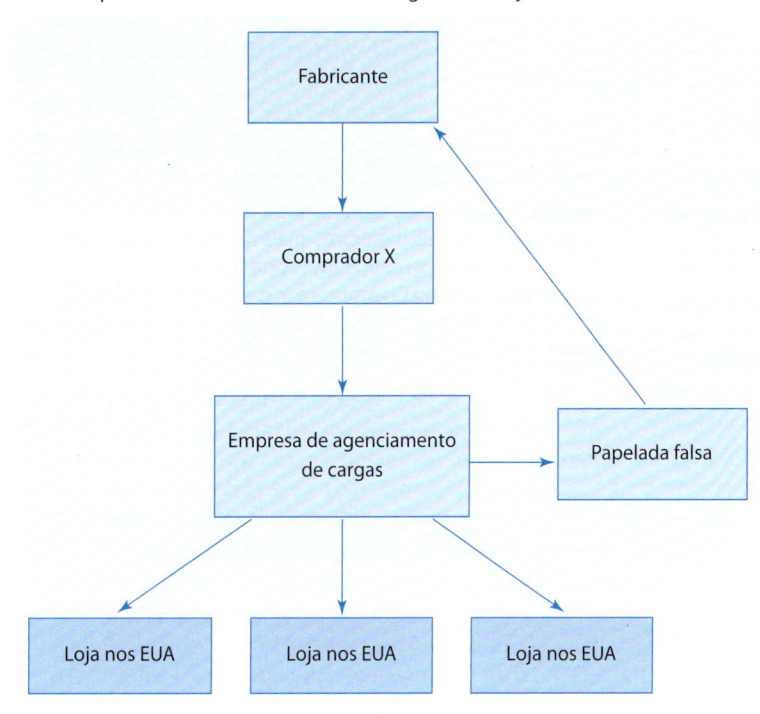

Fabricante → Comprador X → Empresa de agenciamento de cargas → Papelada falsa (→ Fabricante); Empresa de agenciamento de cargas → Loja nos EUA, Loja nos EUA, Loja nos EUA

1. Um fabricante importante concorda em vender seus produtos por um preço competitivo para um determinado mercado estrangeiro ao "comprador X", que promete vendê-los no exterior.
2. O fabricante envia as mercadorias para o comprador X.
3. O comprador X tem uma empresa de agenciamento de cargas no porto, que então se apossa dos produtos.
4. Em vez de enviar os produtos para o suposto destino, a empresa de agenciamento (a pedido do comprador X) envia as mercadorias a distribuidores menores e a lojas de descontos nos Estados Unidos.
5. A empresa de agenciamento envia uma fatura falsa de carregamento ao fabricante para que desse modo essa empresa acredite que os produtos foram vendidos para o exterior.

não autorizados não têm nenhum atestado de qualidade desses produtos, nem assistência de garantia ou de serviços autorizados, assim como peças de substituição. Por exemplo, as pessoas que compram computadores talvez não consigam adquirir alguma peça porque os revendedores autorizados não têm obrigação de oferecer serviços de manutenção nessas circunstâncias. No caso de um *software*, o comprador pode adquirir um produto falsificado e não terá autorização para obter suporte técnico. Além disso, quando um produto apresenta defeitos, o consumidor culpa o proprietário da marca registrada, e a imagem de qualidade do produto fica manchada.

Métodos de determinação de preços internacionais

Independentemente de haver controle sobre os preços finais ou sobre os preços líquidos, a política da empresa diz respeito ao preço líquido recebido. Os fatores de custo e mercado são fundamentais, pois uma empresa não consegue vender produtos abaixo dos custos de produção e manter-se no mercado, tampouco consegue vender produtos a um preço inaceitável no mercado. As empresas que não estão familiarizadas com o marketing no exterior e aquelas que fabricam produtos industriais determinam os preços com base apenas no custo. Entretanto, as empresas que utilizam a determinação de preços como parte do *mix* estratégico conhecem alternativas como a segmentação de mercado de país para país ou de mercado para mercado e a determinação de preços competitivos no mercado, além de outros fatores de determinação direcionada ao mercado,[9] como diferenças culturais na percepção sobre os preços.[10]

Determinação de preço de custo total *versus* determinação de preço de custo variável

As empresas que determinam os preços de seus produtos com base no custo precisam decidir se devem utilizar custos variáveis ou custo total. Na **determinação de preço de custo variável**, a empresa preocupa-se apenas com o custo marginal ou incremental dos produtos a serem vendidos nos mercados estrangeiros. Essas empresas consideram as vendas no exterior um complemento e pressupõem que qualquer retorno sobre o custo variável é uma contribuição para o lucro líquido. Desse modo, elas podem oferecer um preço mais

---
[9] Pradeep K. Chintagunta e Ramaroa Desiraju, "Strategic Pricing and Detailing Behavior in International Markets", *Marketing Science*, 24, n. 1, 2005, p. 67-80.
[10] Lee C. Simmons e Robert M. Schindler, "Cultural Superstitions and the Price Endings Used in Chinese Advertising", *Journal of International Marketing*, 11, n. 2, 2003, p. 101-111; Manoj Thomas e Vick Morwitz, "Penny Wise and Pound Foolish: The Left-Digit Effect in Price Cognition", *Journal of Consumer Research*, 32, n. 2, 2005, p. 54-64.

CRUZANDO FRONTEIRAS 18.2 — Não aperte o Charmin, Sr. Whipple – ou então mude a cor

Os britânicos pagam duas vezes mais que os alemães e os franceses e quase duas vezes e meia mais que os americanos por um pacote de quatro rolos de papel higiênico comum. Isso está relacionado com a extorsão de preços, o impacto do euro, o valor relativo da libra esterlina ou se trata apenas de uma característica cultural?

A resposta é muito simples: os consumidores britânicos preferem uma textura mais macia e luxuosa do que seus primos continentais e americanos menos seletivos. O papel higiênico britânico pesa 4 gramas a mais por m² porque contém mais fibras do que os papéis absorventes europeus. Amplos testes realizados entre os consumidores confirmaram que os consumidores britânicos não estão dispostos a ser enganados por nada inferior.

Outro fator evidencia a preferência dos britânicos por papéis higiênicos especiais. Vá a qualquer supermercado da região e verá uma extraordinária variedade de mais de 50 cores, tamanhos e marcas. Madressilva, rosa-escuro, pêssego-claro, branco-pérola, verde-prado, azul-brisa e magnólia são apenas alguns dos tons oferecidos. Ao que tudo indica, o motivo dessa variedade é que o consumidor britânico faz questão de que o papel higiênico combine com as cores do banheiro. No mesmo continente, os consumidores contentam-se com o branco e consideram o rosa uma cor extravagante.

A Procter & Gamble abocanhou 10% do mercado em menos de cinco meses depois de lançar um Charmin, marca conhecida de papéis higiênicos mais resistente, mas talvez a empresa tenha exagerado. Houve reclamações de que a "resistência à umidade" do Charmin era inadequada aos toaletes do Reino Unido. O sistema de esgoto do Reino Unido poderia processar o Charmin, mas o problema era saber se o sistema ficaria obstruído se vários papéis concorrentes adotassem essa mesma gramatura. A Procter & Gamble concordou em diminuir pela metade a resistência do Charmin, mas será que o preço diminuirá? Recentemente, esse produto da P&G também obteve uma pontuação inferior em uma classificação do Greenpeace de papéis que respeitam as florestas. A concordância a esta última crítica com certeza elevará os custos.

Fontes: "Going Soft", *The Economist*, 4 de março de 2000; "P&G Unblocs Sewage Row with Toilet Paper Revamp", *Reuters*, 10 de maio de 2000; Timothy Kenny, "Eurasia: Of Toilet Paper, Escalators and Hope", *The Wall Street Journal Europe*, 16 de setembro de 2005, p. A9; "Skip It, Eco-Worrier", *The Time* (Londres), 1º de dezembro de 2007, p. 11.

---

competitivo nos mercados estrangeiros. Contudo, como vendem produtos no exterior por um preço líquido inferior ao que oferecem no mercado doméstico, essas empresas podem estar sujeitas a acusações de *dumping* (venda a preços inferiores aos normais ou ao custo). Nesse caso, ficam sujeitas a tarifas ou multas *antidumping* que prejudicam sua vantagem competitiva. No entanto, a determinação de preço de custo variável (ou *custo marginal*) é um método prático de demarcação quando uma empresa tem custos fixos altos e capacidade de produção ociosa. Qualquer contribuição para o custo fixo depois que os custos variáveis são cobertos constitui lucro para a empresa.

Em contraposição, as empresas que adotam a filosofia de **determinação de preço de custo fixo** sustentam que nenhuma unidade de um produto semelhante é diferente de qualquer outra unidade em termos de custo e que cada unidade deve contribuir com sua cota total em relação aos custos totais e variáveis. Esse método é adequado quando os custos variáveis de uma empresa são altos em relação aos seus custos fixos. Nesses casos, com frequência os preços são determinados com base no custo mais margem (*cost plus*), isto é, custos totais mais uma margem de lucro. Tanto a política de custo variável quanto a de custo total são adotadas pelos profissionais de marketing internacional.

Determinação de preço de desnatamento *versus* determinação de preço de penetração de mercado

As empresas precisam também decidir em que momento devem adotar uma política de determinação de preço de desnatamento (*skimming*) ou uma política de determinação de preço de penetração de mercado. Tradicionalmente, essa decisão depende do nível de concorrência, do poder de inovação do produto, das características do mercado e das características da empresa.[11]

As empresas utilizam o **desnatamento** quando seu objetivo é atingir um segmento de mercado relativamente insensível ao preço e, portanto, disposto a pagar um preço elevado em troca do valor recebido. Se a oferta for restrita, a empresa pode adotar o método de desnatamento para maximizar a receita e atender à demanda de suprimento. Quando a empresa é a única fornecedora de um produto novo ou inovador, ela pode utilizar um preço de desnatamento para maximizar os lucros até o momento em que a concorrência forçar um preço mais baixo.[12] O desnatamento é empregado com frequência nos mercados com dois níveis de

---

[11] Cavusgil, Chan e Zhang, "Strategic Orientations in Export Pricing".
[12] Caroline Bingxin Li e Julie Juan Li, "Achieving Superior Financial Performance in China: Differentiation, Cost Leadership, or Both", *Journal of International Marketing*, 16, n. 3, 2008, p. 1-2.

Os chineses esperam para entrar na primeira loja Walmart de Pequim. Milhares lotaram a frente de uma loja Sam's Club no extremo oeste de Pequim porque a maior varejista do mundo havia feito sua primeira incursão em uma cidade chinesa importante. Agora, o Walmart possui mais de 200 lojas em outras partes da China; a primeira foi aberta em 1996. A estratégia de preço baixo para produtos de boa qualidade do Walmart e de outros varejistas, como a cadeia Costco e a rede de supermercados Carrefour, fez com que os preços no varejo diminuíssem na China, no Japão e em outros países asiáticos nos quais essas cadeias entraram.

renda: ricos e pobres. Os custos proíbem a demarcação de um preço que será atraente para o mercado de renda mais baixa. Por isso, o profissional de marketing cobra um preço elevado e direciona o produto para o segmento de alta renda, que é relativamente insensível ao preço. Ao que parece, essa foi a política da Johnson & Johnson para determinar o preço de suas fraldas no Brasil antes da entrada da P&G. Hoje, essas oportunidades desaparecem, porque a disparidade nos níveis de renda dão lugar a segmentos de mercado de renda média em expansão. A existência de mercados maiores atrai a concorrência e, como sempre acontece, faz surgir várias linhas de produtos, ocasionando a concorrência entre preços.

A **política de determinação de preço de penetração de mercado** é empregada para estimular o crescimento do mercado e das vendas, oferecendo deliberadamente produtos de preço baixo. A determinação de preço de penetração de mercado na maioria dos casos é utilizada para adquirir e manter uma participação de mercado como manobra competitiva. Porém, nos mercados nacionais que experimentam crescimento econômico rápido e sustentável e em que grande porcentagem da população migra para classes de renda média, a determinação de preço de penetração de mercado pode ser utilizada para estimular ainda mais o crescimento do mercado com um grau mínimo de concorrência. Essa estratégia pode ser mais lucrativa do que o desnatamento se maximizar as receitas como base para contra-atacar a concorrência, que com certeza surgirá.

Independentemente das políticas e estratégias formais de determinação de preços utilizadas, o mercado estabelecerá o preço efetivo de um produto. Dito de outra forma, o preço deve ser estabelecido em um ponto em que o consumidor perceba o valor recebido, e esse preço deve estar ao alcance do mercado-alvo. Por esse motivo, vários produtos são vendidos em unidades bem pequenas em alguns mercados, para que o preço esteja ao alcance do mercado-alvo. O lançamento da Warner-Lambert da embalagem de cinco unidades da goma de mascar Bubbaloo no Brasil foi um fracasso – ainda que as gomas de mascar representem mais de 72% do setor global de chicletes – porque seu preço era muito alto para o mercado-alvo. O relançamento de uma embalagem com uma única unidade, semelhante a um "travesseiro", colocou o preço ao alcance do mercado e permitiu que a marca ganhasse rapidamente um respeitável volume de vendas.

À medida que a economia de um país cresce e a distribuição da riqueza torna-se mais equitativa, surgem novos níveis de renda e segmentos de mercado distintos, e vários níveis de preço e percepções de preço/qualidade ganham importância. A título de exemplo, o mercado de eletrônicos de consumo na China mudou em apenas alguns anos. Em vez de um mercado de preço elevado e de alta qualidade direcionado aos novos-ricos, em contraposição a produtos mais baratos e de pior qualidade fabricados pelos chineses para o restante do mercado, surgiu um mercado de vários níveis que reflete o crescimento da renda pessoal.

A Sony do Japão, principal vendedora estrangeira de eletrônicos de consumo de preço elevado, foi ofuscada no mercado chinês quando a Aiwa, uma concorrente, reconheceu o surgimento de um novo mercado de nível médio para eletrônicos de consumo de boa qualidade e preço modestos. Como parte de uma estratégia global que buscava margens de lucro baixas e alta rotatividade, a Aiwa da Coreia começou a vender equipamentos de som por preços mais próximos aos das marcas chinesas do que aos da Sony. A qualidade dos produtos da Aiwa não ficava muito atrás da qualidade da Sony e era superior à das principais marcas chinesas, e o produto era parecido com os da Sony. O reconhecimento da Aiwa de um novo segmento de mercado e sua capacidade de aproveitá-lo aumentaram significativamente a demanda geral por seus produtos.

As decisões de preço que costumavam ser apropriadas quando as empresas concentravam suas iniciativas de marketing em um único segmento de mercado darão lugar a métodos mais sofisticados. Como as rendas estão em ascensão em vários mercados estrangeiros, o cenário de determinação de preços enfrentado pela empresa será semelhante ao dos Estados Unidos. À medida que os países prosperam e os níveis de renda são distribuídos mais equitativamente, vários segmentos de mercado surgem e redes como Walmart e Carrefour e outros hipermercados entram no mercado para oferecer um bom valor a preços acessíveis aos clientes preocupados com o preço. Esse cenário parece se repetir país após país. Nesses mercados, a utilização de uma estratégia de determinação de preços eficaz passa a ser fundamental.

Escalada de preços

■ OA3

Escalada de preços e formas de minimizar suas consequências

As pessoas que viajam ao exterior ficam surpresas quando encontram produtos com preços abusivamente altos em outros países que são relativamente baratos em seu país de origem. Em vista da tendência natural em pressupor que esses preços são uma exploração, os fabricantes resolvem começar a exportar para romper esses novos mercados estrangeiros lucrativos, mas na maioria dos casos acabam constatando que os preços mais altos são uma consequência dos custos mais altos de exportação. Um bom exemplo disso é o marca-passo para pacientes cardíacos que é vendido por US$ 2.100 nos Estados Unidos. As tarifas e o sistema de distribuição japonês aumentam significativamente o preço final no Japão. A começar pela tarifa de importação, toda vez que o marca-passo muda de mãos é aplicado um custo adicional. O produto primeiro passa pelas mãos de um importador, depois vai para uma empresa responsável principalmente pelas vendas e pela manutenção, em seguida para um distribuidor local secundário ou até mesmo terciário e, finalmente, para o hospital. Em cada um desses níveis, a remarcação de preço faz com que o marca-passo de US$ 2.100 seja vendido por mais de US$ 4 mil no Japão. A inflação provoca a escalada do preço, um dos maiores obstáculos da determinação de preços enfrentados pelas multinacionais. Essa escalada ocorre não apenas com produtos técnicos como o marca-passo, mas com produtos como o petróleo bruto, os refrigerantes e as cervejas. Estimativas indicam que, se as tarifas e as barreiras comerciais a esses produtos fossem eliminadas, os consumidores japoneses fariam uma economia de 6,57 trilhões de ienes.

Custos de exportação

Existem lucros excedentes em alguns mercados internacionais, mas em geral a causa da diferença desproporcional no preço entre o país exportador e o país importador, aqui denominada **escalada de preços**, são os custos adicionais decorrentes da exportação de produtos de um país para outro. Esse termo está relacionado especificamente a situações em que os preços finais aumentam em virtude de custos de remessa, seguro, embalagem, tarifas, canais de distribuição mais extensos, margens de lucro mais altas dos intermediários, impostos especiais, custos administrativos e flutuações nas taxas de câmbio. A maioria desses custos surge como consequência direta da movimentação de mercadorias na fronteira de um país para outro e muitas vezes contribui para a escalada do preço final a um nível consideravelmente superior ao do mercado doméstico.

Impostos, tarifas e custos administrativos

A tarifa ou direito aduaneiro é uma forma especial de tributação. Tal como outros tipos de imposto, a arrecadação de tarifas serve para proteger um mercado ou aumentar as receitas do governo. A tarifa é a taxa cobrada quando produtos de outros países entram em um determinado país. O valor da tarifa normalmente é expresso como taxa de direito aduaneiro e pode ser arrecadado como direito específico, *ad valorem* e composto. O direito aduaneiro específico é uma taxa fixa por unidade física importada – por exemplo, 15 centavos de dólar por 36,27 litros de centeio. Os direitos *ad valorem* são arrecadados como porcentagem do valor dos produtos importados, como 20% do valor dos relógios importados. Os direitos compostos incluem uma taxa específica e uma taxa *ad valorem*, como US$ 1 por câmera, mais 10% de seu valor. As tarifas e as outras formas de imposto de importação são usadas para tratar desfavoravelmente os produtos estrangeiros.

O gerente de uma atacadista japonesa do mercado de carnes em Tóquio organiza os pacotes de carne bovina importada da Austrália. No início do dia, o governo havia anunciado que o Japão pretendia elevar as tarifas sobre as importações de carne bovina refrigerada de 38,5 para 50%, após um aumento abrupto das importações. Nas etiquetas de preço, consta: "Carne especial, bife de lombo de vaca da Austrália a 258 ienes cada 100 gramas". As tarifas são uma das principais causas da escalada de preços dos produtos importados.

As taxas dos certificados de importação ou de outros processamentos administrativos podem chegar a valores que, na verdade, acabam sendo impostos de importação. Muitos países aplicam impostos de compra ou de consumo a várias categorias de produtos; imposto sobre valor agregado (*value-added tax* – VAT) ou imposto de circulação de mercadorias, que se aplicam quando o produto passa pelo canal de distribuição; e impostos sobre vendas no varejo. Esses impostos aumentam o preço final dos produtos, mas em geral não desfavorecem os produtos estrangeiros. As tarifas são o principal imposto discriminatório que deve ser considerado na avaliação da concorrência estrangeira.

Além dos impostos e tarifas, inúmeros custos administrativos estão diretamente associados com a exportação e a importação de um produto. As licenças de exportação e importação, outros documentos e as estruturas físicas para transportar o produto do porto de entrada até o comprador significam custos adicionais. Embora esses custos sejam relativamente baixos, eles se somam ao custo total de exportação.

Inflação

Nos países com inflação galopante ou variação cambial, o preço de venda deve estar relacionado com o custo dos produtos vendidos e o custo de reposição dos produtos. Os produtos com frequência são vendidos por um preço abaixo de seu custo de reposição, somado às despesas indiretas, e às vezes são vendidos abaixo do custo de reposição. Nessas circunstâncias, seria melhor a empresa não vender de forma alguma os produtos. Se o pagamento for protelado por alguns meses ou for realizado de acordo com um contrato de longo prazo, os fatores inflacionários devem fazer parte do preço. A inflação e a falta de controle sobre os preços contribuíram para o insucesso do lançamento de um novo produto no Brasil pela H. J. Heinz Company; apenas dois anos depois, a Heinz saiu do mercado. Em virtude de mal-entendidos entre a empresa e seu parceiro local, sua nova bebida à base de frutas foi vendida aos varejistas em consignação; ou seja, eles não pagaram enquanto o produto não foi vendido. Diante de um índice de inflação acima de 300% na época, uma única semana de atraso no pagamento corroía significativamente as margens de lucro. A inflação ascendente em muitos países em desenvolvimento transformou os controles de preço comuns em uma ameaça constante em vários países.

Pessoas procuram roupas nas gôndolas de desconto que se projetam sobre a calçada para atrair consumidores potenciais no centro comercial de Sugamo, em Tóquio. Com a bolsa de valores em baixa há 16 anos, rumores sobre riscos de deflação e um pântano de confusões em sua liderança política, o Japão parecia fadado a uma séria crise econômica. O banco central subestimou a possibilidade de deflação, dizendo que os preços em queda demonstram que o mercado está finalmente se abrindo para a concorrência.

Como os controles sobre a inflação e os preços impostos por um país e/ou pelo mercado global[13] estão além do alcance das empresas, elas utilizam uma variedade de técnicas para aumentar o preço de venda e, desse modo, compensar a pressão da inflação e os controles de preço. Elas podem cobrar por serviços extras, aumentar os custos na determinação de preços de transferência ou dividir os produtos em componentes e atribuir um preço distinto a cada um deles.

A inflação provoca a escalada de preços ao consumidor. Os consumidores, por sua vez, com a ascensão dos preços passam a não participar das atividades de compra e venda do mercado. A deflação, em contraposição, resulta em preços descendentes, que criam uma situação favorável para os consumidores, mas tanto a inflação quanto a deflação pressionam todos os integrantes da cadeia de abastecimento a diminuir os custos.

Deflação

A economia japonesa permaneceu em uma espiral deflacionária durante inúmeros anos. No país famoso por vender melões a US$ 10 e bifes a US$ 100, a cadeia McDonald's, que antes vendia seus hambúrgueres por US$ 1,09, agora os vende por 52 centavos de dólar; o preço de um televisor em cores de tela plana de 32 polegadas baixou de US$ 4 mil para US$ 2.400; e as lojas de vestuário competem entre si para vender jaquetas de lã por US$ 8, as quais eram vendidas por US$ 25 dois anos antes. Os preços ao consumidor caíram a tal ponto que se parecem com aqueles que outrora os japoneses só encontravam em suas viagens de compra ao exterior. Os preços altos prevalecentes no Japão antes da deflação possibilitavam margens de lucro significativamente altas para todos os integrantes da cadeia de distribuição. Como os preços continuaram em queda ao longo de vários anos, os menos aptos a ajustar os custos para obter alguma margem de lucro com os preços deflacionados entregaram os pontos. Categorias de varejo totalmente novas – lojas que oferecem desconto de 100 ienes, cadeias de lojas de vestuário que vendem produtos de baixo custo importados da China e lojas de departamentos tipo armazém – tornaram-se a norma. Houve um aumento de 78% nas vendas das lojas de descontos no final da década de 1990. O desconto é a saída para prosperar no Japão, o que novamente ajuda a fomentar a deflação. Enquanto os integrantes da cadeia de distribuição adaptavam-se a diferentes cenários competitivos ou desistiam, os

---

[13] Neil Shah, "Fears Rise of Euro Government Default", *The Wall Street Journal*, 4 de fevereiro de 2010 [*on-line*].

Em meados da década de 1990, o México cortou três zeros do peso para reagir a uma desvalorização significativa de sua moeda. A Venezuela fez o mesmo em 2008.[14] Em 2005, a Turquia cortou seis zeros da lira turca, para uma possível filiação à UE. Essas medidas afetaram a percepção de grupos de interesse importantes. As duas notas retratadas valem em torno de 75 centavos de dólar.

consumidores japoneses deleitavam-se com seu novo poder aquisitivo. Os turistas japoneses costumavam viajar aos Estados Unidos para comprar produtos a preços bem mais baratos. Contudo, como comentou uma consumidora, "hoje, acho que os preços no Japão estão baixando e os preços nos Estados Unidos não são mais baratos". Embora estivesse acostumada a voltar de suas viagens aos Estados Unidos carregando várias malas de pechinchas, voltou de suas últimas férias de duas semanas com compras que cabem em uma pochete.

Nos mercados deflacionários, é essencial que a empresa mantenha o preço baixo e aumente o valor da marca para ganhar a confiança dos consumidores. Independentemente de estar enfrentando uma deflação ou inflação, o exportador deve enfatizar o controle da escalada de preços.

Flutuações da taxa de câmbio

Antigamente, os contratos de comércio internacionais podiam ser redigidos facilmente porque o pagamento era especificado em uma moeda relativamente estável. O dólar americano era o padrão, e todas as transações podiam ser relacionadas ao dólar. Agora, como as principais moedas flutuam livremente entre si, ninguém tem certeza sobre o valor futuro de nenhuma moeda. Cada vez mais as empresas exigem que as negociações sejam firmadas na moeda nacional da empresa fornecedora, e o *hedge* a termo se torna mais comum. Quando as taxas de câmbio não são consideradas com cuidado nos contratos de longo prazo, as empresas acabam concedendo, inconscientemente, de 15 a 20% de desconto. O custo adicional provocado pelas flutuações cambiais no dia a dia deve ser levado em conta, especialmente quando existe um lapso de tempo significativo entre o pedido e a entrega dos produtos. Os diferenciais nas taxas de câmbio aumentam. Embora em um único ano a Hewlett-Packard tenha obtido um lucro complementar de quase meio milhão de dólares com flutuações cambiais, a Nestlé perdeu US$ 1 milhão em seis meses. Outras empresas perderam ou ganharam quantias ainda mais altas.

---

[14] A revista *The Economist* publica anualmente o índice Big Mac, que prevê flutuações monetárias. Consulte "Cheesed Off", 8 de julho de 2009, p. 74.

Discrepância entre moedas

Além dos riscos das variações cambiais, outros são provocados pela variação do valor da moeda de um país em relação a outras moedas,[15] como as percepções de valor dos consumidores.[16] Pense, por exemplo, na situação de um comprador da Alemanha de produtos manufaturados dos Estados Unidos entre meados de 2001 e meados de 2003. Durante esse período, o valor do dólar americano em relação ao euro mudou de uma posição sólida (US$ 1 para € 1,8315) em meados de 2001 para uma posição mais fraca (US$ 1 para € 0,8499) em meados de 2003. Um dólar forte gera resistência aos preços porque uma quantidade maior de moeda local é necessária para comprar um dólar americano. Em contraposição, quando o dólar está fraco, a demanda por produtos americanos aumenta porque uma quantidade menor de moeda doméstica é necessária para comprar um dólar americano. O dólar mais fraco de meados de 2003, comparado com a maioria das moedas mais fortes do mundo, estimulava as exportações provenientes dos Estados Unidos. Consequentemente, quando o dólar está mais forte, as exportações dos Estados Unidos enfraquecem.

Quando o valor do dólar é fraco em relação à moeda do comprador (isto é, quando são necessárias poucas unidades de moeda estrangeira para comprar um dólar), as empresas geralmente empregam a determinação de preço com base no custo mais margem (*cost plus*). Para se manterem competitivas quando o dólar está forte (isto é, quando são necessárias mais unidades de moeda estrangeira para comprar um dólar), as empresas precisam encontrar soluções para compensar a elevação de preço provocada pelo valor das moedas. Quando a rúpia, da Índia, ficou significativamente enfraquecida em relação ao dólar americano, os fabricantes de computadores pessoais enfrentaram um problema sério de determinação de preços. Como eles dependiam de componentes importados, suas opções eram absorver o custo crescente ou elevar o preço dos computadores pessoais.

As oscilações da taxa de câmbio são consideradas por muitas empresas globais o principal problema da determinação de preços. Como os benefícios de um dólar mais fraco geralmente são transitórios, as empresas precisam adotar uma postura proativa de uma forma ou de outra. Em relação à empresa que deseja manter preços competitivos e tem planos de longo prazo que preveem operações contínuas em mercados estrangeiros, as estratégias de preço devem considerar variações nos valores das moedas.

Dependendo do mercado, do produto e da situação, é possível identificar inúmeras variáveis de custo. Por exemplo, o custo para atingir um mercado com potencial relativamente pequeno pode ser alto. Os custos operacionais altos das pequenas lojas especializadas, como as que existem no México e na Tailândia, elevam os preços do varejo. A concorrência intensa em determinados mercados mundiais aumenta o custo ou diminui as margens de lucro disponíveis ao comércio mundial. Apenas a experiência em um mercado específico oferece uma estrutura para compensar as diferenças de custo em diferentes mercados.

Uma mulher observa um cartaz que oferece um sanduíche de hambúrguer com bacon *e alface pela metade do preço, de US$ 3,20 por US$ 1,60, em uma promoção de desconto que duraria um mês em um restaurante McDonald's no centro de Tóquio. O McDonald's do Japão anunciou que durante um mês ofereceria hambúrgueres com 30% de desconto para devolver aos clientes o lucro que havia obtido na importação de matérias-primas do exterior, em virtude do fortalecimento do iene em relação ao dólar americano. Essa medida da empresa criou credibilidade entre os clientes em um momento em que foi preciso baixar os preços para "levantar" as vendas em uma economia que passa por um significativo período de retração. Esse é um bom exemplo de como as diferenças no valor das moedas podem ser positivas para uma empresa, tal como nesse caso, ou negativas, quando o valor do dólar é bem mais forte do que o da moeda doméstica.*

Custos com intermediários e transporte

A extensão do canal e os padrões de comercialização variam amplamente. Porém, na maioria dos países, os canais são mais extensos e as margens de lucro dos intermediários são mais altas do que as usuais nos Estados Unidos. A diversidade de canais utilizados para atingir os mercados e a ausência de margens de lucro padronizadas entre os intermediários impedem que muitos fabricantes saibam que preço final um produto terá.

Além dessa diversidade, o profissional de marketing que está totalmente integrado em atividades no exterior enfrenta vários custos imprevistos, uma vez que as infraestruturas de marketing e dos canais de distribuição são subdesenvolvidas em inúmeros países. Esse profissional pode também ter despesas adicionais de armazenamento e processamento de pequenas remessas e talvez tenha de arcar com custos financeiros maiores ao trabalhar com intermediários subfinanciados.

---

[15] Klaus Wertenbrouch, Dilip Soman e Amitava Chattopadhyay, "On the Perceived Value of Money: The Reference Dependence of Currency Numerosity Effects", *Journal of Consumer Research*, 34, 2007, p. 1-10.

[16] "Venezuela: Chavez's New Currency Targets Inflation", *Tulsa World*, 1º de janeiro de 2008, p. A6.

Visto que não existe nenhuma fonte conveniente de dados sobre intermediários, o profissional de marketing internacional deve valer-se de sua experiência e de pesquisas de marketing para determinar os custos com intermediários. A Campbell Soup Company constatou que seus custos com intermediário e distribuição física no Reino Unido são 30% mais altos do que nos Estados Unidos. Havia custos extras porque as sopas eram compradas em pequenas quantidades – as pequenas mercearias inglesas normalmente compram caixas com 24 latas de sopas variadas (as caixas são embaladas à mão para serem transportadas). Nos Estados Unidos, normalmente se compram dúzias, centenas e caminhões cheios de caixas de 48 latas de uma única sopa. Os hábitos de compra na Europa forçaram a empresa a utilizar em seu canal um nível complementar de venda por atacado para facilitar o processamento de pedidos pequenos.

A exportação também aumenta os custos de transporte na movimentação de mercadorias de um país para outro. Se os produtos forem transportados por via aquática, os custos adicionais serão seguro, embalagem e manuseio, que geralmente não são acrescentados aos produtos fabricados nacionalmente. Esses custos acrescentam ainda outro ônus porque as tarifas de importação de vários países baseiam-se no custo posto no destino (*landed cost*), que abrange transporte, seguro e despesas de embarque. Isso contribui para a elevação do preço final. A seção seguinte descreve detalhadamente como um preço no mercado doméstico pode mais do que duplicar em um mercado estrangeiro.

Exemplos do efeito da escalada de preços

A Figura 18.2 mostra alguns dos efeitos que os fatores discutidos previamente podem ter sobre o preço final de um produto de consumo. Como os custos e as tarifas variam amplamente de um país para outro, utilizamos um exemplo hipotético mas realista. Ele pressupõe que o fabricante recebe um preço líquido constante, que todos os custos de transporte doméstico são absorvidos pelos vários intermediários e refletidos por suas margens de lucro e que as margens dos intermediários estrangeiros são iguais às dos intermediários domésticos. Em alguns casos, as margens dos intermediários estrangeiros são mais baixas, mas é igualmente provável que elas possam ser mais altas. Na verdade, em várias circunstâncias, as margens de atacado e varejo utilizadas pelos intermediários para produtos estrangeiros são mais altas do que as margens de produtos domésticos semelhantes.

Observe que na Figura 18.2 os preços do varejo variam amplamente, demonstrando a dificuldade encontrada pelos fabricantes para controlar os preços nos mercados de varejo externos. Não importa o quanto um fabricante deseje comercializar um produto em um mercado estrangeiro por um preço equivalente a US$ 10, a probabilidade de controle é pequena.

Figura 18.2
Exemplos de causa e efeito da escalada de preços.

	Exemplo doméstico	Exemplo estrangeiro 1: pressupondo os mesmos canais com importação direta pelo atacadista	Exemplo estrangeiro 2: Importador com margens de lucro e canais idênticos	Exemplo estrangeiro 3: igual ao exemplo 2, mas com 10% de impostos cumulativos de circulação de mercadoria
Rede de fabricação	US$ 5,00	US$ 5,00	US$ 5,00	US$ 5,00
Transporte, CIF	n/a	6,10	6,10	6,10
Tarifa (20% do valor de CIF)	n/a	1,22	1,22	1,22
Pagamentos do importador	n/a	n/a	7,32	7,32
Margem de lucro do importador na venda ao atacadista (25% do custo)	n/a	n/a	1,83	1,83 + 0,73
Custo posto no destino pago pelo atacadista	5,00	7,32	9,15	9,88
Margem de lucro do atacadista (33,33% do custo)	1,67	2,44	3,05	3,29 + 0,99
Pagamentos do varejista	6,67	9,76	12,20	14,16
Margem do varejo (50% do custo)	3,34	4,88	6,10	7,08 + 1,42
Preço do varejo	US$ 10,01	US$ 14,64	US$ 18,30	US$ 22,66

Notas: CIF = custo, seguro e frete, de (*cost, insurance and freight*); n/a = não aplicável. Esta figura pressupõe que todos os custos de transporte são absorvidos pelo intermediário. O transporte, as tarifas e o intermediário variam de país para país. Porém, a título de comparação, somente algumas das variáveis possíveis são mostradas.

Mesmo assumindo que as condições no Exemplo estrangeiro 1 são as mais otimistas, o produtor precisaria cortar mais de um terço de seu lucro líquido para absorver os custos de frete e de tarifa, se fosse necessário cobrar um preço idêntico pelos produtos no mercado estrangeiro e no doméstico. A escalada de preços está em todos os lugares: uma camisa masculina vendida por US$ 40 nos Estados Unidos é vendida por US$ 80 em Caracas. A um abridor de lata elétrico de US$ 20 nos Estados Unidos é vendido por US$ 70 em Milão; uma torradeira automática de US$ 35, de fabricação americana, é vendida por US$ 80 na França.

A menos que seja possível reduzir alguns dos custos que provocam a escalada de preços, o profissional de marketing enfrentará condições que podem restringir as vendas a um pequeno segmento de clientes ricos e insensíveis ao preço. Como em vários mercados o poder aquisitivo dos consumidores é menor que nos Estados Unidos, pode-se facilmente cobrar um preço exorbitante muito acima do mercado. Além disso, assim que a escalada de preço entra em ação, ela pode rapidamente entrar em uma espiral ascendente. Quando o preço para os intermediários é alto e o imposto de circulação é baixo, eles devem insistir em manter margens de lucro mais altas para cobrir os custos, o que, obviamente, eleva o preço ainda mais. A menos que seja possível diminuir a escalada de preços, os profissionais de marketing concluirão que os únicos compradores que sobraram são os mais ricos. Se a intenção for concorrer com êxito nos mercados crescentes ao redor do mundo, a contenção de custos deve ser uma prioridade. Se for possível reduzir os custos em qualquer ponto da cadeia de abastecimento, do custo do fabricante à margem de lucro do varejista, a escalada de preços diminuirá. A seguir, apresentamos uma discussão sobre alguns métodos para diminuir a escalada de preços.

Métodos para diminuir a escalada de preços

Os três métodos utilizados para diminuir os custos e a escalada de preços são redução do custo das mercadorias, redução das tarifas e redução dos custos de distribuição.

Redução do custo das mercadorias

Se for possível diminuir o preço do fabricante, o efeito será sentido ao longo de toda a cadeia. Um dos principais motivos para se fabricar em um terceiro país é tentar diminuir os custos de fabricação e, portanto, a escalada de preços. O impacto pode ser profundo se você levar em conta que o custo por hora de um trabalhador qualificado em uma *maquiladora* no México é inferior a US$ 3, incluindo benefícios, em comparação a mais de US$ 10 nos Estados Unidos.

Ao comparar os custos de fabricação de fornos de micro-ondas nos Estados Unidos e na Coreia, a General Electric Company identificou diferenças importantes. A GE gasta US$ 218 para fabricar um forno de micro-ondas comum, enquanto a fabricante coreana Samsung gasta US$ 155. Uma análise dos custos revelou que a mão de obra de montagem custa US$ 8 por forno para a GE e apenas 63 centavos de dólar para a Samsung. Talvez a constatação mais perturbadora para a GE tenha sido a de que os trabalhadores coreanos fazem mais por um custo menor: a GE produzia quatro unidades por pessoa, enquanto a empresa coreana produzia nove.

Embora a Coreia continue sendo um importante local de fabricação no exterior, a China despontou como uma potência manufatureira global, apoiada por uma mão de obra barata, uma rápida melhoria da qualidade de produção, novas fontes de capital, um setor privado mais dinâmico e uma moeda intencionalmente subvalorizada. A China fornece uma variedade crescente de produtos ao mercado global. O Japão, país do controle de qualidade de zero defeito, está cada vez mais satisfeito com a competência dos trabalhadores chineses. A Star Manufacturing, empresa japonesa de fabricação de máquinas operatrizes de precisão, transferiu 30% de sua produção para a China porque a mão de obra barata e os recursos baratos diminuíam 20% de seus custos de produção.

A eliminação de recursos funcionais caros ou mesmo a diminuição da qualidade geral do produto é outro método empregado para minimizar a escalada de preços. No caso dos produtos fabricados nos Estados Unidos, a qualidade e os recursos complementares necessários para seu mercado doméstico mais desenvolvido talvez não sejam essenciais nos países que não atingiram o mesmo nível de desenvolvimento ou de exigência do consumidor. Na guerra de preços entre a P&G e a Kimberly-Clark no Brasil, diminui-se a qualidade do produto para diminuir o preço. Lembre-se de que no supermercado nossas avós escolhiam a marca de fralda mais barata e de mais baixa qualidade. De modo semelhante, os recursos funcionais das máquinas de lavar roupa fabricadas nos Estados Unidos, como branqueamento automático e dispensador de sabão, termostato para oferecer quatro níveis diferentes de temperatura

CRUZANDO FRONTEIRAS 18.3 — O que significa ser humano? Um aumento de 5,2%, é isso o que significa!

"O que significa ser humano?", perguntou a juíza Barzilay em seu gabinete, no Tribunal de Comércio Internacional dos Estados Unidos. No âmago do problema estavam aproximadamente 60 pequenos objetos de plástico da Marvel Enterprises, dentre os quais se identificavam os X-Men e alguns outros personagens de quadrinhos.

A Toy Biz Inc., subsidiária da Marvel, queria que seus heróis, que incluíam uma série de personagens de quadrinhos, fossem declarados não humanos. Na época, as tarifas eram mais altas para bonecos e bonecas (12%) do que para brinquedos (6,8%). De acordo com o código de tarifas americano, formas humanas são bonecos, e formas que representam animais ou outras "criaturas", como monstros e robôs, são brinquedos.

Assim se iniciou o grande debate sobre a verdadeira essência desses personagens. A Barbie é uma boneca. O urso Pooh é um brinquedo. Até aí é simples. Mas e o Wolverine, o X-Man musculoso cujas unhas de metal afiadas projetam-se de seus punhos? Esse personagem ganhou várias formas em seus mais de 40 anos de existência pela Marvel. Mas ele é humano? E o que dizer de Kraven, famoso caçador que uma vez derrotou o Homem-Aranha, graças em parte à força que ganhou bebendo elixires secretos das florestas?

A Toy Biz defendeu que os personagens "figuram como testemunhas convincentes de sua própria condição de criatura não humana". Como eles poderiam ser humanos se possuem "tentáculos, unhas afiadas, asas ou braços e pernas de robô"? O Serviço Alfandegário dos Estados Unidos argumentou que cada personagem tinha uma "personalidade individual distintiva". Alguns eram russos, japoneses, negros, brancos, mulheres e deficientes físicos. Wolverine, insistiu o governo, era nada mais que "um homem com mãos protéticas".

Para avaliar o problema, a juíza Barzilay debruçou-se sobre uma pilha de sumários jurídicos antagônicos, na companhia de mais de 60 personagens de ação, como Wolverine, Storm, Rogue, Kraven e Bonebreaker. A juíza descreveu em sua decisão judicial de que forma ela submeteu vários personagens a um "criterioso exame". Às vezes, isso "exigia que ela despisse o personagem". Os X-Men, curiosamente, foram os menos problemáticos. Eles são mutantes, declarou ela, que "utilizam seus poderes extraordinários e anormais para o bem ou para o mal". Por isso, os X-Men são "outra coisa, mas não humanos". Os personagens das séries Quarteto Fantástico e Homem-Aranha foram mais difíceis para a juíza. Depois de examinar e refletir cuidadosamente, ela chegou à conclusão que Kraven exibia um "tônus muscular extremamente exagerado nos braços e nas pernas", além de vestir um "colete semelhante a uma crina de leão". Essas características ajudaram a juíza a relegá-lo ao mundo inferior dos robôs, monstros e demônios. Caso encerrado.

A Toy Biz Inc. rejubilou-se, mas os fãs ficaram furiosos – de forma alguma os X-Men são meras criaturas. Os super-heróis da Marvel devem ser considerados tão humanos quanto eu ou você. Eles vivem em Nova York, têm família e trabalham. E agora eles não são mais humanos?" O atual autor da série de quadrinhos *Uncanny X-Men*, da Marvel, também não acreditou. Ele afirma que trabalhou com afinco durante um ano para enfatizar a humanidade dos X-Men, para mostrar "que eles são apenas outro elemento da cadeia evolutiva". Mas "não se preocupem, fãs da Marvel, a decisão de que os personagens X-Men de fato têm características 'não humanas' é outra prova de que nossos personagens têm poderes especiais e de outro mundo".

Embora essa situação pareça insignificante, ela ressalta exatamente até que ponto a classificação de tarifas pode ser arbitrária. Se você achar que um produto pode ser enquadrado em uma tarifa mais baixa, vale a pena questionar isso. Para cada US$ 100 mil em personagens de plástico importados, essa reclassificação economiza US$ 5.200 para a Toy Biz. Nada mal, tendo em vista as centenas de milhares de dólares que a empresa importa anualmente – isso sem mencionar o valor não revelado que a Toy Biz recebeu de volta, correspondente aos anos em que pagou tarifas mais altas.

Fontes: Niel King Jr., "Is Wolverine Human? A Judge Answers No; Fans Howl in Protest", *The Wall Street Journal*, 20 de janeiro de 2003; Marie Beerens, "Marvel's Two Movies Should Fuel Demand", *Investor's Business Daily*, 19 de fevereiro de 2008; Paul Bond, "Hasbro, Marvel Will Play Together through '17", *Hollywood Reporter*, 18 de fevereiro de 2009, p. 8.

---

de água, controle do volume de água e aviso sonoro para ciclos apropriados, talvez sejam desnecessários para muitos mercados estrangeiros. A eliminação desses recursos diminui os custos de fabricação e, por conseguinte, a escalada de preços correspondente. A redução dos custos de fabricação muitas vezes pode gerar um duplo benefício: um preço mais baixo para o consumidor pode também significar tarifas mais baixas, pois as tarifas são em sua maioria arrecadadas com base em uma taxa *ad valorem*.

Redução das tarifas

Quando as tarifas são responsáveis por grande parte da escalada de preços, como ocorre em muitos casos, as empresas procuram soluções para reduzi-las. Alguns produtos podem ser reclassificados de acordo com uma classificação aduaneira diferente para a obtenção de tarifas mais baixas.[17] Uma empresa americana que vende equipamentos de comunicação na Austrália era obrigada a pagar uma tarifa de 25%, o que afetava a competitividade de preço de seus produtos. Essa empresa persuadiu o governo australiano a mudar a classificação do tipo de produto que ela vende de "equipamentos de computador" (tarifa de 25%) para "equipamentos de telecomunicações" (tarifa de 3%). Tal como vários produtos, os produtos dessa empresa

---

[17] Matthew Dolan, "To Outfox the Chicken Tax, Ford Strips Its Own Vans", *The Wall Street Journal*, 22 de setembro de 2009, p. A1, A14.

Hugh Jackman representando Wolverine, personagem de ficção X-Men da Marvel Enterprises. O problema da classificação de tarifas surgiu quando a empresa declarou que os personagens de brinquedo importados eram brinquedos não humanos e a alfândega americana considerou que eram bonecos com forma humana – na época, a tarifa sobre bonecos era de 12%, em comparação à tarifa de 6,8% sobre brinquedos. A alfândega americana alegou que os personagens X-Men tinham forma humana e, portanto, deveriam ser classificados como bonecos, e não como figuras que representam animais ou outras criaturas, caso em que poderiam ser classificados como brinquedo.
A classificação de produtos é fundamental para a determinação de tarifas. Consulte o quadro "Cruzando fronteiras 18.3" para obter informações detalhadas sobre esse caso.

poderiam ser classificados legalmente nessas duas categorias. Uma reclamação contra os agentes alfandegários da Rússia é a forma arbitrária pela qual eles frequentemente classificam os produtos. A alfândega russa, por exemplo, insiste em classificar o gel para banho 2 em 1 da Johnson & Johnson como cosmético, cuja tarifa é de 20%, e não como um substituto do sabão, que é como a empresa o classifica, cuja tarifa é de 15%.

A maneira como os produtos são classificados em muitos casos é um julgamento de valor que não se baseia em regras fixas. Na classificação de um determinado produto como joia ou como arte, a diferença é que não se paga nenhuma tarifa por uma joia artística, mas se paga uma tarifa de 26% por um produto considerado apenas como joia. Por exemplo, um inspetor da alfândega americana não conseguiu determinar se um ovo Fabergé de US$ 2,7 milhões era uma joia artística ou simplesmente uma joia. A diferença era uma tarifa zero ou uma tarifa de US$ 700 mil. Um experiente agenciador de cargas/despachante alfandegário conseguiu resolver a situação persuadindo o agente alfandegário de que o ovo Fabergé era uma obra de arte. Como a classificação dos produtos varia de país para país, analisar pormenorizadamente as tabelas de tarifas e os critérios de classificação pode resultar em uma tarifa mais baixa.

Além de conseguir reclassificar um produto em uma categoria tarifária inferior, talvez seja possível modificar um produto para que ele se encaixe em uma tarifa menor de acordo com uma determinada classificação. No setor de calçados, a diferença tarifária com relação à classificação de um calçado esportivo "com tira" ou "semelhante ao calçado com tira" pode ser considerável. Para proteger o setor doméstico de calçados contra a violenta invasão de tênis baratos do Extremo Oriente, as tabelas de tarifas estabelecem que qualquer calçado de lona ou vinil com tira (faixa acrescentada em torno da sola do calçado a uma altura superior a 0,635 centímetros) pode sofrer uma tributação alfandegária mais alta. Por esse motivo, os fabricantes desenham os calçados de modo que o solado são ultrapasse 0,635 centímetros. Quando o solado ultrapassa esse limite, é considerado "com tira"; abaixo desse limite, é "semelhante ao que possui tira". O calçado com tira sofre uma tributação de 48%, e o semelhante ao calçado com tira (com uma faixa de 0,635 centímetros ou menos) sofre uma tributação de apenas 6%.

É comum haver taxas diferenciais entre produtos totalmente montados e prontos para uso e produtos que exigem algum tipo de montagem, processamento complementar, inserção de peças componentes ou outro tipo de processamento que aumente o valor do produto e possa ser realizado em outro país. Por exemplo, um aparelho pronto para uso com tarifa de 20% pode estar sujeito a uma tarifa de apenas 12% quando é importado desmontado. Uma tarifa ainda menor pode ser aplicada quando o produto é montado no país e algum componente local é acrescentado.

O reacondicionamento também pode ajudar a diminuir as tarifas. A tequila que entra nos Estados Unidos em contêineres de um galão (3,785 litros) ou menos sofre uma tributação de US$ 2,27 por galão com 50% de teor alcoólico; já os contêineres maiores sofrem tributação de US$ 1,25 apenas. Se o custo de reenvasamento for inferior a US$ 1,02 por galão com 50% de teor alcoólico, e provavelmente será, é possível fazer uma economia considerável. Como será discutido em breve, uma das atividades mais importantes nas zonas de comércio exterior é a montagem dos produtos importados, que utiliza mão de obra local, normalmente mais barata.

Redução dos custos de distribuição

Os canais menos extensos podem ajudar a manter os preços sob controle. Criar um canal com uma quantidade menor de intermediários pode reduzir os custos de distribuição ou eliminar a remarcação de preços. Além da eliminação dessas remarcações, um número menor de intermediários pode significar impostos gerais mais baixos. Alguns países aplicam um imposto sobre a circulação de mercadorias à medida que elas passam pelos canais. Os produtos são tributados toda vez que passam de uma mão para outra. O imposto pode ser cumulativo ou não cumulativo. O imposto sobre circulação de mercadorias cumulativo baseia-se no preço de venda total e é tributado toda vez que os produtos mudam de mãos. Obviamente, nos países em que esse imposto é cumulativo, o imposto em si oferece um incentivo especial para o desenvolvimento de canais de distribuição mais curtos. Quando isso é possível, o imposto é pago apenas sobre a diferença entre o custo do intermediário e o preço de venda. Embora muitos fabricantes tenham sido obrigados a cortar os preços na esteira da deflação do Japão, a Louis Vuitton, fabricante de roupas e acessórios de marca, conseguiu aumentá-los. Por ter uma marca sólida e distribuição direta, a Louis Vuitton pode utilizar essa estratégia de preço. As bolsas de couro da Louis Vuitton com suas iniciais transformaram-se em uma "necessidade diária" para os consumidores japoneses, e a empresa distribui diretamente e estabelece seu próprio preço.

Utilização de zonas de comércio exterior para diminuir a escalada de preços

Alguns países criaram zonas de comércio exterior (ZCEs – também conhecidas como áreas de livre-comércio) ou portos livres para facilitar o comércio internacional.[18] Existem mais de 300 instalações desse tipo no mundo, que armazenam ou processam produtos importados. À medida que as políticas de livre-comércio na África, na América Latina, na Europa Oriental e em outras regiões em desenvolvimento se ampliam, tem havido uma expansão igualmente rápida com a criação e utilização das zonas de comércio exterior. Em um porto livre ou em uma ZCE, o pagamento dos impostos de importação é postergado até o momento em que o produto deixa a ZCE e entra no país. Basicamente, a ZCE é um enclave isento de impostos que não é considerado parte do país no que tange aos regulamentos sobre importação. Quando o produto deixa a ZCE e entra oficialmente no país anfitrião, todos os impostos e regulamentos são aplicados.

Até certo ponto, a utilização das ZCEs pode controlar a escalada de preços provocada pelos vários níveis de impostos, direitos alfandegários, sobretaxas, despesas de frete e assim por diante. Essas zonas possibilitam que muitas dessas despesas complementares sejam evitadas, reduzidas ou proteladas para que o preço final fique mais competitivo. Um dos benefícios mais importantes da ZCE para o controle de preços é a isenção de impostos sobre os custos de mão de obra e os custos indiretos incorridos na zona quando se calcula o valor dos produtos.

Ao remeter produtos desmontados para uma ZCE no país importador, o profissional de marketing pode diminuir os custos de várias maneiras:
- É possível diminuir as tarifas, pois a taxa de direitos alfandegários normalmente é menor para produtos desmontados do que para produtos montados.
- Se os custos de mão de obra forem mais baixos no país importador, a economia de custo no produto final pode ser considerável.
- As tarifas de transporte por via marítima podem ser afetadas pelo peso e pelo volume; portanto, os produtos desmontados podem diminuir as tarifas de frete.
- Se conteúdos locais, como embalagens ou peças componentes, puderem ser utilizados na montagem final, as tarifas podem ser reduzidas ainda mais.

Em suma, a zona de comércio exterior ou área de livre-comércio é um método fundamental para controlar a escalada de preços. Casualmente, as vantagens oferecidas por uma ZCE ao exportador são também vantagens para o importador. Os importadores americanos utilizam mais de 100 ZCEs nos Estados Unidos para ajudar a diminuir os custos dos produtos importados. A Figura 18.3 mostra como as ZCEs são utilizadas.

Figura 18.3
Como as zonas de comércio exterior são utilizadas?

Existem mais de 100 zonas de comércio exterior (ZCEs) nos Estados Unidos e outras mais em vários países do mundo. As empresas as utilizam para postergar o pagamento de tarifas sobre os produtos enquanto se encontram nessas zonas. Apresentamos aqui alguns exemplos sobre como as ZCEs são utilizadas nos Estados Unidos.
- Uma empresa japonesa monta motocicletas, *jet skis* e veículos de três rodas para importação e exportação para o Canadá, a América Latina e a Europa.
- Um fabricante americano de persianas e minipersianas importa e armazena tecidos da Holanda em uma ZCE e posterga o pagamento de 17% de tarifa até o momento em que o tecido sai dessa zona.
- Um fabricante de secadores de cabelo armazena seus produtos em uma ZCE, utilizada como principal centro de distribuição de seus produtos fabricados na Ásia.
- Uma empresa de dispositivos médicos fabrica aparelhos de hemodiálise e sondas esterilizadas com matéria-prima da Alemanha e mão de obra dos Estados Unidos. Depois, a empresa exporta 30% de seus produtos para países escandinavos.
- Uma empresa canadense monta máquinas de ensino eletrônicas com gabinetes da Itália, eletrônicos de Taiwan, Coreia e Japão e mão de obra dos Estados Unidos, para exportá-las para a Colômbia e o Peru.

Em todos esses exemplos, as tarifas são postergadas até o momento em que os produtos saem da ZCE e entram nos Estados Unidos. Além disso, na maioria das situações, uma tarifa menor seria aplicada a componentes e matérias-primas, e a maior, a produtos importados diretamente como produtos acabados. Se os produtos acabados que se encontram na ZCE não forem importados para os Estados Unidos, mas enviados para outro país, nenhuma tarifa será cobrada.

Fontes: Lewis E. Leibowitz, "An Overview of Foreign Trade Zones", *Europe*, inverno-primavera de 1987, p. 12; "Cheap Imports", *International Business*, março de 1993, p. 98-100; "Free-Trade Zones: Global Overview and Future Prospects", http://www.stat-usa.gov, 2010.

---

[18] Liu Li, "Free Trade Zone in Pipeline in Xinjiang", *China Daily*, 20 de setembro de 2005.

Venda a preços inferiores aos normais ou ao custo (*dumping*)

No comércio internacional, uma consequência lógica de uma determinada política de mercado é a fixação de preços competitivos e amplamente distintos em diversos mercados. A determinação de preço de custo marginal (variável), tal como discutido antes, é uma das formas de reduzir os preços para mantê-los em uma faixa competitiva. A lógica do mercado e econômica dessas políticas de determinação de preços dificilmente pode ser contestada, mas as práticas com frequência são classificadas como *dumping* e estão sujeitas a duras penalidades e multas. O *dumping* é definido de diferentes formas por vários economistas. Uma das abordagens classifica as remessas internacionais como *dumping* se os produtos forem vendidos abaixo do respectivo custo de produção. Para outra abordagem, o *dumping* corresponde à venda de produtos em um mercado estrangeiro abaixo do preço dos mesmos produtos do mercado doméstico.

Os regulamentos da Organização Mundial do Comércio (OMC) autorizam a aplicação de direitos sobre *dumping* quando os produtos são vendidos a um preço inferior ao preço normal de exportação ou inferior ao custo no país de origem – que sofre um aumento razoável em virtude do custo das vendas e dos lucros –, quando esse preço tende a ser prejudicial para a atividade econômica do país importador. O **direito alfandegário compensatório** ou *volume de acesso mínimo (VAM)*, que restringe a quantidade de produtos que um país importará, pode ser imposto sobre os produtos estrangeiros beneficiados por subsídios, seja na produção, na exportação ou no transporte.

Para que se possa aplicar o direito compensatório, é necessário demonstrar que os preços no país importador são inferiores aos do país exportador e que os fabricantes no país importador são prejudicados diretamente pelo *dumping*. Um relatório do Departamento de Agricultura dos Estados Unidos revelou que os níveis de *dumping* nesse país giram em torno de 40% para o trigo e entre 25 e 30% para o milho; já os níveis para a soja aumentaram de maneira gradual nos últimos quatro anos para cerca de 30%. Essas porcentagens significam, por exemplo, que o trigo chega a ser vendido por um valor 40% abaixo do custo de produção. No caso do algodão, o nível de *dumping* de um determinado ano elevou-se acentuadamente para 57% e, no caso do arroz, ficou estabilizado em aproximadamente 20%. Esse estudo indicou que os Estados Unidos provocam o *dumping* dessas *commodities* nos mercados internacionais, o que constitui violação aos regulamentos da OMC. Segundo esse relatório, alguns países, após vários anos de tolerância ao *dumping* agrícola, começaram a reagir, investigando se determinados produtos exportados dos Estados Unidos são objeto de *dumping*. O Brasil avalia a possibilidade de mover uma ação contra o algodão dos Estados Unidos na OMC. Durante um breve período, o Canadá impôs direitos compensatórios e *antidumping* sobre as importações de milho dos Estados Unidos, que fizeram o mesmo com o suco concentrado de maçã chinês.

O *dumping* raramente é um problema quando os mercados mundiais são sólidos. Nas décadas de 1980 e 1990, o *dumping* tornou-se um problema importante para inúmeros setores, quando o excesso de capacidade de produção em relação à demanda do país de origem levou várias empresas a determinar o preço de seus produtos com base no custo marginal. Um exemplo clássico de *dumping* é quando os preços são mantidos no mercado do país de origem e diminuídos nos mercados estrangeiros.

Hoje, a imposição governamental mais rigorosa da legislação sobre *dumping* força muitos profissionais de marketing internacional a procurar alternativas que considerem essa legislação. A montagem de produtos no país importador é um método empregado pelas empresas para diminuir os preços e evitar as acusações de *dumping*. Entretanto, essas *fábricas de montagem (screwdriver plants)*, como normalmente são chamadas, estão sujeitas a acusações de *dumping* se os diferenciais de preço forem superiores às economias de custo resultantes da montagem no país importador. Outro subterfúgio é alterar o produto de modo que a descrição técnica se encaixe em uma categoria de direitos alfandegários mais baixos. Para contornar o direito compensatório de 16,9% de imposto sobre isqueiros a gás de bolso não recarregáveis fabricados na China, o fabricante acrescentou uma válvula desnecessária aos isqueiros para que se enquadrassem na categoria de "não descartáveis", evitando, assim, o pagamento do direito. Os países que não se deixam enganar e percebem vários desses subterfúgios impõem impostos. Por exemplo, a UE impôs um direito sobre *dumping* de US$ 27 a US$ 58 por unidade a uma empresa japonesa que montava e vendia equipamentos para escritório na UE. A empresa foi acusada de aplicar um preço abaixo do custo às peças importadas para montagem.

Atualmente, o mercado americano está mais sensível ao *dumping* do que no passado. Na verdade, a Rodada do Uruguai, realizada pelo Acordo Geral sobre Tarifas e Comércio

(General Agreement on Tariffs and Trade – Gatt), incluiu uma seção a respeito de medidas *antidumping*, em consequência da insistência dos Estados Unidos em impor controles mais rigorosos ao *dumping* de produtos estrangeiros nesse país vendidos a preços abaixo daqueles cobrados no país de origem. Mudanças na legislação americana elevaram a autoridade do Departamento de Comércio para impedir a fraude contra direitos *antidumping* e direitos compensatórios que tenham sido impostos sobre um país em virtude de *dumping*. Os Estados Unidos e a UE têm sido os usuários mais entusiásticos dos direitos *antidumping*. Contudo, "seriam as acusações de *dumping* apenas um disfarce para o protecionismo?" – essa é a pergunta que muitos têm feito. Antes, quando era emitida uma ordem de aplicação de direitos compensatórios e *antidumping* sobre determinados produtos, as empresas acusadas de violação costumavam contorná-la alterando ligeiramente o produto ou fazendo montagens menores nos Estados Unidos ou em um terceiro país. Essa operação criava a ilusão de um produto diferente, não sujeito à ordem *antidumping*. Esse novo poder do Departamento de Comércio fecha várias dessas brechas.

Leasing nos mercados internacionais

Uma técnica de venda importante para atenuar os preços altos e a escassez de bens de capital ou produtos duráveis com preços elevados[19] é o sistema de *leasing* de equipamentos nos mercados do exterior. Na realidade, estima-se que na Europa Ocidental o *leasing* de equipamentos fabricados nos Estados Unidos e no exterior corresponda a US$ 50 bilhões (custo original).

O sistema de *leasing* utilizado por exportadores industriais é semelhante aos contratos de *leasing* normalmente empregados nos Estados Unidos. Os períodos de *leasing* em geral duram de um a cinco anos, e os pagamentos são feito mensal e anualmente; estão incluídos na taxa de *leasing* manutenção, reparos e peças sobressalentes. Do mesmo modo que os contratos dos acordos de *leasing* doméstico, e internacionais são semelhantes, os motivos básicos e as falhas deles também o são. Por exemplo:

- O *leasing* abre as portas para um grande segmento de empresas estrangeiras nominalmente financiadas que podem ser vendidas em uma opção de *leasing*, mas não podem ser compradas em dinheiro.
- O *leasing* pode diminuir os problemas da venda de equipamentos novos e experimentais, pois o risco para os usuários é menor.
- O *leasing* ajuda a garantir que haja manutenção e serviços mais adequados de equipamentos no exterior.
- Os equipamentos do *leasing* que estão em uso ajudam a vender outras empresas nesse país.
- A receita obtida por meio do *leasing* tende a ser mais estável durante um período do que a receita obtida por meio das vendas diretas.

As desvantagens ou falhas assumem uma tendência internacional. Além das desvantagens inerentes ao *leasing*, alguns problemas são acentuados pelas relações internacionais. Em um país acossado pela inflação, os contratos de *leasing* que incluem manutenção e fornecimento de peças (como é o caso da maioria) podem provocar perdas importantes próximo ao final de seu período de vigência. Além disso, os países em que o *leasing* é mais atraente são os que apresentam maior probabilidade de inflação ascendente. Os problemas complementares da desvalorização monetária, da expropriação ou de outros riscos políticos terão um efeito mais prolongado do que se a venda do mesmo equipamento tivesse sido feita diretamente. Em vista desses perigos, o risco do *leasing* é maior do que o da venda direta; entretanto, existe uma nítida tendência à maior utilização desse método de venda internacionalmente. Portanto, os benefícios podem superar o risco.

Contracomércio como instrumento de determinação de preços

■ OA4

Contracomércio e seu lugar nas práticas de marketing internacional

O contracomércio (permuta ou comércio de compensação) é uma ferramenta de determinação de preços que todo profissional de marketing internacional deve estar preparado para empregar, e a disposição para aceitar o contracomércio com frequência oferecerá uma vantagem competitiva à empresa. As dificuldades do contracomércio devem ser vistas sob a mesma perspectiva de todas as outras variáveis do comércio internacional. Os profissionais de marketing devem estar atentos aos mercados que exigirão o contracomércio, do mesmo modo que devem estar a par dos costumes sociais e das exigências legais. A avaliação desse e de outros fatores do mercado fortalecerá a posição competitiva da empresa.

[19] Edward Taylor, "BMW to Cut Production, Raise Prices World-Wide", *The Wall Street Journal*, 2-3 de agosto de 2008 [*on-line*].

O acordo de permuta entre a União Soviética e a PepsiCo, um dos primeiros a ocorrer, deu-se antes da conversibilidade do rublo e antes que a maioria das empresas começasse a comercializar com a URSS. A PepsiCo queria superar a Coca-Cola no mercado russo, e a única saída possível foi dispor-se a aceitar a vodca (vendida sob a marca Stolichnaya) da Rússia e os vinhos engarrafados (vendidos sob a marca Premiat) da Romênia para financiar as engarrafadoras da empresa nesses países. Pelo que tudo indica, esse acordo foi bastante lucrativo para a Rússia, a Romênia e a PepsiCo, e esta continua a utilizar o contracomércio para ampliar suas engarrafadoras. Em um acordo recente entre a PepsiCo e a Ucrânia, a empresa concordou em comercializar embarcações comerciais fabricadas na Ucrânia, no valor de US$ 1 bilhão, durante o período de oito anos. Parte da receita das vendas dessas embarcações será reinvestida em um empreendimento de construção naval, e parte será utilizada para comprar equipamentos para a construção de cinco engarrafadoras da Pepsi na Ucrânia. A PepsiCo domina o mercado de refrigerantes de cola na Rússia e em todas as repúblicas da antiga União Soviética, em parte por causa de seu acordo exclusivo de contracomércio com a Rússia, que impediu a entrada da Coca-Cola no mercado russo de refrigerantes de cola durante mais de 12 anos. Após o desmembramento da União Soviética, a economia russa entrou em queda, e a maior parte do sistema de pagamentos russo decompôs-se em operações de permuta. Caminhões de aspirina eram permutados por uma empresa e depois trocados por aves domésticas, que, por sua vez, eram trocadas por madeira serrada, que então era trocada por equipamentos de radiografia do Cazaquistão – tudo isso para ajustar as dívidas. Muitas dessas operações envolviam companhias de eletricidade regionais que estavam devendo dinheiro para praticamente todo o mundo.

Embora o pagamento à vista seja o método de pagamento preferido, o contracomércio tem sido um integrante importante do comércio com a Europa Oriental, as nações recém-independentes, a China,[20] e, em graus variados, algumas nações latino-americanas e africanas. A **permuta** ou contracomércio ainda representa de 20 a 40% de todas as transações nas economias do antigo bloco soviético. As dívidas corporativas com fornecedores, os pagamentos e serviços e até mesmo os impostos – todos têm um componente não monetário ou são totalmente permutados. Vários desses países enfrentam constantemente a escassez de moedas fortes para comercializar e, por isso, recorrem ao contracomércio quando possível. A compra recente de 48 Falcões F-16 da Lockheed Martin foi fixada em US$ 3,5 bilhões. O pacote financeiro incluía empréstimos em condições favoráveis e um enorme programa de compensação – compras de fabricantes poloneses que mais que eliminavam os custos da negociação em câmbio internacional. Com uma economia outrora deficiente em moeda forte, a Rússia oferecia uma grande variedade de produtos em troca de *commodities* que o país precisava. Por exemplo, o país trocava seu *know-how* em tecnologia espacial por óleo de palma e borracha da Malásia e equipamentos militares por óleo de palma cru ou arroz da Indonésia.[21] Hoje, uma empresa internacional deve incluir em seu conjunto de métodos de determinação de preços algum conhecimento sobre o contracomércio.

Problemas do contracomércio

O principal problema que um vendedor enfrenta em uma negociação de permuta é determinar o valor de uma possível demanda pelos produtos oferecidos como pagamento. Frequentemente não há tempo hábil para conduzir uma análise de mercado; na realidade, é comum uma negociação de venda estar quase concluída e um acordo de contracomércio ser introduzido como exigência na transação.

Embora esses problemas sejam difíceis de resolver, eles podem ser minimizados se houver uma preparação adequada. Na maioria dos casos em que houve prejuízos nos acordos de contracomércio, o vendedor estava despreparado para negociar de outra forma que não em dinheiro. Algumas pesquisas preliminares devem ser realizadas antes de encarar uma proposta de contracomércio. Os países com histórico de operações de contracomércio são facilmente identificados, e os produtos que mais tendem a ser oferecidos ao contracomércio muitas vezes podem ser averiguados. Para a empresa que estiver comercializando com países em desenvolvimento, esses fatos e determinados conhecimentos para lidar com os acordos de contracomércio devem fazer parte de todos os seus métodos de determinação de

---

[20] "Trade Financing and Insurance: Countertrade", *Economist Intelligence Unit-Country Finance*, 22 de janeiro de 2008, p. 101.
[21] Zakki P. Hakim, "Ministry Eyes Rice-for-Planes Trade Deal", *Jakarta Post*, 20 de setembro de 2005, p. 13.

preços. Assim que as mercadorias forem adquiridas, elas podem ser passadas adiante para instituições que ajudam as empresas a vender produtos permutados.

As *casas de permuta* especializam-se na comercialização de produtos adquiridos por meio de acordos de permuta e são a principal fonte externa de auxílio às empresas acossadas pela incerteza do contracomércio. Embora as casas de permuta, a maioria das quais na Europa, consigam encontrar um mercado para produtos permutados, essa iniciativa exige tempo, e isso pressiona financeiramente a empresa porque o capital fica amarrado por um tempo maior do que nas transações normais.

Nos Estados Unidos, existem empresas que prestam assistência às empresas na transação de produtos permutados e em seu financiamento. O Citibank criou um departamento de contracomércio para possibilitar que atuasse como consultor e oferecesse financiamento nesse tipo de acordo. Estima-se que hoje existam em torno de 500 casas de permuta nos Estados Unidos, muitas das quais com acesso pela internet. Algumas empresas com um alto volume de transações de permuta possuem um grupo comercial interno para cuidar desses acordos. A 3M Company (antiga Minnesota Mining and Manufacturing), por exemplo, possui uma divisão de propriedade integral, a 3M Global Trading (www.3m.com/globaltrading), que oferece seus serviços a empresas menores.

Internet e contracomércio

A internet provavelmente se tornará o espaço mais importante para atividades de contracomércio. Encontrar mercados para produtos permutados e determinar o preço de mercado são os dois problemas principais do contracomércio. Várias casas de permuta têm *sites* de leilão na internet, e inúmeras empresas de gestão de permutas (*barter exchange*) na internet estão se ampliando para abranger operações de permuta globais.

Há quem conjecture que a internet pode se tornar o veículo para uma incomensurável economia de permuta eletrônica *on-line*, para complementar e ampliar as trocas *off-line* que ocorrem no momento. Em resumo, uma espécie de dólar comercial eletrônico substituirá as moedas nacionais nas transações comerciais internacionais. Esse dólar eletrônico facilitaria consideravelmente os negócios internacionais para vários países, porque diminuiria a necessidade de adquirir uma quantidade suficiente de dólares americanos ou de outra moeda forte para concluir uma venda ou compra.

O TradeBanc, um serviço de corretagem, adotou uma tecnologia computadorizada que possibilitará que os membros das empresas de permutas comercializem diretamente, *on-line*, com os membros de outras empresas de permutas em qualquer lugar do mundo, desde que elas sejam afiliadas ao TradeBanc (www.tradebanc.com). O meio de troca poderia ser a moeda universal proposta pela Associação Internacional do Comércio Recíproco (International Reciprocal Trade Association – IRTA; www.irta.com), uma associação de empresas de permutas com membros como Rússia, Islândia, Alemanha, Chile, Turquia, Austrália e Estados Unidos. A IRTA propôs estabelecer e administrar uma Câmara de Compensação de Moeda Universal para possibilitar que os membros das empresas de permutas comercializem facilmente entre si utilizando essa moeda especial. Quando esse sistema estivesse em plena atividade, todos os produtos e serviços de todos os afiliados seriam abrigados em único banco de dados. As transações seriam autorizadas por empresas de permutas locais, e o acerto seria realizado por meio da moeda universal da IRTA, que poderia ser utilizada para comprar qualquer coisa, de passagens aéreas a batatas.[22]

Cotações de preço

OA5

Mecânica das cotações de preço

Na cotação de preços de produtos para vendas internacionais, o contrato deve incluir elementos específicos que influem no preço, como crédito, condições de venda e transporte. Ambas as partes da negociação devem confirmar se a cotação determinada indica apropriadamente a responsabilidade pelos produtos durante o transporte e se explicita quem pagará as despesas de transporte e a partir de que ponto. As cotações de preços devem especificar também a moeda a ser utilizada, as condições de crédito e o tipo de documentação exigido. Por fim, a cotação de preços e o contrato devem definir a quantidade e a qualidade. A definição de quantidade pode ser necessária porque países diferentes utilizam diferentes unidades de medida. Na especificação de tonelada, por exemplo, o contrato deve identificar se a tonelada é métrica ou inglesa e se ela é longa ou curta. As especificações de qualidade

---

[22] Acesse o *site* da Associação Americana de Práticas de Compensação (American Countertrade Association), em http://www.countertrade.org, para obter uma discussão detalhada sobre os serviços oferecidos por uma empresa de permutas.

CRUZANDO FRONTEIRAS 18.4 — Tática psicológica de determinação de preços na China, o 8 da sorte

Nos Estados Unidos, os varejistas com frequência utilizam preços que terminam em 99, e inúmeras pesquisas sobre consumidores demonstraram que essa tática é eficaz. Uma das explicações está relacionada com a tendência dos consumidores a ignorar os dígitos subsequentes ao primeiro número, não se importando em arredondá-los para o número mais próximo. Por isso, 2,99 parece mais próximo de 2 do que de 3. Outra explicação propõe que os preços que terminam com 99 indicam preços promocionais e, portanto, atraem mais os consumidores que procuram desconto.

Na cultura chinesa, costuma-se incluir o número 8 como tática psicológica de determinação de preços. Esse número atrai os consumidores chineses porque é o mais auspicioso de todos. Quanto mais números 8, melhor. Sua pronúncia (, ba) em mandarim é semelhante ao da palavra "prosperidade" (, fa), e isso ocorre, de maneira similar, também no cantonês.

Por esse motivo, o 88º andar é o mais auspicioso e valioso nos edifícios altos da região – em Hong Kong, os prédios com um número bem menor de andares também podem cobrar preços especiais da cobertura no 88º andar simplesmente ignorando os andares "agourentos" e omitindo os andares intermediários, particularmente aqueles com números de azar, como o 4. E as placas dos automóveis e os número de telefone com números 8 consecutivos podem valer centenas de milhares de dólares. Um último exemplo foi a cerimônia de abertura da Olimpíada de Pequim, que iniciou às 8h08m08s da noite (horário local) no dia 8/8/08, garantindo, portanto, o sucesso dos jogos.

As pesquisas demonstram também que, nos mercados chineses, há uma inclinação sistemática pelo número 8 tanto nos preços anunciados quanto nos preços das ações. Por exemplo, dentre 499 preços listados nos jornais de Xangai, Hong Kong e Taiwan, para uma variedade de produtos, 39,9% terminavam em 8 e 14,7% em 5, o segundo número final mais comum. O 4, considerado o número do azar (relacionado à morte), apareceu no final de apenas 1,4% dos preços. Um estudo semelhante de análise de dados da Bolsa de Valores de Xangai e de Shenzhen identificou grande preferência por preços de ações com final 8 e aversão por preços com final 4.

Fontes: Consulte C. Simmons e Robert M. Schindler, "Cultural Superstitions and the Price Endings Used in Chinese Advertising", *Journal of International Marketing*, 11, n. 2, 2003, p. 101-111; N. Mark Lam e John L. Graham, *China Now: Doing Business in the World's Most Dynamic Market* (Nova York McGraw-Hill, 2007); Philip Brown e Jason Mitchell, "Culture and Stock Price Clustering: Evidence for the People's Republic of China", *Pacific-Basin Finance Journal*, 16, n. 1-2, 2008, p. 95-120.

---

também podem ser mal interpretadas se não forem totalmente explicitadas. Além disso, deve haver um acordo integral sobre os padrões de qualidade a serem empregados na avaliação do produto. Por exemplo, o conceito de "qualidade comercial usual" pode ser claramente compreendido entre os clientes americanos, mas ser interpretado de uma maneira completamente diferente em outro país. O negociante internacional deve analisar todas as condições do contrato; do contrário, pode haver uma alteração nos preços mesmo quando não se tem essa intenção.

Determinação de preços administrados

A determinação de preços administrados é a iniciativa de estabelecer preços para um mercado inteiro. Esses preços podem ser harmonizados por meio de uma cooperação entre os concorrentes, por meio de governos nacionais, estaduais ou locais ou por meio de um acordo internacional. A legalidade dos diversos tipos de acordo de determinação de preços varia de acordo com o país e a época. Um país pode tolerar a fixação de preços para mercados estrangeiros e condená-la para o mercado nacional, por exemplo.

Em geral, o objetivo último de todas as atividades de determinação de preços administrados é diminuir o impacto da concorrência entre preços ou eliminá-la. A fixação de preços não é considerada uma prática aceitável (pelo menos no mercado doméstico). Porém, quando os governos interferem na questão da administração de preços, eles têm em mente o bem-estar geral, a fim de atenuar os efeitos de uma concorrência "destrutiva".

O ponto em que a concorrência torna-se destrutiva depende em grande medida do país em questão. Para os japoneses, a concorrência excessiva é qualquer concorrência no mercado doméstico que perturbe o equilíbrio comercial existente ou provoque distúrbios no mercado. Poucos países aplicam normas mais rigorosas do que o Japão para estabelecer o que é concorrência excessiva, mas nenhum país favorece nem permite a concorrência totalmente livre. Os economistas, tradicionais defensores da concorrência pura, reconhecem que a existência de uma concorrência perfeita é improvável e concordam que é necessário desenvolver alguma forma de concorrência praticável.

A grande propagação de tentativas de fixação de preços no comércio é uma consequência da diversidade da linguagem empregada nos preços administrados; os esquemas de determinação de preços são conhecidos como acordos, arranjos, conluios, conspirações, cartéis, comunhão de lucro, *pools* de lucro (composição de lucro), licenças, associações comerciais, liderança de preço, determinação de preços usual ou acordos informais entre empresas.[23] Os acordos em si variam desde os completamente informais, em que não há nenhum acordo verbal ou reconhecido, aos extremamente formalizados e estruturados. Qualquer tipo de acordo de fixação de preços pode ser adaptado ao comércio internacional. Contudo, dentre todos os tipos mencionados, o mais diretamente relacionado com o marketing internacional é o cartel.

Cartéis   Existe **cartel** quando várias empresas que produzem produtos e serviços semelhantes trabalham em conjunto para controlar os mercados para os quais elas produzem esses produtos e serviços. A associação de cartel pode utilizar acordos formais para fixar preços, estabelecer níveis de produção e venda para as empresas participantes, determinar territórios de mercado e até redistribuir os lucros. Em alguns casos, a própria associação de cartel assume toda a atividade de vendas, vende os produtos de todos os fabricantes e distribui os lucros.

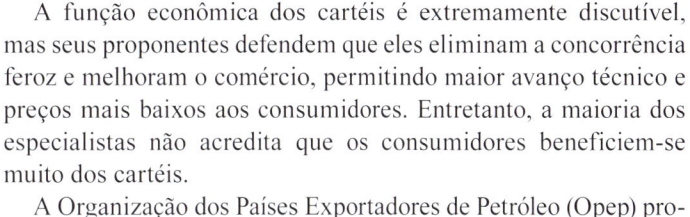

A função econômica dos cartéis é extremamente discutível, mas seus proponentes defendem que eles eliminam a concorrência feroz e melhoram o comércio, permitindo maior avanço técnico e preços mais baixos aos consumidores. Entretanto, a maioria dos especialistas não acredita que os consumidores beneficiem-se muito dos cartéis.

A Organização dos Países Exportadores de Petróleo (Opep) provavelmente é o cartel internacional mais famoso. Seu poder para controlar o preço do petróleo é possibilitado pela porcentagem de produção de petróleo sob seu controle. No início da década de 1970, quando os membros da Opep forneciam ao setor industrial 67% de seu petróleo, a Opep não conseguia quadruplicar o preço do petróleo. A repentina elevação do preço do barril de US$ 3 para US$ 11 ou mais foi o principal fator a lançar o mundo em uma recessão de grande magnitude. Em 2000, os membros da Opep diminuíram a produção, e o preço do petróleo subiu de US$ 10 para US$ 30, criando um considerável aumento nos preços da gasolina nos Estados Unidos. Os países exportadores de petróleo que não pertencem à Opep beneficiam-se desses aumentos de preço, ao passo que os importadores líquidos de petróleo estrangeiro enfrentam reverberações econômicas.

Um aspecto importante dos cartéis é a incapacidade de manter seu controle por períodos indefinidos, pois a ganância dos membros e outros problemas geralmente enfraquecem controle. Os membros da Opep tendem a manter uma sólida posição de comando, até o momento em que um deles decide aumentar o fornecimento e outros rapidamente seguem o exemplo. Entretanto, a curto prazo, a Opep pode influenciar os preços globais. Contudo, a maioria dos analistas atribui esse aumento mais à explosão da demanda[24] do que à capacidade da Opep de controlar o fornecimento.[25]

Um cartel menos conhecido, mas que tem influência direta sobre o comércio internacional, é o que existe entre as companhias de navegação. A cada duas semanas, em torno de 20 gerentes de linha de transporte reúnem-se para estabelecer tarifas de frete de dezenas de milhões de dólares. Eles não se consideram um cartel. Em vez disso, utilizam nomes inócuos como "Acordo da Conferência Transatlântica" (www.tacaconf.com) para atuarem. Independentemente do nome, eles fixam as tarifas para cerca de 70% da carga transportada entre os Estados Unidos e o norte da Europa. O transporte entre os portos dos Estados Unidos e da América Latina e Ásia também é afetado pelos cartéis de transporte marítimo. Nem todas as linhas de transporte marítimo participam de cartéis, embora o número das que participam seja grande; por isso, seu impacto sobre o transporte é nítido. Embora legais, os cartéis de transporte marítimo são investigados pelo Congresso americano, e novos regulamentos talvez sejam aprovados em breve.

Outro cartel é o de diamantes, controlado pela De Beers. Por mais de um século, a De Beers manipulou tranquilamente o mercado de diamantes, mantendo um rigoroso controle sobre o

Em meados da década de 1970, o preço do petróleo quadruplicou em virtude do controle da Opep sobre o fornecimento. O preço de mais de US$ 100 dos barris de petróleo que você vê nesta foto foi provocado pela explosão da demanda na China e ao redor do mundo em 2008. A Pertamina é a companhia de petróleo nacional da Indonésia.

---

[23] Dana Nunn e Miklos Sarvary, "Pricing Practices and Firms' Market Power in International Cellular Markets: An Empirical Study", *International Journal of Research in Marketing*, 21, n. 4, 2004, p. 377-395.

[24] "CPC to Continue Freeze on Oil Prices", *China Post*, 2 de março de 2008; Neil King Jr., Chip Cummins e Russell Gold, "Oil Hits $ 100, Jolting Markets", *The Wall Street Journal*, 3 de janeiro de 2008, p. A1.

[25] Robert J. Samuelson, "The Triumph of OPEC", *Newsweek*, 17 de março de 2008, p. 45.

A empresa De Beers é um dos maiores cartéis mundiais, pois controla a maior parte dos diamantes do mundo e, portanto, consegue manter um preço alto utilizando meios artificiais. Um dos métodos empregados pela empresa para preservar esse controle foi evidenciado por um acordo recente com o monopólio russo de diamantes, segundo o qual a De Beers comprará da Rússia pelo menos US$ 550 milhões em pedras brutas de diamante, o que representa em torno da metade da produção anual do país. Controlando o fornecimento da Rússia, segunda maior produtora de diamantes, esse cartel da África do Sul consegue manter os preços altos.

fornecimento mundial.[26] A empresa extrai cerca da metade dos diamantes do mundo e obtém mais 25% por meio de contratos com outras companhias mineradoras. Para tentar controlar os outros 25%, a De Beers tem um "escritório de compras no exterior", no qual gasta milhões na compra de diamantes para proteger os preços. A empresa controla a maior parte do comércio mundial de pedras brutas de diamante e utiliza seu poder de mercado para manter os preços elevados.

A legalidade dos cartéis no momento não está bem definida. A criação de cartéis domésticos é ilegal nos Estados Unidos, e a UE também tem provisões para controlar esse tipo de associação. Os Estados Unidos permitem que as empresas tomem iniciativas semelhantes aos cartéis nos mercados estrangeiros, embora não aprovem a criação de cartéis nos mercados externos se as consequências produzirem um impacto adverso sobre a economia americana. A Archer Daniels Midland Company, gigante americana de agronegócios, recebeu uma multa de US$ 205 milhões por sua atuação na fixação de preços de dois aditivos alimentares, a lisina e o ácido cítrico. Empresas alemãs, japonesas, suíças e coreanas também estavam envolvidas nesse cartel. O grupo combinava os preços a serem cobrados e depois determinava, nos mínimos detalhes, a participação que cada empresa obteria no mercado mundial. Ao final do ano, qualquer empresa que tivesse vendido acima da porcentagem que lhe havia sido atribuída era obrigada a comprar no ano seguinte o excedente de um membro que não houvesse alcançado o volume estipulado.

Embora os países-membros da UE tenham um longo histórico de tolerância à fixação de preços, a UE começa a tomar medidas graves contra os cartéis nos setores naval, automobilístico e de cimento, dentre outros. O mercado unificado e a moeda única incitaram essas medidas. Com a abertura dos países ao livre-comércio, os cartéis poderosos que aumentam artificialmente os preços e restringem as opções dos consumidores são examinados mais minuciosamente. Entretanto, os destruidores de truste da UE rompem com a tradição – desde as guildas comerciais da Idade Média, a norma tem sido uma cooperação amistosa. Em todos os países europeus, as empresas se uniram para controlar os preços dentro do país e afastar a concorrência.

Determinação de preços influenciada pelo governo

As empresas que comercializam no exterior deparam-se com inúmeros tipos diferentes de estruturas de preços estabelecidas pelos governos. Para controlar os preços, os governos podem determinar margens de lucro, fixar preços e estabelecer valores mínimos e máximos, restringir as mudanças de preço, concorrer no mercado, conceder subsídios e agir como monopsônio ou monopólio de venda.[27] O governo pode também permitir ou mesmo encorajar empresas a entrarem em conluio para estabelecerem preços manipuladores. A propósito, algumas empresas obviamente precisam ajudar a fixar os preços – e isso com frequência é ilegal.[28]

O governo japonês tem tradicionalmente encorajado uma série de esquemas de fixação de preços. Contudo, em vista do espírito de desregulamentação que tem gradativamente circulado pelo Japão, o ministro da Saúde e do Bem-Estar em breve abolirá o regulamento sobre horário comercial e fixação de preços para barbearias, salões de beleza e lavanderias. De acordo com a prática atual, 17 empresas relacionadas com serviços de saneamento podem estabelecer esses esquemas de fixação de preços, estando portanto dispensadas de cumprir a lei antitruste japonesa.

---

[26] Eric Onstad, "De Beers May Spurn Low-Margin Russian Supply", *Reuters News*, 20 de julho de 2007.
[27] "Apple, EU Reach iTunes Pricing Deal", *The Wall Street Journal*, 9 de janeiro de 2008 [*on-line*].
[28] "Canada Probes Allegations of Chocolate Price-Fixing", *The Wall Street Journal*, 28 de novembro de 2007 [*on-line*]; John R. Wilke, "Two U.K. Airlines Settle Price-Fixing Claims", *The Wall Street Journal*, 15 de fevereiro de 2008, p. A4.

Os governos de países produtores e consumidores parecem cumprir uma função cada vez maior no estabelecimento de preços internacionais para determinadas *commodities* básicas. Por exemplo, existe um acordo internacional sobre café, um sobre cacau e um sobre açúcar. Além disso, o preço mundial do trigo por muito tempo foi pelo menos parcialmente determinado por negociações entre governos nacionais.

A despeito das pressões dos acordos empresariais, governamentais e internacionais, a maioria dos profissionais de marketing ainda tem grande liberdade de ação em suas decisões sobre preço para a maior parte dos produtos e mercados.

Recebimento de pagamentos: transações comerciais no estrangeiro

■ **OA6**
Mecânica de recebimento

A venda de produtos em outros países é dificultada ainda mais por outros riscos enfrentados ao lidar com clientes estrangeiros. Os riscos decorrentes da inadequação dos relatórios de crédito sobre os clientes, dos problemas de controle cambial, da distância e de diferentes sistemas jurídicos, bem como o custo e a dificuldade de receber contas atrasadas, exigem uma ênfase distinta sobre os sistemas de pagamento. No comércio doméstico dos Estados Unidos, o procedimento de pagamento mais comum para clientes estabelecidos é o de *conta em aberto* – isto é, os produtos são entregues e o cliente é faturado ao final do mês. Entretanto, a condição de pagamento utilizada com maior frequência nas transações comerciais no exterior, tanto para vendas de exportação quanto de importação, é a carta de crédito, seguida de perto em importância por ordens de pagamento em dólar comercial ou letras de câmbio emitidas pelo vendedor ou comprador. Internacionalmente, as contas em aberto são reservadas para clientes bem estabelecidos, e o pagamento antecipado é exigido apenas nas situações em que há sérios riscos de crédito ou a mercadoria tem uma característica tal que o não atendimento das condições contratuais pode provocar prejuízos consideráveis. Em vista do tempo necessário para transportar uma mercadoria de um país para outro, o pagamento antecipado é um fardo extraordinariamente significativo para os clientes potenciais e uma nítida desvantagem competitiva para o vendedor.

As condições de venda normalmente são ajustadas entre o comprador e o vendedor no momento da venda. O tipo de mercadoria, a quantia em questão, a prática comercial, a pontuação de crédito do comprador, o país do comprador e o fato de o comprador ser um cliente novo ou antigo são fatores que podem ser considerados no estabelecimento das condições de venda. Os cinco acordos básicos de pagamento – cartas de crédito, letras de câmbio, pagamento antecipado, contas em aberto e *forfaiting* – são discutidos nesta seção.

Cartas de crédito

As **cartas de crédito** de exportação abertas em favor do vendedor pelo comprador são utilizadas na maior parte das exportações americanas e transferem o risco de crédito do comprador ao banco que emite a carta. Quando se utiliza uma carta de crédito, o comprador normalmente pode emitir uma ordem de pagamento contra o banco emissor do crédito e receber o valor correspondente apresentando os documentos de embarque apropriados.[29] Exceto para pagamentos antecipados, as cartas de crédito oferecem o maior grau de proteção para o vendedor.

"Isso vale tanto quanto um tostão furado", assim diz o ditado. Na verdade, Cuba tem duas moedas, o peso cubano e o peso cubano conversível. Este último, apresentado na foto, pode ser trocado por euros ou dólares canadenses, mas não por dólares americanos. O peso cubano não conversível vale atualmente cerca de US$ 1,08. O peso cubano pode ser utilizado apenas em transações domésticas e atualmente vale cerca de um sexto do valor do peso conversível.

---

[29] A menos, obviamente, que a carta de crédito seja cancelada: "Neurocrine Biosciences: $ 5M Letter of Credit Cancelled", *Dow Jones Corporate Filings Alert*, 14 de janeiro de 2008.

Figura 18.4
Transação com carta de crédito.

Veja o que normalmente ocorre quando o pagamento é feito por meio de uma carta de crédito irrevogável aprovada por um banco americano. Acompanhe as etapas na ilustração a seguir.

1. O exportador e o cliente concordam com as condições de venda.
2. O comprador solicita ao seu banco no exterior a abertura de uma carta de crédito.
3. O banco do comprador prepara uma carta de crédito irrevogável, incluindo todas as instruções, e a envia a um banco americano.
4. O banco americano prepara uma carta de aprovação e uma carta de crédito e as envia ao vendedor.
5. O vendedor examina a carta de crédito. Se ela for aceitável, providencia a entrega dos produtos, por meio de uma empresa de agenciamento de carga, ao porto de entrada.
6. As mercadorias são carregadas e remetidas.
7. Ao mesmo tempo, a empresa de agenciamento preenche os documentos necessários e os envia ao vendedor.
8. O vendedor apresenta os documentos ao banco americano, indicando que cumpriu todas as condições estipuladas.
9. O banco americano examina os documentos. Se estiverem em ordem, emite um cheque ao vendedor no valor da venda.
10. Os documentos são enviados por via aérea ao banco do comprador, para que sejam examinados.
11. Se os documentos estiverem de acordo, o banco envia os documentos ao comprador.
12. Para reivindicar as mercadorias, o comprador apresenta os documentos ao despachante aduaneiro.
13. Os produtos são liberados ao comprador.

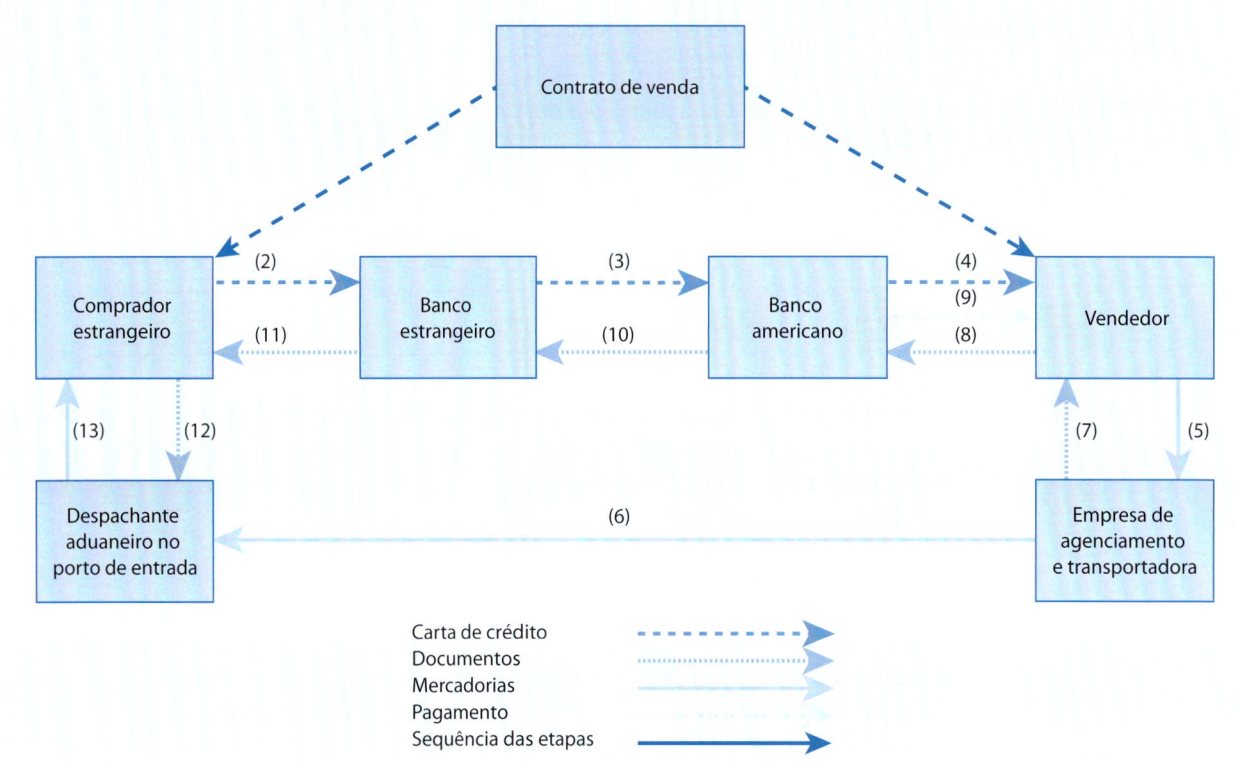

Fonte: Informações baseadas em "A Basic Guide to Exporting", Departamento de Comércio dos Estados Unidos, Administração de Comércio Internacional, Washington, DC.

O procedimento da carta de crédito inicia-se quando se fecha um contrato. (Consulte a Figura 18.4 para ver as etapas de uma transação com carta de crédito.) As cartas de crédito podem ser revogáveis ou irrevogáveis. A *carta de crédito irrevogável* significa que, assim que o vendedor aceita o crédito, o comprador não consegue alterá-la de forma alguma sem a permissão do vendedor. Haverá uma proteção maior se o comprador for obrigado a obter aprovação da carta de crédito por meio de um banco americano. A aprovação de uma carta irrevogável implica que o banco americano assume a responsabilidade pelo pagamento, independentemente da situação financeira do comprador ou do banco estrangeiro. Do ponto de vista do vendedor, essa etapa elimina o risco político externo e transfere o risco comercial do banco do comprador para o banco que aprovou a carta de crédito. Este último garante então o pagamento da carta de crédito aprovada. Assim que os documentos são apresentados ao banco, o vendedor recebe o pagamento.

O departamento internacional de um importante banco americano adverte que a carta de crédito não é uma garantia de pagamento ao vendedor. Na realidade, o pagamento é feito somente se o comprador atender exatamente às condições da carta de crédito. Como todas as cartas de crédito devem ser exatas em relação às suas condições e considerações, é fundamental que o exportador examine cuidadosamente as condições da carta para ter certeza de que todos os documentos necessários foram obtidos e preenchidos de maneira apropriada.

O processo de obtenção de uma carta de crédito pode levar dias ou mesmo semanas. Felizmente, esse processo é abreviado de modo considerável porque as instituições financeiras oferecem cartas de crédito pela internet. A título de exemplo, a AVG Letter of Credit Management LLC utiliza a eTrade Finance Platform (ETFP), um sistema de transação de comércio eletrônico que permite que exportadores, importadores, empresas de agenciamento de carga, transportadoras e bancos comerciais iniciem e concluam transações comerciais via internet. A empresa anuncia que, com as eficiências permitidas pela internet, é possível diminuir o custo de uma carta de crédito de exportação de US$ 500 ou mais para US$ 25.[30]

Letras de câmbio

Outro sistema importante de pagamento internacional são as **letras de câmbio** emitidas pelos vendedores contra compradores estrangeiros. Nas cartas de crédito, existe o crédito de um ou mais bancos. Porém, nas letras de câmbio (também conhecidas como *ordens de pagamento*), o vendedor assume todo o risco até o momento em que recebe o valor devido. De acordo com o procedimento usual, o vendedor emite uma ordem de pagamento contra o comprador e apresenta os documentos necessários ao seu banco para obter o pagamento. Os documentos exigidos são basicamente os mesmos da carta de crédito. Ao receber a ordem de pagamento, o banco americano a envia com os documentos necessários a um banco correspondente no país do comprador; a ordem de pagamento é então enviada ao comprador, que deve aprová-la e pagá-la imediata ou posteriormente. Ao aprovar a ordem de pagamento, o comprador recebe o devido conhecimento de embarque, que é utilizado para obter as mercadorias da transportadora.

As ordens de pagamento oferecem vantagens ao vendedor porque, quando aprovadas, com frequência podem ser apresentadas a um banco para pagamento imediato. Entretanto, os bancos normalmente descontam as ordens de pagamento somente com direito a recurso; isto é, se o comprador não honrar a ordem de pagamento, o banco a devolverá ao vendedor a fim de que ele pague a dívida. A ordem aprovada é uma prova mais contundente do que a conta em aberto caso haja inadimplência e um subsequente processo judicial.

Pagamento antecipado

Nos negócios internacionais, a porcentagem de transações realizadas por meio de pagamento antecipado não é grande. O pagamento à vista não é benquisto pelos clientes e em geral é utilizado quando o crédito é duvidoso, quando as restrições de câmbio no país de destino permitem que a devolução de fundos do exterior possa ser postergada por um período exageradamente extenso ou quando o exportador americano, por algum motivo, não está disposto a vender a prazo. Embora o pagamento antecipado integral seja raramente empregado, o pagamento parcial antecipado (de 25 a 50%) não é incomum quando o produto tem uma característica tal que um possível descumprimento contratual possa gerar grandes prejuízos. Por exemplo, aparelhos ou equipamentos complexos, fabricados de acordo com especificações ou com um projeto especial, precisariam de pagamento adiantado, o que constituiria, na realidade, um depósito não reembolsável.

Contas em aberto

No comércio exterior, geralmente não se utilizam contas em aberto, exceto para clientes consolidados e com excelente reputação de crédito ou para uma subsidiária ou filial do exportador. Obviamente, nas contas em aberto, a maior parte dos problemas financeiros relacionados ao comércio internacional cria dificuldades para o vendedor. As vendas realizadas por meio de contas em aberto normalmente não são recomendadas quando se costuma utilizar algum outro método comercial, quando a mercadoria solicitada é especial, quando o transporte é arriscado, quando o país do importador impõe restrições de câmbio desfavoráveis ou quando existe a necessidade de cuidados adicionais em caso de agitações políticas.

Forfaiting

As moedas não conversíveis e os clientes com escassez de caixa podem aniquilar uma venda internacional se o vendedor não puder oferecer financiamentos de longo prazo. Se a empresa

---

[30] "Questa Web Offers Totally Automated Letter of Credit Feature", *Business Wire*, 3 de março de 2008.

não tiver grandes reservas de caixa para financiar seus clientes, ela poderá perder negócios. O *forfaiting* é uma técnica de financiamento para situações desse tipo.

O conceito básico de *forfaiting* é razoavelmente simples. O vendedor faz um acordo único com um banco ou outra instituição financeira para que assuma a responsabilidade pela cobrança da conta a receber. O exportador oferece um financiamento de longo prazo ao comprador, mas tende a vender sua conta a receber, com desconto, para obter pagamento imediato. O *forfaiter* (comprador) compra a dívida, normalmente uma nota promissória ou letra de câmbio, sem direito a recurso. Assim que o exportador vende a nota promissória, o *forfaiter* assume o risco de cobrar os pagamentos do importador. A instituição de *forfaiting* também assume qualquer risco político existente no país do importador.[31]

O *forfaiting* é semelhante ao *factoring*, mas existem diferenças. No *factoring*, a empresa mantém um relacionamento contínuo com um banco que geralmente compra, com desconto, suas contas a receber de curto prazo – em outras palavras, o banco atua como um departamento de cobrança de seu cliente. Entretanto, no *forfaiting*, o vendedor faz um acordo único com um banco para que ele compre uma conta a receber específica.

Todas essas formas de pagamento, as tarifas correspondentes e, obviamente, os preços a serem pagos muitas vezes são negociados entre o comprador e o vendedor. Isso nos conduz ao tema do capítulo seguinte – as negociações internacionais.

[31] Para obter mais informações sobre *fortaiting*, acesse http://www.afia-forfaiting.org.

RESUMO

A determinação de preços é uma das áreas de decisão mais complexas que os profissionais de marketing internacional enfrentam. Em vez de lidar com um conjunto de condições de mercado, um grupo de concorrentes, um conjunto de fatores de custo e um conjunto de regulamentos governamentais, esses profissionais precisam considerar todos esses fatores, não apenas com respeito ao país em que operam, mas muitas vezes em relação a cada mercado dentro desse país. No marketing internacional, os preços de mercado ao consumidor são bem mais difíceis de controlar do que no marketing doméstico, mas o profissional dessa área ainda assim deve lidar com a determinação de preços de acordo com determinados objetivos e políticas, mantendo certa flexibilidade para realizar mudanças táticas de preço. O controle dos custos que provocam a escalada de preços na exportação de produtos de um país para outro é uma das atividades mais difíceis que o exportador enfrenta na determinação de preços. Parte da flexibilidade da determinação de preços é perdida em virtude da expansão da internet, que tende a equalizar os diferenciais de preço entre mercados nacionais.

O crescimento contínuo dos mercados do Terceiro Mundo, aliado à falta de investimento de capital, aumentou a importância dos acordos de permuta, transformando o contracomércio em uma ferramenta fundamental para a política de determinação de preços. A internet está se expandindo para incluir os acordos de contracomércio, o que ajudará a eliminar alguns dos problemas associados com essa prática.

No mercado internacional, a determinação de preços exige ao mesmo tempo um conhecimento profundo sobre os custos e regulamentos do mercado, uma percepção sobre possíveis acordos de contracomércio, uma infinita paciência para lidar com os detalhes e uma percepção arguta sobre as estratégias de mercado.

Por fim, as cartas de crédito e outras questões relacionadas à cobrança de pagamentos são também discutidas neste capítulo.

PALAVRAS-CHAVE

Mercado paralelo
Mercado cinza
Distribuição exclusiva
Determinação de preço de custo variável
Determinação de preço de custo total
Determinação de preço de desnatamento (*skimming*)
Política de determinação de preço de penetração de mercado
Escalada de preços
Venda a preços inferiores aos normais ou ao custo (*dumping*)
Direito alfandegário compensatório
Contracomércio
Permuta
Determinação de preços administrados
Cartel
Cartas de crédito
Letras de câmbio
Forfaiting

QUESTÕES

1. Defina as palavras-chave anteriormente relacionadas.
2. Discorra sobre as causas e as soluções das importações paralelas e seu efeito sobre os preços.
3. Por que é tão difícil controlar os preços ao consumidor no comércio exterior?
4. Explique o conceito de escalada de preços e por que ela pode iludir o profissional de marketing internacional.
5. Quais são as causas da escalada de preços? Elas são diferentes para os exportadores e os produtos fabricados e vendidos em outro país?
6. Por que a absorção do alto custo de transporte e a diminuição do preço líquido recebido raramente são viáveis para uma empresa?
7. A escalada de preços é um problema importante para o profissional de marketing internacional na determinação de preços. Como esse problema pode ser combatido?
8. Discuta por que a discrepância entre moedas influi nas estratégias de exportação. Discuta.
9. "Independentemente dos fatores estratégicos envolvidos e da postura da empresa quanto à determinação de preços de mercado, todo preço deve ser estabelecido levando-se em conta os fatores de custo." Discuta essa afirmação.
10. "A fixação de preços pelas empresas não é geralmente considerada uma prática aceitável (pelo menos no mercado doméstico). Porém, quando os governos interferem na questão da administração de preços, eles têm em mente o bem-estar geral, a fim de atenuar os efeitos de uma concorrência 'destrutiva'." Discuta essa afirmação.
11. Os impostos sobre valor agregado (impostos sobre circulação de mercadoria) tratam injustamente os produtos importados?
12. Quanto às tarifas, explique o que é direito específico, *ad valorem* e composto.
13. Sugira uma abordagem que o profissional de marketing possa utilizar para ajustar os preços e adequá-los a flutuações na taxa de câmbio.
14. Discorra a respeito dos efeitos da concorrência indireta e sobre como eles podem ser superados.
15. Por que o *dumping* tornou-se um problema nos últimos anos?
16. Depois de terem sido destruídos, os cartéis parecem ressurgir. Por que eles são tão atraentes para as empresas?
17. Discorra sobre os diferentes problemas de determinação de preços provocados pela inflação, comparativamente à deflação, em um país.
18. Fale sobre as várias formas empregadas pelos governos para fixar preços. Por que eles se envolvem com essas atividades?
19. Discorra sobre outros possíveis objetivos na fixação de preços para a venda de produtos entre unidades ou subsidiárias de uma mesma empresa.
20. Por que os governos investigam tão cuidadosamente os acordos de preço entre unidades e subsidiárias de uma mesma empresa?
21. Por que é tão difícil avaliar os custos no marketing internacional?
22. Avalie por que o contracomércio está em ascensão.
23. Discorra sobre os principais problemas enfrentados por uma empresa que utiliza o contracomércio.
24. Se o país com o qual você estiver comercializando apresentar escassez de moeda forte, como você deve se preparar para negociar os preços?
25. Dos quatro tipos de contracomércio discutidos neste capítulo, qual é o mais vantajoso para o vendedor? Explique sua resposta.
26. Por que o "conhecimento sobre acordos de contracomércio deve fazer parte do conjunto de métodos de determinação de preços do profissional de marketing internacional"?
27. Discorra sobre os vários motivos que levam os vendedores a impor obrigações de contracomércio aos compradores.
28. Como as zonas de comércio exterior (ZCEs) podem ser utilizadas para diminuir a escalada de preços?
29. Por que uma política de contracomércio proativa é uma boa prática comercial em alguns países?
30. Quais são as diferenças entre as políticas de contracomércio proativas e as reativas?
31. Existe uma área de livre-comércio na Turquia. Acesse www.esbas.com.tr e analise de que forma ela pode ser utilizada para ajudar a solucionar o problema de escalada de preços de um determinado produto que é exportado dos Estados Unidos para a Turquia.
32. Acesse o *site* da Global Trading (uma divisão da 3M) em www.mmm.com/globaltrading/edge.html e selecione "The competitive edge" ("Vantagem competitiva") e "Who we are" ("Quem somos"). Em seguida, redija um breve relatório, analisando de que modo a Global Trading pode ajudar uma pequena empresa que espera receber um determinado produto em uma transação de contracomércio.

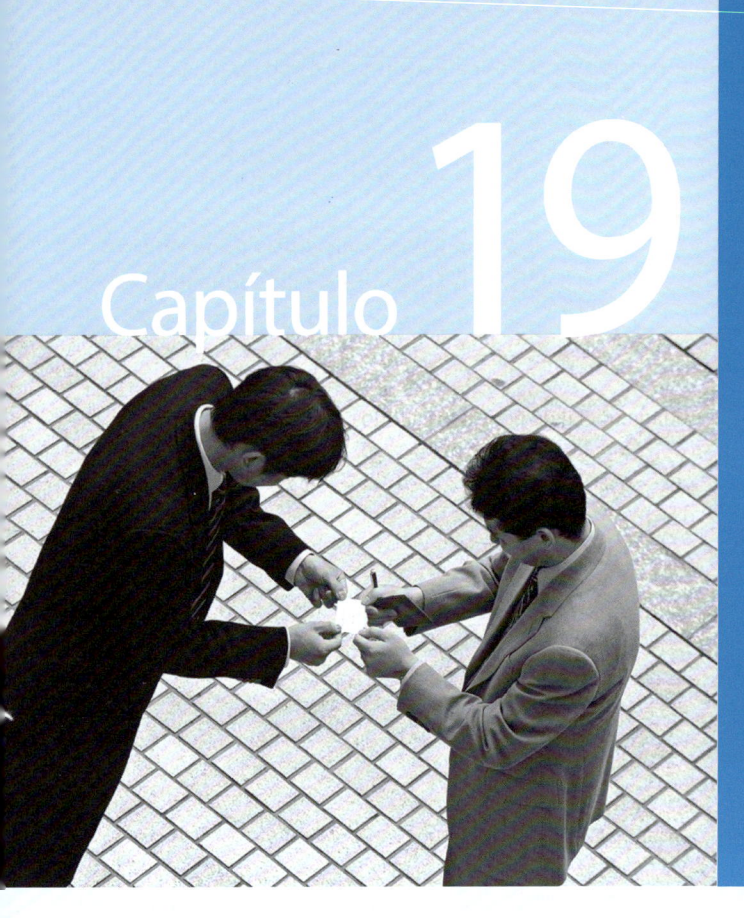

Capítulo 19
Negociação com clientes, parceiros e agências regulatórias internacionais

SUMÁRIO

- Perspectiva global

    Aisatsu japonês

- Perigos dos estereótipos
- Impacto difuso da cultura sobre o comportamento nas negociações
    - Diferenças no idioma e nos comportamentos não verbais
    - Diferenças nos valores
    - Diferenças nos processos de raciocínio e tomada de decisões
- Implicações para gestores e negociadores
    - Equipes de negociação
    - Preliminares das negociações
    - À mesa de negociações
    - Após as negociações
- Negociações internacionais criativas
- Conclusões

OBJETIVOS DE APRENDIZAGEM

OA1 Problemas relacionados com os estereótipos culturais

OA2 Como a cultura influencia os comportamentos à mesa de negociações

OA3 Problemas comuns que ocorrem nas negociações empresariais internacionais

OA4 Semelhanças e diferenças nos comportamentos comunicacionais em vários países

OA5 De que forma as diferenças nos processos valorativos e de raciocínio afetam as negociações internacionais

OA6 Fatores essenciais na seleção de uma equipe de negociação

OA7 Como se preparar para negociações internacionais

OA8 Administração de todos os aspectos do processo de negociação

OA9 Importância da comunicação e dos procedimentos de acompanhamento

OA10 Princípios básicos das negociações internacionais criativas

Implantação de estratégias de marketing globais PARTE CINCO

Perspectiva global
AISATSU JAPONÊS

Não é que falar apenas o idioma inglês seja uma desvantagem nos negócios internacionais. O fato é que ser bilíngue é uma tremenda vantagem. Poder observar um *aisatsu* (encontro ou cumprimento formal típico entre altos executivos no Japão) envolvendo o presidente de uma grande distribuidora industrial japonesa e o vice-presidente de marketing de uma empresa americana de fabricação de máquinas é instrutivo.

As duas empresas tentavam fechar um acordo para uma parceria de longo prazo no Japão. Os cartões de visita foram trocados, e as apresentações formais, realizadas. Embora o presidente japonês falasse e entendesse inglês, um de seus três subordinados serviu de intérprete. O presidente pediu para que todos se sentassem. O intérprete sentou-se em uma almofada entre os dois altos executivos. De forma geral, a atitude entre ambas as partes foi informal, mas polida. Foram servidos chá e uma bebida japonesa de laranja.

O presidente japonês controlava completamente o diálogo, fazendo perguntas a todos os americanos por meio do intérprete. Todos os participantes, por sua vez, ouviam com atenção aquele que estivesse falando. Após essa rodada inicial de perguntas a todos os americanos presentes, o presidente japonês voltou-se para uma conversa com o vice-presidente americano. Ao longo desse diálogo, desenvolveu-se um padrão interessante de comportamento não verbal. O presidente japonês fazia uma pergunta em japonês. O intérprete então a traduzia para o vice-presidente americano. Enquanto ouvia a pergunta, a atenção do americano (olhar fixo) voltava-se para o intérprete, e a atenção do presidente japonês, para o americano. Por isso, o presidente japonês observava cuidadosa e discretamente as expressões faciais e as respostas não verbais do americano. Em contraposição, quando o americano falava, o presidente japonês tinha um tempo de resposta duas vezes maior. Como ele entendia inglês, formulava suas respostas durante o processo de tradução.

Que valor tem esse tempo de resposta complementar em uma conversa estratégica? Por que vale a pena observar cuidadosamente as respostas não verbais de seu principal interlocutor em uma negociação empresarial que envolve altos riscos?

Fontes: James Day Hodgson, Yoshihiro Sano e John L. Graham, *Doing Business with the New Japan* (Boulder, CO: Rowman & Littlefield, 2008).

Eu (John Graham) estava na China havia algumas semanas. Estava cansado. O nevoeiro atrasou em quatro horas o meu voo de Xian a Xangai. *Novamente*, lá estava eu em uma longa fila do balcão de *check-in*. Comecei a conversar com um camarada idoso que estava à minha frente. Juhani Kari apresentou-se como gerente de vendas finlandês da ABB e me perguntou o que eu fazia para ganhar a vida. "Sou professor de negócios internacionais", respondi. "Não existe essa coisa de negócios internacionais. O que existe são negócios interpessoais", retrucou ele. Um homem sábio, sem dúvida!

No comércio internacional, a negociação face a face predomina em todos os lugares.[1] Depois de formular estratégias de marketing globais, de conduzir pesquisas de marketing para apoiar essas estratégias e de tomar decisões sobre produto/serviço, preço, promoção e ponto de venda, o foco dos gerentes passa a ser a implantação de planos. Nos negócios internacionais, esses planos quase sempre são implantados por meio de negociações presenciais com parceiros e clientes comerciais de outros países. A venda de produtos e serviços, a administração dos canais de distribuição, a contratação de serviços de pesquisa de mercado e propaganda, o licenciamento de acordos de franquia e as alianças estratégicas são fatores que exigem que os gerentes de diferentes culturas reúnam-se e conversem uns com os outros para trocar ideias e expressar suas necessidades e preferências.[2]

Além disso, os executivos precisam negociar com os representantes dos governos estrangeiros possivelmente responsáveis pela aprovação de uma série de atividades de marketing ou que talvez sejam o verdadeiro cliente final de seus produtos e serviços. Em vários países, os representantes governamentais podem ser igualmente parceiros de *joint venture* ou, em alguns casos, fornecedores.[3] Por exemplo, as negociações sobre os direitos de teledifusão dos Jogos Olímpicos de Verão de 2008 de Pequim, na China, incluíram a NBC, o Comitê Olímpico Internacional e representantes do governo chinês. Algumas dessas negociações podem ser extremamente complexas e envolver vários governos, empresas e culturas.[4] Um bom exemplo são as negociações europeias e norte-americanas a respeito da imposição de impostos sobre a internet, as interações contínuas com relação a questões ambientais globais ou as negociações da Organização Mundial do Comércio (OMC) iniciadas em 2001 em Doha, Catar. Todas essas atividades exigem um novo tipo de "diplomacia nos negócios".

Segundo um especialista em *joint ventures* internacionais, um dos fatores decisivos de todas as relações comerciais internacionais é a negociação do acordo original. As sementes do sucesso ou do fracasso com frequência são semeadas à mesa de negociações, face a face, ocasião em que não apenas os detalhes financeiros e legais são ajustados, mas, talvez o mais importante, em que se estabelece a atmosfera de cooperação e

---

[1] Vários livros excelentes sobre negociações no comércio internacional foram publicados. Dentre eles, destacam-se os seguintes: Lothar Katz, *Negotiating International Business* (Charleston, SC: Booksurge, 2006); Camille Schuster e Michael Copeland, *Global Business, Planning for Sales and Negotiations* (Fort Worth, TX: Dryden, 1996); Robert T. Moran e William G. Stripp, *Dynamics of Successful International Business Negotiations* (Houston: Gulf, 1991); Pervez Ghauri e Jean-Claude Usunier (eds.), *International Business Negotiations* (Oxford: Pergamon, 1996); Donald W. Hendn, Rebecca Angeles Henden e Paul Herbig, *Cross-Cultural Business Negotiations* (Westport, CT: Quorum, 1996); Sheida Hodge, *Global Smarts* (Nova York: Wiley, 2000); e Jeanne M. Brett, *Negotiating Globally* (San Francisco: Jossey-Bass, 2010). Além desses, o livro de Roy J. Lewicki, David M. Saunders e John W. Minton, *Negotiation: Readings, Exercises, and Cases*, 3. ed. (Nova York: Irwin/McGraw-Hill, 1999), é uma obra importante sobre o tema mais abrangente das negociações comerciais. O conteúdo deste capítulo inspira-se amplamente em William Hernandez Requejo e John L. Grahm, *Global Negotiation: The New Rules* (Nova York: Palgrave Macmillan, 2008); James Day Hodgson, Yoshihiro Sano e John L. Graham, *Doing Business with the New Japan* (Boulder, CO: Rowman & Littlefield, 2008); e N. Mark Lam e John L. Graham, *China Now: Doing Business in the World's Most Dynamic Market* (Nova York: McGraw-Hill, 2007). Consulte também http://www.GlogalNegotiationResources.com, 2010.

[2] David G. Sirmon e Peter J. Lane, "A Model of Cultural Differences and International Alliance Performance", *Journal of International Business Studies*, 35, n. 4, 2004, p. 306-319; observamos também que consumidores do mundo inteiro negociam mais em vista da estagnação econômica: "Let's Make a Deal", *The Economist*, 7 de fevereiro de 2009, p. 57.

[3] Keith Bradsher, "As Deadline Nears, GM's Sale of Hummer Faces Several Big Obstacles", *The New York Times*, 24 de fevereiro de 2010, p. B5.

[4] R. Bruce Money oferece uma perspectiva teórica interessante sobre esse assunto em "International Multilateral Negotiations and Social Networks", *Journal of International Business Studies*, 29, n. 4, 1998, p. 695-710. Relatos curiosos são apreentados por Jiang Feng, "Courting the Olympics: Beijing's Other Face", *Asian Wall Street Journal*, 26 de fevereiro de 2001, p. 6; Ashling O'Connor, "After 54 Years, the Olympic Clock Is Ticking", *Times of London*, 10 de fevereiro de 2003, p. 35; Manjeet Kripalani, "Tata: Master of the Gentle Approach", *BusinessWeek*, 25 de fevereiro de 2008, p. 64-66.

confiança.⁵ Aliás, os detalhes legais e a estrutura dos empreendimentos de negócios internacionais quase sempre são modificados ao longo do tempo, normalmente por meio de negociações. Contudo, a atmosfera de cooperação a princípio estabelecida face a face à mesa de negociações persiste – do contrário, o empreendimento malogra.

As negociações empresariais entre parceiros de um mesmo país podem ser difíceis. A maior complexidade da comunicação transcultural pode transformar essa atividade já intimidante em algo impossível.⁶ Entretanto, quando as diferenças culturais são levadas em conta, muitas vezes é possível firmar acordos de negócios extraordinários que possibilitam relações duradouras e lucrativas além-fronteiras. O objetivo deste último capítulo é ajudar a preparar os gerentes para as dificuldades e oportunidades apresentadas pelas negociações empresariais internacionais. Por isso, analisaremos o perigo dos estereótipos, o impacto da cultura sobre o comportamento nas negociações e as consequências das diferenças culturais para gerentes e negociadores.

Perigos dos estereótipos

OA1

Problemas relacionados com os estereótipos culturais

As imagens de John Wayne, o caubói, e do samurai, o guerreiro feroz, com frequência são utilizadas como estereótipo cultural nas discussões sobre negociações empresariais internacionais.⁷ Essas representações quase sempre contêm um fundo de verdade – uma espécie de competitividade por parte do caubói americano *versus* uma espécie de lealdade organizacional (à empresa) por parte do samurai. Um especialista holandês em negociações empresariais internacionais assim defende: "Os melhores negociadores são os japoneses, porque eles passam dias e dias tentando conhecer seus oponentes. Os piores são os americanos, porque eles pensam que nos outros países tudo funciona como nos Estados Unidos".⁸ Obviamente, vários americanos são excelentes negociadores internacionais, e alguns japoneses são ineficazes. O problema é que as negociações não são conduzidas entre estereótipos nacionais; elas são conduzidas entre pessoas, e os fatores culturais em muitos casos fazem uma imensa diferença.

Lembre-se de nossas discussões sobre a diversidade cultural existente *dentro* dos países, nos Capítulos 4 e 11, e reflita a respeito de sua importância para as negociações. Por exemplo, poderíamos supor que existem diferenças marcantes entre o estilo de negociação de um canadense que fala inglês e o de um canadense que fala francês. O estilo educado de conversar prevalecente no extremo sul dos Estados Unidos é bastante diferente do modo de falar mais rápido e agressivo comum em lugares como Nova York. De acordo com alguns especialistas, nos Estados Unidos, os estilos de negociação diferem também entre os sexos. Outros especialistas afirmam que nas negociações urbanas os comportamentos dos banqueiros japoneses são em grande medida distintos da agressividade relativa dos indivíduos do setor varejista do Japão. Por fim, a idade e a experiência podem igualmente gerar diferenças importantes. O executivo chinês mais velho que não tem nenhuma experiência para lidar com estrangeiros tende a ter um comportamento bastante diferente ao de seu assistente mais jovem com formação universitária ou MBA em universidades americanas.

O enfoque deste capítulo é a influência cultural sobre o comportamento nas negociações internacionais. Contudo, é necessário perceber claramente que a personalidade e as origens de cada um e uma variedade de fatores circunstanciais também podem influenciar de maneira decisiva no comportamento à mesa de negociações – e a responsabilidade de levar em conta esses fatores é do dirigente.⁹ Lembre-se: quem negocia não são as empresas ou os países, mas as pessoas. Você pode levar em conta a cultura de seus clientes e parceiros de negócios, mas deve tratá-los como indivíduos.

---

⁵ Constantine Katsikeas, Dionysis Skarmeas e Daniel C. Bello, "Developing Successful Trust-Based International Exchange Relationships", *Journal of International Business Studies*, 40, n. 1, 2009, p. 132-155.

⁶ James K. Sebenius, "The Hidden Challenge of Cross-Border Negotiations", *Harvard Business Review*, março-abril de 2002, p. 76-82.

⁷ Nurit Zaidman analisa como os estereótipos são formados em "Stereotypes of International Managers: Content and Impact on Business Interactions", *Group & Organizational Management*, 1º de março de 2000, p. 45-54.

⁸ Samfrits Le Poole comenta sobre o estereótipo americano em "John Wayne Goes to Brussels", em Roy J. Lewicki, Joseph A. Litterer, David M. Saunders e John W. Minton (eds.), *Negotiation: Readings, Exercises, and Cases*, 2. ed. (Burr Ridge, IL: Irwin, 1993). Essa citação foi extraída do jornal espanhol *Expansion*, de 29 de novembro de 1991, p. 41.

⁹ Stephen E. Weiss apresenta a avaliação mais recente e completa das publicações sobre negociações internacionais em "International Business Negotiations Research", em B. J. Punnett e O. Shenkar (eds.), *Handbook for International Management Research* (Ann Arbor: University of Michigan Press, 2004), p. 415-474.

Os europeus atribuem estereótipos a si mesmos. Esse cartão-postal foi comprado na loja de presentes do Parlamento Europeu em Bruxelas. Obviamente, nem todos os holandeses são sovinas; nem todos os irlandeses bebem e assim por diante. Agora que a União Europeia foi ampliada para 27 países, será necessário confeccionar um cartão maior. Temos quase certeza de que farão alguma brincadeira com todos os novos participantes.

Impacto difuso da cultura sobre o comportamento nas negociações

OA2
Como a cultura influencia os comportamentos à mesa de negociações

O principal objetivo desta seção é demonstrar a extensão das diferenças culturais nos estilos de negociação e como essas diferenças podem provocar problemas nas negociações empresariais internacionais. O conteúdo desta seção baseia-se em um estudo sistemático sobre esse assunto, realizado ao longo de três décadas, no qual foram avaliados os estilos de negociação de mais de mil executivos em 17 países (20 culturas).[10] Os países estudados foram: Japão, Coreia, Taiwan, China (Tianjin, Guangzhou e Hong Kong), Filipinas, República Tcheca, Rússia, Israel, Noruega, Alemanha, França, Reino Unido, Espanha, Brasil, México, Canadá (falantes de inglês e francês) e Estados Unidos. Esses países foram escolhidos porque são os parceiros comerciais mais importantes no presente e no futuro dos Estados Unidos.

Ao observar amplamente essas várias culturas, duas conclusões importantes se destacam. A primeira é que as generalizações regionais muito frequentemente não são corretas. Por exemplo, os estilos de negociação dos japoneses e coreanos são bastante semelhantes em determinados aspectos, mas em outros não poderiam ser mais diferentes. A segunda conclusão desse estudo é que o Japão é um lugar excepcional: em praticamente todas as dimensões

---

[10] As instituições e pessoas citadas a seguir ofereceram um apoio fundamental às pesquisas utilizadas para fundamentar esse assunto: Departamento de Educação dos Estados Unidos; Toyota Motor Sales USA Inc.; Solar Turbines Inc. (uma divisão da Caterpillar Tractors Co.); Fundo de Pesquisa e Inovação do Corpo Docente e Programa de Pesquisa Educacional em Comércio Internacional (International Business Educational Research – Ibear) da University South California; Ford Motor Company; Marketing Science Institute; Madrid Business School; e os professores Nancy J. Adler (McGill University), Nigel Campbell (Manchester Business School), A. Gabriel Esteban (University of Houston, Victoria), Leonid I. Evenko (Russian Academy of the National Economy), Richard H. Holton (University os California, Berkeley), Alain Jolibert (Université des Sciences Sociales de Grenoble), Dong Ki Kim (Korea University), C. Y. Lin (National Sun-Yat Sen University), Hans-Gunther Meissner (Dortmund University), Alena Ockova (Czech Management Center), Sara Tang (Mass Transit Railway Corporation, Hong Kong), Kam-hon Lee (Chinese University of Hong Kong) e Theodore Schwarz (Monterrey Institute of Technology, Monterrey, California).

de estilo de negociação consideradas, os japoneses estão nos últimos lugares da classificação. Alguns americanos estão no outro extremo. Entretanto, na verdade, na maioria das vezes os americanos encontram-se no meio. Isso se evidenciará para o leitor nos dados apresentados nesta seção. No entanto, a postura japonesa é mais distinta e até mesmo *sui generis*.

OA3
Problemas comuns que ocorrem nas negociações empresariais internacionais

As diferenças culturais provocam quatro tipos de problema nas negociações empresariais internacionais, correspondentes às seguintes categorias:[11]

1. Idioma
2. Comportamentos não verbais
3. Valores
4. Processos de raciocínio e de tomada de decisões

A sequência é importante; os problemas inferiores nessa relação são mais sérios porque são mais sutis. Por exemplo, dois negociadores perceberiam imediatamente se um estivesse falando japonês e o outro alemão. A solução para esse problema poderia ser bastante simples, como contratar um intérprete ou falar em um terceiro idioma conhecido por ambos, ou bastante difícil, como aprender um idioma. Independentemente da solução, o problema é óbvio. Em contraposição, as diferenças culturais nos comportamentos não verbais quase sempre estão além de nossa percepção. Quer dizer, em uma negociação face a face, os participantes deixam escapar e captam de uma maneira não verbal – e de uma forma mais sutil – grande quantidade de informações.[12] Alguns especialistas defendem que essas informações são mais importantes do que as informações verbais. Praticamente todos esses indícios ocorrem sem que tenhamos consciência.[13] Quando os sinais não verbais de um parceiro estrangeiro são diferentes dos sinais verbais, os negociadores ficam mais propensos a interpretá-los mal, mesmo sem ter consciência desse equívoco. Por exemplo, quando um cliente francês faz interrupções constantes, os americanos tendem a se sentir desconfortáveis sem perceber exatamente o motivo. Desse modo, o atrito interpessoal muitas vezes deturpa as relações de negócios, passa despercebido e, consequentemente, não é resolvido. As diferenças nos valores e nos processos de raciocínio e tomada de decisões estão ainda mais escondidas e, por esse motivo, são mais difíceis de sanar. Avaliamos essas diferenças aqui, começando pelo idioma e pelos comportamentos não verbais.

Diferenças no idioma e nos comportamentos não verbais

OA4
Semelhanças e diferenças nos comportamentos comunicacionais em vários países

Os americanos sem dúvida estão no final da lista de habilidades linguísticas, embora os australianos afirmem que eles próprios são ainda piores. Contudo, é necessário acrescentar que os universitários americanos começaram a perceber isso e a procurar escolas de idiomas e programas de estudo no exterior. Infelizmente, os recursos de ensino de idiomas estrangeiros nos Estados Unidos são inadequados para satisfazer a essa crescente demanda. Em contraposição, hoje os checos desperdiçam uma vantagem competitiva ganha arduamente: a juventude tcheca não aprenderá mais o russo. É fácil perceber o motivo, mas em consequência disso haverá uma geração de cidadãos checos que não conseguirão aproveitar sua vantagem geográfica porque não saberão falar o idioma de seus vizinhos do Leste.

As vantagens linguísticas dos executivos japoneses no texto sobre o *aisatsu*, na abertura deste capítulo eram bastante evidentes. Entretanto, a reclamação mais comum que se ouve entre os diretores americanos diz respeito às conversas paralelas travadas no idioma nativo por seus clientes e parceiros estrangeiros, ao longo das negociações. Na melhor das hipóteses, isso é visto como uma atitude indelicada, e muitas vezes os negociadores americanos tendem a considerar o conteúdo da conversa entre os negociadores estrangeiros sinistro – "Eles estão conspirando ou falando sobre algo secreto".

Essa percepção é um erro muito cometido pelos americanos. O objetivo habitual dessas conversas paralelas é solucionar problemas de tradução. Por exemplo, um coreano pode dirigir-se para outro e perguntar: "O que ele quis dizer?". Ou então a conversa paralela pode estar relacionada a um desacordo entre os membros da equipe estrangeira. Essas duas circunstâncias devem ser consideradas indícios positivos pelos americanos – isto é, entender

---

[11] Para obter informações detalhadas, consulte William Hernandez Requejo e John L. Graham, *Global Negotiation: The New Rules* (Nova York: Palgrave Macmillan, 2008); http://www.GlobalNegotiation Resources.com, 2010.

[12] Mark Bauerlein, "Why Gen-Y Johnny Can't Read Nonverbal Cues", *The Wall Street Journal*, 28 de agosto de 2009 [*on-line*].

[13] Jan Ulijn, Anne Fraçoise Rutowski, Rajesh Kumar e Yunxia Zhu, "Patterns of Feelings in Face-to-Face Negotiation: A Sino-Dutch Pilot Study", *Cross Cultural Management*, 12, n. 3, 2005, p. 103-118.

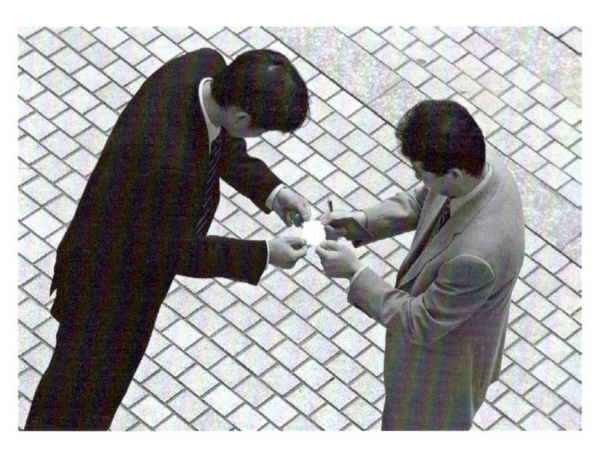

Os negociadores japoneses trocam cartões de visita logo no início de um encontro. Mais importante do que a demonstração não verbal de respeito nesse "pequeno ritual" são as informações indispensáveis sobre o *status* correspondente dos negociadores, evidenciado pelo cargo e pela empresa. Por incrível que pareça, os executivos japoneses não conseguem conversar um com o outro enquanto não estabelecem essa relação de *status*, porque o uso apropriado da linguagem depende de que se conheça o *status* dos negociadores.

corretamente as traduções melhora a eficácia das interações e as concessões com frequência provocam divergências interiores. Porém, como a maioria dos americanos fala apenas um idioma, nenhuma das circunstâncias é bem-vinda. A propósito, os estrangeiros são aconselhados a oferecer uma breve explicação aos americanos sobre o conteúdo de suas conversas paralelas iniciais, a fim de amenizar essas interpretações maliciosas.

Alguns dados sobre negociações simuladas são também instrutivos. Em nosso estudo, dentre as 21 culturas avaliadas, filmamos o comportamento verbal dos negociadores de 15 delas (seis negociadores em cada um dos 15 grupos). Os números apresentados na Figura 19.1 correspondem à porcentagem das afirmações que foram classificadas em cada uma das categorias listadas. Isto é, 7% das afirmações feitas pelos negociadores japoneses foram classificadas como promessas, 4% como ameaças, 7% como recomendações e assim por diante. Os comportamentos verbais de barganha empregados pelos negociadores durante as simulações revelaram-se surpreendentemente semelhantes de uma cultura para outra. Em todas as 15 culturas estudadas, as negociações incluíam principalmente táticas de troca de informações – elaboração de perguntas e disposição para revelar informações pessoais. Observe que os japoneses aparecem no extremo inferior do *continuum* com respeito à revelação de informações pessoais. Seus 34% (que é o caso também dos espanhóis e dos canadenses de língua inglesa) foram a segunda menor porcentagem dentre os 15 grupos, o que leva a crer que eles são os mais resistentes a fornecer informações depois dos israelenses. Entretanto, de modo geral, as táticas verbais utilizadas foram surpreendentemente semelhantes nessas culturas heterogêneas.

A Figura 19.2 apresenta uma análise sobre alguns aspectos linguísticos e alguns comportamentos não verbais dos 15 grupos filmados. Embora esse trabalho lide apenas com uma parcela bastante ínfima desse tipo de análise comportamental, ele oferece indícios de diferenças culturais importantes.[14] Observe que, uma vez mais, os japoneses estão nas últimas posições da sequência em praticamente todas as dimensões dos comportamentos listados. Nas categorias contato visual e toque, dentre os 15 grupos, a menor porcentagem corresponde à dos japoneses. Apenas os chineses do norte empregaram a palavra *não* menos frequentemente, e apenas os canadenses de língua inglesa e os russos usaram mais períodos de silêncio do que os japoneses.

Uma análise aprofundada sobre os dados das Figuras 19.1 e 19.2 revela uma conclusão mais significativa: a variação entre culturas é maior na comparação de aspectos linguísticos do idioma e de comportamentos não verbais do que na análise do conteúdo verbal das negociações. Por exemplo, observe as diferenças marcantes entre os japoneses e brasileiros na Figura 19.1, comparativamente à Figura 19.2.

A seguir, apresentaremos outras características distintas de cada um dos 15 grupos culturais filmados. Certamente, não é possível extrair conclusões sobre tais culturas com base na análise de apenas seis executivos em cada uma, mas vale a pena considerar brevemente as diferenças culturais sugeridas.

Japão. Em consonância com a maioria das descrições sobre o comportamento de negociação dos japoneses, os resultados dessa análise levam a crer que o estilo de interação dessa cultura é o menos agressivo (ou mais polido). As ameaças, ordens e advertências parecem ser desfavorecidas em prol de promessas, recomendações e comprometimentos mais positivos. O que é particularmente revelador no modo de conversar dos japoneses é o raro emprego do *não* e do *você* e do contato visual, bem como a maior frequência de períodos de silêncio.

Coreia. Talvez um dos fatores mais interessantes dessa análise seja a diferença entre os estilos de negociação asiáticos. Os não asiáticos com frequência fazem generalizações a respeito dos asiáticos; entretanto, os resultados demonstram que essa generalização é equivocada. Os negociadores coreanos empregaram muito mais punições e ordens do que os japoneses. Eles utilizaram a palavra *não* e fizeram interrupções três vezes mais que os japoneses. Além disso, não houve nenhum período de silêncio entre os negociadores coreanos.

---

[14] Thomas W. Leigh e John O. Summers, "An Initial Evaluation of Industrial Buyers' Impressions of Salespersons' Nonverbal Cues", *Journal of Personal Selling & Sales Management*, inverno de 2002, p. 41-53.

Figura 19.1
Táticas verbais de negociação (o fator "o que" nas comunicações).

Comportamentos de negociação e definições	Japão	Coreia	Taiwan	China**	Rússia	Israel	Alemanha	Reino Unido	França	Espanha	Brasil	México	Canadá (Francês)	Canadá (Inglês)	EUA
Promessa. Afirmação em que o emissor indica sua intenção de oferecer ao receptor uma consequência reforçadora que, de acordo com a avaliação do emissor, será gratificante, positiva ou recompensadora.	7†	4	9	6	5	12	7	11	5	11	3	7	8	6	8
Ameaça. Semelhante à promessa, com a exceção de que a consequência reforçadora é considerada nociva, desagradável ou punitiva.	4	2	2	1	3	4	3	3	5	2	2	1	3	0	4
Recomendação. Afirmação em que o emissor prevê que haverá uma consequência ambiental gratificante para o receptor. Sua ocorrência não está nas mãos do emissor.	7	1	5	2	4	8	5	6	3	4	5	8	5	4	4
Advertência. Semelhante à recomendação, com a exceção de que a consequência é considerada desagradável.	2	0	3	1	0	1	1	1	3	1	1	2	3	0	1
Recompensa. Afirmação do emissor cujas consequências são consideradas gratificantes para o receptor.	1	3	2	1	3	2	4	5	3	3	2	1	1	3	2
Punição. Semelhante à recompensa, com a exceção de que as consequências são consideradas desagradáveis.	1	5	1	0	1	3	2	0	3	2	3	0	2	1	3
Apelos normativos. Afirmação em que o emissor indica que o comportamento passado, presente ou futuro do receptor deve estar de acordo com determinadas normas sociais.	4	3	1	1	1	5	1	1	0	1	1	1	3	1	2
Comprometimento. Afirmação em que o emissor expressa que suas futuras propostas serão mantidas em um determinado nível.	15	13	9	10	1	10	9	13	10	9	8	9	8	14	13
Disposição a revelar informações pessoais (transparência). Afirmação em que o emissor revela informações sobre si mesmo.	34	36	42	36	40	30	47	39	42	34	39	38	42	34	36
Indagação. Afirmação em que o emissor pede ao receptor para que ele revele informações sobre si mesmo.	20	21	14	34	27	20	11	15	18	17	22	27	19	26	20
Ordem. Afirmação em que o emissor propõe que o receptor tenha um determinado comportamento.	8	13	11	7	7	9	12	9	9	17	14	7	5	10	6

* Para cada grupo, n = 6.
** Norte da China (Tianjin e arredores).
† Leia-se "7% das afirmações feitas pelos negociadores japoneses foram promessas".

Fonte: De William Hernandez Requejo e John L. Graham, *Global Negotiation: The New Rules* (Nova York: Palgrave Macmillan, 2009). Dados reproduzidos com permissão da Palgrave Macmillan.

Figura 19.2
Aspectos linguísticos do idioma e comportamentos não verbais ("de que forma" as coisas são ditas).

Culturas*	Japão	Coreia	Taiwan	China**	Rússia	Israel	Alemanha	Reino Unido	França	Espanha	Brasil	México	Canadá (Francês)	Canadá (Inglês)	EUA
Comportamentos de barganha (durante 30 minutos)															
Aspectos estruturais															
"Não". Número de vezes em que a palavra *não* foi empregada por cada negociador.	1,9	7,4	5,9	1,5	2,3	8,5	6,7	5,4	11,3	23,2	41,9	4,5	7,0	10,1	4,5
"Você". Número de vezes em que a palavra *você* foi empregada por cada negociador.	31,5	35,2	36,6	26,8	23,6	64,4	39,7	54,8	70,2	73,3	90,4	56,3	72,4	64,4	55,1
Comportamentos não verbais															
Períodos de silêncio. Número de lacunas no diálogo de 10 segundos ou mais.	2,5	0	0	2,3	3,7	1,9	0	2,5	1,0	0	0	1,1	0,2	2,9	1,7
Sobreposição de falas. Número de interrupções.	6,2	22,0	12,3	17,1	13,3	30,1	20,8	5,3	20,7	28,0	14,3	10,6	24,0	17,0	5,1
Contato visual. Número de minutos durante os quais os negociadores passam olhando para o rosto do oponente.	3,9	9,9	19,7	11,1	8,7	15,3	10,2	9,0	16,0	13,7	15,6	14,7	18,8	10,4	10,0
Toque. Circunstância em que os negociadores se tocam (não inclui aperto de mãos).	0	0	0	0	0	0	0	0	0,1	0	4,7	0	0	0	0

* Para cada grupo, n = 6.
** Norte da China (Tianjin e arredores).

Fonte: De William Hernandez Requejo e John L. Graham, *Global Negotiation: The New Rules* (Nova York: Palgrave Macmillan, 2009). Dados reproduzidos com permissão da Palgrave Macmillan.

CRUZANDO FRONTEIRAS 19.1 — Fisionomias inexpressivas e injeções de Botox

Muitas vezes, ouvimos os executivos americanos se queixarem de que é "difícil ler" seus interlocutores japoneses à mesa de negociações; isto é, a fisionomia deles é inexpressiva. Entretanto, quando filmamos e contamos as expressões faciais dos negociadores (sorrisos e franzimento das sobrancelhas), não observamos nenhuma diferença entre japoneses e americanos. Ao que tudo indica, por causa das diferenças entre as duas culturas com relação ao momento e ao significado das expressões faciais, os americanos não conseguem interpretar as expressões faciais dos japoneses e por isso relatam, equivocadamente, não perceber nada.

Agora, parece que os executivos americanos procuram ter essa vantagem da fisionomia inexpressiva por meio de um novo milagre da ciência, o Botox. As aplicações desse novo medicamento são usadas para "congelar" e esculpir o rosto para que tenha uma "serenidade semipermanente". "Quando parecemos fortes, durões e destemidos, as pessoas nos respeitam mais [...] demonstrar menos expressões de fato impressiona", afirma um executivo americano.

Paul Ekman, psicólogo da University of California que estuda as expressões faciais, descreve essa tendência como algo "bastante assustador". As expressões faciais evoluíram para atender a algum propósito, para ajudar na formação dos laços humanos básicos por meio de movimentos faciais subconscientes. Se as eliminarmos, como poderemos diferenciar entre um amigo ou um inimigo, entre um companheiro ou um assassino?

Em vez de se preparar para uma negociação internacional usando Botox, recomendamos um bom livro, uma bela partida de golfe ou talvez uma boa massagem facial à moda antiga!

Fontes: Suein L. Hwang, "Some Type A Staffers Dress for Success with a Shot of Botox", *The Wall Street Journal*, 31 de junho de 2002, p. B1; James D. Hodgson, Yoshihiro Sano e John L. Graham, *Doing Business with the New Japan* (Boulder, CO: Rowman & Littlefield, 2008).

China (Norte). O comportamento dos negociadores do norte da China (isto é, em Tianjin e arredores) foi o mais notável com relação à ênfase na elaboração de perguntas (34%).[15] Aliás, 70% das afirmações feitas pelos negociadores chineses foram classificadas como táticas de troca de informações. Outros aspectos do comportamento dos chineses foram bastante semelhantes aos dos japoneses, particularmente em relação ao emprego de *não* e *você* e aos períodos de silêncio.[16]

Taiwan. O comportamento dos executivos de Taiwan foi bem diferente do comportamento dos da China e do Japão, mas semelhante aos da Coreia. Em Taiwan, os chineses foram excepcionais com relação ao tempo de contato visual – em média 20 a 30 minutos. Eles fizeram menos perguntas e ofereceram mais informações (transparência) do que qualquer um dos demais grupos asiáticos.

Rússia. O estilo dos russos foi bem diferente do estilo de qualquer outro país europeu e, aliás, bem semelhante, em vários aspectos, ao estilo dos japoneses. Eles empregaram *não* e *você* raras vezes e utilizaram o período de silêncio mais longo dentre todos os grupos. Somente os japoneses fizeram menos contato visual, e apenas os chineses fizeram mais perguntas.

Israel. O comportamento dos negociadores israelenses foi distinto em três aspectos. Eles apresentaram a menor porcentagem na categoria de disposição para revelar informações pessoais, aparentemente mantendo as cartas do jogo relativamente escondidas. Eles ficaram também no fim da escala da porcentagem de apelos normativos (5%), e as referências mais frequentes foram sobre as ofertas dos concorrentes. Talvez mais significativo seja o fato de os negociadores israelenses interromperem-se com uma frequência bem maior do que os

---

[15] A ênfase que os chineses dão às perguntas é confirmada por outras constatações empíricas: Dean Tjosvold, Chun Hui e Haifa Sun, "Can Chinese Discuss Conflicts Openly? Field and Experimental Studies of Face Dynamics", *Group Decision and Negotiation*, 13, 2004, p. 351-373.

[16] Existe um numero crescente de publicações sobre negociações com chineses. Consulte Catherine H. Tinsley e Jeanne M. Brett, "Managing Workplace Conflict in the U.S. and Hong Kong", *Organizational Behavior and Human Decision Process*, 85, 2001, p. 360-381; Pervez Ghauri e Tony Fang, "Negotiating with the Chinese: A Socio-Cultural Analysis", *Journal of World Business*, 22 de setembro de 2001, p. 303-312; Vivian C. Sheer e Ling Chen, "Successful Sino-Western Business Negotiation: Participants' Accounts of National and Professional Cultures", *Journal of Business Communication*, 1º de janeiro de 2003, p. 50-64; Rajesh Kumar e Verner Worm, "Social Capital and the Dynamics of Business Negotiations between the Northern Europeans and the Chinese", *International Marketing Review*, 20, n. 3, 2003, p. 262-286; John L. Graham e N. Mark Lam, "The Chinese Negotiation", *Harvard Business Review*, outubro de 2003, p. 82-91; Anna Stark, Kim-Shyan Fam, David S. Waller e Zhilong Tian, "Chinese Negotiation Practice, Perspective from new Zealand Exporters", *Cross Cultural Management*, 12, n. 3, 2005, p. 85-102.

negociadores dos demais grupos. É bem provável que esse comportamento não verbal importante seja responsável pelo uso frequente do estereótipo "insistente" por parte dos americanos em referência a seus parceiros de negociação israelenses.

Alemanha. O comportamento dos alemães é difícil de caracterizar porque eles ficam na posição intermediária praticamente em todas as escalas. Contudo, os alemães se sobressaíram com relação à alta porcentagem de transparência (47%) e a baixa porcentagem de perguntas (11%).

Reino Unido. O comportamento dos britânicos foi notadamente semelhante ao dos americanos, em todos os aspectos.

Espanha. *Diga* talvez seja uma boa metáfora para a conduta de negociação espanhola evidenciada pelos nossos dados. Quando você faz um telefonema em Madri, a saudação mais comum do outro lado da linha não é *hola* ("alô"), mas *diga* ("fale"). Assim, não é surpreendente que nas negociações filmadas os espanhóis respondam pela maior porcentagem de ordens (17%) dentre todos os grupos e tenham oferecido comparativamente poucas informações (transparência de apenas 34%). Além disso, com exceção dos israelenses, eles fizeram mais interrupções do que os outros grupos e empregaram as palavras *não* e *você* com muita frequência.

França. Dentre todos os grupos, o estilo dos negociadores franceses talvez tenha sido o mais agressivo. Eles respondem particularmente pela maior porcentagem de ameaças e advertências (juntos, 8%). Os franceses também utilizaram interrupções, contatos visuais e *não* e *você* mais frequentemente do que os demais grupos, e um deles tocou o braço do parceiro durante a simulação.

Brasil. Os executivos brasileiros, do mesmo modo que os franceses e espanhóis, foram bastante agressivos. Eles respondem pela segunda maior porcentagem de ordens dentre os grupos. Em média, os brasileiros proferiram 42 vezes a palavra *não* e 90 vezes a palavra *você* e tocaram o braço um do outro cinco vezes ao longo de 30 minutos de negociação. A porcentagem de contato visual foi igualmente alta.

México. Os padrões de comportamento dos mexicanos em nossas negociações são um bom lembrete do perigo das generalizações sobre regiões ou grupos idiomáticos.[17] Tanto os comportamentos verbais quanto os não verbais deles foram bem diferentes dos comportamentos dos brasileiros ou dos espanhóis. Aliás, os mexicanos atendem ao telefone com uma saudação bem menos rude – *bueno* (abreviação de "bom-dia"). Em muitos aspectos, o comportamento dos mexicanos é bem semelhante ao dos negociadores dos Estados Unidos.

Canadá de língua francesa. Os canadenses de língua francesa comportaram-se de maneira bem similar aos franceses. Eles também exibiram uma alta porcentagem de ameaças e advertências e fizeram até mais interrupções e contato visual. Esse estilo agressivo de interação não combinaria muito bem com o estilo mais comedido de alguns grupos asiáticos ou com o dos falantes do inglês, incluindo os próprios canadenses.

Canadá de língua inglesa. Os canadenses cuja língua materna é o inglês responderam pela menor porcentagem de táticas persuasivas e agressivas (as ameaças, advertências e punições somaram 1%) dentre todos os grupos. Talvez, tal como propõem os pesquisadores de comunicação, essas diferenças de estilo sejam as sementes da discórdia interétnica testemunhada no Canadá no decorrer dos anos. Com respeito às negociações internacionais, os canadenses de língua inglesa utilizaram visivelmente mais interrupções e *nãos* do que os negociadores dos principais parceiros do Canadá – os americanos e os japoneses.

Estados Unidos. À semelhança dos alemães e dos britânicos, os americanos ficaram na posição intermediária da escala. A frequência com que eles se interromperam foi menor do que a dos demais grupos, mas essa foi a única diferença.

Essas diferenças culturais são bastante complexas, e os resultados em si não devem ser utilizados para prever o comportamento de interlocutores estrangeiros. Na verdade, é necessário tomar muito cuidado com relação aos perigos mencionados dos estereótipos.

---

[17] T. Lenartowicz e J. P. Johnson, "A Cross-National Assessment of the Values of Latin American Managers: Contrasting Hues or Shades of Gray?", *Journal of International Business Studies*, 34, n. 3, maio de 2003, p. 266-281.

A principal questão é estar atento a esses tipos de diferença, para que o silêncio do japonês, o "não, não, não..." dos brasileiros e a ameaça dos franceses, por exemplo, não sejam mal interpretados.

Diferenças nos valores

OA5

De que forma as diferenças nos processos valorativos e de raciocínio afetam as negociações internacionais

Quatro valores – objetividade, competitividade, igualdade e pontualidade – defendidos intensa e profundamente pela maioria dos americanos parecem provocar, com muita frequência, mal-entendidos e ressentimentos nas negociações empresariais internacionais.

Objetividade. "Os americanos tomam decisões com base no lucro e em fatos imparciais e concretos." "Os americanos não têm prediletos." "Economia e desempenho contam, pessoas não." "Negócio é negócio." Essas afirmações retratam bem as opiniões americanas sobre a importância da objetividade.

O livro mais importante sobre o tema de negociação, *Getting to yes* (*Como chegar ao sim*),[18] é altamente recomendado tanto para leitores americanos quanto para estrangeiros. Os estrangeiros obterão informações não apenas sobre negociações, mas, talvez mais importante, sobre o que os americanos pensam a respeito das negociações. Os autores são enfáticos quanto a "separar as pessoas do problema" e afirmam: "Todo negociador tem dois tipos de interesse: na substância e na relação". Esse conselho provavelmente é conveniente nos Estados Unidos ou talvez na Alemanha; porém, na maior parte do mundo, ele é um contrassenso. Na maioria países, particularmente nas culturas coletivistas e de alto contexto, personalidade e substância não são questões distintas e não podem ser separadas.

Por exemplo, imagine como o nepotismo é importante nas culturas chinesa e hispânica. Especialistas afirmam que os negócios não se desenvolvem além dos limites e dos laços do rigoroso controle familiar na crescente "Comunidade Chinesa". Por natureza, as coisas funcionam da mesma forma na Espanha, no México e nas Filipinas. Naturalmente, os negociadores desses países não apenas levarão as coisas para o lado pessoal, mas serão pessoalmente afetados pelos resultados de uma negociação. *Guanxi*, palavra chinesa referente a relações pessoais, é fundamental para o êxito dos negociadores na China. Lá, a reciprocidade duradoura é a base para as interações comerciais, e conceitos ocidentais como objetividade quase sempre têm lugar secundário.[19] O que acontecer à mesa de negociações afetará a relação de negócios, independentemente dos aspectos econômicos em questão.

Competitividade e igualdade.[20] As negociações simuladas podem ser consideradas um tipo de economia experimental em que os valores de cada grupo cultural envolvido refletem-se de forma aproximada nos resultados econômicos. A simulação básica empregada em nossa pesquisa retratou a essência das negociações comerciais, pois envolveu aspectos competitivos e também cooperativos. Pelos menos 40 executivos de cada cultura seguiram as mesmas regras do jogo comprador–vendedor na negociação de preços de três produtos. Dependendo do acordo firmado, o "bolo da negociação" poderia aumentar por meio da cooperação (poderia chegar a US$ 10.400 em lucros conjuntos) antes de ser dividido entre comprador e vendedor. Os resultados são sintetizados na Figura 19.3.

Quanto ao aumento do bolo, os japoneses foram os campeões. Na simulação, seus lucros conjuntos foram os mais altos (US$ 9.590) dentre os 20 grupos culturais envolvidos. Nos Estados Unidos, o tamanho desse bolo foi médio (US$ 9.030), mas pelo menos ele foi dividido de uma maneira relativamente equitativa (5,18% dos lucros ficaram com os compradores). Em contraposição, os japoneses (e outros) dividiram o bolo de uma forma estranha (e talvez até injusta),[21] pois os compradores ficaram com as porcentagens de lucro mais altas (53,8%). As consequências dessas negociações empresariais simuladas condizem com as observações de outros autores e com o adágio de que no Japão o comprador é "rei". Por natureza, os americanos têm pouco conhecimento sobre o costume japonês de

---

[18] Roger Fisher, William Ury e Bruce Patton, *Getting to Yes: Negotiating Agreement without Giving In* (Nova York: Penguin, 1991).
[19] Flora F. Gu, Kineta Hung e David K. Tse, "When Does Guanxi Matter? Issues of Capitalization and Its Dark Sides", *Journal of Marketing*, 72, n. 4, 2008, p. 12-28.
[20] Obviamente, o oposto de igualdade é hierarquia, e esta última é mais predominante na China. Por exemplo, consulte Ray Friedman, Shu-Chen Chi e Leigh Anne Liu, "An Expectancy Model of Chinese-American Differences in Conflict Avoiding", *Journal of International Business Studies*, 37, 2006, p. 76-91.
[21] Os conceitos de equidade obviamente variam de uma cultura para outra; consulte Nancy R. Buchan, Rachel T. S. Croson e Eric J. Johnson, "When Do Fair Beliefs Influence Bargaining Behavior in Japan and the United States", *Journal of Consumer Research*, 31, n. 2, 2004, p. 181-190.

Figura 19.3
Diferenças culturais em relação à competitividade e à igualdade.

Fonte: William Hernandez Requejo e John L. Graham, *Global Negotiation: The New Rules* (Nova York: Palgrave Macmillan, 2009). Dados reproduzidos com autorização da Palgrave Macmillan.

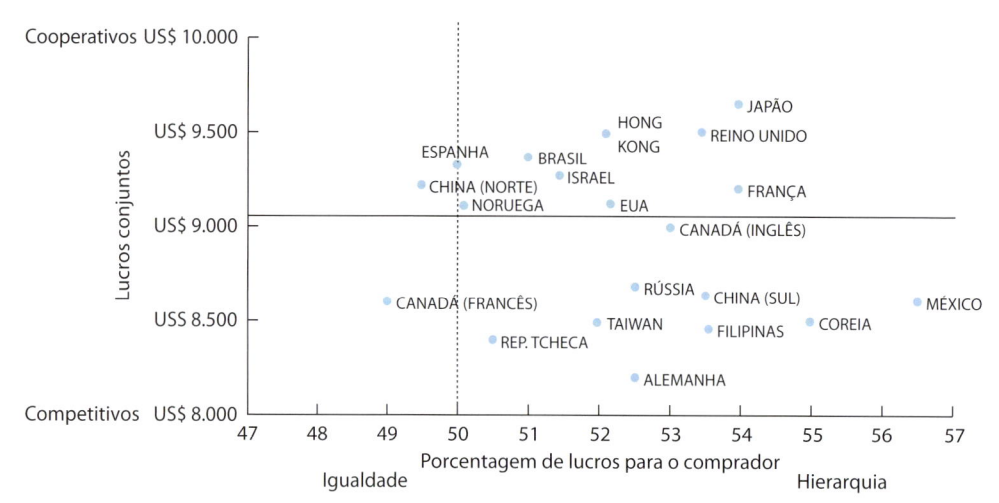

[Gráfico de dispersão. Eixo Y: Lucros conjuntos, de Competitivos US$ 8.000 a Cooperativos US$ 10.000. Eixo X: Porcentagem de lucros para o comprador, de Igualdade (47) a Hierarquia (57).
Pontos aproximados:
- JAPÃO (~54, ~9.600)
- HONG KONG (~53, ~9.550)
- REINO UNIDO (~54, ~9.500)
- ESPANHA (~50, ~9.300)
- BRASIL (~52, ~9.250)
- CHINA (NORTE) (~50, ~9.200)
- ISRAEL (~52, ~9.200)
- FRANÇA (~54, ~9.150)
- NORUEGA (~51, ~9.100)
- EUA (~52, ~9.050)
- CANADÁ (INGLÊS) (~53, ~8.950)
- RÚSSIA (~52, ~8.700)
- CHINA (SUL) (~54, ~8.700)
- MÉXICO (~56, ~8.650)
- CANADÁ (FRANCÊS) (~50, ~8.600)
- TAIWAN (~52, ~8.550)
- FILIPINAS (~53, ~8.550)
- COREIA (~55, ~8.550)
- REP. TCHECA (~51, ~8.450)
- ALEMANHA (~53, ~8.350)]

Nota: Com base em pelo menos 40 executivos de cada grupo cultural.

atender totalmente às necessidades e aos desejos dos compradores; afinal, não é assim que as coisas funcionam nos Estados Unidos. Os vendedores americanos tendem a tratar os compradores americanos como iguais, e os valores igualitários da sociedade americana apoiam esse comportamento. Desse modo, é natural que a maioria dos americanos trate os compradores japoneses como iguais. De modo semelhante, os compradores americanos geralmente não "protegem" os vendedores americanos ou os japoneses. A ênfase americana sobre a concorrência e o individualismo demonstrada por esses resultados é bastante coerente com o trabalho de Geert Hofstede[22], detalhado no Capítulo 4. Esse estudo indica que, dentre todos os grupos, os americanos receberam uma pontuação mais alta na dimensão de individualismo (em contraposição ao coletivismo). Além disso, os valores da dimensão de individualismo/coletivismo demonstraram uma influência direta sobre os comportamentos da negociação em vários outros países.[23]

Em suma, além de os compradores japoneses obterem melhores resultados do que os compradores americanos, eles também ficam com uma fatia maior do bolo da negociação (US$ 4.430, em comparação com US$ 4.350). Curiosamente, quando esses resultados são apresentados em seminários, os americanos ainda assim normalmente preferem o papel do vendedor americano. Em outras palavras, embora os vendedores americanos obtenham menos lucro do que os japoneses, parece que muitos deles preferem lucros menores se forem obtidos de uma divisão mais equitativa dos lucros conjuntos. Um novo estudo demonstrou igualmente que os americanos e japoneses têm diferentes pontos de vista sobre equidade.[24]

Por fim, a ênfase japonesa sobre as relações hierárquicas parece dificultar as comunicações internas; por exemplo, os subordinados não divulgam as notícias ruins. Essa reticência parece ter sido uma questão fundamental com relação aos problemas de qualidade enfrentados pela Toyota, tal como mencionado em capítulos anteriores, e também influenciaram externamente as interações com agências regulatórias americanas. Uma análise referiu-se a esse problema da Toyota da seguinte maneira: "Sua cultura reticente no Japão entrou em conflito com as exigências dos Estados Unidos de que os fabricantes de automóveis divulguem ameaças à segurança".[25]

Pontualidade. "Simplesmente, faça-os esperar." Todo o resto do mundo sabe que nenhuma outra tática de negociação é tão adequada com os americanos, porque ninguém mais valoriza tanto a pontualidade, ninguém mais tem menos paciência com atrasos e ninguém olha tanto para o relógio quanto os americanos. O conteúdo do Capítulo 5, sobre a

---

[22] Geert Hofstede, *Culture's Consequences*, 2. ed. (Thousand Oaks, CA: Sage, 2001).
[23] L. Graham, "Culture's Influence on Business Negotiations: An Application of Hofstede's and Rokeach's Ideas", em Farok J. Contractor e Peter Lorange (eds.), *Cooperative Strategies and Alliances* (Amsterdã: Pergamon, 2002), p. 461-492. Consulte também Roy J. Lewicki, David M. Saunders e John W. Minton, *Essentials of Negotiation*, 2. ed. (Nova York McGraw-Hill, 2001).
[24] Nancy R. Buchan, Rachael T. S. Croson e Eric C. Johnson, "When Do Fair Beliefs Influence Bargaining Behavior? Experimental Bargaining in Japan and the United States", *Journal of Consumer Research*, 31, 2004, p. 181-190.
[25] Kate Linebaugh, Dionne Searcey e Norihiko Shirouzu, "Secretive Culture Led Toyota Astray", *The Wall Street Journal*, 8 de fevereiro de 2010 [*on-line*].

comparação entre o tempo P e o tempo M, é bastante pertinente aqui. Edward T. Hall,[26] em seu influente artigo, sabe explicar melhor do que ninguém como o transcorrer do tempo é visto de forma distinta de uma cultura para outra e como essas diferenças, na maioria das vezes, incomodam os americanos.

Entretanto, mesmo os americanos tentam manipular o tempo a seu favor. Um bom exemplo é o da Solar Turbines Incorporated (uma divisão da Caterpillar), que uma vez vendeu turbinas e compressores a gás no valor de US$ 34 milhões para um projeto russo de gasodutos de gás natural. Ambas as partes concordaram em firmar as negociações finais em um local neutro, o sul da França. Nas negociações prévias, os russos haviam demonstrado resistência, mas foram sensatos. Contudo, em Nice, eles não foram gentis. Na verdade, eles ficaram ainda mais resistentes e completamente insensatos, de acordo com os executivos da Solar que participaram da negociação.

Os americanos precisaram de alguns dias, um tanto quanto desanimadores, para diagnosticar o problema. No entanto, assim que o diagnosticaram, entraram em contato com a matriz em San Diego, e isso foi decisivo. Por que os russos ficaram tão frios? Porque gostaram do clima quente de Nice e não estavam interessados em fechar a negociação rapidamente e voltar para Moscou! O telefonema para a Califórnia foi o principal acontecimento nessa negociação. O pessoal da matriz da Solar em San Diego era suficientemente esclarecido para permitir que os negociadores usassem o tempo que fosse necessário. Desse ponto em diante, as negociações passaram a ocorrer em reuniões breves, de 45 minutos, no período da manhã; e à tarde, iam ao clube de golfe, à praia ou então ao hotel para fazer telefonemas e lidar com a papelada. Por fim, na quarta semana, os russos começaram a fazer concessões e a solicitar reuniões mais prolongadas. Por quê? Porque não podiam voltar para Moscou depois de quatro semanas no Mediterrâneo sem um contrato assinado. Com essa estratégia para reverter a pressão contra o tempo, a Solar fechou um extraordinário negócio.

Diferenças nos processos de raciocínio e tomada de decisões

A maioria dos ocidentais (observe que estamos generalizando), quando está diante de uma negociação complexa, divide essa tarefa maior em uma série de pequenas atividades. Problemas como preço, entrega, garantia e contrato de serviço podem ser resolvidos cada um a seu tempo. O acordo final torna-se então a soma ou uma sequência de acordos menores. Entretanto, na Ásia, um método diferente normalmente é empregado. Todos os problemas são discutidos ao mesmo tempo, sem nenhuma sequência nítida, e, ao final da discussão, são feitas concessões com relação a todas as questões. O método sequencial ocidental e o método holístico oriental não se misturam muito bem.[27]

Os executivos americanos com frequência se queixam da grande dificuldade para avaliar o progresso das negociações no Japão. Afinal de contas, nos Estados Unidos, você está a meio caminho quando metade das questões está resolvida. Todavia, no Japão, nada parece estar resolvido, mas, de repente, tudo se resolve. Normalmente, os americanos fazem concessões desnecessárias um pouco antes de os acordos serem anunciados pelos japoneses. Por exemplo, um comprador de uma loja de departamentos americana foi ao Japão para comprar seis produtos de consumo diferentes para a sua cadeia e reclamou que as negociações de sua primeira compra levaram uma semana inteira. Nos Estados Unidos, essa compra usaria uma única tarde. Portanto, de acordo com seus cálculos, ele esperava passar seis semanas no Japão para concluir todas as compras, e até pensou em elevar os preços para tentar agilizar as coisas. Entretanto, antes que fizesse essa concessão, os japoneses rapidamente chegaram a um acordo sobre os outros cinco produtos em apenas três dias. Ele próprio reconheceu que teve sorte em seu primeiro encontro com negociadores japoneses.

---

[26] Edward T. Hall, "The Silent Language in Overseas Business", *Harvard Business Review*, maio-junho de 1960, p. 87-96.

[27] As diferenças de raciocínio entre Leste e Oeste são estudadas detalhadamente em Joel Brockner, Ya-Ru Chen, Elizabeth A. Mannix, Kwok Leung e Daniel P. Skarlicki, "Culture and Procedural Fairness: When the Effects of What You Do Depend on How You Do It", *Administrative Science Quarterly*, 1º de março de 2000, p. 138-157. Uma obra mais importante é a de Richard E. Nisbett, *The Geography of Thought: How Asians and Westerners Think Differently ... and Why* (Nova York: The Free Press, 2003). Além disso, para uma análise sobre problemas de comunicação correlatos em equipes de trabalho internacionais, consulte Jeanne Brett, Kristin Behfar e Mary C. Kern, "Managing Multicultural Teams", *Harvard Business Review*, novembro de 2006, p. 84-91.

A postura desse executivo americano, que por pouco não se transformou em um erro estúpido, reflete mais do que uma diferença de estilo de tomada de decisões. Para os americanos, a negociação empresarial é uma atividade de resolução de problemas, e a solução é chegar a um consenso sobre o melhor negócio para ambas as partes. Para um executivo japonês, a negociação é o tempo necessário para desenvolver uma relação empresarial que visa a obter benefícios mútuos e duradouros. As questões econômicas são o contexto, e não o conteúdo das negociações. Portanto, resolver um determinado problema não é tão importante, pois os detalhes serão resolvidos por si sós quando for estabelecida uma relação empresarial viável e harmoniosa. E, tal como ocorreu no caso recém-citado, assim que a relação se estabeleceu, os demais "detalhes" foram resolvidos rapidamente.

Os negociadores americanos devem antever essa postura holística e preparar-se para discutir todas as questões ao mesmo tempo e em uma sequência aparentemente aleatória. O progresso das negociações não deve ser avaliado com base no número de questões resolvidas. Na verdade, os americanos devem tentar avaliar a qualidade da relação empresarial. Alguns indícios importantes de que as negociações estão progredindo são os seguintes:

- Executivos estrangeiros com nível hierárquico mais alto são incluídos nas discussões.
- As questões começam a convergir para áreas específicas da negociação.
- Há certa flexibilização nas atitudes e posturas sobre algumas questões ("Precisamos de algum tempo para avaliar essa questão").
- À mesa de negociações, os negociadores estrangeiros passam a conversar mais entre si em seu próprio idioma, o que em muitos casos pode significar que eles buscam tomar uma decisão.
- Há maior barganha e utilização de canais de comunicação informais.

Implicações para gestores e negociadores

Em vista de todos os problemas que podem surgir em uma negociação transcultural, particularmente quando executivos de culturas orientadas ao relacionamento se misturam com executivos de culturas orientadas à informação, é surpreendente que se consiga chegar a algum acordo empresarial internacional. Obviamente, os imperativos econômicos do comércio global possibilitam que isso ocorra, apesar das possíveis armadilhas. Contudo, uma avaliação sobre as diferenças culturais pode melhorar ainda mais as transações comerciais internacionais, pois o verdadeiro objetivo das negociações empresariais internacionais não são única e exclusivamente os negócios em si, mas relações de negócios altamente vantajosas.

Quatro medidas podem tornar as negociações empresariais internacionais mais eficazes e eficientes. São elas: (1) seleção de uma equipe de negociação apropriada;[28] (2) administração dos fatores preliminares, como treinamento, preparativos e arranjo do ambiente de negociação; (3) administração do processo de negociação, isto é, do que ocorrerá à mesa de negociações; e (4) procedimentos e práticas apropriados de acompanhamento. Nesta seção, discutimos cada um desses fatores.

Equipes de negociação

OA6

Fatores essenciais na seleção de uma equipe de negociação

Um dos motivos do sucesso dos negócios globais é a existência de diversos negociadores internacionais qualificados, executivos que viveram em outros países e que falam outros idiomas. Em muitos casos, eles são imigrantes nos Estados Unidos ou pessoas que conheceram a fundo uma cultura estrangeira em outros âmbitos (voluntários do Corpo de Paz e missionários mórmons são exemplos comuns). Um número maior de escolas de negócios está voltando a enfatizar a importância da aprendizagem de idiomas e da vivência no exterior. Aliás, é interessante notar que o programa curricular original de 1908-1909 da Harvard Business School oferecia cursos por correspondência em alemão, francês e espanhol.

Os critérios de seleção de uma equipe internacional de marketing e vendas, detalhados previamente no Capítulo 17, são também aplicáveis à seleção de negociadores. Traços como maturidade, estabilidade emocional, conhecimento abrangente, otimismo, flexibilidade, empatia e perseverança são extremamente importantes não apenas para os executivos de marketing envolvidos em negociações internacionais, mas também para os especialistas técnicos que frequentemente os acompanham e apoiam. Em pesquisas conduzidas pela Ford Motor Company e pela AT&T, três traços adicionais foram identificados e considerados

---

[28] C. Leonidou, Constantine S. Katsikeas e John Hadjimarcou, "Building Successful Export Business Relationships", *Journal of International Marketing*, 1º de janeiro de 2002, p. 96-101.

fundamentais para o êxito de um negociador internacional: disposição para usar a assistência da equipe, habilidade de ouvir e influência sobre o escritório central.

A disposição para usar a assistência da equipe é particularmente importante para os negociadores americanos. Em vista de sua herança cultural enraizada na independência e no individualismo, eles com frequência cometem o erro de enfrentar sozinhos muitos estrangeiros. Um americano sentado à mesa de negociações, tendo do outro lado três negociadores chineses, infelizmente é uma situação bastante comum. Além disso, as negociações empresariais são processos sociais, e uma quantidade maior de acenos de cabeça pode exercer uma influência maior do que os melhores argumentos. É também bem mais fácil coletar informações detalhadas quando a negociação ocorre entre equipes, e não entre indivíduos. Por exemplo, os japoneses sabem como ninguém envolver executivos juniores nas negociações com o duplo propósito de fazê-los tomar nota de tudo com cuidado e treiná-los por meio da observação. Os esquemas de remuneração que enfatizam demasiadamente o desempenho individual também podem atrapalhar a negociação, e por isso é essencial que a equipe tenha uma comissão compartilhada, o que muitos americanos naturalmente evitam. Por fim, os negociadores talvez devam solicitar o acompanhamento dos executivos seniores, para que sua equipe coadune-se melhor com a equipe de negociação do cliente ou de um parceiro comercial. Particularmente nas culturas orientadas ao relacionamento, a hierarquia conta muito tanto para a persuasão quanto para a demonstração de interesse pela relação de negócios.

O fator mais importante das negociações é a disposição para ouvir. A principal responsabilidade do negociador é coletar informações, a fim de ampliar a criatividade. Esse objetivo talvez exija que um membro da equipe tenha a responsabilidade única de tomar notas com cuidado ao longo das reuniões. Talvez signifique também que conhecer o idioma dos clientes e parceiros é fundamental para compreender completamente suas necessidades e preferências. Nas negociações empresariais internacionais, a importância da habilidade de ouvir não pode ser subestimada.

Solicitar a companhia de um executivo sênior é importante na medida em que a influência sobre o escritório central é decisiva para o sucesso da negociação. Aliás, muitos negociadores internacionais experientes defendem que metade da negociação ocorre com a matriz. A queixa desses representantes é mais ou menos a seguinte: "Quanto mais conheço meu cliente, mais dificuldade encontro na matriz". Como seria de esperar, esse tormento relacionado ao papel de transpor fronteiras é precisamente o motivo pelo qual os negociadores e os executivos de vendas internacionais conseguem fazer tanto dinheiro.

Em suma, é também fundamental reiterar uma questão defendida no Capítulo 5: o gênero não deve ser utilizado como critério de seleção nas equipes de negociação internacionais, ainda que existam diferenças consideráveis com relação ao papel das mulheres de uma cultura para outra. Mesmo nos países em que as mulheres não participam da administração, as executivas americanas são tratadas em primeiro lugar como estrangeiras. Por motivos óbvios, talvez não seja apropriado que elas participem de algumas atividades de entretenimento em uma relação de negócios – banhos em comum nos vestiários dos clubes de golfe japoneses, por exemplo. Entretanto, ainda assim é fundamental que essas executivas criem afinidade pessoal em restaurantes e em outros ambientes informais. Aliás, um especialista em comunicação entre gêneros afirma que as mulheres talvez tenham algumas vantagens nas negociações internacionais:

As mulheres conseguem dar conta do serviço. Aqui, a secretária de Estado Hillary Clinton encontra-se com a chanceler alemã, Angela Merkel.

Em geral, as mulheres sentem-se mais à vontade para conversar em particular. O ato de se manifestar em uma reunião está em grande medida mais próximo da experiência masculina de usar a linguagem para estabelecer sua posição diante de um grupo grande do que da experiência feminina de usar a linguagem para manter uma relação de intimidade. Isso é algo que pode ser aproveitado. Não fique esperando pela reunião; tente apresentar sua ideia antecipadamente, em particular. É isso o que os japoneses fazem, e sob vários aspectos o estilo das mulheres americanas é bem mais parecido com o estilo dos japoneses do que com o estilo dos homens americanos.[29]

---

[29] Deborah Tannen, *You Just Don't Understand: Men and Women in Conversation* (Nova York: William Morrow, 1990).

Preliminares das negociações

OA7

Como se preparar para negociações internacionais

Nos Estados Unidos, muitas empresas oferecem treinamento em negociações a seus funcionários.[30] Por exemplo, por meio de seus programas de treinamento, Chester Karrass[31] ensinou mais pessoas (aproximadamente 400 mil) a negociar do que qualquer outro prestador desse serviço[32] – observe seus anúncios em quase todas as revistas de bordo das companhias aéreas domésticas americanas. Entretanto, pouquíssimas empresas oferecem treinamento em negociações com executivos de outros países. Mais surpreendente ainda é a falta de conteúdo cultural no treinamento de diplomatas do governo. Em vez disso, na maioria das escolas de diplomacia, o currículo abrange habilidades linguísticas, habilidades sociais e diplomáticas e conhecimentos específicos dessa profissão, como história diplomática e relações internacionais, direito, economia, política, organizações internacionais e política exterior. As diferenças culturais nos estilos de negociação e comunicação são raras vezes consideradas.

As coisas são diferentes na Ford Motor Company, que faz mais negócios com empresas japonesas do que qualquer outra empresa. Ela detém 33% da Mazda, fabricou uma *minivan* de sucesso com a Nissan e compra e vende peças e carros prontos de e para empresas japonesas. No entanto, talvez as quase 8 mil passagens aéreas de ida e volta entre Estados Unidos e Japão compradas pela empresa anualmente sejam o melhor indicador da atividade da Ford no Japão. A Ford fez um grande investimento para treinar seus executivos com responsabilidades no Japão. Mais de 2 mil de seus executivos frequentaram um programa de três dias sobre a história e a cultura japonesas e as estratégias de negócios da empresa no Japão. Além disso, mais de mil executivos da Ford que trabalham diretamente com japoneses frequentaram um programa de três dias intitulado "Gerenciando Negociações: Japão" ("Managing Negotiations: Japan" – MNP), o qual inclui simulações e *feedback* com videoteipes, palestras sobre diferenças culturais demonstradas por vídeos de interações entre japoneses e americanos e ensaios das negociações que estão para ocorrer. A empresa também conduz programas semelhantes na Coreia e na República Popular da China.

Paralelamente ao MNJ, iniciativas de treinamento mais amplas no Japão desenvolvidas na Ford devem ser creditadas ao sucesso da empresa nesse país. Certamente, é possível ver que os ex-alunos do MNJ são os mais bem preparados com relação ao relacionamento com os japoneses. Entretanto, a consciência organizacional sobre as dimensões culturais do sistema de negócios japonês foi rapidamente ampliada também por um programa mais abrangente de três dias de duração sobre estratégias de negócios japonesas. Lembre-se da história sobre os russos em Nice, na qual dois acontecimentos foram decisivos. Primeiro, os negociadores da Solar Turbines diagnosticaram o problema. Depois, seus superiores, na Califórnia, avaliaram o problema e aprovaram os investimentos em tempo e dinheiro para retardar a negociação e aguardar os russos. Do mesmo modo, os programas da Ford preocuparam-se não apenas com os negociadores que trabalhavam diretamente com os japoneses, mas também com seus diretores, que passam a maior parte do tempo na matriz da empresa, em Detroit. Os negociadores precisam de informações específicas sobre a cultura na qual eles trabalham, assim como os diretores que estão nos Estados Unidos precisam de uma consciência básica sobre a importância da cultura nos negócios internacionais, para que sejam mais receptivos a recomendações "estranhas", provenientes de Moscou, Rio de Janeiro ou Tóquio.

Qualquer negociador experiente dirá que nunca há tempo suficiente para estar preparado. Em vista das restrições de tempo nas negociações internacionais, os preparativos devem ser realizados de maneira eficiente, sendo necessário fazer o "dever de casa" antes que as negociações se iniciem. Recomendamos o *check-list* a seguir para garantir um planejamento e uma preparação adequados para uma negociação internacional:

1. Avaliação sobre a situação e as pessoas
2. Fatos que devem ser confirmados na negociação

---

[30] O Programa de Negociações da Harvard oferece uma série de cursos nessa área (http://pon.harvard.edu). Além disso, os cursos sobre negociações são mais populares nos programas de MBA dos Estados Unidos; consulte Leigh Thompson e Geoffrey J. Leonardelli, "Why Negotiation Is the Most Popular Business Course", *Ivey Business Journal*, julho-agosto de 2004, p. 1 [*on-line*].

[31] Acesse o *site* de Karrass para obter informações sobre seus programas: http://www.karrass.com. Um portal indispensável que oferece informações sobre negociações em 50 países diferentes e *links* para vários *sites* correlatos é http://www.GlobalNegotiationResources.com.

[32] Lee Edison apresenta uma descrição interessante do que ele chama de "indústria da negociação", em um artigo que ele escreveu para a *Across the Board*, 37, n. 4, abril de 2000, p. 14-20. Outros comentaristas sobre a formação em negociações empresariais internacionais são Yeang Soo Ching, "Putting a Human Face on Globalization", *New Straits Times*, 16 de janeiro de 2000, p. 10; A. J. Vogl, "Negotiation: The Advanced Course", *Across the Board*, 1º de abril de 2000, p. 21; e R. V. Veera, "MIT Preparing Students for New Millennium", *The Straits Times*, 21 de julho de 2002, p. 5.

Por meio de seus livros e cursos de capacitação, Chester Karrass ensinou mais pessoas a negociar do que qualquer outra pessoa no mundo. Sua empresa oferece seminários a dezenas de países e anuncia em revistas de bordo – na foto, em espanhol.

3. Agenda
4. Melhor alternativa para um acordo negociado (*best alternative to a negotiated agreement* – Batna)[33]
5. Atribuições da equipe

A habilidade de planejamento e preparação está no topo da lista de praticamente qualquer pessoa sobre os traços que um negociador deve ter, embora, ao que parece, muitos americanos ainda planejem suas estratégias durante voos transoceânicos, quando na verdade deveriam estar tentando descansar. Ter agilidade de raciocínio é fundamental nas negociações empresariais, e os horários de viagem fatigantes e o cansaço provocado pelos fusos horários entorpecem até mesmo a mente mais aguçada. Não há dúvida de que é necessário identificar com antecedência as informações sobre os objetivos e as preferências da outra parte. É igualmente importante obter do escritório central orientações claras e informações detalhadas sobre as condições do mercado.

Independentemente do grau de meticulosidade dessa pesquisa preliminar, os negociadores sempre devem fazer uma lista dos principais fatos para reconfirmá-los à mesa de negociações. As informações coletadas sobre os clientes e os mercados estrangeiros quase sempre contêm erros, e as coisas mudam ao longo desses voos prolongados. Ademais, supondo que os diretores de outras culturas talvez não enfatizem tanto uma agenda detalhada, propor uma programação ainda assim faz sentido e ajuda a organizar as reuniões.

A ideia mais importante em *Getting to Yes* é o conceito de **melhor alternativa para um acordo negociado (Batna)**,[34] que procura demonstrar como o poder nas negociações pode ser avaliado. Até mesmo as menores empresas podem ter grande poder nas negociações se tiverem várias e boas alternativas e uma empresa grande, do outro lado da mesa, que não as tenha. É também essencial planejar e tomar nota das estratégias de concessão. Com frequência, as concessões podem virar uma bola de neve, e escrevê-las com antecedência ajuda os negociadores a mantê-las sob controle.

Em suma, é necessário evidenciar quais serão as atribuições específicas da equipe – quem lidará com os detalhes técnicos, quem tomará notas, quem assumirá o papel de durão, quem falará mais pelo grupo e assim por diante. Além disso, nas culturas orientadas ao relacionamento, a escolha dos intermediários e a antiguidade e o *status* dos negociadores serão fatores fundamentais.

Pelo menos seis aspectos do ambiente de negociação devem ser, se possível, programados com antecedência:

1. Local
2. Preparativos físicos
3. Número de interessados
4. Número de participantes
5. Público (imprensa, concorrentes, fornecedores associados etc.)
6. Canais de comunicação
7. Limites de tempo

O local tem grande peso nas relações de poder. Viajar para o território da outra parte da negociação é uma grande desvantagem, não apenas em termos de dinheiro e fadiga. O ideal é encontrar-se em um local neutro – aliás, muitas negociações empresariais do outro lado do Pacífico são conduzidas no Havaí. As condições climáticas e o golfe são ótimos, e a fadiga provocada pelo fuso horário é praticamente idêntica. O local é igualmente um fator importante porque pode determinar a jurisdição legal, se houver alguma disputa jurídica. Se você tiver de viajar para a cidade de seu interlocutor, uma tática conveniente é convidar seus clientes ou parceiros para trabalhar na sala de reuniões de algum hotel. Com certeza você terá mais sucesso se eles estiverem longe do escritório deles.

---

[33] A história mais instrutiva que vimos a respeito da criação da melhor alternativa para um acordo negociado pode ser encontrada em Daniel Michael, "In Clandestine World of Airplane Contracts, An Inside Look at a Deal", *The Wall Street Journal*, 10 de março de 2003, p. A1. Essa leitura é obrigatória para qualquer pessoa que tenha interesse pelo tema de negociações empresariais internacionais.

[34] Fisher, Ury e Patton, *Getting to Yes*.

Diferentes cenários de negociação apresentam diferentes vantagens e desvantagens. Obviamente, a teleconferência economiza dinheiro, mas as reuniões tendem a ser rápidas. Embora as negociações feitas em campos de golfe possam ser as mais lentas, é mais provável que as respostas sejam ponderadas, porque os jogadores podem avaliar as reações às afirmações feitas no *tee* enquanto perseguem suas tacadas errantes. Além disso, o *e-mail* possibilita que os negociadores reflitam sobre suas reações de maneira semelhante. Aqui, um executivo "negocia" uma tacada suave (*putt*) no primeiro campo de golfe da China, o Clube de Golfe das Termas Chuan Shan.

Os preparativos físicos podem afetar a cooperação de uma maneira sutil. Nas culturas de alto contexto, a organização das salas pode ser uma fonte importante de constrangimento e irritação. Em detrimento de suas relações empresariais estrangeiras, os americanos tendem a não se preocupar com esses preparativos. Além do mais, o entendimento sobre quem deve participar das negociações varia de cultura para cultura. Os americanos tendem a querer que todos se reúnam para "bater o martelo sobre um acordo", mesmo quando há opiniões e posturas divergentes. Os japoneses preferem conversar com todos separadamente e, em seguida, ao chegar a um consenso, programar reuniões para que todos participem. Os russos tendem a preferir um método gradativo: primeiro se reúnem com uma determinada parte para obter um acordo, depois ambas as partes recorrem a uma terceira, e assim por diante. Mencionamos a importância de não incluir um número exagerado de pessoas nas negociações empresariais internacionais.

O público pode exercer influências decisivas nos processos de negociação. A Petrobras, companhia de petróleo estatal brasileira, é famosa por colocar licitantes concorrentes em quartos adjacentes, para aumentar a competitividade entre os fornecedores. De modo semelhante, o vazamento de notícias para a imprensa teve um papel preponderante e propulsor nas negociações entre a General Motors e a Toyota em direção a um acordo para criar uma *joint venture*.

À medida que a mídia eletrônica torna-se mais acessível, eficiente e, algumas vezes, indispensável (por exemplo, em relação à Guerra do Iraque ou ao surto de síndrome respiratória aguda grave mencionado no Capítulo 17), é possível conduzir uma maior quantidade de negócios sem a comunicação face a face. Entretanto, os americanos devem reconhecer que seus interlocutores em vários outros países não compartilham necessariamente de sua atração pela internet[35] e pela teleconferência.[36] A propósito, uma pesquisa recente demonstrou que é difícil construir uma relação de confiança quando se utiliza o *e-mail*.[37] Mas os executivos de Hong Kong tendem a negociar mais competitivamente quando utilizam e-mail do que em reuniões presenciais.[38] Uma conversa no decorrer de um longo jantar na verdade pode ser o método mais eficaz de comunicação com clientes e parceiros em lugares como México, Malásia e China.

Em suma, é importante administrar os limites de tempo. Lembre-se do exemplo dos russos e dos americanos em Nice. A paciência da matriz pode ser indispensável, e é necessário estar preparado para diferenças marcantes com relação ao tempo quando as negociações são conduzidas no exterior.

---

[35] Jan M. Uljn, Andreas Lincke e Yunus Karakaya, "Non-Face-to-Face International Business Negotiation: How Is National Culture Reflected in This Medium", *IEEE Transactions on Professional Communication*, 44, n. 2, junho de 2001, p. 126-137.

[36] Tim Ambler e Chris Styles, *The Silk Road to International Marketing* (Londres: Financial Times e Prentice Hall, 2000).

[37] Charles E. Naquin e Gaylen D. Paulson, "Online Bargaining and Interpersonal Trust", *Journal of Applied Psychology*, 88, n. 1, 2003, p. 113-120.

[38] Guang Yang, *The Impact of Computer-Mediated Communication on the Processes and Outcomes of Buyer-Seller Negotiations*, tese de doutorado não publicada, Escola de Negócios Paul Merage, Universidade da Califórnia, Irvine, 2003.

CRUZANDO FRONTEIRAS 19.2 — Impacto da comunicação digital sobre as negociações internacionais

De modo geral, o comércio eletrônico é vantajoso para o marketing global, já que possibilita que as empresas domésticas internacionalizem-se rapidamente e por um custo menor, bem como que se comuniquem internacional e externamente com maior eficiência. O fax substituiu o telex, que, por sua vez, substituiu o telegrama. Porém, o *e-mail* substituiu apenas em parte o correio, o fax e o telefone. É melhor considerá-lo um meio diferente e mais informal do que o fax e mais conveniente do que o telefone. Para finalidades de rede, o *e-mail* é facilmente copiado e retransmitido, embora o excesso deva ser evitado. Muitas pessoas aprenderam a filtrar os *e-mails* que são endereçados a vários destinatários.

O mais importante de tudo é que o *e-mail* pode nutrir, mas não criar, o relacionamento duradouro tão essencial ao marketing internacional. A decisão da Boeing de travar uma relação automatizada com a Dell não foi tomada por duas máquinas, mas por contato pessoal entre executivos de ambos os lados. O sucesso da relação entre Procter & Gamble e Walmart se deve às relações e interações pessoais entre uma importante equipe contábil da primeira empresa e os compradores da segunda. Embora aqueles que não são tailandeses possam aprender muito sobre a Tailândia pela internet, nunca compreenderão realmente os clientes tailandeses, seu estilo de fazer negócios e seus sentimentos em relação aos produtos se não interagirem diretamente com eles. Para compreender uma cultura, é necessário ter um aprendizado experimental, pois a convivência é o manancial das informações sociais.

Fontes: Reimpresso com permissão de Tim Ambler e Chris Styles, *The Silk Road to International Marketing* (Londres: Financial Times e Prentice Hall, 2000); Guang Yang, *The Impact of Computer Mediated Communication on the Processes and Outcomes of Buyer-Seller Negotiations*, tese de doutorado não publicada, Merage School of Business, University of California, Irvine, 2003.

À mesa de negociações

OA8 Administração de todos os aspectos do processo de negociação

O aspecto mais difícil das negociações empresariais internacionais é a condução da reunião presencial. Supondo que os melhores representantes tenham sido escolhidos e estejam bem preparados e que os fatores situacionais tenham sido bem administrados, ainda assim as coisas podem azedar à mesa de negociações. Obviamente, se esses fatores preliminares não tiverem sido administrados de forma apropriada, a probabilidade de haver problemas será muito maior. Contudo, mesmo com extremo cuidado e atenção aos detalhes, gerenciar a dinâmica do processo de negociação é quase sempre o maior desafio enfrentando pelos americanos que procuram oportunidades de negócio em outros países.

Quando as pessoas vão para uma negociação empresarial, a maioria delas tem expectativas com relação ao processo "apropriado" ou normal de uma reunião desse tipo, ao *ritual*, por assim dizer.[39] Com base nessas expectativas, avalia-se o progresso da negociação e escolhem-se estratégias de barganha. Ou seja, é possível agir de uma maneira diferente nos estágios posteriores de uma negociação, mas não no estágio inicial. Estratégias mais arriscadas podem ser empregadas para concluir as negociações – como nos dois minutos finais de uma disputada partida de futebol. Porém, todas essas decisões sobre estratégia são tomadas em relação à percepção de progresso, ao longo de um curso imprevisto de acontecimentos.

As diferenças nas expectativas alimentadas pelos participantes provenientes de culturas diferentes são uma das principais dificuldades em qualquer negociação empresarial internacional. Entretanto, antes de falar sobre essas diferenças, é fundamental ressaltar as semelhanças. Em todos os lugares do mundo, constatamos que as negociações empresariais envolvem quatro estágios:

1. Sondagem não relacionada à negociação
2. Troca de informações relacionadas ao tema da negociação
3. Persuasão
4. Concessões e acordo

O primeiro estágio abrange todas as atividades necessárias para criar afinidade e conhecer um ao outro, mas não inclui informações relativas ao "tema" da negociação. As informações trocadas no segundo estágio das negociações empresariais referem-se às necessidades e preferências dos interessados. No terceiro estágio, as partes tentam mudar as necessidades e preferências uma da outra por meio de diversas táticas de persuasão. No último estágio das negociações empresariais, ocorre a consumação de um acordo, que em geral é a soma de uma série de concessões ou acordos menores.

Embora esse processo seja consistente entre culturas distintas, o conteúdo e a duração desses quatro estágios são consideravelmente diferentes. Por exemplo, a Figura 19.4 detalha

---

[39] Às vezes essas expectativas são chamadas de "espírito da negociação" ou "contrato social". Consulte Ron S. Fortgang, David A. Lax e James K. Sebenius, "Negotiating the Spirit of the Deal", *Harvard Business Review*, janeiro-fevereiro de 2003, p. 66-74.

Figura 19.4
Síntese dos estilos de negociação empresarial japonês, americano e chinês.

Categoria	Japoneses	Americanos	Chineses
Idioma	A maioria dos executivos entende o idioma inglês, embora com frequência utilizem intérpretes.	Os americanos têm menos tempo para formular perguntas e observar as respostas não verbais dos japoneses, em decorrência da falta de conhecimento do idioma japonês.	Os negociadores chineses costumam ter algum conhecimento do idioma inglês, mas eles preferem um intérprete.
Comportamentos não verbais	O estilo de comunicação interpessoal japonês inclui menos contato visual, menos expressões faciais negativas e mais períodos de silêncio.	Os executivos americanos tendem a "preencher" os períodos de silêncio com argumentos ou concessões.	Na maioria dos aspectos, eles são semelhantes em quantidade aos americanos, mas são difíceis de serem interpretados.
Valores	A subjetividade e a preservação da dignidade e do prestígio são importantes. Habitualmente, as relações entre comprador e vendedor são verticais, caso em que os vendedores dependem da boa vontade dos compradores.	Falar o que se pensa é importante; as relações entre comprador e vendedor são horizontais.	Direcionamento ao relacionamento (*guanxi*) e prestígio (honra) são fundamentais e constituem uma "forma" de obter comprometimento. A confiança é secundária.
Quatro estágios das negociações empresariais			
1. Sondagem não relacionada à negociação	No Japão, costuma-se dedicar uma quantidade considerável de tempo e dinheiro a essas iniciativas.	Normalmente, os executivos dedicam pouquíssimo tempo a isso.	Sondagens longas, caras e formais. Os intermediários são fundamentais.
2. Troca de informações relacionadas ao tema da negociação	É o estágio mais importante: a princípio as propostas são altas, com longas explicações e detalhados esclarecimentos.	As informações são breves e diretas. O mais comum é apresentar primeiro propostas "justas".	Subjetividade, explanações em primeiro lugar e utilização de intermediários.
3. Persuasão	A persuasão ocorre principalmente nos bastidores. Relações de *status* verticais ditam os resultados da negociação.	É o estágio mais importante: as intenções e opiniões mudam à mesa de negociações. A utilização de táticas de persuasão agressivas é frequente.	Perguntas, propostas conflitantes e protelação.
4. Concessões e acordo	As concessões ocorrem apenas perto do final das negociações – emprega-se uma abordagem holística de tomada de decisões.	As concessões e os compromissos ocorrem ao longo de todo o processo – utiliza-se uma abordagem sequencial de tomada de decisões.	Abordagem holística e reavaliação de questões previamente ajustadas. O objetivo é o relacionamento de longo prazo. Os americanos têm dificuldade de avaliar o progresso da negociação.

Fontes: N. Mark e John L. Graham, *China Now, Doing Business in the World's Most Dynamic Market* (Nova York: McGraw-Hill, 2007); James Day Hodgson, Yoshihiro Sano e John L. Graham, *Doing Business with the New Japan* (Boulder, CO: Rowman & Littlefield, 2008).

as diferenças processuais no Japão, nos Estados Unidos e na China, bem como diferenças com relação a idioma, comportamentos não verbais e valores.

Sondagem não relacionada à negociação. Os americanos sempre discutem os assuntos não relacionados ao tema em pauta à mesa de negociações (por exemplo, clima, família, esportes, política, condições dos negócios em geral), mas não por muito tempo. Normalmente, depois de 5 a 10 minutos, a discussão passa a abordar o assunto específico em pauta. Essa conversa preliminar, conhecida como **sondagem não relacionada à negociação**, envolve muito mais que uma atitude amistosa e cortês; ela ajuda os negociadores a identificar quais são as impressões um do outro naquele dia específico. Durante esse estágio, é possível determinar se o cliente está atento ao tema da negociação ou se está distraído com outros assuntos, pessoais ou profissionais.

O conhecimento sobre as origens e os interesses do cliente também oferece dicas sobre o estilo de comunicação que se deve utilizar. Se a formação das pessoas envolvidas for semelhante, talvez a comunicação seja mais eficiente. Os engenheiros podem usar jargão técnico ao conversar com outros engenheiros. Os aficionados por esporte podem utilizar analogias com o esporte. Os que têm filhos podem comparar o alto investimento necessário para "manter os filhos na faculdade", e assim por diante.

Ao longo desse estágio inicial de diálogo, ocorrem também avaliações sobre o "tipo" de pessoa com a qual se lida. Será que essa pessoa é confiável?[40] Ela será honesta? Que poder ela tem na empresa em que trabalha? Todas essas avaliações são feitas antes mesmo de as negociações começarem.

Essas discussões preliminares não relacionadas à negociação têm um objetivo definido. Embora a maioria das pessoas muitas vezes não tenha consciência disso, esse tempo quase sempre é utilizado para avaliar um cliente. Dependendo dos resultados desse processo, as propostas e os argumentos são feitos por meio de jargões e analogias diferentes. De outra forma, se os clientes estiverem distraídos por outras questões pessoais ou se as outras pessoas parecerem suspeitas, talvez a decisão seja não discutir absolutamente nenhuma questão sobre o negócio em pauta. Essa avaliação parece demasiadamente ampla para ser realizada em 5 a 10 minutos, mas esse é o tempo que normalmente se emprega nos Estados Unidos, cuja cultura está orientada à informação. Isso não se aplica a países orientados ao relacionamento, como China ou Brasil; os objetivos dessa sondagem são idênticos, mas o tempo gasto é bem mais longo. Em vez de 5 minutos, isso pode exigir cinco reuniões.

Nos Estados Unidos, as empresas recorrem ao sistema jurídico e a seus advogados quando fazem um mau negócio justamente por não avaliar com precisão um cliente ou fornecedor. Na maioria dos outros países, não é possível recorrer ao sistema jurídico para essas finalidades. Nesse caso, executivos de países como Coreia e Egito dedicam tempo e esforço consideráveis a essa sondagem para evitar problemas posteriores. Os americanos precisam reconsiderar, do ponto de vista do estrangeiro, a importância desse primeiro estágio, se quiserem mesmo ter êxito em Seul ou no Cairo.

Troca de informações relacionadas a negociação. Apenas quando o estágio de sondagem estiver concluído e uma relação pessoal confiável for estabelecida é que se deve introduzir o tema dos negócios em pauta. Os executivos americanos são aconselhados a deixar os interlocutores estrangeiros decidirem o momento em que essas negociações essenciais devem iniciar.

A *troca de informações relacionadas à negociação* envolve um processo de comunicação bidirecional. Entretanto, com base no que se observa, quando os americanos reúnem-se à mesa de negociações com executivos de determinadas culturas, o fluxo de informações é unidirecional. Os negociadores japoneses, chineses e russos parecem fazer "milhares" de perguntas e oferecer pouco *feedback*. O bombardeio de perguntas testa implacavelmente a paciência dos negociadores americanos, e a falta de *feedback* provoca grande ansiedade. Esses dois fatores podem estender demasiadamente a estada dos negociadores nesses países, o que aumenta as despesas de viagem.

Uma excelente tática de negociação é "extrair" o máximo possível de informações de seus interlocutores. Contudo, o tão comentado comportamento dos chineses, japoneses e russos talvez não represente necessariamente um estratagema de negociação sofisticado. Aliás, é possível ver na Figura 19.2 alguns indícios de que as diferenças no modo de conversar talvez sejam parte do motivo – nas negociações, os períodos de silêncio ocorreram com maior frequência nessas três culturas. A propósito, em estudos criteriosos sobre os padrões de conversação de americanos que negociam com japoneses, os americanos parecem preencher os períodos de silêncio e falar mais. Esses resultados levam a crer que os negociadores americanos devem tomar um cuidado especial para manter a boca fechada e deixar seus interlocutores fornecer informações.

Trocar informações quando existem barreiras idiomáticas também pode ser extremamente difícil. A maioria das pessoas compreende em torno de 80 a 90% o que seu cônjuge ou companheiro de quarto, da mesma cultura, diz – isso significa que 10 a 20% do que se diz é interpretado mal ou ouvido mal. Esta última porcentagem aumenta de maneira considerável quando alguém fala em um segundo idioma, independentemente da fluência ou do nível de intimidade. Já quando a habilidade para falar um segundo idioma é pequena, toda a conversa pode ser mal interpretada. A utilização de vários canais de comunicação durante as apresentações – textos, figuras, fala, repetição – é eficaz no sentido de minimizar erros inevitáveis.

---

[40] A confiança, um conceito fundamental nas negociações, recebe atenção crescente em diversas áreas. Consulte Alaka N. Rao, Jone L. Pearce e Katherine Xin, "Governments, Reciprocal Exchange, and Trust among Business Associates", *Journal of International Business Studies*, 36, n. 1, 2005, p. 104-118; sobre os fundamentos químicos da confiança, consulte Michael Kosfeld, Markus Heinrichs, Paul J. Zak, Urs Fischbacher e Ernst Fehr, "Oxytocin Increases Trust in Humans", *Nature*, 435, junho de 2005, p. 673-676.

CRUZANDO FRONTEIRAS 19.3 — Pescando negócios no Brasil

Até que ponto a sondagem não relacionada à negociação é importante? Examine este relato sobre uma reunião de um banqueiro americano no Brasil, narrado por um observador:

> As apresentações foram feitas. A conversa começou com algumas perguntas usuais, como "Você gostou do Rio?", "Você esteve em Ipanema, Copacabana, Corcovado etc.?". Houve também algumas conversas sobre a queda de um avião em Nova York. Depois de mais ou menos 5 minutos de bate-papo, o alto executivo americano olhou para seu relógio quase ostensivamente e em seguida perguntou ao seu cliente o que ele sabia a respeito dos novos serviços do banco.
>
> "Pouco", respondeu o brasileiro. O executivo americano puxou depressa um prospecto de sua pasta, abriu-o sobre a mesa em frente ao cliente e deu início ao seu papo de vendedor.
>
> Após cerca de 3 minutos de "menos formulários, transferências eletrônicas e diminuição das contas a receber", o brasileiro recuou e disse: "Sim, isso certamente nos tornará mais competitivos [...] e concorrência é importante aqui no Brasil. Na verdade, o senhor tem acompanhado as partidas da Copa do Mundo de Futebol? Grandes jogos". E então o molinete começou a girar, desenrolando a linha exatamente ali, naquele arranha-céu de escritórios, em um dia quente de verão.
>
> Alguns minutos depois da dissertação sobre os times de futebol do Brasil, Pelé e por que o futebol não é popular nos Estados Unidos, o americano começou a tentar trazer o brasileiro de volta ao assunto. O primeiro sinal foi uma longa olhada no relógio e, em seguida, uma interrupção: "Talvez pudéssemos voltar a falar dos novos serviços que temos a oferecer".
>
> O brasileiro de fato voltou ao assunto sobre os serviços depois de alguns minutos, mas novamente o molinete voltou a cantar. Dessa vez, ele falou sobre transações bancárias eficientes, nuanças do sistema financeiro brasileiro e economia brasileira. Não demorou muito e estávamos falando sobre a economia mundial e fazendo previsões a respeito das eleições presidenciais nos Estados Unidos.
>
> Outra olhada para o seu Rolex, e novamente o americano começou a usar seu pequeno ritual de "pesca". Do meu ponto de vista (eu não estava investindo tempo e dinheiro no sucesso dessa negociação), tudo isso parecia muito divertido. Toda vez que o vice-presidente americano olhava para o seu relógio, a cada 45 minutos, eu precisava morder as bochechas para não rir alto. Ele não conseguiu chegar à segunda página do seu prospecto. O brasileiro simplesmente não estava interessado em falar sobre negócios com alguém que ele não conhecia muito bem.

Fonte: William Hernandez Requeno e John L. Graham, *Global Negotiation: The New Rules* (Nova York: Palgrave Macmillan, 2008).

Em muitas culturas, é extremamente difícil obter um *feedback* negativo. Nas culturas de alto contexto, como o México e o Japão, os oradores relutam em manifestar suas objeções para não prejudicar o relacionamento pessoal, considerado tão importante. Alguns idiomas são, por natureza, indiretos e vagos. O inglês é relativamente claro, mas a tradução de idiomas como o japonês pode deixar muita coisa em suspenso. Em culturas mais coletivistas, como a chinesa, os negociadores podem resistir a falar em nome do grupo decisório que eles representam ou talvez nem mesmo saibam o que o grupo pensa a respeito de uma determinada proposta. Todos esses problemas demonstram a importância de se ter na equipe de negociação nativos do país do cliente e de despender um tempo maior em ambientes de entretenimento informais e propícios para encontros de negócios, a fim de tentar compreender melhor as informações fornecidas pelos clientes e parceiros estrangeiros. Em contraposição, os executivos alemães, cuja cultura é de baixo contexto, com frequência reclamam de que as apresentações dos americanos contêm muitos "floreios"; eles estão interessados apenas nas informações, e não nas hipérboles e evasivas tão comuns no discurso americano. O *feedback* negativo dos alemães pode ser considerado cruelmente franco por americanos que privilegiam mais o contexto.

Uma última questão que pode gerar conflito na troca de informações está relacionada às primeiras propostas. A enrolação com relação aos preços varia de uma cultura para outra, e as primeiras propostas dos americanos tendem a ser relativamente próximas ao que eles de fato desejam. "A meta é um milhão de dólares, então vamos começar com 1,2 milhão" parece bastante apropriado para a maioria dos americanos. Nessa primeira proposta, está implícita a suposição de que as negociações serão rápidas. Os americanos não esperam fugir muito da primeira proposta que apresentam. Entretanto, em vários outros países, os negociadores não compartilham desse objetivo de concluir tudo rapidamente. Em lugares como China, Brasil ou Espanha, a expectativa é de que esse período de barganha seja relativamente mais longo, e as primeiras propostas são mais ambiciosas para indicar essas expectativas. "Se a meta é um milhão, vamos começar com dois milhões" faz sentido nesses países. Os americanos reagem de duas maneiras a uma proposta ambiciosa como essa: ou riem ou ficam furiosos. E, quando a segunda proposta do interlocutor inclui grandes descontos, a fúria dos americanos fica ainda maior.

Um bom exemplo desse problema é o do diretor executivo americano que estava procurando um local para instalar uma fábrica na Europa. Quando ele escolheu um terreno de US$ 20 milhões na Irlanda, o incorporador imobiliário espanhol que ele havia visitado antes ligou perguntando por que o americano não havia pedido um preço menor pelo terreno em Madri antes de optar por Dublin. Ele disse ao espanhol que sua primeira oferta "estava muito longe de seu alcance". Ele não sorriu quando o espanhol em seguida se dispôs a oferecer um preço inferior ao irlandês. Na verdade, o executivo americano ficou furioso. Um negócio possivelmente bom foi perdido por causa da diferença de expectativas quanto às primeiras propostas. Sim, houve troca de informações sobre valores, mas não de outras informações. Quando a primeira proposta de um estrangeiro for ambiciosa, deve-se reagir com questionamentos, e não com raiva.

Persuasão. No Japão, não existe uma distinção clara entre a troca de informações relacionadas à negociação e a persuasão. Esses dois estágios tendem a se fundir à medida que cada lado define e redefine suas necessidades e preferências. Muito tempo é dedicado à troca de informações relacionadas à negociação. Por isso, sobra pouco tempo para "argumentações" no estágio de persuasão. Ao contrário, os americanos tendem a pôr as cartas na mesa e a saltar apressadamente da troca de informações para a persuasão. Afinal de contas, a persuasão é o âmago da questão. Por que realizar uma reunião se não for para mudar a opinião de uma determinada pessoa? Nos Estados Unidos, um aspecto importante do treinamento em vendas é "saber lidar com objeções". Por isso, o objetivo da troca de informações entre os americanos é deixar essas objeções virem à tona rapidamente para que possam ser abordadas.

Essa postura talvez signifique oferecer mais informações aos clientes. Pode significar também chegar a um meio-termo. Como indica a Figura 19.2, os americanos fazem poucas ameaças e advertências nas negociações, porém, em várias outras culturas, os negociadores empregam essas táticas com uma frequência ainda menor e em diferentes circunstâncias. Por exemplo, observe como os mexicanos e canadenses de língua inglesa raras vezes utilizaram ameaças e advertências nas negociações simuladas, do mesmo modo que os negociadores filipinos e chineses.[41] Aliás, na Tailândia ou na China, a utilização desse tipo de tática agressiva pode desmoralizar e destruir relações pessoais importantes. Essas táticas inflexíveis podem ser empregadas no Japão, mas somente pelos compradores e normalmente apenas em circunstâncias informais – não a uma mesa de negociação formal. Além disso, os americanos ficam nervosos durante as negociações e expressam emoções que podem ser completamente inadequadas em outros países. Essas explosões emocionais podem ser consideradas infantis ou mesmo um comportamento rude em lugares como Hong Kong e Bancoc.

A tática persuasiva mais eficaz na verdade é fazer mais perguntas. Pode-se pedir educadamente aos interlocutores estrangeiros para que expliquem por que eles precisam fazer a entrega em dois meses ou por que eles precisam de um desconto de 10%. Chester Karrass, em *The negotiation game*[42] (*Manual de negociação*), um livro ainda atual, propõe que "é uma atitude inteligente se fazer um pouco de bobo" nas negociações empresariais e repetir perguntas como: "Eu não compreendi completamente o que você quis dizer – você poderia, por favor, me explicar novamente?". Se os clientes ou possíveis parceiros de negócios tiverem boas respostas, talvez o melhor seja entrar em um acordo. Entretanto, em muitos casos, quando essa análise é criteriosa e reiterada, as respostas não são muito boas. Quando eles expõem seu lado frágil, são obrigados a fazer concessões. As perguntas podem trazer à tona

Você desejaria alguém como ele ao seu lado! Vendedores de banana como o camarada mostrado em Agra, na Índia, são conhecidos no mundo inteiro por suas habilidades de negociação – eles mascateiam um produto perecível que deixa à mostra seus machucados. No Japão, eles até têm uma estratégia de negociação em homenagem às bananas: as primeiras ofertas altas e ultrajantes são chamadas depreciativamente de "banana no tataki uri", a estratégia de venda de bananas.

---

[41] X. Michael Song, Jinhong Xie e Barbara Dyer, "Antecedents and Consequences of Marketing Managers' Conflict Handling Procedures", *Journal of Marketing*, 64, janeiro de 2000, p. 50-66; Alma Mintu-Wimsatt e Julie B. Gassenheimer, "The Moderating Effects of Cultural Context in Buyer-Seller Negotiation", *Journal of Personal Selling & Management*, 20, n. 1, inverno de 2000, p. 1-9.

[42] Chester Karrass, *The Negotiation Game* (Nova York: Crowell, 1970).

informações fundamentais. Embora sejam passivas, elas são o instrumento persuasivo mais eficaz. A propósito, a utilização de perguntas é uma das táticas japonesas prediletas e exerce grande influência sobre os americanos.

Intermediários e canais de comunicação informais são meios de persuasão indispensáveis em vários países, particularmente nos mais orientados ao relacionamento. Reuniões em restaurantes ou reuniões que incluem amigos mútuos que originalmente foram os responsáveis pela apresentação são um recurso que pode ser empregado para lidar com problemas difíceis com parceiros em outros países. O valor desses ambientes informais e de intermediários confiáveis é inestimável quando os problemas estão carregados de emoções. Eles são um meio para simultaneamente passar informações difíceis e manter o prestígio. Embora os executivos americanos prefiram evitar essa conversa "nos bastidores", ela é habitual em vários países.

Concessões e acordo. Os comentários anteriores a respeito da importância de anotar as estratégias de concessão e compreender as diferenças nos estilos de tomada de decisões – sequencial *versus* holístico – são pertinentes aqui. Os americanos costumam fazer concessões logo no começo, supondo que os interlocutores estrangeiros retribuam. Porém, em várias culturas, não se faz nenhuma concessão antes do final das negociações. Os americanos muitas vezes ficam frustrados e expressam irritação quando clientes e parceiros estrangeiros na verdade apenas adotam uma abordagem de concessão diferente, que pode até funcionar muito bem no momento em que ambos os lados perceberem o que está ocorrendo.

Após as negociações

OA9

Importância da comunicação e dos procedimentos de acompanhamento

Os contratos entre empresas americanas em muitos casos podem ter mais de 100 páginas e incluir cláusulas redigidas com extremo cuidado sobre todos os aspectos do acordo. Os advogados americanos fazem o que for necessário para proteger as empresas contra quaisquer circunstâncias, contingências e ações judiciais movidas pela outra parte. A precisão com que os melhores contratos são redigidos é tal que a outra parte nem pensa na possibilidade de procurar um tribunal para contestar qualquer cláusula. O sistema acusatório americano exige contratos desse tipo.

Na maioria dos outros países, particularmente naqueles que são orientados ao relacionamento, não é possível recorrer ao sistema jurídico para resolver disputas. Aliás, o termo *disputa* não indica como uma relação de negócios deve funcionar. Ambos os lados devem se preocupar com os benefícios mútuos da relação e, desse modo, considerar os interesses um do outro. Consequentemente, em lugares como o Japão, os contratos são bastante breves – têm de duas a três páginas, são escritos propositalmente de maneira vaga e contêm principalmente observações sobre os princípios da relação. Do ponto de vista japonês, a ênfase americana sobre contratos rígidos é equivalente a planejar o divórcio antes do casamento.

Em outros países orientados ao relacionamento, como a China, os contratos são mais uma descrição sobre as responsabilidades dos parceiros de negócios. Em relações de negócios complicadas, eles podem ser bastante extensos e detalhados. Entretanto, o objetivo é diferente da interpretação americana. Quando as circunstâncias mudam, as responsabilidades também devem ser adaptadas, apesar das cláusulas do contrato assinado. Na China, a ideia de obrigar um contrato a ser cumprido não faz muito sentido.

Como a informalidade é um estilo de vida nos Estados Unidos, mesmo os contratos interempresariais mais extensos muitas vezes são enviados pelo correio para serem assinados. Nos Estados Unidos, a formalidade é considerada perda de tempo e dinheiro. Contudo, quando é firmado um acordo importante com empresas estrangeiras, os executivos americanos devem supor que haverá uma cerimônia formal de assinatura envolvendo os CEOs das respectivas empresas. As empresas americanas são sábias em se adaptar a essas expectativas.

Por fim, as comunicações de acompanhamento são um componente importante das negociações empresariais com parceiros e clientes da maioria dos outros países. Particularmente nas culturas de alto contexto, em que as relações pessoais são fundamentais, os altos executivos devem manter contato com seus interlocutores. Cartas, fotos e visitas mútuas continuam sendo importantes mesmo muito depois que os contratos são assinados. A propósito, as relações cordiais entre a alta hierarquia em muitos casos se revelam o melhor remédio para qualquer problema que possa surgir no futuro.

Tung Chee Hwa, na época executivo-chefe da Região Administrativa Especial de Hong Kong, consumou a negociação com o Mickey Mouse da nova Disneylândia da Ásia, que foi aberta em 2005.

Negociações internacionais criativas

OA10

Princípios básicos das negociações internacionais criativas

Chegar ao "sim" às vezes não é bom o suficiente. Talvez a parábola sobre negociação mais famosa seja a discussão a respeito de uma laranja. A postura mais óbvia seria simplesmente dividi-la ao meio. Cada pessoa receberia uma fatia justa. Porém, quando os negociadores começaram a conversar entre si, a trocar informações sobre seus interesses, uma solução mais adequada para o problema tornou-se óbvia: a pessoa que queria a laranja para fazer suco ficou com o suco, e a pessoa que queria a casca para fazer geleia ficou com essa parte. Ambos os lados acabaram obtendo mais. Nenhum acordo é particularmente criativo, mas essa parábola torna-se uma metáfora sobre criatividade quando ambas as partes decidem cooperar e plantar mais laranjeiras. De modo semelhante, a Boeing compra asas de plástico composto para seu novo 787 Dreamliner, projetadas e fabricadas por fornecedores japoneses, e depois vende as aeronaves 787 completas de volta para as companhias aéreas japonesas, tudo isso com um belo subsídio do governo japonês. Esse tipo de acordo é o que queremos dizer com criatividade nas negociações.

Hoje, começamos a aprender mais sobre processos criativos nas escolas de negócios. São oferecidos cursos e palestras em que "inovação" é o principal tema, tanto nos congressos acadêmicos quanto nas salas de diretoria corporativas. Quanto mais ouvimos sobre inovação, mais começamos a reconhecer que o método japonês de negociação empresarial internacional, por natureza, utiliza várias das técnicas comumente enfatizadas em qualquer discussão sobre processo criativo. Aliás, parece haver uma explicação profundamente básica sobre o motivo por que os japoneses foram capazes de criar uma sociedade tão bem-sucedida, apesar da falta de recursos naturais e de seu relativo isolamento. A sociedade japonesa tem seus próprios obstáculos à criatividade – hierarquia e coletivismo são dois exemplos. Entretanto, os japoneses desenvolveram um estilo de negociação que, sob vários aspectos, evita essas desvantagens. Os procedimentos que defendemos aqui coincidem perfeitamente com uma abordagem de negociação internacional que os japoneses utilizam naturalmente.

Devemos também dar crédito aos eruditos dessa área que há muito tempo defendem a **criatividade nas negociações**. Howard Raiffa e colaboradores recomendam:

> [...] as equipes devem pensar e planejar juntas, informalmente, e fazer algumas sessões de *brainstorming* conjunto, o que pode ser considerado um "diálogo" ou uma "pré-negociação". Os dois lados fazem concessões, assumem compromissos ou discutem de que forma devem dividir o bolo nesse estágio inicial.[43]

Em *Getting to Yes*,[44] Roger Fisher e William Ury deram o seguinte título ao Capítulo 4: "Inventando opções para ganhos mútuos". David Lax e James Sebenius, em um novo livro fundamental, *3D-Negotiations* (Negociações 3D),[45] vão além e falam sobre "acordos criativos" e "excelentes acordos". Nosso objetivo é colocar essas ideias em primeiro plano na discussão sobre negociações empresariais. Essa área ainda está arraigada ao passado, quando se fala em "fazer acordos" e "solucionar problemas". Até mesmo o emprego de termos como "ganho mútuo" expõe os vestígios do antigo pensamento competitivo. O que queremos dizer é que a negociação empresarial não é algo que se possa ganhar ou perder, e a competição e a resolução de problemas restringem a criatividade. Considere apenas os resultados criativos!

As ideias relacionadas na Figura 19.5 podem ser utilizadas em todos os estágios das negociações empresariais internacionais: planejamento, condução e acompanhamento. A aplicação dos princípios da criatividade será prática e sem dúvida conveniente em pelo menos três pontos de suas negociações. Enfatizamos a proposição de Howard Raiffa, de que eles podem ser utilizados em reuniões de pré-negociação, e defendemos também que eles sejam empregados em caso de impasse. Por exemplo, nas negociações sobre o projeto de gás natural multibilionário do Rio Urubamba, no Peru, as empresas e os grupos ambientalistas envolvidos chegaram ao que na época parecia uma diferença irreconciliável: as estradas e um imenso gasoduto ao longo da floresta primitiva seria um desastre ecológico. O que seria uma solução criativa? Reservas de gás distantes, como uma plataforma em alto-mar;

---

[43] Howard Raiffa, com John Richardson e David Metcalfe, *Negotiation Analysis* (Cambridge, MA: Belknap, 2002), p. 196.
[44] Fisher, Ury e Patton, *Getting to Yes*.
[45] David J. Lax e James K. Sebenius, *3D Negotiation* (Boston: Harvard Business School Press, 2006).

Figura 19.5
Dez formas de gerar mais ideias nas negociações internacionais.

1. Estabeleça **metas comuns** a respeito do que essa "colaboração" poderia criar. Um acordo mais praticável? Algumas metas comuns de longo prazo? Uma parceria mais coesa?
2. Estabeleça as **regras de compromisso**. O objetivo dessa atividade é resolver diferenças de uma maneira criativa e mais adequada para ambas as partes. Todas as ideias são possibilidades, e algumas pesquisas demonstram que a associação de ideias de diferentes culturas pode produzir resultados melhores do que aqueles de uma única cultura.
3. **Confiança é fundamental** e difícil de estabelecer em várias culturas. Determinadas técnicas podem agilizar um pouco esse processo – por exemplo, reunir-se fora do local habitual de trabalho. Estabelecer proximidade física indica, inconscientemente, intimidade.
4. **Torne o grupo diverso** (gênero, cultura, pessoas extrovertidas, diferentes especialidades de trabalho, especialistas, pessoas externas).
5. **Utilize narrativas**. Esse método ajuda a estabelecer quem você é e qual ponto de vista você oferece a essa colaboração.
6. Trabalhe em **pequenos grupos**. Utilize **movimentos físicos**. Instrua os participantes a relaxar, brincar, cantar, divertir-se e aceitar o silêncio como algo bom.
7. **Trabalhe holisticamente** e utilize recursos visuais. Se, por exemplo, houver três pontos de impasse com os quais nenhum lado está contente, programe-se para trabalhar em conjunto por um breve período – 10 minutos – em cada um desses pontos, durante os quais ambos os lados ofereçam sugestões "inusitadas". Empregue técnicas de **improvisação**. Nenhum dos lados deve ficar melindrado se as **ideias forem estapafúrdias**. Ninguém deve criticá-las. Explique que, ao explorar ideias absurdas, normalmente é possível gerar ideias melhores.
8. **Consulte o travesseiro**.* Essa tática permite que o inconsciente lide com os problemas e dá tempo às pessoas para coletar opiniões antes de se reunir novamente no dia seguinte. Outros tipos de intervalo, como um cafezinho, também ajudam.
9. Executar esse processo em **várias sessões** possibilita que ambos os lados percebam que há um progresso e na verdade traz à tona ideias mais adequadas e mais refinadas nas quais ambos os lados possam investir.
10. É o processo de criar alguma coisa em conjunto, e não as propostas específicas, que cria uma **conexão** em torno de uma missão em comum e estabelece novos caminhos para um trabalho conjunto. Ambos os lados se sentem respeitados e, no caso dos americanos, eles sentem que alguma coisa será concretizada.

* O passo 8, que se processa ao longo da noite, é especialmente importante. O antropólogo e especialista em consumo Clotaire Rapaille* propõe que as transições entre a vigília e o sono podem agir como uma espécie de "pancada no lado da cabeça" e possibilitar novos tipos de raciocínio, "acalmando nossas ondas cerebrais, até o ponto de tranquilidade que antecede o sono". A propósito, recomendamos enfaticamente esse livro de Rapaille, *The Culture Code* (*O Código Cultural*), por considerá-lo fundamental para a compreensão das diferenças culturais no comportamento.

* Clotaire Rapaille, *The Culture Code* (Nova York: Broadway, 2006), p. 8.

Fonte: Informações reimpressas com permissão do diretor de ideias da IdeaWorks Consulting, Newport Beach, Califórnia.

gasodutos debaixo da terra; e uso de avião ou helicóptero para levar as equipes e os equipamentos de acordo com a necessidade.

Depois que os negociadores "chegarem ao sim", uma revisão programada do acordo talvez faça com que sua relação de negócios passe do "sim" para resultados verdadeiramente criativos. Talvez você programe essa revisão para seis meses após a implantação do acordo. Contudo, a questão é que esse tempo deve ser reservado para uma discussão *criativa* sobre como melhorar a relação de negócios. A ênfase dessa sessão deve sempre recair sobre a apresentação de novas ideias – respostas à pergunta: "Sobre o que ainda não pensamos?".

Conclusões

Apesar da ladainha sobre as possíveis armadilhas que os negociadores internacionais enfrentam, as coisas estão melhorando. Os estereótipos de que os executivos americanos são "inocentes no exterior" ou caubóis estão perdendo força. Do mesmo modo, esperamos que esteja claro que os estereótipos evidenciados neste capítulo de que os japoneses são reticentes e os brasileiros são insistentes não sejam mais considerados tão verdadeiros. Os níveis de experiência se ampliam no mundo inteiro, e a personalidade individual é importante. Por isso, você pode encontrar japoneses loquazes, brasileiros quietos e negociadores americanos pacientes. Todavia, a cultura ainda conta e sempre contará. Esperamos que a conduta de levar a cultura em conta logo se torne um comportamento natural dos executivos.

O autor inglês Rudyard Kipling disse o seguinte, mais ou menos cem anos atrás: "Oriente é Oriente e Ocidente é Ocidente e jamais esses opostos hão de se encontrar". Desde então, a maioria imbuiu suas palavras de um pessimismo imerecido. Alguns chegaram mesmo a dizer erroneamente que ele estava errado.[47] O problema é que não muitos se deram ao trabalho de ler seu poema inteiro, *A Balada do Oriente e do Ocidente*:

> Oh, East is East, and West is West, and never the twain shall meet,
> Till Earth and Sky stand presently at God's great Judgment Seat;
> But there is neither East nor West, border, nor breed, nor birth,
> When two strong men stand face to face, though they come from the ends of the Earth!*

[46] Michael Elliot, "Killing off Kipling", *Newsweek*, 29 de dezembro de 1977, p. 52-55.

Esse poema poderia sofrer algumas mudanças para se adequar aos tempos mais modernos. Ele poderia incluir outras direções – Norte é Norte e Sul é Sul. E o último verso original poderia ser lido assim: "Quando dois *povos* [ou duas pessoas] se defrontam". Contudo, o otimismo de Kipling ainda se mantém.

* N. de T.: "Ah, o Oriente é o Oriente e o Ocidente é o Ocidente e jamais ambos haverão de se encontrar,/Até que diante do grande Tribunal de Deus a Terra e o Céu se apresentem;/Mas, quando dois homens fortes se defrontam, embora dos confins do mundo eles provenham,/Não existe Oriente nem Ocidente, nem fronteiras, nem casta, nem berço!".

RESUMO

Como os estilos de negociação variam consideravelmente ao redor do mundo, nas negociações internacionais é fundamental levar em conta as diferenças culturais em reuniões com clientes, compradores e parceiros de negócios. Além dos fatores culturais, a personalidade e a formação dos negociadores também exercem influência em seu comportamento. É necessário tomar as devidas medidas para conhecer os indivíduos que representam o cliente e a empresa do cliente. Os estereótipos culturais podem ser extremamente enganosos.

Quatro tipos de problema normalmente vêm à tona ao longo das negociações empresariais internacionais – problemas relacionados ao idioma, a comportamentos não verbais, a valores e a processos de raciocínio e tomada de decisões. Saber falar outro idioma é essencial para o negociador internacional. Os comportamentos não verbais variam acentuadamente de uma cultura para outra, e, como sua influência está além de nossa consciência, os problemas dessa categoria podem ser sérios. Embora a maioria dos americanos valorize a objetividade, a competitividade, a igualdade e a pontualidade, muitos executivos estrangeiros talvez não valorizem esses fatores. Quanto aos processos de raciocínio e tomada de decisões, os altos executivos ocidentais tendem a abordar as negociações complexas decompondo os acordos em problemas menores e resolvendo-os sequencialmente; contudo, em várias culturas orientais, emprega-se uma abordagem holística nas negociações.

Muita atenção deve ser dada à seleção das equipes de negociação que representarão as empresas nas reuniões com estrangeiros. Habilidade para ouvir, capacidade de influenciar o escritório central e disposição para recorrer à ajuda da equipe são traços importantes para o negociador. Os americanos devem ser meticulosos no sentido de tentar montar uma equipe que corresponda à equipe estrangeira em número e hierarquia. A importância do treinamento transcultural e do investimento em preparativos criteriosos não pode ser subestimada. Os fatores situacionais também devem ser considerados e administrados com cuidado.

No mundo inteiro, as negociações envolvem quatro passos: sondagem não relacionada à negociação, troca de informações relacionadas ao tema da negociação, persuasão e concessões e acordo. O tempo gasto em cada uma dessas etapas pode variar consideravelmente de um país para outro. Os americanos dedicam pouco tempo para conhecer seus interlocutores estrangeiros. Particularmente nas culturas orientadas ao relacionamento, é essencial deixar os clientes introduzirem a questão relacionada aos negócios quando eles se sentirem à vontade com o relacionamento pessoal. As informações relacionadas ao tema da negociação também não recebem tanta atenção nos Estados Unidos. Em outros países, como o Japão, dedica-se um tempo maior a esse segundo estágio, e o objetivo é interpretar com cuidado os parceiros à mesa. A persuasão é a parte mais importante das negociações do ponto de vista americano. Táticas de persuasão agressivas (ameaças e advertências) são empregadas com frequência, mas, embora possam funcionar bem em algumas culturas, provocarão sérios problemas em outras. Como os americanos tendem a se concentrar no fechamento do negócio em si, um cuidado ainda maior deve ser tomado nas comunicações de acompanhamento com clientes e parceiros estrangeiros que enfatizam mais os relacionamentos de negócio duradouros. Por fim, uma nova ênfase é dada a processos de negociação criativos no comércio internacional.

PALAVRAS-CHAVE

Estereótipos
Melhor alternativa para um acordo de negociação (Batna)
Sondagem não relacionada à negociação
Troca de informações relacionadas ao tema da negociação
Criatividade nas negociações

QUESTÕES

1. Defina as palavras-chave anteriormente relacionadas.
2. Por que os estereótipos culturais podem ser perigosos? Dê alguns exemplos.
3. Como a cultura pode influenciar o comportamento na negociação? Cite três exemplos.
4. Discorra sobre os problemas que normalmente surgem durante negociações empresariais internacionais.
5. Por que saber falar outro idioma é importante para os negociadores internacionais?
6. Descreva três diferenças culturais nos comportamentos não verbais e explique de que forma elas podem provocar problemas nas negociações empresariais internacionais.
7. Por que o tempo é um fator importante nas negociações empresariais internacionais?
8. Quais são as diferenças existentes entre a abordagem usada por japoneses e americanos em uma negociação complexa?
9. Quais são os fatores mais fundamentais na seleção de uma equipe de negociação? Dê exemplos.
10. Quais treinamentos são mais úteis para os negociadores empresariais internacionais?
11. Cite três aspectos de uma situação de negociação que possam ser manipulados antes do início da negociação propriamente dita. Sugira como essa manipulação poderia ser feita.
12. Explique por que os americanos dedicam tão pouco tempo à sondagem não relacionada à negociação e os brasileiros fazem o contrário.
13. Por que é difícil obter um *feedback* negativo de interlocutores em vários países? Dê exemplos.
14. Por que manter a calma é uma postura adequada no México ou no Japão?
15. Por que as perguntas são a tática de persuasão mais adequada?
16. Qual é o significado da parábola da laranja e em que sentido ela está relacionada com as negociações internacionais?

Conteúdo complementar — PARTE SEIS

Agenda do país
guia para desenvolver um plano de marketing

SUMÁRIO

- Análise cultural
- Análise econômica
- Auditoria de mercado e análise do mercado concorrente
- Plano de marketing preliminar

A primeira etapa do processo de planejamento é a realização de uma análise preliminar do país. O profissional de marketing precisa de informações básicas para avaliar o potencial do mercado de um determinado país, identificar problemas que poderiam isentar esse país de uma análise mais aprofundada, identificar fatores do ambiente que necessitem de um estudo mais detalhado, avaliar os componentes do marketing *mix* para uma possível adaptação e desenvolver um plano de marketing estratégico. As informações coletadas na análise preliminar são utilizadas como base para elaborar a agenda de um país.

Muitas empresas, de grande ou pequeno porte, têm uma agenda para cada país em que atuam comercialmente. Essa agenda contém informações das quais o empresário deve estar a par ao tomar decisões a respeito do mercado de um país específico. À medida que as informações são coletadas, essa agenda é atualizada pelo gerente de país ou gerente de produto. Sempre que for preciso tomar uma decisão de marketing acerca de um país, a agenda é o primeiro banco de dados a ser consultado. Lançamento de novos produtos, mudanças nos programas de publicidade e propaganda e outras decisões sobre o programa de marketing têm essa agenda como ponto de partida. Ela também serve para informar rapidamente um novo funcionário que estiver assumindo a responsabilidade pelo mercado de um país específico.

Esta seção apresenta quatro diretrizes para a coleta e análise de dados de um mercado e a preparação de uma agenda: (1) diretriz para uma análise cultural, (2) diretriz para uma análise econômica, (3) diretriz para auditoria e análise do mercado concorrente e (4) diretriz para um plano de marketing preliminar. Essas diretrizes indicam o tipo de informação que o profissional de marketing pode coletar para aprimorar o planejamento.

Os pontos correspondentes a cada diretriz são gerais. O objetivo é oferecer um direcionamento em relação às áreas que devem ser investigadas para a obtenção de dados relevantes. Em cada diretriz, alguns pontos específicos devem ser adaptados de modo que reflitam os produtos e/ou serviços da empresa. A decisão acerca da adequação de um dado específico e do escopo depende dos objetivos da empresa, das características do produto e do mercado do país. Nessas diretrizes, alguns pontos são irrelevantes para alguns países ou alguns produtos e devem ser ignorados. Os capítulos precedentes desse livro oferecem sugestões específicas para os temas presentes em cada diretriz.

I. Análise cultural

Os dados propostos na análise cultural abrangem informações que ajudam o profissional de marketing a tomar decisões a respeito do planejamento de mercado, mas são também uma fonte essencial de informações para se conhecer os costumes comerciais e outras características culturais importantes do país.

Nessa análise, as informações não devem se restringir a uma mera coleta de dados. O responsável por preparar esse material deve interpretar o significado das informações culturais, isto é, de que forma essas informações ajudarão a compreender as influências sobre o mercado. Por exemplo, o fato de quase toda a população da Itália e do México ser católica é um dado estatístico interessante, mas nem de longe tão útil quanto compreender a influência do catolicismo sobre valores, crenças e outros aspectos do comportamento de mercado. Além disso, ainda que esses dois países sejam predominantemente católicos, a influência da interpretação individual e exclusiva de cada um deles sobre o catolicismo e da maneira como eles o praticam pode ser responsável por diferenças marcantes no comportamento de mercado.

Diretriz

I. Introdução
    Inclui breves perfis da empresa, do produto a ser exportado e do país no qual você deseja atuar comercialmente.
II. Breve exame da história pertinente do país
III. Ambiente geográfico
    A. Localização
    B. Clima
    C. Topografia
IV. Instituições sociais
    A. Família
        1. O núcleo familiar
        2. A família estendida

3. Dinâmica da família
   a. Funções parentais
   b. Casamento e namoro
4. Funções femininas/masculinas (variáveis ou permanentes?)
B. Educação
   1. O papel da educação na sociedade
      a. Ensino Fundamental (qualidade, nível de desenvolvimento etc.)
      b. Ensino secundário (qualidade, nível de desenvolvimento etc.)
      c. Ensino superior (qualidade, nível de desenvolvimento etc.)
   2. Índices de alfabetização
C. Sistema Político
   1. Estrutura política
   2. Partidos políticos
   3. Estabilidade do governo
   4. Impostos especiais
   5. Função do governo local
D. Sistema jurídico
   1. Organização do sistema judiciário
   2. País de direito civil, consuetudinário, islâmico ou socialista?
   3. Participação em patentes, marcas registradas e outras convenções
E. Organizações sociais
   1. Comportamento de grupo
   2. Classes sociais
   3. Associações e outras sociedades
   4. Raça, etnicidade e subculturas
F. Costumes e práticas comerciais
V. Religião e estética
A. Religião e outros sistemas de crenças
   1. Doutrinas e estruturas ortodoxas
   2. Relacionamento com o povo
   3. Quais religiões são proeminentes?
   4. Afiliação a cada religião
   5. Existe algum culto poderoso e influente?
B. Estética
   1. Artes visuais (belas-artes, artes plásticas, artes gráficas, arte popular, cores etc.)
   2. Música
   3. Teatro, balé e outras artes dramáticas e musicais
   4. Folclore e símbolos relevantes
VI. Condições de vida
A. Dieta e nutrição
   1. Índices de consumo de carne, verduras e legumes
   2. Comidas típicas
   3. Índices de subnutrição
   4. Alimentos disponíveis
B. Habitação
   1. Tipos de habitação disponíveis
   2. Porcentagem da população que possui casa própria?
   3. Porcentagem da população que vive na residência da família ou com outras famílias?
C. Vestuário
   1. Traje típico
   2. Tipos de roupa usados no trabalho
D. Recreação, esportes e outras atividades de lazer
   1. Tipos disponíveis e em demanda
   2. Porcentagem da renda gasta nessas atividades
E. Previdência social
F. Sistema de saúde
VII. Idioma
A. Idioma(s) oficial(is)

B. Idioma(s) falado(s) *versus* escrito(s)
C. Dialetos
VIII. Resumo executivo
Após concluir todas as outras seções, prepare um resumo de *duas páginas* (extensão máxima) dos pontos principais e insira-o no início do relatório. O objetivo desse resumo é oferecer ao leitor uma breve visão dos pontos fundamentais do país. Os fatores culturais que o leitor deveria conhecer para atuar comercialmente nesse país e supostamente não conheça ou provavelmente identificaria de maneira diferente com base em seu critério de autorreferência (CAR) devem ser incluídos.
IX. Fontes de informações
X. Apêndices

II. Análise econômica

O leitor talvez ache que os dados coletados na diretriz de análise econômica são mais diretos e objetivos que os da diretriz de análise cultural. Existem duas amplas categorias de informação nesta diretriz: os dados econômicos gerais que servem de base para a avaliação da saúde econômica de um país e as informações sobre a disponibilidade de canais de distribuição e de meios de comunicação. Como mencionado antes, esta diretriz concentra-se apenas em categorias de dados gerais e deve ser adaptada às necessidades particulares da empresa e dos produtos.

Diretriz

I. Introdução
II. População
   A. Total
      1. Índices de crescimento
      2. Número de nascimentos vivos
      3. Índices de natalidade
   B. Distribuição da população
      1. Idade
      2. Sexo
      3. Áreas geográficas (densidade e concentração urbana, suburbana e rural)
      4. Índices e padrões de migração
      5. Grupos étnicos
III. Estatísticas e atividades econômicas
   A. Produto Nacional Bruto (PNB) ou Produto Interno Bruto (PIB)
      1. Total
      2. Índice de crescimento (PNB ou PIB real)
   B. Renda pessoal *per capita*
   C. Renda familiar média
   D. Distribuição da riqueza
      1. Classes de renda
      2. Proporção da população em cada classe
      3. Essa distribuição está desproporcional?
   E. Minerais e recursos
   F. Transporte de superfície
      1. Formas
      2. Disponibilidade
      3. Índices de utilização
      4. Portos
   G. Sistemas de comunicação
      1. Tipos
      2. Disponibilidade
      3. Índices de utilização
   H. Condições de trabalho
      1. Relações entre empregador-empregado
      2. Participação do funcionário
      3. Salários e benefícios
   I. Setores principais
      1. Qual a porcentagem de contribuição de cada setor para o PNB?

2. Proporção entre setores privados e públicos
J. Investimentos estrangeiros
1. Oportunidades?
2. Quais setores?
K. Estatísticas comerciais internacionais
1. Principais produtos/serviços de exportação
   a. Valor do dólar
   b. Tendências
2. Principais produtos/serviços de importação
   a. Valor do dólar
   b. Tendências
3. Situação do balanço de pagamentos
   a. Superávit ou déficit?
   b. Tendências recentes
4. Taxas de câmbio
   a. Taxa de câmbio única ou múltipla?
   b. Taxa de câmbio atual
   c. Tendências
L. Restrições comerciais
1. Embargos
2. Cotas
3. Impostos de importação
4. Tarifas
5. Licença
6. Direitos aduaneiros
M. Extensão da atividade econômica não incluída em atividades de renda monetária
1. Contracomércio
   a. Produtos geralmente oferecidos ao contracomércio
   b. Tipos de contracomércio solicitados (permuta, compra compensada etc.)
2. Ajuda estrangeira recebida
N. Mão de obra
1. Tamanho
2. Índices de desemprego
O. Índices de inflação

IV. Avanços em ciência e tecnologia
A. Tecnologias atuais disponíveis (computadores, máquinas, instrumentos etc.)
B. Porcentagem do PNB investido em pesquisa e desenvolvimento
C. Habilidades tecnológicas da mão de obra e da população em geral

V. Canais de distribuição (macroanálise)
Esta seção revela dados sobre todos os intermediários de canal disponíveis no mercado. Posteriormente, você escolherá um canal específico como parte de sua estratégia de distribuição.
A. Varejistas
1. Número de varejistas
2. Tamanho usual dos pontos de venda
3. Margem de lucro usual para diversas classes de produtos
4. Métodos de operação (à vista/crédito)
5. Escala da operação (grande/pequena)
6. Papel das cadeias de lojas, lojas de departamentos e lojas especializadas
B. Intermediário atacadista
1. Quantidade e tamanho
2. Margem de lucro usual para diversas classes de produtos
3. Métodos de operação (à vista/crédito)
C. Representantes de importação/exportação
D. Armazenamento
E. Penetração nos mercados urbanos e rurais

VI. Meios de comunicação
Esta seção revela dados sobre todos os meios de comunicação disponíveis no país ou no mercado. Posteriormente, você escolherá um meio de comunicação específico como parte do *mix* e da estratégia promocional.

A. Disponibilidade de meios de comunicação
B. Custos
   1. Televisão
   2. Rádio
   3. Meio impresso
   4. Internet
   5. Outros meios (cinema, *outdoor* etc.)
C. Assistência de agência
D. Cobertura de vários meios de comunicação
E. Porcentagem da população alcançada por cada mídia
VII. Resumo executivo
Depois de concluir a pesquisa para este relatório, prepare um resumo executivo de duas páginas (extensão máxima) dos principais pontos econômicos e insira-o no início do relatório.
VIII. Fontes de informações
IX. Apêndices

III. Auditoria de mercado e análise do mercado concorrente

Dentre as diretrizes apresentadas, esta é a mais específica com relação ao produto ou à marca. As informações presentes nas outras diretrizes são gerais por natureza, concentrando-se nas categorias de produtos, ao passo que os dados desta diretriz são específicos à marca e são utilizados para determinar as condições do mercado concorrente e o potencial de mercado.

Dois componentes diferentes do processo de planejamento aparecem nesta diretriz. As informações das diretrizes I e II – Análise cultural e Análise econômica – fundamentam a avaliação do produto ou da marca no mercado de um país específico. As informações desta diretriz oferecem uma estimativa do potencial de mercado e uma avaliação dos pontos fortes e fracos das iniciativas de marketing competitivas. Os dados gerados nesta etapa são utilizados para determinar o grau de adaptação necessário ao marketing *mix* da empresa para uma entrada bem-sucedida no mercado e para desenvolver a etapa final, isto é, o plano de ação.

As informações detalhadas, essenciais para concluir esta diretriz, não estarão necessariamente disponíveis se não for realizada uma investigação de pesquisa de marketing meticulosa. Por isso, outro objetivo desta parte da agenda é identificar as perguntas corretas que devem ser feitas em um estudo de mercado formal.

Diretriz

I. Introdução
II. O produto
   A. Avaliação do produto em termos de inovação com base na percepção do mercado pretendido
      1. Vantagem relativa
      2. Compatibilidade
      3. Complexidade
      4. Experimentabilidade
      5. Observabilidade
   B. Principais problemas e resistências à aceitação do produto com base na avaliação precedente
III. O mercado
   A. Descrição do(s) mercado(s) em que se pretende vender o produto
      1. Região(ões) geográfica(s)
      2. Formas de transporte e comunicação disponíveis nessa(s) região(ões)
      3. Hábitos de compra do consumidor
         a. Padrões de utilização do produto
         b. Preferências com relação às características do produto
         c. Hábitos de compra
      4. Distribuição do produto
         a. Pontos de venda usuais
         b. Venda por meio de outros intermediários
      5. Propaganda e promoção
         a. Mídia para propaganda normalmente utilizada para atingir um ou mais mercados-alvo

                b. Promoções de venda usuais (amostras, cupons etc.)
            6. Estratégia de determinação de preços
                a. Margens de lucro usuais
                b. Tipos de desconto disponíveis
        B. Comparação e diferenciação entre seu produto e um ou mais produtos concorrentes
            1. Produto(s) dos concorrentes
                a. Marca
                b. Característica
                c. Embalagem
            2. Preços dos concorrentes
            3. Métodos de promoção e propaganda dos concorrentes
            4. Canais de distribuição dos concorrentes
        C. Tamanho do mercado
            1. Estimativa de vendas do setor para o ano do planejamento
            2. Estimativa de vendas da empresa para o ano do planejamento
        D. Participação do governo no mercado
            1. Órgãos que podem ajudá-lo
            2. Regulamentos que você deve seguir
    IV. Resumo executivo
        Com base em sua análise do mercado, descreva sinteticamente em duas páginas (extensão máxima) os principais problemas e oportunidades que requerem atenção em seu marketing *mix* e insira-os no início do relatório.
    V. Fontes de informações
    VI. Apêndices

IV. Plano de marketing preliminar

As informações coletadas nas diretrizes I, II e III fundamentam a elaboração de um plano de marketing para o produto ou marca a ser introduzido no mercado-alvo. Aqui, analisamos como os problemas e as oportunidades identificados nas etapas precedentes são superados ou explorados para gerar o máximo de vendas e lucros. O plano de ação reflete, com base em sua avaliação, os meios mais eficazes para comercializar seu produto no mercado de um país. Os orçamentos, os lucros e perdas esperados e outros recursos necessários para implantar o plano proposto são também apresentados.

Diretriz

    I. O plano de marketing
        A. Objetivos de marketing
            1. Um ou mais mercados-alvo (descrição específica do mercado)
            2. Previsão de vendas do primeiro ao quinto ano
            3. Previsão de lucros do primeiro ao quinto ano
            4. Penetração do mercado e área de alcance
        B. Análise SWOT
            1. Forças (*Strenght*)
            2. Fraquezas (*Weakness*)
            3. Oportunidades (*Opportunities*)
            4. Ameaças (*Threats*)
        C. Adaptação ou alteração do produto (utilizando o modelo de componente de produto como guia, indique como seu produto pode ser adaptado para o mercado).
            1. Componente essencial
            2. Componente de embalagem
            3. Componente de serviços de suporte
        D. *Mix* promocional
            1. Propaganda
                a. Objetivos
                b. *Mix* de meios de comunicação
                c. Mensagem
                d. Custos
            2. Promoção de vendas
                a. Objetivos
                b. Cupons

c. Bônus
   d. Custos
  3. Venda pessoal
  4. Outros métodos promocionais
E. Distribuição: da origem ao destino
  1. Escolha do porto
     a. Porto de origem
     b. Porto de destino
  2. Escolha da forma de transporte: vantagens e desvantagens de cada uma
     a. Ferroviário
     b. Aéreo
     c. Marítimo
     d. Rodoviário
  3. Embalagem
     a. Regulamentações de marcação e de rótulos
     b. Conteinerização
     c. Custos
  4. Documentos exigidos
     a. Conhecimento de embarque
     b. Recibo de doca
     c. Conhecimento de embarque aéreo
     d. Fatura comercial
     e. Fatura *pro forma*
     f. Declaração de exportação do expedidor
     g. Atestado de origem
     h. Documentação especial
  6. Empresa de agenciamento de carga. Se sua empresa não tiver um departamento de transporte ou de gerenciamento de tráfego, considere a possibilidade de utilizar uma empresa de agenciamento de carga. Existem diferentes vantagens e desvantagens com relação a contratação de uma empresa desse tipo.
F. Canais de distribuição (microanálise). Esta seção apresenta informações detalhadas sobre os tipos específicos de distribuição em seu plano de marketing.
  1. Varejistas
     a. Tipo e quantidade de varejistas
     b. Margem de lucro do varejo para os produtos em cada tipo de loja de varejo
     c. Métodos de operação de cada tipo (à vista/crédito)
     d. Escala da operação para cada tipo (pequena/grande)
  2. Intermediários atacadistas
     a. Tipo e quantidade de intermediários atacadistas
     b. Margem de lucro por classe de produtos, de acordo com cada tipo
     c. Métodos de operação para cada tipo (à vista/crédito)
     d. Escala de operação (pequena/grande)
  3. Representantes de importação/exportação
  4. Armazenamento
     a. Tipo
     b. Localização
G. Determinação de preços
  1. Custo de expedição das mercadorias
  2. Custo de transporte
  3. Despesas de movimentação
     a. Encargos de píer
     b. Direitos de cais
     c. Encargos de carregamento e descarregamento
  4. Custos de seguro
  5. Direitos aduaneiros
  6. Impostos de importação e imposto sobre valor agregado (ou sobre circulação de mercadorias)
  7. Margêm de lucro e descontos no atacado e no varejo

8. Margens brutas da empresa
9. Preço no varejo
H. Condições de venda
1. *Ex works* (na origem ou local de produção), franco a bordo (*free on board* — FOB), posto junto ao costado do navio (*free alongside ship* – FAS), custo e frete (C&F), custo, seguro e frete (*cost, insurance and freight* – CIF)
2. Vantagens e desvantagens de cada uma
I. Métodos de pagamento
1. Pagamento antecipado
2. Contas em aberto
3. Vendas consignadas
4. Letra de câmbio à vista, a prazo ou com data específica
5. Cartas de crédito

II. Demonstrações financeiras e orçamentos *pro forma*
A. Orçamento de marketing
1. Despesas de venda
2. Despesas de propaganda/promoção
3. Despesas de distribuição
4. Custo do produto
5. Outros custos
B. Demonstração anual *pro forma* de lucros e perdas (do primeiro ao quinto ano)

III. Recursos essenciais
A. Recursos financeiros
B. Recursos humanos
C. Capacidade de produção

IV. Resumo executivo
Depois de concluir a pesquisa deste relatório, prepare um resumo de duas páginas (extensão máxima) dos principais pontos de seu plano de marketing e insira-o no início deste relatório.

V. Fontes de informações

VI. Apêndices
As dificuldades das operações internacionais e a complexidade do ambiente no qual o profissional de marketing internacional precisará atuar criam uma demanda extraordinária de informações. A necessidade de obter informações detalhadas para substituir opiniões desinformadas é igualmente importante tanto para a atuação em mercados estrangeiros quanto em mercados domésticos. As fontes de informações essenciais para desenvolver esta agenda e responder a outras perguntas de marketing são discutidas no Capítulo 8 e em seu respectivo Apêndice.

RESUMO

A maioria das empresas orientadas para o mercado elabora planos estratégicos de mercado de acordo com os objetivos, os mercados e o ambiente competitivo da empresa. O planejamento de marketing pode ser complicado mesmo em relação a um único país. Contudo, quando a empresa atua internacionalmente, os problemas multiplicam-se. Os objetivos e a estrutura dos mercados internacionais mudam periodicamente e de país para país, e os parâmetros competitivos, governamentais e econômicos que influem no planejamento de mercado estão em constante mudança. Essas variações exigem que os executivos de marketing internacional sejam particularmente flexíveis e criativos com relação à abordagem de planejamento de marketing estratégico.

Glossário

A

Acordo de Livre-Comércio Canadá-Estados Unidos (United States- -Canada Free Trade Agreement – US-CFTA) Acordo firmado entre Estados Unidos e Canadá, conhecido como CFTA, com o objetivo de eliminar todas as barreiras comerciais existentes entre as duas nações.

acordo de recompra de produto Tipo de **contracomércio** em que a venda envolve produtos ou serviços que produzem outros produtos ou serviços – isto é, unidade de produção, equipamento de produção ou tecnologia.

acordo prévio de preços (APP) Acordo firmado entre uma empresa e a Receita Federal que abrange métodos de **determinação de preços de transferência** utilizados pela empresa. Sem esse acordo, se a Receita Federal acusar a empresa de subdeclarar sua receita por meio de transações com filiais, a obrigação de provar que o preço de transferência era justo é da empresa.

acordos de compensação Transações que envolvem pagamentos tanto em mercadorias quanto em dinheiro. *Consulte* **permuta**; **compra compensada**; **contracomércio**.

acordos de comercialização ordenada (AMOs) Acordos semelhantes a **cotas** entre o país importador e o exportador com relação à restrição ao volume de exportações. Esse tipo de acordo é também conhecido como **restrições voluntárias à exportação**.

Afta (Asean Free Trade Area) ou Área de Livre-Comércio da Associação das Nações do Sudeste Asiático (Ansa ou Asean, de Association of Southeast Asian Nations). Bloco comercial multinacional desenvolvido a partir da Ansa. *Consulte* **Apec; Ansa + 3**.

Aliança Estratégica Internacional (AEI) Relação de negócios estabelecida por duas ou mais empresas para cooperar em necessidades mútuas e dividir os riscos na concretização de um objetivo comum.

analogia Método de estimativa de mercado que pressupõe que a demanda por um produto se desenvolve de maneira semelhante em todos os países quando o desenvolvimento econômico entre eles é comparável.

Ansa + 3 Fórum de ministros da Associação das Nações do Sudeste Asiático (Ansa ou Asean) que inclui os ministros da China, do Japão e da Coreia do Sul. *Consulte* **Afta; Apec**.

Ansa (Associação das Nações do Sudeste Asiático – ou Asean, de Association of Southeast Asian Nations) Bloco comercial regional multinacional que abrange Brunei, Camboja, Indonésia, Laos, Malásia, Mianmar, Filipinas, Cingapura, Tailândia e Vietnã.

Apec (Asian-Pacific Economic Cooperation ou Cooperação Econômica da Ásia-Pacífico) Fórum que se reúne anualmente para discutir a respeito do desenvolvimento econômico regional. *Consulte* **Afta; Ansa + 3**.

arbitragem Procedimento utilizado como alternativa ao **processo judicial** no qual as partes de uma disputa podem escolher uma ou mais pessoas desinteressadas como árbitro para avaliar os méritos do processo e dar um parecer com o qual ambas as partes concordem.

Área de Livre-Comércio (ALC) Tipo de cooperação regional que envolve um acordo entre dois ou mais países para reduzir ou eliminar direitos alfandegários e barreiras comerciais não tarifárias entre os países-membros e manter uma programação tarifária específica para países que não pertençam a essa área. Uma ALC exige maior cooperação do que um acordo de cooperação e desenvolvimento regional.

áreas com privilégios alfandegários Áreas em que as mercadorias podem ser importadas para armazenamento e/ou processamento com limites de tarifas e cotas postergados até o momento em que os produtos saem das áreas designadas. *Consulte* **zonas de comércio exterior**.

Ativistas sociais e políticos (ASPs) Os ASPs são indivíduos que participam de iniciativas para mudar atividades e comportamentos de grandes empresas e governos com táticas que podem variar de protestos pela paz ao terrorismo.

B

balança comercial Diferença de valor relativa a um período entre as importações e exportações de um país.

balanço de pagamentos Sistema de contas que registra as transações financeiras internacionais de um país.

barreiras não tarifárias Restrições diferentes das **tarifas** impostas pelos países a produtos importados; elas podem abranger padrões de qualidade, padrões sanitários e de saúde, **cotas**, embargos, boicotes e multas *antidumping*.

Batna Origina-se do acrônimo Batna (*best alternative to a negotiated agreement*). Melhor alternativa para um acordo de negociação. Conceito discutido no livro *Getting to Yes*, de Fisher, Ury e Patton.

C

canais de distribuição Trata-se das diversas rotas por meio das quais os empresários precisam negociar seus produtos para levá-los aos consumidores. As estruturas de canal de distribuição vão desde aquelas que têm pouca infraestrutura desenvolvida, como é o caso de muitos mercados emergentes, àquelas que contam com sistemas altamente complexos e intricados, como no Japão. A avaliação da estrutura do canal baseia-se em seis Cs: custo, capital, controle, cobertura, caráter e continuidade.

cartas de crédito   Dispositivos de financiamento que, quando abertos por um comprador, permitem que o vendedor retire o valor correspondente no banco que emitiu o crédito apresentando um documento de embarque apropriado. Com exceção do pagamento antecipado, as cartas de crédito são os dispositivos que oferecem o maior grau de proteção ao vendedor. *Consulte* **letras de câmbio**.

cartel   Esquema em que várias empresas que produzem produtos e serviços semelhantes trabalham em conjunto para controlar esses mercados. A Organização dos Países Exportadores de Petróleo (Opep) é o cartel internacional mais famoso.

cibergrileiros (ou grileiros do ciberespaço)   Pessoas ou empresas que compram, em geral por um valor insignificante, e registram nomes de domínio descritivos, de celebridade, de marcas registradas alteradas, geográficos, de grupos étnicos e de substâncias farmacêuticas e outros descritores, mantendo-os até o momento em que possam ser vendidos por um preço astronômico. Em inglês, eles são também conhecidos pela sigla CSQ.

cidadãos de um terceiro país   Expatriados de um país que trabalham para uma empresa estrangeira em um terceiro país. *Consulte* **expatriado**; **cidadãos locais**.

cidadãos locais   Pessoas que vivem em seu país natal; tradicionalmente, são aquelas que os diretores **expatriados** escolhem para integrar a equipe de vendas. Os cidadãos locais conhecem melhor a estrutura comercial de um país do que os estrangeiros, e geralmente a sua contratação e manutenção são menos caras.

compra compensada   Tipo de **contracomércio** em que um vendedor recebe pagamento em dinheiro, mas firma um contrato para comprar produtos do comprador pela quantia total correspondente à primeira transação ou por uma porcentagem estabelecida desse valor; também conhecida como *comércio de compensação*. *Consulte* **permuta**; **acordos de compensação**.

Comunicação Integrada de Marketing (CIM)   Sistema de iniciativas e métodos para vender um produto ou serviço que abrange propaganda, promoção de vendas, feiras comerciais, venda pessoal, venda direta e relações públicas.

conciliação   Acordo não obrigatório entre as partes para resolver disputas com o auxílio de uma terceira pessoa para mediar as diferenças. Também conhecida como *mediação*. *Consulte* **arbitragem**; **processo judicial**.

condições de venda   Conjunto de regras aplicadas a uma transação que abrangem questões como categorias de preço, frete e seguro. No comércio internacional, as condições de venda parecem ser semelhantes às condições no comércio doméstico, mas têm significados diferentes. Essas condições são também conhecidas como *termos comerciais*.

confisco   Apreensão dos ativos de uma empresa sem pagamento. Exemplos notáveis envolvendo empresas dos Estados Unidos ocorreram em Cuba e no Irã. *Consulte* **nacionalização**; **expropriação**.

congruência cultural   Estratégia de marketing em que os produtos são comercializados de uma maneira semelhante à comercialização de produtos que já estão no mercado, adotando-se uma postura o mais congruente possível com as normas culturais existentes.

conhecimento factual   Tipo de conhecimento ou compreensão sobre uma cultura estrangeira que abrange diferentes significados com relação a cores, preferências distintas e outros traços de uma cultura que o profissional de marketing pode estudar, prever e absorver. *Consulte* **conhecimento interpretativo**.

conhecimento interpretativo   Capacidade de compreender e avaliar totalmente as nuances dos diferentes traços e padrões culturais. *Consulte* **conhecimento factual**.

consciência global   Estrutura de referência importante para o sucesso de um executivo que abrange tolerância a diferenças culturais e conhecimento sobre culturas, história, potencial do mercado mundial e tendências econômicas, sociais e políticas globais.

conselhos trabalhistas   Na Europa, os conselhos trabalhistas (isto é, comitês sindicais internos) participam ativamente do estabelecimento de regras sobre remuneração e outras políticas de recursos humanos para a empresa como um todo, incluindo as equipes de vendas. Na Áustria e na Alemanha, por exemplo, esses conselhos não apenas codeterminam os planos de remuneração como também devem aprová-los antes de sua implantação.

conta-corrente   Parte da demonstração do **balanço de pagamentos** que mostra um registro de todos os produtos e serviços exportados e importados, bem como as transferências unilaterais de fundos.

conta de capital   Parte de uma demonstração do **balanço de pagamentos** que mostra um registro dos investimentos diretos, do portfólio de investimentos e das movimentações de capital de curto prazo para e provenientes de outros países.

conta de reservas   Parte da demonstração de uma **balança comercial** que mostra o registro de exportações e importações de ouro, elevações ou quedas no câmbio internacional e elevações ou quedas no passivo dos bancos estrangeiros.

conta em aberto   No comércio doméstico dos Estados Unidos, é o procedimento de pagamento usual para clientes estabelecidos, no qual os produtos são entregues e o cliente é cobrado ao final do mês.

contracomércio   Tipo de transação em que os produtos são importados e vendidos por uma empresa de um país em troca do direito ou da possibilidade de fabricar e/ou vender nesse país. O contracomércio pode substituir o dinheiro de maneira total ou parcial e é amplamente utilizado no comércio entre empresas dos Estados Unidos e do ex-bloco soviético (URSS) e também outros mercados emergentes. *Consulte* **permuta**; **acordos de compensação**; **compra compensada**.

Corolário de Roosevelt Trata-se de uma ampliação da política americana aplicada à Doutrina Monroe pelo presidente Theodore Roosevelt, declarando que os Estados Unidos não apenas proibiriam intervenções não americanas em assuntos latino-americanos, mas também policiariam a região e garantiriam que as nações latino-americanas cumprissem suas obrigações internacionais. *Consulte* **Doutrina Monroe**.

corrupção Oferta de grande soma de dinheiro – com frequência não totalmente contabilizado – com o objetivo de instigar um funcionário público a cometer um ato ilegal em nome da pessoa que oferece o dinheiro.

costume exclusivo Costume comercial (em um país estrangeiro) do qual um estrangeiro não deve participar. *Consulte* **costume facultativo**; **costume imperativo**.

costume facultativo Costume comercial (em um país estrangeiro) em relação ao qual a adaptação é favorável, mas não indispensável. *Consulte* **costume exclusivo**; **costume imperativo**.

costume imperativo Costume comercial (em um país estrangeiro) que deve ser reconhecido e incorporado. *Consulte* **costume facultativo**; **costume exclusivo**.

cotas Trata-se de uma unidade específica ou limites monetários aplicados a um tipo específico de produto pelo país para o qual o produto é importado. *Consulte* **tarifa**.

criatividade nas negociações Utilização de processos criativos, como *brainstorming* conjunto, em negociações informais paralelas. Nesse caso, pressupõe-se uma postura colaborativa nas negociações, e não uma postura competitiva. Além disso, o objetivo da negociação é desenvolver relacionamentos comerciais e pessoais duradouros e mutuamente benéficos.

critério de autorreferência (CAR) Referência inconsciente de um indivíduo a seus valores culturais, experiências e conhecimentos para fundamentar uma decisão.

cultura É a soma total de conhecimentos, crenças, artes, princípios morais, leis, costumes e quaisquer outros hábitos e aptidões adquiridos pelos seres humanos na condição de membros da sociedade.

D

dados primários Dados coletados em uma pesquisa de mercado para um projeto de pesquisa específico. *Consulte* **dados secundários**.

dados secundários Dados coletados por uma instituição ou um indivíduo diferente daquela ou daquele que está conduzindo a pesquisa; esses dados normalmente são úteis na pesquisa de mercado. *Consulte* **dados primários**.

demanda derivada Demanda que depende de outra fonte; ela pode ser fundamental para o sucesso das vendas de bens de capital e serviços industriais muito caros.

descentralização Método de tradução, uma variação da **retrotradução**, que utiliza um processo sucessivo de tradução e retradução de um documento – por exemplo, um questionário – cada vez por um tradutor diferente. As duas versões do idioma original são então comparadas e, se houver alguma diferença, o processo é repetido até o momento em que a segunda versão do idioma original tenha o mesmo sentido que a primeira. *Consulte* **tradução paralela**.

desenvolvimento econômico Geralmente, trata-se de um aumento na produção nacional decorrente de um aumento no produto interno bruto (PIB) médio *per capita*.

desenvolvimento sustentável Postura em relação ao crescimento econômico definida por Joke Waller-Hunter como uma iniciativa de cooperação entre empresas, ambientalistas e outros indivíduos para buscar o crescimento por meio de "uma gestão sensata dos recursos, uma distribuição equitativa dos benefícios e uma diminuição das consequências negativas sobre a população e o ambiente provocadas pelo processo de crescimento econômico".

desnatamento (*skimming*) Método de determinação de preços geralmente utilizado por empresários estrangeiros em que uma empresa procura atingir um segmento do mercado relativamente insensível aos preços e, portanto, disposto a pagar um preço elevado pelo valor recebido; esse método pode ser empregado para vender um produto novo ou inovador e maximizar os lucros até o momento em que um concorrente forçar um preço mais baixo. *Consulte* **determinação de preço de custo fixo**; **determinação de preço de custo variável**.

Destino Manifesto Ideia de que os americanos foram um povo escolhido e ordenado por Deus para criar uma sociedade-modelo; adotada para fundamentar a política americana durante grande parte dos séculos XIX e XX, quando a nação expandiu seu território.

determinação de preço de custo fixo Método de determinação de preços fundamentado no ponto de vista de que nenhuma unidade de um produto semelhante é diferente de qualquer outra e que cada unidade deve arcar com sua cota total em relação aos custos totais e variáveis, independentemente de o produto ser vendido no mercado interno ou no exterior. *Consulte* **desnatamento (*skimming*)**; **determinação de preço de custo variável**.

determinação de preço de custo variável Método de determinação do preço dos produtos vendidos em mercados estrangeiros em que a empresa está preocupada apenas com os custos marginais ou incrementais. Para as empresas que utilizam a determinação de preço de custo variável, as vendas no estrangeiro são vendas complementares. *Consulte* **determinação de preço de custo fixo**; determinação de preço de **desnatamento (*skimming*)**.

determinação de preços administrados Tentativa de estabelecer preços para todo um mercado por meio da cooperação dos concorrentes, de governos nacionais, estatais ou locais ou de acordos internacionais. Sua legalidade varia de acordo com o país e a época.

determinação de preços de transferência Determinação do preço de produtos transferidos das unidades operacionais ou de vendas de uma empresa em um determinado país para suas unidades em outro lugar; também conhecida como *determinação de preços dentro da empresa*. Na determinação de preços de transferência, os preços podem ser ajustados para aumentar o lucro final da empresa como um todo.

determinação predatória de preços   Sistema pelo qual um fabricante estrangeiro vende intencionalmente seus produtos em outro país por um valor inferior ao custo de produção para enfraquecer a concorrência e controlar o mercado.

Diagrama de Comércio do País (Commerce Country Chart – CCC)   Catálogo de informações que o exportador americano precisa consultar, além da **Lista de Controle Comercial**, para confirmar se ele precisa de licença para exportar ou reexportar um produto para um destino específico. *Consulte* **Número de Classificação de Controle de Exportação**.

difusão   Processo pelo qual uma **inovação** dissemina-se; uma boa difusão pode depender da habilidade de transmitir informações relevantes e divulgar os atributos de um produto.

direito alfandegário compensatório   Taxa que pode ser imposta, de acordo com as regras da **Organização Mundial do Comércio**, a mercadorias estrangeiras que se beneficiam de subsídios, seja na produção, na exportação ou no transporte; pode ser aplicada concomitantemente com um *volume de acesso mínimo*, que restringe a quantidade de mercadorias que um país pode importar.

direito civil   Sistema jurídico que se baseia em um sistema completo de leis escritas ou códigos; geralmente, está dividido em três códigos distintos: comercial, civil e penal. Nos Estados Unidos, Louisiana é o único Estado que utiliza direito civil. *Consulte* **direito consuetudinário**.

direito consuetudinário   Um corpo de leis que se baseia na tradição, em costumes passados e em precedentes legais estabelecidos por tribunais por meio da interpretação de estatutos, da legislação jurídica e de decisões judiciais passadas. O direito consuetudinário, adotado em todos os Estados dos Estados Unidos, exceto no de Louisiana, utiliza decisões passadas para interpretar estatutos e aplicá-los a situações presentes. Esse direito é também conhecido como **direito inglês**. *Consulte* **direito civil**.

direito islâmico   *Shari'ah* ou *sharia*; sistema jurídico que se baseia na interpretação do Alcorão. O direito islâmico abrange obrigações e deveres religiosos e igualmente o aspecto secular dos atos humanos regulados por lei. Uma de suas provisões é a proibição ao pagamento de juros.

direitos das partes   Trata-se de um dos princípios éticos (os outros são **ética utilitária** e **justiça ou equidade**); examina-se um determinado ato para comprovar se ele respeita os direitos dos indivíduos envolvidos.

direitos especiais de saque (DES)   Forma de mensuração monetária que representa uma base de valor média deduzida do valor de um grupo de moedas principais. Conhecidos como "ouro em papel", os DES são utilizados pelo **FMI** para divulgar a maior parte das estatísticas monetárias em uma unidade mais confiável do que uma única moeda, como o dólar.

distância idiomática   Medida da diferença entre idiomas; um fator importante para a determinação da quantidade de atividades comerciais entre as nações.

distribuição exclusiva   Prática pela qual uma empresa restringe os varejistas que podem revender seus produtos; essa distribuição muitas vezes é utilizada pelas empresas para manter uma margem de lucro alta no varejo, promover uma imagem de qualidade exclusiva de um produto e estimular os varejistas a oferecerem serviços complementares aos clientes.

documentos de exportação   Os diversos documentos necessários para uma transação internacional, de acordo com as exigências do governo do país exportador, dos procedimentos estabelecidos para o comércio exterior e, em alguns casos, do governo do país importador.

Doutrina Monroe   Um alicerce para a política externa dos Estados Unidos, tal como enunciada pelo presidente James Monroe, essa doutrina proclamava três máximas: fim da colonização europeia no Novo Mundo, abstenção dos Estados Unidos em assuntos políticos europeus e não intervenção por parte dos governos europeus nos governos do hemisfério ocidental. *Consulte* **Corolário de Roosevelt**.

dualismo econômico   Coexistência de setores modernos e tradicionais em uma economia, especialmente da forma como ocorre nos países menos desenvolvidos.

dumping (venda a preços inferiores aos normais ou ao custo)   Processo de exportação, geralmente proibido por lei e sujeito a penalidades e multas, definido por alguns especialistas como a venda de produtos em mercados estrangeiros abaixo do custo de produção e por outros, como a venda de produtos abaixo do preço de produtos idênticos no mercado doméstico.

E

Elain (Export License Application and Information Network)   Rede de Solicitação e Informações de Licença de Exportação; serviço eletrônico que possibilita que os exportadores autorizados enviem pedidos de licença por meio da internet para todas as mercadorias, exceto supercomputadores, e para todos os países democráticos. *Consulte* **Eric**, **Snap**; **Stela**.

emissões de gases de efeito estufa   Emissões de gases produzidos principalmente pela utilização de combustíveis fósseis que tendem a prender o calor na atmosfera terrestre, considerados os fatores causais das mudanças climáticas. Os compostos mais problemáticos são o dióxido de carbono, o metano, o óxido nitroso e os gases fluorados.

empresas de gestão de exportação (EGEs)   São intermediários importantes para empresas que têm um volume de operações relativamente pequeno ou que não estão dispostas a utilizar sua equipe em operações internacionais. Quanto ao número de funcionários, as EGEs variam de 1 a 100 pessoas e processam em torno de 10% dos produtos de exportação manufaturados. Normalmente, a EGE integra as operações de marketing das empresas-clientes. Atuando em nome dos fabricantes, ela funciona como um departamento independente e de baixo custo que responde diretamente à empresa controladora. A relação de trabalho é tão íntima que os clientes muitas vezes não percebem que não estão negociando diretamente com o departamento de exportação da empresa.

empréstimo cultural Fenômeno em que as sociedades aprendem com os estilos de outras culturas e tomam emprestadas ideias para solucionar problemas ou melhorar suas condições.

Eric (Electronic Request for Item Classification) Solicitação Eletrônica de Classificação de Produtos; serviço complementar à **Elain** que permite que o exportador envie solicitações de classificação de produtos por meio da internet à Agência de Administração de Exportação. *Consulte* **Snap**; **Stela**.

escalada de preços Disparidade entre preços, em que as mercadorias são vendidas no mercado estrangeiro por um preço superior ao do mercado doméstico; a escalada é provocada pelo custo adicional da exportação de produtos de um país para outro.

estágio de desenvolvimento econômico Classificação que indica o estágio de maturidade e refinamento da economia de um país ao longo do tempo. O modelo mais conhecido, de Walt Rostow, descreve cinco estágios: da sociedade tradicional (primeiro) ao período de alto consumo em massa (último).

estética Filosoficamente, trata-se da criação e valorização do que é belo; coletivamente, refere-se às artes, incluindo folclore, música, teatro, dança, vestuário e cosméticos.

estrutura de distribuição Sistema presente no mercado de todos os países por meio do qual os produtos são transferidos do fabricante para o usuário; sua estrutura inclui uma variedade de intermediários. *Consulte* **processo de distribuição**.

ética utilitária Trata-se de um dos princípios éticos (os outros são **direitos das partes** e **justiça ou equidade**); examina-se um determinado ato para comprovar se ele otimiza o "bem comum" de todos os grupos de interesse.

expatriado Pessoa que vive longe de seu país natal. Na área de vendas internacionais, os expatriados do país de origem da empresa vendedora talvez sejam a melhor opção para a equipe de vendas quando os produtos são extremamente técnicos ou a venda exige grande conhecimento sobre a empresa e sua linha de produtos. *Consulte* **cidadãos locais**.

exportação direta Tipo de exportação em que a empresa vende para um cliente que vive em outro país. *Consulte* **exportação indireta**.

exportação indireta Tipo de exportação em que uma empresa vende para um comprador (um importador ou distribuidor) no país de origem; o comprador, por sua vez, exporta o produto.

expropriação Apreensão de um investimento pelo governo em que se oferece alguma indenização ao proprietário do investimento; com frequência, o investimento confiscado é nacionalizado. *Consulte* **confisco**; **nacionalização**.

F

FCPA (Foreign Corrupt Practices Act) Lei contra a Prática de Corrupção no Exterior. Proíbe as empresas americanas de pagarem suborno a funcionários públicos, governos estrangeiros ou intermediários, caso um diretor americano saiba que o pagamento do intermediário será utilizado como suborno.

filosofia confuciana Os ensinamentos de 2.500 anos atrás do filósofo chinês Confúcio ainda influenciam intensamente as culturas da Ásia Oriental no presente. Dentre seus principais ensinamentos, encontra-se o profundo respeito pelos idosos, soberanos e maridos.

forfaiting Técnica de financiamento que pode ser utilizada em uma transação internacional em que o vendedor faz um acordo único com um banco ou outra instituição financeira para que assuma a responsabilidade pela cobrança das contas a receber.

franquia Forma de **licenciamento** na qual uma empresa (franqueadora) oferece um pacote padrão de produtos, sistemas e serviços de administração ao franqueado, que oferece conhecimento sobre o mercado de seu país. Na franquia, o franqueado tem flexibilidade para lidar com as condições do mercado local e a empresa controladora mantém determinado grau de controle.

Fundo Monetário Internacional (FMI) Instituição global criada com o Grupo Banco Mundial para ajudar as nações a tornarem-se e manterem-se economicamente viáveis.

fusão em trânsito Método de distribuição em que as mercadorias expedidas de vários locais de suprimento são consolidadas em um ponto de entrega ao cliente final enquanto transitam e em seguida são enviadas ao cliente como unidade.

G

Gatt (General Agreement on Tariffs and Trade) Acordo Geral sobre Tarifas e Comércio; assinado pelos Estados Unidos e 22 outros países logo após a Segunda Guerra Mundial. O acordo original incluiu um processo para a redução de **tarifas** e criou um órgão para controlar o comércio mundial; o tratado e os encontros subsequentes deram lugar a outros acordos que diminuíram significativamente as tarifas.

gestão logística Uma abordagem completa de gestão do processo de distribuição que abrange todas as atividades na movimentação física de matéria-prima, no estoque em processo e no estoque de produtos finalizados do ponto de origem ao ponto de uso ou consumo.

Grande China Refere-se tanto à República Popular da China (RPC ou China continental) quanto à República da China (Taiwan). Essas duas unidades políticas foram divididas em 1949, e ambas alegam que uma é território da outra.

grandes mercados emergentes (GMEs) Grupo principal das nações populosas que responderá por grande parte do crescimento no comércio mundial entre os países em desenvolvimento e recém-industrializados.

Guerras do Ópio Referem-se a duas guerras travadas entre China e Grã-Bretanha em virtude do comércio de ópio britânico na China em meados dos anos de 1800. A marinha de guerra britânica atacou portos chineses em retaliação à proibição chinesa contra o ópio, e o Tratado de Pequim, assinado em 1842, permitiu maior acesso europeu aos portos chineses em geral, a retomada do comércio de ópio e a concessão de controle sobre Hong Kong aos britânicos.

H

homologação de produto Termo usado para descrever alterações em um produto determinadas pelos padrões locais, tanto exigências físicas quanto legais, de qualidade e serviço.

I

infraestrutura Conjunto de bens de capital que atende às atividades de vários setores e apoia a produção e comercialização.

inovação Ideia considerada nova por um grupo de pessoas; quando aplicada a um produto, a inovação pode ser algo completamente novo ou visto como novo em um determinado país ou cultura. *Consulte* **difusão**.

instituições sociais Métodos e sistemas, incluindo família, religião, escola, meios de comunicação, governo e corporações, que influem na maneira como as pessoas interagem, estabelecem comportamentos aceitáveis para as gerações subsequentes e se autoadministram.

intermediários comerciais Nas transações internacionais, são os intermediários estabelecidos em um mercado estrangeiro que tomam posse dos produtos do fabricante do país de origem e os vendem por conta própria. Os fabricantes que utilizam intermediários comerciantes têm menos controle sobre o **processo de distribuição** do que quando utilizam **intermediários representantes**. *Consulte* **intermediários do país de origem**.

intermediários do país de origem Nas transações internacionais, são os intermediários estabelecidos no país de origem do fabricante que fornecem serviços de comercialização e de marketing em uma base operacional doméstica; são também conhecidos como *intermediários domésticos*. Os intermediários do país de origem oferecem várias vantagens para as empresas com um pequeno volume de vendas internacionais ou para aquelas que ainda não têm experiência com comércio internacional. *Consulte* **intermediários representantes; intermediários comerciais**.

intermediários representantes Em uma transação internacional, são os intermediários que representam o cliente (fabricante nacional); eles trabalham por comissão e organizam as vendas no país estrangeiro, mas não têm direito de propriedade sobre o produto. *Consulte* **intermediários do país de origem; intermediários comerciais**.

ISO 9000 Série de normas industriais internacionais (ISO 9000-9004) originalmente concebida pela Organização Internacional de Normalização (International Organization for Standardization – ISO) para atender à necessidade de garantia de qualidade dos produtos em acordos de compra.

J

joint venture Parceria entre duas ou mais empresas que juntam forças para criar uma entidade jurídica distinta. *Consulte* **aliança estratégica internacional**.

justiça ou equidade Trata-se de um dos princípios éticos (os outros são **ética utilitária** e **direitos das partes**); examina-se um determinado ato para comprovar se ele respeita os cânones de justiça ou equidade em relação a todas as partes envolvidas.

L

Lei de Varejo de Larga Escala No Japão, a concorrência entre varejistas de larga escala tem sido quase totalmente controlada pela *Daitenho* – a Lei de Varejo de Larga Escala (e suas corporificações mais recentes). Destinada a proteger pequenos varejistas contra a intrusão de grandes concorrentes em seus mercados, essa lei exigia que todas as lojas varejistas com mais de 500 metros quadrados obtivessem a aprovação do governo provincial para serem "construídas, ampliadas, manterem-se abertas até tarde da noite ou mudarem os dias do mês em que eram obrigadas a ficar fechadas". Todas as propostas para abertura de novas lojas consideradas "grandes" eram primeiramente avaliadas pelo Ministério do Comércio e Indústria Internacional (MCII). Em seguida, se todos os varejistas locais concordassem *unanimemente* com o plano, ele era aprovado. Contudo, se não houvesse aprovação do governo provincial, o plano era devolvido para obter esclarecimentos e alterações, processo em que a aprovação podia demorar vários anos (dez anos não era um prazo incomum).

Lei sobre *Trading Companies* de Exportação (Export Trading Company Act – ETCA) Lei que permite que os fabricantes de produtos semelhantes nos Estados Unidos formem *trading companies* de exportação; criou um ambiente mais favorável para a formação de empreendimentos conjuntos de exportação, em parte pela eliminação de incentivos antitruste às atividades comerciais.

Lei Única Europeia Acordo ratificado em 1987 com o objetivo de remover todas as barreiras ao comércio e transformar a Comunidade Europeia em um único mercado interno.

letras de câmbio Forma de pagamento comercial internacional emitida pelo vendedor contra os compradores estrangeiros; nas transações que utilizam letras de câmbio, o vendedor assume todos os riscos até o momento em que o dinheiro real é recebido, o que as tornam mais arriscadas para o vendedor do que as **cartas de crédito**.

licenciamento Meio contratual pelo qual uma empresa concede a outra direitos de patente e de marca registrada e direitos sobre a utilização de recursos tecnológicos, com frequência em um mercado estrangeiro; estratégia preferida por empresas de pequeno e médio porte que buscam uma posição segura em mercados estrangeiros sem desembolsar grandes somas. *Consulte* **franquia**.

linguagem silenciosa Termo utilizado por Edward T. Hall em referência aos significados não verbais e simbólicos do tempo, do espaço, dos objetos, das amizades e dos acordos e à forma como eles variam de uma cultura para outra; do artigo "The Silent Language of Overseas Business" ("A Linguagem Silenciosa do Comércio Exterior"), de Hall.

Lista de Controle Comercial (Commerce Control List – CCL) Catálogo, organizado por uma série de **Números de Classificação de Controle de Exportação** (Export Control Classification Numbers – ECCN), que indica as regras americanas relacionadas à adequação dos produtos para exportação. Os exportadores devem recorrer a essa lista para verificar se existem restrições de utilização em relação a determinados produtos, como uso em armas nucleares, químicas e biológicas, e se um produto pode ser utilizado para dupla finalidade – isto é, tanto em aplicações comerciais quanto em aplicações proibidas. *Consulte* **Regulamentos de Administração de Exportação**.

M

maquiladoras Também conhecidas como *empresas in bond* ou fábricas gêmeas, as *maquiladoras* são uma categoria de instalação com privilégios alfandegários criada no México na década de 1970 que ofereceu um meio favorável para as empresas americanas utilizarem mão de obra de baixo custo. Elas operam por meio de um acordo com o governo mexicano que permite que as empresas americanas importem peças e matéria-prima para o México sem impostos de importação, desde que os produtos acabados sejam reexportados para os Estados Unidos ou outro país. *Consulte* **áreas com privilégios alfandegários**.

marca global Utilização em nível global de um nome, termo, sinal, símbolo (visual ou auditivo), *design* ou de uma combinação desses elementos para identificar produtos e serviços e diferenciá-los dos produtos e serviços dos concorrentes.

marketing complementar Processo pelo qual as empresas com excesso de capacidade de distribuição em diferentes países ou que desejam ampliar sua linha de produtos adquirem outras linhas para distribuição internacional; comumente chamado de *piggybacking*.

marketing de relacionamento **Perspectiva da atividade de** marketing de produtos que se baseia na construção de vínculos duradouros com os clientes; fator essencial nos contextos de *business to business* (de empresa para empresa) e especialmente importante na maioria dos mercados internacionais, em que a cultura exige vínculos sólidos entre pessoas e empresas.

marketing global Realização de atividades empresariais com o objetivo de planejar, determinar preços, promover e direcionar o fluxo dos produtos e serviços de uma empresa para os consumidores ou usuários em mais de um país, em troca de lucro. A diferença mais marcante entre o marketing global e o doméstico é o direcionamento da empresa para mercados externos e o planejamento de atividades ao redor do mundo.

marketing internacional Execução de atividades empresariais destinadas a planejar, determinar o preço, promover e direcionar o fluxo dos produtos e serviços de uma empresa para os consumidores e usuários de mais de uma nação, em troca de lucro.

marketing verde Envolve a preocupação com as consequências ambientais decorrentes da formulação, comercialização, fabricação e embalagem dos produtos.

mercado comum Acordo que elimina todas as tarifas e outras restrições ao comércio interno, adota um conjunto de tarifas externas comuns e elimina todas as restrições ao livre fluxo de capital e mão de obra entre os países-membros.

mercado paralelo Transações internacionais em que os importadores compram produtos dos distribuidores em um país e os vendem em outro país para distribuidores que não fazem parte do sistema de distribuição regular do fabricante.

mercados da base da pirâmide (MBPs) Abrangem 4 bilhões de pessoas ao redor do mundo com renda anual *per capita* de US$ 1.200 ou menos. Esses mercados não são definidos necessariamente por suas fronteiras nacionais, mas por bolsões de pobreza concentrados particularmente no sul da Ásia e na África Subsaariana.

Mercosul (Mercado Comum do Sul) Associação sul-americana em expansão, também chamada de Área de Livre-Comércio do Cone Sul, formada em 1991 com o objetivo de criar um **mercado comum** e uma **união alfandegária** entre os países-membros. Os signatários originais foram Argentina, Brasil, Paraguai e Uruguai; a Bolívia e o Chile posteriormente assinaram acordos com o Mercosul.

migração rural/urbana À medida que os países tornam-se industriais, um grande número de trabalhadores agrícolas migra para as cidades, sobrecarregando de forma significativa a capacidade da infraestrutura urbana e formando grandes favelas ao redor do mundo.

modelo de componentes do produto Instrumento para caracterizar como um produto pode ser adaptado a um novo mercado que separa suas várias dimensões em três componentes: serviços de suporte, embalagem e componente essencial.

mudança não planejada Estratégia de marketing em que uma empresa lança um produto no mercado sem um plano para influenciar o modo como a cultura do mercado responde ou resiste à mensagem de marketing da empresa. *Consulte* **mudança planejada**.

mudança planejada Estratégia de marketing em que uma empresa deliberadamente se prontifica a mudar os aspectos de uma cultura estrangeira resistentes a objetivos de marketing predeterminados. *Consulte* **mudança não planejada**.

N

nacionalismo Sentimento intenso de orgulho e união nacional; o despertar do povo de uma nação para o orgulho por seu país. O nacionalismo pode tornar-se um preconceito comercial contra estrangeiros.

nacionalização Processo pelo qual um país anfitrião transfere gradativamente os investimentos estrangeiros para o controle e a propriedade da nação por meio de uma série de decretos governamentais que exigem controle acionário local e maior envolvimento nacional na administração de uma empresa. *Consulte* **confisco**; **expropriação**.

Nafta (North American Free Trade Agreement) O Acordo Norte-Americano de Livre-Comércio é um acordo comercial abrangente e que em muitos casos melhora todos os aspectos relacionados às atividades comerciais com a América do Norte. Ao eliminar barreiras comerciais e a investimentos entre Canadá, Estados Unidos e México, o Nafta criou um dos mercados mais amplos e ricos do mundo.

Número de Classificação de Controle de Exportação (Export Control Classification Number – ECCN) De acordo com as provisões dos **Regulamentos de Administração de Exportação (EAR)**, trata-se do número de classificação que um exportador dos Estados Unidos deve escolher para que um produto seja exportado; esse número corresponde a uma descrição na **Lista de Controle Comercial**, que indica a exportabilidade do produto.

O

OMC *Consulte* **Organização Mundial do Comércio**.

Organizações não governamentais (ONGs) Grandes organizações de defesa, normalmente sem fins lucrativos, com frequência multinacionais, administradas por cidadãos, e não por empresas ou governos. Exemplos proeminentes são o Greenpeace, a Anistia Internacional e a Cruz Vermelha.

opinião de especialistas Método de estimativa de mercado em que se procura obter a opinião de especialistas sobre o tamanho do mercado e as respectivas taxas de crescimento; é utilizado particularmente em países que o profissional de marketing ainda não conhece.

Organização Mundial do Comércio (OMC) Formada em 1994, a OMC engloba a estrutura do **Gatt** e a amplia para novas áreas que não foram previamente cobertas de maneira adequada. A OMC decide disputas comerciais, e todos os países-membros têm uma representação equitativa.

orientação de marketing global Meio operacional por meio do qual uma empresa atua como se seus mercados, dentro do escopo de suas operações (incluindo o mercado doméstico), fossem um único mercado global, padronizando o marketing *mix* quando isso for culturalmente possível e eficaz em termos de custo.

P

países recém-industrializados (PRIs) Países que experimentam uma rápida expansão econômica e industrial.

paridade do poder de compra (PPC) O produto interno bruto (PIB) em PPC corrige os diferenciais do PIB entre os países com relação ao custo das compras do consumidor. A correção do PPC permite que se compare diretamente o bem-estar geral dos consumidores de um país em relação a outro.

Parlamento Europeu Órgão legislativo da União Europeia (UE), semelhante ao conceito de Câmara dos Representantes dos Estados Unidos (ou Câmara dos Deputados). Os países europeus mais populosos têm mais representantes.

permuta Troca direta de produtos entre duas partes em uma transação. *Consulte* **acordos de compensação**; **compra compensada**; **contracomércio**.

pesquisa de marketing Coleta, registro e análise sistemática de dados para fornecer informações úteis aos responsáveis pela tomada de decisões de marketing. *Consulte* **pesquisa de marketing internacional**.

pesquisa de marketing internacional Tipo de **pesquisa de marketing** que envolve dois fatores adicionais: (1) necessidade de transmitir informações além das fronteiras nacionais e (2) dificuldade de aplicar técnicas de marketing consolidadas nos diferentes ambientes existentes dos mercados externos, alguns dos quais provavelmente estranhos ou complexos para o profissional de marketing.

pesquisa multicultural Investigação, análise e estudo sobre países e culturas considerando suas diferenças idiomáticas, de estrutura econômica, de estrutura social e de padrões de comportamento e atitude. Diferentes métodos de pesquisa podem ter diferentes níveis de confiabilidade de um país para outro.

planejamento corporativo Formulação de objetivos gerais de longo prazo para uma empresa como um todo. *Consulte* **planejamento estratégico**; **planejamento tático**.

planejamento estratégico Tipo de planejamento conduzido pelo mais alto escalão da administração que abrange produtos, capital e pesquisa, bem como os objetivos de curto e longo prazos da empresa. *Consulte* **planejamento corporativo**; **planejamento tático**.

planejamento tático Tipo de planejamento relativo a medidas específicas e à alocação de recursos utilizados para implantar metas do planejamento estratégico em mercados específicos; é também conhecido como *planejamento de mercado* e, geralmente, é conduzido em nível local. *Consulte* **planejamento corporativo**; **planejamento estratégico**.

política de determinação de preço de penetração de mercado Política de preço baixo com o objetivo de ganhar participação de mercado em relação aos concorrentes.

princípio de direitos das partes *Consulte* **direitos das partes**.

princípio de ética utilitária *Consulte* **ética utilitária**.

princípio de justiça ou equidade *Consulte* **justiça ou equidade**.

princípios marxista-socialistas Conjunto de conceitos em que a lei está subordinada às condições econômicas prevalecentes. Os princípios marxista-socialistas influenciaram o sistema jurídico da Rússia e de outras repúblicas da antiga União Soviética, bem como o da China, o que obrigou essas nações a iniciarem reformas em seu código jurídico comercial quando começaram a estabelecer relações comerciais com países não marxistas.

processo de distribuição Processamento físico dos produtos, transferência de propriedade (direito) e – o mais importante do ponto de vista de marketing – negociações de compra e venda entre os fabricantes e os intermediários e entre os intermediários e os clientes. *Consulte* **estrutura de distribuição**.

processo de pesquisa Processo de obtenção de informações, que deve ser iniciado com a definição do problema de pesquisa e o estabelecimento de objetivos, aplicando-se subsequentemente um método sistemático de coleta e análise de dados.

processo judicial Processo em que uma disputa entre as partes é contestada em um ambiente jurídico formal; normalmente, é instigado por uma ação judicial em que uma das partes apresenta sua versão dos fatos.

promoção de vendas Atividade de marketing que estimula as compras do consumidor e melhora a eficácia e a cooperação dos varejistas ou intermediários.

protecionismo Barreiras legais, cambiais e psicológicas impostas pelos países para restringir a entrada de mercadorias provenientes de outros países.

propina Utilização de recursos financeiros para agilizar as providências tomadas por funcionários públicos e autoridades governamentais. Os pagamentos feitos a funcionários inferiores podem ou não ser considerados ilegais e normalmente são irrelevantes.

Q

qualidade Característica essencial de algo, como um produto ou serviço; é definida em duas dimensões: a qualidade percebida pelo mercado e a qualidade do desempenho. A percepção do consumidor sobre a qualidade de um produto com frequência está mais relacionada com a qualidade percebida pelo mercado do que com a qualidade do desempenho.

Quatro Tigres Asiáticos Essa expressão refere-se a Hong Kong, Taiwan, Cingapura e Coreia do Sul, visto que esses países obtiveram um rápido crescimento nas décadas de 1980 e 1990.

R

Rebelião de Taiping A guerra civil mais cara da história da humanidade, ocorrida na China no período de 1851 a 1964. As estimativas do número de mortes giram entre 20 a 40 milhões.

regiões de mercado multinacional Grupos de países que procuram benefícios econômicos mútuos com a redução de barreiras comerciais e tarifárias inter-regionais.

Regra de 24 Horas Exigência dos Estados Unidos, que faz parte da Iniciativa de Segurança de Cargas e Contêineres, de que os transportadores marítimos e os transportadores comuns de operação sem navio próprio (*non-vessel operating common carriers* – NVOCCs) fornecessem à Alfândega dos Estados Unidos informações detalhadas (manifestos de carga) sobre o conteúdo dos contêineres destinados a esse país 24 horas antes de serem embarcados em um navio.

Regulamentos de Administração de Exportação (Export Administration Regulations – EAR) Conjunto de regras emitido pelo Departamento de Comércio dos Estados Unidos com o objetivo de minorar vários problemas relacionados à exportação; seu propósito é agilizar o processo de concessão de licenças de exportação, concentrando o controle delas em uma lista de produtos específicos. A maioria desses produtos tem relação com a segurança nacional. Os exportadores devem assegurar que suas atividades comerciais não violem esses regulamentos. *Consulte* **Lista de Controle Comercial**; **Número de Classificação de Controle de Exportação**.

regulamentos de exportação São restrições criadas por um país à venda de produtos no exterior; podem ser impostos principalmente para manter a disponibilidade de produtos escassos para o consumo interno e controlar o fluxo de produtos estratégicos para países inimigos reais ou potenciais. *Consulte* **regulamentos de importação**.

regulamentos de importação São restrições impostas pelos países à venda de produtos de mercados externos; podem ser impostos principalmente para proteger a saúde, manter o câmbio internacional, servir de represália econômica, proteger a indústria doméstica e gerar receitas por meio de tarifas. *Consulte* **regulamentos de exportação**.

relação preço-qualidade Equilíbrio entre o preço do produto e seu nível de desempenho. Normalmente, a relação preço-qualidade de um produto é ideal se ele atender estritamente a expectativas básicas, o que possibilita que ele tenha um preço competitivo.

relações públicas (RP) Esforço feito pelas empresas para criarem relacionamentos positivos com a imprensa popular e os meios de comunicação em geral e transmitirem informações ao público de interesse, que abrange clientes, o público em geral e agências regulatórias do governo.

repatriação Processo pelo qual um cidadão volta para seu país natal após uma atribuição no exterior.

restrições voluntárias à exportação (RVEs) Acordos semelhantes a **cotas** entre um país importador e um exportador quanto à restrição ao volume de exportações. Esse tipo de acordo é também conhecido como **Acordos de Comercialização Ordenada (AMOs)**.

retrotradução Processo no qual uma frase ou um documento, como um questionário, é traduzido de um idioma para outro e em seguida traduzido por outra pessoa para o idioma original. A retrotradução pode ser utilizada para confirmar se a primeira tradução – por exemplo, de um *slogan* de marketing, transfere o significado pretendido para o público-alvo. *Consulte* **descentralização**; **tradução paralela**.

revendedor Intermediário que vende produtos industriais ou bens duráveis diretamente para os clientes; suas atividades são a última etapa nos **canais de distribuição**.

ruído Termo utilizado em referência a uma anomalia no processo de comunicação provocada por influências externas, como propaganda competitiva, outras equipes de vendas e confusões por parte do "receptor". O ruído pode interromper qualquer etapa do processo de comunicação e frequentemente está além do controle do emissor ou do receptor.

RVEs *Consulte* **restrições voluntárias à exportação**.

S

seguidores de clientes Empresas, geralmente prestadoras de serviços, que acompanham as primeiras empresas a entrar em um mercado estrangeiro; por exemplo, uma companhia de seguros americana que se estabelece no México para atender a uma empresa de automóveis americana que já tenha aberto uma fábrica nesse país.

sensibilidade cultural Consciência das nuanças culturais, para que uma nova cultura possa ser avaliada, valorizada e vista objetivamente; esse fator é essencial ao marketing no exterior.

sistema de distribuição física Rede geral para a movimentação física de produtos, incluindo instalações fabris e de armazenamento, meios de transporte, volume de estoque e embalagem.

Snap (Simplified Network Application Process) Processo de Solicitação Simplificado por Rede; serviço eletrônico oferecido pelo Departamento de Comércio dos Estados Unidos como alternativa às solicitações de licença por papel que possibilita que o exportador envie uma solicitação de exportação ou reexportação, receba notificações de alto desempenho pelo computador e informe-se sobre as solicitações de classificação de produtos pela internet. *Consulte* **Elain**; **Eric**; **Stela**.

soberania   Poderes exercidos por um Estado em relação a outros países e poderes supremos de um Estado exercido em relação a seus próprios habitantes.

Sondagem não relacionada à negociação   Parte do processo de negociação em que a conversa abrange assuntos diferentes da negociação em questão; normalmente, essa é a etapa preliminar à **troca de informações relacionadas à negociação**.

Stela (System for Tracking Export License Applications)   Sistema de Rastreamento de Solicitações de Licença de Exportação. Sistema automatizado de resposta de voz destinado a exportadores que possibilita que a pessoa que solicitou uma licença acompanhe o andamento de suas solicitações junto a autoridades americanas. *Consulte* **Elain**; **Eric**; **Snap**.

suborno   Utilização de fundos, geralmente de maneira ilegal, para influenciar decisões tomadas por funcionários públicos e autoridades governamentais. Esses pagamentos com frequência envolvem milhões de dólares no comércio internacional.

subsídios de separação   Pagamento de recompensas a funcionários que assumem atribuições de curta duração no exterior e viajam sem sua família; geralmente, esses subsídios compensam todas as despesas extras e a restituição de quaisquer diferenças fiscais.

T

tarifa   Taxa ou imposto que os países impõem sobre produtos importados, em geral, para proteger os mercados internos contra a intrusão de outros países. *Consulte* **barreiras não tarifárias**; **cotas**.

tempo monocrônico   Tempo M. Refere-se a uma visão sobre o tempo, típica dos norte-americanos, suíços, alemães e escandinavos, como algo linear que pode ser economizado, desperdiçado, gasto e perdido. As culturas de tempo M tendem a se concentrar em uma coisa por vez e valorizam a pontualidade. *Consulte* **tempo policrônico.**

tempo policrônico   Tempo P. Um ponto de vista sobre o tempo típico das culturas de "alto contexto", em que a conclusão de uma interação humana é mais importante do que a obediência a um cronograma ou uma programação. O tempo P caracteriza-se pela ocorrência simultânea de várias coisas. *Consulte* **tempo monocrônico**.

trading companies   Entidades comerciais que estocam, transportam e distribuem produtos de vários países.

tradução paralela   Método em que são utilizados mais de dois tradutores para realizar uma **retrotradução**; os resultados são comparados, as diferenças são discutidas e a tradução mais apropriada é utilizada. O objetivo desse método é utilizar expressões idiomáticas comuns nas línguas que são traduzidas. *Consulte* **descentralização**.

Tratado de Amsterdã   Tratado concluído em 1997 que abordou questões omitidas pelo **Tratado de Maastricht** e identificou as medidas prioritárias necessárias para efetivar totalmente o mercado único na Europa e construir um sólido alicerce para a criação de uma moeda única e a ampliação da União Europeia (UE) para a Europa Central e Oriental. *Consulte* **Lei Única Europeia**.

Tratado de Maastricht   Tratado assinado por 12 nações da Comunidade Europeia para a criação da União Europeia (UE).

triangulação   Termo tomado emprestado do mapeamento naval em referência à utilização de pelo menos três medidas diferentes do mesmo conceito para confirmar a precisão de qualquer método. Por exemplo, com relação à previsão de demanda, opiniões de especialistas e de representantes de vendas e análises econômicas quantitativas poderiam ser comparadas.

troca de informações relacionadas à negociação   Fase do processo de negociação em que os diálogos não relacionados à negociação, ou à **sondagem não relacionada à negociação**, chegam ao fim e as negociações em si se iniciam.

U

UEM   União Econômica e Monetária; formada pelo **Tratado de Maastricht**, que também formou a União Europeia (UE).

união alfandegária   Um estágio de cooperação econômica que se beneficia da diminuição ou eliminação de tarifas de uma **área de livre-comércio** e introduz uma tarifa externa comum sobre os produtos importados de países que não pertencem a essa união. *Consulte* **mercado comum**; **união política**.

união política   Forma totalmente integrada de cooperação regional que requer uma completa integração política e econômica, tanto voluntária quanto imposta; o exemplo mais notável foi o agora extinto Conselho para Assistência Econômica Mútua (Council for Mutual Economic Assistance – Comecon), um grupo de países com administração central formado pela União Soviética.

uso prévio   Tal como se observa nos Estados Unidos e em outros países de direito consuetudinário, esse princípio estabelece que os direitos de propriedade intelectual normalmente pertencem à pessoa que consegue comprovar sua precedência.

V

valores culturais   Sistema de crenças e costumes assumido por uma população em uma determinada **cultura**. Um livro de Geert Hofstede apresenta um estudo sobre 66 nações, dividindo os valores culturais desses países em quatro dimensões principais: índice de individualismo/coletivismo, índice de distância do poder, índice de evitação de incerteza e índice de masculinidade/feminilidade (este último não é considerado tão útil quanto os outros três).

variáveis controláveis   Aspectos do comércio sobre os quais uma empresa tem controle e influência; abrangem decisões mercadológicas sobre produtos, preço, promoção, distribuição, pesquisa e propaganda. *Consulte* **variáveis incontroláveis**.

variáveis incontroláveis   Fatores no ambiente de negócios sobre os quais o profissional de marketing internacional não tem nenhum controle ou influência; podem abranger concorrência, restrições legais, controles governamentais, clima, preferências e comportamentos do consumidor e acontecimentos políticos. *Consulte* **variáveis controláveis**.

variáveis incontroláveis do ambiente doméstico   Fatores no país de origem de uma empresa sobre os quais ela tem pouco ou nenhum controle ou influência. Esses elementos incluem ações legais, clima econômico, nível tecnológico, forças competitivas e forças econômicas. *Consulte* **variáveis incontroláveis**.

variáveis incontroláveis do ambiente estrangeiro   Fatores no mercado estrangeiro sobre os quais uma empresa que atua em seu país natal tem pouco ou nenhum controle ou influência. Esses fatores abrangem forças políticas e legais, clima econômico, geografia e infraestrutura, nível tecnológico e estrutura de distribuição. *Consulte* **variáveis incontroláveis do ambiente doméstico**.

Z

zonas de comércio exterior (ZCEs)   Regiões ou portos que funcionam como áreas de retenção de mercadorias antes da aplicação de cotas ou direitos alfandegários. Nos Estados Unidos, mais de 150 ZCEs permitem que as empresas desembarquem produtos importados para armazenamento ou diversos processamentos, como limpeza ou empacotamento, antes de os produtos entrarem oficialmente nos Estados Unidos ou serem reexportados para outro país. *Consulte* **áreas com privilégios alfandegários**.

Créditos

Capítulo 1

Abertura, p. 4: AP Photo/Aaron Favila; p. 5: AP Photo/Lee Jin-man; p. 6: AP Photo/Str; p. 8, p. 10, p. 15 (à esquerda): © John Graham; p. 15 (à direita): © Neil Thomas/Africa Media Online; p. 23 (superior): © Robyn Beck/AFP/Getty; p. 23 (inferior esquerda): © John Graham; p. 23 (inferior direita): © The McGraw-Hill Companies, Inc.

Capítulo 2

Abertura, p. 29 (à esquerda): AP Photo/The Gazette, Cliff Jette; p. 29 (à direita): © Allstarphotos/Newscom.com; p. 40: © John Graham; p. 41 (superior esquerda): © Sharon Hoogstraten; p. 41 (superior direita): AP Photo/Procurador Geral de Connecticut; p. 43: © John Graham; p. 44: © Tom McHugh/Photo Researchers, Inc.; p. 48: *Globalization*, de Gifford Myers, Altadena, CA, 2001; p. 49 (superior): © Mike Nelson/AFP/Getty; p. 49: (inferior): AP Photo/Jane Mingay.

Capítulo 3

Abertura, p. 58: © Dave G. Houser/Corbis; p. 65: © Frimmel Smith/PlayPumps; p. 66: © John Graham; p. 68 (à esquerda): AP/Wide World Photos; p. 68 (à direita): © Wolfgang Kumm/epa/Corbis; p. 70: © John Graham; p. 71: © Edro Lobo/Bloomberg News/Landov; p. 73 (à esquerda), p. 73 (à direita): © John Grahm; p. 80: Cortesia do Beluga Group.

Capítulo 4

Abertura, p. 99, p. 100 (Floriad), p. 100 (Aalsmeer Flower Auction): © John Graham; p. 100 (papa): AP Photo/Antonio Calanni; p. 100: (mercado de flores de Amsterdã), p. 100 (tulipas): © John Graham; p. 100 (tela): © Salmer; p. 101 (dentro da Aalsmeer), p. 101 (leilão de flores), p. 101 (caminhões na Aalsmeer): © John Graham; p. 101 (*A Ronda Noturna*, de Rembrandt): © Rijksmuseum, Amsterdã/SuperStock; p. 101 (*Os Girassóis*, de Van Gogh): AP Photo/Tsugufumi Matsumoto, File; p. 101 (*Os Comedores de Batatas*, de Van Gogh): © SuperStock, Inc.; p. 108: © Cary Wolinsky; p. 113 (superior): © Mahmoud Mahmoud/AFP/Getty; p. 113 (inferior): © Rika Houston; p. 117: AP Photo/Maxim Marmur; p. 121: © Joe McNally/Getty.

Capítulo 5

Abertura, p. 126: © John Graham; p. 128: © Reuters/Landov; p. 131 (à esquerda): © Michael Nicholson/Corbis; p. 131 (à direita): © 20th Century Fox/The Kobal Collection; p. 136 (à esquerda): © Ed Kashi/Corbis; p. 136 (à direita): © Andy Rain/Bloomberg News/Landov; p. 141 (à esquerda): David Coll Blanco; p. 141 (à direita): AP Photo/Hasan Jamali; p. 145: John Graham; p. 146: © Phillippe Lopez/AFP/Getty; p. 152: © Reuters/Stringer; p. 153: © John Graham.

Capítulo 6

Abertura, p. 160: © Eric Feferberg/AFP/Getty; p. 163: © Carolyn Cole/Los Angeles Times. Copyright 2010 — reimpressa com permissão; p. 165: © Behrouz Mehi/AFP/Getty; p. 170 (todas): © John Graham; p. 172 (superior): AP Photo/Claude Paris; p. 172 (no meio): AP Photo; p. 172 (inferior): © Georges Gobet/AFP/Getty; p. 173 (superior): © Klaus-Dietmar Gabbert/epa/Corbis; p. 173 (no meio): © Reuters/Corbis; p. 173 (inferior): Cortesia da Sea Shepherd Conservation Society); p. 174: © Carolyn Cole; p. 175, p. 182: John Graham.

Capítulo 7

Abertura, p. 188: © Derek Berwin/The Image Bank/Getty; p. 199 (superior esquerda): foto de Rick Loomis, *Los Angeles Times*. Copyright 2005, *Los Angeles Times* — reimpressa com permissão; p. 199 (superior direita): © Mike Clark/AFP/Getty; p. 199 (inferior): AP Photo/Christian Schwetz; p. 202: AP Photo/Ng Han Guan; p. 205 (superior esquerda), p. 205 (superior direita): © John Graham; p. 205 (no meio): AP Photo/Pat Roque; p. 205 (inferior): AP Photo/Jyanta Saha; p. 207: © AFP/Getty; p. 215: © Roger Ressmeyer/Corbis.

Capítulo 8

Abertura, p. 220 (à esquerda): AP Photo/Greg Baker; p. 220 (à direita): © Jim Watson/AFP/Getty; p. 229: © Brian Lee/Corbis; p. 232 (ambas): © John Graham; p. 233: © Cary Wolinsky; p. 240 (à esquerda), p. 240 (à direita): © John Graham.

Capítulo 9

Abertura, p. 253 (ambas): © Christopher Anderson/Magnum Photos; p. 253 (inferior), p. 261: © John Graham; p. 263 (à esquerda): AP Photo/Monica Rueda; p. 263 (à direita), p. 271: © John Graham.

Capítulo 10

Abertura, p. 276 (ambas), p. 282, p. 284: © John Graham; p. 286: © AFP Photo/Louisa Gouliamaki; p. 288: Cortesia da American Legacy Foundation, Sociedade Americana do Câncer e da Campanha contra o Tabagismo entre Crianças e Adolescentes; p. 290, p. 291, p. 294 (à esquerda): © John Graham; p. 294 (à direita): AP Photo/Amr Nabil; p. 296: AP Photo/Nasa.

Capítulo 11
Abertura, p. 307: AP Photo/Ng Han Guan; p. 311: AP Photo/Sherwin Crasto; p. 315 (à esquerda): © Ruth Fremson/*The New York Times*/Redux; p. 315 (à direita): © John Graham; p. 317 (à esquerda) © Tomas Munita; p. 317 (à direita): © Amit Bhargava/Bloomberg News/Landov; p. 319: © Jimin Lai/AFP/Getty; p. 324: Roger Ressmeyer/Corbis; p. 325: © Goh Hin/AFP/Getty.

Capítulo 12
Abertura, p. 333 (todas): © John Graham; p. 334: AP Photo/Richard Drew; p. 343 (todas), p. 347 (à esquerda), p. 347 (à direita), p. 350: © John Graham.

Capítulo 13
Abertura, p. 361: © Kenneth Garrett/National Geographic Image Collection; p. 362, p. 366: © John Graham; p. 367: Cortesia de Angelic Pretty; p. 370 (superior): © Michael Edrington/The Image Works; p. 370 (inferior esquerda), p. 370 (inferior direita), p. 379 (ambas): © John Graham; p. 384 (ambas): © Kevin Lee/Bloomberg News/Landov; p. 386: © Studio 101/Alamy; p. 390: John Graham.

Capítulo 14
Abertura, p. 396 (superior), p. 396 (inferior), p. 397 (ambas): Cortesia da Microsoft Corporation; p. 405: © John Graham; p. 410: © Adam Berry/Bloomberg, via Getty; p. 413-416 (todas): Cortesia da Solar Turbines Inc.

Capítulo 15
Abertura, p. 420: © David Pierson/*Los Angeles Times*; p. 421, p. 426 (ambas), p. 431, p. 434, p. 437 (todas): © John Graham; p. 444-447 (todas): Cortesia da Marriott.

Capítulo 16
Abertura, p. 458 (superior): © John Graham; p. 458 (inferior esquerda): © Covered Images/-Frame; p. 458 (inferior direita): © Tom Cozad/newport surfshots.com; p. 459 (superior esquerda): AP Photo/Greg Baker; p. 459 (superior direita), p. 462 (inferior esquerda), p. 462 (inferior direita): © John Graham; p. 464-466 (todas): Cortesia da Microsoft; p. 469 (superior esquerda), p. 469 (superior direita): © John Graham; p. 469 (inferior esquerda): © Tom Purslow/Manchester United, via Getty; p. 469 (inferior direita): AP Photo/Mark Baker; p. 470 (ambas), p. 471, p. 474 (superior): © John Graham; p. 474 (inferior esquerda): AP Photo/Denis Doyle/File; p. 474 (inferior direita): Cortesia da GE; p. 482 (todas), p. 486-487 (ambas): © John Graham; p. 489 (esquerda): AP/Wide World Photos; p. 489 (direita): © Tatsuyuki Tayama/Fujifotos/The Image Works.

Capítulo 17
Abertura, p. 499: © David Paul Morris/Getty; p. 501 (esquerda): © Roger Rossmeyer/Corbis; p. 501 (direita): © John Maier, Jr./The Image Works; p. 504 (ambas): © David McIntyre/Stock Photo; p. 508: © Tom Wagner/Corbis; p. 514: © John Graham.

Capítulo 18
Abertura, p. 528: AP Photo/Greg Baker; p. 529, p. 530: AP Photo/Katsumi Kasahara; p. 531: © John Graham; p. 532: AP Photo; p. 536: © 20th Century Fox/Marvel Ent Group/The Kobal Collection; p. 542: © Dadang Tri/Reuters/Landov; p. 543: © Susan Van Etten/PhotoEdit, Inc.; p. 545: © John Graham.

Capítulo 19
Abertura, p. 556: © Photodisc Green/Getty; p. 565: © Ralph Orlowski/Getty; p. 567: Protegida por direitos autorais e utilizada com permissão da KARRASS, LTD. Beverly Hills, CA; p. 568 (à esquerda): © Jon Feingersh/Blend Images/Getty; p. 568 (à direita): © Macduff Everton/Corbis; p. 573: © John Grahm; p. 574: AP Photo/Anat Givon.

Índice de nomes

Os números seguidos da letra n referem-se a notas.

A

Aaker, David A., 385n
Aaker, Jennifer, L., 112n, 117n, 467n, 475n
Abdullah, Rei da Jordânia, 380
Abkowitz, Alyssa, 22n
Abley, Mark, 518n
Acito, Frank, 332n
Adams, Mike, 377
Adetoun, Bolanle, 150n
Adler, Nancy J., 143n, 554n
Agarwal, Sanjeev, 341n
Aguilera, Ruth V., 339n
Ah Kheng Kau, 388n
Ahluwalia, Rohini, 475n
Ajami, Fouad, 176n
Albaum, Gerald, 355n
Alden, Dana L., 233n, 385n
Alexander, Nicholas, 426n
Allan, Graham, 264
Allen, Michael W., 116n
Alfred, Brent B., 373n
Almond, Phil, 211n
Alpert, Frank, 230n, 422n
Altaras, Selin, 384n
Alum, Ian, 257
Amador, Manuel, 53
Ambler, Tim, 568n, 569n
Amine, Lys S., 389n
Ammar, Essam, 440
Anderson, Beverlee B., 139n
Anderson, Erin, 509n
Anderson, Eugene W., 361n, 406n
Anderson, Nicola, 473n
Andrews, J. C., 233n
Andrews, Michelle, 106n
Andriani, Pierpaolo, 237n
Andruss, Paula Lyon, 472n
Anita, Kersi D., 526n
Annan, Kofi, 380
Ansari, Paradis, 144n, 515n
Ansfield Jonathan, 306n
Anterasian, Cathy, 152n, 398n
Appert, Nicolas, 63
Apud, Salvador, 515n
Areddy, James T., 206n, 359n, 498n, 518n
Armstrong, David, 254n
Arndt, Michael, 264n, 372n, 425n
Arnold, Mark J., 389n
Arnould, Eric J., 96n, 315n, 316n, 384n
Arnst, Catherine, 380n
Arregle, Jean-Luc, 356n
Asbell, Bernard, 105n
Askegaard, Soren, 334n
Asmussen, Christian Geisler, 20n
Aston, Adam, 70n
Ataman, M. Berk, 387n
Auger, James, 213n
Aulakh, Preet S., 347n
Axxin, Catherine N., 241n
Aybar, Bulent, 354n
Azevedo, Jose Sergio Gabrielli de, 70n

B

Baack, Sally A., 512n
Bacon, Francis, 60
Bae, Yeong-ho, 119
Bagozzi, Richard P., 503n, 505n
Bailey, Thomas A., 29n
Bajaj, Vikas, 270n, 304n
Bakalar, Nicholoas, 103n
Baker, Ted, 133n
Balabanis, George, 388n
Balasubramanian, Sridhar, 428n
Ball, Deborah, 109n
Banderas, Antonio, 146
Bannon, Lisa, 145n, 453n
Banon, Lisa, 125n
Barboza, David, 303n, 429n
Bardon, Jeffrey Q., 352n
Bardsher, Keith, 304n
Barkema, Harry G., 19n, 344n, 345n
Barnes, Brooks, 386n
Barrasa, Angel, 150n
Barrett, Nigel J., 236n
Barrinuevo, Alexi, 71n
Barta, Patrick, 74n, 397n
Barzilay, Judith M. (juíza), 535
Basu, Sudita, 220n
Bate, Roger, 199n
Batra, Rajeev, 385n
Batson, Andrew, 408n
Bauerlein, Mark, 555n
Bauers, Sandy, 67n
Baum, Caroline, 42n
Baumgartner, Hans, 233n
Beamish, Paul W., 356n
Bearden, William O., 355n
Beck, Ernest, 424n
Beckham, David, 469
Beechler, Schon, 399n, 515n
Beerens, Marie, 535n
Begley, Sharon, 68n, 473n
Begley, Thomas M., 132n
Begum, Delora, 314
Behfar, Kristin, 563n
Beibei, Dong, 355n
Belderbos, Rene A., 352n, 498n
Belk, Russell W., 388n, 457n, 462n
Belkin, Liuba Y., 144n, 515n
Bell, Alexander Graham, 62, 67
Bell, Simon, 121n
Bellman, Eric, 310n
Bello, Daniel C., 553n
Benedetto, Anthony Di, 368n
Bento XVI, papa, 146
Benito, Gabriel R. G., 340n
Bennett, Jeff, 152n
Berg, Peter T. van den, 150n
Bergen, Mark E., 526n
Berlusconi, Silvio, 160
Berman, Paul Schiff, 190n
Berns, Sjors, 148n
Beutin, Nikolas, 401n
Bhabwati, Jagdish, 4n

Bhagat, Rabi S., 119n
Bhardwaj, Vertica, 385n
Bierderman, Patricia Ward, 39n
Bird, Matthew, 521n
Birkinshaw, Julian, 354n
Bisoux, Tricia, 23n
Biswas, Somdutta, 475n
Bjorkman, Ingmar, 355n
Blakstone, Brian, 31n
Blair, Edward, 475n
Blair, Tony, 403
Blakeney, Roger N., 242n
Blasius, Jorg, 35n
Block, Lauren, 97n
Block, Robert, 179n
Block, Steven A., 165n
Bobina, Mariya, 150n
Bodur, Muzaffer, 150n
Bodzin, Steven, 168n
Boekmann, Alan, 151
Boggs, David J., 490n
Bolino, Mark C., 513n
Bolívar, Simón, 64
Bond, Michael Harris, 109n, 506n
Bond, Paul, 535n
Bono, 469
Boone, James, 380n
Boonstra, Jaap J. 506n
Booth, William, 185n
Borden, Jeff, 412n
Borzo, Jeannette, 411n
Boscariol, John W., 185n
Bovard, James, 36n
Bove, Jose, 7
Boyacigiller, Nakiye A., 339n, 515n
Bradsher, Keith, 67n, 270n, 304n, 306n, 552n
Brannen, Mary Yoko, 354n
Branson, Richard, 378
Brat, Ilan, 397n, 398n
Bremmer, Brian, 164n
Brencic, Maja Makovec, 335n
Bressman, Henrik, 354n
Brett, Jeanne M., 552n, 559n, 563n
Brewer, Geoffrey, 507n
Brewer, Thomas L., 114n, 398n
Bridson, Kerrie, 339n
Briley, Donnel A., 117n, 118n
Brislin, Richard, 118n
Brock, David M., 513n
Brockner, Joel, 563n
Broderick, Amanda J., 234n, 335n
Brodowsky, Glen H., 139n
Broekemier, Greg M., 144n
Bronnenberg, Bart J., 387n
Brouthers, Keith D., 345n
Brouthers, Lance Eliot, 345n
Brown, Donald E., 102, 102n
Brown, James R., 341n
Brown, Philip, 541n
Bruntland, Gro Harlem, 491
Bruton, Garry D., 332n
Bryan-Low, Cassell, 403n

Índice de nomes

Bryant, Barbara Everitt, 361n, 406n
Buatsi, Seth N., 141n
Buchan, Nancy R., 119n, 562n
Buchholz, Todd G., 27n
Buckley, Peter J., 332n, 336n
Bufalini, Sam, 472n
Buffett, Warren, 331
Bulkeley, William M., 312n
Bunau-Varilla, Philippe Jean, 53
Bunkley, Nick, 364n
Burbridge, John, Jr., 147n
Burkink, Timothy J., 4n, 288n
Burroughs, James E., 230n
Burrows, Peter, 393n, 523n
Buruma, Ian, 306n
Bush, George W., 60n, 161, 165, 200, 267
Bustillo, Miguel, 424n
Byrnes, Nanette, 499n
Byron, Ellyn, 425n

C

Calantone, Roger J., 237n, 425n
Campbell, Nigel, 554n
Campion, Michael A., 512n
Cancelada, Gregory, 192n
Cannon, Joseph P., 344n
Cantwell, John, 336n
Cao, A. D., 38n
Capar, N., 337n
Cape, Kevin, 517n
Capell, Kerry, 425n
Carey, John, 35n
Carlson, Chester, 69
Carraher, Shawn M., 513n
Castle, Stephen, 279n
Castro, Fidel, 171
Cavusgil, S. Tamer, 19n, 194n, 228n, 334n, 352n, 355n, 412n, 496n, 522n, 526n
Cayla, Julien, 304n, 384n
Cerdin, Jean-Luc, 515n
Cestre, Ghislaine, 387n
Chakrabarti, Rajesh, 354n
Chan, Jackie, 199
Chan, Kimmy Wa, 503n
Chandawarkar, Rahul, 348n
Chandler, Jennifer D., 115n, 148n, 179n, 250n, 278n, 340n
Chandrashekaran, Murali, 356n
Chandy, Rajesh, 372n, 373n
Chang, Andrea, 125n
Chang, Anita, 67n, 399n
Chang, Arlene, 348n
Changhui Zhou, 352n, 353n, 368n
Chang Zhang, 194n
Chao, Loretta, 470n
Chao, Mike C. H., 336n, 389n
Charny, Ben, 81n
Chattopadhyay, Amitava, 531n
Chau, Patrick Y. K., 448n
Chau, Roy Y. J., 153n, 496n
Chavez, Hugo, 61, 168
Chelminski, Piotr, 111n
Chen, Haipen (Allan), 117n
Chen, Shih-Fen S., 13n
Cheng, Jonathan, 326n, 354n
Cheng-chen Lin, 150n
Cheng Han-cheng, 133
Chenting Su, 439n
Cheosakul, Adith, 506n
Chiaburu, Dan S., 338n
Chi-Chu Tschang, 448n
Chi Kin (Bennett) Yim, 503n

Ching Ming Lau, 332n
Chintagunta, Pradeep K., 251n, 526n
Chirac, Jacques, 380
Chi-Sum Wong, 500n
Chiung-Hui Tseng, 19n
Chmielewski, Dawn, 201n, 291n
Choe Sang-Hum, 119n
Chong, Florence, 43n
Chonko, Lawrence B., 511n
Choon Ling Sia, 443n
Chow, Clement S. F., 385n
Chozick, Amy, 119n, 424n
Christensen, Glenn L., 381n
Chun Hui, 559n
Chun Zhang, 522n, 526n
Cichelli, David J., 509n, 510n
Clancy, Tom, 448
Clark, Don, 208n
Clark, Irvine, III, 144n
Clark, William C., 69n
Clegg, L. Jeremy, 332n
Cleveland, Mark, 121n
Clifford, Mark L., 225n
Clifford, Stephanie, 393n
Clinton, Bill, 171
Clinton, Hillary, 565
Cloninger, Peggy A., 334n
Cloodt, Danielle, 196n, 349n
Cohen, Adam, 27n
Cohen, Lizabeth, 29n
Cohen, Noam, 294n
Cole, Melissa, 448n
Collier, Paul, 276n
Colling, Trevor, 211n
Collins, John, 395n
Collinson, Simon, 339n
Colton, Deborah A., 242n
Colombo, Cristóvão, 58
Conde, Carlos H., 318n
Confúcio, 118, 133
Contractor, Farok J., 562n
Contreras, Joseph, 59n
Cook, John E., 199n
Cooksey, Ray W., 387n
Cooper, D., 285n
Copeland, Michael, 552n
Correa, Rafael, 261
Corredoira, C. R. (Bob), 340n
Corredoira, Rafael AS., 439n
Cort, Kathryn T., 147n
Cortés, Hernán, 58
Cote, Joseph A., 388n
Coughlan, Anne T., 509n
Coulter, Robin, 111n, 384n
Coviello, Nicole E., 19n, 344n
Covrig, Vincentiu, 152n
Cox, R., 398n
Cox, Simon, 254
Craig, C. Samuel, 111n, 222n, 232n
Crocitto, Madeline M., 513n
Crokett, Roger O., 393n
Croson, Rachael T. S., 562n
Cross, Adam R., 332n
Cuervo-Cazurra, Alvaro, 148n
Cullen, John B., 144n
Cummings, Chip, 4n, 543n
Cusack, Robert, 39
Ciro, o Grande, 163

D

Daikwan Kim, 242n
Dakhli, Mourad, 242n
Danis, Wade M., 338n

Darling, Juanita, 54n
Darrigrand, Maritxu, 23
Darvasula, S., 233n
Das, Jayoti, 147n
Dastidar, Protiti, 19n, 337n
Dau-lin Hsu, 133n
Davidow, Moshe, 388n
Davila, Anabella, 107n, 508n
Dawes, Philip L., 153n, 503n
Dawson, John, 425n
Dayla, Julien, 366n
Dean, Cornelia, 40n
Dean, Jason, 354n
Debbarma, Sukhendu, 150n
DeBlij, Harm J., 63n
DeCarlo, James E., 506n
DeCarlo, Thomas E., 506n
Decorse, Christopher R., 102n
De Jong, Martijin G., 233n
Dekimpe, Marnik G., 257, 369n, 390n, 424n, 460n
Delaney, Kevin J., 62n
Deleersnyder, Barbara, 390n, 460n
Delios, Andrew, 408n
Delmas, Magali, 404n
De Lollis, Barbar, 448n
De Mello, Gustavo E., 114n
Demick, Barbara, 170n, 306n
Dempsey, Judy, 288n, 304n
Deng Xiaoping, 323
Dent, Harry, 74n
Deshpande, Rohit, 372n
Desiraju, Ramarao, 251n, 526n
Deutsch, Claudia H., 398n
Dev, Chekitan S., 341n
Devinney, Timothy M., 353n
Devolin, Michael, 472n
Dhanarah, Charles, 427n
Dhar, Sanjav K., 387n
Dharwadkar, Ravi, 134n
Diamantopoulous, Adamantios, 241n, 344n, 388n
Diamond, Jared, 104, 104n, 275, 276n, 278n, 370n, 372n
Dias, Bartolomeu, 58
Díaz, Porfírio, 57
Di Benedetto, Anthony, 368n
Dickaut, John, 220n
Dickerson, Marla, 168n
Dikova, Desislava, 354n
Dillon, Sam, 518n
DiRenzo, Cassandra E., 147n
Dimofte, Claudiu V., 385n
Doh, Jonathan P., 174n
Doherty, Anne Marie, 426n
Dolan, Matthew, 311n, 534n
Dong, Lily, 384n
Donghua Chen, 500n
Dong Ki Kim, 554n
Donovan, Kevin, 472
Donthu, Naveen, 109n
Dorfman, Peter W., 110n, 142n, 150n
Douglas, Susan P., 20n, 102n, 111n, 222n, 232n, 420n
Doukas, John A., 9n
Dove, Timothy, 159n
Dreazen, Yochi J., 215n, 324n
Dresser, N., 224n
Driffield, Nigel, 336n
Drogendijk, Rian, 19n, 344n
Drucker, Peter F., 129, 129n, 220n
Duarte, Roberto Gonzalez, 150n
Dube, Jean-Pierre, 387n, 522n

Duncan, Robert, 122n
Dunlap-Hinkler, Denise, 349n
Dunning, John H., 339n
Dupont, Luc, 266
Durden, Geoffrey R., 241n
Dutta, Shantanu, 526n
Dvorak, Phred, 362n
Dwyer, Robert F., 356n
Dwyer, Sean, 237n, 369n
Dyer, Barbara, 573n
Dzuvichu, Rosemary R., 150n

E

Earley, P. Christopher, 110n, 515n
Earnest, Leslie, 22n
Echikson, William D., 95n
Eckhardt, Giana M., 304n, 366n
Eden, Lorraine, 150n, 522n
Edison, Lee, 566n
Edison, Thomas Alva, 62, 67
Edwards, Ron, 344n
Edwards, Steven M., 478n
Egri, Carolyn P., 144n
Eid, Riyand, 412n
Einhorn, Bruce, 195n, 399n, 400n, 425n, 448n
Eisenhower, Dwight D., 172
Ekeledo, Ikechi, 348n, 376n
Ekman, Paul, 559
Elango, B., 332n
Elbeltagi, Ibrahim, 412n
Elberse, Anita, 370n
Eliashberg, Jehoshua, 370n
Elizabeth I, 59
Ellingwood, Ken, 140n
Ellion, Andrew J., 469n
Elliot, Michael, 576n
Ellis, Paul D., 141n
Ellsworth, Brian, 61n
El-Rashidi, Yasmine, 375n
Elvira, Marta M., 107n, 508n
Endresen, Iver, 442n
Engardio, Pete, 42n
Engels, Friedrich, 65
Ennew, Christine T., 206n
Enright, Michael J., 33n
Erdem, Tulin, 384n, 390n
Erez, Miriam, 119n
Erixon, Fredrik, 36n
Esteban, A. Gabriel 554n
Esterl, Mike, 349n
Etgar, Michael, 424n
Etzel, Michael J., 141n
Evangelista, Felicitas, 355n
Evans, Jody, 339n, 441n
Evcimen, Idil, 150n
Evenko, Leonid I., 554n
Everdingen, Yvonne van, 369n
Ewing, Jack, 254, 270n

F

Fairclough, Gordon, 251n, 472n
Fan, Maureen, 75n
Fan, Terence, 19n
Fang, Eric, 349n
Fang, Eric (Er), 352n
Fang, Tony, 559n
Fang Wu, 228n
Farley, John U., 242n, 372n, 384n, 406n
Farrell, Carlyle, 441n
Fathi, Nazila, 295n
Fattar, Hassan M., 113n
Fehr, Ernst, 571n
Felix, Reto, 141n

Ferner, Anthony, 211n
Fernhaber, Stephanie A., 340n
Ferrer, Laia, 497n
Fevrier, Merici, 385n
Fey, Carl F., 355n
Fialka, John J., 221n
Fecici, Aysun, 354n
Fields, George, 480n
Filatotchev, Igor, 332n
Finkel, Michael, 107n
Firoz, Nadeem M., 376n
Fischbacher, Urs, 571n
Fischer, Karin, 379n
Fischer, Ronald, 134n
Fisher, Robert J., 526n
Fisher, Roger, 561n, 567n, 575n, 575n
Fisman, Raymond, 39n
Fleishman, Jeffrey, 440n
Flores, Ricardo G., 339n
Foer, Jonathn Safran, 99n
Fogel, Kathy, 132n
Fok, Dennis, 369n
Ford, Henry, 68
Forelle, Charles, 208n
Fornell, Claes, 361n, 406n
Forsgren, Mats, 427n
Forster, Nick, 495n
Forsythe, Michael, 306n
Fortgang, Ron S., 569n
Foss, Nicoli Juul, 241n
Foubert, Bram, 234n
Fowler, Geoffrey A., 206n, 472n
Fox, Jean-Paul, 233n
Fox, Vicente, 162, 380
Fragoso, Marco, 264
Francis, June, 385n
Francis Ferdinand, arquiduque, 68
Frangos, Alex, 308n
Franklin, Benjamin, 61
Franklin, Daniel, 181n
Fratianni, Michele, 277n, 296n
Freeman, Susan, 19n, 344n
French, Howard W., 195n
Friedland, Jonathan, 521n
Friedman, Ray, 561n
Friedman, Thomas L., 4n, 161n, 276n, 348n, 372n
Fritz, Ben, 206n
Frost, Tony S., 353n
Fu, Isabel S. F., 385n
Fujita, Massataka, 339n
Fukuyama, Francis, 104n, 163n
Fulton, Robert, 63
Fung, Victor K., 332n
Fung, William K., 332n
Fu-Tang Chen, 436n

G

Gaddafi, Muammar, 166n
Galinsky, Adam D., 512n
Gamerman, Ellen, 518n
Gande, Amar, 336n
Gannon, Martin J., 116, 116n
Gao, Gerald Young, 372n
Garcia-Villoria, Alberto, 497n
Garfield, Bob, 477, 477n
Garza Carranza, Maria Teresa de la, 144n
Gaski, John F., 141n
Gassenheimer, Julie B., 573n
Gates, Bill, 119, 200, 220
Gauthier-Villars, David, 134n, 287n
Gavino, Jacinto C., Jr., 505n
Gavlen, Morten, 442n

Gedajlovic, Eric, 133n
Gekko, Gordon, 131
Geng Cui, 353n, 387n, 475n
Gêngis Khan, 55
Gentleman, Amelia, 199n, 204n
George, Bill, 79
Georgoff, David M., 236n
Gertner, David, 344n
Gertner, Rosane K., 344n
Geyskens, Inge, 388n, 443n
Ghanem, Salma, 490n
Ghauri, Pervez, 352n, 552n, 559n
Ghemawat, Panjak, 333n
Ghosh, Sugata, 188n
Gibney, Frank, 309
Gibson, Cristina B., 110n, 116n, 119n
Gibson, Richard, 5n
Gielens, Katrijn, 257, 424n
Gilbert, Brett Anitra, 340n
Gilly, Mary C., 495n, 498n, 514n
Giridharadas, Anand, 75n, 425
Gladwell, Malcolm, 242n
Glassman, Myron, 374n
Glionna, John M., 175n
Goering, Laurie, 516n
Goerzen, Anthony, 408n
Gold, Russell, 4n, 543n
Golder, Peter N., 109n
Gomen, Rudinger, 285
Goncalo, Jack A., 372n
Gong Ming Qian, 127n, 503n
Gongming Qian, 337n, 340n, 351n
González, Alberto, 199
Goodman, Peter S., 161n
Gopalakrishman, Srinath, 410n
Gopinath, Mahesh, 374n
Gorbachev, Mikhail, 289
Grachev, Mikhail, 150n
Graen, George, 134n
Graham, Jefferson, 201n
Graham, John L., 4n, 9n, 27n, 55n, 56n, 74n, 79n, 102n, 107n, 112n, 114n, 115n, 125n, 133n, 137n-139n, 144n, 148n, 152n, 153n, 161n, 164n, 171n, 173n, 179n, 199n, 200n, 214n, 228n, 230n, 242n, 250n, 276n, 278n, 317n, 326n, 340n, 398n, 422n, 498n, 504n, 506n, 507n, 512n, 541n, 551n, 552, 552n, 555n, 557n, 559n, 562n, 570n, 572n
Grande, Amar, 23n
Grant, Jeremy, 204n
Grant, Ulysses S., 57
Grbac, Bruno, 4n, 288n
Green, Alan, 458
Greenbert, Ilan, 186n
Greene, William H., 111n
Greenley, Gordon E., 234n, 335n
Gregory, Gary, 442n
Grether, E. T., 398n
Grewal, Rajdeep, 134n, 356n
Griffith, David A., 13n, 194n, 237n, 339n, 340n, 351n, 425n, 441n, 496n
Grinstein, Amir, 71n
Grone, Florian, 332n
Grotius, Hugo, 60
Grove, Andrew, 393
Gruley, Bryan, 398n
Gu, Flora Fang, 153n, 305n, 355n, 561n
Guang Yang, 138n, 568n, 569n
Guha, Krishna, 47n
Guijun Zhuang, 439n, 505n
Gulyani, Sumila, 262n
Guoqun Fu, 386n
Gupta, Richa, 116n

Índice de nomes   605

Gupta, Vipin, 110n, 150n
Gupta-Mukherjee, Swasti, 354n
Gurhan-Canli, Zeynep, 389n
Guthery, Dennis, 344n
Guynn, Jessica, 456n
Guzman, Francisco, 384n

H

Ha, Young-Won, 372n
Hadarcou, John, 345n
Hadjimarocou, John, 564n
Haefner, James E., 388n
Hagedoorn, John, 196n, 349n
Haifa un, 559n
Haiyang Li, 353n
Hakim, Zakki P., 540n
Haksin Chan, 111n, 381n
Hale, baronesa de Richmond, 27
Hall, Clare, 276n
Hall, Edward T., 102, 102n, 114, 114n, 120, 135, 136, 136n, 137, 139, 563n
Hall, Kenji, 219n, 455n
Hallagan, William, 19n
Hamed, Ali, 440
Hamilton, Gary G., 133n
Hamlin, Kevin, 306n
Hamm, Steve, 195n
Hammond, Allen, 262n
Ha,-min, 119
Han, Sam, 131n
Hanges, Paul J., 110n, 142n
Hannibal, 66
Hannigan, W. J., 3n
Hannon, Paul, 287n
Haroldo II, 54
Harrison, Lawrence E., 99n
Harrison, Lawrence I., 154n
Hart, Stuart L., 333n
Hartog, Deanne N. Den, 150n
Harvey, Michael G., 351n
Harzing, Anne-Wil, 242n
Hashai, Niron, 336n
Hassan, Ahmad, 513n
Hauser, John R., 362n
Hawes, Jon M., 352n
Hayes, Andrew F., 406n
Healey, Jon, 199n
Hean Tat Keh, 381n
Hebert, Louis, 356n
Hecht, Gary, 220n
Heerde, Harald J. van, 387n
Heijltjes, Marielle G., 498n
Heijwegen, Tim, 345n
Heinrichs, Markus, 571n
Helm, Burt, 70n, 383n
Henden, Rebecca Angeles, 552n
Hendon, Donald W., 552n
Heneidy, Mohamed, 375
Hennigan, W. J., 406n
Henrique I, 55
Henrique, o Navegador, 57
Henrique VIII, 58
Herbig, Paul, 552n
Herbst, Moira, 312n
Herche, Joel, 355n
Herk, Hester van, 381n
Hersch, Lis, 352n
Herskovitz, Melvin, 102n
Hesseldahl, Arik, 396n
Hewett, Kelly, 355n
Higashide, Hiro, 506n
Higgins, Andrew, 502n
Hill, Grant, 457
Hillman, Amy J., 150n, 181n

Hinck, Wolfgang, 141n
Hindley, Brian, 36n
Hitt, Michael A., 353n
Ho, J. R., 306n
Ho, Patricia Jiayi, 306n
Hoang Khai, 362
Hodge, Robert W., 97n
Hodge, Sheida, 552n
Hodgson, James Day, 27n, 38n, 54, 55n, 102, 102n, 112n, 125n, 137n, 144n, 242n, 551n, 552n, 559n, 570n
Hoegl, Martin, 144n
Hoenig, Scott, 242n, 368n
Hoffman, Magnus, 364n
Hofstede, Frenkel ter, 112, 112n
Hofstede, Geert, 102n, 109, 109n, 110, 110n, 111, 126n, 130, 130n, 153n, 157n, 226, 562, 562n
Holancova, Denisa, 475n
Holdsworth, David K., 389n
Holm, Ulf, 427n
Holmes, Oliver Wendell, 27
Holstein, William J., 262n
Holt, Douglas B., 105n, 120n, 384n
Holtbrugge, Dirk, 354n
Holton, Richard H., 554n
Holzmuller, Harmut H., 241n
Homburg, Christian, 344n, 401n
Hongxin Zhao, 354n
Hong Xiuquan, 55, 56
Hoogh, Annebel H. B. de, 150n
Hoorn, Andre van, 226n
Hopkins, Raymond A., 388n
Hou, Lizzy, 419
House, Robert J., 110, 110n, 150n
Houser, Dave G., 58n
Houston, Rika, 113, 148n, 153n
Howell, Jon P., 142n, 150n, 506n
Hpostaken, Brigitee, 373n
Hsee, Christopher K., 522n
Hsu, Maxwell, 237n, 369n
Hueiting Tsai, 345n
Huffstutter, P. J., 267n
Hu Jintao, 200
Hult, G. Tomas M., 378n
Hung, Kineta H., 153n, 305n, 462n, 561n
Huntington, Samuel P., 99n, 154n, 176, 176n
Hussain, Mahmood, 475n
Hussein, Saddam, 72, 171
Hutchinson, Karise, 426n
Hutzschenreuter, Thomas, 332n, 339n, 340n
Hwang, Suein L., 559n
Hyeong Min Kim, 200n
Hyeon Jeong Park, 355n

I

Ihlwan, Moon, 5n
Im, Subim, 372n
Imada, Toshie, 320n
Inada, Miho, 142n
Inagaki, Kana, 187n
Ingram Paul, 153n, 496n
Isabella, Lynn A., 350n, 351n
Ishii, Keiko, 320n
Ito, Komaki, 109n
Iwatani, Yukari, 338n

J

Jackman, Hugh, 536
Jacob, Robin, lorde juiz, 27
Jacobs, Andrew, 14n
Jacobucci, Dawn, 509n
Jaesung Cha, 361n, 406n
Jain, Subash C., 442n

James, LeBronh, 206
Jap, Sandy D., 339n
Jargon, Julie, 348n, 364n
Javers, Eamon, 151n
Javidan, Mansour, 110n
Jayachandran, Satish, 242n
Jayarman, Narayanan, 354n
Jefferson, Thomas, 63, 171
Jenner, Steve, 118n
Jentzsch, Andreas, 421n
Jiang, Marshall S., 347n
Jiang Feng, 552n
Jianglei Zou, 352n
Jiangtian Chen, 115n
Ji Li, 340n
Jing Li, 352n, 368n
Jinghong Xie, 573n
Jin Sun, 381n
Joachimsthaler, Erich, 385n
Jobs, Steven, 220, 338
Johanson, Jan, 427n
Johasson, Johny K., 385n, 497n
John, Deborah Roedder, 386n
João, rei da Inglaterra, 55
Johnson, Eric J., 562n
Johnson, Ian, 38n
Johnson, James P., 515n, 560n
Johnson, Jean L., 242n
Johnson, John, Jr., 378n
Johnson, Joseph, 340n, 345n
Johnson, Michael D., 361n, 406n
Johnston, Eric, 362n
Johnston, Alain, 554n
Jones, Charisse, 453n
Jones, Geoffrey, 55n
Jones, Marian V., 19n
Jones, Victoria, 476n
Jordan, Miriam, 64n, 314n
Jose, Kristen San, 367n
Judge, Paul ., 393n
Julian, Craig C., 441n
Junfeng Zhang, 368n
Jun Liu, 150n
Junse Zhang, 78n

K

Kabasakal, Hayat, 150n
Kakkos, Nikolaos, 344n
Kaku, Shisei, 319n
Kalliny, Morris, 490n
Kambara, Kenneth M., 495n, 514n
Kam-hon Lee, 127n, 351n, 503n, 554n
Kamins, Michael, 230n, 422n
Kamprad, Ingvar, 337
Kan, Ozgur B., 9n
Kandemir, Destan, 378n
Kane, Yukari Iwatani, 377n
Kang, Tony, 131n
Kanga Kong, 46n
Kanso, Ali, 462n
Kanter, Rosabeth Moss, 521n
Kapferer, Jean-Noel, 385n
Karakaya, Tunus, 568n
Karavdic, Munib, 442n
Kari, Juhani, 552
Karrass, Chester, 566, 566n, 567, 573, 573n
Katahira, Hotaka, 480n
Katib, Mark, 377
Katsikeas, Constantine S., 364n, 553n, 564n
Katz, Lothar, 552n
Kaufman, Lutz, 421n
Keillor, Bruce D., 378n
Keller, Kevin A., 384n

Keller, Kevin Lane, 360n
Kellner, Tomas, 27n
Kennedy, David M., 29n
Kennedy, Jeff, 506n
Kennedy, John F., 57
Kenny, Timothy, 527n
Kenworthy, Thomas P., 355n
Kern, Mary C., 563n
Khamenei, aiatolá Ali, 165
Khan, Shafiq, 447n
Khanna, Tarun, 55n, 333n
Khare, Adwiat, 384n
Kharti, Naresh, 132n
Khatif, Jamal al, 144n
Khomeini, aiatolá Ruhollah, 165
Kiedaisch, Ingo, 344n
Kiley, David, 332n
Kim, Daekwan, 18n, 515n
Kim, Keysuk, 422n
Kim-Shyan Fam, 559n
Kim Soon Ang, 384n
King, Niel, Jr., 4n, 535n, 543n
Kinon, Cristina, 22n
Kinston, Jeff, 242n
Kipling, Rudyard, 39, 576, 577
Kirkman, Bradley L., 110n
Kirkpatrick, David, 393n
Kitayama, Shinoby, 320n
Kjeldgaard, Dannie, 334n
Klein, Jill Gabrielle, 387n, 388n
Knight, Gary A., 18n, 515n
Knight, John G., 389n
Koch, Henning, 285
Koh Chin Ling, 73n
Konrad, Edvard, 150n
Konrad, Waleca, 380n
Koopman, P. L., 150n
Koopman, Paul, 506n
Kopalle, Praveen K., 406n
Koppel, Nathan, 408n
Korneliussen, Tor, 35n
Kosfeld, Michael, 571n
Kotabe, Masaaki, 234n, 334n, 337n, 349n, 408n
Kotkin, Joel, 517n
Kotkin, Stephen, 250n
Kotler, Philip, 360n
Koveos, Peter E., 226n
Kozak, John, 179n
Kramer, Andrew E., 286n
Kramer, Thomas, 97n
Kranenburg, Hans van, 196n, 349n
Krasner, Stephen D., 160n
Kraul, Chris, 256n
Kraus, Clifford, 9n
Krihna, Aradhna, 475n
Kripalani, Manjeet, 552n
Krohmer, Harley, 344n
Kshetri, Nir, 345n
Kuada, John, 141n
Kublai Khan, 56
Kuen-yung Jone, 150n
Kuester, Sabine, 401n
Kulish, Nicholas, 287n
Kumar, Archana, 385n
Kumar, Rajesh, 555n, 559n
Kundu, Sumit K., 345n
Kunieda, Mika Kondo, 141
Kurtenbach, Elaine, 43n
Kuster, Ines, 336n
Kuykendall, Lavonne, 480n
Kwok, Chuck C. Y., 149n
Kwok, Leung, 110n, 119n, 563n
Kwong Chan, 522n, 526n
Kwon Jung, 388n

L

La, Vinh Q., 409n
Lacassagne, Marie-Françoise, 506n
Lacey, Marci, 164n
La Ferle, Carrie, 478n
LaFraniere, Sharon, 15n
Lages, Carmen, 344n
Lages, Cristiana Raquel, 344n
Lages, Luis Filipe, 339n, 344n, 496n
Lahart, Justin, 9n
Lai, Mengkuan, 475n
Laidler-Kylander, Nathalie, 175n
Lakshman, Nandini, 254
Lalwani, Ashok K., 475n
Lam, Agnes, 7n
Lam, Desmond, 111n, 485n
Lam, Janet P. Y., 385n
Lam, N. Mark, 56n, 133n, 153n, 164n, 199n, 200n, 214n, 326n, 327n, 541n, 552n, 559n, 570n
Lam, Simon S. K., 503n
Lamey, Lien, 390n
Lamont, Bruce T., 354n
Landers, Peter, 363n
Landler, Mark, 151n, 195n, 295n, 362n
Lane, Nikala, 496n
Lane, Peter J., 552n
Lang, Jack, 9
Lang, Rainhart, 150n
Langhe, Bart de, 115n
Laroche, Michael, 121n, 473n
Laszlo, Tihany, 13n
LaVallee, Andrew, 522n
Law, Kenneth S., 500n
Lax, David, 569n, 575, 575n
Lazarova, Mila B., 515n
Lea, Robert, 65n
Leach, Peter T., 38n
Lee, Alvin, 111n, 485n
Lee, Don Y., 46n, 153n, 194n, 206n, 503n, 522n
Lee, Jane Lanhee, 371n
Lee, Matthew K., 443n
Lee, Ruby P., 242n
Leeflang, Peter S. H., 460n
Lee Li, 337n, 340n
LeFraniere, Sharon, 201n
Lehman, Donald R., 242n, 384n
Libowitz, Lewis E., 537n
Leigh, Thomas W., 556n
Lemmens, Aurelie, 206n
Lenartowicz, Tomasz, 428n, 515n, 560n
Lenin, Vladimir, 68, 437
Leonardelli, Geoffrey J., 566n
Leonidou, Leonidas C., 333n, 564n
Leow, Jason, 251n
Lepak, David P., 513n
Le Poole, Samfrits, 553n
Lerman, Dawn, 473n
Leung, Kwok, 443n
Levine, Robert, 139n, 140n
Levy, Orly, 339n, 515n
Lewicki, Roy J., 552n, 553n, 562n
Li, Caroline Bingxin, 527n
Li, Julie Juan, 251n, 527n
Li, Stella Yiyan, 462n
Lihong Qian, 408n
Lilien, Gary L., 398n
Lim, Kai H., 443n
Lim, Lewis K. S., 332n
Lin, C., Y., 554n
Lincke, Andres, 568n
Linebaugh, Kate, 152n, 563n
Ling Chen, 559n
Linhui Tang, 226n
Linton, Ralph, 120n
Liptak, Adam, 443n
Litterer, Joseph A., 553n
Liu, Leigh Anne, 561n
Liu, Sandra S., 496n
Liu Li, 536n
Livingstone, David, 65
Lloyd, Mary Ellen, 453n
LLwin, May O., 475n
Loe, Terry W., 511n
Lorange, Peter, 562n
Luís XI, 57
Luís XV, 61
Love, James H., 336n
Lowe, Kevin B., 110n
Loyka, Jeffrey J., 342n
Lu, Vinh Nhat, 441n
Lubatkin, Michael, 133n
Lubetzky, Daniel, 3
Lublin, Joann S., 236n
Luna, David, 115n, 473n
Luo, Yadong, 257, 332n
Lwin, May O., 475n
Lyles, Marjorie A., 222n, 338n, 349n, 352n
Lynn, Jonathan, 27n
Lysonski, S., 233n

M

Mabey, Christopher, 513n
MacAvoy, Thomas C., 350n, 351n
MacDonald, Alistair, 35n
Macdonald, Godfrey, lorde, 116
Macias, Greg, 458
Macmillan, Palgrave, 552n
MacNab, Bren, 118n
Macquin, Anne, 500n
Maddux, William W., 512n
Madonna, 37
Maetz, Carl P., Jr., 513n
Magalhães, 58
Magnier, Mark, 202n
Magnusson, Peter, 513n
Maheswaran, Durariraj, 389n
Maitland, Elizabeth, 19n, 340n
Makino, Shige, 408n
Malhotra, Naresh K., 340n
Maltby, Emily, 16n, 126n
Mannix, Elizabeth A., 563n
Mansell, Angela, 134n
Manusson, Peter, 490n
Mao Tsé-tung, 69, 323
Mapes, Glynn, 517n
Maradona, Diego Armando, 470, 493
Marburber, John H., III, 380
Marchetti, Michele, 497n, 510n, 511n
Marconi, Guglielmo, 67
Maria Theresa, 61
Marinova, Sophia V., 513n
Marklein, Mary Beth, 517n
Markoff, John, 338n, 523n
Marquez, Rafael, 220
Martin, Drew, 468n
Martin, Nancy M., 161n, 171n
Martin, Ruth, 242n
Martinez, Boris, 150n
Martinez, Carlos Ruy, 511n
Martinez, Jennifer, 49n
Martinsen, Joel, 323n
Marx, Karl, 65
Maseland, Robbert, 226n
Massey, Anne P., 448n
Mather, Damien W., 389n
Mutlack, Carol, 42n

Índice de nomes

Mattioli, Dana, 236n
Mavondo, Felix T., 441n
Mazzetti, Mark, 177n
McClelland, David C., 134n
McCullough, James, 19n
McDermott, Gerald A., 439n
McDougall, Patricia P., 340n
McHugh, Tom, 44n
McKay, Betsy, 470n
McKelvey, Bill, 237n
McKenna, Barrie, 524n
McKinley, James C., Jr., 250n
McLane, Daisann, 111n
McMahon, Colin, 337n
McNally, Regina C., 412n, 496n
McNeill, David, 310n, 500n
McWilliams, Gary, 393n, 441n
Mevedev, Dmitry, 160
Mehta, Ravi, 469n
Meilich, Ofer, 139n
Meissner, Hans-Gunther, 554n
Mela, Carl F., 387n
Mellers, Barbar, 111n
Menghinello, Stefan, 336n
Menn, Joseph, 202n
Menon, Ajay, 401n
Menon, Jayant, 46n
Merkel, Angela, 128, 565
Merrilees, Bill, 454n
Merz, Michael A., 233n
Mesak, Hani, 237n, 369n
Metcalfe, David, 575n
Meucci, Antonio, 62
Meulenberg, Matthew T. G., 378n
Meunier, Claude, 266
Meyer, Klaus E., 306n
Meyerson, Bruce, 14n
Mezias, John M., 515n
Michaels, Daniel, 499n, 567n
Michaels, Philip, 338
Midgley, David F., 353n
Milbank, Dana, 37n
Mill, John Stuart, 65
Miller, Arthur, 501
Miller, Chip, 234n
Miller, Elizabeth G., 468n
Miller, John W., 46n, 297n
Miller, Terry, 164n
Millman, Joel, 74n
Minton, John W., 552n, 553n, 562n
Mintu-Wimsatt, Alma, 573n
Mishra, Harsh A., 349n
Mitchell, Jason, 541n
Mitra, Debanjan, 109n
Mittal, Vikas, 111n
Mizerski, Richard, 111n, 485n
Moen, Oystein, 442n
Moffett, Sebastian, 162n
Mohr, Alexander T., 354n
Mohr, Jakki J., 315n, 316n
Moltenbrey, Karen, 365n
Money, R. Bruce, 152n, 227n, 228n, 398n, 498n, 504n, 506n, 507n, 512n, 552n
Monga, Alokparna Basu, 386n
Monnier, Arnaud, 116n
Monroe, James, 59, 64
Montezuma, 57, 58
Montgomery, David M., 379n
Montiel, Ivan, 404n
Montoya-Weiss, Mitzi, 448n
Moon, Byeong-Joon, 442n
Moran, Robert T., 552n
Moreno, Jenalia, 32n, 264n

Morgeson, Frederick P., 512n
Morris, Michael W., 153n
Morwitz, Vick, 526n
Mosakowski, Elaine, 515n
Mosher, Diane, 76n
Movondo, Felix T., 339n
Mudambi, Ram, 241n
Mueller, Rene Dentiste, 234n, 335n
Mueun Bae, 345n
Muhammad II, 57
Mukjhopadhyay, Kausiki, 144n
Mulanovich, Sofia, 458
Mun, Thomas, 58
Munley, Almarie E., 150n
Munoz, Lorenzo, 199n
Mura, Kayoko, 142
Murdick, Robert G., 236n
Murphy, Brian, 355n
Murray, Janet Y., 336n, 349n, 408n
Myers, Gifford, 48
Myers, Matthew B., 351n, 441n

N

Nachum, Lilach, 354n
Nader, Ralph, 70
Nadolska, Anna, 345n
Naim, Moises, 5n
Nair, Harsikesh, 251n
Nakamura, Masao, 338
Nakata, Cheryl, 372n
Nakos, George, 345n
Nan Zhou, 387n, 439n
Napoleão, 63, 64
Naquin, Charles E., 568n
Narasimhan, Om, 373n
Narisetti, Raju, 521n
Nascimento, Maria de Fatima, 502
Navarra, Pietro, 241n
Neburry, William, 515n
Nelson, Emily, 424n
Nelson, Richard Alan, 462n
Nelson, Teresa, 420n
Netemeyer, R. G. 233n
Neuman, Johanna, 177n
Newburry, William, 144n
Newton, Isaac, 60
Ng, Lilian, 152n
Ng, Loretta, 73n
Ng, Sharon, 117n, 386n
Nguyen, Hoang Thuy, 242n
Nguyen, Tho D., 236n
Nicholas, Stephen, 19n, 340n
Nickerson, Colin, 472n
Niederhaus, Sharon G., 79n
Niesta, Daniela, 469n
Nijssen, Edwin J., 381n, 420n
Ning Rong Liu, 384n
Nisan, Udi, 71n
Nisbett, Richard E., 103n, 117, 118, 118n, 153n, 563n
Nixon, Ron, 469n
Nobel, Robert, 354n
Nonaka, Ikujiro, 497n
Nooderhaven, Niels, 242n
Noriega, Jaime L., 475n
Noriega, Manuel, 61
Norris, Michael W., 496n
Nossiter, Adam, 291n
Nunn, Dana, 542n
Nye, Carolyn White, 472n

O

Obadia, Claude, 355n

Obama, Barack, 41, 160, 161
O'Brien, Kevin J., 297n
Ochoa, Labastida, 162
Ockova, Alena, 554n
O'Connor, Ashling, 552n
Oddou, Gary, 242n
Odekerken-Schroder, Gaby, 381n
Odhiambo, Allan, 38n
O'Donnell, Kathleen, 475n
Ogawa, Naohiro, 97n
Oh, Changho, 422n
Oh, Chan Hoon, 277n, 296n
O'Keefe, Robert, 448n
Okiror, Ben, 76n
Oliver, Christine, 352n
Omidyar, Pierre, 95
Onishi, Norimitsu, 142n
Onstad, Eric, 543n
Onzo, Naoto, 230n, 422n
Orth, Ulrich R., 475n
Osborne, Andrew, 290n
Osegowitsch, Thomas, 340n
Osland, Joyce S., 242n
Oster, Shai, 69
Ouellet, Jean-François, 102n
Oxelheim, Lars, 133n
Ozanne, Julie L., 516n
Ozsomer, Aysegul, 384n

P

Paarlberg, Robert L., 204n
Paghunathan, V. K., 75n
Palmeri, Christopher, 453n
Palmisano, Sam, 507
Papadopoulous, Nicolas, 121n
Paplexandris, Nancy, 150n
Pappu, Ravi, 387n
Parboteeah, Praveen, 144n
Parente, Ronaldo, 349n
Paris, Lori D., 142n
Park, Heungsooa, 372n
Park, Walter G., 373n
Parker, Philip, 104, 104n, 364n, 369n
Parmar, Arundhati, 476n
Parvatiyar, Atul, 412n
Pasa, Selda, 506n
Passariello, Christina, 425n
Pastor, Rafael, 497n
Paswan, Audhesh K., 384n
Patterson, Paul G., 346n, 409n
Pattnaik, Chinmay, 332n
Patton, Bruce, 561n, 567n, 575n
Paul, Alan, 513n
Paul, Donna L., 257, 354n
Paul, Pallab, 144n
Paulson, Gaylen D., 568n
Pearce, Jone L., 127n, 351n, 571n
Pearmain, Thomas, 48n
Pedersen, Torben, 222n, 241n, 339n
Pee Beng Ling, 475n
Peerenboom, Randy, 186n
Peircy, Nigel, 496n
Pelé, 572
Pellegrini, Ekin K., 132n
Peñaloza, Lisa, 495n, 514n
Peng, Mike W., 222n
Peng, T. K., 150n
Pepper, Steven, 264
Peracchio, Laura A., 115n, 473n
Perlmutter, Howard V., 20n
Perón, Juan, 61
Perry, Commodore, 56
Perry, Matthew C., 66

Persson, Mats, 285
Petersen, Bent, 222n, 340n
Peterson, Mark F., 354n
Pfanner, Eric, 284n
Phan, A., 365n
Phan, Phillip, 19n
Philips, Tom, 239n
Picker, David, 130n
Piebalgs, Andris, 290
Pierson, David, 165n, 206n, 306n, 420n, 456n
Piesse, Jennifer, 332n
Ping Ping Fu, 150n, 506n
Ping Zheng, 332n
Pogue, David, 410n
Polachek, Solomon W., 276n
Pollay, Richard W., 206n
Polo, Marco, 55
Poon, Patrick, 355n
Poon, Terence, 34n
Popper, Karl R., 173n
Pornpitakpan, Chanthika, 388n
Porter, Eduardo, 267n
Porter, Michael E., 108n
Powers, Thomas L, 342n, 388n
Powpaka, Samart, 381n
Prabhu, Jaideep, 372n, 373n
Prahalad, C. K., 262n, 314, 314n, 366n
Prestowitz, Clyde V., 507n
Price, Elizabeth, 31n
Price, Linda A., 384n
Prieto, Leonel, 150n, 506n
Puck, Jonas F., 354n
Punnett, B. J., 553n
Puntoni, Stefano, 115n
Putin, Vladimir, 290
Puzzanghera, Jim, 206n

Q

Qimei Chen, 242n
Quelch, John A., 175n, 382n
Quesnay, François, 61
Quester, Pascale G., 387n
Quigley, Narda, 150n
Quill, Kate, 502n
Quinn, Barry, 426n

R

Rabino, Samuel, 332n
Rachman-Moore, Dalia, 424n
Raiffa, Howard, 575n
Rajasekar, James, 150n
Rajendran, S., 312n
Ralston, David A., 144n
Ramamurti, Ravi, 306n
Raman, Anand P., 385n
Ramaswamy, Jenny, 320n
Ramburuth, Prem, 144n
Ramesh, Randeep, 312n
Ramstad, Evan, 153n, 221n, 441n
Randoy, Trond, 133n
Rangaswamy, Arvind, 398n
Rao, Akshay R., 117n, 571n
Rao, Alaka N., 127n, 351n
Rapaille, Clotaire, 371n, 576n
Reardon, James, 234n
Redding, Gordon, 152
Reed, Stanley, 73n, 287n, 295n, 304n
Reed, Susan E., 180n
Regalado, Antonio, 261n
Reid, T. R., 105n
Reiman, Martin, 333n
Rembrandt van Rijn, 101
Renko, Natasa, 4n, 288n

Requejo, William Hernandez, 4n, 552n, 555n, 557n, 558n, 562n, 572n
Resnick, Rosalind, 37n
Reus, Taco H., 354n
Rhee, Robert J., 146n
Ricardo, David, 64
Ricart, Joan Enric, 333n
Rice-Osley, Mark, 49n
Ricardo II, 56
Richardson, John, 575n
Richburg, Keith B., 303n
Richter, John C., 210
Riliang Qu, 386n
Rilian Qu, 206n
Rindfleisch, Aric, 230n
Ringberg, Torsten, 115n, 381n
Rivoli, Pietra, 315, 315n
Roath, Anthony S., 228n
Roberts, Dexter, 304n, 372n
Robson, Matthew J., 364n
Rodriguez, Edel, 254
Rodriguez, Francisco Gil, 150n
Rodriguez, Peter, 150n, 522n
Rody, Raymond C., 506n
Rogers, Everett M., 122n, 369, 369n
Rohrabacher, Dana, 380
Rohwedder, Cecilie, 35n, 204n, 227n
Roman, Sergio, 503n, 505n
Romero, Simon, 168n
Ronkainen, Ilkka A., 385n
Roosevelt, Theodore, 53, 60
Rose, Elizabeth L., 19n, 340n
Rosenbloom, Alfred, 388n
Rosenthal, Elisabeth, 22n
Rosenzweig, Mark R., 78n
Rosman, Katherine, 515n
Ross, Rich, 386
Rostow, Walt W., 399, 399n
Roth, Martin S., 472n
Rouzies, Dominique, 500n, 505n, 509n
Roy, Abhijit, 105n, 144n
Roy, Jean-Paul, 352n
Rugman, Alan M., 114n, 334n, 339n, 340n, 398n
Ruhlen, Merrit, 115n
Ruiz, Salvador, 503n, 505n
Runtian Jing, 139n
Runzo, Joseph, 161n, 171n
Rusetski, Alexander, 332n
Russell, Craig J., 13n, 340n
Rust, Roland T., 362n
Rutowski, Anne Françoise, 555n
Ruvio, Ayalla, 335n, 388n
Rybina, Liza, 234n

S

Saatcioglu, Bige, 516n
Sahib, Padma Roa, 354n
Sakano, Tokoaki, 422n
Sakano, Tomoaki, 230n
Sakuraba, Mitsuru, 219
Salk, Jane E., 349n
Salmen, Lawrence F., 262n
Salter, Stephen, 131n
Saltmarsh, Matthew, 284n
Samiee, Saeed, 271n, 388n
Samli, A. Coskun, 385n
Sammartino, Andre, 340n
Samovar, Larry A., 224n
Samuelson, Robert J., 543n
Sanchanta, Mariko, 310n, 349n
Sanchez, Marcela, 60n
Sandell, S., 365n
Sanders, Peter, 518n

Sang Lee, 95n
Sano, Yoshihiro, 27n, 55n, 102n, 112n, 125n, 137n, 144n, 242n, 551n, 552n, 559n, 570n
Santos, Sergio dos, 486, 487n
Sarvary, Miklos, 369n, 542n
Sasseen, Jane, 36n
Sato, Yoshinobu, 422n
Saunders, David M., 552n, 553n, 562n
Saunders, John, 386n
Scandura, Terri A., 132n, 515n
Scchexayder, C. J., 54n
Schell, Jonathan, 173n, 276n
Schenzler, Christoph, 23n, 336n
Scheper-Hughes, Nancy, 204n, 380n
Schick, David G., 509n
Schilke, Oliver, 333n
Schindler, Robert M., 526n, 541n
Schine, Eric, 194n
Schiopu, Andreea Fortuna, 345n
Schmitt, Bernd H., 230n, 385n
Schrage, Burkhard N., 165n
Schroder, Bill, 344n
Schuiling, Isabelle, 385n
Schultz, Clifford J., II, 288n
Schultz, Clifford J., III, 4n
Schultz, Don E., 236n
Schumacher, Michael, 469
Schuster, Camille, 139n, 552n
Schwartz, Nelson D., 398n
Schwarz, Theodore, 554n
Scupin, Raymond, 102n
Searcey, Dionne, 563n
Sebenius, James K., 553n, 569n, 575, 575n
Segalla, Michael, 505n
Segers, Frank, 375n
Sell, Susan, 196n
Selleck, Tom, 470
Sen, Sankar, 200n
Senbet, Lemma W., 23n, 336n
Seokhawa Yun, 513n
Servan-Schreiber, J. J., 30, 30n
Seshadri, Srivatsa, 144n
Seung Ho Park, 251n
Shah, Neil, 560n
Shakespeare, William, 59
Shankland, Ben, 77n
Shaoming Zou, 349n, 352n, 355n, 496n
Shaomin Li, 251n
Shapiro, Jon M., 516n
Sharma, Atul, 412n
Sharma, Subhash, 388n
Shaw, Joy C., 165n
Shay, Jeffrey P., 512n
Sheer, Vivian C., 559n
Shenkar, Oded, 513n, 553n
Sheridan, Mary Beth, 185n
Sheth, Jagdish, 412n
Shi, Linda H., 412n, 496n
Shichun Xu, 355n
Shih-Fen Chen, 390n
Shiller, Robert J., 237n
Shimp, Terrence A., 388n, 472n
Shin, Shung J., 512n
Shirouzu, Norihiko, 563n
Shi Zhang, 230n, 385n
Shoaming Zou, 334n, 412n, 442n
Shoham, Amir, 513n
Shoham, Aviv, 335n, 388n
Shook, David, 180n
Shorris, Earl, 501n
Shu-Chen Chi, 561n
Siegel, Donald S., 150n
Siekman, Philip, 395n

Siemens, Werner, 66
Sie Tin Lau, 152n
Siew Meng Leong, 388n
Silva, Garcia, 496n
Simester, Duncan I., 362n
Simmet, Heike, 241n
Simmons, C., 541n
Simmons, Lee C., 526n
Simons, Craig, 166n
Simpson, Bart, 502
Simpson, Cam, 114n
Sin, Leo Y. M., 111n, 141n
Singh, Jasjit, 354n
Singh, Jatinder J., 144n
Singh, Val, 142n, 143n
Sinkovics, Rudolf R., 228n
Sinkula, James M., 241n
Sirmon, David G., 552n
Siscovick, Ilene C., 513n
Sithole, Isaya Muriwo, 291n
Sivakumar, K., 348n
Skarlicki, Daniel P., 563n
Skarmeas, Dionysis, 553n
Skaugen, Grace Rekstan, 142
Skirius, John, 57n
Slater, Kelly, 458
Slim, Carlos, 261
Smith, Adam, 61, 62, 64, 104, 131, 131n, 152
Smith, Craig S., 429n
Smith, David, 344n
Smith, Ethan, 194n, 359n
Smith, Geri, 315n
Smith, Jeremy, 159n
Smith, Karen H., 388n
Smith, Patrick, 5n
Smith, Paul M., 410n
Smith, Peter B., 110n
Smith, Timothy, 410n
Snedden, Steve, 219
Soares, Marcelo, 256n
Sokal, Robert R., 115n
Solberg, Carl Arthur, 333n, 439n, 522n
Soman, Dilip, 531n
Song, Lynda Jiwen, 500n
Song, X. Michael, 573n
Sood, Ashish, 369n
Soo Jiuan Tan, 388n
Sorrell, *Sir* Martin, 477
Sotomayor, Sonia, 27
Souchon, Anne L., 241n
Southan, Benjamin, 249, 249n
Sowers, Carol, 58n
Speck, Sandra K. Smith, 105n
Spekman, Robert E., 350n, 351n
Srinivas, Ekkirala S., 506n
Srinivasan, Rajiv, 398n
Srivastava, Mehul, 311n, 312n
Stalin, Iosif, 281
Stamborski, Al, 192n
Stark, Anna, 559n
Staw, Barry M., 372n
Steenkamp, Jan-Benedict E. M., 112n, 233n, 385n, 387n, 388n, 390n, 424n, 443n, 460n
Steensma, H. Kevin, 352n
Stephenson, George, 64
Stevenson, Mark, 264n
Stewart, Christopher S., 295n
Stewart, Jon, 119
Steyrer, Johannes, 150n
Stojanovic, Jovan, 179
Stone, Brad, 474n
Story, Louise, 161n

Stottinger, Barbara, 522n
Strange, Roger, 332n
Strebel, Judi, 111n
Stremerch, Stefan, 237n
Stremersch, Stefan, 206n, 369n
Stripp, William G., 552n
Strizhakova, Yuliya, 384n
Strout, Erin, 507n, 510n
Styles, Chris, 346n, 352n, 409n, 496n, 568n, 569n
Stynes, Tess, 337n
Subramaniam, Raj, 249
Suk-Ching Ho, 425n
Sullivan, Elisabeth A., 469n
Sullivan, Sherry E., 513n
Sully de Luque, Mary, 110n, 150n
Summers, John O., 556n
Swaidan, Ziad, 334n
Swait, Joffre, 384n
Swan, Joseph, 62
Swee Hoon Ang, 388n

T

Tachikawa, Tomoyuki, 310n
Tadesse, Solomon, 149n
Taewon Suh, 345n, 354n, 388n
Tagliabue, John, 7n, 408n
Tai-Kuang Peng, 506n
Takemura, Kosuke, 320n
Takeuchi, Riki, 513n
Talukdar, Debabrata, 262n
Tang, Esther P. Y., 385n
Tang, Sara, 554n
Tannen, Deborah, 565n
Tansuhaj, Patriya, 19n
Tanure, Betania, 150n
Tarquinio, J. Alex, 426n
Tashiro, Hiroko, 219
Tata, Jasmine, 506n
Tavassoli, Nader T., 364n, 475n
Tavernise, Sabrina, 162n
Taylor, Charles R., 355n, 462n
Taylor, Edward, 538n
Taylor, Sully, 339n, 515n
Teegen, Hildy, 174n
Tellis, Gerard J., 121n, 237n, 340n, 369n, 372n
Teng, Lefa, 473n
Tenywa, Gerald, 76
Terjesen, Siri, 142n, 143n
Theirry, Henk, 150n
Theodosiou, Marios, 333n
Thomas, Andrew R., 352n
Thomas, Jacquelyn S., 333n
Thomas, Manoj, 526n
Thomas, V. M., 150n
Thompson, Craig J., 96n
Thompson, Ginger, 170n
Thompson, Leigh, 566n
Thurow, Lester, 152, 152n, 153
Tian, Kelly, 384n
Tihany, Laszlo, 340n
Timmons, Heather, 476n
Timmor, Yaron, 332n
Timur Lang, 56
Ting-I Tsai, 46n
Ting-Jui Chou, 436n
Tinsley, Catherine H., 559n
Tjosvold, Dean, 559n
Tokusei, Ken, 219
Tor Ching Li, 75n
Townsend, Janell D., 352n
Towry, Kristy, 220
Toyama, Kentaro, 80n, 485n

Toyoda, Akio, 363, 456
Triandis, Harry C., 110n
Tripathi, Smita, 348n
Trotski, Leon, 68
Tsang, Alex, 505n
Tsang, Eric W. K., 132n
Tsang-Sing Chan, 387n
Tse, David K., 153n, 251n, 372n, 561n
Tse, Elizabeth, 326
Tseng, Gerry, 486n, 487n
Tsurushima, Takuo, 95
Tucker, Kevin, 497
Tung, Rosalie, 102n, 332n
Tung Chee Hwa, 574
Tyle, Wat, 56

U

Ulijn, Jan M., 555n, 568n
Urbano II, papa, 54
Ury, William, 561n, 567n, 575, 575n
Ustuner, Tuba, 105n, 120n
Usunier, Jean-Claude, 387n, 552n

V

Vaaler, Paul M., 165n
Vachani, Sushil, 174n
Vaile, R. L., 398n
Valenzuela, Ana, 111n, 384n, 390n
Van de Gucht, Linda M., 424n
Van der Lans, Ralf, 384n
Van Gogh, Vicent, 101
Van Osselaer, Stijin M. J., 115n
Varman, Rohit, 388n
Vatikiotis, Michael, 169n
Veera, R. V., 566n
Veeraghavan, Rajeesh, 80n, 485n
Veldkamp, Bernard P., 233n
Vence, Deborah L., 385n
Venkatesan, M., 139n
Venkatraman, Meera, 420n
Venaik, Sunil, 353n
Verbeke, Alain, 340n, 355n
Verbeke, Willem, 503n, 505n
Verlegh, Peeter W. J., 387n, 388n
Verrier, Richard, 359n
Vitória, rainha, 64
Vida, irena, 234n, 355n
Vila, Natalia, 336n
Virant, Vesna, 335n
Viswanathan, Madhu, 315n
Vitell, Scott J., 144n
Vitello, Paul, 118n
Vitzthum, Carlta, 125n, 145n, 453n
Vizjak, Adrej, 290
Vliert, Evert van de, 104n
Vogl, A. J. 566n
Voldberda, Henk W., 339n
Voll, Johaness, C., 340n
Voss, Hinrich, 332n

W

Wagih, Abdel Wahab, 440
Waheeduzzaman, A. N. M., 237n
Wakabayashi, Mitsuru, 134n
Wakefield, Kirk, 511n
Waldman, David A., 150n
Walker, Marcus, 204n, 287n
Wallace, Bruce, 5n
Waller, David S., 559n
Walls, Jan, 385n
Walters, Peter G. P., 271n

Wan, Lisa C., 111n, 381n
Wan, William P., 181n
Wang Hong, 39
Wann-Yih Wu, 475n
Ward, Andrew, 204n
Warden, Clyde A., 475n
Warren, David, 403n
Washburn, Nathan, 150n
Wassel, David, 517n
Wasti, Syeda Arzu, 500n
Wasti, Syeda Nazli, 500n
Way, Danny, 459
Waymire, Gregory, 220n
Wayne, John, 553
Wearden, Graeme, 331n
Weber, Marx, 126, 126n, 134n
Wedel, Michel, 112n
Weeks, William A., 511n
Wei, Nasha, 22
Wei-Na Lee, 478n
Weisberger, Bernard A., 54n
Weisman, Steven R., 165n
Weiss, Stephen E., 553n
Weitz, Barton A., 505n
Weitzel, Utz, 148n
Welch, Lawrence S., 340n
Wen Jiabao, 127
Wenyu Dou, 439n
Wernerfelt, Birger, 362n
Wertenbrouch, Klaus, 531n
Wessel, David, 259n
West, Joel, 115n
Westjohn, Stanford A., 408n, 490n
White, Gregory L., 290n
White, J. Chris, 355n, 412n, 496n
White, Joseph B., 361n, 363n
White, Ronald D., 4n
Whihouse, Mark, 35n
Wilcox, Keith, 200n
Wilderom, Celeste P. M., 150n
Wilke, John R., 544n
Wilkinson, Ian, 412n
Wilkinson, Timothy J., 352n
Wilkinson, Tracy, 288n
Williams, David B., 404n
Williams, Patti, 112n, 475n
Williamson, Nicholas C., 345n
William, o Conquistador, 54
Wind, Yoram (Jerry), 20n, 332n, 480n
Wines, Michael, 201n
Winfield, Nick, 62n

Winfrey, Oprah, 469
Wingfield, Nick, 338n
Wing-Gar Cheng, 425n
Winterich, Karen Page, 111n
Witkowski, Terrance H., 251n
Witt, Michael A., 152n
Witteloostuijn, Arjen van, 354n
Woellert, Lorraine, 186n
Wong, Edward, 314n
Wong, Ho Yin, 454n
Wong, Nancy, 230n
Wood, Donald F., 449n
Woods, Tiger, 469
Woodside, Arch G., 468n
Woody, Todd, 306n
Wooster, Rossitza B., 257, 354n
Worm, Verner, 559n
Wortham, Jenna, 488n
Worthen, Ben, 7n
Worthley, Reg, 118n
Wrage, Alexandra, 151
Wright, Allan D., 64n
Wright, Orville, 67
Wright, Tom, 45n
Wrong, Michela, 162n
Wylie, Bob, 497

X

Xiaoyan Yang, 475n
Xiin Liu, 332n
Xin, Katherine, 127n, 351n, 571n
Xin Zhao, 457n
Xu, Linda, 420
Xuehua, Wang, 384n
Xueming Luo, 496n

Y

Yadong Luo, 149n, 190n, 352n, 354n
Yakabuski, Konrad, 266n
Yakova, Nevena, 339n
Yalcinkaya, Goksel, 237n, 425n
Yalin, Bai, 419
Yamazaki, Tomoko, 109n
Yan Zhang, 353n, 522n
Yaprak, Attila, 522n
Yardley, Jim, 68n
Ya-Ru Chen, 563n
Yasodhar, Naga, 80n, 485n
Ye, Juliet, 443n
Yeang Soo Ching, 566n

Yeniyurt, Sengun, 352n
Yigang Pan, 347n, 372n
Yi He, 233n
Yih Hwai Lee, 384n, 475n
Yi-jung Chen, 150n
Yim, Chi Kin (Bennett), 305n, 372n
Yin, Eden, 121n, 237n, 345n, 369n
Ying Ho, 127n, 351n, 503n
Ying Zhao, 390n
Yinlong Zhang, 111n, 384n
Yiu, Daphne W., 332n
Yi-Zheng Shi, 496n
Yong Keun Yoo, 131n
Yoo, Boonghee, 109n
Yorkston, Eric, 114n
Young, J. T., 78n
Young, Louise, 412n
Youn-Kyun Kim, 385n
Yu, Julie H., 127n, 351n, 355n, 503n
Yukl, Gary, 506n
Yu Li, 457
Yung, Katherine, 151n, 204n, 270n
Yung-Chih Lien, 332n
Yunxia Zhu, 555n
Yuschenko, Viktor, 290
Zaheer, Akbar, 127n, 351n
Zaheer, Srilata, 127n, 351n
Zaidman, Nurit, 553n
Zairi, Mohammed, 412n
Zak, Paul J., 571n
Zaltman, Gerald, 122n, 220n, 231n
Zamiska, Nicholas, 78n
Zander, Lena, 23n, 354n
Zander, Udo, 23n, 354n
Zedillo, Ernesto, 60-61, 162
Zeller-Bruhn, Mary E., 116n
Zhang, Xin, 419
Zhengming Qian, 337n, 340n
Zhilin Yang, 384n, 439n
Zhilong Tian, 559n
Zhou, Joe an, 349n
Zhou, Kevin Zheng, 251n, 341n
Zhu, Rui (Juliet), 469n
Zhu Hong, 323
Zif, Jehiel, 332n
Zimmerman, Ann, 334n
Ziobro, Paul, 337n
Zuohao Chun Zhang, 355n
Zuzanex, Jiri, 365n
Zworykin, Vladimir, 68

Índice

3M Corporation, 540
3M Global Trading, 540
7-Eleven, 7, 426-427

A

Abercrombie & Fitch, 219
Aceitação social, 135
Acer, 397
Acesso ao mercado
    explicação sobre, 42
    Nafta e, 265
Acordo da Conferência Transatlântica, 543
Acordo de Livre-Comércio Canadá-Estados Unidos (US-CFTA), 263
Acordo de Livre-Comércio da América Central-República Dominicana (Alcac-RD), 267-269
Acordo de Madri, 197
Acordo Geral de Comércio em Serviços (Gats), 44
Acordo Geral sobre Tarifas e Comércio (Gatt)
    explicação sobre, 28, 29, 43-45
    mercados de serviços comerciais e, 408
    ratificação do, 45
    Rodada do Uruguai do, 29, 44, 45, 538
Acordo Norte-Americano de Livre-Comércio (Nafta)
    comercialização além-fronteiras e, 8, 9
    estabelecimento do, 267
    exigência de conteúdo local do, 169
    importação de automóveis e, 41
    maquiladoras e, 267
    mercados de serviços empresariais e, 408
    origens do, 264-265
    provisões do, 264-265, 267
    soberania e, 160
Acordos contratuais
    explicação sobre, 346
    franquia como, 347-349
    licença como, 347
Acordos de Comercialização Ordenada (OMAs), 39
Acordos de cooperação econômica regionais. *Consulte também* Regiões de mercado multinacionais
    fatores culturais e, 278
    fatores econômicos para, 254, 277-278
    fatores políticos para, 278
    multinacionais, 276-277
    proximidade geográfica e de fuso horário e, 278
Adaptação
    comércio eletrônico e, 448
    costumes culturais exclusivos e, 129
    costumes culturais facultativos e, 128-129
    costumes culturais imperativos e, 127-128
    de diferenças ambientais, 16
    de produtos, 366-368, 373-377
    exigências e, 363-364
    grau de, 127
    padronização *versus*, 332-334, 394-395
    visão geral sobre, 126-127
Adidas, 525
Administração alfandegária, 265
Administração de Comércio Internacional (ITA), 182
Administração de Economia e Estatística (Departamento de Comércio), 244
Administração Nacional da Aeronáutica e do Espaço (Nasa), 3, 5, 404
Aeroflot, 462
Aeronaves, indústria de, 3, 398, 401, 411
Afeganistão, 4, 171, 213, 294
Afiliação, 135
África do Sul
    apartheid na, 12, 171
    cadeias de supermercados na, 428
    desenvolvimento econômico na, 291, 293
    programa School Net na, 294
    sanções comerciais contra, 171, 213
África. *Consulte também países específicos*
    atividades para o desenvolvimento de um mercado multinacional na, 291-293
    clima político na, 162-163
    desenvolvimento econômico na, 32, 292, 294
    pós-Segunda Guerra Mundial, 29
Agência Central de Inteligência (CIA), 164, 244
Agência de Indústria e Segurança (BIS), 212, 215
Agência Federal de Gestão de Emergências (Fema), 435
Agência para o Desenvolvimento Internacional (AID), 28, 182
Agências de publicidade e propaganda, 489-490
Agenda do país
    análise cultural, 580-581
    análise econômica, 582-584
    auditoria de mercado e análise do mercado concorrente, 584-585
    plano de marketing preliminar, 585-587
    visão geral da, 580
Aids. *Consulte também* HIV/aids
Airbus Industrie, 3, 167, 353, 411
Aiwa, 528
Al Jazeera, 482
Aladi. *Consulte* Associação Latino-Americana de Integração (Aladi)
Alcac-RD. *Consulte* Acordo de Livre-Comércio da América Central–República Dominicana (Alcac-RD)
Alcorão, 188, 189
Alemanha Ocidental, 177
Alemanha Oriental, 177
Alemanha
    comércio com, 28
    costumes comerciais na, 127
    estilo de negociação na, 560
    investimento em empresas americanas, 7
    lei de comparação de produtos na, 204
    leis que regulamentam o marketing na, 206, 207, 346
    leis que regulamentam o marketing verde na, 207
    mercado cervejeiro na, 282
    mulheres em cargos administrativos na, 143
    questões idiomáticas na, 17
    relações entre mão de obra e administração na, 152
    unificação da, 177
Alfabetização
    crescimento econômico e, 108
    instruções sobre o produto e, 376
    pesquisa de marketing e, 231
    propaganda e, 468, 475
Alianças estratégicas internacionais (AEIs)
    consórcio, 352-353
    explicação sobre, 349-351
    fases das, 350-351
    joint ventures, 351-352
Alibaba, 354
Alimentos geneticamente modificados (transgênicos), 178
Alpes, 66
Aluminum Company of America (Alcoa), 336
Amazon.com, 346, 426
Ambiente doméstico, 12-13
Ambiente estrangeiro
    variáveis do, 13-15
    variáveis incontroláveis no, 13
Ambiente jurídico
    anticorrupção, 43, 149-150
    direitos de propriedade intelectual e, 194-201
    extraterritorialidade das leis americanas e, 211-212
    legislação do ciberespaço e, 201-203
    legislação que regulamenta o marketing verde e, 207-208
    lei comercial interna dos países e, 203-208
    leis antiboicote e, 211
    leis antitruste e, 208, 210-211
    leis de segurança nacional e, 213-214
    leis que regulamentam o marketing e, 204, 205-206
    nos países anfitriões, 208-212
    problemas de jurisdição e, 190, 203
    propaganda e, 471-473
    questões relacionadas ao *status* de estrangeiro e, 14
    resolução de disputas e, 191, 193-194
    restrições às exportações e, 212-216
Ambiente político
    ativistas sociais e políticos e, 171-174
    avaliação da vulnerabilidade no, 177-182
    disputas comerciais e, 167
    do marketing doméstico, 12-13
    em países estrangeiros, 14-15
    em países recém-industrializados, 253
    estabilidade do, 162-163
    medo/animosidade direcionados e, 167

nacionalismo e, 165-167
organizações não governamentais e, 174-175
para uniões econômicas, 278
partidos políticos e, 165
questões relacionadas ao *status* de estrangeiro e, 14
riscos associados com, 167
riscos de confisco, expropriação e nacionalização no, 168
riscos econômicos no, 168-170
sanções políticas e, 170
soberania e, 160-161
terrorismo e crimes no ciberespaço e, 177
violência, terrorismo e guerra e, 175-177
América do Sul. *Consulte* América Latina
América Latina. *Consulte também países específicos*
acordos de cooperação econômica na, 263-271
comércio entre União Europeia e, 46
consumo na, 260, 271-272
crescimento econômico na, 32, 250, 269-270
Doutrina Monroe e, 59-60
história vista da perspectiva da, 60-62
infraestrutura na, 256
investimentos dos Estados Unidos na, 30
investimentos estrangeiros na, 166, 168
oferecendo presentes na, 112
pesquisa de marketing na, 261
petróleo da, 73
políticos na, 261, 270
população na, 261, 270
renda *per capita* na, 261
significado de tempo, 139
American Airlines, 349, 379
Amizades, 128
Amway Corporation, 39, 251, 425, 428, 429
Análise cultural, 580-581
Análise do mercado concorrente, 584-585
Análise econômica, 582-584
Análise objetiva, 130
Análise transcultural, 18
Analogia, 237-239
Anderson Worldwide, 227
Angola, 171
Anheuser-Busch (AB), 192
Animosidade direcionada, 167
Anistia Internacional, 175
Ansa (Ansean). *Consulte* Associação das Nações do Sudeste Asiático (Ansa)
Ansa + 3, 319, 320
Anunciantes
na China, 461
na Rússia, 461
principais em nível global, 460
Apple Computer, 10, 171, 338, 374, 385, 397, 523
Arábia Saudita, 145, 164, 178, 376, 403-404
Aravind Eye Care System, 315
Arbitragem, 191, 193
Archer Daniels Midland Company, 543-544
Arco, 9
Área de Livre-Comércio Americana (Afta), 32
Área de Livre-Comércio Árabe, 294
Área de Livre-Comércio Árabe Ampliada (Gafta), 294
Área de Livre-Comércio da Ansa (Afta), 318, 319
Área de Livre-Comércio do Cone Sul. *Consulte* Mercosul
Área de Livre-Comércio Europeia (EFTA), 280, 281

Área de Livre-Comércio Norte-Americana, 32
Área Econômica Europeia (AEE), 280, 282
Áreas de livre-comércio (ALCs). *Consulte também* União Europeia (UE); Acordo Norte-Americano de Livre-Comércio (Nafta)
características, 279
crescimento nas, 6
investimentos diretos e, 354
Áreas de produção de petróleo, 88
Áreas urbanas, população nas, 75-76
Argentina
desenvolvimento econômico na, 251, 270
Mercosul e, 269
Arial Global Reach, 377
Aristocracia, 163
Armas de destruição em massa (ADMs), 213
Armênia, 290
Aspectos dos Direitos de Propriedade Intelectual Relacionados ao Comércio (Trips), 44-45, 198
Associação das Nações do Sudeste Asiático (Ansa ou Asean), 277, 318-320
Associação de Centros de Comércio Mundial, 245
Associação de Livre-Comércio do Caribe, 271
Associação de Produtores Blue Diamond, 463
Associação de Seguro de Crédito Externo (FCIA), 182
Associação Internacional de Franquia, 348
Associação Internacional do Comércio Recíproco (IRTA), 540-541
Associação Latino-Americana de Integração (Aladi), 268, 270-271, 277
Associação Nacional Mexicana de Anunciantes, 479
Associação Reader's Digest, 483
Associações de exportação Webb-Pomerene (WPEAs), 434
AT&T, 523, 565
Atacadistas. *Consulte também* Intermediários
no Japão, 422, 423
Ataque ao Pearl Harbor, 171
Ataques terroristas de 2001, 4
Ativistas sociais e políticos (ASPs), 171-174
Atribuições no exterior. *Consulte também* Expatriados
acompanhamento da repatriação dos expatriados, 514-515
compromisso com, 498-499
diminuindo a taxa de retornos iniciais das, 513-514
superando a relutância a aceitar, 512-513
Auditoria de mercado, 584-585
Áustria, 204, 206
Autoridade, estilos de administração e, 132-133
Avaliação de riscos políticos, 178-180
AVG Letter of Credit Management LLC, 546
Avon Products Inc., 251, 425
AvtoVaz, 117
Azerbaijão, 290

B

Balança comercial, 5
Balanço de pagamentos, 33-35
Ballad of East and West (Kipling), 576
Banco Comercial do Texas, 227
Banco de Dados para o Comércio Nacional (NTDB), 43, 245
Banco de Exportação-Importação (Ex-Im Bank), 182, 245

Banco Grameen, 316
Banco Mundial, 32, 47-49, 108, 163, 174
Bangladesh, 164, 314
Barganha política, 181
Barneys New York, 8
Barragem de Três Gargantas (China), 67, 68
Barragens, 67
Barreiras à entrada
barreiras culturais como, 381-382
de serviços de consumo, 380
proteção à propriedade intelectual como, 381
protecionismo como, 380-381
restrições ao fluxo de dados como, 381, 409
Barreiras comerciais
barreiras monetárias e, 40
boicotes e embargos e, 39-40
cotas e licenças de importação e, 38
explicação sobre, 36
hipocrisia dos Estados Unidos e, 36
iniciativas para diminuir, 42-47
multas *antidumping* e, 41-42
Nafta e, 264, 265, 267
não tarifárias, 36, 38
no mundo em desenvolvimento, 250
padrões e, 40-41
protecionismo, 35-42
questões relacionadas com, 27
restrições voluntárias à exportação e, 39
subsídios domésticos e estímulo econômico e, 42
tarifas e, 36-38
Barreiras monetárias, 40
Barreiras não tarifárias
explicação sobre, 36
tipos de, 38, 265
Batna. *Consulte também* Melhor alternativa para um acordo negociado (Batna)
Bayer, 224
Beijing Automobile Works Group, 425
Belarus, 290
Bélgica, 206
Ben & Jerry's (sorvetes), 8
Benetton, 431
Berg Electronics, 267
Best Western International, 348
Bimbo, 8, 9
Black & Decker Manufacturing Company, 336
Blizzard Entertainment, 201
Blocos comerciais, 250
Blocos de comércio regionais, Comunidade Caribenha e Mercado Comum (Caricom), 271
Bloomingdale's, 483
Bloqueio da moeda, 40
Blue Cross, 408
BMW, 7-9
Boeing, 3-5, 10, 151, 153, 167, 353, 398, 411, 575
Boicotes, 39-40, 211
Bolívia, 164, 269
Bolsa de Valores de Tóquio, 95
Boom econômico da década de 1990, 3
Bosch-Siemens, 63
Brasil
comercialização de produtos no, 374
comércio com, 36
costumes comerciais no, 127
crescimento econômico no, 32, 251-253, 270
estilo de negociação no, 560, 572
exigências quanto aos rótulos no, 376
exportação de tanques militares do, 376-377

Índice

índice de pirataria no, 195
Mercosul e, 269
percepção de tempo no, 139
preços de fralda no, 521
produtos de consumo no, 17
Bridgestone/Firestone Tires, 456
British Petroleum, 9
Brugel, 374
Budĕjovicky Budvar N.P., 192
Budweiser, 8
Bulgária, 286, 288
Burger King, 8, 178, 455
Burkas, 109
Burma, 212
Burroughs Corporation, 501
Business Software Alliance, 195
Buztronics Inc., 33

C

Cadbury, 331
Calvin Klein, 49, 525
Câmara Internacional do Comércio (CIC), 193
Câmbio internacional, 40
Campanha contra as *sweatshops*, 49
Campanha Free Burma (FBC), 174
Campanhas publicitárias
　etapas das, 461-462
　realização de, 489-491
Campbell's Soup Company, 303, 376, 532
Canadá
　boicote chinês contra o, 39
　comércio com Cuba, 185
　comércio com, 28
　compra de produtos farmacêuticos do, 424
　economia no, 264
　estilo de negociação no, 560-561
　lei que regulamentam a comparação entre produtos no, 204, 206
　Nafta e, 8, 9, 263-268, 271
　sistema métrico e, 403
Canais de distribuição. *Consulte também* Canais de marketing internacional
　abrangência e, 436
　continuidade e, 437-438
　controle e, 436
　custo e, 435
　escolha dos, 435
　gestão dos, 438-441
　necessidade de capital em relação aos, 436
　personalidade e, 436-437
Canais de marketing internacional. *Consulte também* Canais de distribuição
　escolha de intermediários e, 430-435
　fatores relacionados à escolha de canais e, 435-438
　gestão de intermediários e, 438-441
　internet e, 426, 441-449
　logística e, 449-450
　padrões de distribuição e, 427-429
　processo de distribuição e, 421-427
　visão geral sobre, 420
Canais de mensagem, 467, 468
Canal da Mancha, 65
Canal do Panamá, 53, 54, 60, 80
Canon, 13
Capitalismo comunitário, 152
Capitalismo
　comunitário, 152
　difusão do, 28-29
　individualista, 152
CAR. *Consulte* Critério de autorreferência (CAR)

Care, 175
Carlsberg, 174
Carnation, 7
Carrefour, 420, 425, 426, 521
Carrier, 207
Carros com combustível alternativo, 370-371
Carta de crédito irrevogável, 545
Carta de crédito revogável, 545
Cartas de crédito, 545-546
Cartéis, 542-544
Cartéis de transporte marítimo, 543
Cartel de diamantes, 543
Cartier, 524-525
Casas de permuta, 540
Catar, 411
Caterpillar Tractor Company, 171, 227, 385
Cazaquistão, 291
CCTV (China), 478
Cegueira do rio (oncocercose), 180
Celadon Trucking Services, 267
Celtel, 15
Cemex, 9, 168, 315
Centrais de atendimento (*call centers*), 377
Centrais de atendimento de serviços, 377
Centro de Combate à Concorrência Desleal (Alemanha), 207
Centro de Conciliação de Pequim, 191
Centro de Educação e Pesquisa de Comércio Internacional (Michigan State University), 245
Cereal Partners Worldwide, 350
Certificação ISO 9000, 404-406
CFE, 265
Chef America, 8
Chevrolet, 364
Chile, 254, 269
China Telecom, 307
China Única, política, 307
China
　áreas rurais na, 326-327
　boicote contra o Canadá, 39
　canais de distribuição na, 421
　comércio com, 28, 54, 304, 305
　concorrência proveniente da, 5
　consumo de energia na, 73
　costumes comerciais na, 127
　cotas na, 38
　crescimento econômico na, 32, 189, 251, 304-305
　crescimento populacional na, 75
　Delta do Rio das Pérolas na, 325-326, 328
　desequilíbrio de gênero na, 78, 107
　dialetos na, 322, 323
　direitos de propriedade intelectual na, 195, 197-199
　diversidade na, 305, 320-328
　divisões administrativas na, 321
　embalagem dos produtos na, 374-375
　estilo de negociação na, 327-328, 559, 570, 572
　estratégias de determinação de preços na, 541
　fabricação na, 270, 325, 400
　fabricantes de refrigerantes na, 361
　feng shui e, 117
　ferrovias na, 395
　gás natural do Irã na, 170
　grupo étnico coreano na, 324
　Guerra do Ópio e, 55
　homologação de produtos na, 364
　Hong Kong e, 306-307, 328
　horas de trabalho na, 135
　influência japonesa sobre a, 323, 324

influência russa na, 324
investimentos em economias em desenvolvimento, 32
investimentos estrangeiros na, 179-180, 303
joint ventures na, 178, 352
leis que regulamentam o marketing na, 204, 206
livre-comércio entre Taiwan e, 46
maiores anunciantes na, 461
mercado de condicionadores de ar na, 21
mercado de eletrônicos na, 528
multas *antidumping* à, 41
nordeste da, 322-324, 327
oferecendo presentes na, 112
oportunidades de marketing na, 328
Organização Mundial do Comércio e, 12, 45-46, 167, 303, 305
pesquisa de marketing na, 227
pirataria e falsificação na, 195, 196, 200
políticas de restituição na, 429
problemas de poluição e, 68-70
problemas relacionadas à internet na, 201
projetos de residência na, 22
propaganda na, 472, 492
Rebelião de Taiping e, 55-56
reforma política na, 164
região de Pequim-Tianjin na, 324-325, 327-328
relações públicas na, 457
Relatório Cox e, 214
relatórios de dados econômicos da, 224-225
serviços financeiros na, 379
sistema de crenças na, 116-117
sistema jurídico na, 13, 186, 189-190, 305
suborno na, 210
Taiwan e, 307-308, 328
tecnologia da informação na, 305-306
televisão na, 478, 481
Tibete e, 305
Três Gargantas, barragem, 67, 68
valor da moeda na, 161
valores culturais na, 112-113, 133
Xangai e Delta do Rio Yang-tsé na, 325, 328
Zona do Canal do Panamá e, 54
Chiquita Brands International, 159
Chivas USA, 8
Chrysler Corporation, 473
Church's Chicken, 8
Cidadãos de um terceiro país (CTPs), 501
Cidadãos locais, recrutamento de, 500-501
Cidade do México, México, 76
Cingapura
　crescimento econômico na, 313, 400
　dados sobre taxa da natalidade em, 97
　investimento estrangeiro em, 168
　vendas de produtos domésticos em, 496
Cisco Systems, 180, 407, 412, 441, 442
CITGO, 8
Citiban, 10, 212, 385, 540
CitiGroup, 10
C-Itoh, 350
Civil, direito, 186
Classe média, na Índia, 312
Clima
　adaptação de produtos para, 364, 402
　consequências do, 63-64
　mapa mundial, 86-87
Clínica Mayo, 239
CNN, 482
Coach, 197
Coca-Cola Company, 10, 13, 14-15, 22, 104, 166, 169, 212, 232, 332-333, 366, 376, 384, 385, 436, 454, 469, 470, 477, 516, 518, 525, 539

Índice

Codificação, 467, 468, 470
Código Comercial Uniforme, 187
Coletivismo, 109-111, 132, 148
Colgate-Palmolive, 259, 299, 470, 471, 517
Colômbia, 46, 60, 269, 439-440
Colonialismo, 104, 163
Columbia Pictures, 8
Comercialização complementar, 433
Comércio de ações *on-line*, 95
Comércio de chá, 54, 55
Comércio de ópio, 55
Comércio de órgãos humanos, 443
Comércio eletrônico
    adaptação e, 448
    contato local e, 448
    cultura e, 443, 448
    explicação sobre, 441
    impacto do, sobre o varejo tradicional, 426
    na União Europeia, 202-203
    nos Estados Unidos, 442
    opções de entrega e, 448
    pagamento e, 448
    tributação do, 202-203
Comércio internacional. *Consulte também* Comércio global
    leis antitruste, 208, 210-211
    preconceito de gênero no, 141-144
Comércio. *Consulte também* Livre-comércio
    Acordo Geral sobre Tarifas e Comércio, 28, 29, 43-45
    balanço de pagamentos e, 33-35
    China e, 54, 55
    de serviços, 408-409
    função dos Estados Unidos no, 31
    Japão e, 56
    Lei Geral de Comércio e Competitividade e, 36, 42-43
    leis de segurança nacional e, 213-214
    mapa do, 93
    multas *antidumping* e, 41-42, 46
    pagamentos no comércio exterior e, 544-547
    pós-Primeira Guerra Mundial, 29
    protecionismo e, 36-38
    restrições ao, 169-171, 185, 213-214
    rotas de, 79-80
Comissão de Valores Mobiliários (SEC), 146, 210, 229
Comissão Econômica para a África (CEA), das Nações Unidas, 291
Comissão Eletrotécnica Internacional, 403
Comissão Europeia, 203, 204, 284, 364, 381
Comissão Federal de Comércio, 204
Commercial News USA, 348
Compadre, 127, 128
Companhia das Índias Orientais, 55
Compensação entre vida profissional e pessoal, 134-135
Componentes essenciais, dos produtos, 377-378
Comportamento do consumidor
    tendências no, 5
    valores culturais e, 98-99, 111-113
Comportamentos não verbais
    aspectos idiomáticos das, 558
    diferenças culturais nos, 16, 551, 555-561
Compra impulsiva, 111
Computadores, 177, 397. *Consulte também* Tecnologia
Comunicação boca a boca, valores culturais e, 111
Comunicação face a face, 136-137, 552
Comunicação integrada de marketing (CIM). *Consulte também* Propaganda
    explicação sobre, 454
    promoção de vendas e, 454-455
    propaganda e, 460-463
    relações públicas e, 455-457
Comunicação pela internet, 137-138
Comunicação. *Consulte também* Questões idiomáticas
    cortes da, 14
    culturas de alto ou baixo contexto e, 136-137
    cultura e, 114-115
    elementos da, 135-136
    face a face, 136-137, 552
    internet, 137-138
    mapa global, 90
    motivação e, 507-508
    sondagem não relacionada à negociação e, 570-571
Comunidade Britânica, 280
Comunidade Caribenha e Mercado Comum (Caricom), 268, 271
Comunidade da África Oriental (EAC), 291
Comunidade de Desenvolvimento da África do Sul (SADC), 291
Comunidade de nações, 280
Comunidade dos Estados Independentes (CEI), 280, 289-291, 401, 409
Comunidade Econômica dos Estados Africanos Ocidentais (Ecowas), 291
Comunidade Econômica Europeia (CEE), 276, 279, 280
Comunidade Europeia do Carvão e do Aço, 275, 283
Comunidade Europeia, 30, 263
Comunismo, 28, 104, 189, 401
Concessões, 574
Conciliação, 191
Concorrência global. *Consulte também* Concorrência
    equipe de vendas e, 496
    marketing de relacionamento e, 412
    preparação em relação à, 355-357
    qualidade e, 360-361
Concorrência
    cultura e, 152-153
    eficiência e, 131
    equipe de vendas e, 496
    importações paralelas e, 524-526
    organização em âmbito global, 355-357
    qualidade e, 360-361
Condição dos estrangeiros no comércio exterior, 14
Condicionamento cultural, 16
Confederação dos Camponeses Franceses, 7
Conference Board, 9, 352, 514
Confisco, 168
Conflitos armados, tendências, 176
Congruência cultural, 122
Consciência global, 18-19
Conselho de Ética Comercial de Estocolmo, 491
Conselho de Ministros (UE), 284
Conselho Nacional do Consumidor, 364-365
Conselho para Assistência Econômica Mútua (Comecon) e, 279
    como ameaça política e econômica, 278
    compra industrial no, 399
    contracomércio no, 539, 540
    dissolução do, 177, 289, 290
    investimentos estrangeiros no, 179-180
    PepsiCo no, 163
    petróleo do, 73
    restrições comerciais no, 213
    sistema jurídico no, 189
Conselho para Assistência Econômica Mútua (Comecon), 279
Conselhos trabalhistas, 509
Consórcio, 352-353
Consumidores, estereótipos alimentados pelos, 388-389
Consumo de bebidas alcoólicas, 109
Consumo de energia, mundo, 71-73
Consumo
    comparações nacionais do, 99, 299
    cultura e, 98-99
    nas Américas, 260
Conta-corrente, 33-34
Conta de capital, 33
Conta de reservas, 33
Contas em aberto, 547
Continental Can Company, 178
Contrabando, 39, 295
Contracomércio
    explicação sobre, 539-540
    internet e, 540-541
    problemas relacionados ao, 540
Contratos
    cláusulas de arbitragem nos, 193
    cláusulas sobre jurisdição nos, 190
    comércio eletrônico e, 203
    direito consuetudinário *versus* civil e, 188
Controle de natalidade, 105
Controles cambiais, 168-169
Controles de preço, 169
Convenção da Basileia sobre Controle da Circulação Transnacional de Resíduos Perigosos, 161
Convenção das Nações Unidas contra a Corrupção (Uncac), 146, 150
Convenção de Nova York, 193
Convenção de Paris para a Proteção de Propriedade Industrial, 197
Convenção Europeia de Patentes (CEP), 198
Convenção Interamericana sobre Arbitragem Internacional, 193
Convenção Interamericana, 197
Convenção sobre o Reconhecimento e a Execução de Sentenças Arbitrais Estrangeiras, 193
Cooperação Econômica da Ásia-Pacífico (Apec), 32, 277, 320
Cooperação regional para o desenvolvimento (CRD), 279
Cooperação Regional para o Desenvolvimento (RCD), 294
Copa do Mundo de SMS, 119
Coreia do Norte, 170, 171
Coreia do Sul
    acordo de livre-comércio com, 46
    comércio com, 28, 36, 46
    corporações industriais na, 30, 31
    crescimento econômico na, 251, 313, 400
    empréstimos do Fundo Monetário Internacional à, 47
    fabricação na, 534
    investimento estrangeiro na, 168
    postura da, nas negociações, 556, 558
    questões relacionadas a marcas registradas na, 97
Corolário de Roosevelt, 60
Corporação de Investimentos Privados no Exterior (Opic), 182, 244
Corporações (sociedades anônimas), enquanto instituições sociais, 109
Corporações de vendas no exterior (FSCs), 434
Corporações industriais, 30-31

Corporações multinacionais (CMNs)
 clima político e, 163
 desafios na segunda metade
  do século XX, 30-31
 inovações e, 109
 marketing verde, 207
 métodos de diminuição de riscos e, 180-181
 mulheres em cargos administrativos nas, 144
 relações entre governos e, 180
 superando o desempenho das empresas domésticas, 9
 tendências nas, 7-8, 32
 violação de direitos humanos e, 212
Corrupção. *Consulte também* Suborno; Ética nos negócios
 classificação internacional de, 147-149
 na Índia, 312
 tentativas para refrear, 147
 visão geral sobre, 144-145
Costa Rica, 267-269
Costco, 9, 425, 431
Costumes culturais exclusivos, 129
Costumes culturais facultativos, 128-129
Costumes culturais imperativos, 127-128
Cotação de preço, 541
Cotas, 38
Covisint, 426
Cracker Jack, 41
Crenças, 116-117
Crescente Vermelho, 175
Crianças, propaganda televisiva para, 204
Crime no ciberespaço, 177
Critério de autorreferência (CAR)
 costumes comerciais e, 127
 etnocentrismo e, 17-18
 explicação sobre, 16
 influência do, 16-18, 140, 141, 372
 mensagem das propagandas e, 468, 471
 pesquisa de marketing e, 222
 visão da história e, 56
Croácia, 164, 286
Cruz Vermelha, 175
Cuba
 feiras comerciais e, 410
 sanções comerciais sobre, 170, 171, 185
Cuidados com a saúde
 comparação entre sistemas, 106
 diferenças culturais em relação a, 224
 estrangeiros que vão para os Estados Unidos para, 379
 previsão de mercado global sobre, 239
Cultura de alto contexto, 136-137, 153
Cultura de baixo contexto, 136-137, 153
Cultura
 boca a boca, 111
 comércio eletrônico e, 443, 448
 conhecimento sobre, 18
 consequências da, 96-97
 corporações (sociedades anônimas) e, 108-109
 crenças e, 116-117
 de alto e baixo contexto, 136-137, 153
 definições de, 102-103
 economia política e, 104
 educação e, 108
 estilo de gestão e, 126, 129-131
 famílias e, 107
 geografia e, 103-104
 governo e, 108-109
 história e, 54, 62, 104
 índice de natalidade e, 97

 influência impregnante da, 96-99
 instituições sociais e, 105
 meios de comunicação e, 108
 natureza dinâmica da, 118-119
 orientada ao relacionamento *versus* orientada à informação, 154
 padrões de consumo e, 98
 pensamento estratégico e, 152-153
 processos de raciocínio e, 117-118
 produtos e, 366-373
 religião e, 107-108
 rituais e, 113-114
 símbolos e, 114-116
 sistemas de saúde e, 106
 tecnologia e, 105
 visão geral sobre, 96
Culturas direcionadas ao relacionamento, 154
Culturas orientadas à informação, 154
Culture Matters (Harrison e Huntington), 154
Custos administrativos, 529

D
Dabur India, 353
Dados primários
 amostragem em pesquisas de campo e, 230
 capacidade de transmitir opiniões e, 228
 disposição para responder e, 228-230
 explicação sobre, 226
 problemas na coleta, 228-233
 questões idiomáticas e de compreensão nos, 230-233
 tipos de, 226-228
Dados secundários
 catálogos e anuários como fonte de, 246
 comparabilidade dos, 225
 confiabilidade dos, 224-225
 confirmação dos, 225-226
 disponibilidade de, 223-224
 fontes do governo dos Estados Unidos para, 245-246
 fontes gerais de comércio internacional como, 246-247
 guias de comércio como, 246
 sites de marketing internacional, 244-247
Dados
 fluxo transnacional de, 381, 409
 primários, 226-233
 secundários, 223-226, 245-247
DaimlerChrysler, 426, 442
Daitenho, 423
Dannon, 463
De Beers Company, 543
Death of a Salesman (Miller), 501
Decodificação, 467, 470-471
Déficit comercial, 31, 35
Deflação, 530
Delhaize, 425
Dell Computer, 137, 333, 346, 426, 441
Delphi, 252
Delta Airlines, 349
Demanda
 derivada, 398
 instabilidade da, 399
 nos mercados de *business to business*, 395-401
 nos países em desenvolvimento, 259-262
 tecnologia e, 399-401
Demissões temporárias, 5, 152, 153
Democracia, 104, 146, 163
Demografia. *Consulte* População
Demonstração do balanço de pagamentos, 33-34
Departamento de Agricultura dos Estados Unidos, 538

Departamento de Comércio dos Estados Unidos, 182, 212, 226, 244-246, 250, 328, 362, 403, 404, 438
Departamento de Defesa dos Estados Unidos, 411
Departamento de Estado dos Estados Unidos, 175-176
Departamento de Justiça dos Estados Unidos, 211
Departamento do Censo dos Estados Unidos, 244
Departamento Nacional de Estatísticas da China, 224-225
Derivada, demanda, 398
Derrocada das hipotecas residenciais (2008), 161
Desafios do marketing internacional
 ambiente doméstico e, 12-13
 ambiente estrangeiro e, 13-15
 diagrama das, 11-12
 fatores de decisão e, 12
 incertezas nos, 12
Desastres naturais, 66-67
Descentralização, 232-233
Desenvolvimento do mercado
 desenvolvimento econômico e, 250-251
 níveis de, 257-259
Desenvolvimento econômico
 demanda e, 259-262
 desenvolvimento de marketing e, 250-251, 257-259, 271-272
 do final da década de 1990 ao presente, 32
 estágios de, 251-253, 399
 explicação sobre, 251
 fatores de, 253-254
 grandes mercados emergentes e, 262-272
 índice de alfabetização e, 108
 infraestrutura e, 256
 internet e, 255
 investimento estrangeiro e, 168
 no século XX, 28-32
 no século XXI, 28
 objetivos do, 255
 pós-Segunda Guerra Mundial, 29
 proteção ambiental e, 70-71
 recursos naturais e, 74
 tecnologia da informação e, 255
Desenvolvimento sustentável, 70
Destino Manifesto, 59
Determinação de preço de custo marginal, 526, 537
Determinação de preço de custo total, 526
Determinação de preço de custo variável, 526, 537
Determinação de preço de penetração, 527
Determinação de preços administrados
 cartéis e, 542-544
 explicação sobre, 542
 influenciada pelo governo, 544
Determinação de preços
 administrados, 542-544
 cartéis e, 542-544
 contracomércio e, 539-541
 custo total *versus* custo variável, 526
 de importações paralelas, 523-526
 desnatamento (*skimming*) *versus* penetração, 526-528
 influenciada pelo governo, 544
 leasing e, 538-539
 objetivos da, 522-523
Deutsche Telekom, 523
Devido processo legal, 15
Diagnostic Products Corporation (DPC), 210

Diferenças culturais
   aceitação positiva e, 126
   adaptação e, 381-382
   ajustes às, 15-16
   comercialização e conhecimento, 103
   componentes do produto e, 373-375
   conhecimento do expatriado sobre, 515-516
   em relação ao suborno, 149
   motivação da equipe de vendas e, 18, 506-508
   na divulgação de notícias ruins, 242
   na percepção sobre o tempo, 16, 139-140
   na União Europeia, 278
   nas estratégias de investimento, 95
   nas percepções sobre mulheres na administração, 141-144
   nas respostas às pesquisas de marketing, 228-229
   no espaço ou território pessoal, 16-17
   no tamanho da família, 75
   nos cuidados com a saúde, 224
   posturas de negociação e, 140-141, 553, 554-564
   propaganda e, 475-476
   relações entre mão de obra e administração e, 152
   sensibilidade e tolerância e, 18, 118
   tomada de decisões e, 132-133
   treinamento da equipe de vendas e, 16-18
   uniões econômicas e, 278
Difusão da inovação, 369-372
Dinamarca, 132, 204
Direcionamento global, 23
Directory of American Firms Operating in Foreign Countries, 246
Directory of United States Importers and United States Exporters, 246
Direito civil
   explicação sobre, 186-188
   no Japão, 193
Direito consuetudinário, 186-188
Direito internacional, 160
Direito islâmico, 186, 188-189
Direitos alfandegários compensatórios, 537-538
Direitos autorais, 196. *Consulte também* Direitos de propriedade intelectual
Direitos das partes, 151
Direitos de propriedade intelectual
   abordagens gerenciais para proteger, 199-201
   convenções internacionais sobre, 197-198
   falsificação e pirataria e, 194-196
   na Índia, 311
   Nafta e, 265
   proteção dos, 145, 187-188, 381
   proteção inadequada dos, 196-197
   uso prévio *versus* registro e, 197
Direitos de voto (sufrágio), 163, 164
Direitos especiais de saque (DES), 47
Diretiva de Responsabilidade do Produto (União Europeia), 405
Disney, 7, 222-223, 334, 360, 431, 453, 478
Disneylândia de Hong Kong, 7, 359, 374, 522
Disneylândia de Paris, 359
Disneylândia de Tóquio, 359
Disneylândia, 275, 359
Disputas jurídicas
   arbitragem nas, 191, 193
   conciliação nas, 191
   jurisdição nas, 190
   processo judicial nas, 194
Distância idiomática, 114-115

Distribuição exclusiva, 524-525
Ditadura, 163
Docks de France, 425
Dole Food Company, 159
Domino's Pizza, 348
Doutrina Monroe, 59-60
DPC (Tianjin) Ltd., 210
Dubai, 295
Dumping, 41-42, 46, 537-538
Dun & Bradstreet, 438

E

Eastman Kodak, 12-13, 477
eBay, 95, 201, 426, 484
Economia política, 104
Eddie Bauer, 426
Educação
   enquanto instituição social, 108
   influência governamental sobre a, 109
   tecnologia e ênfase sobre a, 131
Efeito do país de origem (EPO)
   explicação sobre, 387
   marcas globais e, 387-389
Eficiência, concorrência e, 131
Egito, 171, 294, 440
El Corte Inglés, 425-426
El Niño, 86
El Salvador, 267-269
Electrolux, 363
Elle, 481
E-mail, 137, 138. *Consulte também* internet
Embalagem
   componentes da, 374-376
   problemas ambientais relacionados com, 207-208, 365
Embargos, 39-40
Embraer, 252
Emirados Árabes Unidos (EAU), 295
Emirados Árabes, 411
Emissões de gases de efeito estufa, 68
Empreendedorismo, 253
Empresas de gestão de exportações (EGEs), 431-432
Empresas de pesquisa de marketing, 241
Empresas estatais (EEs)
   explicação sobre, 30
   privatização das, 254
Empresas globais, 22
Empresas listadas na *Fortune* 500, 340, 352, 510
Empréstimo cultural, 119-120
Encarta, 62
Encheção de linguiça com relação aos preços, 572
Encontros do G20 (2009), 49
Encyclopedia Britannica, 249
Encyclopedia of Global Industries, 246
Energy Group, 8
Enron, 4, 95
Envelhecimento da população, 76-78
Epidemia do vírus H1N1 (2009), 499
Equador, 42, 269
Equidade da nação. *Consulte* Estereótipos de país
Equidade, 151
Equipe de vendas
   avaliação e controle da, 510-512
   cidadãos de um terceiro país, 501
   cidadãos locais na, 500-501
   desenvolvendo consciência cultural na, 515-516
   desenvolvimento de, 496-498
   expatriados na, 498-499

expatriados virtuais na, 499
habilidades em idiomas estrangeiros da, 499
motivação da, 18, 506-508
preparação para atribuições no exterior, 512-515
recrutamento da, 498-502
restrições do país de origem à, 502
seleção da, 502-505
treinamento da, 505-506
Equipes de negociação, 564-565
Escalada de preços
   consequências da, 532-533
   custo das mercadorias e, 534
   custos de distribuição e, 536
   custos de exportação e, 529
   custos de intermediário e de transporte e, 532
   deflação e, 530
   dumping e, 537-538
   flutuações na taxa de câmbio e, 530-531
   função da, 528-529
   impostos, tarifas e custos administrativos e, 529, 534-536
   inflação e, 529-530
   métodos para reduzir, 533-538
   valores da moeda e, 531-532
   zonas de comércio exterior e, 536-537
Escassez de mão de obra, 78-79
Escola de Administração Europeia, 517
Escola de Negócios da Universidade de Michigan, 406
Espaço pessoal, 16-17
Espanha, 78, 489, 560
Espécies ameaçadas, 39
ESPN, 482, 483
Estação Espacial Internacional, 3, 176
Estações climáticas, 63-64
Estados recém-independentes (ERIs), 289
Estados soberanos, 160
Estados Unidos
   Alcac-RD e, 267-269
   balanço de pagamentos, 34, 35
   boom da década de 1990, 3
   cartéis e, 543-544
   consumo de petróleo nos, 72-73
   corporações industriais nos, 30, 31
   cultura nos, 129-131, 153-154
   déficit comercial nos, 31, 35
   direitos de propriedade intelectual nos, 198
   Doutrina Monroe e, 59-60
   ênfase sobre a independência nos, 79
   envelhecimento populacional nos, 77
   equipes de vendas nos, 504
   estilo de negociação nos, 561, 570, 573, 574
   estímulo ao investimento externo pelas empresas nos, 182
   estímulo econômico de 2008-2009, 164
   estudantes estrangeiros nos, 380
   expansão territorial dos, 59
   exportações dos, 394-395
   função no comércio mundial, 31
   horas trabalhadas nos, 135-136
   individualismo nos, 111, 126, 130, 145
   internacionalização do comércio nos, 7-10
   leis antitruste nos, 208, 210-211
   maiores parceiros comerciais dos, 28
   México e, 57-58
   mulheres em cargos administrativos nos, 143
   Nafta e, 8, 9, 263-268, 271
   oferecendo presentes nos, 112
   Organização Mundial do Comércio e, 45
   Panamá e, 46, 53, 54, 60

participação em tratados internacionais, 161
percepção de tempo nos, 139
Plano Marshall e, 28-29
pós-Segunda Guerra Mundial, 28-29
procedimentos jurídicos nos, 15
proteção de patentes, 198
restrições à exportação nos, 212-216
Ronda do Uruguai e, 44
saldo em conta-corrente dos, 34
serviços de saúde nos, 379
sistema métrico e, 403, 404
subsídios agrícolas nos, 42
turismo nos, 378
utilização da internet nos, 372
visão histórica sobre os, 53, 54
zonas de comércio exterior nos, 537
Estágio de marketing exterior infrequente, 20
Estágio de marketing exterior regular, 20-21
Estée Lauder Companies, 285
Estereótipos de país, 388-389
Estereótipos
de país, 388-389
negociações e, 553, 554, 576
Estética, 115-116
Estilos de gestão
análise objetiva, 130
autoridade e, 132-133
busca infindável por melhorias, 130-131
concorrência, 131
cultura americana e, 129-131
explicação sobre, 126
formalidade e ritmo como, 138-139
iniciativa independente, 130
mérito, 130
mestre do destino, filosofia, 129-130
no comércio internacional, 131-132
tipos de tempo e, 139-140
tomada de decisões compartilhada, 130
tomada de decisões e, 132-133
Estimativas de demanda do mercado
analogia e, 237-239
mercado global de cuidados com a saúde e, 239
opinião especializada e, 236-238
Estônia, 289
Estratégias de entrada no mercado
acordos contratuais, 346-349
alianças estratégicas internacionais, 349-351
consórcio, 352-353
exportação, 345-346
franquia, 347-349
investimento direto no exterior, 353-354
joint ventures internacionais, 351-352
licenciamento, 347
utilização da internet, 346
vendas diretas, 346
visão geral sobre, 344-345
Estrutura de distribuição direcionada à importação, 421-422
Estrutura de distribuição tradicional, 421, 424-427
Estrutura de distribuição. *Consulte também* Canais de marketing internacional
direcionada à importação, 421-422
explicação sobre, 421
japoneses, 422-424
tendências na, 424-427, 496
Estrutura dos canais de distribuição. *Consulte também* Canais de marketing internacional
direcionada às importações, 421-422
explicação sobre, 421

no Japão, 422-424
tendências na, 424-427
Estrutura matricial, 355
Estruturas organizacionais
centralizadas *versus* descentralizadas, 356-357
centro de tomada de decisão e, 356
forma matricial de, 355
tipos de, 355-356
Ética nos negócios
corrupção e, 144-145
cultura e, 152-153
extorsão e, 149
Índice de percepção de corrupção e, 147
Lei contra a Prática de Corrupção no Exterior, 43, 149-150, 210
princípios da, 151
proteção ambiental e, 69-70
responsabilidade social e, 150-151
suborno e, 146-150
Ética utilitária, 151
Etnocentrismo
consequências d, 17
efeitos do país de origem e, 388
explicação sobre, 16
eTrade Finance Platform (ETFP), 546
Euro, 286, 299
EuroDisney, 297, 359
Euromonitor International, 245
Europa Oriental. *Consulte também países específicos*
coleta de dados sobre o mercado da, 224
crescimento econômico na, 32
feiras comerciais e, 409-411
privatização na, 401
visão geral da, 288
Europa. *Consulte também países específicos*
blocos de mercado multinacionais na, 280-284
conselhos trabalhistas na, 509
envelhecimento populacional na, 77, 78
marcas próprias na, 390
oferecendo presentes na, 112
Plano Marshall e, 28-29
planos de remuneração na, 509
pós-Segunda Guerra Mundial, 28, 262-263, 275
promoção da responsabilidade social corporativa na, 151
restrições à propaganda na, 471-473, 491
subsídios agrícolas na, 42
varejistas na, 425-426
EuroPacific Ltd., 219
Excelcia Foods, 353
Êxito, 135
Expatriados virtuais, 499
Expatriados. *Consulte* Atribuições no exterior
conhecimento cultural dos, 515-516
custo dos, 500, 512
explicação sobre, 498
habilidades em idiomas estrangeiros dos, 518-519
mulheres como, 142
na equipe de vendas, 496, 497
recrutamento de, 498-499
relutância a aceitar atribuições no exterior e, 512-513
repatriação dos, 508, 514-515
sistemas de remuneração para, 508
taxa de retorno inicial dos, 513-514
virtuais, 499
Export Yellow Pages, 246

Exportação direta, 345
Exportação indireta, 345
Exportação/produtos de exportação. *Consulte também* Comércio; Barreiras comerciais
categorias nos Estados Unidos, 394, 395
como estratégia de entrada no mercado, 345-346
custo, 529
de tecnologia, 394
direta e indireta, 345
restrições à, 39, 212-213
Exporters Encyclopedia, 246
Exposição Aérea de Paris (2003), 411
Exposição Médica (Cuba), 410
Expropriação, 62, 168
Extorsão, 149
Extraterritorialidade das leis americanas, 211-212
Exxon, 12

F

Falsificação, 194-196
Famílias
como instituições sociais, 105, 107
expatriadas, 515
na China, 78
tamanho das, 96-97
Farmer's Friend, 488
Fascismo, 104
Fedders Xinle, 21
Fedders, 21
FedEx, 249, 427
Feedback no processo de comunicação, 468, 470
Feiras comerciais virtuais, 411
Feiras comerciais
no marketing *business to business*, 409-411
virtuais, 411
Feng shui, 117
Ferragamo, 388
Ferrovias, 395. *Consulte* Infraestrutura
Festa do Chá de Boston, 54
Fidelity Investments, 95, 122
Filas, 223
Filipinas, 400
Filosofia confuciana, 56
Finlândia, 204
Firestone pneus, 7-8
Fisher-Price, 267
Fluor Corp., 151, 398
Flutuação limpa, 47
Flutuação suja, 47
Fonte de informações, 467
Força de trabalho
diferenças culturais na visão sobre assistência social à, 152
mulheres na, 141
Forças armadas
gastos com, 3, 400
tendências de guerra e, 176-177
Força-Tarefa de Harmonização Global, 403
Ford Motor Company, 8, 10, 332, 336, 353, 375, 426, 442, 463, 496, 565, 566
Foreign Policy, 161, 178
Forfaiting, 547
Formalidade, 138-139
Fórum Econômico Mundial, 49
Four Seasons Hotel, 378
França
animosidade em relação aos Estados Unidos, 167

bônus de natalidade na, 109
comércio com, 28
estilo de gestão na, 134
estilo de negociação na, 560
formalidade na, 138
índice de emprego na, 170
leis que regulamentam o marketing na, 204
preferências por investimento na, 95
problemas comerciais com, 27
proibição de *hijabs*, 109
valores culturais na, 111-112
visão sobre o idioma inglês na, 137
France 24, televisão, 482
France Telecom, 401
Franquia
    experiência em âmbito internacional, 348-349
    explicação sobre, 347
Frigidaire, 8
Fuji Photo Film, 13
Fundação Grameen, 488
Fundo Monetário Internacional (FMI)
    explicação sobre, 47-48
    nas economias asiáticas, 304
    protestos contra, 49, 174
    site do, 245
Fundos de riqueza soberana, 161
Furacão Katrina, 435
Fusos horários, 250

G

Gana, 63
Gateway Computer, 441
Gazprom, 30-31, 290
GE Medical Systems, 406
Genentech, 8
General Electric, 10, 355, 385, 389, 394, 398, 424, 433, 534
General Foods, 374
General Mills, 350
General Motors, 117, 252, 353, 364, 426, 442, 568
Gênero. *Consulte também* Mulheres
    desequilíbrio na China, 79, 107
    negociações e, 565
Geografia
    abastecimento de água, 89
    clima e topografia e, 63-66
    crescimento econômico e, 66-67
    cultura e, 103-104
    recursos e, 71-74
    responsabilidade social e gestão ambiental e, 67-70
    uniões econômicas e, 278
    visão geral sobre, 63
Geórgia, 164, 290
Gerber, 228, 455
Gerenciando negociações: Japão (MNJ), 566
Gestão da qualidade total (*total quality management* – TQM), 402
Gestão de marketing internacional
    alianças estratégicas internacionais, 349-353
    consórcio e, 352-353
    estratégias de entrada no mercado para, 344-354
    exportação e, 345-346
    franquia e, 347-349
    investimento direto no exterior e, 353-354
    joint ventures internacionais e, 351-352
    licenciamento e, 347
    Nestlé e, 335-336
    origem da, 332-335

preparação para, 355-357
utilização da internet e, 346
vendas diretas e, 346
Gestão de marketing. *Consulte* Gestão de marketing global
Gestão de vendas
    habilidades em idiomas estrangeiros para, 518-519
    perfil da, 516-518
    sistema de remuneração para, 508-511
Gestão logística, 449-450
Getting to Yes (Fisher, Ury e Patton), 561, 567, 575
Gigante, supermercados, 8, 9, 431
Gillette Company, 259, 385, 462
GlaxoSmithKline, 524
Globalização. *Consulte também* Gestão de marketing global
    classificação do grau de, 23, 24
    instabilidade do mercado industrial e, 399
    localização *versus*, 332
    protestos contra, 48-50, 333
GlobalNetXchange, 426
GMEs. *Consulte* Grandes mercados emergentes (GMEs)
Gola, 219
Goldman Sachs, 95
Goldstar, TVs, 7
Goodyear, 252
Google Trader, 488
Google, 174, 201, 219, 385, 443, 456, 484, 488
Governos
    câmbio internacional e, 40
    formas de, 163-164
    influência dos, 108-109
    relações entre corporações multinacionais e, 180
Grã-Bretanha. *Consulte* Reino Unido
Grande Depressão, 28, 29
Grandes mercados emergentes (GMEs). *Consulte também* Países em desenvolvimento; Mercados emergentes
    África do Sul como, 293
    características dos, 262-263
    na América Latina, 263-271
Gray Mackenzie and Company, 432
Grécia antiga, 134, 163
Grécia, 204
Grey Worldwide, 332
Grileiros do ciberespaço, 201-202
Grupo Bimbo, 8, 9
Grupo Elektra, 425
Grupo foco *on-line*, 235
Grupos militantes islâmicos, 175
Grupos ou blocos de cooperação regional, 279
Guanxi, 127, 128, 561
Guatemala, 267-269
Gucci, 388, 524-525
Guerra de preços, 521
Guerra do Iraque, 4, 174, 294
Guerra do Ópio, 55
Guinness Bass Import Corporation (GBIC), 346

H

H&M, 219
H. J. Heinz Company, 529-530
Häagen-Dazs, 491
Habitat para a Humanidade, 175
Haiti, 66, 164, 489
Harajuku, 367
Harvard Business Review, 136
Hasbro Inc., 125, 201, 453

Hawg Heaven Bait Company, 12
Health Canada, 524
Heineken, 174
Heinz, 385
Heritage Foundation, 164
Hewlett-Packard, 10, 353, 530-531
Hijabs, 109
Hijaz Railway Corp., 275
Hindustan Lever LTD, 476
Hipotecas, visão islâmica e, 189
História
    atitudes públicas e políticas e, 54
    comportamento contemporâneo e, 54-57
    cronologia mundial, 54-72
    cultura e, 54, 62, 104
    Destino Manifesto e Doutrina Monroe e, 59-62
    natureza subjetiva da, 57-58
HIV/aids, 104, 145
Holanda
    comércio com, 28
    flores na, 100-101
    intermediários na, 434-435
    investimentos em empresas americanas, 7
    proibição de *burkas* na, 109
    propagandas para crianças na, 204
Homologação de produtos, 363, 364
Honda Motor Company, 7-9, 388
Honduras, 267-269
Hong Kong, 32, 225, 306-307, 313, 400, 568
Hospital Internacional Pequim-Toronto, 380
Hospital Johns Hopkins, 239
Hospital Monte Sinai (Miami), 239
Huffy Corporation, 8
Hungria, 288, 490
Hyundai Motor Company, 29, 313, 407

I

IBM, 12, 137, 166, 171, 212, 306, 353, 397, 496, 510-511
Ícones, 138
Idioma coreano, 323
Idioma espanhol, 499
Idioma francês, 231
Idioma inglês
    como idioma comercial, 518
    comunicação pela internet e, 137
    variações no, 120, 535
Igualitarismo, 115
IKEA, 337, 419, 420, 431
Imigração
    escassez de mão de obra e, 78-79
    restrições à, 502
    União Europeia e, 287
Importações paralelas, 523-526
Importações. *Consulte* Importações paralelas; Comércio; Barreiras comerciais
Imposto sobre valor agregado (VAT), 27, 202-203, 283
Impostos *ad valorem*, 529
Impostos
    como risco político, 169
    na União Europeia, 283
    planos de remuneração e, 509
    sobre comércio eletrônico, 202-203
    sobre propaganda, 473
Independência, 79
Índia
    acordo de livre-comércio com, 46
    ambiente de negócios na, 311-312
    classe média na, 312
    clima político na, 162
    Coca-Cola e PepsiCo na, 166, 169, 332

corrupção na, 312
crescimento econômico na, 32, 251, 311
crescimento populacional na, 75, 312
esterco de gado como combustível na, 312
investimentos estrangeiros na, 166, 178, 311
processo judicial na, 194
sistema de castas na, 105
Indicadores de mercado
  na região da Ásia-Pacífico, 316-319
  na região da Europa/África/Oriente Médio, 297-300
Índice de distância do poder (IDP), 109-111, 132, 138, 148, 153
Índice de evitação de incerteza (IEV), 110, 111
Índice de individualismo/coletivismo (IDV), 109-111, 132, 148, 153
Índice de masculinidade/feminilidade (MAS), 110
Índice de percepção de corrupção (IPC), 147-148, 153
Índice de satisfação do consumidor americano (ACSI), 406
Índices de natalidade, 97
Individualismo
  nos Estados Unidos, 111, 126, 130
  percepções sobre, 145
  uso da língua e, 115
Indonésia
  crescimento econômico na, 32
  empréstimos do Fundo Monetário Internacional à, 47
  fabricação na, 400
Inflação, 529-530
Infocomerciais, 473, 479
Informalidade, 138-139
Infraestrutura
  comparações de, 298
  desenvolvimento econômico e, 256
  explicação sobre, 256
  na região da Ásia-Pacífico, 316, 317
  na região da Europa/África/Oriente Médio, 298
Iniciativa de Impedimentos Estruturais, 432
Iniciativa independente, 130
  nos mercados em desenvolvimento, 257
Iniciativa Phoenix, 200
Inovação
aceitação da, 121-122
  adaptação e, 368-369
  conflito cultural e, 122
  difusão da, 369-372
  produção de, 372-373
Insead, 151
Instalações fabris
  empresas estrangeiras com Estados Unidos, 7-8
  tendências no estabelecimento de, 354
Instituições sociais
  corporações como, 109
  escola como, 108
  explicação sobre, 105
  família como, 107
  governo como, 108-109
  idioma como, 114
  meios de comunicação como, 108
  religião como, 107-108
Integração de mercado
  barreiras de mercado e, 297
  implicações do marketing *mix* e, 299-300
  implicações estratégicas da, 296-297
  indicadores de mercado e, 297-299
  oportunidades da, 297
Intel Corporation, 10, 180, 353, 393

Intermediários afiliados ao governo, 434-435
Intermediários comerciais, 430
Intermediários de países estrangeiros, 434
Intermediários do país de origem
  associações de exportação Webb-Pomerene e, 434
  comerciantes complementares e, 433
  corporações de vendas no exterior e, 434
  empresas de gestão de exportações e, 431-432
  explicação sobre, 431
  lojas de varejo dos fabricantes e, 431
  representantes de exportação do fabricante e, 433-434
  trading companies de exportação americanas e, 433
  trading companies e, 432-433
  varejistas globais e, 431
Intermediários domésticos. *Consulte* Intermediários do país de origem
Intermediários representantes, 430, 437
Intermediários
  afiliados ao governo, 434-435
  comerciais, 430
  controle dos, 441
  do país de origem, 431-434
  função dos, 430-431
  lealdade dos, 437-438
  métodos para encontrar, 438
  métodos para motivar, 439
  métodos para selecionar, 438-439
  no Japão, 422, 423
  país estrangeiro, 434
  representantes, 430, 437
  rescisão, 439-440
International Herald Tribune, 143
Internet
  canais de marketing e, 426, 441-449
  como estratégia de entrada no mercado, 246
  como instrumento para ativistas sociais e políticos, 174
  compras de produtos farmacêuticos na, 424
  contracomércio e, 540-541
  crime cibernético e, 177
  desenvolvimento econômico e, 255
  impacto da, 6
  legislação do ciberespaço e, 201-203
  mídia social na, 485
  na África, 293-294
  na França, 95
  no Irã, 294-295
  no Japão, 372
  origens históricas da, 400
  pesquisa de marketing na, 234-236
  propaganda na, 483-484
  regulamentação da, 473
Interpretadores de mensagens de texto, 14
Interpublic Group, 261
Investimento estrangeiro direto, 267, 353-354
Investimento estrangeiro
  diminuição de riscos e, 180-181
  direto, 267, 353-354
  Nafta e, 265, 267
  políticas governamentais para estimular, 182
  soberania e, 161
Investimentos, 181, 265. *Consulte também* Investimento direto no exterior; Investimento estrangeiro
iPhone, 338, 523
Irã
  acordo de fornecimento de gás natural para a China, 170

clérigos religiosos no, 109, 165
governo no, 164
Organização para Cooperação Econômica e, 294
sanções comerciais no, 171, 213, 295
Iraque, 12
Irídio, 395-396
Irlanda, 109
Islã. *Consulte também* Mundo árabe; Muçulmanos
  necessidade de compreensão, 107-108
  peregrinação e, 113
  Proibição ao pagamento de juros no, 188
ISP Virtual Show, 411
Israel
  boicote árabe contra, 171
  estilo de gestão em, 132
  estilo de negociação em, 560
Itália
  clima político na, 162
  envelhecimento populacional na, 78
  varejistas na, 428
Ito-Yokado Corporation, 426
Iugoslávia, 179, 288

J

J. Walter Thompson, 266
J.D. Power and Associates, 361
Japão
  ataque ao Pearl Harbor e, 171
  corporações industriais no, 30, 31
  crescimento econômico no, 400
  cultura de alto contexto no, 137
  deflação no, 530
  dieta no, 98-99, 122
  envelhecimento populacional no, 77
  equipes de vendas no, 18, 496-497, 504, 512
  estilo de gestão no, 132
  estrutura de distribuição no, 422-424
  fabricação de automóveis no, 310, 363
  índice de natalidade, 109
  índices de pirataria no, 195
  iniciativas para diminuir a corrupção no, 148
  investimento em empresas americanas, 7
  jornais no, 479
  lealdade dos funcionários no, 500
  leis antitruste no, 208
  medo americano em relação ao Japão, 9
  mercado de capitais no, 95
  misturas instantâneas para bolo no, 367-368
  nacionalismo no, 167
  Nestlé no, 374
  oferecendo presentes no, 112
  Organização Mundial do Comércio e, 45
  pesquisa de marketing no, 219, 227-229
  planos de remuneração no, 509
  políticas econômicas no, 308-310
  pós-Segunda Guerra Mundial, 28
  postura de negociação do, 556, 570, 573
  práticas de gestão no, 129
  problemas comerciais com, 27, 28, 32, 36, 38
  problemas de acelerador da Toyota e, 242
  relações entre mão de obra e administração no, 152
  sistema jurídico no, 187, 193
  sistema linguístico no, 310
  taxas de fertilidade no, 97
  tendências populacionais no, 309-310
  teoria da causalidade cultural e, 310
  trading companies no, 433
  valores culturais no, 111, 112, 126

vida pessoal no, 134
visão de qualidade no, 376
JCPenney, 63-64, 424
Jerusalém, Israel, 275
JLG Industries, 345
Joint ventures internacionais (JVIs), 351-352. *Consulte também* Joint ventures
Joint ventures
    como meio de entrada em um mercado externo, 351-352
    diminuição da vulnerabilidade por meio de, 180
    na China, 178, 352
    restrições às, 212
Jurisdição
    em disputas jurídicas internacionais, 190, 209
    legislação no ciberespaço, 203
    quanto a atividades *on-line*, 203
    teoria objetiva de, 209
Juros
    proibição muçulmana contra, 188-189
    tendências das taxas de, 5
Justiça, 151

K

Kellogg Company, 385
KFC, 175, 178, 264, 306, 327, 348
Kia, 313, 456
Kimberly-Clark Corporation, 521, 522, 534
Kmart, 433
Kojima, 424
Korn/Ferry International, 498
KPMG, 139
Kraft Foods, 331, 455
Kyocera Corporation, 354

L

L.L. Bean, 346, 425, 426
L'Evénement Sportif, 481
Lançamento de produtos ou serviços, 360
Land's End, 346, 425, 426, 442
LapPower, 491
Lear, 252
Leasing, 538-539
Legislação do ciberespaço
    arrecadação de impostos e, 202-203
    jurisdição das disputas e, 203
    na China, 189
    nomes de domínio e grileiros e, 201-202
    validade contratual e, 203
    visão geral da, 201
Lego Company, 125, 453
Lehar-Pepsi, 363
Lehman Bros., 95
Lei antiboicote, 211
Lei antissuborno, 209
Lei comercial. *Consulte também* Ambiente jurídico
    dentro dos países, 203-208
    leis antitruste e, 208
    leis que regulamentam o marketing e, 204, 206-207
    marketing verde e, 207-208
    problemas de jurisdição na, 190
    resolução de disputas e, 191, 193-194
Lei contra a Prática de Corrupção no Exterior (1977), 43, 149-150, 209, 210, 506
Lei de Localização de Lojas de Varejo de Larga Escala (Japão), 423
Lei de Reclamações por Ofensas contra Estrangeiros, 212
Lei de Sherman (antitruste), 211

Lei do Mercado Único Europeu, 207, 282-284
Lei Geral de Comércio e Competitividade (1988), 36, 42-43
Lei Smoot-Hawley de 1930, 29
Lei sobre Empresa Mercantil Exportadora (ETC), 433
Leis antitruste, 208, 210-211
Leis de segurança nacional, 213-214
Leis que regulamentam o marketing
    comparação de produtos, 204, 206
    na China, 206
    na União Europeia, 206-207
    variações nas, 204
Leis sobre comparação entre produtos, 204, 206
Leis sobre conteúdo local, 169
Leis sobre rotulagem, 376
Lenovo, 195, 324
Letônia, 197, 289
Letras de câmbio, 546-547
Levantamentos *on-line*, 235
Lever Brothers, 376
Levi Strauss & Co., 385, 389, 442
LG Electronics, Inc., 3, 7, 119
Líbano, 164
Líbia, 12, 171
Licença de exportação aprovada, 214-215
Licença geral de exportação, 214
Licenças de exportação
    procedimento para obter, 216
    regulamentação das, 212-213
Licenças de importação, 38
Licenciamento
    diminuição de riscos e, 181
    explicação sobre, 347
Liga Árabe, 211
Lil' Orbits, 348-349
Língua românicas, 115
Lista de Controle Comercial (LCC), 215
Lituânia, 197, 289
Livre-comércio. *Consulte* Comércio
    acordos bilaterais de, 46-47
    Estados Unidos e, 36, 46
    Oriente Médio e, 275-276
Livro das Canções, 107
Lockheed Martin, 151, 506, 540
Loma Linda Hospital (Califórnia), 379
Lucent Technologies, 267, 395
Lucky-Goldstar, 313
Lufthansa, 143
Propina, 149

M

Macau, 32
Macedônia, 286
Mala direta de marketing por *e-mail*, 235
Malásia, 42, 132, 180, 400, 491
Mango, 426
Manifestantes anticapitalistas, 48-50
Manuais de usuário, 377
Manuais, usuário, 377
Manutenção, produto, 376
Mapas mundial/regional
    clima, 86-87
    comunicações, 90
    fluxos de comércio, 93
    mundial, 84-85
    produção de petróleo e gás, 88
    recursos hídricos, 89
    religiões, 92
    terrorismo, 91
Mapas. *Consulte* Mapas mundial/regional

Maquiladoras, 267, 534
Marcas de loja, 390
Marcas globais. *Consulte também* Marcas
    características das bem-sucedidas, 384-386
    efeito do país de origem e, 387-389
    explicação sobre, 382
    lista das maiores, 382-383
Marcas próprias, 390
Marcas registradas, 194, 196, 201, 526. *Consulte também* Direitos de propriedade intelectual
Marcas
    efeito do país de origem e, 387, 389
    globais, 382-383, 385-386
    lista das maiores, 382-383
    nacionais, 387
    nos mercados internacionais, 382-390
    próprias (do distribuidor), 390
Marketing *business to consumer* (B2C), 360. *Consulte também* Produtos e serviços
Marketing de relacionamento, 412, 496
Marketing direto, 428-429
Marketing global. *Consulte também* Marketing internacional
    benefícios do, 336-338
    estágio do, 21-23
    operações internacionais das empresas no, 22
    planejamento de, 338-344
Marketing internacional de internet (MII), 346
Marketing internacional
    congruência cultural e, 122
    consequências de acontecimentos mundiais sobre, 4
    critério de autorreferência e, 16-18
    definição de, 10-11
    desencadeador da paz, 3-6
    estágios de envolvimento com, 19-23
    orientação de, 23-25
    planos estratégicos competitivos e, 6
    sites de, 244-245
    tendências do, 5-6
    vínculos comunicacionais e, 80-81
Marketing *mix*, integração de mercado e, 299-300
Marketing verde
    desenvolvimento de produtos e, 364-365
    explicação sobre, 207-208, 364
Marketing. *Consulte* Marketing internacional
Marlboro, 384
Marriott, 137, 444-447
Marrocos, 294
Mars Company, 362, 385, 386
Marvel Enterprises, 535
Marxismo, 28
Mary Kay Cosmetics, 204, 425
Massacre da Praça da Paz Celestial (1989), 305
Mattel, 125, 145, 223, 333, 453, 456
Mazda, 332, 566
MBC, 375
MCC, 456
McCann Worldgroup, 261
McDonald's Corporation, 5, 7, 9, 116, 174, 175, 178, 179, 196, 198, 230, 297, 306, 348, 366, 384, 407, 456-457, 470, 530
McVitie's, 17
Medidas de Investimento Relacionadas ao Comércio (TRIMs), 44
Medo direcionado, 167
Medo e/ou animosidade direcionados, 167
Meios de comunicação ou mídia
    abrangência dos, 478-479

custo dos, 478
de propriedade do governo, 109
disponibilidade de, 478
influência sobre valores e cultura, 108
tendências nos, 477
Melhor alternativa para um acordo negociado (Batna), 567
Melhoria, busca de, 130-131
Mercado cinza, 524, 525
Mercado Comum Árabe, 294
Mercado Comum Europeu, 280, 282
Mercado comum, 279
Mercado de capitais, 95
Mercado de condicionadores de ar, 21
Mercado paralelo, 524
Mercados acionários, 95
Mercados da base da pirâmide (MBPs), 314-316
Mercados de *business to business* (B2B)
    demanda nos, 395-401
    feiras comerciais e, 409-411
    marketing de relacionamento e, 412
    na internet, 441, 442
    qualidade e padrões globais e, 401-406
    serviços comerciais e, 406-409
Mercados emergentes
    Acordo de Livre-Comércio da América Central–República Dominicana (Alcac-RD), 267-269
    Acordo Norte-Americano de Livre-Comércio (Nafta) e, 263-267, 271
    categorias de, 251-252
    Comunidade Caribenha e Mercado Comum, acordo e, 268, 271
    demanda nos, 259-262
    desenvolvimento de marketing nos, 257-259, 271-272
    desenvolvimento econômico nos, 32, 250-251
    fatores de crescimento nos, 253-254
    grandes, 262-263
    infraestrutura e desenvolvimento nos, 256
    Mercado Comum do Sul (Mercosul) e, 269
    na América Latina, 269-271
    objetivos dos, 255
    tecnologia da informação nos, 255
    telefones móveis nos, 14, 15
Mercados-alvo, 342-343
Mercedes, 7-8
Merck, 180
Mercosul, 253, 269
Mérito, 130
Merrill Lynch, 95, 379
Mestre do destino, filosofia, 129-130
México
    clima político no, 162
    comércio com, 28
    desenvolvimento econômico no, 251, 264, 270
    escassez de água no 76
    estilo de gestão no, 132
    estilo de negociação no, 560
    infraestrutura no, 256
    investimento estrangeiro no, 32, 161, 267
    maquiladoras no, 267, 534
    Mercosul e, 269
    Nafta e, 8, 9, 263-268, 271
    relação entre Estados Unidos e, 57-58, 60-61
MGA Entertainment, Inc., 145
Mianmar, 169, 171, 174, 492
Microsoft Corporation, 62, 180, 195, 200, 377, 394, 398, 455, 464-466

Mídia social, 484-485
Migração rural/urbana, 75-76
Misturas para bolo, 367-369
Mitsubishi, 366, 428
Mizuho Securities Co., 85
Mobilidade no emprego, 134
Modelo de componente de produto, 373
Monarquia, 163
Monson Wedding, 114
Mortalidade infantil, 75
Moshe & Ali's Gourmet Foods, 3
Motivação
    da equipe de vendas, 506-508
    dos intermediários, 439
Motorola, 3, 180, 353
Mrs. Baird's Bread, 8, 9
MTN, 488
MTV Ásia, 482
Muçulmanos. *Consulte também* Mundo árabe; Islã; Oriente Médio
    marketing ofensivo e, 108
    peregrinações dos, 113, 275
    proibição de *hijabs* e *burkas* pelos, 109
    proibição de pagamento de juros entre, 188-189
Mudança cultural
    empréstimo cultural e, 119-120
    explicação sobre, 118-119
    planejada e não planejada, 122
    resistência à, 121-122
    tamanho da família e, 96-97
Mudança planejada, 121-122
Mudança, 121-122, 429. *Consulte também* Mudança cultural; Inovação
Mudanças climáticas, 161
Mulheres. *Consulte também* Gênero
    em atribuições internacionais, 142
    em equipes de negociação, 565
    na força de trabalho americana, 141
    preconceito de gênero e, 141-144
Multas *antidumping*, 41-42, 46
Mundo árabe. *Consulte também* Islamismo; Muçulmanos
    boicote contra Israel, 171
    cultura de alto contexto no, 153
    estilos de comércio no, 138-139
    oferecendo presentes no, 112
    peregrinações dos, 113
    rituais comerciais no, 128

N

N. V. Philips, 32
Nacionalismo cultural, 165
Nacionalismo econômico, 165-166
Nacionalismo, 165-167
Nacionalização planejada, 181
Nacionalização
    explicação sobre, 168
    planejada, 181
Nafta. *Consulte* Acordo Norte-Americano de Livre-Comércio (Nafta)
National Cash Register, 379
National Enquirer, 481
Negociações
    competitividade e igualdade nas, 561-562
    comportamento não verbal nas, 551
    comunicações de acompanhamento das, 574
    concessões e acordos nas, 574
    diferenças culturais e, 554-564
    diferenças de valores e, 561-563
    estereótipos e, 553, 554, 576
    face a face, 569-574
    fator tempo nas, 563

    impacto da cultura sobre, 140-141
    internacionais criativas, 575-576
    na China, 327-328
    objetividade nas, 561
    persuasão nas, 573-574
    preliminares nas, 566-569
    processo de tomada de decisões nas, 563-564
    sondagem não relacionada à negociação, 570-571
    táticas verbais nas, 557
    visão geral sobre, 140-141, 552-553
Negócios globais. *Consulte também* Negócios internacionais
    estímulo governamental do, 182
    perspectiva histórica no, 54-62
    rotas comerciais e, 79-80
    tendências no, 6
    vínculos comunicacionais e, 80-81
Negotiation Game (Karrass), 573
Nepotismo, 561
Nescafé, 7
Nestlé Company, 32, 174, 261, 335-336, 342, 350, 353, 371, 374, 385, 455, 477, 483, 531
Netnografia, 235
New Balance, 196
Nicarágua, 267-269
Nigéria, 164
Nike, Inc., 70, 197, 206, 442, 456, 525
Ningen kankei, 127, 128
Nissan Motor Company, 227, 353
Nivea, 197
Nivej, 197
Nochar Inc., 33
Nokia, 3
Nome dos produtos (marca)
    importância do, 384
    marketing internacional e, 9
    proteção ao, 194 (*Consulte também* Direitos de propriedade intelectual)
Norelco, 7
Norma ISO de Saúde e Segurança, 405
Normas
    barreiras não tarifárias, 40-41
    certificação ISO 9000, 404-406
    de qualidade e globais, 401-406
    Nafta e, 265
    para produtos industriais, 402-403
Noruega, 151, 204
Nova Zelândia, 404
Novon, 390
Número de Classificação de Controle de Exportação (ECCN), 215
NYK Line, 40
Nynex, 227

O

OAO Gasprom, 290
Obesidade, 204
Objetivos da administração
    afiliação e aceitação social e, 135
    cultura e, 133
    poder e êxito e, 135
    segurança e mobilidade e, 134
    vida pessoal e, 134-135
OCDE. *Consulte* Organização para a Cooperação e o Desenvolvimento Econômico (OCDE)
Office Depot, 424
Oligarquia, 163
Olimpíada (Jogos Olímpicos), 171, 457, 552
Oneworld Alliance, 349
Opções de entrega, comércio eletrônico, 448

Opções de pagamento, comércio eletrônico, 448
Operadoras de Pesca da Grande-Costa, 314
Opinião especializada, 236-238
Orange County, Califórnia, 22, 23
Ordens de pagamento, 547
Organização da Conferência Islâmica (OCI), 294
Organização das Nações Unidas (ONU)
   classificação de desenvolvimento econômico da, 251-252
   coleta de dados e, 224
   crescimento populacional e, 74, 77
   função da para o desenvolvimento econômico, 277
   imigração e, 78
   Organização Mundial de Propriedade Intelectual, 197
   proteção ao meio ambiente e, 69
   Tribunal Internacional de Justiça, 190
Organização de Comércio Exterior do Japão (Jetro), 245
Organização do Tratado do Atlântico Norte (Otan), 160, 179
Organização dos Estados Americanos (OEA), 146, 150
Organização dos Países Exportadores de Petróleo (Opec), 542, 543
Organização Internacional de Normalização, 404
Organização Internacional do Trabalho, 74, 143
Organização Mundial da Saúde (OMS), 196, 363, 491-492
Organização Mundial de Propriedade Intelectual (Wipo), 197
Organização Mundial do Comércio (OMC)
   Aspectos dos Direitos de Propriedade Intelectual Relacionados ao Comércio (Trips), 44-45, 198
   China e, 12, 45-46, 167, 303, 305
   contornando as provisões da, 46-47
   crescimento da, 6
   direitos de propriedade intelectual e, 195, 196
   estabelecimento da, 28, 29, 45
   função da, 45-46, 176, 254, 277
   protestos contra, 49, 174, 333
   site da, 245
   soberania e, 160, 161
   sobre carne bovina tratada com hormônios, 178
   sobre *dumping*, 537-538
   Taiwan e, 307-308
Organização para a Cooperação e o Desenvolvimento Econômico (OCDE), 32, 69, 146, 150, 224, 245, 288
Organização para Cooperação Econômica (ECO), 294
Organizações centralizadas, 356-357
Organizações descentralizadas, 356-357
Organizações não governamentais (ONGs), 174-175
Oriente Médio. *Consulte também* Mundo árabe; Muçulmanos; *países específicos*
   blocos de mercado multinacional no, 294-295
   conflitos militares no, 104, 294-295
   estilos de negócios no, 138-139
   livre-comércio e, 275-276
   Nestlé no, 335-336
   petróleo do, 73
   turismo religioso no, 275
Oroweat, 8

Outdoors, 477, 478, 488-489
Oxfam, 175
Oxford Analytica, 247

P

Pacific Connections, 431
PacifiCorp, 8
Padrões de consumo
   na região da Ásia-Pacífico, 318
   na região da Europa/África/Oriente Médio, 299
Padrões de distribuição. *Consulte também* Canais de marketing internacional
   no varejo, 428-430
   visão geral dos, 427
Padrões de vida
   na região da Ásia-Pacífico, 317
   na região da Europa/África/Oriente Médio, 298
Padronização, adaptação *versus*, 332-334, 394-395
Pagamento antecipado, 547
Pagamento de representante, 149-150
Painéis de compradores, 235
Países bálticos, 288, 289
Países em desenvolvimento. *Consulte também* Mercados emergentes; *países específicos*
   categorias de, 251-252
   comercialização nos, 257-259, 271-272
   demanda nos, 259-262
   desenvolvimento econômico nos, 250-251
   fatores de crescimento nos, 253-254
   grandes mercados emergentes nos, 262-263
   infraestrutura nos, 256
   na América Latina, 263-272
   objetivos dos, 255
   tecnologia da informação nos, 255
Países mais desenvolvidos, 251-252
Países menos desenvolvidos, 252
Países minimamente desenvolvidos, 252
Países recém-industrializados (PRIs)
   explicação sobre, 30, 252, 293
   fatores de crescimento econômico nos, 253-254
Panamá, 46, 53, 54, 60
Paquistão, 294
Paraguai, 269
Paridade do poder de compra (PPC), 309, 423
Parlamento Europeu, 6, 284-285
Partido Comunista da China, 305
Partido Revolucionário Institucional (México), 162
Partidos políticos, 165
Patentes, 98, 196. *Consulte também* Direitos de propriedade intelectual
Patrocínio corporativo, 456-457
Paz promovida pelo comércio, 3-6
PeaceWorks, 3
Pearle Vision, 7
Pedigree Petfoods, 386
Pemex, 9, 61, 265
PepsiCo, 163, 166, 169, 174, 204, 266, 363, 364, 454, 539
Permuta, 539-540
Persuasão, 573-574
Peru, 46, 164, 180
Pesquisa de marketing internacional, 220-221. *Consulte também* Pesquisa de marketing
Pesquisa de marketing
   abrangência e escopo da, 221-222

   análise e interpretação da, 239-240
   comunicação com tomadores de decisões sobre, 241-243
   dados primários para, 226-233
   dados secundários para, 241
   definição do problema e objetivos da, 222-223
   estimativa da demanda de mercado e, 236-239
   explicação sobre, 220-221
   internacional, 220-221
   multicultural, 234
   na América Latina, 261
   na internet, 234-236
   no Japão, 219
   processo de, 222
   qualitativa, 227-228
   quantitativa, 226-228
   responsabilidade pela realização, 240-241
Pesquisa e desenvolvimento (P&D), despesas com, 372
Pesquisa incorporada, 235
Pesquisa multicultural, 234
Pesquisa observacional, 235
Pesquisa qualitativa, 227-228
Pesquisa quantitativa, 226-228
Pesquisas de campo, 230
Pesticidas, 214
Petrobras, 70, 568
Petróleo, 71-73
Philips Research, 200
PIB *per capita*, 2327, 251
PicturePhone Direct, 346
Piggybacking, 433
Pilsner Urquell, 346
Pirataria, 194-196
Pizza Corner, 348
Pizza Hut, 174, 175, 178, 264, 306, 348, 488-489
Planejamento corporativo, 338
Planejamento estratégico, 338
Planejamento familiar, 75, 105
Planejamento tático, 338
Planejamento
   corporativo, 338
   de mercados globais, 338-344
   de mudanças, 121-122
   estratégico, 338
   tático, 338
Planejamento/análise de mídia. *Consulte também* Propaganda
   aplicativos para telefones móveis e, 485, 488
   dados sobre o mercado e, 479
   fatores táticos relacionados com, 477-478
   internet e, 483-484
   jornais e, 479-481
   limitações da propaganda e, 476-477
   mala direta e, 483
   mídia social e, 484-485
   outdoor e, 488-489
   rádio e televisão e, 481-483
   revistas e, 481
   televisão por satélite e a cabo e, 481-483
Plano Marshall, 28-29
Planos de marketing
   desenvolvimento de, 343
   elementos dos, 585-587 (*Consulte também* Agenda do país)
Planos de remuneração
   comparações globais entre, 509
   globais *versus* locais, 509
   para equipes de vendas globais, 508-511
   para expatriados, 508

Planos estratégicos, 6
Playboy, 481
Playstation Sony, 37
PNTR. *Consulte* Relações comerciais permanentemente normalizadas (PNTR)
Poder, 135
Política exterior
    Doutrina Monroe e, 59-60
    marketing internacional e, 12-13
Políticas governamentais
    de determinação de preços, 544
    disputas comerciais e, 167
    estabilidade das, 162-163
    estímulo a investimentos estrangeiros, 182
    medo/animosidade direcionados e, 167
    nacionalismo e, 165-167
    partidos políticos e, 165
Polônia
    crescimento econômico na, 251
    OCDE e, 288
    sistema jurídico na, 189
Poluição na China, 68-70
Pontuações de distância do inglês, 156-157
Pontuações de distância do poder, 156-157
Pontuações de evitação de incerteza, 156-157
Pontuações de individualismo/coletivismo, 156-157
Pontuações de masculinidade/feminilidade, 156-157
Pontuações de orientação de longo e curto prazo, 156-157
Pontuações do idioma materno, 156-157
População
    controlando o crescimento da, 75
    envelhecimento e, 76-78
    imigração e, 78-79
    migração rural/urbana e, 75-76
    na América Latina, 261, 270
    na Índia, 75, 312
    no Japão, 309-310
    tendências atuais na, 74-75
Porto-riquenhos, 499
Preconceito de gênero, 141-144
Prêmio Malcolm Baldridge, 405
Presentes, oferecendo, 112
Previsão, risco político, 178-180
Pricesmart, 303
PricewaterhouseCoopers, 499
Primeira Guerra do Ópio, 55
Princeton Video Imaging (PVI), 483
Princípios marxista-socialistas, 186, 189-190
Privatização, 168, 254
    na América Latina, 269-270, 401
    na Europa Oriental, 401
    na Índia, 390
Problemas ambientais
    em mercados estrangeiros, 15-16
    marketing verde e, 207-208, 364-365
    preocupações relacionadas com, 67-69
    responsabilidade social e ética dos, 69-70
Processo de comunicação
    diversidade cultural e, 475-476
    limitações de mídia e, 476
    limitações de produção e custo e, 477
    limitações linguísticas e, 473-475
    propaganda e, 467-476
    restrições legais e, 471-473
Processo de planejamento
    análise preliminar e triagem no, 340-342
    definindo os mercados-alvo e adaptando o marketing *mix*, 342-343
    desenvolvendo o plano de marketing no, 343
    implantação e controle no, 344
Processo de Solicitação Simplificado por Rede (Snap), 216
Processo judicial, fatores dissuasivos, 194
Processos de raciocínio, 117-118
Procter & Gamble (P&G), 27, 180, 196, 227, 303, 365, 375, 385, 390, 454, 460-461, 476, 486-487, 516, 522, 534
Produto interno bruto (PIB), 251. *Consulte também* PIB *per capita*
Produto nacional bruto (PNB)
    global, 30
    na China, 304
Produtos e serviços. *Consulte também* Mercados de *business to business*; Produtos industriais; Serviços
    avaliação da vulnerabilidade dos, 178
    barreiras à entrada de, 380-382
    clima e, 364, 402
    componente de embalagem dos, 374-376
    componente de serviços de suporte dos, 376-377
    componente essencial dos, 373-374
    design dos, 402
    diferenças culturais e, 366-368
    difusão das inovações e, 369-372
    efeito do país de origem e, 387-389
    inovação e adaptação de, 368-369, 373-377
    marcas globais de, 382-386
    marcas nacionais de, 387
    marcas próprias e, 390
    marketing global dos, 377-380
    produção de inovações e, 372-373
    qualidade dos, 360-366
    tendências de, 360
Produtos industriais. *Consulte também* Mercados de *business to business*
    certificação ISO 9000 e, 404-406
    como mercado de crescimento, 395
    demanda por, 395-401
    privatização e, 401
    sistema métrico e, 403, 404
Programas de marketing
    adaptação ambiental nos, 15-16
    índice de alfabetização e, 108
Projeto de Barragem do Vale de Narmada (Índia), 67
Promoção de vendas, 454-455
Promoção, 130, 448
Promodes, 425
Propaganda boca a boca (PBB), 484-485
Propaganda comparativa, 471
Propaganda em rádio, 473, 479, 481
Propaganda por mala direta, 483
Propaganda. *Consulte também* Planejamento/análise de mídia
    alfabetização e, 468-475
    boca a boca, 484-490
    comparativa, 471
    controle internacional sobre a, 491-492
    despesas com, 457, 460
    diversidade cultural e, 475-476
    estratégia e objetivos da, 462-463, 467
    impostos sobre, 473
    limitações de mídia e, 476
    limitações de produção e custos da, 477
    limitações linguísticas da, 473-475
    para crianças, 204
    planejamento de mídia e, 477-485, 488-489
    processo de comunicação e, 467-471
    problemas jurídicos relacionados com, 471-473
    rádio, 473, 479, 481
    televisão, 204, 472-473, 478, 479, 481-483
    tendências em nível global, 457, 460-461
Protecionismo
    barreiras comerciais e, 36-38
    barreiras monetárias e, 40
    boicotes e embargos e, 39-40
    cotas e licenças de importação e, 38
    explicação sobre, 35
    lógico e ilógico, 35-36
    multas *antidumping* e, 41-42
    normas e, 40-41
    restrições voluntárias à exportação e, 39
    serviços ao consumidor e, 380-381
    subsídios domésticos e estímulos econômicos e, 42
Protestos antiglobalização, 48-50
Protocolo de Quioto, 161
Provemex, 350
Publicoche, 489

Q

Qualcomm, 354
Qualidade
    adaptação e, 363-364
    definição de, 361-362
    manutenção de desempenho, 362-363
    marketing verde e, 364-365
    mercados de *business to business*, 401-406
    no Japão, 376
    nos mercados globais, 360-361
    tal como definida pelo comprador, 402-404
Quantas, 349
Quatro Tigres Asiáticos, 313, 400. *Consulte também* Hong Kong; Cingapura; Coreia do Sul; Taiwan
Quênia, 162, 164
Questões idiomáticas. *Consulte também* Processo de comunicação
    árvores genealógicas (árvores linguísticas), 115
    descentralização e, 232-233
    diferenças em relação ao inglês, 120, 553
    idioma francês e, 231
    índices de alfabetização e, 108, 231
    marketing internacional e, 114-115, 518-519, 551
    na China, 321-323
    na Coreia, 323
    no Japão, 310
    para a equipe de vendas, 499
    pesquisa de marketing e, 230-233
    propaganda e, 473-475
    retrotradução e, 232
    tradução paralela e, 232
Quicksilver, 250-251, 458
Quirguistão, 164

R

Radio Shack Corporation, 342
Random House, 8
Rastreamento de visitantes na Web, 235
RCA Corporation, 8
Reader's Digest International, 481
Reader's Digest, 233
Rebelião de Taiping, 55-56
Receptores, 468
Reciclagem, 207-208
Recrutamento
    de cidadãos de um terceiro país, 501
    de cidadãos locais, 500-501

de expatriados virtuais, 499
de expatriados, 498-499
restrições do país de origem ao, 502
Recursos hídricos, 89
Recursos naturais
desenvolvimento econômico e, 74
na África, 293
petróleo e, 71-73
visão geral sobre, 71-72
Red October Chocolate Factory, 362-363
Rede de Solicitação e Informações de Licença de Exportação (Elain), 216
Rede Mundial de Câmaras de Comércio, 245
Referência pessoal, 498
Região da Ásia-Pacífico. *Consulte também países específicos*
associações comerciais na, 318-320
crescimento econômico na, 32, 293, 304, 400, 401
crise financeira de 1997-1998 na, 320
estilos de gestão na, 132
feiras comerciais e, 409
Grande China e, 304-308, 320-328
Índia e, 311-312
indicadores de mercado e, 316-318
Japão e, 308-310
mercados da base da pirâmide (MBPs) e, 314-316
pós-Segunda Guerra Mundial, 29
Quatro Tigres Asiáticos na, 303
Vietnã e, 313-314
Regiões de mercado multinacional. *Consulte também* Acordos de cooperação econômica regionais; *acordos específicos*
explicação sobre, 277
integração de mercado e, 296-300
mercados globais e, 280-296
na África, 291-294
na Orla da Ásia-Pacífico, 318-320
nas Américas, 263-271
no Oriente Médio, 294-295
padrões de cooperação nas, 279-280
regulamentação das atividades de negócios pelas, 296-297
Registro, 197
Regras de origem, 265
Regulamentos de Administração de Exportação (EAR), 212, 215
Regulamentos sobre poluição, 68
Reha Enterprises, 159
Reino Unido
comércio com, 28
como comunidade de nações, 280
estilo de gestão no, 134
estilo de negociação no, 560
investimentos de empresas americanas no, 7
mercado de doces no, 386
mulheres em cargos administrativos no, 143
partidos políticos no, 165
proibição de *hijabs* no, 109
proteção ao comércio e, 27
sistema jurídico no, 193
Relação preço-qualidade, 402
Relações comerciais permanentemente normalizadas (PNTR), 12, 171
Relações entre mão de obra e administração, cultura e, 152
Relações públicas (RP), 455-457
Relatório Cox (1999), 214
Religião
influência da, 107-108

mapa mundial, 91
Renda nacional bruta (RNB), 251, 298
Reparos, produtos, 376
Repatriação, 508, 514-515
Representante do Comércio dos Estados Unidos, 403
Representantes de exportação do fabricante (REFs), 433-434
República Tcheca, 128, 177, 189, 192, 251, 288, 428, 479
República Dominicana, 60, 267-269
República Eslovaca, 177, 288
República Popular da China (RPC). *Consulte* China
Resíduos perigosos, 68-69
Resíduos sólidos, 365
Responsabilidade social corporativa (RSC), Europa, 151
Responsabilidade social corporativa, 151
Responsabilidade social
corporativa, 151
no marketing internacional, 150-151
proteção ao meio ambiente e, 69-70
Restrições ao fluxo de dados transnacional, 381, 409
Restrições voluntárias à exportação (RVEs), 39
Retrotradução, 232
Reuniões virtuais, 250
Revistas, 481
Revolução Mexicana, 58
Riqueza das Nações, A (Smith), 104, 131
Riscos dos negócios globais
confisco, expropriação e nacionalização, 168
riscos políticos e, 167-180
sanções políticas como, 170
terrorismo e crime no ciberespaço, 177
violência e terrorismo como, 175-177
vulnerabilidade política e, 177-182
Riscos econômicos
controles cambiais e, 168-169
controles de preço e, 169
controles fiscais e, 169
leis sobre conteúdo local e, 169
problemas de mão de obra e, 170
restrições às importações e, 169
Rituais, 113-114
Ritz Carlton Hotel, cadeia, 362
Rodada de Doha, 46
Rodada de Tóquio, 44
Romênia, 286, 288
Ronda do Uruguai, 29, 44, 45, 538
Rotas comerciais, 79-80
Rotulagem ecológica, 364
Ruído, 468
Rússia. *Consulte* União Soviética (antiga)
Comunidade dos Estados Independentes (CEI) e, 289-291
contracomércio na, 539, 540
crescimento econômico na, 32, 164
desvalorização e inadimplência na, 270
estilo de negociação na, 559
gás natural e, 290
hackers de computador na, 7
índices de pirataria na, 195
maiores anunciantes na, 461
mala direta na, 483
oferecendo presentes na, 112
qualidade dos produtos na, 362-363
questões relacionadas à origem dos produtos na, 388
sistema jurídico na, 189-190

S

Sábado Gigante, 482
Sabre, 169
Sainsbury, 390
Samsung Electronics Company, 3, 7, 32, 313, 354, 397, 407
Sanções comerciais, 170, 171, 185, 295
Sara Lee, 251
Scientific American, 481
Sears Roebuck, 426, 431, 433
Segmentação de mercado
atributo dos produtos e, 463
na década de 1970, 332
regional, 367, 463, 467
utilização de, 463
Segmentação regional, 463, 467
Seguidores de clientes, 408
Segurança pessoal, 134
Sem marketing exterior direto, 20
Sematech, 353
Serra Leoa, 162
Serviço Alfandegário dos Estados Unidos, 244
Serviços de suporte, 376-377
Serviços de Tradução do Oriente Médio, 377
Serviços empresariais
pós-venda, 406-408
receitas provenientes de, 406
tipos de, 408-409
Serviços pós-venda, 406-408
Serviços. *Consulte também* Serviços empresariais; Produtos e serviços
barreiras à entrada no mercado global contra, 380-382
características dos, 378
marketing global de, 377-380
Nafta e, 265
Sérvios, 179
Setor aéreo, 4, 361
Setor de viagens e turismo, 378
Setor farmacêutico, 196, 373, 524
Setor jornalístico, 479-481
Setor pesqueiro, 7
Setor petrolífero, 61, 542, 543
Sharia. *Consulte* Direito islâmico
Shiseido, 368
Siemens, 146, 395
Silent Language of Overseas Business (Hall), 135-136
Silicon Graphics Inc. (SGI), 213
Símbolos
estética, 115-116
idioma e, 114-115
no marketing, 96
Sindicatos trabalhistas, risco político e, 170
Síndrome respiratória aguda grave (SRAG), surto de (2003), 4, 104, 237, 411, 499
Síria, 171
Sistema de castas, 105
Sistema de distribuição física, 449, 450. *Consulte também* Gestão logística
Sistema de livre-mercado, 6
Sistema de Rastreamento de Solicitações de Licença de Exportação (Stela), 216
Sistema métrico, 403, 404
Sistemas de canal de distribuição, 257
Sistemas jurídicos
direito consuetudinário *versus* direito civil, 187-188
direito islâmico, 188-189
princípios marxista-socialistas, 189-190
visão geral dos, 186-187
Sites. *Consulte também* internet

de marketing internacional, 244-245, 484
emprego do idioma inglês e, 137-138
Sky Channel, 481
SkyTeam, 349
Smart & Final, 9
Smith & Wesson, 7, 8
Soberania, 160-161
Sociedade Americana de Controle de Qualidade, 406
Software de computador, 195. *Consulte também* Tecnologia
Solar Turbines Inc., 413-416, 563, 566
Solicitação Eletrônica de Classificação de Produtos (Eric), 216
Sondagem não relacionada à negociação, 570-571
Sony Corporation, 7, 368, 384, 389, 528
Southdown, 9
Southwestern Bell, 401
Star Alliance, 349
Starbucks, 10, 49, 419, 424
STAT-USA, 244
Subordinação, 149
Suborno. *Consulte também* Corrupção
contexto cultural do, 149
em países coletivistas e com grande distância do poder, 148
ênfase do Ocidente sobre o suborno, 146-149
extorsão e, 149
Lei contra a Prática de Corrupção no Exterior e, 43, 149-150, 209, 210
na China, 210
na Índia, 312
pagamento de representante e, 149-150
político, 181
Subornos políticos, 181
Subsídios agrícolas, 42
Subsídios de separação, 508
Sudão, 171
Suécia, 204, 406
Sufrágio, 163, 164
Suíça
Alpes e, 66
investimentos em empresas americanas, 7
mulheres em cargos administrativos na, 143
proibição à construção de minaretes, 109
Sun Microsystems, 441, 506
SunExpress, 441
Supermercados, 428
Swift & Company, 8

T

Tabaco
consumo de, 98
propaganda de, 491-492
Taco Bell, 174, 264
Tadjiquistão, 291
Tailândia, 47, 261, 400
Taiwan
China e, 46, 307-308
comércio com, 28, 36
crescimento econômico em, 313, 400
dados sobre a taxa de natalidade em, 97
estilo de negociação em, 559
investimento estrangeiro em, 559
Tanzânia, 15
Tarifas
escalada de preços e, 529, 534-536
explicação sobre, 36-38, 529
fatores de crescimento econômico e, 254
Lei Smoot-Hawley e, 29

na Índia, 311
Nafta e, 264, 265
restrições em decorrência das, 27
sobre exportações vietnamitas aos Estados Unidos, 313
Taxas de câmbio flutuantes, 47
Taxas de câmbio
flutuação, 47
variações nas, 530-532
Taxas de fertilidade, 74, 97, 109
Tecnologia da informação (TI). *Consulte também* Tecnologia
desenvolvimento econômico e, 255
gestão de relacionamento com o cliente e, 496
na China, 305-306
na Índia, 312
Tecnologia. *Consulte também* Tecnologia da informação (TI)
demanda do mercado e, 399-401
desenvolvimento econômico e, 255, 399-400
diferença no nível de, 13-14
dupla finalidade, 213
exportação de, 394
telefones móveis e, 3, 6, 14, 15, 255
valores culturais e, 105
Tecnologias de dupla finalidade, 213
Tecnologias verdes, 69
Telecentros, 255
Telecomunicações, 379
Telefones celulares. *Consulte* Telefones móveis
Telefones móveis
no Japão, 219, 336
aplicações de marketing para, 485, 488
impacto dos, 3, 6
nos mercados emergentes, 14, 15, 255, 314
Teléfonos de Mexico, 401
Televisão de alta definição (HDTV), 481
Televisão
de alta definição, 481
no mundo árabe, 375
por satélite/cabo, 481-483
programas como produtos de exportação, 22
propaganda na, 204, 472-473, 478, 479, 481-483
Telmex, 401
Tempo monocrônico (tempo M), 139-140
Tempo policrônico (tempo P), 139-140
Tempo
como componente das negociações, 563
monocrônico, 139-140
percepções culturais do, 16
policrônico, 149-150
Teoria da causalidade cultural, 310
Teoria objetiva de jurisdição, 209
Terrorismo no ciberespaço, 177
Terrorismo
apoio da Líbia ao, 12
como risco comercial global, 5, 175-177
consequência sobre o turismo, 3
mapa global do, 91
protestos contra a globalização e, 49
terrorismo no ciberespaço, 177
Tesco, 227, 425
Texas Instruments, 353
The American Challenge (Servan-Schreiber), 30
The Chaos Scenario (Garfield), 477
The Fragile Superpower (Gibney), 309
The Gap Inc., 49

The Geography of Thought (Nisbett), 118
The Simpsons, 108, 375
The Spy Who Shagged Me, 120
Tibete, 305
Time Warner, 478
T-Mobile, 8
Tolerância, 18, 118
Tomada de decisões
compartilhando na, 130
diferenças culturais e, 132-133
Topografia, 64-66
Toshiba, 397
Toy Biz Inc., 535
Toyota, 7, 9, 167, 242, 310, 361, 363, 384, 456, 475, 568
Toys "R" Us, 431
Trace International, 151
Trade Leads Database, 246
Trading companies de exportações americanas, 433
Trading companies, 432-433
Trading eletrônico, 95, 111
Tradução paralela, 232
Transparency International (TI), 147, 148, 153
Transplante de órgãos, 443
Tratado de Amsterdã, 282, 283
Tratado de Assunção, 269
Tratado de Cooperação de Patentes (TCP), 198
Tratado de Maastricht, 179, 280, 282
Tratado de Nanjing, 55
Tratado de Roma, 279, 285
Tratados, participação em internacionais, 161
Treinamento
de gerentes globais, 517-518
de marketing internacional, 505-506
de serviço pós-venda, 407
Triangulação, 237
Tribunal Criminal Internacional, 161
Tribunal de Comércio Internacional dos Estados Unidos, 535
Tribunal de Justiça Europeu (TJE), 282, 284, 285
Tribunal Internacional de Justiça, 190
Tribunal Mundial (de Haia), 190
TRIPs. *Consulte* Aspectos dos Direitos de Propriedade Intelectual Relacionados ao Comércio (TRIPs)
Troca de informações relacionadas à negociação, 571-573
Túnel de Loetschberg, 66
Túnel Gottard, 66
Turismo religioso, 275
Turismo, religioso, 275
Turquia
crescimento econômico na, 251
jornais na, 479
Organização para Cooperação Econômica e, 294
União Europeia e, 6, 286-287
TV por satélite, 481-483
Twix Cookie Bars, 332, 334
Tyson Foods, 350

U

U.S. Custom House Guide, 246
Ucrânia, 290, 539
Uganda, 488
União Africana, 292-293
União alfandegária, 279
União Econômica e Monetária (UEM), 285-286
União Europeia (UE)
cartéis e, 544

comércio eletrônico na, 202-203
cotas na, 38
declaração da, 285
diferenças culturais entre os países membros da, 120, 278
direitos de propriedade intelectual na, 198
Diretiva de Responsabilidade do Produto, 405
estabelecimento da, 275, 276, 279, 280
estatísticas dos países membros da, 281
exigência de conteúdo local na, 169
expansão da, 6, 286-288
função da, 277, 280, 296
instituições da, 284-285
legislação do ciberespaço e, 203
leis antitruste na, 208
leis que regulamentam o marketing e, 206-207
marketing verde na, 207-208
Mercosul e, 269
normas de produtos industriais e, 403
Organização Mundial do Comércio e, 45
políticas fiscais da, 225
problemas comerciais com, 32, 46, 159
produtos proibidos pela, 178
proteção ambiental e, 69
questões agrícolas e monetárias na, 277-278
rede de transportes na, 450
regulamentação da internet na, 473
sistema métrico e, 404, 405
soberania e, 160
Turquia e, 6
união econômica e monetária e, 285-286
União política, 279-280
União Soviética (antiga). *Consulte também* Rússia; *países específicos*
Afeganistão e, 171, 213
Unibex, 438
Unicef, 175
Unidade de Inteligência da *Economist* (EIU), 246
Unilever, 17, 336, 390, 462
Unisys Corporation, 221
Unite, 49
United Airlines, 5
Universal Studios, 7
Universidade Estadual de Michigan, 245
Universidade Virtual Africana, 293-294
Unocal Corporation, 161, 212

UPS, 427
Uruguai, 269
Uso prévio, 197
UTStarcom, 360

V

Valores culturais
  afiliação e aceitação social e, 135
  comportamento do consumidor e, 98-99, 111-113
  controle de natalidade e, 105
  dimensões dos, 109-110
  idioma e, 115
  índice de distância do poder e, 109, 111, 132, 153
  índice de evitação de incerteza e, 110, 111
  índice de individualismo/coletivismo e, 109-111, 132, 148, 153
  índice de masculinidade/feminilidade e, 110
  oferecendo presentes e, 112
  poder e êxito e, 135
  práticas de negócios e, 126
  segurança e mobilidade e, 134
  vida pessoal e, 134-135
Valores de moeda, discrepância entre, 531-532
Valores. *Consulte* Valores culturais
Varejistas globais, 431
Varejistas/varejo
  comércio eletrônico, 426
  estratégias de determinação de preços dos, 541
  globais, 431
  lojas de fabricantes e, 431
  marcas próprias dos, 3990
  no Japão, 219, 422, 423
  padrões de tamanho, 428
  tendências, 426-427
Variáveis controláveis, 12
VDSL Systems, 456
Venda pessoal. *Consulte* Equipe de vendas
Vendas diretas, 346
Vendas internacionais. *Consulte* Equipe de venda; Gestão de vendas
Venezuela, 61, 132, 164, 168, 198, 255, 269, 504
Versace, 388
Vicks Company, 17
Victoria's Secret, 267

Videogames, 37, 365
Vietnã, 171, 195, 251, 313-314
Violação de direitos humanos, 212
Violência étnica, 288
Violência, 175-177
Visão Ansa 2020, 319
Vodacom, 15
Volkswagen, 9, 252
Volume de aceso mínimo (VAM), 537-538
Volvo, 8
Vulnerabilidade política
  explicação sobre, 177-178
  métodos para diminuir, 180-181
  previsão de riscos políticos e, 178-180
  produtos e problemas politicamente suscetíveis e, 178

W

Wall Street Journal, The, 7, 8, 239, 454
Walmart, 10, 70, 151, 167, 170, 185, 202, 227, 251, 265, 303, 420, 423-426, 431, 435, 442
Warner Bros., 200-201
Warner-Lambert, 527
Waterford Crystal, 483
Webers, 8
Whirlpool, 32, 251
Wimpy, 178
Wisconsin Central Transportation, 8
Woman's Day, 481
World Development Indicators (WDI), 245
World Directory of Trade and Business Associations, 246
World Factbook (CIA), 244
World of Warcraft, 201
World Trade, 245
WorldCom, 4
Wrigley, 475

Y

Yahoo!, 354
Yum! Brands, 264, 327, 348

Z

Zâmbia, 14
Zara, 219
Zenith, 7, 313
Zonas de comércio exterior (ZCEs), 536-537